D1732412

Margot Honecker

Zur Bildungspolitik und Pädagogik

Margot Honecker

Zur Bildungspolitik und Pädagogik in der Deutschen Demokratischen Republik

Ausgewählte Reden und Schriften

Volk und Wissen
Volkseigener Verlag Berlin
1986

Ausgewählt und herausgegeben
von *Werner Lorenz* (Leiter)
Karl-Erich Brinckmann
Lothar Gläser
Gerd Hohendorf
Heinz Lindner
Hans-Jürgen Schütt

Inhaltsverzeichnis

Schuljugend in Berlin
23. April 1971

9

Vorwort

Zum ersten Mal wird der Öffentlichkeit mit dem vorliegenden Buch eine Auswahl von Reden und Schriften der Genossin Dr. h. c. Dr. h. c. Margot Honecker vorgelegt, die seit 1963 als Minister für Volksbildung tätig ist und großen persönlichen Anteil an der erfolgreichen Entwicklung des Volksbildungswesens in der Deutschen Demokratischen Republik hat.

Dieser Auswahlband widerspiegelt nicht nur ein bedeutsames Stück Bildungs- und Schulgeschichte der DDR, sondern verdeutlicht zugleich auch, daß Fragen der Schule, daß Bildungsfragen generell Fragen des weiteren Verlaufs der sozialistischen Revolution sind und einen gesellschaftlichen Rang erhalten haben wie nie zuvor in der Geschichte unseres Volkes. Er legt Zeugnis ab von der Fähigkeit der SED, marxistisch-leninistische Erkenntnisse der Bildungspolitik und Pädagogik auf die konkrete Situation in unserem Lande anzuwenden, an progressive Traditionen anzuknüpfen und Erkenntnisse und Erfahrungen der Sowjetunion und der anderen sozialistischen Länder in die eigene schulpolitische und pädagogische Arbeit einzubeziehen. Die ausgewählten Beiträge sind chronologisch geordnet. Das ermöglicht es, die systematische und kontinuierliche Verwirklichung der bildungspolitischen Ziele über zwei Jahrzehnte hinweg zu verfolgen, Vergangenes mit Gegenwärtigem zu vergleichen und Schlußfolgerungen abzuleiten für die weitere Realisierung der schulpolitischen Aufgabenstellungen, die auf dem Programm unserer Partei beruhen und bestimmend sind für einen längeren Zeitraum der Entwicklung des Volksbildungswesens.

Hier gilt die Feststellung Kurt Hagers, daß das Wissen um das Woher und Wohin unseres Weges für die weitere Gestaltung der entwickelten sozialistischen Gesellschaft wie für den Kampf um den Frieden unentbehrlicher Kraftquell ist.[1]

---

[1] Vgl. K. Hager: Gesetzmäßigkeiten unserer Epoche – Triebkräfte und Werte des Sozialismus. Rede auf der Gesellschaftswissenschaftlichen Konferenz des Zentralkomitees der SED am 15. und 16. Dezember 1983 in Berlin. Dietz Verlag, Berlin 1983, S. 61.

1946 hatte Wilhelm Pieck auf der Ersten Zentralen Kulturtagung der KPD vorausgesagt, daß unsere Jugend und unser Volk überhaupt einen Bildungsstand erreichen werden, wie er bisher in solcher Höhe nicht zu verzeichnen war.[2] Seine Worte sind heute Wirklichkeit. Unsere zehnklassige allgemeinbildende polytechnische Oberschule hat sich bewährt und entspricht den heutigen und künftigen Erfordernissen der entwickelten sozialistischen Gesellschaft in unserem Lande.

Die vorliegenden Arbeiten belegen die umfangreiche theoretische und praktische Tätigkeit Margot Honeckers bei der Schaffung des einheitlichen sozialistischen Bildungssystems und der inhaltlichen Ausgestaltung unserer Oberschule. Die Auswahl beginnt mit der Rede auf der Beratung der Staatlichen Kommission zur Gestaltung eines einheitlichen sozialistischen Bildungssystems im November 1964. Das Gesetz über das einheitliche sozialistische Bildungssystem, das 1965 von der Volkskammer der DDR verabschiedet wurde, regelte die allgemeine zehnjährige Oberschulpflicht und stellte die Aufgabe der Bildung und Erziehung allseitig entwickelter Persönlichkeiten, die bewußt das gesellschaftliche Leben gestalten und ein menschenwürdiges, erfülltes und glückliches Leben führen.

Die Publikationen Margot Honeckers sind – von dieser Rede an bis hin zum Referat auf der Erfurter Konferenz in Vorbereitung des XI. Parteitages „Die Schulpolitik der SED und die wachsenden Anforderungen an den Lehrer und die Lehrerbildung", das den Band abschließt – von der marxistisch-leninistischen Erkenntnis einer immer bewußteren Verflechtung von gesellschaftlicher Entwicklung und Entwicklung des Bildungswesens durchdrungen. Sie orientieren auf das objektive Erfordernis, das wachsende Bildungspotential für den wissenschaftlich-technischen Fortschritt, die Leistungssteigerung in allen Bereichen der Volkswirtschaft, für die Entwicklung sozialistischen Bewußtseins und Verhaltens sowie für ein inhaltsreiches, kulturvolles Leben aller Bürger wirksam zu machen. Hohe Bildung für alle Kinder des Volkes und kommunistische Erziehung der Jugend bleiben für Partei und Regierung unerläßliche Aufgabe und Bedingung für das weitere Voranschreiten unserer sozialistischen Gesellschaft.

Die Bildungspolitik stets als Teil der gesamtgesellschaftlichen Entwicklung verstanden und realisiert zu haben ist ein wesentliches Verdienst des theoretischen und praktischen Wirkens Margot Honeckers. Mit Nachdruck unterstreicht sie bei den verschiedensten Gelegenheiten, daß Schule und Gesellschaft gleichermaßen Verantwortung für die Bildung und Erziehung der jungen Generation tragen, daß es gilt, den Einfluß der gesellschaftlichen Erziehungskräfte weiter zu verstärken und in besonderem Maße die erzieherischen Potenzen der Kinder- und Jugendorganisation zu nutzen.

[2] Vgl. W. Pieck: Um die Erneuerung der deutschen Kultur. Rede auf der ersten Zentralen Kulturtagung der KPD in Berlin am 3. Februar 1946. In: Zur Bildungspolitik der Arbeiterbewegung. Volk und Wissen Volkseigener Verlag, Berlin 1981, S. 218.

Größte Aufmerksamkeit widmet Genossin Honecker in ihren Arbeiten der Persönlichkeit des Lehrers und den Fragen seiner Aus- und Weiterbildung, seiner täglichen schöpferischen Arbeit, seiner Stellung im Kollektiv der Pädagogen und seinen Arbeits- und Lebensbedingungen. Dieser Schwerpunkt ergibt sich aus der Tatsache, daß die Persönlichkeit des Pädagogen entscheidend bestimmt, ob und in welcher Qualität wir unsere hochgesteckten Ziele in der Bildungs- und Erziehungsarbeit erreichen können.

Immer wieder klingt im Sammelband die Notwendigkeit der Weiterbildung der Pädagogen an. Ein Lehrer, der aufhört, Lernender zu sein, ist kein erfolgreicher Lehrer, wird unsere Schüler nicht wirksam genug auf das Leben und die Arbeit vorbereiten können. Aufgabe des Lehrers ist es, sich ständig mit der Strategie der gesellschaftlichen Entwicklung, mit dem Fortschritt in Wissenschaft, Technik und Produktion, mit der Entwicklung des geistig-kulturellen Lebens vertraut zu machen.

Auch die Entwicklung unseres Bildungswesens selbst erfordert ständiges Weiterlernen der Pädagogen, denken wir nur an die weitere Vervollkommnung der sozialistischen Allgemeinbildung, an Erfahrungen und Erkenntnisse der pädagogischen Arbeit in den Bildungsstätten, an die neuen Erkenntnisse der pädagogischen und psychologischen Wissenschaften und das gewachsene geistig-kulturelle Niveau unserer Jugendlichen.

Besonderes Augenmerk hat Genossin Honecker stets auch der politischen Erziehung der Schuljugend geschenkt. In ihren Reden und Schriften hebt sie hervor, daß mit der Weiterentwicklung unserer Gesellschaft die Anforderungen an die Menschen ständig steigen und die Bedingungen, unter denen sie leben, lernen und arbeiten, sich verbessern, daß diese Anforderungen und Bedingungen nicht zuletzt von der internationalen Klassenauseinandersetzung beeinflußt werden. Die Verantwortung der Schule für die Herausbildung der marxistisch-leninistischen Weltanschauung der jungen Menschen, ihres staatsbürgerlichen Bewußtseins und Handelns und ihrer kommunistischen Moral wächst; dabei ist stets zu bedenken, daß ein höheres Bildungsniveau nicht spontan oder automatisch zur Persönlichkeitsentwicklung führt. Die komplizierten Prozesse der wissenschaftlich-technischen Revolution und die immer umfassendere Teilnahme der Werktätigen an der Planung und Leitung können nur mit wissenden, aktiven, disziplinierten und schöpferischen, von der Ideologie der Arbeiterklasse zutiefst durchdrungenen Menschen gemeistert werden. Überzeugend begründet Genossin Honecker die Aufgabe, unsere Jugendlichen zu befähigen, an alle Erscheinungen des gesellschaftlichen Lebens mit wissenschaftlicher Objektivität heranzugehen und sie vom Standpunkt der Arbeiterklasse aus richtig zu beurteilen. Zu Recht macht sie darauf aufmerksam, daß mit den jungen Menschen politisch feinfühlig gearbeitet werden muß, daß ihre Fragen einer gründlichen Klärung bedürfen.

Einen zentralen Platz nimmt in den Reden und Schriften Margot Honeckers der Anspruch an eine hohe Qualität der Bildungs- und Erziehungsarbeit im Unterricht ein. Dem liegt zugrunde, daß kommunistische Erziehung ohne wissenschaftliche Bildung nicht möglich ist, daß es – wie Lenin betonte – „irrig wäre zu glauben, es genüge, sich die kommunistischen Losungen, die Schlußfolgerungen der kommunistischen Weltanschauung und Moral anzueignen, ohne jene Summe von Kenntnissen zu erwerben, deren Ergebnis der Kommunismus selbst ist"[3].

Der Unterricht wird als entscheidendes Kettenglied im gesamten Erziehungsprozeß charakterisiert. Indem die Schüler im Unterricht wissenschaftliche Einsichten und Erkenntnisse erwerben, legt er wichtige Grundlagen für die Weltanschauung und das moralische Verhalten, beeinflußt er maßgeblich ihren Willen, ihr Fühlen und Handeln, ihre Leistungsbereitschaft und die Entwicklung ihres Denkens.

Die erreichten Ergebnisse hängen in hohem Maße davon ab, ob der Unterricht fachwissenschaftlich solide erteilt wird, ob sich die Schüler aktiv mit dem Lehrstoff auseinandersetzen, ob die Erkenntnistätigkeit der Schüler im Unterricht zielgerichtet als aktiver Aneignungsprozeß gestaltet wird und seine erzieherische Wirksamkeit gewährleistet ist. Dabei wird kritisch vermerkt, daß noch mehr getan werden muß, um die geistigen Kräfte der Schüler, ihre Aktivität und Selbständigkeit beim Wissenserwerb zu entwickeln und so ihr Wissen dauerhafter und anwendungsbereiter zu machen.

Auf dem VIII. Pädagogischen Kongreß forderte Genossin Honecker dazu auf, die Erziehung noch fester mit den realen Lebensprozessen zu verbinden, weil sich die Jugend nur so die gesellschaftliche Wirklichkeit, in der sie lebt und aufwächst, aneignen kann. Dazu gehört auch, bei der Wissensvermittlung die sozialen Erfahrungen der Schüler zu berücksichtigen und zu ermöglichen, daß die Kinder und Jugendlichen durch die Einbeziehung in die Lösung bestimmter Aufgaben selbst wertvolle soziale Erfahrungen sammeln können. Viel diskutiert wird in den Pädagogenkollektiven gegenwärtig die Forderung, jeden Schüler optimal zu entwickeln, eine Aufgabe, die unter den heutigen Bedingungen nicht nur vorrangig, sondern unabdingbar und auch lösbar ist. Sie entspricht zutiefst dem Wesen der sozialistischen Gesellschaftsordnung und fordert den pädagogischen Realismus und Optimismus jedes einzelnen Lehrers heraus. Die Pädagogenkollektive der DDR stellen sich dieser Aufgabe als Qualitätsforderung an ihre Arbeit, die zum Nachdenken und schöpferischen Suchen anregt und als Gegenwartsaufgabe zugleich in die Zukunft weist.[4]

Die Beiträge des vorliegenden Buches weisen auch die Kontinuität in der Verbindung der Schule mit dem Leben, mit der gesellschaftlichen Produktion aus. Stets hat Margot Honecker deutlich gemacht, daß polytechnische Bildung und Erziehung mehr ist als nur ein bestimmter Aspekt kommunistischer Bildung und Er-

---

[3] W. I. Lenin: Die Aufgaben der Jugendverbände. Rede auf dem III. Gesamtrussischen Kongreß des Kommunistischen Jugendverbandes Rußlands. In: Werke. Bd. 31, Dietz Verlag, Berlin 1959, S. 275.

[4] Vgl. E. Drefenstedt: Optimale Entwicklung jedes Schülers und die Qualität des Unterrichts. Volk und Wissen Volkseigener Verlag, Berlin 1985, S. 19.

ziehung, daß sie ein entscheidendes Grundprinzip sozialistischer Schulpolitik darstellt, einen tragenden Pfeiler unseres Schulsystems bildet, daß nur eine polytechnische Oberschule eine wirklich sozialistische Schule ist. Mit Nachdruck hat Genossin Honecker die Aufgabe der weiteren Ausprägung des polytechnischen Charakters unserer Schule begründet und zugleich unterstrichen, daß diese Aufgabe sich nicht allein auf polytechnische Bildung und Erziehung reduzieren läßt. Der polytechnische Charakter unserer Schule ist gekennzeichnet durch eine fundierte wissenschaftliche Allgemeinbildung, eine fest in diese Allgemeinbildung integrierte polytechnische Bildung, durch die Einheit von Schule und Leben, von Theorie und Praxis, von Lernen und Arbeiten, durch die Teilnahme der Schüler am politischen Kampf.

Die Auswahl verdeutlicht, daß die Erziehung der heranwachsenden Generation in unserem Lande zur Sache der ganzen Gesellschaft geworden ist, und hebt als besondere Errungenschaft hervor, daß die Arbeiterklasse unsere Jugend direkt miterzieht. Die vielfältigen Beziehungen zwischen Brigaden und Klassenkollektiven und die produktive Arbeit an der Seite der Werktätigen in der materiellen Produktion führen die Schüler zu Einsichten, die für ihre Einstellung zum Leben und Arbeiten, für ihre Haltungen und ihr Verhalten von unschätzbarem Wert sind.

Breiten Raum nehmen in den Arbeiten Margot Honeckers Fragen der Tätigkeit der Pionier- und FDJ-Kollektive an den Schulen ein. Hier orientiert sie vor allem auf noch selbständigeres Handeln der Mitglieder der Kinder- und Jugendorganisation und fordert die Pädagogen auf, sorgfältig zu überlegen, was zu tun ist, um das Verantwortungsgefühl der Pioniere und FDJler für ihr eigenes Verbandsleben zu stärken und jeden einzelnen erleben zu lassen, wie gemeinsame Anstrengungen zum Ziel führen.

Wiederholt hat sich Genossin Honecker auch den Problemen der Familienerziehung zugewandt. Anknüpfend an Nadeshda Konstantinowna Krupskaja, Anton Semjonowitsch Makarenko und Clara Zetkin macht sie deutlich, daß die Belange der Familie immer mit den Anforderungen der Gesellschaft verknüpft werden müssen. Sie begründet die Notwendigkeit, die neuen Bedingungen, die durch die Vielzahl der seit dem VIII. Parteitag der SED durchgeführten sozialpolitischen Maßnahmen gegeben sind, noch bewußter für eine gedeihliche Entwicklung aller Kinder in der Familie zu nutzen. Der vertrauensvollen Zusammenarbeit von Schule und Elternhaus kommt dabei besondere Bedeutung zu. Wir können in der DDR davon ausgehen, daß die Eltern mit dem Erziehungsziel unserer Schule, gesunde, lebensfrohe, gebildete und bewußte sozialistische Menschen zu erziehen, übereinstimmen, daß sie eine positive Einstellung zur Schule haben und den Rat der Lehrer und Erzieher suchen.

„Es gehört zu den Vorzügen des Sozialismus", sagte Genossin Honecker auf dem VIII. Pädagogischen Kongreß, „daß sich in der ganzen Gesellschaft ein neues Verhältnis zum Kind herausgebildet hat, daß sich die Eltern, die Kollektive in den Betrieben nicht nur um die eigenen Kinder kümmern, sondern sich für die gute Entwicklung aller Kinder verantwortlich fühlen"[5]. Zugleich würdigt sie die Arbeit der an der Schule wirkenden über 650 000 Elternvertreter sowie die Tätigkeit der Patenbrigaden in Industrie und Landwirtschaft als überzeugenden Ausdruck sozialistischer Demokratie.

Nicht zuletzt spielen im vorliegenden Sammelband Fragen der Leitung des Volksbildungswesens eine große Rolle. Soll es seiner wichtigen Funktion in der sozialistischen Gesellschaft gerecht werden, muß es einheitlich, zentral und straff auf der Grundlage des Prinzips des demokratischen Zentralismus geführt sein. Die leitenden Kader der Volksbildung tragen die Verantwortung für die lebendige politisch-ideologische Arbeit mit den Lehrern und Erziehern, für die Formung der Pädagogenkollektive und natürlich auch für die richtige Auswahl, Entwicklung und Erziehung der Kader, insbesondere der Direktoren. Ihrer Tätigkeit kommt bei der Lösung der Aufgabe, die Potenzen unseres Bildungswesens voll zum Tragen zu bringen, die schöpferischen Kräfte und Ideen der Pädagogen herauszufordern und zu fördern, eine Atmosphäre des ständigen Weiterlernens in den Pädagogenkollektiven zu schaffen und hohe Bildungs- und Erziehungsergebnisse bei jedem Schüler zu erreichen, besondere Bedeutung zu. Es liegt vor allem in der Verantwortung des Direktors, spürbare Fortschritte in der Qualität der Führung des täglichen politisch-pädagogischen Prozesses an der Schule zu sichern. Aufgabe der Volksbildungsorgane ist es, die Direktoren qualifiziert anzuleiten, sie zu befähigen, den Bildungs- und Erziehungsprozeß an der Schule noch zielgerichteter und konkreter zu führen.

An die Organe des Volksbildungswesens gewandt, unterstreicht Genossin Honecker, daß eine den Erfordernissen der Zeit entsprechende Führungstätigkeit dadurch gekennzeichnet ist, das als richtig Erkannte mit Konsequenz durchzusetzen, eine begonnene Sache bis zu Ende zu führen, nichts dem Selbstlauf zu überlassen und keiner notwendigen Entscheidung auszuweichen.

Die Reden und Schriften Margot Honeckers sind ein überzeugendes Beispiel dafür, wie der Marxismus-Leninismus als methodologische Grundlage der Wissenschaft zu nutzen ist. Erscheinungen, Entwicklungsschritte und -probleme werden sachlich und kritisch analysiert. Stets wird auf notwendige Veränderungen und auf Klärung noch nicht gelöster Fragen gedrungen. Fragen der Entwicklung des Volksbildungswesens werden als Teil der gesamtgesellschaftlichen Entwicklung behandelt und schulpolitische Aufgabenstellungen aus der Analyse der sich heute und künftig vollziehenden Prozesse in unserer Gesellschaft hergeleitet. So sind die Reden und Schriften Margot Honeckers für Lehrer und Erzieher, für Schulfunktionäre und alle, die mit der Bildung und Erziehung unserer Jugend verbunden sind, Anleitung zum Handeln. Sie regen zum Meinungsstreit unter den Pädagogen an, würdigen die schöpferische Arbeit aller im Volksbildungswe-

---

[5] M. Honecker: Der gesellschaftliche Auftrag unserer Schule. In: VIII. Pädagogischer Kongreß der Deutschen Demokratischen Republik. Protokoll. Volk und Wissen Volkseigener Verlag, Berlin 1979, S. 106.

sen Beschäftigten und vermitteln die Überzeugung von der Lösbarkeit der vor uns stehenden großen Aufgaben.

„Der Aufbau unserer zehnklassigen allgemeinbildenden polytechnischen Oberschule ist wie so vieles in den vergangenen 35 Jahren das Einfache, was schwer zu machen war", sagte Genossin Honecker in ihrer Diskussionsrede auf der 9. Tagung des Zentralrates der FDJ.[6] Ihr Name wird mit diesem „Einfachen, das schwer zu machen war", mit dem, was der XI. Parteitag der SED als eine der bedeutendsten Errungenschaften unseres Volkes bezeichnete, stets fest verbunden sein.

Die Herausgeber

[6] M. Honecker: Unsere Schule erzieht Streiter für Sozialismus und Frieden. Diskussionsbeitrag auf der 9. Tagung des Zentralrates der FDJ. In: Materialien der 9. Tagung des Zentralrates der FDJ. „Deutsche Lehrerzeitung", Nr. 6/1984, Beilage, S. 3.

Volksaussprache
zur weiteren Entwicklung
des Bildungswesens

*Rede in der Beratung der Staatlichen Kommission
zur Gestaltung eines einheitlichen sozialistischen
Bildungssystems in Berlin*

11. November 1964

Die vom Genossen Abusch dargelegte Einschätzung des bisherigen Standes der Diskussion der Grundsätze und die dabei von ihm vertretenen Standpunkte zu den Hauptfragen der weiteren Entwicklung teile ich voll und ganz.

Die Mitarbeiter des Volksbildungswesens haben in den vergangenen Monaten in Tausenden Aussprachen mit breiten Kreisen der Bevölkerung, mit Eltern, Wissenschaftlern, Wirtschaftsfunktionären und mit Kollektiven verschiedener staatlicher Einrichtungen und gesellschaftlicher Organisationen die Probleme der weiteren Entwicklung des Bildungswesens beraten. Die große Anzahl von konstruktiven Gedanken und Vorschlägen haben wir sorgfältig zusammengefaßt und geprüft. Viele Diskussionsteilnehmer haben ihre Vorschläge für die künftige Gestaltung des Bildungswesens mit konkreten Hinweisen, womit wir heute und morgen beginnen müssen, was jetzt schon verändert werden kann und muß, verbunden. Wir haben uns bemüht, in dem heute zur Beratung vorliegenden Material die in der Diskussion vertretenen Auffassungen und Vorschläge auszuwerten. Wir betrachten die vielfältigen schöpferischen Initiativen, die sich im Zusammenhang mit der Diskussion zur Verbesserung der Arbeit der Schulen entwickeln, als eine der wichtigsten Voraussetzungen für die Verwirklichung der Bildungskonzeption.

Gestatten Sie mir bitte, einige Probleme, die im vorliegenden Material dargestellt sind, zu erläutern.

In der Diskussion zu den Fragen der Vorschulerziehung wurde häufig die Meinung geäußert, daß die neue, höhere Qualität in der Unterstufe voraussetzt, daß alle Kinder eine obligatorische Vorschulerziehung durchlaufen. Diese Auffassung ist offensichtlich auch deshalb entstanden, weil in der Bildungskonzeption recht pauschal formuliert wurde, daß die neue Konzeption der Unterstufe auf dem Erziehungsplan des Kindergartens aufbaut, was zu der Vorstellung führt, daß es sich dabei um eine schematische stoffliche Aufstockung des Unterstufenlehrplanes auf den Bildungs- und Erziehungsplan der Vorschulerziehung handelt.

Wir haben offensichtlich noch nicht genügend geklärt, daß die neue, höhere Qualität der Unterstufe, wie sie die Bildungskonzeption vorsieht, von der wissenschaftlich nachgewiesenen Erkenntnis ausgeht, daß die Schüler dieser Stufe geistig und körperlich höheren Forderungen gewachsen sind. Außerdem geht es doch gerade darum, solche Bedingungen zu schaffen, die gewährleisten, daß wir das Leistungsvermögen der Kinder weiterentwickeln. Es gibt Auffassungen, daß das Problem der Bildung und Erziehung im Vorschulalter in der Schaffung systematischer stofflicher Voraussetzungen besteht.

Es geht doch aber vielmehr um eine vielseitige, selbstverständliche, systematische Arbeit zur optimalen geistigen, sprachlichen und körperlichen Entwicklung der Kinder.

In der Diskussion wurde die Forderung gestellt, sogenannte gesellschaftliche Kindergärten einzurichten, um die Anzahl der Kindergartenplätze zu erhöhen. Es ist zweifellos erforderlich, die gesellschaftliche Initiative auf die weitere Entwicklung des Netzes der Kindergärten zu richten. Doch das kann nicht auf mehr oder weniger privatem Wege geschehen. Die gesellschaftliche Initiative sollte vielmehr in die im Material gekennzeichnete Richtung gelenkt werden. Hierbei ist zu berücksichtigen, daß, obwohl schon bisher die Pläne der Entwicklung der Kindergartenplätze ständig übererfüllt wurden, besonders in wirtschaftlichen Schwerpunkten noch ein empfindlicher Mangel an Plätzen zu verzeichnen ist.

In den nächsten Jahren zeichnet sich ein Mangel an ausgebildeten Kindergärtnerinnen ab. Die Ausbildung dieser Kräfte, die nur zwei Jahre umfaßt, kann den wachsenden Bedarf schon jetzt nicht mehr voll decken. Wollten wir Kindergärten einrichten, ohne die gegenwärtigen Grenzen unserer Möglichkeiten auf diesem Gebiet zu berücksichtigen, liefen wir Gefahr, daß sich die Vorschulerziehung wesentlich verschlechtert. Wir haben eine Reihe von Maßnahmen eingeleitet, bereits aus dem Dienst ausgeschiedene Kindergärtnerinnen für die Arbeit zurückzugewinnen. Dadurch ergeben sich Möglichkeiten, diese Schwierigkeiten in einem gewissen Rahmen zu beheben.

Ein weiteres sehr ernsthaftes Problem sind die ungünstigen Arbeitsbedingungen der Kindergärtnerinnen, vor allem ihre arbeitszeitliche Beanspruchung. Hier liegt eine wesentliche Ursache für die Fluktuation. Wir halten es für notwendig, zu überprüfen und Maßnahmen festzulegen, wie die Arbeitsbedingungen der Kindergärtnerinnen verbessert werden können. Diese Probleme können jedoch nur im Zusammenhang mit der endgültigen Ausarbeitung des Perspektivplanes bis 1970 und der weiteren perspektivischen Arbeit bis 1980 geklärt werden.

Einige Bemerkungen zu den Fragen der Unterstufe:

Obwohl die Mehrheit der Lehrer die neue Konzeption für die Unterstufe begrüßt, kann man noch nicht davon sprechen, daß bereits alle Lehrer erkennen, daß die neue Qualität der Unterstufe einen wichtigen Abschnitt der systematischen wissenschaftlichen Ausbildung darstellt. Das eigentliche Hauptproblem, die zur Zeit noch vorhandene geistige Unterforderung der Schüler dieser Stufe, wird noch nicht voll erkannt.

Es ist unbedingt notwendig, überlegt und schrittweise vorzugehen, zunächst mit der Präzisierung der Lehrpläne zu beginnen, um die notwendigen Voraussetzungen für eine kontinuierliche Entwicklung, einen kontinuierlichen Übergang zur Neugestaltung der Unterstufe zu schaffen.

Mit der Einführung des präzisierten Mathematiklehrplanes in der Unterstufe, der faktisch bereits den Anforderungen an den neuen Lehrplan entspricht, ist eine wichtige Vorleistung in der Systematisierung, der Verwissenschaftlichung des Unterrichts gegeben worden. Deshalb halten wir es für notwendig, die Leitungstätigkeit auf die systematische Führung und Auswertung der in der Arbeit mit diesem Lehrplan auftauchenden Probleme zu richten. Das Vorgehen bei der Neugestaltung des Mathematikunterrichts in der Unterstufe hat deutlich gemacht, daß isoliertes Vorgehen in einem Fach ohne Rücksicht auf die damit verbundenen Zusammenhänge und Konsequenzen nicht möglich ist und den Unterstufenlehrer, der in der Regel heute alle Hauptfächer unterrichtet, mit verschiedensten neuen Forderungen konfrontiert, die er in dieser Konzentration nicht bewältigen kann.

Viele Unterstufenlehrer stellen deshalb berechtigt die Frage, wie es weitergehen soll, und weisen mit Recht darauf hin, daß jedes voreilige Vorgehen, jedes Improvisieren bei der Präzisierung der Pläne zu ernsten Schäden in der Bildungs- und Erziehungsarbeit der Kinder führt.

Aus dieser Problematik ergibt sich als wesentliche Schlußfolgerung, daß die zur Zeit laufenden wissenschaftlichen Versuche zur Neugestaltung der Unterstufe mit noch größerer Sorgfalt weiterzuführen sind, im besonderen sind die Hauptprobleme, die jetzt schon erkennbar sind, zu untersuchen.

Die bei der Präzisierung der Lehrpläne beabsichtigten Veränderungen dürfen keinesfalls den Untersuchungsergebnissen vorgreifen.

Bei der Präzisierung geht es vor allem um eine volle Ausschöpfung der gegenwärtigen Lehrpläne. Dabei werden im Fach Deutsch die umfangreichsten Korrekturen notwendig sein.

Um einen gesicherten Vorlauf für eine höhere Qualität der Unterstufenlehrerausbildung zu erreichen, haben wir bestimmte Korrekturen in der laufenden Ausbildung vorgenommen. Die Konzeption zur grundsätzlichen Neugestaltung der Unterstufenlehrerausbildung ist entworfen und wird seit einem halben Jahr in den Instituten für Lehrerbildung diskutiert.

Die hohen Anforderungen an die Unterstufenlehrer erfordern, gleichzeitig die Bedingungen ihrer Arbeit systematisch zu verbessern. Das betrifft in besonderem Maße die Überwindung der besonders in Großstädten zur Zeit sehr hohen Klassenfrequenzen und die Senkung der hohen Pflichtstundenzahlen für diese Lehrer.

Ich bitte die Staatliche Kommission, den im Material geäußerten Standpunkt zur Weiterentwicklung der jetzt gültigen Lehrpläne für die Mittel- und Oberstufe zu prüfen. Als nächsten notwendigen Schritt der Weiterentwicklung dieser Stufen betrachten wir ebenfalls die Präzisierung der jetzt gültigen Lehrpläne und Lehrbücher. Diese Arbeit kann jedoch nur mit vollem Erfolg geleistet werden, wenn Fachwissenschaftler der verschiedensten Disziplinen hierbei aktiv mitwirken. Wir können feststellen, daß es viel Bereitschaft für eine solche Mitarbeit gibt. Wir haben uns im Material zum Problem der zeitlichen Belastung der Schüler geäußert. Ich möchte noch einmal hervorheben, daß wir uns eindeutig abgrenzen von jenen Auffassungen, die ganz allgemein von Belastung und Überforderung der Schüler reden. Es ist exakt nachgewiesen, daß die Schüler in allen Stufen geistig nicht überfordert, sondern unterfordert werden, oft nicht ausgelastet, geschweige überlastet sind. Wir sind allerdings ebenfalls der Meinung, daß es keine quantitative Erweiterung des Stoffes geben kann und daß es zur Zeit in der Oberstufe, besonders in der erweiterten Oberschule, eine zu hohe Wochenstundenzahl gibt. Wir stellen die Frage nach der Senkung der Wochenstundenzahl unter dem Gesichtspunkt der Erhöhung des Niveaus der Bildungs- und Erziehungsarbeit. Die Ursachen für die zeitliche Überlastung bestehen im wesentlichen in der veralteten Anlage des gegenwärtigen Bildungsgutes, die dadurch gekennzeichnet ist, daß neue Wissensgebiete ständig zusätzlich aufgenommen wurden, ohne das bisherige Bildungsgut entsprechend zu verarbeiten, und in der noch verbreiteten Handhabung überholter Unterrichtsmethoden. Es steht außer Zweifel, daß wir eine umfassende Lösung dieses Problems erst im Zusammenhang mit der Neugestaltung der Oberstufe erreichen werden. In der Etappe der Präzisierung kann es sich nur um erste Korrekturen handeln.

Mit der völligen Neugestaltung der Lehrpläne und Lehrbücher stehen wir vor der größten und kompliziertesten wissenschaftlichen Aufgabe, die wir zu bewältigen haben. Ich denke dabei an die notwendige exakte wissenschaftliche Bestimmung des Grundwissens. Es ist an der Zeit, nunmehr an die Erfüllung dieser Aufgabe mit vollem Ernst heranzugehen. Es muß völlig klar ausgesprochen werden, daß die Pädagogen allein dieses Problem nicht lösen können.

Es ist unbedingt erforderlich, daß der Forschungsrat und die Deutsche Akademie der Wissenschaften, die an der Ausarbeitung der perspektivischen Entwicklung der Wissenschaft arbeiten, hierbei mit großer Verantwortlichkeit mitwirken. Wir brauchen exakte wissenschaftliche Ergebnisse, die von jeglichem Fachegoismus und Subjektivismus frei sind. Ich schlage vor, daß die Staatliche Kommission eine straffe Organisation der Zusammenarbeit mit diesen Gremien sichert. Wir wären sehr dankbar, wenn es hierzu heute bereits Vorschläge gäbe.

Eine zentrale Aufgabe und wesentliche Voraussetzung für die Erhöhung der Wirksamkeit der sozialistischen Erziehung in der Schule im Sinne der Lösung der im Material dargestellten Probleme auf diesem Gebiet ist die weitere Ausarbeitung der marxistisch-leninistischen Erziehungstheorie.

Vieles Schematische und Starre in unserem Bildungs- und Erziehungsprozeß ist dadurch verursacht, daß diese Theorie noch nicht entsprechend unseren konkreten gesellschaftlichen Entwicklungsbedingungen genügend ausgearbeitet ist. Die Lehrer verfügen deshalb noch nicht über eine ausreichende Einsicht in die von ihnen gelenkten komplizierten pädagogischen Prozesse.

Wir orientieren deshalb die pädagogischen Wissenschaftler darauf, in Zusammenarbeit mit angrenzenden Wissenschaften das längst überholte unfruchtbare starre Systemdenken auf dem Gebiet der Erziehung zu überwinden und, ausgehend von der Lage und den Bedürfnissen unserer Schulpraxis, eine schöpferische theoretische Arbeit zur Erforschung der Prozesse und Methoden sozialistischer Erziehung zu entwickeln.

Die weitere Gestaltung der beruflichen Grundausbildung enthält mit die ernstesten Entwicklungsprobleme unserer sozialistischen Schule.

Das Kernproblem des weiteren Voranschreitens besteht darin, die richtige Qualität der Ausbildung zu bestimmen. Es ist vor allem zu klären, wie, ausgehend von den Entwicklungstendenzen der wissenschaftlich-technischen Perspektive der Wirtschaftszweige, der Inhalt der beruflichen Grundausbildung profiliert werden muß. Konkret auszuarbeiten ist, welches grundlegende wissenschaftlich-technische sowie ökonomische Wissen und Können für alle Hauptberufsrichtungen in der Industrie und Landwirtschaft bei der Grundausbildung vermittelt werden muß.

Zur Zeit wird in 25 Grundausbildungsrichtungen ausgebildet. Der Inhalt dieser Grundausbildung ist im wesentlichen aus der Berufsausbildung übernommen worden. Obwohl hierbei verwandte Berufe im Sinne einer gerechtfertigten einheitlichen Grundausbildung zusammengeführt wurden, beobachten wir in der Praxis immer wieder eine Aufsplitterung und überspitzte frühzeitige Spezialisierung auf einen Beruf.

Besonders deutlich zeigt sich das gegenwärtig in der Landwirtschaft, in der die Grundausbildung zur Zeit in völlig unzureichendem Maße grundlegende wissenschaftlich-technische und ökonomische Kenntnisse vermittelt. Angesichts der Perspektive der Landwirtschaft, insbesondere ihres Übergangs zu industriemäßigen Methoden der Leitung und Produktion, muß gründlich überlegt werden, wie die Ausbildung mit dieser Entwicklung in Übereinstimmung gebracht wird.

Die Mitarbeiter des Ministeriums für Volksbildung, der wissenschaftlichen Einrichtungen, die zuständigen Mitarbeiter der Staatlichen Plankommission und des Landwirtschaftsrates sind beauftragt, bis zum Beginn des neuen Jahres exakt die bisher gemachten Erfahrungen und die aufgetretenen Probleme zu untersuchen und Vorschläge zu ihrer Lösung auszuarbeiten. Es geht uns dabei darum, die berufliche Grundausbildung, gemessen an den Anforderungen der wissenschaftlich-technischen Perspektive, mit hoher Qualität weiterzuentwickeln. Die Klärung des Inhalts und des Charakters der beruflichen Vorbereitung in den 9. und 10. Klassen ist zugleich eine Voraussetzung für die richtige Gestaltung der gesamten Oberstufe und der Abiturstufe.

Im Zusammenhang mit der Bestimmung des Inhalts der beruflichen Ausbildung ist zu klären, welche Schüler in der Zehnklassenschule vorzubereiten sind und in welcher Zeit sie die Ausbildung abschließen können. Weiterhin ist zu klären, für welche Berufe außerhalb der Zehnklassenschule nach der 8. Klasse die Ausbildung im System der Berufsausbildung durchgeführt wird und auf welche

Weise diese Jugendlichen eine zehnjährige Oberschulbildung erwerben können. Zur Klärung dieser Fragen haben die Vorarbeiten begonnen.

In der Diskussion hat die Erörterung der Vorschläge zur Gestaltung der Abiturstufe bekanntlich einen breiten Raum eingenommen. Wir haben deshalb zu diesen Fragen im vorliegenden Material besonders ausführlich Stellung genommen, und ich kann mich darauf beschränken, auf einige wesentliche Gesichtspunkte hinzuweisen.

In der Diskussion wurden zahlreiche Probleme aufgeworfen, die eine sehr gründliche Behandlung verlangen. Wir haben einen grundsätzlichen Standpunkt zur Lösung der aufgeworfenen Fragen bezogen und im Material zur Diskussion gestellt. Vielleicht gibt es geeignetere Vorschläge als die dargelegten. Bei allen weiteren Überlegungen dürfen wir jedoch das eigentliche zentrale Problem nicht aus dem Auge verlieren, das insbesondere darin besteht, daß ein großer Prozentsatz unserer Schüler nach dem bisherigen Schulsystem nicht die Möglichkeit hat, sich auf das Hochschulstudium vorzubereiten. Es ist eine unerläßliche Forderung unserer sozialistischen Demokratie und der wissenschaftlich-technischen Revolution, allen Schülern solche Möglichkeiten im einheitlichen Bildungssystem zu schaffen.

Selbstverständlich können alle Maßnahmen auf diesem Gebiet nur nach sorgfältiger wissenschaftlicher Klärung und Schritt für Schritt durchgeführt werden.

Von großer Bedeutung für die neue Gestaltung der Abiturstufe ist es, daß die Universitäten stärkeren Einfluß auf die Abiturstufe nehmen. Es gilt deshalb, die Versuche einiger Universitäten, die in diesem Jahr, wenn auch erst in begrenztem Umfange, begonnen haben, Schüler auf das Hochschulstudium vorzubereiten, gründlich auszuwerten.

Worauf kommt es im wesentlichen bei der Neugestaltung der Abiturstufe an?

Das Allernotwendigste ist jetzt, mit den konkreten Ausarbeitungen für eine konstruktive Lösung des Problems zu beginnen. Insbesondere benötigen wir exakte Aussagen über das zu erreichende Niveau der Hochschulreife. Das darf jedoch keinesfalls nur allgemein geschehen. Damit ist niemandem gedient. Es sollten die konkreten Anforderungen der Universitäten und Hochschulen in bezug auf das Abitur genau untersucht und ausgearbeitet werden.

Diese Aufgabe kann nur in Zusammenarbeit von Wissenschaftlern aus den Universitätsbereichen und Pädagogen gelöst werden. Es ist deshalb dringend erforderlich, daß wir heute auch darüber beraten, wie diese Zusammenarbeit organisiert werden muß.

Der Volkswirtschaftsplan 1965 und die Aufgaben auf dem Gebiet des Bildungswesens

Referat auf der 7. Tagung des Zentralkomitees der Sozialistischen Einheitspartei Deutschlands in Berlin 2. bis 5. Dezember 1964

Die Durchführung des Volkswirtschaftsplanes 1965 steht in untrennbarem Zusammenhang mit den Aufgaben auf dem Gebiet der Bildung und Erziehung.

Die planmäßige Entwicklung der Produktivkräfte, die sich durch die Anwendung der modernen Wissenschaft und Technik in raschem Tempo vollzieht, verlangt, der Bildung und Erziehung der Menschen als der wichtigsten Produktivkraft große Aufmerksamkeit zu widmen.

Die höheren Anforderungen, die die gesellschaftliche Umwälzung an das Bildungswesen stellt, und das wachsende Bedürfnis der Menschen nach schöpferischer Mitwirkung auf allen Gebieten des gesellschaftlichen Lebens – in Produktion, Wissenschaft und Kultur – drücken sich im Streben nach höherer, umfassenderer Bildung aus. Das zeigt sich deutlich in der breiten Lernbewegung, die sich in unserer Republik entwickelt hat.

Unser auf dem VI. Parteitag beschlossenes Parteiprogramm trägt dieser objektiven Gesetzmäßigkeit der gesellschaftlichen Entwicklung Rechnung, indem es feststellt: Umfassender Aufbau des Sozialismus, das heißt Erziehung und Heranbildung des allseitig, geistig, moralisch und körperlich entwickelten Menschen, der bewußt das gesellschaftliche Leben gestaltet und die Natur verändert.

Diese Aufgabe kann nur durch eine weitere Erhöhung des Bildungsniveaus auf der Grundlage eines einheitlichen Systems des Bildungswesens gelöst werden.

Die zehnklassige Oberschulbildung ist deshalb von grundlegender Bedeutung. Sie ist das unerläßliche Fundament für die Vorbereitung der Jugend auf das Leben, auf die Arbeit und für die allseitige Entwicklung der sozialistischen Persönlichkeit.

In der Diskussion um die weitere Gestaltung unseres Bildungswesens wurde von vielen Vertretern der Wissenschaft und Wirtschaft, von Eltern und Lehrern klar erkannt, daß eine moderne sozialistische Bildung, wie sie in den „Grundsätzen für die Gestaltung des einheitlichen sozialistischen Bildungssystems" konzipiert wurde, eine unabdingbare Voraussetzung für die Verwirklichung des umfassenden Aufbaus des Sozialismus, die Erreichung unserer ökonomischen und politischen Ziele ist. Der Charakter der Allgemeinbildung wird in unserem Zeitalter wesentlich von den Anforderungen der Mathematik, der Naturwissenschaften und der Technik bestimmt. Die moderne Allgemeinbildung hat die Grundlagen dieser Wissenschaften zu vermitteln. Sie schließt die polytechnische Bildung und Erziehung, die Vermittlung der grundlegenden Gesetzmäßigkeiten der gesellschaftlichen Entwicklung, die sichere Beherrschung der Muttersprache, die Fähigkeit des aktiven Gebrauchs moderner Fremdsprachen, die harmonische körperliche Entwicklung und die Aneignung der Schätze der Kultur in sich ein.

Im Verlauf der Aussprache über die Probleme der Bildung wurde Klarheit darüber geschaffen, daß eine solche moderne Allgemeinbildung die unerläßliche Grundlage für eine hohe Spezialbildung ist. Nur durch die Vermittlung einer soliden, wissenschaftlichen Allgemeinbildung können wir den vielfältigen und sich rasch verändernden Erfordernissen der fortschreitenden gesellschaftlichen Entwicklung und der technischen Revolution gerecht werden.

Die sozialistische Bildung kann nur durch die enge Verbindung mit dem Leben, durch die Einheit von Lernen, Studieren und Arbeiten verwirklicht werden. Es geht deshalb im einheitlichen sozialistischen Bildungssystem um die Einheit von Bildung und Erziehung, um die Heranbildung von Menschen, die gute Sozialisten und gute Fachleute zugleich sind. In der Volksaussprache zu den „Grundsätzen für die Gestaltung des einheitlichen sozialistischen Bildungssystems", die zugleich ein wichtiger Beitrag zur Plandiskussion war, haben wir mit der Entwicklung des perspektivischen Denkens einen großen Schritt nach vorn getan. Der gegenwärtige Stand und die Ergebnisse der Arbeit werden immer stärker mit dem Maßstab der Perspektive gemessen.

Das Planjahr 1965 ist zugleich als Schul-, Lehr- und Ausbildungsjahr ein entscheidender Abschnitt der Verwirklichung des Perspektivprogramms für das Bildungswesen und damit für die Verwirklichung des Perspektivplanes, der als komplexer Plan alle Bereiche des gesellschaftlichen Lebens umfaßt.

In der Aussprache wurde Klarheit darüber geschaffen, daß 1965 die schrittweise Verwirklichung der „Grundsätze" mit dem Kampf um die höhere Qualität der Arbeit in allen Stufen des Bildungswesens beginnen muß.

Auch im Bildungswesen gibt es meßbare Werte.

Maßstab der Arbeit sind die tatsächlichen Leistungen, die sichtbaren Ergebnisse auf allen Stufen des einheitlichen Bildungswesens, die sich im Wissen, Können und Verhalten der Schüler und Studenten und in ihrer Bereitschaft ausdrükken, an den entscheidenden Abschnitten der Produktion und des gesellschaftlichen Lebens zu arbeiten.

Deshalb ist das entscheidende Kettenglied zur Lösung der nächsten Aufgaben die Entwicklung und Durchsetzung einer qualifizierten wissenschaftlichen Leitung auf allen Ebenen des Bildungswesens, die auf die systematische Erhöhung der Kenntnisse und die Verbesserung der sozialistischen Erziehung der Schüler gerichtet ist.

Die Prinzipien der wissenschaftlichen Leitung, die Genosse Walter Ulbricht auf dem VI. Parteitag begründete und die dem neuen ökonomischen System der Planung und Leitung der Volkswirtschaft zugrunde liegen, werden im Bildungswesen charakterisiert

– durch die Konzentration aller Mitarbeiter des Bildungswesens auf die Erhöhung des Niveaus der wissenschaftlichen und pädagogischen Arbeit und

– die breitere Einbeziehung befähigter Fachkräfte zur sachkundigen Leitung des Unterrichts- und Erziehungsprozesses sowie durch die demokratische Mitwirkung der Öffentlichkeit und der Eltern an der sozialistischen Bildung und Erziehung der Jugend.

Das verlangt, mit allen Lehrern und Erziehern klug und überlegt zu arbeiten, ihnen die Aufgaben gründlich zu erläutern und ihnen zu helfen, ihr Wissen und Können ständig zu vervollkommnen, damit sie noch besser zu schöpferischer Arbeit befähigt werden. Das verlangt weiter, die Verantwortung der Leiter zu erhöhen, ihre Aufgaben und Befugnisse konkret festzulegen und eine exakte Rechenschaftslegung und Kontrolle zu sichern, die fortgeschrittensten Erfahrungen zu vermitteln, die Neuererbewegung und die sozialistische Gemeinschaftsarbeit systematisch zu entwickeln, die Leiter zu qualifizieren und planmäßig befähigte junge Lehrer, Wissenschaftler und Frauen für leitende Funktionen heranzubilden.

Gegenwärtig gibt es in einer Reihe von Schulen noch Schwächen in der Leitung des Bildungs- und Erziehungsprozesses. Sie drücken sich oftmals in einer undifferenzierten Arbeit mit den Lehrern und Direktoren aus, die auf einer unzureichenden Kenntnis der Lage und routinemäßiger Arbeitsweise beruht.

Die schematische und bürokratische Arbeitsweise mancher Volksbildungsabteilungen und unnützes Administrieren staatlicher und gesellschaftlicher Organe hemmen noch oft die schöpferische Arbeit der Lehrer.

Noch nicht überall ist klar, daß die Bildungs- und Erziehungsarbeit die wichtigste gesellschaftliche Aufgabe des Lehrers ist und daß niemand das Recht hat, störend in den Unterricht einzugreifen. Noch verursachen verschiedene Räte der Kreise und Kreisleitungen der Partei Geschäftigkeit und bewerten Augenblickseffekte in den Schulen höher als solide Ergebnisse der Bildungs- und Erziehungsarbeit.

Mit Hilfe der Bezirksleitung der Partei und des Rates des Bezirkes Potsdam haben wir in diesem Bezirk damit begonnen, neue Leitungsmethoden zu entwickeln, die darauf gerichtet sind, alle Kräfte konsequent auf die inhaltliche Führung des Bildungs- und Erziehungsprozesses zu konzentrieren.

Die besten Direktoren arbeiten so, daß sie gute Lehrer der einzelnen Fachdisziplinen direkt in die Leitung einbeziehen. Dadurch ist der Direktor in der Lage, sich einen genauen Einblick in den Stand der Bildungs- und Erziehungsergebnisse zu verschaffen. Das macht es ihm möglich, mit Sachkenntnis Entscheidungen zur Verbesserung der Bildungs- und Erziehungsarbeit an seiner Schule zu treffen.

An den fortgeschrittenen Schulen wird der bisherige Schematismus in der Leitung überwunden, der sich zum Beispiel darin äußert, die Aufgaben undifferenziert, für alle gleich zu stellen und immer alle Fragen mit allen Lehrern zu beraten. Wie auf dem VI. Parteitag vorgeschlagen wurde, haben wir mit dem Aufbau von qualifizierten Schulleitungen begonnen. Es geht dabei darum, die Initiative der Lehrer breiter zu entwickeln, die persönliche Verantwortung der Direktoren zu erhöhen und eine sachkundige, kollektive Beratung zu sichern. An den Schulen muß immer besser der Grundsatz verwirklicht werden: Was in der Schule geschieht, verantwortet und entscheidet der Direktor.

Durch die Einbeziehung von Fachkräften der Betriebe in die Schulleitungen wird auch eine neue Qualität der Zusammenarbeit zwischen Schule und Betrieb erreicht.

Die Entwicklung einer neuen Qualität der Leitung ist auch eine große erzieherische Aufgabe. Die Parteiorganisationen der Schulen und die Kreisleitungen der Partei müssen diesem Erziehungsprozeß ihre ganze Aufmerksamkeit widmen. Es geht darum, die noch immer vorhandene Unterschätzung, das mangelnde Vertrauen in die Fähigkeit der Lehrer, Enge und Sektierertum zu überwinden. Es geht um eine zielstrebige, vielseitige politisch-ideologische Arbeit, die auf die ständige Erhöhung des politischen und fachlichen Niveaus der Leitungen und aller Lehrer gerichtet ist.

Die Erfahrungen der Arbeit lehren, daß durch die neuen Methoden der Leitung die echten Leistungen der Lehrer besser erkannt werden und daß so eine sachliche Grundlage für eine bessere erzieherische Arbeit innerhalb des Pädagogenkollektivs entsteht. Dadurch entwickeln sich höhere Formen der sozialistischen Gemeinschaftsarbeit, die sich in dem Bemühen zeigen, den Titel „Kollektiv der sozialistischen Arbeit" zu erringen.

Die Verwirklichung einer wissenschaftlich fundierten Leitung hängt jetzt wesentlich davon ab, wie die Räte der Kreise und ihre Kreisschulräte die Direktoren der Schulen und Leiter der anderen Volksbildungseinrichtungen zu einer qualifizierten Arbeit befähigen.

Ein ernstes Hemmnis für die Verbesserung der Arbeit der Direktoren ist gegenwärtig noch ihre starke Belastung mit Verwaltungsaufgaben. Sie müssen viel Zeit und Kraft für die Instandsetzung der Gebäude, für die Gewinnung der Heizer, Handwerker, der Küchenkräfte für die Schulspeisung und andere Arbeiten aufwenden, die eigentlich den Räten der Gemeinden bzw. Städte obliegen.

Die richtige Anwendung des neuen ökonomischen Systems der Planung und Leitung der Volkswirtschaft durch die örtlichen Räte wird es ermöglichen, die Unterhaltung der den örtlichen Staatsorganen unterstehenden Bildungseinrichtungen besser zu sichern. Daß das möglich ist, zeigt der Rat der Stadt Ludwigsfelde. Er hat beschlossen, die Leiter der Volksbildungseinrichtungen von solchen Arbeiten zu entlasten.

Die Haushaltsplanung und Kontenführung für die Versorgung der Schulen und Einrichtungen mit Wasser, Gas und Strom wurde dem Sachgebiet Finanzen beim

Rat der Stadt voll verantwortlich übertragen. Für die Fragen der Heizung und Reinigung der Volksbildungseinrichtungen, die Unterstellung und Arbeitsorganisation der technischen Kräfte sowie die Materialbeschaffung wurde die Abteilung Örtliche Versorgungswirtschaft beim Rat der Stadt verantwortlich gemacht.

Alle Fragen der Werterhaltung und Hauptinstandsetzung übernahm eigenverantwortlich die Kommunale Wohnungsverwaltung. Sie stützt sich dabei auf ein Bauaktiv, in dem Vertreter der Volksbildungseinrichtungen mitarbeiten. Der Ratsbeschluß sieht weiter vor, Voraussetzungen zu schaffen, die Direktoren und Leiter der Volksbildungseinrichtungen von den Problemen der Schulspeisung und den damit verbundenen Stellenplan- und Kaderfragen zu entlasten.

Wir halten es für erforderlich, daß – ausgehend von diesen Erfahrungen – den örtlichen Räten mehr Verantwortung für die materielle Sicherung der Bildungs- und Erziehungsarbeit übertragen wird. Dazu sind die notwendigen gemeinsamen Arbeiten mit den zuständigen zentralen Organen eingeleitet worden.

Die neuen, höheren Aufgaben in den Kreisen sind nicht mit den alten Methoden einer engen apparatmäßigen Arbeit zu lösen. Kein Schulrat, keine Kreisabteilung kann die komplizierten Probleme des Bildungswesens ohne die aktive Mitwirkung der Fachleute aus den Schulen, Betrieben und der Öffentlichkeit lösen. Deshalb sollen in den Kreisen Kollegien als beratende Gremien der Kreisschulräte geschaffen werden. Zur Zeit beschäftigen sich die Bezirke oft zu sehr mit Einzelfragen und schmälern dadurch die Verantwortlichkeit der Kreise.

Die Räte der Bezirke und ihre Schulräte stehen jetzt vor der Aufgabe, vor allem den Kreisen wirksam zu helfen, eine neue Qualität der Leitung zu erreichen.

Es kommt jetzt darauf an, die fortgeschrittenen Erfahrungen bei der Entwicklung einer wissenschaftlichen Leitung des Bildungs- und Erziehungsprozesses in den Schulen, Kreisen und Bezirken gründlich zu studieren und schrittweise zu verwirklichen.

Um den Anforderungen gerecht zu werden, die sich aus der Bildungskonzeption ergeben, gilt es, die Schüler zu sicherem Wissen zu führen, ihr wissenschaftliches Denken und ihre schöpferischen Fähigkeiten zu entwickeln. Die jetzt gültigen Lehrpläne berücksichtigen noch nicht genügend diese Forderung. Deshalb haben wir damit begonnen, diese Lehrpläne zu überarbeiten und neue Lehrpläne zu entwickeln, die schrittweise eingeführt werden.

Es ist aber bereits im Jahre 1965 erforderlich, große Anstrengungen zu unternehmen, um das wissenschaftliche Niveau des Unterrichts und die Lehrmethoden entscheidend zu verbessern, um sichere Grundlagen für die neuen Lehrplanforderungen zu schaffen.

Es gilt, einen fachwissenschaftlich einwandfreien, erzieherisch wirksamen und methodisch modernen, lebensverbundenen Unterricht zu sichern. Es ist notwendig, alle vorhandenen geistigen Potenzen der Schüler voll zu entwickeln und zu nutzen.

Bei der Entwicklung der geistigen Fähigkeiten der Schüler sind die Altersbesonderheiten besser zu beachten. Es ist notwendig, vor allem in der Oberstufe, die Schüler stärker als bisher zum selbständigen Wissenserwerb zu führen und sie gründlicher mit rationelleren Methoden der Wissensaneignung vertraut zu machen. Dabei geht es sowohl um die Förderung besonderer Begabungen als auch um die Verhinderung des Zurückbleibens einzelner Schüler. Das erfordert eine kluge, straffe und differenzierte Führung des Unterrichts.

Ein Mangel besteht gegenwärtig darin, daß Schwächen in der Unterrichtsarbeit lange Zeit nicht bemerkt werden. Andererseits werden die Erfahrungen der besten Lehrer oft nicht genügend bekannt und ungenügend für die Verbesserung der Unterrichtsarbeit an der ganzen Schule genutzt.

Zur Intensivierung des Unterrichts gehört auch, die vorhandenen Unterrichtsmittel zweckmäßig einzusetzen. Die Direktoren und die Schulräte müssen sehr rasch den Zustand verändern, daß vorhandene Unterrichtsmittel nicht genutzt werden.

Das Ministerium für Volksbildung muß dafür sorgen, daß Lehr- und Arbeitsmittel für Lehrer und Schüler entwickelt werden, die geeignet sind, den Unterricht zu intensivieren und die Planungs- und Vorbereitungsarbeit sowie die Leistungskontrolle des Lehrers zu erleichtern. Dazu gehören zum Beispiel allgemeine und spezielle methodische Veröffentlichungen, ein wirksames Informations- und Dokumentationssystem, Übungs- und Beispielsammlungen.

Die Erhöhung des Unterrichtsniveaus ist in erster Linie von der Qualität des Lehrers abhängig. Wir haben deshalb nach dem VI. Parteitag die Umgestaltung der Lehrerbildung eingeleitet.

Die unter Mitwirkung vieler namhafter Wissenschaftler erarbeiteten neuen Studienprogramme für die Ausbildung der Oberstufenlehrer müssen jetzt gewissenhaft und mit höchster Qualität erfüllt werden.

Auch in der Ausbildung der Unterstufenlehrer werden wir ab 1965 schrittweise neue Studienprogramme einführen. Es geht dabei um eine entscheidende Erhöhung des wissenschaftlichen Niveaus.

Die ständige systematische Weiterbildung der in der Schulpraxis tätigen Lehrer auf politischem, fachwissenschaftlichem und pädagogischem Gebiet gewinnt eine ausschlaggebende Bedeutung. Die Vereinbarungen, die mit jedem Lehrer zu seiner Qualifizierung abgeschlossen werden, sollen den unterschiedlichen Ausbildungsstand, die konkrete Bildungs- und Erziehungsarbeit des Lehrers und seine wissenschaftlichen Interessen berücksichtigen. In zunehmendem Maße ist den Lehrern durch die Universitäten, Hochschulen, betrieblichen Bildungseinrichtungen und wissenschaftlichen Gesellschaften Unterstützung zu gewähren. Das Selbststudium, die selbständige wissenschaftliche Arbeit müssen dabei immer mehr die Hauptmethode der Weiterbildung werden.

Von besonderer Bedeutung ist die Erhöhung der Qualität im naturwissenschaftlichen Unterricht. Obwohl im mathematisch-naturwissenschaftlichen Unterricht bessere Ergebnisse erreicht werden, können die Schülerleistungen noch nicht befriedigen. Der wesentliche Mangel besteht darin, daß die grundlegenden Gesetzmäßigkeiten der naturwissenschaftlichen Vorgänge nicht genügend behandelt werden. Insbesondere erschweren mangelhafte mathematische Fertigkeiten der Schüler das quantitative Erfassen naturwissenschaftlicher Gesetze. Die experimentellen Fähigkeiten werden zwar schon besser ausgebildet, aber sie sind noch zuwenig theoretisch fundiert.

In vielen Schulen gibt es eine gute Initiative der Chemie-, Physik- und Biologielehrer, aber nicht selten werden diese Fächer von den Leitungen vernachlässigt. Daran wird deutlich, daß die Schlußfolgerungen aus dem Mathematikbeschluß nicht zielstrebig genug auf diese Fächer übertragen werden.

Entscheidendes Kriterium eines guten naturwissenschaftlichen Unterrichts sind fundierte, anwendbare Kenntnisse der Schüler.

Wissenschaftlichkeit des Unterrichts heißt in den naturwissenschaftlichen Disziplinen auch, theoretisch fundierte, den Erkenntnisprozeß der Schüler fördernde Experimente planmäßig und methodisch klug im Unterrichtsprozeß einzusetzen.

Direktoren und Schulräte müssen den Lehrern dabei mehr konkrete Hilfe geben. In den Konsultationsschulen sowie in geeigneten Betrieben sollten Voraussetzungen geschaffen werden, daß die Lehrer den Einsatz des Experimentes gründlich studieren und sich selbst im experimentellen Arbeiten vervollkommnen können.

Analysen ergeben, daß noch nicht in allen Schulen die Schülerexperimente im naturwissenschaftlichen Unterricht gut durchgeführt werden können.

Die Betriebe haben aber die Möglichkeiten, den Schulen auch auf diesem Gebiet zu helfen. Das liegt nicht nur im Interesse der Schule. Wir meinen, daß es den Betrieben nicht gleichgültig sein kann, ob und in welcher Qualität der experimentelle naturwissenschaftliche Unterricht in den Schulen erteilt wird, aus denen in den nächsten Jahren der Facharbeiternachwuchs hervorgeht.

Die örtlichen Organe und unsere sozialistischen Betriebe sollten zusammen mit den Schulen dafür sorgen, daß im Schuljahr 1965/66 die notwendigen Voraussetzungen für einen guten naturwissenschaftlichen Unterricht geschaffen werden.

Die notwendige Konzentration auf den mathematisch-naturwissenschaftlichen Unterricht darf nicht zu einer Vernachlässigung der anderen Unterrichtsfächer führen. Der Unterricht in den gesellschaftswissenschaftlichen Fächern, der Körpererziehung, den sprachlichen und musischen Disziplinen hat eine entscheidende Bedeutung für die Bildung und Erziehung allseitig entwickelter Persönlichkeiten.

Analysen in den einzelnen Unterrichtsfächern weisen nach, daß es auch hier Fortschritte gibt. Es gibt große Bemühungen der Lehrer, die sich in den steigenden Leistungen der Schüler widerspiegeln. Es dürfen jedoch die ernsten Mängel nicht übersehen werden.

Vor allem müssen die Direktoren und Schulräte sich mehr um die Verbesserung des Deutschunterrichts sorgen. Mit Hilfe der besten Deutschlehrer sind in jeder Klasse die Leistungen der Schüler zu analysieren und konkrete Maßnahmen einzuleiten, damit die großen Schwächen in der Rechtschreibung und im Ausdrucksvermögen überwunden werden.

Die ernsten Bemühungen unserer Russischlehrer haben bereits zu besseren Ergebnissen geführt. Es muß jedoch weiter zielstrebig daran gearbeitet werden, die Schüler zur aktiven Sprachbeherrschung zu führen.

Es ist völlig klar, daß der gesamte Fremdsprachenunterricht, die Methode dieses Unterrichts, entsprechend den neuen wissenschaftlichen Erkenntnissen grundlegend umgestaltet werden muß. Dazu bedarf es der aktiven Mitarbeit der Wissenschaftler.

Durch die Erhöhung der Qualität und die Erweiterung des fakultativen Fremdsprachenunterrichts wird die Einführung des obligatorischen Unterrichts in einer zweiten Fremdsprache systematisch vorbereitet werden.

Nach gründlicher Beratung mit den Lehrern, den wissenschaftlichen Einrichtungen, den Eltern und Schülern ist in allen Kreisen ein langfristiges Programm zur Erhöhung der Qualität und des Umfangs des fakultativen Fremdsprachenunterrichts, besonders in Englisch und Französisch, auszuarbeiten. Dieses Programm muß konkrete Festlegungen enthalten, über die die Direktoren und Schulräte am Ende des Schuljahres 1965/66 Rechenschaft ablegen.

Es ist selbstverständlich die Aufgabe aller Unterrichtsfächer, ihren Beitrag zur weltanschaulichen Erziehung unserer Jugend zu leisten.

Im Fach Staatsbürgerkunde wird nach einem neuen Lehrplan unterrichtet, der die systematische Einführung in die Grundlagen des Marxismus-Leninismus sichert. Es kommt im neuen Schuljahr darauf an, eine höhere Wissenschaftlichkeit und größere erzieherische Wirksamkeit dieses Unterrichts zu sichern und von vornherein alle Tendenzen der Lebensfremdheit energisch zu bekämpfen. Besonders in diesem Fach muß der Unterricht eng mit dem Leben und der Praxis verbunden werden. Dazu gehört die Einbeziehung der Erfahrungen der Schüler aus der produktiven Arbeit und der gesellschaftlich nützlichen Tätigkeit ebenso wie die Einbeziehung aktueller politischer Ereignisse. Solche bewährten Methoden wie die Durchführung von Seminaren, die Anfertigung von Übersichten, die Hilfe beim selbständigen Studium der Werke der Klassiker und die Gestaltung bestimmter Unterrichtsstunden durch Partei-, Staats- und Wirtschaftsfunktionäre und Veteranen der Arbeiterbewegung sollten stärker angewandt werden. Gerade in diesem für die staatsbürgerliche Bildung und Erziehung der Schüler so entscheidenden Fach bedürfen die Lehrer einer vielseitigen Unterstützung und Hilfe durch alle Leitungsorgane der Volksbildung und der Partei.

Es ist nicht möglich, hier auf alle Fächer, ihre Probleme und Aufgaben einzugehen.

In allen Unterrichtsfächern, den naturwissenschaftlichen und gesellschaftswissenschaftlichen, im Literatur-, Geographie- und Geschichtsunterricht, in den musischen Fächern und der Körpererziehung, gilt es, eine entscheidende Wende zu einer höheren Qualität der Arbeit herbeizuführen.

Ein hohes Niveau des Fachunterrichts setzt voraus, daß bereits in der Unterstufe ein festes Fundament gelegt wird. Deshalb gilt es, mit der immer noch vorhandenen Unterschätzung der Arbeit in der Unterstufe Schluß zu machen. Die neuen Lehrpläne für den Mathematikunterricht, die in diesem Schuljahr eingeführt wurden, setzen neue Maßstäbe für die gesamte Arbeit in der Unterstufe. 1965 kommt es darauf an, den Forderungen des neuen Mathematiklehrplanes entsprechend die Qualität des Mathematikunterrichts weiter zu erhöhen und den Unterricht in der Muttersprache grundlegend zu verbessern. Vor allem geht es um Klarheit darüber, daß die Unterstufe bereits einen wichtigen Abschnitt der systematischen wissenschaftlichen Bildung darstellt und daß das geistige Leistungsvermögen der Kinder voll entwickelt werden muß.

Von allen Funktionären erwarten wir mehr Sorge um unsere Unterstufenlehrer, die vor vielen neuen, komplizierten Aufgaben stehen.

Die höheren Anforderungen an die Bildung und Erziehung, das Bedürfnis unserer Jugend nach sinnvoller Freizeitgestaltung und nach schöpferischer Selbstbetätigung erfordern die weitere Entwicklung der Tageserziehung.

Es wurde die Frage gestellt, wie es mit der Tageserziehung weitergeht. Die Auffassung, Tageserziehung sei nur an speziellen Tagesschulen möglich, wird durch die Praxis widerlegt. Dort, wo die außerunterrichtliche Arbeit unter Leitung qualifizierter Kräfte breit entwickelt ist, wo in den Horten, Tagesgruppen und -klassen ein interessantes, vielseitiges Leben organisiert wird, ist auch eine gute Tageserziehung gewährleistet.

Deshalb kommt es darauf an, an allen Schulen die Tageserziehung mit hoher Qualität durchzuführen und immer mehr Kinder einzubeziehen.

Große Aufmerksamkeit verlangt die Entwicklung der mathematischen und naturwissenschaftlich-technischen Arbeitsgemeinschaften. Die Erfahrungen des Pioniertreffens in Karl-Marx-Stadt lehren, daß überall dort, wo Fachkräfte der Betriebe und Genossenschaften unmittelbar solche Arbeitsgemeinschaften leiten und unseren Mädchen und Jungen konkrete Aufgaben durch die Betriebe und Genossenschaften sowie wissenschaftlichen Einrichtungen übertragen werden, hervorragende Resultate erzielt wurden. Sie zeigen sich in den praktischen Fertigkeiten, den theoretischen Kenntnissen, dem technisch-konstruktiven Denken der Schüler. Aber noch nicht alle Betriebe, Genossenschaften und wissenschaftlichen Einrichtungen sehen es als ihre Aufgabe an, die Tageserziehung mit ihren Kräften und Mitteln ständig zu fördern. Es ist notwendig, daß alle Betriebe, Genossenschaften und Massenorganisationen ihre Kulturhäuser, die Büchereien und Sporteinrichtungen der Schuljugend zur Verfügung stellen.

Die außerschulische Arbeit ist in hervorragender Weise geeignet, das Schulkollektiv vielfältig mit dem Leben zu verbinden. Sie unterstützt das Streben der Schüler, gesellschaftlich nützlich tätig zu sein, Verantwortung für das Ganze zu tragen. Sie hilft, die Freude an der Arbeit, Fleiß und Beharrlichkeit, Schöpferdrang und den Sinn für das Schöne zu entwickeln.

Es ist die gemeinsame Aufgabe der Pädagogen, der FDJ und der Pionierorganisation, die gesamte außerschulische Arbeit als festen Bestandteil des einheitlichen Bildungs- und Erziehungsprozesses an der Schule richtig zu leiten, die Initiative der Schüler zu wecken, ihre geistigen Interessen zu entwickeln und zur richtigen Organisierung des Lebens des Schülerkollektivs beizutragen. Eine solche außerschulische Arbeit ist der Weg, wie die Tageserziehung nicht nur an Tagesschulen, sondern an allen Schulen entwickelt werden kann.

In unserem Parteiprogramm wird die Erziehung zur Liebe zur Arbeit, zur Achtung jeder Arbeit und der arbeitenden Menschen, die polytechnische Bildung und Erziehung als das Kernstück der sozialistischen Erziehung bezeichnet. Nur im einheitlichen Prozeß des Lernens, Studierens und Arbeitens formt sich die allseitig entwickelte sozialistische Persönlichkeit.

Diese Aufgabe kann nur im engen Zusammenwirken von Schule, Elternhaus, Betrieb und Jugendorganisation gelöst werden. Die sozialistische Arbeitserziehung, die Erziehung zur Bereitschaft, sich für die Gesellschaft, für das Ganze verantwortlich zu fühlen, muß zur Sache aller werden.

Die Erziehung zur Arbeit kann natürlich nicht nur auf den polytechnischen Unterricht beschränkt werden. Mit der Verbindung von Unterricht und produktiver Arbeit in den polytechnischen Oberschulen ist aber die entscheidende Voraussetzung für die sozialistische Arbeitserziehung, für die Einbeziehung der Jugend in den Kampf für die Verwirklichung der sozialistischen Perspektive geschaffen worden.

Im polytechnischen Unterricht in den Betrieben sollen unsere Schüler an Disziplin, Pünktlichkeit und Gewissenhaftigkeit bei der Arbeit gewöhnt werden. Dem stehen aber solche Tatsachen gegenüber, daß in manchen Betrieben den Schülern zuwenig verantwortungsvolle Aufgaben übertragen werden, daß oft unnütz Zeit vergeudet wird. Nicht selten beginnt der Unterrichtstag unpünktlich, wird die Arbeit nicht ausreichend vorbereitet. Das trifft auch auf den Werkunterricht zu.

Die Schulen und Betriebe müssen aber die erzieherischen Potenzen der produktiven Tätigkeit voll ausnutzen. Der Erfolg der Arbeitserziehung läßt sich daran messen, wie die Schüler bereit und fähig sind, ihr Wissen und Können in den Dienst des umfassenden Aufbaus des Sozialismus zu stellen und ihre Entscheidung für einen volkswirtschaftlich wichtigen Beruf zu treffen.

Im Schuljahr 1963/64 wurden zur Erhöhung des Niveaus des polytechnischen Unterrichts wichtige Voraussetzungen geschaffen.

Neue Lehrpläne für den polytechnischen Unterricht der Klassen 1 bis 10 für Schulen industrieller und landwirtschaftlicher Gebiete wurden nach einjähriger Erprobung eingeführt. Es stehen neue Lehrbücher zur Verfügung.

Der Beschluß des Politbüros über die weitere Systematisierung des polytechnischen Unterrichts löste in den Parteiorganisationen, den örtlichen Volksvertretungen und den Wirtschaftsorganen eine große Initiative, besonders zur Schaffung der erforderlichen materiellen Voraussetzungen, aus. Es entstanden neue Werkräume, eine Vielzahl polytechnischer Kabinette und Schülerproduktionsabteilungen.

Gemeinsame Beratungen der Kreistage mit den Kreislandwirtschaftsräten, wie im Kreis Bad Doberan, Bezirkstagssitzungen in Gera und Halle, polytechnische Konferenzen der VVB und anderer Wirtschaftsorgane haben zu diesen guten Ergebnissen entscheidend beigetragen. Diese Ergebnisse und Erfahrungen müssen im Jahre 1965 gut genutzt und weiterentwickelt werden. Vor den VVB, den Betrieben, den wissenschaftlichen Einrichtungen und Volksbildungsorganen, den Lehrern und Direktoren der Schulen steht im Jahre 1965 die verantwortungsvolle Aufgabe, in sozialistischer Gemeinschaftsarbeit den polytechnischen Unterricht mit höherer Qualität durchzuführen. Das ist ein wichtiger Teil der Verwirklichung des Volkswirtschaftsplanes 1965, weil damit wesentliche Voraussetzungen zur Realisierung des Perspektivplanes bis 1970 – vor allem hinsichtlich der Entwicklung der jungen Facharbeiter – geschaffen werden.

Eine hohe Qualität des polytechnischen Unterrichts zu sichern heißt: Schaffung der materiellen und personellen Voraussetzungen, Nutzung jeder Stunde und Minute des Unterrichts, lebensnaher und interessanter Unterricht, hohe Qualität des theoretischen Unterrichts und Entwicklung der schöpferischen Kräfte der Schüler sowie Verwirklichung der Prinzipien der sozialistischen Arbeitserziehung. Das sind Aufgaben des Volkswirtschaftsplanes 1965, deren Durchführung von allen Verantwortlichen streng kontrolliert werden muß, denn von ihrer Erfüllung hängt nicht zuletzt die Sicherung des Perspektivplanes ab.

Einige Werkdirektoren stellen die Frage, ob denn nach dem neuen ökonomischen System der Planung und Leitung der Volkswirtschaft die polytechnische Ausbildung noch Platz im Betrieb hat. Damit belaste man nur den Betrieb und erhöhe die Selbstkosten. Auch schulfreundliche Werkleiter sind von solchen Überlegungen nicht frei, denn bekanntlich hört beim Geld die Freundschaft auf.

Kosten für die polytechnische Ausbildung sind eben eine langfristige Investition. Mit ungebildeten und für das Leben und die Produktion nicht vorbereiteten Menschen kann man das neue ökonomische System der Planung und Leitung nicht durchsetzen. Solche Betriebe wie das Elektromotorenwerk Grünhain, der VEB Carl Zeiss Jena und eine Reihe anderer Betriebe und Genossenschaften haben diese Zusammenhänge richtig erkannt und sichern einen guten polytechnischen Unterricht.

Selbstverständlich ist es notwendig, daß jetzt die Staatliche Plankommission in Zusammenarbeit mit dem Ministerium der Finanzen die Finanzierung des polytechnischen Unterrichts regelt.

Auch die Berufsausbildung der Schüler der erweiterten Oberschule, die nach Abschluß ihrer Ausbildung in der Regel nicht im Betrieb verbleiben, ist kein Verlustgeschäft, wie einige Werkdirektoren und Wirtschaftsfunktionäre meinen, sondern eine wichtige schulpolitische Aufgabe und zugleich Teil der Vorbereitung der künftigen Leitungskader für die Volkswirtschaft und die Betriebe selbst. Aus diesen Schulen kommen unsere zukünftigen Ingenieure, Mathematiker, Physiker, Chemiker, Technologen und Konstrukteure.

Gegenwärtig gibt es noch große Mängel bei der Planung der polytechnischen Ausbildung. Die bisherige schematische Aufteilung, daß die Schüler in landwirtschaftlichen Gebieten alle nur nach den Plänen der Landvariante ausgebildet werden, stimmt in vielen Fällen nicht mit der Arbeitskräftebewegung überein, vor allem nicht in Landkreisen, die zum Einzugsbereich wichtiger Industriebetriebe gehören.

Im Kreis Weißenfels, einem typischen Einzugsgebiet der Leuna-Werke, nahmen zum Beispiel am 1. September 1964 205 Abgänger der zehnklassigen Oberschule ihre Berufsausbildung in der chemischen Industrie in Leuna auf. 102 dieser Schüler aber waren vier Jahre nach der Landwirtschaftsvariante ausgebildet worden, das heißt, daß die ökonomische Struktur des Gebietes nicht richtig beachtet wird.

Diese Disproportionen werden auch bei der Einschätzung der Gesamtzahlen ersichtlich. Um das zu verändern, sind gründliche Maßnahmen erforderlich. Man darf natürlich nicht so an die Lösung dieser Fragen herangehen, daß die Schülerzahlen für die Ausbildung nach der Landwirtschaftsvariante schematisch reduziert werden, ohne die Voraussetzungen für die Ausbildung nach der Industrievariante zu sichern.

Eine gute Möglichkeit zur Überwindung der gegenwärtigen Disproportionen ist die stärkere Vermittlung von technisch-ökonomischen Kenntnissen im polytechnischen Unterricht in der Landwirtschaft. Das trägt den Anforderungen der Landwirtschaft Rechnung und sichert auch, daß Jugendliche die notwendigen Voraussetzungen erwerben, um später in einem Industriebetrieb arbeiten zu können.

Deshalb orientieren wir darauf, neben den reparaturtechnischen Stationen und den Kreisbetrieben für Landtechnik auch die Reparaturabteilungen der Zucker- und Stärkefabriken, Produktionsgenossenschaften des Handwerks für Elektrotechnik und andere technische Einrichtungen mehr als bisher für die polytechnische Ausbildung auf dem Lande zu nutzen.

Einige Bemerkungen zu den Problemen der Einführung der beruflichen Grundausbildung an den Oberschulen.

Mit dem 1. September 1964 nahmen über 13 000 Schüler der 9. Klassen die berufliche Grundausbildung auf, nachdem ab 1. September 1963 etwa 5000 Schüler diesen Weg probeweise begonnen hatten. Schon heute ist festzustellen, daß gute Ergebnisse erzielt werden, die denen der bisherigen Berufsausbildung nicht nachstehen. Das ist immer dort der Fall, wo der polytechnische Unterricht bereits mit hoher Qualität durchgeführt wird und die Vorleistungen dieses Unterrichts richtig genutzt werden. So bestätigen zum Beispiel die Lehrmeister des Transformatoren- und Röntgenwerkes Dresden, daß die Schüler der beruflichen Grundausbildung die geforderten Leistungen in wesentlich kürzerer Zeit erreichen, als dies bei Lehrlingen früher der Fall war.

Bei den Betrieben besteht eine große Bereitschaft, solche Klassen aufzunehmen, teilweise weit über die im Volkswirtschaftsplan festgelegten Kennziffern hinaus. Dabei lassen sich aber manche Betriebe nur von den augenblicklichen Schwierigkeiten, dem Mangel an Arbeitskräften auf einigen Gebieten leiten. Sie lassen oft außer acht, daß dieser Weg der beruflichen Vorbereitung zu einem höheren Niveau der Allgemeinbildung und auch der Berufsausbildung führen muß.

Der Weg der beruflichen Grundausbildung in der Zehnklassenschule bedeutet keine Rückkehr zum alten System der Achtklassenschule mit anschließender dreijähriger Berufsausbildung.

Im Parteiprogramm wird gefordert, eine berufliche Grundausbildung für mehrere artverwandte Berufe zu sichern, die dem modernen technischen Stand der Entwicklung entspricht.

Obwohl die gegenwärtig gültigen Rahmenausbildungsunterlagen für die einzelnen beruflichen Grundausbildungen vorsehen, daß die Ausbildung für mehrere artverwandte Berufe erfolgt, zeigt die Praxis, daß in der Regel schon mit Beginn der Grundausbildung zu eng für einen speziellen Beruf ausgebildet wird.

Wir müssen aber mit allem Nachdruck fordern, daß die jetzt gültigen Pläne für die berufliche Grundausbildung exakt erfüllt werden, um die für die Arbeit in der sozialistischen Produktion erforderliche Disponibilität zu sichern. Eine entscheidende Bedingung dafür ist vor allem eine fundierte theoretische Ausbildung.

Gegenwärtig zeichnet sich auch ab, daß die klare Orientierung, die schrittweise Einführung der beruflichen Grundausbildung in den führenden Wirtschaftszweigen zu beginnen, nicht konsequent durchgesetzt wird. Schon jetzt wird sichtbar, daß sich eine Art „Warenhausproduktion" der beruflichen Grundausbildung entwickelt. Sicher besteht in verschiedenen Wirtschaftszweigen das Bedürfnis, Arbeitskräfte auf diesem Wege auszubilden. Diesem Bedürfnis und Wunsch steht aber die Frage der Zweckmäßigkeit entgegen.

Es ist notwendig, diesen neuen Weg der beruflichen Grundausbildung, so wie es der Beschluß des Politbüros vorsieht, auf die führenden Wirtschaftszweige und die wichtigsten Berufsgruppen konzentriert zu entwickeln.

Man sollte nicht vergessen, daß nach wie vor noch andere Wege der Berufsausbildung existieren, die auch noch lange Zeit ihre Bedeutung haben werden. Die allgemeinbildende Schule kann nicht für alle Berufe die berufliche Grundausbildung übernehmen.

Deshalb muß exakt festgelegt werden, welche Grundausbildungen an den allgemeinbildenden Schulen durchgeführt werden. Der Inhalt der beruflichen Grundausbildung muß jetzt auf der Grundlage der ausgearbeiteten Programme für die technische Perspektive der einzelnen Wirtschaftszweige exakt ausgearbeitet werden.

Es sind die Prinzipien der qualitativen und quantitativen Planung der Berufsausbildung, beginnend mit der polytechnischen Bildung, in Verbindung mit der endgültigen Erarbeitung des Perspektivplanes zu bestimmen. In Vereinbarung mit dem Ministerium für Volksbildung hat deshalb die Staatliche Plankommission festgelegt, durch welche zentralen Wirtschaftsorgane und VVB und deren wissenschaftliche Einrichtungen diese Aufgaben zu lösen sind.

Es treten auch eine Reihe neuer Fragen der Organisierung der beruflichen Grundausbildung auf. Das betrifft die Klassenbildung, Verkehrsprobleme, die Organisation des Unterrichts, die die Schulen und Betriebe vor völlig neue Aufgaben stellen. Deshalb ist es notwendig, daß der Beschluß des Politbüros vom 3. Juli

1963, der auf die schrittweise Einführung der beruflichen Grundausbildung orientiert, und die im Volkswirtschaftsplan 1965 vorgesehene Planzahl eingehalten werden.

Ein großer Teil der Schüler wird weiterhin in den 9. und 10. Klassen eine polytechnische Ausbildung erhalten, die in hoher Qualität durchgeführt werden muß. Es ist notwendig, den polytechnischen Unterricht in diesen Klassen bereits jetzt noch stärker berufsorientierend und berufsvorbereitend zu gestalten, damit die Berufsausbildung dieser Schüler nach Abschluß der 10. Klasse mit besseren Voraussetzungen beginnen kann. Ausgehend von den vorhandenen Erfahrungen, sind in Zusammenarbeit mit den Wirtschaftsorganen die dazu notwendigen Maßnahmen auszuarbeiten.

In diesem Zusammenhang ist die Berufsaufklärung und Berufsberatung von entscheidender Bedeutung. Hierbei treten gegenwärtig noch immer sehr ernste Mängel auf. Selbstverständlich ist es die Aufgabe der Schule, durch die Arbeitserziehung und besonders durch den polytechnischen Unterricht und die berufliche Grundausbildung einen entscheidenden Beitrag dazu zu leisten, daß sich die Schüler bei der Wahl ihres Berufes volkswirtschaftlich richtig entscheiden und die Übereinstimmung der persönlichen mit den gesellschaftlichen Interessen hergestellt wird. Aber die Schule ist natürlich nicht in der Lage, diese wichtige Aufgabe allein durchzuführen.

Es ist deshalb an der Zeit, 1965 unter Verantwortung der Staatlichen Plankommission und in Verbindung mit den zentralen Staats- und Wirtschaftsorganen ein wirksames System der Berufsberatung aufzubauen.

Die Entscheidung für einen bestimmten Beruf ist ein außerordentlich bedeutungsvoller Wendepunkt im Leben eines jungen Menschen. Die Berufsberatung und Berufslenkung muß deshalb mit viel Klugheit und großer Umsicht durchgeführt werden. Gegenwärtig gibt es aber durch die starre Arbeitsweise und administrative Arbeitsmethoden der Ämter für Arbeit und Berufsberatung viel Schematismus und viele Konflikte. Zum Beispiel wird sehr oft die Nachwuchslenkung nur auf den betreffenden Kreis beschränkt, ohne die vorhandenen Möglichkeiten des überkreislichen Austausches genügend zu nutzen.

Viele Ämter für Arbeit treffen keine konkreten Festlegungen zum überkreislichen Austausch, obwohl das in einer gemeinsamen Anweisung der Staatlichen Plankommission und des Ministeriums für Volksbildung so gefordert wird.

Der Beschluß des Ministerrates der DDR vom 14. Mai 1964 über die Verbesserung der Planung und Leitung der Berufsausbildung stellt die konsequente Anwendung des neuen ökonomischen Systems der Planung und Leitung der Volkswirtschaft auf die Berufsbildung dar.

Die Leiter der Wirtschaftsorgane, insbesondere der VVB, der Betriebe und Einrichtungen sind für alle Fragen der Berufsausbildung und Qualifizierung der Werktätigen in ihrem Bereich voll verantwortlich.

Bei der Realisierung dieses Beschlusses sind wir dort gut vorangekommen, wo die VVB und Betriebe die Lage in der Berufsbildung gründlich analysierten, die besten Erfahrungen und neuen Ideen auswerteten und wirksame Veränderungen einleiteten.

Gute Beispiele und Ergebnisse zeigen sich besonders dort, wo die Parteiorgane führend an der Realisierung des Beschlusses mitwirken, wie das beispielsweise im Bezirk Halle der Fall ist.

Die Bezirksleitung Halle, speziell ihr Büro für Industrie und Bauwesen, konzentrierte sich dabei auf die führenden Zweige der Volkswirtschaft, insbesondere auf die chemische Industrie. Den Auftakt bildete dabei eine Bezirksparteiaktivtagung, an der Wirtschaftsfunktionäre und Berufspädagogen teilnahmen.

Diese zielstrebige Arbeit widerspiegelt sich in konkreten Ergebnissen bei der inhaltlichen Veränderung der Berufsausbildung in solchen Betrieben wie dem VEB Chemische Werke Buna, dem VEB Leunawerke „Walter Ulbricht" und dem VEB Elektrochemisches Kombinat Bitterfeld.

Einige Leiter von Betrieben, VVB und Wirtschaftsorganen machen sich offensichtlich noch wenig Gedanken darüber, welche wachsenden Anforderungen sich an die Qualifikation ergeben, oder sie erwarten, daß ihnen die Ämter für Arbeit und Berufsberatung qualifizierte Arbeitskräfte zuführen. Diese Rechnung geht natürlich nicht auf.

Die Ausbildung und Erziehung der Werktätigen, vor allem der Frauen und Jugendlichen, muß fester Bestandteil der Leitungstätigkeit sein. In dieser Hinsicht gibt es noch viele Mängel. Es ist eine Tatsache, daß in den meisten VVB die Berufsbildung als Ressort der Berufsschulinspektoren betrachtet wird. Es sind noch Ausnahmen, daß in den wissenschaftlich-technischen Zentren der VVB auch gleichzeitig die Maßnahmen für die Aus- und Weiterbildung der Werktätigen festgelegt werden.

Im Volkswirtschaftsplan 1965 ist festgelegt, daß den führenden Zweigen der Volkswirtschaft 22 Prozent mehr Schulabgänger als 1964 für eine Berufsausbildung zugeführt werden.

Die hohe Anzahl der in die Ausbildung eintretenden Jugendlichen und die Sicherung einer hohen Qualität ihrer Ausbildung erfordern große Anstrengungen, um geeignete Ausbildungsplätze und Ausstattungen sowie die notwendige Lehrproduktion bereitzustellen.

Von den verantwortlichen Staats- und Wirtschaftsorganen sowie VVB ist zu sichern, daß im Jahre 1965 mit der Erarbeitung neuer Ausbildungsunterlagen für die wichtigsten Berufe in den führenden Zweigen der Volkswirtschaft begonnen wird. Vor sachkundigen Gremien, in denen die wissenschaftlich-technischen Kader der Betriebe, Berufspädagogen und erfahrenen Neuerer der Produktion vertreten sind, sollten die neuen Ausbildungsunterlagen vor der Bestätigung verteidigt werden.

Die Entwicklung neuer Berufe in den führenden Zweigen muß sorgsam beachtet und gefördert werden, um durch die Bestimmung des Inhalts und die Ausarbeitung der Lehrprogramme den ausreichenden Vorlauf für die Ausbildung in diesen Berufen zu sichern.

Die inhaltliche Weiterentwicklung der Berufsausbildung darf jedoch nicht bis zum Erscheinen neuer Ausbildungsunterlagen hinausgezögert werden, sondern es kommt darauf an, neue Elemente der Technik und Technologie in die Ausbildung aufzunehmen und den berufspraktischen und -theoretischen Unterricht effektiver zu gestalten.

Eine wesentliche Rolle bei der Erhöhung des Niveaus der Ausbildung spielt die Qualifikation der Lehrkräfte. Viele Berufsschullehrer haben sich in den letzten Jahren durch ein Hoch- bzw. Fachschulstudium qualifiziert. Diese Qualifizierung muß aber ständig ergänzt werden durch eine unmittelbare Verbindung mit der Produktion und den neuen wissenschaftlich-technischen Entwicklungen.

Dann sind sie auch in der Lage, die ökonomischen und technischen Zusammenhänge im Unterricht·richtig zu vermitteln.

Ein weiteres Problem ist die Veränderung der Ausbildung der Lehrmeister. Bereits auf der 1. Beratung der Kommission des Politbüros des Zentralkomitees der SED und des Ministerrates zur Ausarbeitung des Perspektivplanes wies Genosse Walter Ulbricht darauf hin, daß die Lehrmeister ingenieurtechnische und ökonomische Kenntnisse besitzen müssen und dementsprechend zu qualifizieren sind.

Inzwischen wurden die Lehrmeisterinstitute in die Verantwortung der zuständigen Staats- und Wirtschaftsorgane überführt. Es kommt jetzt darauf an, daß die zentralen Wirtschaftsorgane beginnen, die Lehrmeisterinstitute auf das Niveau von Ingenieurschulen zu heben.

Die sozialistische Umwälzung, das neue ökonomische System der Planung und Leitung der Volkswirtschaft und die technische Revolution setzen auch völlig neue Maßstäbe für die Qualifizierung der Werktätigen.

Im VEB Volkswerft Stralsund wurde das richtig erkannt. Dort wurde mit Hilfe von Arbeitsgruppen untersucht, welche Schlußfolgerungen sich aus den technisch-ökonomischen Maßnahmen für die Qualifizierung der Werktätigen ergeben.

Die auf der Grundlage dieser Untersuchungen ausgearbeiteten Qualifizierungspläne werden in die Plandiskussion der Abteilungen einbezogen. Die Abteilungspläne werden erst dann bestätigt, wenn der Qualifizierungsplan als Bestandteil ausgewiesen wird.

Die Parteiorganisationen, die Gewerkschaft und die Leitung der Volkswerft arbeiten verantwortungsbewußt und zielstrebig. Auch auf diesem Gebiet gilt es, die Erfahrungen der Schiffbauer zu verallgemeinern.

In der Mehrzahl der Betriebe geht es jedoch mit der Qualifizierung der Werktätigen noch zu langsam voran. Sie wird noch ungenügend mit der Perspektive der Betriebe und den Plänen „Neue Technik" abgestimmt. Zum Beispiel ist das schnelle Erreichen der projektierten Leistung neuer Anlagen nicht allein von ihrer technischen Vollkommenheit, sondern auch von der sachkundigen Bedienung durch entsprechend qualifizierte Fachkräfte abhängig. Die Qualifizierung muß deshalb die Werktätigen rechtzeitig auf die Bedienung und Wartung neuer Produktionsanlagen vorbereiten.

Es ist auch erforderlich, die Qualifizierung der Werktätigen aus längerer Sicht entsprechend der Hauptrichtung der wissenschaftlich-technischen Entwicklung und der Perspektive der Betriebe zu planen und durchzuführen. Dabei erweist es sich als notwendig, das Niveau der mathematisch-naturwissenschaftlichen Bildung der Werktätigen zu erhöhen und in stärkerem Maße politisch-ökonomische Kenntnisse zu vermitteln.

Besondere Bedeutung – das kann nicht oft genug gesagt werden – ist der Qualifizierung der Frauen zu widmen.

Gute Beispiele dafür gibt es im VEB Industriewerke Ludwigsfelde. Zur Vorbereitung auf eine neue Produktion wurde unter aktiver Mitarbeit der Werktätigen ein umfassender Qualifizierungsplan erarbeitet und vor einem sachkundigen Gremium verteidigt. Die Technologien der neuen Produktionsbereiche wurden gründlich überprüft, um mehr geeignete Arbeitsplätze für Frauen zu schaffen. Die Vorbereitung der Frauen auf die neue Produktion erfolgt nicht nur im eigenen Betrieb. Sie werden zum Teil auch in die Betriebe delegiert, in denen die künftig von ihnen zu bedienenden Maschinen hergestellt werden oder bereits im Einsatz sind. Der Qualifizierungsplan enthält auch Maßnahmen zur Qualifizierung von Frauen für leitende Funktionen. Nach einem entsprechenden Vorbereitungslehrgang begannen im September 1964 30 werktätige Frauen mit der Ausbildung zum Ingenieurökonom.

In anderen Betrieben, zum Beispiel im VEB Chemische Werke Buna, haben sich betriebliche Lehrmaterialien bewährt, die es den Frauen ermöglichen, die Zeit für die Qualifizierung entsprechend ihren individuellen Bedingungen einzuteilen.

Insgesamt genügen die Ergebnisse bei der Förderung und Qualifizierung der Frauen keinesfalls. Der Anteil der Frauen in den unteren Lohngruppen überwiegt nach wie vor. Es geht aber darum, den Anteil der Frauen an den Facharbeitern, Meistern und Ingenieuren wesentlich zu erhöhen.

Bei der Durchführung des Planes 1965 müssen die für die Bildung, Erziehung und Forschung zur Verfügung stehenden materiellen Fonds und Kader so eingesetzt werden, daß die höchste Effektivität erreicht und die noch zum Teil bestehenden Disproportionen in der Entwicklung einzelner Territorien und Einrichtungen schrittweise überwunden werden.

Die bei der Vorbereitung des Planes und bei der Diskussion der Bildungskonzeption sichtbar gewordene große Initiative der Bevölkerung, der Betriebe in Industrie und Landwirtschaft zeigte die Bereitschaft, bei der Realisierung des Planes aktiv mitzuwirken.

Besonders groß ist die Initiative zur Entwicklung zusätzlicher Plätze in der Vorschulerziehung. Das entspricht dem Bedürfnis vieler werktätiger Frauen. Diese Initiative muß in erster Linie darauf gerichtet werden, den Volkswirtschaftsplan zu erfüllen.

Die im Plan 1965 vorgesehene Erweiterung der Vorschuleinrichtungen um 14 000 Plätze wird gewährleisten, daß 56 Prozent der Kinder im Vorschulalter einen Kindergarten besuchen können. Die Bezirke und Kreise haben jetzt die Aufgabe, durch die Festlegung richtiger Standorte zu garantieren, daß durch jeden neuen Platz der Einsatz von Frauen in der Produktion erhöht oder gesichert werden kann. Um die volle Erfüllung des Volkswirtschaftsplanes zu sichern, müssen Betriebe und in stärkerem Maße auch landwirtschaftliche Produktionsgenossenschaften selbst Kindergärten einrichten und unterhalten.

Im Jahre 1965 wird der Aufbau der zehnklassigen allgemeinbildenden polytechnischen Oberschule entsprechend dem im Beschluß des Politbüros vorgesehenen Tempo planmäßig fortgeführt. Die absolute Zahl der Neuaufnahmen wird im Jahre 1965 in allen Bezirken weiter erhöht.

In den letzten Jahren sind in unserer Republik die Schülerzahlen rasch angewachsen. Das Ministerium für Volksbildung hat sich in den zurückliegenden Wochen in enger Zusammenarbeit mit der Staatlichen Plankommission und den Bezirken einen exakten Überblick über den dringendsten Schulraumbedarf bis 1970 verschafft. Die für den Bereich des Bildungswesens bereitstehenden Investitionen sind an den richtigen Standorten einzusetzen.

Durch die Anwendung rationeller Typen und moderner Bautechnologie muß eine hohe Effektivität erreicht werden. Die Realisierung unseres Schulbauprogramms ist nur möglich, wenn das Ministerium für Bauwesen zu den vereinbarten Terminen die Typenprojekte zur Verfügung stellt und ihre Anwendung gewährleistet.

Die Räte der Bezirke müssen die termingemäße Bereitstellung der Baukapazitäten und die reibungslose Baudurchführung sichern, damit die unbedingt erforderlichen Unterrichtsräume zur Verfügung stehen.

Wir können nicht darüber hinwegsehen, daß in einer Anzahl Schulen der bauliche und sanitär-hygienische Zustand noch unbefriedigend ist. Diese Lage ändern wir nicht, wenn eine Reihe von örtlichen Organen Forderungen und Anfragen an das Ministerium für Volksbildung richtet. Die örtlichen Organe sind für die Unterhaltung der Volksbildungseinrichtungen verantwortlich. Sie müssen mit den ihnen zur Verfügung stehenden Mitteln unter Einbeziehung der Bevölkerung dafür sorgen, daß die Schulen in Ordnung gebracht werden.

Nach wie vor gibt es von vielen Eltern berechtigte Kritiken an der Qualität der Schul- und Kinderspeisung.

Das Ministerium für Volksbildung wird gemeinsam mit dem Ministerium für Handel und Versorgung die notwendigen Maßnahmen einleiten. Es muß jedoch festgestellt werden, daß die Hauptverantwortung für eine hohe Qualität der Schul- und Kinderspeisung bei den örtlichen Organen liegt. Sie müssen sichern, daß in ihrem Territorium alle vorhandenen Kapazitäten, zum Beispiel Klubgaststätten, Betriebsküchen, HO- und Konsum-Gaststätten und ähnliche Einrichtungen voll ausgelastet werden, um eine den hygienischen und qualitätsmäßigen Ansprüchen genügende Schul- und Kinderspeisung zu gewährleisten.

Wie in der gesamten Volkswirtschaft, so werden auch im Hoch- und Fachschulwesen im nächsten Jahr wichtige Aufgaben zur Erfüllung des Perspektivplanes bis

1970 begonnen. Die Erhöhung des Niveaus der Ausbildung und der politisch-ideologischen Erziehung entsprechend den Erfordernissen der Entwicklung unserer Gesellschaft, der Wissenschaft und der Volkswirtschaft steht im Mittelpunkt der Arbeit im Hoch- und Fachschulwesen.

Im Zusammenhang mit diesen Aufgaben werden Maßnahmen eingeleitet und durchgeführt, um die Anzahl der in der Volkswirtschaft tätigen Hoch- und Fachschulabsolventen der mathematisch-naturwissenschaftlichen, technischen und ökonomischen Fachrichtungen wesentlich zu erhöhen.

Diese Entwicklung ist erforderlich, um in der Produktion den technischen Höchststand zu gewährleisten und den wissenschaftlichen Vorlauf für die Entwicklung unserer Volkswirtschaft zu sichern. Ich möchte hier als Beispiel anführen, daß in den Betrieben für wissenschaftlichen Gerätebau und der elektronischen Industrie in Japan 20 bis 35 Prozent aller Beschäftigten Hoch- und Fachschulkader sind. In der DDR haben wir in diesem Industriezweig rund 10 Prozent Hoch- und Fachschulkader.

Um in Zukunft mehr Absolventen der naturwissenschaftlichen und technischen Fachrichtungen in der Volkswirtschaft einsetzen zu können, müssen im Jahre 1965 die Zulassungen in Mathematik, Physik, Biologie, Maschinenbau und Elektrotechnik erhöht werden. Dabei müssen wir uns darüber klar sein, daß die Zulassungen des Jahres 1965 die Zahl der Absolventen bestimmen, die wir 1970/71 in der Industrie einsetzen können.

Es müssen alle Reserven für die weitere Erhöhung der Zahl der Studierenden und des Anteils der Frauen, besonders in den volkswirtschaftlich vorrangigen mathematisch-naturwissenschaftlichen, technischen und ökonomischen Fachrichtungen, erschlossen werden.

Bei der Entwicklung und Anwendung neuer technologischer Verfahren in unserer Industrie, bei der Kontrolle, Überwachung und Leitung von Produktionsabschnitten gewinnen unsere Fachschulingenieure immer mehr an Bedeutung. Deshalb werden im Jahre 1965 die schon eingeleiteten Maßnahmen zur weiteren Verbesserung der Ausbildung verstärkt fortgesetzt.

Eine Einschätzung des Bedarfs an Fachschulingenieuren bis 1970, die auf der Grundlage der vorliegenden Industriezweigprogramme vorgenommen wurde, zeigt, daß wir die Zulassungen von Ingenieuren in den Fachrichtungen des Maschinenbaus, der Elektrotechnik und der Ingenieurökonomie wesentlich steigern müssen. Andererseits gibt es an einigen Ingenieurschulen, besonders im Bereich des Bergbaus, Ausbildungskapazitäten, die nicht mehr voll genutzt werden können.

Das Staatssekretariat für das Hoch- und Fachschulwesen hat ein Programm entwickelt, das die vorhandenen Ausbildungskapazitäten an den Ingenieurschulen unserer Republik neu bilanziert und die Profile einiger Ingenieurschulen neu festlegt. Die sich daraus ergebenden Maßnahmen haben zum Ziel:
– durch die Konzentration von Fachrichtungen Ausbildungskapazitäten für die
  zusätzliche Aufnahme von Studenten in den Fachrichtungen des Maschinen-

baus, der Elektrotechnik und der Ingenieurökonomie frei zu machen,
– durch den Zusammenschluß mehrerer Ingenieurschulen an einem Ort Reserven zu erschließen, um eine bessere Auslastung der vorhandenen Kapazitäten zu erreichen.

Der VI. Parteitag orientierte die Hoch- und Fachschulen darauf, das Niveau der Ausbildung und Erziehung zu erhöhen und eine noch engere Verbindung zur Praxis und die Befähigung der Studenten zur selbständigen wissenschaftlich-produktiven Arbeit zu gewährleisten.

Das Staatssekretariat für das Hoch- und Fachschulwesen konzentriert bei der Durchführung des Volkswirtschaftsplanes 1965 die Kräfte darauf, vor allem in den Fachrichtungen, die für die Lösung der volkswirtschaftlichen Schwerpunktaufgaben und für die Entwicklung der führenden Zweige von vorrangiger Bedeutung sind, die erforderliche Erhöhung des Niveaus zu erreichen. Schwerpunkte sind dabei die Heranbildung der mathematisch-naturwissenschaftlichen Kader und die Ausbildung der Fachkräfte für die Elektronik, den Chemieanlagenbau, die Chemie, die geologische Erkundung von Erdöl- und Erdgaslagerstätten, die Rechentechnik, die Datenverarbeitung und die Ingenieurökonomie sowie die notwendigen Maßnahmen zur Weiterbildung von Hoch- und Fachschulabsolventen.

Für die weitere Erhöhung des wissenschaftlichen Niveaus der Ausbildung ist entscheidend, daß der Anteil der mathematisch-naturwissenschaftlichen Grundlagen im Studium erhöht wird, eine den Erfordernissen des neuen ökonomischen Systems der Planung und Leitung der Volkswirtschaft entsprechende ökonomische Ausbildung der Naturwissenschaftler und Ingenieure durchgeführt wird und daß die Studierenden zur wissenschaftlich-produktiven Anwendung ihrer Kenntnisse bei der Lösung konkreter volkswirtschaftlicher Aufgaben befähigt werden.

In den mathematisch-naturwissenschaftlichen und technischen Studieneinrichtungen der Universitäten und Hochschulen sowie der Fachschulen sind neue Ausbildungsprofile zu entwickeln, die den sich abzeichnenden wissenschaftlich-technischen Entwicklungstendenzen und der perspektivischen Gestaltung unserer Wirtschaft entsprechen. Solche Veränderungen werden zum Beispiel an allen elektrotechnischen Fakultäten und den entsprechenden Ingenieurschulen durchgeführt. Bei der Verwirklichung der den Hoch- und Fachschulen gestellten Aufgaben in der Ausbildung von Kadern und in der Forschung haben die Gesellschaftswissenschaften wichtige Aufgaben zu lösen.

Die Gesellschaftswissenschaften gewinnen als theoretische Grundlage für die wissenschaftliche Leitung und Organisation der gesamten Gesellschaft, für die sozialistische Erziehung unserer Jugend und die Entwicklung des sozialistischen Bewußtseins eine wachsende Bedeutung.

In Übereinstimmung mit den wissenschaftlich-technischen und kulturell-erzieherischen Aufgaben des Plans sind daher als Schwerpunkte die Philosophie, unter vorrangiger Entwicklung der Bereiche Philosophie/Technik und Philosophie/Naturwissenschaften, die Lehre vom wissenschaftlichen Sozialismus, die Soziologie und die Sprach- und Literaturwissenschaften an den Universitäten und Hochschulen zu entwickeln. Im kommenden Jahr ist die soziologische Forschung zu erweitern.

Die Ingenieur- und Arbeitspsychologie sowie die Sozialpsychologie gewinnen bei der Bewußtseinsbildung der Menschen und der Erhöhung des Nutzeffekts der gesellschaftlichen Arbeit sowie der Leitungstätigkeit zunehmend an Bedeutung. Deshalb ist der Ausbildung in diesen Wissenschaftsgebieten in der Perspektive besondere Aufmerksamkeit zu widmen.

Die rasche Erhöhung der Zulassungen an den Hoch- und Fachschulen und die in der Direktive zum Plan 1965 festgelegten Aufgaben zur weiteren Ausbildung werfen einige Probleme auf, die nur im engsten Zusammenwirken zwischen der Volkswirtschaft, der Volksbildung, dem Hoch- und Fachschulwesen und den örtlichen Organen gelöst werden können.

Die rasche Erhöhung der Zahl der auszubildenden Studenten und die Erhöhung der Qualität von Ausbildung und Erziehung erfordern, in ausreichendem Maße wissenschaftlich hochqualifizierte Lehrkräfte heranzuziehen. Dabei geht es nicht schlechthin um eine Vergrößerung der Zahl der Dozenten.

Die Anforderungen an das Niveau der Ausbildung verlangen, daß die Lehrkräfte an den Universitäten und Hochschulen über ausreichende Erfahrungen in der Praxis verfügen. Diese Aufgabe ist ohne die Hilfe der Wirtschaft nicht zu lösen. Die Volkswirtschaft muß trotz der angespannten Kadersituation zur Sicherung der Ausbildung und Erziehung an den Hoch- und Fachschulen bereits im Jahre 1965 einige hochqualifizierte Kader abgeben. Das ist eine unerläßliche Voraussetzung, insbesondere für die Gewährleistung einer praxisverbundenen Ausbildung an den Hoch- und Fachschulen. Um der Volkswirtschaft in den nächsten Jahren die unbedingt notwendigen Hoch- und Fachschulkader zur Verfügung stellen zu können, konzentriert das Staatssekretariat für das Hoch- und Fachschulwesen seine Mittel auf den Ausbau der dafür erforderlichen Ausbildungskapazitäten. Es ist jedoch aus volkswirtschaftlichen Gründen nicht möglich, im gleichen Maße die Internatskapazitäten zu erweitern. Das Problem der Unterbringung der Studenten, besonders in Dresden, Karl-Marx-Stadt, Magdeburg, Ilmenau und Leipzig, ist noch nicht gelöst. Es müssen Wege gefunden werden, um mit Hilfe der örtlichen Organe und der gesellschaftlichen Organisationen an den einzelnen Hoch- und Fachschulorten Reserven zu erschließen, vorhandene Gebäude für die Ausbildung und Unterbringung der Studenten mit zu nutzen.

Bei der Ausarbeitung des Planes Neue Technik 1965 wurde erreicht, daß den Universitäten und Hochschulen insbesondere auf dem Gebiet der gezielten Grundlagenforschung in größerem Umfang Aufgaben übertragen wurden, die für die perspektivische Entwicklung der Volkswirtschaft von großer Bedeutung sind.

Das ist ein Ergebnis einer engeren Zusammenarbeit von Wissenschaftlern und verantwortlichen Leitern der Volkswirtschaft.

Die Wissenschaftler des Hoch- und Fachschulwesens haben in größerem Maße als bisher an der Ausarbeitung der Aufgabenstellungen für den Plan Neue Technik direkt teilgenommen, und die Leitungen der Wirtschaftszweige zeigten stärkeres Interesse, die geeigneten Forschungskapazitäten des Hoch- und Fachschulwesens zur Lösung ihrer Probleme zu nutzen. Von einer Reihe Vereinigungen Volkseigener Betriebe der führenden Industriezweige wurden über die Zusammenarbeit mit Instituten des Hochschulwesens und mit Fachschulen bereits langfristige vertragliche Vereinbarungen abgeschlossen. Zum Beispiel hat die TU Dresden mit elf VVB derartige Vereinbarungen getroffen. Gegenwärtig werden an allen Hochschulen weitere Verträge vorbereitet, an der TU Dresden allein 14. Durch die langfristigen Verträge werden feste Grundlagen für die weitere Entwicklung der sozialistischen Gemeinschaftsarbeit von Wissenschaftlern des Hoch- und Fachschulwesens mit Wissenschaftlern, Ingenieuren und Neuerern der einzelnen Wirtschaftszweige geschaffen. Die Realisierung der Vereinbarungen führt zugleich zur Veränderung der Arbeitsweise auf dem Gebiet der Forschung an den Hochschulen. Sie führt die Wissenschaftler verschiedener Disziplinen und Institute zur gemeinsamen Lösung größerer Aufgabenstellungen zusammen.

Die Erfüllung der Verträge wird zur inhaltlichen Veränderung der Arbeit in der Ausbildungs- und Forschungstätigkeit an den Hoch- und Fachschulen beitragen. Für die Parteiorganisationen der Universitäten, Hoch- und Fachschulen erwächst daraus die Aufgabe, die Vereinbarungen mit den Wissenschaftlern und den Vertretern der VVB gut vorzubereiten und ihre Durchführung zu kontrollieren. Durch Vertragsabschlüsse konnte zum Beispiel im Chemieanlagenbau erreicht werden, daß 18 Institute des Hochschulwesens mit insgesamt 32 Forschungsaufgaben in den Plan Neue Technik für das Jahr 1965 einbezogen sind.

Durch die Elektroindustrie werden Forschungskapazitäten geeigneter Hochschulinstitute für Forschungsarbeiten zur Vorbereitung industrieller Entwicklungen von modernen Höchstfrequenzgeneratoren und -empfängern eingesetzt. Die Forschungsarbeiten des Instituts für Wärmetechnik und Wärmewirtschaft der TU Dresden führten dazu, daß der Industriezweig Energie- und Kraftmaschinenbau eine ursprünglich für den Staatsplan Neue Technik 1965 vorgesehene Aufgabenstellung so verändern konnte, daß Entwicklungszeiten und Kosten eingespart wurden. Die Industrie nutzt aber noch nicht alle Möglichkeiten der Hochschuleinrichtungen zur Mitarbeit an der Lösung der perspektivischen Forschungsaufgaben des entsprechenden Industriezweiges. Wir schlagen deshalb vor, daß bei der Durchführung des Planes die VVB den dafür geeigneten mathematisch-naturwissenschaftlichen, technischen und ökonomischen Instituten des Hochschulwesens weitere Aufgaben für die Forschung geben und ihre Lösung in langfristigen Verträgen mit den Universitäten und Hochschulen vereinbaren.

Dabei müssen der Volkswirtschaftsrat, die VVB und das Staatssekretariat für das Hoch- und Fachschulwesen sichern, daß die Leistungsbilanzierung der Vertragsarbeiten verwirklicht wird und neue Formen der materiellen Interessiertheit der Hochschulinstitute angewendet werden.

In der zweiten Beratung der Kommission des Politbüros und des Ministerrates zur Ausarbeitung des Perspektivplanes bis 1970 hat der Genosse Walter Ulbricht klar hervorgehoben, welche Bedeutung die naturwissenschaftliche Forschung für die Sicherung des wissenschaftlichen Vorlaufs für unsere Volkswirtschaft besitzt. In der naturwissenschaftlichen Forschung sind die Institute des Hochschulwesens bereits in breitem Maße auf die für die Lehre besonders geeigneten Gebiete orientiert.

Unter der Leitung des Staatssekretariats für Forschung und Technik wird im Jahre 1965 eine intensivere und koordinierte Bearbeitung der Schwerpunkte auf den Gebieten der physikalischen Chemie, der anorganischen und analytischen Chemie, der petrolchemischen Verarbeitungstechnik, der numerischen Mathematik, der mathematischen Methoden in Ökonomie, Technologie und Planung gesichert und eine stärkere Einbeziehung der Hochschulinstitute in die Bearbeitung der Forschungskomplexe der Physik, der Entwicklung neuer Werkstoffe und der Erweiterung der wissenschaftlichen Grundlagen der Metallbearbeitung gewährleistet.

Die im Jahre 1965 den Hoch- und Fachschulen gestellten umfangreichen Aufgaben, die Veränderung der Ausbildung in einer Reihe von Fachrichtungen, die Orientierung einiger Institute, Fakultäten und Ingenieurschulen auf Schwerpunkte der wissenschaftlich-technischen und volkswirtschaftlichen Entwicklung werfen eine Reihe wissenschaftlicher, ideologischer und organisatorischer Fragen auf. Diese Aufgaben können nur gelöst werden, wenn die Grundsätze der wissenschaftlichen Leitungtätigkeit im gesamten Hoch- und Fachschulbereich konsequent durchgesetzt werden.

Das Staatssekretariat für das Hoch- und Fachschulwesen muß in seiner Leitungstätigkeit von den perspektivischen Anforderungen ausgehen. Es muß, um eine wissenschaftlich exakte Perspektivplanung auf dem Gebiet des Hoch- und Fachschulwesens zu sichern, wissenschaftliche Methoden zur Ermittlung des Kaderbedarfs sowie ein System von aufeinander abgestimmten Kennziffern entwickeln und anwenden. Als zentrales Organ für das Hoch- und Fachschulwesen trägt das Staatssekretariat die entscheidende Verantwortung
– für die Ausarbeitung des Perspektivplanes,
– für die Ausbildung von Hoch- und Fachschulkadern und die Bilanzierung der Volkswirtschafts- und Haushaltspläne im Bereich der Hoch- und Fachschulen, die Kontrolle ihrer Durchführung und die Analyse ihrer Erfüllung an allen Hoch- und Fachschulen,
– für die Sicherung eines hohen wissenschaftlichen Niveaus in Lehre und Forschung sowie die Sicherung einer hohen Qualität der politisch-ideologischen Erziehungsarbeit an allen Hoch- und Fachschulen und
– für die Entwicklung des wissenschaftlichen Nachwuchses für die Volkswirtschaft und die Wissenschaft.

Das Staatssekretariat muß die Verantwortung der Rektoren und Dekane für ein hohes Niveau der mathematisch-naturwissenschaftlichen und gesellschaftswissenschaftlichen Grundlagenausbildung, für die politisch-ideologische Erziehung des Lehrkörpers und der Studenten, für das komplexe Zusammenwirken bei der Entwicklung der theoretischen Grundlagen der modernen Wissenschaften, bei der

Herausbildung neuer Wissenschaftsgebiete und der Lösung von Schwerpunktaufgaben in der Forschungsarbeit exakt festlegen und dafür Sorge tragen, daß sie in vollem Umfang wahrgenommen werden.

Diese Aufgaben können nur gelöst werden, wenn die Angehörigen der Hoch- und Fachschulen die Zusammenhänge zwischen der perspektivischen Entwicklung unserer Gesellschaft und den sich daraus ergebenden Anforderungen an die Hoch- und Fachschulen erkennen, wenn sie aktiv in die Ausarbeitung und Durchführung dieser Maßnahmen einbezogen werden. Deshalb sind führende Wissenschaftler, Praktiker und Nachwuchskräfte wirksamer in die Leitung des Hoch- und Fachschulwesens einzubeziehen. Die Studierenden sollen ihr Studium und ihre wissenschaftlich-produktive Tätigkeit bewußt mitgestalten und eine größere Verantwortung im Erziehungsprozeß übernehmen.

Das Staatssekretariat für das Hoch- und Fachschulwesen ist für die Leitung des Gesamtprozesses der wissenschaftlichen Ausbildung und der Erziehung an den Universitäten, Hoch- und Fachschulen verantwortlich. Es muß seine Aufgaben in engem Zusammenwirken besonders mit den leitenden Organen der Wirtschaft und den anderen staatlichen und gesellschaftlichen Institutionen lösen, die ihre Verantwortung besonders für die Bestimmung der perspektivischen Anforderungen an die Ausbildung von Hoch- und Fachschulkadern wahrnehmen müssen.

Die Vereinigungen Volkseigener Betriebe und die Betriebe können über den Abschluß von Vorverträgen auf die Orientierung der Spezialausbildung der Studenten in den letzten Studienjahren und durch wissenschaftliche Aufgaben für die Diplom- und Abschlußarbeiten den Inhalt der Ausbildung wesentlich mitbestimmen. Dabei werden Ausbildung und Erziehung wesentlich gefördert, wenn die Betriebe geeignete Arbeitsplätze in ihren Laboratorien und Forschungsstätten zur Verfügung stellen. Für die Durchführung der Ausbildungsabschnitte in der Praxis übernehmen die VVB und die Betriebe eine hohe Verantwortung.

Die Generaldirektoren der VVB sind dafür verantwortlich, daß die Anforderungen für die Ausbildung der wissenschaftlich-technischen Kader entsprechend der perspektivischen Entwicklung des technischen Fortschritts im Wirtschaftszweig ausgearbeitet werden und der Bedarf bis 1980 an Hoch- und Fachschulabsolventen ermittelt wird.

Mit der vertraglichen Fixierung der Zusammenarbeit zwischen den VVB und den Hoch- und Fachschulen wird eine höhere Stufe in der Entwicklung der Leitung des Hoch- und Fachschulwesens eingeleitet. Mit Hilfe aller gesellschaftlichen Kräfte muß eine gute Vorbereitung des neuen Studien-, Schul- und Lehrjahres gesichert werden. Im Bereich der Volksbildung haben dabei die Elternbeiratswahlen, die im Frühjahr 1965 stattfinden, eine große Bedeutung. Wir müssen sie gut nutzen, um die Eltern aktiv in die Lösung der Aufgaben einzubeziehen. Es sind große Anstrengungen aller im Bildungswesen tätigen Mitarbeiter notwendig, damit die Planziele 1965 in allen Bildungseinrichtungen erreicht und damit gute Voraussetzungen für die Lösung der Perspektivaufgaben geschaffen werden.

Die Aufgaben der pädagogischen Wissenschaft bei der Verwirklichung des einheitlichen sozialistischen Bildungssystems in der Periode des umfassenden Aufbaus des Sozialismus

Referat auf der Konferenz der Lehrer
und pädagogischen Wissenschaftler in Berlin
24. und 25. Mai 1965

Es sind nur wenige Wochen vergangen, seit das Gesetz über das einheitliche sozialistische Bildungssystem von der Volkskammer beschlossen worden ist. In Vorbereitung des nächsten Schuljahres werden überall in den Bezirken, Kreisen und Schulen die Aufgaben beraten, die sich aus der schrittweisen Verwirklichung des Gesetzes ergeben. Im Mittelpunkt steht das Bemühen um eine wissenschaftlich fundierte Arbeit, die zu einer raschen, sichtbaren Erhöhung der Qualität der Bildungs- und Erziehungsarbeit führen muß.

Mit der Aufgabe, dieses für den umfassenden Aufbau des Sozialismus so bedeutsame Gesetz praktisch durchzusetzen, stehen wir in der Tat am Beginn eines qualitativ neuen Abschnittes unserer Schulentwicklung, unserer Bildungs- und Erziehungsarbeit und nicht zuletzt der pädagogischen Wissenschaft. Jetzt geht es darum, die marxistische pädagogische Theorie schöpferisch weiterzuentwickeln, indem wir die aktuellen und perspektivischen Aufgaben der pädagogischen Theorie und Praxis unter den konkreten Bedingungen des umfassenden sozialistischen Aufbaus in unserer Republik praktisch lösen.

Im Gesetz über das einheitliche sozialistische Bildungssystem sind die grundlegenden Aufgaben und die Wege zu ihrer Lösung fixiert.

Es ist für die Entwicklung einer konstruktiven wissenschaftlichen Arbeit entscheidend, daß sich die pädagogischen Wissenschaftler mit aller Konsequenz auf die Verwirklichung des Gesetzes orientieren und erkennen, daß dieses Gesetz die politische, theoretische und methodologische Konzeption für die richtige Art und Weise des Herangehens an die Lösung der theoretischen und praktischen Aufgaben ist.

Wir sind uns sicher darin einig, daß die Verwirklichung der Aufgaben kein Spaziergang ist. Das Gesetz über das einheitliche sozialistische Bildungssystem ist die gemeinsame Grundlage, auf der sich pädagogische Wissenschaftler, Praktiker und Schulfunktionäre noch enger als bisher zusammenschließen zum gemeinsamen Kampf um die Verwirklichung unseres Bildungsprogramms.

Die theoretische Klärung der vielen neuen Probleme und ihre praktische Lösung werden eine harte und komplizierte Arbeit sein. Sie ist nur kollektiv und planmäßig zu leisten. Ohne Zweifel haben wir in den vergangenen Jahren nicht wenig gelernt und viele Erfahrungen gesammelt, die wir nutzen müssen. In den letzten Jahren hat sich auch in der pädagogischen Wissenschaft eine positive Entwicklung vollzogen. Viele wichtige Untersuchungen auf den verschiedensten Gebieten wurden begonnen, und manche davon sind mit wertvollen Ergebnissen abgeschlossen worden. Wir sehen darin eine wichtige Voraussetzung, die zur Ausarbeitung der Bildungskonzeption und schließlich zum Gesetz über das einheitliche sozialistische Bildungssystem hinführte.

Das Gesetz ist nicht zuletzt ein Ausdruck dafür, daß unsere pädagogische Wissenschaft Großes zu leisten vermag. Es ist nicht unsere Absicht, hier den Versuch zu machen, den gegenwärtigen Stand in seinen positiven und negativen Seiten im einzelnen zu werten. In der praktischen Lösung der neuen Aufgaben liegt der Maßstab für alle Bewertung.

Dabei haben wir unsere Leistungsfähigkeit unter Beweis zu stellen, uns zu bewähren. Auf der Grundlage einer allseitigen schöpferischen Anwendung unserer revolutionären Theorie des Marxismus-Leninismus haben wir in der pädagogischen Wissenschaft und Praxis die theoretische Arbeit mit den konkreten Erfahrungen systematisch zu verbinden, die mit der schrittweisen Verwirklichung des Gesetzes verbundenen Aufgaben planmäßig zu lösen und die Entwicklungsprobleme herauszuarbeiten.

Wir brauchen dazu einen weiteren Aufschwung des theoretischen Denkens, die Fähigkeit, aus der Analyse der Tatsachen die Einsicht in gesetzmäßige Zusammenhänge zu gewinnen. Dabei müssen wir alle Kräfte auf die Erfüllung der Hauptaufgaben konzentrieren.

Die Partei orientiert die Gesellschaftswissenschaften und damit auch die pädagogische Wissenschaft auf die unmittelbare Lösung der praktischen Aufgaben beim umfassenden Aufbau des Sozialismus in unserer Republik im Kampf gegen den staatsmonopolistischen Kapitalismus in Westdeutschland. Das setzt neue Maßstäbe für unsere Arbeit, für die pädagogische Forschung und Lehre, für die pädagogische Praxis, für die gesamte Leitung des Bildungswesens in unserer Republik. Wir haben unsere pädagogische Wirklichkeit nicht nur zu interpretieren, sondern sie im Sinne des Gesetzes zu verändern. Dabei haben wir keine Zeit zu verlieren. Wir sollten uns auf den Hinweis Lenins besinnen, daß wir mehr Tatsachenkenntnis und weniger Wortgefechte, mehr Studium dessen brauchen, was uns unsere praktischen Erfahrungen lehren, und dessen, was uns die Wissenschaft bereits gegeben hat.

Die Weiterentwicklung des sozialistischen Bildungswesens gehört zu den Lebensfragen unseres sozialistischen Staates im Herzen Europas, der sich in erbitterter Auseinandersetzung mit dem westdeutschen staatsmonopolistischen Kapitalismus befindet. Wir müssen begreifen, wie groß unsere Verantwortung gegenüber unserer ganzen Gesellschaft ist.

Die Klärung der qualitativ neuen Rolle und die Erfüllung der neuen Aufgaben der pädagogischen Wissenschaft und Praxis ist eine ebenso dringliche wie komplizierte Aufgabe.

Es ist klar, daß die heutige Konferenz sich nicht die Aufgabe stellt, die vielfältigen neuen Probleme zu lösen. Worum aber muß es uns auf dieser Konferenz gehen?

Wir müssen unsere Ausgangspositionen und den Charakter der neuen Probleme klären, um auf richtige Weise an ihre Lösung heranzugehen. Dazu brauchen wir einen konstruktiven Meinungsstreit.

Betrachten Sie meine Darlegungen nicht als ministerielle Anweisung. Uns geht es darum, einige Probleme hier zur Diskussion zu stellen, die nach unserer Ansicht besonders wichtig sind, die bei der Durchsetzung des Gesetzes über das einheitliche sozialistische Bildungssystem auf der Tagesordnung stehen.

In der bisherigen Diskussion wurde völlig richtig der Perspektivcharakter unseres Gesetzes betont. Das Gesetz basiert auf dem Parteiprogramm, das die Aufgaben des umfassenden sozialistischen Aufbaus aus der Einsicht in die Gesetzmäßigkeiten der gesellschaftlichen Entwicklung, besonders der Entwicklung der gesellschaftlichen Produktivkräfte, ableitet. Zu Recht wurde betont, daß das Bildungsprogramm mit logischer und historischer Konsequenz aus der gesamten bisherigen schulpolitischen Theorie und Praxis erwachsen ist. Es führt die bisherige Entwicklungslinie kontinuierlich weiter und beruht auf einer Tradition, die im fortschrittlichen pädagogischen Erbe, in den Werken der Klassiker des Marxismus-Leninismus, in der Geschichte des schulpolitischen Kampfes der deutschen Arbeiterbewegung und nicht zuletzt in der zwanzigjährigen Geschichte des Bildungswesens in unserem Teil Deutschlands begründet und verankert ist.

Wenn wir von Kontinuität sprechen, dann nicht nur in dem einfachen, selbstverständlichen Sinne, daß wir uns die neuen Aufgaben natürlich nur stellen können, weil in den vergangenen Jahren Hervorragendes und Einmaliges in der deutschen Schulgeschichte geschaffen worden ist. Nach der Kontinuität zu fragen erfordert vor allem, die Frage nach den Triebkräften zu stellen, denen diese erfolgreiche Entwicklung zu verdanken ist.

Unsere Entwicklung war ebenso erfolgreich wie kontinuierlich, weil wir die weltanschaulichen, politischen und theoretischen Grundlagen des Marxismus-Leninismus stets konsequent in allen Etappen unserer Entwicklung unter den jeweils gegebenen Bedingungen schöpferisch angewandt haben. Auf dieser Grundlage entfaltete sich die schöpferische Initiative aller Werktätigen, darauf beruhen unsere Erfolge, beruht die Entwicklung unseres leistungsstarken Bildungswesens. Darauf bauen wir auf, wenn wir ein solch weitreichendes Vorhaben wie die Verwirklichung des einheitlichen sozialistischen Bildungssystems in Angriff nehmen.

Wir haben uns in unserer Schulpolitik von Anfang an von den Lehren der Klassiker des Marxismus und den Erfahrungen der deutschen Arbeiterbewegung leiten lassen. Wir gingen stets von der grundlegenden marxistischen Einsicht in die Einheit von Politik und Pädagogik aus. Der Kampf um die Schule war und ist für

Marxisten stets ein Teil des Klassenkampfes. Auf dem I. Gesamtrussischen Kongreß für das Bildungswesen im Jahre 1918 erklärte Lenin: „Unsere Aufgabe auf dem Gebiet des Schulwesens ist gleichfalls der Kampf für den Sturz der Bourgeoisie..."[1]. Im gleichen Sinne beginnen die Leitsätze für die Arbeit in den Elternbeiräten, die auf dem Vereinigungsparteitag der KPD mit dem linken Flügel der USPD im Dezember 1920 angenommen wurden, mit den Worten: „Der Kampf um die Schule ist ein wichtiger Teil des proletarischen Befreiungskampfes."[2] Und Wilhelm Liebknecht hob in seiner 1872 gehaltenen Rede „Wissen ist Macht – Macht ist Wissen" mit allem Nachdruck hervor, daß derjenige, dem es mit einer wirklichen Volksbildung ernst ist, die moralische Pflicht hat, an der Seite der Arbeiterklasse auf eine grundlegende Umgestaltung der kapitalistischen Gesellschaft hinzuarbeiten.[3] Clara Zetkin erklärte 1922 im Deutschen Reichstag: „... Eine durchgreifende, grundlegende Schulreform steht nicht vor der Eroberung der politischen Macht durch das Proletariat, sie wird eine ihrer wichtigsten und wertvollsten Früchte sein."[4]

Wir konnten unsere antifaschistische demokratische Einheitsschule nur aufbauen und zur sozialistischen Schule nur übergehen, weil wir eine gesellschaftliche Umwälzung an den Anfang stellten, die Herrschaft des Imperialismus mit den Wurzeln ausrotteten und grundlegende demokratische Reformen, darunter die demokratische Schulreform, durchführten.

Es ist vor diesem Forum sicher nicht erforderlich, im einzelnen darzulegen, worin die Erfolge und Leistungen unseres neuen Bildungswesens bestehen, die wir auf dieser Grundlage in den vergangenen Jahren unter Führung der Partei der Arbeiterklasse erreichten.

Unvergessen ist die große brüderliche Hilfe, die uns die sowjetischen Genossen in dieser Zeit gegeben haben. Als wir Ende der vierziger Jahre die Kriegsschäden so weit überwunden hatten, daß wir zu einer planmäßigen wirtschaftlichen und kulturellen Aufbauarbeit übergehen konnten, da waren auch in unserem Bildungswesen die Grundforderungen der demokratischen Schulreform bereits verwirklicht. Wir überwanden die Überreste der alten bürgerlichen Volksschule und die noch wirkenden Einflüsse der Reformpädagogik in Theorie und Praxis. Unsere Pädagogen begannen, sich gründlicher mit dem Marxismus zu beschäftigen, und studierten die Werke der sowjetischen Pädagogik.

---

[1] W. I. Lenin: Rede auf dem I. Gesamtrussischen Kongreß für Bildungswesen. In: Werke. Bd. 28, Dietz Verlag, Berlin 1972, S. 75.

[2] Leitsätze für die Arbeit in den Elternbeiräten. Zit. nach: Quellen zur Geschichte der Erziehung. 7. Aufl., Volk und Wissen Volkseigener Verlag, Berlin 1975, S. 420.

[3] Vgl. W. Liebknecht: Wissen ist Macht – Macht ist Wissen. In: W. Liebknecht: Wissen ist Macht – Macht ist Wissen und andere bildungspolitisch-pädagogische Äußerungen. Volk und Wissen Volkseigener Verlag, Berlin 1968, S. 93.

[4] C. Zetkin: Gegen das reaktionäre Reichsschulgesetz. Rede im Reichstag. 24. Januar 1922. In: C. Zetkin: Ausgewählte Reden und Schriften. Bd. II, Dietz Verlag, Berlin 1960, S. 495.

Als im Juli 1952 die 2. Parteikonferenz der Sozialistischen Einheitspartei Deutschlands den Aufbau der Grundlagen des Sozialismus in unserer Republik proklamierte, hatte unsere Schule einen Entwicklungsstand erreicht, waren die Bedingungen geschaffen, um den Übergang zur sozialistischen Schule zu vollziehen.

Die für Deutschland traditionelle achtjährige Grundschulpflicht für alle Schüler reichte bereits damals nicht mehr aus, um einen genügend breiten und qualifizierten Nachwuchs für Wirtschaft, Staat und Kultur heranzubilden. Schon 1951 waren in unserer Republik die ersten Zehnklassenschulen als völlig neuer Schultyp entstanden, die unter den Bedingungen des Aufbaus der Grundlagen des Sozialismus große Bedeutung erlangten. Bereits damals stellte die Parteiführung in kluger Voraussicht die Aufgabe, der heranwachsenden Generation die Anfangsgründe der polytechnischen Bildung zu vermitteln.

Von größter Bedeutung waren dafür die Hinweise des IV. Parteitages der SED 1954 und der 3. Parteikonferenz im Jahre 1956, wo in Auseinandersetzung mit revisionistischen Auffassungen erneut großer Nachdruck auf die Notwendigkeit der Verbindung von Unterricht und produktiver Arbeit und die Entwicklung von Zehnklassenschulen gelegt wurde. Die prinzipielle Bedeutung der polytechnischen Bildung für die sozialistische Schule war Gegenstand intensiver ideologischer Auseinandersetzung. Die Klärung dieser Frage war von großer Wichtigkeit für die kontinuierliche Weiterentwicklung unserer Schulpolitik und für den stürmischen Aufschwung unseres Schulwesens nach dem V. Parteitag.

Auf dem V. Parteitag kennzeichnete Walter Ulbricht als Kernfrage für die Entwicklung unserer Schule *„die Einführung des polytechnischen Unterrichts und die Erziehung der Kinder zur Liebe für die Arbeit und zu den arbeitenden Menschen"*[5].

Auf der Grundlage des Gesetzes über die sozialistische Entwicklung des Schulwesens in der Deutschen Demokratischen Republik vom 2. Dezember 1959 führten wir an allen Schulen für die Schüler der 7. bis 10. Klassen den polytechnischen Unterricht ein. Zehntausende von Werktätigen – Facharbeiter, Techniker, Ingenieure und Genossenschaftsbauern – wurden unmittelbar in die Erziehung der Jugend einbezogen. Wir entwickelten auf der Grundlage eines neuen Lehrplanwerkes ein höheres wissenschaftliches Niveau für den Unterricht in allen Fächern und bauten in wenigen Jahren das Netz der zehnklassigen allgemeinbildenden polytechnischen Oberschule auf.

Durch den Sieg der sozialistischen Produktionsverhältnisse wurde es möglich und notwendig, zum entfalteten sozialistischen Aufbau überzugehen. Der VI. Parteitag erklärte die Schaffung der materiellen Basis des Sozialismus zur Hauptaufgabe, die in untrennbarem Zusammenhang mit dem verstärkten Kampf um die Sicherung des Friedens und die Durchsetzung der friedlichen Koexistenz,

---

[5] Referat W. Ulbrichts auf dem V. Parteitag der Sozialistischen Einheitspartei Deutschlands. In: Protokoll der Verhandlungen des V. Parteitages der Sozialistischen Einheitspartei Deutschlands. Bd. 1: 1. bis 5. Verhandlungstag, Dietz Verlag, Berlin 1959, S. 165.

dem ökonomischen Wettbewerb mit dem Kapitalismus steht. Diese Hauptaufgabe ist notwendigerweise auf das engste verbunden mit der Weiterführung der sozialistischen Revolution auf dem Gebiet der Ideologie und Kultur.

So führte unser Weg kontinuierlich und konsequent zum neuen Gesetz über das einheitliche sozialistische Bildungssystem.

Vor wenigen Tagen feierten wir den 20. Jahrestag der Befreiung unseres Volkes vom Hitlerfaschismus. Auf allen Gebieten unseres Lebens zogen wir das Fazit zwanzigjähriger deutscher Geschichte. Weithin sichtbar vor aller Welt wurde der grundsätzliche Unterschied und Gegensatz zwischen der Entwicklung unserer Republik zu einem Staat des Friedens und des Fortschritts und der Entwicklung Westdeutschlands, wo heute der staatsmonopolistische Kapitalismus das gesellschaftliche Leben total beherrscht und zum Hauptstörenfried in Europa geworden ist. Ebenso gegensätzlich und grundsätzlich verschieden verlief als Bestandteil dieser Entwicklungen die Bildungspolitik der beiden deutschen Staaten.

An den Ergebnissen der Bildungspolitik in beiden deutschen Staaten wird die Wahrheit unseres Grundsatzes der Einheit von Politik und Pädagogik überzeugend bewiesen.

Die große nationale Bedeutung unseres Gesetzes über das einheitliche sozialistische Bildungssystem ist unübersehbar. Wir gehen an die Verwirklichung dieses Gesetzes in einer Zeit, in der sich die Bildungspolitik des westdeutschen Imperialismus in einer tiefen, umfassenden Krise befindet. Wir beweisen damit nur einmal mehr, daß in unserer Zeit allein die Arbeiterklasse zur Führung der Nation fähig und berufen ist.

Wie sich in der zwanzigjährigen Nachkriegsgeschichte zwei entgegengesetzte Staaten entwickelten, die völlig verschiedene Konzeptionen repräsentieren, so sehen wir auch in der Bildungspolitik in Deutschland zwei völlig entgegengesetzte Entwicklungslinien: die Politik einer konsequenten demokratischen und sozialistischen Entwicklung des Bildungswesens in unserer Republik und das Wiedererstehen der imperialistischen Schule in Westdeutschland.

Das ist wahrhaftig ein Schulbeispiel für unsere Feststellung, daß das Bildungswesen untrennbarer Bestandteil der gesellschaftlichen Verhältnisse, der Herrschaftsverhältnisse ist, daß eine fortschrittliche, dem Volk verpflichtete Bildungspolitik allein dort verwirklicht werden kann, wo das Volk die Macht hat und seine Geschicke selbst bestimmt.

Wenn heute in Westdeutschland der SPD-Vorstand seine bildungspolitischen Leitsätze unter das Motto stellt: „Wissen ist Macht! Bildung macht frei!", dann sollte er zur Kenntnis nehmen, was Wilhelm Liebknecht bereits vor 100 Jahren sagte, daß Wissen nur zur Macht werden kann, Macht für das schaffende Volk, wenn das Volk die politische Herrschaft übernimmt.

In der Tat ist es in Westdeutschland an der Zeit, die Bildung frei zu machen von der Unterordnung unter die Interessen des Monopolkapitals, sie frei zu machen vom Ungeist des Faschismus und Militarismus und sie zu öffnen für den Geist der Demokratie und des Fortschritts.

54

In der Tat ist es an der Zeit, in Westdeutschland alle Kräfte zu vereinen zum Kampf um eine antiimperialistische demokratische Bildung der Jugend, um die Durchsetzung des Rechts auf Bildung für alle Kinder. Es ist höchste Zeit, energischen Widerstand zu leisten gegen die revanchistische und militaristische Verseuchung der Jugend.

Der Kampf um eine demokratische Bildung der Jugend in Westdeutschland ist untrennbarer Bestandteil des Kampfes gegen die reaktionäre staatsmonopolistische Macht.

Wir haben uns nach 1945 von der Erkenntnis leiten lassen, daß eine demokratische Erziehung für die Schaffung fester Garantien für Frieden, Humanismus und Fortschritt in Deutschland von großer Bedeutung ist. Daß Demokratie und Humanismus bei uns gesiegt haben, dazu hat unsere Schule entscheidend beigetragen.

Bereits im gemeinsamen Aufruf der KPD und SPD vom 18. Oktober 1945 zur demokratischen Schulreform hieß es, daß „die Sicherung eines dauerhaften Friedens und die demokratische Erneuerung Deutschlands ... undenkbar (sind) ... ohne eine allseitige Demokratisierung des gesamten Schulwesens"[6].

In der Lösung dieser Aufgabe lag eine wesentliche Voraussetzung für die demokratische Wiedergeburt Deutschlands und für die Erziehung der jungen Generation im Geiste einer humanistischen kämpferischen Demokratie zu selbständigem, friedliebendem und fortschrittlichem Denken und Handeln. Nach 1945 bestand in ganz Deutschland die objektive Möglichkeit für die Entwicklung eines demokratischen Staates und damit eines demokratischen Schulwesens, viele antifaschistische Lehrer und Schulpolitiker in den Westzonen haben sich damals um eine demokratische Reform des Schulwesens aktiv bemüht.

Aber in Westdeutschland wurde die Einheit der Arbeiterklasse verhindert. Die imperialistischen Besatzungsmächte, vereint mit der westdeutschen Reaktion, spalteten Deutschland, um den deutschen Imperialismus in Westdeutschland wieder zu errichten und in ganz Deutschland eine demokratische Entwicklung zu verhindern. Damit wurde auch das deutsche Schulwesen gespalten und eine demokratische Umgestaltung im westdeutschen Schulwesen verhindert.

Heute, im dritten Nachkriegsjahrzehnt, stellen wir die Frage: Was wurde in Westdeutschland getan, um eine demokratische Schule für alle Kinder des Volkes zu schaffen, was wurde getan, um eine fortschrittliche Bildung zu verwirklichen, was wurde getan, um die Vergangenheit in den Schulstuben, in den Köpfen der Lehrer und der Jugend wirklich zu bewältigen?

Für unsere Schule können wir diese Fragen mit gutem Gewissen beantworten. In Westdeutschland aber wird der große Betrug an der deutschen Jugend weiter

---

[6] An alle Eltern, Lehrer und Hochschullehrer! Aufruf des Zentralkomitees der KPD und des Zentralausschusses der SPD zur demokratischen Schulreform, vom 18. Oktober 1945. In: Dokumente zur Geschichte des Schulwesens in der DDR. Teil 1: 1945 bis 1955. Volk und Wissen Volkseigener Verlag, Berlin 1970, S. 192.

fortgeführt. Um die staatsmonopolistische Herrschaft aufrechtzuerhalten, wird die Jugend geistig entmündigt, um ein sinnvolles Leben und um eine echte Perspektive betrogen.

Im Nationalen Manifest rufen wir dazu auf, im Interesse der Jugend die Lehren aus der deutschen Geschichte zu ziehen, damit kein Krieg mehr von Deutschland ausgehen kann.

In den neuesten „Empfehlungen und Gutachten des Deutschen Ausschusses für das Erziehungs- und Bildungswesen" wird für den Geschichtsunterricht gefordert, er müsse „die Einmaligkeit und Unwiederholbarkeit eines historischen Faktums erfahren lassen…"[7], er gehorche „keinem eindeutigen Entwicklungsgesetz"[8]. So wird den Schülern beigebracht, daß der Geschichtsablauf nicht durchschaubar ist, daß er keinen Gesetzmäßigkeiten folgt, daß folglich auch keine Lehren aus der Geschichte zu ziehen sind. In gleicher Absicht soll der Lehrgang „Politische Weltkunde" den Schülern die Unberechenbarkeit der Ereignisse[9] vermitteln und sie auf diese Weise wehrlos machen gegenüber dem westdeutschen Monopolkapitalismus, der selbstverständlich nicht daran interessiert ist, daß die Jugend in eigenem Interesse aus der Geschichte Lehren ziehen kann.

Oder sehen wir uns die Empfehlungen für den Erdkundeunterricht an: Hier wird der Revanchismus für den Schulgebrauch zurechtgemacht. Hier sollen die Schüler erfahren, daß bestehende Grenzen als naturgegebene Voraussetzungen und, wie sie es nennen, „räumliche Relationen" zwar für Geschichte und Politik zu würdigen sind, aber „nicht als unabänderlich hingenommen werden müssen, sondern auch als Herausforderung begriffen und also verwandelt werden können"[10]. Hier wird empfohlen, die Jugend im Sinne der revanchistischen Politik Bonns zu erziehen, die den Status quo nicht anerkennt und eine Revision der bestehenden Grenzen erstrebt.

Unter der Überschrift „Abwehrbereite Demokratie" wird empfohlen, den Schülern beizubringen, „daß eine moderne Demokratie sich nicht auf die Einsicht der Bürger und ihren guten Willen allein verlassen kann"[11], daß es sich eines Tages als notwendig erweisen könnte, „die föderative Ordnung der BRD oder das eine oder andere Grundrecht unseres G(rund)G(esetzes) aufzugeben"[12].

So werden die Demokratie und der Wille des Volkes in den westdeutschen Schulstuben diskriminiert, um die Schüler für die Notstandsgesetze geistig reif zu machen.

---

[7] Empfehlungen für die Neuordnung der Höheren Schule. In: Empfehlungen und Gutachten des Deutschen Ausschusses für das Erziehungs- und Bildungswesens. 9. Folge, Stuttgart 1966, S. 61.
[8] Ebenda.
[9] Vgl. ebenda, S. 64.
[10] Ebenda, S. 68.
[11] Ebenda, S. 171.
[12] Ebenda, S. 163.

Es ist bei dieser Erziehung kein Wunder, wenn von den Schülern, wie es in den Empfehlungen heißt, solche „Grundüberzeugungen" vertreten werden wie: „Letzte Triebfeder des menschlichen Handelns und Denkens ist immer das Streben nach eigenem Vorteil"[13] und: „Wir sind, auch wenn wir frei zu sein glauben, von uns unbewußten Faktoren gelenkt."[14] Es versteht sich: Das ist eine Erziehung, die einzig und allein dem Interesse des westdeutschen Monopolkapitals, seiner Politik der Revanche und dem Militarismus dient.

Wir haben in den vergangenen zwei Jahrzehnten – und dazu hat unser demokratisches und sozialistisches Bildungswesen beigetragen – eine junge Generation herangebildet, die Großes geleistet hat in allen Bereichen unserer Gesellschaft. Wir haben eine junge Generation herangebildet, die in ihrer großen Mehrheit nicht nur über eine hohe Bildung verfügt, sondern die im Bewußtsein der Übereinstimmung ihrer persönlichen Interessen mit den Interessen der sozialistischen Gesellschaft denkt und handelt.

Welche Bildung und Erziehung die Jugend erhält, was sie denkt und fühlt, was sie weiß und kann – das war und ist eine der Schicksalsfragen unserer Nation.

Es ist von großer aktueller Bedeutung für die nationale Politik in Deutschland und den Kampf gegen den westdeutschen Imperialismus, daß unsere Historiker die Geschichte der sozialistischen Schule, die Geschichte der Schulentwicklung in beiden deutschen Staaten schreiben, und sei es zunächst in Form eines Grundrisses.

Besonders wichtig ist es, die Ergebnisse der Bildungspolitik in den beiden deutschen Staaten zu erfassen.

Einheit von Politik und Pädagogik bedeutet für uns den untrennbaren Zusammenhang zwischen unseren Aufgaben im Bildungswesen und dem umfassenden Aufbau des Sozialismus in unserer Republik; denn die untrennbare Einheit von Politik und Pädagogik erhält ihren Inhalt und ihren Maßstab stets aus den konkret historischen Bedürfnissen des Kampfes der Arbeiterklasse und ihrer Verbündeten. Die gegenwärtigen Bedürfnisse, Anforderungen, Aufgaben des Kampfes haben ihren wissenschaftlichen Ausdruck im Programm der Partei und in den darauf beruhenden Beschlüssen gefunden. Der Grundsatz des dialektischen Materialismus, an alle Fragen der Bildung und Erziehung stets parteilich, konkret historisch heranzugehen, erfordert, unsere Arbeit entsprechend den Bedingungen und Anforderungen einer entwickelten sozialistischen Gesellschaft zu gestalten. Das Programm unserer weiteren Arbeit wird gerade durch die dialektische Einheit von neuen Bedingungen und neuen Aufgaben charakterisiert.

Unter unseren heutigen Bedingungen des Übergangs vom Kapitalismus zum Sozialismus im Weltmaßstab und der Auseinandersetzung mit dem aggressiven westdeutschen Imperialismus haben wir die Jugend so zu erziehen, daß sie den Sinn unserer Epoche, den gesetzmäßigen Charakter des Sieges des Sozialismus

[13] Ebenda, S. 214.
[14] Ebenda.

begreift und zur praktischen Bewältigung der realen Probleme unseres Kampfes befähigt wird. Daraus ergeben sich die Anforderungen an unsere Erziehungsarbeit, die Notwendigkeit, die Vermittlung der revolutionären Theorie und der Traditionen der Arbeiterbewegung mit der Organisation der unmittelbaren Teilnahme der Jugend am Kampf unseres Volkes zu verbinden.

Unter Einheit von Politik und Pädagogik verstehen wir und verstand die revolutionäre deutsche Arbeiterbewegung, die Jugend so zu erziehen, daß sie in der Lage ist, aktiv an der praktischen Gestaltung der neuen Gesellschaft teilzunehmen, und ihre Erziehung von vornherein mit der Teilnahme an der revolutionären Praxis zu verbinden. Und die revolutionäre Praxis war für die Klassiker, für die Pädagogen der revolutionären deutschen Arbeiterbewegung und ist für uns der Klassenkampf. Klassenkampf und Erziehung betrachteten Marx und Engels und die revolutionäre deutsche Arbeiterbewegung stets als eine untrennbare Einheit.

„Ihr habt 15, 20, 50 Jahre Bürgerkriege und Völkerkämpfe durchzumachen", schrieb Marx in seinen Enthüllungen über den Kommunistenprozeß in Köln, „nicht nur um die Verhältnisse zu ändern, sondern um euch selbst zu ändern und zur politischen Herrschaft zu befähigen."[15]

In diesem Sinne heißt es auch in den Leitsätzen zur Bildungsfrage, die die Freie Sozialistische Jugend, aus der der Kommunistische Jugendverband Deutschlands hervorging, auf ihrem zweiten Reichskongreß beschloß: „Das Wesen der Schulung und Bildung erblickt die proletarische Jugendbewegung in der völligen Durchdringung aller von ihr erfaßten jugendlichen Arbeiter und Arbeiterinnen mit dem Bewußtsein ihrer Klassenlage. Sie steht auf dem Boden der Taterziehung, der Verschmelzung von Lernen und Leben und benutzt die tatsächliche äußere Politisierung der Jugendlichen in ihrer wirtschaftlichen Erwerbstätigkeit, um auch in ihren Köpfen die politische Revolutionierung und die daraus entspringende Aktionsfähigkeit zu erzeugen."[16]

Für die Weiterentwicklung unserer Theorie der sozialistischen Persönlichkeitsbildung ist die Erkenntnis von grundlegender Bedeutung, daß die heutigen Kampfbedingungen zugleich die Entwicklungsbedingungen der jungen Generation sind, die den Inhalt und die Methoden der Erziehungsarbeit bestimmen.

Der entscheidende Inhalt unseres Klassenkampfes heute, das ist vor allem der Kampf um die allseitige Stärkung der DDR, um die Sicherung des Friedens, der gemeinsame Kampf mit den fortschrittlichen Kräften in Westdeutschland gegen den staatsmonopolistischen Kapitalismus und seine Politik des Militarismus und der Revanche.

---

[15] K. Marx: Enthüllungen über den Kommunisten-Prozeß zu Köln. In: K. Marx/F. Engels: Werke. Bd. 8, Dietz Verlag, Berlin 1982, S. 412.

[16] Leitsätze der Freien Sozialistischen Jugend vom 11. Dezember 1918. In: Dokumente und Materialien zur Geschichte der deutschen Arbeiterbewegung. Reihe II, Bd. 2: November 1917 bis Dezember 1918. Dietz Verlag, Berlin 1957, S. 588.

Worin bestehen die neuen Bedingungen und Anforderungen für die Bildung und Erziehung?

Wir haben vor allem davon auszugehen, daß der gesetzmäßige historische Prozeß des Übergangs vom Kapitalismus zum Sozialismus den Charakter unserer Epoche bestimmt und entscheidenden Einfluß auf die Bewußtseinsbildung der Menschen in unserer Republik hat, daß sich in unserem sozialistischen Staat eine historische Veränderung im Bewußtsein der Menschen vollzogen hat und weiter vollzieht.

Unsere Jugend wächst in einer Gesellschaft auf, in der unter der Führung der Arbeiterklasse der Marxismus-Leninismus breiten Eingang in das Denken und Handeln des Volkes gefunden hat. Die Menschen sind bewußter, selbstbewußter, erfahrener und selbständiger geworden.

Auf der Tagesordnung stehen Grundprobleme der weiteren Entwicklung der sozialistischen Demokratie. In der gemeinsamen sozialistischen Arbeit entwickeln sich die neuen Lebensformen, entfalten sich neue Antriebe zur schöpferischen Intitiative. Die Entwicklung der sozialistischen Einstellung zur Arbeit und das sozialistische Staatsbewußtsein verbinden sich immer mehr mit dem Streben nach umfassenderer Bildung, mit der Entwicklung der Fähigkeit, schöpferisches Arbeiten und Lernen miteinander zu verbinden.

Auf der Grundlage des Sieges der sozialistischen Produktionsverhältnisse entwickelt sich die politisch-moralische Einheit des Volkes, ergibt sich die Notwendigkeit, eine höhere Stufe der bewußten Gestaltung des gesellschaftlichen Lebens zu erreichen. Andererseits sind damit Bedingungen geschaffen, die den Zugang zu den Wissenschaften, zu einer hohen Bildung und Erziehung erleichtern und die Entwicklung des Bedürfnisses fördern, geleitet von wissenschaftlichen Einsichten, in Übereinstimmung mit den Interessen der Gesellschaft zu handeln. Auf der Grundlage des sozialistischen Eigentums entwickelt sich die sozialistische Moral und damit die sozialistische Einstellung zur Arbeit. Sie ist die entscheidende Grundlage für die Überwindung der durch die Geschichte des Privateigentums entwickelten Traditionen und Eigenschaften, für die Entwicklung einer wahrhaft sozialistischen Lebensgemeinschaft und der sozialistischen Persönlichkeit.

Diese objektiven historischen Prozesse sind Grundlage und Inhalt unserer Erziehung zum sozialistischen Patriotismus und Internationalismus, zum Kampf gegen den Imperialismus und seine Ideologie, für die schöpferische Aneignung der sozialistischen Weltanschauung. Darauf gründet sich unsere Erziehung zur Liebe zur Arbeit, zu einem neuen Staatsbewußtsein, zur bewußten Einhaltung der neuen moralischen Normen unserer Gesellschaft, in denen sich die Übereinstimmung der persönlichen Interessen mit den gesellschaftlichen Erfordernissen ausdrückt.

Durch die Vermittlung des Wissens um die geschichtliche Rolle unseres Staates entwickelt sich ein neues, sozialistisches Nationalbewußtsein, das die Jugend braucht, um sich auf die Rolle des Hausherrn des sozialistischen Deutschland vorzubereiten. Unter diesen neuen Bedingungen und Anforderungen wächst unsere junge Generation heran. Das ist der Inhalt ihrer Lebenserfahrung im Unterschied zu allen vorangegangenen Generationen.

Unsere Jugend ist reifer und anspruchsvoller geworden; denn auch für das jugendliche Individuum gilt die Marxsche Feststellung, daß das Wesen des Individuums in seiner Wirklichkeit das Ensemble der gesellschaftlichen Verhältnisse ist.[17] Wenn wir vor der Aufgabe stehen, das Jugendkommuniqué in unserer Arbeit zu verwirklichen, dann geht es eben gerade darum, diese neuen Probleme gründlich zu durchdenken und die notwendigen Schlußfolgerungen für die pädagogische Theorie und Praxis zu ziehen.

Es ist eine entscheidende Aufgabe der pädagogischen Wissenschaftler, zusammen mit den Philosophen, Soziologen, Ökonomen und Psychologen exakt zu analysieren, wie sich der Prozeß der Bewußtseinsentwicklung bei den Kindern und Jugendlichen konkret vollzieht, die Gesetzmäßigkeiten dieses Prozesses herauszuarbeiten und damit theoretische Grundlagen zu schaffen für eine planmäßige, zielstrebige Erziehungsarbeit und für die Weiterentwicklung der sozialistischen Erziehungstheorie.

Von grundsätzlicher Bedeutung ist in diesem Zusammenhang das Verständnis der dialektischen Einheit von Ökonomie, Bildung und Erziehung unter den konkreten Bedingungen des sozialistischen Aufbaus in der Deutschen Demokratischen Republik.

Der umfassende Aufbau des Sozialismus und der Kampf gegen den staatsmonopolistischen Kapitalismus in Westdeutschland sind fest gegründet auf unserer Politik der ständigen Erhöhung der Produktivität der sozialistischen Wirtschaft. Die sozialistische Gesellschaft von heute braucht ein weitaus höheres Niveau der Produktivkräfte als je zuvor.

Die Entwicklung der gesellschaftlichen Produktivkräfte ist also letzten Endes der entscheidende Ausgangspunkt und das prinzipielle Kriterium für die Weiterentwicklung des Bildungswesens und der pädagogischen Theorie.

Nicht zufällig begründete Genosse Ulbricht die Grundideen zur Entwicklung der Bildungskonzeption im Zusammenhang mit der Darlegung der Grundsätze des neuen ökonomischen Systems der Planung und Leitung der Volkswirtschaft, in dessen Mittelpunkt die planmäßige Durchführung der technischen Revolution steht.

In ihrem Programm hat die Partei die Bedeutung der Wissenschaften und der technischen Revolution für den Sieg des Sozialismus in der DDR und für die Lösung der nationalen Frage des deutschen Volkes hervorgehoben. Angesichts der vorausschaubaren Entwicklungstendenzen der Produktivkräfte und unter den gegebenen Bedingungen des Kampfes zwischen Sozialismus und Imperialismus in der Gegenwart bilden der Aufbau der sozialistischen Gesellschaftsordnung und

[17] Vgl. K. Marx: Thesen über Feuerbach. In: K. Marx/F. Engels: Werke. Bd. 3, Dietz Verlag, Berlin 1983, S. 6.

die Durchführung der technischen Revolution eine untrennbare Einheit. Da der Sozialismus den Kapitalismus vor allem auf dem Gebiet der materiellen Produktion durch eine höhere Produktivität der Arbeit schlagen muß, wird die Meisterung der technischen Revolution in der DDR zur Hauptaufgabe im Kampf für den Frieden, gegen den aggressiven staatsmonopolistischen Kapitalismus in Westdeutschland. Wir führen die technische Revolution als bewußte Aktion der Werktätigen unter der Führung der Partei durch. Die Erforschung ihrer Gesetzmäßigkeiten ist die wichtigste Aufgabe der Gesellschaftswissenschaften. Das gilt auch für die pädagogische Wissenschaft. Sie steht vor der Aufgabe, die speziellen Probleme zu untersuchen und zu lösen, die sich aus dem Zusammenhang der technischen Revolution mit der Bildung und Erziehung der heranwachsenden Generation bei uns ergeben.

Einheit von Ökonomie und Bildung – das bedeutet für uns alle ganz besonders die Dialektik von technischer Revolution und Bildung und Erziehung unter den Bedingungen des umfassenden sozialistischen Aufbaus. Das verlangt vor allem Klarheit darüber, daß die technische Revolution unter unseren Bedingungen in höchstem Maße bildungs- und erziehungsintensiv ist und unsere weitere Bildungsarbeit untrennbar mit der Tatsache verbunden ist, daß das grundlegende Lebensverhältnis von Millionen Menschen, das Arbeitsverhältnis, weitreichenden Wandlungen unterworfen ist. Besteht doch das Wesen der technischen Revolution letztlich in der Veränderung der Stellung des Menschen in der materiellen Produktion, darin, daß bei uns im Sozialismus die Wissenschaft zur unmittelbaren Produktivkraft wird, indem wir sie zur aktiven produktiven Kraft der breiten Volksmassen machen. Es ist klar, was das für die pädagogische Wissenschaft konkret zu bedeuten hat. Da genügen allgemeine Thesen nicht mehr. Es ist notwendig, gemeinsam mit den Philosophen und Ökonomen die konkreten Prozesse in der DDR zu analysieren und daraus die Schlußfolgerungen für die pädagogische Arbeit zu ziehen.

Alle diese Prozesse haben wir selbst durchzuführen. Wir haben uns also nicht nur auf zu erwartende Wandlungen vorzubereiten, sondern diese Wandlungen planmäßig zu gestalten.

Der entscheidende Gesichtspunkt für ein richtiges Herangehen der pädagogischen Wissenschaft an die Erforschung des Zusammenhanges zwischen Ökonomie und Bildung ergibt sich daraus, daß es sich hierbei letzten Endes um ein zentrales Problem unserer Wissenschaft, um die Dialektik von Persönlichkeits- und Gesellschaftsentwicklung handelt. Gerade deshalb müssen wir heute von den pädagogischen Wissenschaftlern ein tieferes Verständnis der marxistischen politischen Ökonomie und des dialektischen Materialismus verlangen. Liegt doch in der Ökonomie, in der dialektischen Entwicklung von Produktivkräften und Produktionsverhältnissen der Hebel – im historischen wie im logischen Sinne –, mit dessen Hilfe wir die entscheidenden Prozesse der menschlichen Entwicklung in ihrem inneren gesetzmäßigen Zusammenhang und ihren widerspruchsvollen Abläufen verstehen und praktisch gestalten können.

Indem Karl Marx die gesellschaftliche Arbeit des Menschen aus der Vielfalt seiner Beziehungen als grundlegend für die gesellschaftliche Existenz und alle gesellschaftliche Entwicklung hervorhob, gewann er zugleich das entscheidende dialektisch-materialistische Prinzip für eine wissenschaftliche Analyse der Gesellschaft und die darin eingeschlossenen Beziehungen von Individuum und Gesellschaft.

Wir stimmen sicher alle in der Auffassung überein, daß sich in der bisherigen pädagogischen Diskussion bis hin zu bestimmten Auffassungen über Arbeitserziehung oft ein ungenügendes Verständnis dieser Probleme bzw. oft ein sehr einseitiges Herangehen zeigt.

Die Forderung der Partei, die Arbeit zum Ausgangspunkt für die Weiterentwicklung der pädagogischen Theorie zu nehmen, beruht darauf, daß ein wirkliches gesellschaftliches Denken nur dann möglich ist, wenn die wesentlichen Beziehungen in der ökonomischen Struktur der Gesellschaft begriffen werden. Erst dadurch erweist sich die menschliche Praxis, die Tätigkeit der Volksmassen als das Bestimmende der gesellschaftlichen Verhältnisse und der Geschichte. Die gesellschaftliche Arbeit der Menschen, diese grundlegende soziale Beziehung, ist damit zugleich der entscheidende methodologische Ausgangspunkt jeder Gesellschaftswissenschaft.

Auch für die pädagogische Wissenschaft liegt der methodologische Ausgangspunkt im Verständnis der Dialektik, wie sie sich in der Produktion und Reproduktion des materiellen Lebens der Menschen vollzieht.

Es wäre sehr einseitig, die Produktion und Reproduktion lediglich im Sinne der bloß physischen Existenzerhaltung des Menschen aufzufassen. Für die Weiterentwicklung der Theorie der Persönlichkeitsbildung ist es von großer Wichtigkeit zu verstehen, daß Produktion stets eine besondere Art und Weise der Arbeit, der menschlichen Verhältnisse in der Arbeit, bedeutet, „eine bestimmte Art (der Individuen- d. Vf.), ihr Leben zu äußern, eine bestimmte *Lebensweise* derselben", wie Marx sagt.[18]

Es liegt auf der Hand, daß Produktion, Reproduktion und Arbeit von uns nicht in jener ökonomistischen Weise aufgefaßt werden, wie wir das von den bürgerlichen Ideologen gewohnt sind, die die kapitalistische Ökonomie, ihren Fetischismus und ihre Entfremdungserscheinungen als Vorlage für ihr Denken nehmen. Aus einem solchen Denken resultieren jene ebenso dummen wie borniertem Vorwürfe gegen unser Bildungsprogramm, etwa wenn sie uns der Unterordnung der Bildung unter das Ökonomische bezichtigen wollen.

Wenn nach unserer marxistischen Auffassung in der Ökonomie, in der gesellschaftlichen Arbeit die Anatomie der Gesellschaft begründet ist, dann erfordert die Weiterentwicklung der pädagogischen Theorie, vom sozialistischen Charakter unserer Ökonomie, ihrem Ziel und ihren Gesetzen auszugehen.

---

[18] K. Marx/F. Engels: Die deutsche Ideologie. In: Ebenda, S. 21.

Das Ziel sozialistischer Produktion ist nicht Produktion an und für sich, sondern die immer bessere Bedürfnisbefriedigung und die allseitige Entwicklung der Persönlichkeit jedes einzelnen Menschen der sozialistischen Gesellschaft im Prozeß der geplanten Arbeit von Millionen Werktätigen in unserer Republik. Es kommt darauf an, auf der Grundlage einer schöpferischen Anwendung des Marxismus-Leninismus empirische Untersuchungen der Prozesse der Persönlichkeitsbildung im Zusammenhang und auf der Grundlage der Entwicklung unserer sozialistischen Ökonomie vorzunehmen. Das ist von großer Bedeutung für die Verwirklichung unseres Bildungsprogramms. Das grundlegende Ziel unseres Gesetzes über das einheitliche sozialistische Bildungssystem ist doch die Entwicklung der allseitig gebildeten sozialistischen Persönlichkeit unter den konkreten Bedingungen der Deutschen Demokratischen Republik.

Der Übergang vom Kapitalismus zum Sozialismus, an dem wir in unserer Republik mitwirken, der das Grundgesetz unserer Epoche darstellt, das ist ein Prozeß, der alle Verhältnisse des Menschen erfaßt und umgestaltet. Es ist die größte Revolution in der Geschichte der Menschheit. Im Programm der SED heißt es: „Sie führt zur Erneuerung aller sozialen und politischen Existenzformen. Sie führt zur Umwälzung der Ideologie und der Kultur, zur Entwicklung des Menschen des sozialistischen Zeitalters."[19]

Es geht um die praktische Verwirklichung der allseitigen Erziehung und Bildung des sozialistischen Menschen unter den konkreten Bedingungen, Möglichkeiten und Notwendigkeiten in unserer Republik. Die große Idee der Bildung allseitig entwickelter Persönlichkeiten ist ein Grundanliegen des wissenschaftlichen Kommunismus, der marxistischen Arbeiterbewegung, des darin aufbewahrten progressiven philosophischen und pädagogischen Erbes. Wir haben uns dieses Ziel stets vor Augen gehalten. Wir haben es uns stets von neuem unter den jeweils gegebenen konkreten Bedingungen gestellt und danach gehandelt.

Der Kampf um die Befreiung des Menschen, seiner schöpferischen Fähigkeiten war und ist der humanistische Inhalt des opferreichen Kampfes der revolutionären Arbeiterbewegung. Die Entwicklung der kämpfenden, revolutionären Arbeiterklasse war und ist entscheidende Voraussetzung und zugleich Resultat des weltgeschichtlichen Kampfes um die Verwirklichung der allseitig gebildeten menschlichen Persönlichkeit.

Es ist der tiefe humanistische Sinn der heutigen Geschichtsepoche, daß im Zusammenhang mit der Vergesellschaftung der Produktion und gebieterisch unterstrichen durch die technische Revolution die Entwicklung schöpferischer, universeller Menschen zur aktuellen Notwendigkeit geworden ist. Nur im Sozialismus wird sie zur Wirklichkeit.

[19] Programm der Sozialistischen Einheitspartei Deutschlands. In: Protokoll der Verhandlungen des VI. Parteitages der Sozialistischen Einheitspartei Deutschlands. 15. bis 21. Januar 1963. Bd. IV: Beschlüsse und Dokumente, Dietz Verlag, Berlin 1963, S. 299.

Die allseitig gebildete Persönlichkeit ist für den Marxismus nie eine leere Abstraktion gewesen. Wir wissen, daß die Entwicklung des Menschen und seiner Persönlichkeit entscheidend von den materiellen und ideologischen Verhältnissen der Gesellschaft abhängig ist, in der er lebt. Sie formen seine Persönlichkeit. Sie bestimmen sein Verhältnis zu anderen Menschen, sie formen ihn in sozialer, politischer, kultureller und moralischer Hinsicht.

Für das Verständnis des Gesetzes über das einheitliche sozialistische Bildungssystem und des heutigen Inhalts der allseitigen Persönlichkeitsbildung ist wichtig zu erkennen, daß die modernen Produktivkräfte und die technische Revolution den Inhalt der Allseitigkeit wesentlich mitbestimmen und daß vom Standpunkt unserer sozialistischen Ökonomie und unserer sozialistischen Weltanschauung die Befähigung der Menschen zur schöpferischen Arbeit, ihre allseitige Bildung eine entscheidende Bedingung für die Entwicklung unserer Produktivkräfte ist.

Eine der Marxschen Thesen besagt, daß unter sozialistischen und kommunistischen Verhältnissen der Mensch selbst und seine allseitige Entfaltung zum Hauptreichtum der Gesellschaft werden. Unsere gesellschaftlichen Verhältnisse sind bewußt auf die Entwicklung dieser Produktivkraft gerichtet, die der allseitig entwickelte Mensch darstellt, der die Wissenschaft meistert und schöpferisch arbeitet. Doch es wäre einseitig, die Allseitigkeit allein aus der Beziehung von Mensch und Produktivkraft zu verstehen. Grundbedingung und hauptsächliches Mittel, mit deren Hilfe das Individuum zum allseitig gebildeten Individuum wird, ist die sozialistische Gemeinschaft: „Erst in der Gemeinschaft [mit Andern hat jedes] Individuum die Mittel, seine Anlagen nach allen Seiten hin auszubilden; erst in der Gemeinschaft wird also die persönliche Freiheit möglich ... In der wirklichen Gemeinschaft erlangen die Individuen in und durch ihre Assoziation zugleich ihre Freiheit"[20], sagt Marx.

Marx und Engels verstehen die allseitige Entwicklung des Individuums als aktive und schöpferische Teilnahme an den in weitem Sinne verstandenen Produktionsverhältnissen. Nur in der Gemeinschaft kann sich die sozialistische Persönlichkeit die materiellen und geistigen Reichtümer, die in den Produktivkräften liegen, aneignen. Vom Charakter der gesellschaftlichen Verhältnisse also hängt es ab, ob der eine im anderen eine Grenze seiner Fähigkeiten oder seine Ergänzung hat.

Unsere Pädagogik ist auf den dialektischen Materialismus gegründet. Dazu gehört die Erkenntnis, daß der Marxismus seine Ideale von der neuen Gesellschaft und vom sozialistischen Menschen auf objektive Prozesse zurückführt, sie aus der gesellschaftlichen Wirklichkeit und aus den ihr immanenten Gesetzen ableitet. Daraus ergeben sich die theoretischen Einsichten und praktischen Möglichkeiten ihrer Verwirklichung.

Unser Menschenbild, im Programm des Sozialismus fixiert und dem Bildungsgesetz zugrunde gelegt, enthält in verallgemeinerter Form all jene Ideale, die aus

---

[20] K. Marx/F. Engels: Die deutsche Ideologie. A. a. O., S. 74.

der sozialistischen Wirklichkeit selbst abgeleitet sind, und weist zugleich die Wege ihrer Verwirklichung.

Wir fordern von der pädagogischen Wissenschaft die Entwicklung eines fundierten Vorlaufes, die Entwicklung einer perspektivischen Forschung und von allen Mitarbeitern des sozialistischen Bildungssystems ein schöpferisches perspektivisches Denken. Doch es gilt zu erkennen, daß die Zukunft, die Perspektive, in unserer Gegenwart mit eingeschlossen ist.

Aus der Analyse der gegebenen Bedingungen gewinnen wir nicht allein das Material, sondern auch die Prinzipien, nach denen der Weg in die Zukunft praktisch zu gestalten ist.

Je besser daher die Auskünfte sind, die wir über die gegenwärtigen Prozesse, über die Probleme, Widersprüche und Potenzen unserer heutigen Wirklichkeit geben können, um so besser können wir die Zukunft gestalten. Gerade das ist gemeint, wenn wir entgegen allen leeren und abstrakten Perspektivdiskussionen ein konstruktives perspektivisches Denken fordern. Selbstverständlich verlangt das, die Wirklichkeit selbst dialektisch zu begreifen, sie unter dem Gesichtspunkt zu analysieren, daß aus ihr die Zukunft zu entwickeln ist. Das ist in unserer Auffassung einer schöpferischen Theorie-Praxis-Beziehung notwendig eingeschlossen. Versäumen wir es, so heranzugehen, dann verhalten wir uns nicht praktisch, sondern nur kontemplativ zur Wirklichkeit. Die Aufgaben von heute und die Aufgaben von morgen bilden eine Einheit; Gegenwart und bewußte Gestaltung der in ihr angelegten Zukunft – beides zusammen bildet Inhalt und Aufgaben auch unserer pädagogischen Arbeit. Wir sind uns sicher alle darin einig, daß ein tieferes, schöpferisches Verhältnis zur marxistischen Lehre, insbesondere zum dialektischen und historischen Materialismus, Voraussetzung dafür ist, den neuen Aufgaben theoretisch wie praktisch gewachsen zu sein.

Es kommt jetzt darauf an, daß die Wissenschaftler sich noch stärker darauf orientieren, die gegenwärtige Praxis unmittelbar verändern zu helfen. Es hieße jedoch, das Theorie-Praxis-Verhältnis zu einfach oder sogar falsch zu sehen, wenn man es so auffaßt, als habe unsere pädagogische Wissenschaft der Praxis sozusagen „Samariterdienste" zu leisten. Marx und Lenin haben immer wieder festgestellt, daß eine Theorie praktisch wahr sein muß, das heißt, das praktische, wirkliche Leben muß den eigentlichen Inhalt der Theorie bilden. Ein Unverständnis dieser marxistischen Auffassung von einem richtigen Theorie-Praxis-Verhältnis würde zur Überheblichkeit der „Theoretiker" gegenüber den Erfahrungen und den eigentlichen Problemen der Praxis führen und verurteilt zugleich die Theorie zur Sterilität. Darüber hinaus hat die pädagogische Wissenschaft immer zugleich die konkreten Wege auszuarbeiten, wie theoretische Erkenntnisse praxiswirksam werden können, sonst bliebe sie nur deklarativ.

Wenn unsere pädagogische Wissenschaft die Aufgabe hat, die Theorie von der Herausbildung der sozialistischen Persönlichkeit weiterzuentwickeln und dabei das Verhältnis von Persönlichkeitsbildung und Arbeit zum Ausgangspunkt zu nehmen, dann geht es zugleich um die weitere Verwirklichung des marxistischen

Prinzips der Verbindung von Unterricht und produktiver Arbeit, insbesondere durch die Weiterentwicklung der polytechnischen Bildung. In genialer Voraussicht haben Marx und Engels in der Verbindung des Unterrichts mit der produktiven Arbeit den Weg zur Entwicklung allseitig gebildeter sozialistischer Menschen vorgezeichnet.

Im Gesetz über das einheitliche sozialistische Bildungssystem wird mit Nachdruck gefordert, den Grundsatz der Verbindung von Unterricht und produktiver Arbeit und insbesondere die polytechnische Bildung unter den neuen Bedingungen, die vor allem mit der technischen Revolution gegeben sind, schöpferisch weiterzuentwickeln.

Die in den westdeutschen Boulevard-Blättern angestellten Spekulationen über zu erwartende Veränderungen auf dem Gebiet der polytechnischen Ausbildung sind lächerlich. Die westdeutsche Zeitung „Die Welt" faselte von einer angeblichen Abkehr vom Prinzip der polytechnischen Bildung in der sowjetischen Schule und stellte Prognosen auf, wann die Deutsche Demokratische Republik dem folgen wird. Aber weder in der sowjetischen Schule noch in unserer Schule gibt es eine Abkehr vom Prinzip der polytechnischen Bildung und Erziehung, und es wird sie auch nicht geben. Das hat das III. Internationale Polytechnische Seminar, das vor kurzem in Sofia stattfand, mit aller Deutlichkeit gezeigt. Selbstverständlich machen sich auf Grund der technischen Revolution und spezieller Entwicklungsbedingungen einzelner Länder inhaltliche und organisatorische Veränderungen der polytechnischen und beruflichen Ausbildung notwendig.

Wir beschreiten bei Beachtung der internationalen Erfahrungen auf diesem Gebiet einen solchen Weg, der den gesellschaftlichen und ökonomischen Bedingungen unseres Landes entspricht. Damit sind ebenso neue wie komplizierte Fragen verbunden, deren konkrete Lösung im Zusammenhang mit der Weiterentwicklung unserer Theorie vom Verhältnis zwischen Persönlichkeitsbildung und Arbeit von aktueller Bedeutung ist.

Alle Lehrer und Tausende von Werktätigen, die in den Betrieben den polytechnischen Unterricht durchführen, stehen ganz konkret vor der Aufgabe, die Arbeitserziehung praktisch zu verwirklichen. Viele Pädagogen haben damit begonnen, mutig neue Wege zur Verwirklichung dieser Forderung zu suchen, und viele gute Erfahrungen sind dabei gesammelt worden. Auch die pädagogischen Wissenschaftler haben sich mehr und mehr dieser Aufgabe zugewandt. Aber all das reicht noch nicht aus, sowohl, was die Ausarbeitung der theoretischen Grundlagen und des Inhalts betrifft, als auch, was die Ausarbeitung konkreter, für die pädagogische Praxis gangbarer und erfolgreicher Lösungswege angeht. Allgemeine Deklarationen über die Beziehungen zwischen Arbeit und Menschenbild und allgemeine Postulate über die Notwendigkeit der Erziehung zur Liebe zur Arbeit bringen uns dabei nicht weiter. Karl Marx behauptet völlig richtig, daß die ganze sogenannte Weltgeschichte für den sozialistischen Menschen nichts anderes als die Erzeugung des Menschen durch die menschliche Arbeit sei. Aber es reicht gewiß nicht aus, dies in den einschlägigen Publikationen wiederholt zu zitieren.

Wir haben das Verhältnis von Persönlichkeitsbildung und Arbeit auf der Grundlage der Analyse der konkreten Prozesse zu untersuchen.

Die gesellschaftliche Arbeit – das ist eine konkrete, werteschaffende, durch den Plan bewußt verbundene und organisierte Arbeit von Millionen Werktätigen in unserer Republik, und wir haben unsere Jugend dazu zu befähigen, in diesem Prozeß der kollektiven gesellschaftlichen Arbeit schöpferisch und bewußt zum Nutzen der ganzen Gesellschaft tätig zu sein und alle Seiten ihrer Persönlichkeit voll zur Entfaltung zu bringen. Die Grundlage und der entscheidende Inhalt unserer Arbeitserziehung ist die Tatsache, daß bei uns die Werktätigen Eigentümer der Produktionsmittel sind und daher objektiv ein völlig neues Verhältnis zur Arbeit haben.

Davon ausgehend haben wir gerade heute, da die ökonomische Stärkung unserer Republik die Hauptaufgabe im Kampf gegen den westdeutschen Imperialismus ist, die Jugend so zu erziehen, daß sie sich überall dort, wo sie auch arbeiten möge, für das Ganze verantwortlich fühlt. Gerade das ist es, was Lenin meinte, als er in der „Großen Initiative" schrieb: „Kommunismus beginnt dort, wo *einfache Arbeiter* in selbstloser Weise, harte Arbeit bewältigend, sich Sorgen machen um die Erhöhung der Arbeitsproduktivität, *um den Schutz eines jeden Puds Getreide, Kohle, Eisen* und anderer Produkte, die nicht den Arbeitenden persönlich und nicht den ihnen ‚Nahestehenden' zugute kommen, sondern ‚Fernstehenden', d. h. der ganzen Gesellschaft in ihrer Gesamtheit."[21]

Genauso haben wir die Frage zu beantworten, was sich für die Arbeitserziehung und Persönlichkeitsbildung daraus ergibt, daß wir die heranwachsende Generation befähigen müssen, die technische Revolution zu meistern. Die Jugend muß über ein hohes Wissen und Können verfügen, und gleichzeitig haben wir durch die Arbeitserziehung zur Entwicklung solcher Verhaltensweisen beizutragen, die den Jugendlichen befähigen, in Gemeinschaft mit allen anderen eine schöpferische Arbeit zu leisten. Zu seinem Wissen und Können gehören die Fähigkeit und der Wille, sich ständig weiterzuqualifizieren. Der Arbeiter wird nur dann zum wirklichen Herren der Produktion, wenn er nicht nur Teilbereiche und Teilaufgaben, sondern große Zusammenhänge überschaut und beherrscht. Wir müssen die Jugend dazu befähigen, sich auf einen raschen Wandel einzustellen, disponibel zu sein, sich den Erfordernissen der Produktion entsprechend rasch umzustellen. Unsere Jugend muß imstande sein, Höchstleistungen zu erzielen. Das erfordert Wissen und Können, aber auch solche Eigenschaften und Einstellungen, wie die Überzeugung von der Bedeutung der eigenen Arbeit für sich und die Gesellschaft, Ausdauer in der Arbeit, Besessenheit von der Aufgabe, die man zu erfüllen hat, das Vertrauen zu sich selbst und zu den anderen. Dazu gehören nicht zuletzt Risikobereitschaft und ein hohes Verantwortungsbewußtsein, verbunden mit der Fähigkeit, sich rasch entscheiden zu können. Die Entwicklung

---

[21] W. I. Lenin: Die große Initiative. In: Werke, Bd. 29, Dietz Verlag, Berlin 1976, S. 417.

solcher Fähigkeiten und Verhaltensweisen ist heute entscheidend, um die technische Revolution zu meistern.

Von größter Bedeutung für Arbeitserziehung und Persönlichkeitsbildung ist nicht zuletzt, daß die sozialistische Arbeit wesentliche Grundlage der sozialistischen Demokratie ist und daß die Weiterentwicklung unserer Wirtschaft unlösbar mit der Weiterentwicklung der sozialistischen Demokratie verbunden ist. Unsere Gesellschaft verlangt die bewußte Arbeit auf der Grundlage einer wachsenden Beherrschung der ökonomischen Gesetze und erfordert die Einbeziehung aller Werktätigen in die unmittelbare Planung und Leitung der Produktion und des Staates. Die Weiterentwicklung unserer Arbeitserziehung verlangt also ein sorgfältiges Studium dieser und anderer Prozesse.

Wenn wir in der sozialistischen Pädagogik von der Einbeziehung der Arbeit in den pädagogischen Prozeß sprechen, so gehen wir davon aus, daß sich in unserer Schule die Arbeitserziehung in entscheidendem Maße im polytechnischen Unterricht vollzieht. Wir wenden uns gegen eine enge Auffassung von der sozialistischen Arbeitserziehung, die die Arbeit vom systematischen polytechnischen Unterricht oder vom Unterricht in anderen Fächern und die Erziehung zur sozialistischen Demokratie von der Erziehung des sozialistischen Staatsbürgers, von der politisch-weltanschaulichen, moralisch-sittlichen Erziehung trennt.

Beim Zusammenwirken von Schule und Betrieb, von Volksbildung und Volkswirtschaft werden viele echte Entwicklungsprobleme sichtbar, die einer gründlichen Untersuchung bedürfen. Die Forderungen an die polytechnische und berufliche Ausbildung werden manchmal zu einseitig von den Forderungen der Volkswirtschaft abgeleitet. Man darf aber nicht aus dem Auge lassen und vergessen, daß die polytechnische Bildung untrennbarer Bestandteil einer modernen Allgemeinbildung ist. Selbstverständlich ist die polytechnische Ausbildung zugleich die erste Stufe der Vorbereitung des jungen Menschen auf seine spätere berufliche Tätigkeit. Beides ist von großer Bedeutung für die inhaltliche Gestaltung der polytechnischen Bildung und Erziehung.

Es ist notwendig, den Inhalt und die Methoden besonders der allgemein-technischen Ausbildung auszuarbeiten, weil die technische Revolution vom zukünftigen Produzenten umfassende allgemein-technische und ökonomische Kenntnisse verlangt. Den Methoden zur Entwicklung des technischen Denkens muß dabei eine größere Aufmerksamkeit geschenkt werden. Die wissenschaftliche Forschung sollte in stärkerem Maße davon ausgehen, wie die vorhandenen Bedingungen noch wirksamer für eine hohe Qualität der polytechnischen Ausbildung genutzt werden können.

Aus der Tendenz der weiteren Spezialisierung und Konzentration der Produktion ergeben sich einige weitere Probleme der Durchführung der polytechnischen Bildung. Es ist notwendig, die schon begonnene Entwicklung zentraler polytechnischer Werkstätten, Schülerproduktionsabteilungen und Schülerproduktionsbrigaden wissenschaftlich zu untersuchen und Kriterien ihrer Entwicklung und Gestaltung zu bestimmen. Vor allem sind in diesem Zusammenhang Untersuchungen darüber notwendig, wie der erzieherische Einfluß des Betriebes und der Arbeiterklasse verstärkt werden kann.

Nicht alle Schüler der zehnklassigen polytechnischen Oberschule werden den Weg der beruflichen Grundausbildung in ihrer jetzigen inhaltlichen Ausprägung und organisatorischen Form beschreiten. Deshalb ist es erforderlich, Untersuchungen anzustellen, wie die polytechnische Ausbildung so weiterentwickelt werden kann, daß sie den Charakter eines modernen, berufsvorbereitenden polytechnischen Unterrichts erhält, der die erste Stufe einer modernen Berufsausbildung darstellt. Eine wichtige Seite dieser Entwicklung ist der schon erwähnte allgemein-technische Unterricht. Deshalb ist diese Frage von entscheidender Bedeutung.

Davon ausgehend werden sowohl die polytechnische Ausbildung als auch die berufliche Grundausbildung eine solche Weiterentwicklung erfahren müssen, daß sie als einheitliche und für alle Schüler gültige Ausbildung eine den modernen Ansprüchen genügende berufsvorbereitende Funktion erfüllen können. Das wäre ein qualitativ neuer Schritt der Entwicklung der polytechnischen Ausbildung und beruflichen Vorbereitung.

Die polytechnische Bildung, die Verbindung des Unterrichts mit der produktiven Arbeit hat für die Verwirklichung des Prinzips der Verbindung von Schule und Leben als der entscheidenden Bedingung für die Erziehung sozialistischer Persönlichkeiten eine überragende Bedeutung.

Sozialistische Erziehungsarbeit verlangt aber vor allem Klarheit darüber, daß die weitere Entwicklung des sozialistischen Bewußtseins entscheidende Voraussetzung für die Erfüllung aller Aufgaben ist. Das wird im Programm der Partei nachdrücklich hervorgehoben. Ungenügende Klarheit darüber ist offensichtlich eine Ursache dafür, daß in Wissenschaft und Praxis die Fragen der sozialistischen Bewußtseinsbildung vernachlässigt werden. Bereits vorhandene Untersuchungsergebnisse und theoretische Ausarbeitungen zu Fragen der sozialistischen Erziehung – darunter viele bekannte und bewährte pädagogische Theorien und Regeln – werden in der Praxis oft nicht genügend zur Kenntnis genommen.

Manche pädagogische Wissenschaftler beschränken sich darauf, allgemeine Prinzipien, Normen und Regeln zu entwickeln, aber sie arbeiten nicht genügend die konkreten Schritte heraus, wie unter unseren heutigen Bedingungen die widersprüchlichen Prozesse der sozialistischen Bewußtseinsbildung zu lenken und planmäßig zu leiten sind.

In unserer gesamten Erziehungsarbeit müssen wir von den Hinweisen Lenins ausgehen, daß die sozialistische Ideologie der Jugend durch systematische wissenschaftliche Lehre vermittelt werden muß, „nicht allein durch das Buch, ... sondern auch durch die Teilnahme am tagtäglichen Lebenskampf"[22].

---

[22] W. I. Lenin: Über die Verwechslung von Politik und Pädagogik. In: Werke. Bd. 8, Dietz Verlag, Berlin 1975, S. 452.

Wir betrachten den wissenschaftlichen Unterricht in unserer sozialistischen Schule als wichtigstes Erziehungsmittel. Im Zusammenhang mit der Einführung eines neuen Lehrplanes für Staatsbürgerkunde gibt es an vielen Schulen große Bemühungen, die ideologisch-erzieherischen Möglichkeiten aller Unterrichtsdisziplinen stärker zu nutzen. Wir schätzen diese Bemühungen hoch ein, meinen aber, daß Pädagogen und Philosophen gemeinsam, über die ersten Ansätze hinaus, unseren Lehrern mehr konkrete Hilfe geben müssen. Es handelt sich hier um komplizierte philosophisch-methodologische und pädagogisch-methodische Probleme. Außerdem zeigen die Erfahrungen, die wir in diesem Schuljahr mit dem neuen Staatsbürgerkundelehrplan gemacht haben, daß die ideologisch-erzieherische Wirkung dieses Unterrichts wesentlich davon abhängt, wie er methodisch gestaltet wird. Handelt es sich doch in Staatsbürgerkunde und auch in anderen Unterrichtsfächern darum, die aktive innere Auseinandersetzung der jungen Menschen mit den erworbenen Kenntnissen, die persönliche Stellungnahme und Wertung zu erreichen, damit aus Wissen persönliche Überzeugungen werden, die ihr Handeln und Verhalten beeinflussen.

Es ist klar: Die Verbindung von Schule und Leben ist nicht nur Sache des Unterrichts und kann nicht nur auf den Unterricht beschränkt bleiben. Sie verlangt vom Lehrer, seine gesamte Bildungs- und Erziehungsarbeit mit den lebendigen Prozessen der gesellschaftlichen Entwicklung auf eine solche Weise zu verbinden, daß die Schüler zur aktiven Mitgestaltung der vielfältigen Entwicklungsprozesse erzogen werden.

Es geht deshalb um die theoretische und praktische Klärung solcher Fragen, wie der Schüler entsprechend der Vielfalt des Lebens erzogen werden muß, wie er auf richtige Weise in den Kampf des Neuen gegen das Alte, in die Überwindung von Widersprüchen, Schwierigkeiten und falschen Verhaltensweisen und nicht zuletzt in die Auseinandersetzung mit der imperialistischen Ideologie einbezogen werden kann.

Wir müssen konkret ausarbeiten, wie sich der Schüler sozialistische Verhaltensweisen in der praktischen Bewährung aneignen kann.

Sozialistische Charaktereigenschaften bilden sich nur heraus, wenn wir die Schüler in der Schule und außerhalb der Schule in solche Situationen stellen, in denen sie Mut, Ausdauer, Zielstrebigkeit, Kämpfertum praktisch beweisen, wo sie Partei ergreifen müssen.

Wir müssen uns frei machen von jeglicher vereinfachten Auffassung vom Erziehungsprozeß, die seine Dialektik ignoriert, als ob es um die einfache Übertragung von gewünschten Eigenschaften durch erzieherische Einwirkung auf den Schüler als Objekt der Erziehung geht. Die geforderte Qualität der Erziehungsarbeit ist nur zu erreichen, wenn wir auch die Struktur der Persönlichkeitsqualitäten tiefgründiger und differenzierter herausarbeiten, zum Beispiel die Wechselbeziehung von Erziehung und Selbsterziehung, von Erziehung und Entwicklung, von Kritik und Selbstkritik, damit der Lehrer den Erziehungsprozeß mit einer tieferen, wissenschaftlichen Einsicht gestalten kann. Was der Lehrer dafür braucht, sind nicht formale Systeme, sondern fundierte wissenschaftliche Grundlagen, die ihm eine schöpferische Arbeit ermöglichen.

Für die Entwicklung des sozialistischen Menschen ist die Anerziehung von Charaktereigenschaften und die Erziehung der Gefühle, ist die Einheit von Bewußtseins- und Charakterbildung unerläßlich. Die Entwicklung der sozialistischen Gesellschaft ist gleichbedeutend mit der Entwicklung von Bedingungen, unter denen sich solche wahrhaft menschlichen Eigenschaften wie Gerechtigkeit, Hilfsbereitschaft, Ehrlichkeit, Wahrheitsliebe, Liebe zur Arbeit und Freude am Tätigsein voll entfalten können und sich in voller Übereinstimmung mit dem Charakter unserer Gesellschaftsordnung und ihren Zielen befinden. Davon ausgehend hat die bewußte Herausbildung und Pflege solcher Eigenschaften und Gefühle in unserer Erziehungsarbeit einen unvergleichlich größeren Raum einzunehmen. Die Übereinstimmung dieser wahrhaft menschlichen Eigenschaften mit dem Charakter unserer Gesellschaft gibt diesen Eigenschaften selbst einen neuen Charakter. Dieser neue Charakter besteht auch darin, daß die Herausbildung dieser Eigenschaften zugleich die Erziehung zu einem dementsprechenden praktischen Verhalten, zur aktiven Auseinandersetzung, zur Unduldsamkeit gegen Unehrlichkeit, Egoismus, Heuchelei, Schlendrian in der Arbeit und Ungerechtigkeit einschließt. Der ganze Reichtum der Beziehungen der Menschen in unserer Gesellschaft muß für die Erziehung sozialistischer Persönlichkeiten voll erschlossen werden.

Ein erstrangiges Problem, das unserer Ansicht nach in der pädagogischen Theorie und Praxis gegenwärtig nicht den gebührenden Platz einnimmt, ist das Problem der Kollektiverziehung in seiner Bedeutung für die sozialistische Persönlichkeitsbildung. Die Kollektivität des Denkens und Handelns ist ein charakteristisches Merkmal der ganzen Gesellschaft, in der alle Mitglieder vereint sind im Kampf um unser gemeinsames Ziel. Die These der marxistischen Pädagogik, daß die allseitig entwickelte sozialistische Persönlichkeit in der Gemeinschaft und zu einem richtigen Verhältnis zur Gemeinschaft erzogen werden muß, befindet sich also in völliger Übereinstimmung mit dem Charakter und den Anforderungen unserer Gesellschaft. Gerade in der gegenwärtigen Entwicklungsperiode in der Deutschen Demokratischen Republik gewinnt die Kollektiverziehung eine besonders aktuelle Bedeutung für die weitere Entwicklung der politisch-moralischen Einheit der Bevölkerung, die Weiterentwicklung der sozialistischen Demokratie und der gesellschaftlichen Produktivkräfte. Die pädagogische Wissenschaft ist vor die Aufgabe gestellt, unter der Sicht der neuen Bedingungen und Anforderungen viele Probleme der Kollektiverziehung weiter auszuarbeiten.

Die Kollektiverziehung ist ein entscheidendes Mittel zur allseitigen Persönlichkeitsbildung, und nur durch die auf dieses Ziel gerichteten gemeinsamen Anstrengungen der Schüler entwickeln sich schließlich die echten Kollektive, die auf bewußter schöpferischer Aktivität jedes einzelnen Mitgliedes beim Lernen, bei der Arbeit und bei der sinnvollen Gestaltung der Freizeit beruhen. Dazu aber bedarf es der politischen und pädagogischen Führung.

Die Entwicklung von Kollektiven, in denen sich Menschen vereinen, die selbständiger und selbstbewußter geworden sind, die größere Verantwortung tragen wollen, erfordert auch neue Methoden in der Erziehungsarbeit und die Überwindung von Schematismus und Gängelei. Es ist von der Wissenschaft zu untersuchen, wie dieser Prozeß auf neue Weise geführt und gestaltet wird, wie bei allen das Bewußtsein der Gemeinsamkeit der Grundinteressen des Kollektivs entwickelt wird und wie zugleich die geistigen Ansprüche und Interessen seiner einzelnen Mitglieder voll entfaltet werden können, wie das Gefühl der Verantwortung für sich selbst, für die anderen und für die Schule und schließlich für das große Ganze weiter gefestigt werden kann, wie das Verhältnis zwischen Disziplin und Selbständigkeit – ein sehr aktuelles Problem unserer pädagogischen Praxis – richtig gestaltet wird.

Im gesamten Prozeß der Bildung und Erziehung und insbesondere in der Kollektiverziehung spielen die Freie Deutsche Jugend und ihre Pionierorganisation „Ernst Thälmann" eine bedeutsame Rolle. Aus dem Gesetz erwachsen dem Jugendverband und der Pionierorganisation neue, größere Aufgaben. An ihre Leitungen und alle ihre Mitglieder sind höhere Anforderungen gestellt. Auch sie bedürfen der Hilfe durch die pädagogische Wissenschaft, konkreter Aussagen darüber, auf welche Weise, mit welchen Mitteln und Methoden die in den Statuten der FDJ und der Pionierorganisation festgelegten Ziele und Verhaltensnormen in Verbindung mit den Aufgaben der Schule erfüllt werden können.

Die wissenschaftlichen Arbeiten, die in den letzten Jahren auf diesem wichtigen Gebiet leider nicht zielstrebig und umfassend genug betrieben worden sind, sollten deshalb wieder in stärkerem Maße aufgenommen werden. Psychologen und Pädagogen müßten einen Beitrag leisten zur Entwicklung der Theorie der Leitung der Jugendarbeit unter unseren heutigen Anforderungen.

Es ist notwendig, einige Bemerkungen zum Lehrer-Schüler-Verhältnis zu machen. In unseren Schulen begegnen wir nicht selten der Tatsache, daß in diesem Verhältnis sehr ernst zu nehmende Konflikte auftreten. Sie beruhen im Grunde genommen auf der ungenügenden Beachtung elementarer marxistischer Erziehungsgrundsätze, die besagen, daß eine gute pädagogische Arbeit stets vom Vertrauen, von der Liebe zum Kind, von der Achtung der Persönlichkeit des Heranwachsenden, der in ihr eingeschlossenen Kräfte und Möglichkeiten, von hohen Anforderungen und Konsequenz in der Erziehung getragen sein muß. Oftmals suchen unsere Lehrer den Ausweg aus Konflikten dieser Art, die sich nicht selten in Disziplinschwierigkeiten, in der Nichtanerkennung der Autorität äußern, indem sie die Forderung nach mehr „Rechten" für den Lehrer und nach mehr Strafen erheben. Noch nie konnte man mit Reglementieren erfolgreich erziehen, aber heute ist das ganz und gar unmöglich geworden. Eine Grundvoraussetzung für eine erfolgreiche pädagogische Arbeit unter unseren Bedingungen besteht in der Anerkennung der Tatsache, daß unsere Schüler höhere Anforderungen an das Verhältnis zum Lehrer und an das Verhältnis des Lehrers zu ihnen stellen. Gehen viele unserer Schüler nicht völlig berechtigt davon aus, daß der sozialistische Lehrer keine ihnen vorgesetzte Autorität ist, der sie bedingungslosen Gehorsam schulden? Sehen unsere Schüler in ihrem Lehrer nicht deshalb eine selbstverständliche Autorität, weil die Lehrerpersönlichkeit für sie Ideale verkörpert, die unsere Gesellschaft vertritt? Gerade aus dieser Haltung heraus sucht der Schüler ein Vertrauensverhältnis zum Lehrer, das weitaus anspruchsvoller, weitaus reicher an Beziehungen ist, das weit über die alten Schranken hinausreicht.

Die Praxis zeigt uns doch, daß ein Pädagoge dann Vertrauen, hohe Achtung und Autorität bei seinen Schülern genießt, wenn sich eine verantwortungsbewußte gesellschaftliche Haltung mit hohen charakterlichen Qualitäten, fachlichem und methodischem Können in seiner Persönlichkeit vereint. Es ist sehr notwendig, daß sich die pädagogische Wissenschaft diesen Fragen stärker zuwendet und unseren Lehrern wirkungsvoll hilft, diese durchaus komplizierte Problematik in der täglichen Arbeit zu meistern. Das ist eine echte Gemeinschaftsaufgabe für Pädagogen, Psychologen und nicht zuletzt für die zu entwickelnde Soziologie der Erziehung.

Ein sehr bedeutsames Problem, das zum Gegenstand gründlicher und umfassender wissenschaftlicher Forschungsarbeit gemacht werden muß und bei dem es eine Vielzahl von praktischen Schwierigkeiten gibt, ist die Entwicklung der Tageserziehung. Es ist anzuerkennen, daß unsere Wissenschaftler gerade auf diesem Gebiet in den vergangenen Jahren Gutes geleistet haben und daß sie dazu übergegangen sind, ihre Erkenntnisse direkt in Zusammenarbeit mit Praktikern umzusetzen. Dabei gibt es gute Erfahrungen. Aber ich glaube, es ist angesichts der Bedeutung dieser Frage nicht überflüssig, hier noch einmal zu sagen, worum es bei der Tageserziehung geht. Worin besteht das Anliegen, worin besteht das Problem, welches sind die hauptsächlichen Aufgaben, die wir zu lösen haben?

Wir haben die Forderung nach der Entwicklung der Tageserziehung damit begründet, daß die Entwicklung der allseitigen sozialistischen Persönlichkeit – wie es im Gesetz heißt – nur im Ergebnis des aktiven Einwirkens aller Erziehungspotenzen unserer ganzen Gesellschaft denkbar ist. Wir haben bereits betont, daß es vor allem um das Verständnis der Tatsache geht, daß die realen gesellschaftlichen Bedingungen in allen Bereichen unserer Gesellschaft zugleich Entwicklungs- und Erziehungsbedingungen für die heranwachsende Generation sind. Folglich gilt es, diese realen gesellschaftlichen Bedingungen bewußt und planmäßig, gerichtet auf die Erfüllung des Bildungs- und Erziehungszieles, zu aktivieren.

Was verstehen wir darunter? Darunter verstehen wir die planmäßige Nutzung aller Möglichkeiten für die allseitige Bildung und Erziehung, von der Arbeitsgemeinschaft, der Teilnahme an nützlichen gesellschaftlichen Arbeiten über die Entwicklung von Sport und Spiel bis zur Teilnahme am vielfältigen wissenschaftlichen und kulturellen Leben unserer Gesellschaft.

Durch die Integration unterrichtlicher und außerunterrichtlicher, schulischer und außerschulischer, staatlicher und gesellschaftlicher Mittel werden neue Möglichkeiten für die Bildung und Erziehung erschlossen. Die Tageserziehung schafft günstige Bedingungen für die Verwirklichung des Prinzips der Einheit von

Schule und Leben und ermöglicht in hervorragender Weise, Bildung und Erziehung der jungen Generation als einheitlichen und kontinuierlichen Prozeß zu gestalten, in dem Lernen und Arbeit, Sport und Spiel, kollektives und individuelles Tun, Anspannung und Erholung organisch miteinander verbunden sind und sich wechselseitig ergänzen.

Ohne allen Zweifel hat die Schule dabei die entscheidende Bedeutung und Verantwortung. Sicherlich sind dort die günstigsten Voraussetzungen gegeben, wo wir Tagesklassen, Tagesgruppen und Tagesschulen haben. Aber man darf sich keineswegs auf solche Formen allein beschränken. Es ist eine wichtige Aufgabe, die Fragen der Organisation des ganztägigen Bildungs- und Erziehungsprozesses an solchen Einrichtungen weiter zu untersuchen. Das ist eine wesentliche Hilfe für diese Schulen und für alle Tagesgruppen und Tagesklassen. Damit befassen sich bereits viele Wissenschaftler und haben auch schon interessante Lösungswege gewiesen. Diese Ergebnisse werden noch viel zuwenig in der praktischen Arbeit genutzt.

Darüber hinaus müssen wir gründlich untersuchen, wie die Bedingungen und Entwicklungsprozesse in allen Bereichen unserer Gesellschaft für die allseitige Bildung und Erziehung der Schüler stärker genutzt werden können.

Wir schränken die Tageserziehung nicht nur auf das Lernen und nicht nur auf die Schule ein. Es geht uns darum, den Erziehungsprozeß so zu organisieren, daß er alle Möglichkeiten der Gesellschaft für eine allseitige Entwicklung der Kinder, ihre geistige und politisch-moralische Entwicklung erschließt. Das entspricht den eigenen Interessen der Jugend, den Interessen der Eltern und unserer Gesellschaft. Voraussetzungen für die ganztägige Erziehung sind in allen Schulen vorhanden. Es ist auszuarbeiten, unter welchen Bedingungen und auf welche Weise der von der Schule zu leitende Prozeß der ganztägigen Bildung und Erziehung schrittweise entwickelt werden kann, welche Wege und Möglichkeiten einer echten sozialistischen Gemeinschaftsarbeit es gibt, die alle Kräfte, ausgehend von ihrer spezifischen Aufgabenstellung, zusammenführt. Die Frage aber, die die Wissenschaft vor allem anzupacken hat, ist, wie man den Schülern helfen kann, diesen Prozeß selbst aktiv mitzugestalten. Wenn die Tageserziehung nicht vom Willen und von der Selbsttätigkeit der Schüler getragen ist, ist sie nicht zu verwirklichen. Vor allem in der Tageserziehung sollen die Schüler ihre Selbständigkeit, ihr Selbstbewußtsein, ihre individuellen Interessen, das eigene Erleben, das selbständige Erfahren und den selbsttätigen Wissenserwerb ausbilden können.

Wir alle wissen, daß das entscheidende Feld, auf dem die Schule ihre Verantwortung für eine zielgerichtete hochqualifizierte Bildung und Erziehung der Jugend wahrzunehmen hat, der Unterricht ist. Die umfassende Verbesserung des Unterrichts ist die entscheidende Aufgabe für Wissenschaft und Praxis.

Es geht darum, den Unterricht dem modernen Stand und den Entwicklungstendenzen der Wissenschaft und den Anforderungen an die Erziehung sozialistischer Persönlichkeiten entsprechend zu gestalten. Dabei gehen wir davon aus, daß der Unterricht das Zentrum des systematischen, geplanten, zielgerichteten, einheitlichen Prozesses der Bildung und Erziehung der sozialistischen Persönlichkeit ist.

Der Unterricht ist ein Prozeß der Persönlichkeitsbildung, in dem sich Schüler Wissen und Können aneignen, der die Herausbildung politischer und moralischer Persönlichkeitsqualitäten, des schöpferischen Denkens, des Gedächtnisses, des Willens und des Gefühls zum Ziel hat, in dem sich mit Hilfe des Kollektivs die Individualität jedes einzelnen Schülers sinnvoll entwickelt und der alle Fähigkeiten und Begabungen erschließt.

Schon seit geraumer Zeit gibt es eine Diskussion zum Problem der Einheit von Bildung und Erziehung. Eine begriffliche Klärung dieser Frage ist für die Wissenschaft ohne Zweifel sehr bedeutsam. Es kann aber nicht nur darum gehen, zu neuen Definitionen und Interpretationen zu kommen. Der Begriffsinhalt ist nur wissenschaftlich exakt zu gewinnen, wenn wir durch exakte wissenschaftliche Untersuchungsmethoden den wirklichen, dem Begriff zugrunde liegenden Sachverhalt erfassen. Das erfordert die Untersuchung des wirklichen Prozesses, die Analyse seiner verschiedenen Momente, seiner Verschiedenheit und Einheit, nicht um dabei stehenzubleiben, sondern um seine wesentlichen inneren Zusammenhänge, seine Gesetzmäßigkeiten zu finden. Das ist für die Praxis das Entscheidende; denn nur dann ist eine wissenschaftliche Leitung dieses Prozesses möglich. Es ist nicht zuletzt auch auf theoretische Unklarheit zurückzuführen, wenn wir in der Praxis noch häufig einer „Arbeitsteilung" zwischen Bildung und Erziehung begegnen, die sich in solchen Auffassungen ausdrückt, daß sich der Fachlehrer vorwiegend für die Bildung verantwortlich fühlt, während der Klassenleiter und Erzieher, der Pionierleiter, die Eltern und die Öffentlichkeit dagegen vor allem zu erziehen haben. Das gleiche gilt für solche Meinungen, daß die im Bildungsgut liegenden erzieherischen Potenzen spontan wirken. Wir stehen auf dem Standpunkt, daß der Prozeß der Persönlichkeitsbildung in seiner Gesamtheit planbar ist und zielstrebig geführt werden muß.

Indem wir den Unterricht als einen Prozeß der Persönlichkeitsbildung betrachten, ist klar, daß die Vermittlung von Kenntnissen bewußt mit der Herausbildung von Einsichten, Einstellungen und Verhaltensweisen zu verbinden ist. Wenn die Vermittlung von Kenntnissen nicht mit der planmäßigen Erziehung zu sozialistischem Verhalten, zu Einsichten und Überzeugungen verbunden wird, dann bleibt es bei der Aneignung bloßer Kenntnisse, dann führt dieser Prozeß nicht zu einem echten Wissen, Begreifen und Können.

So verstehen wir eine Planung der Erziehungsarbeit und halten sie für unbedingt notwendig. Die Wissenschaft muß den Lehrern und Erziehern helfen, wissenschaftlich zu planen. Dabei geht es nicht um besondere Erziehungspläne und Programme. Die Erfahrungen mit allgemeinen Erziehungsprogrammen bei uns und in anderen sozialistischen Ländern zeigen, daß die ursprünglichen hohen Erwartungen, die man in diese Programme setzte, sich nicht erfüllten. Ein wesentlicher Mangel der vorliegenden Entwürfe für Erziehungsprogramme besteht darin, daß sie zwar hypothetisch angeben, welche Bewußtseins- und Verhaltenseigenschaften anzuerziehen sind, aber dem Lehrer nicht genügend konkret helfen, als Fachlehrer oder als Klassenleiter den Prozeß der Erziehung zu leiten und zu gestalten. Es muß uns vor allem um die Ausarbeitung der inhaltlichen Probleme einer planmäßigen Erziehung gehen, einschließlich der Entwicklung von methodischen Hilfen für die Lehrer und Erzieher. Es sollten methodische Handbücher für die Erziehung im Unterricht und in der außerunterrichtlichen Arbeit, Monographien von Schulen mit guten Erfahrungen in der Bildungs- und Erziehungsarbeit und andere geeignete Materialien entwickelt werden.

Ein häufig gebrauchtes Wort ist heute die Modernisierung des Unterrichts. Völlig zu Recht wird dies als eine Frage des modernen Inhalts, der modernen Unterrichtsgestaltung, der Anwendung technischer Mittel bis hin zum Einsatz von Lernmaschinen betrachtet.

Moderner Unterricht – das ist in erster Linie die Frage nach der Wissenschaftlichkeit des Unterrichts. Eine Auffassung, daß es sich dabei um eine Frage der fernen Zukunft handelt, wäre ebenso verkehrt wie die Meinung, daß Bekanntes und durchaus Bewährtes nunmehr leichtfertig als „traditionell" und „überholt" zu verwerfen sei.

Für die Wissenschaftlichkeit des Unterrichts ist die Neubestimmung des Inhalts der Allgemeinbildung die zentrale Aufgabe. Die Ausarbeitung des neuen Inhalts der Allgemeinbildung ist eine Aufgabenstellung für die gesamte pädagogische Wissenschaft unserer Republik. Gemeinsam mit Fachwissenschaftlern, Philosophen, Ökonomen, Praktikern aus der Produktion und anderen Bereichen der Gesellschaft ist hier eine echte Gemeinschaftsarbeit zu leisten.

So entscheidend es ist, daß Fachwissenschaftler aus ihrer Einsicht in den Stand und die Entwicklungstendenzen der einzelnen Wissenschaften die Anforderungen an den Inhalt des neuen Bildungsgutes bestimmen, so ist und bleibt doch die Ausarbeitung der pädagogischen Konzeption des modernen Bildungsgutes für den Inhalt der Schulbildung und ihrer Methoden Aufgabe der pädagogischen Wissenschaft.

Für die Neubestimmung des Inhalts der Allgemeinbildung ergibt sich das Problem, den Tendenzen der Spezialisierung einerseits und der Integration andererseits in der Entwicklung der Produktion und der Wissenschaften zu entsprechen und die qualitativ neue Struktur der Bildung, das Verhältnis von Wissen und Können, von Kenntnissen, Fertigkeiten, Fähigkeiten, Gewohnheiten und Verhaltensweisen zu erfassen.

Damit die einzelnen Lehrpläne sich zu einem einheitlichen geschlossenen System einer modernen sozialistischen Allgemeinbildung zusammenfügen – deren Inhalt und einzelne Bestandteile im Gesetz über das einheitliche sozialistische Bildungssystem umrissen sind –, ist eine einheitliche Konzeption der Bildung und Erziehung unerläßlich. In der Vergangenheit wurde die Arbeit an der Bestimmung des Unterrichtsinhaltes, vor allem die Arbeit an der Entwicklung von Lehrplänen, von vielen pädagogischen Wissenschaftlern nicht selten unterschätzt. Es wurde nicht immer erkannt, daß die Erarbeitung von Lehrplänen eine der schwierigsten Aufgaben der pädagogischen Forschung ist, durch die die pädagogische Praxis unmittelbar bestimmt wird. Für die Entwicklung neuer Lehrpläne, vor allem der Lehrplantheorie, ist eine weitere Ausarbeitung der Theorie der Persönlichkeitsentwicklung, der Bildungssoziologie und der Bildungsökonomie nötig. Dazu müssen die Ergebnisse anderer Wissenschaften genutzt werden. Das gilt besonders für die allgemeine, die Lern- und Entwicklungspsychologie, philosophische Arbeiten, Arbeiten zur Entwicklung einer sozialistischen Ethik, bestimmte Arbeiten auf dem Gebiet der Medizin, auf dem Gebiet der Einzelwissenschaften, besonders der Querschnittswissenschaften, wie zum Beispiel der Kybernetik.

Die Deutsche Akademie der Wissenschaften, der Forschungsrat der DDR, die Deutsche Akademie der Landwirtschaftswissenschaften, die Deutsche Akademie der Künste sowie andere wissenschaftliche Einrichtungen haben sich bereit erklärt, dazu beizutragen, die Grundlagen für die Neubestimmung der Allgemeinbildung zu erarbeiten, insbesondere durch die Ausarbeitung der Entwicklungstendenzen der Gesellschaft, der Wissenschaften, der Produktion und Kultur.

Es ist die verantwortungsvolle Aufgabe des Deutschen Pädagogischen Zentralinstituts, die Untersuchungen und Ausarbeitungen zum neuen Inhalt der Bildung und Erziehung zusammenzufassen, alle Forschungen auf diesem Gebiet im Zusammenwirken mit dem Wissenschaftlichen Rat des Ministeriums für Volksbildung zu koordinieren und die notwendigen Grundlagenmaterialien für die schrittweise Umgestaltung der allgemeinbildenden Schule auszuarbeiten.

Die Neubestimmung des Inhalts der Allgemeinbildung wird einen längeren Zeitraum in Anspruch nehmen. Ausgehend von unserer Einsicht in die Entwicklungslinien und den vorhandenen Kenntnissen erfolgt bereits jetzt eine Überarbeitung der gültigen Lehrpläne, um schneller ein höheres Niveau des Unterrichts zu erreichen.

Die Veränderungen werden vor allem unter folgenden Gesichtspunkten vorgenommen:

– Notwendige Korrekturen bei der Auswahl und Interpretation des Unterrichtsstoffes. Dabei werden neue Ergebnisse der Wissenschaft, soweit sie den Gesamtaufbau des Lehrplanwerkes nicht sprengen und soweit sie als gesichert und realisierbar betrachtet werden können, berücksichtigt;

– exaktere Bestimmung des Ausgangsniveaus und der zu erreichenden Ziele und Ergebnisse im Wissen und Können der Schüler;

– Präzisierung der stofflichen Anforderungen und stärkere Betonung des grundlegenden Wissens und Könnens;

– Hinweise zu einer solchen Unterrichtsgestaltung, die die Entwicklung der Tätigkeit der Schüler und den Prozeß der Aneignung von Wissen und Können, insbesondere die geistige Entwicklung, fördert;

– Bestimmung der Aufgaben und Möglichkeiten der sozialistischen Erziehung im jeweiligen Unterrichtsfach.

Wir wissen: Wissenschaftlichkeit des Unterrichts betrifft dessen Inhalt und Gestaltung, wobei es vor allem darum geht, die inneren Gesetzmäßigkeiten des Unterrichtsprozesses aufzudecken, um sie für die Entwicklung einer allseitigen Bildung und die optimale Gestaltung des Aneignungsprozesses voll nutzen zu können.

Die Neubestimmung der Allgemeinbildung erfordert deshalb zugleich, die Probleme der Neugestaltung des Unterrichtsprozesses gründlich zu untersuchen und weiter auszuarbeiten, wobei der Nachweis besserer Ergebnisse darüber entscheidet, welche neuen Formen, Methoden und Mittel tatsächlich besser sind und an die Stelle bisher angewandter treten können.

Es müssen weitere wissenschaftliche Grundlagen geschaffen werden, damit der Lernprozeß so organisiert werden kann, daß die Schüler richtig arbeiten lernen, daß sie fleißig, ordentlich tätig sind und sich für ihre Tätigkeit wertvolle Ziele setzen. Dazu gehören Untersuchungen und die Analyse praktischer Beispiele, auf welche Weise und mit welchen Mitteln und Methoden im Unterricht die Schülerpersönlichkeit, ihr Wissen und Können, ihr Bewußtsein und Verhalten, ihre Lernbereitschaft und Lernfähigkeit entwickelt wird, wie durch die kontinuierliche Entwicklung der Lernmotivation der Schüler und des Klassenkollektivs ein höheres Niveau der Bildung und Erziehung im Unterricht erreicht werden kann.

Wir brauchen mehr wissenschaftliche Untersuchungen, wie der Unterricht einen echten Aufgabencharakter erhalten kann, um die Selbsttätigkeit der Schüler zu entwickeln, über Wege, auf denen das Lernen der Schüler einer wissenschaftlichen Arbeitsweise angenähert werden kann.

Eine moderne Unterrichtsgestaltung erfordert entsprechende Untersuchungen über die Weiterentwicklung der Organisationsformen, Methoden und Mittel.

Für die einzelnen Unterrichtsfächer und Klassenstufen ist ein aufeinander abgestimmtes System der Lehr- und Arbeitsmittel zu entwickeln. Stellung und Charakter der Lehrbücher, der Arbeitsmaterialien für Lehrer und Schüler im Unterrichtsprozeß sind gründlich zu untersuchen, um Schlußfolgerungen für ihre richtige Entwicklung und Anwendung auszuarbeiten. Dringend erforderlich sind Unterrichtshilfen, die dem Lehrer die Vorbereitungsarbeit erleichtern und ihm die Konzentration auf eine schöpferische Arbeit ermöglichen.

Neben die vorhandenen Unterrichtsmittel müssen neue treten. Die wichtigsten Mittel – vor allem die Schulbücher – sind den Qualitätsmerkmalen eines modernen Unterrichts entsprechend zu verändern. Es wäre falsch, sich nur auf den Einsatz der modernsten Technik und die Programmierung des Unterrichts zu orientieren, obgleich das zunehmend an Bedeutung gewinnen wird und ein großes Feld für die Forschung ist. Dabei können wir an eine Reihe guter Ergebnisse unserer auf diesem Gebiet tätigen Wissenschaftler anknüpfen. Bei der Programmierung sind bereits jetzt Prinzipien entwickelt worden, deren Richtigkeit erwiesen ist. Dazu gehört vor allem das Prinzip des schrittweisen Vorgehens durch Lernaufgaben und deren Kontrolle durch Lehrer und Schüler, wodurch ein kontinuierliches Lernen erreicht werden kann. Wertvoll ist auch ein Ordnen des Stoffes nach den grundlegenden Begriffen und Methoden, die in den Mittelpunkt des Unterrichts gestellt werden.

Alle diese Prinzipien können für die Verbesserung des Unterrichts bereits genutzt werden. Aber es geht nicht darum, um jeden Preis und ohne ausreichende theoretische Basis zu programmieren. Alle Untersuchungsergebnisse können immer erst dann in die Schulpraxis eingeführt werden, wenn sie wissenschaftlich abgesichert sind. Es ist jetzt in erster Linie notwendig, eine der sozialistischen Pädagogik entsprechende Theorie der Programmierung auszuarbeiten. Dabei können und sollen auch Teilprogramme entwickelt werden, die im Unterricht erprobt werden können.

Der Lehrer kann den Unterrichtsprozeß nur richtig gestalten, wenn er einen gründlichen Einblick in den Leistungsstand, das Erkenntnisniveau und die erreichten Ergebnisse in der sozialistischen Erziehung seiner Schüler besitzt. Nur so ist es möglich, jedem Schüler Aufgaben zu übertragen, die seine Kräfte voll beanspruchen, ihn befähigen, ein solides Wissen und Können zu erwerben, und ihn planmäßig zu sozialistischem Verhalten zu erziehen.

Daher sind Grundsätze und Methoden der Analyse der Unterrichtsergebnisse, des Unterrichtsprozesses und der Ursachen und Bedingungen entsprechend den neuen Anforderungen auszuarbeiten. Die heute angewandten Verfahren der Analyse sind zumeist noch zu arbeitsaufwendig. Deshalb besteht eine wesentliche Aufgabe darin, solche Verfahren zu entwickeln, die bei einem geringen Arbeitsaufwand für den Lehrer die besten Ergebnisse sichern.

Es zeigt sich, daß es in der Praxis noch sehr häufig an der gründlichen Analyse, vor allem der Ursachen und Bedingungen für bestimmte Ergebnisse, mangelt. Aber wir brauchen gerade solche Analysen, um richtige Maßnahmen zur Veränderung der Praxis, zur Verbesserung des Unterrichts festlegen und die Leistungen und das Verhalten der Schüler so real wie möglich einschätzen zu können. Es gilt, die schon vorhandenen Möglichkeiten voll zu nutzen, neue rationelle Verfahren auszuarbeiten und dabei sowohl den erreichten Stand der pädagogischen Wissenschaft als auch die Erfahrungen der Lehrer zu berücksichtigen.

Unsere Forderung nach einem modernen, wissenschaftlichen, effektiven Unterricht ist identisch mit der Forderung, ihn so zu gestalten, daß höchste Leistungen erreicht, alle Talente, Fähigkeiten und Begabungen der Schüler maximal entfaltet werden und daß kein Kind zurückbleibt.

In diesem Zusammenhang einige Bemerkungen zum Begabungsproblem und zur Frage der Anforderungen. Es gibt zu dieser Thematik bereits interessante Grundlagenarbeiten. Leider haben die vorliegenden Erkenntnisse weder in die Lehrerausbildung noch in die Praxis genügend Eingang gefunden. Andererseits reichen diese Grundlagen nicht mehr aus, wenn wir von den neuen Entwicklungsbedingungen unserer Jugend, den neuen Anforderungen unserer Gesellschaft und nicht zuletzt auch von den vielen konkreten Problemen ausgehen, vor die sich die Lehrer in der pädagogischen Praxis gestellt sehen. Häufig jedoch entstehen in der pädagogischen Praxis Schwierigkeiten auch dadurch, daß seit langem gesicherte wissenschaftliche Erkenntnisse nicht genügend beachtet werden und daß von seiten der Wissenschaftler nicht genügend getan wird, um bei der Beantwortung des Wie unmittelbar zu helfen.

Bekanntlich gehen wir an die Frage der Begabungen nicht mit der Auffassung heran, daß wir es dabei mit einem Zustand zu tun haben, sondern wir betrachten es als eine echte Herausforderung, als eine Aufgabe an den Pädagogen, „begabt zu machen", Begabungen bei allen Schülern zu wecken und zu entwickeln.

Im Zusammenhang mit dem Zurückbleiben einzelner Schüler wird häufig von einseitiger oder fehlender Begabung für bestimmte Wissensgebiete gesprochen. Dabei wird oftmals übersehen, daß Fähigkeiten und Begabungen zwar wesentliche Bedingungen für das Zustandekommen von Leistungen sind, jedoch nicht die einzigen Bedingungen dafür sein können.

Wir wissen aber, daß es nicht möglich ist, von guten oder schlechten Leistungen direkt auf die Begabung zu schließen. Leistungen sind durch eine Vielfalt von Bedingungen und Faktoren beeinflußt, wie Motivation des Lernens, Ausdauer, Fleiß, aber auch von Kenntnissen und von der Beherrschung bestimmter Arbeitsmethoden. Es ist eine alte Weisheit, daß der Mensch mit seinen Aufgaben wächst, daß pädagogisch begründete, hohe Anforderungen hohe Leistungen provozieren und daß sich gerade dabei Begabungsreserven entfalten. Die marxistische Psychologie hat nachgewiesen, daß die äußeren Einwirkungen um so stärkeren Einfluß auf die Entwicklung der Persönlichkeit erhalten, je mehr die Persönlichkeit sie zu Forderungen an sich selbst macht. Dazu ist es notwendig, die Tätigkeit des Lernenden in der richtigen Weise zu motivieren und angemessene, angepaßte Anforderungen zu stellen – unter Berücksichtigung des individuellen Entwicklungsstandes und der Entwicklungstendenzen jedes einzelnen.

Mit der zehnklassigen polytechnischen Oberschule haben wir die wichtigste Voraussetzung dafür geschaffen, daß sich die Begabungen aller Kinder, ihr Leistungsvermögen voll entfalten, und auch dafür, daß jeder Schüler sein Talent, seine Berufung finden kann, daß sich Spitzenleistungen entwickeln können. Wir wollen mit viel Geduld die Begabung jedes Kindes entwickeln, indem wir es zu hohen Leistungen führen, wobei wir nach wie vor den Kindern der Arbeiter und Bauern, besonders den Kindern werktätiger Mütter, besondere Aufmerksamkeit widmen müssen. Kein Kind soll zurückbleiben, weil keines, das körperlich und geistig normal entwickelt ist, zurückbleiben muß. Das sind keine utopischen Forderungen. Die Aussagen der Wissenschaft über die Leistungsmöglichkeiten der Kinder und die Praxis der besten Lehrer besagen eindeutig, daß die festgelegten Ziele für alle normal entwickelten Kinder erreichbar sind, wenn wir es verstehen, den Bildungs- und Erziehungsprozeß richtig zu organisieren und bestmögliche Bedingungen für die Bildung und Erziehung zu schaffen. Dazu gehört die richtige Differenzierung der Bildungs- und Erziehungsarbeit im Unterricht. Das verstehen wir nicht primär als Problem der Organisationsform, sondern als individuelles Eingehen auf jeden Schüler in dem Sinne, daß jedes normal entwickelte Kind auf die ihm gemäße Weise im Klassenverband zum Ziel geführt wird. Gerade darin liegt allerdings eines der kompliziertesten Probleme der Praxis. Alle Lehrer wären unseren Wissenschaftlern sehr dankbar, wenn sie hier echte Hilfe erhalten könnten. Keinesfalls bedeutet Differenzierung die Auflösung des Klassenverbandes und der Unterrichtsstunde. Es scheint uns auch nicht richtig zu sein, Leistungsklassen oder feststehende Leistungsgruppen im Klassenverband zu bilden, die von vornherein unterschiedlich entwickelt werden, oder einen solchen Kern- und Kursunterricht zu organisieren, der, gewollt oder nicht gewollt, von einer statischen Auffassung der gegebenen Begabung ausgeht.

Ausgehend davon, daß Bewährungssituationen geschaffen werden müssen, unter denen jedes Kind seine Fähigkeiten entfalten und hohe Leistungen vollbringen kann, müssen diesbezügliche Untersuchungen als eine vordringliche Aufgabe betrachtet werden. Vor allem steht jetzt unmittelbar im Vordergrund die volle Nutzung der nachweisbar noch nicht annähernd ausgeschöpften Möglichkeiten, die in einer guten Unterrichtsarbeit liegen.

Auf die Bedeutung der außerunterrichtlichen Arbeit für die Entwicklung besonderer Fähigkeiten und Begabungen des Schülers haben wir bereits hingewiesen. Es ist sehr wichtig, daß sich die Forschung der Probleme annimmt, die bisher noch nicht gelöst sind. Dazu gehören unseres Erachtens zum Beispiel das Verhältnis von allgemeinen und speziellen Fähigkeiten, die Entwicklung spezieller Begabungen, die Schaffung günstiger Entwicklungsbedingungen für bestimmte Fähigkeiten, Talente und Begabungen, die Wege zur Entwicklung von Interessen und Neigungen und ihre Bedeutung für die Entwicklung der Fähigkeiten und Begabungen, und schließlich gehören dazu die methodologischen Probleme bei der Erfassung der Begabungsstruktur und ihrer Entwicklung.

Die vieldiskutierte Frage der Überforderung und Unterforderung der Schüler stellt sich bei näherem Hinsehen als ein spezielles Problem dieser allgemeinen Problematik dar. Ohne Zweifel muß diese Frage sehr ernst genommen werden, und es ist eine sehr wichtige Aufgabe der pädagogischen Wissenschaft, konkret zu untersuchen, in welchen Bereichen die Kinder unterfordert, in welchen sie überfordert werden, wo wir den Unterricht entlasten müssen und wo wir uns andererseits aber auch höhere Ziele stellen können.

In berechtigter Sorge um die bestmögliche Entwicklung unserer Kinder werden von Lehrern und Wissenschaftlern hinsichtlich der Leistungsmöglichkeiten und -grenzen der Schüler oft ganz gegensätzliche Auffassungen vertreten. Diejenigen, die meinen, daß unsere Kinder überfordert werden, verweisen auf einige physiologische Untersuchungen, auf die zu geringe Freizeit und die beständig steigenden Anforderungen bei zunehmender Intensivierung des Lernens. Andere wieder weisen durch Unterrichtsexperimente und exakte wissenschaftliche Forschungen nach, daß die Kinder weit mehr zu leisten vermögen, als durch den gegenwärtigen Unterricht gefordert wird, daß die Kinder folglich unterfordert werden. Sicher muß man diese Probleme weiter untersuchen und diskutieren. Aber wenn sich hinter vorgeblicher Sorge um unsere Kinder der Angriff auf das zentrale politische Anliegen unseres Staates und unserer Schule verbirgt, das darin besteht, für alle Kinder des Volkes eine hohe Bildung zu erreichen, dann weisen wir ihn energisch zurück.

Im Zusammenhang mit der Neubestimmung des Inhalts und der Methoden des Unterrichts brauchen wir bald fundierte, exakte Untersuchungen des Leistungsvermögens unserer Schüler. Das ist sehr notwendig für die Neubestimmung der Bildungs- und Erziehungsziele für die einzelnen Altersstufen, wobei wir die Leistungsmöglichkeiten der Kinder nicht als unveränderliche Altersbesonderheiten auffassen. Andererseits dürfen wir keinesfalls die Altersbesonderheiten der Kinder bewußt oder unbewußt ignorieren. Vielmehr ist es eine wichtige Aufgabe der Forschung, das Leistungsvermögen und Leistungsverhalten unserer Kinder im Zusammenhang mit den Altersbesonderheiten ständig neu zu untersuchen. Das sollte von den im pädagogischen Bereich tätigen Psychologen als eine Hauptaufgabe betrachtet werden.

Es ist angebracht, einige Bemerkungen zur Neugestaltung der Ausbildung unseres Lehrernachwuchses zu machen. Ich möchte mich dabei hier auf die pädagogische Ausbildung beschränken.

Die theoretischen und praktischen Anforderungen, die wir an die Persönlichkeitsbildung stellen, die neuen Maßstäbe an Wissenschaft und Forschung besitzen ebenso Gültigkeit für die gesamte Lehrerausbildung, insbesondere auch für die pädagogische Ausbildung. Wenn wir die Auffassung vertreten, daß die Aufgabe des Lehrers in der allseitigen Persönlichkeitsbildung besteht, so folgt daraus, daß wir größtes Gewicht darauf legen müssen, in der Lehrerausbildung die allseitige Persönlichkeitsbildung des künftigen Lehrers als das entscheidende Anliegen der Ausbildung zu verstehen. Es geht darum, in jedem Studenten die ethische Verpflichtung auszubilden, durch das Beispiel seines eigenen Lebens, durch seine begeisterte Hingabe für unsere sozialistische Sache – als Erzieher und hochqualifizierter Fachlehrer – die Jugend mit dem Geist des Sozialismus zu erfüllen und sie zu dem Willen zu erziehen, ihre ganze Persönlichkeit für den umfassenden Aufbau des Sozialismus einzusetzen. Wir wollen, daß unsere künftigen Lehrer im Studium die Voraussetzungen erwerben, um die Jugend in diesem Sinne mit Klugheit, Liebe und Umsicht zu erziehen.

Die Erziehung der Lehrerstudenten ist selbstverständlich ein entscheidendes Anliegen der gesamten Lehrerausbildung. Schule und Öffentlichkeit erwarten mit Recht, daß in unseren Lehrerausbildungseinrichtungen junge Pädagogen heranwachsen, die, wie unser hochverehrter Professor Dr. Robert Alt vor fast zwanzig Jahren bereits forderte, „... aus ihrem erzieherischen Wollen den Antrieb zu tieferer Erkenntnis der Zusammenhänge zwischen Gesellschaft und Erziehung entnehmen; die aber die gewonnene Einsicht nicht auf den Weg lebensfremder Theorie führt, sondern die aus dem potenzierten Wissen um die gesellschaftliche Lage erst recht die ernste Notwendigkeit sich restlos einsetzenden erzieherischen Tuns, jene ‚pädagogische Besessenheit‘ schöpfen",[23] die Wesenszug des Leh-

---

[23] R. Alt: Utopie und Wirklichkeit im Werke Pestalozzis. „Pädagogik", Heft 3/1946, S. 143.

rers sein muß. An der Herausbildung dieses Wesenszuges des Lehrers hat die pädagogische, psychologische und methodische Ausbildung einen hohen Anteil. Der Lehrkörper unserer Lehrerbildungseinrichtungen kann die ihm gestellten Aufgaben zur Verwirklichung dieses hohen Zieles nur dann erfolgreich lösen, wenn er sich auf die Kraft und die Initiative der Studenten selbst und ihrer Organisation, der Freien Deutschen Jugend, stützt. Nur gemeinsam können wir die zukünftigen Lehrer so erziehen, daß für sie, wie Clara Zetkin schrieb, „… der Sozialismus kein leerer Wahn, keine kalte, tote Formel ist, sondern eine lebendige Macht, die den einzelnen geistig und sittlich emporträgt, die seine besten Eigenschaften zur Entfaltung und Betätigung bringt"[24].

Einen wirkungsvollen Beitrag zur guten Vorbereitung der Lehrerstudenten auf ihren Beruf leistet der sozialistische Jugendverband, indem er es zu seinem vorrangigen Anliegen macht, das Verantwortungsbewußtsein der zukünftigen Lehrer gegenüber der Gesellschaft, gegenüber ihrem eigenen Studium zu entwickeln. Die Liebe zum Beruf, die Liebe zum Kind, das Verständnis für den Lehrerberuf in seiner Bedeutung in unserer Zeit sind wichtige Eigenschaften und Überzeugungen, an deren Herausbildung der Jugendverband entscheidend mitwirken kann und muß. Wir begrüßen, daß der Zentralrat der FDJ im Herbst dieses Jahres eine FDJ-Aktivtagung der Lehrerstudenten durchführen wird, auf der die sich daraus ergebenden höheren Anforderungen an die FDJ-Grundeinheiten der Lehrerbildungseinrichtungen festgelegt werden. Wir sind uns alle darüber einig, daß ein Lehrer, der einen modernen Unterricht durchführen soll, solide wissenschaftliche Kenntnisse in seinen Fächern haben muß. Wir betrachten es als einen großen Vorzug unserer Lehrerausbildung, daß wir den künftigen Lehrer mit solchen wissenschaftlichen Qualitäten ausstatten, die ihn zur Erteilung eines wissenschaftlichen Fachunterrichts befähigen.

Um erfolgreich unterrichten, bilden und erziehen zu können, muß der Lehrerstudent im Studium auch die komplizierten Zusammenhänge seiner pädagogischen Tätigkeit überschauen und die Gesetzmäßigkeiten des Bildungs- und Erziehungsprozesses anwenden lernen. Er muß sich gründlich mit den pädagogischen und psychologischen Bedingungen und Voraussetzungen auseinandersetzen, um jeden Schritt in der Bildungs- und Erziehungsarbeit wissenschaftlich gestalten zu können. Die gesamte pädagogische Arbeit – ihre Planung, Vorbereitung und Gestaltung, ihre Analyse und Auswertung – erfordert vom Lehrer, wissenschaftliche Erkenntnisse schöpferisch anzuwenden. Die pädagogische Ausbildung, die ihrem Charakter nach Grundausbildung ist, hat die Aufgabe, unsere zukünftigen Lehrer zu befähigen, den Bildungs- und Erziehungsprozeß zu leiten, denn die Tätigkeit des Lehrers ist ihrem Wesen nach Leitung des einheitlichen Prozesses des Ler-

[24] C. Zetkin: Die Jugendorganisation (Leitsätze, Resolution und Rede auf der 5. Frauenkonferenz in Nürnberg. 12. September 1908). In: C. Zetkin: Ausgewählte Reden und Schriften. Bd. I, Dietz Verlag, Berlin 1957, S. 440.

nens, des Erwerbs sozialistischer Charaktereigenschaften und der Herausbildung sozialistischer Verhaltensweisen bei den Schülern.

In den vergangenen Jahren haben wir alle gemeinsam die Überzeugung gewonnen, daß den Ausbildungsabschnitten in der pädagogischen Praxis besondere Bedeutung zukommt und daß zwischen der praktischen pädagogischen Tätigkeit der Studenten und den Lehrveranstaltungen enge Wechselbeziehungen herzustellen sind, um die Studenten gut auf die pädagogische Praxis vorzubereiten. Zugleich aber wäre es verkehrt, darin die einzige Methode zur Verbesserung der Vorbereitung der Lehrerstudenten auf die pädagogische Praxis zu sehen. Entscheidend ist vielmehr die Einsicht, daß die Verwirklichung eines höheren Grades an Praxisbezogenheit der Ausbildung eine Erhöhung des theoretischen Niveaus der pädagogischen Ausbildung voraussetzt, die die Grundlagen für die Tätigkeit des Lehrers zu legen hat.

Unter einem hohen theoretischen Niveau der pädagogischen Ausbildung aber verstehen wir, daß die realen Probleme der Praxis und der weiteren Entwicklung der pädagogischen Wissenschaft den Inhalt der Ausbildung bestimmen. Es gilt zu gewährleisten, daß die Studenten die Fähigkeit erwerben, die grundlegenden Probleme der pädagogischen Theorie und Praxis zu erkennen und sie wissenschaftlich zu bearbeiten. Die Ausbildung muß eine höhere theoretische Einsicht in die wesentlichen pädagogischen Prozesse, Zusammenhänge und Gesetzmäßigkeiten erzielen und den Studenten befähigen, die Weiterentwicklung der pädagogischen Wissenschaft und Praxis verfolgen zu können. Das verlangt, die pädagogische Theorie, die die Erkenntnisse der Nachbarwissenschaften schöpferisch verarbeitet, entsprechend dem eigenen Gegenstand, den eigenen Problemen und den eigenen Methoden der pädagogischen Wissenschaft auf hohem Niveau zu lehren. Der Student muß im Studium jene pädagogischen Fähigkeiten und Fertigkeiten erwerben, die Voraussetzung für eine wissenschaftliche Gestaltung des Bildungs- und Erziehungsprozesses in der Praxis sind.

Manche pädagogischen Lehrveranstaltungen werden deshalb nicht ernst genommen und erfüllen nicht ihre Aufgabe, weil die Anforderungen, die die Lehrkräfte an die Studenten und damit an sich selbst stellen, zu niedrig sind. Hohe Anforderungen an die Studenten setzen eine hohe Qualität der Lehrveranstaltungen voraus. Wer allerdings heute noch unveränderte oder nur leicht aktualisierte Manuskripte aus vergangenen Jahren vorträgt, schafft solche Voraussetzungen nicht. Von einem Dozenten verlangen wir eine beständige Anstrengung, die Lehrveranstaltungen schöpferisch und im echten Sinne wissenschaftlich aktuell zu gestalten. Die Pädagogik ist doch eine lebendige Wissenschaft, eine Wissenschaft, die sich mit der Erziehung und Entwicklung junger Menschen befaßt, die stets aus dem Leben schöpfen muß und die durch die schnelle gesellschaftliche Entwicklung ständig vor neue Aufgaben gestellt wird.

Wie wenig jedoch spüren davon unsere Studenten in manchen Lehrveranstaltungen! Dann braucht es uns nicht zu wundern, wenn es zu Diskrepanzen kommt zwischen dem, was die Studenten in der Schulpraxis, im pädagogischen Alltag erleben, und dem, was sie in der Ausbildung erfahren. Die Studenten erwarten von ihren Lehrkräften, daß sie neue Probleme der Bildung und Erziehung behandeln, daß sie sich den neuen Fragen der Bildungspolitik stellen und sich mit ihnen auseinandersetzen. Die Studenten sollen unsere Schule in ihrer realen Entwicklung kennenlernen, sollen sie doch – auch schon während ihrer Praktika – die Schulwirklichkeit selbst unseren Zielen entsprechend verändern helfen. In diesem Sinne müssen die Ausbildungsabschnitte in der pädagogischen Praxis zu einem organischen Bestandteil der pädagogischen Ausbildung werden. Hier werden die Schule selbst, die erfahrenen Lehrer, Direktoren und Schulfunktionäre zu unmittelbaren Mitgestaltern der Ausbildung und Erziehung des Lehrernachwuchses. Den wichtigsten Abschnitt der praktischen pädagogischen Ausbildung bildet das große Schulpraktikum, das ab 1966/67 an allen Hochschuleinrichtungen und in den Jahren darauf auch in den Instituten für Lehrerbildung eingeführt wird. Die Versuche der Friedrich-Schiller-Universität Jena und des Pädagogischen Instituts Güstrow haben bereits eindeutig bewiesen, daß dieses schulpraktische Semester einen notwendigen, entscheidenden Abschnitt der Ausbildung der Studenten darstellt, der wesentlich zur Formung der künftigen sozialistischen Lehrerpersönlichkeit beiträgt.

Es gilt, im Lehrerstudium und nicht zuletzt durch die pädagogische Ausbildung eine schöpferische, fähige Lehrergeneration heranzubilden, die mit Begeisterung und Leidenschaft dem Vorbild der Besten folgt, dem Neuen den Weg bahnt und im wahrsten Sinne des Wortes Volkslehrer verkörpert.

Die neuen Probleme, vor denen wir stehen, erfordern eine höhere Stufe der wissenschaftlichen Führungstätigkeit. Das gilt für alle Bereiche der sozialistischen Gesellschaft, die nur durch die bewußte Anwendung des höchsten Standes der Wissenschaft aufzubauen ist. Die marxistisch-leninistische Gesellschaftswissenschaftler tragen eine wachsende Verantwortung, weil sie die theoretischen Grundlagen für die wissenschaftliche Leitung der gesellschaftlichen Entwicklung in all ihren Bereichen auszuarbeiten haben.

Daraus ergibt sich die zentrale Bedeutung der pädagogischen Wissenschaft bei der Planung und Leitung des einheitlichen sozialistischen Bildungswesens. Es ist eine Aufgabe der pädagogischen Wissenschaft, die Grundsätze, Formen und Methoden einer wissenschaftlichen Leitung in der Volksbildung, die Wissenschaft von der Planung und Leitung des einheitlichen sozialistischen Bildungssystems auszuarbeiten.

Das ist nicht nur eine Sache jener Wissenschaftler, die sich speziell mit der Ausarbeitung der Probleme der wissenschaftlichen Leitung zu beschäftigen haben. Ein Wissenschaftler, der sich mit den inhaltlichen Problemen des Unterrichtsprozesses und seiner modernen Gestaltung befaßt, kann diese Fragen heute nicht mehr untersuchen, ohne zu erkennen, daß er damit zugleich einen Beitrag zur Ausarbeitung und weiteren Entwicklung der wissenschaftlichen Leitung des Bildungswesens leistet. Und umgekehrt ist es nicht möglich, sich mit der Ausarbeitung und Entwicklung der Wissenschaft von der Planung und Leitung des einheitlichen sozialistischen Bildungswesens qualifiziert zu befassen, ohne dabei von den inhaltlichen Entwicklungsproblemen des Bildungswesens auszugehen oder gar das eine vom anderen zu trennen.

Die Wissenschaft von der Leitung hat jedoch eigene Fragestellungen, eine Reihe spezieller Probleme zu lösen. Die Wissenschaftler sollten sich auch hier vor allem auf jene Probleme konzentrieren, die bei der schrittweisen Durchführung des Gesetzes im Vordergrund stehen, die in der Praxis der Leitungstätigkeit Hemmnisse und Schwierigkeiten bereiten. Es geht bei der Verbesserung der Leitungstätigkeit letztlich darum, die aus den neuen gesellschaftlichen Beziehungen erwachsenen größeren Möglichkeiten und Potenzen – die höhere Bewußtheit, die gewachsenen Fähigkeiten, das größere Können, die größere Erfahrung und Selbständigkeit, die größere Reife und Verantwortungsbereitschaft der Menschen – zu erkennen und durch eine kluge Führungstätigkeit für die Erfüllung der Aufgaben fruchtbar zu machen. Wissenschaftliche Leitungstätigkeit verlangt die bewußte Ausnutzung aller Möglichkeiten, die uns die modernen Wissenschaften bieten, um auf solche Weise zu führen, daß die Haupttriebkraft unserer Gesellschaft, die Übereinstimmung der persönlichen Interessen mit den gesellschaftlichen Erfordernissen, voll wirksam werden kann.

Ich möchte nur einige Probleme nennen, mit denen sich die Leitungswissenschaft unserer Ansicht nach in nächster Zeit besonders beschäftigen muß.

Die Führung einer Schule ist heute zu einem erstrangigen Problem geworden. Ein qualifizierter, wissenschaftlich geleiteter Bildungs- und Erziehungsprozeß stellt neue, weitaus höhere Anforderungen an das gesamte Schulkollektiv. Das aber ist mit den herkömmlichen Methoden der Leitung einer Schule in keiner Weise mehr zu leisten.

Offensichtlich haben wir es doch an der Schule, beim Schulkollektiv mit einer Gesamtheit und nicht mit einer bloßen Summe von Beziehungen und Verhältnissen verschiedenster Art zu tun. Es sind dies Beziehungen zwischen der Schulleitung und dem Lehrerkollektiv, Beziehungen innerhalb des Lehrerkollektivs, zwischen einzelnen Lehrergruppen und nicht zuletzt das Verhältnis des Lehrerkollektivs zu den Schülern; schließlich auch die Beziehungen innerhalb der Klassen und des gesamten Schülerkollektivs. Offenbar geht es doch darum, dieses gesamte Beziehungsgefüge näher zu untersuchen, um die Qualität und Effektivität der verschiedenen Beziehungen und Verhältnisse genauer zu erforschen, ihre wesentlichen Merkmale und ihre innere Struktur herauszuarbeiten mit dem Ziel, solche Schulkollektive zu entwickeln, die den neuen hohen Anforderungen gewachsen sind.

Untersuchungen dieser Art sind besonders für unsere Direktoren und Schulleitungen unentbehrlich. Gerade bei der Entwicklung kollektiver Arbeitsformen und bei der Kollektivbildung gibt es mitunter sehr oberflächliche und formale Auffassungen. Es geht doch eigentlich um die ebenso einfache wie notwendige Forderung, an unseren Schulen solche Bedingungen zu schaffen, die die pädagogische Arbeit zur Freude machen, weil man etwas leisten kann, solche Bedingungen, unter denen sich ein kritisches und anspruchsvolles Verhältnis zur eigenen Arbeit und zur Arbeit der anderen entwickeln kann. Dazu gehört eine solche Arbeitsatmosphäre, in der Vertrauen, kameradschaftliche Hilfe und gegenseitige Achtung gedeihen können, eine Atmosphäre des anspruchsvollen, schöpferischen geistigen Lebens und der angespannten sachlichen Arbeit.

Die Wissenschaftler, die sich den Problemen der Wissenschaft von der Leitung zuwenden, sollten mit ihren Untersuchungsergebnissen unseren Schulen helfen, eine den neuen Aufgaben entsprechende effektive Kooperation der Arbeit zu entwickeln. Dazu gehört die Klärung aller Fragen, die mit der Entwicklung einer höheren Rationalität der Arbeit zusammenhängen, also damit, alle verfügbaren Arbeitspotenzen einer Schule auf effektivste Weise für bessere Bildungs- und Erziehungsergebnisse einzusetzen.

Zur Kooperation und Leitung gehört schließlich weiterhin die Frage einer sinnvollen rationellen Information, Berichterstattung, Planung, Vorbereitung, Analyse und Auswertung der Arbeit. Hier geht es um die richtige Struktur und die optimale Organisation des vielschichtigen Leitungsgefüges an einer Schule, um die Abgrenzung der Aufgaben und die richtigen Beziehungen zwischen Verantwortlichkeit und Entscheidungsbefugnis.

Ein weiteres wichtiges Problem ist die Ausarbeitung wissenschaftlicher Grundlagen und abgesicherter Kriterien für den richtigen Einsatz und die Entwicklung der Kader.

Im Interesse der Arbeit und nicht zuletzt im Interesse der Entwicklung jedes einzelnen haben wir dafür zu sorgen, daß jeder nach Möglichkeit dort und in einer solchen Tätigkeit eingesetzt wird, wo er entsprechend seiner Entwicklung der Sache am besten dient. Bei der wissenschaftlichen Klärung der Kriterien für den Einsatz möchte ich besonders auf die Bedeutung dieser Frage für eine richtige Planung des Einsatzes der Fachlehrer und der Klassenleiter hinweisen.

Es liegt auf der Hand, daß die Wissenschaftler, die sich mit der Lösung dieser Probleme befassen, auf das engste mit jenen Wissenschaftlern zusammenarbeiten müssen, die sich in immer stärkerem Maße bildungssoziologischen und bildungsökonomischen Forschungen zuwenden.

Wir haben versucht, die wesentlichen inhaltlichen Probleme unserer weiteren Arbeit und ihren komplexen Charakter darzulegen und deutlich zu machen, daß dies erstrangige Aufgaben für die pädagogische Wissenschaft sind, die neue Maßstäbe für die wissenschaftliche Arbeit setzen. Das verlangt eine gründliche, kritische Überprüfung des Inhalts, der Methodologie, der gesamten Arbeitsweise der pädagogischen Wissenschaft. Nicht zuletzt ist auch ihre Planung, Leitung und Organisation neu zu durchdenken.

Ich beschränke mich jetzt darauf, lediglich einige Fragen aufzuwerfen, die für die Weiterentwicklung der pädagogischen Forschung und Lehre von besonderer Wichtigkeit sind.

In den vergangenen Monaten sind – das zeigt sich auch in der Zeitschrift „Pädagogik" – von unseren pädagogischen Wissenschaftlern Bemühungen unternommen worden zu klären, was die vielgebrauchte These „Die Wissenschaft wird zur unmittelbaren Produktivkraft" für die Pädagogik bedeutet. Völlig richtig ist dabei davon ausgegangen worden, daß diese Frage nur zu beantworten ist, wenn es gelingt, die qualitativ neue Rolle der Bildung und Erziehung bei dem fortschreitenden Wachstumsprozeß unserer Gesellschaft wirklich umfassend zu klären.

Bei der Entwicklung der pädagogischen Wissenschaft zu einer unmittelbaren Produktivkraft unseres gesellschaftlichen Fortschritts kann es nicht nur darum gehen, Teilergebnisse, Verbesserungen auf diesem oder jenem Gebiet zu erreichen oder bisher Versäumtes nachzuholen. Vielmehr geht es darum, daß die wissenschaftliche Arbeit einen neuen Charakter erhält. Dieser wird wesentlich bestimmt durch die große politische Verantwortung des Wissenschaftlers für unsere Gesellschaft, durch ein Theorie-Praxis-Verhältnis, das ein solches Verhältnis zur theoretischen Arbeit einschließt, daß diese in praktische Veränderungen einmündet.

Die wissenschaftliche Arbeit, die selbst in wachsendem Maße einer zielstrebigen Planung und Leitung bedarf, erhält so für die Praxis eine echte Führungsfunktion. Sehr richtig wurde in diesem Zusammenhang die Bedeutung der methodologischen Fragen erkannt. Geht es doch bei der Methodologie darum, einen richtigen politischen und weltanschaulichen Standpunkt in eine richtige Art und Weise des Herangehens an ein Problem umzusetzen und durch die Anwendung adäquater Methoden eine Lösung des Problems zu erreichen. Daraus wird zugleich verständlich, daß es bei methodologischen Fragen nicht primär um Fragen der Methode geht. Eine wissenschaftliche Aussage erhält erst durch eine exakte methodologische Basis wirklichen theoretischen und praktischen Wert.

Die weitere Ausarbeitung der methodologischen Grundlagen der Pädagogik wird wesentlich dazu beitragen, das theoretisch-weltanschauliche Niveau unserer Wissenschaft zu erhöhen.

Ohne sich auf die marxistische Theorie als weltanschauliche, politische, erkenntnistheoretische und methodologische Grundlage unserer wissenschaftlichen Arbeit zu stützen, kann man weder die Gesetze der Pädagogik aufdecken noch exakt den Gegenstand der pädagogischen Wissenschaft bestimmen. Es ist erforderlich, daß die pädagogischen Wissenschaftler die Entwicklung der marxistisch-leninistischen Philosophie kontinuierlich verfolgen, daß sie deren neueste Erkenntnisse verarbeiten und zur Grundlage ihrer eigenen wissenschaftlichen Arbeit machen. Es ist nicht zu übersehen, daß auf diesem Gebiet gerade in letzter Zeit solche Ergebnisse erzielt wurden, deren Auswertung von großer Bedeutung für die Entwicklung der pädagogischen Theorie ist. Das betrifft zum Beispiel Arbeiten zu methodologischen Problemen, zur Weiterentwicklung der marxistischen Erkenntnistheorie und nicht zuletzt auch Ergebnisse von soziologischen Untersuchungen. Das ist eine entscheidende Voraussetzung dafür, um in allen wissenschaftlichen Arbeiten jenes hohe theoretische Niveau zu erreichen, das unbedingt notwendig ist, um zu gewährleisten, daß alle Forschungsvorhaben auf klaren theoretischen Konzeptionen beruhen und pädagogische Sachverhalte eindeutig begrifflich gefaßt werden.

Zur Weiterentwicklung der pädagogischen Theorie sind solide, umfassende, empirische Forschungen erforderlich. Die Entwicklung und Aneignung vielfältiger, exakter wissenschaftlicher Forschungsmethoden ist dafür von ausschlaggebender Bedeutung, weil auf diese Weise die präzisen, beweiskräftigen Aussagen gewonnen werden können, wie wir sie für die pädagogische Theorie und Praxis brauchen. Zur Zeit bemühen sich immer mehr pädagogische Wissenschaftler, effektive Methoden und Verfahren in der Forschung anzuwenden. Dabei ist die Anwendung mathematischer und kybernetischer Methoden sehr wichtig.

Es wird richtig die Auffassung vertreten, daß das pädagogische Experiment methodisch vervollkommnet und häufiger angewendet werden sollte. Mit Hilfe eines systematischen Erfahrungsaustausches muß das forschungsmethodische Instrumentarium vervollkommnet werden. So bedeutsam die Anwendung mathematischer Methoden ist, so müssen wir doch erkennen, daß die Exaktheit einer Einzelwissenschaft nicht etwa allein im Grad ihrer Mathematisierung zu sehen ist, sondern nur im Zusammenhang mit „Exaktheit ihrer Erkenntnisse" verstanden werden kann. Dafür aber ist der Grad des Eindringens einer Wissenschaft in das Wesen ihres Gegenstandes charakteristisch.

Zu einem ernsten Problem für jeden Wissenschaftler wird die Verarbeitung der bereits vorliegenden wissenschaftlichen Erkenntnisse, wächst doch die Zahl der Publikationen auch auf unserem Gebiet ständig an. Eine UNESCO-Publikation nennt nicht weniger als 5000 Periodika, die derzeit zu pädagogischen Fragen in etwa 100 Ländern erscheinen. Deshalb ist es sehr wichtig, die Methoden und Mittel der wissenschaftlichen Information und Dokumentation weiterzuentwickeln, sachkundig zu handhaben und Vorhandenes zu nutzen.

Wir haben bereits mehrfach betont, daß die pädagogische Wissenschaft ihre Aufgaben nur im Verein mit anderen Wissenschaften lösen kann. Dabei wird es notwendig sein, das Verhältnis der Pädagogik zu den anderen Wissenschaften zu klären, um auch von daher zur weiteren Präzisierung des Gegenstandes der pädagogischen Wissenschaft beizutragen. Geht es doch darum, den spezifischen Beitrag der pädagogischen Wissenschaft bei der Entwicklung der sozialistischen Persönlichkeit zu bestimmen.

Eine wichtige Voraussetzung für eine erfolgreiche theoretische Arbeit besteht in der Herstellung eines engen und wechselseitigen kameradschaftlichen Verhältnisses zwischen Wissenschaftlern und in der Praxis tätigen Pädagogen.

Es ist notwendig, die großen Potenzen, die in der Lehrerschaft vorhanden sind, für die Weiterentwicklung der pädagogischen Theorie zu nutzen.

Wir brauchen den Typ des Lehrerforschers, der die wissenschaftlich begründete pädagogische Theorie in seiner praktischen Arbeit anwendet und zur Weiterentwicklung der Theorie beiträgt. Dafür gibt es bereits viele gute Beispiele. Alle staatlichen Organe und vor allem unsere Direktoren müssen sich in ihrer eigenen wissenschaftlichen Leitungstätigkeit mehr auf die Ergebnisse der Wissenschaft stützen und den Lehrern und Erziehern helfen, sie sich anzueignen und in der Praxis der Bildungs- und Erziehungsarbeit anzuwenden.

Die Planung und Leitung der wissenschaftlichen Arbeit muß gewährleisten, daß sich alle pädagogischen Wissenschaftler darauf konzentrieren können, ihre Hauptkraft auf die Durchführung jener Untersuchungen und auf die Ausarbeitung der Materialien zu lenken, die zur Verwirklichung des einheitlichen sozialistischen Bildungssystems erforderlich sind. Viele Wissenschaftler der Universitäten und der Institute gehen bereits diesen Weg.

Zugleich wurde sichtbar, daß das die Zurückstellung mancher subjektiver Interessen und bisher für wichtig gehaltener Themen verlangt. Die damit zum Teil verbundene Veränderung wissenschaftlicher Forschungsgebiete ist ein sehr komplizierter Prozeß. Er kann nicht durch organisatorische Erwägungen bestimmt werden, sondern verlangt eine breite und zielstrebige Diskussion aller Mitarbeiter, die zur politischen Einsicht führt.

Voraussetzung dafür ist eine sorgfältige Bilanzierung der vorhandenen Kapazitäten und der derzeitig bearbeiteten Forschungsvorhaben.

Wir sprachen bereits darüber, daß neue Formen der Planung und Leitung der Wissenschaft entwickelt werden müssen. Das kann nur geschehen durch eine unmittelbare aktive Einbeziehung der Wissenschaftler bereits in die Ausarbeitung der Aufgaben und den Planungs- und Leitungsprozeß selbst. Der gegenwärtige Stand befriedigt noch keineswegs.

Die Jahrespläne und das Perspektivprogramm der pädagogischen Forschung sind Leitungsinstrumente zur Entwicklung einer wissenschaftlich begründeten Führungstätigkeit. Mit ihrer Hilfe haben wir zu sichern, daß die durch das Gesetz festgelegten Schritte und Aufgaben in der dafür zur Verfügung stehenden Zeit erfüllt werden. Diese Pläne haben also eine große Bedeutung, hängt doch jeder wesentliche Schritt bei der Einführung des neuen Bildungssystems von ihrer termingerechten Erfüllung ab.

Bestandteil unserer Planung und Leitung ist die vorausschauende sorgsame Auswahl, Ausbildung und weitere Qualifizierung der wissenschaftlichen Kader, wobei dem wissenschaftlichen Nachwuchs besondere Aufmerksamkeit zu schenken ist. Gegenwärtig fehlt dafür eine generelle, verbindliche Konzeption. Wir stimmen mit der Ansicht überein, daß erfahrene Lehrkräfte der Lehrerbildungseinrichtungen und bewährte Schulfunktionäre durch die Aspirantur, vor allem durch die planmäßige, zu qualifizieren und besonders befähigte junge Lehrer in größerer Zahl so zu fördern sind, daß sie zügig zur Promotion und zur Habilitation geführt werden können.

Es scheint zweckmäßig zu sein, die gegenwärtige Zersplitterung der Ausbildung des wissenschaftlichen Nachwuchses zu überwinden und diese Ausbildung im Interesse einer gediegenen Grundausbildung der Aspiranten in einigen Einrichtungen, die dafür über die besten Voraussetzungen verfügen, zu zentralisieren. Was die inhaltliche Gestaltung der Nachwuchsausbildung betrifft, so müssen wir davon ausgehen, daß alle pädagogischen Nachwuchskräfte eine breite pädagogische Ausbildung brauchen. Sie schließt pädagogisch-psychologische Kenntnisse ein und gibt allen, die nicht auf dem Gebiet der Methodik arbeiten, einen Überblick über Hauptprobleme und die Entwicklung einer methodischen Disziplin. Dazu gehört auch eine gründliche Ausbildung in der Forschungsmethodik einschließlich soziologischer Forschungsmethoden.

Es wird bereits jetzt sichtbar, daß wir uns bei einer notwendigen sinnvollen Spezialisierung nicht auf die traditionellen Gebiete der Pädagogik, Didaktik, Erziehungstheorie, Geschichte der Erziehung usw. beschränken können. Neue Spezialisierungsrichtungen treten hinzu, und insbesondere müssen wir an die Entwicklung bestimmter Grenzgebiete, wie zum Beispiel der Bildungssoziologie, der Bildungsökonomie und anderer, sowie an die Ausbildung von Wissenschaftlern auf dem Gebiet der Planung und Leitung des Volksbildungswesens denken. Unseres Erachtens muß bei der Spezialisierung aber zugleich beachtet werden, daß die betreffenden Kollegen sich einen ihrer jeweiligen Disziplin entsprechenden Überblick über die Nachbarwissenschaften aneignen.

„Im Sozialismus ist es das ganze Volk, das seine Talente in den Dienst der Wissenschaft stellt. Im Sozialismus ist es auch das ganze Volk, dem die Früchte des Fortschritts in der Wissenschaft und in der Produktion zugute kommen. Die Kräfte, die wir für den Fortschritt der Wissenschaft in Gang setzen können, sind also um vieles größer als die der Imperialisten. Dennoch wäre Selbstzufriedenheit Gift. Denn mit dem Genie allein ist das Neuland der Wissenschaft heutzutage nicht mehr zu bezwingen"[25], stellte Genosse Walter Ulbricht auf dem 9. Plenum fest.

Für uns bedeutet das, den Hauptinhalt unserer Arbeit auf die dargelegten Aufgaben zu konzentrieren, deren Lösung unsere Gesellschaft uns aufgegeben hat. Uns ist dabei bewußt, daß eine gewaltige Arbeit zu leisten ist, um das noch Unbekannte zu erschließen, neue Möglichkeiten der Nutzung und Beherrschung erkannter pädagogischer Gesetzmäßigkeiten durch Theorie und Praxis zu meistern. Schon jetzt wird sichtbar, daß jedes Teilergebnis der Forschung ständig neue Aspekte für die nächsten Schritte eröffnet, neue Fragestellungen aufwirft und alte, zum Teil bisher bewährte Wege verwirft.

Diese Situation wird nur dann mit maximalem Zeitgewinn zu meistern sein, wenn wir, wie bereits betont, die Möglichkeiten der Gemeinschaftsarbeit voll nutzen und durch den wissenschaftlichen Meinungsstreit über alle zu klärenden Probleme das geistig-wissenschaftliche Leben unserer pädagogischen Theorie und Praxis bestimmen. Bei allen Fortschritten der vergangenen Arbeit müssen wir doch erkennen, daß wir uns erst am Beginn eines solchen dynamischen Prozesses befinden. Das Ministerium für Volksbildung kann keine Einzelheiten der wissenschaftlichen Arbeit regeln. Das Ministerium kann auch nicht als „Entscheidungsinstanz" für unterschiedliche wissenschaftliche Auffassungen fungieren. Wir sehen unsere Aufgabe vielmehr darin, entsprechend der festgelegten Entwicklungslinie die Hauptrichtung und die Hauptproportionen der pädagogischen wissenschaftli-

---

[25] W. Ulbricht: Die nationale Mission der DDR und das geistige Schaffen in unserem Staat. A. a. O., S. 37.

chen Arbeit festzulegen und dahingehend zu wirken, daß sich alle Kräfte auf die Lösung der vorrangigen Aufgaben konzentrieren. Diese Auffassung einer straffen staatlichen Leitung der Wissenschaft schließt die Bevormundung gegenüber Wissenschaftlern und wissenschaftlichen Kollektiven aus und beruht auf der Anerkennung und Achtung jeder wissenschaftlichen Leistung.

Wir wissen: Vor den pädagogischen Wissenschaftlern steht in den nächsten Jahren eine schwere Aufgabe. Sie zu bewältigen wird die größten Anstrengungen eines jeden einzelnen von ihnen erfordern. Die Grundlagen, die in den vergangenen Jahren geschaffen worden sind, ermöglichen es uns, an die größeren Aufgaben mit Optimismus heranzugehen. Die pädagogischen Wissenschaftler sind im Verein mit den Wissenschaftlern anderer Disziplinen und mit den Tausenden hervorragender Lehrer eine große Kraft, die uns die Gewähr gibt, die gestellten Aufgaben erfolgreich zu lösen.

Die sozialistische Bildung und Erziehung der jungen Generation – gemeinsame Aufgabe von Elternhaus und Schule

Referat auf der zentralen Elternkonferenz in Berlin
25. Juni 1965

Es ist mir ein großes Bedürfnis, Sie, die Vertreter unserer Elternschaft, der Elternbeiräte und Klassenelternaktive, herzlich zu unserer Arbeitsberatung zu begrüßen.

Wir möchten Ihnen sowie allen Eltern Dank sagen für die hervorragende Arbeit, die Sie besonders in den letzten Wochen und Monaten bei der Vorbereitung des Gesetzes über das einheitliche sozialistische Bildungssystem und bei der Durchführung der Elternbeiratswahlen geleistet haben.

Es ist kein Zufall, daß unsere Konferenz gerade zum gegenwärtigen Zeitpunkt stattfindet. Sie hat eine große Bedeutung für die Weiterentwicklung unserer sozialistischen Schule. Es ist das Anliegen dieser Beratung, die großen Erfahrungen der Eltern noch besser kennenzulernen und sie für eine qualifizierte Bildungs- und Erziehungsarbeit im bevorstehenden Schuljahr gut zu nutzen. Von einer guten Qualität unserer gemeinsamen Arbeit hängt sehr wesentlich die weitere Verwirklichung unseres Bildungsprogramms ab. Deshalb kommt es darauf an, daß wir die Probleme unserer gemeinsamen Arbeit gründlich beraten.

Die reichen Erfahrungen der Eltern sind besonders eindrucksvoll bei den Elternbeiratswahlen sichtbar geworden, die in diesem Jahr ganz im Zeichen des Gesetzes über das einheitliche sozialistische Bildungssystem standen.

Wir können mit Recht feststellen, daß es bei den diesjährigen Elternbeiratswahlen vor allem darum ging, ein noch besseres, engeres Zusammenwirken von Elternhaus und Schule zu erreichen. Millionen Eltern haben gemeinsam mit den Pädagogen beraten, wie das große Anliegen des Gesetzes, die Jugend allseitig auf das Leben im Sozialismus vorzubereiten, praktisch verwirklicht werden kann.

An allen Schulen haben die Elternbeiräte und Klassenelternaktivs in Auswertung der Elternbeiratswahlen neue Aufgaben in Angriff genommen. Ausgehend von den neuen Anforderungen, vor die wir heute alle gestellt sind, wurde kritischer gemessen, gewertet und darüber beraten, wie die Aufgaben in gemeinsamer Arbeit von Lehrern und Eltern verwirklicht werden können.

Bei den Elternbeiratswahlen berieten die Eltern mit den Pädagogen darüber, wie die Jugend gut auf das Leben im Sozialismus vorzubereiten ist, wie sie zu guten Staatsbürgern erzogen wird, wie ihr Bewußtsein zu entwickeln ist und wie ihr eine moderne wissenschaftliche Bildung vermittelt werden kann.

Im Mittelpunkt dieser Aussprachen standen die Konsequenzen, die sich aus der technischen Revolution unter den Bedingungen des Sozialismus für die Bildung und Erziehung ergeben, sowie die vielen neuen konkreten Probleme, die damit für die Schule und das Elternhaus entstehen.

Es ging also um die neuen Anforderungen und Bedingungen für unsere Arbeit. Im Lichte der neuen Aufgaben wurden auch die noch vorhandenen Mängel und Unzulänglichkeiten in unserer Arbeit deutlicher sichtbar.

Bei allen Aussprachen handelte es sich letzten Endes um die Klärung der Frage, warum es notwendig ist, für die Entwicklung unseres Bildungswesens neue, weiterreichende Aufgaben zu stellen; hat doch unsere Schule in den vergangenen Jahren bereits hohe Forderungen gestellt und viel erreicht.

Worin bestehen die neuen Anforderungen und Bedingungen, die im Gesetz über das einheitliche sozialistische Bildungssystem ihren Ausdruck gefunden haben?

Unsere gesellschaftliche Entwicklung hat die Bedingungen geschaffen, für alle Kinder des Volkes eine höhere Bildung zu verwirklichen. Unter den konkreten Bedingungen des Aufbaus des Sozialismus verwirklichen wir unser großes humanistisches Erziehungsideal: die allseitig entwickelte sozialistische Persönlichkeit.

In der jetzigen Entwicklungsetappe unserer Gesellschaft, in der die Wissenschaften unmittelbar in der Produktion wirksam werden, alle Bereiche der Gesellschaft nur nach wissenschaftlichen Erkenntnissen und mit wissenschaftlichen Methoden aufgebaut und entwickelt werden können, wo sich in den nächsten Jahren und Jahrzehnten neue, große Perspektiven für die Nutzung wissenschaftlicher Ergebnisse in der Wirtschaft und in allen anderen Bereichen des gesellschaftlichen Lebens eröffnen, wird es für jeden Bürger unseres sozialistischen Staates geradezu zu einer Lebensfrage, daß er über eine hohe wissenschaftliche Bildung verfügt. Die zehnklassige Oberschulbildung für alle Schüler ist daher eine unabdingbare Notwendigkeit. Heute und in Zukunft kommt es in allen Lebensbereichen immer mehr darauf an, daß die Jugend die Gesetze der gesellschaftlichen Entwicklung begreifen und anwenden lernt.

Deshalb müssen ihr die Grundlagen des Marxismus-Leninismus, der anderen Gesellschaftswissenschaften, der Mathematik, der Naturwissenschaften, der Technik und Technologie vermittelt werden, muß sie über eine solide polytechnische Bildung verfügen, moderne Fremdsprachen beherrschen und sich künstlerisch und sportlich betätigen.

Der Aufbau der zehnklassigen polytechnischen Oberschule war mit großen Anstrengungen verbunden. Das war und ist für unsere Werktätigen und unseren Staat nicht leicht. Aber wir dürfen keine Mittel und Anstrengungen scheuen, weil es um die Zukunft der Kinder, um das Glück der Menschen geht.

Die Vermittlung der Oberschulbildung für alle Kinder des Volkes ist ein großes und reales humanistisches Anliegen unserer sozialistischen Gesellschaft. Mit diesem revolutionären Schritt im Bildungswesen haben wir für die glückliche Entwicklung unserer Jugend entscheidende Garantien geschaffen.

Unsere Oberschule ist eine polytechnische Oberschule, die eng mit dem Leben unserer sozialistischen Gesellschaft verbunden ist. Unsere Jungen und Mädchen sind bereits während der Schulzeit mitten in das Leben gestellt.

Die polytechnische Bildung und Erziehung hat in Verbindung mit einer soliden gesellschaftlichen und mathematisch-naturwissenschaftlichen Bildung ausschlaggebende Bedeutung für die Erziehung der Schüler zur Liebe zur Arbeit, für eine gute Vorbereitung unserer Jugend auf das Leben. Sie ist für die sozialistische Persönlichkeitsentwicklung, für die Heranbildung des allseitig entwickelten sozialistischen Menschen unerläßlich.

Indem die jungen Menschen einbezogen werden in die produktive, gesellschaftlich nützliche Arbeit in den Betrieben, indem sie das Leben in den sozialistischen Arbeitskollektiven kennenlernen, werden sie reifer und gewinnen Überzeugungen vom Wert ihrer eigenen Arbeit und von der Arbeit anderer. Sie lernen verstehen, wofür sie sich in der Schule hohe wissenschaftliche Bildung aneignen müssen; sie lernen, Verantwortung zu tragen, sich für das Ganze verantwortlich zu fühlen, sich einzuordnen in das Kollektiv; sie lernen, Schwierigkeiten zu überwinden, komplizierte Aufgaben zu meistern, und es entwickelt und formt sich ihre Persönlichkeit.

Es ist heute schon so, daß der polytechnische Unterricht einen großen Anteil daran hat, das Vertrauen der Jugend in ihre eigenen Kräfte zu stärken. Sie lernt die echten Entwicklungsprobleme der Gesellschaft, der Technik und Wissenschaft besser kennen und wird dazu befähigt, sie zu lösen.

Es geht uns also bei der Verwirklichung des Gesetzes über das einheitliche sozialistische Bildungssystem um die harmonische Entwicklung aller geistigen und körperlichen Kräfte eines jeden Kindes. Das entspricht unserem Parteiprogramm. Ist es doch Sinn und Ziel des Sozialismus, die glückliche, freie Menschengemeinschaft zu schaffen, in der sich die Persönlichkeit jedes einzelnen voll entfalten kann.

Die große Volksaussprache über das einheitliche Bildungssystem, die mit den Elternbeiratswahlen weitergeführt wurde, sowie die ersten Erfahrungen und Ergebnisse in der praktischen Arbeit zeigen, daß wir uns bereits mitten im Prozeß der Verwirklichung des Gesetzes über das einheitliche sozialistische Bildungssystem befinden.

Uns allen geht es um die friedliche und glückliche Zukunft unserer Kinder. Wir alle wollen, daß die Kinder gebildete, ehrliche, fleißige und anständige Menschen werden, daß sie gesund und glücklich aufwachsen, daß sie im Leben ihren Mann stehen und ein erfülltes, menschenwürdiges Leben im Sozialismus führen. Diesem unserem gemeinsamen Willen, dem Willen unseres ganzen Volkes, wurde mit dem Gesetz über das einheitliche sozialistische Bildungssystem Ausdruck verliehen. Das Wollen der Eltern befindet sich in völliger Übereinstimmung mit den Bestrebungen unseres sozialistischen Staates, mit unserer sozialistischen Schulpolitik. Alle Aussprachen während der Elternbeiratswahlen waren charakterisiert durch diese Gemeinsamkeit des Anliegens, der Ziele und Interessen der Eltern und unserer Schule, durch den gemeinsamen Willen, die vielen neuen Probleme gemeinsam zu meistern.

In dieser Gemeinsamkeit drückt sich der Charakter unserer sozialistischen Gesellschaft und die beglückende Tatsache aus, daß in unserem Staat die Interessen der Schule, der Eltern und der Jugend selbst eine untrennbare Einheit bilden.

Die Entwicklung unserer sozialistischen Gemeinschaft, die Übereinstimmung der Interessen und Ziele sind das Ergebnis des Weges, den wir in der Deutschen Demokratischen Republik nach der Befreiung vom Faschismus zurückgelegt haben. Diese Übereinstimmung entstand im Kampf um die Überwindung der Ausbeuterordnung, des Militarismus und des Imperialismus und im Prozeß des Aufbaus unserer sozialistischen Gesellschaft. Die großen Leistungen, den Zusammenschluß aller Kräfte, aller Schichten des Volkes, der Menschen verschiedenster Glaubensrichtungen und Überzeugungen und ihr gemeinsames Wirken in der Bildung und Erziehung der Jugend konnten wir erreichen, weil in unserem Lande das Volk die Macht hat, weil wir auf dieser Grundlage die antifaschistisch-demokratische Schulreform konsequent durchführten und das sozialistische Bildungswesen erfolgreich entwickeln. So erfüllen wir das Vermächtnis der deutschen Arbeiterbewegung und das humanistische Anliegen aller fortschrittlichen demokratischen Kräfte. Das ist das Ergebnis des harten, opferreichen Kampfes der revolutionären deutschen Arbeiterbewegung, die stets für eine humanistische Erziehung und Bildung der Jugend in Schule und Familie gestritten hat.

Die revolutionäre deutsche Arbeiterbewegung kämpfte von jeher dafür, daß alle Kinder des Volkes gut auf das Leben vorbereitet werden, eine gründliche wissenschaftliche und polytechnische Bildung erhalten, ihre geistigen und körperlichen Kräfte und Fähigkeiten entfalten und teilhaben können an den Schätzen der Kultur.

Die revolutionäre Arbeiterbewegung hat von jeher die Rolle der Familie bei der Erziehung hoch eingeschätzt. Vor allem in der Familie der arbeitenden Menschen sah sie eine große erzieherische Kraft. So stellte Clara Zetkin im Jahre 1908 allen Arbeitereltern die Aufgabe: „Jeder einzelne von uns hat vor allem die Pflicht, durch das Beispiel seines Lebens die Jugend mit dem Geiste des Sozialismus zu erfüllen. Das Beispiel, die Tat ist die stärkste erzieherische Kraft. Der Jugend muß vorgelebt werden, daß der Sozialismus kein leerer Wahn, keine kalte, tote Formel ist, sondern eine lebendige Macht, die den einzelnen geistig und sittlich emporträgt, die seine besten Eigenschaften zur Entfaltung und Bestätigung bringt."[1]

[1] C. Zetkin: Die Jugendorganisation. In: C. Zetkin: Ausgewählte Reden und Schriften. Bd. I, Dietz Verlag, Berlin 1957, S. 440.

Die Kommunistische Partei Deutschlands unternahm in den Jahren der Weimarer Republik große Anstrengungen, um den entschlossenen Kampf für eine demokratische Entwicklung der Schule zu führen. Sie wandte sich dabei gerade an die gewählten Elternbeiräte. Die proletarischen Schulkampfgemeinschaften und Roten Elternbeiräte kämpften für die Einheitsschule, für die Beseitigung aller Privatschulen, für den weiteren Ausbau des Volksbildungswesens und für demokratische Schulleitungen und Schulverwaltungen.

Diese revolutionären Traditionen des gemeinsamen Kampfes fortschrittlicher Lehrer und Eltern wurden nach der Zerschlagung des Hitlerfaschismus unter den neuen Bedingungen konsequent fortgeführt. Gestützt auf die aktive Mitwirkung der Eltern, erfüllten wir mit der antifaschistisch-demokratischen Schulreform entscheidende schulpolitische Forderungen der sozialistischen Arbeiterbewegung und anderer demokratischer Kräfte. Wir brachen das bürgerliche Bildungsprivileg, sicherten die Einheitlichkeit und die Staatlichkeit der Schule und verwirklichten die Wissenschaftlichkeit des Unterrichts.

Wir haben in den zurückliegenden zwanzig Jahren unserer Entwicklung die Rolle der Familie bei der Bildung und Erziehung der Jugend stets hoch eingeschätzt und die aktive Mitwirkung der Eltern bei der Heranbildung einer neuen jungen Generation verwirklicht. Vom ersten Tag des Neuaufbaus unserer Gesellschaft an ließen wir uns davon leiten, eine breite Front der gemeinsamen erzieherischen Arbeit zu schaffen und alle Kräfte in die Lösung der Aufgaben einzubeziehen. Wir haben das Recht der Eltern zur Mitgestaltung des Bildungswesens gesetzlich gesichert. Das sind die entscheidenden Grundlagen, auf denen die große Aktivität der Eltern beruht, die sich in den ersten Jahren nach 1945 in den Elternausschüssen und in den Vereinigungen der Freunde der neuen Schule zeigte und die beim Aufbau des sozialistischen Schulwesens in der Arbeit unserer Elternbeiräte zum Ausdruck kommt.

Im Gegensatz dazu wird den Eltern in Westdeutschland das Recht vorenthalten, die Bildung und Erziehung ihrer Kinder mitzubestimmen. Die westdeutsche Schulpolitik befindet sich im krassen Gegensatz zu den Interessen der Väter und Mütter; denn noch immer ist in Westdeutschland das Recht aller Kinder des Volkes auf gleiche Bildung nicht verwirklicht. Erneut wird die Jugend Westdeutschlands im Geiste des Revanchismus und Militarismus erzogen. Zu Recht sind die westdeutschen Eltern von tiefer Sorge erfüllt über die Ergebnisse der westdeutschen Schulpolitik in den vergangenen zwanzig Jahren, die zu einer tiefen Krise des Bildungswesens und dazu geführt hat, daß die westdeutsche Jugend verderblichen Einflüssen ausgesetzt ist.

Die in Westdeutschland herrschende permanente und umfassende Bildungskrise wird von vielen westdeutschen Eltern als „nationale Katastrophe", als „Kulturschande" empfunden. Jawohl, liebe Freunde, es ist eine Kulturschande, wenn von 100 Arbeiterkindern nur eins studiert!

Jawohl, es ist eine Kulturschande, daß in Westdeutschland ein ganzes System, eine ganze Industrie zur Irreführung, Verseuchung und Demoralisierung der Jugend besteht. Es reicht von den Revanchistentreffen über die Groschenpresse und die Comics bis zur Vergnügungsindustrie. Allein die Comics, die in einem Monat in Westdeutschland erscheinen und in denen Gangstertypen glorifiziert werden, erreichen eine Auflagenhöhe bis zu 900 000 Exemplaren je Titel. Dazu kommt, daß eine ganze Filmindustrie darauf eingestellt ist, mit fehlgeleiteten Gefühlen der Jugend Geschäfte zu machen und die niedrigsten Instinkte zu wecken. Die furchtbaren Auswirkungen zeigen sich zum Beispiel in der ständig steigenden Jugendkriminalität. Allein im vergangenen Jahr sind in Westdeutschland nicht weniger als 40 873 schulpflichtige Kinder straffällig geworden; 15 366 davon begingen schwere Verbrechen. Das ist eine erschreckende Bilanz der westdeutschen Bildungspolitik.

Jetzt wird mit der geplanten Notstandsgesetzgebung, die nichts anderes als Kriegsvorbereitung ist, ein direkter Anschlag auf das Leben der Jugend verübt. Ein solcher Staat, der eine Politik der atomaren Rüstung, der Kriegsvorbereitung betreibt, ist selbstverständlich nicht an einer echten Mitbestimmung der Eltern interessiert.

Das zeigen auch die Vorgänge in Niedersachsen. Hier wurde vor kurzem – entgegen dem erklärten Willen der Mehrheit der Eltern – durch ein Abkommen der niedersächsischen Landesregierung dem katholischen Klerus ein Einfluß auf das Bildungswesen eingeräumt, den die Mehrheit der Lehrer, der Eltern und die Gewerkschaften völlig zu Recht als Rückschritt bezeichnet, einen bildungspolitischen Rückschritt in einer Zeit, wo es gilt, sich geistig für das Jahr 2000 zu rüsten. Sie sehen darin mit Recht einen Schritt, der dazu führt, den Einfluß des reaktionären Klerus auf das Schulwesen zu erweitern, die Bildungskrise weiter zu vertiefen und das Recht der Eltern auf Mitbestimmung in der Bildung und Erziehung ihrer Kinder noch weiter einzuengen.

Mehrere tausend Pädagogen und Eltern Niedersachsens haben sich deshalb am vergangenen Dienstag zur gemeinsamen Aktion gegen die Schulreaktion zusammengefunden. Sie demonstrierten in Hannover gemeinsam gegen diesen neuerlichen Anschlag auf die Schule. Sie brachten zum Ausdruck, daß sie das Konkordat entschieden ablehnen, und bezeichneten es als schulpolitischen Rückschritt, als verfassungswidrig und undemokratisch.

Nach dem Willen der westdeutschen Schulreaktion sollen die Kinder getrennt beten, getrennt lernen, aber gemeinsam im Atomkrieg sterben. Wir sagen mit allen fortschrittlichen Kräften in Westdeutschland: Auch Ihre Kinder, alle Kinder, unabhängig von ihrer Weltanschauung und ihrem Glauben, haben das Recht auf eine gemeinsame gute Bildung und eine fortschrittliche, vom Geist der Demokratie getragene Erziehung! Sie haben das Recht auf eine glückliche und friedliche Zukunft!

Alle Eltern Westdeutschlands müssen ihre Verantwortung erkennen, von ihrem Recht Gebrauch machen und zusammen mit allen demokratischen Kräften, besonders mit den Gewerkschaften als den Organisationen der Arbeiterklasse, für eine fortschrittliche Erziehung der westdeutschen Jugend kämpfen. Sie sind heute, gemeinsam mit den fortschrittlichen Pädagogen Westdeutschlands, vor die Aufgabe gestellt, eine echte Demokratisierung des Bildungswesens zu erkämpfen und diesen Kampf um den Schulfortschritt zu verbinden mit dem Kampf gegen die aggressiven Kräfte des Monopolkapitals, gegen die Notstandsgesetzgebung, gegen Revanchismus und Militarismus.

Zum 1. Juli haben in ganz Westdeutschland die Studenten aufgerufen, gegen den Bildungsnotstand zu demonstrieren. Sie fordern vom Staat mehr Mittel für Bildungszwecke, bessere Bildungsmöglichkeiten für die Jugend und ein modernes Bildungssystem.

Aber mehr Mittel für das Bildungswesen, bessere Möglichkeiten für die Ausbildung heißt vor allem Überwindung der Atomkriegspolitik, der Aufrüstung und der Notstandsgesetze.

Alle Eltern, die demokratischen Kräfte in Westdeutschland sollten sich zusammenschließen, um in gemeinsamen Aktionen
– die Notstandsgesetzgebung zu verhindern;
– die Einstellung der Atomrüstung und die Bereitstellung der frei werdenden Mittel für Volksbildung und für andere friedliche Zwecke zu erreichen;
– das Verbot jeder offenen oder versteckten Kriegs- und Revanchehetze in Schulbüchern und im gesamten Unterricht sowie das Verbot der Schund- und Schmutzliteratur durchzusetzen;
– die Beseitigung der Tausenden von Einklassenschulen zu erzwingen und.
– für die Beseitigung des Bildungsprivilegs und für das Recht auf eine wissenschaftliche Bildung für alle Kinder des Volkes einzutreten.

Das erfordert vor allem, das wirkliche Mitbestimmungsrecht der Eltern in allen Fragen der Bildung und Erziehung zu erkämpfen.

Wir gehen an die Lösung unserer neuen Aufgaben mit dem Bewußtsein heran, daß die weitere erfolgreiche Entwicklung unseres Bildungswesens ein entscheidender Beitrag für die Stärkung unserer Deutschen Demokratischen Republik, für den Sieg des Sozialismus ist.

Das ist auch von großer Bedeutung für den Kampf um die Überwindung des westdeutschen Imperialismus und um die Demokratisierung der westdeutschen Schule. Für die erfolgreiche Verwirklichung unserer Ziele tragen Elternhaus und Schule eine große Verantwortung.

Die entscheidende Frage, um die es daher zu Recht in den Elternbeiratswahlen ging und aus der es Konsequenzen zu ziehen gilt für das gemeinsame Wirken von Elternhaus und Schule, ist die Frage der gemeinsamen Verantwortung für die Erziehung der jungen Generation in der gegenwärtigen Entwicklungsetappe.

In unserem Gesetz wird hervorgehoben, daß es sich dabei um eine qualitativ neue Stufe der Gemeinsamkeit, der Ziele und der Verantwortung der Schule und des Elternhauses handelt. Es heißt dort, daß die Ziele des einheitlichen sozialistischen Bildungssystems Sache des ganzen Volkes sind, für die alle Pädagogen, die Eltern und die Familie, die gesellschaftlichen Organisationen, alle Kräfte der Gesellschaft wirken.

Die neuen Maßstäbe ergeben sich aus der Forderung des Gesetzes, allseitig gebildete, harmonisch entwickelte sozialistische Persönlichkeiten zu erziehen. Diese Zielstellung ist nur in der sozialistischen Gesellschaft möglich, und sie ist nur durch das gemeinsame Bemühen aller gesellschaftlichen Erziehungsträger, der gesamten Gesellschaft, zu verwirklichen. Ohne Zweifel ist dabei die enge Zusammenarbeit von Schule und Elternhaus das Entscheidende.

Das Verhältnis von Schule und Elternhaus beruht in unserer Gesellschaft auf völlig neuer Grundlage. In der bürgerlichen wie in der sozialistischen Gesellschaft werden Inhalt, Ziel und Aufgaben der Schule vom Charakter des Staates bestimmt. In der bürgerlichen Gesellschaft wird die Schule voll und ganz dafür eingesetzt, die heranwachsende Generation im Interesse der Aufrechterhaltung der staatsmonopolistischen Gesellschaft und der Verwirklichung ihrer Ziele zu erziehen, was den Interessen der Eltern, der Jugend und des ganzen Volkes völlig zuwiderläuft.

Unsere sozialistische Schule ist deshalb eine Schule des ganzen Volkes, weil unser Staat, sein Charakter und seine Ziele und damit auch unsere Schule den Interessen der gesamten Gesellschaft, der Eltern, der Jugend und der Lehrer entsprechen. Unsere Schule wurde vom Volke selbst geschaffen, gestaltet und arbeitet im Auftrage des Volkes.

Darin gerade bestehen die objektiven Bedingungen und Grundlagen für das neue Verhältnis zwischen Elternhaus und Schule, für ihre Beziehungen und für ihre gemeinsame Verantwortung.

Für das neue Verhältnis von Elternhaus und Schule ist auch von außerordentlicher Bedeutung, daß die Familie im Sozialismus für die Erziehung und Entwicklung der jungen Generation eine solche Stellung und Verantwortung erhalten ha wie sie im Kapitalismus undenkbar ist. Die Entwicklung der Ehe und der Famili; in unserem sozialistischen Staat ist ein untrennbarer Bestandteil der Entwicklung unserer gesamten Gesellschaft. Die neuen Beziehungen in der Familie beruhen auf der neuen Stellung des werktätigen Menschen in unserer Gesellschaft, der Aufhebung der Gegensätze zwischen den Klassen, der wachsenden politisch-moralischen Einheit des Volkes. Das ist gleichbedeutend mit der Herausbildung qualitativ neuer Entwicklungs- und Erziehungsbedingungen für die Kinder im Elternhaus, in der Familie. Dazu gehören die gleichberechtigte Mitwirkung von Mann und Frau beim Aufbau des Sozialismus, die hervorragende Stellung der Frau und Mutter in der Gesellschaft, im Beruf und in der Familie, das neue Verhältnis unserer gesamten Gesellschaft zur jungen Generation.

Die Tatsache, daß in vielen Familien beide Elternteile berufstätig sind, ist von großer Bedeutung für die sozialistische Erziehung der Kinder, die daran teilhaben, wie beide Eltern gleichberechtigt im beruflichen Leben stehen, wie sie mit ihrer Arbeit verbunden sind. Das trägt wesentlich zu einer richtigen Einstellung der Kinder zum Lernen, zur Arbeit und zur Gesellschaft bei.

Natürlich treten dabei auch komplizierte Probleme auf. Unsere sozialistische Gesellschaft schafft entsprechend ihren materiellen Möglichkeiten Einrichtungen und Bedingungen, die zum Beispiel den werktätigen Frauen die beruflichen und häuslichen Pflichten erleichtern. Es darf dennoch nicht übersehen werden, daß es nicht immer leicht ist – das wissen wohl alle Frauen, die hier sitzen, am besten –, alle diese Aufgaben und Pflichten so zu lösen, daß genügend Zeit für die Erziehung der Kinder bleibt. Deshalb tragen die gesamte Gesellschaft und die Schule für die Erziehung der Kinder eine große Verantwortung, wobei wir uns besonders um die Kinder der alleinstehenden werktätigen Mütter zu sorgen haben. In den Familien, wo Vater und Mutter arbeiten, ist es natürlich von großer Wichtigkeit, daß die freie Zeit wirklich gut für die Erziehung der Kinder genutzt wird. Es gibt bereits unzählige Beispiele dafür, daß es gerade in den Familien, in denen Vater, Mutter und die Kinder die Pflichten und Aufgaben im Haushalt gemeinsam wahrnehmen, jeder in der Familie Verantwortung trägt, die Alltagssorgen und Freuden miteinander geteilt werden, eine harmonische, eine gute Erziehungsatmosphäre für die Kinder gibt.

Bei der Verwirklichung unseres Bildungsgesetzes geht es darum, die neuen Bedingungen und Möglichkeiten unserer sozialistischen Schule und der sozialistischen Familie voll und ganz zum Nutzen unserer Kinder, unserer Jugend wirksam zu machen. In der Diskussion zum Gesetz über das einheitliche sozialistische Bildungssystem und bei den Elternbeiratswahlen haben wir weitere wichtige Schritte in dieser Richtung getan. Jetzt kommt es darauf an, die Zusammenarbeit von Elternhaus und Schule weiter zu vervollkommnen und zu vertiefen. Dabei geht es nicht schlechthin um eine bessere Zusammenarbeit der Lehrer und Eltern. Es geht vielmehr darum, daß die gemeinsamen Erziehungsabsichten durch das einheitliche erzieherische Wirken in Schule und Elternhaus, durch ein gemeinsames erzieherisches Vorgehen verwirklicht werden.

Damit erhalten die Elternbeiräte und -aktive eine neue Stellung, daraus erwachsen ihnen neue Aufgaben und auch neue Probleme. In engster Zusammenarbeit mit den Schulleitungen muß das planmäßige Zusammenwirken aller Lehrer und Eltern bei der Erziehung entwickelt werden. Das bedeutet keine Einschränkung der Verantwortung der Schule und der Lehrer für die Arbeit mit den Eltern und den Elternbeiräten. Die Schule ist das Zentrum der planmäßigen Bildungs- und Erziehungsarbeit. Es wird manchmal die Frage gestellt: Wer trägt die Verantwortung für die Erziehung, Schule oder Elternhaus?

Es gibt solche Auffassungen bei einigen Lehrern, die Familie allein verantwortlich machen zu wollen, besonders wenn es Schwierigkeiten in der Erziehung gibt. Es gibt aber auch manche Eltern, die meinen: Schule, nun erziehe mal meine Kinder!

Ist diese Fragestellung überhaupt richtig? Ist es nicht notwendig zu erkennen, daß vor den Kindern, vor der Gesellschaft Schule und Familie gleichermaßen Verantwortung tragen? Die Schule als die staatliche Einrichtung für Bildung und Erziehung trägt natürlich die Hauptverantwortung, der sie aber nur gemeinsam mit der Familie, mit den Eltern gerecht werden kann. Das setzt voraus, daß sich die Eltern um eine gute Erziehung in der Familie in Übereinstimmung mit den Erziehungsabsichten der Schule bemühen, wobei für eine erfolgreiche gemeinsame Erziehungsarbeit von Schule und Elternhaus schon im Vorschulalter wichtige Grundlagen gelegt werden. Die Erziehung der Kinder durch die Familie bereits in den ersten Lebensjahren ist von großer Bedeutung für die Vorbereitung auf die Schule und ist ein entscheidender Abschnitt für die gesamte Entwicklung der heranwachsenden Persönlichkeit.

„Die Erziehung der Kinder ist eine bedeutende staatsbürgerliche Aufgabe der Eltern, die dafür staatliche und gesellschaftliche Anerkennung und Würdigung finden"[2], heißt es im Entwurf des Familiengesetzes.

Für eine erfolgreiche Erziehungsarbeit ist ein enges Vertrauensverhältnis zwischen Lehrern und Eltern unerläßlich. Pädagogen und Eltern müssen einander kameradschaftlich auf die Probleme bei der Bildung und Erziehung der Kinder aufmerksam machen, sich beraten, sich gegenseitig unterstützen.

Es kommt immer noch vor, daß gefragt wird, ob die Eltern das Recht hätten und ob es richtig sei, Lehrer und Erzieher zu kritisieren. Natürlich! Das muß sogar so sein; denn wie sollte sonst eine kameradschaftliche, sachliche Zusammenarbeit zustande kommen? Meinungsverschiedenheiten und Kritiken sollten aber nicht vor den Kindern ausgetragen werden. Darunter leidet sowohl die Autorität der Lehrer als auch die der Eltern, und oft werden die Kinder dadurch in Konflikte gebracht. Die Autorität der Erzieher ist eine wichtige Voraussetzung für jede erfolgreiche Erziehungsarbeit.

Für die konstruktive Zusammenarbeit zwischen Schule und Elternhaus ist es wichtig, daß die Eltern die Aufgaben kennen, die die Schule im neuen Schuljahr zu lösen hat. Selbstverständlich sind die Aufgaben und Probleme an jeder Schule auf Grund der unterschiedlichen Bedingungen, der konkreten Lage sehr differenziert.

Was betrachten wir als die Schwerpunkte, die es anzupacken gilt, um die ganze Schule voranzubringen, und die an allen Schulen unabhängig von der Differenziertheit der Probleme im Mittelpunkt stehen müssen?

An allen Schulen muß eine auf sichtbare und meßbare Ergebnisse gerichtete Unterrichts- und Erziehungsarbeit, eine hohe Qualität des Unterrichts in allen Fächern, eine bessere Erziehungsarbeit in allen Klassen und Stufen erreicht werden.

Alle schulischen und außerschulischen Kräfte sind auf diese Aufgaben zu konzentrieren. Im Mittelpunkt aller Bemühungen, der gesamten Leitungstätigkeit an der Schule muß die Erhöhung des Niveaus des Unterrichts stehen, die volle Ausnutzung aller Möglichkeiten, die der Unterricht für eine qualifizierte Bildungs- und Erziehungsarbeit bietet.

Wir konzentrieren uns auf die Erhöhung der Wissenschaftlichkeit des Unterrichts, auf seine gute inhaltliche und methodische Gestaltung, vollzieht sich doch

---

[2] Vgl. die entsprechende Passage im „Familiengesetzbuch der Deutschen Demokratischen Republik". Staatsverlag der Deutschen Demokratischen Republik, Berlin 1966, S. 26.

vor allem im Unterrichtsprozeß die planmäßige und systematische Bildung und Erziehung der Kinder. Erhöhte Aufmerksamkeit sollten wir dabei der Arbeit in der Unterstufe schenken; denn gerade in der Unterstufe vollziehen sich bereits jetzt im Zusammenhang mit der Verwirklichung des Bildungsgesetzes wesentliche Veränderungen.

Wir müssen in der Arbeit unserer Schule mehr davon ausgehen, daß es um die Entwicklung der gesamten Persönlichkeit des jungen Menschen geht, um die Vermittlung einer guten, soliden Bildung, die Entwicklung des sozialistischen Bewußtseins und die Bildung des Charakters, um die Entwicklung solcher Eigenschaften, Überzeugungen und Verhaltensweisen, die unsere Jugend befähigen, aktiv an der schöpferischen Gestaltung der sozialistischen Gesellschaft teilzunehmen. Für die allseitige Entwicklung der sozialistischen Persönlichkeit ist die untrennbare Einheit von Bildung und Erziehung von entscheidender Bedeutung.

Sie alle wissen, daß die Einstellung zum Lernen, das Wissen darum, wofür man lernt, entscheidende Voraussetzungen sind für hohe Leistungen beim Lernen. Mängel im Unterricht haben häufig ihre Ursache – darauf haben viele Eltern mit Recht während der Elternbeiratswahlen hingewiesen – in der unzureichenden Erziehungsarbeit in der Schule, aber auch im Elternhaus. Die Entwicklung einer planmäßigen, zielstrebigen Erziehungsarbeit in der Schule und im Elternhaus ist eine wichtige Aufgabe in diesem Schuljahr.

Auf dem 7. Plenum des Zentralkomitees der Sozialistischen Einheitspartei Deutschlands haben wir hervorgehoben, daß das Kettenglied zur Lösung aller Aufgaben in der Verbesserung der Leitungstätigkeit an allen Schulen und auf allen Ebenen der Leitung des Volksbildungswesens besteht. Das bedeutet, alle Kräfte auf die Erhöhung der Qualität der Bildungs- und Erziehungsarbeit zu konzentrieren.

Gute Leitungstätigkeit heißt, an jeder Schule feste Kollektive zu bilden, dafür zu sorgen, daß sich eine schöpferische, kritische Atmosphäre entwickelt, eine Atmosphäre der verantwortungsbewußten Arbeit, der Ordnung und bewußten Disziplin. Das sind wesentliche Bedingungen für freudiges, für diszipliniertes, bewußtes Arbeiten und Lernen, für eine selbstkritische Auseinandersetzung mit Mängeln an der Schule.

Wir alle wissen, daß diese Aufgaben nicht leicht zu erfüllen sind, daß es eine Vielzahl recht komplizierter Probleme gibt, mit denen wir uns offen und auf eine solche Weise auseinandersetzen müssen, daß bei allen größere Klarheit und konstruktives, gemeinsames Handeln erreicht wird. Einige solcher Probleme scheinen mir von allgemeiner Bedeutung zu sein. Sie spielten auch in den Elternbeiratswahlen an den Schulen eine wichtige Rolle.

Im Gesetz ist die allgemeine polytechnische zehnklassige Oberschulbildung für alle Kinder des Volkes als obligatorische Bildung festgelegt. Die Verwirklichung dieser Festlegung hängt wesentlich von der Einstellung der Eltern zur zehnjährigen Schulbildung ab, und die Haltung der Eltern dazu hat große Auswirkungen auf eine erfolgreiche Entwicklung der Kinder in der Schule.

Mitunter wird eine mangelnde Einstellung der Kinder zum Lernen gerade in den oberen Klassen durch eine solche Haltung der Eltern hervorgerufen, die durch Unklarheit und Zweifel an der Notwendigkeit einer zehnjährigen Schulbildung bestimmt ist.

Manche Eltern meinen, ihre Kinder müßten jetzt schon so viel lernen, wüßten jetzt schon weitaus mehr, als sie in der Schule lernen mußten. Sie stellen die Frage: Ist es denn wirklich notwendig, daß die Schule zehn Jahre lang besucht werden muß, reicht die Achtklassenbildung nicht aus? Muß es nicht immer Leute geben, die in den Betrieben einfache Arbeit verrichten? Diese Eltern weisen darauf hin, daß in vielen Betrieben gegenwärtig noch nicht so hohe Anforderungen gestellt werden.

Solche Fragen sind natürlich. Andererseits aber machen viele Eltern doch bereits heute selbst die Erfahrung, daß es besser gewesen wäre, wenn sie in ihrer Jugend mehr Möglichkeiten gehabt hätten. Viele haben mühsam nachholen müssen und müssen weiter nachholen, was ihnen die bürgerliche Klassenschule vorenthalten hat.

Wenn auch heute noch in vielen Betrieben die neuen Anforderungen der technischen Revolution nicht immer mit aller Deutlichkeit sichtbar sind, so werden wir doch sehr bald mit ihnen konfrontiert. Es geht ja auch nicht nur darum, daß wir uns auf Veränderungen einstellen, sondern der Prozeß der technischen Revolution muß von uns selbst heute gestaltet werden. Wir müssen unsere Jugend heute befähigen, die technische Revolution bewußt durchzuführen. Und schließlich sollen doch die Menschen im Sozialismus zur Planung und Leitung der Gesellschaft, zum Mitregieren befähigt sein und ein kulturvolles, reiches Leben führen. Dazu gehört eine hohe Bildung, die Entwicklung vielfältiger geistiger und kultureller Bedürfnisse und die Befähigung der Menschen, sie durch schöpferische Arbeit immer besser zu befriedigen. Wir alle, unsere ganze Gesellschaft, sind also dazu verpflichtet, unserer Jugend schon heute alle Möglichkeiten zur allseitigen Bildung zu geben, die wir unter den jetzigen Bedingungen nur schaffen können.

Manche Eltern, die selbst ein entbehrungsreiches Leben hatten, die frühzeitig selbst für ihren Lebensunterhalt sorgen mußten, meinen aus ihren im Kapitalismus erworbenen Erfahrungen, daß ihre Kinder durch die große Sorge unseres Staates verhätschelt werden könnten, sie meinen, es sei doch besser, wenn sich die Kinder nicht so lange auf der Schulbank herumdrückten, sondern sich früher den Wind um die Nase wehen ließen.

Wir bauen den Sozialismus doch dafür auf, und die Arbeiterklasse hat dafür Opfer gebracht, daß die Jugend besser, glücklicher lebt, daß sie die Sorge um den Lebensunterhalt nicht daran hindert, sich eine hohe Bildung zu erwerben. Das aber bedeutet doch nicht, unsere Jugend lebensfremd zu erziehen, sie zu verwöhnen oder zu verhätscheln. Unsere marxistische Erziehungstheorie, unsere gesamte Schulpolitik sind auf eine lebensverbundene Erziehung der Jugend gerichtet, darauf, die Jugend durch die Verbindung von Schule und Leben, durch die Verbindung von Unterricht und produktiver Arbeit, durch die Teilnahme der Jugend an der sozialistischen Arbeit, an der Lösung unserer Aufgaben auf das wirkliche Leben vorzubereiten.

In verschiedenen Diskussionen taucht immer wieder die Frage auf, ob denn alle Kinder die neuen, höheren Anforderungen bewältigen und das Niveau der Oberschulbildung erreichen können. Dabei wird darauf verwiesen, daß es zahlreiche Schüler mit schwachen Leistungen und Sitzenbleiber gibt. Das ist ein sehr ernstes Problem.

Doch es liegen viele Erfahrungen, praktische Ergebnisse und wissenschaftliche Erkenntnisse vor, die zeigen, daß es kein phantastisches Wunschdenken ist, wenn wir sagen, daß alle gesunden Schüler das Ziel der Oberschule erreichen können. Vor allem die Lehrer tragen die Verantwortung dafür, daß jeder normale Schüler das Schulziel erreicht. Aber die Eltern müssen uns dabei helfen, indem sie dafür sorgen, daß die Kinder die Schulzeit gut nutzen und fleißig sind, auch wenn es den Kindern manchmal schwerfällt.

Die Eltern ärgern sich manchmal über Flüchtigkeitsfehler, über Unsauberkeit in der Heftführung, über Verspieltheit beim Lernen, über Disziplinverstöße.

Das sind echte Fragen der Erziehung. Wir verlangen von den Lehrern, daß sie hohe Anforderungen an das geistige Leistungsvermögen der Kinder stellen, daß sie einen interessanten Unterricht geben, klug und überlegt die Hausaufgaben stellen. Manche Eltern fragen: Aber was können wir dazu tun, es fällt uns doch schwer, den Kindern in der Mathematik oder beim Erlernen der Fremdsprache zu helfen?

Es geht gar nicht darum, daß die Eltern sich selbst auf die Schulbank setzen, um ihren Kindern helfen zu können. Die Kenntnisse zu vermitteln ist Sache der Schule. Wie aber können die Eltern die Schule dabei unterstützen? Sie sollen vor allem dazu beitragen, daß sich der Wille und die Bereitschaft der Kinder entwickeln, gut, fleißig und diszipliniert zu lernen. Davon, daß auch die Eltern das Lernen als wichtig, nützlich und interessant betrachten, hängt wesentlich das Verhältnis der Kinder zu ihrer Arbeit in der Schule ab.

Manche Eltern, vor allem von Schülern oberer Klassen, stellen die Frage, ob die Kinder nicht überfordert werden. Das muß man mit besonderer Sorgfalt diskutieren und klären. Es handelt sich dabei um ein vielschichtiges Problem. Wir wissen, daß es in den oberen Klassen eine verhältnismäßig hohe zeitliche Belastung der Schüler gibt. Gleichzeitig gibt es aber eine echte geistige Unterforderung unserer Schüler. Zeitlich hohe Anforderungen kann man selbstverständlich nicht von heute auf morgen und mit einer einfachen Kürzung der Stundentafel beseitigen. Es handelt sich hier nicht nur um organisatorische Probleme, sondern um die inhaltliche Neugestaltung des Bildungs- und Erziehungsprozesses. Jede Veränderung auf diesem Gebiet muß verantwortungsvoll getroffen werden und bedarf exakter wissenschaftlicher Untersuchungen und Ausarbeitungen.

Die neuen wissenschaftlichen Erkenntnisse erlauben es uns jetzt, die Vermittlung der wesentlichen Gesetzmäßigkeiten, die wissenschaftlichen Denk- und Arbeitsmethoden in den Mittelpunkt des Unterrichts zu rücken, den Inhalt der Bildung von unnötigem Ballast zu befreien und mit geringerem Umfang und geringerem zeitlichen Aufwand höhere Bildungs- und Erziehungsergebnisse zu erreichen.

In dieser Richtung wird zur Zeit an den neuen Lehrplänen, Lehrbüchern und an der Stundentafel gearbeitet, die ab 1968 jahrgangsweise – von der ersten Klasse angefangen – eingeführt werden. Erste Schritte zur inhaltlichen Veränderung des Unterrichts werden bereits jetzt eingeleitet.

In den Elternbeiratswahlen spielte die Tageserziehung eine große Rolle. Es ist verständlich, daß diese Frage vor allem viele werktätige Mütter bewegt.

Vielerorts ist die Tageserziehung gut organisiert. Wie man in der ganztägigen Bildung und Erziehung gut vorankommt, haben die Lehrer und Eltern in St. Egidien, Kreis Hohenstein-Ernstthal, gezeigt. Dort haben alle Schüler die Möglichkeit, sich ihren Interessen entsprechend vielseitig zu betätigen. Gemeinsam mit den Eltern, mit den Betrieben und gesellschaftlichen Einrichtungen organisiert die Schule eine interessante außerunterrichtliche Tätigkeit. In mehr als 60 Arbeitsgemeinschaften, Kursen, Zirkeln, Kultur- und Sportgruppen ist die Mehrzahl der Schüler tätig. Besonders hervorzuheben ist die Vielseitigkeit. Es gibt Arbeitsgemeinschaften für Steuerungs- und Regelungstechnik, Elektrotechnik, Maschinenbau, Bautechnik, Mineralogie, Gartenbau, Forstwirtschaft, Geflügelzucht, Schafzucht; Kurse und Zirkel für Mathematik, Chemie, Biologie und Russisch. Auf künstlerischem Gebiet bestehen Gruppen für Volkstanz, Laienspiel, Puppenspiel, Zeichnen, Kunstgewerbe, ein Chor und eine Singegruppe. Es gibt Sportgruppen, Gruppen der GST, Gruppen für junge Sanitäter, für Verkehrserziehung und anderes mehr.

Für die Leitung dieser Kollektive wurden mit Unterstützung des Elternbeirates viele Facharbeiter und Ingenieure aus Betrieben und Genossenschaften gewonnen. Ein Teil der technisch-naturwissenschaftlichen Arbeitsgemeinschaften wird in den Betrieben, zum Beispiel im VEB Nickelhütte, in der LPG und in Produktionsgenossenschaften des Handwerks durchgeführt.

Aus dieser vielseitigen Tätigkeit sind an der Schule echte Traditionen entstanden. Die Eltern der Schule in St. Egidien zählen zu den Initiatoren dieser beispielhaften Entwicklung.

So wie in St. Egidien gibt es viele Oberschulen, die in ähnlicher Weise begannen, durch eine breite Entwicklung der außerunterrichtlichen Tätigkeit die Tageserziehung schrittweise aufzubauen. Das Geheimnis ihrer Erfolge besteht nicht in irgendwelchen außerordentlich günstigen Bedingungen, sondern im Ideenreichtum, in der Initiative des Pädagogenkollektivs und im gemeinsamen Handeln aller Beteiligten.

An jeder Schule sollten die Direktoren zusammen mit den Elternbeiräten, den Patenbetrieben, mit den Leitungen der Pionierorganisation und der FDJ beraten, wie eine solche lebendige, ganztägige Bildung und Erziehung schrittweise entwickelt werden kann.

Besonders gute Voraussetzungen für einen wirksamen ganztägigen Bildungs- und Erziehungsprozeß sind in Tagesschulen, Tagesklassen und Tagesgruppen vorhanden. Aber wir können mit der Lage in vielen Horten noch nicht zufrieden sein. Viele Kinder klagen darüber, daß es langweilig ist. Manche Schüler gehen ungern in den Hort, weil ihre Interessen nicht berücksichtigt werden. Aber besonders ernst ist die Tatsache, daß in den Horten die Hausaufgaben oft liederlich angefertigt werden, weil keine Ordnung herrscht. Die Erzieherinnen werden oft mit ihren Problemen allein gelassen, und nur zu oft kommt es vor, daß sie Versäumnisse des Unterrichts nachholen sollen. Die Ursache für diesen Zustand liegt darin, daß sich manche Direktoren und Lehrer ungenügend um den Bildungs- und Erziehungsprozeß im Hort kümmern.

Wie können die Eltern und die Elternbeiräte dazu beitragen, die Arbeit in den Horten zu verbessern? Die Elternbeiräte sollten mit den Erziehern über die Probleme beraten. Sie sollten Eltern dafür gewinnen, mit Hand anzulegen bei der schöneren Ausgestaltung der Horte, dabei mitzuwirken, mit den Kindern interessante Veranstaltungen durchzuführen, Zirkel und Arbeitsgemeinschaften zu leiten.

In den Elternbeiratswahlen haben viele Eltern darauf hingewiesen, daß in der polytechnischen Bildung manches noch nicht in Ordnung ist. Es wird zu Recht Kritik geübt, daß die Schüler im Betrieb oft ihre Zeit vergeuden, daß die Arbeit nicht gut und überlegt organisiert ist und vielfach nicht den Anforderungen des Lehrplanes entspricht. Vor allem werden die erzieherischen Möglichkeiten oft nicht genutzt, es werden ungenügende Anforderungen an die Schüler gestellt, es wird zuwenig auf Exaktheit bei der Ausführung der Arbeiten, auf Sauberkeit, Ordnung und Disziplin, auf die Entwicklung des ökonomischen, volkswirtschaftlichen Denkens geachtet.

Wir sind der Meinung, daß die Elternbeiräte viel mehr von ihrem Recht als demokratisch gewählte Organe Gebrauch machen sollten. Laden Sie die verantwortlichen Vertreter der Betriebe ein, um mit ihnen gemeinsam zu beraten, was zu tun ist!

Nützlich sind zum Beispiel öffentliche Sitzungen des Elternbeirates im Betrieb. Damit haben einige Elternbeiräte gute Erfahrungen gemacht. Weil der polytechnische Unterricht für eine lebensverbundene Erziehung, für die allseitige Entwicklung unserer Kinder und ihre gute Vorbereitung auf die Arbeit von entscheidender Bedeutung ist, sollten wir uns alle gemeinsam um seine gute Durchführung bemühen.

Zur Vorbereitung der Kinder auf das Leben gehört vor allem die Vorbereitung auf die Arbeit, auf die Berufstätigkeit. Der Wunsch und das Bedürfnis der Eltern nach einer guten Berufsberatung sind verständlich, ist doch eine richtige Berufswahl für den ganzen Lebensweg eines jungen Menschen entscheidend. Jede Mutter und jeder Vater möchten das Beste für ihr Kind. Deshalb wünschen sie eine rechtzeitige Beratung über die Möglichkeiten und die Zweckmäßigkeit dieses oder jenes Berufes, über eine Berufswahl, die den Interessen des Kindes und den

Entwicklungsbedingungen und Anforderungen unserer Gesellschaft gleichermaßen entspricht. Das ist für ihr richtiges Einwirken auf die Kinder von großer Bedeutung. Wir alle wissen, daß große Anstrengungen zu machen sind, um eine solche Berufsberatung zu erreichen.

Oft gibt es aber auch unreale Vorstellungen. Es gibt Berufe, für die kein großer Bedarf besteht, aber gerade dafür bewerben sich viele Jugendliche. Andererseits werden in vielen wichtigen Berufen, die den Jugendlichen sicher Befriedigung und eine gute Perspektive geben, noch viele junge Menschen gebraucht. Manchmal werden vorübergehende Neigungen zur Grundlage einer Berufsentscheidung gemacht, und jeder Vater und jede Mutter weiß, wie oft die Neigungen in diesem Alter wechseln. Wenn solche vorübergehenden Berufsneigungen der Schüler die Grundlage der Berufsentscheidung bilden, wirkt sich das oft sehr negativ auf die jungen Menschen selbst aus. Wenn wir auf volkswirtschaftlich wichtige Berufe orientieren, so liegt das natürlich im gesellschaftlichen Interesse, aber auch im Interesse der Jugendlichen selbst. Gerade in diesen Berufen betehen gute Möglichkeiten für die eigene Entwicklung.

Berufswünsche der Kinder sind nicht angeboren. Die Entwicklung richtiger Berufsvorstellungen und -wünsche als Grundlage für richtige Entscheidungen ist eine verantwortungsvolle Erziehungsaufgabe. Nehmen wir zum Beispiel die Orientierung der Mädchen auf technische Berufe. Es ist ein dringendes gesellschaftliches Erfordernis, daß in den nächsten Jahren weit mehr Mädchen als bisher für technische Berufe gewonnen werden. Aber gerade hier gibt es noch viele Hemmnisse. Es gibt Vorurteile mancher Betriebs- und Wirtschaftsfunktionäre, aber auch mancher Eltern, besonders mancher Mütter. Alle Erfahrungen zeigen, daß sich die Mädchen keineswegs schlechter als Jungen in diesen Berufen bewähren und daß sie große Befriedigung in ihrer Arbeit finden. Wir haben schon Tausende weiblicher Ingenieure und Techniker, die in der Wirtschaft Großes leisten.

Die Berufsorientierung ist eine sehr komplizierte Aufgabe, für die die Schule eine große Verantwortung trägt. Sie kann aber diese Aufgabe, vor allem die sachkundige Berufsberatung, nicht allein lösen. Nur wenn die Schule wirksam von den Wirtschaftsorganen und auch von den Eltern unterstützt wird, nur durch das Zusammenwirken aller kann diese Aufgabe befriedigend gelöst werden.

Der Erfolg der pädagogischen Arbeit an jeder Schule hängt entscheidend davon ab, wie es um Ordnung, Ruhe, Disziplin und Stetigkeit bestellt ist. Diese Fragen nahmen in den Elternbeiratswahlen keinen geringen Raum ein. In jeder Klasse gibt es Schüler, deren Lernhaltung und Arbeitsdisziplin ungenügend entwickelt sind, die das Klassenkollektiv und den Unterricht stören, und auch einige, die sich flegelhaft verhalten. Mitunter sehen Lehrer und Eltern den einzigen Ausweg darin, mehr Strafen zu fordern. Aber das ist keine Lösung.

Der hervorragende sowjetische Pädagoge A. S. Makarenko wies darauf hin, daß die Disziplin nicht durch irgendwelche einzelnen Disziplinarmaßnahmen, sondern nur durch das gesamte Erziehungssystem entwickelt werden kann. Es geht also vor allem darum, in der Schule wie in der Familie solche Bedingungen zu schaffen, die zur Ordnung und Disziplin erziehen. Dazu gehören ein geregelter Tagesablauf, festumrissene Pflichten, Konsequenz in der Erziehung, aber auch ein verständnisvolles Eingehen auf die Probleme der Kinder. Die richtige Gestaltung des persönlichen Verhältnisses zwischen den Lehrern und Schülern, den Eltern und ihren Kindern ist dabei von großer Bedeutung.

Das Verhältnis zwischen Lehrern und Schülern, zwischen Eltern und ihren Kindern ist heute anspruchsvoller. Unsere Jugend ist zu unser aller Freude selbständiger, verantwortungsbewußter geworden. Sie will den Dingen auf den Grund gehen, sie will ernst genommen werden. Dem muß man im Umgang mit den Kindern Rechnung tragen. Hierbei handelt es sich um viele neue Fragen der Jugenderziehung, die man gemeinsam beraten muß, wobei unsere Pädagogen ihr pädagogisches Wissen, ihre Erfahrungen viel mehr den Eltern vermitteln sollten. Das ist ein breites Feld für die pädagogische Propaganda, der sich auch unsere pädagogischen Wissenschaftler mehr als bisher annehmen müssen. Solche Probleme der Jugenderziehung sollten viel mehr in den Klassenelternversammlungen besprochen werden; denn wir wollen doch, daß alle Eltern gern zur Schule kommen, weil dort die Probleme so behandelt werden, daß es ihnen in der Erziehung der Kinder hilft. Aber manche Klassenelternversammlungen dienen nur dazu, die Noten zu verkünden. Die Entwicklung von Disziplin und Ordnung muß auch viel mehr zu einem Anliegen der Schüler selbst werden. Das heißt vor allem, ihnen eigene Verantwortung zu übertragen.

In den fortgeschrittensten Schulen, wie zum Beispiel an den Oberschulen Ehrenberg und Mosel, nehmen die Schüler selbst dazu Stellung, wie hohe Disziplin und aktive Teilnahme am Unterricht gesichert werden können, und sie setzen sich mit Mängeln kritisch und selbstkritisch auseinander.

Das ist an diesen Schulen deshalb so, weil hier den Schülern Vertrauen entgegengebracht und ihre eigene Verantwortung für das Lernen entwickelt wird.

Gerade diese Probleme müssen Gegenstand der Arbeit der Pionier- und FDJ-Organisation an der Schule sein. Eine gute FDJ- und Pionierarbeit an der Schule, die die Selbständigkeit der Schüler, ihre eigene Verantwortung entwickeln hilft, ist für eine erfolgreiche Erziehungsarbeit von großer Wichtigkeit. In der Pionier- und FDJ-Organisation haben sich die Schüler selbst organisiert, um ihre Probleme erfolgreich zu lösen und ihrer Verantwortung gerecht zu werden. Es gilt, diese große Kraft der organisierten Schülerkollektive gut zu nutzen.

Es ist klar, liebe Freunde und Genossen, daß die Entwicklung einer selbständigen Arbeit der Kinder einer klugen pädagogischen Führung ihrer Organisationen bedarf. In vielen Elternbeiratswahlen gab es Kritik an der Arbeit der FDJ- und Pionierorganisation. Wir müssen uns aber für ihre Arbeit selbst mit verantwortlich fühlen. Unsere Schulleitungen und auch die Eltern sollten überlegen, wie die Pionier- und FDJ-Arbeit besser unterstützt werden kann.

Unsere vor kurzem abgeschlossenen Elternbeiratswahlen waren überzeugender Ausdruck der Zusammenarbeit von Elternhaus und Schule, ein lebendiges Beispiel unserer sozialistischen Demokratie.

Nahezu zwei Millionen Eltern wählten rund 150 000 Mütter und Väter in die neuen Elternbeiräte. Diese Gemeinsamkeit ist eine wichtige Grundlage für neue pädagogische Ideen und Leistungen.

Tausende Eltern, die in den Elternbeiräten und in den Klassenelternaktiven wirken, haben über die Fürsorge für die eigenen Kinder hinaus Verantwortung für die Kinder einer Schulklasse oder einer ganzen Schule übernommen. Das ist ein Ausdruck lebendiger sozialistischer Demokratie, in der der einzelne Verantwortung für das Ganze übernimmt.

Die Elternbeiräte sind eine große gesellschaftliche Kraft. Sie sind die gewählten Organe, die Vertretungen von Millionen Eltern. Sie haben das Recht auf eine hohe Autorität, die sie sich nicht zuletzt durch ihren großen Anteil an der erfolgreichen Entwicklung unserer sozialistischen Schule erworben haben. Die übergroße Mehrzahl der Mitglieder unserer Elternbeiräte sind Werktätige, die eine gute Arbeit in den sozialistischen Betrieben oder auf anderen Gebieten des gesellschaftlichen Lebens leisten. Ihre Tätigkeit in den Elternbeiräten und Klassenelternaktiven üben sie ehrenamtlich aus. Oft ist das mit viel zusätzlicher Arbeit und in manchen Fällen auch mit Ärger verbunden.

Von Vorsitzenden und Mitgliedern unserer Elternbeiräte gab es Kritik, daß von einigen örtlichen Staats- und Wirtschaftsorganen und von Leitungen gesellschaftlicher Organisationen ihre Arbeit zuwenig unterstützt und anerkannt wird. Es sei deshalb nochmals unterstrichen, daß die Arbeit der Vorsitzenden der Elternbeiräte, der Mitglieder der Elternbeiräte und der Klassenelternaktive eine sehr hoch einzuschätzende gesellschaftliche Tätigkeit ist, die die Anerkennung und Unterstützung aller staatlichen und wirtschaftlichen Organe und der gesellschaftlichen Organisationen verdient. Nach der Annahme des Gesetzes über das einheitliche sozialistische Bildungssystem wächst die Rolle der Elternbeiräte. Die große gesellschaftliche Kraft, die die Elternbeiräte verkörpern, ist eine wesentliche Bedingung und Voraussetzung für die schrittweise Verwirklichung unseres Gesetzes.

Bereits vor den Wahlen, besonders in den letzten Wochen, haben sich die Elternbeiräte selbst die Frage gestellt: Welche konkreten Aufgaben stehen in der nächsten Zeit vor uns, und wie muß sich die Arbeitsweise weiterentwickeln? Viele konstruktive Vorstellungen und Programme wurden entworfen und in Angriff genommen. Was ist das Gute an der Arbeit dieser Elternbeiräte? Sie entwickeln gemeinsam mit der Schule eine vielseitige und interessante Arbeit mit den Eltern. Sie geben ihnen unmittelbar Hilfe bei der Lösung von Erziehungsfragen, beziehen die Eltern selbst in die Lösung der vor der Schule stehenden Aufgaben ein, helfen mit bei der Entwicklung eines kameradschaftlichen Verhältnisses zwischen Eltern und Lehrern und haben so einen großen Anteil an der Verbesserung der Bildungs- und Erziehungsarbeit in unseren Schulen.

Wir wissen, daß die Arbeit unserer Elternbeiräte sehr verantwortungsvoll ist und sich nicht immer ohne Konflikte und Widersprüche vollzieht. Völlig zu Recht kritisieren Elternbeiräte, daß einige Kreisschulräte sich wenig um ihre Arbeit kümmern und ihnen zuwenig Hilfe für die Lösung ihrer Aufgaben geben. Sie fordern, daß die Volksbildungsorgane in den Kreisen regelmäßig Erfahrungsaustausche der Vorsitzenden der Elternbeiräte über sie bewegende Fragen durchführen. Das ist völlig berechtigt.

Von einigen Elternbeiräten wurde die Frage gestellt, ob es richtig sei, daß ihre Mitglieder regelmäßig Unterrichtshospitationen durchführen. Sie gehen bei dieser Fragestellung davon aus, daß es für Eltern sehr schwierig sei, den komplizierten Bildungs- und Erziehungsprozeß in einer Unterrichtsstunde sachkundig zu beurteilen. Wie die Erfahrungen gut arbeitender Elternbeiräte lehren, kann es in der Tat nicht die wichtigste Aufgabe der Elternbeiräte sein, regelmäßige Unterrichtshospitationen durchzuführen. Das ist eine Aufgabe, die voll in den Verantwortungsbereich der staatlichen Volksbildungsorgane fällt. Natürlich schließt das gelegentliche Hospitationen der Elternbeiratsmitglieder nicht aus. Viel wichtiger aber ist, daß zur Auswertung von Unterrichts- und Erziehungsanalysen durch die Volksbildungsorgane Mitglieder der Elternbeiräte eingeladen werden, um den Rat der Eltern zu hören; daraus ergeben sich wertvolle Hinweise und Anregungen für die praktische Tätigkeit der Schule und der Elternbeiräte.

Immer wieder kommt es vor, daß berechtigte Hinweise, Vorschläge und auch Kritiken der Eltern und Elternbeiratsmitglieder von den dafür verantwortlichen staatlichen Organen nicht mit der notwendigen Sorgfalt und dem notwendigen Ernst behandelt werden. Das betrifft sowohl Fragen der Bildungs- und Erziehungsarbeit an den Schulen als auch berechtigte Hinweise und Vorschläge in bezug auf materielle Probleme von Schulen und Volksbildungseinrichtungen. Wir sehen eine wichtige Aufgabe der Elternbeiräte darin, mitzuhelfen und mitzukontrollieren, daß solche Hinweise und Vorschläge von den Volksbildungsorganen und den örtlichen Räten entsprechend den gesetzlichen Bestimmungen beachtet und verwirklicht werden. Die Räte der Kreise, die Kreisschulräte, die Räte der Städte und Gemeinden und die Direktoren der Schulen müssen sich dabei mehr auf die Vorsitzenden der Elternbeiräte stützen.

Das Ministerium für Volksbildung hat mit der Arbeiter-und-Bauern-Inspektion vereinbart, daß zur Vorbereitung des Schuljahres 1965/66 eine gemeinsame, umfassende Überprüfung durchgeführt wird, ob an allen Schulen gute Bedingungen für die Arbeit der Lehrer, für eine erfolgreiche Durchführung des Schuljahres vorhanden sind.

Wir bitten die Elternbeiräte, diese Kontrollen zu unterstützen, da sie über reiche Erfahrungen verfügen und gut über Hinweise und Vorschläge der Eltern informiert sind. Vor allem bitten wir darum, daß sie unmittelbar mithelfen, die sich aus diesen Überprüfungen ergebenden Aufgaben gemeinsam mit den Eltern zu lösen.

Die Eltern und Elternbeiratsmitglieder, die bereits seit Jahren unsere sozialistische Schule aktiv und selbstlos unterstützen, leisten diese große Arbeit neben ihrer beruflichen Tätigkeit, die ebenfalls neue und höhere Anforderungen stellt.

Unsere Gesellschaft, unsere Regierung und nicht zuletzt die Mitarbeiter des Volksbildungswesens wissen diese ständige Einsatzbereitschaft hoch zu schätzen.

Die Aufgaben, vor denen wir jetzt stehen, werden nicht leichter zu lösen sein. Gerade deshalb müssen wir danach streben, immer mehr Eltern zur aktiven Mitarbeit heranzuziehen.

Wie Sie wissen, selbst bei aller Kompliziertheit der Arbeit, bei aller Anstrengung, die wir gemeinsam zu meistern haben, ist unsere Tätigkeit befriedigend und schön. Sehen wir doch, wie sich unsere Kinder zu tüchtigen, lebensfrohen Menschen entwickeln. Und es ist ein schönes Gefühl, daß wir sagen können: Unsere Anstrengung, unsere Mühe, unsere Arbeit haben sich gelohnt.

Wir haben die feste Gewißheit, daß es uns gelingen wird, in gemeinsamer Arbeit die großen und schönen Aufgaben, die uns mit dem Gesetz über das einheitliche sozialistische Bildungssystem gestellt sind, erfolgreich zum Wohle unserer Kinder zu verwirklichen.

Nächste Schritte bei der Verwirklichung des Gesetzes über das einheitliche sozialistische Bildungssystem

Referat auf der zentralen Arbeitsberatung
der Bezirks- und Kreisschulräte zur Vorbereitung
des Schul- und Lehrjahres 1966/67 in Berlin
12. und 13. Mai 1966

Es ist Aufgabe und Ziel dieser zentralen Arbeitsberatung, uns über die Generallinie unserer Arbeit für das neue Schuljahr zu verständigen. Wir wollen gemeinsam darüber beraten, wie wir, ausgehend von einer realen Einschätzung der Lage, an die Lösung der vor uns stehenden Aufgaben herangehen müssen.

Nach wie vor besteht die zentrale Aufgabe darin, durch weitere Entwicklung der Leitungstätigkeit auf allen Ebenen eine hohe Qualität der Bildung und Erziehung im Unterricht und in der außerunterrichtlichen Arbeit zu erreichen.

Systematisch, kontinuierlich, aufbauend auf den bisherigen Ergebnissen und Erfahrungen, müssen an jeder Schule, in allen Kreisen und Bezirken die nächsten Schritte, die konkreten Aufgaben festgelegt werden, die garantieren, daß wir in allen Schulen, allen Stufen und Klassen zu weiteren sichtbaren Ergebnissen in der Erziehung und der Entwicklung der Leistungen im Wissen und Können der Schüler kommen.

Die wichtigste Bedingung, das zu erreichen, besteht darin: Alle Leiter des Volksbildungswesens müssen von dem unverrückbaren Grundsatz ausgehen, daß die Qualität der Erziehungs- und Bildungsarbeit in den Schulen von den Lehrern, ihrem Bewußtsein, ihrem fachlichen und pädagogischen Können entschieden wird. Deshalb ist die Entwicklung echter sozialistischer Pädagogenkollektive, die politische, fachliche und pädagogische Qualifizierung der Lehrer die Schlüsselfrage für jede Leitung.

Wie wir diese Aufgabe durch eine noch qualifiziertere Leitung der Schulen lösen, bestimmt den Erfolg bei der Verwirklichung unseres Gesetzes über das einheitliche sozialistische Bildungssystem.

Wir haben klargestellt: Wissenschaftliche Leitung heißt zielstrebige, politische Führung der Lehrer, Entwicklung ihres Bewußtseins, Entwicklung ihrer Fähigkeiten und ihres Könnens, damit sie den Unterrichts- und Erziehungsprozeß so zu führen in der Lage sind, daß unsere Schüler zu allseitig gebildeten sozialistischen Persönlichkeiten heranwachsen.

Es muß uns in diesem Schuljahr gelingen, einen weiteren Schritt voranzukommen und jedem Lehrer seine große gesellschaftliche und politische Verantwortung für die Erziehung der Schüler zu klassenbewußten Menschen, für ihre solide, gründliche Ausbildung in allen Fächern, für die Erziehung zu guten Sozialisten und guten Fachleuten noch klarer bewußtzumachen. Das ist nur möglich, wenn wir entsprechend den Beschlüssen des II. Plenums des Zentralkomitees der SED zielstrebig an der weiteren Erhöhung des ideologischen Niveaus aller Mitarbeiter des Volksbildungswesens und aller Lehrer arbeiten.

Die Mitarbeiter des Volksbildungswesens, die Lehrer stehen im ideologischen Kampf mit an vorderster Front. In unserer Zeit der harten Auseinandersetzung mit dem Klassenfeind, dem Imperialismus, ist die ideologische und politische Festigkeit unserer Reihen von außerordentlicher Bedeutung. Wir haben vor unserer Partei die Verantwortung, die Schuljugend zu konsequenten Kämpfern für die Sache des Sozialismus, für unsere Republik zu erziehen, zu Menschen, die in der Lage sind, ihren Beitrag zum Sieg der Sache des Sozialismus in ganz Deutschland zu leisten.

Wir stehen in Vorbereitung und in Durchführung des neuen Schuljahres vor der Aufgabe, die großen politischen Ereignisse, wie den XXIII. Parteitag der KPdSU, gründlich für die politisch-ideologische Arbeit mit den Lehrern, für die Festigung ihres politischen Wissens und ihres Standpunktes zu nutzen. Ausgehend von der programmatischen Rede des Genossen Walter Ulbricht anläßlich des 20. Jahrestages der Partei und von den Beschlüssen der II. und 12. Tagung des Zentralkomitees gilt es, die ideologische, marxistische Erziehung der Kader und die klassenmäßige Erziehung, besonders der Jugend, entsprechend der „Aufgabenstellung zur weiteren Entwicklung der staatsbürgerlichen Erziehung" zu verstärken. Manche Genossen haben die Sache so aufgefaßt, daß es dabei nur um ein wichtiges „Teilgebiet" unserer Arbeit geht, sozusagen darum, die Erziehung etwas in Gang zu bringen. Das ist ein Irrtum. Es geht nicht nur um einige Maßnahmen auf diesem oder jenem Gebiet der Erziehung. Es geht schon gar nicht nur um die Entwicklung der außerunterrichtlichen Erziehung, sondern darum, den gesamten Unterrichtsprozeß als einen Prozeß der Erziehung des sozialistischen Menschen zu begreifen, Bildung und Erziehung als Einheit zu sehen.

Vor allem ist mit Hilfe der „Aufgabenstellung" Klarheit darüber zu schaffen, daß die gesamte politisch-erzieherische Arbeit unter den Pädagogen darauf gerichtet sein muß, durch die Vermittlung der marxistischen Theorie, von Kenntnissen über die Geschichte der revolutionären Arbeiterbewegung das Verständnis für die Politik, die Strategie und Taktik der Partei weiter zu vertiefen. Damit werden sie noch besser in der Lage sein, die Jugend durch ihre Unterrichts- und Erziehungsarbeit zur Überzeugung zu führen, daß der Sieg des Sozialismus in Deutschland gesetzmäßig ist. Durch die Vermittlung der revolutionären Erfahrungen und Traditionen der Arbeiterklasse werden die Schüler zu Kämpfern für die Sache des Sozialismus, zu treuen Bürgern des ersten deutschen Arbeiter-und-Bauern-Staates erzogen, die bereit sind, alle ihre Kräfte, ihr Wissen und Können für die sozialistische Umgestaltung der Gesellschaft einzusetzen, die bereit sind, gegen die zum Untergang verurteilte imperialistische Welt, einschließlich des westdeutschen Imperialismus, zu kämpfen.

Es geht darum, entsprechend dem Inhalt unseres Parteiprogramms, das unserem Gesetz zugrunde liegt, Ziel und Inhalt unserer Erziehungsarbeit zu klären, damit alle Pädagogen noch bewußter an ihre Arbeit herangehen, damit jeder von ihnen den Blick auf das große Ziel seiner täglichen Arbeit mit den Kindern und Jugendlichen richtet.

Der XXIII. Parteitag, dessen Delegierte 12 Millionen Kommunisten repräsentierten und auf dem 86 kommunistische und Arbeiterparteien – davon zehn demokratische Parteien – vertreten waren, hat für die KPdSU, für das Sowjetvolk und die gesamte internationale kommunistische und Arbeiterbewegung hervorragende Bedeutung. Er leitete eine neue Phase des kommunistischen Aufbaus in der Sowjetunion und einen weiteren Aufschwung des Kampfes des internationalen Proletariats ein.

Von größter Bedeutung ist die vom XXIII. Parteitag erarbeitete wissenschaftliche Analyse der internationalen Lage, die Einschätzung des Kräfteverhältnisses, des Klassenkampfes in der internationalen Arena. Dabei sollten wir beachten, daß der Stoß immer gegen die aggressive Politik der USA, deren schmutzigen Krieg gegen das tapfere vietnamesische Volk und gegen den westdeutschen Imperialismus gerichtet wurde. Welche Hauptfragen müssen wir gründlich herausarbeiten?

Die Entwicklung in der Welt hat die Schlußfolgerungen der KPdSU und der gesamten kommunistischen Bewegung bestätigt, daß in der gegenwärtigen Epoche das sozialistische Weltsystem, die Kräfte, die gegen den Imperialismus, für die sozialistische Umgestaltung der Gesellschaft kämpfen, die Hauptrichtung der geschichtlichen Entwicklung bestimmen. Der Parteitag hat nachgewiesen, daß das sozialistische Weltsystem die Haupterrungenschaft der kommunistischen Weltbewegung ist.

Der XXIII. Parteitag hat überzeugend demonstriert, daß die ökonomische, militärische und politische Macht der Sowjetunion weiter gewachsen ist, daß sich die außenpolitische Position der Sowjetunion gefestigt hat, daß die Sowjetunion entschieden für den Weltfrieden kämpft und entschlossen ist, den Kampf gegen die Aggression der USA in Vietnam und die aggressive, revanchistische, nach Atomwaffen drängende Politik der westdeutschen Imperialisten verstärkt zu führen, daß die Sowjetunion den Kampf der Völker gegen den Imperialismus und Neokolonialismus entschieden unterstützt und einen immer größeren Beitrag im weltumspannenden Kampf für Frieden, nationale Unabhängigkeit, Demokratie und Sozialismus leistet.

Der XXIII. Parteitag hat eindeutig die Überlegenheit der Kräfte des Sozialismus und die wachsende Einmütigkeit und Geschlossenheit der kommunistischen Bewegung demonstriert. Seit der Moskauer Beratung der kommunistischen und Arbeiterparteien 1960 war der Parteitag der bedeutendste und erfolgreichste Beitrag zur Festigung der Reihen der kommunistischen Bewegung.

Warum ist es so wichtig, die Frage des Kräfteverhältnisses besonders gründlich zu klären? Bei einigen Menschen ist durch die offene Aggression der USA in Vietnam und die konterrevolutionären Ereignisse in einigen nationaldemokratischen Staaten der Eindruck entstanden, als sei der Imperialismus stärker geworden.

Der Parteitag hat klar herausgearbeitet, daß der Imperialismus zwar aggressiver, aber nicht stärker geworden ist. Seine Aggressivität bedeutet nicht, daß sich das Kräfteverhältnis zu seinen Gunsten verschoben hat; gerade das Gegenteil ist der Fall. Auf dem XXIII. Parteitag wurde wissenschaftlich begründet, daß das Gesetz der Ungleichmäßigkeit der Entwicklung des Kapitalismus auch in unserer Zeit wirkt, daß sich die Widersprüche zwischen den kapitalistischen Ländern zuspitzen, daß sich die allgemeine Krise des Kapitalismus verschärft, daß die Entwicklung unweigerlich zur Verschärfung der inneren Widersprüche führt.

Die Entwicklung des Klassenkampfes in den kapitalistischen Ländern und des Kampfes um nationale Unabhängigkeit sind deutliche Beweise dafür. Die sich verschärfenden Widersprüche im kapitalistischen System führten zur Verschärfung der internationalen Lage, wie die offene Aggression des USA-Imperialismus in Vietnam zeigt.

Deshalb hat der XXIII. Parteitag klar herausgearbeitet, wie notwendig es ist, die Wachsamkeit der Völker zu erhöhen und die Verteidigungsbereitschaft zu stärken. Dabei bestand völlige Einmütigkeit darüber, daß die Einschätzung, daß Kriege verhindert werden können, ihre volle Gültigkeit hat. Damit dies aber zur Wirklichkeit wird, ist die weitere ökonomische, politische und militärische Stärkung des Sozialismus und die Entwicklung des aktiven Kampfes der Völker für den Frieden in der ganzen Welt erforderlich.

In völliger Übereinstimmung mit unserer Einschätzung der internationalen Lage wurde auf dem XXIII. Parteitag festgestellt, daß der deutsche Imperialismus nach dem USA-Imperialismus die aggressivste Rolle spielt und daß Westdeutschland nach Vietnam zum zweiten Zentrum der Kriegsgefahr in der Welt geworden ist. Gerade diese Tatsachen müssen wir gründlich erklären.

Wir müssen einerseits davon ausgehen, daß Kriege verhindert werden können, daß alle Anstrengungen unternommen werden müssen, den Friedenskampf zu verstärken, so zum Beispiel durch die große Friedensoffensive, die mit dem Gespräch über die Grundfragen in Deutschland auf der Grundlage des Offenen Briefes begonnen hat. Andererseits müssen wir aber auch sehen, daß ein Ausbruch des Krieges möglich ist und daß deshalb die Wachsamkeit der Völker, die Verteidigungsbereitschaft gestärkt werden muß.

Die Sowjetunion geht weiter den Kurs der friedlichen Koexistenz, der Zusammenarbeit der Staaten unterschiedlicher sozialer Ordnung. Sie führt konsequent den Kampf gegen die imperialistische Aggression, für die Festigung des Friedens, für Abrüstung und gegen die Gefahr, die von den westdeutschen Kapitalisten und Militaristen ausgeht. Angesichts der Täuschungsmanöver der herrschenden Kreise Westdeutschlands hat der Außenminister der Sowjetunion, Genosse Gromyko, die westdeutschen regierenden Kreise gewarnt und aufgefordert, durch Taten zu beweisen, daß sie für Entspannung sind.

Der XXIII. Parteitag und die auf ihm vertretenen Bruderparteien haben die Deutschlandfrage klar eingeschätzt. Sie haben einhellig das von der westdeutschen Regierung mit ihrer „Friedensnote" versuchte Täuschungsmanöver entlarvt und entschieden zurückgewiesen. Sie ließen keinen Zweifel daran, daß die Sowjetunion und alle anderen sozialistischen Länder nie zulassen werden, daß der westdeutsche Imperialismus seine aggressiven revanchistischen Pläne verwirklicht. Es ist völlig klar, daß jeder Versuch, die DDR anzugreifen, mit der ganzen Macht der vereinigten Armeen des Warschauer Vertrages zurückgewiesen wird. Alle Spekulationen der westdeutschen Imperialisten auf Differenzen zwischen der Sowjetunion und der DDR erwiesen sich einmal mehr als unreal und müssen endgültig begraben werden.

Auf dem XXIII. Parteitag wurde unterstrichen, daß Koexistenz nichts gemein hat mit Abbau des Klassenkampfes. Der Kampf gegen den Imperialismus, dessen aggressiver Charakter sich nicht vermindert, ist und bleibt Inhalt und Ziel.

Die Feststellung des XXIII. Parteitages, daß es zwischen Ausbeutern und Ausgebeuteten keine Koexistenz gibt, daß wir stets den Kampf des Proletariats gegen die Herrschaft der kapitalistischen Monopole solidarisch unterstützen, ist von großer Bedeutung für die ideologische Arbeit. In unserem Parteiprogramm ist klar formuliert, daß die friedliche Koexistenz eine Methode des Klassenkampfes ist.

Wir müssen unserer Jugend die großartige Entwicklung der Sowjetunion und ihrer Macht auf ökonomischem, militärischem, kulturellem und politischem Gebiet lebendig nahebringen. Der Weg der Sowjetunion vom ersten Fünfjahrplan bis zu den Zielen des neuen Fünfjahrplanes zeigt die ganze Größe und Überlegenheit der sozialistischen Gesellschaftsordnung. Gewaltige Veränderungen werden sich im neuen Planjahrfünft vollziehen.

Die ökonomische Hauptaufgabe des Fünfjahrplanes zur Entwicklung der Volkswirtschaft der UdSSR in den Jahren 1966 bis 1970 sieht der Parteitag darin, „auf der Grundlage einer maximalen Ausnutzung der Errungenschaften von Wissenschaft und Technik, der industriellen Entwicklung der gesamten gesellschaftlichen Produktion, der Steigerung ihres Nutzeffekts und der Arbeitsproduktivität, ein weiteres bedeutendes Wachstum der Industrie, ein hohes und stabiles Entwicklungstempo der Landwirtschaft zu gewährleisten und dadurch den Lebensstandard des Volkes zu heben sowie die materiellen und kulturellen Bedürfnisse aller Sowjetmenschen umfassender zu befriedigen"[1].

Es besteht kein Zweifel – davon zeugt die Entwicklung der Sowjetunion seit Bestehen der Sowjetmacht –, daß unter der Führung der ruhmreichen Partei Lenins das ganze Sowjetvolk mit revolutionärem Elan die gestellten Aufgaben lösen wird.

[1] L. I. Breshnew: Unsere Zeit im Zeichen des wachsenden Einflusses des Sozialismus. Rechenschaftsbericht des Zentralkomitees der KPdSU an den XXIII. Parteitag. Dietz Verlag, Berlin 1966, S. 51 f.

Der XXIII. Parteitag war eine Demonstration der kontinuierlichen Entwicklung der Sowjetunion, der erfolgreichen Politik ihrer Partei, der engen Verbundenheit der KPdSU mit dem Volk und eine Demonstration der Einheit und Geschlossenheit der Partei W. I. Lenins. Sachlich, wissenschaftlich, offen und kritisch, ausgehend von einer gründlichen Analyse der Probleme, die das Leben stellt, wurden die Fragen beraten. So wurden die Aufgaben und der Weg zu ihrer Verwirklichung behandelt.

Wir müssen die tiefen Gefühle der Freundschaft und der Verbundenheit mit den Völkern der Sowjetunion, dem Zentrum des Kampfes der internationalen kommunistischen Arbeiterbewegung, weiter festigen und vertiefen. Unsere Partei hat und wird sich immer davon leiten lassen, daß der Prüfstein dafür, ob man ein guter Kommunist ist, vom Verhältnis zur Sowjetunion bestimmt wird. In diesem Geist müssen wir unsere Jugend erziehen.

Von großer Bedeutung für die politische Arbeit ist es, die vom XXIII. Parteitag hervorgehobene und in den Mittelpunkt gerückte Tatsache herauszuarbeiten, daß der entfaltete Aufbau der kommunistischen Gesellschaft Hand in Hand geht mit der Erhöhung der Rolle der Arbeiterklasse und der führenden Rolle der Partei.

Jeder Unterschätzung der Rolle der Ideologie wurde ein entschiedener Kampf angesagt. Beim Aufbau des Sozialismus und Kommunismus wächst gesetzmäßig die Rolle der Partei, die Rolle der marxistischen Theorie und der Erziehung. Jede Unterschätzung der Gesellschaftswissenschaften, der Theorie des Marxismus-Leninismus, ist von Schaden für unsere Sache. Die allseitige Erziehung des kommunistischen Menschen und besonders die klassenmäßige Erziehung der Jugend wurde nachdrücklich hervorgehoben. Es wurde unterstrichen, daß es notwendig ist, die Jugend zu guten Fachleuten und gleichzeitig zu guten Kommunisten zu erziehen. Der Parteitag widmete den Fragen der ideologischen Erziehung, besonders der Verantwortung der Partei und der Rolle der Schule und des Komsomol für die Erziehung der Jugend, große Aufmerksamkeit.

Das 12. Plenum des Zentralkomitees unserer Partei brachte die volle Übereinstimmung mit der Politik der KPdSU zum Ausdruck und demonstrierte erneut die brüderliche Verbundenheit unserer beiden Parteien.

Unsere Partei hat stets eine schöpferische, auf die konkreten Bedingungen in Deutschland angewandte Politik auf der Grundlage der Prinzipien des Marxismus-Leninismus durchgeführt. Sie ist stets von der Generallinie und von der Treue zu den gemeinsamen Beschlüssen der kommunistischen und Arbeiterparteien und von ihrer Verantwortung für den gemeinsamen Kampf ausgegangen. Sie hat sich immer als echte marxistische Abteilung der kommunistischen Weltbewegung erwiesen.

Wir sind erfreut über die hohe Wertschätzung, die der Arbeit der Sozialistischen Einheitspartei Deutschlands und der Rolle der Deutschen Demokratischen Republik auf dem XXIII. Parteitag der KPdSU zuteil wurde.

Die vom Zentralkomitee der Partei auf dem 7., 11. und 12. Plenum ausgearbeiteten Grundfragen zur weiteren Entwicklung des Kampfes um den vollendeten

Aufbau des Sozialismus in der DDR, des Kampfes um die Erhaltung des Friedens und zur Lösung der nationalen Frage beweisen erneut die Reife und das Wachstum unserer Partei.

Die Sozialistische Einheitspartei Deutschlands hat klar die Perspektive für die sozialistische Entwicklung aller Bereiche des gesellschaftlichen Lebens ausgearbeitet. Auf dem 11. Plenum des Zentralkomitees wurden die Aufgaben zur weiteren ökonomischen, politischen und kulturellen Entwicklung der DDR beschlossen, deren Lösung auf die weitere Festigung und Stärkung des Sozialismus in der DDR, auf die Stärkung der Arbeiter-und-Bauern-Macht gerichtet ist. Bei der Beratung der komplexen Aufgaben des weiteren sozialistischen Aufbaus wurden die Rolle der sozialistischen Erziehung der Menschen, besonders der Jugend, und die große Bedeutung der weiteren Entwicklung des Bildungswesens auf der Grundlage unseres Gesetzes für den gesamten sozialistischen Aufbau hervorgehoben.

Das 11. Plenum unterstrich die Notwendigkeit der weiteren politisch-ideologischen Festigung unserer Reihen aus der klaren Einschätzung der Lage heraus, daß der westdeutsche Imperialismus aggressiver geworden ist und daß er seine ebenso törichten wie gefährlichen Pläne nicht aufgegeben hat. Es ging darum, die Pläne des Gegners zu durchkreuzen, durch „Liberalisierung" der DDR, wie er es nennt – daß heißt durch ideologische Aufweichung –, das Feld für die Verwirklichung seiner abenteuerlichen Absichten vorzubereiten. Diese Absichten ergeben sich sowohl aus dem Plan der verdeckten Kriegsführung als auch aus dem „Grauen Plan" Mendes. Das Geschrei des Gegners nach dem 11. Plenum über den angeblich „harten Kurs" der SED in Kultur- und Jugendfragen zeigt nur, daß wir ihm gründlich sein Konzept, seine Spekulation verdorben haben, die Jugend, die noch die geringste politische Erfahrung hat, für seine schmutzigen Pläne zu mißbrauchen.

Es kommt darauf an, den Schülern stets beharrlich und geduldig alle Fragen vom Klassenstandpunkt aus zu erklären.

Gerade im Zusammenhang mit der großen Aussprache der Arbeiterklasse in beiden deutschen Staaten um die Grundfragen in Deutschland, die durch die Initiative unserer Partei mit dem Offenen Brief an die Delegierten des Dortmunder Parteitages der SPD und alle Freunde der Sozialdemokratie eingeleitet wurde, ist das von entscheidender Bedeutung. Diese Politik geht von der Grundidee aus, alle Kräfte in Westdeutschland für die Erhaltung des Friedens zu mobilisieren und das Kräfteverhältnis in Westdeutschland zugunsten der Kräfte des Friedens und des Fortschritts zu verändern.

Wir haben, wie Genosse Walter Ulbricht auf der 12. Tagung des Zentralkomitees darlegte, den Brief geschrieben, um die Gefahr zu bannen, die von Westdeutschland ausgeht. Westdeutschland ist zum zweiten Zentrum der Kriegsgefahr in der Welt, zum Hauptstörenfried in Europa geworden.

Worin zeigt sich das? Das zeigt sich

1. in der schleichenden Faschisierung im Innern, der Aushöhlung des Grundgesetzes, dem Abbau der Rolle des Parlaments, der Notstandsgesetzgebung, der

revanchistischen Erziehung der Jugend, der Bundeswehr und in anderen Tatsachen;

2. in der wachsenden Expansionspolitik nach außen, in der Forderung nach Revision der europäischen Grenzen, dem Alleinvertretungsanspruch und nicht zuletzt in der Unterstützung der schmutzigen USA-Aggression in Vietnam.

Ausgehend von einer exakten Analyse dieser Lage und von unseren geschichtlichen Erfahrungen ist es dringend geboten, den Anfängen zu wehren.

In Westdeutschland gibt es ein großes Unbehagen der Menschen und Furcht, in den Sog des Vietnam-Krieges hineingezogen zu werden. Wir haben deshalb gerade zu diesem Zeitpunkt die Initiative zu dem Gespräch ergriffen, um der westdeutschen Arbeiterklasse zu helfen, ihre große historische Verantwortung zu erkennen und in Westdeutschland die Rolle zu spielen, die ihr zukommt.

Es geht darum, daß sich die Delegierten des Dortmunder Parteitages, die ganze Arbeiterklasse Westdeutschlands mit der Einschätzung der Lage und den Aufgaben vertraut machen können. Es geht darum, das Kräfteverhältnis in Westdeutschland zugunsten der Kräfte des Friedens zu verändern und den Kampf gegen die CDU/CSU-Kriegspolitik umfassend zu führen.

In der programmatischen Rede des Genossen Walter Ulbricht aus Anlaß des 20. Jahrestages wurde die Bilanz über die Lage der Nation gezogen. Es wurde dargelegt, daß zur Erhaltung des Friedens und zur Lösung der nationalen Frage in Deutschland notwendig ist:

1. die DDR politisch, ökonomisch, kulturell und militärisch weiter allseitig zu stärken,

2. die demokratische Neugestaltung Westdeutschlands zu verwirklichen.

Eindeutig hat die Partei zum Ausdruck gebracht, daß ein geeintes Deutschland nur ein Deutschland sein kann, in dem die Arbeiter und Bauern, das Volk bestimmen. Damit nie wieder von deutschem Boden ein Krieg ausgehen kann, müssen feste Garantien geschaffen werden. Ohne diese Garantien ist auch die friedliche Lösung der deutschen Frage unmöglich. Genosse Walter Ulbricht erklärte auf dem Festakt:

„Die westdeutschen Monopolherren und ihre Politiker kennen nur eine Vorstellung von einem künftigen einheitlichen Deutschland. Es unterscheidet sich hinsichtlich der Machtverhältnisse in nichts Wesentlichem von dem Deutschland des Jahres 1914 und dem Deutschland des Jahres 1939."[2]

Wir sagen offen: Einen solchen einheitlichen, aber aggressiven und kriegslüsternen deutschen Staat, in dem die Monopolherren und Militaristen die Macht ausüben, wird es niemals wieder geben.

Deshalb muß die Frage gestellt werden, was sich in Westdeutschland ändern muß. Die Wiederherstellung der Einheit kann nur über den Weg der Wiederher-

---

[2] W. Ulbricht: Der Weg zum künftigen Vaterland der Deutschen. Festansprache zum 20. Jahrestag der Gründung der Sozialistischen Einheitspartei Deutschlands am 21. April 1966. Dietz Verlag, Berlin 1966, S. 41f.

stellung von Freiheit und Demokratie in Westdeutschland erfolgen. In dem in der Festrede vom Genossen Ulbricht entwickelten Aktionsprogramm sind die elementaren Forderungen gestellt, die die Gefahr des Krieges bannen sollen, und gleichzeitig ist der Weg zur demokratischen Neugestaltung Westdeutschlands aufgezeigt.

Es wurde klar gesagt, daß ohne die Überwindung der monopolistischen und militaristischen Herrschaft in Westdeutschland weder Garantien für den Frieden noch für die Wiederherstellung der Einheit Deutschlands gegeben sind. „Wenn die Arbeiterklasse Politik macht, dann stellt sie die Frage des Weges zur Gewinnung der politischen Macht."[3]

Unsere Aussprache führen wir also nicht zuletzt zu dem Zweck, uns darüber zu verständigen, wie durch das Zusammenwirken die Werktätigen in Westdeutschland die politischen Machtpositionen in ihre Hände bekommen. Wir lassen keinen Zweifel daran, daß dies die Voraussetzung für ein Zusammenwachsen der beiden deutschen Staaten ist.

Es ist ganz klar: Die Fragen, die über die Entwicklung in Deutschland aufgeworfen wurden, können nur vom Klassenstandpunkt und vom Klasseninhalt der nationalen Frage her verstanden und behandelt werden. Wir müssen deshalb verständlich machen, daß das begonnene Gespräch auf lange Sicht weitergeführt werden muß.

Es ist offensichtlich, daß viele Mitglieder der SPD, viele Menschen in Westdeutschland, die einen Ausweg aus der Sackgasse suchen, in Bewegung geraten sind.

Ebenso klar ist aber auch, daß der SPD-Parteivorstand den Grundfragen auszuweichen versucht.

Die Spekulation, die DDR von den sozialistischen Staaten zu isolieren, ist zum Scheitern verurteilt. Alle Versuche, etwa durch „Unterlaufen" der DDR doch noch etwas erreichen zu können, werden wir entschieden zurückweisen.

Vor uns steht das Problem: Wie verhindern wir, daß von deutschem Boden ein Krieg ausgeht? Das ist das A und O unserer Politik angesichts der Pläne der Erhard-Regierung, ihres Drangs nach Mitverfügung über Atomwaffen, der Vorbereitung der Annahme von Notstandsgesetzen. Dies alles zeigt doch, daß die westdeutschen Militaristen alles tun, um einen Krieg vorzubereiten.

In den letzten Monaten ist in Westdeutschland der Protest gegen den schmutzigen Krieg der USA in Vietnam stärker geworden. Die Bonner Revanchepolitik und die Unterstützung der USA-Aggression in Vietnam bilden eine Einheit. Der Westberliner SPD-Vorsitzende Mattick hat sich auf dem letzten Landesparteitag in Westberlin klar über die Pläne der Bonner Militaristen ausgesprochen. Er sagte, daß es notwendig wäre, die Deutschlandfrage aufzurollen, wenn die USA in Vietnam fertig sind. Unsere Partei hat in der Friedensfrage die Initiative ergriffen. Sie hat mit dem Fernsehgespräch am 2. August 1965, mit den sechs Punkten in der

[3] Ebenda.

Neujahrsbotschaft des Staatsratsvorsitzenden damit begonnen und diese Initiative mit dem Brief an die SPD und ihre Anhänger fortgeführt. Deshalb haben wir im Offenen Brief des Zentralkomitees an die Delegierten des Dortmunder Parteitages und die Freunde und Anhänger der SPD die prinzipiellen Fragen gestellt. Die SPD hat eine große Verantwortung. Wenn die SPD Erhard nicht die Unterstützung gibt, die er benötigt, ist es den westdeutschen Kreisen unmöglich, einen Krieg zu provozieren. Die Aufgabe besteht darin, durch die Sicherung des Friedens, den Kampf gegen die Notstandsgesetze, gegen die atomare Aufrüstung Schritt für Schritt den Einfluß der Ultras, der CDU/CSU, zurückzudrängen und in Verbindung damit dem „Grauen Plan" des Mendeschen Ministeriums, dem Plan der Ausdehnung der Herrschaft der kapitalistischen Monopole auf die DDR, die Basis zu entziehen.

Die Machthaber in Westdeutschland mischten sich in das Gespräch der Arbeiterklasse ein, indem sie einen großen Feldzug der antikommunistischen Propaganda, der Hetze gegen die DDR begonnen haben, wobei sie auch vor Morddrohungen und Grenzprovokationen nicht zurückschrecken.

Wir haben von vornherein keinen Zweifel daran gelassen, daß wir in der DDR auch ohne die westdeutsche Bundesrepublik im Interesse unserer Bürger und des ganzen deutschen Volkes unbeirrt den Weg des Sozialismus gehen können und gehen werden, daß wir auf der Grundlage der Herrschaft der Arbeiterklasse unseren Friedensstaat weiter unermüdlich politisch, ökonomisch und militärisch stärken werden, weil das die sichere Garantie und Grundlage für die Erhaltung des Friedens ist.

All dies hat auch eine große Bedeutung für die Festigung der DDR. Die Bevölkerung steht zur Deutschen Demokratischen Republik.

Die Arbeiterklasse und die Bürger der DDR sind niemals bereit, für das Linsengericht einer Reise nach Westdeutschland ihre Errungenschaften antasten zu lassen, sie für einen Judaslohn zu verkaufen.

Wir müssen überzeugend erklären, daß es darum geht, die Kräfte in Westdeutschland zu aktivieren, die in der Lage und bereit sind, etwas gegen die Kriegsvorbereitungen zu tun. Das verlangt, den Hauptstoß im Kampf gegen die CDU/CSU zu richten und besonders der Arbeiterklasse zu helfen, mit allen verbündeten Kräften einen tagtäglichen Kampf gegen das System der formierten Gesellschaft zu führen.

Bei uns in der DDR geht es darum, ebenfalls im Interesse der Verhinderung eines Krieges die politisch-moralische Einheit des Volkes weiter zu festigen, unsere Republik ökonomisch, politisch, militärisch weiter zu stärken und unbeirrt den Sozialismus aufzubauen.

Wir müssen unsere Jugend so erziehen, daß sie jederzeit bereit ist, ihre Republik zu verteidigen und mit der Arbeiterklasse für den Sieg des Sozialismus in ganz Deutschland zu kämpfen. Sie muß wissen, daß die Arbeiterklasse siegen wird. Wir müssen der Jugend an Hand der Geschichte klarmachen, daß das scheinheilige Gerede von der Zusammengehörigkeit der Deutschen hüben und drüben nichts anderes ist als der Versuch, den Menschen die Augen davor zu verschließen, daß der Feind im eigenen Land steht. Wir haben immer klar gesagt: Die Spaltung geht mitten durch Deutschland; sie besteht darin, daß auf der einen Seite die Arbeiterklasse und ihre Verbündeten, das Volk, und auf der anderen Seite die Imperialisten und Militaristen stehen.

Es waren deutsche Imperialisten und ihre Helfer, die unser Volk in die größte Katastrophe stürzten und deutsche Antifaschisten mordeten. Und es sind wieder deutsche Imperialisten und ihre Helfer, die drauf und dran sind, im Namen der deutschen Nation ein noch größeres Verbrechen vorzubereiten.

In diesem Zusammenhang müssen alle Leiter des Volksbildungswesens die Aufgaben sehen, die wir gestellt haben:
– die ideologisch-politische Arbeit und ihre Führungstätigkeit zu vervollkommnen,
– die staatsbürgerliche Erziehung der Jugend vor allem im Unterricht sowie in der außerunterrichtlichen Arbeit zu vertiefen,
– echte sozialistische Pädagogenkollektive zu schaffen, die bewußt alle ihre Kräfte für die großen, in unserem Gesetz gestellten Aufgaben einsetzen.

Höhere Bildung und gute sozialistische Erziehung unserer Jugend sind wichtige Voraussetzungen für die Lösung der großen ökonomischen, politischen und gesellschaftlichen Aufgaben zur Stärkung des Sozialismus in der DDR.

Wie müssen wir die politisch-ideologische Arbeit unter den Lehrern organisieren?

Erster Grundsatz muß sein, ständig mit den Lehrern über die großen politischen Fragen unserer Zeit zu sprechen und jede Zusammenkunft, jede Beratung zu nutzen, um die Zusammenhänge zwischen den konkreten Fragen der Arbeit an der Schule und den gesellschaftlichen Entwicklungsproblemen überzeugend zu klären.

Die von den Lehrern aufgeworfenen Fragen müssen beharrlich, geduldig und überzeugend, offen, kameradschaftlich und prinzipiell diskutiert und beantwortet werden. Das setzt voraus, daß vor allem die Direktoren und die Mitarbeiter der Kreisabteilungen regelmäßig vor den Lehrern sprechen, daß sie die Probleme kennen, mit denen sich die Lehrer beschäftigen, daß sie selbst Probleme stellen und unangenehmen Fragen nicht ausweichen, sondern sie gemeinsam mit den Genossen und Kollegen an der Schule klären.

Die politisch-ideologische Arbeit darf nicht als Kampagne geführt werden. Es gibt oft ein solches Herangehen an die Arbeit, solche Auffassungen wie: Erst haben wir das 11. Plenum ausgewertet, dann sind wir gerade bei der Auswertung des Parteitages gewesen, dann kam der Briefwechsel dazwischen, nun müssen wir das 12. Plenum auswerten, und danach bereiten wir das Schuljahr vor.

So an die Dinge heranzugehen bedeutet, die Zusammenhänge, die Kontinuität der Politik nicht richtig zu erkennen, nicht zu begreifen, daß die grundlegenden Beschlüsse der Partei und ihre Plenartagungen der Durchsetzung der auf dem VI. Parteitag beschlossenen Politik dienen und auf die entsprechende Situation auf der Grundlage der ständigen Analyse der gesellschaftlichen Prozesse angewendet werden. Die ideologische Arbeit darf nicht losgelöst von der konkreten Arbeit und den konkreten Aufgaben an den Schulen gesehen werden.

Natürlich müssen wir Seminare und Schulungen zu theoretischen Problemen durchführen, aber die politische Arbeit kann sich nicht darin erschöpfen. Es gab nach dem ii. Plenum in einigen Kreisen solche Erscheinungen, daß ein Seminar das andere ablöste.

Einige Leiter meinten, durch eine Vielzahl von Veranstaltungen den Aufschwung in der ideologischen Arbeit erreicht zu haben.

Erstens kommt es auf höhere Qualität in diesen Veranstaltungen an. Zweitens sind die theoretischen Veranstaltungen zwar eine außerordentlich wichtige, aber doch nicht die einzige Methode der ideologisch-politischen Arbeit. Sie können nicht das notwendige tagtägliche politische Einwirken in den Schulen ersetzen. Drittens können die Seminare nur dann erfolgreich und sinnvoll sein, wenn sie sich auf das gründliche selbständige Studium stützen, das ihnen vorangehen oder folgen muß.

Es gibt besonders nach dem ii. Plenum viele gute Erfahrungen, gute Beispiele, echte Fortschritte in der Arbeit. Unsere Lehrer sind politisch aufgeschlossen. Das Bemühen der Kreisabteilungen, in den Schulen direkt bei der Entwicklung der politischen Arbeit zu helfen, zeitigt schon gute Erfolge.

Viele Kreisleitungen der Partei sind darangegangen, die Schulparteiorganisationen auf ein höheres Niveau zu führen, weil letzten Endes von der Entwicklung der Parteikräfte an der Schule, von der Durchsetzung der führenden Rolle der Parteiorganisationen, von der Erhöhung ihrer Wirksamkeit der Erfolg entscheidend abhängt. Viele verantwortliche Genossen der Kreisleitungen und Genossen aus den Räten sprechen mit den Parteisekretären und Staatsbürgerkundelehrern über die politischen Fragen.

Das alles sind gute Methoden der Arbeit, aber das ist noch nicht überall so, und gemessen an den Erfordernissen können wir noch nicht zufrieden sein.

Noch nicht überall wird die politisch-ideologische Arbeit durch die Abteilungen in lebendiger Weise unmittelbar an den Schulen entwickelt. Es gab und gibt oft das Bestreben, auch auf diesem Gebiet mit dem Papier zu leiten und an die Stelle lebendiger, konkreter Arbeit eine Vielzahl von Maßnahmen, Plänen, Konzeptionen und Programmen zu setzen.

Ausgehend von einer nüchternen Analyse der Ergebnisse müssen wir in jedem Kreis gründlich durchdenken, wie die Arbeit zu entwickeln ist.

Es wurde von vielen Lehrern die Frage aufgeworfen, wie es mit den Seminaren im Rahmen des Parteilehrjahres weitergehen soll.

Wir teilen die Einschätzung, daß die Methode erfolgreich ist, sich seminaristisch mit Grundproblemen des Marxismus, mit unserer Politik zu beschäftigen. Wir sind aber ebenfalls der Auffassung, daß es wenig effektiv ist, jährlich immer wieder eine große Skala gleicher Themen durchzuarbeiten. Wie sich bereits zeigt, verleitet das zu Oberflächlichkeit und führt auch zu Desinteresse.

Die Forderung vieler Lehrer, sich systematischer, gründlicher mit den Fragen der Theorie zu beschäftigen, ist berechtigt. Wir haben deshalb vorgeschlagen, in den theoretischen Seminaren in den nächsten zwei Jahren gründlich die Geschichte der deutschen Arbeiterbewegung zu studieren, besonders die Periode von 1945 bis zur Gegenwart. Grundlage sollen die letzten drei Bände der „Geschichte der deutschen Arbeiterbewegung" sein.

Die Geschichte der deutschen Arbeiterbewegung, die Geschichte unserer Deutschen Demokratischen Republik – das ist Marxismus-Leninismus in Aktion. Ihr Studium wird den Lehrern helfen, die Strategie und Taktik des Kampfes und der Politik in Vergangenheit und Gegenwart, besonders auch in der nationalen Frage, besser zu verstehen. Das Studium wird ihnen helfen, das Geschichtsbewußtsein der Jugend zu entwickeln.

Das Vertrautmachen mit der revolutionären Vergangenheit, insbesondere mit dem Kampf der Partei seit 1945, ist für die hohe Zahl der jungen Lehrer von großer Bedeutung. Seit 1958 haben allein über 65 000 neue Lehrer ihre Arbeit aufgenommen. Ein großer Teil unserer heutigen Lehrerschaft hat die revolutionären Kämpfe, den Faschismus und die ersten Jahre nach 1945 nicht aus eigenem bewußten Erleben kennengelernt. Damit sie in der Lage sind, den Schülern die entsprechenden Erkenntnisse und Überzeugungen zu vermitteln, ist es von großer Wichtigkeit, sie mit den revolutionären Kampferfahrungen der deutschen Arbeiterklasse vertraut zu machen. Indem wir ihnen die revolutionären Erfahrungen jeder Etappe unseres Kampfes gründlich erläutern, ihnen die Erfahrungen des Klassenkampfes sowie die Tatsachen in ihrer historischen Entwicklung in überzeugender und lebendiger Weise vermitteln, machen wir den vergangenen Weg verständlicher und das Ziel klar. Das wird ihnen helfen, die revolutionäre Dialektik unseres Kampfes besser zu verstehen, ein tieferes Verständnis für die Errungenschaften unserer Entwicklung und die großen Leistungen zu erreichen, die wir in 20 Jahren vollbracht haben.

Wir haben in diesem Schuljahr in konsequenter Verwirklichung der Beschlüsse des VI. Parteitages an der schrittweisen Verwirklichung des Gesetzes über das einheitliche sozialistische Bildungssystem gearbeitet. Die im Gesetz auf der Grundlage des Parteiprogramms gestellten Aufgaben in der Periode des umfassenden Aufbaus des Sozialismus gehen davon aus, daß unsere gesamte Bildungs- und Erziehungsarbeit auf die Heranbildung der allseitig entwickelten sozialistischen Persönlichkeit gerichtet sein muß.

Nach dem 11. Plenum wurde die Aufgabenstellung zur weiteren Entwicklung der staatsbürgerlichen Erziehung der Jugend ausgearbeitet. Ich habe bereits darauf hingewiesen, daß die darin festgelegten Aufgaben von der untrennbaren Einheit von Bildung und Erziehung, von unterrichtlicher und außerunterrichtlicher Arbeit ausgehen. Das Hauptfeld der sozialistischen Erziehung der Schuljugend ist der Unterricht. Wo stehen wir bei der Verbesserung des Unterrichts und der Schülerleistungen, und wie müssen wir die Ergebnisse unserer Arbeit einschätzen?

Das gegenwärtige Niveau der Bildungs- und Erziehungsergebnisse beweist: Wir dürfen stolz auf die Ergebnisse unserer Arbeit sein, die wir unter Führung der SED in den vergangenen Jahren erzielt haben.

Der Umfang der Allgemeinbildung ist größer geworden. Unsere Schüler dringen heute in Wissenschaftsbereiche ein, die in der Vergangenheit – und heute noch in Westdeutschland – nicht zum Bildungsgut der Schule gerechnet wurden und werden. Das trifft auf alle Fächer zu, wobei hinzukommt, daß wir unsere Schüler mit der fortgeschrittensten Wissenschaft, dem Marxismus-Leninismus, und mit wichtigen Fragen der Technik und Ökonomie vertraut machen und ihnen praktische Fertigkeiten in der Produktionsarbeit vermitteln.

Diese neue, höhere Qualität unserer Unterrichtsarbeit ist auch in bezug auf die Einstellung und Haltung der Schüler zu den Grundfragen des Lebens nachweisbar.

Natürlich sind diese Erfolge nicht nur das Ergebnis der Arbeit der Schule. Sie konnten nur durch die gesamte gesellschaftliche Entwicklung in unserer Republik ermöglicht werden. Das Bemühen unserer Lehrer um größere Wissenschaftlichkeit und Parteilichkeit des Unterrichts führt zu immer besseren Ergebnissen.

Im folgenden möchte ich auf einige Probleme der Unterrichtsarbeit hinweisen.

Ich beginne mit der Unterstufe. Wir können feststellen, daß die große Mehrheit der Unterstufenlehrer mit viel Einsatzbereitschaft und Verantwortungsbewußtsein bemüht ist, den neuen Anforderungen gerecht zu werden. Die Lehrer der Unterstufe sind in den letzten Jahren zu der Erkenntnis gelangt, daß es notwendig und möglich ist, in der Unterstufe höhere Ergebnisse zu erreichen. Sie beweisen, daß bei kluger pädagogischer Arbeit die Anforderungen der präzisierten Lehrpläne realisierbar sind.

In vielen Schulen und Klassen gibt es sichtbare Fortschritte in der Entwicklung des mathematischen Denkens. Auch im Deutschunterricht, besonders in der 1. Klasse, zeigen sich diese Fortschritte. Fachberater und Lehrer stellen fest, daß die Schüler im allgemeinen besser lesen können als bisher und auch zügiger schreiben. Zur Verbesserung der staatsbürgerlichen Erziehung gab es hervorragende Beispiele der Arbeit der Unterstufenlehrer – besonders im Zusammenhang mit der Vorbereitung des 20. Jahrestages der Sozialistischen Einheitspartei. Die positive Einstellung der Schüler zur Deutschen Demokratischen Republik, zur Arbeiterklasse und ihrer Partei, zur Sowjetunion und zum Befreiungskampf des vietnamesischen Volkes spiegelt sich sowohl im Unterricht selbst als auch in vielen Tätigkeiten außerhalb des Unterrichts wider.

Die Einschätzung der Fortschritte in der Unterstufe hat große Bedeutung, weil es sehr wichtig ist, die Erfahrungen in der Arbeit mit den präzisierten Lehrplänen in den 1. und 2. Klassen gründlich auszuwerten, da am 1. September 1966 auch für die 5. Klassen präzisierte Lehrpläne eingeführt werden. Die bisherigen Erfahrungen in der Arbeit in der Unterstufe beweisen, daß die präzisierten Lehrpläne hohe Anforderungen an die Lehrer stellen, aber auch gleichzeitig bessere Voraussetzungen für die Erhöhung der Ergebnisse in der Bildungs- und Erziehungsarbeit schaffen. Es wurde in der Arbeit der Unterstufe jedoch auch deutlich, daß noch nicht alle Funktionäre voll verstanden haben, welche theoretische und praktische Problematik diese Lehrpläne aufwerfen.

Es ist noch nicht genügend klar, daß bereits mit der Präzisierung der Pläne ein entscheidender Schritt zur Verwirklichung unseres Gesetzes getan wird. Das Niveau, das hiermit angestrebt und ausgewiesen wird, ist in der Regel bereits höher als das in den jetzt gültigen Plänen. Ganz deutlich ist das in der Unterstufe. Die präzisierten Lehrpläne der Unterstufe sind nicht nur schlechthin eine Konkretisierung des alten Lehrplanes, sondern de facto neue Lehrpläne. Wir gehen deshalb bei der Erarbeitung des Planes für die Unterstufe, der ab 1968 eingeführt werden soll, davon aus, daß die präzisierten Lehrpläne Grundlage für die Überarbeitung sein müssen; selbstverständlich unter Berücksichtigung der Möglichkeit und Notwendigkeit, eine drei Jahre umfassende Unterstufe zu konzipieren, auf die eine Mittelstufe aufbaut, die kontinuierlich von der Unterstufe zur Oberstufe überleitet. Es geht also nicht darum, in den neuen Lehrplänen der Unterstufe die Leistungsanforderungen generell noch zu erhöhen. Die neuen Pläne sollen sichern, daß die hohen Leistungsanforderungen gründlich, tief und umfassend durch den gesamten Unterrichtsprozeß in der Unterstufe gewährleistet werden. Bei der Weiterentwicklung und Überarbeitung der Lehrpläne gehen wir also davon aus, daß bereits mit den präzisierten Lehrplänen wesentliche Voraussetzungen für die Erhöhung der Qualität des Unterrichts gegenwärtig und für die nächsten Jahre geschaffen sind, wobei das in Umfang und Qualität in den einzelnen Fächern noch unterschiedlich ist.

Deshalb müssen alle Volksbildungsfunktionäre und Lehrer die Arbeit mit den präzisierten Lehrplänen äußerst gewissenhaft führen, die gesammelten Erfahrungen gründlich auswerten und die dabei auftretenden Probleme und Entwicklungsfragen signalisieren. Bereits jetzt sind einige Entwicklungsprobleme deutlich geworden.

Nach dem ersten Jahr der Arbeit mit den präzisierten Lehrplänen läßt sich noch keine umfassende Einschätzung der Qualität der Pläne vornehmen. Bewiesen ist bereits, daß die Erfahrungen der Lehrer in der Arbeit mit diesen Plänen eine große Rolle spielen. Unterstufenlehrer, die bereits das zweite Jahr damit arbeiten, in der 1. Klasse zum Beispiel, erreichen schon eine höhere Qualität. Es zeigt sich auch, daß die Einführung eines Lehrplanes in einem Fach die Gesamtproblematik der Veränderung in einer Klassenstufe noch nicht deutlich macht. Das wurde bei der Arbeit mit dem Mathematiklehrplan in der 1. Klasse sichtbar. So wurden 1964/65 einige Probleme des Mathematikunterrichts auf Kosten des Deutschunterrichts zu lösen versucht. Im Jahre 1965/66 wurde sichtbar, daß die komplexe Einführung mehrerer Lehrpläne qualitativ neue Fragen aufwirft. Deshalb gilt es, besonders die Erfahrungen dieses Schuljahres gründlicher auszuwerten. Das hat große Bedeutung für die weitere Arbeit in der Unterstufe und für die Arbeit in den 5. Klassen, in denen ebenfalls gleichzeitig in allen Fächern die präzisierten Lehrpläne eingeführt werden.

Bei der Vorbereitung der Lehrer kommt es vor allem darauf an, die theoretischen Grundlagen der präzisierten Lehrpläne gründlich zu erklären und zu beraten. Die Praxis hat bewiesen, daß jene Lehrer, die die theoretischen Grundpositionen richtig verstanden haben, auch in der Lage sind, einzelne Probleme der methodischen Gestaltung, Vorschläge in den Fachzeitschriften oder methodischen Anleitungen sachkundig und richtig einzuschätzen und einzuordnen. Lehrer, die nur mit fachlichen oder methodischen Einzelfragen vertraut sind, laufen Gefahr, jede einzelne Empfehlung zur Durchführung des Lehrplanes als verbindlichen Hinweis aufzunehmen.

Das führt oft zu Schwierigkeiten. Besonders hat sich das bei der Arbeit mit dem präzisierten Lehrplan Mathematik gezeigt. Die Orientierung auf die stärkere Entwicklung der Denkfähigkeit hat bei einzelnen Lehrern zu dem Schluß geführt, daß die Herausbildung fester Kenntnisse und Rechenfertigkeiten nicht mehr bedeutungsvoll sei.

Es ist aber gerade eine Hauptaufgabe der Unterstufe, die Grundkenntnisse solide zu erarbeiten und die allseitige Entwicklung aller Kinder zu sichern. Neue Wege im Unterricht, neue Methoden dürfen nicht dazu führen, daß alte, bewährte Grundregeln außer acht gelassen werden. Lebensverbundenheit des Unterrichts, Anschaulichkeit, Faßlichkeit, Festigung und Wiederholung sind Prinzipien, die nach wie vor Gültigkeit haben und behalten. Neben Klassen, in denen auf eine richtige Entwicklung von Fähigkeiten auf der Grundlage fester Kenntnisse geachtet wird, gibt es viele Unterstufenklassen, in denen entweder einseitig Fähigkeiten oder einseitig Fertigkeiten entwickelt werden. Manche Lehrer kürzen Stunden in den Fächern Musik, Zeichnen oder bei der heimatkundlichen Anschauung und im Ausdrucksunterricht – also in wichtigen Bereichen, die für die allseitige Entwicklung des Schülers und besonders für die staatsbürgerliche Erziehung von großer Bedeutung sind –, um im Mathematikunterricht oder Leseunterricht schneller voranzukommen. Solche Schlüsse und praktischen Maßnahmen führen zur einseitigen Entwicklung der Schüler. Wo es eine solche Praxis gibt, müssen die Leitungen den Lehrern schnell helfen, diese Fehler in der Arbeit zu überwinden.

In diesem Zusammenhang muß auf ein zweites Problem aufmerksam gemacht werden. Unser Ziel ist, alle Schüler zum erfolgreichen Abschluß der Unterstufe und überhaupt jeder Klasse zu führen. In den letzten zwei Jahren zeigte sich, daß in vielen Schulen eine stärkere Hinwendung zur Arbeit mit den besten Schülern erfolgte und schwache Schüler nicht genügend gefördert wurden, so daß sie zurückblieben. Die Leistungen in vielen Klassen, besonders aber die Zensuren, zeigen ein eigentümliches Bild. Es gibt eine größere Anzahl von Schülern mit sehr guten und guten Zensuren. Gleichzeitig wächst die Zahl der „Vieren" und „Fünfen". Manche Lehrer versuchen, dieses Problem mit auf die Eltern zu delegieren. So wurden von einigen Kollegen aus diesem Grunde die Anforderungen an die Eltern, sich fachlich und methodisch selbst zu bilden, erhöht. Auch der Umfang der Hausaufgaben wächst besonders im Mathematik- und im Leseunterricht. Das ist ein falscher Weg. Wir können nicht die Aufgaben, die der Unterricht zu lösen hat, nach außerhalb des Unterrichts verlagern. Die Eltern sollen vor allem ihren Kindern helfen, eine richtige politisch-moralische Grundeinstellung zum Lernen und zur Schule zu gewinnen.

In letzter Zeit zeigen sich schädliche Tendenzen bei der Aufnahme der Kinder in die Schule. Im Schuljahr 1964/65 stieg die Zahl der Zurückstellungen und der Ausschulungen vielerorts weiter an. In einzelnen Bezirken und Kreisen liegen diese Zahlen sehr hoch. In der 1. Durchführungsbestimmung zum Gesetz über das einheitliche sozialistische Bildungssystem ist festgelegt, daß alle Kinder, wenn sie das gesetzlich festgelegte Alter erreicht haben, schulpflichtig sind. Nur in besonders begründeten Ausnahmefällen können schulpflichtige Kinder vom Direktor zurückgestellt werden. Damit sind Zurückstellungen vom Schulbesuch eindeutig als Ausnahmen geregelt. 25 Prozent, 20 Prozent, aber auch 15 Prozent sind jedoch keine Ausnahme mehr. Dieser Entwicklung liegen falsche Auffassungen über Ziel und Aufgaben der Schule und der Schulvorbereitung zugrunde, die sich in folgenden Erscheinungen äußern: Es wird gefordert, daß für alle Schüler eine einheitliche und organisierte Schulvorbereitung erfolgen muß, da höhere Anforderungen des Unterrichts auch höhere Anforderungen an die Schulvorbereitung mit sich bringen müßten.

Deshalb werden in manchen Kreisen Prüfungen für Schulanfänger durchgeführt, in denen Unterrichtsaufgaben der Unterstufe zum Gegenstand des Testes mit diesen Kindern gemacht werden. Das geht bis zu fachspezifischen Anforderungen, zum Beispiel in Mathematik und Deutsch, die die Schüler erst in der Unterstufe erwerben sollen. Es wird auch die Auffassung vertreten, daß man viele Kinder möglichst rechtzeitig zurückstellen müsse, damit mit einem einheitlichen Ausgangsniveau in der 1. Klasse begonnen werden kann. Es ist aber die Aufgabe der Unterstufe, die Schüler an gewissenhaftes und fleißiges Lernen, an die Einordnung in den Klassenverband zu gewöhnen. Man geht davon aus, daß die Zahl der Sitzenbleiber sinkt, wenn man mehr Schüler zurückstellt. Die Praxis beweist aber das Gegenteil.

Viele Direktoren nehmen ihre Verantwortung für die Entscheidung über die Schulaufnahme der Kinder nicht wahr, sie delegieren teilweise die Verantwortung auf den Schularzt oder den Unterstufenlehrer oder gehen auf ungerechtfertigte Wünsche von Eltern nach Zurückstellung der Kinder ein, die durch die falsche Praxis der Schule hervorgerufen wurden. Deshalb ist es notwendig, sich mit den politisch-ideologischen Fragen auf diesem Gebiet gründlich auseinanderzusetzen.

Wir gehen doch bei der Festlegung des Niveaus, besonders auch des Anfangsniveaus der Unterstufe, davon aus, daß alle normalen Schüler die Ziele erreichen können. Wir dürfen doch bei der Aufnahme in die normale Pflichtschule für alle Kinder nicht von vorhandenen, systematisch erworbenen Bildungsergebnissen der Vorschulerziehung ausgehen.

Es werden in den Kindergärten 50 Prozent der Kinder vorbereitet. Natürlich berücksichtigen und nutzen wir die Ergebnisse der Arbeit der Kindergärten, die

Spiel- und Lernnachmittage und helfen den Eltern, die Kinder gut zu entwickeln. Das heißt, wir gehen vom allgemeinen Entwicklungsniveau der Kinder dieses Alters aus.

Das sind ernste Fragen. Es ist nicht im Sinne des Bildungsgesetzes, das für alle normalen Kinder eine hohe Bildung fordert, wenn wir so arbeiten, daß nur noch eine „Elite" mitkommt. Es ist notwendig, eine straffe Kontrolle zu sichern und Ungesetzlichkeiten bei der Aufnahme in die Schule zu verhindern.

Die Schulräte müssen dafür sorgen, daß an allen Schulen die Entscheidung über die Schulaufnahme ausschließlich vom Direktor getroffen wird.

Es ist notwendig, bei der Entscheidung vom Gesetz und der 1. Durchführungsbestimmung auszugehen. Das heißt: Es werden alle Kinder in die Schule aufgenommen. Ausnahmefälle bedürfen einer gründlichen ärztlichen und psychologischen Beurteilung. Notwendige Korrekturen sind noch in diesem Schuljahr zu veranlassen.

Wir müssen sichern, daß die Lehrer der Anfangsklassen vor Beginn des Schuljahres ihre Schüler kennenlernen. Sie sollen deshalb eng mit dem Kindergarten und auch mit den Eltern zusammenarbeiten.

Und wir haben den Lehrern der Anfangsklassen zu helfen, daß sie in der 1. Klasse, besonders im ersten Halbjahr, die Schüler befähigen, erfolgreich zu lernen. Wir halten die Hinweise vieler Unterstufenlehrer in diesem Zusammenhang für berechtigt, daß das im Lehrplan und vor allem in den methodischen Hinweisen vorgesehene Tempo im 1. Halbjahr nicht überall realisierbar ist. Deshalb haben wir bereits erklärt, daß die Lehrer unter Beachtung der Gesamtzielstellung des 1. Schuljahres und der konkreten Situation in der Klasse das Recht haben, das Tempo selbst entsprechend festzulegen.

Die Lehrer der Anfangsklassen müssen von Anfang an sorgsam darauf achten, daß alle Schüler die gesteckten Ziele erreichen können.

Deshalb ist eine differenzierte Arbeit je nach den Voraussetzungen der Kinder von den ersten Unterrichtsstunden an notwendig. Es darf nicht zugelassen werden, daß eine einseitige Orientierung auf die Arbeit mit den besten Schülern erfolgt und daß schwächere Schüler ungesetzlich während des Schuljahres ausgeschult werden. Die Arbeit der Unterstufenlehrer ist sehr kompliziert. Wir fordern von allen Leitungen, sich mehr um die Unterstufenlehrer zu sorgen, wie das der Unterstufenbeschluß verlangt.

Ähnliche Probleme, wie ich sie am Beispiel der Unterstufe, in der Arbeit mit den präzisierten Lehrplänen und bei der Erhöhung des Niveaus des Unterrichts gezeigt habe, gibt es auch in allen anderen Fächern und Klassenstufen.

Deshalb gilt es, die gesammelten Erfahrungen gründlich auszuwerten und auf die Hinweise der Lehrer zu achten. Ich unterstreiche das hier, weil wir die Erfahrung gemacht haben, daß in einigen Kreisen und Schulen gute Lehrer, die zu Recht auf Entwicklungsprobleme in der Arbeit mit den präzisierten Lehrplänen aufmerksam machten, keine sachlichen Antworten und keine echte Hilfe erhalten haben.

Alle Schulfunktionäre müssen die Grundprinzipien der präzisierten Lehrpläne selbst gründlich kennen, um zwischen Entwicklungsproblemen und Mängeln klar unterscheiden zu können. Auf Entwicklungsprobleme müssen sie sorgfältig achten, Mängel müssen energisch bekämpft werden.

Solche Mängel wie ungenügende Vorbereitung des Unterrichts, ungenügende Auswertung der Fachpresse, Lücken in der fachlichen und methodischen Arbeit werden heute ein immer größeres Hemmnis bei der Lösung der Aufgaben.

Im Fach Deutsche Sprache und Literatur ist eine sichtbare Leistungssteigerung festzustellen. Viele Schüler sind in der Lage, ihre Muttersprache in Wort und Schrift richtiger und vielseitiger zu gebrauchen. Ihre sprachliche Gewandtheit zeigt sich unter anderem in Aufsätzen, im Unterricht anderer Fächer usw. Viele Schüler sind durch guten wissenschaftlichen und parteilichen Unterricht freier, selbstbewußter in ihren sprachlichen Äußerungen geworden.

Bei einer Untersuchung der Schülerleistungen in einigen Kreisen, bei der 2 500 Schüler erfaßt wurden, konnten wir feststellen, daß im Grammatikunterricht und in der Arbeit am mündlichen und schriftlichen Ausdruck die Bemühungen immer stärker werden, die einzelnen Disziplinen des Deutschunterrichts zu verbinden. Auch im Literaturunterricht zeigen sich Fortschritte, die vor allem ein tieferes Eindringen in das literarische Werk, mehr Freude an der Beschäftigung mit der Literatur, kritische Auseinandersetzung mit Inhalt und Form zum Gegenstand haben. Parteiliches Verhalten zur literarischen Gestaltung und zu literarischem Geschehen als Ausgangspunkt für eigene Erkenntnisse und zur Überprüfung der eigenen Erfahrung, der eigenen Stellungnahme werden von vielen Lehrern besser genutzt. Das ist ein Beweis dafür, daß viele Deutschlehrer sich mehr mit der marxistischen Literaturtheorie und Ästhetik beschäftigen. Trotzdem gibt es aber noch ernste Mängel.

In den muttersprachlichen Disziplinen werden die Aufgaben in der Grammatik, in der Orthographie, im mündlichen und schriftlichen Ausdruck noch nicht genügend miteinander verbunden.

Die Schüler erwerben häufig noch isolierte und formale Kenntnisse. Die Rechtschreibeleistungen sind unbefriedigend.

Nach wie vor gibt es noch Verstöße gegen die fachwissenschaftliche Exaktheit, eine unzureichende Akzentuierung und Herausarbeitung des Wesentlichen, so daß die Schüler oft nicht zielgerichtet arbeiten können. Gleichzeitig zeigt sich, daß in vielen Unterrichtsstunden zwar das Material für die Arbeit so ausgewählt ist, daß es erzieherische Potenzen enthält, aber nur in einer geringen Anzahl der zum Beispiel in Magdeburg untersuchten Stunden wurde dies auch bewußt im Unterricht genutzt.

Dem liegt offensichtlich die falsche Auffassung zugrunde, daß literarische und sprachliche Texte an sich erzieherisch wirken.

Die Auffassung, daß das literarische Werk an sich wirke, daß die Hauptaufgabe der Literatur darin bestehe, durch Literatur zur Literatur zu erziehen, ist einseitig und falsch. Das führt zu einer ästhetisierenden Betrachtung der Literatur. Es gibt

Tendenzen, die Probleme der Form zu verselbständigen. Unsere Literaturlehrer müssen in den Schülern ein tiefes Verständnis für den Inhalt der marxistischen Prinzipien wie Parteilichkeit und Volksverbundenheit der Kunst wecken. Sie müssen verstehen lernen, daß Kunst ohne einen klaren humanistischen und parteilichen Inhalt ihre Aufgabe verfehlt. Dabei gehen wir immer davon aus, daß die Einheit von politisch-ideologisch klarem Inhalt und hoher Meisterschaft in der Form die größten Wirkungen auf die Menschen erreicht. Über diese Probleme gilt es, mit allen Lehrern, die in den Fächern Deutsch, Zeichnen und Musik arbeiten, zu sprechen.

Manchen Schulfunktionären ist die Bedeutung der Fächer Musik und Kunsterziehung für die ideologische Erziehung, für die ästhetische und moralische Erziehung nicht immer klar. Die allseitige Erziehung erfordert, daß in allen Unterrichtsfächern mit hoher Qualität gearbeitet wird. Wenn jedoch in den musischen Fächern die Qualität der Arbeit der Lehrer, die Qualität des Unterrichts, ja, die Durchführung des Unterrichts selbst nicht kontrolliert und geführt werden, wird die allseitige Entwicklung der Schüler erschwert. Bei bestimmten Gelegenheiten, zum Beispiel bei der Vorbereitung des 20. Jahrestages der Sozialistischen Einheitspartei Deutschlands, ist in vielen Schulen und von vielen Kreisen die Bedeutung dieser Arbeit gewissermaßen wiedererkannt worden. Welche hervorragenden Möglichkeiten in dieser Arbeit liegen, zeigt sowohl die „Pioniergalerie Freundschaft" als auch die Ausstellung von Kinderzeichnungen zu den Arbeiterfestspielen in Potsdam. Auch in diesen Unterrichtsfächern ist es notwendig, zielstrebig und kontinuierlich zu arbeiten. Deshalb geht es vor allem um die Lösung folgender Aufgaben:

1. Die noch immer vorhandene Unterschätzung der Fächer Kunsterziehung und Musik muß überwunden werden. Ohne die Veränderung der Einstellung zu diesen Fächern ist es auch nicht möglich, die Aufgabenstellungen für die staatsbürgerliche Erziehung der Jugend in vollem Umfange zu realisieren.

2. Die vorhandenen Möglichkeiten für den Einsatz der Fachlehrer müssen voll genutzt werden. Auch in diesen Unterrichtsfächern ist die Kontrolle dringend erforderlich.

Der wichtigste Fortschritt in Staatsbürgerkunde besteht darin, daß der Marxismus-Leninismus systematischer gelehrt wird, daß die Grundfragen des politischen, ideologischen und ökonomischen Kampfes in unserer Epoche Gegenstand des Unterrichts sind.

Die bisherige Arbeit in diesem Unterrichtsfach hat großen Einfluß auf die Bewußtseinsentwicklung der Schüler. Immer mehr Jugendliche zeigen ein wachsendes Interesse für politische Probleme und für das Studium der Grundfragen des Marxismus-Leninismus. Sie wollen eine echte Antwort auf die sie bewegenden Fragen.

Die Lehrer für Staatsbürgerkunde sind in den letzten Jahren stärker in die Theorie des Marxismus-Leninismus eingedrungen und sind auch um eine Verbesserung ihrer didaktischen und methodischen Arbeit bemüht. Dabei ist ihnen die

Hilfe, die besonders viele Parteiorganisationen und Kreisleitungen den Staatsbürgerkunde- und Geschichtslehrern gewähren, eine ausgezeichnete Unterstützung.

Die Gesamtentwicklung in den letzten Jahren ist auch an besseren Schülerleistungen nachzuweisen. Die Analyse in einigen Kreisen hat gezeigt, daß Grundfragen des Marxismus-Leninismus von vielen Schülern verstanden werden; es wurde aber auch deutlich, daß die Schüler in Faktenkenntnissen bessere Ergebnisse erreichen, aber daß ihnen noch immer das Erkennen von Gesetzmäßigkeiten und ihre Anwendung auf gesellschaftliche Ereignisse der Gegenwart schwerfällt. Ohne Zweifel ist es beim gegenwärtigen Stoffumfang des Lehrplanes für die Lehrer nicht leicht, die Akzente bzw. Schwerpunkte immer klar zu setzen und herauszuarbeiten. Dieses Problem werden wir versuchen bei der vorgesehenen Überarbeitung des Lehrplanes besser zu lösen. Jetzt gilt es, den Lehrern dabei echte Hilfe zu erweisen.

Die Hauptaufgabe bei der Führung des Staatsbürgerkundeunterrichts besteht vor allem darin, die Grundlagen des Marxismus-Leninismus so zu vermitteln, daß das Programm des umfassenden Aufbaus des Sozialismus, unsere Politik von jedem Schüler richtig verstanden wird. Der Staatsbürgerkundeunterricht muß dazu führen, daß die Schüler einen klaren Standpunkt gewinnen und ihren Willen entwickeln, an der Lösung dieser Aufgaben aktiv mitzuarbeiten.

Auch im Geschichtsunterricht gibt es Fortschritte in den Kenntnissen der Schüler und ein stärkeres Bemühen, in die Gesetzmäßigkeiten und historischen Zusammenhänge einzudringen. Der Herausbildung von Erkenntnissen und der Einsicht in Gesetzmäßigkeiten müssen wir jedoch nach wie vor größere Aufmerksamkeit schenken. Das darf aber nicht dazu führen, daß Gesetzmäßigkeiten unverstanden auswendig gelernt werden. Diese Tendenz wird aber in manchen Geschichtsstunden sichtbar. Es ist die Aufgabe des Geschichtsunterrichts, bei der Schuljugend ein richtiges Geschichtsbewußtsein zu entwickeln. Das verlangt, sowohl rational als auch emotional auf die Schüler einzuwirken. Wir wenden uns gegen eine Vernachlässigung der emotionalen Seite im Geschichtsunterricht. Ein richtiges Verhältnis zwischen rationaler und emotionaler Einwirkung auf die Schüler ist von entscheidender Bedeutung dafür, in welchem Maße es gelingt, die Schüler zum historischen Verstehen der Vergangenheit und zum Anwenden der Schlußfolgerungen auf die Gegenwart zu führen.

Gerade für die Geschichte der neuen und neuesten Zeit ist das von ausschlaggebender Bedeutung. Auf der Grundlage des Studiums der achtbändigen „Geschichte der deutschen Arbeiterbewegung" wird es den Geschichtslehrern wesentlich erleichtert, den Unterricht besonders in den 8. bis 10. Klassen exakter, wissenschaftlicher, aber zugleich auch anschaulicher und emotional wirksamer zu gestalten. Für die Klassen 8 bis 10 tritt ab 1. September 1966 ein überarbeiteter Lehrplan in Kraft. Er ersetzt den Lehrplan von 1959 und die Direktive zu diesem Lehrplan. Der Geschichtslehrplan faßt diese beiden Materialien zusammen und berücksichtigt den gegenwärtigen Stand der Geschichtswissenschaft. Wir müssen den Geschichtslehrern helfen, gut mit diesem Lehrplan zu arbeiten.

Die Erfahrungen beweisen, daß die Schüler großes Interesse für geschichtliche Fragen haben. Je besser es gelingt, den Unterricht interessant, problemhaft und methodisch vielseitig zu gestalten, die Geschichte mit den Problemen der örtlichen Arbeiterbewegung zu verbinden, desto besser sind die Ergebnisse.

Für die Heranbildung körperlich gesunder, leistungsfähiger junger Menschen und für die patriotische Erziehung der Schuljugend hat der Schulsport eine große Bedeutung. Im Sportunterricht und im außerunterrichtlichen Sport leisten viele Sportlehrer eine schöpferische Arbeit, um das Niveau zu erhöhen. Dadurch wird eine wesentliche Steigerung der körperlichen Leistungsfähigkeit unserer Schüler erreicht. Wertvoll sind die erzieherischen Erfolge, die sich in der Verbesserung von Ordnung und Disziplin, der Entwicklung der Selbsttätigkeit und Selbständigkeit, in der Entwicklung des Bedürfnisses nach regelmäßiger sportlicher Betätigung und der Freude am Sport äußern. Es zeigen sich jedoch an einigen Schulen Überspitzungen. Sie kommen darin zum Ausdruck, daß man die eigentliche Funktion des Sportunterrichts verkennt und ihn zu „Trainingsstunden für Leistungssportler" macht. Eine Reihe von Sportarten wird überbetont, und es werden Anforderungen gestellt, die über die Aufgabe und die Möglichkeiten der allgemeinbildenden Schule hinausgehen. Damit können wir uns nicht einverstanden erklären. Der Sportunterricht muß bei allen Schülern eine solche körperliche Leistungsfähigkeit und einen solchen Gesundheitszustand entwickeln helfen, die den künftigen Anforderungen in der Produktion, in den bewaffneten Organen und bei der sportlichen Betätigung in der Freizeit entsprechen. Wir sind für hohe Anforderungen an die Schüler im Sportunterricht und haben davon ausgehend auch die präzisierten Lehrpläne gestaltet.

Die Kreisschulräte und Direktoren müssen dafür sorgen, daß der Sportunterricht auf der Grundlage der Lehrpläne gestaltet und durchgeführt wird.

Selbstverständlich kann der Sportunterricht nicht allein die Aufgabe erfüllen, gesunde, leistungsfähige, sozialistische Menschen heranzubilden. Deshalb muß der außerunterrichtliche Sport an allen Schulen in vielfältiger Weise entwickelt werden. Die Kinder- und Jugendspartakiaden bieten Gelegenheit, an allen Schulen diese außerunterrichtliche sportliche Betätigung in Form von Schulwettkämpfen, Leistungsvergleichen und anderen Veranstaltungen in vielfältiger Weise zu entwickeln. In enger Zusammenarbeit mit dem DTSB, der FDJ und ihrer Pionierorganisation „Ernst Thälmann" gilt es gerade in Vorbereitung der Sommerspartakiade, auch auf dem Gebiet der Entwicklung eines breiten Massensports der Kinder und besonders der Schüler der oberen Klassen einen weiteren Schritt voranzukommen.

Die Entwicklung des Fremdsprachenunterrichts in unserer Schule verdient besondere Aufmerksamkeit. Die wichtigste Aufgabe besteht darin, die Qualität der Unterrichtsergebnisse in der ersten und bedeutendsten Fremdsprache, dem Russischunterricht, zu heben und zu verbessern. Die Qualität auch dieses Unterrichts hat sich erhöht. Das zeigt sich in der zunehmenden Überwindung des grammatisierenden Sprachunterrichts, in den Ergebnissen der mündlichen und schriftlichen Abschlußprüfungen sowie bei den Wettbewerben der „Feste der russischen Sprache" und den Russisch-Olympiaden. Im Unterricht, besonders in den 5. und 6. Klassen, werden die Schüler besser als bisher befähigt, einfache Gespräche zu führen.

Jedoch zeigt sich vom Ende der 6. Klasse an ein Absinken des Interesses und zum Teil auch der Leistungen der Schüler. Die Einstellung zum Lernen verschlechtert sich oft, weil der Unterricht in den oberen Klassen nicht effektiv genug ist. Es sind noch große Anstrengungen notwendig, die wissenschaftliche Qualität des Unterrichts zu erhöhen.

Neben der Aufgabe, die Qualität des Russischunterrichts zu verbessern, ist es notwendig, insbesondere den Englischunterricht als fakultative Sprache in Quantität und Qualität weiterzuentwickeln. Gegenwärtig ist der Stand noch unbefriedigend.

Die Qualität dieses Unterrichts ist äußerst unterschiedlich. Das hat vielfältige Ursachen. Einmal wird der Realisierung des Lehrplanes von seiten der Leitungen kaum Aufmerksamkeit geschenkt. Es gibt fast keine Hospitationen und Kontrollen im fakultativen Unterricht, und darüber hinaus ist der Einsatz der Lehrer vielen Zufälligkeiten ausgesetzt. Nur ein Teil der vorhandenen ausgebildeten Fachlehrer für Englisch unterrichtet im fakultativen Unterricht.

In der nächsten Zeit kommt es vor allem darauf an, die noch vorhandenen Tendenzen der Unterschätzung des fakultativen Unterrichts zu überwinden. Von entscheidender Bedeutung ist das Kaderproblem. Wir müssen prüfen, wie durch den fachgerechten Einsatz der an den Schulen oftmals in anderen Fächern unterrichtenden Lehrer der Anteil der Fachlehrer auch im Fremdsprachenunterricht erhöht werden kann. Darüber hinaus gilt es, den Einsatz der Absolventen langfristig vorzubereiten.

Außerdem kommt es darauf an, bereits im Schuljahr 1966/67 den fakultativen Fremdsprachenunterricht an den zehnklassigen Schulen besser mit dem Unterricht in den erweiterten Oberschulen abzustimmen und die Anzahl der Klassen und Sprachgruppen im fakultativen Fremdsprachenunterricht im Rahmen der durch den Arbeitskräfteplan und den Lohnfonds gegebenen Möglichkeiten zu erhöhen.

Wir werden überarbeitete Lehrpläne und Lehrbücher herausgeben, die sichern, daß neue wissenschaftliche Erkenntnisse und die bisher gewonnenen Erfahrungen für die qualitative Verbesserung des Fremdsprachenunterrichts nutzbar gemacht werden können.

Es ist notwendig, die Lehrer mit den präzisierten Englischlehrplänen, die zum 1. September 1966 in Klasse 7 eingeführt werden, gründlich vertraut zu machen.

Ab 1. September 1966 beginnt ein Fernsehkurs zum Erlernen der englischen Sprache. Die Schüler, die im Schuljahr 1966/67 und in den kommenden Jahren noch nicht am fakultativen Unterricht in Englisch teilnehmen können, sollten für die Teilnahme am Fernsehkurs gewonnen werden. In den Kreisen sollte geprüft werden, wie durch Konsultationen, Zirkel oder Arbeitsgemeinschaften diesen

Schülern geholfen werden kann, ihre im Fernsehkurs erworbenen Kenntnisse zu festigen und zu vertiefen.

Im mathematischen und naturwissenschaftlichen Unterricht ist ein ständig stärker werdendes Bemühen der Lehrer um die Verbesserung der Unterrichtsergebnisse vorhanden. Das Verständnis für die hohen Ziele des mathematisch-naturwissenschaftlichen Unterrichts ist bei Lehrern und Schülern gewachsen. Die Mehrzahl der Fachlehrer strebt nach höherer fachlicher und methodischer Qualifizierung.

Dank dem hervorragenden Einsatz vieler Lehrer und Eltern sowie dank der Hilfe der Betriebe und den vom Staat zur Verfügung gestellten Mitteln ist es gelungen, die materiell-technischen Voraussetzungen für den mathematisch-naturwissenschaftlichen Unterricht wesentlich zu verbessern.

Im Fach Mathematik zeigen die Analysen der letzten drei Jahre, daß vor allem eine allmähliche Veränderung der qualitativen Struktur der Schülerleistungen zu verzeichnen ist. Von Jahr zu Jahr erhöht sich die Anzahl der vollständig gelösten Aufgaben, die mathematisches Denken, das Erkennen größerer Zusammenhänge, das Anwenden typischer mathematischer Beweisverfahren verlangen.

Ebenso haben in den Fächern Physik, Chemie und Biologie Umfang und Qualität der Schülerleistungen wesentlich zugenommen. Es gelingt vielen Lehrern schon besser, ihren Schülern die Zusammenhänge der Vorgänge und Erscheinungen in der Natur verständlich zu machen.

Im Physikunterricht haben die Schüler in zunehmendem Maße mit Hilfe von mathematischen Fertigkeiten bessere Ergebnisse bei der quantitativen Erfassung und Anwendung physikalischer Gesetze erreicht. Ein wesentliches Charakteristikum des wissenschaftlichen Unterrichts in den Naturwissenschaften ist die Anwendung der experimentellen Arbeitsweise. Wir haben erreicht, daß diese Arbeitsweise Eingang in den naturwissenschaftlichen Unterricht gefunden hat.

Zu diesem Fortschritt trug in besonderem Maße bei, daß es in den letzten Jahren gelungen ist, den fachgerechten Einsatz der Lehrer zu verbessern und ihre fachliche Qualifikation zu erhöhen.

Selbstverständlich gibt es noch viele Probleme im mathematisch-naturwissenschaftlichen Unterricht. Besondere Aufmerksamkeit verdient die Tatsache, daß die Schüler solche Forderungen, die sich lediglich auf die zusammenhangslose Reproduktion von Einzelkenntnissen beziehen, weitaus besser erfüllen als Forderungen nach dem Erkennen von Kenntnissen bei der Lösung von praktischen Problemen. Das liegt vor allem darin begründet, daß bei vielen Lehrern im Unterricht noch das Vermitteln von Faktenwissen im Vordergrund steht, daß die einzelnen Fakten ungenügend in die entsprechenden Zusammenhänge eingeordnet werden.

Gegenwärtig bemühen sich bereits viele Lehrer dieser Fächer in Zusammenarbeit mit den Lehrern für Staatsbürgerkunde um eine stärkere weltanschauliche Durchdringung des mathematisch-naturwissenschaftlichen Unterrichts. Das ist kein einfaches Problem, und wir müssen darauf achten, daß alle Möglichkeiten für das Heranführen an weltanschauliche, philosophische Probleme genutzt werden. Aber das darf nicht dazu führen, aus naturwissenschaftlichen Unterrichtsstunden schlechte Philosophiestunden zu machen.

Es ist vor allem wichtig, daß der Lehrer nicht als „Nur-Fachmann" auf die Schüler wirkt, daß er im Unterricht und außerhalb seine politische Funktion als Pädagoge wahrnimmt. Dazu ist vor allem erforderlich, daß sich die Lehrer um ihre marxistisch-leninistische Qualifizierung bemühen und sich ständig mit den aktuellen politischen Problemen auseinandersetzen. Dann wird es ihnen immer besser gelingen, die Verbindung des naturwissenschaftlichen Unterrichts mit dem politischen, wirtschaftlichen und kulturellen Leben unserer Gesellschaft herzustellen und die vielfältigen Ansatzpunkte zur politisch-ideologischen Beeinflussung der Schüler zu erkennen und planmäßig und systematisch zu nutzen.

Aus dem Streben nach einer höheren Wissenschaftlichkeit des Unterrichts ergab sich die im Prinzip richtige Tendenz, die übermäßig ausgedehnte Behandlung von technischen und technologischen Einzelproblemen aus Industrie und Landwirtschaft zugunsten einer verstärkten Behandlung der Grundlagen der Wissenschaften im Unterricht zurückzudrängen.

Gegenwärtig zeigt sich aber die Gefahr, daß der Unterricht zum Beispiel in Physik abstrakter wird, daß die notwendige Verbindung des Unterrichts zur gesellschaftlichen Praxis, insbesondere zur Produktion und zum polytechnischen Unterricht, eingeschränkt wird. Es ist aber notwendig, im naturwissenschaftlichen Unterricht in enger Verbindung mit den polytechnischen Disziplinen an ausgewählten Beispielen die wissenschaftlichen Grundlagen bestimmter Produktionsverfahren zu vermitteln, die Anwendung der wissenschaftlichen Kenntnisse in der Praxis zu zeigen, damit die Schüler befähigt werden, ihr naturwissenschaftliches Wissen in der Produktion anzuwenden. Der naturwissenschaftliche Unterricht muß doch vor allem auch dazu beitragen, den Schülern die Rolle der Naturwissenschaften als Produktivkraft verständlich zu machen.

Wir müssen auch real einschätzen, daß es noch nicht gelungen ist, das Experiment überall so in den Erkenntnis- und Unterrichtsprozeß einzuordnen und so theoretisch zu fundieren, wie es seiner Funktion beim Wissenserwerb der Schüler und bei der Entwicklung ihrer Fähigkeiten entspricht. Vielfach dienen Experimente und Untersuchungen nur der Veranschaulichung, und manchmal sind sie nur eine allgemeine Beschäftigung der Schüler.

Ganz und gar unmöglich ist es aber, wenn Fachunterrichtsräume nicht für Schülerexperimente genutzt werden können, weil Energie- und Wasseranschlüsse fehlen und wenn verbindliche Schülerübungen, beispielsweise in Physik oder Chemie, nicht durchgeführt werden. Man darf nicht zulassen, daß einige Schulen bestimmte Mängel im mathematisch-naturwissenschaftlichen Unterricht mit fehlenden materiellen Voraussetzungen entschuldigen, ohne etwas dafür zu tun, diese Voraussetzungen zu schaffen.

Den erweiterten Oberschulen wird im Gesetz über das einheitliche sozialistische Bildungssystem die verantwortungsvolle Aufgabe gestellt, die Schüler zur

Hochschulreife zu führen. Die erweiterten Oberschulen haben eine große Verantwortung, die Schüler zu guten Sozialisten, zur Treue zur Sache der Arbeiterklasse, zu einem festen Klassenstandpunkt zu erziehen. Wir können feststellen, daß an einer Reihe erweiterter Oberschulen mit Erfolg an der Lösung dieser Aufgaben gearbeitet wird. Es gibt viele Beispiele dafür. Ich möchte nur die Tatsache erwähnen, daß aus Anlaß des 20. Jahrestages der Vereinigung der beiden Arbeiterparteien eine Reihe von Schülern der EOS um Aufnahme als Kandidat in die SED gebeten hat, eine große Anzahl Schüler die Laufbahn eines Berufsoffiziers unserer NVA aufnimmt und eine immer größer werdende Zahl Schüler sich für gesellschaftlich notwendige Studienrichtungen entscheidet.

Die Fortschritte an einer Reihe erweiterter Oberschulen dürfen uns nicht veranlassen, ihre Führung zu vernachlässigen.

Es ist deshalb dringend erforderlich, daß die Kreisschulräte eine exakte Kontrolle über die Entwicklung des Leistungsstandes und der Erziehungsergebnisse an diesen Schulen ausüben. Das ist eine wichtige Vorbedingung für den schrittweisen Aufbau der zweijährigen erweiterten Oberschule, wie das Gesetz es vorsieht.

Bereits jetzt werden die nächsten Schritte dazu vorbereitet. Wir lassen uns beim Aufbau der zweijährigen EOS von zwei Grundsätzen leiten:

1. Die Neugestaltung der erweiterten Oberschule wird langfristig geplant und mit zielgerichteten Übergangsmaßnahmen vorbereitet. Dabei werden die reichen Erfahrungen der EOS genutzt.

2. Jeder Teilschritt zum Aufbau der zweijährigen Abiturstufe wird erst dann gegangen, wenn die entsprechenden Voraussetzungen für eine höhere Qualität der Bildungs- und Erziehungsergebnisse vorhanden sind.

Es steht außer Zweifel, daß die schrittweise Umgestaltung der EOS entsprechend dem Gesetz eine komplizierte Sache ist. Deshalb ist bei allen Entscheidungen und Festlegungen ein hohes politisches Verantwortungsbewußtsein aller auf diesem Gebiet tätigen Funktionäre erforderlich. Jede Maßnahme muß so vorbereitet und durchgeführt werden, daß der Erfolg nicht durch übereilte Entscheidungen gemindert wird.

Im Verlauf dieses Schuljahres haben wir wiederholt auf die weitere Erhöhung der Qualität des polytechnischen Unterrichts orientiert. Auf dem 11. Plenum des Zentralkomitees der SED wies Genosse Ulbricht darauf hin, daß sich besonders in den oberen Klassen der zehnklassigen Oberschule und auch in der Berufsausbildung der EOS eine gewisse Enge in der Ausbildung gezeigt hat, die die Erhöhung des Niveaus der technischen Grundausbildung erschwert.

Der Beschluß zur weiteren Entwicklung der berufsvorbereitenden polytechnischen Bildung in den Klassen 9 und 10 der zehnklassigen allgemeinbildenden polytechnischen Oberschule und der beruflichen Bildung an den erweiterten Oberschulen legt auf der Grundlage des Gesetzes über das einheitliche sozialistische Bildungssystem den Weg für die Entwicklung der polytechnischen Bildung in den oberen Klassen der allgemeinbildenden Schulen fest.

Der Beschluß gibt eine klare Einschätzung der bisherigen Entwicklung, er kennzeichnet die Entwicklungsprobleme und enthält die Konzeption für die weitere Entwicklung des berufsvorbereitenden polytechnischen Unterrichts. An der Realisierung der Aufgaben des Beschlusses wird gegenwärtig gearbeitet.

Manche Genossen haben die Frage gestellt: „Warum gibt es schon wieder Veränderungen im polytechnischen Unterricht?" Und andere fragen: „Warum schaffen wir denn die berufliche Grundausbildung bzw. die Facharbeiterausbildung an den EOS wieder ab?"

Es geht ganz einfach darum, daß wir die Fragen, die das Leben, die Praxis aufwirft, gründlich analysieren und Schlußfolgerungen für die weitere Arbeit ziehen müssen. Das gilt für alle Gebiete der Schule, besonders aber für den polytechnischen Unterricht.

Marx, Engels, Lenin, Krupskaja und andere haben theoretisch das Prinzip formuliert, von dem wir uns in unserer Schulpolitik leiten lassen. Aber zum ersten Male haben wir ebenso wie die Sowjetunion und die anderen sozialistischen Länder die große Aufgabe in Angriff genommen, die Theorie in der Praxis, in der Schule, unter den konkreten gesellschaftlichen Entwicklungsbedingungen zu verwirklichen. Wir haben dieses schwierige, komplizierte Problem, das können wir mit Fug und Recht sagen, erfolgreich gelöst. Das heißt aber nicht, daß wir die Augen verschließen dürfen, wenn im Vorwärtsschreiten neue Probleme auftreten. Die Praxis stellt gerade auf diesem Gebiet neue Fragen auf die Tagesordnung; sie nicht sehen zu wollen oder nicht zu lösen würde Stillstand bedeuten. Was als „Abschaffen" oder „Verändern" gedeutet wird, ist die Konsequenz einer richtigen Einschätzung der gegenwärtigen Lage und der Perspektive.

Es geht um eine ganz kontinuierliche Weiterentwicklung der polytechnischen Bildung, der Produktionsarbeit der Schüler, um eine noch sinnvollere und zweckmäßigere Vorbereitung der Schüler auf ihre zukünftige berufliche Tätigkeit in unserer hochentwickelten Produktion.

Dabei gehen wir davon aus, daß eine moderne Berufsausbildung, wie überhaupt jede spezielle Ausbildung, eine hohe Qualität der Allgemeinbildung, vor allem der mathematischen und naturwissenschaftlichen sowie polytechnischen Bildung, verbunden mit produktiver Arbeit, voraussetzt.

Die Weiterentwicklung der Berufsausbildung an den EOS hängt mit dem Aufbau der neuen Abiturstufe zusammen und wurde bereits im Gesetz entsprechend formuliert. Aber auch hier gehen wir nicht vom Prinzip der polytechnischen und berufsvorbereitenden Ausbildung und schon gar nicht von dem Prinzip der Verbindung von Unterricht und produktiver Arbeit ab, wobei nach wie vor die Betriebe und Genossenschaften die entsprechende Grundlage darstellen.

In der Westpresse liest sich das natürlich etwas anders. Hier werden dem uninformierten Bürger der „formierten" Gesellschaft Märchen erzählt.

So überschreibt der „Telegraf" vom 1. 5. 1966 einen Artikel: „Sozialistische Arbeitserziehung war ein Mißerfolg – Zonenschüler dürfen jetzt aufatmen".

Einige Kostproben daraus: „Viele Abiturienten in Mitteldeutschland werden sich künftig nicht mehr an einem oder anderen Tagen in der Woche die Hände an der Werkbank oder auf einer Baustelle schmutzig machen." „Inzwischen hat man in Ostberlin eingesehen, daß die sozialistische Arbeitserziehung, die den Betrieben viel Arbeit ... einbrachte, wenig oder keinen Gewinn bringt."

„Die Illusion, mit Hilfe der Schüler Produktionslücken schließen zu können, hatte sich schnell zerschlagen."

Und so geht es weiter.

Unser Gegner wird immer schreien, vor allem, wenn wir etwas Gutes machen. Das hat uns noch nie aus der Ruhe gebracht. Wir entwickeln systematisch, entsprechend der marxistischen Theorie, die polytechnische Bildung weiter. Trotz vieler komplizierter Fragen ist die Entwicklung auch auf diesem Gebiet ein kontinuierlicher Prozeß. Und gerade weil wir vom Prinzip der Kontinuität ausgehen, legt der Beschluß ein schrittweises Vorgehen über einen längeren Zeitraum fest.

Die inhaltlichen Veränderungen der Pläne für die oberen Klassen gewährleisten, daß alle guten Erfahrungen der bisherigen Arbeit im polytechnischen Unterricht der 9. und 10. Klassen sowie der beruflichen Grundausbildung aufgefangen und sinnvoll verknüpft und kombiniert werden.

Der Begriff berufsvorbereitender polytechnischer Unterricht ist nicht zufällig. Er soll deutlich machen, daß es nach wie vor um den Zusammenhang von polytechnischer und beruflicher Bildung geht, allerdings nicht in einer solchen Weise, daß die Schule einfach die Funktion der Berufsausbildung übernimmt.

Die Verwirklichung dieses Beschlusses wird sich, wie schon gesagt, über einen langen Zeitraum erstrecken. Alle Maßnahmen zur inhaltlichen, materiellen und personellen Sicherung müssen gründlich vorbereitet werden.

Vor allem ist zu beachten:
– keine voreiligen Maßnahmen einleiten,
– keine subjektiven und willkürlichen Auslegungen zulassen,
– keine einseitigen Schritte gehen,
– ständig den Stand der Bildung und Erziehung im polytechnischen Unterricht kontrollieren und nichts dem Selbstlauf überlassen,
– gute Vorarbeit sichern und jeden Schritt exakt vorbereiten!

Es kommt darauf an, auf das Neue zu orientieren und alle bisherigen guten Erfahrungen des polytechnischen Unterrichts und der beruflichen Grundausbildung zu nutzen.

Dieser Beschluß bildet die Grundlage zur weitsichtigen Führung des polytechnischen Unterrichts. Die einzelnen Maßnahmen müssen vor und bei ihrer Realisierung gründlich mit den Menschen, die sie betreffen, beraten werden bzw. sind ihnen sachkundig und überzeugend zu erläutern.

Im Mittelpunkt der Leitungstätigkeit muß die Aufgabe stehen, den polytechnischen Unterricht in den Klassen 9 bis 10 mit höchster Qualität zu führen. Das gilt auch für die berufliche Grundausbildung dort, wo sie weiter stattfindet, und die Berufsausbildung an den EOS. Im Interesse einer kontinuierlichen Entwicklung sind wir dafür, daß vom Inhalt her Schritt für Schritt die beiden nebeneinander bestehenden Formen, polytechnischer Unterricht in den 9. und 10. Klassen und berufliche Grundausbildung, zur einheitlichen berufsvorbereitenden polytechnischen Ausbildung vereinigt werden.

Unsere Hauptaufgabe besteht darin, größte Anstrengungen zur Erhöhung der Qualität und Effektivität des polytechnischen Unterrichts zu unternehmen.

Voraussetzungen für einen guten Beginn der Arbeit mit den weiterentwickelten Lehrplänen, die wir in den nächsten Jahren einführen werden, sind:
– ständige Erhöhung der Qualität des polytechnischen Unterrichts nach den gegenwärtig gültigen Plänen,
– Einsatz der qualifiziertesten Lehrer und Betreuer und Bildung eines festen Stammes von Lehrern des polytechnischen Unterrichts,
– weitere große Anstrengungen zur Sicherung der materiellen Voraussetzungen für den polytechnischen Unterricht (Schaffung polytechnischer Kabinette, polytechnischer Zentren, Schülerproduktionsabteilungen).

Wenn auch die bisherige Entwicklung und Verbesserung der materiellen Voraussetzungen recht erfreulich sind (von 1965 bis 1966 allein eine Zunahme von 160 Schülerproduktionsabteilungen), so müssen wir doch erneut darauf hinweisen, daß die Zentralisierungsbestrebungen im polytechnischen Unterricht ökonomisch und pädagogisch gesichert sein müssen und vor allem Schule und Betrieb nicht voneinander entfernen, sondern einander näherbringen sollen.

Die Ergebnisse der polytechnischen Bildung und Erziehung in ihrer Gesamtheit beweisen, daß die planmäßige und wissenschaftliche Gestaltung des polytechnischen Unterrichts mit den präzisierten Lehrplänen richtig war und daß mit ihrer Erfüllung wichtige Bedingungen für die weitere systematische Entwicklung der polytechnischen Bildung für die Oberschule geschaffen werden.

Die Lehrpläne haben sich bewährt. Sie sind realisierbar und sichern die systematische Aneignung von Kenntnissen, Fertigkeiten und Fähigkeiten.

Neue Organisationsformen des polytechnischen Unterrichts (Polytechnische Kabinette, Schülerproduktionsabteilungen, Polytechnische Zentren usw.) erhöhen das Niveau der Ausbildung. Lern- und Arbeitsaufträge intensivieren den polytechnischen Unterricht. Sie werden aber noch zuwenig angewendet.

Es zeigt sich, daß vielfältige Anstrengungen zur stärkeren theoretischen Durchdringung der praktischen Tätigkeit unternommen werden.

Im Werkunterricht der Klassen 4 bis 6 setzt sich das Neue dabei immer mehr durch, und Handwerkelei und alte Auffassungen vom Werken werden erfolgreich überwunden.

In den Klassen 1 bis 3 geht es aber noch zu langsam voran. Arbeiten und Lernen müssen auch hier in ein ausgewogenes Verhältnis gebracht werden. Insgesamt aber entwickeln sich der Werk- und Schulgartenunterricht auf der Grundlage der neuen Anforderungen zum echten polytechnischen Unterricht.

Viele Lehrer und Betreuer bemühen sich, durch Lern- und Forschungsaufträge die produktive Arbeit der Schüler stärker theoretisch zu durchdringen. Damit entwickeln sie das technisch-ökonomische Denken ihrer Schüler. Davon zeugen zahlreiche Neuerervorschläge und Exponate der Schüler auf den Messen der Meister von morgen.

Ein solch interessanter und problemreicher polytechnischer Unterricht bereitet die Schüler auf ihren späteren Beruf vor und erleichtert ihnen die Berufsfindung.

Solche guten Ergebnisse und eine echte Verbindung von Schule und Leben, von Unterricht und produktiver Tätigkeit der Schüler werden vor allem dort erreicht, wo die Zusammenarbeit zwischen den Betrieben und den Oberschulen des Einzugsbereiches planmäßig entwickelt und auf die Hauptaufgaben bei der Verbesserung der sozialistischen Erziehung und der Erhöhung der Qualität des polytechnischen Unterrichts konzentriert wird.

Von entscheidender Bedeutung für die weitere Verbesserung des polytechnischen Unterrichts ist es erstens, die Verbindung von Schule und Betrieb weiter zu festigen und zweitens einen festen Stamm von Lehrern und Fachkräften der Betriebe für den polytechnischen Unterricht zu schaffen.

Die Betriebe und Genossenschaften sind unsere entscheidenden Verbündeten und Helfer bei der Sicherung einer hohen Qualität des polytechnischen Unterrichts.

Im Zusammenhang mit der Entwicklung zentraler Einrichtungen der polytechnischen Ausbildung werden zwei Tendenzen sichtbar. Erstens gibt es Schuldirektoren, die in dem Maße, wie Betriebe die materiellen und personellen Voraussetzungen für den polytechnischen Unterricht festigen, diesem wichtigen Gebiet der sozialistischen Erziehung immer weniger Aufmerksamkeit schenken. Weil alles gut läuft, glauben sie, daß ständige Kontrolle und pädagogische Hilfe nicht mehr notwendig sind.

Die andere Tendenz ist, daß sich zentrale Einrichtungen für den polytechnischen Unterricht verselbständigen und dadurch die Verbindung zum Betrieb verlorengeht. Es muß mit allem Nachdruck gesagt werden, daß die Verantwortung für die materielle und personelle Sicherung des polytechnischen Unterrichts bei den Betrieben liegen muß. Das gilt auch für den Leiter solcher Einrichtungen.

Diese generelle Regelung wurde in den neuen Beschlüssen zum polytechnischen Unterricht erneut unterstrichen.

Natürlich ergeben sich bestimmte Probleme, zum Beispiel durch die Zentralisierung des polytechnischen Unterrichts. Einige Schulräte meinen, daß man diese Probleme mit Strukturfragen und Statuten lösen kann. Sicher muß eine klare Ordnung bestehen, aber ebenso sicher ist, daß zentrale Weisungen die Vielfalt der Probleme nicht lösen können, die sich aus der Verbindung von Schule und Betrieb ergeben.

Unsere Anstrengungen zur weiteren Erhöhung der Qualität des polytechnischen Unterrichts und seiner weiteren Entwicklung werden jedoch nur dann zum vollen Erfolg führen, wenn wir es verstehen, das fachliche und pädagogische Wissen und Können der Lehrer und Betreuer zu erhöhen.

Einige Schulräte machen es sich bei der Planung und beim Einsatz der Lehrer recht leicht. Weil nach ihrer Meinung der polytechnische Unterricht im Betrieb gut läuft, setzen sie die Lehrer mit einer Ausbildung für Polytechnik in anderen Fächern ein.

Diese Praxis trägt nicht zur Erhöhung der Qualität bei und hindert uns, die jährlich in zunehmender Anzahl von den Lehrerbildungseinrichtungen abgehenden Lehrer für den polytechnischen Unterricht zweckmäßig einzusetzen.

In den Kreisen und Bezirken, in denen die Abteilungen Volksbildung diese Aufgabe langfristig planen und richtig in Angriff nehmen, wurden bereits gute Ergebnisse erreicht.

Ich glaube, liebe Genossen, jedem wird bei diesen Bemerkungen zum polytechnischen Unterricht klargeworden sein, daß trotz guter Erfolge kein Anlaß besteht, diesem wichtigen Gebiet unserer Schule geringere Aufmerksamkeit zu widmen. Die klassenmäßige Erziehung unserer Schüler verlangt, die fast ideal zu nennenden Möglichkeiten der Einbeziehung der Betriebe und Genossenschaften, der Arbeiter und Bauern in diese verantwortungsvolle Aufgabe noch überlegter und zielstrebiger zu nutzen.

Es liegt im Wesen unserer sozialistischen Gesellschaftsordnung, daß der Prozeß der sozialistischen Bildung und Erziehung immer mehr alle Lebensbereiche und Tätigkeiten unserer Mädchen und Jungen durchdringt und von allen Kräften bewußt angestrebt wird, die für die sozialistische Persönlichkeitsentwicklung der Jugend in unserer Republik die Verantwortung tragen. Darin liegt einer der großen Vorzüge unserer Gesellschaftsordnung. Dieser Prozeß wird um so erfolgreicher sein, je besser es die Schulfunktionäre und Pädagogen verstehen, alle an der Bildung und Erziehung unserer Jugend beteiligten Menschen zum tiefen Verständnis der Ziele und des Inhalts unserer Bildungs- und Erziehungsarbeit zu führen.

In der zentralen Aufgabenstellung haben wir in Übereinstimmung mit den objektiven Entwicklungsbedingungen die Ziele und höheren Maßstäbe für die Weiterentwicklung der staatsbürgerlichen Erziehung gesetzt. Ihr Grundanliegen ist es, unsere Schüler zu einem festen marxistisch-leninistischen Klassenstandpunkt, zu aufrechten und bewußten Kämpfern für den Sozialismus zu erziehen. Um diese Grundfrage geht es bei all unseren Überlegungen.

Wir setzen damit kein neues Ziel. Diese Aufgabe ist bereits im Parteiprogramm festgelegt. Dabei gehen wir von der Realität der Klassenkampfbedingungen aus. Mit den Problemen des Kampfes in Deutschland werden die Schüler tagtäglich konfrontiert und müssen sich damit auseinandersetzen.

Es liegt im Interesse der Gesellschaft und im Interesse der Schüler selbst, daß sie den politischen, ideologischen und sozialen Inhalt unserer Kampfbedingungen erkennen lernen und sich dazu einen festen unerschütterlichen Klassenstandpunkt bilden. Wir, die Pädagogen, und unsere gesamte Gesellschaft haben die Pflicht, ihnen dabei zu helfen.

Es gilt, die Jugend zum Klassenstandpunkt zu erziehen, zur Unversöhnlichkeit gegenüber allen Versuchen, ihr Gefühl für die Schärfe des Klassenkampfes abzustumpfen. Das ist eine komplizierte und schwierige Aufgabe, weil unsere Mädchen und Jungen schon im Sozialismus geboren wurden und nicht immer unmittelbar die harten Klassenauseinandersetzungen mit dem brutalen und aggressiven imperialistischen Gegner erkennen.

Es geht bei der weiteren Entwicklung der staatsbürgerlichen Erziehung unserer Schuljugend nicht um ein Mehr an Maßnahmen, sondern um tiefgründige Veränderungen im Bewußtsein und Verhalten unserer Schüler. Es geht um die Entwicklung klarer und eindeutiger, bewußter und emotional-ethischer Beziehungen zu unserem Staat, zur Arbeiterklasse und ihrer revolutionären Kampfpartei. Es geht um eindeutige, vorbehaltlose Parteinahme für den Sozialismus und leidenschaftlichen Kampf für alles, was ihm dient, und gegen alles, was ihm entgegenwirkt.

Im Ergebnis des umfassenden Prozesses der sozialistischen Erziehung und Bildung muß unsere Jugend in geistiger und körperlicher Hinsicht fähig und bereit sein, alle Anforderungen der Gesellschaft zu erfüllen. Dazu gehört auch die Bereitschaft, die Heimat mit der Waffe gegen alle Anschläge des Imperialismus zu verteidigen. Unsere Schüler müssen wissen: Wer sind die Freunde und wer sind die Feinde unseres Volkes?

Genosse Walter Ulbricht hat auf dem II. Plenum die Hauptgesichtspunkte für die weitere Entwicklung der staatsbürgerlichen Erziehung hervorgehoben, indem er sagte: „Die Heranbildung sozialistischer Persönlichkeiten verlangt, den gesamten Erziehungsprozeß der Jugend – in der Schule und in der Gesellschaft – so zu gestalten, daß die Jugend sich die revolutionären Erfahrungen aneignet und durch die Teilnahme am Kampf unseres Volkes für Frieden und Sozialismus, gegen den deutschen Imperialismus zu Kämpfern für die Sache der Arbeiterklasse und zu guten Patrioten der DDR erzogen wird."[4]

Damit wird die Richtung gewiesen, die wir einschlagen müssen, um unsere Schüler so zu erziehen, daß sie Partei ergreifen für das Neue, für den Sozialismus, für unsere Republik und dafür bewußt, ordentlich und diszipliniert lernen. Diese Hauptgesichtspunkte liegen der „Aufgabenstellung zur weiteren Entwicklung der staatsbürgerlichen Erziehung der Schuljugend" zugrunde.

Eine besondere Aufgabe in diesem Prozeß haben die Freie Deutsche Jugend und ihre Pionierorganisation zu lösen. Sie sind die engsten Verbündeten der Pädagogen bei der allseitigen Entwicklung sozialistischer Persölichkeiten.

Die Erziehung klassenbewußter und aktiver junger Sozialisten ist ohne die FDJ und ihre Pionierorganisation nicht denkbar. Geht es doch gerade darum, unsere Mädchen und Jungen schon frühzeitig zu befähigen, sich politisch zu bekennen, zu organisieren und im Kollektiv gleichgesinnter, lebensbejahender junger Menschen nach besten Kräften am Aufbau des Sozialismus teilzunehmen.

Die Feststellung Lunatscharskis, daß wir die sozialistische Jugend- und Kinderorganisation an unserer Schule erfinden müßten, wenn es sie nicht gäbe, hat in unserer Zeit an Bedeutung gewonnen.

---

[4] W. Ulbricht: Probleme des Perspektivplanes bis 1970. Referat auf der II. Tagung des Zentralkomitees der SED. 15. bis 18. Dezember 1965. Dietz Verlag, Berlin 1966, S. 88.

Die FDJ und ihre Pionierorganisation sind ein wichtiges, unentbehrliches Bindeglied zwischen Schule und sozialistischem Leben, ein entscheidender, den Prozeß der sozialistischen Erziehung mitbestimmender gesellschaftlicher Faktor an unserer Schule. Die politische Organisation unserer Kinder und Jugendlichen ist eine gute Schule des Lebens. Sie ist Organisator des sozialistischen Schülerkollektivs und Träger der gesellschaftlichen Aktivität unserer Mädchen und Jungen. Wenn im Bericht des Politbüros an die 11. Tagung des Zentralkomitees der SED eingeschätzt wird, daß „ohne die Leistungen der FDJ ... die Erfolge der letzten zwanzig Jahre nicht möglich gewesen"[5] wären, trifft das auch voll und ganz auf die 20jährige erfolgreiche Entwicklung unserer sozialistischen Schule zu.

Von vielen Schulfunktionären, Lehrern und Erziehern wird schon richtig verstanden, daß die sozialistische Jugend- und Kinderorganisation ihr bester Verbündeter ist. Die vielen guten Initiativen und Taten der Pioniere und FDJ-Mitglieder zu Ehren des 20. Jahrestages unserer Partei haben das erneut bestätigt.

Es werden immer mehr Oberschulen in unserer Republik, in denen sich ein neues Verhältnis zwischen Direktoren, Lehrern und Pionierleitern sowie zu den gewählten Leitungen der Jugend- und Kinderorganisation entwickelt. Dieses Verhältnis wird bestimmt von der gemeinsamen Verantwortung für die sozialistische Persönlichkeitsbildung der Mädchen und Jungen. Es entwickeln sich neue, sozialistische Beziehungen zwischen den politisch und pädagogisch erfahrenen Lehrern und ihren jungen Freunden.

Das ist eine wesentliche Ursache dafür, daß an diesen Schulen eine gute Atmosphäre des schöpferischen Lernens, der gegenseitigen Achtung und des gegenseitigen Vertrauens herrscht. Jeder fühlt sich in seiner Schule wohl und gibt für ihren guten Ruf sein Bestes. Jede Schule hat dabei ihr eigenes Gesicht. Das Gemeinsame aller dieser Schulen ist das vom einheitlichen Ziel und der gleichen Idee getragene schöpferische Wollen und Handeln des Schulkollektivs. Daher sind die Ergebnisse der staatsbürgerlichen Erziehung an diesen Schulen sehr nachhaltig und eindrucksvoll.

Die in der „Aufgabenstellung" geforderten höheren Maßstäbe an die FDJ und ihre Pionierorganisation werfen naturgemäß eine Reihe komplizierter Entwicklungsprobleme auf, die wir besonnen, Schritt für Schritt, lösen müssen.

Die „Aufgabenstellung" fordert, daß die außerunterrichtliche Tätigkeit Inhalt des täglichen, vielseitigen, interessanten und fröhlichen FDJ- und Pionierlebens ist, daß sie von der FDJ- und ihrer Pionierorganisation geleitet wird, die das Schülerkollektiv organisiert.

Dazu gibt es gegenwärtig die verschiedensten Auffassungen. So wird zum Beispiel gefragt: „Ist denn die FDJ überhaupt in der Lage, diese Verantwortung zu übernehmen?" Oder: „Hat jetzt der Direktor nichts mehr zu sagen? Wird ihm die

---

[5] Bericht des Politbüros an die 11. Tagung des Zentralkomitees der Sozialistischen Einheitspartei Deutschlands. 15. bis 18. Dezember 1965. Berichterstatter: Genosse Erich Honecker. Dietz Verlag, Berlin 1966, S. 71.

Verantwortung abgenommen?" Es gibt auch Meinungen von Pädagogen, daß sie nun nicht mehr die Jugendorganisation unterstützen müssen. Andererseits gibt es auch Auffassungen bei Jugendfunktionären, daß die Lehrer nicht mehr hineinzureden haben, was FDJ- und Pionierarbeit betrifft.

Hier zeigt sich ein wichtiges Problem des pädagogischen Prozesses. Die politisch-ideologische Erziehung kann nur mit der Jugend, durch ihre aktive Einbeziehung in den Prozeß der sozialistischen Bewußtseinsentwicklung erfolgreich geführt werden. Das erfordert eine höhere Verantwortung aller Schulfunktionäre, Direktoren und Pädagogen gegenüber dem sozialistischen Jugendverband und seiner Pionierorganisation.

Sie besteht darin, kluger politischer und pädagogischer Leiter, Ratgeber und Helfer bei der Entwicklung eines vielseitigen, inhaltsreichen FDJ- und Pionierlebens zu sein. Das ist zugleich der Weg zur Festigung der FDJ- und Pionierkollektive an den Schulen. Er setzt ein echtes kameradschaftliches Verhältnis zwischen Schulräten und FDJ- und Pionierkreisleitungen, zwischen Direktoren und Pionierleitern und den gewählten Leitungen der Jugendorganisation, zwischen Klassenleitern und Gruppenleitung der FDJ bzw. Pioniergruppenrat voraus.

Wir erachten es als besonders wichtig, auf die Notwendigkeit eines neuen, von der gemeinsamen Verantwortung getragenen Verhältnisses zwischen Schulräten und Funktionären der Kreisleitungen der FDJ und ihrer Pionierorganisation, Direktoren und Pionierleitern hinzuweisen.

Hierbei geht es um ein solches Verhältnis zwischen dem verantwortlichen Leiter der Schule und dem Funktionär des sozialistischen Jugendverbandes, das von gegenseitiger Achtung, Kameradschaft und Anerkennung getragen ist. Der Pionierleiter hat eine große Verantwortung. Der Direktor muß ihm ein guter politischer und pädagogischer Ratgeber sein.

Auch vor den Leitungen der FDJ stehen viele neue Fragen, die wir gemeinsam in kameradschaftlicher Zusammenarbeit lösen helfen müssen.

Worauf kommt es in der Vorbereitung des neuen Schuljahres an?

Der Zentralrat der FDJ hat zur Verwirklichung des Inhalts der „Aufgabenstellung" den FDJ-Grundorganisationen und Pionierfreundschaften einen Auftrag für das Schuljahr 1966/67 erteilt. Er orientiert die Schuljugend darauf, in Vorbereitung auf den 20. Jahrestag der Gründung der DDR hohe Leistungen im Unterricht und in der gesamten FDJ- und Pionierarbeit zu vollbringen.

Um die im FDJ- und Pionierauftrag gestellten Aufgaben zu erfüllen, ist das enge Zusammenwirken der Organe für Volksbildung mit den Leitungen der FDJ und ihrer Pionierorganisation in den Bezirken und Kreisen, der Direktoren und aller Pädagogen mit den gewählten Leitungen der FDJ-Organisationen und mit den Pionierräten unbedingt erforderlich.

In Vorbereitung des neuen Schuljahres müssen wir bei allen Pädagogen ein tiefes Verständnis dafür erreichen, warum die politisch-ideologische Erziehung weiterentwickelt werden muß. Es geht darum, die „Aufgabenstellung" als wichtiges Mittel zu nutzen, um in allen Pädagogenkollektiven Klarheit über den gesellschaftlichen Auftrag der Lehrer bei der Verwirklichung der Ziele des Gesetzes über das einheitliche sozialistische Bildungssystem zu erreichen.

Für die Führungstätigkeit der Kreisschulräte ist es wichtig, die Probleme und Meinungen der Direktoren zur „Aufgabenstellung" und das, was sie in ihrer Schule dazu veranlaßt haben, gründlich zu kennen und auszuwerten.

Ein Teil der Direktoren geht von dem richtigen Verständnis der Komplexität der Aufgaben des II. Plenums aus und ordnet die „Aufgabenstellung" als wichtiges Mittel und Kettenglied zur Verwirklichung des Gesetzes über das einheitliche sozialistische Bildungssystem ein. Diese Direktoren verstehen die „Aufgabenstellung" richtig als wichtige Grundlage für die Führung des kontinuierlichen Prozesses der sozialistischen Bildung und Erziehung, indem sie sinnvoll am Erreichten anknüpfen und klug überlegen, welche Schritte und Maßnahmen an der Schule notwendig sind, um höhere Ergebnisse zu erreichen. Deshalb gehen sie auch ruhig und besonnen an die Arbeit. Sie beraten zuerst mit allen an der Erziehung Beteiligten die Notwendigkeit der Verstärkung der staatsbürgerlichen Erziehung im Zusammenhang mit den politisch-ideologischen Grundfragen unserer Zeit.

An diesen Schulen wird der Stand gewissenhaft eingeschätzt und überlegt, was zu tun ist und wie es getan werden soll, um die staatsbürgerliche Erziehung als Prozeß zu führen. Diese Überlegungen werden dann als Zielstellungen und Maßnahmen in den Jahresarbeitsplan der Schule aufgenommen.

Manche Direktoren leiten aber sofort viele unüberlegte organisatorische Maßnahmen ein, so daß die staatsbürgerliche Erziehung Aktionscharakter erhält. Das führt dazu, daß es an solchen Schulen oftmals nur bei Veranstaltungen mit viel Geschäftigkeit und äußeren Effekten bleibt. Das verwirrt viele Lehrer und führt zu Unzufriedenheit.

Es gibt auch einige Direktoren, die die „Aufgabenstellung" nur zur Kenntnis genommen haben und sie an Staatsbürgerkundelehrer und Pionierleiter „zuständigkeitshalber" weiterleiteten.

In wenigen Fällen haben wir auch die Meinung von Direktoren angetroffen, daß die „Aufgabenstellung" für sie nicht zutreffend wäre, da an ihrer Schule schon alles in Ordnung sei. Diese Erscheinungen unterstreichen die Notwendigkeit, daß die Kreisschulräte und ihre pädagogischen Mitarbeiter unmittelbar an den Schulen helfen; Seminare und Direktorenkonferenzen allein reichen nicht mehr aus. Einige Direktoren fordern nachdrücklich die Entwicklung eines zentralen Erziehungsprogramms, in dem Ziele und Tätigkeiten für die sozialistische Erziehung in den einzelnen Klassenstufen der Erziehung festgelegt sind.

Wir vertreten folgenden Standpunkt:

Der Bildungs- und Erziehungsprozeß ist abhängig von den gesellschaftlichen Anforderungen einerseits, aber zugleich auch von den konkreten Bedingungen und Voraussetzungen, die in jeder Schule und in jeder Klasse unterschiedlich sind.

Der Versuch, losgelöst von den konkreten Bedingungen Ziele und Tätigkeiten der sozialistischen Erziehung in einem zentralen Programm zu regeln, erweist sich als unmöglich, weil dies zwangsläufig zum Schematismus und Formalismus führt.

Gerade der Prozeß der sozialistischen Erziehung fordert wie kein anderer die schöpferische Initiative der Pädagogen heraus. Ein zentrales Erziehungsprogramm, das zeigen die Erfahrungen, widerspricht dem.

Eine Ursache für die erhobene Forderung nach einem Erziehungsprogramm sehen wir im rezepthaften Denken einiger Pädagogen und Direktoren. Unsere besten Schulen beweisen, daß das tiefe Geheimnis ihrer Erfolge in einer klugen Führung besteht, die das schöpferische Mitdenken aller Pädagogen ständig neu stimuliert. Zum anderen gibt es Erscheinungen, daß – im Bemühen, bessere Erziehungsergebnisse zu erreichen – selbständige Erziehungspläne neben dem Schuljahresarbeitsplan erarbeitet werden.

Wenn das auch in bester Absicht geschieht, so halten wir einen solchen Weg nicht für richtig, weil hier die Gefahr sehr nahe liegt, den einheitlichen Prozeß der Bildung und Erziehung zu trennen. Dazu kommt, daß die Ausarbeitung solcher speziellen Erziehungspläne sehr zeitaufwendig, in der praktischen Arbeit aber wenig effektiv ist, die Kräfte bindet und sie von der konkreten Arbeit abhält.

Ich möchte eindeutig sagen:

Das grundlegende Dokument zur Planung des einheitlichen Bildungs- und Erziehungsprozesses ist der Arbeitsplan der Schule, in dem die perspektivischen Überlegungen des Pädagogenkollektivs ihren konkreten Niederschlag finden müssen.

Wir haben in Vorbereitung des neuen Schuljahres die Frage zu stellen: Werden die Einrichtungen des ganztägigen Bildungs- und Erziehungsprozesses ihrer Funktion gerecht, welche Probleme treten auf und was ist zu tun, um die Schulhorte auf die Höhe der Aufgaben zu bringen?

Zweifellos sind wir in einer Reihe von Schulhorten einen Schritt weitergekommen.

In manchen Tagesklassen entwickelt sich eine gute Gemeinschaftsarbeit zwischen Klassenleiter und Erzieher. Mit viel Ideenreichtum und großer Initiative werden die günstigeren pädagogischen Bedingungen in den Tagesklassen genutzt.

An verschiedenen Schulen wurde unter Leitung qualifizierter Kräfte ein interessantes und vielseitiges Leben organisiert. Damit lösten sich die Erzieher von der engen Gruppentätigkeit und ermöglichten ihren Schülern schöne, freudvolle und gesellschaftlich nützliche Tätigkeiten.

Das Lernen im Unterricht wird durch Leistungsvergleiche, Olympiaden, Spielnachmittage, Buchbesprechungen, Exkursionen, Pionierfeste, Filmveranstaltungen usw. gut unterstützt. Die Anfertigung der Hausaufgaben wird immer mehr zu einem planmäßigen Prozeß, den der Erzieher in Übereinstimmung mit dem Klassenleiter steuert.

Gute Fortschritte in der Tageserziehung werden dort erreicht, wo die Abteilung Volksbildung den Inhalt der pädagogischen Arbeit in den Tagesklassen und

-gruppen zielstrebig führt. Dazu leisten die Arbeitsgruppen „Erzieher" einen wichtigen Beitrag, indem sie für die einzelnen Abschnitte des Schuljahres inhaltliche Orientierungen ausarbeiten.

Dieser positiven Einschätzung steht gegenüber, daß an der Mehrzahl unserer Schulen die Qualität der Bildungs- und Erziehungsarbeit in den Schulhorten nicht befriedigen kann. Es ist an der Zeit, daß sich jeder Kreisschulrat und jeder Direktor kritisch mit der Situation im Schulhort auseinandersetzt; denn ohne zielstrebige Verbesserung der Arbeit im Schulhort sind die im Gesetz über das einheitliche sozialistische Bildungssystem gestellten Aufgaben, besonders in der Unterstufe, nicht zu lösen.

Noch immer versäumen es Abteilungen Volksbildung und Direktoren, die Entwicklung und inhaltliche Gestaltung der Tageserziehung zielstrebig zu führen und exakt zu kontrollieren. Schule und Hort bilden faktisch zwei getrennte Institutionen. Obwohl beide Einrichtungen eine Einheit bilden müßten, kann man von zwei Pädagogenkollektiven sprechen, zwischen denen es oft keine vernünftige, fruchtbringende Zusammenarbeit gibt.

Bei der inhaltlichen Gestaltung des pädagogischen Prozesses sowie im Tages- und Wochenablauf vieler Horte gibt es ernste Anzeichen einer schematischen Arbeitsweise. Das Leben der Kinder besteht vorwiegend in der Anfertigung der Hausaufgaben, in einigen Gruppenbeschäftigungen und im sogenannten freien Spiel. Die Mängel, die fehlerhafte Gestaltung des ganztägigen Bildungs- und Erziehungsprozesses, bestehen vor allem darin:

- Es gibt keine gemeinsamen, auf die Entwicklung des Kollektivs und der sozialistischen Schülerpersönlichkeit gerichteten pädagogischen Vorhaben der Lehrer und Erzieher;
- in der außerunterrichtlichen Tätigkeit werden die vielfältigen Neigungen, Interessen und Bedürfnisse der Schüler nicht berücksichtigt;
- der Pioniergruppe wird nicht der entsprechende Platz eingeräumt, sie wird nicht zum Zentrum des Kollektivs entwickelt;
- es wird auf feste kollektive Normen des Zusammenlebens in der Tagesklasse und -gruppe verzichtet. Dadurch herrschen Durcheinander und Unordnung.

Weiterhin gibt es ernsthafte Versäumnisse bei der Einhaltung der schulhygienischen Minimalforderungen. In den Anfangsklassen gibt es zur Zeit nicht wenige Fälle, wo keine Mittagsruhe gewährleistet ist und Spaziergänge und Bewegungen an der frischen Luft nicht regelmäßig durchgeführt werden.

Es braucht sich niemand zu wundern, wenn dann bei Schülern Disziplinschwierigkeiten, Nervosität, Unlust und mangelnde Leistungsbereitschaft auftreten. Verständlicherweise sind auch viele Eltern dadurch mit der Arbeit des Hortes unzufrieden.

Eine wesentliche Ursache für die Mängel in den Schulhorten liegt im gegenwärtigen Ausbildungsstand vieler Erzieher.

Die Lösung des Problems kann nur in der richtigen Gestaltung des ganztägigen pädagogischen Prozesses bestehen. Es muß uns gelingen, ein vielseitiges, interessantes und gesellschaftlich nützliches Leben im Schülerkollektiv zu entwickeln, das eine optimistische und freudvolle Atmosphäre für die Kinder im Schulhort schaffen hilft. Worauf kommt es jetzt an?

Der Kreisschulrat muß sichern, daß die pädagogische Arbeit in den Tagesklassen und -gruppen an den Oberschulen durch eine exakte Aufgabenstellung und straffe Leitung systematisch verbessert wird. Es ist notwendig,
– die Anleitung und Kontrolle der Arbeit in den Schulhorten vom Kreis über die Direktoren vorzunehmen und ihre Verantwortung zu erhöhen,
– die Fachkonferenzen der Erzieher gründlich auszuwerten und konkrete Maßnahmen zur Verbesserung der Arbeit festzulegen,
– das Studium der besten Erfahrungen systematisch zu entwickeln.

Die systematische Qualifizierung der Erzieher ist der wichtigste Schritt bei der Verbesserung der pädagogischen Arbeit in den Schulhorten. Dazu werden wir in nächster Zeit ein festes System der Aus- und Weiterbildung der Erzieher einführen.

Zur Verbesserung der Bildungs- und Erziehungsarbeit in den Tagesklassen und -gruppen muß der Direktor seine Verantwortung gegenüber den Schulhorten voll wahrnehmen.

Dazu gehört
– die einheitliche Planung, Analyse und Kontrolle des pädagogischen Prozesses im Unterricht und im Schulhort,
– die ständige Anleitung, Kontrolle und Qualifizierung der Erzieher in ihrer pädagogischen Arbeit,
– die Entwicklung einer engen Gemeinschaftsarbeit zwischen den Lehrern und Erziehern,
– die Sicherung einer straffen Ordnung und Disziplin im Schulhort und die strikte Einhaltung der schulhygienischen Minimalforderungen.

Des weiteren muß auf dem Gebiet der Hausaufgaben Ordnung geschaffen werden. Es geht nicht mehr an, daß unüberlegt Hausaufgaben erteilt werden.

Vom Lehrer wird erwartet, daß er sich mit den Arbeitsbedingungen seiner Schüler im Schulhort gründlich vertraut macht und gemeinsam mit dem Erzieher Maßnahmen für die Gestaltung und Anfertigung der Hausaufgaben festlegt.

Der Erzieher muß seine wichtigste Aufgabe darin sehen, für seine Schüler eine ordentliche Arbeitsatmosphäre zu schaffen, damit sie in Ruhe selbständig ihre Hausaufgaben lösen können.

Besondere Aufmerksamkeit muß künftig der Entwicklung von Tagesklassen geschenkt werden. Es ist doch sinnvoll, dort, wo die Voraussetzungen gegeben sind, die Schüler einer Klassenstufe zu einer Tagesklasse zusammenzufassen. Sonst wird es dem Erzieher nahezu unmöglich gemacht, einen vernünftigen Erziehungsprozeß nach dem Unterricht zu gestalten; denn durch die unterschiedlichen Stundenpläne tritt ein ständiges Kommen und Gehen der Schüler ein.

An nicht wenigen Schulen wird die pädagogische Arbeit in den Schulhorten auch durch ungünstige materielle und räumliche Bedingungen erschwert. In diesen Fällen müssen gemeinsam mit den örtlichen Organen und den Betrieben alle Reserven und Möglichkeiten erschlossen werden, um die Lage in den Schulhorten zu verbessern. Dazu ist es notwendig, daß im Rahmen der Schulbegehung die Elternbeiräte und Direktoren die Lage im Hort gründlich untersuchen und entsprechende Vorschläge zur Veränderung ausarbeiten.

Diese Vorschläge sind von der Abteilung Volksbildung dem Rat des Kreises zu unterbreiten.

Dem Rat muß eine konkrete Einschätzung der Situation in den Schulhorten übergeben werden.

Die Maßnahmen und Schritte der Abteilung Volksbildung zur Verbesserung des Inhalts der pädagogischen Arbeit sind darzulegen und Vorschläge zur Schaffung der notwendigen materiellen und räumlichen Voraussetzungen für die Schulhorte zu unterbreiten.

Im Schuljahr 1966/67 muß durch die Schulräte eine kontinuierliche Zusammenarbeit mit den Eltern gesichert werden. Die Schulräte und Direktoren sollten sich besonders auf die Unterstützung der Eltern und Erzieher für die Durchführung qualifizierter Elternversammlungen und Elternbesuche konzentrieren, um immer mehr Eltern für die Mitarbeit zu gewinnen und ihnen die Unterstützung für die sozialistische Erziehung in der Familie zu geben, die sie wünschen.

Zur Vorbereitung der im Frühjahr 1967 stattfindenden Elternbeiratswahlen ist eine kontinuierliche Anleitung der Vorsitzenden der Elternbeiräte in jedem Kreis erforderlich. Von einer langfristigen Vorbereitung wird es abhängen, ob die Wahlen zu den Elternbeiräten Höhepunkte einer kontinuierlichen Arbeit mit den Eltern werden.

Wie wir die Direktoren befähigen, die Schulen richtig zu leiten, das ist die Kardinalfrage unserer Arbeit.

Die Partei weist immer wieder auf die entscheidende Bedeutung der Arbeit mit den Menschen bei der Verwirklichung des umfassenden Aufbaus des Sozialismus auf allen Gebieten hin. Die Arbeit unserer besten Direktoren und Schulräte beweist, daß in der richtigen Führung der Menschen, der Pädagogenkollektive das Hauptkettenglied für die erfolgreiche Lösung der Aufgaben liegt.

Von den fortgeschrittensten Erfahrungen bei der Leitung der Schule müssen wir ausgehen, wenn wir uns die Frage beantworten, wie wir im neuen Schuljahr leiten müssen, um überall eine hohe Qualität in der pädagogischen Arbeit zu sichern. An vielen Schulen wirken erfahrene Direktoren mit großen politischen, pädagogischen und organisatorischen Fähigkeiten. Sie leisten eine hervorragende Arbeit mit den Lehrern.

Was kennzeichnet die Arbeit guter Direktoren?

– Sie kennen die Arbeitsergebnisse ihrer Lehrer und gehen in der Arbeit mit ihnen davon aus.

– Sie arbeiten richtig mit den Beschlüssen und konzentrieren sich bei ihrer Verwirklichung auf die Entwicklung des sozialistischen Bewußtseins aller Pädagogen.

– Diese Direktoren nutzen die Erfahrungen ihrer besten Lehrer, übertragen ihnen Verantwortung und beziehen sie unmittelbar in den Leitungsprozeß ein.
– Sie entwickeln die politische und fachliche Hilfe für die einzelnen Lehrer in vielfältigen, differenzierten Arbeitsformen. Geschickt entwickeln sie die Fähigkeiten ihrer Kollegen und fügen sie zu einem einheitlich handelnden und geschlossenen Pädagogenkollektiv zusammen.
– Diese Direktoren verstehen es immer besser, die Kraft und Initiative des sozialistischen Jugendverbandes zu entwickeln und damit wesentliche Bedingungen für die Erhöhung der Bildungs- und Erziehungsergebnisse zu schaffen. In gleicher Weise arbeiten sie eng mit allen anderen an der Erziehung beteiligten Kräften, vor allem den Eltern, zusammen.
– Zur Arbeitsweise dieser Direktoren gehört eine enge Zusammenarbeit mit dem Sekretär bzw. der Leitung der Schulparteiorganisation. Das sichert dem Direktor bei der Verwirklichung seiner Aufgaben die ganze Kraft und Unterstützung der Schulparteiorganisation.

Wir wissen alle, daß diese Qualität in der Führung durch die Direktoren in den Kreisen bisher nur in einigen Schulen erreicht wird.

Was hemmt uns?

Auf dem 7. Plenum wurde klar gesagt, daß die tatsächlichen Leistungen, die sichtbaren Ergebnisse im Wissen, Können und Verhalten der Schüler der Maßstab für die Arbeit im Bildungswesen sind. Die Lage an vielen Schulen ist aber heute noch so, daß ihre Direktoren den Stand der Bildungs- und Erziehungsarbeit nicht exakt kennen. Sie gehen bei der Arbeit mit den Lehrern noch nicht immer von den konkreten Ergebnissen, den Unterrichtsergebnissen, aus. Aber hier gerade findet der Direktor die Ansatzpunkte für die differenzierte, politisch-pädagogische Arbeit mit seinen Lehrern. Trotz der Bemühungen vieler Direktoren um eine differenzierte Arbeit mit den Lehrern kann das individuelle Eingehen auf die vielfältigen Probleme der verschiedenen Kollegen noch immer nicht befriedigen.

Vielfach beschränkt sich die Kontrolle der Unterrichtsarbeit auf einige Hospitationen und das einseitige Registrieren negativer Leistungen.

Daraus allein können sich jedoch die Direktoren kein genügendes Bild über die tatsächliche Lehrplanerfüllung machen und deshalb auch nicht die konkreten Maßnahmen zur Befähigung der einzelnen Lehrer für eine bessere Bildungs- und Erziehungsarbeit ableiten.

Die vorhandenen Möglichkeiten, wie die Auswertung der Kontroll- und Klassenarbeiten, das individuelle Gespräch mit dem Lehrer über seine Unterrichtserfahrungen, die Arbeitsergebnisse der Fachzirkel, Fachkommissionen und Fachkonferenzen usw., werden noch viel zuwenig genutzt.

Ein grundlegender Mangel in der Unterrichtsführung besteht nach wie vor darin, daß die Ursachen für gute und schlechte Bildungs- und Erziehungsergebnisse sowie für die teilweise großen Unterschiede in den Arbeitsergebnissen der Lehrer nicht exakt untersucht und zur Grundlage der Arbeit mit den Lehrern durch den Direktor genommen werden. So stehen in manchen Schulen pädagogische Meisterschaft der einen Lehrer und pädagogisches Versagen der anderen lange Zeit nebeneinander, weil diese Direktoren nur ungenügend für die konkrete Auswertung der fortgeschrittensten Erfahrungen an ihrer Schule sorgen.

Nehmen wir ein Beispiel: In einer Berliner Oberschule erreichten einige Lehrer recht gute Unterrichtsergebnisse, während andere in den gleichen Klassen eine Vielzahl von Vieren und Fünfen erteilten. Das hat der Direktor bis zu den Halbjahreszeugnissen nicht gemerkt. Er deckte demzufolge die Ursachen nicht auf und konnte auch nicht rechtzeitig Maßnahmen einleiten.

Das zeigt, daß einige Direktoren die Möglichkeiten, zum Beispiel über die Schulleitung, die Klassenleiter und die Fachzirkel die Kontrolle zu organisieren, noch nicht nutzen.

In diesem Zusammenhang möchte ich mit Nachdruck auf eine solch ernste Tatsache hinweisen, daß verschiedene Lehrer einen unverantwortlichen Mißbrauch mit der negativen Zensur treiben und die Direktoren das dulden. Uns sind aus mehreren Kreisen Beispiele bekannt, wo Schüler im Halbjahreszeugnis ungerechtfertigt von bestimmten Fachlehrern schlechte Zensuren erhielten, weil diese Lehrer sich besondere Erfolge in der Erziehung mit dem Mißerfolgserlebnis versprechen bzw. weil sie für schlechtes Verhalten Leistungsnoten erteilen. Welche schädlichen Auswirkungen diese Praxis auf das Verhältnis der Schüler zur Schule, zum Lehrer und zum Lernen ausübt, müßte eigentlich jeder Pädagoge wissen.

In den meisten Schulen haben wir eine gute Ausstattung mit Lehr- und Lernmitteln. In unseren Kreisstellen für Unterrichtsmittel liegen Millionen Werte, die völlig ungenügend für die Intensivierung des Unterrichts genutzt werden. Das sind keine Entwicklungsprobleme, sondern unverständliche Mängel.

Wir haben auch den Eindruck, daß manche Direktoren die polytechnische Bildung und Erziehung unzureichend führen. Sie gehen nicht in die Betriebe, kontrollieren nicht die Qualität der Ausbildung und kennen dadurch nicht den Stand der Lehrplanerfüllung.

So hatte der Direktor einer von uns überprüften Schule überhaupt keine Verbindung zum Betrieb, kümmerte sich nicht um den Unterrichtstag in der Produktion und wußte nicht, daß die Schüler im Betrieb Disziplinschwierigkeiten bereiten. Ihm war auch nicht bekannt, daß gar nicht lehrplangerecht unterrichtet wird. So ist es auch nicht verwunderlich, daß bei einer zentralen Kontrollarbeit des Ministeriums im Fach UTP die Schüler der 10. Klasse dieser Schule nicht eine einzige Aufgabe lösen konnten.

Oft wird auch nicht auf die Sicherung der elementarsten Voraussetzungen für einen gedeihlichen Unterricht geachtet. Es ist unverständlich, daß einige Kollegen für einfache Forderungen an die Ordnung und Sauberkeit keinen Blick haben.

Obwohl durch die Massenkontrolle vom August vorigen Jahres in einer Reihe Schulen grobe Verstöße gegen die Ordnung und Sauberkeit aufgedeckt wurden, sind sie zum Teil bis heute noch nicht beseitigt.

Wir wissen, daß die große Mehrzahl unserer Direktoren mit hohem Verantwortungsbewußtsein arbeitet, aber einige erfüllen ihre Aufgaben unzureichend, und darüber mußte hier gesprochen werden – nicht, damit wir mit diesen Direktoren schimpfen, sondern ihnen helfen, ihre Fehler zu überwinden.

Viel zu häufig werden aus Analysen und Einschätzungen immer neue Aufgabenstellungen, Empfehlungen und Hinweise pauschal für alle Schulen ausgearbeitet, und viel zuviel Kraft wird noch zur Ausarbeitung von papiermäßigen Anleitungen verbraucht. Damit helfen wir aber dem einzelnen Direktor nicht, mit seinen Problemen fertig zu werden.

Vielmehr müssen wir immer wieder die Verwirklichung der Hauptaufgaben an den einzelnen Schulen gründlich einschätzen und bei ihrer weiteren Verwirklichung konkret helfen, die nächsten Schritte an den verschiedenen Schulen zu finden.

Für eine zielstrebige Führung des Unterrichts- und Erziehungsprozesses sind in den Schulen und Kreisen günstigere Bedingungen geschaffen worden. Es wurden Schulleitungen gebildet, die Fachkommissionen aufgebaut, Fachberater eingesetzt, Abminderungsstunden gewährt, die Abteilungen zweckmäßiger aufgebaut und Stellvertreterbereiche geschaffen.

Diese Möglichkeiten müssen alle Kreisschulräte noch besser zu nutzen verstehen. Wir müssen diese große Führungskraft voll darauf konzentrieren, den Schuldirektoren wirkungsvoll zu helfen, das Bildungs- und Erziehungsniveau an den Schulen weiter zu erhöhen.

Eine exakte Führung der Direktoren setzt voraus, daß wir immer besser lernen, die Ergebnisse der Arbeit real einzuschätzen, die Bedingungen, die den erreichten Erfolgen oder den vorhandenen Mängeln zugrunde liegen, gründlich zu analysieren, um zu einer überlegten, konkreten Aufgabenstellung und zur straffen Kontrolle ihrer Durchführung zu kommen. All das muß gewährleisten, daß wir an allen Schulen die den gesellschaftlichen Erfordernissen entsprechenden Ziele erreichen.

Wir müssen also in der Arbeit mit den Direktoren
1. von den tatsächlich erreichten Bildungs- und Erziehungsergebnissen ausgehen.

Wir können feststellen, daß wir es schon besser verstehen als in der Vergangenheit, die reale Lage an unseren Schulen zu beurteilen. Mancherorts werden dafür aber noch nicht alle vorhandenen Möglichkeiten genutzt.

Es werden oft noch zuviele zusätzliche Kontrollarbeiten geschrieben, und mit Analysen wird ein gewisser Kult getrieben. Das müssen wir im kommenden Schuljahr überwinden und noch besser die gegebenen Möglichkeiten, die uns für eine gründliche Einschätzung zur Verfügung stehen, ausschöpfen.

Dazu gehören zum Beispiel
– die Prüfungsergebnisse;
– die Ergebnisse zentraler Kontrollarbeiten;
– Arbeiten, die laut Lehrplan von den Lehrern in den Klassen zu schreiben bzw.

anzufertigen sind, und die Möglichkeit, einige davon im Kreismaßstab in einigen Klassenstufen einheitlich zu gestalten;
- die Auswertung der statistischen Unterlagen;
- die Hospitationsergebnisse des Kreisschulrates, seiner Stellvertreter und Mitarbeiter und der Fachberater;
- die analytische Tätigkeit der Fachkommissionen in einzelnen Schulen, einzelnen Fächern und Klassenstufen;
- die Ergebnisse der Fachkonferenzen;
- die Einschätzung der politisch-ideologischen Arbeit an der Schule.

Ich möchte auch darauf hinweisen, daß es sehr nützlich ist, wenn sich unsere Kreisschulräte mit dem Kollegium der erweiterten Oberschule zusammensetzen und analysieren, welche Leistungen die Schüler in der 9. Klasse aufweisen, die aus den verschiedensten Schulen des Kreises kommen.

Auch von den Betriebsberufsschulen und kommunalen Berufsschulen sind solche Aussagen zu nutzen. Von diesen Einschätzungen aus ist es möglich, auf die Ergebnisse der Arbeit in den einzelnen Schulen und Fächern zu schließen.

Mit Hilfe dieser Informationen kann jeder Kreisschulrat ein verhältnismäßig exaktes Bild über den tatsächlichen Leistungsstand an seinen Schulen erhalten.

2. Ist es notwendig, die Bedingungen zu untersuchen, die in dieser oder jener Schule oder in den Fächern zu guten Ergebnissen führten bzw. auch Ursache für unzureichende Ergebnisse sind.

Diese Bedingungen sind oft sehr vielfältig, und wenn man nicht alle wesentlichen Seiten, ihre Zusammenhänge, erfaßt, kann man zu Fehleinschätzungen kommen. Es ist verständlich, daß uns dieser Schritt noch außerordentlich schwerfällt und noch nicht überall gemeistert wird. Aber wenn wir weiterkommen wollen, muß dieser Schritt getan werden, denn sonst ist eine wirksame Hilfe für die Direktoren nur schwer möglich.

Erst wenn uns das richtig gelingt, können wir von einer wirklich differenzierten Arbeit mit den Direktoren sprechen. Das Wesen der differenzierten Arbeit besteht doch nicht allein darin, daß wir mit Direktoren verschiedener Schultypen arbeiten, sie nach territorialen Bereichen zusammenfassen oder an Stelle kollektiver Aussprachen Einzelgespräche mit Direktoren durchführen.

Das sind zwar nützliche Methoden, aber das Wesen der differenzierten Arbeit besteht eben darin, tief in die Probleme der Arbeit an der Schule einzudringen, die Stärken und Schwächen des Direktors genau kennenzulernen, um von daher dem Direktor konkret sagen zu können, was er an seiner Schule weiterentwickeln bzw. verändern muß.

3. Entscheidend ist, ausgehend von den gesellschaftlichen Erfordernissen und von der richtigen Einschätzung der Ergebnisse und Bedingungen an der Schule, die konkreten Aufgaben festzulegen, die zu sichtbaren Veränderungen führen.

Wir müssen uns offensichtlich im Kreis mehr Zeit nehmen, um die Probleme der Arbeit im Kollektiv der leitenden Mitarbeiter der Abteilung auszudiskutieren und die Linie für die Arbeit an den Schulen zu entwickeln.

Gegenwärtig kommt es noch oft zu unterschiedlichen Schwerpunktbildungen der einzelnen Arbeitsbereiche der Abteilungen für bestimmte Schulen. Oft häufen sich die Besuche der Mitarbeiter aus den verschiedenen Bereichen der Abteilung an einer Schule. Dabei werden verschiedene Arbeitsschwerpunkte gesetzt, Anordnungen gegeben, Berichte verlangt, aber letzten Endes wird dem Direktor damit keine wirksame Hilfe gegeben.

Das kann man bestenfalls als operative Geschäftigkeit bezeichnen.

Wir müssen lernen, mit dem Kollektiv unserer Mitarbeiter, einschließlich der Fachberater, die wirklichen Ursachen für gute und schlechte Ergebnisse zu ermitteln, gründliche Schlußfolgerungen zu ziehen und jedem Mitarbeiter seinen konkreten Anteil zur Durchführung der den Schulen gestellten Aufgaben zuzuweisen.

Nehmen wir ein Beispiel:

Wenn in diesen Tagen alle Fachkonferenzen abgeschlossen sind, ist es notwendig, sie in den Abteilungen gemeinsam mit den Fachberatern kollektiv auszuwerten und ausgehend von den sichtbar gewordenen Problemen in den einzelnen Fächern die Aufgaben herauszuarbeiten, die sich für die Führung des Unterrichts an den Schulen ergeben.

Mit den Direktoren muß gründlich beraten werden, wie sie gute Erfahrungen für die Erhöhung der Qualität des Unterrichts in einzelnen Fächern nutzen können.

Wir müssen ihnen zeigen, wo es Rückstände bei ihnen gibt, was sie tun müssen, um sie zu überwinden, worin die Ursachen zu suchen sind und welche Aufgaben sich für die gesamte Unterrichtsführung an der Schule ergeben.

Die Kreisabteilung muß festlegen, was sich daraus für die Führung im Kreis ergibt, welchen Schulen zum Beispiel besonders geholfen, wie die Weiterbildung verbessert werden muß, welche Aufgaben sich für die Führung der Fachberater und der Fachkommissionen sowie für die Arbeit in den einzelnen Stellvertreterbereichen ergeben.

Dazu gehören auch solche Festlegungen, die eine straffe Kontrolle der Durchführung dieser Aufgaben an den Schulen sichern.

Wenn so gearbeitet wird, kann der Kreisschulrat besser als bisher alle Direktoren mit den Gesamtergebnissen der Arbeit im Kreis vertraut machen und sie befähigen, ihre Schlußfolgerungen für die Entwicklung der Arbeit an der eigenen Schule selbständig abzuleiten.

Dadurch fördern wir die schöpferische Arbeit der Direktoren mit ihrem Lehrerkollektiv, entwickeln das selbständige und schöpferische Denken und Handeln der Direktoren und der Lehrer.

4. Nur auf der Grundlage einer konkreten Aufgabenstellung für die Direktoren

kann eine exakte Kontrolle organisiert werden, die es dem Kreisschulrat ermöglicht, rechtzeitig Entwicklungsprobleme zu erkennen und gemeinsam mit dem Kollektiv seiner Mitarbeiter und der Direktoren zu lösen.

Es geht also darum, bei der Führung des Unterrichts- und Erziehungsprozesses die Einheit von Analyse, Aufgabenstellung und Kontrolle zu sichern, systematisch das politische und pädagogische Niveau der Schulfunktionäre und Direktoren zu heben.

Die Bereitschaft unserer Lehrer, fleißig und beharrlich daran zu arbeiten, daß in unserer Schule ein hohes Niveau erreicht wird, ist vorhanden. Jetzt müssen wir diese Bereitschaft durch eine wirkungsvolle Leitung der Schule weiter fördern.

Das ist nicht leicht, aber von allen Kreisschulräten zu erreichen.

Neue Qualität
in der Arbeit der Schule

Diskussionsbeitrag auf dem VII. Parteitag
der Sozialistischen Einheitspartei Deutschlands in Berlin
17. bis 22. April 1967

Genosse Walter Ulbricht hat umfassend begründet, warum das Gesetz über das einheitliche sozialistische Bildungssystem – unser Perspektivplan für die Entwicklung des Bildungswesens – eine so hervorragende Bedeutung für die Gestaltung des gesellschaftlichen Systems des Sozialismus besitzt. Eingedenk der Worte Lenins, daß man in einem gewissen Sinne sagen kann, daß gerade vor der Jugend die reale Aufgabe steht, die sozialistische Gesellschaft zu schaffen, hat unsere Partei von jeher der Schule und ihren Lehrern ihre ganze Aufmerksamkeit und Fürsorge gewidmet.

Die Schaffung des einheitlichen sozialistischen Bildungssystems ist ein entscheidendes Glied in der Kette unserer kontinuierlichen Schulpolitik. Es erwies sich als richtig, daß unsere Partei eine breite Aussprache in der Bevölkerung über die Rolle der Bildung in unserer Gesellschaft, über Ziel und Inhalt der Bildung und Erziehung organisierte. Man kann heute sagen, daß die noch vor einigen Jahren verbreitete Ansicht, es sei nicht notwendig, daß unsere Kinder so viel lernen, kaum noch eine Rolle spielt. Von großer Bedeutung für das wachsende Interesse an den Problemen der Bildung und Erziehung der Kinder sind die eigenen Erfahrungen der Werktätigen, daß der Sozialismus und die wissenschaftlich-technische Revolution eine gründliche, umfassende Bildung notwendig machen.

Es erwies sich als richtig, daß die Partei bei der Erarbeitung des Gesetzes und bei seiner Verwirklichung die Wissenschaftler und Praktiker immer wieder darauf orientierte, Inhalt, Methoden und Struktur der Bildung und Erziehung so zu gestalten, daß sich die Jugend hohes Wissen und Können aneignen kann, schöpferisch denken und arbeiten lernt und ihre Bereitschaft, Fähigkeit, Überzeugung und Begeisterung entwickelt werden, sich voll und ganz für die heroischen Aufgaben und Ziele der Arbeiterklasse einzusetzen.

Das ist die Grundidee unseres Gesetzes, die Idee, die die Pädagogen unserer Republik eint in ihrem ehrlichen, ernsten Ringen um hohe Qualität ihres Unterrichts und größere Wirksamkeit ihrer Erziehungsarbeit.

Es erwies sich als richtig, daß die Partei verlangte, zielstrebig vorzugehen, nichts dem Selbstlauf zu überlassen, aber auch keine Übereilung zuzulassen. Das ist ein Prinzip, das unsere Partei generell verfolgt, das aber gerade für die Schulentwicklung von hervorragender Bedeutung ist; denn die Erziehung und Bildung von jungen, sich in der Entwicklung befindenden Menschen ist ein Prozeß, der sorgfältig überlegt und bis ins letzte durchdacht geführt werden muß. Dabei müssen wir im Auge haben, daß die Jugend, die heute zur Schule geht, nicht nur die Pläne für den Zeitraum bis 1980, sondern weit darüber hinaus zu verwirklichen hat. Und das eben erfordert Zielstrebigkeit und Kontinuität in der Arbeit.

Leider ist noch nicht ganz die Methode überwunden, die Probleme kampagnemäßig lösen zu wollen und einzelne Seiten der Arbeit aus dem Zusammenhang zu reißen. Wenn es Mängel im Physikunterricht gibt oder in anderen Disziplinen, und die gibt es, muß man selbstverständlich daran arbeiten, sie zu überwinden. Aber das heißt nicht, daß man den Literatur- oder Staatsbürgerkundeunterricht oder den Sport oder den Musikunterricht vernachlässigen darf. Wenn es Mängel in der außerunterrichtlichen Erziehung gibt, darf das nicht dazu führen, den Unterricht zu vernachlässigen oder umgekehrt.

Es ist auch nicht richtig, wie das kürzlich geschah, einen Genossen Schulrat deshalb zu kritisieren, weil er den Direktoren ausführlich und gründlich die, wie man meinte, nur fachlichen Probleme der neuen Lehrpläne erklärte. Zweifellos ist es notwendig, darauf zu achten, daß politische und fachliche Arbeit nicht getrennt werden, schon gar nicht in der Schule, wo es um die Heranbildung von klugen, guten Sozialisten geht.

Und wir müssen noch mehr tun, um die Lehrer zu befähigen, Wissenschaftlichkeit und Parteilichkeit des Unterrichts immer besser zu meistern. Selbstverständlich darf man nicht zulassen, daß die Erziehung nur auf den Unterricht beschränkt bleibt. Aber, Genossen, denken wir immer an die Worte Lenins, daß es nicht genügt, sich die Schlußfolgerungen der kommunistischen Wissenschaft anzueignen, ohne sich jene Summe von Kenntnissen zu eigen zu machen, deren Ergebnis der Kommunismus selbst ist, daß unsere Jugend lernen, lernen und nochmals lernen muß, wobei natürlich jeder Schritt auf dem Gebiet der Erziehung und Bildung unlösbar mit dem Kampf aller Werktätigen für die Vollendung des Sozialismus verbunden sein muß.

Ein wesentlicher Schritt zur Verwirklichung der Forderungen des Gesetzes ist die Erhöhung der Qualität des Unterrichts auf der Grundlage neuer Lehrpläne. Gewiß, die neuen Lehrpläne und Lehrbücher führen nicht allein und nicht automatisch zu einer neuen Qualität. Wir sehen die Sache so: Gute Qualität der Lehrpläne und Lehrbücher plus gute wissenschaftliche Bildung und methodisches, pädagogisches Können, Begeisterung des Lehrers für unsere Sache und kluge Leitung der Schulen sind die wichtigsten Voraussetzungen, um ein höheres Niveau erreichen zu können.

Wie im Rechenschaftsbericht dargestellt, sind bereits für die Mehrzahl der Klassen neue Lehrpläne eingeführt beziehungsweise vorbereitet. Damit sind die

Voraussetzungen gegeben, die Einführung neuer Lehrpläne und Lehrbücher, wie das Genosse Walter Ulbricht in seinem Referat forderte, planmäßig im Schuljahr 1970/71 abzuschließen. Durch eine große Gemeinschaftsarbeit von mehr als 3 000 Fachwissenschaftlern, pädagogischen Wissenschaftlern und erfahrenen Praktikern war es möglich, den Lehrern die neuen Pläne ein halbes Jahr oder sogar ein Jahr vor ihrer Einführung zur Verfügung zu stellen, so daß sie sich gründlich darauf vorbereiten können.

Durch eine solche perspektivisch angelegte Gemeinschaftsarbeit konnte ein wissenschaftlicher Vorlauf geschaffen werden, der es gestattet, die Erfahrungen mit den neuen Programmen und neuen wissenschaftlichen Untersuchungen gründlich auszuwerten und an der weiteren Vervollkommnung des Lehrplanwerkes zu arbeiten. Bei dieser Arbeit stehen wir im ständigen Erfahrungsaustausch mit unseren sowjetischen Genossen, die uns eine große Hilfe erwiesen, für die wir ihnen herzlich danken.

Worin, Genossen, besteht das Neue in den Lehrplänen? Ausgehend von den wesentlichen Entwicklungstendenzen der Produktion, der Wissenschaft und Kultur und unter Beachtung der bewährten Erfahrungen unserer Schule wurde in den Lehrplänen das grundlegende Wissen und Können klarer bestimmt. Die wissenschaftlichen Theorien und ihre Anwendung wurden stärker in den Mittelpunkt der Schullehrgänge gerückt. So sind beispielsweise moderne mathematische Betrachtungsweisen wie mengentheoretische und algebraische Verfahren in den Mathematikunterricht aufgenommen worden. Die Wissenschaftler haben sich bemüht, die Schulmathematik ebenso wie andere Schullehrgänge von altem Ballast zu befreien, seit Jahrzehnten Bewährtes jedoch zu erhalten und mit neuen wissenschaftlichen Erkenntnissen zu vereinigen und zu durchdringen.

Große Aufmerksamkeit wurde auf die Entwicklung des selbständigen Lernens, die Befähigung der Schüler zum Weiterlernen gelegt. Das ist – wie Genosse Walter Ulbricht in seinem Referat darstellte – eine Grundvoraussetzung, damit unsere Jugend ständig auf der Höhe der Aufgaben bleibt, schöpferisch denken und arbeiten lernt.

Schließlich sind die Lehrpläne so angelegt, daß die Wissenschaft nicht abstrakt, sondern in enger Verbindung mit dem Leben, mit der produktiven Arbeit gelehrt wird. Sowohl in den gesellschaftswissenschaftlichen Fächern wie in den Lehrplänen für den naturwissenschaftlichen und polytechnischen Unterricht wurde der Wissensstoff so angeordnet, daß die Schüler auf der Grundlage solider theoretischer Einsichten die gesellschaftliche Entwicklung sowie die Produktion besser verstehen und die Theorie in der Praxis anwenden lernen.

Wie werden nun diese neuen Anforderungen in der Schulpraxis bewältigt, und welche Probleme zeigen sich? Exakte Untersuchungen und mehrjährige Erfahrungen in der Arbeit mit den bis jetzt eingeführten Plänen beweisen, daß sich die Leistungen der Schüler in Umfang und Qualität positiv verändert haben. So können zum Beispiel in der Unterstufe, in Biologie, Geographie und Geschichte die Schüler Aufgaben lösen, die noch vor wenigen Jahren erst in höheren Klassenstufen bewältigt werden konnten. Es zeigt sich, daß bisher das Leistungsvermögen der Schüler teilweise unterschätzt wurde und daß sie – wie es sich in der Praxis voll bestätigt – zu wesentlich höheren Leistungen fähig sind.

Dieser Prozeß vollzieht sich nicht überall gleichmäßig. Es treten viele neue Probleme auf, und schon früher vorhandene Mängel und Schwächen werden deutlicher sichtbar. Von Klasse zu Klasse und von Schule zu Schule zeigen sich noch größere Leistungsunterschiede. Ernste Sorgen bereitet uns das Zurückbleiben eines Teils der Schüler. Dieses Problem ist jedoch nicht durch Appelle, administrative Maßnahmen oder Prozenthascherei aus der Welt zu schaffen, sondern nur durch eine wissenschaftlich fundierte, solide pädagogische Arbeit. In richtiger Absicht, das theoretische Niveau zu erhöhen, wird zum Beispiel in Geschichte, Geographie und Biologie in der Klasse 5, aber auch in Staatsbürgerkunde eine Tendenz zum Abstrakten sichtbar. Deshalb ist das Bemühen der Lehrer, tiefer in die marxistisch-leninistische Erkenntnistheorie, in die Pädagogik und Psychologie einzudringen, so wichtig.

Man muß auch feststellen, daß die pädagogische Wissenschaft noch nicht genügend die Erfahrungen der Praxis studiert und so den Lehrern bisher nicht ausreichend, vor allem nicht konkret genug, geholfen hat, solche Probleme zu meistern. An vielen Schulen ist auch das pädagogische Klima noch nicht in Ordnung. Die Pädagogenkollektive müssen sich noch mehr um pädagogische Gründlichkeit, Einfühlungsvermögen und Verständnis für die komplizierten Probleme der Entwicklung besonders im Jugendalter bemühen. Bei allen Fortschritten, die wir erreicht haben, müssen wir doch sagen, daß wir das komplizierte Problem des richtigen Verhältnisses zwischen Lehrstoff und zur Verfügung stehender Zeit weder wissenschaftlich in den jetzt vorliegenden Lehrplänen noch in der praktischen Unterrichtsarbeit vollkommen bewältigt haben. Dieses Problem ist aber bekanntlich nicht dadurch zu lösen, daß man einfach Stoff wegläßt, sondern nur durch eine richtige Konzentration auf das Grundlegende, auf die Schwerpunkte im Stoff. Hier sind noch große Anstrengungen der Wissenschaftler und Lehrer erforderlich.

Die Verwirklichung aller dieser Aufgaben erfordert vom Lehrer viel Wissen, Können und Energie. Wir wissen, daß es für die Lehrer nicht leicht ist und daß sie jetzt noch mehr Zeit aufwenden müssen für die Vorbereitung des Unterrichts und für die politische, fachliche, pädagogische und methodische Qualifizierung. In Vorbereitung unseres Parteitages haben unsere Lehrer eine von großem Verantwortungsbewußtsein getragene Aussprache über die Qualität ihrer eigenen Arbeit geführt. Kritisch haben sie sich mit Mängeln, mit Mittelmäßigkeit in der eigenen Arbeit und in der Arbeit mancher ihrer Kollegen auseinandergesetzt. Diesen Prozeß der gegenseitigen Erziehung müssen alle Genossen Leiter in der Volksbildung geduldig und verständnisvoll fördern.

Wie jeder in unserer Gesellschaft entwickeln sich auch unsere Lehrer durch helfende kameradschaftliche Kritik und Selbstkritik. Aber es kommt noch immer vor, daß Genossen, die sich nicht genügend um die Erziehung der Kinder kümmern, für alle Mängel nur die Lehrer verantwortlich machen. Unsere Partei hat aber klar ausgesprochen, daß jeder Genosse für die Erziehung der eigenen Kinder und die ganze Gesellschaft für die Erziehung der Schuljugend eine große Verantwortung tragen. Den Lehrern, die für die Erziehung unserer Kinder eine entscheidende Verantwortung haben, müssen wir mit Verständnis und Achtung begegnen und ihnen mit Rat und Tat zur Seite stehen. Wir müssen in unserer Führungstätigkeit besser das gewachsene Bewußtsein, die reichen Erfahrungen und klugen Vorschläge der Lehrer beachten. Wir, die Genossen in der Volksbildung, besonders unsere Genossen in den Kreisen, müssen es noch besser lernen, ausgehend von einem gründlichen Studium des Neuen, so zu führen, daß sich überall die neue Qualität in der Arbeit der Schulen durchsetzt.

Viele Lehrer haben in den Aussprachen vor unserem Parteitag zu Recht die Qualität der Leitung mancher Schulen, die Arbeit der Abteilungen für Volksbildung und die Propagandaarbeit mancher Kreisleitungen der Partei kritisiert. Es wird noch zuviel allgemein geleitet, zuwenig auf neu entstehende Fragen eine konkrete Antwort gegeben. Sehr richtig haben die Lehrer der 1. Oberschule Halle-West in der Parteidiskussion festgestellt, daß alles davon abhängt, wie der Lehrer noch tiefer in die politischen Zusammenhänge unserer Entwicklung eindringt. In den Schulen gibt es auch bei den parteilosen Lehrern ein echtes Bedürfnis, sich mit den politischen Grundfragen unserer Zeit gründlicher zu beschäftigen. Die politische Arbeit wird aber von einigen Leitern noch zu sehr nach Quantität und weniger nach Qualität gemessen. Wir sind der Meinung, daß erfahrene Partei- und Staatsfunktionäre noch regelmäßiger als bisher mit den Lehrern über die politischen, wirtschaftlichen und kulturellen Aufgaben, über die Perspektive und über die Probleme der internationalen Entwicklung sprechen sollten, damit sie noch besser die Fragen des Klassenkampfes in unserer Zeit verstehen. Eingedenk der Tatsache, daß der Lehrer einen großen Einfluß auf das Denken der Schüler und auch auf Millionen Eltern ausübt, muß die ganze Partei, müssen alle gesellschaftlichen Kräfte die verantwortungsvolle Arbeit des Lehrers wirksam unterstützen.

Die Lehrer unserer Deutschen Demokratischen Republik haben in den zwei Revolutionen, die unter Führung unserer geeinten revolutionären marxistisch-leninistischen Partei vollbracht wurden, treu an der Seite der Arbeiterklasse gestanden, und wir können gewiß sein, daß unsere Lehrer die neuen Aufgaben, die die Partei stellt, in Ehren erfüllen werden.

Alles für die allseitig entwickelte sozialistische Persönlichkeit

Schlußwort auf dem zentralen Seminar
mit den Bezirks- und Kreisschulräten zur Vorbereitung
des Schul- und Lehrjahres 1968/69 in Ludwigsfelde
13. bis 17. Mai 1968

Weshalb haben wir in unserem Seminar die inhaltlichen Grundfragen des Bildungs- und Erziehungsprozesses in den Mittelpunkt gestellt? Deshalb, weil die Durchsetzung des qualitativ neuen Inhalts und Niveaus der Bildung und Erziehung die entscheidende Frage bei der weiteren Verwirklichung des Bildungsgesetzes ist. Es geht uns um die konsequente Weiterführung der Linie, die wir in den zentralen Schulrätekonferenzen der letzten Jahre und vor allem in der täglichen praktischen Arbeit verfolgt haben. Es geht nach wie vor um eine höhere Qualität der wissenschaftlichen Führungstätigkeit in allen Schulen, Kreisen und Bezirken.

Höhere Qualität der wissenschaftlichen Führung erfordert, tiefer in die ideologischen, fachlichen und pädagogischen Probleme einzudringen, die mit dem großen Umgestaltungsprozeß in unseren Schulen verbunden sind.

Dieser Prozeß der Umgestaltung des Bildungswesens, der sich objektiv aus den sich entwickelnden gesellschaftlichen Bedingungen und Anforderungen ergibt, kann nur richtig geführt werden, wenn wir konsequent von der auf dem VII. Parteitag der Sozialistischen Einheitspartei Deutschlands vorgezeichneten Perspektive der Vollendung des Sozialismus ausgehen und alle Potenzen unserer sozialistischen Gesellschaft, vor allem des gewachsenen Bewußtseins der Menschen, voll nutzen.

Es kam uns in diesem Seminar darauf an, herauszuarbeiten, daß unsere tägliche Bildungs- und Erziehungsarbeit nur erfolgreich sein kann, wenn wir sie bewußt in ihrem gesamtgesellschaftlichen Zusammenhang gestalten.

Bildungsvorlauf für die Vollendung des Sozialismus in der Deutschen Demokratischen Republik, für die Meisterung der wissenschaftlich-technischen Revolution zu schaffen, das heißt, heute mit hoher Qualität in allen Schulen zu unterrichten, Kämpfer zu erziehen, die die Sache des Sozialismus in ganz Deutschland zum Siege führen, das heißt, heute in allen Schulen eine hohe Qualität der Erziehungsarbeit zu erreichen.

Das setzt voraus, daß unsere Pädagogen Klarheit besitzen über die Grundfragen unserer Epoche, zutiefst überzeugt sind von der Gesetzmäßigkeit des Sieges des Sozialismus und die Triebkräfte dieser Entwicklung kennen. Das Verständnis für die Notwendigkeit der Stärkung und Festigung unserer DDR, die mit an vorderster Front in dem weltweiten Ringen zwischen Sozialismus und Imperialismus steht – auf vorgeschobenem Posten gegenüber dem imperialistischen Lager in Europa –, ist die entscheidende Voraussetzung dafür, daß jeder seine Arbeit mit hohem Verantwortungsbewußtsein tut. Die Gewißheit, für eine große, gute und deshalb siegreiche Sache zu arbeiten und zu kämpfen, mag es manchmal auch noch so kompliziert und schwierig erscheinen, ist auch eine Voraussetzung dafür, daß jeder seine Arbeit mit Freude leistet.

Der Ausgangspunkt für die Betrachtung aller politischen Grundfragen in unserem Seminar war:

Die Grundtendenz unserer Epoche ist, daß der Sozialismus zum bestimmenden Faktor in der Welt geworden ist. Keine Kraft ist imstande, den Siegeszug des Sozialismus aufzuhalten. Die Geschichte unserer Tage beweist, ob wir nach Afrika, Amerika oder nach Westdeutschland blicken: Die Ideen von Karl Marx, Friedrich Engels und W. I. Lenin sind lebendiger denn je. Das Wachsen der Kräfte des Sozialismus, der Demokratie und des Friedens stößt aber auf den erbitterten Widerstand der Imperialisten. Hart und unerbittlich ist der Klassenkampf. Daran können auch jene Leute nichts ändern, die sich moderne Marxisten nennen und behaupten, daß der Klassenkampf nicht zeitgemäß sei. Ihnen kann man nur mit Marx antworten:

„Was mich nun betrifft, so gebührt mir nicht das Verdienst, weder die Existenz der Klassen in der modernen Gesellschaft noch ihren Kampf unter sich entdeckt zu haben."[1] Nachdem Marx die von ihm aufgedeckten Gesetzmäßigkeiten des Klassenkampfes dargelegt hat, fährt er fort: „Unwissende Lümmel ..., die nicht nur den Kampf, sondern sogar die Existenz der Klassen leugnen, beweisen nur, daß trotz allem ihrem bluttriefenden und humanistisch sich aufspreizenden Gebelfer, sie die gesellschaftlichen Bedingungen, worin die Bourgeoisie herrscht, für das *letzte* Produkt, für das non plus ultra der Geschichte halten, daß sie nur die Knechte der Bourgeoisie sind ..."[2]

Heute kann der Imperialismus den Sozialismus weder ökonomisch niederkonkurrieren noch politisch erpressen, und er hat auch militärisch keine Chance. Deshalb konzentriert er seine Kräfte auf den ideologischen Kampf. Das ist ein nicht weniger unerbittlicher Klassenkampf.

Offen und versteckt, direkt oder über Mittelsmänner wird die Diktatur des Proletariats, die führende Rolle der Arbeiterklasse, angegriffen, die Trennung von

---

[1] K. Marx an J. Weydemeyer. 5. März 1852. In: K. Marx/F. Engels: Werke. Bd. 28, Dietz Verlag, Berlin 1978, S. 507.

[2] Ebenda, S. 508.

Partei und Staat gefordert. Unter dem Motto der Entstaatlichung und Dezentralisierung wird der sozialistische Staat angegriffen.

Im Grunde genommen heißt das alles nichts anderes, als von der Arbeiterklasse zu fordern, die Macht, die sie sich in jahrzehntelangem, opfervollem Kampf erobert hat, aus den Händen zu geben. Das heißt nichts anderes, als von den Werktätigen der sozialistischen Länder zu verlangen, den Sozialismus preiszugeben. Vor allem auch den westdeutschen Imperialisten geht es um diese Ziele. Da es ihnen nicht möglich ist, den Sozialismus in der DDR frontal zu beseitigen, versuchen sie, unter dem Motto der „neuen Ostpolitik" in verschiedene sozialistische Länder ideologisch einzudringen, die DDR von innen aufzuweichen und so Europa im Interesse des Monopolkapitals nach der Konzeption von Strauß „neu zu ordnen". Schändlicherweise werden sie dabei von den rechten Führern der SPD unterstützt. Und keine noch so geschickte Demagogie der Wehner und Brandt ist in der Lage, darüber hinwegzutäuschen, daß die Führung der Sozialdemokratie wiederum den Arzt am Krankenbett der Bourgeoisie spielt.

Daß die westdeutschen Imperialisten auch nicht die Spur einer Chance zur Verwirklichung ihrer Pläne haben, hat der Volksentscheid über unsere neue, sozialistische Verfassung vor aller Welt eindeutig bewiesen. Die Bevölkerung der DDR steht fest und geschlossen zu ihrem sozialistischen Staat deutscher Nation.

Gestattet mir, in diesem Zusammenhang allen Mitarbeitern der Volksbildung, unseren Lehrern und Erziehern Dank und Anerkennung für ihren hervorragenden Einsatz bei der Vorbereitung und Durchführung des Volksentscheids auszusprechen. Unsere Schule legt die Grundlagen für die Entwicklung des sozialistischen Bewußtseins der Jugend. Unsere Lehrer stehen somit an einem entscheidenden Abschnitt des ideologischen Kampfes, und sie haben in diesem Kampf eine aktive Rolle zu spielen.

Wir Pädagogen haben unser Leben einer der schönsten Aufgaben gewidmet: das sozialistische Bewußtsein in die Jugend zu tragen. Dazu ist vor allem erforderlich, daß jeder Pädagoge einen klaren Klassenstandpunkt besitzt. Was heißt das in unserer Zeit? Das heißt, die führende Rolle der Arbeiterklasse und ihrer marxistisch-leninistischen Partei zutiefst begreifen. Treue zur Arbeiterklasse, Treue zu den Ideen des Marxismus-Leninismus, zur Sache des Sozialismus, zu unserer DDR, das bedeutet, der imperialistischen Ideologie offen entgegenzutreten, der Jugend das Beispiel eines aufrechten kämpferischen Sozialisten vorzuleben, an sich selbst hohe Forderungen zu stellen, jede kleinbürgerliche Kleingläubigkeit und Bequemlichkeit zu bekämpfen. Eine solche politisch-moralische Grundhaltung, gepaart mit tagtäglichen Anstrengungen um eine hohe Qualität der Bildungs- und Erziehungsarbeit, ist die entscheidende Voraussetzung, damit wir unseren Erziehungsauftrag erfüllen: gebildete, aufrechte Kämpfer für den Sozialismus zu erziehen. Die hervorragende Haltung und Einsatzbereitschaft der Pädagogen bei der Vorbereitung und Durchführung des Volksentscheids über unsere sozialistische Verfassung, die guten Ergebnisse der Bildungs- und Erziehungsarbeit zeigen, daß unsere Lehrer um ihre politische Verantwortung wissen.

Die Entwicklung des Bewußtseins der Menschen vollzieht sich, wie wir wissen, nicht im Selbstlauf. Deshalb müssen wir unsere tägliche Führungsarbeit als einen Prozeß der Führung von Menschen, der Entwicklung ihres Bewußtseins begreifen.

Es ist gut, daß sich viele Genossen Schulräte und ihre Mitarbeiter mit neuen Erkenntnissen wissenschaftlicher Führungstätigkeit beschäftigen, so zum Beispiel mit Fragen der Optimierung der Leitungsprozesse, mit Modellen, mit der Organisationswissenschaft. Das alles ist nützlich, wenn wir es richtig machen, das heißt, wenn wir vom Standpunkt der marxistischen Theorie der Führung herangehen. Und diese besagt: Das Kernstück der wissenschaftlichen Führung ist die politisch-ideologische Arbeit mit den Menschen. Ich betone das deshalb, weil einige Genossen die entscheidende Aufgabe aus ihrer Führungskonzeption „herausmodelliert" haben. Methoden der Leitung, Techniken der Arbeit müssen immer vom Inhalt ausgehen. Verselbständigen wir sie, lösen wir sie von ihrem Inhalt, dann sind wir auf dem besten Wege, den Prozeß der Führung zu entideologisieren. Immer wieder müssen wir darauf achten, daß fachliche und politische Führung in der Arbeit nicht getrennt werden. Es gibt kein unpolitisches Fach, keine unpolitischen Methoden. Es gibt keine reinen Fachfragen. Man kann deshalb nicht hier politisch und dort fachlich führen wollen, weil eine Sache, die objektiv zusammengehört, nicht künstlich getrennt werden kann. Eine höhere Qualität der Führung aller Seiten des einheitlichen Prozesses ist die entscheidende Aufgabe bei der weiteren Verbesserung unserer Leitungstätigkeit.

Und dazu ist eben notwendig, daß wir uns immer wieder bemühen, tiefer in die marxistisch-leninistische Theorie, das heißt in die Werke der Klassiker und in das Wesen der Beschlüsse der Partei einzudringen. Nur so können wir alle Leiter und Lehrer immer besser befähigen, sich richtig zu orientieren, sich selbst einen klaren politischen Standpunkt zu bilden und ihn zu vertreten. Es muß uns darum gehen, die Qualität der politisch-ideologischen Arbeit so zu entwickeln, daß jeder Mitarbeiter im Volksbildungswesen, jeder Pädagoge zunehmend befähigt wird, sich selbständig mit den Problemen auseinanderzusetzen, überzeugend und offensiv zu argumentieren.

Es gibt in unserer bewegten Zeit Situationen, wo man selbständig, klar und schnell reagieren muß. Die Schüler erwarten sofort eine klare Antwort und fragen nicht danach, ob der Lehrer die Möglichkeit hatte, vorher ein Seminar zu absolvieren. Wir müssen überlegen, wie wir das System der Propagandaarbeit unter den Lehrern wirksamer gestalten können.

Hervorheben müssen wir dabei, daß es nicht um ein Mehr an Maßnahmen, sondern vor allem um eine höhere Qualität der gesamten propagandistischen Arbeit geht. Für besonders wichtig halte ich, daß in allen Kreisen die Auswahl der Propagandisten verbessert wird und sie befähigt werden, unsere marxistische Theorie gründlich und lebendig zu vermitteln. Wir müssen gemeinsam mit den Kreisleitungen der SED einen festen Stamm von Propagandisten für die Propagandaarbeit unter den Lehrern entwickeln, mit dem systematisch gearbeitet werden muß.

Gemeinsam mit den Kreisleitungen der SED müssen wir auch noch gründlicher überlegen, wie die Arbeit der gesellschaftlichen Organisationen, der Gewerkschaften, des Jugendverbandes usw., noch klüger und entschiedener koordiniert werden kann. Es wurde von den Kreisschulräten völlig richtig hervorgehoben, daß sich Propagandaarbeit nicht nur auf propagandistische Veranstaltungen beschränken darf, sondern daß sie tägliche politische Aufklärungsarbeit sein muß. Und die besten, aktivsten Propagandisten unter den Pädagogen – das sollten unsere Schulräte und ihre Mitarbeiter sein!

Vergegenwärtigen wir uns noch einmal die Erfahrungen, die im Prozeß der Erarbeitung und Durchführung des Gesetzes über das einheitliche sozialistische Bildungssystem, vor allem bei der Erarbeitung und Einführung neuer Lehrpläne, gemacht wurden.

Die Notwendigkeit, ein neues Lehrplanwerk zu schaffen, ergab sich aus der Aufgabenstellung des Programms des Sozialismus, den notwendigen Bildungsvorlauf für die Entwicklung unserer sozialistischen Gesellschaft zu sichern. Der Inhalt der Allgemeinbildung mußte so festgelegt werden, daß er den gesellschaftlichen Anforderungen, den Entwicklungstendenzen auf prognostischer Grundlage Rechnung trägt und gewährleistet, das Niveau der Bildung und Erziehung aller Schüler ständig zu erhöhen.

Die Veränderungen im Inhalt der Allgemeinbildung und der Unterrichtsmethodik vollzogen wir zielstrebig und kontinuierlich seit dem VII. Parteitag der SED und der Annahme des Gesetzes über das einheitliche sozialistische Bildungssystem. Diesen Prozeß führen wir systematisch weiter. Das heißt unter anderem: Die Einführung neuer Lehrpläne geht planmäßig weiter und wird im Jahre 1971 abgeschlossen. Jetzt kommt es darauf an, alle Kräfte zu konzentrieren, die neuen und höheren Anforderungen Schritt um Schritt voll in der Praxis zu verwirklichen.

Bei der Bestimmung des Inhalts der Bildung und Erziehung legten wir die Gesamtheit der Anforderungen zugrunde, die das entwickelte gesellschaftliche System des Sozialismus in der DDR an das Bildungswesen stellt.

Das einheitliche sozialistische Bildungssystem ist ein in sich geschlossenes System und zugleich mit allen anderen Teilen des gesellschaftlichen Gesamtsystems verbunden. Bei der Bestimmung des Inhalts der Bildung und Erziehung müssen wir deshalb von der Prognose aller Teile des Gesamtsystems ausgehen und diese unter pädagogischer Sicht in Bildungs- und Erziehungskonsequenzen für die Schule umsetzen.

Bei der Bestimmung der Rolle und Aufgaben des einheitlichen sozialistischen Bildungssystems muß die spezifische Funktion seiner einzelnen Bestandteile beachtet werden.

Die spezifische Funktion der allgemeinbildenden Schule besteht darin, daß sie die Grundlagen für die gesamte weiterführende Bildung und Erziehung der jungen Menschen zu schaffen hat. Bei der Bestimmung des Inhalts der Schule können wir uns also nicht von isolierten Forderungen einzelner Teile des gesellschaftlichen

Gesamtsystems leiten lassen, sondern wir müssen die Gesamtheit der gesellschaftlichen Anforderungen im Auge haben.

Wir müssen uns darüber im klaren sein, daß die Schule die Grundlagen für die allseitige Entwicklung der Persönlichkeit, für die volle Entfaltung der schöpferischen Kräfte der Menschen in allen Bereichen unserer sozialistischen Gesellschaft zu schaffen hat. Deshalb darf die Aufgabe der Schule nicht allein unter dem Gesichtspunkt der Anforderungen der modernen Produktion und der einzelnen Wissenschaftsbereiche gesehen werden. Unter der Sicht der Gestaltung des entwickelten gesellschaftlichen Systems des Sozialismus haben wir grundlegende Bildungs- und Erziehungskonsequenzen abzuleiten aus

– der Entwicklung der Produktivkräfte;
– der Aufgabe, den Prozeß der wissenschaftlich-technischen Revolution zu meistern;
– den Erfordernissen, die sich für die Weiterentwicklung unserer sozialistischen Demokratie und Kultur, für die Herausbildung der sozialistischen Menschengemeinschaft ergeben;
– der Notwendigkeit, alle Bereiche des gesellschaftlichen Lebens mit der sozialistischen Ideologie zu durchdringen.

Das sind nur einige der wesentlichen Faktoren. Die Komplexität der Anforderungen, die sich daraus für die Gestaltung der Allgemeinbildung ergibt, machte es erforderlich, nicht nur den Inhalt einzelner Fächer neu zu bestimmen, sondern mit der inhaltlichen Neubestimmung des ganzen Systems der Unterrichtsfächer, des gesamten Bildungs- und Erziehungsprozesses zu beginnen.

Es wurde in den neuen Lehrplänen festgelegt, welches Wissen als Grundlage für die allseitige Entwicklung sozialistischer Persönlichkeiten, für die gesamte weiterführende Bildung und Erziehung in der allgemeinbildenden Schule vermittelt und wie der Unterricht noch stärker als bewußtseinsbildender, persönlichkeitsformender Prozeß gestaltet werden muß.

So wurde mit den neuen Lehrplänen und Lehrbüchern der Inhalt der Allgemeinbildung mit den gegenwärtig erkennbaren, für die weitere gesellschaftliche Entwicklung in unserer Republik wesentlichen Grundlagen und Tendenzen der Wissenschaft sowie mit den Entwicklungstendenzen der Volkswirtschaft in Übereinstimmung gebracht. Die neuen Lehrpläne sichern eine Intensivierung der mathematisch-naturwissenschaftlichen Bildung und Erziehung, eine moderne polytechnische Bildung und Erziehung sowie die Intensivierung der gesellschaftswissenschaftlichen, ästhetischen und körperlichen Bildung und Erziehung.

Den neuen Lehrplänen liegt eine weiterentwickelte Konzeption für die moderne und rationelle Unterrichtsgestaltung zugrunde. Sie beruht auf den Erfahrungen der fortgeschrittenen Praxis, den bewährten und erprobten Methoden und Verfahren sowie auf neuen Erkenntnissen der pädagogischen und psychologischen Wissenschaft. Die neuen Lehrpläne, Lehrbücher und Unterrichtsmittel sind eine solide Grundlage für die wissenschaftliche Führung des Unterrichts und für die moderne Gestaltung des Unterrichtsprozesses durch den Lehrer.

Die Ausarbeitung der neuen Lehrpläne warf eine Reihe neuer fachwissenschaftlicher und pädagogischer Probleme auf, die gegenwärtig noch nicht alle gelöst werden konnten. Wenn es deshalb auch noch nicht möglich war, solche Probleme wie das richtige Verhältnis von Unterrichsstoff und Unterrichtszeit, die systematische Entwicklung der Fähigkeiten, die Planung des Erziehungsprozesses voll zu lösen, so geben die neuen Lehrpläne aber die Grundlage und bieten ausbaufähige Lösungsansätze. Hierzu müssen wir weitere wissenschaftliche Forschungen durchführen und vor allem auch zielgerichtet die Erfahrungen der besten Lehrer bei der Verwirklichung der neuen Lehrpläne auswerten.

Die neuen Lehrpläne haben wir bekanntlich schrittweise ausgearbeitet und eingeführt. Dadurch war es möglich, kontinuierlich vorzugehen und Anfangsschwierigkeiten, die sich in der Schulpraxis bei der Einführung und Umsetzung der neuen Lehrpläne zeigten, rasch zu erkennen, die praktischen Erfahrungen auszuwerten und für die Entwicklung der Lehrpläne der folgenden Klassenstufen zu berücksichtigen. Wir konnten dadurch auch die bedeutsamen Anforderungen berücksichtigen, die sich im Zusammenhang mit dem VII. Parteitag der SED abzeichneten.

Wir können heute einschätzen, daß mit den neuen Lehrplänen, die wir bisher als präzisierte Lehrpläne bezeichnet haben, ein festes Fundament unserer Schulentwicklung für einen längeren Zeitraum gelegt wurde; denn mit diesen Lehrplänen haben wir ein neues Lehrplanwerk geschaffen.

Ausgehend von dieser Einschätzung und von der Notwendigkeit, Kontinuität und Stetigkeit in der Schulpraxis zu sichern, damit das in den Lehrplänen festgelegte höhere Niveau in allen Schulen voll verwirklicht werden kann, verzichten wir entgegen den ursprünglichen Vorstellungen auf eine zweite Phase in der Entwicklung und Einführung der Lehrpläne.

Wie geht es nun mit der Lehrplanarbeit weiter?

Wir werden die schrittweise Einführung der Lehrpläne bis zur Klasse 10 und 12 im Jahre 1971 abschließen und die Überarbeitung der präzisierten Lehrpläne, die wir in der Unterstufe mit der Klasse 1 begonnen haben, mit der Klasse 4 beenden. Eine Überarbeitung der Lehrpläne, wie sie in der Unterstufe begonnen wurde und dort notwendig war, wird in der Mittel- und Oberstufe nicht vorgenommen.

Die Einführung und praktische Verwirklichung der neuen Lehrpläne sowie der ihrem Inhalt entsprechenden Methoden der Unterrichtsführung ist ein umfassender, lange währender Umgestaltungsprozeß unserer Schule. Die Analyse der bisher erreichten Ergebnisse in der Arbeit mit den neuen Lehrplänen zeigt, daß die Masse der Lehrer schöpferisch und aktiv die höheren Aufgaben löst. Unsere Lehrer erkennen immer besser das Wesen des neuen Inhalts der Allgemeinbildung. Aber es zeigt sich auch noch eine Reihe von Problemen. Für manche Lehrer gibt es zum Beispiel Anfangsschwierigkeiten. Es wird auch immer deutlicher, daß man mit den bisherigen Erfahrungen und Kenntnissen nicht mehr auskommt. Mancherorts erkennt man nur ungenügend das Wesen der neuen Anforderungen und arbeitet auf alte Weise weiter. Wenn die neuen Probleme nicht gemeistert werden, kommt es mitunter auch zu Zweifeln an der Realisierbarkeit der Lehrpläne. Zeitweilig können dann sogar Rückschläge in der Bildung und Erziehung eintreten.

Trotz der Kompliziertheit der Umsetzung der neuen Lehrpläne beweisen die bisherigen Ergebnisse, daß bei einer ständigen Erhöhung der Qualität der pädagogischen Arbeit und der wissenschaftlichen Führungstätigkeit, bei einer effektiven und rationellen Unterrichtsgestaltung die Ziele der Lehrpläne voll verwirklicht werden können. Damit das in allen Schulen gelingt, ist es erforderlich, in den nächsten Jahren alle Kraft auf die Hilfe für die Lehrer bei der Umsetzung der neuen Lehrpläne, auf die Verwirklichung des in ihnen projektierten Niveaus der Bildung und Erziehung, auf die Realisierung der hohen Anforderungen in der Praxis zu konzentrieren. Darauf sollten sich sowohl die pädagogische Wissenschaft als auch alle Leitungen im Volksbildungswesen orientieren. Die pädagogischen Wissenschaftler müssen gemeinsam mit den Lehrern die Erfahrungen in der Arbeit mit den neuen Lehrplänen auswerten und theoretisch fundierte, praxiswirksame Hilfen entwickeln. Gegenwärtig wird noch an den Lehrplänen für die Oberstufe und die Abiturstufe gearbeitet.

Ausgehend von den Anforderungen des VII. Parteitages der SED, kommt es hier vor allem auf die exakte, sorgfältige Bestimmung des Abschlußniveaus unserer zehnklassigen Oberschule an. Wir müssen ein hohes, für jedes normale Kind erreichbares Niveau vorgeben; denn die zehnklassige Oberschule ist nicht eine Schule nur für die besten Schüler, sondern, entsprechend unserer sozialistischen Verfassung, die normale Schule für alle Mädchen und Jungen.

Wir wollen nunmehr auch darangehen, in den 9. und 10. Klassen auf der Grundlage eines einheitlichen Oberschulniveaus verschiedene Formen der Differenzierung zu entwickeln. Dabei gehen wir konsequent von den im Gesetz über das einheitliche sozialistische Bildungssystem gesetzten Positionen aus, die fordern, mit der Erhöhung des Bildungsniveaus für alle Lernenden Maßnahmen zur Förderung besonderer Begabungen und Talente zu treffen. Und weiter wird im Gesetz klar ausgesagt, daß die gesellschaftlichen Erfordernisse die Differenzierung bestimmen.[3]

Wir werden in der 9. und 10. Klasse der Oberschule ein ganzes System naturwissenschaftlich-technischer Arbeitsgemeinschaften mit einheitlichen Rahmenplänen entwickeln. Diese Rahmenpläne werden vor allem wichtige technische Anwendungsgebiete der Mathematik, der Naturwissenschaften und der Ökonomie umfassen und somit eine interessenlenkende und erzieherische Aufgabe erfüllen. Wir denken dabei an Arbeitsgemeinschaften für BMSR-Technik, Datenverarbeitung, Agrobiologie und andere. Hier sollen den Schülern sowohl theoretisches Wissen als auch praktische Kenntnisse, Fähigkeiten und Fertigkeiten vermittelt werden.

[3] Vgl. Gesetz über das einheitliche sozialistische Bildungssystem der DDR. Staatsverlag der Deutschen Demokratischen Republik, Berlin 1971, S. 16.

Die zeitlichen Voraussetzungen für diese Tätigkeit der Arbeitsgemeinschaften wollen wir dadurch schaffen, daß wir die Stundentafel für die oberen Klassen reduzieren.

Darüber hinaus sollen die außerunterrichtlichen Formen des Lernens auf dem Gebiet der gesellschaftswissenschaftlichen, der musischen und ästhetischen Bildung und Erziehung sowie der sportlichen Ausbildung weitergeführt und besser genutzt werden.

Dazu gehört auch, gemeinsam mit der FDJ das System des FDJ-Studienjahres und auch die Jugendstunden inhaltlich weiterzuentwickeln, effektiver und mit dem obligatorischen Unterricht besser abgestimmt zu gestalten.

In den 11. und 12. Klassen der erweiterten Oberschule sind wissenschaftlich-praktische Arbeit und schrittweise – auf der Grundlage einer zentralen Konzeption – fakultativer Unterricht vorgesehen. Die entsprechenden Programme dafür und für die Arbeitsgemeinschaften in der zehnklassigen Oberschule werden gleichzeitig mit der Einführung der neuen Lehrpläne in den jeweiligen Klassen der Oberstufe zur Verfügung stehen.

Ziel der Weiterentwicklung des Inhalts und des Charakters der Oberstufe ist es, besser den Altersbedingtheiten dieser Stufe zu entsprechen, differenzierter auf die gesellschaftlichen Anforderungen zu reagieren, die Jugendlichen noch zielstrebiger auf ihren Eintritt in das Berufsleben beziehungsweise in die weiterführenden Bildungseinrichtungen vorzubereiten.

Bei der Entscheidung, in der zehnklassigen Oberschule nicht zu einem fakultativen Unterricht überzugehen, sondern, aufbauend auf dem obligatorischen Unterricht, ein System von Arbeitsgemeinschaften zu entwickeln, das etwas fester gefügt sein wird als das jetzige, sind wir davon ausgegangen, daß sich diese differenzierten Formen des Lernens in unserer Schule bewährt haben, daß es zweckmäßig ist, an diese Erfahrungen anzuknüpfen und sie kontinuierlich weiterzuentwickeln.

Das Problem, wie in der Massenschule ein ganzes System des fakultativen Unterrichts gestaltet werden kann, ohne dabei eine Differenzierung im Niveau der Bildung und Erziehung und in der einheitlichen Struktur der Pflichtschule herbeizuführen, ist noch nicht gelöst. Unsere grundsätzliche Position jedoch ist, daß differenzierte Formen des Lernens nicht zu einer Senkung der für alle Schüler verbindlichen zehnklassigen Schulbildung führen dürfen. Das Niveau der zehnklassigen Oberschule muß im obligatorischen Unterricht erreicht werden. Bei den Maßnahmen zur Differenzierung geht es um darauf aufbauende, ergänzende, vertiefende, interessenlenkende Bildungs- und Erziehungsmaßnahmen. Das heißt: Die Einheitlichkeit unserer Schule darf nicht angetastet werden.

Bei den neuen Schritten, die wir in der Oberstufe gehen, müssen wir konsequent darauf achten, daß keine Differenzierung im Sinne der bürgerlichen Pädagogik erfolgt. Solche Wege aber, wie zum Beispiel die Einrichtung von Leistungsklassen usw., führen zur Differenzierung im Sinne der bürgerlichen Begabungstheorie.

Alle Schritte der Einführung differenzierter Formen des Lernens in den Arbeitsgemeinschaften und Zirkeln werden nach einem zentralen Programm verlaufen. Auf keinen Fall dürfen Inhalt und Zeitpunkt der Einführung nach eigenem Gutdünken von Schulen oder Kreisen festgelegt werden. Das ist deshalb notwendig zu unterstreichen, weil damit komplizierte Probleme zusammenhängen, die eine einheitliche und straffe Führung erfordern.

Aufgabe der Kreisschulräte muß es sein, diese Arbeitsgemeinschaften in den oberen Klassen gut vorzubereiten, bei allen Lehrern richtige Auffassungen über das Verhältnis von Einheitlichkeit und Differenzierung zu entwickeln sowie geeignete Kader auszusuchen und vorzubereiten und zu überprüfen, ob alle Schulen die erforderlichen materiellen Voraussetzungen besitzen. Wir müssen überlegen, wie die Betriebe helfen können, wie wir eine breite Initiative entwickeln. Wir brauchen eine solche Initiative wie bei der Vorbereitung des polytechnischen Unterrichts, um die angestrebte Breite und Qualität zu erreichen.

Zusammenfassend sei gesagt:

1. Wir betrachten die bereits eingeführten und bis zum Jahre 1971 noch einzuführenden Lehrpläne für einen längeren Zeitraum als Grundlage der wissenschaftlichen Gestaltung und Führung des Unterrichts.

2. Es müssen jetzt alle Kräfte darauf konzentriert werden, ein hohes Niveau der Arbeit jedes Lehrers in jeder Klasse und in jeder Schule zu erreichen. Nicht nur mit den besten Lehrern und Schülern, sondern mit allen müssen wir die geforderten hohen Ergebnisse erreichen.

3. Bei der Realisierung der Lehrpläne geht es nicht schlechthin um Stofferfüllung und um das Erreichen von Leistungsnormen, sondern es geht um die wissenschaftliche Gestaltung des gesamten Unterrichts- und Erziehungsprozesses in einer solchen Qualität, daß wir immer besser die Aufgabe lösen, unsere Schüler zu allseitig entwickelten sozialistischen Persönlichkeiten zu erziehen. Es geht um das Ausschöpfen aller Potenzen, die die Lehrpläne für die Entwicklung sozialistischer Schülerpersönlichkeiten enthalten. Das heißt, es geht um die volle Nutzung aller Möglichkeiten, die der Unterricht in enger Verbindung mit der außerunterrichtlichen Bildungs- und Erziehungsarbeit bietet.

4. Das setzt voraus, daß sich alle Leiter und Lehrer im Prozeß der Arbeit so weiterbilden, daß sie den Erziehungs- und Bildungsprozeß schöpferisch gestalten können. Das verlangt, ständig aufs neue die Arbeitsweise in den Schulleitungen und Kreisabteilungen bis hin zum Ministerium für Volksbildung zu überprüfen. Unser Ziel muß es sein, die Führungstätigkeit so zu entwickeln, daß den Lehrern an den Schulen noch konkreter und wirksamer geholfen wird. Das betrifft die politisch-ideologische, fachliche und pädagogische Hilfe, die Entwicklung guter Voraussetzungen für den Unterricht, die Ausstattung der Schulen mit Lehrmitteln, die Sicherung von Disziplin und Ordnung an den Schulen, die Entwicklung einer guten Arbeitsatmosphäre und die Sorge um die Arbeits- und Lebensbedingungen der Lehrer.

5. Wir müssen uns auf die Initiative und Aktivität aller unserer Lehrer und der ge-

samten Öffentlichkeit stützen. Dabei sollten wir noch besser die Kraft der Gewerkschaften, des Jugendverbandes, der Eltern, der Volksvertretungen, der Betriebe und Genossenschaften nutzen.

Im Zusammenhang mit der konkreten Hilfe für die Lehrer haben wir uns ernsthaft mit den Problemen der Weiterbildung zu beschäftigen.

Um den Lehrern in ihrer komplizierten Arbeit, vor allem bei der Verwirklichung der Lehrpläne, eine allseitige wirksame Hilfe zu gewähren, ist es notwendig, den Inhalt der gesamten Weiterbildung neu zu gestalten. Der Schwerpunkt muß in den nächsten Jahren darauf gerichtet werden, den Lehrern besser zu helfen, die grundlegende Zielstellung der Lehrpläne zu erfassen und sie praktisch zu verwirklichen. Die gesamte Weiterbildungsarbeit muß darauf konzentriert werden, den Lehrern die notwendigen Kenntnisse und Fähigkeiten für die Arbeit mit den neuen Lehrplänen zu vermitteln.

Die wissenschaftlich fundierte, praxisbezogene Hilfe durch die Weiterbildung darf jedoch nicht nur als ein fachlich-stoffliches Problem gesehen werden. Sie muß sich auf alle Seiten der pädagogischen Arbeit erstrecken; sie muß als ein komplexes System der politisch-ideologischen, fachwissenschaftlichen, pädagogisch-methodischen und psychologischen Weiterbildung gestaltet werden.

Auf der Grundlage eines soliden theoretischen Niveaus und ausgehend von einer gründlichen Analyse der Praxisprozesse müssen den Lehrern theoretisch begründete, praktikable Hinweise für die Lösung ihrer Aufgaben gegeben werden.

Die Weiterbildung darf also nicht praktizistisch erfolgen, muß aber viel stärker auf die Bedürfnisse der Praxis ausgerichtet sein. Wir wollen eine solche Weiterbildung entwickeln, die inhaltlich straff zentral geleitet wird bei gleichzeitiger breiter Entfaltung der örtlichen Initiative in den Formen und Methoden.

Was werden wir verändern?

Wir werden systematische Kurse einrichten, deren Inhalt durch das Ministerium für Volksbildung festgelegt wird. Diese Kurse werden während der Ferien stattfinden. Wir beabsichtigen, ein solches System zu entwickeln, daß etwa alle vier Jahre jeder Lehrer an einem solchen Kursus teilnehmen kann.

Alle verfügbaren Kapazitäten, einschließlich die der Hochschulwochen und die Möglichkeiten der Bezirkskabinette usw., müssen wir dafür nutzen. In den Kreisen sollte es nicht darum gehen, umfangreiche Systeme zu entwickeln. Notwendig ist vielmehr, eine bewegliche, auf die konkreten Bedürfnisse der Schulen und einzelner Lehrergruppen gerichtete Weiterbildung zu organisieren. Dabei ist vor allem das Augenmerk auf die Entwicklung der Fachzirkel und auf den lebendigen Erfahrungsaustausch zu richten.

Den Kindern der Arbeiter, Genossenschaftsbauern und werktätigen Mütter gilt unsere besondere Fürsorge.

Unsere pädagogische Arbeit dient der Aufgabe, die politische Macht der Arbeiterklasse im Bündnis mit den Bauern und den übrigen Werktätigen zu festigen. Der Wert dieser Arbeit wird auch daran gemessen, wie es uns gelingt, alle Kinder zum Ziel der Oberschule zu führen.

In diesem Zusammenhang möchte ich einiges zur allseitigen Entwicklung der Arbeiter- und Bauernkinder sagen.

Wie müssen wir an dieses Problem herangehen?

Wenn auf dem VII. Parteitag der SED formuliert wurde: „Die besondere Fürsorge der Gesellschaft und der Schule muß den Kindern der Arbeiter und Genossenschaftsbauern sowie den Kindern der werktätigen Frauen gehören"[4], so geht es dabei nicht um die Förderung der Arbeiter- und Bauernkinder in einem engen Sinne, gewissermaßen um Nachholebedarf und Wiedergutmachung. Diese historische Aufgabe haben wir gelöst. Wir müssen berücksichtigen, daß unsere sozialistische Schule ein Instrument der Arbeiter-und-Bauern-Macht ist. Daraus ergibt sich, daß der Auftrag des Pädagogen ein Klassenauftrag ist. Das heißt, wir haben alle Kinder im Geiste der Arbeiterklasse, für den Standpunkt der Arbeiterklasse zu erziehen und allen Kindern ein solches Wissen, eine solche Bildung zu vermitteln, damit sie die historische Aufgabe der Arbeiterklasse, den Sozialismus zum Siege zu führen, erfüllen können.

Wenn wir von besonderer Fürsorge sprechen, dann geht es uns darum, zu sichern, daß alle Arbeiter- und Bauernkinder die Ziele der zehnklassigen Oberschule erreichen. Das heißt auch, sich mehr um die Kinder der werktätigen Mütter und deren Erziehung und Betreuung in den Schulhorten zu sorgen.

Entsprechend der führenden Rolle der Arbeiterklasse haben wir auch zu sichern, daß die mit der Arbeiterklasse verbündete Schicht der Intelligenz ständig neu aus den Reihen der Arbeiterklasse hervorgeht. Das erfordert ein klassenmäßiges Herangehen an die Probleme der erweiterten Oberschulen.

An einigen erweiterten Oberschulen ist es jedoch zum Beispiel nach wie vor üblich, in den Vorbereitungsklassen besonders streng zu zensieren. Eine Verschlechterung der Zensuren betrachtet eine ganze Reihe Lehrer an den erweiterten Oberschulen als eine „gesetzmäßige", normale Erscheinung. Das führt manchmal dazu, daß es bereits in der 9. oder auch am Ende der 10. Klasse Anträge – und das oft von Arbeitereltern – gibt, ihre Kinder aus der erweiterten Oberschule wieder auszuschulen.

Es ist aber notwendig, daß diese Schüler mit guten Leistungen bis zum Abitur geführt werden.

Die nächste Etappe der planmäßigen weiteren Entwicklung der Volksbildung ist abgesteckt. Es ist unsere Aufgabe, durch eine qualifizierte Führungstätigkeit die gestellten Aufgaben zielstrebig zu verwirklichen. Das verlangt von uns allen politische Klarheit, höheres Wissen und Können, große Einsatzbereitschaft und hohe Disziplin. Im Mittelpunkt unserer Leitungstätigkeit muß die konkrete Ar-

---

[4] Die gesellschaftliche Entwicklung der Deutschen Demokratischen Republik bis zur Vollendung des Sozialismus. Referat des Genossen Walter Ulbricht. In: Protokoll der Verhandlungen des VII. Parteitages der Sozialistischen Einheitspartei Deutschlands. Bd. I: 1. bis 3. Beratungstag, Dietz Verlag, Berlin 1967, S. 250.

beit mit unseren Direktoren, den Lehrern und Erziehern stehen, denn über Erfolg und Mißerfolg in der Verwirklichung der neuen Anforderungen entscheidet die Arbeit des Lehrers. In dem großen Prozeß der Umgestaltung in unseren Schulen entwickeln sich unsere Lehrer und die Pädagogenkollektive, wächst ihre Fähigkeit, diesen Prozeß schöpferisch und aktiv zu gestalten. Davon muß jeder Leiter in seiner Tätigkeit ausgehen. Er muß hohe Anforderungen in der Arbeit stellen und die aktive Mitwirkung der Lehrer fach- und sachkundig leiten, sich mit ihnen beraten. Er muß die Fähigkeiten jedes einzelnen Lehrers und des ganzen Kollektivs entwickeln, ihre Ideen, Meinungen und Vorschläge herausfordern, und er muß ihre Probleme gut kennen, konkrete Unterstützung und Hilfe geben, sich um die Arbeitsbedingungen der Lehrer kümmern.

In den beiden vorangegangenen Schulrätekonferenzen haben wir die große Verantwortung der Direktoren hervorgehoben und jene Aufgaben herausgearbeitet, die sich für die Kreisabteilungen bei der Führung der Direktoren ergeben. Wir können heute feststellen, daß unsere Funktionäre immer besser gelernt haben, gründlicher mit den Beschlüssen zu arbeiten, die Erfahrungen der besten Lehrer zu nutzen, immer mehr Lehrer in den Leitungsprozeß einzubeziehen. Es wird nicht mehr so allgemein geleitet, wie das früher oft üblich war. Man überprüft seine Arbeit schon mehr an den erreichten Ergebnissen, mißt an den erzielten Fortschritten und verändert in konkreter Arbeit die Lage. Immer weitere Fortschritte macht der Prozeß der Entwicklung und Festigung einheitlich handelnder Pädagogenkollektive.

Die positive Gesamteinschätzung der Entwicklung berechtigt jedoch nicht zur Selbstzufriedenheit. Neue Probleme und Fragen treten auf, die wir rechtzeitig erkennen und einer Lösung zuführen müssen. Ständig müssen wir prüfen, ob die Qualität unserer Arbeit ausreicht, ob Aufwand und Effekt im richtigen Verhältnis stehen. Das entscheidende Kriterium dafür ist, welche Veränderungen wir in der Praxis erreicht haben. Wir müssen die differenzierte Entwicklung in unserem Verantwortungsbereich umfassend kennen, die Ursachen aufdecken und jedem Direktor die für seine Schule notwendige konkrete Hilfe geben, damit er die mit den Beschlüssen der Partei gestellten Ziele mit seinem Pädagogenkollektiv erreicht. In diesem Zusammenhang eine Bemerkung zum Problem der differenzierten Entwicklung. Es ist, glaube ich, nicht richtig, dies als eine negative Erscheinung zu werten. Wir haben es doch mit der Führung von Prozessen zu tun. Ein Prozeß verläuft immer aufs neue differenziert, immer aufs neue wird Differenzierung stimuliert.

Das ist eine Gesetzmäßigkeit in jeder Entwicklung, auf die wir uns in der Führungstätigkeit einzustellen haben. Wir müssen uns darüber klarwerden, weil wir sonst die falsche Schlußfolgerung für die Leitung ziehen, daß differenzierte Führung eine vorübergehende Erscheinung und nur darauf gerichtet ist, die Zurückgebliebenen an das Niveau der Fortgeschrittenen heranzuführen. Und das wäre falsch. Es kommt darauf an, so zu führen, daß ständig neue Schrittmacher hervortreten, die die Entwicklung vorantreiben.

Die Weiterentwicklung und Vervollkommnung der Führungsmethoden ist nicht ein Mehr an Papier, sondern vor allem ein Mehr an Wirksamkeit der Leiter bei der Lösung der Aufgaben. Das erfordert nach wie vor das Studium der fortgeschrittensten Erfahrungen, das Aufdecken aller Ursachen und Bedingungen für die erreichten Ergebnisse, um auf dieser Grundlage jeder einzelnen Schule eine differenzierte Anleitung geben zu können. Es genügt nicht, daß der Schulrat nur einen exakten Überblick über die erreichten Bildungs- und Erziehungsergebnisse besitzt und deren Ursachen kennt. Er muß vor allem zielstrebig die erforderlichen Bedingungen schaffen helfen, damit in jeder Schule auf allen Gebieten eine hohe Qualität in der pädagogischen Arbeit erreicht werden kann. Die Führung des Unterrichts muß, ausgehend vom Ziel und Inhalt, als ein umfassender Prozeß verstanden werden. Jede Einseitigkeit, jeder Formalismus ist von Schaden.

Wir haben uns sehr gründlich mit diesem Problem beschäftigt. Wir haben die Arbeit vieler Bezirke und Kreise überprüft und festgestellt, daß mitunter die Gefahr besteht, die Führung des Bildungs- und Erziehungsprozesses nur auf die Leistungsanalyse zu reduzieren, daß notwendige Hilfsmittel, wie Analysen, Kontrollarbeiten, Tabellen, Ranglisten usw., teilweise zum Hauptgegenstand der Tätigkeit mancher Schulfunktionäre werden. Ein solcher Mechanismus in der Leitungsarbeit, wie Ergebnismessung, Ursachenanalyse, Leitungsmaßnahmen usw., und seine Verselbständigung führen zum Schematismus und, was noch ernster ist, zum Nachtrab der Leitungen.

Die Methode, von Durchschnittswerten her undifferenzierte, pauschale Leitungsmaßnahmen abzuleiten, führt nicht zur Stimulierung der Leistungen der Lehrer, sondern zu Gleichgültigkeit und Mißmut.

Die Überbewertung, die einseitige Anwendung der genannten Methoden führt dazu, daß nicht weniger, sondern immer mehr mit Papier geleitet wird. Objektiv erforderlich aber ist, alle Kräfte auf die unmittelbare Arbeit mit den Lehrern zu konzentrieren, das heißt noch besser ihre Arbeit kennenlernen, sie zu höherer Qualität ihrer Arbeit befähigen. Jeder Mitarbeiter der Kreisabteilung muß wissen, welche konkreten Probleme zu lösen sind und mit wem sie gelöst werden können.

Mit Recht richtet sich die Kritik gegen das Vielerlei an Maßnahmen sowie gegen die Fülle der Kontrollarbeiten und die Methoden, wie sie durchgeführt werden. Viele Lehrer kritisieren, daß Kontrollarbeiten und andere Methoden der Ergebnisermittlung einen zu hohen Arbeitsaufwand erfordern, die Ergebnisse aber ungenügend zur direkten Hilfe genutzt werden. Es gibt auch Methoden bei der Durchführung, die von den Lehrern als Mißtrauen empfunden werden. Ich halte es für notwendig, hier zu sagen, daß solche Methoden nicht nur von den Bezirken und Kreisen erfunden wurden, sondern ihren Ausgangspunkt auch in Lehrgängen der Fachberater hatten, die vom Ministerium für Volksbildung durchgeführt worden sind.

Es gibt wohl keinen Lehrer, der sich gegen eine Kontrolle seiner Arbeit wendet. Jede richtige Kontrolle ist doch immer eine Hilfe, auch wenn sie mit Kritik verbunden ist. Natürlich müssen wir objektiv messen und bewerten. Dazu gehören selbstverständlich nach wie vor Kontrollarbeiten, Leistungsanalysen usw. Aber wir müssen diese Kontrollen durchdachter, weniger aufwendig und vor allem von der Position des Vertrauens zu den Lehrern mit den Lehrern gestalten. Eine erstrangige Aufgabe dabei ist es, in den Kollektiven eine solche Atmosphäre zu entwickeln, daß jeder Lehrer seine eigene Arbeit selbst kritischer einschätzt.

Wir mußten feststellen, daß der Arbeitsstil einiger Abteilungen, mit Statistiken zu leiten, dazu geführt hat, daß auch in den Schulen der Unterricht zunehmend mit Hilfe von Zensurenstatistiken, Kontrollarbeiten und Durchschnittswerten geführt wird. Aber die in der täglichen Arbeit auftretenden ideologischen und pädagogischen Probleme der Lehrer, die aufgetretenen didaktischen und methodischen Fragen und die Erziehungsprobleme werden ungenügend im Führungsprozeß beachtet.

Einseitige und administrative Führungstätigkeit begünstigt falsche Grundpositionen zur Arbeit mit den Zensuren und führt nicht selten zu einem Zensurenfetischismus. Es wird mancherorts nur ein Kampf um einen guten Platz in der Rangreihe der Schulen geführt. Aber das widerspiegelt doch nicht den tatsächlichen Leistungsstand!

Aus verschiedenen Bezirken liegen Informationen vor, wonach die Lehrer verpflichtet sind, monatlich aus allen erteilten Zensuren eine Durchschnittszensur für jeden Schüler zu errechnen und auf Pendelkarten oder Karteikarten den Eltern mitzuteilen. Bei Elternversammlungen werden Listen mit Leistungsrangreihen der Schüler bekanntgegeben. In einigen Schulen werden auf der Grundlage des Gesamtleistungsdurchschnittes die Schüler in Leistungsgruppen eingeordnet und alle zwei Monate neu eingestuft.

Solche formalen Leitungsmethoden belasten die Lehrer und sind pädagogischer Unsinn. Mit solchen Leitungspraktiken fördert man auch die Tendenz, sich einseitig auf die Leistungen der Schüler zu orientieren. Aber bei der Verwirklichung der neuen Lehrpläne – so haben wir im Seminar wiederholt herausgestellt – geht es nicht nur um den Stoff und um das Wissen an sich, sondern es geht darum, allseitig entwickelte sozialistische Persönlichkeiten heranzubilden.

Damit wir uns richtig verstehen: Es sind eine ganze Reihe Probleme in der Führungstätigkeit sichtbar geworden, die tatsächlich Entwicklungsprobleme sind. Das System der Ergebnismessung zum Beispiel hat uns ohne Zweifel Fortschritte gebracht; aber es hat auch Tendenzen hervorgerufen, mit denen wir uns hier auseinandergesetzt haben. Doch es gibt auch Erscheinungen, die man wirklich nicht als Entwicklungsprobleme bezeichnen kann, sondern eindeutig als ernste Mängel in der Führungstätigkeit charakterisieren muß.

Wie müssen wir an die Probleme der Führung herangehen? Wir müssen unsere gesamte Führungstätigkeit ständig aufs neue kritisch überprüfen und feststellen, wo wir stehen, wie wir nach den Beschlüssen des Parteitages weiterarbeiten müssen. Die Verwirklichung des Gesetzes über das einheitliche Bildungssystem ist die Weiterführung unserer sozialistischen Schulreform auf einer höheren Stufe, die nicht weniger hohe Aufgaben an uns stellt als die vorangegangenen.

In unserer Arbeit haben wir es mit sich entwickelnden Menschen zu tun. Jeder Formalismus, Schematismus, jede Verabsolutierung einzelner Seiten der Leitung wirkt sich schädlich auf die Entwicklung der Menschen aus. Die Probleme sind nur zu lösen, wenn wir ständig in den Kollektiven arbeiten, wo sich die Lehrerpersönlichkeit entwickelt. Die Befähigung der Kader, die lebendige Arbeit mit den Menschen – das ist das Hauptproblem.

Die Direktoren müssen noch besser lernen, mit ihren Lehrern zu arbeiten. Sie müssen sie kennen, sie müssen wissen, warum dieser und jener Lehrer nicht zurechtkommt. Der Direktor muß wissen, wo dem einzelnen Lehrer geholfen werden muß. Dafür muß er seine Schulleitung einsetzen. Hier müssen die Fachberater Hinweise geben und helfen. So müssen auch die Kreisabteilungen mit den Direktoren und die Bezirksabteilungen mit den Kreisschulräten und ihren Mitarbeitern arbeiten. Und vor allem, wir müssen mehr darauf hören, welche Vorschläge die Lehrer haben, wie die Lehrer sich die Lösung der Probleme denken. Die Gedanken der Lehrer müssen aufgegriffen werden, man muß sich mit ihnen darüber beraten. Wir müssen die Vielfalt der Ideen und guten Erfahrungen voll zur Wirksamkeit bringen, indem wir die Lehrer selbst über ihre Erfahrungen sprechen lassen und indem wir ihre Erfahrungen und Vorschläge aufgreifen.

Und nicht zuletzt geht es immer wieder um die politische Atmosphäre, um das offene, ehrliche und vertrauensvolle Verhältnis im Kollektiv und zwischen Leiter und Kollektiv. Die Frage nach der politischen und pädagogischen Atmosphäre im Lehrerkollektiv, im gesamten Schulkollektiv kann nicht ernst genug genommen werden. Wie wollen wir sonst richtig erziehen, sozialistische Persönlichkeiten heranbilden?

Bei der Entwicklung sozialistischer Pädagogenkollektive müssen wir uns, ausgehend von der Rolle der Gewerkschaften, wie sie in der Verfassung verankert ist, stärker auf die Kraft der Gewerkschaftsorganisation stützen. Es kann keine Arbeitsteilung in dem Sinne geben, daß die Staatsorgane die politisch-pädagogische Leitung ausüben und die Gewerkschaftsleitungen sich um die Arbeits- und Lebensbedingungen kümmern.

Die zielstrebige Verwirklichung der in unserer neuen sozialistischen Verfassung gestellten Ziele, allen Kindern eine zehnjährige Oberschulbildung zu garantieren, verlangt noch große Anstrengungen, erfordert in allen Territorien, zielstrebig die Oberstufe in den nächsten Jahren aufzubauen und das in den Lehrplänen festgelegte Niveau in allen Schulen zu erreichen.

Hauptrichtung und Hauptinhalt der gesamten Arbeit sind in den Dokumenten der Partei, in den zentralen staatlichen Weisungen, in den Lehrplänen und anderen Materialien einheitlich für die gesamte Republik festgelegt. Auch das Tempo der Entwicklung, die einzelnen Schritte, die wir bei der Weiterentwicklung der Schule gehen müssen, werden durch den zentralen Plan geregelt. Anders geht die Sache nicht. Es ist nicht möglich, für die Entwicklung des Bildungswesens territoriale Maßstäbe oder gar subjektive Vorstellungen zugrunde zu legen. Die Entwicklung des Volksbildungswesens verlangt eine einheitliche, straffe Führung nach den Grundsätzen des demokratischen Zentralismus. Die höhere Verantwortung der Volksvertretungen und ihrer Räte in den Bezirken und Kreisen besteht in erster Linie in der Entwicklung der schöpferischen Initiative zur Verwirklichung der beschlossenen Aufgaben.

Die Erhöhung der Wissenschaftlichkeit der Führung des Bildungs- und Erziehungsprozesses verlangt selbstverständlich zu prüfen, welche neuen wissenschaftlichen Erkenntnisse – zum Beispiel der Kybernetik, der Datenverarbeitung – im Volksbildungswesen für die Lösung unserer Aufgaben genutzt werden müssen. Es darf dabei aber nicht außer acht gelassen werden, daß zwischen der Leitung der materiellen Produktion und der Leitung des Bildungs- und Erziehungsprozesses ein Unterschied besteht.

Es ist deshalb nicht möglich, solche Methoden, die sich in der Wirtschaft als zweckmäßig und richtig erwiesen haben, schematisch im Volksbildungswesen anzuwenden. Man muß außerdem unterscheiden, was bei der Entwicklung und Anwendung dieser Methoden gegenwärtig Aufgabe der wissenschaftlichen Forschung und was Sache der pädagogischen Praxis ist. Vielfach sind Modelle ausgearbeitet worden, die auf einer solch hohen Abstraktionsstufe stehen, daß sie das eigentliche pädagogische Geschehen und den Prozeßcharakter der Bildung und Erziehung nicht mehr erfassen. Andernorts ist das, was man schon seit Jahr und Tag tut, in einem Schema aufgezeichnet worden, ohne daß damit die Praxis auch nur im geringsten verändert wird.

Wir verfügen über ein Leitungssystem, das sich bewährt hat und das entsprechend den neuen Erkenntnissen und Bedingungen selbstverständlich weiterentwickelt werden kann und muß.

Der Aufruf der Pädagogen der Maxim-Gorki-Oberschule Berlin-Treptow, der an alle Lehrer Berlins und der ganzen Republik gerichtet ist, zeichnet sich dadurch aus, daß die Lehrer und Erzieher dieser Schule klar und eindeutig ihren Standpunkt, ihre politische Position formuliert haben, die da heißt: Wir bekennen uns zu unserer Republik, zu unserem sozialistischen Vaterland, das wir lieben, für das wir lehren, lernen, arbeiten und kämpfen. Völlig richtig sieht dieses Pädagogenkollektiv das klare Verhältnis jedes Lehrers zur Arbeiterklasse und zu unserem Arbeiter-und-Bauern-Staat als erste und wichtigste Grundlage jeder erfolgreichen Bildungs- und Erziehungsarbeit.

Die Lehrer der Maxim-Gorki-Oberschule betrachten die qualifizierte Bildungs- und Erziehungsarbeit als ihren wichtigsten Beitrag zur allseitigen Stärkung der DDR, in der Klassenauseinandersetzung mit dem Imperialismus. In der Erkenntnis, daß die neuen Lehrpläne die Anforderungen der sozialistischen Gesellschaft an die Schule zum Ausdruck bringen und ihre Verwirklichung ein tiefgreifender Umgestaltungsprozeß ist, stellen sie mit aller Konsequenz die Frage nach der Qualität ihrer eigenen Arbeit. Sie beleuchten kritisch ihre schwachen Stellen im Unterricht und im Umgang mit den Schülern.

Vielleicht reagieren einige Kollegen so auf den Aufruf, daß sie sagen: Das ist alles nichts Neues. In der Tat: In Treptow wurde wirklich nichts Neues erfunden.

Aber neu ist, daß das ganze Kollektiv dieser Schule zutiefst verstanden hat, daß es darum geht, ständig jene Hauptaufgaben in den Mittelpunkt zu stellen, die in den Beschlüssen von Partei und Regierung eindeutig und für lange Zeit gültig formuliert worden sind.

Es ist völlig richtig, daß sie auf jene wunden Stellen ihren Finger legen, von denen wir wahrhaftig nicht behaupten können, daß sie in jedem Lehrerkollektiv schon bewältigt sind. Ich will hier nur ein Problem herausgreifen: die Frage der richtigen Einstellung zum Kind – eine Frage, die Makarenko durch sein ganzes Lebenswerk sehr eindeutig beantwortet hat.

Hohe Forderungen an die Schüler, die auf der Achtung der heranwachsenden Persönlichkeit beruhen, Liebe zum Kind, Konsequenz und feinfühlige Hilfe, eigenes Vorbild, Nutzung der Kraft des ganzen Kollektivs – alle diese Grundsätze sind jedem von uns nicht neu.

Die Frage aber ist, wie diese Grundsätze in der täglichen pädagogischen Arbeit verwirklicht werden. Ihr wißt selbst, daß es an vielen Schulen zahlreiche Beispiele gibt, die davon zeugen, daß diese bewährten Grundsätze mißachtet werden. Wie oft haben wir schon darüber gesprochen! Sorgen wir nun dafür, daß in jedem Pädagogenkollektiv eine Atmosphäre der Unduldsamkeit und der prinzipiellen Auseinandersetzung mit fehlerhafter pädagogischer Arbeit entwickelt wird.

Charakteristisch ist, daß die Pädagogen der Maxim-Gorki-Oberschule von ihrer großen Verantwortung ausgehen, höhere Anforderungen an jeden einzelnen stellen, kein Mittelmaß dulden und die Ursache für noch bestehende Mängel zuerst bei sich selbst suchen. Aber sie stellen auch berechtigte Forderungen an die staatlichen Leitungen, an die pädagogische Wissenschaft und an die gesellschaftlichen Kräfte. Der Inhalt dieses Aufrufs ist von prinzipieller Bedeutung für die Führung aller Schulen und Volksbildungseinrichtungen in jedem Kreis. Er ist ein wichtiges Führungsinstrument zur Vorbereitung des neuen Schuljahres und für die Arbeit im neuen Schuljahr.

Die Lehrer der Maxim-Gorki-Oberschule setzen mit ihrem Herangehen an die Arbeit die Maßstäbe für alle. Es geht nicht um formale Zustimmungserklärungen und schnell erarbeitete Schlußfolgerungen. Mit dem Aufruf zu führen heißt, in die Schulen zu gehen, geduldig und beharrlich mit den Lehrern zu sprechen, ihnen zu helfen, Bilanz zu ziehen und gemeinsam mit ihnen herauszuarbeiten, wie die Aufgaben im neuen Schuljahr gelöst werden.

Machen wir uns die Losung der Lehrer der Maxim-Gorki-Oberschule zu eigen: Mit revolutionärem Geist und solider Arbeit für hohe Leistungen zu Ehren des 20. Jahrestages der Gründung unserer Deutschen Demokratischen Republik.

Ich wünsche euch dafür viel Erfolg!

Tiefgreifender Umgestaltungsprozeß in unserer Schule

Bericht des Ministers für Volksbildung auf der 9. Sitzung
der Volkskammer der DDR über die Ergebnisse
der Einführung neuer Lehrpläne und neuer Lehrmethoden
an den zehnklassigen allgemeinbildenden Schulen
11. Juni 1968

Der Ministerrat hat mich beauftragt, Ihnen einen Bericht zu geben über erste Ergebnisse bei der Einführung neuer Lehrpläne und Lehrmethoden auf der Grundlage des Gesetzes über das einheitliche sozialistische Bildungssystem.

Bekanntlich hat der VII. Parteitag festgestellt: „Ein wichtiger Schritt zur Durchführung des Gesetzes ist *die Einführung neuer Lehrpläne,* mit denen der Inhalt der Oberschulbildung auf der Basis der Prognose präziser bestimmt, mit den gesellschaftlichen Erfordernissen und den neuen pädagogischen Erkenntnissen in Übereinstimmung gebracht wird."[1]

Jetzt kommt es darauf an, das Gesetz in hoher Qualität in der Praxis zu verwirklichen. Wir gehen in unserem Bericht bei der Einschätzung und den Schlußfolgerungen von dieser Grundposition aus, die der VII. Parteitag festgelegt hat. Wir berücksichtigen dabei die Erfahrungen in der wissenschaftlichen Arbeit und in der Praxis, die wir im Prozeß der Durchführung des Gesetzes, insbesondere bei der Erarbeitung und Einführung neuer Lehrpläne, gesammelt haben. In den Schlußfolgerungen wird die Linie des Vorgehens bei der weiteren Verwirklichung des Bildungsgesetzes für einen längeren Zeitabschnitt festgelegt.

Das Gesetz über das einheitliche sozialistische Bildungssystem, das auf der Grundlage des vom VI. Parteitag beschlossenen Programms des Sozialismus ausgearbeitet und der Öffentlichkeit zur Diskussion unterbreitet wurde, hat die Volkskammer am 25. Februar 1965 angenommen.

In den mehr als drei Jahren seit dem Erlaß des Gesetzes über das einheitliche sozialistische Bildungssystem haben sich auf seiner Grundlage wesentliche Veränderungen in der Schulpraxis vollzogen, vollziehen sich gegenwärtig oder sind ein-

---

[1] Die gesellschaftliche Entwicklung in der Deutschen Demokratischen Republik bis zur Vollendung des Sozialismus. Referat des Genossen Walter Ulbricht. In: Protokoll der Verhandlungen des VII. Parteitages der Sozialistischen Einheitspartei Deutschlands. Bd. I: 1. bis 3. Beratungstag, Dietz Verlag, Berlin 1967, S. 249.

geleitet. In ihrer Gesamtheit stellen sie einen tiefgreifenden Umgestaltungsprozeß dar, der alle Bereiche der Schule, der Leitung des Bildungswesens und der wissenschaftlich-pädagogischen Arbeit umfaßt. So vollzieht sich im Prozeß der Gestaltung des entwickelten gesellschaftlichen Systems des Sozialismus die kontinuierliche Weiterführung und Vertiefung der sozialistischen Schulreform.

Der Auftrag der Volkskammer, das einheitliche sozialistische Bildungssystem zu gestalten, erhält nach der Annahme unserer sozialistischen Verfassung ein noch größeres Gewicht. Die grundlegenden Bestimmungen des Gesetzes über das einheitliche sozialistische Bildungssystem, die Prinzipien sozialistischer Schulpolitik, wie sie im Gesetz formuliert worden sind, sind nunmehr in der sozialistischen Verfassung unserer Deutschen Demokratischen Republik fest verankert.

Die Berichterstattung heute in der Volkskammer ist also zugleich eine Rechenschaftslegung über die Art und Weise, wie die Festlegungen unserer neuen sozialistischen Verfassung auf einem entscheidenden Gebiet unserer gesellschaftlichen Entwicklung zielstrebig und umfassend in die gesellschaftliche Wirklichkeit umgesetzt werden.

Mit dem Gesetz über das einheitliche sozialistische Bildungssystem wurden die auf gesamtgesellschaftlichem und pädagogischem Gebiet herangereiften neuen Probleme rechtzeitig aufgegriffen. Es stellt weitreichende, konstruktive Aufgaben für die Weiterentwicklung unserer Schule. Das war möglich, weil der Erarbeitung des Gesetzes eine sorgfältige Analyse der Entwicklungsbedingungen und der Entwicklungstendenzen vorausging, die sich in den folgenden Jahren vollauf bestätigt hat. Ausgehend davon mußte vor allem der Inhalt der Allgemeinbildung, wie er in den staatlichen Lehrplänen festgelegt wird, so bestimmt werden, daß er den gesellschaftlichen Anforderungen, den Tendenzen der prognostischen Entwicklung Rechnung trägt und eine ständige Erhöhung des Niveaus der Bildung und Erziehung in allen Schulen gewährleistet. Diese Aufgabe ergab sich aus der bereits vom VI. Parteitag der SED mit dem „Programm des Sozialismus" beschlossenen Aufgabenstellung, den notwendigen Bildungsvorlauf für die Entwicklung unserer sozialistischen Gesellschaft zu sichern.

Bei allen Veränderungen, die wir im Bildungswesen vorgenommen haben, ließen wir uns von den prinzipiellen Zielen des Gesetzes leiten. Das heißt, ständig davon auszugehen, daß die allgemeinbildende Schule zuerst und vor allem ein Instrument zur Durchsetzung der Interessen des Sozialismus ist. Sie dient bewußt der Festigung der politischen Macht der Werktätigen, die unter der Führung der Arbeiterklasse und ihrer marxistisch-leninistischen Partei den Sozialismus verwirklichen. Sie dient der Festigung unseres sozialistischen Staates. Es entspricht der humanistischen Zielstellung unserer Gesellschaft, daß die allgemeinbildende Schule die Grundlagen für die allseitige Entwicklung sozialistischer Persönlichkeiten legt und damit entscheidende Voraussetzungen für die Gestaltung des entwickelten gesellschaftlichen Systems des Sozialismus schafft. Im Sinne der Bestimmungen unserer sozialistischen Verfassung ist es die erste und die vornehmste Aufgabe der allgemeinbildenden Schule, das große humanistische Ziel aller Werk-

tätigen unserer Republik erreichen zu helfen: die Verwirklichung der sozialistischen Gesellschaft, die volle Entfaltung aller schöpferischen Fähigkeiten der Menschen. Diese Aufgabe löst die allgemeinbildende Schule dadurch, daß sie
- bewußt und systematisch Bildungsvorlauf für die Erfüllung der gesamtgesellschaftlichen Aufgaben schafft,
- allen Kindern eine moderne, den wissenschaftlichen Erkenntnissen entsprechende Oberschulbildung vermittelt,
- die Jugend zu einem festen und unerschütterlichen Klassenstandpunkt, zur Parteinahme und zur Tat für unsere sozialistische Deutsche Demokratische Republik, zur Treue zur Arbeiterklasse und ihrer Partei, der führenden Kraft in unserem Staat, erzieht.

Es ist Aufgabe unserer Schule, die Jugend zur festen Freundschaft mit der Sowjetunion, zur proletarisch-internationalistischen Gesinnung und Aktion, zum Haß gegen imperialistische Unterdrückung und Aggression und zur Bereitschaft, unser sozialistisches Vaterland zu verteidigen, zu erziehen.

Unsere Jugend zu befähigen, für den Sozialismus zu arbeiten und zu kämpfen, das ist die Aufgabe unserer sozialistischen Schule. Damit ist der allgemeinbildenden Schule eine hohe politische Verantwortung übertragen. Die Pädagogen der Deutschen Demokratischen Republik sind sich dieser hohen Verantwortung vor der Arbeiterklasse, vor allen Werktätigen der Deutschen Demokratischen Republik bewußt und sind bestrebt, ihrer Berufung als Lehrer des Volkes immer besser gerecht zu werden. Das beweist nicht zuletzt der Aufruf, den das Pädagogenkollektiv der Maxim-Gorki-Oberschule Berlin-Treptow an alle Lehrer zur Vorbereitung des 20. Jahrestages der DDR gerichtet hat. Das Kollektiv geht von seiner Verantwortung vor unserem Arbeiter-und-Bauern-Staat aus, die ihnen aufgibt, die Jugend zu leidenschaftlichen, hochgebildeten Kämpfern für den Sozialismus zu erziehen, die die historische Mission der Arbeiterklasse zu vollenden bereit und imstande sind, die großen gesellschaftlichen, wissenschaftlichen und technischen Aufgaben der Gegenwart und Zukunft im Sinne der Arbeiterklasse und ihrer Verbündeten zu meistern. Immer bewußter gehen die Lehrer in ihrer Arbeit davon aus, daß es Aufgabe unserer Schule ist, sich voll in das Ringen um die Gestaltung des entwickelten gesellschaftlichen Systems des Sozialismus einzuordnen. Dabei lassen wir uns stets von dem bestimmenden Grundsatz unseres Bildungsgesetzes leiten, die Schule eng mit dem Leben zu verbinden.

Im Geiste Lenins bemühen sich unsere Pädagogen, das systematische Lernen der Schuljugend noch enger mit ihrer Teilnahme am politischen Kampf der Werktätigen zu verbinden, sie mit den Ideen des Marxismus-Leninismus vertraut zu machen. In diesem Geiste erforscht unsere Jugend auf den Spuren des Roten Oktober und der revolutionären Kämpfer der deutschen Arbeiterklasse die großen Traditionen des revolutionären Kampfes. Sie lernt auf diese Weise, den Kampf der Arbeiterklasse und aller Werktätigen um die sozialistische Gesellschaft in Vergangenheit und Gegenwart besser zu verstehen und ihre eigenen Aufgaben in Gegenwart und Zukunft besser zu begreifen.

Im Gesetz über das einheitliche sozialistische Bildungssystem wird gefordert, den Bildungsinhalt den neuesten Erkenntnissen von Wissenschaft, Technik und Kultur anzupassen, eine lebensnahe sozialistische Erziehung zu gewährleisten. Das heißt, feste, anwendungsbereite und erweiterungsfähige Kenntnisse zu vermitteln, die systematische Aneignung des Bildungsgutes zu sichern, die Fähigkeiten des selbständigen Lernens, des schöpferischen Denkens und Arbeitens und das Streben nach ständiger Erweiterung der Bildung systematisch auszubilden.

Dieser Gesetzesauftrag war der Ausgangspunkt für sorgfältige wissenschaftliche Arbeiten zur Bestimmung des Inhalts einer modernen sozialistischen Allgemeinbildung.

Sie wurden in einer breiten sozialistischen Gemeinschaftsarbeit geleistet, an der nicht weniger als 3 000 Wissenschaftler und Praktiker der verschiedensten Bereiche des gesellschaftlichen Lebens unserer Republik beteiligt waren: pädagogische Wissenschaftler, erfahrene Lehrer, Wissenschaftler aller Universitäten, Mitglieder des Forschungsrates, Mitglieder der Deutschen Akademie der Wissenschaften, Angehörige der technischen Intelligenz, Künstler und Sportwissenschaftler.

Ständig wurden die wesentlichen internationalen Entwicklungstendenzen analysiert, vor allem die Ergebnisse wissenschaftlicher Arbeiten in der Sowjetunion.

Bei der Bestimmung des Inhalts der Bildung und Erziehung ließen wir uns von der Gesamtheit der gesellschaftlichen Anforderungen leiten und von der Tatsache, daß das einheitliche sozialistische Bildungssystem als ein Teilsystem zugleich mit allen anderen Teilen des gesellschaftlichen Gesamtsystems verbunden ist. Bei der Bestimmung des Inhalts der Bildung und Erziehung galt es deshalb, von den Anforderungen aller Teile des Gesamtsystems auszugehen und diese Anforderungen unter schulpolitisch-pädagogischer Sicht in Bildungs- und Erziehungskonsequenzen für die Schule umzusetzen.

Die spezifische Funktion der allgemeinbildenden Schule als Teil des Bildungssystems ist es, das Fundament für die gesamte weiterführende Bildung und Erziehung der jungen Menschen zu legen. Es ist ihre Aufgabe, die Grundlagen für die allseitige Entwicklung der Persönlichkeit, für die volle Entfaltung aller schöpferischen Fähigkeiten des Menschen zu schaffen.

Bei der Bestimmung des Inhalts der Allgemeinbildung sind die Erfordernisse von besonderer Bedeutung, die sich aus der wissenschaftlich-technischen Revolution und aus der Aufgabe ergeben, alle Bereiche des gesellschaftlichen Lebens mit der sozialistischen Ideologie zu durchdringen und unsere sozialistische Demokratie weiterzuentwickeln.

Man muß die Komplexität der Anforderungen, die sich aus der gesamtgesellschaftlichen Entwicklung für die Allgemeinbildung ergibt, und die spezifische Funktion der allgemeinbildenden Schule deshalb hervorheben, weil es immer wieder einseitige, oft vorschnell abgeleitete Anforderungen an die allgemeinbildende Schule gibt. Es gibt eine Tendenz, vom Standpunkt einzelner Bereiche der Wirtschaft und anderer gesellschaftlicher Gebiete isolierte Anforderungen an die

Schule zu stellen. So werden in jüngster Zeit, angefangen von der Datenverarbeitung oder der Außenwirtschaft über die Musiker bis zu den Sportlern, Forderungen erhoben, ihre Gebiete in der Schule auszudehnen bzw. für diese verschiedenen Spezialbereiche – und das oft nach den verschiedensten Schwerpunkten in den Territorien – Spezialausbildung in der allgemeinbildenden Schule zu betreiben. In einigen Kreisen wird immer wieder versucht, Spezialklassen oder spezialisierte Klassen einzurichten, deren Profil nicht der Funktion der allgemeinbildenden Schule entspricht. Das würde aber in der Endkonsequenz dazu führen, die Oberstufe unserer Schule in ein System von Spezialklassen aufzulösen. Selbstverständlich muß unsere Schule den berechtigten Forderungen hinsichtlich der Interessenlenkung, der Berufs- und Studienorientierung, der Entwicklung von Talenten usw. besser gerecht werden. Ich komme später noch darauf zu sprechen, wie wir in den oberen Klassen bessere Voraussetzungen dafür schaffen werden. Aber erst eine solide Grundlagenbildung bietet ein sicheres Fundament für alle Formen der Spezialbildung, wie sie sich in der Regel erst der allgemeinbildenden Schule anschließt. Gerade aus den Ansprüchen unserer sozialistischen Gesellschaft, aus der Entwicklung von Wissenschaft und Produktion erweist es sich als dringend notwendig, auf eine breite, solide Grundlagenbildung, auf ein hohes Niveau der Allgemeinbildung zu orientieren. Es liegt also im unmittelbaren Interesse aller gesellschaftlichen Bereiche, daß sich die allgemeinbildende polytechnische Oberschule voll auf die Vermittlung und Aneignung einer umfassenden, allseitigen Grundlagenbildung konzentriert.

Dieser Grundsatz wurde bereits im Gesetz über das einheitliche sozialistische Bildungssystem festgelegt. Er befindet sich mit den internationalen Tendenzen voll in Übereinstimmung.

Die Komplexität der neuen Anforderungen an die Allgemeinbildung machte es notwendig, nicht nur den Inhalt einzelner Fächer, sondern aller Unterrichtsfächer neu zu bestimmen.

Um den Inhalt der Allgemeinbildung so festzulegen, daß er den gesellschaftlichen Anforderungen auf der Grundlage der Prognose Rechnung trägt und eine ständige Erhöhung des Niveaus der Bildung und Erziehung in allen allgemeinbildenden Schulen gewährleistet, war es notwendig, ein neues Lehrplanwerk und neue, diesem Lehrplanwerk entsprechende Lehrbücher, Unterrichtsmittel und methodische Hilfen für die Lehrer zu erarbeiten.

In den neuen Lehrplänen wurde herausgearbeitet, welches grundlegende Wissen vermittelt werden muß und wie der Unterricht in stärkerem Maße dazu beitragen kann, sozialistisches Bewußtsein und Verhalten herauszubilden, die geistigen und körperlichen Fähigkeiten und Fertigkeiten der Schüler zu entwickeln, ihren Lernwillen und ihre Lernbereitschaft zu wecken und sie zu befähigen, ihr Wissen und Können in der Praxis schöpferisch anzuwenden.

Die neuen Lehrpläne gehen im Sinne des Zieles, allseitig entwickelte sozialistische Persönlichkeiten heranzubilden, von ausgewogenen Proportionen zwischen den verschiedenen Bildungsbereichen aus. Sie sichern eine höhere Qualität der mathematisch-naturwissenschaftlichen und polytechnischen Bildung ebenso wie die Weiterentwicklung der gesellschaftswissenschaftlich-staatsbürgerlichen, muttersprachlichen und fremdsprachlichen, ästhetischen und körperlichen Bildung. Um den neuen gesellschaftlichen und wissenschaftlichen Erfordernissen entsprechen zu können, ist überholter Bildungsstoff aus den Lehrplänen entfernt und neuer aufgenommen worden. Das grundlegende Bildungsgut wurde begrenzt, teilweise neu angeordnet und neu interpretiert. Dabei wurde kontinuierlich auf den bisherigen Lehrplänen und den bei ihrer Realisierung gewonnenen Erfahrungen aufgebaut.

Es ist eines der wesentlichen Merkmale der neuen Lehrpläne, daß die Potenzen des Unterrichtsstoffes für die politisch-ideologische Erziehung deutlicher herausgearbeitet worden sind. So ist es möglich, die Erziehung der Schüler zu bewußten sozialistischen Staatsbürgern im Unterricht auf eine höhere Stufe zu heben. Jedes einzelne Unterrichtsfach hat seinen spezifischen Beitrag zur Herausbildung eines wissenschaftlichen Weltbildes, zur politisch-moralischen Erziehung der Schüler zu leisten.

Im Zentrum stehen dabei jene Bewußtseins- und Verhaltensqualitäten, jenes Wissen und jene Charaktereigenschaften, die sich auf die aktive Teilnahme am Kampf für den Sieg des Sozialismus, am Kampf gegen den Imperialismus richten.

Die neuen Lehrpläne bieten die Möglichkeit, die Schüler gründlicher in wesentliche Theorien, Gesetzmäßigkeiten und Betrachtensweisen einzuführen, die entscheidend für ein tieferes Eindringen in die Wissenschaften und in die Gesamtheit der gesellschaftlichen Beziehungen sind.

Besonders betont wird dabei die Entwicklung elementarer wissenschaftlicher Denk- und Arbeitsweisen, weil auf diese Weise selbständiges schöpferisches Denken angebahnt und die Befähigung zum ständigen Weiterlernen ausgebildet wird. Durch die bessere theoretische Fundierung, durch die Betonung des selbständigen schöpferischen Arbeitens und Denkens wird mit dem neuen Lehrplanwerk zugleich ein höheres Niveau der Beziehungen von Theorie und Praxis möglich.

Die einzelnen Unterrichtsfächer sind im neuen Lehrplanwerk besser miteinander koordiniert worden, damit sie in ihrer Gesamtheit stärker den übergreifenden Zielen der Entwicklung allseitiger sozialistischer Persönlichkeiten dienen können.

Einige Beispiele aus verschiedenen Bildungsbereichen sollen verdeutlichen, wie die Allgemeinbildung neuen gesellschaftlichen Anforderungen angepaßt wurde und angepaßt wird.

Im Mathematikunterricht wurde der Lehrstoff unter dem Gesichtspunkt einer modernen wissenschaftlichen Betrachtungsweise und Interpretation ausgewählt. Gleichzeitig wird die Entwicklung mathematischer Fertigkeiten und Fähigkeiten betont. Besonders beachtet wurden die mengentheoretische und die logische Durchdringung des Lehrstoffes, funktionale und abbildungsgeometrische Betrachtungen und das formalalgorithmische Arbeiten, das als eine Grundlage für die Datenverarbeitung und die maschinelle Rechentechnik wesentlich ist.

In der Unterstufe vollzieht sich eine völlige Umwälzung vom Rechenunterricht alten Stils zu einem modernen Mathematikunterricht. Die Ausbildung grundlegender Rechenfertigkeiten und die Befähigung aller Schüler zum mathematischen Denken und zum selbständigen Arbeiten mit mathematischen Methoden und Verfahren wird in zunehmendem Maße gesichert.

Bereits von der 1. Klasse an wird heute mit Variablen, mit Gleichungen und Ungleichungen gearbeitet, und die Ergebnisse der Arbeit mit den neuen Lehrplänen zeigen, daß die Schüler der Unterstufe diese höheren Anforderungen gut bewältigen. So wurden für den Mathematikunterricht die Folgerungen aus der Tatsache gezogen, daß die Mathematik in allen Bereichen des gesellschaftlichen Lebens eine erhöhte Bedeutung gewinnt, daß mathematische Denk- und Verfahrensweisen immer stärker in allen Gebieten des gesellschaftlichen Lebens Anwendung finden.

Folgerungen haben wir für die Umgestaltung des naturwissenschaftlichen Unterrichts gezogen, weil die Naturwissenschaften für viele Bereiche des Lebens immer größere Bedeutung gewinnen, weil die Mechanisierung und Automatisierung komplexer Produktionsprozesse bei verstärktem Einsatz der elektronischen Datenverarbeitung wesentliche Entwicklungstendenzen in der Industrie darstellen und weil Methoden naturwissenschaftlichen Arbeitens auf zahlreichen Gebieten immer größere Bedeutung erlangen.

Die grundlegenden Tendenzen, Begriffe und Theorien, die für ein tieferes Eindringen in die Wissenschaft, für das Verständnis der Zusammenhänge in der Produktion und für die Entwicklung der gesamten Volkswirtschaft entscheidend sind, wurden in den neuen Lehrplänen klarer herausgearbeitet.

Im Physikunterricht zum Beispiel wurde der Unterrichtsstoff wie bisher im wesentlichen zwar aus den wichtigsten Teilgebieten der klassischen Physik ausgewählt, aber bereits im Anfangsunterricht der Klasse 6 ist der Physiklehrgang durch einige wesentliche Elemente der modernen Elektrophysik und durch eine Einführung in den Aufbau des Atomkerns ergänzt worden.

In allen Lehrplänen für den naturwissenschaftlichen Unterricht wird der Erwerb der Kenntnisse über naturwissenschaftliche Sachverhalte mit dem Eindringen in die wichtigsten Methoden und Arbeitsweisen der Naturwissenschaften verbunden. Die neuen Lehrpläne betonen das Experimentieren, das Beobachten und Messen, die Begriffs- und Hypothesebildung sowie die Arbeit mit Modellen für physikalische Vorgänge und Erscheinungen. Der Beitrag der Naturwissenschaften zur Herausbildung eines wissenschaftlichen Weltbildes ist deutlicher gemacht worden.

In die Umgestaltung des Inhalts der Allgemeinbildung ist der polytechnische Unterricht in vollem Umfang einbegriffen. Entsprechend den Entwicklungstendenzen von Wissenschaft und Produktion, von Technik und Ökonomie werden in den neuen Lehrplänen für den polytechnischen Unterricht die allgemein-technischen sowie die naturwissenschaftlich-mathematischen Grundlagen stärker betont. Damit entstehen auch bessere Voraussetzungen für die theoretische Durchdringung der produktiven Arbeit der Schüler. Im theoretischen Unterricht werden bevorzugt jene Gebiete behandelt, die für viele Zweige der Volkswirtschaft und für viele Tätigkeitsbereiche von Bedeutung sind, so zum Beispiel mechanische Technologie, Maschinenkunde und ökonomischer Einsatz der Maschinen, Elektrotechnik/Elektronik, Ökonomie und Technisches Zeichnen. Während der produktiven Arbeit sollen die Schüler vielseitig anwendbare Fähigkeiten und Fertigkeiten vor allem im Bedienen von Maschinen, Montieren und Demontieren, in der Fehlersuche und im Reparieren erwerben. Eine solche breite polytechnische Bildung schafft für die spätere Berufsausbildung, wie sie in den „Grundsätzen für die Weiterentwicklung der Berufsausbildung als Bestandteil des einheitlichen sozialistischen Bildungssystems" konzipiert ist, gute Grundlagen. Die stärkere Betonung des technischen und ökonomischen Denkens, die gesamte polytechnische Bildung und Erziehung unter Einbeziehung der Werktätigen der sozialistischen Betriebe in Industrie und Landwirtschaft hat das Ziel, die Schüler auf ihre spätere Tätigkeit in der modernen sozialistischen Produktion und auf ihre demokratische Mitwirkung an der Planung und Leitung des gesellschaftlichen Produktionsprozesses gut vorzubereiten.

Für die Ausprägung der politisch-moralischen Persönlichkeitsqualitäten aller Schüler, für die Entwicklung ihres sozialistischen Bewußtseins und für die Aneignung gründlicher gesellschaftswissenschaftlicher Kenntnisse ist der Unterricht in den gesellschaftswissenschaftlichen, den sprachlichen und künstlerischen Fächern von besonderer Bedeutung.

Mit den neuen Lehrplänen wurde begonnen, die Erziehung im Unterricht von der 1. Klasse an auf der Grundlage einer durchgehenden politisch-ideologischen Linienführung zu systematisieren. Ich darf in diesem Zusammenhang darauf hinweisen, daß, beginnend mit dem 1. September 1968, Staatsbürgerkunde bereits von der 7. Klasse an erteilt wird. In der 8. Klasse werden wir gründlich unsere neue sozialistische Verfassung behandeln.

In den gesellschaftswissenschaftlichen Fächern zielen die neuen Lehrpläne besonders darauf ab, die Schüler zu gründlichen Einsichten in die Gesetzmäßigkeiten der gesellschaftlichen Entwicklung zu führen. Sie betonen die Ausbildung der Fähigkeiten, aus historischen Erkenntnissen klassenmäßige politische Schlußfolgerungen herzuleiten. Es geht darum, daß die Lehrer die Schüler noch besser befähigen, das Wesen unserer Politik zu verstehen, aktuell-politische Ereignisse und Maßnahmen parteilich einzuschätzen, die richtigen Schlußfolgerungen für das persönliche Handeln zu ziehen. Besonderen Wert müssen wir auf einen lebensverbundenen, emotional wirkenden gesellschaftswissenschaftlichen Unterricht legen.

Durch die neuen Lehrpläne im Sportunterricht bestehen jetzt günstigere Voraussetzungen, um für alle Schüler – von der 1. Klasse an – eine systematische allseitige körperliche Grundausbildung mit dem Ziel einer hohen körperlichen Leistungsfähigkeit zu sichern und grundlegende Bewegungseigenschaften auszubilden. Gleichzeitig geht es darum, solche Persönlichkeitsqualitäten wie Disziplin,

Mut, Ausdauer, Gewandtheit, Kollektivbewußtsein weiter auszuprägen als Voraussetzung dafür, daß unsere Jugend gesund aufwächst und Voraussetzung auch dafür, sie zur Landesverteidigung zu befähigen.

In die neuen Lehrpläne für die musisch-künstlerischen Fächer sind neue charakteristische Werke aus dem sozialistischen Kunstschaffen aufgenommen worden. Den Schülern sollen nachhaltige Kunsterlebnisse vermittelt werden, und zugleich sind höhere Anforderungen an ihre eigene praktische Tätigkeit, an ihre künstlerische Selbstbetätigung gestellt.

Auf ähnliche Weise, wie hier an einigen Fächern demonstriert, vollziehen sich auch im Deutschunterricht und im Fremdsprachunterricht wesentliche Veränderungen.

Entsprechend dem neuen Inhalt verändern sich auch die Unterrichtsmethoden, denn mit den neuen Lehrplänen mußte auch die Art und Weise des Lehrens und Lernens weiterentwickelt werden. Alle diese Veränderungen haben das Ziel, einen modernen, rationellen, effektiven Unterrichtsprozeß zu sichern. Die grundlegende Konzeption für einen solchen Unterricht ist in den Lehrplänen enthalten.

Diese didaktische Konzeption verlangt, ausgehend von Ziel und Inhalt der Allgemeinbildung, schöpferische Vielfalt der Methoden. Sie vereint die Erfahrungen der besten Lehrer, vielfach bewährte und erprobte Methoden und neue Ergebnisse der pädagogischen und psychologischen Forschung. Die Auswertung der wissenschaftlichen Untersuchungen über den programmierten Unterricht zum Beispiel trug dazu bei, die Gesetzmäßigkeiten des Unterrichtsprozesses genauer zu erfassen. Durch eine sinnvolle Anwendung kybernetischer Betrachtungsweisen konnten in den neuen Lehrplänen die allgemeinen Ziele der gesamten Bildung und Erziehung und die aus ihnen abzuleitenden Teilziele für jedes Unterrichtsfach und für jedes Stoffgebiet genauer geplant werden. So gelang es, den Bildungsstoff besser für den systematischen Erkenntnisfortschritt der Schüler aufzubereiten.

Charakteristisch für die neuen Lehrpläne ist also, daß sie nicht nur den Bildungsstoff enthalten, sondern daß sie den pädagogischen Prozeß in seinen Grundlinien vorplanen. Dieses Bestreben setzt sich auch in den neuen Lehrbüchern fort, die auf der Grundlage dieser Lehrpläne erarbeitet worden sind. Die neuen Lehrpläne, Lehrbücher und Unterrichtsmittel bieten damit eine bessere Grundlage für die wissenschaftliche und schöpferische Führung des Unterrichts durch den Lehrer.

Bei der Ausarbeitung des neuen Lehrplanwerkes wurden viele komplizierte wissenschaftliche Probleme gelöst. Sie konnten selbstverständlich nur in dem Maße gelöst werden, wie es die gegenwärtigen wissenschaftlichen Erkenntnisse und die besten Erfahrungen der Schulpraxis zulassen. Es ist in den neuen Lehrplänen im allgemeinen gelungen, das Verhältnis zwischen dem Bildungsstoff und der zur Verfügung stehenden Unterrichtszeit genauer festzulegen. Aber vollständig ist dieses Problem noch nicht gelöst. Wenngleich die neuen Lehrpläne bessere Möglichkeiten für die systematische Entwicklung der geistigen Fähigkeiten der Schüler und für die Planung des Erziehungsprozesses bieten, so muß gerade auch an diesen Problemen wissenschaftlich noch intensiver weitergearbeitet werden. Dabei müssen wir vor allem noch zielgerichteter die besten Erfahrungen der Lehrer auswerten.

Es war nicht möglich, diese genannten und andere Probleme umfassend zu lösen. Die neuen Lehrpläne bieten jedoch die erforderlichen Lösungsansätze, die jetzt durch weitere wissenschaftliche Untersuchungen und durch die Lehrer selbst im Prozeß der schöpferischen Arbeit mit den Lehrplänen weiter ausgebaut werden müssen.

Nach einer gründlichen Analyse können wir heute einschätzen, daß mit den neuen Lehrplänen – bisher haben wir sie als präzisierte Pläne bezeichnet – eine solide Grundlage für einen längeren Zeitraum unserer Schulentwicklung geschaffen wurde. Faktisch ist ein neues Lehrplanwerk entstanden. Es ist die grundlegende Aufgabe für die allgemeinbildende Schule bis in die siebziger Jahre hinein, die heute bereits erreichten Ergebnisse in der Bildung und Erziehung der heranwachsenden Generation kontinuierlich und stetig weiter auszubauen. Jetzt geht es darum, das in den Lehrplänen festgelegte höhere Niveau in allen Schulen, mit allen Lehrern, mit allen Schülern zu verwirklichen. Gleichzeitig ist es notwendig, weitergehenden wissenschaftlichen Vorlauf zu schaffen. Durch die gründliche Analyse der Erfahrungen mit den neuen Lehrplänen und durch die Auswertung prognostischer Aussagen über die weitere Entwicklung der Gesellschaft, Wissenschaft, Produktion und Technik muß eine sorgfältige Vorarbeit geleistet werden, um spätere Entscheidungen über das Jahr 1980 hinaus vorbereiten zu können.

Von diesen grundlegenden Aufgaben muß auch die weitere Umgestaltung der Lehrerausbildung ausgehen, die sich gegenwärtig im Prozeß der Hochschulreform vollzieht. Dabei geht es in erster Linie um die inhaltlichen Probleme der Erziehung und Ausbildung unserer Lehrerstudenten. Es geht darum, die Qualität in allen Disziplinen der Lehrerausbildung so zu erhöhen, daß die künftigen Lehrer besser auf die höheren Anforderungen der Bildungs- und Erziehungsarbeit in den Schulen vorbereitet sind. Für ein hohes Niveau der sozialistischen Erziehung und Ausbildung und für eine hohe Qualität der pädagogischen Forschung, wozu auch gehört, die notwendigen Forschungskapazitäten zu sichern, tragen die Universitäten und Hochschulen eine große Verantwortung.

Wir haben uns nach der Annahme des Gesetzes über das einheitliche sozialistische Bildungssystem für eine schrittweise Ausarbeitung und Einführung der neuen Lehrpläne entschieden. Dieses Vorgehen hat sich bewährt. Es ermöglicht ein hohes Maß an Kontinuität und Stabilität bei der Umgestaltung der Schulpraxis. So war es möglich, neue gesellschaftliche Anforderungen im Prozeß der Arbeit aufzugreifen, Entwicklungsprobleme, die sich bei der Einführung der neuen Lehrpläne in den Schulen zeigten, rechtzeitig zu erkennen und die Erfahrungen für die Ausarbeitung der Pläne der folgenden Klassenstufen zu nutzen.

In unserer gesamten Führungstätigkeit gehen wir davon aus, daß die Einführung und praktische Verwirklichung der neuen Lehrpläne sowie der ihnen zugrunde liegenden modernen Auffassungen vom Unterricht ein umfassender, länger andauernder und komplizierter Prozeß der Umgestaltung unserer Schule ist. Die bisher erreichten Ergebnisse bei der Arbeit mit den neuen Lehrplänen zeigen, daß unsere Lehrer mit großer schöpferischer Aktivität an die Lösung der Aufgaben herangehen. Sie dringen immer tiefer in das Wesen der Veränderung der Allgemeinbildung ein. Aber es ist ganz natürlich, daß dabei auch viele schwierige Probleme auftreten.

Jeder Lehrer steht vor qualitativ neuen Anforderungen. Alle müssen dazulernen und im Prozeß der Arbeit mit den neuen Lehrplänen auch neue Erfahrungen sammeln. Das zeigte sich ganz deutlich in der Unterstufe, wo sich in den vergangenen Jahren die größten Veränderungen in unserer Schule vollzogen. Gegenwärtig bereitet es manchen Lehrern noch Schwierigkeiten, wesentliche Gesetzmäßigkeiten und Zusammenhänge lebendig und anschaulich zu vermitteln. So zeigt sich in manchen Schulen die Tendenz, daß der Unterricht zu abstrakt ist und die emotionale Seite im Bildungs- und Erziehungsprozeß vernachlässigt wird.

Die erzieherischen Potenzen des Unterrichts werden von den Lehrern besser als bisher genutzt, aber es fällt oft noch schwer, alle im Stoff und im Unterrichtsprozeß liegenden erzieherischen Potenzen zu erfassen und zur Wirkung zu bringen. Die dazu in den Lehrplänen, Lehrbüchern und methodischen Hilfen gegebenen Hinweise für die Lehrer reichen auch noch nicht aus.

Eines der Hauptprobleme ist, daß sich die Verwirklichung der neuen Lehrplananforderungen gegenwärtig sehr ungleichmäßig vollzieht. Es gibt beträchtliche Unterschiede in der Qualität der Arbeit der Lehrer und in den Leistungen von Fach zu Fach, von Klasse zu Klasse und von Schule zu Schule.

Es gibt echte Schrittmacherleistungen, aber es gibt mancherorts auch ernste Rückstände. Letzteres ist überall dort der Fall, wo der Umgestaltungsprozeß noch nicht zielstrebig wissenschaftlich geführt, wo den Lehrern bei der Lösung der neuen Probleme noch nicht schnell und wirksam genug geholfen wird.

Es gab und gibt noch Anfangsschwierigkeiten in der Arbeit mit den neuen Lehrplänen. Dort, wo zum Beispiel die Lehrer mit ihren Problemen allein gelassen wurden, kam es in Einzelfällen zu Unglauben in die eigenen Kräfte, zu Zweifeln an der Realisierbarkeit der Lehrpläne und mitunter auch zu zeitweiligen Rückschlägen.

Die Wege, wie komplizierte Probleme, Widersprüche rasch gelöst werden können, zeigten und zeigen täglich die besten Lehrer selbst. Tausende Lehrer suchten neue Lösungen, beschritten neue Wege und bewiesen durch ihre schöpferische Arbeit, daß die neuen Anforderungen erfüllbar sind. Und es ist keineswegs übertrieben, wenn wir feststellen, daß überall dort den Schülern das Lernen mehr Freude macht, wo ihr Leistungsstreben in lebendiger, altersgemäßer und lebensverbundener Weise auf der Grundlage der neuen Lehrpläne herausgefordert wird. Die kontinuierlich bemessene Steigerung der Anforderungen, die mit der schrittweisen Einführung der neuen Lehrpläne möglich ist, trägt dem Leistungsvermögen unserer Schüler, wie die Praxis beweist, voll Rechnung.

Der gesamte Umgestaltungsprozeß der allgemeinbildenden Schule ist ein umfassender Prozeß der politisch-ideologischen, fachwissenschaftlichen und pädagogischen Qualifizierung aller Lehrer und Schulfunktionäre. Wir wissen sehr genau, daß es nicht leicht ist, alle diese Aufgaben zu bewältigen. Das zeigt das Beispiel der Unterstufenlehrer, die eine über drei Jahre andauernde zusätzliche Qualifizierung neben ihrer vollen Arbeit absolviert haben, um den neuen Anforderungen gerecht werden zu können. Ich möchte besonders hervorheben, daß in der Unterstufe etwa 80 Prozent Frauen unterrichten. Und wir können heute feststellen, daß unsere Unterstufenlehrer die große Aufgabe einer völligen Umgestaltung der Unterstufe gut bewältigen. Alle unsere Untersuchungen zeigen, daß die Lehrer wesentlich mehr Zeit für ihre Vorbereitung auf den Unterricht und für ihre Qualifizierung benötigen als bisher.

Begründete Kritik üben viele Pädagogen am jetzigen System der Lehrerweiterbildung, vor allem an dem zu hohen Zeitaufwand, der geringen Effektivität, der fehlenden theoretischen Substanz und der ungenügenden Praxisnähe zahlreicher Veranstaltungen. Eine der wichtigsten Voraussetzungen für die volle Verwirklichung der neuen Lehrpläne ist deshalb die Neugestaltung der gesamten Weiterbildung. Es geht dabei darum, in den nächsten Jahren den Lehrern durch die Weiterbildung allseitig zu helfen, die grundlegenden Zielstellungen der Lehrpläne zu erfassen und die gesamte Weiterbildung theoretisch fundierter und praxiswirksamer zu gestalten.

Sie muß für die gesamte pädagogische Arbeit des Lehrers Hilfe geben, das heißt, daß sie die politisch-ideologischen, fachwissenschaftlichen, pädagogisch-methodischen und psychologischen Probleme der Arbeit mit den neuen Lehrplänen zum Inhalt haben muß.

In Anbetracht der Bedeutung dieser Aufgaben hat der Vorsitzende des Staatsrates, Genosse Walter Ulbricht, vorgeschlagen zu prüfen, in welchen Städten Häuser der Lehrer als Zentren der Weiterbildung einzurichten sind. Weiterhin wurde festgelegt, Maßnahmen zur weiteren Verbesserung der Qualität der Unterrichtsmittel, zu ihrer ausreichenden Produktion und zur schnellen Versorgung aller Schulen einzuleiten. Denn auch dies ist bekanntlich eine wichtige Voraussetzung, damit die Ziele unserer Lehrpläne in hoher Qualität erfüllt werden.

Vor den Mitarbeitern des Volksbildungswesens steht jetzt ein komplizierter Arbeitsabschnitt, in dem es darauf ankommt, die Ausarbeitung und Einführung neuer Lehrpläne planmäßig abzuschließen und alle Kraft auf die volle Verwirklichung des neuen Lehrplanwerkes in der Praxis zu konzentrieren.

Mit Beginn des neuen Schuljahres wird in den Klassen 1 bis 7 der Oberschule auf der Grundlage neuer Lehrpläne gearbeitet. Neue Lehrpläne für die Vorbereitungsklassen der erweiterten Oberschule sind bereits gültig.

Ab 1. September 1968 werden auch für den berufsvorbereitenden polytechnischen Unterricht neue Lehrpläne verbindlich.

Die Arbeiten an den Lehrplänen für die Klasse 8 sind inzwischen abgeschlossen worden. Sie werden 1969 in Kraft treten.

Wir werden also die schrittweise Einführung der neuen Lehrpläne, wie vom VII. Parteitag beschlossen, im Jahre 1971 abschließen und die Überarbeitung der präzisierten Lehrpläne, die für die Unterstufe notwendig war, mit der Klasse 4 beenden.

Bei der weiteren Arbeit an den Lehrplänen für die Klassen 9 und 10 der Oberschule, die in diesem Jahr im wesentlichen beendet wird, haben wir vor allem die Aufgabe zu lösen, sorgfältig das Abschlußniveau unserer zehnklassigen Oberschule entsprechend den Anforderungen des VII. Parteitages zu bestimmen. Es geht darum, ein hohes, für alle Kinder erreichbares Niveau zu projektieren. Dabei haben wir zu beachten, daß die zehnklassige allgemeinbildende polytechnische Oberschule keine Schule für eine Auswahl guter Schüler, sondern nach unserer sozialistischen Verfassung die Pflichtschule für alle Mädchen und Jungen ist.

Wie bereits erwähnt, werden wir nunmehr auch dazu übergehen, in den 9. und 10. Klassen auf der Grundlage eines einheitlichen Oberschulniveaus die differenzierten Formen des Lernens weiter auszubauen. Dabei gehen wir konsequent vom Bildungsgesetz aus, in dem gefordert wird, mit der Erhöhung des Bildungsniveaus für alle Lernenden Maßnahmen zur Förderung besonderer Begabungen und Talente zu treffen durch das bessere Eingehen auf das individuelle Leistungsvermögen der Lernenden im Unterricht sowie durch außerunterrichtliche Bildungsveranstaltungen und andere Maßnahmen.

Um verstärkt Möglichkeiten zu schaffen, auf der Grundlage des einheitlichen Niveaus individuelle Interessen, Neigungen und Begabungen auszubilden und die Schüler auf wichtige Berufe und Studienrichtungen zu lenken, werden wir in der 9. und 10. Klasse der Oberschule ein System naturwissenschaftlich-technischer Arbeitsgemeinschaften auf der Grundlage einheitlicher Rahmenprogramme aufbauen. Inhaltlich werden die Programme so angelegt, daß sie vor allem wichtige technische Anwendungsgebiete der Mathematik und Naturwissenschaften, Probleme der Ökonomie und Technik erfassen. Es ist dabei an Arbeitsgemeinschaften für BMSR-Technik, Datenverarbeitung, Elektronik, Maschinen- und Gerätebau, Agrobiologie, Bionik und anderes gedacht, in denen sowohl theoretisches Wissen als auch praktische Fähigkeiten und Fertigkeiten vermittelt werden.

Gleichzeitig ist beabsichtigt, die außerunterrichtlichen Formen des Lernens auf gesellschaftswissenschaftlichem, musischem, ästhetischem und sportlichem Gebiet in höherer Qualität weiterzuführen.

In den 11. und 12. Klassen der erweiterten Oberschulen sollen wissenschaftlich-praktische Arbeit und schrittweise fakultativer Unterricht eingeführt werden.

Bei der Entscheidung, in der zehnklassigen Oberschule ein System von Arbeitsgemeinschaften zu entwickeln, das auf dem obligatorischen Unterricht aufbaut, berücksichtigten wir die wertvollen Erfahrungen, die wir bisher mit den Arbeitsgemeinschaften gesammelt haben.

Wir gehen davon aus, daß es bei der Einführung differenzierter Formen des Lernens keinerlei Abstriche an der für alle Schüler verbindlichen zehnklassigen Schulbildung, keine Abstriche am Bildungsniveau für diese oder jene Gruppe von

Schülern geben darf. Bei den Maßnahmen zur Differenzierung geht es um ergänzende, vertiefende, interessenlenkende Bildungs- und Erziehungsmaßnahmen.

Die Einführung der weiterentwickelten Formen des differenzierten Lernens ist voll in die schulpolitische Gesamtkonzeption eingeordnet. Das gilt sowohl für den Inhalt der Programme als auch für den Zeitpunkt ihrer Einführung.

Sie werden inhaltlich mit den Lehrplänen der Oberstufe abgestimmt sein und zusammen mit den neuen Lehrplänen für die 9. und 10. Klassen eingeführt werden. Die zeitlichen Voraussetzungen für diese Arbeitsgemeinschaftstätigkeit wollen wir durch eine Reduzierung der Stundentafel für die oberen Klassen schaffen.

Die Vorbereitung und Durchführung aller mit diesem Schritt verbundenen Maßnahmen machen eine straffe zentrale Führung notwendig.

Aufgabe der Schulen und Kreise ist es, die Bildung der Arbeitsgemeinschaften gut vorzubereiten. Dazu gehört, klare Positionen über Einheitlichkeit und Differenzierung zu schaffen, zu überlegen, wie die Kader auf eine solche Arbeit vorbereitet werden, wie die Betriebe helfen können, die Schulen mit den erforderlichen Lehrmitteln und Geräten auszustatten, denn das ist für diese Arbeitsgemeinschaftstätigkeit eine unabdingbare Voraussetzung.

Mit dem neuen Inhalt der Allgemeinbildung, der Entwicklung verschiedener Formen des differenzierten Lernens werden sich Inhalt und Charakter der Oberstufe unserer Schule in den nächsten Jahren grundlegend wandeln. Ziel dieser Weiterentwicklung ist es, besser den Altersbesonderheiten der Schüler Rechnung zu tragen, besser den gesellschaftlichen Anforderungen zu entsprechen und so die Jugendlichen noch zielstrebiger auf ihren Eintritt in das Berufsleben bzw. in die weiterführenden Bildungseinrichtungen vorzubereiten.

Mit dieser Neugestaltung der Oberstufe, der Festlegung eines hohen, einheitlichen Oberschulniveaus und einer darauf aufbauenden Differenzierung vollzieht sich eine qualitative Weiterentwicklung des Einheitsschulgedankens. Die Einheitlichkeit des Schulwesens, eines der Kampfziele der revolutionären deutschen Arbeiterbewegung, das auch das Anliegen der besten bürgerlich-demokratischen Pädagogen zum Ausdruck brachte, ist bei uns schon mit der demokratischen Schulreform Wirklichkeit geworden. Die konsequente Verwirklichung des Einheitsschulprinzips, hohe, einheitliche Bildung für alle Kinder, Durchgängigkeit der Bildungswege bis zu den höchsten Stufen, ist eine der entscheidenden Grundlagen für die Erfolge unserer Bildungspolitik in den vergangenen zwei Jahrzehnten. An diesem Prinzip halten wir unerschütterlich fest.

Eine optimale Erfüllung der neuen Lehrpläne, hohe Qualität der gesamten pädagogischen Arbeit – all das stellt qualitativ höhere Anforderungen an die gesamte Führungstätigkeit.

Entscheidend ist, daß sich die Leitungen im Volksbildungswesen in erster Linie darauf konzentrieren, alle Kader – vor allem die Direktoren – zu befähigen, noch besser mit den Lehrern zu arbeiten.

Die bisherigen Ergebnisse in der Arbeit mit den neuen Lehrplänen zeigen, daß die Lehrer alles zu tun bereit sind, um im Interesse unserer Jugend die höheren

Anforderungen zu meistern. Durch ihre tägliche schöpferische pädagogische Arbeit schaffen sie ständig neue, bessere Bedingungen für die Realisierung der neuen Lehrpläne und setzen so neue Maßstäbe für ihre eigene Tätigkeit.

Wir müssen stets davon ausgehen, daß alle Probleme dieses großen Umgestaltungsprozesses nur gemeinsam mit den Lehrern gelöst werden können. Die Leiter im Volksbildungswesen müssen die vorwärtsweisenden Ideen der Lehrer aufspüren, sich auf ihre Klugheit und ihr Schöpfertum stützen, ihre Erfahrungen gründlich auswerten, ihren Rat suchen, ihre Ideen, Meinungen und Vorschläge herausfordern und ihre kritischen Hinweise ernst nehmen.

Im Zentrum der gesamten Leitungstätigkeit muß die konkrete Arbeit mit den Pädagogen stehen, denn die Qualität der pädagogischen Arbeit des Lehrers entscheidet letztlich darüber, wie die in den Lehrplänen gesteckten Ziele Wirklichkeit werden. Die tägliche lebendige und differenzierte politische und fachliche Arbeit mit den Pädagogen darf nicht durch Schematismus, Bürokratismus, Statistiken, schriftliche Anleitungen und ähnliches ersetzt werden. Wir haben uns kritisch mit solchen Methoden der Ergebnismessung und Kontrolle im Volksbildungswesen auseinandersetzen müssen, die diese lebendige Arbeit nicht fördern, sondern behindern.

Nach wie vor muß im Mittelpunkt der Führungstätigkeit die politische Arbeit mit den Lehrern stehen. Die Erkenntnis, daß höhere wissenschaftliche Bildung für alle Kinder des Volkes und ein gefestigtes sozialistisches Bewußtsein Voraussetzungen sind, um die Aufgaben der wissenschaftlich-technischen Revolution zum Wohle des Volkes zu lösen, die Einsicht, daß dies ein Beitrag ist zur Festigung und Stärkung unserer Deutschen Demokratischen Republik und damit zugleich im internationalen Ringen um die weitere Veränderung des Kräfteverhältnisses zugunsten des Sozialismus, stimuliert in bedeutendem Maße die Qualität der Arbeit des Lehrers.

Die Lehrer und Erzieher der Maxim-Gorki-Oberschule schrieben in ihrem Brief: „Uns wird immer mehr bewußt, daß sich mit der Einführung der neuen Lehrpläne ein tiefgreifender Umgestaltungsprozeß in unserer Schule vollzieht. Wer umgestalten, verändern will, braucht einen zuverlässigen Kompaß. Deshalb arbeiten wir daran, bei jedem Mitglied unseres Kollektivs immer stärker das Bedürfnis zu wecken, in die Werke der Klassiker des Marxismus-Leninismus und in das Wesen der Beschlüsse der Partei der Arbeiterklasse einzudringen."[2]

Das ständige Ringen um politisch-ideologische Klarheit ist entscheidend dafür, daß jeder Pädagoge seinen gesellschaftlichen Auftrag richtig versteht und seiner Verantwortung gerecht wird, denn die Schule steht an einem entscheidenden Abschnitt des politischen Kampfes.

[2] Mit revolutionärem Geist und solider Arbeit erfüllen wir den Auftrag der Arbeiterklasse (Aufruf der Lehrer und Erzieher der Maxim-Gorki-Oberschule Berlin-Treptow zum 20. Jahrestag der DDR). In: Dokumente zur Geschichte des Schulwesens in der DDR. Teil 3: 1968 bis 1972/73, 1. Halbbd., Volk und Wissen Volkseigener Verlag, Berlin 1974, S. 21.

Die Ausarbeitung der Lehrpläne, ihre schrittweise Einführung in der Schule und die weitere Entwicklung der pädagogischen Arbeit zeigen, daß eine der entscheidenden Bedingungen für den Erfolg die aktive Mitwirkung aller gesellschaftlichen Kräfte ist. Sie im Sinne der sozialistischen Verfassung richtig und umfassend zu organisieren heißt, alle Potenzen der sozialistischen Gesellschaft für die allseitige Entwicklung der heranwachsenden Generation voll zu erschließen.

Die große Kraft der gesellschaftlichen Organisationen, insbesondere der Gewerkschaften, des Jugendverbandes und seiner Pionierorganisation, sowie der Eltern, der Betriebe und Genossenschaften muß noch besser genutzt werden.

Es entspricht der gewachsenen Verantwortung der örtlichen Volksvertretungen und der Räte, wenn sie alle Kräfte für die Verwirklichung der hier dargestellten Hauptaufgaben im Bildungswesen mobilisieren. Dazu gehört auch, sich noch mehr um die Arbeits- und Lebensbedingungen der Pädagogen zu sorgen, die Erfüllung des Oberschulprogramms und des Schulbauprogramms zu sichern. Die örtlichen Räte müssen sich voll dafür verantwortlich fühlen, daß die notwendigen materiellen Bedingungen für eine gute Bildungs- und Erziehungsarbeit gesichert sind. Dafür müssen alle örtlichen Reserven erschlossen werden. Im Wettbewerb „Schöner unsere Städte und Gemeinden – mach mit!" wollen wir mit Hilfe aller gesellschaftlichen Kräfte und der Eltern bis zum 20. Jahrestag unsere Schulen noch schöner gestalten.

Die in diesem Jahr stattfindenden Wahlen zu den Elternvertretungen werden besonderer Anlaß sein, die Aussprache mit der Bevölkerung über die Bildungspolitik unseres sozialistischen Staates weiterzuführen und jene nächsten Aufgaben zu beraten, die in jeder Schule und in jeder Klasse bei der weiteren Verwirklichung des Gesetzes über das einheitliche sozialistische Bildungssystem gemeinsam zu lösen sind.

Die Pädagogen unserer Deutschen Demokratischen Republik haben eine umfassende und erfolgreiche Arbeit geleistet, um den Auftrag, der ihnen mit dem Gesetz über das einheitliche sozialistische Bildungssystem und der sozialistischen Verfassung erteilt worden ist, gut zu erfüllen. Das zeigen die realen Ergebnisse der Bildung und Erziehung, wie sie sich im Denken und Handeln unserer Jugend widerspiegeln. Es ist offensichtlich, daß diese Ergebnisse wesentlich auf die Bildungs- und Erziehungsarbeit im Unterricht, in den vielfältigen Formen der außerunterrichtlichen Betätigung, auf die zielstrebige Arbeit der Freien Deutschen Jugend und der Pionierorganisation „Ernst Thälmann" in den Schulen und nicht zuletzt auf die Mitwirkung der Eltern und aller anderen gesellschaftlichen Kräfte an der Bildung und Erziehung der jungen Menschen zurückzuführen sind.

Unsere Pädagogen wissen sehr wohl, daß die Macht der Arbeiter und Bauern, die Herrschaft des werktätigen Volkes unter der Führung der Partei der Arbeiterklasse die entscheidende Grundlage für alle Erfolge war und ist, die wir auf dem Gebiet des Bildungswesens in unserer Republik erreicht haben. Der hohe Stand, den wir im Bildungswesen erreicht haben, den wir mit aller Kraft weiter festigen und ausbauen werden, ist ein augenfälliger historischer Beweis, daß die Bildung des Volkes dort gedeiht, wo die Arbeiterklasse die Macht ausübt, wo die Pädagogen als wahrhafte Lehrer des Volkes an ihrer Seite stehen.

Ich darf hier versichern: Die Pädagogen werden weiterhin mit hohem Verantwortungsbewußtsein ihre ehrenvolle Aufgabe erfüllen, die ihnen unsere Gesellschaft mit der Heranbildung der Jugend, der Zukunft unserer sozialistischen Nation, übertragen hat. Sie werden zu Ehren des 20. Jahrestages der Deutschen Demokratischen Republik ihre ganze Kraft für die allseitige Bildung und Erziehung der Jugend einsetzen, um sie zu befähigen, den Sozialismus zu vollenden.

Mehr Konkretheit
in der Leitungsarbeit

*Referat auf dem zentralen Seminar
mit allen Bezirks- und Kreisschulräten in Ludwigsfelde
5. bis 7. Mai 1969*

Wir wollen in unserem Seminar beraten, welche Schlußfolgerungen wir aus der Einschätzung der Lage in den Bezirken, Kreisen und Schulen für die Weiterentwicklung der Qualität der Arbeit der Leiter und Leitungskollektive ziehen müssen. Dabei gehen wir davon aus, daß unsere Führungsmaßnahmen entsprechend den Beschlüssen des Zentralkomitees unserer Partei und der Volkskammer darauf gerichtet sein müssen, die Aufgaben- und Zielstellung für die Bildungs- und Erziehungsarbeit in höchster Qualität in allen Schulen und Einrichtungen der Volksbildung zu realisieren.

Daraus ergibt sich, daß wir in den Mittelpunkt unseres Seminars die Frage rükken: Wie erreichen wir eine solche Konkretheit der Führung, daß in allen Schulen weitere sichtbare Fortschritte erreicht werden? Oder, anders gesagt, das Motto unseres Seminars ist: Wir brauchen mehr Konkretheit in der Leitungsarbeit. Denn das entscheidende Kriterium für die Qualität der wissenschaftlichen Führungstätigkeit sind letztlich konkrete Veränderungen, konkrete Fortschritte in der Praxis.

Die Grundfrage, um die es uns in der Arbeit als Leiter gehen muß, besteht darin, alle Pädagogen allseitig zu befähigen, die höheren Anforderungen zu erfüllen. In Vorbereitung und Durchführung des neuen Schuljahres geht es um die weitere zielstrebige Verwirklichung der von der 9. Tagung der Volkskammer beschlossenen Grundlinie der Entwicklung des Volksbildungswesens. Wir haben die Aufgaben, die sich daraus ergeben, auf dem vorjährigen Schulräteseminar gründlich herausgearbeitet. Jetzt haben wir zu prüfen, wo wir bei der Verwirklichung dieser im vergangenen Jahr gestellten Führungsaufgaben stehen, wo die Fortschritte liegen, welche Probleme aufgetreten sind, welche Mängel sichtbar wurden und worin die Ursachen dafür liegen. Wir wollen gemeinsam beraten, wie wir weiter vorgehen müssen. Ich möchte die Hauptaufgaben, wie wir sie im Schulräteseminar 1968 gemeinsam erarbeitet haben, noch einmal zusammenfassend darlegen, weil sie für die Beantwortung der Frage, wo wir stehen und wie es weitergehen muß, nach wie vor von entscheidender Bedeutung sind.

Wovon gingen wir aus?

1. Höhere Qualität der wissenschaftlichen Führung erfordert, tiefer in die politisch-ideologischen, fachlichen und pädagogischen Probleme einzudringen, die mit dem großen Umgestaltungsprozeß in unserer Schule verbunden sind. Diesen Prozeß können wir nur richtig führen, wenn wir alle Potenzen unserer sozialistischen Gesellschaft, vor allem auch das gewachsene Bewußtsein unserer Lehrer, voll nutzen. Wir stellten die Forderung, eine hohe Qualität in jeder Schule auf allen Gebieten unserer Arbeit, in allen Bereichen der Volksbildung zu erreichen. Das setzt voraus, daß die Pädagogen den Zusammenhang ihrer Arbeit mit der gesamtgesellschaftlichen Entwicklung, mit der historischen Notwendigkeit und Aufgabe verstehen, die DDR allseitig zu stärken. Wir müssen ständig daran arbeiten, allen Pädagogen die historische Größe dieser unserer Klassenkampfaufgabe noch bewußter zu machen.

Wir stellten fest, daß die Lehrer der Maxim-Gorki-Oberschule Berlin in ihrem Brief völlig richtig davon ausgehen, daß die Schule die Grundlagen für die Entwicklung des Bewußtseins der Jugend zu legen hat und alle Lehrer an einem entscheidenden Abschnitt des ideologischen Kampfes stehen. Davon leiteten wir ab, daß alle Mitarbeiter der Volksbildung sich bemühen müssen, noch tiefer in die marxistisch-leninistische Theorie einzudringen. Wir forderten von den Leitern, die Qualität der tagtäglichen politisch-ideologischen Arbeit mit den Pädagogen entscheidend zu verbessern, täglich politische Aufklärungsarbeit zu leisten.

2. Wir müssen erreichen, daß sich die Qualität der pädagogischen Arbeit, der wissenschaftlichen Führungstätigkeit ständig erhöht, damit wir die Ziele der neuen Lehrpläne verwirklichen. Damit das in allen Schulen gelingt, ist es erforderlich, alle Kraft auf die Hilfe für die Lehrer, für ihre Arbeit mit den neuen Lehrplänen, auf die Verwirklichung des in ihnen projektierten Niveaus der Bildung und Erziehung, auf die Umsetzung der hohen Anforderungen in der Praxis zu konzentrieren. Dabei geht es um die Ausschöpfung aller Potenzen, die die Lehrpläne für die Entwicklung sozialistischer Persönlichkeiten enthalten. Wir unterstrichen, daß die Voraussetzung dafür ein wissenschaftlicher und parteilicher Unterricht ist sowie die volle Nutzung aller Möglichkeiten, die die enge Verbindung des Unterrichts mit der außerunterrichtlichen Bildungs- und Erziehungsarbeit bietet.

Es gilt, ein hohes Niveau der Arbeit jedes Lehrers in jeder Klasse und in jeder Schule zu erreichen. Nicht nur mit der Spitze, mit allen müssen wir die qualitativ hohen Anforderungen erfüllen.

In diesem Zusammenhang arbeiteten wir die Notwendigkeit heraus, die Qualität, den Inhalt, die Methoden und die Organisation der Weiterbildung der Lehrer grundlegend zu verändern.

3. Bei der Umgestaltung unserer Schule entwickeln sich die Lehrer, wachsen ihre Fähigkeiten, diesen Prozeß schöpferisch zu gestalten. Davon muß jeder Leiter ausgehen. Das heißt, hohe Forderungen an jeden einzelnen stellen, die aktive Mitwirkung der Lehrer fach- und sachkundig leiten und vor allem sich mit den

Lehrern beraten. Die Leiter – so haben wir gefordert – müssen sich mehr auf die Initiative und die Aktivität der Lehrer stützen.

4. Wir unterstrichen die Rolle der Direktoren, ihre zunehmende Verantwortung. Deshalb forderten wir, sie noch besser zu befähigen, die Probleme rechtzeitig zu erkennen und zu lösen. Wir mußten feststellen, daß Aufwand und Effekt der Führungstätigkeit oft in keinem richtigen Verhältnis zueinander stehen. Wir unterstrichen die Notwendigkeit, die guten Erfahrungen zu studieren, die Ursachen der erreichten Ergebnisse gründlicher zu analysieren und zielstrebig die erforderlichen Bedingungen für eine gute Qualität der Arbeit zu schaffen. Wir stellten den Direktoren die Aufgabe, konkreter mit ihren Lehrern zu arbeiten, die Fähigkeiten jedes einzelnen und die des ganzen Kollektivs zu entwickeln, die Ideen, Meinungen, Vorschläge der Lehrer herauszufordern, ihre Probleme und Arbeitsbedingungen gut zu kennen. Wir forderten von den Direktoren, die Vorschläge der Lehrer ernster zu nehmen, mit ihnen zu beraten, wie sie sich die Lösung der Probleme denken, die guten Ideen und Erfahrungen der Lehrer zielstrebiger umzusetzen. Wir orientierten auf eine gute politisch-pädagogische Atmosphäre im Lehrerkollektiv, im gesamten Schulkollektiv, die für die Entwicklung sozialistischer Persönlichkeiten eine unerläßliche Bedingung ist.

5. Wir forderten, daß die Mitarbeiter der Kreisabteilungen systematisch in den Lehrerkollektiven arbeiten. Das setzt voraus, die Kader für ihre Hauptaufgabe, mit den Menschen zu arbeiten, noch besser zu befähigen.

6. Wir haben mit allem Ernst darauf hingewiesen, daß die Schulräte ihre Verantwortung als Ratsmitglieder besser wahrnehmen müssen, damit die Ratskollektive in der Lage sind, den Prozeß der Entwicklung des Volksbildungswesens im Territorium sachkundiger zu leiten, die politischen und materiellen Bedingungen für die Bildungs- und Erziehungsarbeit noch zielstrebiger zu entwickeln.

Jeder Kreisschulrat muß selbst prüfen, wie er im Prozeß der Arbeit mit der Realisierung dieser Aufgaben vorangekommen ist.

Wenn man richtig führen will, muß man damit beginnen zu prüfen, worin die Fortschritte bestehen, welche guten Erfahrungen es gibt, an die wir anknüpfen, auf denen wir aufbauen müssen.

Die Lehrer der Maxim-Gorki-Oberschule Berlin-Treptow haben mit ihrem Aufruf die Maßstäbe für die Arbeit aller Pädagogenkollektive der Republik gesetzt. Sie erkannten: Qualifizierte Bildungs- und Erziehungsarbeit ist unser wichtigster Beitrag zur Stärkung der DDR in der Klassenauseinandersetzung mit dem Imperialismus. Deshalb rückten sie die Frage nach ihrem politischen Standpunkt, nach der Qualität ihrer eigenen Arbeit in den Mittelpunkt. Sie forderten, kein Mittelmaß zu dulden, unduldsam zu sein gegenüber Mängeln und sich an den Besten zu orientieren. Sie gingen davon aus, daß ein höheres Niveau in der Bildung, im Bewußtsein und im gesellschaftlichen Handeln unserer jungen Generation ein Erfordernis der allseitigen Stärkung der DDR ist.

Sie erkannten, daß es dabei um unseren konkreten Beitrag in der weltweiten Klassenauseinandersetzung, im Kampf „wer – wen" geht, darum, die Überlegenheit des Sozialismus gegenüber dem Kapitalismus auf allen Gebieten zu sichern. Mit der Stärkung unserer Republik leisten wir zugleich einen wichtigen Beitrag zur Stärkung und Festigung der sozialistischen Staatengemeinschaft, die unter Führung der Sowjetunion die feste Basis des Kampfes der Völker für Frieden, Fortschritt und Sozialismus ist.

Der Aufruf hat in den Schulen und Volksbildungseinrichtungen ein breites Echo gefunden. Dort, wo gut mit dem Brief gearbeitet wurde, trug dies wesentlich zur Klärung der ideologischen und schulpolitischen Positionen unter den Pädagogen, zum Erkennen ihrer Verantwortung bei. Im täglichen Ringen um die Erfüllung des Auftrages der Arbeiterklasse, in der hohen Einsatzbereitschaft und im Pflichtbewußtsein Zehntausender Lehrer zeigt sich die enge Verbundenheit unserer Pädagogen mit der Partei der Arbeiterklasse und unserem Staat.

Es gibt in allen Schulen sichtbare Fortschritte. Das Bewußtsein der hohen gesellschaftlichen Verantwortung ist zu einer großen Triebkraft für schöpferisches Suchen nach neuen Wegen in der Bildungs- und Erziehungsarbeit und für den Drang zur Gemeinschaftsarbeit geworden.

Seit dem letzten Schulräteseminar haben sich im Prozeß der weiteren Einführung und Realisierung der neuen Lehrpläne bedeutende Veränderungen im Unterricht vollzogen. Lehrer und Schulfunktionäre sind tiefer in die Probleme des Umgestaltungsprozesses unserer Schule eingedrungen. Das Verständnis unserer Lehrer für die gesamtgesellschaftlichen Zusammenhänge und Aufgaben, die die Einführung neuer Lehrpläne objektiv erfordern, und ihre Fähigkeit, die neuen Anforderungen praktisch zu verwirklichen, haben sich weiterentwickelt. Die wachsenden Bildungs- und Erziehungsergebnisse beweisen immer sichtbarer die reale Möglichkeit, die hohen Ziele der neuen Lehrpläne mit allen Schülern zu erreichen.

Mit Fleiß und großer Einsatzbereitschaft geben unsere Kollegen das Beste und sind bemüht, jede Unterrichtsstunde erfolgreich zu gestalten, damit sich ihre Schüler zu gebildeten und bewußten sozialistischen Staatsbürgern entwickeln. Viel kritischer werden heute die Unterrichtsstunden, die Unterrichtsergebnisse durch die Kollegen selbst eingeschätzt. Man tauscht viel mehr seine Gedanken aus und ist bemüht, die Erfahrungen des anderen kennenzulernen und zu nutzen.

Es zeigen sich eine große Eigeninitiative der Lehrer, bessere Voraussetzungen und Bedingungen für die Unterrichtsarbeit zu schaffen, sowie ein stark gewachsenes Bedürfnis nach eigener Qualifizierung. Das alles führte zu guten Ergebnissen in der Bildungs- und Erziehungsarbeit. Das Wissen der Schüler ist umfangreicher und sicherer geworden. Die Lernergebnisse der Schüler haben sich weiter positiv entwickelt. Auch bei den Abschlußprüfungen der 10. Klassen zeigen sich diese Fortschritte. Der Anteil der guten und besseren Ergebnisse konnte gegenüber dem Vorjahr weiter wesentlich erhöht werden, und der Anteil der nichtbestandenen Prüfungen ging weiter zurück. Im vergangenen Schuljahr sank auch der Anteil der Sitzenbleiber weiter ab.

Immer mehr Lehrer verstehen es, die selbständige Arbeit der Schüler zu fördern. Sichtbare Fortschritte gibt es auch in der Nutzung der erzieherischen Potenzen des Unterrichtsstoffes. Insbesondere nach dem 9. Plenum unserer Partei haben viele Lehrer große Anstrengungen unternommen, den Unterrichtsprozeß ideologisch tiefer zu durchdringen.

Im letzten Jahr gab es viele sichtbare, überzeugende Beweise dafür, daß unsere Schüler fest mit der Arbeiterklasse und ihrer Partei verbunden sind. Sie bewiesen in ihrem täglichen Verhalten ihre Liebe zu unserer sozialistischen Republik, ihre feste Verbundenheit mit der ruhmreichen Sowjetunion und den anderen Völkern der sozialistischen Staatengemeinschaft. Sie bekundeten durch ihre Taten aktive Solidarität und proletarischen Internationalismus. Die übergroße Mehrheit der Schüler zeigte auch in komplizierten politischen Situationen, in denen der Klassenfeind mit besonderer Intensität gegen den Sozialismus vorzugehen versuchte, Standhaftigkeit und hohes Bewußtsein.

Der Aufruf der Treptower Lehrer fand auch Widerhall in vielen Betriebs- und Arbeitskollektiven, unter den Eltern und bei anderen gesellschaftlichen Kräften.

Es zeichnet sich eine neue Qualität der Mitwirkung der gesellschaftlichen Kräfte bei der sozialistischen Erziehung der Schuljugend ab. Es entwickelten sich neue Formen der Einflußnahme der Arbeiterklasse bei der sozialistischen Erziehung der jungen Generation, wie es das Beispiel der Arbeiter des Magdeburger Ernst-Thälmann-Werkes zeigt. Die Wahlen zu den Elternvertretungen bewiesen das gewachsene Verantwortungsbewußtsein und eine große Bereitschaft der Eltern, bei der sozialistischen Bildung und Erziehung der Kinder aktiv mitzuarbeiten.

Solche Fortschritte in der Bildung und Erziehung der Schüler im Unterricht und in der außerunterrichtlichen Arbeit zeigen sich in jeder Schule. Es ist jedoch ein Prozeß, der sehr unterschiedlich verläuft. In manchen Schulen gibt es erst gute Ansätze auf einzelnen Gebieten der Arbeit, in anderen liegen bereits viele Erfahrungen und gute Erfolge vor.

Wir haben auf der 9. Volkskammertagung unterstrichen, daß das neue Lehrplanwerk die Arbeit unserer Schule bis weit in die siebziger Jahre hinein bestimmt. Das Grundanliegen des Lehrplanwerkes ist es, hochgebildete revolutionäre Kämpfer zu erziehen. Das entspricht den Aufgaben, die im Programm unserer Partei, in der Verfassung der DDR und im Bildungsgesetz für die Bildung und Erziehung der jungen Generation zu allseitig entwickelten sozialistischen Persönlichkeiten in der Periode der Gestaltung des entwickelten gesellschaftlichen Systems des Sozialismus festgelegt sind.

Die „Aufgabenstellung zur weiteren Entwicklung der staatsbürgerlichen Erziehung der Schuljugend" konkretisiert diese prinzipiellen Aufgaben und ist verbindliche Grundlage für die planmäßige, kontinuierliche politisch-ideologische Erziehung aller Schüler.

Im April dieses Jahres haben wir gemeinsam mit dem Zentralrat der FDJ die „Aufgabenstellung zur weiteren Entwicklung der staatsbürgerlichen Erziehung" für die nächsten Jahre verabschiedet. Sie ist die Grundlage für die Weiterführung der großen Bewegung der Schuljugend, die mit der Vorbereitung des 50. Jahrestages der Großen Sozialistischen Oktoberrevolution begann, die mit dem 20. Jahrestag der DDR ihren Höhepunkt findet und die nun mit der Vorbereitung auf den 100. Geburtstag W. I. Lenins kontinuierlich fortgeführt wird.

Der FDJ- und Pionierauftrag für das kommende Schuljahr, der unsere Schuljugend darauf orientiert, den 20. Jahrestag mit guten Ergebnissen zu würdigen, steht unter dem Motto: „Lernt, arbeitet und lebt im Geiste Lenins – vollbringt hohe Leistungen zu Ehren der DDR."

Das erfordert, die Verantwortung aller gesellschaftlichen Kräfte für die sozialistische Erziehung der Schuljugend weiter zu erhöhen. Einige der wesentlichsten Erfahrungen, die für die kontinuierliche und planmäßige Weiterführung der Erziehungsarbeit von großer Bedeutung sind, sollen besonders hervorgehoben werden. Eine der wichtigsten Erkenntnisse in den Schulkollektiven ist:

Bei der Führung und Gestaltung des konkreten, vielschichtigen Erziehungsprozesses muß man stets vom Ziel der Erziehung ausgehen. Die politisch-ideologische Erziehung ist im Unterricht, in der FDJ, in der Pionierorganisation und in der gesamten außerunterrichtlichen Tätigkeit einheitlich und konsequent auf das Ziel zu richten, daß sich alle Schüler einen festen Klassenstandpunkt aneignen, ihre ganze Persönlichkeit für den Sozialismus, für die allseitige Stärkung der DDR, für die Freundschaft zur Sowjetunion und für den proletarischen Internationalismus einsetzen und ein von Optimismus, Freude und Frohsinn erfülltes Leben führen.

Diese Zielstellung muß auf allen Ebenen, in allen Klassenstufen und in allen Bereichen mit den geeigneten Methoden kontinuierlich und konsequent verfolgt werden.

Es bewährte sich, große gesellschaftliche Ereignisse für die politisch-ideologische Arbeit mit der Schuljugend zu nutzen. Diese gesellschaftlichen Höhepunkte stimulieren die politisch-ideologische Erziehung, wenn sie in den kontinuierlichen Prozeß eingeordnet werden. Vor allem müssen sie mit den Schülern im Unterricht und in der FDJ- und Pionierarbeit ideologisch gründlich vorbereitet werden. So geht es uns doch gegenwärtig, wo wir in allen Schulen den 20. Jahrestag der DDR vorbereiten, in erster Linie darum, die lebendige Verbundenheit der Schüler mit unserem sozialistischen Staat und seiner führenden Kraft, der Arbeiterklasse und ihrer marxistisch-leninistischen Partei, weiter zu festigen. Es geht also nicht schlechthin um die Organisierung von Aktionen und Veranstaltungen. Vor allem in der Erziehungsarbeit gilt: Erst gründlich überlegen, was erreicht werden soll, dann entscheiden und dann organisieren.

Die Erziehungsarbeit muß mit lebendigen, jugendgemäßen Methoden gestaltet werden, die Verstand und Gefühl der Schüler ansprechen und ihr Lernen eng mit der Teilnahme am Kampf der Werktätigen verknüpfen.

Die Erziehung der Mädchen und Jungen an Hand der revolutionären Traditionen der Arbeiterklasse hat sich als besonders wirksam erwiesen.

Unser gesellschaftliches Leben bietet reiche Möglichkeiten, die Erziehung interessant und erlebnisreich zu gestalten. Deshalb ist es nicht richtig, gewissermaßen „künstlich" Erziehungssituationen zu schaffen. Es ist notwendig, noch ideenreicher aus dem Leben zu schöpfen, die Erfahrungswelt der Schüler gut zu kennen und ihre schöpferische Initiative ständig anzuregen.

Die sozialistische Erziehung verlangt, die Mitverantwortung und Selbsttätigkeit der Schüler weiterzuentwickeln. Dort, wo das FDJ- und Pionierleben nur auf Veranstaltungen beschränkt bleibt und die Schüler nicht genügend gefordert werden, entwickeln wir nur ungenügend die Fähigkeiten der Kinder.

Die FDJ und die Pionierorganisation als politische Massenorganisation der Kinder und Jugendlichen sind eine unentbehrliche gesellschaftliche Kraft für die wirksame Umsetzung der Ziele und Aufgaben der staatsbürgerlichen Erziehung.

Ich möchte nachdrücklich die Verantwortung aller Genossen in der Partei, den Massenorganisationen, Betrieben, Genossenschaften, Institutionen und vor allem auch der Genossen, die auf dem Gebiet der Kultur arbeiten, für die staatsbürgerliche Erziehung der Jugend unterstreichen. Gerade hier bleibt noch viel zu tun.

So gibt es zum Beispiel nach wie vor in den Programmen der Kinos und in den Spielplänen der Theater Stücke, die nicht geeignet sind, die politisch-ideologische Arbeit der Pädagogen, der Kinder- und Jugendorganisation und der Eltern zu unterstützen.

Wir dürfen uns nicht mehr damit zufriedengeben, daß aus rein kommerzieller Sicht manche Lichtspielhäuser schlechte Ware anbieten. Um der guten sozialistischen Erziehung unserer Kinder willen müssen wir diese Fragen offen und konsequent stellen.

Der Direktor entscheidet, wie die Initiative der gesellschaftlichen Kräfte in den planmäßigen Erziehungsprozeß der Schule eingeordnet wird. Es ist zum Beispiel noch weit verbreitet, daß Direktoren oder Pionierleiter unüberlegte Aufträge von verschiedenen Stellen erhalten, die sie von einer kontinuierlichen Erziehungsarbeit abhalten, viel organisatorische Arbeit verlangen, aber oft keinen erzieherischen Effekt haben – ganz abgesehen vom Unterrichtsausfall, der dadurch vielfach entsteht. Die Kreisschulräte müssen in den Räten und mit den gesellschaftlichen Organisationen so arbeiten, daß alle Aufgaben langfristig gemeinsam geplant, in den kontinuierlichen Bildungs- und Erziehungsprozeß der Schule richtig eingeordnet und mit den Schülern gut vorbereitet werden. Und vor allem müssen wir immer davon ausgehen, daß der konkrete Prozeß der Erziehung an der Schule erfolgt. Die wichtigste Voraussetzung, um die Ziele der staatsbürgerlichen Erziehung zu erreichen, ist, die sozialistische Ideologie im einheitlichen Prozeß der Bildung und Erziehung in allen Lebensbereichen der Schüler zu vermitteln und die Mädchen und Jungen aktiv in den Kampf der Werktätigen einzubeziehen.

Davon ausgehend, bestehen die Hauptaufgaben der staatsbürgerlichen Erziehung für die nächsten Jahre nach wie vor darin,

1. die Schuljugend mit dem Marxismus-Leninismus vertraut zu machen,

2. der Schuljugend einen klaren Blick für die sozialistische Zukunft zu vermitteln

und sie am Beispiel der revolutionären Traditionen der Arbeiterklasse zu erziehen,

3. die Schuljugend zur tiefen Liebe zur DDR, ihrem sozialistischen Staat, und zum leidenschaftlichen Haß gegen die imperialistischen Feinde unseres Volkes zu erziehen, zur Bereitschaft, unsere sozialistische Heimat zu verteidigen,

4. die Schuljugend zur festen Freundschaft mit der Sowjetunion, zum proletarischen Internationalismus und zur aktiven Solidarität zu erziehen,

5. die Schuljugend zu befähigen, gesellschaftliche Verantwortung zu tragen und die sozialistische Lebensweise in ihren Kollektiven zu entwickeln.

Das 9. und 10. Plenum des Zentralkomitees der SED haben nochmals nachdrücklich die wachsende Rolle der marxistisch-leninistischen Theorie unterstrichen. Wir müssen uns offensichtlich stärker bemühen, uns bei jedem konkreten Schritt die Frage zu stellen, worin die marxistisch-leninistischen Grundpositionen unserer pädagogischen Arbeit bestehen, von denen wir auszugehen haben, wie wir sie anwenden und im Prozeß der Umgestaltung der Schule konsequent und schöpferisch verwirklichen müssen.

Unter dieser Sicht möchte ich mich zu einigen Fragen äußern, mit denen sich viele Lehrer beschäftigen.

Im Prozeß der Lehrplanausarbeitung wurden in Einheit mit dem neuen Inhalt auch die didaktisch-methodischen Positionen weiterentwickelt. Dem lag die gesicherte Erkenntnis der marxistisch-leninistischen Pädagogik zugrunde, daß Ziel, Inhalt, Bedingungen, Methoden und Organisationsformen der Bildungs- und Erziehungsarbeit eine Einheit bilden. Bei der Bestimmung der Methoden und Organisationsformen muß der Lehrer stets von den weiterentwickelten Zielen und Inhalten ausgehen und die Bedingungen berücksichtigen, unter denen der Bildungs- und Erziehungsprozeß von ihm zu führen ist. Das neue Lehrplanwerk verlangt in dieser Hinsicht eine große, schöpferische Aktivität des Lehrers.

Bei der Bestimmung der Methoden und Organisationsformen des Bildungs- und Erziehungsprozesses sind solche gesicherten Ergebnisse der marxistisch-leninistischen Erkenntnistheorie, der marxistisch-leninistischen Pädagogik und Psychologie von großer Bedeutung wie die Rolle der Anschauung im Erkenntnisprozeß, die Einheit von Theorie und Praxis, die Verbindung von Schule und Leben, die Einheit von Rationalem und Emotionalem und die aktiv-schöpferische Rolle des Lernenden im pädagogischen Prozeß, die führende Rolle des Lehrers, die Dialektik von kollektiven und individuellen Arbeitsweisen und die Einheit von Bildung und Erziehung. Auf solchen marxistisch-leninistischen Positionen zur Gestaltung des pädagogischen Prozesses beruht die didaktisch-methodische Konzeption des neuen Lehrplanwerkes.

So wird in den Lehrplänen zum Beispiel der Entwicklung der Selbsttätigkeit und des schöpferischen Denkens der Schüler, der Entwicklung geistiger Fähigkeiten, der systematischen Entwicklung von Begriffen und Erkenntnissystemen, der klassenmäßigen Erziehung durch Überzeugungsbildung größere Aufmerksamkeit als in den bisherigen Lehrplänen geschenkt.

Jetzt, wo es um die Realisierung der Lehrpläne geht, gewinnen Fragen der Didaktik und der Unterrichtsmethodik objektiv an Bedeutung. Wir sehen hier große Reserven und eine entscheidende Bedingung für die weitere Erhöhung des Niveaus der Bildung und Erziehung.

Die imperialistische Pädagogik versucht, den Eindruck zu erwecken, als seien Fragen der Gestaltung des Unterrichts klassenindifferent, indem sie die didaktischen und methodischen Probleme von den gesellschaftlich bedingten Zielen und Inhalten der Bildung und Erziehung löst. Es werden didaktische Systeme angeboten, die den Anspruch erheben, „wertfrei" zu sein, für alle Gesellschaftsordnungen und Zeiten zu gelten.

Wir müssen uns bewußt sein: Probleme der Didaktik und Methodik sind ideologische Fragen, sie sind vom Ziel und Inhalt der sozialistischen Bildung und Erziehung nicht zu trennen. Die weitere Entwicklung der Didaktik und Methodik auf der Grundlage der marxistisch-leninistischen Theorie ist deshalb eine bedeutende schulpolitische und wissenschaftliche Aufgabe.

Je tiefer die Lehrer in das Gesamtanliegen der Lehrpläne eindringen, um so klarer wird von ihnen erkannt, daß jedes Fach zur sozialistischen Persönlichkeitsentwicklung beitragen muß. Jeder Fachlehrer muß die generellen Zielstellungen, die ideologischen Leitlinien und die didaktische Konzeption des Lehrplanwerkes entsprechend dem spezifischen Inhalt und den Methoden seines Faches verwirklichen. Nehmen wir ein Beispiel: Die Entwicklung der Selbsttätigkeit und Aktivität der Schüler ist ein bestimmendes Prinzip unserer marxistischen Pädagogik, das in allen Fächern und Klassenstufen realisiert werden muß. Die Art und Weise der Verwirklichung dieses Prinzips jedoch ist vom Gegenstand, von der Klassenstufe und anderen Bedingungen abhängig. So ist in den Naturwissenschaften die Entwicklung der Selbsttätigkeit zum Beispiel sehr eng mit der Entwicklung der Fähigkeiten zum Experimentieren, zum Problemerkennen, zur Aufstellung von Hypothesen und zur Problemlösung verbunden.

Problemstellungen und Problemlösungen als ein Mittel zur Entwicklung der Fähigkeiten und der Selbsttätigkeit sind auch in anderen Fächern, so in Geschichte, Staatsbürgerkunde, Literatur und Geographie, besonders auch in ideologisch-erzieherischer Hinsicht, bedeutsam. Aber jede schematische Anwendung eines methodischen Verfahrens, die schematische Übertragung dieses oder jenes Verfahrens aus einem Unterrichtsfach in ein anderes und auch die schematische Anwendung eines methodischen Verfahrens bei der Behandlung verschiedener Stoffkomplexe innerhalb eines Faches wäre nicht richtig.

Ein einseitiges Herangehen zeigt sich zum Beispiel gegenwärtig im Geschichtsunterricht, wo die rationale Seite überbetont, die emotionale Seite der Unterrichtsgestaltung dagegen vernachlässigt wird. In manchen Unterrichtsstunden herrscht eine trockene und abstrakte Begriffsarbeit. Die lebendige Geschichtsdarstellung wird durch eintönige Arbeit mit Tabellen, Schemata, Statistiken und anderen Quellenmaterialien völlig in den Hintergrund gedrängt mit der Begründung, die Selbsttätigkeit entwickeln zu wollen.

Es geht aber doch um die Gestaltung eines lebendigen, interessanten, emotional wirksamen Geschichtsunterrichts, der theoretische und politisch-ideologische Erkenntnisse, Verallgemeinerungen und Wertungen bei den Schülern entwickelt. Es ist auch völlig richtig und entspricht den Forderungen des Lehrplanes, wenn sich gute Staatsbürgerkundelehrer gegen Einseitigkeiten und Formalismus bei der inhaltlichen und methodischen Gestaltung des Staatsbürgerkundeunterrichts wenden. Solche Tendenzen der Einseitigkeit werden auch durch einige einseitige Auffassungen in der Methodik des Staatsbürgerkundeunterrichts unterstützt, die in Lehrveranstaltungen, in der Lehrerweiterbildung und auch in verschiedenen Publikationen verbreitet werden.

Wir unterstützen die Kritik vieler Staatsbürgerkundelehrer, daß es einseitig und schematisch ist, unter der Flagge der Selbsttätigkeit alle Stunden nach dem gleichen Aufgabenmodell zu gestalten und zur Entwicklung der geistigen Fähigkeiten und sogenannter fachspezifischer Arbeitsweisen über Gebühr mit Statistiken, Tabellen und Schemata zu arbeiten. Damit entsteht die Tendenz, die selbstverständlich notwendige Arbeit an Begriffen zu verabsolutieren und Teile des im Unterricht zu behandelnden Stoffes in die Hausaufgaben zu verlagern. Diese Tendenz zeigt sich übrigens auch in einigen anderen Fächern.

Zugleich kritisieren die Lehrer, daß in einigen Veröffentlichungen, Vorlesungen und Vorträgen Auffassungen vertreten werden, wonach alle Schüler einen sogenannten Einerseits-andererseits-Standpunkt hätten. Davon müsse der Lehrer ausgehen, um seinen Unterricht problemreich gestalten zu können. Richtig betonen die Lehrer, daß der Unterricht in diesem Fach problemhaft gestaltet werden muß, problemhaft aber von den Positionen des Sozialismus aus. Es ist nicht richtig, „Problemsituationen" dadurch schaffen zu wollen, daß ins Zentrum „Auseinandersetzungen" mit feindlichen Argumenten gestellt werden. Der Lehrer kann seinen Unterricht didaktisch-methodisch nur richtig gestalten, die Ziele und Inhalte des Lehrplanes realisieren und auch vorhandene falsche Vorstellungen und Meinungen zu einzelnen Erscheinungen klären und beseitigen, wenn er von einer klaren parteilichen Haltung und Position ausgeht, die ja die Mehrheit der Schüler einnimmt.

Immer mehr werden der politische Standpunkt der Schüler und Fragen aus dem Leben zu einem Ausgangspunkt für einen erlebnisreichen und theoretisch fundierten Unterricht. Der Staatsbürgerkundeunterricht muß parteilich, lebendig, aktuell und emotional wirksam gestaltet werden. Das steht nicht im Gegensatz zur Vermittlung solider Kenntnisse im Marxismus-Leninismus, sondern schließt sie ein.

Im Unterricht in allen Klassenstufen setzt sich immer mehr die Erkenntnis durch, daß im Staatsbürgerkundeunterricht zielstrebig gelernt werden muß, daß exakte Kenntnisse und gefestigte Erkenntnisse die Basis für sozialistische Einstellungen, Überzeugungen und Verhaltensweisen sind.

Das Fach Staatsbürgerkunde hat die Aufgabe, in lebensnaher Weise politische, ökonomische, philosophische Kenntnisse zu vermitteln und so in den Marxismus-

Leninismus einzuführen. Diese Aussage im Bildungsgesetz – das möchte ich noch einmal deutlich unterstreichen – ist von außerordentlicher Bedeutung für die Bestimmung des Gegenstandes und für die Methodik dieses Faches. Es geht also in Staatsbürgerkunde darum, den Marxismus in Aktion, in seiner schöpferischen Anwendung zu lehren. Damit stehen das Verständnis für die Politik von Partei und Regierung sowie die Entwicklung der bewußten und tätigen Parteinahme für unsere sozialistische DDR im Mittelpunkt dieses Unterrichts.

Erfahrene Lehrer weisen in letzter Zeit immer häufiger darauf hin, daß es eine Tendenz der Vereinseitigung und Verabsolutierung einzelner Unterrichtsmethoden gibt oder daß „methodische Modelle" entwickelt werden, die vom Ziel und Inhalt des Unterrichts losgelöst sind.

Solche Hinweise gibt es zum Beispiel im Hinblick auf den Problem- und Aufgabenunterricht, auf die einseitige Orientierung auf sogenannte moderne Methoden, wie eine einseitige Betrachtung des Unterrichtsprozesses unter den Gesichtspunkten der Kybernetik und der Programmierung, auf die einseitige Orientierung auf logische Strukturen, auf die sogenannte Objektivierung des Unterrichts usw.

Daraus resultiert oft eine Verabsolutierung einzelner Verfahren und Modelle. Das wird zum Teil in pädagogischen Veröffentlichungen, Vorlesungen und Qualifizierungsveranstaltungen vertreten und hat auch bereits in die Schulpraxis Eingang gefunden.

Die Lehrer fragen, ob die bewährten Erkenntnisse der Didaktik bei der Verwirklichung des neuen Lehrplanwerkes an Bedeutung verloren hätten. Sie verstehen sehr gut, daß es um die Vereinigung dieser bewährten Methoden mit neuen Erkenntnissen geht. Wie das zu machen ist, können wir den Lehrern nicht allein überlassen.

In sozialistischer Gemeinschaftsarbeit von Didaktikern, Methodikern und Praktikern muß eine dem Lehrplanwerk entsprechende praktikable Didaktik und Methodik ausgearbeitet werden. Sie muß die bewährten Erkenntnisse weiterentwickeln und neue Ergebnisse der Wissenschaft aufgreifen.

Wir verlangen von unseren Wissenschaftlern, vor allem auch wissenschaftlichen Vorlauf zur Weiterentwicklung der Didaktik zu schaffen. Wir erwarten, daß sie mit Kühnheit neue Fragen aufgreifen. Das schließt ein, daß verschiedene Hypothesen und Standpunkte vertreten werden, daß offen darüber diskutiert wird und daß sich auch die Lehrer an diesem Meinungsstreit beteiligen können.

Aber was heute und morgen noch Gegenstand der Forschung und Diskussion ist, was noch nicht genügend abgesichert ist, kann nicht den Anspruch erheben, für die Praxis Zehntausender Schulen bestimmend zu sein. In dieser Hinsicht erwarten wir mehr Verantwortungsbewußtsein bei einigen Wissenschaftlern und Redaktionskollektiven.

Die Bedeutung der Kybernetik auch für die pädagogische Wissenschaft ist unbestritten. Kybernetik, Systemtheorie, Operationsforschung usw. sind bedeutende wissenschaftliche Erkenntnisse. Wie aber Genosse Hager auf dem 10. Plenum hervorhob, sind sie „... nicht identisch mit der marxistisch-leninistischen Weltanschauung und können deren spezifische Aufgaben nicht ersetzen. Das muß mit aller Entschiedenheit betont werden. Die spezifische Aufgabe der wissenschaftlichen Weltanschauung der Arbeiterklasse ist durch keine andere Wissenschaft zu ersetzen"[1].

Sicher werden wir auch abgesicherte Erkenntnisse der Kybernetik als Hilfsmittel für die wissenschaftliche Erhellung des Unterrichtsprozesses nutzen.

Die Anwendung der Kybernetik auf die Untersuchung und Gestaltung des pädagogischen Prozesses muß durch die Wissenschaft erst noch sehr sorgfältig ausgearbeitet werden. Die Bildungs- und Erziehungsarbeit aber müssen wir auf der Grundlage gesicherter wissenschaftlicher Erkenntnisse entwickeln.

Einige pädagogische Theoretiker des westdeutschen Imperialismus preisen uns direkt an, den dialektischen Materialismus als methodologische Grundlage der Pädagogik durch die Kybernetik zu ersetzen. Sie versuchen, die Tatsache, daß wir uns selbstverständlich mit diesen modernen Wissenschaften beschäftigen, als Beweis für die angebliche Annäherung der beiden entgegengesetzten Gesellschaftssysteme zu propagieren. So heißt es in einem Material der Marburger Forschungsstelle für Vergleichende Erziehungswissenschaft über „Pädagogische Kybernetik und Programmierte Instruktion in der Sowjetunion und in der DDR 1965/66": „Die Kybernetik bedient sich in sehr starkem Maße der Naturwissenschaften, besonders der Mathematik. Diese können für sich eine weitgehend anerkannte Objektivität und Internationalität in Anspruch nehmen, sind also relativ ‚wertfrei' im Streit der Ideen und Ideologien. Durch den Versuch, pädagogische Prozesse mit diesen kybernetischen, mathematisch gestützten Mitteln und Methoden zu erforschen, gewinnen die Ergebnisse eine objektivere Aussagekraft, denn sie sind jetzt jederzeit verifizierbar. Pädagogik wird damit möglicherweise in einigen Bereichen zu einer exakten Wissenschaft, deren Ergebnisse der spekulativen Sphäre entzogen und der objektiven Nachprüfbarkeit zugeführt werden ... Dieser Umstand läßt für die Zukunft den Schluß zu, daß die Pädagogik der DDR sehr viel mehr zur Bewältigung von Gegenwartsproblemen beitragen wird als in der Vergangenheit."[2]

Die Hoffnung, daß die Pädagogik der DDR die Gegenwartsprobleme immer besser bewältigen wird, rührt uns zutiefst.

Die imperialistische Pädagogik Westdeutschlands hat nicht ein Gegenwartsproblem zu lösen vermocht, während unsere Pädagogik nicht nur die Probleme der Gegenwart gemeistert, sondern die Probleme der Zukunft angepackt hat und meistern wird, weil sie konsequent auf dem Marxismus-Leninismus beruht.

Auch die Entwicklung der marxistischen Pädagogik vollzieht sich selbstverständlich in einem Prozeß ständiger Auseinandersetzung mit der bürgerlichen

[1] K. Hager: Grundfragen des geistigen Lebens im Sozialismus. Referat auf der 10. Tagung des Zentralkomitees der SED. 28./29. April 1969. Dietz Verlag, Berlin 1969, S. 49.

[2] U. Zänker: Pädagogische Kybernetik und Programmierter Unterricht in der DDR 1965/66. In: Pädagogische Kybernetik und Programmierte Instruktion in der Sowjetunion und in der DDR 1965/66 mit Bibliographie. Weinheim und Berlin (West) 1968, S. 104/105.

Ideologie. So müssen wir der Auseinandersetzung mit der Konvergenztheorie, die auf eine Entideologisierung gerichtet ist, auf allen Gebieten große Beachtung schenken.

Wir mußten zum Beispiel darauf aufmerksam machen, daß einige Wissenschaftler den polytechnischen Unterricht auf eine indifferente Techniklehre und die polytechnische Bildung auf eine „Analyse und Synthese technischer Gebilde" reduzierten. Damit werden aber die polytechnische Bildung und Erziehung und der marxistische Grundsatz von der Verbindung des Unterrichts mit produktiver Arbeit entideologisiert. Es geht in der polytechnischen Bildung und Erziehung doch nicht ausschließlich um die Vermittlung technischer Bildungsstoffe. Sie ist immer darauf gerichtet, den Schülern die Einheit von Politik, Ideologie, Ökonomie und Technik unter sozialistischen Produktionsverhältnissen überzeugend darzustellen und auch technische und ökonomische Bildungsstoffe zur politischen Bildung und klassenmäßigen Erziehung der Schüler zu nutzen. Entideologisierungstendenzen zeigten sich auch in der einseitigen Orientierung auf Leistungskontrollen und Leistungsanalysen, in der Überbetonung formenkundlicher Aspekte im Literaturunterricht, in Tendenzen des Ästhetisierens in Musik und Kunsterziehung.

Wenn wir hier einige wissenschaftlich-theoretische Probleme behandelt haben, die von außerordentlicher Bedeutung für die pädagogische Praxis sind, so müssen wir vor allem auf die Verantwortung der Leiter der Lehrerbildungseinrichtungen für die Führung der ideologisch-theoretischen Prozesse hinweisen; denn die genannten Positionen werden ja von Wissenschaftlern vertreten, die im Bereich der Lehrerbildung lehren und forschen.

Ich möchte im folgenden zu einigen weiteren Fragen unserer Arbeit sprechen, die wir im neuen Schuljahr beachten müssen. Zunächst zu einem sehr ernsten Problem der pädagogischen Arbeit:

Es ist eine verbreitete Erscheinung, Forderungen an die Schüler zu stellen, ohne daß sie zur Lösung der Aufgaben genügend befähigt werden, desgleichen, daß im Unterricht mehr getadelt als gelobt wird. Die lebendige erzieherische Arbeit mit den Schülern wird durch Punkt- und Strichlisten ersetzt, die pädagogische Funktion der Zensuren bei der Entwicklung des Schülers wird vielfach noch nicht richtig erfaßt. Die Praxis, daß Schüler als leistungsschwach oder nicht entwicklungsfähig abgestempelt werden, ist noch längst nicht überwunden.

Hier werden marxistische Grundpositionen der Pädagogik mißachtet und verletzt. Wir müssen von einem Pädagogen verlangen, daß er die theoretische Erkenntnis, die praktische Erfahrung Makarenkos zur Maxime seines Handelns macht, die da ist: Hohe Forderungen an die Schüler stellen und jeden Schüler als Persönlichkeit achten. Dazu gehört das Verständnis für die Probleme, Sorgen und Freuden der Schüler, ihre aktive Einbeziehung in die Gestaltung des Bildungs- und Erziehungsprozesses, dazu gehört eine optimistische Atmosphäre im Unterricht. Ein richtiges Verhältnis zu den Schülern verlangt, an ihre positiven Seiten anzuknüpfen und ihr Selbstvertrauen zu stärken, um sie selbst und das ganze Kollektiv weiterzuentwickeln. Nur wenn diese marxistischen Grundprinzipien in allen Schulen voll verwirklicht werden, wird es gelingen, bei allen Schülern Wißbegierde und Forscherdrang, sozialistische Einstellungen und Verhaltensweisen, Disziplin zielstrebig zu entwickeln und Beziehungen der Freundschaft, der gegenseitigen Achtung, der politischen Aufgeschlossenheit, Offenheit und Klarheit im Schülerkollektiv zu schaffen.

Ich möchte eure Aufmerksamkeit auch darauf lenken, daß in den nächsten beiden Jahren der Vorbereitung und Hilfe der Lehrer zur Arbeit mit den neuen Lehrplänen für die oberen Klassen besondere Bedeutung zukommt. Die Lehrpläne für die Klassen 9 und 10, der Abschlußklassen unserer Oberschule, wurden so konzipiert, daß sie in besonders hohem Maße sowohl der gegenwärtigen als auch der perspektivischen Entwicklung Rechnung tragen. Das trifft auch in vollem Umfange auf die Klassen 11 und 12 der EOS zu; denn die Abschlußklassen müssen rascher auf neue Entwicklungen in der Wissenschaft, Gesellschaft, Ökonomie und Kultur reagieren können. Das ist eine unabdingbare Forderung der Verbindung von Schule und Leben.

Deshalb war es erforderlich, in fast allen Fächern und noch stärker als in den anderen Klassenstufen sowohl traditionelle Unterrichtsstoffe unter dem Gesichtspunkt moderner Betrachtungsweisen neu zu akzentuieren als auch neue Stoffgebiete aufzunehmen. Deshalb stellen diese Pläne sehr hohe Anforderungen an das politisch-ideologische, das fachwissenschaftliche und das pädagogisch-methodische Wissen und Können unserer Lehrer.

Am Beispiel des Biologieunterrichts will ich das verdeutlichen:

Die im Biologieunterricht der Klasse 8 bei der Behandlung der Biologie des Menschen begonnene physiologische Betrachtungsweise wird in den Klassen 9 und 10 auf alle Bereiche der Lebewesen ausgedehnt. Dabei wird auf Grund der in den neuen Lehrplänen für Physik und Chemie geschaffenen Voraussetzungen in der 9. Klasse ein tieferes Eindringen in das Wesen der Lebensprozesse gefordert.

Ähnlich ist das in der Klasse 10. Hier wird zum Beispiel – bedingt durch die neuen Voraussetzungen des Chemieunterrichts – das Vererbungsgeschehen auf molekularer Grundlage behandelt. Die Behandlung der Genetik wurde entsprechend ihrer Bedeutung prinzipiell verändert.

Der Lehrer steht vor folgenden Problemen:

Er muß die Vorleistungen aus der Physik bzw. Chemie genau kennen und sich mit neuen wissenschaftlichen Erkenntnissen der Biologie vertraut machen. Dieser Überblick über den erreichten Stand der wissenschaftlichen Entwicklung ist unerläßlich, um die im Lehrplan geforderten Fakten, Gesetzmäßigkeiten und Zusammenhänge richtig interpretieren zu können, ohne daß der Lehrer alle Erkenntnisse und neuen Forschungsergebnisse dem Schüler vermitteln soll. Der Lehrer muß aber auch die diesem komplizierten Stoff gemäßen Methoden, wie zum Beispiel die Arbeit mit Erkenntnismodellen, beherrschen. Und nicht zuletzt muß er sich mit ideologischen und philosophischen Fragen seiner Fachwissenschaft beschäftigen, um die politisch-moralischen und weltanschaulichen Potenzen, die im Lehrstoff enthalten sind, voll ausschöpfen zu können.

In diesem Zusammenhang muß auch die Entwicklung der Arbeitsgemeinschaften in den Klassen 9 und 10 gesehen werden. Diese Arbeitsgemeinschaften sind ein wesentliches Element zur Verbindung von Schule und Leben. Sie ermöglichen es, in Verbindung mit den neuen Lehrplänen flexibler auf neue Entwicklungen in den verschiedensten Bereichen des gesellschaftlichen Lebens, insbesondere auch der Wissenschaften, reagieren zu können. Wir beginnen bekanntlich 1970 damit, für die 9. und 10. Klassen Rahmenprogramme auf gesellschaftswissenschaftlichem, wissenschaftlich-technischem und künstlerischem Gebiet einzuführen. Damit verwirklichen wir die von der Partei gestellte Forderung, auf der Grundlage eines einheitlichen Oberschulniveaus für alle Schüler weitere Maßnahmen zur Förderung und Entwicklung individueller Interessen, Neigungen und Begabungen einzuleiten.

Zur Vorbereitung dieser Arbeitsgemeinschaften ist in den nächsten Wochen und Monaten eine angestrengte Arbeit zu leisten. Wir müssen mit den Werkleitungen, den Leitungen der gesellschaftlichen Organisationen der Betriebe, Genossenschaften und wissenschaftlichen Institutionen genau festlegen, welche Kader, betrieblichen Einrichtungen und Ausstattungen für die Entwicklung der Arbeitsgemeinschaftstätigkeit bereitzustellen sind und welche Arbeits- und Forschungsaufträge den Schülern übertragen werden können.

Auch die Potenzen der Schule, wie die Fachkabinette, Werkräume, Einrichtungen für den polytechnischen Unterricht usw., müssen voll genutzt und auch Lehrer für die Leitung dieser Arbeitsgemeinschaften ausgewählt werden.

In diesem Zusammenhang möchte ich auf einige Probleme eingehen, die bei der Vorbereitung der wissenschaftlich-praktischen Arbeit für die Schüler der EOS sichtbar geworden sind.

Grundlage für die wissenschaftlich-praktische Arbeit sind die vom Ministerium herausgegebenen Rahmenprogramme. Mit der Bezeichnung „Rahmenprogramme" wird der Charakter dieser Pläne umrissen. Sie legen die generell zu erreichenden Bildungs- und Erziehungsaufgaben fest und geben zugleich die Möglichkeit, die Programme entsprechend den betrieblichen und territorialen Bedingungen zu spezifizieren. So ist es möglich, unserer Strukturpolitik entsprechende Programme für die wissenschaftlich-praktische Arbeit zu entwickeln, die eine Berufs- und Studienlenkung sichern helfen, die den volkswirtschaftlichen Erfordernissen entspricht.

Es ist besonders wichtig, die konkrete Einbeziehung der Schüler in die Lösung betrieblicher Aufgaben zu sichern, gut das Prinzip der Verbindung von Unterricht und produktiver Arbeit zu realisieren.

Bereits bei der Erprobung der Rahmenprogramme zeigten sich einige Probleme, die wir jetzt bei der Organisierung der wissenschaftlich-praktischen Arbeit für die 11. Klassen beachten müssen. In einigen Fällen wurden losgelöst von den Aufträgen für die Arbeitsgruppen Einführungskurse in die Methoden der wissenschaftlichen Arbeit durchgeführt. Es muß aber Prinzip für die wissenschaftlich-praktische Tätigkeit sein, geistige und körperliche Arbeit eng zu verbinden.

Eine gewisse Einseitigkeit zeichnet sich in vielen Kreisen auch bei der Auswahl der Aufgaben für die Arbeitsgruppen ab. Gegenwärtig wird ein zu großer Teil der Schüler nur mit ökonomischen Arbeitsvorhaben betraut. Bei der Planung der weiteren Arbeit muß eine richtige Relation und Verbindung zwischen technischen, technologischen und ökonomischen Aufgaben erreicht werden.

Vor allem müssen wir uns um die Vorbereitung der Arbeitsgruppenleiter kümmern, damit wir eine hohe Qualität des Inhalts der Arbeit sichern. Der Schwerpunkt liegt dabei auf der Qualifizierung im Prozeß der Arbeit und im Erfahrungsaustausch. Wir brauchen dazu kein neues Qualifizierungssystem. Jede Übertreibung in der Richtung, ein neues Weiterbildungssystem zu schaffen, muß vermieden werden, denn sonst organisieren wir uns die Fluktuation dieser Kräfte.

In der täglichen Arbeit mit den neuen Lehrplänen wird immer deutlicher, daß eine neue Qualität der Weiterbildung unerläßlich ist. Sie muß sowohl in der Weiterbildung im Prozeß der Arbeit als auch in dem einzuführenden Kurssystem erreicht werden.

In allen Bezirken, Kreisen und Schulen laufen zur Zeit die Vorbereitungen für die Einführung des Kurssystems. Welche Probleme werden dabei sichtbar?

Manche Lehrer sind zum Beispiel der Meinung, daß nur eine fachwissenschaftliche oder methodische Qualifizierung notwendig sei. Die im neuen Lehrplanwerk enthaltenen Ergebnisse der wissenschaftlichen Forschung und die bei der Verwirklichung der Lehrpläne gesammelten Erfahrungen weisen jedoch aus, daß unsere marxistisch-leninistische Konzeption der Bildung und Erziehung sozialistischer Persönlichkeiten vom Lehrer das Meistern eines komplexen Prozesses in seiner pädagogischen Arbeit verlangt. Dieser Prozeß erfordert die Einheit von politisch-ideologischer, fachwissenschaftlicher, pädagogisch-methodischer und psychologischer Weiterbildung.

Auf diesem Prinzip beruhen die neuen Weiterbildungsprogramme. Es ist ihr Anliegen, den Lehrern theoretisch begründete Antworten auf die Probleme ihrer praktischen Arbeit zu geben und zugleich ihre praktischen Erfahrungen in die Diskussion der theoretischen Fragen einzubeziehen.

Die Lehrer stellen die Frage: Wie berührt mich das Kurssystem konkret, wie werde ich in den nächsten Jahren eingesetzt, wofür muß ich mich qualifizieren? Wann nehme ich teil?

Hier sind wir bei einem grundsätzlichen Leitungsproblem, vor dem vor allem der Direktor steht. Nur wenn der Direktor eine klare Kaderkonzeption hat, kann er gemeinsam mit den Lehrern eine richtige Entscheidung über ihre Weiterbildung treffen.

Der Direktor muß, ausgehend von der Qualifikation, den Erfahrungen, der Einschätzung der Leistungen des Lehrers und den schulischen Erfordernissen, nicht nur für ein Schuljahr, sondern auf lange Sicht den Einsatz des Lehrers festlegen.

Nur dann hat er einen realen Ausgangspunkt für die Entscheidung, in welchem Fach und zu welchem Zeitpunkt der Lehrer am Kurssystem teilnehmen soll. Dem widerspricht es, wenn von einigen Kreisen nach einem Zahlenschlüssel formal

Auflagen für die Schulen erteilt werden, wie viele Lehrer am Kurssystem teilzunehmen haben. Die Lehrer dürfen nicht einfach „eingestuft" werden, sondern es geht um wirkliche Kaderarbeit. Daher muß jeder Kreisschulrat, so, wie das in einer Reihe Kreisen schon geschieht, mit den Direktoren konkret die weitere Entwicklung des Lehrerkollektivs beraten.

Das Kurssystem muß wohldurchdacht organisiert werden. Entscheidend ist nicht, wie man die damit zusammenhängenden Fragen für die Leitungen am einfachsten lösen kann, sondern daß die Lehrer nicht durch unnötige Fahrwege und andere Mängel in der Organisation ihre Zeit verschwenden müssen.

Die besten und erfahrensten Lehrer werden bei der Durchführung der Kurse als Lektoren und Seminarleiter tätig sein. Die richtige Auswahl dieser Kader ist eine entscheidende Bedingung für die Qualität der Weiterbildungskurse.

Deshalb müßt ihr euch vor eurer Entscheidung mit den Kollegen, die die Arbeit dieser Seminarleiter gut kennen, gründlich beraten und dann entscheiden, wer am besten geeignet ist.

Alle Mitarbeiter der Abteilungen Volksbildung, nicht nur die Weiterbildungsspezialisten, müssen an Ort und Stelle helfen, die Weiterbildungskurse gut vorzubereiten und durchzuführen.

Bei der Einführung des Kurssystems dürfen wir keine Vernachlässigung der Weiterbildung im Prozeß der Arbeit zulassen. Das ergibt sich nicht nur daraus, daß wir im ersten Jahr in den Kursen nur einen Teil der Lehrer erfassen, sondern auch daraus, daß alle Lehrer vor neuen Anforderungen stehen.

Nach wie vor haben der unmittelbare Erfahrungsaustausch, die gegenseitige Hilfe der Lehrer bei der Vorbereitung, Durchführung und Auswertung des Unterrichts eine entscheidende Bedeutung.

Die Fachzirkel haben sich bewährt. Gerade hier können die Lehrer die konkreten Probleme ihrer täglichen Arbeit zur Diskussion stellen, sich gegenseitig Anregungen geben und aus den Erfahrungen der Besten lernen.

Die Arbeit der Fachzirkel muß in erster Linie von den Problemen und Bedürfnissen der jeweiligen Schule bestimmt werden. Es widerspricht der Funktion des Fachzirkels, wenn kreiseinheitliche Aufgaben „hineingedrückt" werden. Das schließt nicht aus, daß zur Vorbereitung der Lehrer auf die Arbeit mit den neuen Lehrplänen auch der Schulrat den Direktoren aus der Sicht des Kreises Orientierungen für die Arbeit der Fachzirkel gibt. Auf keinen Fall können die Fachzirkel in das Kurssystem integriert werden.

Viele Fragen gab es im letzten Jahr zu den Fachkonferenzen, die sich als eine Form des Erfahrungsaustausches und der Problemdiskussion durchaus bewährt haben. Allerdings kam es zu solchen Erscheinungen, daß in der Vorbereitung der Konferenzen die lebendige Arbeit mit den Lehrern oft durch umfangreiche Befragungen und Analysen ersetzt wurde und daß die Mitarbeiter der Kreisabteilungen durch die Erarbeitung vieler Referate wochenlang an die Schreibtische gefesselt wurden. Außerdem führte die gleichzeitige Durchführung der Konferenzen für alle Fächer dazu, daß eine straffe Führung nicht überall gesichert werden konnte.

In Übereinstimmung mit der Meinung vieler Lehrer und Schulfunktionäre ist unser Standpunkt, daß Fachkonferenzen nach wie vor stattfinden sollen. Es ist aber nicht notwendig, sie jährlich in allen Fächern durchzuführen. Für welches Fach, zu welchem Zeitpunkt und mit welchem Inhalt eine Fachkonferenz durchgeführt werden soll, das muß der Kreisschulrat entscheiden. Von diesem Grundsatz ging auch unsere Weisung aus. Zu Recht gab es Unzufriedenheit darüber, daß in verschiedenen Kreisen Fachkonferenzen von heute auf morgen abgesetzt wurden, obwohl sie gut vorbereitet waren und die Lehrer in den Fachkommissionen viel Zeit und Kraft dafür investiert hatten. So zu verfahren, hatten wir nicht angewiesen.

Alles hängt davon ab, wie die Schule geleitet wird, wie es die Direktoren verstehen, ihre Schulkollektive zu führen, und wie die Kreisschulräte sie dazu befähigen.

Die Analyse unserer bisherigen Ergebnisse zeigt, daß die Fortschritte dort am größten sind, wo die politisch-ideologische Arbeit mit den Lehrern und die politische, fachliche und pädagogische Befähigung der Lehrer im unmittelbaren Arbeitsprozeß im Mittelpunkt der Führungstätigkeit der Direktoren und Schulräte stehen.

Die Qualität der Führungstätigkeit der Schulräte und Direktoren entwickelt sich aber – wenn wir die Lage ganz nüchtern einschätzen – zu langsam. Es wird viel über wissenschaftliche Leitung gesprochen. Aber die Schule kommt nicht voran, wenn wir über wissenschaftliche Leitung „philosophieren", sondern nur, wenn wir konkreter leiten.

Wir müssen uns die Frage vorlegen: Wie schaffen wir solche Bedingungen, daß der Lehrer tatsächlich mehr Zeit hat, seinen Unterricht gut vorzubereiten und eine wirksame Erziehungsarbeit zu leisten? Wir müssen prüfen, was bei jeder Entscheidung, jeder Leitungsmaßnahme am Ende für den Lehrer herauskommt.

Wie gehen wir mit dem Zeitvolumen der Lehrer um? Tun wir alles, um ihnen eine wirklich theoretisch fundierte, praxiswirksame Hilfe zu geben? Prüfen wir doch einmal ernsthaft, wie oft durch unüberlegte Arbeitsorganisation an der Schule Kraft und Zeit der Lehrer vergeudet werden!

Unsere Direktoren müssen vor allem die Fähigkeit besitzen, ein Kollektiv von Pädagogen und Schülern zu leiten und zu entwickeln, ihre schöpferische Aktivität zu wecken und zu lenken. Das setzt ein gründliches Studium der Beschlüsse von Partei und Regierung voraus, damit der Direktor in der Lage ist, aus der gesamtgesellschaftlichen Entwicklung richtige Schlußfolgerungen für die Arbeit mit seinem Pädagogenkollektiv abzuleiten.

Wir müssen immer wieder fordern, daß die Direktoren unmittelbar mit den Lehrern und Erziehern arbeiten, sie in den Leitungsprozeß einbeziehen.

An vielen Schulen wird, besonders in politischen Bewährungssituationen, mit Lehrern und Schülern schon eine recht lebendige und zielgerichtete politisch-ideologische Arbeit geleistet. Ungenügend jedoch ist die Kontinuität dieser Arbeit entwickelt. Viele Lehrer fordern berechtigt, daß nicht nur in Zeiten politischer Höhepunkte, sondern regelmäßig mit ihnen über die politisch-ideologischen Grundfragen gesprochen wird. Dazu gehört, daß der Direktor einen engen Kontakt mit Lehrern und Schülern hat, ihre Meinungen, Fragen, Probleme und Vorschläge kennt. Diese so selbstverständlich erscheinende Forderung wird aber noch längst nicht von allen Direktoren erfüllt.

Der Direktor muß so leiten, daß sich bei den Lehrern und Erziehern das Bedürfnis entwickelt, selbst gründlich in die politischen Probleme einzudringen, sich über diese Fragen im Pädagogenkollektiv auszusprechen. Gerade das meinen die Lehrer der Maxim-Gorki-Oberschule, wenn sie von einer guten politischen Atmosphäre an der Schule sprechen.

Viele Direktoren bemühen sich ernsthaft, die Probleme bei der Führung der Bildungs- und Erziehungsarbeit auf der Grundlage der neuen Lehrpläne immer besser zu meistern. Damit der Direktor die Lehrer dabei gründlich anleiten kann, muß er selbst die neuen Lehrpläne gut kennen.

Das von der Abteilung Unterricht herausgegebene Handmaterial sollte dafür eine Hilfe sein. Aber wir haben Direktoren angetroffen, die dieses Material nicht kannten bzw. als „Verschlußsache" betrachteten, es sozusagen vor sich selbst geheimhielten.

Die Vorbereitung auf die Arbeit mit den neuen Lehrplänen schließt natürlich ein, daß der Direktor weiß, welche Kollegen im neuen Schuljahr in welchen Fächern an der Schule arbeiten werden.

Unsere Kontrollen im Monat April in fast allen Bezirken haben ergeben, daß ein großer Teil der Direktoren zu diesem Zeitpunkt noch nicht mit den Lehrern über ihren Einsatz im neuen Schuljahr gesprochen hatte. Natürlich sind zu dieser Zeit noch nicht alle Fragen der Lehrereinweisung klar. Aber fest steht doch, daß die meisten Lehrer an der Schule verbleiben und daß für sie im wesentlichen der Einsatz entschieden werden kann. Man kann doch nicht warten, bis die letzte offene Frage geklärt ist.

Das Ganze ist natürlich nicht nur eine Frage der Arbeit mit den neuen Lehrplänen. Das Niveau der Pädagogenkollektive, ihre Stabilität und richtige Zusammensetzung sind die entscheidende Bedingung überhaupt für Kontinuität und Qualität der Bildungs- und Erziehungsarbeit an der Schule.

Jeder Direktor weiß, daß er einen umfassenden Einblick in die Situation braucht, um differenziert und wirksam führen zu können. Das erfordert die Anwendung vielfältiger lebendiger Methoden.

Aus den Gesprächen mit Lehrern, Eltern und Schülern, durch die Auswertung von Inspektionen, aus der Tätigkeit von Fachberatern an ihrer Schule, durch die Auswertung von Schülerarbeiten, das Studium der Klassenbücher gewinnen die Direktoren ein Bild von der Lage und den Problemen der Schule.

Eine wesentliche Führungsmethode des Direktors ist die Hospitationstätigkeit. Wir können feststellen, daß die Direktoren wieder häufiger hospitieren. Das ist gut so, aber nicht die Häufigkeit ist entscheidend, sondern entscheidend ist, daß die Lehrer von jedem Unterrichtsbesuch des Direktors einen Gewinn haben.

Hospitationen müssen gründlich ausgewertet werden. Der Direktor muß sich gründlich auf die Hospitation vorbereiten. Das beginnt damit, daß er von den Ergebnissen in bestimmten Fächern und Klassen ausgeht und zielgerichtet hospitiert. So muß er zum Beispiel dort, wo besonders gute Ergebnisse von Lehrern vorliegen, konkret studieren, wie diese Lehrer zu diesen Ergebnissen kommen, und ihre Erfahrungen anderen Lehrern der Schule zugänglich machen. Dort, wo schwache Ergebnisse vorliegen, muß er prüfen, wo der betreffende Lehrer seine Schwierigkeiten hat und Hilfe braucht.

Zugegeben, das ist nicht leicht. Der Direktor ist nicht in jedem Fach Spezialist. Aber er kann doch beurteilen, ob der Unterricht in einem Fach entsprechend den Anforderungen des Lehrplans erteilt wird und auf den richtigen politischen und pädagogisch-didaktischen Prinzipien aufgebaut ist. Und da er selbst ein guter Lehrer mit reichen pädagogischen Erfahrungen ist, wird er dem einzelnen Lehrer und seinem ganzen Kollektiv die notwendige Hilfe geben können.

Sicher gibt es Probleme des Fachunterrichts, die der Direktor nicht allein lösen kann. Aber dazu hat er ja an seiner Schule die Fachzirkel bzw. die Schulleitung, und dazu kann und muß er mehr die Hilfe der Fachberater von der Kreisabteilung anfordern.

Was wir auf keinen Fall brauchen, ist das Festhalten an formalen Hospitationsschemata oder gar ihre „Neuschöpfung".

In der Stadt Cottbus wurden die Direktoren und Fachberater auf ein völlig formales Erfassen einiger Gesichtspunkte zur Beurteilung des Unterrichts orientiert. Die Abteilung übergab den Direktoren und Fachberatern einen Lochkartenvordruck, auf dem sie zum Beispiel Fragen nach der Selbsttätigkeit der Schüler, der differenzierten Arbeit mit den Schülern usw. nach Rubriken „nicht genutzt, genutzt, nicht möglich" kennzeichnen sollten. Was macht nun der Schulrat mit einem solchen Material, aus dem ja nichts anderes hervorgehen kann als: 100 mal genutzt, 50 mal nicht genutzt, 30 mal nicht möglich? Kann man davon Führungsentscheidungen ableiten?

Es geht doch darum, daß die Direktoren den Führungsprozeß inhaltlich so anlegen, daß sie die konkreten Probleme kennenlernen. Daraus müssen Festlegungen entstehen, welche konkrete Hilfe für die einzelnen Lehrer notwendig ist, so zum Beispiel, für welche Kollegen Konsultationen mit dem Fachberater organisiert werden müssen, wo gemeinsame Hospitationen durchgeführt werden sollen, wie die Schulleitungsmitglieder den einzelnen Lehrern helfen, womit sich die Fachzirkel befassen müssen und welche Festlegungen für die persönliche Qualifizierung der einzelnen Lehrer notwendig sind.

In vielen Schulen werden die Beratungen des Pädagogischen Rates zu einer wichtigen Quelle für neue Erkenntnisse, Erfahrungen und Initiativen. Das ist dann der Fall, wenn die wesentlichen Probleme der Schule behandelt werden, wenn gründlich über ideologisch-theoretische Probleme beraten wird und wenn die Lehrer in die Vorbereitung der Ratssitzungen umfassend einbezogen werden.

Um die brennenden pädagogischen Probleme unserer Arbeit, die neuen Anforderungen meistern zu können, brauchen wir eine breite, schöpferische Bewegung, eine lebendige Diskussion an allen Schulen.

Die Verwirklichung einer konkreten, auf die Führung der inhaltlichen Prozesse gerichteten Arbeitsweise des Direktors verlangt, daß die übergeordneten Leitungen auch solche Bedingungen für seine Arbeit schaffen helfen, die es ihm ermöglichen, auf diese Weise zu führen.

Es ist deshalb nicht in Ordnung, daß viele Direktoren bei der Sicherung der materiellen Bedingungen sich selbst überlassen sind, daß sie nach wie vor den größten Teil ihrer Zeit dafür verwenden müssen, Handwerker und Baumaterial zu besorgen, sich um Fragen der Heizung, der Schulspeisung, der Trinkmilchversorgung und vieles andere zu kümmern.

Auch die Einrichtung von Schulverwaltungen hat in einer Reihe Kreise die Lage nicht verändert. Natürlich trägt jeder Direktor eine große Verantwortung für die Sauberkeit, Ordnung und Disziplin an seiner Schule. Er muß auch um eine geschmackvolle und erzieherisch wirksame Ausgestaltung der Klassenräume und des gesamten Schulgebäudes besorgt sein. Zu einer schönen Schule gehört auch die äußere Ordnung.

Unsere Kontrollen in Berlin, Cottbus, Dresden und anderen Bezirken haben jedoch gezeigt, daß die Schaffung der materiellen Bedingungen für die Schulen von vielen Räten unterschätzt wird und daß sich viele Schulräte gegenüber solchen ernsten Mängeln gleichgültig verhalten.

Ein weiteres, immer wieder von Direktoren kritisiertes Hemmnis für die Entwicklung einer lebendigen Arbeit an der Schule besteht darin, daß in zahlreichen Kreisen die Direktoren nach wie vor veranlaßt werden, große Mengen von Papier zu beschreiben. Überprüft selbst einmal, liebe Genossen, wie viele Berichte, Pläne, Konzeptionen, Pendelkarten, Meldungen usw., die ihr von den Direktoren verlangt, wirklich für die Führungstätigkeit notwendig sind. Es gibt noch viele Beispiele eines administrativen Arbeitsstils der Volksbildungsabteilungen. So mußten zum Beispiel die Direktoren der Stadt Dresden umfangreiche Berichte und Meldungen über die Auswertung der Feriengestaltung, die Ergebnisse der Elternaktivwahlen, die Auswertung der Elternbeiratswahlen, die Situation auf dem Gebiete der außerunterrichtlichen Arbeit sowie sehr arbeitsaufwendige monatliche Meldungen über den Stundenausfall an die Abteilung schicken.

Im Kreis Pasewalk werden seit drei Jahren die Schulen mittels eines Wettbewerbs geführt. Dreimal im Jahr haben die Direktoren zu einer Reihe Fragen an den Kreisschulrat schriftlich zu berichten.

Die Auswertung dieses Wettbewerbs erfolgt nach einem Punktsystem. Da die Genossen selbst merkten, daß es so nicht geht, haben sie die kühne Schlußfolgerung gezogen, nunmehr das Punktsystem, nicht aber den Wettbewerb abzuschaffen. Anstelle der Punkte wird jetzt über jede Schule ein Worturteil geschrieben, nach dem die Schulen eingestuft werden. Rechnet einmal aus, wie viele Stunden dadurch für die lebendige Arbeit verlorengehen!

Damit wir uns richtig verstehen: Diese Bemerkungen sind nicht so aufzufassen, als könnten wir völlig ohne schriftliche Unterlagen, Statistiken usw. arbeiten. Aber alles, was sowohl die Direktoren als auch die Mitarbeiter eurer Abteilung unnötig an den Schreibtisch bindet und von der konkreten Arbeit mit den Lehrern abhält, sollte unverzüglich abgeschafft werden.

Wir sollten alle zusammen – und dabei schließe ich die Genossen des Ministeriums für Volksbildung und die Bezirksschulräte mit ein – sehr ernsthaft darüber nachdenken, wie wir im Interesse einer besseren Bildungs- und Erziehungsarbeit an den Schulen den Umfang der von den Direktoren und Lehrern anzufertigenden schriftlichen Pläne, Analysen, Berichte usw. weiter reduzieren können.

Der Abschluß des alten und die Vorbereitung des neuen Schuljahres sind traditionell mit sehr arbeitsaufwendigen schriftlichen Aufgaben für die Lehrer und Direktoren belastet. Es ist an der Zeit, zu überlegen, welche schriftlichen Analysen zum Schuljahresende wirklich notwendig sind. Gegenwärtig arbeiten viele Lehrer in den letzten Schulwochen praktisch an drei schriftlichen Analysen: an der Klassenleiteranalyse, der Fach- bzw. Fachgruppenanalyse und der Jahresanalyse der Schule. Dabei müssen wir ja berücksichtigen, daß zur gleichen Zeit die Zeugnisse mit ausführlichen schriftlichen Beurteilungen geschrieben werden müssen bzw. vorher die Abschlußprüfungen mit dem damit verbundenen Arbeits- und Zeitaufwand durchzuführen sind.

Wir sollten gemeinsam überlegen, wie wir das alles einfacher und für die Schule praktikabler gestalten können. Das trifft auch auf die mit großem Kraftaufwand betriebene Planungstätigkeit zu Beginn des neuen Schuljahres zu. An vielen Schulen entstehen umfangreiche Arbeitspläne, die zwar viele Seiten lang, oft aber nicht sehr konkret sind. Selbst der Umfang der Klassenleiterpläne wächst immer mehr an, und auch die Planung der Stoffeinheiten verlangt viel Zeit.

Solche Beispiele finden wir in der Praxis in großer Zahl. Oft haben sie ihren Ausgangspunkt in unseren eigenen Publikationen. Das sollte auch für unser Institut für Planung und Leitung des Volksbildungswesens Veranlassung sein, noch gründlicher zu prüfen, welche Themen für Diplomarbeiten und Dissertationen vergeben werden.

Es gibt in den meisten Kreisen gute Ansätze, konkreter mit den Direktoren zu arbeiten. Die eingangs dargestellte positive Entwicklung wäre undenkbar ohne die zielstrebige Führung durch die Kreisabteilungen. Aber alte Gewohnheiten sind bekanntlich sehr zählebig.

Wir müssen ganz nüchtern einschätzen, daß der notwendige neue Führungsstil, über den wir schon lange sprechen, sich in den meisten Abteilungen bei weitem noch nicht durchgesetzt hat. Es ist eine Tatsache, daß viele Kreisabteilungen an überholten Arbeitsmethoden festhalten, den Dingen nicht auf den Grund gehen und deshalb zu allgemein leiten. Richtige Festlegungen werden oftmals nicht konsequent durchgesetzt. Es wird ungenügend kontrolliert, es werden zu viele Dinge angepackt, die nicht zu Ende geführt werden. Das ist gegenwärtig das Haupthindernis für ein schnelles Voranschreiten in allen Schulen.

Wissenschaftlich führen heißt, solider, fundierter, konkreter führen.

Gewiß, die Entwicklung der Führungsarbeit zu einer neuen Qualität ist ein Prozeß, aber wir können uns für die Überwindung seit langem erkannter Mängel in unserer Arbeitsweise nicht noch einige Jahre Zeit nehmen. Wir haben im vergangenen Jahr die Arbeit in vielen Kreisen gründlich untersucht.

Ein Grundproblem ist nach wie vor, daß mit den Mitarbeitern der Abteilungen und mit den Direktoren die beschlossene zentrale Linie nicht gründlich genug durchgearbeitet wird. Deshalb wird ihr Wesen nicht von jedem erfaßt, und vielfach sind darum keine klaren Positionen für das Herangehen an die konkreten Aufgaben vorhanden.

Wir mußten an einige verantwortliche Genossen mit allem Ernst die Frage stellen: Klärt ihr wirklich das Grundanliegen der Beschlüsse? Arbeitet ihr auf der Grundlage der Dokumente unseres letzten Schulräteseminars, die ja einen Leitfaden für die Lösung der Aufgaben für eine ganze Periode der schulpolitischen Entwicklung darstellen? Klärt ihr mit allen Schulfunktionären eures Kreises im täglichen Arbeitsprozeß ständig aufs neue die in diesen Materialien enthaltenen politisch-ideologischen und pädagogischen Grundpositionen? Legt ihr bei jeder Arbeitskonzeption, bei euren Einschätzungen der erreichten Ergebnisse stets den Maßstab der zentralen Beschlüsse an? Einige Schulräte haben ehrlich gesagt, nachdem wir ihnen exakte Tatsachen genannt hatten, daß die Beschlüsse nicht genügend im Mittelpunkt ihrer Arbeit stehen.

Manche Genossen sagen, das gründliche Eindringen in das Wesen der zentralen Beschlüsse und das konsequente Dranbleiben an den dort festgelegten Hauptaufgaben sei eine Zeitfrage, und oft liege es auch daran, daß andere staatliche oder gesellschaftliche Organe von den eigentlichen Aufgaben ablenken würden. Wenn man aber ohne klare Konzeption arbeitet, sich nicht auf die Hauptaufgaben konzentriert, dann muß man in Praktizismus abgleiten, dann wird man von den Tagesaufgaben getrieben, und das ist die eigentliche Ursache dafür, daß man keine Zeit hat. Wissenschaftliche Leitung der Schulen verlangt eine klare Konzeption für die Durchsetzung der einheitlichen Schulpolitik im Kreis. Was meine ich damit? Wir reden sehr viel über komplexe Führungstätigkeit. Ist wirklich schon verstanden worden, was das heißt?

Die zentrale Aufgabe ist, eine hohe Qualität der Bildungs- und Erziehungsarbeit zu sichern. Das ist ein vielschichtiger, umfassender Prozeß. Alle seine Seiten müssen erfaßt, alle sich daraus ergebenden, damit zusammenhängenden Aufgaben gelöst werden.

Das heißt, die Weiterbildung, den Lehrereinsatz zu führen, die Direktoren differenziert anzuleiten und zu kontrollieren, die Fachberater zielgerichtet einzusetzen, die Ausstattung der Schulen mit den erforderlichen Unterrichtsmitteln, die Voraussetzungen für den polytechnischen Unterricht zu garantieren. Das erfordert, die Arbeitsgemeinschaften, die gemeinsame Arbeit mit den Leitungen der FDJ und Pionierorganisation zu entwickeln und die Qualität der Arbeit in den Schulhorten zu verbessern.

Dazu gehören auch solche Aufgaben wie die richtige Entwicklung des Schulnetzes, die Sicherung des Schülertransportes, die planmäßige Durchführung aller Schulbau- und Werterhaltungsmaßnahmen, eine gute Qualität der Schulspeisung und der ganze Komplex der Arbeits- und Lebensbedingungen der Lehrer. Auf allen diesen Gebieten wird sehr viel getan, die Frage aber ist: Wird die Arbeit auf den einzelnen Gebieten unter der Sicht der einheitlichen Zielstellung, ein hohes Niveau der Bildungs- und Erziehungsarbeit zu erreichen, gesehen und diesem Ziel untergeordnet? Und die Hauptfrage ist: Arbeiten wir genügend konkret auf diesen Gebieten, kommen wir genügend zur konkreten Veränderung der Lage?

Es gibt viele Führungsdokumente zu Einzelfragen. Was wir vor allem brauchen, ist eine konkrete, kontrollfähige, von der Perspektive der Entwicklung ausgehende, auf die Vorwärtsentwicklung der Praxis gerichtete komplexe Arbeitsplanung der Abteilungen. Das erfordert, daß das Kollektiv der Abteilung die Lage in allen Schulen stets genau kennt. Gegenwärtig wissen aber in vielen Abteilungen die Genossen nur über ihr Ressortgebiet Bescheid.

Natürlich ist jeder in erster Linie für seinen Verantwortungsbereich zuständig, aber als Mitarbeiter der Kreisabteilung ist er für die Durchsetzung der schulpolitischen Grundaufgaben, die für jede Schule gelten, verantwortlich und muß dazu befähigt werden. Das muß durch eine stärkere direkte Arbeit des Schulrates mit dem gesamten Kollektiv der Abteilung gewährleistet werden. Alle Mitarbeiter müssen mit der Grundlinie der Arbeit vertraut sein und noch konkreter für ihre Aufgaben in den Schulen angeleitet werden. Die Aufträge an die Mitarbeiter müssen exakt festgelegt und abgerechnet werden.

Wir haben wiederholt betont, daß es nicht schlechthin um eine stärkere operative Arbeit geht. Man kann durchaus sagen, daß die Genossen der Abteilungen viel mehr als früher in den Schulen sind. Aber nach wie vor entspricht ihre Wirksamkeit vielfach nicht dem quantitativen Aufwand. Ihr müßt euch die Frage vorlegen, ob alle Mitarbeiter wirklich in der Lage sind, hinter den Erscheinungen die Probleme zu sehen, und ob sie fähig sind, gemeinsam mit den Lehrern und Funktionären der Schule zu beraten, wie man diese Probleme am besten lösen kann. Bereiten sich die Mitarbeiter gründlich auf jeden Besuch an der Schule vor, kennen sie die guten Erfahrungen aus anderen Schulen?

Eine solche Qualität der Arbeit, eine solche Konkretheit ist in den Abteilungen noch nicht genügend entwickelt. In vielen Kreisabteilungen ist die Lage so, daß jeder Stellvertreter oder Ressortleiter sein eigener Schulrat ist, jeder seine eigene Führungslinie zum Direktor hat und alle dem Direktor in die großen und die tausend kleinen Fragen der Schule hineinregieren.

Die Verbesserung der Qualität der Arbeit wird wesentlich davon abhängen, daß wir ressortmäßiges Denken und Arbeiten und die Existenz mehrerer Führungslinien überwinden. Das heißt aber zugleich, eine straffe Ordnung zu sichern und die Verantwortung innerhalb der Abteilung exakt festzulegen und abzugrenzen.

Es ist notwendig, die Rolle des Leiters der Abteilung zu erhöhen und zu sichern, daß er die inhaltlichen Hauptaufgaben unmittelbar in der Hand hat, sie direkter führt und seiner Verantwortung als Mitglied des Rates besser gerecht werden kann. Da es notwendig ist, die ganze Kraft der Abteilung auf die Führung der inhaltlichen Prozesse zu konzentrieren, muß jede Mehrgleisigkeit ausgeschaltet werden. Die Anleitung und Kontrolle muß als Einheit von politisch-ideologischer und fachlich-pädagogischer Arbeit entwickelt werden. Das erfordert eine neue Qualität der gesamten Inspektionstätigkeit.

Die Anleitung und Kontrolle der Bildungs- und Erziehungsarbeit in den Schulen muß wesentlich effektiver werden. Einseitigkeiten, fachliche Enge sowie Tendenzen einer allgemeinen Leitung müssen überwunden werden.

Es ist weiter notwendig, die Lehrerweiterbildung ins Zentrum der Leitungstätigkeit der Abteilung zu rücken, weil durch sie ganz entscheidend die Qualität der Bildungs- und Erziehungsarbeit bestimmt wird.

Sie kann nur im Zusammenhang mit einer auf lange Sicht und mit klarer Konzeption begründeten Kaderpolitik gesehen werden. Bei der Kaderpolitik im Kreis geht es nicht nur um die systematische Entwicklung von befähigten Leitungskadern, sondern ihr müßt auch in viel stärkerem Maße darunter die Schaffung der kadermäßigen Bedingungen für die Entwicklung stabiler und leistungsfähiger Pädagogenkollektive verstehen. Mit diesen Fragen muß sich unter Leitung des Kreisschulrates das Kollektiv der Abteilung ständig befassen und Verantwortung tragen. Zu den zentralen Leitungsfragen jeder Abteilung gehört eine qualifizierte perspektivische Planung der Entwicklung des Volksbildungswesens im Territorium und die exakte Sicherung aller materiellen Grundlagen der pädagogischen Arbeit.

Ihr wißt, daß die Qualität der Führungsarbeit wesentlich von der richtigen Auswahl, Entwicklung und Erziehung der Kader eurer Abteilung abhängt. In der Kreisabteilung müssen die befähigsten Direktoren und Lehrer tätig sein, die stets im Sinne der Arbeiterklasse und ihrer Partei handeln, die sich als konsequente Kämpfer und fähige Organisatoren erweisen, die keine Selbstzufriedenheit und Mittelmäßigkeit dulden, die ein hohes politisches, pädagogisches und fachliches Niveau besitzen, die mit Ideenreichtum, Klugheit, Leidenschaft und Disziplin die Parteibeschlüsse verwirklichen.

Ein weiteres Problem unserer Arbeit ist, wie wir die Direktoren noch besser in die Lage versetzen, ihre hohe Verantwortung, die ihnen durch die Schulordnung übertragen ist, voll wahrzunehmen. Grundlage für eine kontinuierliche, systematische Arbeit jeder Schule ist ein gut durchdachter, mit dem Kollektiv der Lehrer erarbeiteter Arbeitsplan, der zielstrebig vom Direktor und vom ganzen Kollektiv verwirklicht werden muß. Der Arbeitsplan, der die konkreten Maßnahmen zur Lösung der Hauptaufgaben enthält und die Weisheit des ganzen Pädagogenkollektivs zusammenfassen soll, der von euch bestätigt wird, muß für diese Schule Gesetz sein, und ihr müßt die ersten sein, die dieses Gesetz respektieren.

Was aber zeigt die Praxis? Vielfach ist es noch so, daß sowohl von den Abteilungen als auch von anderer Seite laufend in den kontinuierlichen Prozeß in der Schule eingegriffen wird. Da werden im Laufe des Schuljahres neue Aufgaben in die Schule hineingedrückt, wie die Vorbereitung zusätzlicher, zu Beginn des

Schuljahres nicht geplanter Kreisveranstaltungen, die zu den verschiedensten Anlässen organisiert werden. Da sollen immer noch Lehrer während ihrer planmäßigen Unterrichtszeit an Schulungen, Beratungen und anderen Veranstaltungen teilnehmen. Da werden während der Unterrichtszeit umfangreiche Baumaßnahmen und Reparaturen ausgeführt. Diese Reihe der Beispiele könnte man noch beliebig fortsetzen.

Wenn man im Arbeitszimmer eines Direktors sitzt (nicht bei jedem, das muß man zur Ehre vieler Direktoren und auch der Kreisabteilungen sagen), hat man den Eindruck, daß man sich in manchen Kreisen direkt an eine solche Praxis gewöhnt, die da ist: Wir brauchten mal für dieses und jenes die Schüler, die Lehrer, die Schule überhaupt. Anruf genügt, wir kommen. Und mancher überlegt überhaupt nicht, wie schwer wir damit den Lehrern die Arbeit machen. Und welche „Vorbildwirkung" eine solche Unordnung auf die Schüler hat, davon will ich überhaupt nicht sprechen.

Oft wird die Verantwortung der Direktoren dadurch eingeschränkt, daß in manchen Kreisen an alle Schulen Weisungen ergehen unter dem Motto: An alle, für alle alles.

Aber man kann doch zum Beispiel nicht schematisch festlegen, wieviel und welche Arbeitsgemeinschaften an allen Schulen zu bilden sind.

Man muß mit solchem Unsinn Schluß machen, einheitliche Prozentsätze für die Werbung zum außerschulischen Sport oder für den Abschluß von Patenschaftsverträgen für alle Schulen vorzugeben. Das ist primitive, administrative, bürokratische Arbeit.

Ein weiteres, sehr ernstes Problem sehen wir darin, daß die leitenden Genossen der Kreisabteilungen die Kadersituation an den einzelnen Schulen nicht genau kennen, daß die Fragen des Lehrereinsatzes papiermäßig, formal gehandhabt werden. So gibt es zum Beispiel extreme Unterschiede zwischen den einzelnen Schulen beim fachgerechten Lehrereinsatz. In der Stadt Lauchhammer wird der Geschichtsunterricht an der Oberschule I zu 92 Prozent, an der Oberschule II zu 8 Prozent und an der Oberschule III zu 100 Prozent fachgerecht erteilt.

Die EOS Herzberg hat vier Deutschlehrer, obwohl sie nur zwei zur Deckung der Stundentafel braucht. Für das neue Schuljahr wurde ihr vom Schulrat ein fünfter Deutschlehrer zugewiesen. Aber an vielen anderen Schulen des Kreises kann der Deutschunterricht nicht fachgerecht erteilt werden. Ähnliche Disproportionen gibt es in fast allen Kreisen.

Wie wollen wir aber die Ziele der Lehrpläne verwirklichen, wenn wir auf eine solche Weise den Fachlehrereinsatz handhaben? Damit sind doch auch zutiefst menschliche Probleme verbunden. Ausgebildete Lehrer können nicht in ihren Fächern unterrichten. Sie investieren viel Kraft und Zeit, um sich in andere Fächer hineinzuarbeiten. Bei zweckmäßigerem Einsatz könnten sie viel mehr leisten, wären zufriedener.

Oft werden neu in den Kreis kommende Lehrer einfach verteilt, ohne zu berücksichtigen, ob dieser Einsatz die Entwicklung des betreffenden Lehrers fördert und für das Pädagogenkollektiv, seine Zusammensetzung und Entwicklung, zweckmäßig ist. Die Genossen im Kreis Senftenberg haben uns gesagt, daß im Kreis 30 Lehrer fehlen. Als sie das Problem genauer untersuchten, stellten sie fest, daß es unzulässige Klassenteilungen sowie Verletzungen der Normative für Klassenfrequenzen gibt, daß verschiedene Schulen mehr Lehrerstunden zur Verfügung haben, als ihnen zustehen. Auf diese Weise wurde ermittelt, daß nicht 30, sondern nur fünf Lehrer wirklich fehlten.

Es ist klar, daß die Leitung des Bildungswesens Sache des ganzen Rates sein muß. Wir gehen davon aus, daß der Rat für die Leitung des gesamten Reproduktionsprozesses im Territorium des Kreises verantwortlich ist und dabei das Grundprinzip der staatlichen Führung, der Einheit von zentraler Planung und Leitung in den Grundfragen mit der eigenverantwortlichen Durchführung der gestellten Aufgaben in den Territorien verwirklichen muß. Wie im Ratskollektiv die Fragen der Volksbildung behandelt werden hängt ganz entscheidend davon ab, wie ihr den Rat über die reale Lage und die konkreten Probleme in den Schulen und Einrichtungen informiert und wie konkret ihr die notwendigen Beschlüsse für den Rat vorbereitet.

Wir müssen immer wieder feststellen, daß gerade diese entscheidenden Bedingungen für eine richtige Führung durch den Rat durch viele Schulräte nicht geschaffen werden. Tatsache ist, daß die dem Rat vorgelegten Einschätzungen nicht exakt sind und die Beschlußvorschläge oft nicht die Verantwortung anderer Ratsbereiche umfassen und häufig nicht genügend konkret, abrechenbar, auf die Veränderung der Situation gerichtet sind. Wir mußten feststellen, daß einige Genossen selbst die Lage nicht gründlich genug kennen, und dann allerdings kämpft es sich schlecht im Rat.

Natürlich ist es für den Rat oft sehr kompliziert, unter gesamtgesellschaftlicher Sicht alle Schwerpunktprobleme richtig zu entscheiden. Selbstverständlich gibt es auch Auseinandersetzungen, und man muß auch in manchen Räten um komplexes Denken und gegen ressortmäßige Standpunkte kämpfen und klarmachen, daß die Volksbildung eine sehr entscheidende, eine strukturbestimmende Aufgabe ist.

Nehmen wir als Beispiel den Komplex des Schulbaues und der Werterhaltung. 1966 wurde ein Minimalprogramm für den Schulbau erarbeitet, das inzwischen Bestandteil des zentralen Perspektivplanes und der Jahrespläne ist. Diese zentral beschlossenen Aufgabenstellungen sind in einigen Bezirken eigenmächtig reduziert worden.

Oder nehmen wir die Probleme der Werterhaltung. Hier lassen seit Jahren viele Räte zu, daß der Verschleiß der Grundmittel ständig höher ist als die Werterhaltungsmaßnahmen. Die örtlichen Räte haben größere Anstrengungen unternommen, um den Ausstattungsgrad der Schulen mit den verbindlichen Unterrichtsmitteln zu erhöhen. Eine Überprüfung hat jedoch erneut gezeigt, daß auch auf diesem Gebiet mit sehr unterschiedlichen Anstrengungen und Ergebnissen gearbeitet wird. Die in den Lehrplänen geforderten verbindlichen Schülerexperimente werden oft nur als Empfehlungen betrachtet. Der Stand der Ausstattung mancher Schulen ist völlig ungenügend.

Selbstverständlich gibt es für den Rückstand auf dem Gebiet der Lehrmittelversorgung einige objektive Ursachen. Wir haben jetzt die erforderlichen Maßnahmen zur systematischen Veränderung in der Entwicklung, Produktion und Versorgung der Schulen eingeleitet. Die Schulräte und Direktoren müssen aber dafür sorgen, daß die für die Unterrichtsmittelbeschaffung zur Verfügung stehenden finanziellen Mittel zweckmäßig und vollständig eingesetzt und vor allem die verbindlichen Unterrichtsmittel angeschafft werden.

Nach wie vor ist in vielen Schulen auch die Schulspeisung nicht in Ordnung. Es ist ein Anachronismus, daß wir heute noch immer mit manchen Räten über das Essen der Kinder reden müssen.

Auf Weisung des Vorsitzenden des Ministerrates wurden alle Vorsitzenden der Räte der Bezirke beauftragt, die erforderlichen Maßnahmen zur Veränderung einzuleiten.

Der Magistrat von Berlin hat im Ergebnis unserer Kontrolle konkrete Beschlüsse gefaßt. Durch entsprechende Sofortmaßnahmen soll im Rahmen des Initiativprogramms bis zum 20. Jahrestag der DDR das Gesicht der Schulen verändert werden. In allen Stadtbezirken sind kontrollfähige Programme auszuarbeiten, wie in den folgenden Jahren die materiellen Bedingungen Schritt für Schritt verbessert werden sollen.

Dabei orientiert man sich auf die Ausstattung der Schulen mit Unterrichtsmitteln und die Schaffung von Fachunterrichtsräumen, auf die Gestaltung sauberer und freundlicher Unterrichts- und Horträume, die Schaffung besserer Bedingungen für die Schul- und Kinderspeisung, auf Ordnung und Sauberkeit auf den Schulhöfen und in der Umgebung der Schule. Die Programme der Stadtbezirke sollen vor einer Arbeitsgruppe des Magistrats verteidigt, und ihre Durchführung soll von dort kontrolliert werden.

Der Beschluß verlangt die Durchführung von Reparaturen und anderen Werterhaltungsmaßnahmen an Schulgebäuden nach einem exakten Programm mit Schwerpunkten und Dringlichkeitsstufen. Im Sinne des § 77 des Bildungsgesetzes wurden die Räte der Stadtbezirke verpflichtet, die Abteilung Volksbildung nicht mehr mit Aufgaben zu belasten, die nicht in ihren Zuständigkeitsbereich gehören.

Die Instandsetzungs- und Reparaturarbeiten an den Schulen – so wurde beschlossen – dürfen den Unterricht nicht stören und sind vor allem während der unterrichtsfreien Zeit durchzuführen. Bei der Festlegung der Bauablaufpläne ist die Zustimmung der Schulräte und Direktoren einzuholen.

Alle diese Fragen der Werterhaltung und der Instandsetzung sollen künftig von einem besonderen Bereich „Gesellschaftliche Einrichtungen" innerhalb der Kommunalen Wohnungsverwaltung geleitet werden.

Auf der Grundlage der Verordnung über die Schul- und Kinderspeisung sind Maßnahmen zur Verbesserung der Bedingungen für die Herstellung und die Ein-

nahme der Schulspeisung getroffen worden. Sie beziehen sich auf die weitere Erhöhung der Anzahl der Portionen aus Betriebsküchen und Gaststätten, die Ein-
nahme der Schulspeisung in den Speiseräumen benachbarter Betriebe und Gaststätten, die Ausstattung der Speiseräume in der Schule mit Möbeln, Geschirr und
Besteck.

Auch um einige Probleme der Arbeitsbedingungen der Pädagogen müssen wir
uns konkreter kümmern. Obwohl der Schulrat für die Kindergärten im Kreis verantwortlich ist, erhalten zum Beispiel viele Lehrerinnen keine Plätze für ihre Kinder, weil die Entscheidung über die Aufnahme allein den Einweisungskommissio-
nen überlassen wird.

Auch in Wohnungsfragen für Lehrer müssen in vielen Orten größere Anstrengungen zur Durchführung der Beschlüsse unserer Regierung unternommen werden.

Wir müssen mehr tun, damit jeder Rat in der nächsten Zeit zielstrebiger für die
Entwicklung der materiellen Bedingungen im Volksbildungswesen sorgt.

Das neue Schuljahr, das wir mit diesem Seminar vorbereiten, steht im Zeichen
des 20. Jahrestages der Gründung unserer Deutschen Demokratischen Republik
und des 100. Geburtstages Wladimir Iljitsch Lenins. Wir wollen das neue Schuljahr gut nutzen, um entsprechend den Beschlüssen der Volkskammer und des
Zentralkomitees unserer Partei weitere Fortschritte bei der Erziehung gebildeter
sozialistischer Staatsbürger zu erreichen.

Die Vorbereitung des 20. Jahrestages ist dazu angetan, den Stolz auf die Errungenschaften des gemeinsamen Kampfes aller Werktätigen unter der Führung der
Partei der Arbeiterklasse zu wecken, unseren Schülern anschaulich die Gesetzmäßigkeiten und Triebkräfte unserer erfolgreichen Entwicklung bewußtzumachen.

Das Ziel all unseres Wirkens war und ist stets der Mensch, der von Ausbeutung
und Unterdrückung befreite, schöpferische sozialistische Staatsbürger, die allseitig entwickelte sozialistische Persönlichkeit.

An der Erziehung des neuen sozialistischen Menschen haben unsere Lehrer
und Erzieher, unsere Volksbildungsfunktionäre einen hervorragenden Anteil.
Unter der Führung der Arbeiterklasse haben wir in über zwei Jahrzehnten eine
Schule geschaffen, die konsequent den Interessen des Sozialismus, der Festigung
der politischen Macht der Werktätigen, der Festigung unseres sozialistischen
Staates dient.

Unsere Lehrer vollbringen eine wahrhaft geschichtliche Leistung. Dabei entwickeln sie sich selbst zu schöpferischen sozialistischen Persönlichkeiten.

Wir haben vor kurzem die Lehrpläne für die 9. und 10. Klasse unserer Oberschule bestätigt. Damit ist das Lehrplanwerk abgeschlossen, das Niveau unserer
Zehnklassenschule bestimmt. Es ist ein sehr hohes, aber unserem Entwicklungsstand, den perspektivischen Erfordernissen unserer gesellschaftlichen Entwicklung entsprechendes Niveau der Bildung und Erziehung der jungen Generation.
Jetzt wird in vollem Maße sichtbar, daß es sich um einen revolutionären Umgestaltungsprozeß unserer Schule von großer Tragweite handelt.

Wir haben eine klare Perspektive. Wir sind uns auch dessen bewußt, daß ihre Verwirklichung ein langer Prozeß ist und beharrliche Arbeit jedes Mitarbeiters im Bildungswesen, ein hohes Niveau der Führungstätigkeit, Prinzipienfestigkeit, Disziplin und Schöpfertum verlangt sowie eine enge sozialistische Gemeinschaftsarbeit mit allen gesellschaftlichen Kräften erfordert. Um die konkreten Probleme der pädagogischen Arbeit in den Schulen besser zu bewältigen, wollen wir eine breite, prinzipielle, schöpferische Diskussion zu den brennenden Fragen unserer pädagogischen Theorie und Praxis führen. Auf einer zentralen Konferenz der Schrittmacher des Volksbildungswesens sollen die besten Lehrer ihre guten Erfahrungen darlegen und gemeinsam mit pädagogischen Wissenschaftlern und Schulfunktionären darüber beraten, wie die vordringlichen Probleme der pädagogischen Arbeit noch besser gemeistert werden können.

Wir haben alle Voraussetzungen, die uns gestellten Aufgaben zu erfüllen: Wir arbeiten unter der bewährten Führung unserer Partei. Wir verfügen über die reichen Erfahrungen unserer mehr als zwanzigjährigen Entwicklung. Uns verbindet die enge Zusammenarbeit mit den sowjetischen Pädagogen.

Wir haben kluge, fleißige, unserem sozialistischen Staat und der Partei der Arbeiterklasse treu ergebene Lehrer. Wir verfügen über eine große Anzahl erfahrener, fähiger Leiter.

Mit revolutionärem Geist und solider Arbeit werden wir den Auftrag der Arbeiterklasse erfüllen, den 20. Jahrestag der Deutschen Demokratischen Republik und den 100. Geburtstag Wladimir Iljitsch Lenins würdig vorbereiten.

Mit guten Leistungen
zum VII. Pädagogischen Kongreß

Referat auf der Schrittmacherkonferenz der Pädagogen in Magdeburg
18. und 19. November 1969

Lassen Sie uns unsere Beratung, unseren Erfahrungsaustausch über einige Probleme der pädagogischen Arbeit mit einem Wort Lenins beginnen:

„Die Lehrerschaft", sagte Lenin, „muß sich mit der ganzen kämpfenden Masse der Werktätigen verschmelzen. Es ist die Aufgabe der neuen Pädagogik, die Lehrertätigkeit mit der Aufgabe der sozialistischen Organisierung der Gesellschaft zu verknüpfen... Dieser Weg führt zum gemeinsamen Kampf des Proletariats und der Lehrerschaft für den Sieg des Sozialismus."[1]

Getreu der Leninschen Lehre von der Rolle der Schule, der Bedeutung der Bildung und Erziehung für die Verwirklichung der Ziele der sozialistischen Revolution hat unsere Partei der Bildungspolitik als Bestandteil der Theorie und Praxis der sozialistischen Revolution stets größte Aufmerksamkeit gewidmet. Wenn wir uns im 20. Jahr unserer Republik auch auf dem Gebiet des Bildungswesens so großer Erfolge erfreuen können, dann deshalb, weil unsere Partei sich auch in der Schulpolitik stets vom Marxismus-Leninismus, von dem Standpunkt leiten ließ, daß die Lehre Lenins auch für die Schulpolitik Allgemeingültigkeit besitzt.

Die großen Erfolge, die wir in der DDR errungen haben, beweisen, daß nur die Arbeiterklasse unter der Führung ihrer marxistisch-leninistischen Partei in der Lage ist, ein modernes Bildungswesen zu gestalten. Wir dürfen zu Recht stolz sein und uns über diese Erfolge freuen.

Aber gerade Lenin hat uns gelehrt, niemals beim Erreichten stehenzubleiben. Das gilt vor allem für unsere Zeit, die Zeit des großen Aufbruchs der Menschheit, das gilt gerade für unsere Epoche, da der Kampf für den Sieg des Sozialismus weltweit entbrannt ist.

Für uns Pädagogen heißt Lenin zu ehren, alles zu tun, damit sich unsere Jugend jenes Wissen aneignen kann, das sie braucht, um die sozialistische Gesell-

---

[1] W. I. Lenin: Rede auf dem I. Gesamtrussischen Kongreß der internationalistischen Lehrer. 5. Juni 1918. In: Werke. Bd. 27, Dietz Verlag, Berlin 1978, S. 444/445.

schaft zu gestalten. Für uns heißt Lenin zu ehren, unsere Jugend zu Kämpfern für die Festigung und Vollendung des Sozialismus, zu guten Staatsbürgern und glühenden Internationalisten zu erziehen. Lenin zu ehren, das heißt, ihn studieren und mit der Leninschen Methode an die Lösung aller Probleme heranzugehen. Für uns heißt das im gegenwärtigen Zeitpunkt, konkret zu überlegen, wie wir in unserer tagtäglichen Arbeit eine noch bessere Qualität erreichen. Wir müssen ganz im Leninschen Sinne sehr praktisch an die Sache herangehen. Gestützt auf unsere Errungenschaften müssen wir unsere Sache weiter vorwärtsbringen, noch besser lernen, die Lehren der Praxis zusammenzufassen und nach gründlicher Prüfung zu verallgemeinern. Denn Lenin lehrt uns, „die praktischen Erfahrungen von Hunderten und aber Hunderten Lehrern auszuwerten"[2].

Deshalb haben wir uns hier zusammengefunden, um Erfahrungen auszutauschen und von hier aus alle Lehrer, Erzieher und pädagogischen Wissenschaftler zu einem lebendigen Erfahrungsaustausch aufzufordern. Um weitere Fortschritte auf allen Gebieten zu erreichen, wird eine schöpferische Diskussion, in der die echten Probleme der pädagogischen Arbeit aufgeworfen werden, und die uns hilft, tiefer in die ideologisch-theoretischen Grundfragen unserer Arbeit einzudringen, von großem Nutzen sein. Nur wenn wir die Vorschläge, die klugen Ideen und Gedanken, die Weisheit aller gut nutzen, werden wir die Probleme, die sich im Prozeß der großen Umgestaltung unserer Schule ergeben, richtig und in dem erforderlichen Tempo lösen können.

Die gesellschaftliche, wissenschaftliche, technische und kulturelle Entwicklung setzt ständig höhere Maßstäbe für die Arbeit aller Mitarbeiter im Volksbildungswesen. Vor uns steht die große Aufgabe, aufbauend auf dem Erreichten, das Gesetz über das einheitliche sozialistische Bildungssystem in hoher Qualität umfassend zu verwirklichen.

Für die Schule sind die gesellschaftlichen Aufgaben der Zukunft zugleich Gegenwartsaufgaben. Im Jahre 2000 werden die Schüler, die heute zur Schule gehen, etwa 40 Jahre alt sein. Wir müssen uns also dessen bewußt sein, daß bereits heute die Qualität unserer Arbeit in den Schulen in hohem Maße darüber entscheidet, wie die Generation, die wir bilden und erziehen, die gesellschaftlichen Aufgaben der Zukunft löst.

Das Gesetz über das einheitliche sozialistische Bildungssystem, das auf der Grundlage des vom VI. Parteitag beschlossenen Programms des Sozialismus ausgearbeitet wurde, ist die strategische Konzeption für die Weiterentwicklung des Bildungswesens in der Phase der Vollendung des Sozialismus. Fünf Jahre nach seiner Beschlußfassung ist es angebracht, Bilanz zu ziehen und zu beraten, wie wir in noch höherer Qualität unserem gesellschaftlichen Auftrag gerecht werden können, kluge Sozialisten, gute Fachleute, glühende Revolutionäre zu erziehen. Deshalb hat der Ministerrat der DDR auf Vorschlag des Politbüros des Zentralko-

[2] W. I. Lenin: Über die Arbeit des Volkskommissariats für Bildungswesen. In: Werke. Bd. 32, Dietz Verlag, Berlin 1982, S. 121.

mitees der SED beschlossen, für den 5. bis 7. Mai 1970 den VII. Pädagogischen Kongreß nach Berlin einzuberufen.

In den zurückliegenden fünf Jahren haben wir uns darauf konzentriert, den Inhalt der Allgemeinbildung entsprechend der Zielstellung des Gesetzes, allseitig entwickelte sozialistische Persönlichkeiten heranzubilden, neu zu gestalten. Das war eine der wichtigsten Aufgaben, die sich aus den objektiven Erfordernissen der weiteren gesellschaftlichen Entwicklung ergaben.

Wir alle wissen, daß die Verwirklichung der hohen Anforderungen, wie sie im neuen Lehrplanwerk festgelegt sind, ein sehr komplizierter Prozeß der weiteren Umgestaltung unserer Schule ist. Daraus ergibt sich folgerichtig, daß alle Lehrer, pädagogischen Wissenschaftler und Schulfunktionäre vor neuen Aufgaben, vor vielen neuen Problemen stehen.

In den vergangenen Jahren haben sich in allen Stufen und Bereichen der Volksbildung bedeutende Veränderungen vollzogen. Die zehnjährige allgemeinbildende polytechnische Oberschulbildung wurde immer umfassender verwirklicht. In unserer Vorschulerziehung entwickelte sich auf der Grundlage des Bildungs- und Erziehungsplanes eine höhere Qualität der Arbeit. In der Unterstufe vollzog sich eine wahrhaft revolutionäre Umgestaltung. Entscheidende Veränderungen gibt es gegenwärtig in der Mittelstufe. Für die Oberstufe sind sie eingeleitet. Zugleich befinden wir uns mitten im Prozeß tiefgreifender Veränderungen unserer erweiterten Oberschule. Es entwickelt sich eine neue Qualität der polytechnischen Ausbildung, der Verbindung von Unterricht und Produktion.

Die weitaus höheren Anforderungen, die im obligatorischen Unterricht der Oberstufe und in der Abiturstufe gestellt werden, ergänzen und vervollkommnen wir weiter durch differenzierte Formen des Lernens. Durch den Aufbau eines Systems von Arbeitsgemeinschaften in den 9. und 10. Klassen auf der Grundlage einheitlicher zentraler Rahmenpläne und durch den fakultativen Unterricht in den Klassen 11 und 12 werden weitere Möglichkeiten erschlossen, damit alle Schüler ihr Wissen und Können vertiefen, damit wir entsprechend den gesellschaftlichen Anforderungen, den Interessen und Neigungen der Schüler ihre Talente, Begabungen und speziellen Fähigkeiten weiter ausbilden können.

Unser VII. Pädagogischer Kongreß soll Bilanz ziehen aus der Sicht auf die qualitativ höheren Anforderungen, aber auch aus der Sicht auf die neuen Bedingungen, die durch die gesamtgesellschaftliche Entwicklung geschaffen wurden, die aber auch durch die Entwicklung des Bildungswesens selbst entstanden sind.

Qualitativ neue Anforderungen und Bedingungen für die Bildungs- und Erziehungsarbeit, für die Gestaltung des pädagogischen Prozesses ergeben sich aus den weiterentwickelten Zielen und Inhalten der Schulbildung, die von den Erfordernissen der Perspektive der gesellschaftlichen Entwicklung bestimmt werden. Sie ergeben sich auch aus dem hohen Entwicklungsstand der Lehrer, dem Anspruchsniveau und der gewachsenen Reife der Schüler, aus den Ergebnissen der schöpferischen Arbeit der pädagogischen Wissenschaftler, aus dem gründlichen Studium internationaler Erfahrungen, insbesondere den Erfahrungen der Sowjetunion, und nicht zuletzt aus dem gewachsenen Verantwortungsbewußtsein der gesamten Gesellschaft für die Bildung und Erziehung der Jugend.

Auf dem VII. Pädagogischen Kongreß geht es darum, jene entscheidenden Probleme und Aufgaben zu verdeutlichen, die sich für die weitere Verwirklichung des Gesetzes über das einheitliche sozialistische Bildungssystem in den nächsten Jahren ergeben und die wir heute in Angriff nehmen müssen. In diesem Sinne soll der Kongreß neue Initiativen der Lehrer, Erzieher, Schulfunktionäre, pädagogischen Wissenschaftler und der ganzen Gesellschaft auslösen, um das im Bildungsgesetz geforderte höhere Niveau der Bildung und Erziehung in allen Schulen zu erreichen.

Wir wollen Lenin ehren, indem wir in Vorbereitung unseres VII. Pädagogischen Kongresses weitere Fortschritte im Volksbildungswesen erreichen. Damit leisten wir unseren Beitrag zur weiteren Stärkung unserer Republik und damit auch der sozialistischen Staatengemeinschaft. Und das ist für uns eine sehr konkrete Sache. Wir wollen erreichen, daß an jeder Schule solide Arbeit geleistet wird, gute politische, ideologische Arbeit unter den Lehrern und Schülern, daß an allen Schulen ein guter Unterricht erteilt wird, daß an jeder Schule Disziplin und Ordnung herrschen, daß alle notwendigen Bedingungen für eine gute Bildungs- und Erziehungsarbeit vorhanden sind. Wir wollen die guten Erfahrungen auf den Tisch legen, aber auch die kritischen Probleme dürfen nicht umgangen werden, damit wir die Mängel in unserer Arbeit schneller überwinden.

Wir brauchen in Vorbereitung des Kongresses keine „Versammlungswelle" in den Schulen und schon gar nicht außerhalb der Schule. Wir wollen am Arbeitsplatz über die vor uns stehenden Aufgaben diskutieren und darüber, wie wir sie am besten lösen und wie wir noch bessere Arbeitsergebnisse in allen Schulen und Einrichtungen erreichen können. Es geht nicht um neue Aufgabenstellungen, sondern um die Durchführung der gestellten Aufgaben in hoher Qualität. Das setzt vor allem voraus, das geforderte höhere Niveau der Führungstätigkeit aller Volksbildungsorgane mit aller Konsequenz durchzusetzen. Von den staatlichen Organen und gesellschaftlichen Organisationen erwarten wir, daß sie ihre Verantwortung für die Entwicklung der Schule, für die Bildung und Erziehung der Schuljugend noch besser wahrnehmen. Es muß uns darum gehen, mit guten Ergebnissen auf allen Gebieten zum VII. Pädagogischen Kongreß zu kommen. Daß das möglich ist, garantieren uns das hohe politische Bewußtsein, die große Einsatzbereitschaft, der Fleiß, die hervorragende Arbeit, das Schöpfertum und der pädagogische Optimismus unserer Lehrer, die die ständig wachsenden Anforderungen erfolgreich gemeistert haben, wie das gerade im 20. Jahr unserer Republik so eindrucksvoll zum Ausdruck kam.

In diesem Sinne wollen wir auf unserer heutigen Konferenz vorwärtsweisende Erfahrungen darlegen, darüber sprechen, was uns hemmt, und versuchen, Wege zu finden, damit wir die Probleme immer besser beherrschen und lösen lernen.

Im Zentrum des weiteren Umgestaltungsprozesses unserer Schule steht die umfassende und zielstrebige Verwirklichung der Ziele und Inhalte, wie sie im neuen

Lehrplanwerk festgelegt sind. Es ist deshalb ganz natürlich, daß es eine Vielzahl von Problemen gibt. Wir werden auf dieser Konferenz nicht auf alle Fragen eingehen können. Wir wollen uns bewußt auf jene konzentrieren, die in den Mittelpunkt einer weiteren klärenden Diskussion gerückt werden sollten, weil sie für die weitere Verbesserung der Bildungs- und Erziehungsarbeit von Bedeutung sind. Die wichtigste Frage ist die nach der Rolle des Unterrichts und seiner Bedeutung für die Heranbildung allseitig entwickelter Persönlichkeiten. Viele mögen sagen: Das ist doch klar. Aber andererseits bringen viele Lehrer zum Ausdruck, daß sie sich nicht mit ganzer Kraft auf die gewissenhafte Vorbereitung, Durchführung und Auswertung des Unterrichts konzentrieren können. Es wird die Frage nach dem Verhältnis von Unterricht und außerunterrichtlicher Arbeit bei der Erziehung gestellt. Lehrer kritisieren eine solche Leitungspraxis, daß über den Unterricht als das „Hauptfeld" nur geredet, der Unterrichtsprozeß aber schlecht geleitet wird, daß mancherorts versucht wird, die Erziehungsaufgaben durch viel Geschäftigkeit lösen zu wollen.

Das zeigt, daß noch nicht überall die notwendige Klarheit über die Rolle des Unterrichts bei der Entwicklung sozialistischer Persönlichkeiten besteht.

Es ist eine Tatsache, daß trotz gewisser Fortschritte die Führung des Unterrichts noch immer nicht genügend im Mittelpunkt der Arbeit aller Leiter steht. Davon zeugt auch die berechtigte Sorge vieler Lehrer, daß sie zuwenig Zeit haben, tiefer in pädagogische Probleme einzudringen.

Warum müssen wir immer wieder die zentrale Stellung des Unterrichts im pädagogischen Gesamtprozeß unterstreichen?

Der Unterricht ist der organisierte Prozeß der Bildung und Erziehung. Im Unterricht erwerben die Kinder systematisch Wissen und Können. Im System der Unterrichtsfächer werden ihnen die Grundlagen der Wissenschaften vermittelt, werden sie in die grundlegenden Gesetzmäßigkeiten der Entwicklung von Natur und Gesellschaft eingeführt. In der aktiven Auseinandersetzung mit dem Bildungsgut eignen sie sich die Grundüberzeugungen, moralischen Eigenschaften und Verhaltensweisen eines Sozialisten an. Denn in der sozialistischen Schule beruht der Unterricht auf dem Leninschen Prinzip der Wissenschaftlichkeit und Parteilichkeit, auf der wissenschaftlichen Weltanschauung der Arbeiterklasse, dem Marxismus-Leninismus. Der Unterricht verkörpert die Einheit von wissenschaftlicher Bildung und ideologischer Erziehung und stellt das Hauptmittel dar, um die heranwachsende Generation im Geiste der revolutionären Ideologie der Arbeiterklasse zu allseitig entwickelten sozialistischen Persönlichkeiten zu erziehen. Im Unterricht der allgemeinbildenden Schule, der eng mit dem Leben verbunden ist, wird dafür das Fundament gelegt.

Wir haben uns stets von Lenins Erkenntnis[3] leiten lassen, daß nur derjenige ein Kommunist werden kann, der „sein Gedächtnis um alle die Schätze bereichert,

[3] Vgl. W. I. Lenin: Die Aufgaben der Jugendverbände. In: Werke. Bd. 31, Dietz Verlag, Berlin 1978, S. 277.

die von der Menschheit gehoben worden sind" und der das Lernen unlöslich mit dem Kampf der Arbeiterklasse für den Sozialismus verbindet.

Aus der Rolle des Unterrichts ergibt sich die Bedeutung des neuen Lehrplanwerkes. Es ist das wichtigste Dokument, wissenschaftliche Grundlage für die Arbeit des Lehrers.

In den neuen Lehrplänen ist herausgearbeitet, welches grundlegende Wissen vermittelt wird und wie der Unterricht dazu beiträgt, die geistigen und körperlichen Fähigkeiten der Schüler zu entwickeln, sozialistisches Bewußtsein und Verhalten herauszubilden, ihren Lernwillen und ihre Lernbereitschaft zu wecken, sie zu befähigen, ihr Wissen und Können in der Praxis unseres revolutionären Kampfes schöpferisch anzuwenden.

Deshalb stellen wir die Forderung an alle Lehrer, sich gründlich mit Ziel und Inhalt der Lehrpläne vertraut zu machen, fordern wir von allen Leitern, den pädagogischen Wissenschaftlern, den Lehrern bei der Erfüllung der Ziele und Aufgaben der Lehrpläne wirksam zu helfen.

Viele Lehrer bewegt die Frage, wie die Forderung, Lehrplanwerk und „Aufgabenstellung zur weiteren Entwicklung der staatsbürgerlichen Erziehung der Schuljugend" als Einheit zu verwirklichen, eigentlich verstanden werden muß.

Diese Frage stellt sich deshalb für viele komplizierter dar, als sie ist, weil – wie so oft – relativ einfache Sachen verkompliziert werden. Die Folge davon ist, daß man von den Lehrern verlangt, ganze Systeme und Planwerke zu erarbeiten, wobei oftmals abgewandelte Lehrpläne herauskommen.

In der „Aufgabenstellung" ist auf der Grundlage unseres Parteiprogramms zusammenhängend dargestellt, welche wesentlichen ideologischen Grundüberzeugungen, Charaktereigenschaften und Verhaltensweisen sich unsere Schuljugend im Prozeß der sozialistischen Erziehung aneignen muß.

In der „Aufgabenstellung" wird hervorgehoben, daß die Ziele der sozialistischen Erziehung in erster Linie durch einen wissenschaftlichen, parteilichen – eng mit dem Leben verbundenen – Unterricht verwirklicht werden müssen. Denn der gesamte Unterricht in unserer sozialistischen Schule hat zum Ziel, unserer Jugend ein hohes Wissen und Können zu vermitteln, ihr die ideologischen Grundüberzeugungen und Verhaltensweisen anzuerziehen, die den sozialistischen Menschen auszeichnen.

Die „Aufgabenstellung" betont, daß wir die Gesamtheit der Erziehungseinwirkungen unserer sozialistischen Gesellschaft planmäßig nutzen müssen – vor allem auch für eine inhaltsreiche außerunterrichtliche Arbeit.

Die „Aufgabenstellung" soll helfen, die ideologischen Grundlagen und Ziele der gesamten Bildungs- und Erziehungsarbeit gründlicher zu erfassen. Sie faßt die im Lehrplanwerk auf der Grundlage des Marxismus-Leninismus durchgängig projektierten Erziehungsziele, die für die einzelnen Fächer und Klassenstufen aufgegliedert und konkretisiert sind, zusammen und hebt sie dadurch deutlich hervor. Ein vorrangiges Anliegen der „Aufgabenstellung" ist es, daß sie die wachsende Verantwortung der gesellschaftlichen Kräfte für die aktive und bewußte

Teilnahme bei der sozialistischen Erziehung und Bildung der Jugend betont und die Schule auf deren Einbeziehung in den Bildungs- und Erziehungsprozeß orientiert.

Es kann also nicht darum gehen, besondere Aufgaben und Maßnahmen zur Erfüllung der „Aufgabenstellung" im Unterricht auszuarbeiten. Aber das wird häufig von den Lehrern verlangt. Da werden zum Beispiel in der „Aufgabenstellung" ausgewiesene einzelne Grundüberzeugungen der sozialistischen Persönlichkeit für bestimmte Fächer und Klassenstufen aufgeschlüsselt oder fach- und stufenspezifische Leitlinien für ihre Realisierung im Unterricht entwickelt.

Uns liegt der Maßnahmeplan einer EOS vor, der offensichtlich nicht in erster Linie auf Initiative der Lehrer, sondern auf Veranlassung einiger Leiter entstanden ist. In diesem Plan wird der untaugliche Versuch unternommen, durch ein vorgegebenes Schema die Grundüberzeugungen, die in der „Aufgabenstellung" aufgeführt und die nur als Einheit und in ihrer Wechselwirkung zu verstehen sind, in sieben voneinander unabhängige Grundüberzeugungen zu zerlegen.

Wir gehen davon aus, daß alle Grundüberzeugungen nur durch das einheitliche Zusammenwirken aller Erziehungsträger und durch die Gesamtheit des Unterrichts zu verwirklichen sind, wobei jedes Fach seinen spezifischen Beitrag zu leisten hat. Aber in diesem Schema werden die einheitlichen Grundüberzeugungen einzelnen Fächern und einzelnen Erziehungsträgern zugeordnet.

Zu welchem politischen und pädagogischen Unsinn das führt, wird daran deutlich, daß zum Beispiel nur der Staatsbürgerkundeunterricht der Klasse 9 und der Geschichtsunterricht der Klassen 9 bis 11 für die Herausbildung der Überzeugung von der historischen Mission und der wachsenden Führungsrolle der Arbeiterklasse und ihrer Partei als zuständig erklärt werden. Die Überzeugung von der historischen Aufgabe der DDR und der Verantwortung der Jugend wird nur den Fächern Staatsbürgerkunde, Geschichte und Deutsch zugewiesen.

Die FDJ-Organisation trägt nach diesem Schema keine Verantwortung für die Herausbildung der Überzeugung von der entscheidenden Rolle der Sowjetunion und der sozialistischen Staatengemeinschaft in der weltweiten Klassenauseinandersetzung mit dem Imperialismus und der Überzeugung von der historischen Mission und der führenden Rolle der Arbeiterklasse und ihrer Partei.

Zugegeben, das ist ein krasses Beispiel. Aber gibt es nicht vielerorts Tendenzen eines formalistischen Herangehens an die pädagogische Arbeit? Das aber widerspricht zutiefst der Dialektik des Prozesses der sozialistischen Persönlichkeitsentwicklung. Ich möchte nochmals unterstreichen: Es geht darum, den Unterricht konsequent auf der Grundlage des Lehrplanwerkes zu gestalten, die im neuen Lehrplanwerk angelegten Ziele und Inhalte in der tagtäglichen Unterrichtsarbeit mit höchster Qualität zu erfüllen und alle Potenzen für die sozialistische Erziehung voll auszuschöpfen.

Viele Kollegen weisen zu Recht darauf hin, daß die Gestaltung des Unterrichtsprozesses objektiv an Bedeutung gewinnt, um Ziel und Inhalt der Lehrpläne in neuer Qualität zu realisieren.

Es ist deshalb ganz natürlich, daß sich Lehrer und Lehrerkollektive intensiver mit dem Wesen des Unterrichtsprozesses und seiner Gestaltung beschäftigen. Manche Lehrer fragen in diesem Zusammenhang:

Worauf sollen wir uns konzentrieren? Es ist so viel die Rede von vorrangiger Bedeutung der Erziehung im Unterricht, von der Selbsttätigkeit, der Fähigkeitsentwicklung, der didaktischen Differenzierung, dem Problemunterricht usw. Was ist denn nun der Schwerpunkt?

Das wichtigste ist, daß wir den Schülern ein solides, anwendungsbereites Wissen und hohes Können vermitteln. Dabei lassen wir uns von den Hinweisen Lenins leiten, daß die Jugend lernen und nochmals lernen muß. Jede Frage danach, wie der Unterrichtsprozeß zu gestalten ist, muß immer davon ausgehen, wie wir das in den Lehrplänen geforderte Wissen, Können, Bewußtsein und Verhalten entwickeln, wie wir alle Potenzen des Unterrichtsstoffes für die Bildung und Erziehung sozialistischer Persönlichkeiten bewußt nutzen. Deshalb ist es nützlich, daß wir über die damit zusammenhängenden Probleme diskutieren.

Die Gestaltung des Unterrichtsprozesses unter der Sicht des Zieles, den Schülern ein solides, festes, anwendbares Wissen zu vermitteln, die allseitig entwickelte Persönlichkeit herauszubilden, das Allgemeingültige und Spezifische des jeweiligen Unterrichtsfaches in diesem Sinne richtig einzusetzen, ist für den Lehrer immer wieder eine komplizierte Aufgabe.

Sie verlangt tagtäglich aufs neue, sich auf unsere marxistisch-leninistischen Positionen zu besinnen und sie schöpferisch umzusetzen. Allgemeine Schemata und Rezepte hemmen die schöpferische Arbeit des Lehrers, führen zur Erstarrung des lebendigen Prozesses, der sich im täglichen Unterricht vollzieht.

Ausgehend von den Zielen der sozialistischen Bildung und Erziehung und den in den Lehrplänen ausgewiesenen Inhalten, unter Berücksichtigung der jeweiligen Bedingungen muß der Lehrer in jedem Fall konkret entscheiden, wie er vorgeht. Erfahrene Pädagogen betonen deshalb, daß es vor allem notwendig ist, tiefer in die Gesetzmäßigkeiten einzudringen, nach denen der Unterrichtsprozeß verläuft, daß wir davon ausgehen müssen, den Unterricht als einen dialektischen Prozeß der Aneignung von Wissen und Können, der Herausbildung von Bewußtseins- und Verhaltensqualitäten unter Führung des Lehrers zu verstehen, daß es sich hierbei um komplexe Prozesse handelt, die einander bedingen, aufeinander einwirken und zusammenwirken. Deshalb kann man nicht nur eine Seite des Unterrichts, einen Zielaspekt, eine Methode im Auge haben. Man muß stets beachten, daß es um die Weiterentwicklung aller Seiten des Unterrichtsprozesses geht.

In der letzten Zeit haben vor allem auch unsere Wissenschaftler gründlicher erläutert, welche Leitlinien der Ausarbeitung des Lehrplanwerkes zugrunde gelegt wurden, damit die übergreifenden Ziele besser erfaßt und verstanden werden. Die Hervorhebung der übergeordneten Leitlinien soll unterstreichen, daß der gesamte Unterricht auf einheitliche Ziele orientiert ist.

Vielerorts wurde nun aber von den Lehrern gefordert, Leitlinien für ihr Unterrichtsfach auszuarbeiten. Viel nützlicher ist es, wenn die Leiter den Lehrern helfen, gründlicher ihren Unterricht zu durchdenken. Letzten Endes geht es doch darum, wie jeder Lehrer durch einen soliden Fachunterricht, durch den Einsatz der spezifischen Möglichkeiten seines Faches dazu beiträgt, die einheitlichen Ziele des Lehrplanes zu erreichen. Es nützt also nichts, wenn eine Kreisabteilung, ein Direktor und Gruppen von Lehrern für ganze Schulen ganze Systeme der Fähigkeitsentwicklung, erzieherische Leitlinien usw. ausarbeiten müssen. Das führt zu unnötigen zeitlichen Belastungen für die Lehrer, die diese Zeit viel mehr für eine gute Unterrichtsvorbereitung benötigen.

Gute Lehrer gestalten ihren Unterricht, die Stoffvermittlung und Stoffaneignung so, daß sie dem Gesamtprozeß der Entwicklung der Schülerpersönlichkeit Rechnung tragen. Sie führen den Unterricht bewußt aus der Sicht auf das sozialistische Bildungs- und Erziehungsziel. Ein solches Herangehen ist jedoch gegenwärtig noch nicht kennzeichnend für den Unterricht aller Lehrer.

Im Zusammenhang mit der Interpretation des neuen Lehrplanwerkes haben wir unter anderem auch die Entwicklung der Fähigkeiten hervorgehoben. Wir haben schon immer vom Standpunkt der marxistisch-leninistischen Pädagogik im Gegensatz zur bürgerlichen Pädagogik der Entwicklung allseitiger Fähigkeiten große Bedeutung beigemessen. Unseren Lehrplänen liegt das Prinzip der Einheit von Erkenntnisgewinnung, Fähigkeitsentwicklung und Überzeugungsbildung zugrunde. Es geht dabei nicht um die Entwicklung von Fähigkeiten an sich; die Fähigkeitsentwicklung muß sich in den Gesamtprozeß der Persönlichkeitsentwicklung einordnen. Es ist deshalb falsch, isolierte Systeme der Fähigkeitsentwicklung zu konstruieren, wie das von einigen Wissenschaftlern versucht wird und wie es leider auch schon Eingang in manche Schule gefunden hat.

An einer Schule wurde zum Beispiel versucht, eine gesonderte, sich über fünf Jahre erstreckende Planung der Fähigkeitsentwicklung neben dem Lehrplan, losgelöst von ihm, vorzunehmen. Für das Schuljahr 1967/68 war die Entwicklung folgender geistiger Fähigkeiten für Klasse 7 festgelegt: Beweisen, Definieren, Beschreiben. 1968/69 sollte das gleiche in Klasse 6 geschehen. Für 1970/71 plant das Lehrerkollektiv die Fähigkeitsentwicklung von Klasse 1 bis 8 wie folgt:

„1. bis 3. Klasse je eine Fähigkeit,

4. bis 6. Klasse je zwei geistige Fähigkeiten,

7. bis 8. Klasse je drei geistige Fähigkeiten."

Dabei berufen sich die Kollegen auf Empfehlungen pädagogischer Wissenschaftler der Karl-Marx-Universität Leipzig. Es ist gut, daß diese Genossen inzwischen begonnen haben, ihre Konzeption noch einmal gründlich zu überprüfen.

Wir müssen uns darauf konzentrieren, die im Lehrplan geforderten Fähigkeiten in Einheit mit der Wissensvermittlung und der Überzeugungsbildung zu entwickeln. Die allseitige Entwicklung der Persönlichkeit erfordert, die Dialektik von Bildung, Erziehung und Entwicklung im Unterricht bewußter zu verwirklichen.

Durchdenken wir immer wieder, was Rubinstein schrieb: „Das Kind reift nicht zuerst und wird erst dann erzogen und gebildet. Es reift, indem es erzogen und gebildet wird, das heißt, indem es sich unter der Führung Erwachsener die Kultur aneignet, die die Menschheit geschaffen hat. Auch ist es nicht so, daß das Kind sich entwickelt und erzogen wird, sondern *es entwickelt sich, indem es erzogen und gebildet wird,* das heißt, das Reifen und die Entwicklung des Kindes *äußern* sich nicht nur im Bildungs- und Erziehungsprozeß, sondern *vollziehen* sich auch dabei."[4]

Wir gehen davon aus, daß sich die Schülerpersönlichkeit in der aktiven Auseinandersetzung mit der gesellschaftlichen Umwelt entwickelt. Viele gute Lehrer arbeiten bereits so, daß sie stets prüfen, wie der Stoff angeeignet wurde und welche Fortschritte dabei im Hinblick auf Wissen, Können, Bewußtseins- und Verhaltensqualitäten erreicht worden sind. Sie achten die Schüler als Persönlichkeiten, behandeln sie konsequent und feinfühlig. Und die Erfahrung lehrt: Bei diesen Lehrern lernen die Schüler erfolgreicher.

Den Unterricht als einen dialektischen Prozeß zu verstehen schließt auch ein, sich dessen bewußt zu sein, daß in diesem Prozeß Widersprüche auftreten, die als Triebkraft für die Entwicklung der Schülerpersönlichkeit und des Schülerkollektivs klug genutzt werden müssen.

Es ist eine objektive Erscheinung, daß die Schüler im Prozeß der Erkenntnisgewinnung, in dem sie sich ständig Wissen aneignen und Erfahrungen sammeln, zu Standpunkten, Problemen, Auffassungen und Fragestellungen kommen, die der Lehrer aufgreifen und bewußt nutzen muß, um den Prozeß der Persönlichkeitsbildung weiterzuführen und zu vertiefen.

Es ist nicht einfach, das pädagogisch zu bewältigen. Das war es nie und wird es auch nie sein. Es wird uns aber besser gelingen, wenn wir uns gründlicher theoretisch befähigen, indem wir uns zum Beispiel mit der marxistisch-leninistischen Erkenntnistheorie beschäftigen. Denn nichts ist so praktisch wie eine gute Theorie. Wenn wir die Notwendigkeit des Studiums der Werke Lenins, besonders der marxistisch-leninistischen Dialektik, vor allem auch für den Lehrer betonen, dann gerade deshalb, weil wir hier den Schlüssel finden, um den Unterrichtsprozeß wissenschaftlich fundierter meistern zu können.

Wir müssen auf der Grundlage des Marxismus-Leninismus tiefer in die Gesetzmäßigkeiten des Unterrichtsprozesses eindringen. Die pädagogische Wissenschaft befaßt sich gegenwärtig noch viel zuwenig mit den in ihrem Gegenstandsbereich wirkenden objektiven Gesetzen und deren Wirkungsweise.

Die pädagogischen Wissenschaftler müssen die Gesetzmäßigkeiten der pädagogischen Prozesse tiefer erhellen und gemeinsam mit den Lehrern, schöpfend aus deren reichen Erfahrungen, jenes Fundament an Erkenntnissen schaffen, das uns hilft, die vor der Praxis stehenden Aufgaben in höherer Qualität zu meistern. Das wird uns helfen, ein höheres Niveau an Wissenschaftlichkeit und Bewußtheit bei der Führung des Prozesses zu erreichen. Es wird uns aber auch helfen, in Theorie und Praxis auftretende schematische Gegenüberstellungen zwischen bewährten Positionen und neuen didaktischen Fragestellungen zu überwinden.

---

[4] S. L. Rubinstein: Grundlagen der Allgemeinen Psychologie. 9. Aufl., Volk und Wissen Volkseigener Verlag, Berlin 1977, S. 203.

Gegenwärtig wird häufig das Problem aufgeworfen, wie sich „alte" Methoden zu neuen Methoden verhalten. Wir sind der Meinung, daß die Lehrer recht haben, die sagen, daß man beides nicht gegenüberstellen und voneinander trennen kann. Das wäre ein falsches Herangehen an wissenschaftliche Erkenntnisse der Pädagogik. Neue didaktische Fragestellungen, die sich selbstverständlich aus den weiterentwickelten Zielen, Inhalten und Aufgaben der sozialistischen Schule, aus neuen wissenschaftlichen Erkenntnissen ergeben, stehen doch nicht neben den von der Wissenschaft und Praxis in Jahrzehnten herausgearbeiteten Erkenntnissen. Neue Erkenntnisse bauen doch letzten Endes darauf auf und schließen sie ein. Sie stellen sich als eine neue Qualität bisheriger Erkenntnisse dar.

Es geht also darum, den ganzen Schatz der didaktisch-methodischen Erkenntnisse und Erfahrungen der marxistisch-leninistischen Pädagogik zu nutzen. Bewährte Methoden dürfen wir also nicht als alte Methoden abtun. Unter der Sicht der höheren Anforderungen und neuen Bedingungen des pädagogischen Prozesses müssen die bisherigen Methoden durch neue Erkenntnisse bereichert und weiterentwickelt werden. Alles andere führt zu einem „Modernismus", der nicht wissenschaftlich ist und deshalb auch der Praxis nicht hilft.

Alle die Lehrer – und das ist eine ständig wachsende Anzahl –, die sich schöpferisch darum bemühen, ihre didaktisch-methodische Arbeit effektiver zu gestalten, sind auf dem richtigen Wege. Wer Neues erprobt, riskiert auch etwas. Und ein Pädagoge muß auch Mut zum Risiko haben. Wichtig ist nur, daß die Leitungen und die Wissenschaftler den Lehrern, die neue Wege gehen, dabei helfen.

Man muß aber auch ganz klar aussprechen, daß in einem Unterricht, der einförmig, methodenarm und problemlos verläuft, nur aus einem Frage-Antwort-Spiel besteht und nicht auf die Entwicklung des selbständigen Denkens und Arbeitens der Schüler gerichtet ist, die Lehrplananforderungen nicht zu erfüllen sind.

Ein weiteres Problem ist die Frage nach den Möglichkeiten und Grenzen des differenzierten Unterrichts.

Auf dem zentralen Schulräteseminar im Mai dieses Jahres haben wir auf die Bedeutung der Einführung einiger neuer Formen des Unterrichts in den oberen Klassen, wie zum Beispiel des fakultativen Unterrichts und der wissenschaftlich-praktischen Arbeit in der erweiterten Oberschule oder den ab 1970 schrittweise zu bildenden Arbeitsgemeinschaften in den Klassen 9 und 10, hingewiesen. Wir betonten, daß mit diesen Maßnahmen wichtige Voraussetzungen geschaffen werden, um in den genannten Klassen rascher und flexibler auf neue Entwicklungen in der Wissenschaft, Gesellschaft, Ökonomie und Kultur reagieren zu können und die Schule enger mit dem Leben zu verbinden. Gleichzeitig, so stellten wir fest, soll damit auf der Grundlage eines einheitlichen Oberschulniveaus für alle Schüler auch der Förderung und Entwicklung individueller Interessen, Neigungen und Begabungen größere Beachtung geschenkt werden.

Das Prinzip der Einheitlichkeit, der Sicherung eines einheitlichen Niveaus in der allgemeinbildenden Schule, ist eine marxistisch-leninistische Position, die in unserem sozialistischen Staat im Kampf gegen die bürgerliche Begabtentheorie durchgesetzt und voll verwirklicht wurde. Das ist eine der großen Errungenschaften unserer marxistisch-leninistischen Schulpolitik und zugleich Ausdruck des zutiefst humanistischen und demokratischen Charakters unserer sozialistischen Gesellschaft, die allen Kindern das gleiche Recht auf Oberschulbildung verfassungsmäßig garantiert.

Die Sicherung einer einheitlichen, hohen Allgemeinbildung für alle Kinder des Volkes ist die unabdingbare Voraussetzung dafür, daß unsere Schüler den vielfältigen Anforderungen der gesellschaftlichen Entwicklung bei der Vollendung des Sozialismus in unserer Republik unter den Bedingungen der wissenschaftlich-technischen Revolution und des verstärkten Klassenkampfes mit dem Imperialismus gerecht werden können.

Gegenwärtig haben wir die große Aufgabe zu lösen, Formen und Methoden für die Oberstufe zu entwickeln, die das im obligatorischen Unterricht erworbene Wissen und Können vertiefen und ergänzen. Gleichzeitig steht das Problem der didaktischen Differenzierung. Viele Lehrer haben sich gerade in den letzten Jahren damit beschäftigt und weisen auf die Kompliziertheit dieser Problematik hin. Ausgangspunkt aller Überlegungen zur didaktischen Differenzierung ist die Aufgabe, alle Schüler auf der Grundlage der neuen Lehrpläne zu einem hohen Niveau zu führen. Jeder Lehrer weiß, daß es Unterschiede in der Entwicklung der Schüler, in den Lernergebnissen, ihrer Lerneinstellung und Disziplin, ihrem politisch-moralischen Reifegrad gibt.

In diesem Zusammenhang wird von der Notwendigkeit einer stärkeren „Individualisierung" und Differenzierung des Unterrichts gesprochen. Es werden solche Fragen gestellt wie: Sollten Schüler mit annähernd gleicher Leistungsstärke nicht in Gruppen zusammengefaßt werden? Sollten die Anforderungen in den Lehrplänen nicht in Minimal- und Maximalforderungen differenziert werden?

Das unterschiedliche Leistungs- und Entwicklungsniveau der Schüler ist eines der kompliziertesten Probleme, das seit jeher die Pädagogen bewegt. Und es wird dies immer der Fall sein, weil es sich hier um einen objektiven Sachverhalt handelt. Das Bildungs- und Erziehungsniveau des Kindes und der Kollektive ist nicht statisch. Wir wissen, daß es sich nicht nur in längeren Zeitabschnitten, sondern täglich neu darstellt. Wenn wir von didaktischer Differenzierung sprechen, dann geht es also im Kern um die Frage, wie wir die objektive Erscheinung der vorhandenen individuellen Unterschiede der Kinder pädagogisch so bewältigen, daß sich alle Seiten der Persönlichkeit entfalten können.

Unter einheitlichem Oberschulniveau verstehen wir, alle Schüler zum Ziel zu führen, indem alle individuellen Anlagen und Fähigkeiten jedes einzelnen Schülers voll entwickelt werden. Einheitliches Oberschulniveau bedeutet also nicht Nivellierung.

Wir sind der Meinung, daß die differenzierte Arbeit der Lehrer im Unterricht nicht eine Frage spezifischer organisatorischer Lösungen ist, sondern in erster Linie eine Frage der methodischen Meisterschaft. Unsere erfolgreichen Lehrer beherrschen gerade eine Vielzahl von Methoden, die sie in Abhängigkeit von den inhaltlichen Anforderungen und von den konkreten Bedingungen zielgerichtet einsetzen. Keine Organisationsform kann den Lehrer der Aufgabe entheben, jeden Schüler, seinen Entwicklungsstand, seine Stärken und Schwächen, seine Bedingungen, unter denen er heranwächst, genau zu kennen. Nur unter dieser Voraussetzung ist es möglich, individuell auf jeden Schüler einzugehen. Dabei muß sich der Lehrer zugleich auf das ganze Kollektiv der Schüler stützen und es für die Persönlichkeitsformung des einzelnen nutzen. Wir stimmen Prof. Klein zu, wenn er schreibt: „Ein aufmunterndes Wort, ein Freude über eine gute Leistung ausdrückender Blick des Lehrers für einen Schüler, … Geduld und Verständnis für langsamer begreifende Schüler gehören ebenso dazu wie die Kenntnis und Berücksichtigung besonderer häuslicher Probleme bei bestimmten Schülern. Daß der Lehrer zwar mit der ganzen Klasse arbeitet, sich aber zugleich jeder einzelne Schüler individuell angesprochen, gefordert und verstanden fühlt, das gehört zu jener pädagogischen Meisterschaft, die wir bei vielen erfolgreichen und von ihren Schülern verehrten Lehrern beobachten können."[5]

Das ist das Einfache, das schwer zu machen ist. Es macht aber auch deutlich, daß es nicht um einen individualisierten Unterricht, sondern um einen pädagogisch guten Unterricht geht. Selbstverständlich müssen wir geeigneten Unterrichtsverfahren, die ein individuelles Eingehen auf die Schüler ermöglichen, große Aufmerksamkeit schenken.

Aber alle diese Verfahren dürfen nicht dazu führen, daß Abstriche am Anforderungsniveau der Lehrpläne vorgenommen werden, daß der Klassenverband in Leistungsgruppen aufgegliedert wird usw.

Die Frage nach der didaktischen Differenzierung ist also die Frage danach, wie wir den Unterricht so gestalten, daß alle Persönlichkeitspotenzen der Schüler entwickelt, hohe Bildungs- und Erziehungsergebnisse erreicht und alle Schüler zum Ziel der Klasse geführt werden. Dabei werden wir den Einsatz effektiver Methoden zur Verhinderung des Zurückbleibens ebenso wie Methoden der Förderung besonderer Talente und Begabungen weiter gründlich durchdenken, erproben und weiterentwickeln müssen.

In einer Anzahl Schulen wird diskutiert, was wir unter Problemunterricht zu verstehen haben.

Der sozialistische Mensch braucht ein hohes Maß selbständigen Denkens und Handelns. Dem trägt unser Lehrplan Rechnung. Die problemhafte Darbietung des Wissens und die Entwicklung der Fähigkeiten zum selbständigen Erkennen und Lösen von Problemen gewinnen im Unterricht in der sozialistischen Schule objektiv an Bedeutung.

Der bekannte sowjetische Wissenschaftler Skatkin wies auf folgende Vorzüge einer problemreichen Gestaltung des Unterrichts hin: „Sie macht erstens die

[5] H. Klein: Differenzierung des Unterrichts als notwendige Voraussetzung, um das Lehrplanwerk zu realisieren. In: Lehrplanwerk und Unterrichtsgestaltung. Volk und Wissen Volkseigener Verlag, Berlin 1970, S. 205.

Wahrheit beweiskräftiger... und das Wissen bewußter und fördert dadurch die Umwandlung des Wissens in Überzeugungen. Zweitens lehrt die Problemdarbietung wissenschaftlich, dialektisch denken und gibt den Schülern ein Muster für das wissenschaftliche Suchen. Drittens gibt die Problemdarbietung immer mehr für die Emotionen. Sie erhöht deshalb das Interesse für das Lernen und weckt das innere Bedürfnis nach Wissen. Durch genaue Experimente ist bewiesen, daß die Darbietung – die Konfliktsituationen, Widersprüche und den Kampf zwischen ihnen sowie das Suchen widerspiegelt – die Schüler bedeutend mehr begeistert als die konfliktlose, gleichgültige Vermittlung fertiger wissenschaftlicher Wahrheiten."[6]

Es ist sehr gut, daß viele Lehrer danach streben, den Unterricht in dieser Hinsicht zu vervollkommnen.

Das Streben nach Problemdarbietung des Wissens darf aber nicht dazu führen, daß der Lehrplanstoff ausgeweitet, Unwesentliches in das Zentrum des Unterrichts gerückt und statt parteilichem Denken Objektivismus oder gar Skeptizismus entwickelt werden. Im Geschichtsunterricht zum Beispiel zählen historische Wahrheiten. Dazu muß man Fakten kennen und diese richtig unter den Gesetzmäßigkeiten der Entwicklung betrachten. Gerade hier ist die Methode, von der Skatkin spricht, eine wichtige, aber niemals die einzige Methode. Die problemhafte Gestaltung des Unterrichts ist ein wichtiger Gesichtspunkt. Deshalb ist es falsch, davon zu sprechen, man müsse jetzt den „Problemunterricht" oder den „Aufgabenfolgeunterricht", den „Gruppenunterricht" usw. einführen. Das hieße, eine Methode des Unterrichts zu verabsolutieren und sie vom konkreten Ziel und Inhalt zu trennen.

Ein weiteres Problem unserer pädagogischen Arbeit ist die Bewertung und Zensierung.

Wir lassen uns von der Erkenntnis der marxistisch-leninistischen Psychologie leiten, daß die Wertung menschlicher Tätigkeit und ihrer Ergebnisse, wenn sie pädagogisch richtig erfolgt und dem Bewerteten bewußtgemacht wird, zu einer Steigerung seines Leistungswillens und zur Entwicklung sozialistischer Verhaltensweisen führt.

Unter dieser Sicht aber zeigen sich in der Praxis noch immer eine Reihe von Mängeln. Wir halten es für erforderlich, sich in den Pädagogischen Räten offen mit solchen Erscheinungen wie Zensurenhascherei, pädagogischem Mißbrauch der Zensur, Durchschnitts- und Prozentideologie usw. auseinanderzusetzen und die Ursachen dafür aufzudecken. Legen wir uns ganz ehrlich die Frage vor: Handhaben wir die Bewertung, die Zensierung, die Beurteilung und die Charakteristik der Schülerpersönlichkeit schon immer pädagogisch richtig? Läßt sich schon jeder Lehrer in seiner täglichen Arbeit konsequent von der Position leiten, die Bewer-

---

[6] M. N. Skatkin: Die Hauptrichtungen der Forschung zu Problemen der Didaktik. „Sovetskaja pedagogika", Heft 8/1966, S. 27 f. (russ.).

tung und Zensierung so einzusetzen, daß sie die Persönlichkeitsentwicklung fördert und nicht hemmt?

Uns liegt ein Schema vor, wie an einer Schule die Persönlichkeitseigenschaften analysiert werden sollen. Die Schülerpersönlichkeit ist in diesem Schema in 58 Eigenschaften zerlegt, davon in 25 positive und 33 negative.

Wir halten den Lehrern und auch den Autoren, die solche Rezepte in der „Pädagogik" veröffentlichen, zugute, daß sie das in bester Absicht getan haben. Aber was objektiv dabei herauskommt, ist unpädagogisch und in der Auswirkung auf die Kinder einfach herzlos.

Ein Schüler der 1. Klasse wird in dieser Analyse ausschließlich negativ bewertet. Er ist egoistisch und unkameradschaftlich. Er schwatzt und stört, ist streitsüchtig und rauft gern, er ist unordentlich, nachlässig, interessenlos usw. So wird schon vom ersten Schuljahr an dieser Schüler abgeschrieben. Aber die marxistisch-leninistische Pädagogik lehrt doch, daß man immer an die positiven Seiten der Persönlichkeit anknüpfen muß und daß jeder Mensch solche positiven Seiten hat.

Gibt es nicht auch an anderen Schulen, wenn auch in anderen Varianten, Praktiken, die nicht dazu beitragen, die Persönlichkeit zu werten, sondern abzuwerten? Noch allzuoft wird durch falsche Methoden die Entwicklung der Schüler nicht stimuliert, sondern gehemmt und in falsche Bahnen gelenkt.

Selbstverständlich ist die Entwicklung und der Einsatz von Kriterien für die Beurteilung und Bewertung kein einfaches Problem. Aber wir müssen uns dessen bewußt sein, daß auch die besten Kriterien immer nur Hilfsmittel sein können. Ihre richtige Anwendung wird stets davon abhängen, inwieweit jeder Lehrer gründlich in die Erkenntnisse der marxistisch-leninistischen Persönlichkeitstheorie eindringt. Das enthebt die Wissenschaft nicht der Aufgabe, weiter daran zu arbeiten, Maßstäbe für eine objektive, allseitige Charakteristik und Bewertung der Schülerpersönlichkeit zu entwickeln. Dabei müssen wir berücksichtigen, daß sich mit der Weiterentwicklung der Ziele und Inhalte unserer sozialistischen Schule auch die Bedingungen für die Bildungs- und Erziehungsarbeit verändert haben. Das Wissen und Können der Schüler, ihr Bewußtsein, ihre Einstellung zur gesellschaftlichen Bedeutung des Lernens sind gewachsen. Die pädagogische Arbeit der Lehrer hat eine höhere Qualität erreicht.

Insgesamt hat sich in unserer Gesellschaft die Einstellung zum Lernen und auch zur Wertung der Persönlichkeit bedeutend verändert. Das erfordert, auch die Art und Weise der Bewertung, Charakteristik und Zensierung neu zu durchdenken und ihre Methoden weiter zu entwickeln.

Es wird im Zusammenhang mit der Forderung nach der allseitigen Entwicklung aller Schüler immer wieder die Frage gestellt, was wir unter den heutigen Bedingungen unter Förderung der Arbeiter- und Bauernkinder zu verstehen haben. Der Klassenauftrag unserer Schule ist, das marxistisch-leninistische Bildungsideal, die allseitig entwickelte Persönlichkeit, zu verwirklichen. Das ist nur unter den Bedingungen der sozialistischen Gesellschaft möglich. Die Brechung des Bildungsprivilegs war eine der großen historischen Aufgaben, die wir mit der Errichtung der Arbeiter-und-Bauern-Macht zu lösen hatten und erfolgreich gelöst haben. Bis dahin wurde der Mehrheit des Volkes, der Arbeiterklasse, den Kindern der Arbeiter und Bauern, die Bildung vorenthalten. Sie erhielten nur das an Bildung, was sie zur Reproduktion ihrer Arbeitskraft benötigten. Von allseitiger Bildung, allseitiger Entwicklung kann in der kapitalistischen Gesellschaft überhaupt nicht die Rede sein. In unserem Arbeiter-und-Bauern-Staat wurden erstmalig die Garantien für eine hohe Bildung aller Kinder, für eine allseitige Entwicklung all ihrer Fähigkeiten geschaffen.

In unserer Verfassung spiegelt sich diese große Errungenschaft der Arbeiterklasse wider, indem hier die Pflicht und damit das Recht auf eine zehnklassige Oberschulbildung für alle Kinder des Volkes festgelegt ist.

Unter unseren heutigen Bedingungen heißt Förderung der Arbeiter- und Bauernkinder, die Kinder der Arbeiterklasse, der Genossenschaftsbauern und aller übrigen Werktätigen zum Ziel unserer zehnklassigen Oberschule zu führen.

Das verlangt, durch eine gute Arbeit in allen Schulen zu garantieren, daß alle Kinder mit hohem Wissen und Können ausgerüstet die Schule absolvieren, daß die Ideologie der Arbeiterklasse zum geistigen Besitz und zur Maxime des Handelns aller Kinder wird, daß ihnen die moralischen Eigenschaften revolutionärer Kämpfer anerzogen werden. Der Klassenauftrag, die Klassenpflicht eines jeden Lehrers besteht darin, unsere junge Generation zu befähigen, die historische Aufgabe der Arbeiterklasse zu vollenden, den Sozialismus zum Siege zu führen. Das schließt ein, uns ständig darum zu sorgen, daß kein Kind zurückbleibt, schon gar nicht ein Arbeiter- oder Bauernkind. Das erfordert, daß jeder Lehrer es als seine Pflicht betrachtet, alles zu tun, damit alle Schüler das Ziel der Zehnklassenschule erreichen.

Förderung der Arbeiter- und Bauernkinder heute heißt also, alle Bedingungen unserer zehnklassigen Schule für ihre allseitige Entwicklung voll auszuschöpfen. Förderung der Arbeiter- und Bauernkinder heißt, nach wie vor zu sichern, daß unsere Intelligenz immer wieder, entsprechend der sozialen Struktur unserer Bevölkerung, vorwiegend aus der Klasse der Arbeiter und der Klasse der Genossenschaftsbauern hervorgeht.

Der Anteil der Arbeiter- und Bauernkinder in den erweiterten Oberschulen und in den Abiturklassen mit Berufsausbildung muß konsequent der sozialen Struktur der Bevölkerung entsprechen.

Die Lehrer der Abiturstufe tragen eine große Verantwortung für die klassenmäßige Erziehung der künftigen werktätigen Intelligenz. Sie müssen die Arbeiter- und Bauernkinder zielstrebig so entwickeln, daß sie alle mit gutem Erfolg das Abitur ablegen.

Besondere Fürsorge für die Arbeiter- und Bauernkinder erfordert, sich konkret um jedes einzelne Kind zu kümmern, besonders um die Kinder werktätiger Mütter.

Unter dieser Sicht muß geprüft werden, wie die Schule und die ganze Gesellschaft sich darum sorgen, daß sich die Kinder im Hort wohl fühlen und gut entwickeln können, daß sie alle Bedingungen haben, ihre Freizeit sinnvoll, erlebnisreich und interessant zu verbringen, denn in die Horte gehen vor allem Kinder, deren Eltern arbeiten. Da wir jedoch im Hort nur die Kinder der Unterstufe erfassen, müssen wir uns natürlich auch damit beschäftigen, wie wir bessere Möglichkeiten für die älteren Schüler schaffen können, sich in ihrer Freizeit vielseitig zu betätigen.

Das DPZI hat unserer Konferenz ein Material über die Entwicklung des Systems von Fachunterrichtsräumen übergeben; denn ohne Zweifel müssen wir Schritt um Schritt zum Fachunterrichtsraumsystem übergehen, wenn wir den Anforderungen an einen effektiven, rationellen Unterricht entsprechen wollen. In diesem Material wird, ausgehend von den Erfahrungen der Praxis, auf einige Probleme hingewiesen, die ich noch einmal unterstreichen möchte. Es ist eine Erfahrung, daß die Entwicklung des Fachunterrichtsraumsystems nicht automatisch eine höhere Qualität des Unterrichts bewirkt und seine Einführung keine technisch-organisatorische Aufgabe ist. Entscheidend ist eine richtige Konzeption der Führung des Unterrichts. Deshalb bedarf jeder Schritt in dieser Richtung zuvor der Klärung der pädagogischen Fragen im Lehrerkollektiv. Ohne gründliche Prüfung und Diskussion mit den Lehrern, ohne das gründliche Studium der Erfahrungen solcher Schulen, die schon dazu übergegangen sind, geht das nicht.

Ausgehend von den Lehrplanforderungen müssen wir uns nach wie vor besonders um die weitere Vervollkommnung der Fachunterrichtsräume für den naturwissenschaftlichen Unterricht sorgen. Die geforderten Demonstrationsversuche, Lehrer- und Schülerexperimente, Untersuchungen, Beobachtungen und praktischen Arbeiten in hoher Qualität sind nur in gut eingerichteten Fachunterrichtsräumen erreichbar.

Wir müssen mit allem Ernst darauf hinweisen, daß, obwohl es über viele Jahre hinweg erfolgreiche Anstrengungen zur Einrichtung naturwissenschaftlicher Fachunterrichtsräume gegeben hat, noch immer Schulen ohne solche Fachunterrichtsräume sind und eine große Anzahl von Fachräumen völlig unbefriedigend ausgestattet ist.

Das Deutsche Pädagogische Zentralinstitut hat zur Realisierung des Lehrplanwerkes ein System von Unterrichtsmitteln ausgearbeitet. Es sind Maßnahmen eingeleitet, um die Entwicklung und Produktion moderner Unterrichtsmittel zu sichern. Da wir auf diesem Gebiet ernste Rückstände haben, wird sich die Ausstattung der Schulen, ihre Um- und Ausrüstung in den nächsten Jahren nur schrittweise vollziehen.

So erfreulich es ist, daß eine immer größer werdende Anzahl von Lehrern sich ernsthaft darum bemüht, die vorhandenen Unterrichtsmittel didaktisch richtig einzusetzen, so unerfreulich ist aber, daß wir die Feststellung treffen müssen, daß die in den Schulen und Kreisstellen vorhandenen Unterrichtsmittel bei weitem noch nicht voll genutzt werden. Wir halten es für notwendig, zu beraten, wie ein effektiver Einsatz dieser Unterrichtsmittel erreicht werden kann. Dabei sollten die Direktoren und Fachberater den Lehrern wirksamere Hilfe geben.

Es ist wohl berechtigt festzustellen, daß sich unsere Kollegen im ständigen Bemühen, hochgebildete junge revolutionäre Kämpfer zu erziehen, intensiver auf den Unterricht und auf ihre Aufgaben in der außerunterrichtlichen Tätigkeit vorbereiten wollen.

Viele Pädagogen bewegt, daß sie nicht immer genügend Zeit dafür haben. Sie sind unzufrieden, weil der kontinuierliche Ablauf des pädagogischen Prozesses oft noch durch unüberlegte Entscheidungen gestört wird. Sie stellen zu Recht höhere Forderungen an die Planmäßigkeit und Systematik des pädagogischen Prozesses.

Viele Lehrer weisen zum Beispiel auf ungerechtfertigte Eingriffe übergeordneter Leitungen in den Bildungs- und Erziehungsprozeß der Schule hin. Sie machen aber auch darauf aufmerksam, daß Störungen des Bildungs- und Erziehungsprozesses ihren Ursprung oft in der Schule selbst haben.

Ein Problem in diesem Zusammenhang ist die Gestaltung des Stundenplanes.

Die Stundenplangestaltung ist in erster Linie eine pädagogische Frage und nicht nur eine technisch-organisatorische Arbeit. Sie bestimmt wesentlich mit, was im Unterricht erreicht werden kann. Auch die Disziplin wird durch die Stundenplangestaltung so oder so beeinflußt. Und wie die Praxis lehrt, beeinflußt sie oft auch die Stimmung und die Initiative der Lehrer und der Eltern.

Da gibt es Fächer, die immer auf die sechste Stunde gelegt werden, es gibt unterrichtsfreie Zwischenstunden für die Schüler und nach wie vor die sogenannten Nullstunden. Wir sollten uns an jeder Schule ehrlich und offen über den Grundsatz verständigen, daß der Stundenplan in erster Linie den Bedürfnissen und Erfordernissen der Entwicklung der Kinder entsprechen muß.

Die Stundenplanung ist im Grunde genommen die Entscheidung über den richtigen Einsatz der Kräfte des Kollektivs der Lehrer im pädagogischen Prozeß.

Selbstverständlich übersehen wir nicht die vielen objektiven Schwierigkeiten, die an manchen Schulen eine gute Stundenplanung beeinträchtigen. Aber viele Direktoren beweisen, daß trotz mancher Schwierigkeiten eine pädagogisch gut durchdachte Stundenplanung möglich ist. Gemeinsam mit ihrem Kollektiv beraten sie vor jeder konkreten Arbeit am Stundenplan die pädagogischen Probleme, die bei der Planung berücksichtigt werden müssen, und stellen auf der Grundlage klarer Positionen die Übereinstimmung zwischen den objektiv notwendigen Anforderungen und den gerechtfertigten persönlichen Erfordernissen der Lehrer her.

Wir halten die richtige Gestaltung des Stundenplanes für eine wichtige Voraussetzung, um eine gute Qualität der Arbeit zu erreichen. Die Hervorhebung der Rolle des Stundenplanes mindert keineswegs die Bedeutung des Arbeitsplanes der Schule oder der Klassenleiterpläne, wobei wir noch einmal betonen müssen, daß diese Pläne wesentlich einfacher, überschaubarer und praktikabler sein sollten. Für den Lehrer ist es das wichtigste, seinen Unterricht gut zu planen.

Uns alle bewegt der Unterrichtsausfall an vielen Schulen. Wir wissen, daß Lehrer und Direktoren an nicht wenigen Schulen verantwortungsbewußt einen ernsthaften Kampf gegen den Stundenausfall führen. Allen Lehrern, die immer wieder selbstlos für einen ausgefallenen Kollegen einspringen, gilt unsere Anerkennung. Einige Lehrer haben uns darauf hingewiesen, daß sie oftmals, um Unterrichtsausfall zu vermeiden, vertretungsweise in Klassen und Fächern eingesetzt werden, für die sie fachlich nicht die notwendigen Voraussetzungen besitzen. Vielfach ist es so, daß sie ebenso wie die Schüler von diesen „Vertretungsstunden" nicht befriedigt sind. Sie fragen, ob das effektiv ist.

In dieser Fragestellung kommt die berechtigte Sorge der Lehrer zum Ausdruck, daß der Kampf gegen den Stundenausfall von manchen Leitern für eine gute statistische Abrechnung geführt wird und nicht von der Notwendigkeit bestimmt ist, jede Unterrichtsstunde für hohe Bildungs- und Erziehungsergebnisse auszuschöpfen.

In manchen Bezirken wird darauf orientiert, Eltern als Vertretungslehrer zu gewinnen. Soweit es sich dabei um Lehrer handelt, die zeitweilig aus dem Dienst ausgeschieden sind, ist das völlig richtig.

An einer Berliner Oberschule jedoch vertraten einige Mütter im letzten Schuljahr 1500 Unterrichtsstunden. Das ist Ausdruck einer großen Bereitschaft der Eltern zu helfen. Aber einen Weg zur Erfüllung der Stundentafel, wenn wir es nicht formal betrachten, sehen wir in dieser Maßnahme prinzipiell nicht. Wäre es nicht viel ratsamer, die Initiative der Mütter darauf zu lenken, leicht erkrankte Kinder von Lehrerinnen zu betreuen, damit diese Kolleginnen nicht zu Hause bleiben müssen, sondern ihrem Unterricht nachgehen können?

Natürlich sind die Probleme, die mit dem Unterrichtsausfall zusammenhängen, sehr verschieden. Ebenso verschieden und vielseitig müssen die Maßnahmen der Direktoren sein. Es kann dafür kein Rezept geben. Die Entscheidungen des Direktors sind zum Beispiel davon abhängig, ob ein Lehrer für eine kürzere oder längere Zeit vertreten werden muß, ob ein Kollege die erforderlichen Voraussetzungen besitzt, in anderen Klassenstufen oder in einem Fach zu unterrichten, wofür er nicht speziell ausgebildet ist, ob es pädagogisch vertretbar ist, eine Klasse zeitweilig auf Parallelklassen aufzuteilen usw.

Andere Situationen verlangen andere Entscheidungen.

Als Maßstab sollte grundsätzlich gelten: Die Entscheidung des Direktors für diese oder jene Maßnahme muß davon ausgehen, welche für die Erreichung der Bildungs- und Erziehungsziele am effektivsten und wirkungsvollsten ist. Auch dabei müssen unsere Kreisabteilungen den Direktoren stärkere Unterstützung geben. Dazu gehört auch, die Hilfe der Schulen untereinander direkt zu organisieren. Während zum Beispiel an einer Schule zeitweilig eine sehr komplizierte Situation besteht, ist die Nachbarschule zum gleichen Zeitpunkt durchaus in der Lage, dieser Schule sozialistische Hilfe zu leisten.

Aus echter Sorge um die allseitige Erfüllung der hochgesteckten Ziele des neuen Lehrplanwerkes und der „Aufgabenstellung" werfen viele Lehrer mit Recht die Frage auf, wie mit ihrer Zeit umgegangen wird. Sie stellen dabei außer Zweifel, daß ihre Verantwortung als Erzieher die Sorge um die politische Entwicklung der FDJ- bzw. Pionierkollektive und die enge Zusammenarbeit mit allen Eltern und der Patenbrigade einschließt. Sie betrachten dies als Voraussetzung für eine gute Erziehungsarbeit.

Viele Lehrer arbeiten mit Eifer als Mitglied der Schulleitung und im Fachzirkel oder übernehmen andere Pflichten. Aber eben, weil sie alle übertragenen Aufgaben gut lösen wollen, sind sie mit Leitungspraktiken unzufrieden, die sie von ihren eigentlichen Aufgaben ablenken. Sie kritisieren zum Beispiel mit Recht manche unüberlegte Entscheidung des Direktors, eine solche Lage an der Schule, daß noch alle alles machen müssen. Sie wenden sich gegen mangelhafte Arbeitsorganisation und Beratungen, die eine ungenügende Qualität aufweisen.

Es ist sehr notwendig, daß an jeder Schule darüber gesprochen wird, wie eine planmäßige, systematische Arbeit erreicht werden kann, die keinen Platz mehr für Spontaneität und Unordnung läßt.

Für die weitere Entwicklung unserer sozialistischen Schule, für die Erziehung sozialistischer Persönlichkeiten ist die Entwicklung einheitlich handelnder sozialistischer Pädagogenkollektive von ausschlaggebender Bedeutung.

Wir wissen: Ein einheitlich handelndes Kollektiv setzt bei aller notwendigen Vielfalt in den Auffassungen und Meinungen über Mittel und Wege in der pädagogischen Arbeit Klarheit und Einheitlichkeit in den Standpunkten über unser Erziehungsziel voraus, und das wiederum erfordert die politisch-ideologische Einheitlichkeit und Geschlossenheit des Kollektivs. Nur durch eine lebendige tagtägliche Arbeit mit allen Lehrern und Erziehern entwickelt sich das Kollektiv. Nur wenn der Direktor alle Lehrer und Erzieher genau kennt, wenn er um die Qualität ihrer Bildungs- und Erziehungsarbeit, ihre politische Entwicklung, ihre Fähigkeiten, ihre Interessen, ihre Vorzüge, aber auch um ihre persönlichen Probleme und um die Mängel in ihrer Arbeit weiß, können er und das ganze Kollektiv auf die Entwicklung jedes einzelnen einwirken. Nur so kann sich ein echtes Vertrauensverhältnis zwischen dem Direktor und den Kollegen, im gesamten Pädagogenkollektiv entwickeln.

Manche Direktoren begründen noch vorhandene Mängel in der Arbeit mit den Menschen manchmal damit, daß die Vielzahl der Aufgaben ihnen keine Zeit dafür lasse. Aber dieser Zeitmangel entsteht gerade dort, wo die Arbeit mit den Menschen vernachlässigt und das Kollektiv nicht genügend entwickelt und genutzt wird.

Wir unterstreichen immer wieder, daß die unmittelbare Arbeit mit jedem einzelnen Pädagogen verstärkt werden muß. Klug durchdachte und differenzierte Anforderungen an den einzelnen tragen dazu bei, daß er sich weiterentwickelt, und sie wirken letzten Endes stimulierend auf die Entwicklung des gesamten Kollektivs. Die Kollektiventwicklung ist ein stetiger dynamischer Prozeß, der tagtäglich, unter Berücksichtigung der sich ständig verändernden, wachsenden Erfordernisse und Bedingungen, schöpferisch geführt werden muß. Die richtige Führung der Kollektive, ihre Zusammensetzung, ihr einheitliches politisches und pädagogisches Wirken entscheiden über den Erfolg unserer Arbeit. Auch diesen

Hinweis gab uns Lenin. Er sagte: „In jeder Schule ist das Wichtigste die ideologisch-politische Richtung der Lektionen. Wodurch wird diese Richtung bestimmt? Einzig und allein durch die *Zusammensetzung des Lehrkörpers*. Sie verstehen ausgezeichnet, Genossen, daß jegliche ‚Kontrolle', jegliche ‚Anleitung', alle ‚Programme', ‚Statuten' und dergleichen, Schall und Rauch sind gegenüber der Zusammensetzung des Lehrkörpers. Keinerlei Kontrollen, keinerlei Programme usw. können auch nur im mindesten die Richtung des Unterrichts ändern, die durch die Zusammensetzung des Lehrkörpers bestimmt wird."[7]

Ein Kollektiv von Pädagogen auf sozialistische Weise zu führen, ihre schöpferische Aktivität zu wecken stellt hohe Anforderungen an jeden Direktor.

Die erreichten Ergebnisse beweisen, daß es viele Direktoren gibt, die das erfolgreich meistern. Sie lassen sich in ihrer täglichen Arbeit davon leiten, daß von der Qualität ihrer wissenschaftlichen Führungstätigkeit, vor allem von der lebendigen politisch-ideologischen Arbeit mit den Pädagogen, entscheidend die Formung und Entwicklung des ganzen Schulkollektivs beeinflußt wird.

Makarenko lehrt uns:

„Dort, wo es keine völlige Einigkeit zwischen allen Pädagogen einer Schule gibt, wo es keine gegenseitige Hilfe gibt, wo man sich gegenseitig keine hohen Forderungen stellt, wo man nicht versteht, einerseits seinem Kollegen unangenehme Dinge zu sagen, andererseits nicht beleidigt zu sein, wenn einem selbst unangenehme Dinge gesagt werden, wo man weder versteht, einem Kollegen zu befehlen (und diese Fähigkeit zu erwerben ist schwer) noch sich einem Kollegen unterzuordnen (und das ist noch schwerer), da gibt es und kann es kein Pädagogenkollektiv geben."[8]

Wir finden aber noch so manche Schulen, wo ein solches Klima nicht bestimmend ist. Ehrlich und offen sollten wir uns die Frage vorlegen: Wie sieht es in unserem Kollektiv aus, wo stehen wir, was müssen wir tun, um diesen Forderungen an ein sozialistisches Pädagogenkollektiv zu entsprechen?

Die Erfahrungen unserer fortgeschrittenen Schulen lehren: Die Arbeit geht dort gut voran, wo eine systematische und lebendige politisch-ideologische Arbeit mit allen Pädagogen geleistet wird. Zu einer konkreten Erziehungsarbeit gehört, offen mit den Kollegen über die erreichten Arbeitsergebnisse im Unterricht, über den Stand der Qualifizierung in politischer, pädagogischer, fachwissenschaftlicher und methodischer Hinsicht zu sprechen, über das Verhältnis zu den Schülern, zum sozialistischen Jugendverband sowie zu den Eltern und zur demokratischen Öffentlichkeit.

Gegenwärtig sind viele Lehrer unzufrieden mit der Arbeit des Pädagogischen Rates als höchstem Gremium der Mitwirkung aller Pädagogen, weil ihre bren-

---

[7] W. I. Lenin: Brief an die Schüler der Parteischule auf Capri. In: Werke. Bd. 15, Berlin 1980, S. 475 f.

[8] A. S. Makarenko: Die Erziehung in Familie und Schule. In: Werke. Bd. IV, Volk und Wissen Volkseigener Verlag, Berlin 1975, S. 509.

nenden Probleme, Erfahrungen zuwenig oder gar nicht behandelt werden, weil sie zuwenig theoretisch fundierte Hinweise für ihre praktische Arbeit erhalten und weil sie nicht genügend gefordert werden, mit ihren Erkenntnissen zur Verbesserung der Qualität der Arbeit des ganzen Kollektivs beizutragen. Wir müssen gerade im Kollektiv des Pädagogischen Rates einen offenen, schöpferischen Meinungsstreit entwickeln, theoretische Fragen, die sich aus dem Prozeß der Arbeit ergeben, in den Mittelpunkt solcher Beratungen stellen und die besten Lehrer über ihre Erfahrungen sprechen lassen. Dann wird jeder auch einen Nutzen aus diesen Beratungen ziehen.

In vielen Schulen werden auf der Grundlage einer ständigen und exakten Analyse bereits solche Probleme und Themen der Arbeit im Pädagogischen Rat erörtert, die für die kontinuierliche Weiterentwicklung des Bildungs- und Erziehungsprozesses notwendig sind und die dazu beitragen, das Kollektiv zu stärken. Das erfordert natürlich, die Beratungen sorgfältig zu planen und gewissenhaft mit allen Lehrern vorzubereiten.

Wie in keinem anderen Beruf wird der Erfolg der Arbeit eines Pädagogen nicht nur von seiner fachwissenschaftlichen Ausbildung bestimmt, sondern von der Gesamtheit aller Eigenschaften als Mensch und Bürger unseres sozialistischen Staates und natürlich von seinem pädagogischen Können. Jeder von uns weiß, daß die Autorität eines Lehrers auf seiner Parteilichkeit, seinem gründlichen Wissen, seinen charakterlichen Qualitäten, seinem Verhältnis zum Kind beruht, das sich in der Achtung vor der Persönlichkeit und in hohen Anforderungen an sie ausdrückt.

Die Praxis beweist, die Mehrheit der Lehrer besitzt große Autorität, weil sie sich stets dessen bewußt sind, daß von ihrem Vorbild der Erfolg der Erziehungsarbeit abhängt, weil sie hohe Anforderungen an die Schüler stellen und ihnen dabei helfen, sie zu erfüllen.

Aber ist nicht auch die Frage berechtigt, ob es schon allen Lehrern gelingt, mit dem erforderlichen pädagogischen Takt, mit Feingefühl und menschlicher Wärme ihre Beziehungen zu den Kindern zu gestalten, ob sie sich tagtäglich um die gute Entwicklung eines jeden Schülers und des ganzen Kollektivs bemühen?

Seit langem wird die berechtigte Frage gestellt, wie der Klassenleiter seine Verantwortung für die kontinuierliche Entwicklung des Schülerkollektivs voll wahrnehmen kann.

Dieses Problem beschäftigt Zehntausende Klassenleiter, die eine aufopferungsvolle Arbeit leisten. Im Interesse der allseitigen Entwicklung der Schüler haben wir mit aller Konsequenz das Fachlehrerprinzip durchgesetzt. Das war eine Aufgabe, die wir im historischen Prozeß der Entwicklung unserer Schule zu lösen hatten; denn das war eine entscheidende Voraussetzung, um allen Mädchen und Jungen eine wissenschaftliche Allgemeinbildung zu vermitteln. An Stelle des „Klassenlehrers" der Volksschulära trat das Kollektiv der in einer Klasse unterrichtenden Fachlehrer, deren einheitliches Wirken durch die Arbeit des Klassenleiters mit organisiert wird.

Der Klassenleiter wäre aber offensichtlich überfordert, wollten wir von ihm verlangen, daß er allein die ganze Verantwortung für das einheitliche erzieherische Handeln der in der Klasse unterrichtenden Fachlehrer trägt.

Jeder Fachlehrer, auch wenn er nicht Klassenleiter ist, muß sich für die Entwicklung der Schüler in seinem Fach und für ihre politische, moralische Entwicklung verantwortlich fühlen.

Jedes einzelne Mitglied des Kollektivs der Fachlehrer muß seine Verantwortung als Erzieher voll wahrnehmen.

Gibt es aber an den Schulen nicht gerade auf diesem Gebiet noch eine Fülle von Problemen? Gibt es nicht noch Lehrer, die sagen: Was geht es mich an, wenn es Probleme in der 9. Klasse gibt? Ich unterrichte dort ja nur mein Fach. Klassenleiter ist doch mein Kollege. Oder der Physiklehrer bemerkt, daß sein Kollege, der Mathematik unterrichtet, nicht gut arbeitet, aber er schweigt dazu oder sagt, Klassenleiter, kümmere dich mal darum. Sollten wir in der Schule nicht offener darüber reden, daß sich manche Lehrer noch nicht für das Ganze verantwortlich fühlen? Nur wenn es ein ständiges Ringen darum gibt, daß jeder Fachlehrer auf der Höhe seiner Aufgaben steht, seine Verantwortung als Erzieher voll wahrnimmt, nur wenn das gesamte Pädagogenkollektiv einheitlich in seinen Forderungen ist, kann der Klassenleiter seine Aufgaben bei der Entwicklung des Schülerkollektivs erfüllen.

In unserer klugen und bewußten Jugend widerspiegelt sich die große Kraft der erzieherischen Einflußnahme der sozialistischen Gesellschaft, das erzieherische Wirken des Lehrers.

Es ist unbestritten: Unsere Jugend besitzt heute einen höheren Reifegrad. Sie sammelt ständig neue gesellschaftliche Erfahrungen. Unsere Jugend ist anspruchsvoller, sie will ernst genommen werden, sie ist aufgeschlossen, offen vorwärtsdrängend-kritisch. An allen Schulen sollte sehr gründlich darüber nachgedacht werden, ob der Stil und Ton aller Pädagogen diesen Gegebenheiten entspricht.

In diesem Zusammenhang müssen wir auch die Aufgabe betrachten, den Prozeß der pädagogischen Führung und der Entwicklung der Selbsttätigkeit richtig zu meistern. Nur wenn die Kinder und Jugendlichen politisch fest organisiert sind, ist es möglich, sie organisiert und diszipliniert in den Kampf für den Sozialismus einzubeziehen. Eine wesentliche Funktion bei der Entwicklung der Selbständigkeit und Selbsttätigkeit haben unser sozialistischer Jugendverband und seine Pionierorganisation zu erfüllen.

Die Entwicklung der politischen Aktivität und Selbständigkeit vollzieht sich nicht im Selbstlauf. Die Befähigung zur Selbständigkeit ist ein Prozeß, der nur durch straffe pädagogische Führung durch die Lehrer zu erreichen ist, wobei wir straffe pädagogische Führung als unvereinbar mit Gängelei und Bevormundung betrachten. Führung verlangt vom Lehrer, hohe Anforderungen an die Schüler zu stellen, dem FDJ- bzw. Pionierkollektiv diese Forderungen so zu erklären, daß sie sie zu ihrer eigenen Sache machen, und so zu helfen, daß jedes Mitglied des Kollektivs im Prozeß der Lösung der Aufgaben eine größere Selbständigkeit erreicht.

Besondere Beachtung sollten wir dem Problem der spezifischen Anforderungen an die pädagogische Arbeit in den oberen Klassenstufen widmen. Jeder Lehrer weiß: Wenn er die psychologischen Aspekte des Jugendalters in seiner Arbeit mit diesen Schülern nicht beachtet, die Jugendlichen wie Kinder behandelt oder andererseits von ihnen abgeklärte Verhaltensweisen eines Erwachsenen fordert, wird er Schwierigkeiten haben.

Gerade in der 9. und 10. Klasse entwickeln und festigen sich bei den Schülern Interessen und Neigungen, Persönlichkeitseigenschaften, Charakterzüge, die viele gute Lehrer immer besser für ein erfolgreiches Lernen nutzen, indem sie davon ausgehen, daß die Fähigkeit der Schüler, selbständig zu arbeiten, ihr Interesse an der Lösung von Problemen in diesen Klassen besonders ausgeprägt sind.

In diesem Alter stehen die Schüler vor wichtigen Lebensentscheidungen. Ihre Vorstellungen über ihren zukünftigen Beruf, über ihr weiteres Leben festigen sich. Damit bilden sich in stärkerem Maße gesellschaftliche Motivationen ihrer eigenen Tätigkeit heraus. Gerade in der 9. und 10. Klasse spielt die Dialektik von straffer Führung durch den Lehrer und einem hohen Maß an Bewußtheit und Selbständigkeit der Schüler eine große Rolle.

Die zielgerichtete Führung der Selbsttätigkeit setzt ein hohes Maß an theoretischer Klarheit über das Verhältnis von Erziehung und Entwicklung voraus. Dabei müssen wir stets von der marxistisch-leninistischen Position zu dieser Frage ausgehen und uns eindeutig von Auffassungen abgrenzen, die diese Position verwischen.

Es ist ein großer Vorzug unserer sozialistischen Gesellschaft, daß die gesellschaftlichen Bedingungen aktiv auf die Entwicklung der Kinder zu sozialistischen Persönlichkeiten wirken. Im Sozialismus sind objektiv alle Potenzen gegeben, das Marxsche Erziehungsideal der allseitig entwickelten Persönlichkeit als „Ensemble der gesellschaftlichen Verhältnisse"[9] voll zu verwirklichen. Unter diesen Bedingungen ergeben sich objektiv höhere Maßstäbe an die Verantwortung der Gesellschaft für die Bildung und Erziehung der jungen Generation. Es geht eigentlich gar nicht mehr nur um die Frage, wie der Schule zu helfen ist, ihren Erziehungsauftrag zu realisieren.

Worum geht es? Es geht darum, wie die Schule ihren gesellschaftlichen Auftrag verantwortungsbewußt erfüllt, und darum, wie die gesellschaftlichen Kräfte ihre Verantwortung für die Bildung und Erziehung wahrnehmen und wie die Schule die ständig wachsenden Potenzen der Gesellschaft für die Erziehung der Schüler voll nutzt.

Ausgehend von der Tatsache, daß die Volksbildung eine hohe Verantwortung gegenüber der Gesellschaft für die Entwicklung junger sozialistischer Persönlichkeiten trägt, wächst zugleich unsere Pflicht, klare Anforderungen an die gesellschaftlichen Kräfte zu stellen. Wir müssen herausarbeiten, wie sie ihrer Verant-

---

[9] K. Marx: Thesen über Feuerbach. In: K. Marx/F. Engels: Werke. Bd. 3, Dietz Verlag, Berlin 1983, S. 6.

wortung für die sozialistische Erziehung der Schuljugend mit hoher Qualität gerecht werden können.

Eine besondere Verantwortung für die Erziehung klassenbewußter Sozialisten tragen die Werktätigen in unseren sozialistischen Betrieben. In zunehmendem Maße entwickeln viele Betriebe und Genossenschaften hervorragende Initiativen. Zwischen Schulen und Betrieben haben sich vielseitige Beziehungen herausgebildet.

Im polytechnischen Unterricht, in den Patenschaften mit Schulen und Schulklassen vermitteln die Arbeiter den Kindern in sehr anschaulicher Weise am Beispiel ihres eigenen Kampfes und ihrer Arbeit die Politik der Partei. Sie vermitteln unserer Jugend die Erfahrungen des revolutionären Kampfes der Arbeiterbewegung. Sie demonstrieren unsere große, gute sozialistische Perspektive am Beispiel ihres eigenen täglichen Ringens um die Meisterung der wissenschaftlich-technischen Revolution und begründen aus dieser Sicht den Kindern die Wichtigkeit und Notwendigkeit intensiven Lernens und guter Disziplin. Viele Brigaden stellen heute direkt, wie es Arbeiterart ist, die Frage an ihre Kollegen: „Wie erziehst du dein Kind?" Die Betriebe übertragen gesellschaftlich nützliche Aufträge an die Schüler, deren Ergebnis klug gewertet wird. Diese neue Qualität der Beziehungen müssen wir breit entwickeln. Aber das kann nicht auf formalem, administrativem Wege geschehen. Die Lehrer wenden sich zu Recht dagegen, daß häufig Patenschaftsbeziehungen nach Prozenten gemessen werden.

Viele Lehrer weisen auch darauf hin, daß manche ihre Verantwortung nur darin sehen, von der Schule zu fordern, so zum Beispiel das musische Klima oder die körperliche Erziehung zu verbessern, selbst aber auf ihrem Verantwortungsgebiet nicht genügend tun, dafür die Bedingungen schaffen zu helfen.

Viele Pädagogen sind unzufrieden, daß die Theater zuwenig geeignete Stücke spielen, die die Unterrichts- und Erziehungsarbeit des Lehrers unterstützen.

Viele Pädagogen sind unzufrieden mit dem Angebot an Kinderfilmen in unseren Lichtspielhäusern. Auf Grund der Tatsache, daß von der DEFA kaum Kinderfilme produziert werden, nimmt die Anzahl erzieherisch nicht geeigneter Filme in den Kindervorstellungen zu.

Das Angebot an Kinder- und Jugendliteratur hat sich zwar verbessert, aber unsere Schriftsteller schreiben noch zuwenig für unsere Kinder über den revolutionären Kampf der Arbeiterklasse, über Helden unserer Tage, über Probleme, die ihre Phantasie anregen. Das Angebot an populärwissenschaftlicher Literatur ist völlig unzureichend.

Unsere Verantwortung besteht darin, gründlicher zu überlegen, wie wir alle Möglichkeiten unserer sozialistischen Gesellschaft noch wirksamer für den kontinuierlichen Prozeß der Formung und Entwicklung sozialistischer Persönlichkeiten nutzen können.

Wir wissen, wie kompliziert es für den Direktor ist, die ganze Vielfalt der Beziehungen in der Schule und zwischen Schule und Gesellschaft zu leiten und zu planen.

Es ist eine dringend notwendige Aufgabe der pädagogischen Wissenschaft, diese Probleme zu studieren, sich unmittelbar mit den Direktoren zu verbünden, gute Beispiele zu verallgemeinern und allen Schulen eine spürbare Hilfe zu geben.

Die Verwirklichung all dieser Aufgaben stellt an die Lehrer hohe Anforderungen. Sie erleben tagtäglich, daß der Erfolg ihrer pädagogischen Arbeit in erster Linie von ihrem Wissen und Können abhängt. Die Probleme ihrer Weiterbildung bewegen deshalb alle Lehrer in zunehmendem Maße. Mit Recht fordern die Lehrer mehr und effektivere Hilfe. Sie erwarten ein hohes theoretisches Niveau und eine spürbare praktische Wirksamkeit aller Qualifizierungsmaßnahmen.

Alle vorhandenen Möglichkeiten, wie die Arbeit der Fachzirkel, die Diskussion in den Pädagogischen Räten, die verschiedenen Formen und Methoden zur Vermittlung guter Erfahrungen, müssen wir deshalb zielstrebig weiterentwickeln. Eine lebendige Weiterbildung im Prozeß der Arbeit an den Schulen ist notwendiger denn je zuvor. Dabei können wir auf guten Erfahrungen aufbauen.

Aber noch nicht an allen Schulen wird davon ausgegangen, daß die konkreten Probleme der täglichen Arbeit, insbesondere die Planung, Vorbereitung, Durchführung und Auswertung des Unterrichts, zur Weiterbildung im Prozeß der Arbeit gehören und daß die Fachzirkel gerade dazu bestimmt sind, den Lehrern zu helfen, sich im Prozeß der Arbeit zu qualifizieren.

Nach wie vor ist es auch die vordringliche Aufgabe der Fachberater, ausgehend von der konkreten Analyse der Lage im Fachunterricht, den Lehrern die fortgeschrittensten Erfahrungen zu vermitteln und ihnen so konkrete Hinweise und wirksame Hilfe für die Verbesserung ihres Unterrichts zu geben. Auch die Wirksamkeit der Weiterbildung im Kurssystem wird von den Lehrern daran gemessen werden, wie sie ihnen hilft, die Anforderungen der neuen Lehrpläne mit hoher Qualität zu erfüllen.

Viele Lehrer haben bereits mit dem Selbststudium der in den Lehrprogrammen angegebenen Literatur begonnen. Die Ansprüche der Lehrer an die Qualität des Kurssystems sind sehr hoch. Das setzt hohe Maßstäbe für alle Schulfunktionäre und Wissenschaftler, die an der Vorbereitung und Durchführung des Kurssystems unmittelbar beteiligt sind. Aber man muß auch klar sagen, daß der Erfolg für jeden einzelnen Lehrer wesentlich davon abhängt, ob er das Selbststudium ernst nimmt. Zur Sicherung einer hohen Qualität der systematischen Weiterbildung, der Einheitlichkeit der Zielsetzung und des Inhalts ist unbedingt notwendig, daß die Lektoren ihre Vorlesungen und Seminare auf der Grundlage der zentralen Pläne vorbereiten und durchführen.

Die vor uns stehenden Aufgaben sind sicher nicht leicht zu lösen, aber sie sind auch sehr interessant, und wir haben alle Voraussetzungen, sie erfolgreich zu meistern.

Unser sozialistisches Bildungssystem ist ein fester Bestandteil des gesamtgesellschaftlichen Systems des Sozialismus. Die Erziehung und Bildung unserer Jugend wird immer mehr zur Sache unserer ganzen sozialistischen Gesellschaft. Das Bewußtsein unserer Lehrer ist gewachsen, indem sie tiefer in den Marxismus-Leninismus, in die politischen Grundfragen unserer Zeit eingedrungen sind.

In den Lehrerkollektiven entwickelt sich eine schöpferische Initiative zur Verwirklichung der Ziele und Aufgaben der neuen Lehrpläne. Viele Lehrer setzen sich selbst neue Maßstäbe für die Arbeit. Es wurden sichtbare Fortschritte in der sozialistischen Erziehung der Schüler erreicht, die sich im Optimismus und Tatendrang der Jugend, in ihrer Liebe zur Arbeiterklasse und ihrer Partei, in ihrer festen Freundschaft zur Sowjetunion und den anderen sozialistischen Bruderländern, in ihrer aktiven Solidarität mit allen um die Befreiung vom imperialistischen Joch kämpfenden Völkern und in der Bewährung im praktischen Leben zeigen.

Bei der Umgestaltung unserer sozialistischen Schule haben die Lehrer Hervorragendes geleistet. Die Kenntnisse der Schüler sind umfassender, stabiler und in höherem Grade anwendbar geworden. Unsere Mädchen und Jungen dringen immer tiefer in die Entwicklungsgesetze von Natur und Gesellschaft ein. Wir können nach 20 Jahren Schulentwicklung sagen: Unter der Herrschaft der Arbeiterklasse, unter der Führung unserer marxistisch-leninistischen Partei hat unsere Schule in jeder Phase der gesellschaftlichen Entwicklung ihre Hauptaufgabe, den Interessen des Sozialismus zu dienen, in Ehren erfüllt.

Die erfolgreiche Entwicklung unserer Schule ist das Ergebnis unserer kontinuierlichen marxistisch-leninistischen Schulpolitik. Sie ist der Ausdruck der erfolgreichen Entwicklung unserer Arbeiter-und-Bauern-Macht. Sie ist Ausdruck der fleißigen und aufopferungsvollen Arbeit der Lehrer und Erzieher. Mit dem Erreichten haben wir uns eine solide Grundlage für die weiteren Schritte zur umfassenden Verwirklichung der höheren gesellschaftlichen Anforderungen an unsere Schule, an die Erziehung und Bildung der jungen Generation geschaffen.

Wir haben ein solides, langfristiges Bildungsprogramm. In der DDR konnten wir ein modernes Bildungssystem schaffen, weil es bei uns keine Monopole, kein Rüstungskapital mehr gibt.

Sogar in Bonn hat es sich herumgesprochen, daß unser Bildungssystem vorbildlich ist; denn uns ist aufgefallen, daß immer häufiger das Bildungsgesetz der DDR abgeschrieben wird. Es ist im Ergebnis der Wahlen in Westdeutschland deutlich geworden, daß die Mehrheit der Bevölkerung der Bundesrepublik auch nicht mehr einverstanden ist mit der auf bildungspolitischem Gebiet betriebenen Bonner Politik, die letzten Endes ja nur ein Ausdruck der reaktionären Innen- und Außenpolitik ist.

Auf der westdeutschen Bühne erleben wir nun gegenwärtig einen groß angelegten Versuch, indem man neue „Akzente" in der Außenpolitik setzt, mit Hilfe der Regierung Brandt die bisherige Politik der Regierung der großen Koalition auf dem Gebiet der Außenpolitik fortzusetzen.

Innenpolitisch will man sich durch „innere Reformen" den Erfordernissen der modernen Industriegesellschaft – wie man zu sagen pflegt – anpassen. Bundeskanzler Brandt brachte das in seiner Regierungserklärung mit den Worten zum Ausdruck, daß die Politik seiner Regierung im Zeichen der Kontinuität und der

Erneuerung stehe. Gegenwärtig streitet man sich in Westdeutschland darum, worauf der Schwerpunkt liegt: auf Kontinuität oder Erneuerung.

Eines aber ist jetzt schon klar: Im Nebel „innerer Reformen" und „neuer Aspekte nach außen" soll die imperialistische Bundesrepublik in der Systemauseinandersetzung mit dem Sozialismus durch die Integration der SPD in den Bonner Staat attraktiver gemacht werden. Neue Akzente in der Außenpolitik und innere Reformen sollen die Illusion erwecken, als handle es sich um einen Machtwechsel. Natürlich berücksichtigen wir die Tatsache, daß der Regierungswechsel, der durch den Willen von 16 Millionen Wählern zustande kam, zum Ausdruck bringt, daß die Bevölkerung Westdeutschlands eine Änderung der bisherigen Politik fordert. Das Ergebnis der Wahlen zeigt, daß sie ernsthaft demokratische Veränderungen in der Innenpolitik verlangt und wünscht, daß normale Verhältnisse zu den sozialistischen Ländern, einschließlich der Deutschen Demokratischen Republik, hergestellt werden.

Große Hoffnungen verbinden diese 16 Millionen Wähler jetzt auch mit der Ankündigung der Regierung Brandt, Änderungen im Bildungswesen herbeizuführen.

Seit langem fordern die demokratischen Kräfte, insbesondere die Gewerkschaften, sowie Lehrer, Eltern und Jugendliche eine demokratische Erneuerung des Bildungswesens, während die Monopole und ihre Verbündeten ihr Bestreben forcieren, das Bildungswesen im staatsmonopolistischen Sinne zu formieren. Unter dem Druck von gewissermaßen zwei Seiten ist nun in der Regierungserklärung von Bundeskanzler Brandt formuliert: „Bildung und Ausbildung, Wissenschaft und Forschung müssen an der Spitze" stehen, und es werden die Ausarbeitung eines langfristigen Bildungsplanes für die nächsten 15 bis 20 Jahre und die Aufstellung eines Bildungsbudgets für einen Zeitraum von etwa 5 bis 15 Jahren angekündigt.

Erstmalig wird in einer westdeutschen Regierungserklärung zum Erziehungsauftrag Stellung genommen und formuliert: „Die Schule der Nation ist die Schule." Nun ist ja so manches nicht ganz klar formuliert. Aber im Sinne der proklamierten „Kontinuität" in der Innen- und Außenpolitik muß man sich ja fragen, ob eine solche Bestimmung des Erziehungsauftrages heißt, daß die Schule in Westdeutschland die nationalistische Beeinflussung der Jugend weiterführen soll oder gar vor allem dafür zuständig gemacht wird; Kiesinger hatte formuliert, die Bundeswehr sei Schule der Nation.

Ohne Zweifel spielt die Schule im Leben einer Nation eine entscheidende Rolle, bereitet sie doch die jungen Menschen auf das Leben in der Gesellschaft vor. Gerade die deutsche Geschichte hat bewiesen, daß der Lehrer immer wieder vor die Entscheidungsfrage gestellt wurde: Erziehe ich die mir anvertrauten Jugendlichen für den gesellschaftlichen Fortschritt, für eine Welt des Friedens und des Glücks der Menschheit oder trägt, um mit den Worten Herders zu sprechen, mein Erziehungsgeschäft dazu bei, die Jugend an Überholtes, an Schlechtes und Unwahres zu binden? Das heißt, die Schule trägt zu allen Zeiten Klassencharakter, und ihr Erziehungsauftrag wird von jenen bestimmt, die die Macht im Staat ausüben.

Es ergibt sich die Frage, da in der Regierungserklärung noch nichts über den Inhalt der Bildungsreform gesagt wurde (und in der Bundestagsdebatte wurde lediglich davon gesprochen, daß es inhaltlich „neue Konturen" und „Denkstrukturen" geben werde), ob im Zeichen der Kontinuität die Schule – und das war bisher erklärte Staatspolitik – weiter die Jugend im Geiste des Antikommunismus, des Militarismus, der Manipulierung im Interesse des Staatsmonopolismus erziehen soll.

Um die von Brandt angekündigten bildungspolitischen Reformen beurteilen zu können, muß man wissen, ob beabsichtigt ist, den Forderungen breiter Kreise der Lehrer, Wissenschaftler, der Jugend, der Eltern, der Gewerkschaften Rechnung zu tragen:

– den Unterricht und die Lehrmaterialien von allem neonazistischen und revanchistischen Gedankengut zu säubern,
– die antikommunistische Ostkunde abzuschaffen,
– der politisch-ideologischen Manipulierung der westdeutschen Jugend ein Ende zu setzen,
– den Einfluß reaktionärer Kräfte, wie zum Beispiel der Landsmannschaften, innerhalb und außerhalb der Schule auf die Erziehung der Jugend auszuschalten sowie
– zur Neuordnung des Bildungsgutes demokratisch gesinnte Wissenschaftler, Lehrer, Gewerkschafter und Eltern heranzuziehen.

Eine Erneuerung des westdeutschen Bildungswesens im demokratischen Sinne, wie es die westdeutschen Wähler erhoffen, würde heißen,

– ernst zu machen mit der Forderung nach gleichen Bildungschancen für alle durch solche demokratischen Maßnahmen, die zur Brechung des Bildungsprivilegs führen und das gleiche Recht auf Bildung für alle Kinder sichern;
– ernst zu machen mit dem Mitbestimmungsrecht und der öffentlichen Kontrolle des gesamten Bildungswesens durch die demokratischen Kräfte;
– und nicht zuletzt die seit Jahren erhobene Forderung der westdeutschen Arbeiterschaft zu verwirklichen, das Bildungswesen von den Profit- und Rüstungsinteressen zu befreien.

Die von Willy Brandt angekündigten Reformen erfordern zumindest eine einschneidende Senkung der Rüstungskosten in Westdeutschland. Eine Verwirklichung solcher Forderungen entspräche wohl dem Wählerauftrag an die neue Regierung.

Wir gehen unseren bewährten Weg weiter. Indem wir unsere Bemühungen um die Verwirklichung unseres Bildungsgesetzes in hoher Qualität fortsetzen und verstärken, werden wir unseren Beitrag zur weiteren Stärkung unserer Deutschen Demokratischen Republik leisten.

Um weitere sichtbare Fortschritte zu erreichen, gilt nach wie vor, noch tiefer in die gesellschaftlichen Zusammenhänge, die politisch-ideologischen, fachlichen und pädagogischen Probleme des Umgestaltungsprozesses unserer Schule einzudringen.

Wenn wir auf dem letzten Ludwigsfelder Seminar die Notwendigkeit hervorgehoben haben, mehr Konkretheit in der Arbeit zu erreichen, so erfordert das vor allem, sich gründlicher mit den inhaltlichen Problemen unserer pädagogischen Arbeit zu beschäftigen. Es gilt heute mehr denn je, daß wir die Initiative und Aktivität der Lehrer weiterentwickeln, ihre Ideen, Meinungen und Vorschläge herausfordern.

Wir müssen noch schneller spürbare Fortschritte in der Führungstätigkeit der Direktoren erreichen und sichern, daß unsere Kreisschulräte und ihre Mitarbeiter den Direktoren und Lehrern an Ort und Stelle Rat und Hilfe geben und alle erforderlichen Bedingungen für die politisch-pädagogische Arbeit an der Schule schaffen helfen.

In der Lehrerbildung steht die Aufgabe, die gesamte Ausbildung noch stärker mit der marxistisch-leninistischen Ideologie zu durchdringen, das fachwissenschaftliche Niveau und das Niveau der pädagogisch-methodischen Ausbildung weiter zu erhöhen und eine solche Qualität einer praxisbezogenen Ausbildung zu erreichen, die garantiert, daß die Studenten schon während ihres Studiums mit den konkreten Fragen des pädagogischen Prozesses an der Schule auf einem hohen wissenschaftlichen Niveau vertraut gemacht werden.

Unsere pädagogische Wissenschaft muß einen neuen Aufschwung erreichen. Sie muß die konkreten, lebendigen Prozesse, die sich in der Bildungs- und Erziehungsarbeit an der Schule vollziehen, wissenschaftlich durchdringen, ihre Gesetzmäßigkeiten und deren Wirkungsweise als echte Hilfen für die Pädagogen herausarbeiten. Wir müssen die Forschung zu Grundproblemen der Theorie und Praxis der sozialistischen Bildung und Erziehung so gezielt und planmäßig entwickeln, damit rechtzeitig der notwendige theoretische Vorlauf für bildungspolitische Entscheidungen geschaffen werden kann.

Für eine hohe Qualität der theoretischen Arbeit ist die Einheit von Wissenschaft und Politik, die enge Verbindung der Theorie mit der Praxis als Quelle und Kriterium der wissenschaftlichen Erkenntnis die entscheidende und unerläßliche Bedingung.

Wir erwarten von den örtlichen Räten, daß sie ihre Verantwortung auf der Grundlage des Bildungsgesetzes für die Entwicklung der Volksbildung in vollem Umfange wahrnehmen.

Alle staatlichen Organe, die Betriebe und Genossenschaften sollten von der Erkenntnis ausgehen, daß zur Entwicklung der sozialistischen Gesellschaft, zur Stärkung der DDR gehört, das Gesetz über das einheitliche sozialistische Bildungssystem, unsere zehnklassige allgemeinbildende polytechnische Oberschule voll zu verwirklichen.

Von der Lösung dieser Aufgabe hängt wesentlich ab, was wir auf allen anderen gesellschaftlichen Gebieten erreichen. Jede Vernachlässigung der Entwicklung des Bildungswesens hat Auswirkungen auf die Entwicklung des Bildungsniveaus und damit auf die Lösung der Aufgaben beim umfassenden Aufbau des Sozialismus.

In Vorbereitung des VII. Pädagogischen Kongresses sollten vielfältige Initiativen zur weiteren Vervollkommnung der materiellen Basis unserer Schulen entwickelt werden.

Ehren wir Lenin, indem wir uns in Vorbereitung unseres VII. Pädagogischen Kongresses bemühen, tiefer in den Reichtum des Marxismus-Leninismus einzudringen. Machen wir uns gründlicher mit den Erkenntnissen und Erfahrungen der sowjetischen Pädagogik und Psychologie vertraut. Ehren wir Lenin, indem wir in seinem Geiste einen lebendigen Meinungsstreit über die Probleme unserer Arbeit entwickeln, deren Lösung für das Vorwärtsschreiten der Praxis unerläßlich ist.

Ehren wir Lenin und die vor 25 Jahren für die Befreiung des deutschen Volkes vom Faschismus gefallenen Helden, indem wir in Vorbereitung unseres VII. Pädagogischen Kongresses alle unsere klugen Ideen, unseren Fleiß und unser Können dafür einsetzen, unsere Arbeit gut zu machen, damit unsere Kinder zu klugen Sozialisten, zu Kämpfern für die heilige Sache des Friedens und der sozialistischen Revolution heranwachsen.

Lehrerausbildung –
eine entscheidende Basis
unseres sozialistischen Schulsystems

Festansprache zur Gründung der Pädagogischen Hochschule
„Dr. Theodor Neubauer" in Erfurt
5. September 1969

Es ist für uns alle ein schöner, bedeutungsvoller Tag. Im zwanzigsten Jahre unserer Deutschen Demokratischen Republik werden auf Beschluß des Ministerrates die Pädagogischen Institute Erfurt und Mühlhausen vereinigt, und es wird die Pädagogische Hochschule „Dr. Theodor Neubauer" gegründet.

Durch Ihre intensive Arbeit, die hohen wissenschaftlichen Leistungen, haben Sie, die Angehörigen der Pädagogischen Institute Erfurt und Mühlhausen, die Voraussetzungen dafür geschaffen.

Ich möchte den Professoren und Dozenten, allen Mitarbeitern und Studenten die herzlichsten Glückwünsche des Ministerrates und aller Lehrerbildner und Lehrer der Deutschen Demokratischen Republik übermitteln. Damit verbinden sich Dank und Anerkennung für die in den vergangenen Jahren von Ihnen geleistete Arbeit. Ich bin sicher, daß vor allem die über 6000 Absolventen, die dankbar an die Zeit ihrer Ausbildung zurückdenken, sich aus vollem Herzen diesen Glückwünschen anschließen.

Die Pädagogische Hochschule Erfurt/Mühlhausen trägt den verpflichtenden Namen des hervorragenden Kommunisten, leidenschaftlichen Patrioten und Pädagogen Dr. Theodor Neubauer. Inhalt und Zielstellung seines Lebens sind in unserer Deutschen Demokratischen Republik durch die Kraft des Volkes unter der Führung der Arbeiterklasse und ihrer Partei verwirklicht worden.

Die revolutionären Ideen von Marx, Engels und Lenin, deren glühender Verfechter er war, sind in unserer Republik lebendige Wirklichkeit. Die Arbeiterklasse hat die Macht fest in ihre Hände genommen. Die Einheit der Arbeiterklasse, das enge Bündnis der Arbeiterklasse mit den Bauern und allen Werktätigen wurden für immer geschmiedet. Unser blühender Arbeiter-und-Bauern-Staat – das ist auch sein Vermächtnis.

Hart und aufopferungsvoll war der Kampf, um den Sozialismus auch in Deutschland unwiderruflich zu errichten. Stets war sich Theodor Neubauer der Schwere dieses Kampfes bewußt. „Wir sind keine Wundergläubigen", sagte er,

„die sich dem Wahn hingeben, als ob eines Tages die ersehnte Welt von selbst kommt, sondern sind zutiefst überzeugt, daß sich die Menschheit im harten Kampf die Zukunft erringen muß."[1]

Zwanzig Jahre erfolgreiche Entwicklung der Deutschen Demokratischen Republik beweisen: Der Sieg ist auf der Seite der Kämpfer für die sozialistische Gesellschaftsordnung.

Das vom Leninschen Geist erfüllte Leben und Werk Theodor Neubauers ist untrennbarer Bestandteil der revolutionären Traditionen der deutschen Arbeiterbewegung, die auch in der zwanzigjährigen Schulpolitik der Deutschen Demokratischen Republik ihre Realisierung gefunden haben. Der erreichte Stand unseres Volksbildungswesens ist ein lebendiger Beweis für die Richtigkeit unserer marxistisch-leninistischen Bildungspolitik. Die Bilanz der zwanzigjährigen erfolgreichen Entwicklung unseres Bildungswesens weist überzeugend nach, was das werktätige Volk vermag, wenn es die Macht ausübt.

Wir haben die Lehren von Marx, Engels und Lenin, das Vermächtnis des jahrzehntelangen Kampfes der deutschen Arbeiterklasse, der deutschen Kommunisten, auch auf dem Gebiet der Volksbildung konsequent und schöpferisch verwirklicht. Stets ließen wir uns von der Leninschen Auffassung leiten, daß eine den Interessen des Volkes dienende Umgestaltung der Schule den Sturz der kapitalistischen Ordnung voraussetzt, daß die Schulpolitik ein immanenter Bestandteil des politischen Kampfes für die neue Ordnung sein muß. Bereits 1925 sagte Theodor Neubauer im Reichstag: „Wer gegen die Kulturreaktion kämpfen will, der muß gegen ihre Wurzeln kämpfen, gegen das Bestreben der deutschen Bourgeoisie, die wirtschaftliche und politische Unterdrückung des Proletariats zu verewigen."[2] Er rief den Lehrern zu: „Wo immer die proletarische Klasse im Kampf steht, da ist unser Platz."[3] In diesem Geist wurde bei uns eine neue Lehrergeneration erzogen, in diesem Geist wirken unsere Lehrer.

Mit der Schaffung der zehnklassigen Einheitsschule, die allen Kindern das Recht auf eine hohe Bildung sichert, der Entwicklung eines einheitlichen Bildungswesens vom Kindergarten bis zur Hochschule, wurden in unserer Republik die Forderungen der revolutionären deutschen Arbeiterbewegung und damit auch die Ideen und Gedanken des von der Reaktion angefeindeten und verfolgten, von den Werktätigen geliebten und geachteten „roten Doktors" Wirklichkeit.

Wenn wir heute eine erfolgreiche Bilanz der Entwicklung unseres Bildungswesens ziehen können, so nicht zuletzt deshalb, weil wir eine neue, der Sache der

---

[1] Th. Neubauer: Im Kampfe! „Sozialistischer Erzieher", Nr. 19/1921, S. 275.

[2] Th. Neubauer: Zum Schutz der Reichsverfassung gegen Verletzungen durch das bayrische Konkordat mit der katholischen Kirche und die Verträge mit den evangelischen Kirchen. Rede im Reichstag am 17. Juni 1925. In: Th. Neubauer: Die neue Erziehung der sozialistischen Gesellschaft. Aufsätze und Reden zur Schulpolitik und Pädagogik. Volk und Wissen Volkseigener Verlag, Berlin 1973, S. 194.

[3] Th. Neubauer: Im Kampfe! A. a. O.

Arbeiterklasse treu ergebene Lehrergeneration herangebildet und erzogen haben. Schon im Oktober 1945 wurde im gemeinsamen Aufruf des Zentralkomitees der KPD und des Zentralausschusses der SPD zur demokratischen Schulreform festgestellt, daß „ein neuer Typ des demokratischen, verantwortungsbewußten und fähigen Lehrers" die „wichtigste Garantie für eine wirkliche Demokratisierung der Schule" ist.[4]

Diese Aufgabe war nur zu lösen, weil wir sie auf revolutionäre Weise in Angriff nahmen, weil wir uns – getreu den Leninschen Prinzipien – fest auf die Kraft des Volkes stützten. Im vollen Wissen um die historische Größe der Entscheidung wurden 1945/46 ca. 30 000 Lehrer, die den Nazis gedient und die Schüler mit der faschistischen Ideologie vergiftet hatten, aus dem Schuldienst entfernt. An ihre Stelle traten Zehntausende junge Arbeiter, Bauern, Angestellte und andere Werktätige.

Sie wurden bekanntlich zum Teil sofort oder nach kurzfristigen Lehrgängen in den Schuldienst eingestellt. Im Laufe des Schuljahres 1945/46 nahmen etwa 15 000 Neulehrer ihre Arbeit auf. Weitere 25 000 begannen zu Anfang des Schuljahres 1946/47. Durch die aufopferungsvolle Arbeit bewährter antifaschistischer Pädagogen, die tatkräftig von der damaligen sowjetischen Militäradministration unterstützt wurden, entwickelte sich unter der Führung der Partei der Arbeiterklasse eine Generation fest mit dem Volke verbundener Lehrer.

Es gibt in der deutschen Schulgeschichte wenige Maßnahmen, die auf einen so wütenden Widerstand der reaktionären Kräfte stießen, wie die Säuberung der Lehrerschaft nach 1945 und ihre völlige Erneuerung. Die Gegner der fortschrittlichen Entwicklung orakelten, ohne die bewährten Fachleute würde das Bildungswesen zu Grunde gehen. Sie organisierten offen und geheim den Widerstand, indem sie das rastlose Mühen der Neulehrer, gleichzeitig im Lehren zu lernen, diffamierten.

Die Arbeiterklasse und ihre Partei halfen in jeder Weise den neuen Lehrern, die ständig wachsenden Aufgaben, die sich objektiv aus der gesellschaftlichen Entwicklung in den zwei großen Revolutionen ergaben, zu meistern. Große Anforderungen mußten an die Lehrerbildung gestellt werden. Ich möchte hier nur an eine Tatsache erinnern: Die Sicherung einer hohen wissenschaftlichen Allgemeinbildung für alle Kinder des Volkes erforderte die volle Verwirklichung des Fachunterrichts, die Überwindung noch vorhandener Überreste des traditionellen Volksschulunterrichts.

Durch Fachkurse und Lehrgänge sowie im Fernstudium mußten sich die Lehrer die Voraussetzungen für ihre Tätigkeit als Fachlehrer erwerben. Dabei leistete zum Beispiel das damalige Institut in Mühlhausen bei der Vorbereitung naturwis-

---

[4] An alle Eltern, Lehrer und Hochschullehrer! Aufruf des Zentralkomitees der KPD und des Zentralausschusses der SPD zur demokratischen Schulreform. Vom 18. Oktober 1945. In: Dokumente zur Geschichte des Schulwesens in der DDR. Teil 1: 1945 bis 1955, Volk und Wissen Volkseigener Verlag, Berlin 1970, S. 193.

senschaftlicher Fachlehrer für unsere Schulen einen entscheidenden Beitrag. Schritt um Schritt mußten neue Lehrerbildungsstätten zur systematischen Ausbildung von Fachlehrern geschaffen werden. Mit dem Beschluß zur Bildung von Pädagogischen Instituten im Jahre 1953 wurde eine neue Etappe in der Entwicklung unserer Lehrerbildung eingeleitet. Ihre Gründung war eine Voraussetzung für den Aufbau der zehnklassigen Oberschule.

Das Pädagogische Institut Mühlhausen und das Pädagogische Institut Erfurt haben einen bedeutenden Anteil an der Entwicklung unserer sozialistischen Schule, an der Heranbildung unserer Lehrergeneration.

Im Jahre 1953 nahmen hier 70 Lehrkräfte ihre Tätigkeit als Lehrerbildner auf – viele von ihnen Neulehrer, die sich ihre wissenschaftliche Qualifikation im komplizierten Prozeß des Aufbaus einer neuen Lehrerbildung erwerben mußten. Heute lehren an der neugegründeten Pädagogischen Hochschule „Dr. Theodor Neubauer" 330 Hochschullehrer und wissenschaftliche Mitarbeiter.

1954 entließen beide Institute 128 Absolventen nach einem einjährigen Studium. Die Pädagogische Hochschule wird mehr als 2000 Direktstudenten haben und unserer Schule jährlich über 500 hochqualifizierte Lehrer zur Verfügung stellen, die in einem vierjährigen Studium das Diplom erwerben.

Der Aufbau dieser beiden Pädagogischen Institute und ihre Entwicklung zur Pädagogischen Hochschule – das ist ein Stück revolutionärer Bildungspolitik.

Die erfolgreiche Entwicklung Ihrer Institute dokumentiert die Tatsache, die für die gesamte Lehrerbildung in unserer Deutschen Demokratischen Republik charakteristisch ist: Unsere sozialistische Lehrerbildung war und ist stets bestrebt, die künftigen Lehrer im Geiste Lenins zu erziehen. Am Vorabend des 100. Geburtstages Lenins erfüllt uns das mit Stolz und Genugtuung.

Für uns galt und gilt die grundlegende Erkenntnis Lenins, daß eine neue Armee von Pädagogen, von Lehrern heranzubilden ist, „die mit der Partei, mit ihren Ideen eng verbunden, von ihrem Geist durchdrungen sein müssen"[5] und „sich mit der ganzen kämpfenden Masse der Werktätigen verschmelzen"[6].

Was verstehen wir heute unter der Bildung und Erziehung der Lehrer im Geiste Lenins?

Die künftigen Lehrer müssen tief in den Ideengehalt der Werke Lenins eindringen, den Leninismus als den Marxismus in der Epoche des Imperialismus und der proletarischen Revolutionen, in der Epoche des Übergangs der Menschheit vom Kapitalismus zum Sozialismus und des Aufbaus der kommunistischen Gesellschaft begreifen. Sie sollen den Marxismus-Leninismus als den Schlüssel zum Verständnis der komplizierten Prozesse der Gestaltung der sozialistischen

---

[5] W. I. Lenin: Rede auf der Gesamtrussischen Konferenz der Ausschüsse für politisch-kulturelle Aufklärung bei den Gouvernements- und Kreisabteilungen für Volksbildung. 3. November 1920. In: Werke. Bd. 31, Dietz Verlag, Berlin 1978, S. 362.

[6] W. I. Lenin: Rede auf dem Gesamtrussischen Kongreß der internationalistischen Lehrer. In: Werke. Bd. 27, Dietz Verlag, Berlin 1978, S. 444.

Gesellschaft erkennen und so erzogen sein, daß sie sich ständig bei Lenin Rat holen. Der Marxismus-Leninismus ist unerschöpfliche Quelle der Erkenntnis, nie veraltendes Rüstzeug und Waffe im Kampf gegen den Imperialismus, für den Sieg des Sozialismus.

Das erfordert, die Studenten an das gründliche Studium der Werke Lenins heranzuführen und dieses Studium so zu gestalten, daß es für sie zu einem tiefen Erlebnis wird. Das erfordert, in unseren Vorlesungen, Übungen und Seminaren zu demonstrieren, wie Lenins Erkenntnisse in unserer Theorie und Praxis lebendig sind und schöpferisch angewendet werden. Das erfordert, den Studenten überzeugend zu begründen und nachzuweisen, wie in den Beschlüssen, in der Politik unserer marxistisch-leninistischen Partei die Lehren Lenins bewahrt, angewandt und schöpferisch weiterentwickelt werden.

Der sich verschärfende Klassenkampf mit dem Imperialismus erfordert auch vom Lehrer die Fähigkeit der Auseinandersetzung mit allen Versuchen des Klassengegners, bürgerliche Ideologie einzuschleusen und zu verbreiten – ganz gleich, ob diese Versuche im Gewande des Revisionismus, des Nationalismus, eines sektiererischen Dogmatismus oder in der Lobpreisung uns fremder, bürgerlicher Lebensauffassungen und Lebensgewohnheiten auftreten.

Unsere künftigen Lehrer müssen entsprechend der Forderung Lenins zum schöpferischen Denken und Handeln befähigt werden, gründliche wissenschaftliche Kenntnisse besitzen, um den Aufgaben gewachsen zu sein, die sich aus der Dialektik des Bildungs- und Erziehungsprozesses in seiner unlösbaren Verknüpfung mit der gesamtgesellschaftlichen Entwicklung ergeben. Lenin hat uns gelehrt, daß die Erziehung junger Sozialisten sich nicht im Erlernen erstarrter Formeln, sondern nur in ständiger Einheit von Studium und Teilnahme am sozialistischen Aufbau vollziehen kann.

Die künftigen Lehrer sollen ihren Beruf als Auftrag der Arbeiterklasse begreifen und entsprechend dieser verantwortungsvollen gesellschaftlichen Funktion handeln.

Das verlangt, daß sie sich als Teil der Werktätigen fühlen, die unter der Führung der Arbeiterklasse und ihrer marxistisch-leninistischen Partei an einem entscheidenden Abschnitt der Vollendung des Sozialismus mitwirken.

Diese gesellschaftliche Verantwortung des Lehrers findet ihren konkreten Ausdruck in der Bereitschaft und Fähigkeit, aktiv an der allseitigen Stärkung unserer Republik teilzunehmen.

Es ist unsere Pflicht als Marxisten-Leninisten, die künftigen Lehrer zum proletarischen Internationalismus zu erziehen, der besonders in der festen Freundschaft und Verbundenheit mit der Sowjetunion seinen Ausdruck findet.

Wir wollen die künftigen Lehrer befähigen, die Jugend zur Treue zu den Ideen des Sozialismus zu erziehen, sie zu lehren, auf Leninsche Weise zu leben, zu arbeiten und zu kämpfen, sich hohe Kenntnisse in der Wissenschaft, Technik und Kultur anzueignen, um zum Wohle des sozialistischen Vaterlandes wirken zu können.

Die Lehrerbildung in der DDR wurde mit jeder Etappe der Entwicklung unserer Schule stets von neuem vor die Aufgabe gestellt, durch eine höhere Qualität der Ausbildung der Lehrer und Erzieher den notwendigen Vorlauf zu schaffen. Mit Genugtuung können wir feststellen: Zehntausende Absolventen der Pädagogischen Hochschulen, Pädagogischen Institute und Institute für Lehrerbildung stehen als Neuerer und Schrittmacher in vorderster Reihe bei der Meisterung des revolutionären Prozesses der weiteren sozialistischen Entwicklung unserer Schule, der sich gegenwärtig vollzieht.

Absolventen der Pädagogischen Institute Erfurt und Mühlhausen, die vor wenigen Jahren ihre ersten Schritte zum Lehrerberuf taten, sind heute als Lehrer, Direktoren und Schulfunktionäre klassenbewußte Erzieher der jungen Generation. Ihre Entwicklung zu sozialistischen Persönlichkeiten wurde wesentlich durch die Erziehung und Ausbildung während des Studiums geprägt. So hat die Lehrerbildung eine wesentliche Voraussetzung geschaffen, um heute die sozialistische Bildungskonzeption und die neuen Lehrpläne zu verwirklichen.

Im Gesetz über das einheitliche sozialistische Bildungssystem werden Ziel und Richtung der weiteren Umgestaltung der Lehrerausbildung festgelegt. Darauf baut die „Konzeption zur perspektivischen Entwicklung der Fachlehrerausbildung" auf. Sie bildet die Grundlage für die inhaltliche Weiterentwicklung der Fachlehrerausbildung im Prozeß der sozialistischen Hochschulreform. Ihr Anliegen ist es, entsprechend den Anforderungen, die sich aus der Vollendung des Sozialismus an das Bildungswesen ergeben, den notwendigen Vorlauf für die künftige Schulentwicklung zu schaffen.

Die Hauptaufgabe, die wir heute und künftig verwirklichen müssen, ist die Heranbildung allseitig entwickelter sozialistischer Persönlichkeiten, die vom Streben durchdrungen sind, einen nützlichen Beitrag zur Entwicklung der sozialistischen Gesellschaft zu leisten, und die über die dazu erforderlichen Kenntnisse und Fähigkeiten verfügen.

Von der Qualität des Lehrers, seiner Ausbildung und Erziehung, seiner hohen wissenschaftlichen Bildung, seinem pädagogischen Können und seiner politischen und moralischen Haltung wird die Entwicklung unserer sozialistischen Schule entscheidend bestimmt. Der Lehrer bildet nach den Worten des Genossen Breshnew: „... das verbindende Glied in der Kette der Generationen und übergibt die Stafette der Gegenwart an die Zukunft."[7]

Die Bildung und Erziehung des neuen sozialistischen Menschen ist ein komplexer, zutiefst dialektischer Prozeß, bei dem man stets alle Seiten der Persönlichkeitsentwicklung im Blick haben muß. Daraus ergeben sich alle jene Konsequenzen, die als Ziele und Aufgaben der Bildungs- und Erziehungsarbeit im Lehrplanwerk und in der „Aufgabenstellung zur weiteren Entwicklung der staatsbürgerlichen Erziehung" enthalten sind.

---

[7] L. I. Breshnew: Rede auf dem Unionskongreß der Lehrer. In: Auf dem Wege Lenins. Reden und Aufsätze. Bd. 2, Dietz Verlag, Berlin 1971, S. 252.

Diese Bildungs- und Erziehungskonsequenzen, die aus der gesamtgesellschaftlichen Entwicklung abgeleitet sind, setzen neue Maßstäbe für die Lehrerausbildung. In allen Ausbildungsdisziplinen geht es um ein höheres ideologisch-theoretisches Niveau, um eine höhere wissenschaftliche Qualität.

Im Mittelpunkt steht dabei die Aufgabe, die gesamte Ausbildung noch stärker mit der marxistisch-leninistischen Ideologie zu durchdringen, den Marxismus-Leninismus als weltanschauliche und methodologische Grundlage jeder Ausbildungsdisziplin anzuwenden und eine neue Qualität in den Wechselbeziehungen von Theorie und Praxis zu erreichen. Das höhere Niveau in Erziehung und Ausbildung ist nur zu verwirklichen, wenn im gesamten Studium die Einheit von sozialistischer Ideologie und Wissenschaft verwirklicht wird.

Dabei gehen wir davon aus, daß die sozialistische Ideologie, die Wissenschaft des Marxismus-Leninismus, die untrennbar mit der revolutionären Praxis verbunden ist, allen Wissenschaftsdisziplinen ihre gesellschaftliche Funktion und Wirksamkeit erschließt und Grundlage für ihre weitere Entfaltung ist.

Die neuen Studienprogramme für die Fachlehrerausbildung tragen der Einheit von Wissenschaft und sozialistischer Ideologie Rechnung. Sie enthalten die Zielorientierungen für die ideologische Durchdringung der Lehre und sind Grundlage dafür, daß die Lehrerstudenten gründliche Kenntnisse in den Wissenschaften und ihrer Methodologie erwerben, die für eine wissenschaftliche Beherrschung des Schulstoffs, für einen wissenschaftlichen und parteilichen Unterricht, für die Verwirklichung der in den Lehrplänen festgelegten Anforderungen an das Wissen und Können der Schüler entscheidend sind.

Damit sind Voraussetzungen geschaffen worden, die künftigen Lehrer zu befähigen, das Grundanliegen unserer Bildungskonzeption zu verstehen, tief in das Wesen des Lehrplanwerkes einzudringen und seine Ziele und Aufgaben in der täglichen Bildungs- und Erziehungsarbeit zu verwirklichen.

In unserer Bildungskonzeption findet die marxistisch-leninistische Erkenntnis der Einheit von sozialistischer Ideologie und Wissenschaft ihre konkrete Anwendung. Von dieser Grundposition gehen wir aus, wenn wir Inhalt und Methoden der allseitigen Persönlichkeitsentwicklung als komplexen dialektischen Prozeß betrachten.

Hohes theoretisches, wissenschaftliches Niveau in der Lehrerausbildung heißt vor allem, die künftigen Lehrer mit den neuesten Erkenntnissen der Wissenschaften auszurüsten, sie zu selbständiger schöpferischer Arbeit zu befähigen, damit sie den Bildungs- und Erziehungsprozeß wissenschaftlich gestalten können. Die theoretische Ausbildung der Lehrerstudenten muß darauf gerichtet sein, die Schulpolitik der Partei in der Praxis konsequent zu verwirklichen. Das bedeutet, in der gesamten Ausbildung die Wechselbeziehungen von theoretischer Wissensvermittlung bzw. -aneignung und gesellschaftlicher Praxis qualitativ weiterzuentwickeln. Das ermöglicht, den ganzen Reichtum des gesellschaftlichen Lebens, der lebendigen Schulpraxis, für die wissenschaftliche Arbeit in Lehre und Forschung zu erschließen.

Damit die Lehrerausbildung ihre Aufgabe, die Schulpraxis zu verändern, wirksamer erfüllt, muß sie vor allem auch das ideologisch-theoretische Niveau in der pädagogischen, psychologischen und methodischen Ausbildung erhöhen.

Der Lehrer steht heute vor neuen Anforderungen und Problemen bei der Gestaltung und Führung des Bildungs- und Erziehungsprozesses.

Die pädagogischen Wissenschaftler, die Lehrerbildner, haben die Aufgabe, sich diesen neuen Problemen zuzuwenden und sie wissenschaftlich zu beantworten. Bereits in der Ausbildung müssen die Studenten mit den neuen Problemen und Aufgaben vertraut gemacht und so gut auf ihre praktische Arbeit vorbereitet werden.

Deshalb muß sich eine grundlegende Umgestaltung der pädagogischen, psychologischen und methodischen Ausbildung vollziehen. Wir müssen dabei bereits in diesem Studienjahr sichtbare Fortschritte erreichen.

Ein wichtiger Schritt dazu ist die Einführung des pädagogisch-psychologischen Grundkurses, der von den Grundideen der Klassiker des Marxismus-Leninismus zur Pädagogik und Bildungspolitik ausgeht, indem er die marxistisch-leninistische Auffassung vom Wesen der Persönlichkeit und ihrer Entwicklung sowie Grundfragen der marxistisch-leninistischen Bildungskonzeption ins Zentrum rückt. Er stellt das Ziel, vom ersten Studienjahr an tiefer in wesentliche theoretische und ideologische Grundlagen der sozialistischen Persönlichkeitsbildung und der Bildungskonzeption unserer Schule einzudringen.

Der Grundkurs verlangt, die inneren Zusammenhänge und Wechselbeziehungen von lerntheoretischer und erziehungstheoretischer Problematik bei der Gestaltung des Bildungs- und Erziehungsprozesses auf der Grundlage des Lehrplanwerkes herauszuarbeiten.

Der Erfolg dieses Lehrganges wird vor allem davon abhängen, wie es unsere pädagogischen Wissenschaftler verstehen, den Studenten die entscheidenden wissenschaftlich-theoretischen Grundpositionen in enger Verbindung zur Schulpraxis zu vermitteln und ihnen die Dialektik des Bildungs- und Erziehungsprozesses bewußtzumachen.

Für die Vertiefung des Verständnisses der pädagogischen und schulpolitischen Probleme in der Praxis ist es notwendig, daß sich die Lehrerbildner eng mit der Schulpraxis verbinden, daß die Erfahrungen und Erkenntnisse, die die Studenten durch ihre Arbeit in der Schule gewinnen, in der theoretischen Ausbildung systematisch ausgewertet und wissenschaftlich verarbeitet werden und daß erfahrene Schulpraktiker ihre Erkenntnisse in Vorlesungen und Seminaren den Studenten vermitteln. Die fortgeschrittenste Schulpraxis muß fest in die Ausbildung integriert werden. Die Lehrerstudenten müssen stets eng mit der Entwicklung der Schule verbunden sein.

Die neuen weitreichenden Aufgaben stellen an jeden Lehrerbildner, an alle Studenten neue, höhere Anforderungen. Diesen Anforderungen wird jeder einzelne nur gerecht werden, wenn er im Bewußtsein seiner Verantwortung für das Ganze, gestützt auf das Kollektiv, in seiner täglichen Arbeit nach höchsten Leistungen in Erziehung, Lehre und Forschung strebt. Dazu sind große Anstrengungen und echtes Schöpfertum erforderlich, muß sich die Persönlichkeit des Lehrerbildners in der täglichen Arbeit stets von neuem bewähren.

Der Leninsche Grundsatz, ständig weiterzulernen, gewinnt gerade an diesem entscheidenden Abschnitt der weiteren Entwicklung unserer Lehrerbildung erneut an Bedeutung.

Seiner Verantwortung für das Ganze wird der Lehrerbildner gerecht werden, wenn er seine Aufgaben in Erziehung, Lehre und Forschung in sozialistischer Gemeinschaftsarbeit mit seinen Kollegen und den Studenten erfüllt, wenn er sich seiner politischen Verantwortung als Erzieher sozialistischer Lehrerpersönlichkeiten und der gesellschaftlichen Tragweite seines Wirkens stets bewußt ist. In diesem Sinne zu wirken heißt, das Vermächtnis unseres Genossen Theo Neubauer in Ehren zu erfüllen.

Ich wünsche dem Lehrkörper, allen Mitarbeitern, den Studenten und dem Rektor unserer Pädagogischen Hochschule „Dr. Theodor Neubauer" gute Erfolge in ihrer Arbeit.

Wir lehren und lernen
im Geiste Lenins

Referat auf dem VII. Pädagogischen Kongreß
der Deutschen Demokratischen Republik in Berlin
5. bis 7. Mai 1970

Wir eröffnen unseren Kongreß am Vorabend des 8. Mai, jenes historischen Ereignisses, da vor nunmehr 25 Jahren die Armeen der Sowjetunion das rote Banner des Sieges und der Befreiung von der Herrschaft des Hitlerfaschismus in Berlin als Symbol des Beginns einer neuen Epoche in Deutschland hißten.

Das war eine historische Wende im Dasein unseres Volkes, der Völker Europas und der Welt. Es war der Beginn der neuen Epoche des Friedens, der Demokratie und des Sozialismus, die die Große Sozialistische Oktoberrevolution auf die Tagesordnung der Menschheitsentwicklung gesetzt hat; auch auf deutschem Boden.

Damit erfüllte sich das Ziel, für das die revolutionäre deutsche Arbeiterbewegung, begleitet von Niederlagen und Siegen, alle aufrechten Humanisten und Demokraten jahrzehntelang gekämpft hatten.

Es war ein opferreicher Weg. Die Besten der deutschen Arbeiterklasse gaben dafür ihr Wertvollstes, ihr Herzblut und ihr Leben. Wenige Tage vor seiner Ermordung schrieb Karl Liebknecht:

„Unser Schiff zieht seinen geraden Kurs fest und stolz dahin bis zum Ziel. Und ob wir dann noch leben werden, wenn es erreicht wird – leben wird unser Programm."[1]

Dieses sein Vermächtnis an die deutsche Arbeiterklasse und ihre revolutionäre Partei fand bei uns seine Erfüllung. In zwei Jahrzehnten schufen wir im Ergebnis der antifaschistisch-demokratischen Umwälzung und der Errichtung der Grundlagen des Sozialismus die Voraussetzungen, um zur Gestaltung der entwickelten sozialistischen Gesellschaft überzugehen.

Unter der Führung ihrer marxistisch-leninistischen Partei schuf die deutsche Arbeiterklasse im Bündnis mit den Bauern und allen anderen Werktätigen unsere Deutsche Demokratische Republik, das wahre, das sozialistische Vaterland der

---

[1] K. Liebknecht: Trotz alledem! In: Ausgewählte Reden, Briefe und Aufsätze. Dietz Verlag, Berlin 1952, S. 530.

deutschen Jugend. Niemals werden wir die Heldentaten der besten Söhne und Töchter des Sowjetvolkes vergessen, die vor 25 Jahren den schweren Weg der historischen Schlachten bei Moskau, Leningrad und Stalingrad bis nach Berlin gegangen sind. Den Völkern der Sowjetunion, die unermeßliche Opfer für die Befreiung unseres Volkes vom faschistischen Joch brachten, sagen wir am Vorabend des 25. Jahrestages unseren Dank und versichern, daß die Helden der Sowjetunion, die ihr Blut für die Freiheit und das Glück unseres Volkes gegeben haben, immer in den Herzen und in den Taten unserer Jugend fortleben werden.

Wenn über unserem Kongreß die Worte stehen: „Wir lehren und lernen im Geiste Lenins", dessen 100. Geburtstag in diesen Tagen die ganze fortschrittliche Menschheit begeht, dann deshalb, weil wir Pädagogen der Deutschen Demokratischen Republik uns dazu bekennen, an der Seite der Arbeiterklasse, unter Führung ihrer Partei gemeinsam mit allen Werktätigen unbeirrt den Weg weiter zu beschreiten, den uns Marx, Engels und Lenin gewiesen haben, den Weg zur vollständigen Verwirklichung des Sozialismus.

In Tausenden von Aussprachen, mit ungezählten Initiativen haben die Pädagogen unserer Republik in Vorbereitung unseres Kongresses erneut zum Ausdruck gebracht: Wir wollen eine Jugend erziehen, die all ihre Kräfte, ihr Wissen, ihre Energie dem Humansten und Gerechtesten auf der Welt widmet, dem Kampf um die vollständige Befreiung der Werktätigen von Unterdrückung und Ausbeutung, für eine bessere Zukunft der Menschheit, für Frieden und Sozialismus, für die Festigung und Stärkung unseres sozialistischen Vaterlandes, unserer Deutschen Demokratischen Republik.

Wir haben uns stets bemüht, die junge Generation im Leninschen Geiste zu erziehen. Diese Aufgabe in Ehren zu erfüllen, betrachten wir als unsere Verpflichtung vor der deutschen Arbeiterklasse, vor unserem Volk.

Es sind nunmehr fünf Jahre seit der Annahme des Gesetzes über das einheitliche sozialistische Bildungssystem durch die Volkskammer der Deutschen Demokratischen Republik vergangen. Die Verwirklichung unseres Bildungsgesetzes, das vor seiner Beschlußfassung in einer breiten Volksaussprache geprüft und durch Tausende kluge Vorschläge aus allen Schichten der Bevölkerung mitgestaltet wurde, ist, so können wir heute feststellen, zum Anliegen der ganzen Gesellschaft, aller in der Nationalen Front des demokratischen Deutschland zusammengeschlossenen Kräfte geworden. Das findet auch seinen sichtbaren Ausdruck in der Vorbereitung unseres Kongresses. Seit seiner Einberufung vor sechs Monaten beraten unsere Pädagogen und mit ihnen Wissenschaftler, Eltern, Arbeiter und Genossenschaftsbauern, Kulturschaffende, Betriebsleiter, Bürgermeister und Abgeordnete unserer Volksvertretungen über die weitere Entwicklung unseres Volksbildungswesens.

Bei der Verwirklichung des Bildungsgesetzes haben unsere Pädagogen eine angestrengte Arbeit geleistet. Der erfolgreiche Aufbau unseres sozialistischen Bildungssystems war nur möglich, weil die Werktätigen durch ihre unermüdliche Arbeit dafür die Voraussetzungen schufen, weil die Sozialistische Einheitspartei

Deutschlands, ausgerüstet mit dem Marxismus-Leninismus, die Aufgaben für jede Etappe der gesellschaftlichen Entwicklung vorausschauend und rechtzeitig ausgearbeitet hat. Sie hat uns Pädagogen Ziel und Weg der gesellschaftlichen Entwicklung, den Zusammenhang von Pädagogik und Politik stets bewußtgemacht und uns so befähigt, die großen Aufgaben im Bildungswesen zu lösen.

Es ist mir deshalb ein Bedürfnis, dem Zentralkomitee unserer Partei und seinem Ersten Sekretär, unserem Genossen Walter Ulbricht, im Namen aller Pädagogen unserer Republik dafür zu danken, daß uns die Partei immer lehrte, unseren gesellschaftlichen Auftrag im Leninschen Geist zu erfüllen.

Die Entwicklung unseres sozialistischen Bildungswesens ist ein Stück revolutionärer Geschichte unseres Volkes, Ausdruck der Fähigkeiten und Leistungen einer neuen Lehrergeneration.

„Dieses Bildungssystem, das wir geschaffen haben und ständig ausbauen", sagte Genosse Walter Ulbricht anläßlich des 20. Jahrestages der DDR, „gehört mit zu den größten Errungenschaften unserer sozialistischen Gesellschaft".[2]

Getreu der Leninschen Lehre über die Rolle der Schule und die Erziehung und Bildung der Jugend haben wir im Prozeß zweier siegreicher Revolutionen das Volksbildungswesen von Grund auf umgestaltet. Vom ersten Tage an wurde das Bildungswesen entsprechend der Grundaufgabe der antifaschistisch-demokratischen Revolution, Imperialismus, Faschismus und Militarismus mit der Wurzel auszurotten, in Übereinstimmung mit dem Potsdamer Abkommen auf antifaschistisch-demokratischer Grundlage aufgebaut. Viele von uns erinnern sich des geistigen und materiellen Chaos, das uns der Hitlerfaschismus auch im Bildungswesen hinterlassen hatte. Viele Jahre war die deutsche Jugend im Geiste der Mißachtung anderer Völker erzogen worden. Sie war vergiftet von der faschistischen Ideologie, erzogen im Ungeist des Militarismus und Chauvinismus. Ausweglosigkeit und Resignation hatten sie ergriffen.

Der Inhalt der Schulbildung mußte von allem reaktionären Gedankengut gesäubert, das jahrhundertealte Unrecht an den Kindern der Arbeiter und Bauern beseitigt werden. Zerstörte und behelfsmäßig eingerichtete Schulen, ein rückständiges Schulwesen, vor allem auf dem Lande, das war das traurige Erbe.

Die alte Lehrerschaft bot keine Gewähr, die Jugend im Geiste einer demokratischen, humanistischen und fortschrittlichen Gesinnung zu erziehen. Der größte Teil der Lehrer hatte der Nazipartei angehört. 80 Prozent der gesamten Lehrerschaft mußten demzufolge aus dem Schuldienst entfernt werden.

Für einen normalen Schulbetrieb fehlten 40 000 Lehrer. Nachdem Zehntausenden von Antifaschisten der Weg zum Lehrerberuf erschlossen wurde, konnten bereits im Schuljahr 1945/46 15 000 Neulehrer ihre Tätigkeit aufnehmen, und im Herbst 1946 standen den Schulen 40 000 neue Lehrer zur Verfügung – unter den

---

[2] W. Ulbricht: Bilanz und Ausblick am 20. Jahrestag der Deutschen Demokratischen Republik. Festrede des Ersten Sekretärs des Zentralkomitees und Vorsitzenden des Staatsrates. Staatsverlag der Deutschen Demokratischen Republik, Berlin 1969, S. 45.

größten Schwierigkeiten vorbereitet, noch unzureichend ausgebildet, aber mit dem festen Willen zu lernen und die Jugend im Geiste des Friedens und der Demokratie zu erziehen.

Mit der demokratischen Schulreform verwirklichten wir erstmalig die revolutionären Forderungen der Arbeiterklasse und anderer fortschrittlicher Kräfte nach Weltlichkeit, Einheitlichkeit, Staatlichkeit des Bildungswesens, nach Wissenschaftlichkeit des Bildungsgutes und Gleichheit der Bildungsmöglichkeiten.

Der Aufbau der antifaschistisch-demokratischen Schule vollzog sich in ständiger Auseinandersetzung mit reaktionären Kräften, die das alte Bildungsprivileg verteidigten und einen erbitterten Kampf gegen die neue Schule und ihre Neulehrer führten.

Wir haben mit der antifaschistisch-demokratischen Schulreform die Lehren aus der Vergangenheit gezogen und die Voraussetzungen für ein modernes Bildungswesen geschaffen. Mit dem Übergang zur sozialistischen Revolution haben wir die Umgestaltung unseres Bildungswesens kontinuierlich weitergeführt.

Die Grundaufgabe der sozialistischen Revolution in der DDR bestand darin, die sozialistischen Produktionsverhältnisse zum Siege zu führen, die materiell-technische Basis des Sozialismus planmäßig aufzubauen und das sozialistische Bewußtsein zu festigen.

Die politischen, ökonomischen und ideologischen Anforderungen des Aufbaus des Sozialismus stellten uns vor die Notwendigkeit, die zehnklassige polytechnische Oberschule zu entwickeln. Das erforderte die Klärung unserer sozialistischen Perspektive, ein höheres wissenschaftliches Niveau der Bildung und Erziehung, eine noch engere Verbindung der Schule mit dem Leben. Wir lösten diese Aufgaben in einer äußerst angespannten Situation, unter komplizierten politischen und ökonomischen Bedingungen, bei offener Grenze zum imperialistischen Westdeutschland.

Mit dem Programm des umfassenden Aufbaus des Sozialismus und den Beschlüssen des VII. Parteitages der Sozialistischen Einheitspartei Deutschlands, das entwickelte gesellschaftliche System des Sozialismus zu gestalten, wurde eine neue Phase in der Entwicklung unserer sozialistischen Schule eingeleitet. In historisch kurzer Frist konnten wir die grundlegenden Aufgaben zur Verwirklichung der zehnjährigen Oberschulpflicht für alle Kinder des Volkes im wesentlichen lösen. Im Zeitraum zwischen dem VI. und dem VII. Pädagogischen Kongreß erhöhte sich die Anzahl der Schüler, die die 9. und 10. Klasse besuchen, von 61 000 auf 172 000. Das sind 84 Prozent aller Schüler dieser Altersstufe.

Durch unsere neue Schule ist eine Generation bewußter Staatsbürger erzogen worden, die ihre Bewährungsprobe an den entscheidenden Abschnitten unseres sozialistischen Aufbaus bestanden hat.

Die Größe und Tragweite der revolutionären Umwälzung, die wir in unserem Bildungswesen vollzogen haben, wird heute auch angesichts der in Westdeutschland nach wie vor vorhandenen Bildungsmisere und des fortschreitenden Kulturverfalls immer deutlicher sichtbar.

Es gibt heute in der Bundesrepublik Leute, die sagen, man solle die Vergangenheit ruhen lassen. Sicher ist es für sie unangenehm, daran erinnert zu werden, daß man eine historische Chance verspielt hat. Es bestand damals auch für Westdeutschland die reale Möglichkeit, die Lehren aus der imperialistischen und faschistischen Vergangenheit zu ziehen, und es gab viele Bestrebungen und echte Ansätze zur Demokratisierung der westdeutschen Schule. Aber gerade diejenigen, die heute so gern und so oft das Wort „Selbstbestimmung" im Munde führen, verhinderten die Selbstbestimmung des Volkes, mißachteten die Forderungen breiter Volksmassen nach einer demokratischen Erziehung der Jugend, nach einer demokratischen Umgestaltung der Schule.

Tatsache ist, daß unter der imperialistischen Herrschaft in Westdeutschland die Schule eine wichtige Funktion im System der geistigen Manipulierung zu erfüllen hat. Sie wird dazu mißbraucht, die Jugend im Geiste des Antikommunismus, nationalistischer und großmachtchauvinistischer Ideologie, im Sinne des Revanchismus und Militarismus zu erziehen.

Der Beschluß der Konferenz der westdeutschen Kultusminister über die politische Bildung aus dem Jahre 1962, der nach wie vor gültig ist, verpflichtet die Lehrer, die Schuljugend in diesem unheilvollen Geist zu erziehen. Es entspricht dem Wesen dieses Beschlusses, wenn in offiziellen Dokumenten und Lehrbüchern der Heimatbegriff verfälscht und im Sinne der Revision der im Ergebnis des zweiten Weltkrieges entstandenen Grenzen mißbraucht wird, indem man dem Wort Heimat die Attribute „verloren" oder „geraubt" beigibt, um die Bereitschaft der Jugend zur Zurückeroberung zu wecken. Die Brandt-Regierung gab sich reformfreudig und kündigte auch im Bildungswesen Veränderungen an; denn schließlich sind die Forderungen breiter Kreise der westdeutschen Öffentlichkeit nach Reformen im Bildungswesen nicht mehr zu überhören.

Was aber sind die Tatsachen? Weder der VI. westdeutsche Bundestag noch die Bonner Regierung haben bisher die neonazistische und militaristische Durchdringung der Bildung und Erziehung, die preußisch-militaristischen Geschichtsfälschungen und Rechtfertigungsversuche der faschistischen Barbarei im Unterricht, in den Lehrmaterialien und in der öffentlichen Propaganda unterbunden.

Die Bundesregierung spricht davon, ein besseres Verhältnis zur Sowjetunion, zu den anderen sozialistischen Staaten und zur DDR zu schaffen. Tatsache aber ist: Nach wie vor gilt die revanchistische Ostkunde als verbindliches Unterrichtsprinzip für alle westdeutschen Schulen. Noch immer können reaktionäre Kräfte, wie zum Beispiel die Landsmannschaften und die „Deutsche Jugend des Ostens", innerhalb und außerhalb der Schule ungehindert auf die Erziehung der Jugend Einfluß nehmen.

Die Brandt-Regierung spricht von „mehr Demokratie wagen" und von „Mitbestimmung". Tatsache ist aber: Gegen demonstrierende Studenten und Schüler, die gegen Neonazismus und Bildungsnotstand protestieren, werden von sozialdemokratischen Innenministern, wie zum Beispiel in Mannheim, Polizeiknüppel eingesetzt.

Brandt spricht davon, allen gleiche Bildungschancen sichern zu wollen. Tatsache ist aber: Nach wie vor beträgt der Anteil der Arbeiter- und Bauernkinder an den westdeutschen Gymnasien in den Anfangsklassen nur 20 bis 30 Prozent und 6 bis 8 Prozent in den Abiturklassen, und zum Studium werden nur 5 bis 6 Prozent zugelassen.

Für die deutschen Rüstungskonzerne waren Kadavergehorsam, Unteroffiziere stets wichtiger als Lehrer, und der stellvertretende Parteivorsitzende der SPD und Bundesminister für Verteidigung, Helmut Schmidt, machte sich zum Sprachrohr dieser Interessen, indem er im Januar erklärte, daß er das Fehlen von 30 000 Unteroffizieren als eine „größere Kalamität" empfinde als den „Lehrermangel an den Volksschulen". Die Tatsachen bestätigen, daß man sich bei den Reformbeteuerungen der Brandt-Regierung keiner Täuschung hingeben darf. Es handelt sich dabei offensichtlich nur um raffinierte Methoden der Einpassung der westdeutschen Schule in das imperialistische System.

Die Bildungsmisere in Westdeutschland besteht nicht nur in dem vielzitierten materiellen Notstand der Schulen, sondern vielmehr im reaktionären Erziehungsauftrag, im Bildungsmonopol, in den unwissenschaftlichen und antiquierten Bildungsinhalten, und nicht zuletzt darin, daß Lehrern, Eltern und der Jugend, besonders aber der Arbeiterklasse und ihren Organisationen, das demokratische Mitbestimmungsrecht verweigert wird.

Nur durch den Kampf aller demokratischen Kräfte kann eine wirkliche Demokratisierung des westdeutschen Bildungswesens erreicht werden.

Während in Westdeutschland noch immer eine demokratische Erneuerung der Schule auf der Tagesordnung steht, beraten wir auf diesem Kongreß mit dem Blick auf die gesellschaftliche Entwicklung unserer Republik in den siebziger Jahren, wie wir unser einheitliches sozialistisches Bildungssystem in seiner Gesamtheit weiter planmäßig vervollkommnen und was zu tun ist, damit unsere Jugend die Aufgaben unserer Epoche meistern kann.

Das Programm des Sozialismus, das auf dem VI. Parteitag beschlossen wurde, stellt die Aufgabe, allseitig entwickelte Menschen heranzubilden, das Bildungsniveau weiter zu erhöhen und ein einheitliches System der Bildung zu schaffen, das von den gesellschaftlichen, wissenschaftlich-technischen und ökonomischen Zielstellungen des umfassenden Aufbaus des Sozialismus ausgeht. Unser Gesetz über das einheitliche sozialistische Bildungssystem ist das weitreichende konstruktive Programm, um die sich daraus ergebenden Anforderungen an die Bildung und Erziehung zu erfüllen.

Im Bildungsgesetz sind die grundlegenden Erkenntnisse von Marx, Engels und Lenin über die Bildung und Erziehung des sozialistischen Menschen entsprechend unseren konkret-historischen Bedingungen schöpferisch angewandt.

Die Verbindung der Schule mit dem Leben, von Unterricht und produktiver Arbeit, die Einheit von Wissenschaftlichkeit und Parteilichkeit, von Bildung und Erziehung bestimmen die unveräußerlichen Grundpositionen unseres sozialistischen Bildungswesens, die auf allgemeinen Gesetzmäßigkeiten beruhen.

Entsprechend dem gesetzmäßigen Zusammenhang zwischen Gesellschaft und Schule geht unser Bildungsgesetz davon aus, daß die Schule als Instrument der Arbeiter-und-Bauern-Macht der Durchsetzung der Interessen des Sozialismus und damit den Interessen des ganzen Volkes dient. Unser Bildungsgesetz beruht auf dem Prinzip der engen Verbindung der Schule mit dem Leben, mit dem politischen Kampf der Werktätigen. In unserem Bildungsgesetz ist eine mit der modernen Produktion verbundene polytechnische Bildung und Erziehung unserer Jugend fest verankert. Unsere Schule ist eine allgemeinbildende polytechnische Oberschule.

Unser Bildungsgesetz unterstreicht den Grundsatz der Wissenschaftlichkeit und der Einheit von Bildung und Erziehung. Entsprechend der Einheit von Wissenschaft und Ideologie, die dem Marxismus-Leninismus wesenseigen ist, vermittelt die sozialistische Schule eine hohe wissenschaftliche Bildung auf der Grundlage des Marxismus-Leninismus, damit die Schüler die wesentlichen Gesetzmäßigkeiten und Zusammenhänge der Natur, der Gesellschaft und des menschlichen Denkens begreifen lernen.

Es gab und gibt keine ideologiefreie oder – um mit den Konvergenztheoretikern zu sprechen – wertfreie Bildung. Es gibt sie nicht im Kapitalismus und schon gar nicht im Sozialismus.

Im Gesetz über das einheitliche sozialistische Bildungssystem ist das Grundprinzip der Einheitlichkeit der Schule festgelegt. Es gewährleistet allen Kindern das gleiche Recht auf eine hohe Allgemeinbildung. Dieses verfassungsmäßig garantierte gleiche Recht auf Bildung, das im Kampf gegen das bürgerliche Bildungsprivileg durchgesetzt wurde, ist Ausdruck des zutiefst humanistischen und demokratischen Charakters unserer sozialistischen Gesellschaft.

Unsere zehnklassige allgemeinbildende polytechnische Oberschule unterscheidet sich in ihren Zielen und in ihrem Inhalt, ihrem Aufbau und ihrer inneren Struktur qualitativ von allen früheren Formen unserer Schule. Sie stellt eine neue Qualität der Einheitsschule dar.

Die Praxis bestätigt, daß eine zehnjährige obligatorische Bildung für alle Kinder voll den Entwicklungsbedingungen und Anforderungen der Gestaltung der sozialistischen Gesellschaft in der DDR entspricht. Sie schafft die Grundlage für die volle Entfaltung aller Anlagen, Fähigkeiten und Begabungen eines jeden Kindes. Sie schafft die Grundlagen für das Leben, für die Arbeit, für den Beruf und für jede weiterführende Bildung.

In unserem Bildungsgesetz ist das Prinzip der Mitwirkung aller gesellschaftlichen Kräfte an der Bildung und Erziehung der jungen Generation verankert. Das entspricht der Gesetzmäßigkeit, daß im Sozialismus immer vollkommenere Bedingungen für die Erziehung durch die Gesellschaft geschaffen werden.

Unser Auftrag, die junge Generation mit einer hohen wissenschaftlichen Bildung auszurüsten und sie zu guten sozialistischen Staatsbürgern zu erziehen, ergibt sich folgerichtig aus der historischen Aufgabe, den Sozialismus in der DDR zu vollenden.

Wir leben in der Epoche des Übergangs vom Kapitalismus zum Sozialismus im Weltmaßstab. Der weltweite revolutionäre Prozeß, der Kampf der Völker für soziale und nationale Befreiung hat alle Gebiete der Erde erfaßt. Kraft und Stärke des sozialistischen Weltsystems sind weiter gewachsen. Viele sozialistische Bruderländer sind in den vergangenen Jahren von der Schaffung der Grundlagen des Sozialismus zum Aufbau der entwickelten sozialistischen Gesellschaft übergegangen. Das sozialistische Weltsystem ist zum bestimmenden Faktor geworden. Das Tempo der Entwicklung des Nationaleinkommens in den Ländern, die im Rat für Gegenseitige Wirtschaftshilfe vereinigt sind, war in den letzten zehn Jahren um 50 Prozent höher als in den entwickelten kapitalistischen Staaten. Mit 18 Prozent des Territoriums und zehn Prozent der Bevölkerung der Erde erzeugen sie gegenwärtig ein Drittel der Weltindustrieproduktion.

Die wirtschaftliche Integration der sozialistischen Länder entwickelt sich erfolgreich, und ihre ideologische Einheit und Geschlossenheit festigt sich weiter.

Von großer Bedeutung für den Sieg der sozialistischen Sache im Weltmaßstab ist die Tatsache, daß die revolutionären Kräfte unter Führung der kommunistischen Parteien dem Imperialismus in seinen Zentren immer mächtigere Schläge versetzen. In den Jahren 1960 bis 1968 haben in diesen Ländern mehr als 300 Millionen Werktätige an Streikkämpfen teilgenommen. Allein in den USA fanden 1968 rund 5000 Streiks statt. In Japan beteiligten sich im Frühjahr des gleichen Jahres 14 Millionen Werktätige an antiimperialistischen Aktionen. In Frankreich nahmen im Februar 1969 18 Millionen Werktätige am Generalstreik teil.

In Westdeutschland hat sich im Verlaufe nur eines Jahres die Zahl der Streikenden verzehnfacht. Allein im September 1969 traten über 150 000 Metallarbeiter in den Streik.

Ein mächtiger Faktor der antiimperialistischen Weltfront ist die nationale und soziale Befreiungsbewegung in den Ländern Asiens und Afrikas. Von 1960 bis 1969 haben 44 ehemalige Kolonien ihre nationale Unabhängigkeit errungen.

In vorderster Front des Kampfes der Völker steht die immer mächtiger anwachsende kommunistische Weltbewegung.

Unter den Bedingungen des Vormarsches des Sozialismus und der Zuspitzung der inneren Widersprüche im kapitalistischen System unternimmt der Imperialismus alle Anstrengungen, seine Macht aufrechtzuerhalten. Die aggressiven Kreise des Monopolkapitals „haben die Hoffnung nicht aufgegeben, die historischen Schlachten des 20. Jahrhunderts ‚noch einmal zu spielen‘"[3] und Revanche für ihre Niederlagen zu nehmen.

Trotz verzweifelter Anstrengungen des Weltimperialismus, wie sie insbesondere in dem barbarischen USA-Krieg gegen das tapfere Volk Vietnams und in dem von den USA gesteuerten Eroberungskrieg Israels gegen die arabischen Staaten zum Ausdruck kommen, erreichte der Imperialismus sein Ziel, den Sozialismus

---

[3] Zum 100. Geburtstag Wladimir Iljitsch Lenins. Thesen des Zentralkomitees der Kommunistischen Partei der Sowjetunion. Dietz Verlag, Berlin 1970, S. 39.

und die fortschrittliche revolutionäre Entwicklung im Weltmaßstab zurückzudrängen, nicht. Seine aggressive, abenteuerliche Politik enthüllt vor aller Welt nur einmal mehr die ganze Brutalität und Menschenfeindlichkeit des imperialistischen Systems, mobilisiert die Volksmassen in allen Ländern zum antiimperialistischen Kampf und zur aktiven Solidarität mit den um ihre Freiheit und Unabhängigkeit kämpfenden Völkern.

„Der Imperialismus ist außerstande, seine verlorene historische Initiative wiederzuerlangen, das Rad der Geschichte zurückzudrehen."[4]

Wir dürfen aber nie vergessen: Solange der Imperialismus existiert, ist der Frieden in Gefahr. Ein neuerlicher Beweis dafür ist der verabscheuungswürdige militärische Überfall des amerikanischen Imperialismus auf Kambodscha. Daß der USA-Imperialismus mit allen Mitteln versucht, seine aggressiven Ziele zu verwirklichen, zeigt auch die Wiederaufnahme der verbrecherischen Luftangriffe auf Gebiete der Demokratischen Republik Vietnam.

Die direkte, unverhüllte Aggression gegen Kambodscha ist ein Bruch des Völkerrechts und weitet den Krieg auf ganz Indochina aus.

Im Namen aller Pädagogen unserer Republik fordern wir im Interesse der Erhaltung des Friedens die sofortige Einstellung dieser brutalen Aggression. Wir fordern die unverzügliche Einstellung der blutigen Verbrechen gegen das vietnamesische Volk. Es ist uns Pädagogen Herzenssache, den Freiheitskampf dieser Völker mit ganzer Kraft zu unterstützen.

Der amerikanische Imperialismus, der das Wettrüsten vorantreibt und die internationalen Spannungen ständig verschärft, ist der ärgste Feind für die Freiheit der Völker. Sein engster Verbündeter ist der wiedererstarkte westdeutsche Imperialismus, der die aggressive Globalstrategie des USA-Imperialismus unterstützt und den Frieden und die Sicherheit unseres Volkes und aller europäischen Völker bedroht.

Wir Pädagogen werden täglich vor die Aufgabe gestellt, unseren Schülern das Wesen und den Charakter der in der Welt vor sich gehenden revolutionären Veränderungen zu erklären, ihnen bewußtzumachen, daß der Weg, den wir in der DDR gehen, sich in voller Übereinstimmung mit den Grundaufgaben unserer Epoche befindet, daß unsere Deutsche Demokratische Republik ein festes Glied in der weltumfassenden Bewegung für Frieden, Demokratie und Sozialismus ist.

Es ist unsere wichtigste Aufgabe, die Jugend zur festen Überzeugung zu führen, daß dem Sozialismus die Zukunft gehört, daß der Imperialismus zum Niedergang verurteilt ist. Wir müssen ihr bewußtmachen, daß die Auseinandersetzung zwischen dem sozialistischen Weltsystem und dem kapitalistischen System ein

---

[4] Die Aufgaben des Kampfes gegen den Imperialismus in der gegenwärtigen Etappe und die Aktionseinheit der kommunistischen und Arbeiterparteien, aller antiimperialistischen Kräfte. Angenommen von der Internationalen Beratung der kommunistischen und Arbeiterparteien am 17. Juni 1969 in Moskau. In: Internationale Beratung der kommunistischen und Arbeiterparteien in Moskau 1969. Dokumente. Dietz Verlag, Berlin 1974, S. 13.

harter Kampf ist, in dem es auch zeitweilige Rückschläge und Niederlagen geben kann, daß die Entwicklung nicht ohne Widersprüche und Konflikte verläuft. Die Klassenauseinandersetzung zwischen Sozialismus und Imperialismus, der Wettstreit zwischen beiden Systemen wird vor allem auf ökonomischem und wissenschaftlich-technischem Gebiet geführt. Unsere Partei hat sich stets von der marxistisch-leninistischen Erkenntnis leiten lassen, daß die Produktivkräfte das revolutionäre Element der gesellschaftlichen Entwicklung sind.

Für den Aufbau der neuen Gesellschaft, so wies Lenin nach, ist die allseitige Entwicklung der Produktivkräfte und eine maximale Erhöhung der Arbeitsproduktivität auf der Basis der neuesten Errungenschaften von Wissenschaft und Technik erforderlich. Das ist die entscheidende Voraussetzung, um die sozialistische Ordnung allseitig zu stärken und die wachsenden gesellschaftlichen und persönlichen Bedürfnisse befriedigen zu können.

Durch den planmäßigen Aufbau der ökonomisch-technischen Basis, die schnelle Entwicklung der Arbeitsproduktivität in jedem sozialistischen Land und durch die Ausnutzung aller Vorzüge seines Gesellschaftssystems übt der Sozialismus gegenwärtig seinen Haupteinfluß auf den Prozeß der Weltrevolution aus.

Unsere Jugend muß die Bedeutung der wissenschaftlich-technischen Revolution als tiefgreifendsten Prozeß einer umfassenden qualitativen Höherentwicklung der Produktivkräfte verstehen lernen.[5]

Im Zeitraum des Perspektivplanes von 1971 bis 1975 und in den darauffolgenden Jahren wird sich die materiell-technische Basis des Sozialismus in der Deutschen Demokratischen Republik wesentlich weiterentwickeln.

In unserer Volkswirtschaft werden sich grundlegende Strukturveränderungen vollziehen. Durch die Konzentration aller Kräfte auf die strukturbestimmenden Zweige und durch die enge Kooperation mit der Sowjetunion und den anderen sozialistischen Staaten werden wir das Wirtschaftspotential unseres Landes immer umfassender ausschöpfen. Die Hauptaufgabe besteht darin, eine noch schnellere Steigerung der Arbeitsproduktivität zu erreichen.

Mit der Systemautomatisierung, der Chemisierung der Volkswirtschaft werden die Grundlagen für hocheffektive Verfahren und Technologien in allen Bereichen unserer Wirtschaft geschaffen.

Pionier- und Spitzenleistungen in den strukturbestimmenden Zweigen zu erreichen erfordert eine moderne sozialistische Wissenschaftsorganisation, die auf der Großforschung beruht und darauf gerichtet ist, alle notwendigen Voraussetzungen für eine hohe Effektivität der geistig-schöpferischen Arbeit zu schaffen und höchste volkswirtschaftliche Leistungen zu garantieren.

Die komplexe Automatisierung wird den Gesamtprozeß der Produktion grundlegend verändern. Durch den Einsatz von elektronischen Datenverarbeitungs- und Prozeßrechenanlagen wird im Produktionsprozeß und seiner Leitung mehr

---

[5] Vgl. Politische Ökonomie des Sozialismus und ihre Anwendung in der DDR. Dietz Verlag, Berlin 1969, S. 287.

Zeit für schöpferisch-geistige Arbeit der Werktätigen frei. Die Arbeit erhält immer stärker wissenschaftlich-schöpferischen Charakter. Das Programmieren, das Einrichten, Steuern und Überwachen automatisierter Produktionsprozesse wird einen immer größeren Anteil in der Produktionstätigkeit einnehmen.

Mit der Gestaltung des entwickelten gesellschaftlichen Systems des Sozialismus und seines Kernstücks, des ökonomischen Systems, schaffen wir die Bedingungen für die Meisterung der wissenschaftlich-technischen Revolution.

Zwischen wissenschaftlich-technischer Revolution, Bildung, Kultur und allen anderen Lebensbereichen bestehen enge, gesetzmäßige Wechselbeziehungen.

Die Einführung neuer Technologien, der Einsatz moderner Maschinen und Geräte, eine höhere Produktionsorganisation und -kultur, die Überführung wissenschaftlicher Erkenntnisse in den Produktionsprozeß, die Teilnahme der Werktätigen an der Leitung der Wirtschaft und des Staates – all das setzt die Hebung des wissenschaftlich-technischen, ideologischen und kulturellen Niveaus der Werktätigen voraus.

Die gewaltigen Veränderungen, die von der wissenschaftlich-technischen Revolution hervorgebracht werden, sind maßgeblich dadurch gekennzeichnet, daß die Wissenschaft immer mehr zu einer unmittelbaren Produktivkraft wird und die Entwicklung der gesellschaftlichen Produktivkräfte zunehmend beschleunigt.

Mit der wachsenden Rolle der Wissenschaft erhöht sich gesetzmäßig die Bedeutung der Bildung bei der weiteren Gestaltung der sozialistischen Gesellschaft. In der letzten Arbeit, die Lenin kurz vor seinem Tode in Vorbereitung des XII. Parteitages der Kommunistischen Partei Rußlands schrieb, hinterließ er uns die wichtige Erkenntnis: „Wir müssen uns, koste es, was es wolle…, die Aufgabe stellen: erstens zu lernen, zweitens zu lernen und drittens zu lernen, und dann zu kontrollieren…, ob die Wissenschaft wirklich in Fleisch und Blut übergegangen, ob sie vollständig und wirklich zu einem Bestandteil des Alltags geworden ist."[6]

Der Sozialismus braucht eine Jugend, die gelernt hat, Wissen zu erwerben, sich Wissen selbständig anzueignen, die fähig ist, wissenschaftlich zu denken und das Gelernte in der Arbeit und im gesellschaftlichen Leben bewußt und schöpferisch anzuwenden.

Die Weiterentwicklung der sozialistischen Gesellschaft stellt höchste Anforderungen an das Wissen, an die Fähigkeit und an die politisch-moralischen Qualitäten einer Jugend, die die großen Veränderungen bewußt mitgestalten soll und bereit ist, an allen Abschnitten des Kampfes um den Sieg des Sozialismus mit patriotischer Leidenschaft und Hingabe höchste Leistungen zu vollbringen.

Der Sozialismus kann nur durch die bewußte Tätigkeit der Menschen verwirklicht werden. Die Erziehung im Geiste der sozialistischen Ideologie und Moral ist die Grundlage für das bewußte Handeln von Millionen Menschen. Die ständige

---

[6] W. I. Lenin: Lieber weniger, aber besser. In: Werke. Bd. 33, Dietz Verlag, Berlin 1982, S. 476.

Vertiefung des sozialistischen Bewußtseins ist daher eine der wichtigsten Voraussetzungen, um die entwickelte sozialistische Gesellschaft zu gestalten.

Es ist die Aufgabe unserer Schule, unserer gesamten Erziehungsarbeit, alle Mädchen und Jungen zu bewußten, überzeugten Sozialisten zu erziehen. Die tiefe Überzeugung vom Sieg des Sozialismus, die Gewißheit über die Perspektive unserer Gesellschaft hat ihre wissenschaftliche Grundlage in unserer marxistisch-leninistischen Weltanschauung – eine Überzeugung, die sich auf exakte Kenntnisse gründet. Nur die wissenschaftliche Weltanschauung der Arbeiterklasse, der Marxismus-Leninismus, erhellt die Gesetzmäßigkeiten der Entwicklung in Natur, Gesellschaft und des menschlichen Denkens. Er gibt der Jugend Antwort auf die Fragen unserer Zeit, nach dem Sinn des Lebens.

Je weiter wir voranschreiten, je stärker jeder einzelne am Gesamtwerk teil hat, je schärfer der Klassenkampf auf ideologischem Gebiet entbrennt, um so wichtiger wird die ideologische Erziehung. Ihre Bedeutung ergibt sich sowohl aus den inneren als auch aus den äußeren Bedingungen unseres Kampfes, aus der Tatsache, daß der Imperialismus eine konzentrierte Offensive gegen die Ideen des Sozialismus entfaltet und mit den raffiniertesten Formen und Methoden versucht, besonders auf die Jugend Einfluß zu gewinnen.

Als eine der wichtigsten Seiten der gesellschaftlichen Umwälzung betrachten wir die Heranbildung des neuen Menschen. Die Klassiker des Marxismus-Leninismus, die die Auffassung von der allseitig entwickelten Persönlichkeit als Bestandteil der Lehre vom wissenschaftlichen Sozialismus begründeten, führten den Nachweis, daß die allseitige Persönlichkeit nur im Sozialismus verwirklicht werden kann, daß der Mensch alle seine Anlagen und schöpferischen Kräfte nur im Prozeß der „umwälzenden Praxis" auszubilden vermag.

Unser Bildungsideal hat nichts gemein mit den bürgerlichen Vorstellungen über ein zeitloses und klassenindifferentes Menschenbild. Während die Ideologen der spätbürgerlichen Gesellschaft die Ideen der bürgerlichen Humanisten völlig preisgegeben haben, indem sie an ihre Stelle die Manipulierung des Menschen setzen, sind in unserem Bildungsideal die Ideen der progressiven bürgerlichen Pädagogen über eine allgemeine Menschenbildung in einer neuen Qualität aufgehoben.

Der allseitig gebildete Mensch ist das höchste Ziel unserer pädagogischen Arbeit. Dabei fassen wir ganz im Sinne Lenins dieses Ziel nicht als abstraktes Ideal auf, das wir heute nur unvollkommen oder aber erst in ferner Zukunft erreichen können.

Wir erziehen diesen freien Menschen, der alle seine schöpferischen Kräfte zum Wohl der ganzen Gesellschaft entfaltet, jetzt und heute, unter den konkreten Bedingungen unserer sozialistischen Gesellschaft.

Unsere ganze pädagogische Arbeit stellen wir in den Dienst der großen Aufgabe, der Jugend den geistigen Reichtum, die kulturellen Werte, die die Menschheit hervorgebracht hat, zu erschließen, sie zu harmonisch entwickelten, sittlich, moralisch, geistig und körperlich vollkommenen Menschen heranzubilden.

Unter den Bedingungen unseres Kampfes müssen wir kluge Sozialisten mit den Eigenschaften revolutionärer Kämpfer erziehen. Das heißt, die Jugend zu guten Patrioten und glühenden Internationalisten, zu revolutionärer Standhaftigkeit zu erziehen, damit sie unbeirrt und fest die Ideen des Sozialismus verteidigt, sich kühn für das Neue einsetzt, Schwierigkeiten nicht ausweicht und unduldsam ist gegenüber Unzulänglichkeiten.

Unsere Jugend muß den Feind durchschauen lernen, unter welcher Maske er sich auch immer anzubiedern versucht. Sie muß lernen zu fragen: Was meint der Gegner, wenn er von „mehr Freiheit" spricht – Freiheit für das Volk oder mehr Freiheit, das eigene Volk zu unterdrücken und den Völkern der sozialistischen Länder ihre Freiheit zu nehmen? Sie muß lernen zu fragen, wenn der Gegner „Menschlichkeit" predigt: Was versteht er darunter – die Verwirklichung der Menschenrechte oder seine mit dem Gerede von Menschlichkeit getarnte, auf Kriege und Profite gerichtete Politik?

Unsere Jugend muß gegen alle Einflüsse des Gegners unanfechtbar sein. Unser Auftrag besteht darin, die Jugend so zu erziehen, daß sie, getragen von einem tiefen Verantwortungsgefühl für die Geschicke unserer Heimat, Partei ergreift, tagtäglich vorbildlich lernt und arbeitet.

Unsere heranwachsende Generation ist fest verbunden mit unserer Deutschen Demokratischen Republik, ihrem sozialistischen Vaterland.

Indem die Arbeiterklasse die kapitalistischen Ausbeutungsverhältnisse zerstörte und ihre politische Macht errichtete, hat sie sich und dem ganzen werktätigen Volk ein wirkliches Vaterland geschaffen, in dem die Rechte und Freiheiten des Volkes, Menschenwürde und Brüderlichkeit, Glück, Sicherheit und Frieden garantiert sind. Die Bourgeoisie kennt kein Vaterland. Sie kennt nur den Profit. Besonders der deutsche Imperialismus hat wieder bewiesen, daß er rücksichtslos die Interessen, ja die Existenz des Volkes aufs Spiel setzt und jederzeit bereit ist, sie zu verraten und zu verkaufen.

Die Jugend zur tiefen Liebe zu ihrer Heimat, der Deutschen Demokratischen Republik, zum Sozialismus zu erziehen, heißt auch, sie den Imperialismus hassen zu lehren.

All denen, die uns scheinheilig fragen: Wie vereinbart sich die Erziehung zum Haß mit eurer Auffassung, daß man die Menschen lieben muß, antworten wir mit der Gegenfrage: Soll unsere Jugend ein System etwa nicht hassen, das der Feind der Menschheit, der Herd der Kriege, der Unfreiheit und Unsicherheit, die Ursache der Ausbeutung und der Knechtschaft der Menschen ist? Soll die Jugend ein System nicht hassen, das jede freiheitliche Regung brutal unterdrückt, das zu einer immer größeren Gefahr für die ganze Menschheit wird, indem es Krieg und Völkervernichtung in bisher nicht gekanntem Ausmaß einkalkuliert?

Diese Tatsachen lassen sich auch nicht mit immer neu aufpolierten und eingeübten Reden von Menschlichkeit verkleistern.

Weil wir unsere Jugend zur tiefen Liebe zum Menschen erziehen wollen, lehren wir sie, die Unmenschlichkeit hassen, die der Imperialismus verkörpert, erziehen wir sie zur Liebe zum Sozialismus, der die humanistische Perspektive der ganzen Menschheit ist.

Wir betrachten es als unsere Pflicht, so zu wirken, daß unsere Jugend für ihr Vaterland alle ihre Kräfte einsetzt, daß sie fähig und bereit ist, unsere Deutsche Demokratische Republik zuverlässig zu schützen und zu verteidigen.

Indem wir die Jugend zu guten Patrioten erziehen, erziehen wir sie zugleich im Geiste des proletarischen Internationalismus; denn nur der kann ein guter Patriot sein, der zugleich ein glühender Internationalist ist, der im eigenen Land alles nur mögliche tut, damit das sozialistische Weltsystem weiter gestärkt wird, damit der Fortschritt in der ganzen Welt siegt.

Wir müssen unserer Jugend bewußtmachen, daß gute Arbeit zur allseitigen Stärkung unserer Republik zugleich entscheidend dazu beiträgt, die sozialistische Staatengemeinschaft zu stärken, und daß jeder Angriff auf ein sozialistisches Bruderland ein Angriff auf das eigene Vaterland ist. Wir müssen die Bereitschaft der Jugend zur Verteidigung der sozialistischen Staatengemeinschaft fördern.

Erziehung im Geiste des proletarischen Internationalismus ist Erziehung zur tiefen Liebe zu den sozialistischen Bruderländern, vor allem zur Sowjetunion, die der Menschheit auf dem Weg zum Kommunismus voranschreitet.

Erziehung im Geiste des proletarischen Internationalismus erfordert aktive Solidarität mit allen unterdrückten Völkern, die den Kampf um Frieden, Freiheit und Fortschritt führen.

Es ist die Aufgabe unserer Schule, der Jugend sozialistische Lebensgewohnheiten anzuerziehen, sie zu lehren, sozialistisch zu leben, zu lernen und zu arbeiten.

Solche moralischen Eigenschaften wie Verantwortungsbereitschaft für das Ganze, hohe Arbeitsmoral, bewußte Disziplin, Kameradschaftlichkeit, Opferbereitschaft und Beharrlichkeit im Kampf um das Neue gewinnen in der Periode der Gestaltung der entwickelten sozialistischen Gesellschaft eine immer größere Bedeutung.

Das Bedürfnis, sich zu bilden, sich kulturell und sportlich zu betätigen, wird wachsen. Indem wir auf dem im Programm der SED vorgezeichneten Weg weiter voranschreiten, werden sich neue gesellschaftliche Impulse entwickeln, die, wie Walter Ulbricht in seiner Festrede anläßlich des 20. Jahrestages der DDR erklärte, „von kommunistischem Bewußtsein und von kommunistischer Verhaltensweise getragen sein werden"[7].

Der Sozialismus beruht auf der hingebungsvollen und verantwortungsbewußten Arbeit der Menschen für das gesellschaftliche Ganze. Die Arbeit für die sozialistische Gesellschaft ist die erste und vornehmste Pflicht jedes Bürgers unserer Republik. Wir müssen unsere Jugend durch die Vermittlung eines hohen Wissens und die Erziehung zur Liebe zur Arbeit befähigen, das sozialistische Eigentum zu mehren, zu pflegen und zu schützen.

---

[7] W. Ulbricht: Bilanz und Ausblick am 20. Jahrestag der Deutschen Demokratischen Republik. A. a. O., S. 50.

Unter den Bedingungen der entwickelten sozialistischen Gesellschaft, der Meisterung der wissenschaftlich-technischen Revolution verändert sich der Charakter der Arbeit.

Das erfordert die Anerziehung von Persönlichkeitsqualitäten, wie sie sich heute schon in der Arbeit der Schrittmacher und Neuerer im Kampf um Spitzenleistungen, im schöpferischen Suchen nach neuen effektiveren Arbeitsverfahren zeigen.

Neue Anforderungen werden an geistige Beweglichkeit, Verantwortungsbewußtsein und Entscheidungsfreudigkeit gestellt. Neue Formen der sozialistischen Gemeinschaftsarbeit entwickeln sich.

All das müssen wir schon heute bei der Erziehung der Jugend berücksichtigen. Wir müssen ihr zeigen, wie sich das Neue entwickelt in unseren Betrieben, Genossenschaften und wissenschaftlichen Institutionen, dort, wo die Zukunft schon heute gestaltet wird.

Eine charakteristische Eigenschaft des sozialistischen Menschen ist sein unerschöpflicher Wissensdrang. Im Prozeß des weiteren Aufbaus unserer sozialistischen Gesellschaft und der Dynamik der wissenschaftlich-technischen Revolution verschmelzen Arbeit und ständiges Lernen immer mehr zu einer Einheit.

Unserer Jugend muß bewußt werden, daß das Lernen und die Arbeit für das gesellschaftliche Ganze ein Höchstmaß an Disziplin erfordern.

Die volle Entfaltung der schöpferischen Initiative der Menschen, ihre gemeinsame Aktivität, so lehrte uns Lenin, beruht auf der bewußten Disziplin. Disziplin, Fleiß und Beharrlichkeit, Gewissenhaftigkeit und Ordnungssinn, Umsicht, Gründlichkeit und Zuverlässigkeit sind wichtige Voraussetzungen, die Kinder auf das Leben, auf die Arbeit vorzubereiten.

Im Sozialismus wächst das Bedürfnis der Menschen nach einem kulturvollen Leben. Es ist unsere pädagogische Verantwortung, die heranwachsende Generation zu Menschen mit einem entwickelten ästhetischen Geschmack zu erziehen. Wir errichten den Sozialismus, damit die Menschen in Freude und Glück leben und die Früchte ihrer gemeinsamen Arbeit genießen können. Kultur und Kunst bereichern das geistige Leben und tragen dazu bei, Optimismus und Lebensfreude herauszubilden.

Kultur und Kunst werden in unserer Gesellschaft zu einer produktiven, aktivierenden Kraft, die wir für die Erziehung der heranwachsenden Generation voll ausschöpfen müssen. Es ist die Aufgabe der Schule und der ganzen Gesellschaft, sich darum zu sorgen, daß sich unsere Mädchen und Jungen die Schätze der Klassiker, der sozialistischen Nationalkultur und der fortschrittlichen Weltkultur aneignen, daß ihre geistig-kulturellen Bedürfnisse und ihr Drang nach eigener kultureller und künstlerischer Betätigung geweckt werden. Die Anerziehung von Gewohnheiten eines kulturvollen Lebens erfordert, einer gesunden Lebensweise mehr Aufmerksamkeit zu schenken. Dazu gehört auch, dafür zu sorgen, daß als Ausgleich zur angestrengten geistigen Arbeit alle Möglichkeiten der Körperkultur und des Sports genutzt und weiter vervollkommnet werden.

„Jetzt, da wir an der Prognose der gesellschaftlichen Entwicklung für die nächsten Jahrzehnte arbeiten, entwickeln wir unser Bildungssystem auf einen solchen Stand, daß die junge Generation von heute die Aufgaben in der kommunistischen Gesellschaft des Jahres 2000 zu erfüllen vermag"[8], sagte Genosse Walter Ulbricht auf der Festveranstaltung anläßlich des 100. Geburtstages Wladimir Iljitsch Lenins.

Daraus erwächst für uns die große Verantwortung, in allen Schulen den Kampf um höchste Leistungen zu führen – im Bewußtsein dessen, daß die gesellschaftlichen Aufgaben der Zukunft für die Schule Gegenwartsaufgaben sind, daß unsere heutige Bildungs- und Erziehungsarbeit in hohem Maße darüber entscheidet, wie die junge Generation die Aufgaben in den kommenden Jahrzehnten löst.

Die von hohem Verantwortungsbewußtsein getragene Erklärung der Lehrer der Maxim-Gorki-Oberschule Berlin, die in ihrem Aufruf schrieben: „Jetzt... müssen wir Fach für Fach, Klasse für Klasse, ja, jedes Glied der Kette unseres Kollektivs genau unter die Lupe nehmen, weil keiner von uns das Recht hat, sich mit mittelmäßigen Ergebnissen zufriedenzugeben. Unsere ‚Norm' sind die Leistungen der Besten"[9], fand ein breites Echo in allen Schulen unserer Republik.

Es entfaltet sich eine immer umfassendere Initiative, von den Besten zu lernen. Wenn wir den reichen Erfahrungsschatz, die klugen Ideen aller Lehrer in allen Schulen voll zur Wirkung bringen, haben wir die beste Gewähr dafür, alles, was uns heute noch hemmt, zu überwinden, die neuen, größeren, komplizierten Aufgaben zu lösen und überall eine höhere Qualität der Arbeit zu erreichen.

Solche Pädagogenkollektive wie das der Dr.-Theodor-Neubauer-Oberschule Berlin, der Oberschule Wessin, der Oberschule Bad Dürrenberg, der Erweiterten Oberschule Wickersdorf und viele, viele andere setzen durch die hervorragenden Ergebnisse ihrer pädagogischen Arbeit heute bereits Maßstäbe für alle Schulen.

Aus der Aufgabe, den Sozialismus in der DDR zu vollenden, die Anforderungen der wissenschaftlich-technischen Revolution zu meistern, und aus der wachsenden Rolle der sozialistischen Ideologie ergab sich die Notwendigkeit, eine grundlegende Neubestimmung des Inhalts unserer Allgemeinbildung vorzunehmen. Die Allgemeinbildung wird stets von den konkreten gesellschaftlichen Erfordernissen bestimmt. Es ist gesetzmäßig, daß der Inhalt der Schule ständig überprüft und mit den neuen Erfordernissen in Übereinstimmung gebracht werden muß.

Deshalb haben wir mit der Ausarbeitung des neuen Lehrplanwerkes den Inhalt der Bildung und Erziehung aus der Sicht der neuen Erfordernisse unserer gesell-

[8] W. Ulbricht: Wir haben Lenins Vermächtnis erfüllt. Festansprache zum 100. Geburtstag W. I. Lenins. Dietz Verlag, Berlin 1970, S. 41.
[9] Mit revolutionärem Geist und solider Arbeit erfüllen wir den Auftrag der Arbeiterklasse. In: Dokumente zur Geschichte des Schulwesens in der DDR. Teil 3: 1968 bis 1972/73, 1. Halbbd., Volk und Wissen Volkseigener Verlag, Berlin 1974, S. 22.

schaftlichen Entwicklung, der neuen Erkenntnisse der Fachwissenschaften, der pädagogischen Wissenschaft sowie der Erfahrungen unserer Schulpraxis neu gestaltet. Dabei war zu beachten, daß die Schule die Aufgabe hat, allen Kindern eine solide Grundausbildung zu vermitteln, die für das tiefere Verständnis und für die Beherrschung der grundlegenden, ständig wirkenden Gesetzmäßigkeiten und Zusammenhänge in Natur und Gesellschaft erforderlich ist.

In den Lehrplänen wird einem sicheren, anwendungsbereiten Faktenwissen, der Einheit von Theorie und Praxis, der theoretischen Fundierung und Verallgemeinerung sowie der praktischen Anwendung des Wissens und Könnens große Aufmerksamkeit geschenkt.

Bei der Ausarbeitung der neuen Lehrpläne blieben traditionelle, bewährte Gebiete des Schullehrstoffes erhalten; neue Stoffe wurden aufgenommen, besonders für die Abschlußklassen; das Eindringen in wesentliche Zusammenhänge wurde hervorgehoben; einzelne Stoffe erhielten eine veränderte Stellung, Wertigkeit und eine moderne wissenschaftliche Interpretation.

Mit der Einführung des fakultativen Unterrichts und des Systems der Arbeitsgemeinschaften werden neue Möglichkeiten erschlossen, um das im obligatorischen Unterricht erworbene Wissen und Können zu vertiefen und zu bereichern.

Die Zielstellungen der neuen Lehrpläne verlangen, den Schülern ein hohes anwendungsbereites und erweiterungsfähiges Wissen zu vermitteln, dem logischen und dialektischen Denken, der Fähigkeit zum selbständigen Lernen, zur Arbeit mit wissenschaftlichen Methoden große Beachtung zu schenken, um die Schüler zu befähigen, das erworbene Wissen und Können schöpferisch in der Praxis anzuwenden.

Es geht um eine neue Qualität des Lernens, darum, das Lernen als aktive, von hoher Bewußtheit getragene, schöpferische und produktive Tätigkeit zu organisieren.

Der Unterricht ist der planmäßig gestaltete Prozeß des zielgerichteten Lehrens und Lernens, der aktiven Aneignung der Grundlagen der Wissenschaften und der sozialistischen Erziehung. In unserer sozialistischen Schule beruht der Unterricht auf dem Leninschen Prinzip der Wissenschaftlichkeit und Parteilichkeit, der Einheit von wissenschaftlicher Bildung und ideologischer Erziehung.

Jeder Unterricht muß zur Entfaltung aller Seiten der Persönlichkeit, zur Aneignung solider dauerhafter Kenntnisse, sozialistischer Grundüberzeugungen, zur Herausbildung von Fähigkeiten und Fertigkeiten, Gewohnheiten und Charaktereigenschaften, Interessen und Gefühlen entscheidend beitragen. Deshalb betonen wir immer wieder die zentrale Stellung des Unterrichts im pädagogischen Prozeß und heben ihn als das Hauptfeld der Bildung und Erziehung unserer Jugend hervor.

Ein guter Unterricht verlangt, jede Unterrichtsstunde so zu gestalten, daß intensiv gelernt wird, verlangt eine zielgerichtete und umsichtige Führung durch den Lehrer, die darauf gerichtet ist, die Fähigkeiten jedes einzelnen Schülers und die dem ganzen Kollektiv innewohnenden Kräfte voll zur Entfaltung zu bringen.

Es ist erfreulich festzustellen, daß an allen Schulen große Anstrengungen unternommen werden, die Qualität des Unterrichts zu erhöhen. Das bestätigen nicht zuletzt die Ergebnisse des vergangenen Schuljahres.

So stieg in den Abschlußprüfungen der 10. Klasse der Anteil der guten und sehr guten Leistungen vom Schuljahr 1967/68 zum Schuljahr 1968/69 von 40,4 Prozent auf 49,1 Prozent, in den Abiturprüfungen von 65,4 Prozent auf 77,2 Prozent, und in den erstmals durchgeführten Prüfungen auf der Grundlage der neuen Lehrpläne der Vorbereitungsklassen wurde ein Anteil von 80,7 Prozent an guten und sehr guten Leistungen erreicht. Die Sitzenbleiberzahl ging in den vergangenen fünf Schuljahren von 4,2 Prozent auf 2,2 Prozent zurück.

Eine grundlegende Veränderung hat sich in den letzten Jahren in unserer Unterstufe vollzogen. Das war ein äußerst komplizierter Prozeß, in dem die Praxis schöpferisch verändert und die Theorie der Bildung und Erziehung in der Unterstufe weiterentwickelt wurde.

Tiefverwurzelte, überholte Vorstellungen von den Grenzen der Leistungsmöglichkeit der Kinder, vom vorwiegend propädeutischen Charakter des Unterrichts und überholte didaktische Auffassungen mußten überwunden werden.

In schöpferischer Anwendung der marxistisch-leninistischen Position, daß sich das Kind entwickelt, indem es gebildet und erzogen wird, gestützt auf neue wissenschaftliche Erkenntnisse der marxistisch-leninistischen Pädagogik und Psychologie, wurde ein hohes Niveau der Unterstufe theoretisch ausgearbeitet. Ausgehend von den positiven Ergebnissen und Erfahrungen der Praxis, können wir heute sagen: Es hat sich als richtig erwiesen, von der ersten Klasse an eine systematische, an den Fachwissenschaften orientierte Grundlagenbildung zu vermitteln, die Aneignung fester Kenntnisse und Grundfertigkeiten mit der Einführung in Zusammenhänge und mit der Schulung des Denkens eng zu verbinden.

Heute rechnen unsere Kinder mit Gleichungen, Ungleichungen und Variablen, sie rechnen sicherer, finden selbständig Lösungswege, können ihre Lösungsschritte begründen und wenden ihre Kenntnisse und Fertigkeiten selbständiger und sicherer an. Immer besser verstehen es unsere Unterstufenlehrer, die Schüler zu guten Leistungen im Lesen, Schreiben, im heimatkundlichen Deutschunterricht und in den übrigen Disziplinen zu führen. Es spricht für die erfolgreiche Arbeit unserer Unterstufenlehrer, daß sich bei gestiegenen Anforderungen die Leistungen ständig verbessern und daß am Ende des Schuljahres 1968/69 der bisher niedrigste Stand an nicht versetzten Schülern erreicht wurde.

Für eine höhere Qualität des Unterrichts in der Unterstufe ist der fachbetonte Lehrereinsatz eine unerläßliche Bedingung, wobei selbstverständlich nach wie vor die Gesamtentwicklung der Kinder stets aufmerksam vom Klassenleiter verfolgt werden muß.

Mit den neuen Lehrplänen für die 4. Klasse stehen unsere Lehrer jetzt vor neuen Anforderungen. Die Klasse 4 hat als erste Klasse der Mittelstufe die Aufgabe, die in den ersten drei Schuljahren erworbenen Kenntnisse zu systematisieren, zu festigen und zu erweitern und zugleich durch die allmähliche Herausbildung fachspezifischer Arbeitsweisen und den Erwerb einfacher Techniken des Lernens die Schüler zielstrebig auf den in der 5. Klasse voll einsetzenden Fachunterricht vorzubereiten.

Wir gehen davon aus, daß es keine starre Abgrenzung zwischen der Unterstufe und den nachfolgenden Klassen gibt.

Die Klasse 4 hat demgemäß eine neue Stellung erhalten. Sie hat eine echte Übergangsfunktion von der Unterstufe zur Mittelstufe zu erfüllen.

Einige Probleme gibt es nach wie vor im Anfangsunterricht. Gerade hier werden an das methodische Geschick des Lehrers hohe Anforderungen gestellt. Seine Fähigkeit, das unterschiedliche Ausgangsniveau der Schüler zu berücksichtigen, sein Verhältnis zum Kind spielen eine große Rolle. Die Schulanfänger freuen sich auf die Schule und das Lernen. Mit Interesse und Wißbegierde nehmen sie alles Neue auf. Jedes Kind besitzt bereits elementare Vorstellungen von Erscheinungen und Gegenständen und will seine Umwelt begreifen. Kinder, die den Kindergarten besucht haben, sind schon zielgerichtet auf den Schulbesuch vorbereitet worden. Die Unterstufenlehrer müssen dieses Streben und diese Voraussetzungen noch besser nutzen, um alle Kinder systematisch zum Lernen zu befähigen.

Mehr Aufmerksamkeit müssen wir in der Unterstufe günstigen pädagogischen und hygienischen Bedingungen, dem Wechsel von Phasen der angestrengten Arbeit und Entspannung, der pädagogisch richtigen Gestaltung des Tages- und Wochenablaufs schenken.

Große Reserven für eine höhere Qualität der Arbeit in der Unterstufe liegen in einer interessanten Hortarbeit.

Die Eltern, deren Kinder den Hort besuchen, sind berufstätig. Die ganze Schule ist verantwortlich dafür, die besten Bedingungen für die Bildung und Erziehung dieser Schüler zu schaffen, sich um ihre Gesundheit zu sorgen. Dazu gehört, daß die Direktoren und Lehrer die Bemühungen der Horterzieher um eine bessere Qualität der pädagogischen Arbeit noch wirksamer unterstützen; dazu gehört auch, sich um freundlich ausgestaltete Horträume, Möglichkeiten zum Schlafen für die Schulanfänger und eine gesunde Ernährung zu sorgen.

Die Zielstellungen unserer neuen Lehrpläne setzen wesentlich höhere Maßstäbe für die Qualität des mathematischen, naturwissenschaftlichen und polytechnischen Unterrichts. Ein solides Wissen und Können in der Mathematik, der Physik, der Chemie und der Biologie sowie in der Technik und Ökonomie ist eine wesentliche Voraussetzung dafür, die Jugend gut auf die ständig wachsenden Anforderungen in der Berufsausbildung und auf die schöpferische Arbeit in der Produktion vorzubereiten.

Die Lehrpläne dieser Fächer beruhen auf der Erkenntnis, daß eine moderne mathematische, naturwissenschaftliche und technische Bildung die klassischen Grundlagen der Naturwissenschaften und neueste Erkenntnisse der Wissenschaft und Technik vermitteln muß.

Dabei streben wir an, auf der Grundlage sicheren Wissens die naturwissenschaftlichen und technischen Erscheinungen und Prozesse theoretisch tiefer zu durchdringen, Denk- und Arbeitsweisen der Naturwissenschaften, wie die Begriffs- und Hypothesenbildung, das Arbeiten mit Modellen für Vorgänge und Erscheinungen sowie das Beobachten, Messen und Experimentieren mehr in das Zentrum dieses Unterrichts zu rücken.

Unseren neuen Lehrplänen liegt das Prinzip einer engeren Verflechtung des mathematischen, naturwissenschaftlichen und polytechnischen Unterrichts zugrunde.

Wir haben in allen naturwissenschaftlichen Disziplinen und vor allem bei der Umgestaltung des Mathematikunterrichts Fortschritte erzielt. Angesichts der Anforderungen, die sich aus der wissenschaftlich-technischen Revolution gerade an die naturwissenschaftliche Bildung ergeben, müssen wir aber unsere Bemühungen um eine höhere Qualität in allen diesen Fächern verstärken. Das gilt auch für den Physikunterricht.

In allen modernen Produktionsprozessen werden Erkenntnisse der Physik angewendet. In allen naturwissenschaftlichen Unterrichtsfächern, in Biologie, Chemie, Astronomie und Geographie, werden Kenntnisse über physikalische Prozesse und Sachverhalte vorausgesetzt.

Das neue Lehrplanwerk fordert eine neue Qualität des Experiments im naturwissenschaftlichen Unterricht. Gegenwärtig können wir mit dem Stand des experimentellen Unterrichts noch nicht zufrieden sein. So werden die Demonstrationsexperimente noch vorwiegend zur Einführung in ein Problem oder zur reinen Illustration eingesetzt. Schülerexperimente sind vielfach noch einseitig auf die Entwicklung praktischer Fähigkeiten gerichtet.

Es geht vor allem darum, die Rolle des Experiments, seine hervorragende Stellung bei der Erkenntnisgewinnung zu erfassen. Je besser die Schüler lernen, Vorüberlegungen anzustellen und Hypothesen aufzustellen, Experimente zum Prüfen der Hypothese durchzuführen und die Ergebnisse zu formulieren und auszuwerten, um so fundierter wird ihr Wissen und Können sein. Gleichzeitig erlangen sie auf diese Weise tiefere Einsichten, daß die objektive Realität erkennbar ist und zunehmend genauer erkannt wird.

Indem der naturwissenschaftliche Unterricht die Schüler begreifen lehrt, daß sich die Welt nach objektiven Gesetzen entwickelt, daß sie erkennbar ist und daß die Naturwissenschaften für die revolutionäre Veränderung der Praxis zum Wohle der Menschen genutzt werden müssen, leisten die Lehrer dieser Fächer einen entscheidenden Beitrag zur Herausbildung eines wissenschaftlichen Weltbildes, zur sozialistischen Erziehung.

Die aktive und schöpferische Rolle des Menschen in der sozialistischen Produktion, die Wechselbeziehungen zwischen Naturwissenschaften, Technik, Produktion und Ökonomie erfordern objektiv, bereits in der allgemeinbildenden Schule technische und ökonomische Kenntnisse zu vermitteln.

Die polytechnische Bildung und Erziehung ist als Prinzip, vor allem im mathematisch-naturwissenschaftlichen Unterricht, in Form eigenständiger Fächer, wie „Einführung in die sozialistische Produktion" und „Technisches Zeichnen", und in der produktiven Arbeit der Schüler ein fester Bestandteil unserer sozialistischen Allgemeinbildung.

Auf der Grundlage eines soliden mathematisch-naturwissenschaftlichen Wissens und Könnens führt der polytechnische Unterricht die Schüler in die gesellschaftlichen und wissenschaftlich-technischen Zusammenhänge der sozialistischen Produktion ein.

Das qualitativ Neue in diesen Lehrplänen besteht darin, den Schülern im Rahmen eines sachlogisch aufgebauten Systems von Bildungsstoffen aus den Gebieten der Technik, Technologie und Ökonomie eine technisch-wissenschaftliche Grundlagenbildung zu vermitteln, die bereits erworbenen naturwissenschaftlichen und gesellschaftswissenschaftlichen Kenntnisse und Erkenntnisse zu erweitern und zu vertiefen.

Unsere polytechnische Bildung ist keine Berufsausbildung, sie ersetzt nicht die Berufsausbildung, sie schafft jedoch wesentliche Grundlagen für die künftige berufliche Tätigkeit. Es ist die Aufgabe des polytechnischen Unterrichts, den Schülern Kenntnisse aus wichtigen Gebieten der sozialistischen Produktion zu vermitteln und sie im Prozeß der produktiven Arbeit in den Betrieben und Genossenschaften an die Lösung wissenschaftlich-technischer und ökonomischer Aufgaben heranzuführen. Es ist sein Anliegen, schöpferische Fähigkeiten, moralische Eigenschaften und sozialistische Überzeugungen auszubilden, die Schüler zur Achtung der arbeitenden Menschen, zur sozialistischen Arbeitsmoral und zur Aneignung einer hohen Arbeitskultur zu erziehen.

Unsere polytechnische Bildung und Erziehung hat nichts gemein mit einer indifferenten Techniklehre. Sie unterscheidet sich grundsätzlich von jenen bildungspolitischen Bestrebungen in Westdeutschland, die Schüler in die sogenannte „Arbeits- und Wirtschaftswelt" einzuführen, was nichts anderes heißt, als die Jugend besser in das System der kapitalistischen Ausbeutung einzuordnen.

Von Anfang an haben wir den polytechnischen Unterricht – beginnend mit der 7. Klasse – in den sozialistischen Betrieben und Genossenschaften durchgeführt. Dieser Weg hat sich unter den Bedingungen unserer Republik hervorragend bewährt. Er sichert eine moderne materiell-technische Basis für die polytechnische Bildung, die unmittelbare Einflußnahme der Arbeiterklasse auf die Erziehung der Schuljugend.

Wir können feststellen, daß die Betriebe in Industrie und Landwirtschaft, unsere Lehrer und Volksbildungsfunktionäre seit über zehn Jahren große Anstrengungen zur Entwicklung der polytechnischen Bildung unternommen haben. Die Ergebnisse zeigen, daß diese Anstrengungen Früchte tragen.

Und doch besteht Anlaß zu fordern, noch mehr zu tun, um das theoretische Niveau des polytechnischen Unterrichts schneller und wirksamer zu erhöhen. Es ist ein ernsthafter Mangel, daß im theoretischen Unterricht nicht intensiv genug gelernt wird, daß noch oft die Kenntnisse ohne Bezug zur Produktionspraxis zu abstrakt vermittelt werden und den Schülerübungen und Experimenten auch hier zuwenig Aufmerksamkeit geschenkt wird.

Wir müssen den Schülern mehr Gelegenheit geben, in der praktischen Arbeit zu zeigen, was sie wirklich können. Das setzt voraus, die Arbeits- und Lernaufträge so zu erteilen, daß sie dem gewachsenen Leistungsvermögen der Schüler entsprechen. In allen Betrieben und landwirtschaftlichen Produktionsgenossenschaften muß die Schülertätigkeit gut organisiert, eine kontinuierliche Materialbereitstellung gesichert werden, damit die Unterrichtszeit voll genutzt wird.

Wir sind dafür, daß die Schüler die echten Probleme in den Betrieben kennenlernen und in das Ringen um die Durchsetzung des Neuen einbezogen werden. Es fördert jedoch nicht ihre Arbeitsmoral, wenn sie erleben, daß die Arbeitszeit vertan wird, und wenn auch ihre wertvolle Zeit nicht mit sinnvoller Tätigkeit ausgefüllt ist.

Unsere Wirtschaftsfunktionäre sollten mit uns gemeinsam daran denken, daß wöchentlich über 800 000 Schüler mehrere Stunden in den Betrieben und Genossenschaften tätig sind und lernen wollen, was es heißt, auf sozialistische Weise zu arbeiten. Es muß zum guten Ruf eines Betriebes gehören, die besten Bedingungen für den polytechnischen Unterricht zu sichern.

An nicht wenigen Schulen zeigt sich eine Tendenz, den polytechnischen Unterricht als alleinige Angelegenheit der Betriebe zu betrachten. Wir müssen mit allem Nachdruck unterstreichen, daß sich die Direktoren und auch die Lehrer der naturwissenschaftlichen Fächer ernsthafter mit den Problemen der polytechnischen Bildung und Erziehung beschäftigen müssen.

Unsere Aufgabe ist es, einige herangereifte Entwicklungsfragen gründlicher zu untersuchen und zu beantworten. Die komplexe Automatisierung, Rationalisierung und Spezialisierung bringen neue Bedingungen für die Durchführung der Produktionsarbeit der Schüler in den Betrieben mit sich.

Auch beim polytechnischen Unterricht in landwirtschaftlichen Betrieben treten durch die weitere Mechanisierung der Pflanzen- und Tierproduktion einige neue Fragen auf.

Während die Lehrpläne vom Inhalt her diese Entwicklungstendenzen weitgehend berücksichtigen, sind die Fragen der Organisation und Durchführung des polytechnischen Unterrichts, vor allem der produktiven Arbeit, unter diesen Bedingungen noch nicht ausreichend beantwortet.

Einige Betriebe, wie zum Beispiel das Uhrenkombinat Ruhla, haben bereits Lösungswege gewiesen. Dort werden die Schüler auch unter den Bedingungen der Automatisierung nach wie vor direkt im Produktionsprozeß, bei der Produktion von Automatisierungsmitteln, beim Austausch von Verschleißteilen, bei der Pflege und Wartung eingesetzt.

Diese Erfahrungen müssen unsere Wissenschaftler jetzt in enger Gemeinschaftsarbeit mit den Wirtschaftsorganen und Praktikern gründlich auswerten.

In unserer Zeit muß die Schule der Jugend solide gesellschaftswissenschaftliche Kenntnisse vermitteln. Dazu haben alle Unterrichtsfächer, alle Lehrer ihren Beitrag zu leisten. Der gesamte Unterricht beruht in unserer sozialistischen Schule auf dem wissenschaftlichen Fundament des Marxismus-Leninismus.

Der Marxismus-Leninismus gibt Antwort auf die grundlegenden Fragen unserer Zeit. Er begründet die Richtigkeit unseres Weges. Damit die Jugend die vielseitigen widerspruchsvollen Entwicklungsprozesse in Natur und Gesellschaft versteht, damit sie im Kampf um die Gestaltung des Sozialismus aus innerster Überzeugung ihre ganze Kraft einsetzt, muß sie die Theorie des Marxismus-Leninismus gut beherrschen lernen.

Der Marxismus-Leninismus ist eine anspruchsvolle Wissenschaft und stellt große Anforderungen an den, der sie lehrt. Das erfordert, tief in das Wesen der wissenschaftlichen Lehre des Marxismus-Leninismus einzudringen, sich zutiefst mit ihr zu identifizieren, sie mit Leidenschaft und Überzeugung zu vertreten. Formales und trockenes Wiedergeben von Leitsätzen des Marxismus-Leninismus ohne echte Beziehungen zur gesellschaftlichen Praxis widerspricht dem Wesen dieser zutiefst parteilichen und lebendigen Wissenschaft.

Die erzieherische Wirksamkeit des gesellschaftswissenschaftlichen Unterrichts wird gerade von seiner Lebensverbundenheit bestimmt.

Viele junge Menschen erinnern sich mit Hochachtung ihrer Lehrer, deren Parteilichkeit und verständnisvolles Eingehen auf Fragen und Probleme für ihr Leben von entscheidender Bedeutung waren, an Lehrer, die durch ihr Beispiel vorleben, was sie lehrend von der Jugend fordern.

Im neuen Lehrplanwerk wurden Inhalt und Umfang der gesellschaftswissenschaftlichen Fächer, die einen besonderen Beitrag zur ideologischen Erziehung zu leisten haben, neu festgelegt.

· Eine neue Qualität des Geschichtsunterrichts setzt voraus, konsequent von der Zielstellung dieses Faches auszugehen und den Schülern ein tiefes wissenschaftliches Verständnis für die historischen Gesetzmäßigkeiten der Entwicklung der Gesellschaft zu vermitteln.

Der Leninsche Hinweis, daß es notwendig ist, ein lebendiges Bild von einer bestimmten Formation bei ihrer streng wissenschaftlichen Deutung zu geben, muß von jedem Geschichtslehrer sehr ernst genommen werden. Das schließt ein, jede Oberflächlichkeit zu vermeiden und die Schüler zur gründlichen Beherrschung der Fakten und Zusammenhänge zu führen.

Ein guter Geschichtsunterricht muß wissenschaftlich fundiert sein. Er muß die Schüler mit den Lehren der Geschichte vertraut machen und den schweren, opferreichen Kampf der Arbeiterklasse für die Befreiung der Menschen von Ausbeutung und Unterdrückung und für den Sieg des Sozialismus nacherlebbar machen. Im Fach Staatsbürgerkunde sind grundlegende Erkenntnisse des Marxismus-Leninismus direkter Gegenstand des Unterrichts. Die Schüler sollen sich feste Grundlagen für das weitere Studium der marxistisch-leninistischen Lehre aneignen und ein tiefes Verständnis für die Politik der Partei, für die konsequente und schöpferische Anwendung des Marxismus-Leninismus auf die konkreten Fragen unserer gesellschaftlichen Entwicklung gewinnen.

Der Staatsbürgerkundeunterricht, vor allem das Studium von Originalwerken der Klassiker des Marxismus-Leninismus, an das wir die Schüler heranführen, die

Behandlung unserer sozialistischen Verfassung, trägt entscheidend dazu bei, unseren Jungen und Mädchen die gewaltige verändernde Rolle des Marxismus-Leninismus und die historische Mission der DDR bewußtzumachen. Der Marxismus-Leninismus übt seine Anziehungskraft gerade durch seine strenge Wissenschaftlichkeit und seinen revolutionären Geist aus. Der Staatsbürgerkundeunterricht ist dann für die Schüler lebendig und interessant, wenn er ein wissenschaftlicher, von revolutionärem Geist erfüllter Unterricht ist.

Lenin hat uns die wichtige Erkenntnis vermittelt, daß der universelle Charakter unserer marxistisch-leninistischen Theorie mit unabdingbarer Notwendigkeit dazu führt, alle Vorgänge und Erscheinungen vom historischen Standpunkt aus, in der Wechselwirkung mit den anderen Erscheinungen und aus der Sicht der konkreten Erfahrungen der Geschichte zu betrachten.

Der Unterricht in den gesellschaftswissenschaftlichen Disziplinen wird in seiner Wirksamkeit wesentlich davon bestimmt, wie es gelingt, „den grundlegenden historischen Zusammenhang nicht außer acht zu lassen, jede Frage von dem Standpunkt aus zu betrachten, wie eine bestimmte Erscheinung in der Geschichte entstanden ist, welche Hauptetappen diese Erscheinung in ihrer Entwicklung durchlaufen hat, und vom Standpunkt dieser ihrer Entwicklung aus zu untersuchen, was aus der betreffenden Sache jetzt geworden ist"[10].

Es ist die Aufgabe des gesellschaftswissenschaftlichen Unterrichts, die wesentlichen Zusammenhänge, Beweggründe und Gesetzmäßigkeiten aufzudecken, die der Entwicklung in der Gesellschaft zugrunde liegen.

Lenin maß dem Studium, der gründlichen Beherrschung und richtigen Anwendung der Einzelfakten eine fundamentale Bedeutung bei. Im Geschichts- und Staatsbürgerkundeunterricht geht es darum, daß die Schüler tiefer in die Gesetze und ihre Wirkungsweise eindringen. Das ist aber ohne gesicherte und stets neu zu sichernde Faktengrundlage nicht zu erreichen. Deshalb müssen wir zielstrebig alle Tendenzen überwinden, die Schüler ohne eine gründliche Beherrschung des Faktenwissens vorschnell zu Verallgemeinerungen zu führen.

Auch im Literaturunterricht werden höhere Anforderungen gestellt. Wir wollen die Schüler mit dem Ideengehalt, dem Reichtum und der Schönheit der klassischen deutschen Literatur, bedeutender Werke der Weltliteratur, der Sowjetliteratur und der sozialistischen Gegenwartsliteratur umfassender als bisher vertraut machen und ihr Bedürfnis fördern, sich selbständig mit Literatur zu beschäftigen.

Die neue Konzeption unseres Literaturunterrichts verlangt, vor allem den Inhalt der literarischen Werke zu erschließen und ästhetische und künstlerische Gesichtspunkte in den Dienst dieser Aufgabe zu stellen.

Für die Herausbildung der ideologisch-moralischen, sittlich-ethischen Eigenschaften des sozialistischen Menschen gewinnt der Unterricht in Literatur, Musik und Kunsterziehung eine wachsende Bedeutung. Es ist die Aufgabe dieser Fächer, die Schüler an das geistig-kulturelle Leben der Gegenwart heranzuführen,

---

[10] W. I. Lenin: Über den Staat. In: Werke. Bd. 29, Dietz Verlag, Berlin 1976, S. 463.

sie zur aktiven kulturellen Betätigung anzuregen und ihr Bedürfnis nach gutem Theater und guten Konzerten zu wecken. An den Diskussionen bedeutsamer Fernsehwerke oder zu Problemen der bildenden Kunst und Architektur, an Ausstellungen und Schülerkonzerten beteiligen sich, angeregt durch den Unterricht, immer mehr Schüler.

Wesentliche Fortschritte haben wir im muttersprachlichen Unterricht erreicht, der im System der Unterrichtsfächer eine entscheidende Stellung einnimmt. Wir dürfen uns damit jedoch nicht zufriedengeben. Es ist eine ständige Aufgabe, daran zu arbeiten, daß die Schüler ihre Muttersprache in Wort und Schrift sicher beherrschen.

Das Niveau unserer Oberschulbildung wird auch durch die Tatsache bestimmt, daß alle Schüler Russisch als erste Fremdsprache lernen und schon nahezu die Hälfte der Schüler ab Klasse 7 am fakultativen Unterricht in der zweiten Fremdsprache teilnimmt. Viele Fremdsprachenlehrer entwickeln erfolgreich die Fertigkeiten und Fähigkeiten vor allem in der mündlichen Sprachausübung. Die notwendige Konzentration auf die Entwicklung der Sprachfertigkeiten darf jedoch nicht dazu führen, daß der Aneignung sicherer Kenntnisse geringere Bedeutung beigemessen wird.

Im Fremdsprachenunterricht gewinnt die Arbeit mit Bildmaterial und Tonband, Film und Fernsehen eine immer größere Bedeutung. Deshalb müssen wir die Schulen planmäßig mit Fernseh- und Tonbandgeräten ausstatten.

Der Einsatz des Fernsehens im Englischunterricht hat sich bewährt. Ab Schuljahr 1971/72 werden wir auch den Russischunterricht in Klasse 10 und ab Schuljahr 1972/73 in Klasse 9 durch das Fernsehen unterstützen.

Zur harmonischen Bildung der Persönlichkeit gehört, der Körpererziehung, dem Sport, mehr Aufmerksamkeit zu schenken. Es ist das Hauptanliegen des Schulsports, allen Schülern eine systematische körperliche Grundausbildung zu vermitteln mit dem Ziel, die allgemeine Leistungsfähigkeit zu erhöhen. Der Sportunterricht muß dazu beitragen, die Gesundheit zu festigen und dauernde Bedürfnisse nach regelmäßiger sportlicher Betätigung auszubilden. Durch die Anwendung moderner Trainingserkenntnisse, intensiver Methoden und Übungsverfahren müssen wir eine höhere Effektivität unseres Sportunterrichts und des außerunterrichtlichen Sports erreichen. Ein qualifizierter Sportunterricht und regelmäßige sportliche Betätigung sind wichtige Voraussetzungen, damit die Jugend den Anforderungen im Arbeitsprozeß und den Aufgaben zum Schutz der Republik gerecht werden kann.

Mit dem Aufbau eines Systems von Arbeitsgemeinschaften in den oberen Klassen der Zehnklassenschule und mit dem Ausbau des fakultativen Unterrichts in der EOS gehen wir einen wichtigen Schritt zu einer neuen Qualität der Oberstufe unserer Schule. Auf solchen Wissensgebieten, wie zum Beispiel Elektronik, BMSR-Technik, Chemische Technologie, Metallurgie, Astronautik, Bodenfruchtbarkeit, Mikrobiologie, Literatur, bildende Kunst, zu Problemen der internationalen Arbeiterbewegung und zu Grundfragen der marxistisch-leninistischen Philosophie erhalten die Schüler der 9. und 10. Klassen in den Arbeitsgemeinschaften Möglichkeiten, ihre theoretischen Kenntnisse und praktischen Fähigkeiten zu vervollkommnen.

In der erweiterten Oberschule sind im Rahmen des fakultativen Unterrichts, den wir ab Schuljahr 1969/70 auf mathematisch-naturwissenschaftlichem Gebiet eingeführt haben und schrittweise durch Lehrgänge im gesellschaftswissenschaftlichen, fremdsprachlichen und musisch-künstlerischen Bereich erweitern werden, solche interessanten Themen vorgesehen wie Wahrscheinlichkeitsrechnung, mathematische Grundlagen der Rechentechnik und Datenverarbeitung, Festkörperphysik, Grundschaltungen und Bauelemente der Elektronik, makromolekulare Chemie, qualitative Analyse, Ökologie und chemisch-physikalische Untersuchungen. Damit erfolgt auf der Grundlage und in enger Verbindung mit der obligatorischen Bildung eine sinnvolle Differenzierung in der Oberstufe, die den spezifischen Fähigkeiten und den bereits ausgeprägten Interessen der Schüler in diesem Alter entspricht. Auf diese Weise können wir in der Oberstufe zugleich schneller auf gesellschaftliche Erfordernisse und neue wissenschaftliche Erkenntnisse reagieren und die Interessen der Schüler besser auf wichtige Berufe und Studienrichtungen lenken.

Diese Formen des Lernens eröffnen neue Möglichkeiten, die Schüler an Probleme des wissenschaftlich-technischen Fortschritts in den Betrieben heranzuführen, die Freude der Schüler am Entdecken, ihren Forscherdrang, ihre Wißbegierde, ihre Liebe zur Wissenschaft und Technik, zur Kunst und Kultur zu wekken und Talente und Begabungen zielstrebiger zu fördern.

Wir wenden uns an die Betriebe, die wissenschaftlichen und kulturellen Einrichtungen, den Schulen zu helfen, die dafür erforderlichen materiell-technischen Voraussetzungen zu schaffen und für die Leitung der Arbeitsgemeinschaften politisch und fachlich qualifizierte Kräfte, Wissenschaftler, Ingenieure und Facharbeiter zu gewinnen. Wir beschreiten damit neue Wege in der pädagogischen Arbeit. Wenngleich es hier auch schon gewisse Erfahrungen gibt, muß vieles neu erprobt werden. Das erfordert Ideenreichtum, schöpferische Initiative und den Mut zum pädagogischen Experiment.

Auf der Schrittmacherkonferenz in Magdeburg haben wir zu einigen entscheidenden Fragen des Unterrichts Stellung genommen, marxistisch-leninistische Grundpositionen herausgearbeitet und zur Diskussion über Probleme der didaktisch-methodischen Gestaltung des Unterrichts aufgefordert.

Es ist erfreulich, feststellen zu können, daß dies einen breiten Widerhall gefunden hat. Das zeigt die Diskussion in der pädagogischen Presse, der lebendige Erfahrungsaustausch in den Schulen, der viele neue Impulse gegeben und die pädagogische Arbeit bereichert hat. Nicht zuletzt ist die tagtägliche Unterrichtspraxis ein überzeugender Beweis dafür, daß in vielen Pädagogenkollektiven immer besser die Notwendigkeit erkannt wird, der didaktisch-methodischen Gestaltung des Unterrichts größere Beachtung zu schenken, neue Maßstäbe für die Qualität einer jeden Unterrichtsstunde zu setzen.

Die Praxis zeigt die großen Bemühungen der Lehrer um ein höheres fachwissenschaftliches Niveau und eine größere ideologisch-erzieherische Wirkung des Unterrichts. Immer mehr Lehrer bemühen sich, den Unterricht interessant und problemreich zu gestalten, die Selbsttätigkeit der Schüler zu aktivieren, Unterrichtsmittel sinnvoll einzusetzen und die Entwicklung eines jeden Schülers sorgsam zu führen.

Es ist nicht möglich, auf alle Fragen, die in Vorbereitung unseres Kongresses diskutiert wurden, einzugehen. Die vielgestaltigen Probleme der Gestaltung des Unterrichtsprozesses müssen weiter beraten und wissenschaftlich ausgearbeitet werden. Das erfordert vor allem, die fortgeschrittene Praxis gründlich zu studieren und die theoretische Arbeit auf dem Gebiet der Didaktik und Erziehungstheorie zu intensivieren.

Von großer Bedeutung ist dabei, stets alle Seiten des Unterrichtsprozesses in ihrem Zusammenhang zu sehen. Wir würden in der Wissenschaft und in der Praxis zu Fehlschlüssen gelangen, wollten wir beispielsweise an die Fragen der Fähigkeitsentwicklung, der Erziehung im Unterricht, der Differenzierung, der Bewertung und Zensierung isoliert, unabhängig von Ziel und Inhalt oder gar kampagnemäßig herangehen.

Einige Grundpositionen des Herangehens an die Probleme eines wissenschaftlichen, parteilichen Unterrichts, die für die Betrachtung dieser oder jener Einzelfrage von Bedeutung sind, möchten wir noch einmal hervorheben.

Die entscheidende Grundlage der Bildung und Erziehung im Unterricht ist das neue Lehrplanwerk. In ihm sind die Ziele und Inhalte der Bildung und Erziehung in jedem Unterrichtsfach und die Grundlinie des pädagogischen Prozesses bestimmt. Viele Lehrer haben in der Diskussion zum Ausdruck gebracht, daß solide Lehrplankenntnis, tiefes Hineindenken in Ziel, Inhalt und Methode jedes Einzellehrplanes und des gesamten Lehrplanwerkes es erleichtern, die Fragen der Unterrichtsgestaltung im richtigen Zusammenhang zu sehen, das Wozu und Warum besser zu erkennen.

Unserer Lehrplankonzeption liegt das Prinzip der dialektischen Einheit von Erkenntnisgewinnung, Fähigkeitsentwicklung und sozialistischer Erziehung zugrunde. Sie geht von der marxistisch-leninistischen Erkenntnistheorie und Dialektik aus, die besagen, daß der Erkenntnisprozeß wesentliche Grundlage für die gesamte Persönlichkeitsentwicklung der Schüler ist.

Eine Reihe pädagogischer Wissenschaftler hat zu Recht darauf hingewiesen, daß es notwendig ist, sich noch gründlicher mit der marxistisch-leninistischen Erkenntnistheorie, Dialektik und Persönlichkeitstheorie zu befassen, sie noch besser bei der Beantwortung der Fragen nach der Gestaltung des Unterrichtsprozesses anzuwenden, um den Lehrern wirksamer zu helfen, die Dialektik des Prozesses der Persönlichkeitsentwicklung im Unterricht zu meistern.

Wir haben in Magdeburg die Frage nach dem Verhältnis von sogenannten alten und neuen Methoden im Unterricht aufgeworfen. Wir haben uns gegen das alte Schema, das einförmige Frage-Antwort-Spiel ebenso gewandt wie gegen jeden kritiklosen „Modernismus", dagegen, diese oder jene Methode zu der „alleinselig-machenden" zu erklären.

In der Diskussion zum Kongreß wurde bekräftigt, daß man immer wieder prü-fen muß, ob diese oder jene Methode in diesem Fach, in jener Klasse, in dieser oder jener Unterrichtseinheit der jeweils günstigste Weg zur Realisierung des Lehrplanes ist, daß man den reichen Schatz der didaktisch-methodischen Er-kenntnisse und bewährten Methoden voll ausschöpfen und neue Wege beschrei-ten muß. Es wurde bekräftigt, daß wir Methodenvielfalt brauchen, um den Unter-richt effektiver zu gestalten.

In diesem Zusammenhang möchte ich einige Bemerkungen zur Rolle des pro-grammierten Lehrens und Lernens in der sozialistischen Schule machen. Wir sind der Meinung, daß die Programmmierung weitere Reserven für eine höhere Effek-tivität des Unterrichts erschließt, die genutzt werden müssen. In der praktischen Unterrichtsarbeit werden bereits Erkenntnisse der Programmierung angewandt, so zum Beispiel im Prozeß der Stoffaneignung, vor allem bei der Planung der Schritte im Lernprozeß und bei der Kontrolle der erzielten Ergebnisse, indem Möglichkeiten der Selbstkontrolle in bestimmten Abschnitten der Unterrichtsar-beit und ständige Rückinformationen genutzt werden. Bei der Ausarbeitung der neuen Lehrpläne, Lehrbücher und methodischen Hilfen wurden wissenschaftlich abgesicherte Forschungsergebnisse zur Programmierung berücksichtigt. Sie wur-den zum Beispiel für die Gliederung der Ziele und Teilziele, für die Strukturie-rung des Stoffes, für die didaktisch-methodische Gestaltung der Lehrbücher ge-nutzt. Wir gingen dabei von der marxistisch-leninistischen Auffassung über das Wesen des Lernprozesses aus, den wir als einen einheitlichen Prozeß der Aneig-nung von Wissen, Können und Verhaltensqualitäten durch die Schüler und der Entwicklung ihrer Gesamtpersönlichkeit unter Führung des Lehrers verstehen.

Aus dieser Sicht haben wir seit vielen Jahren, die Erfahrungen der sowjetischen Wissenschaftler nutzend, eine breite Forschungsarbeit zum programmierten Un-terricht betrieben und werden sie in Kooperation mit der Sowjetunion weiter in-tensivieren. Das Deutsche Pädagogische Zentralinstitut hat beispielsweise einen Großversuch zum programmierten Unterricht durchgeführt, in dem 15 Lehrpro-gramme eingesetzt wurden, die von Lehrern, Methodikern und Fachwissenschaft-lern entwickelt worden sind. Am Versuch waren 160 Schulklassen mit etwa 5000 Schülern beteiligt. Mit Hilfe der elektronischen Datenverarbeitung wurden 60 000 empirisch erfaßte Daten bearbeitet und 1000 Korrelationskoeffizienten be-rechnet.

Der Versuch hat viele wichtige Erkenntnisse über die Möglichkeiten, aber auch über die Grenzen des programmierten Lehrens und Lernens gebracht.

Es gilt bereits beim heutigen Erkenntnisstand als erwiesen, daß es nicht um die Alternative „herkömmlicher" oder „programmierter" Unterricht geht.

Unsere Auffassung von der Persönlichkeitsentwicklung läßt keine Vereinseiti-gung zu. Die Untersuchungen zur Programmierung haben deutlich gemacht, daß solche wesentlichen Persönlichkeitsqualitäten wie die Fähigkeit zum konstruktiven Mitwirken und schöpferischen Gestalten, dialektisches, perspektivisches Denken, das Vermögen, gestellte Aufgaben in aktiver Auseinandersetzung zu lösen, mit programmierten Materialien und Lernmaschinen nicht oder nur unzureichend herausgebildet werden können.

Es ist eindeutig erwiesen, daß auch beim Einsatz programmierter Unterrichtsmittel nach wie vor und in erster Linie die führende Rolle, die schöpferische pädagogische Arbeit des Lehrers bestimmend ist.

Die verschiedenen bürgerlichen Lerntheorien, die dem programmierten Unterricht in kapitalistischen Ländern zugrunde liegen, reduzieren den Lernprozeß im wesentlichen auf ein Reiz-Reaktions-Schema und auf weitgehend unabhängig voneinander verlaufende individuelle Lernvorgänge. Sie widersprechen unserer marxistisch-leninistischen Auffassung vom Unterricht als einem schöpferischen Prozeß, in dem der einzelne und das Kollektiv sich wechselseitig fördern und in dem alle Seiten des Menschen ausgebildet werden. Sie sind deshalb für die sozialistische Schule unannehmbar.

Ein planloses Experimentieren auf dem Gebiet der Programmierung in allen Schulen ohne gesicherte wissenschaftliche Erkenntnisse wäre verantwortungslos. Es ist die Aufgabe unserer Wissenschaft, das Wesen des Lernprozesses umfassend zu erforschen und in diesem Zusammenhang Wert und Grenzen des programmierten Lehrens und Lernens im Gesamtsystem der sozialistischen Bildung und Erziehung auf marxistisch-leninistischer Grundlage exakt zu bestimmen.

In der Diskussion zur Vorbereitung des Kongresses hat das Problem der differenzierten Arbeit im Unterricht eine große Rolle gespielt. Auf der Schrittmacherkonferenz in Magdeburg haben wir dargelegt, daß die Einheitlichkeit in der Zielstellung und im Inhalt, die Sicherung eines einheitlichen Oberschulniveaus für alle Kinder eine Grundposition unserer sozialistischen Bildungspolitik ist, die nichts gemein hat mit einer Individualisierung des Unterrichts, die auf der bürgerlichen Begabtentheorie beruht.

Die differenzierte Arbeit des Lehrers im Unterricht, das individuelle Eingehen, betrachten wir jedoch als eine wichtige Bedingung dafür, alle Schüler zum Ziel zu führen und zugleich ihre individuellen Anlagen und Fähigkeiten voll auszubilden. Dieses Problem ist in der täglichen Unterrichtsarbeit in der Tat nicht einfach zu lösen. Die Erfahrungen zeigen, daß diese Aufgabe nicht mit diesem oder jenem speziellen Verfahren lösbar ist, sondern die schöpferische Anwendung der gesamten didaktisch-methodischen Erkenntnisse erfordert.

Es ist notwendig, die Vielfalt der Methoden und Organisationsformen des Unterrichts richtig zu nutzen und unter Berücksichtigung der jeweils konkreten Situation in der Klasse sowie des Entwicklungsstandes der einzelnen Schüler die effektivsten Methoden zu wählen. Erfahrene Lehrer entscheiden unter diesem Gesichtspunkt, in welchen Abschnitten des Unterrichtsgeschehens differenzierte Maßnahmen erforderlich sind. Sie lassen sich stets davon leiten, daß für die Entfaltung der individuellen Fähigkeiten jedes Schülers die Potenzen des Kollektivs genutzt werden müssen.

Ein lebendiger, vielseitiger Unterricht, der sich auf das Wesentliche, auf die bewußte Entwicklung und Führung der Selbsttätigkeit der Schüler konzentriert, erfordert die Anwendung solcher bewährter Prinzipien wie Übung, Festigung und Wiederholung, Anschaulichkeit und Faßlichkeit ebenso wie die problemreiche Darbietung des Stoffes, die Arbeit mit differenzierten Aufgabenstellungen, die Anwendung arbeitsteiliger Verfahren und den didaktisch richtigen Einsatz der Unterrichtsmittel.

In der Kongreßdiskussion hoben viele Lehrer hervor, daß die Einstellung des Pädagogen zu seinen Schülern und zum Schülerkollektiv eine entscheidende Bedingung für erfolgreiche Arbeit ist. Sie unterstrichen: Eine verantwortungsvolle pädagogische Arbeit muß dadurch gekennzeichnet sein, daß sich jeder Lehrer für jedes Kind verantwortlich fühlt. Das setzt die genaue Kenntnis der Entwicklungsfortschritte der Schüler voraus, der Bedingungen, unter denen sie lernen, leben und arbeiten.

In der pädagogischen Arbeit nehmen die Probleme der Beurteilung, Bewertung und Zensierung einen bedeutenden Platz ein. In der Diskussion wurde die Frage häufig so gestellt: Ist die Zensierung ein pädagogisches Mittel zur Stimulierung und Aktivierung der Schüler, oder ist sie ein objektives Leistungskriterium? Eine solche Alternative haben viele Lehrer unserer Meinung nach zu Recht als falsch bezeichnet.

In unserer Schule, in der hohe Leistungen von den Schülern gefordert werden, müssen die erreichten Ergebnisse auch exakt bewertet und zensiert werden. Selbstverständlich geht es dabei nicht um einen unpersönlichen Soll-Ist-Vergleich. Eine pädagogisch richtige Bewertung und Zensierung muß eine gute Einstellung zum Lernen und zur Arbeit fördern und zu höheren Leistungen anspornen. Wir betrachten die Zensierung und Bewertung sowohl als objektives Leistungskriterium als auch als pädagogisches Mittel zur Stimulierung und Aktivierung der Schüler.

Es ist notwendig, in allen Pädagogenkollektiven die auf diesem Gebiet noch vorhandenen fehlerhaften Auffassungen und Praktiken, die sich zum Beispiel in Zensurenhascherei, Prozentideologie und in der häufig anzutreffenden ausschließlich negativen Bewertung zeigen, konsequent zu überwinden. Diese Probleme sind nicht durch eine Veränderung der Zensierungsbestimmungen zu lösen, sondern erfordern in erster Linie eine verantwortungsbewußte pädagogische Arbeit jedes Lehrers. Wir halten jedoch die Hinweise vieler Lehrer für berechtigt, einige normative Regelungen, wie zum Beispiel für die Beurteilung des Gesamtverhaltens und Kriterien für die Bewertung und Zensierung in einigen Fächern, zu überprüfen. Wir werden diese Vorschläge gründlich auswerten und die notwendigen Veränderungen vornehmen, wobei wir allerdings sehr überlegt vorgehen müssen, weil jede Entscheidung ohne gründliche wissenschaftliche Absicherung und Prüfung in der Praxis nur von Schaden wäre.

Ausgehend von der Schrittmacherkonferenz, hat es in vielen Schulen eine sehr kritische Diskussion um die pädagogische Atmosphäre, um Stil und Ton im

Schulkollektiv gegeben. Es wurde die Erkenntis vertieft, daß Achtung vor der Schülerpersönlichkeit, hohe Anforderungen an die Kinder und Vertrauen in ihre Kräfte, die Beziehungen zwischen Lehrern und Schülern entscheidende Voraussetzungen für gute Ergebnisse in der Bildungs- und Erziehungsarbeit sind.

Die Diskussion zu den Problemen der Führung und Gestaltung des Unterrichts hat vor allem deutlich gemacht, daß die vielfältigen didaktischen und methodischen Probleme stets unter der Sicht des Zieles und des Inhalts gesehen, daß alle wesentlichen Seiten des Prozesses der Persönlichkeitsbildung immer in ihren dialektischen Wechselbeziehungen und Zusammenhängen betrachtet werden müssen. Und nicht zuletzt hat die Diskussion die Notwendigkeit unterstrichen, daß unsere pädagogische Wissenschaft den Lehrern bei der Planung und Gestaltung des Unterrichtsprozesses eine wesentlich größere Hilfe geben muß.

Wir gehen davon aus, daß der Unterricht, dessen hervorragende Stellung wir charakterisiert haben, die Grundlagen für die Ausbildung aller Seiten der Persönlichkeit schafft.

Auf der Grundlage des einheitlichen Bildungs- und Erziehungszieles leistet die außerunterrichtliche Bildung und Erziehung mit ihren spezifischen Möglichkeiten dazu einen bedeutsamen Beitrag.

Die neuen Anforderungen, vor denen wir stehen, verlangen eine neue Qualität der außerunterrichtlichen Bildung und Erziehung. Dabei geht es nicht nur darum, die bisherigen Formen der außerunterrichtlichen Tätigkeit wie Arbeitsgemeinschaften und Kurse quantitativ und qualitativ weiter auszubauen, sondern darum, das Leben und die Tätigkeit der Kinder außerhalb des Unterrichts den vielseitigen Interessen der Schüler aller Altersgruppen entsprechend zu gestalten. Unter einer richtig gestalteten ganztägigen Bildung und Erziehung verstehen wir, das geistig-kulturelle Leben inhaltsreich zu organisieren. Sie muß dem Anspruchsniveau, der gewachsenen Reife unserer heutigen Schuljugend entsprechen. Unsere Mädchen und Jungen sollen forschen, knobeln, singen, tanzen, spielen und aktiv Sport treiben. Das schließt ein, die häufig noch anzutreffende Eintönigkeit und Spontaneität in der außerunterrichtlichen Tätigkeit, die oft nur passive Unterhaltung der Schüler zu überwinden.

Ein hohes Niveau der außerunterrichtlichen Arbeit ist nur zu erreichen, wenn alle gesellschaftlichen Kräfte daran mitwirken. Die Bildung und Erziehung unserer Schuljugend wird immer mehr zu einem gesellschaftlichen Anliegen. Im Zusammenwirken mit der Familie, der sozialistischen Kinder- und Jugendorganisation, den Betrieben, den wissenschaftlichen, kulturellen und staatlichen Institutionen und den gesellschaftlichen Organisationen muß unsere Schule die neuen Bedingungen für eine noch engere Verbindung der Bildung und Erziehung mit dem Leben voll nutzen. Dabei spielen unsere Freie Deutsche Jugend und ihre Pionierorganisation „Ernst Thälmann" eine entscheidende Rolle, indem sie die Kinder und Jugendlichen zur Teilnahme am politischen Kampf, am gesellschaftlichen Leben mobilisieren, sie zum fleißigen und disziplinierten Lernen erziehen und ihre aktive kulturelle und sportliche Betätigung organisieren.

Deshalb betonen wir die Verantwortung, die gewählten Leitungen der FDJ- und Pionierorganisation an der Schule pädagogisch richtig zu führen, sie zur Aktivität und Selbständigkeit zu befähigen.

Die Kinder- und Jugendorganisation sind unsere besten Helfer, um das Denken und Handeln der Schüler auf die Interessen und Ziele des gesamten Schülerkollektivs zu lenken. Jeder Lehrer und Erzieher weiß, daß der Erfolg der pädagogischen Arbeit maßgeblich davon abhängt, wie das Kollektiv der Schüler als persönlichkeitsbildende Kraft wirksam wird.

Wir betrachten das Kollektiv als eine notwendige Bedingung für die volle Entfaltung der Individualität, für das Streben der Menschen nach eigener Vervollkommnung. Gerade im Kollektiv bestehen günstige Bedingungen, die Kinder zur Selbsterziehung zu befähigen und sie zu erziehen, sich um jeden einzelnen und das Ganze zu sorgen.

Deshalb sehen wir eine wesentliche Aufgabe darin, eine höhere Qualität der Kollektiverziehung zu erreichen. In der sozialistischen Gesellschaft, in der es keine Klassengegensätze gibt, ist das gemeinsame Wirken für das gesellschaftliche Ganze zum bestimmenden Wesenszug geworden.

Wir messen gerade deshalb der Kollektiverziehung eine so große Bedeutung bei, weil unsere pädagogische Arbeit darauf gerichtet ist, die individuellen Eigenschaften und Fähigkeiten der Persönlichkeit zur vollen Entfaltung zu bringen. Die Behauptung antikommunistischer Ideologen, das Kollektiv würde die Menschen „vermassen", ist nichts anderes als der Versuch, die Tatsache zu verschleiern, daß gerade der Kapitalismus der Entwicklung der Persönlichkeit entgegensteht, daß das imperialistische System objektiv die freie Entfaltung der menschlichen Wesenskräfte unterdrückt. Hinter dem Gerede von „Individualität" verbirgt sich nichts anderes als eine „Moral", wonach sich jeder selbst der nächste ist.

Unsere Erfahrungen besagen, daß die enge und vertrauensvolle Zusammenarbeit von Schule und Elternhaus von großer Bedeutung ist. In unserer Gesellschaft stimmen die Interessen der Eltern, ihre Wünsche und ihr Wollen, die Kinder zu gebildeten, lebensfrohen Menschen zu erziehen, die sich in der Arbeit und im Leben bewähren, voll mit dem Bildungs- und Erziehungsziel der Schule überein. Im Sinne dieses gemeinsamen Anliegens wirken nahezu 600 000 Eltern in den demokratisch gewählten Elternbeiräten und Klassenelternaktiven gemeinsam mit den Lehrern an der Erziehung der Kinder.

Im Namen aller Pädagogen möchte ich den Mitgliedern der Elternbeiräte und Elternaktive für ihre aufopferungsvolle Tätigkeit herzlich danken.

Unsere Schule kann ihre Aufgabe nur im engen Zusammenwirken mit den Eltern, durch eine gute Erziehung in der Familie lösen. In vielen Familien ist es zur festen Gewohnheit geworden, daß die Eltern sich um das gute Lernen der Kinder sorgen, Anforderungen an sie stellen und vertrauensvoll mit den Kindern über die großen und kleinen Probleme des Lebens sprechen. Trotz vielerlei Beanspruchung müssen dafür in jedem Elternhaus die Zeit und die notwendige Geduld aufgebracht werden, und nicht zuletzt gehört dazu auch, konsequent zu sein in der Erziehung.

Die wachsende Beteiligung vieler Eltern an Aussprachen über pädagogische Probleme zeigt, daß sie den taktvollen Rat der Pädagogen wünschen. Besonders im Pubertätsalter haben die Jugendlichen viele Probleme, brauchen sie den Rat der Erwachsenen. Gerade hier ist eine enge und vertrauensvolle Zusammenarbeit zwischen Elternhaus und Schule erforderlich.

Unsere pädagogische Propaganda muß niveauvoller, auf die echten Bedürfnisse der Eltern gerichtet sein. Das gilt auch in vollem Maße für die Elternversammlungen, die den gewachsenen Ansprüchen der Eltern besser Rechnung tragen müssen.

In den Beziehungen zwischen Schule und Betrieb entwickelt sich eine gute Qualität. Das wurde auch auf der Konferenz des FDGB-Bundesvorstandes über die gesellschaftliche Verantwortung der Arbeiterklasse bei der sozialistischen Erziehung und Bildung der Schuljugend im Januar dieses Jahres sichtbar. Tausende sozialistische Brigaden unterstützen immer wirksamer die sozialistische Erziehung der Schuljugend. In vielen Brigaden ist es zur Norm geworden, auch darüber abzurechnen, wie die Mitglieder ihre Verantwortung für die Erziehung der eigenen Kinder und die der Patenklasse wahrgenommen haben.

Immer mehr wird die Erziehung der heranwachsenden Generation zur Sache des gesamten Betriebes. Viele Betriebe sorgen sich um eine hohe Qualität des polytechnischen Unterrichts, unterstützen die Lehrer in der außerunterrichtlichen Tätigkeit und helfen mit, in den Territorien die materiellen Voraussetzungen für eine gute Bildungs- und Erziehungsarbeit zu schaffen. Die Leiter dieser Betriebe betrachten dies als ihre Verantwortung vor den Werktätigen.

Aber es gibt nicht wenige Leiter, die noch immer nur in den Grenzen des eigenen Betriebes denken. Die Verbesserung der Lebensbedingungen der Werktätigen, die Entwicklung des geistig-kulturellen Lebens im Wohngebiet, für das die Betriebe jetzt eine größere Verantwortung tragen, schließt ein, sich mitverantwortlich zu fühlen, daß die Schulen in Ordnung sind und Möglichkeiten der Freizeitgestaltung auch für die Kinder der Werktätigen geschaffen werden.

Eine große Bereitschaft gibt es bei unseren Kulturschaffenden, zur sozialistischen Erziehung der Schuljugend beizutragen. Besonders gegenwärtig bemühen sich zahlreiche Künstler, Schriftsteller, Theaterschaffende, Mitarbeiter des Fernsehfunks, des Rundfunks, der Verlage und der DEFA, neue Werke für die Kinder und Jugendlichen zu schaffen. Wir hoffen, daß diese Initiativen Früchte tragen.

Einige Theater, unsere Kindertheater, besonders unser Kinderfernsehen und vor allem auch der Kinderbuchverlag, Kinderschriftsteller, eine Reihe Komponisten und Interpreten haben hervorragenden Anteil an der musisch-ästhetischen, an der geistigen Bildung unserer Schuljugend.

Sie stimmen sicher mit mir überein, wenn ich den Autoren, den Theaterschaffenden des Landestheaters Halle und dem Deutschen Fernsehfunk Dank sage für ihren hervorragenden künstlerischen Beitrag zu unserem Kongreß. Gemeinsam mit den mitwirkenden Künstlern möchten wir diesen Beitrag zugleich als eine

Anregung an alle Kulturschaffenden verstanden wissen, sich dem Thema der Erziehung der Jugend zuzuwenden. Ist dies nicht eine interessante Aufgabe für die Kunst? Gibt es hier nicht ein breites Feld für die Gestaltung des großen Themas vom Menschen?

Wir wenden uns an alle Kultur- und Kunstschaffenden, unserer Jugend den großen Ideen- und Gefühlsgehalt der besten Werke der Literatur und Kunst nahezubringen, mitzuhelfen, edle Gedanken, ästhetische Bedürfnisse und guten Geschmack herauszubilden.

Wir brauchen eine große gesellschaftliche Initiative, um unserer Jugend den Reichtum und die Schönheit des fortschrittlichen Kulturerbes, der Weltkultur, der sozialistischen Kultur und Kunst zu erschließen. Wir brauchen eine Vielzahl inhaltsreicher neuer Werke der schöngeistigen Literatur, der Fernseh- und Rundfunkdramatik, der Musik, gute Filme und Theaterstücke. Wir brauchen neue Werke, die unserer Jugend die revolutionäre Geschichte und Gegenwart unseres Volkes nahebringen, sie für die revolutionäre Romantik unserer Zeit begeistern und sie anregen, sich für unsere gute Sache einzusetzen.

Die Ergebnisse unserer Erziehungsarbeit geben uns die Gewißheit, daß wir die objektiv höheren Maßstäbe, wie sie sich aus unserer Gesellschaftsprognose ergeben, realisieren können. Bei der Verwirklichung der „Aufgabenstellung zur weiteren Entwicklung der staatsbürgerlichen Erziehung der Schuljugend" gibt es viele gute Erfahrungen, die wir gründlich auswerten müssen.

Zu welchen Ergebnissen solche Schulen kommen, in denen ein zielstrebig handelndes Kollektiv geformt wurde, zeigt die Oberschule Lichterfelde. Die Pädagogen dieser Schule erreichten durch einen zielgerichtet organisierten ganztägigen pädagogischen Prozeß, durch Stetigkeit und Kontinuität nachhaltig wirkende Erziehungsergebnisse. Kennzeichnend für die Atmosphäre in diesem Kollektiv sind die Erinnerungen eines jungen Lehrers an sein Praktikum, das er an dieser Schule als Student absolvierte:

„…Ich war nicht der Neue, der Unerfahrene, sondern für die Schulleitung und alle Kollegen ein junger Lehrer, der Hilfe braucht, dem man Mut machen mußte. Wir waren offensichtlich miteinander zufrieden, denn zum Abschluß des Praktikums fragte mich der Direktor, ob ich nicht das Praktikum im nächsten Jahr wieder in Lichterfelde durchführen wollte. Damals war mir noch nicht klar, daß man mich in Lichterfelde gewissermaßen stillschweigend in die Kaderreserve eingeordnet hatte. Obwohl die Schule weit von meinem Heimatort entfernt liegt, stimmte ich zu, als man mir beim nächsten Praktikum den Vorschlag machte, in Lichterfelde als Lehrer tätig zu sein."

In diesen Tagen, in denen wir unseren Kongreß durchführen, befinden sich 1000 delegierte FDJ-Mitglieder und Thälmann-Pioniere der 32 Oberschulen des Stadtbezirkes Berlin-Prenzlauer Berg auf einer großen Expedition im Bezirk Frankfurt (Oder), die langfristig und gründlich vorbereitet wurde. Die Teilnehmer der Exkursion erforschen den revolutionären Kampf der deutschen Arbeiterbewegung und den Kampf der Roten Armee zur Vernichtung des Hitlerfaschismus.

Hervorragende Arbeiterfunktionäre, Helden der Sowjetarmee, die am Großen Vaterländischen Krieg teilnahmen und heute an der Seite der Nationalen Volksarmee auf Friedenswacht stehen, werden den Mädchen und Jungen ihre Erfahrungen vermitteln.

Auf den Seelower Höhen werden die Schüler auf einem eindrucksvollen Appell geloben, alles zu tun, was in ihren jungen Kräften steht, den Sozialismus zu stärken und zu verteidigen. Sie werden mit Arbeitern, Genossenschaftsbauern, Wissenschaftlern, FDJ-Mitgliedern aus Betrieben des Bezirkes Frankfurt (Oder) zusammentreffen. Sie werden das Eisenhüttenkombinat Ost, das Erdölverarbeitungswerk Schwedt, den VEB Kranbau Eberswalde, das Institut der Akademie der Landwirtschaftswissenschaften in Müncheberg, die LPG Worin und andere Betriebe besuchen, um zu sehen und zu erfahren, wie durch die Anwendung der modernsten Wissenschaft und Technik die Perspektive gestaltet wird.

Im vergangenen Jahr erforschten bereits 200 Schüler dieses Stadtbezirkes den Bezirk Cottbus. Noch heute sprechen die Jungen und Mädchen von ihren Erlebnissen.

An vielen Schulen wird bereits so gearbeitet, und jede Schule hat die Voraussetzungen und Möglichkeiten, die Erziehungsarbeit noch wirkungsvoller, zielgerichteter und kontinuierlicher zu gestalten. Nachhaltige Erziehungsergebnisse sind nicht durch Kampagnen und Aktionen zu erreichen.

Die Führung des Erziehungsprozesses ist eine komplizierte Aufgabe, die hohe Anforderungen an die tägliche Arbeit der Pädagogen stellt. Hohes pädagogisches Können zu erreichen ist für den Lehrer keine einfache Sache; es ist aber auch keine außergewöhnliche Eigenschaft, die nur besonders talentierte Pädagogen besitzen. Pädagogisches Können, so brachten viele Lehrer in der Diskussion zum Ausdruck, kann man erreichen, wenn man an sich selbst arbeitet und die Erfahrungen, die Hilfe des ganzen Kollektivs nutzt. Wir haben in Magdeburg die Frage aufgeworfen, ob sich schon alle Lehrer für das Ganze verantwortlich fühlen. Das hat an vielen Schulen eine lebhafte Diskussion ausgelöst. Mit Recht wiesen viele Lehrer darauf hin, daß jeder Fachlehrer seine Verantwortung als Erzieher voll wahrnehmen und das gesamte Pädagogenkollektiv einheitlich in seinen Forderungen sein muß. Wie die Erfahrungen beweisen, kann der Klassenleiter nur unter diesen Bedingungen seine Aufgaben erfüllen.

Es ist jedoch ein echtes Problem, wie der Klassenleiter mit der Vielzahl seiner Aufgaben fertig werden kann. In Vorbereitung unseres Kongresses wurden dazu viele Vorschläge unterbreitet.

Gemeinsam mit erfahrenen Praktikern und Wissenschaftlern müssen wir Lösungen ausarbeiten, die besten Erfahrungen schneller verallgemeinern, um den Klassenleitern konkrete, praktikable Antworten auf die sie bewegenden Fragen zu geben.

Die Vorbereitung des pädagogischen Nachwuchses entscheidet bereits heute darüber, wie unsere Schule die ständig wachsenden Anforderungen an die pädagogische Arbeit in den nächsten Jahrzehnten zu meistern vermag. Die Lehrerausbildung muß stets den für die Weiterentwicklung der Schule erforderlichen Vorlauf schaffen. Die dialektischen Wechselbeziehungen zwischen Gesellschaft und Schule verlangen eine neue Qualität der Ausbildung und Erziehung der Lehrer, die von der Dynamik der Schulentwicklung bestimmt wird.

In der Lehrerausbildung Vorlauf zu schaffen, das bedeutet, die Studenten zu befähigen, sich den Marxismus-Leninismus gründlich anzueignen. Das Studium des Marxismus-Leninismus, die konsequente Durchdringung aller Bestandteile der Ausbildung mit der sozialistischen Ideologie in enger Verbindung mit der aktiven Teilnahme der Studenten am politischen Kampf ist eine unveräußerliche Grundbedingung für die gesamte künftige Tätigkeit des Lehrers. Es ist Grundlage dafür, seine Bildungs- und Erziehungsarbeit im Zusammenhang mit den Gesetzmäßigkeiten der gesellschaftlichen Entwicklungsprozesse zu begreifen.

Vorlauf schaffen, das bedeutet, die Studenten mit einem hohen Fachwissen und gründlichen Kenntnissen in der pädagogischen Theorie auszurüsten und sie auf eine schöpferische wissenschaftliche Arbeit vorzubereiten.

Pädagogische Arbeit ist wissenschaftliche Tätigkeit. Sie verlangt vom Pädagogen, will er die wachsenden Aufgaben immer gut meistern, ständige Weiterbildung. Dazu muß ihn die Ausbildung schon heute befähigen.

Vorlauf schaffen schließt ein, die gesamte Ausbildung mit der fortgeschrittenen pädagogischen Praxis zu verbinden, die Studenten in die Durchsetzung des Neuen einzubeziehen.

Unsere Lehrerbildungsstätten müssen einen pädagogischen Nachwuchs heranbilden, der sich der Größe und Tragweite seines Berufes voll bewußt ist. Das verlangt, unsere Lehrerstudenten mit hohen politisch-moralischen und charakterlichen Eigenschaften auszurüsten, ihnen ein hohes Pflichtbewußtsein anzuerziehen, das bestimmt wird von dem gesellschaftlichen Auftrag, unsere Kinder zu hochgebildeten Sozialisten zu erziehen. Die Ausbildung muß das Streben nach pädagogischer Meisterschaft fördern, die Bereitschaft unserer Studenten wecken, sich mit der ganzen Person für das große ethische Anliegen des Lehrerberufs einzusetzen. Dieser Beruf erfordert Liebe zum Kind, die Achtung vor der kindlichen Persönlichkeit.

Schöpferische pädagogische Arbeit setzt voraus, daß unsere Studenten lernen, sich neues Wissen selbständig anzueignen. Deshalb ist es notwendig, in der Lehrerausbildung die Befähigung zum selbständigen Studium, zur wissenschaftlichen Arbeit stärker in den Mittelpunkt zu rücken.

Die gesamte Ausbildung muß darauf gerichtet sein, die Studenten zu hochgebildeten, kulturvollen Menschen zu erziehen, die durch ihre Parteilichkeit, ihren Optimismus, durch ihre ganze Persönlichkeit den Kindern ein Beispiel sind.

Das erfordert ein politisches und geistig-kulturelles Klima an allen Ausbildungsstätten, das die Herausbildung solcher Persönlichkeitsqualitäten fördert.

Mit dem neuen Inhalt der Fachlehrerausbildung, der vom neuesten Stand und von den Entwicklungstendenzen der Wissenschaften sowie vom ständig steigenden Niveau der Allgemeinbildung unserer sozialistischen Oberschule bestimmt wird, haben wir einen entscheidenden Schritt getan, um eine höhere Qualität der wissenschaftlichen Ausbildung in allen Disziplinen zu erreichen.

Jetzt geht es darum, in allen Ausbildungsstätten ein höheres Niveau in Lehre, Forschung und Erziehung zu sichern. Die Aufgabe, unsere Jugend so zu erziehen, daß ihr das Lernen zum Lebensbedürfnis wird, daß sie die große Bedeutung der Wissenschaft für die Praxis begreift, vermag nur ein Lehrer zu erfüllen, der seine gesamte Tätigkeit mit der Wissenschaft durchdringt, ihre Ergebnisse in der Schulpraxis konsequent nutzt und danach strebt, einen eigenen Beitrag zur Bereicherung der Wissenschaft zu leisten.

Aus der Sicht auf das ständig wachsende Entwicklungstempo der Wissenschaft ist in den neuen Ausbildungsprogrammen dem Grundlagenwissen eine erhöhte Bedeutung beigemessen. Gerade der Lehrer muß über einen stabilen Grundbestand an Erkenntnissen und Gesetzmäßigkeiten der Wissenschaft verfügen und sich wissenschaftliche Denk- und Arbeitsweisen aneignen, damit er sich neue Wissensgebiete erschließen kann.

Unsere Lehrerstudenten müssen mit dem Höchststand der Wissenschaft und Forschung, vor allem in der Sowjetunion, vertraut gemacht, sie müssen systematisch befähigt werden, an Forschungsaufgaben teilzunehmen.

Unsere künftigen Lehrer müssen tief in die Entwicklung ihrer Fachwissenschaften eindringen, damit sie einen dem modernsten Stand der Wissenschaft entsprechenden Fachunterricht erteilen können. Um zum Beispiel im Fachunterricht die neuen Lehrplananforderungen in den Naturwissenschaften zu erfüllen, ist es notwendig, daß die Studenten in der mathematisch-naturwissenschaftlichen Fachausbildung tiefer in die grundlegenden Gesetze eindringen und ihre Anwendung in der modernen sozialistischen Produktion kennenlernen.

Mit der Neubestimmung des wissenschaftlichen Inhalts der Lehrerausbildung sind wichtige Voraussetzungen für ein höheres Niveau geschaffen. Es muß jedoch klar sein, daß es um eine tiefgreifende, qualitative Umgestaltung in der Lehrerbildung geht. Die Bemühungen unserer Lehrerbildner sind gegenwärtig besonders darauf gerichtet, Lehre, Forschung und Erziehung eng mit der Praxis zu verbinden. Ein hohes Niveau in der Lehre, das die Aneignung gründlicher theoretischer Kenntnisse mit der Herausbildung der Fähigkeit verbindet, sie in der praktischen Tätigkeit anzuwenden, ist eine wesentliche Voraussetzung dafür, daß die Studenten tiefere Einsichten in die Gesetzmäßigkeiten des pädagogischen Prozesses gewinnen, in die Gesetzmäßigkeiten der Wissenschaft, die sie lehren.

Es ist das Anliegen des wissenschaftlich-produktiven Studiums, das Prinzip der Einheit von Theorie und Praxis konsequent zu verwirklichen, eine enge Verbindung von Theorie und Praxis zu sichern. Das verlangt, das Studium so zu gestalten, daß die Studenten im Prozeß der Aneignung theoretischer Kenntnisse zugleich Methoden der selbständigen wissenschaftlichen Arbeit erwerben und in der Praxis anwenden lernen.

In der Diskussion zur Vorbereitung des Kongresses wurde zu Recht darauf hingewiesen, daß die Ausbildung in den pädagogischen Disziplinen nicht immer den neuen Anforderungen der Schulpraxis entspricht. Wir sind weit davon entfernt, damit jenen zuzustimmen, die meinen, man müsse einen Lehrer ausbilden, der schon alles kann.

Es gibt jedoch in der Tat ein ernstes Zurückbleiben der pädagogischen, psychologischen und methodischen Ausbildung hinter den neuen Anforderungen der Schulpraxis.

Mit der Einführung eines pädagogisch-psychologischen Grundkurses sollen die Studenten besser darauf vorbereitet werden, die komplexen Anforderungen zu meistern, die die Schulpraxis an die Arbeit des Lehrers stellt. Auch in der pädagogischen Ausbildung geht es um ein höheres theoretisches Niveau und um eine neue Qualität der Praxisbeziehungen. In den theoretischen Lehrveranstaltungen und in der praktisch-pädagogischen Tätigkeit, in der lebendigen Arbeit mit den Kindern müssen die Studenten lernen, den pädagogischen Prozeß auf wissenschaftlicher Grundlage zu gestalten. Sie müssen die fortgeschrittensten Erfahrungen kennenlernen – nicht nur in den Praktika, sondern auch in den Lehrveranstaltungen. Das schließt ein, die Studenten an den Entwicklungsproblemen, dem konkreten pädagogischen Leben an der Schule teilhaben zu lassen, sie zu befähigen, Probleme zu lösen, sich mit Mängeln und Rückständen in der pädagogischen Praxis auseinanderzusetzen.

Die Voraussetzung dafür ist, daß sich die Lehrerbildner selbst noch gründlicher mit den Problemen der Praxis beschäftigen, die Erfahrungen und Erkenntnisse der Lehrer für die Bereicherung der pädagogischen Theorie nutzen. Die Ausbildung und Erziehung der künftigen Lehrer stellt an alle Professoren, Dozenten und Mitarbeiter, ob sie fachwissenschaftliche oder pädagogische Disziplinen lehren, ob sie an einer Universität, an einer Hochschule oder an einem Institut für Lehrerbildung tätig sind, höchste Ansprüche, nicht zuletzt auch an ihre Weiterbildung.

Durch ihr Vorbild besitzen unsere Lehrerbildner die Achtung und Wertschätzung ihrer Studenten. Wie die Erfahrung beweist, ist für Erfolge in der Erziehungsarbeit entscheidend, daß die Beziehungen zwischen Lehrerbildnern und Studenten von sozialistischer Parteilichkeit, hohen Anforderungen und gegenseitigem Vertrauen getragen sind.

Wer sich entscheidet, Lehrer zu werden, wählt einen schönen und zugleich verantwortungsvollen Beruf von gesellschaftlicher Tragweite. Das verlangt von unseren Lehrerstudenten eine verantwortungsbewußte Einstellung zum Studium, die Studienzeit gut zu nutzen, höchste Anforderungen an sich und an die Studienkameraden zu stellen.

Unser sozialistischer Jugendverband trägt als das politisch organisierte Kollektiv und Interessenvertreter der Studenten wesentlich zur Erziehung sozialistischer Lehrerpersönlichkeiten bei. Deshalb messen wir der engen Zusammenarbeit der Lehrerbildner mit der Freien Deutschen Jugend große Bedeutung zu.

Von den Direktoren und unseren Lehrern erwarten wir, daß sie noch systematischer geeignete junge Menschen auf das Lehrerstudium vorbereiten, daß sie unseren Absolventen verständnisvoll helfen, ihnen ihre reichen pädagogischen Erfahrungen weitergeben. Das ganze Pädagogenkollektiv muß sich dafür verantwortlich fühlen, all das, was in der Ausbildung an Fruchtbarem angelegt ist, in der Arbeit der jungen Lehrer voll entfalten zu helfen.

Die Umgestaltung der Lehrerbildung, die sich im Rahmen der 3. Hochschulreform vollzieht, erfordert eine noch höhere Qualität der Führungstätigkeit an den Pädagogischen Schulen, den Instituten für Lehrerbildung, den Hochschulen und Universitäten. Sie verlangt die konsequente Verwirklichung der staatlichen Ausbildungsdokumente und die Befähigung aller Lehrerbildner zu erfolgreicher wissenschaftlicher und erzieherischer Arbeit.

An allen Universitäten und Hochschulen müssen entsprechend dem Beschluß des Staatsrates, der die Lehrerbildung zur strukturbestimmenden Aufgabe erklärt, größere Anstrengungen unternommen werden. Wir können nicht länger darüber hinwegsehen, daß an einigen Universitäten die Lehrerbildung ungenügend geführt wird, daß die verbindlichen staatlichen Studienprogramme nicht genügend ernst genommen werden. Wir können uns nicht länger mit dem noch immer sehr hohen Stand an Exmatrikulationen an den Pädagogischen Instituten und Hochschulen sowie an den Universitäten zufriedengeben; denn jeder Lehrerstudent, der seine Ausbildung nicht beendet, fehlt uns in der Schule.

Die berechtigte Forderung unserer Pädagogen nach einer effektiveren und rationellen Weiterbildung drückt das tiefe Verständnis dafür aus, daß die Verwirklichung der neuen Lehrpläne maßgeblich von der eigenen intensiven Qualifizierung abhängt. Mit dem Kurssystem haben wir einen Weg beschritten, die Lehrer umfassend mit der theoretischen Gesamtkonzeption und den wissenschaftlichen Grundlagen des neuen Lehrplanwerkes vertraut zu machen.

8000 Hochschullehrer, Direktoren und Lehrer, Partei- und Schulfunktionäre haben für fast 33 000 Pädagogen eine erfolgreiche Weiterbildung während der Winterferien gesichert. Die Lehrer begrüßten, daß sie in Vorlesungen und Seminaren eine theoretisch fundierte Hilfe für ihre praktische Arbeit erhalten haben, daß sie sich mit den wissenschaftlichen Problemen beschäftigen konnten, die sie in ihrer täglichen praktischen Arbeit bewegen.

Viele Lehrer hoben hervor, daß die Seminare, in denen ein lebendiger Erfahrungs- und Meinungsaustausch, ein wissenschaftlicher Meinungsstreit geführt wurde, besonders nützlich waren. Zu Recht wird gefordert, daß diese Methode nicht auf die Kurse beschränkt bleibt, sondern ein Prinzip in der gesamten Weiterbildung sein muß.

Die Teilnehmer am Kurssystem unterbreiteten wertvolle Anregungen, die wir gründlich auswerten müssen. So wurde gefordert, weitergehende Studienhinweise und -hilfen zu erarbeiten, eine noch stärkere thematische Orientierung auf Schwerpunkte zu geben und den zeitlichen Ablauf der Kurse noch besser zu durchdenken.

Von einigen Lehrern wurde die Frage aufgeworfen, ob es nicht ratsam sei, bei Überlegungen zur künftigen Gestaltung der Weiterbildung durch eine stärkere

Differenziertheit dem unterschiedlichen Stand des Wissens und Könnens der Lehrer und Erzieher noch besser Rechnung zu tragen.

Wir gehen davon aus, daß unsere neuen Lehrpläne über einen längeren Zeitraum Gültigkeit haben. Die Hauptfunktion der Weiterbildung muß darin bestehen, den Lehrer zu befähigen, sich ständig neues Wissen, neue Fähigkeiten anzueignen, damit er seinen Unterricht stets nach den neuesten Erkenntnissen gestalten kann.

Die wichtigste Methode der Qualifizierung ist das Selbststudium. Die Weiterbildungsveranstaltungen müssen deshalb das Selbststudium fördern und zugleich Gelegenheit bieten, das dabei erworbene Wissen zu überprüfen, die Kenntnisse zu vertiefen, und sie müssen ständig neue Anregungen für das eigene Studium geben.

Viele Pädagogen stellen aber berechtigt fest, daß es zur Zeit noch nicht genügend solche Literatur gibt, die es ermöglicht, fachliche, schulpolitische, pädagogische und methodische Fragen konzentriert und rationell durchzuarbeiten. In den nächsten Jahren ist vorgesehen, Publikationen zur weitergehenden Interpretation des Lehrplanwerkes, Lehrbücher der sozialistischen Pädagogik, der Theorie der sozialistischen Erziehung und der Didaktik, Fachmethodiken und ein Buch über Inhalt und Gestaltung des Unterrichts in der Unterstufe herauszugeben.

Viele Lehrer fordern zu Recht, daß sich die pädagogische Literatur und die Beiträge in den Fachzeitschriften durch einen höheren wissenschaftlichen Informationsgehalt, durch theoretisch fundierte Hinweise für die Praxis und eine klare, verständliche Sprache auszeichnen müssen.

Es ist weiter vorgesehen, schrittweise ein Bildungsprogramm des Fernsehens und Rundfunks aufzubauen. Neben der Fortführung bewährter Sendungen werden künftig neue Sendereihen für Schüler in das Programm aufgenommen, so für Geschichte, Staatsbürgerkunde, Geographie und den polytechnischen Unterricht sowie zu ausgewählten Problemen der naturwissenschaftlichen Fächer.

Spezielle Sendereihen für Pädagogen, Literaturverfilmungen, Dokumentarfilme und Reportagen, wissenschaftliche Lehrfilme und Hörspiele, Musiksendungen und Dokumentationen werden die Lehrerweiterbildung unterstützen.

Jeder Lehrer sammelt in seiner Arbeit viele Erfahrungen. Der Erfahrungsaustausch ist deshalb eine entscheidende Methode der Weiterbildung, die dazu beiträgt, gute Erfahrungen dem ganzen Kollektiv zugänglich zu machen.

Gute Erfahrungen auswerten, das heißt nicht, diese oder jene Methode formal zu übernehmen, sondern setzt vielmehr das selbständige Durchdenken des Wesens guter Erfahrungen, das schöpferische Umsetzen in der eigenen Tätigkeit voraus. Der Erfahrungsaustausch sollte in viel stärkerem Maße auch die Arbeit der Fachzirkel bestimmen.

Im Hinblick auf die Bedeutung, die die Qualifizierung für ein höheres Niveau der Bildungs- und Erziehungsarbeit erlangt, ist die Weiterbildung schon heute eine entscheidende Führungsmethode aller Volksbildungsorgane. Sie wird immer mehr zu einer ausschlaggebenden Voraussetzung, um den ständig wachsenden

Anforderungen an die Qualität des Bildungswesens gerecht zu werden. Das erfordert an allen Schulen eine systematische Kaderarbeit, die Lehrer so einzusetzen, daß sie entsprechend ihren Fähigkeiten am besten wirksam werden können, ihren Einsatz langfristig zu planen und ihnen dadurch Gelegenheit zu geben, sich kontinuierlich auf einem bestimmten Gebiet zu qualifizieren.

Jeder Direktor muß einen tiefen Einblick in die praktische Tätigkeit jedes Lehrers besitzen, damit er ihn gut beraten kann, auf welchen Gebieten er sich weiterbilden muß. Wir unterstreichen deshalb nochmals, wie wichtig es ist, die gesamte Arbeit an der Schule sinnvoll zu organisieren, sorgsam mit der Zeit der Lehrer umzugehen und günstige Bedingungen für ihre Weiterbildung zu schaffen.

Unsere Volksbildungsabteilungen der Bezirke und Kreise haben besonders im letzten Jahr eine große Arbeit geleistet, qualifizierte Kader für die Weiterbildung zu gewinnen. Um ein solides wissenschaftliches Niveau der Weiterbildung zu gewährleisten, ist es weiterhin notwendig, Hochschullehrer, Mitarbeiter wissenschaftlicher Einrichtungen und Organisationen, Propagandisten der Partei und erfahrene Schulfunktionäre und Lehrer heranzuziehen.

Ein reiches Betätigungsfeld erschließt sich hier auch für die wissenschaftlichen Gesellschaften und Bildungseinrichtungen der Betriebe, die vor allem mithelfen sollten, die Lehrer in geeigneter Weise mit den neuen Problemen und Entwicklungstendenzen der Wissenschaft, Technik und der modernen Produktion vertraut zu machen.

Es ist ein gesetzmäßiger Prozeß, daß die Bedeutung der pädagogischen Wissenschaft für die Lösung der Aufgaben, die in den nächsten Jahren vor uns stehen, weiter wächst. Sie muß rechtzeitig die neuen Entwicklungsprobleme aufgreifen und die Voraussetzungen schaffen helfen, unsere sozialistische Schule ständig weiter zu vervollkommnen.

Es gilt, die gesamte pädagogische Tätigkeit immer umfassender wissenschaftlich zu durchdringen und das Bedürfnis der Lehrer weiter zu fördern, neue Ergebnisse der pädagogischen Forschung in ihrer täglichen Arbeit anzuwenden. Deshalb muß sich die pädagogische Wissenschaft darauf konzentrieren, die Grundprobleme der Bildung und Erziehung weiter auszuarbeiten und die realen pädagogischen Prozesse gründlich zu analysieren. Sie muß theoretisch begründete Hilfen für die praktische pädagogische Arbeit geben und wissenschaftliche Grundlagen für perspektivische schulpolitische Entscheidungen schaffen. Dazu bedarf es eines weiteren Aufschwungs der schöpferischen theoretischen Arbeit. Die bisherigen Ergebnisse der pädagogischen Forschung bieten dafür günstige Voraussetzungen.

Mit der sozialistischen Pädagogik verfügen wir über eine wissenschaftliche Theorie der Bildung und Erziehung, die im Marxismus-Leninismus ihre theoretische und methodologische Grundlage hat. Allein die marxistisch-leninistische Pädagogik war und ist imstande, die Gesetzmäßigkeiten des pädagogischen Prozesses wissenschaftlich zu erforschen und ihre Wirkungsweise unter den konkrethistorischen Bedingungen darzustellen.

Solche grundlegenden Fragen wie das Verhältnis von Erziehung und Gesellschaft, von Schule und Leben, der Zusammenhang zwischen Zielen, Inhalten und Methoden der Bildung und Erziehung, die Verbindung von Unterricht, produktiver Arbeit und körperlicher Ausbildung, das Verhältnis von Einheitlichkeit und Differenzierung waren und sind nur durch die marxistisch-leninistische Pädagogik zu lösen.

Die bürgerliche Pädagogik hat – bedingt durch ihre Klassenbeschränktheit – keine dieser Grundfragen im Interesse der Kinder des Volkes zu beantworten vermocht.

Unsere Pädagogik bietet die Gewähr dafür, daß die neuen Probleme, vor denen wir jetzt stehen, wissenschaftlich und praxiswirksam gelöst werden können.

Die sozialistische Pädagogik ist die modernste, die fortgeschrittenste Pädagogik. Sie ist offen für alle neuen Fragestellungen, denn sie verfügt mit dem Marxismus-Leninismus über das Instrument, neue Entwicklungsprobleme aufzugreifen und zu lösen und neue Erkenntnisse anderer Wissenschaften zu verarbeiten.

Ein bestimmender Wesenszug der marxistisch-leninistischen Pädagogik ist es, daß sie sich ständig weiterentwickelt, weil sie die Ergebnisse, die Erfahrungen der sich verändernden Praxis wissenschaftlich verallgemeinert.

Heute ist es schon gar nicht mehr so selten, daß Vertreter der imperialistischen westdeutschen Pädagogik unter dem Mantel der Objektivität ein Loblied auf unser Bildungswesen singen. Das hört sich dann so an: In der DDR gibt es „erziehungswissenschaftlich versierte Fachkollegen, die pädagogisch-international Beachtenswertes leisten..."[11]

Die gleichen Leute, die uns für modern halten, hätten es aber gern noch ein wenig „moderner". Sie wünschen sich, daß unsere Pädagogik ein bißchen zugänglicher werde für die sogenannten wertfreien pädagogischen Fragestellungen.

So schreibt Hartmut Vogt, daß mit den Pädagogen aus der DDR „heute ein Fachgespräch, bei dem die bestehenden, meist ideologisch-politisch begründeten Gegensätze zeitweilig ausgeklammert werden"[12], möglich sein müßte, weil, wie er meint, „eine sehr wesentliche Gemeinsamkeit in West und Ost und damit auch in beiden Teilen Deutschlands" in den „industriegesellschaftlich bedingten Bildungserfordernissen"[13] bestehe.

Dieser pädagogische Konvergenztheoretiker zitiert in diesem Zusammenhang Oskar Anweiler, der darauf spekuliert, daß sich ein Annäherungsprozeß zwischen den beiden Schulsystemen vollziehen könne:

„Eine wesentliche Rolle bei dem pragmatischen, weniger ideologiegebundenen Herangehen an die Strukturprobleme des Bildungswesens", sagt Anweiler, „spielen ... die neuen Wissenschaftszweige der Bildungsökonomie, Bildungssoziologie

---

[11] H. Vogt: Bildung und Erziehung in der DDR. Ernst Klett Verlag, Stuttgart 1969, S. 273.
[12] Ebenda.
[13] Ebenda, S. 262.

und Bildungsgeographie", denen er „eine nicht unerhebliche Rolle bei der ‚Entideologisierung' der modernen Bildungsprobleme"[14] zumißt.

Diese Herren preisen uns neue pädagogische Systeme an, über die wir miteinander reden könnten – selbstverständlich unter einer Bedingung:

Wir sollten die Ideologie herauslassen.

Es ist vergebliche Liebesmüh, darauf zu hoffen, daß wir die sozialistische Pädagogik für antimarxistische, konvergenztheoretische Einflüsse öffnen.

Es bestanden und bestehen keine Gemeinsamkeiten zwischen marxistisch-leninistischen Auffassungen und imperialistischen Theorien in bildungsökonomischen, bildungssoziologischen und pädagogischen Fragen.

Es gibt einen prinzipiellen Unterschied zwischen der Differenzierung, wie wir sie meinen, und der Individualisierung des Bildungs- und Erziehungsprozesses, wie ihn die bürgerliche Pädagogik versteht.

Es bestanden und bestehen keine Gemeinsamkeiten zwischen unseren Auffassungen über einen einheitlichen Aufbau des Bildungssystems und das gleiche Recht auf Bildung für alle Kinder und dem Gerede von der „Durchlässigkeit der Bildungswege" und der „Gleichheit der Bildungschancen".

„Anpassung an die moderne Industriegesellschaft" und „Techniklehre" haben nichts gemein mit unserer Auffassung über polytechnische Bildung und Erziehung.

Uns verbindet nichts mit diesen Apologeten des westdeutschen Imperialismus. Wir fühlen uns dagegen mit all den westdeutschen Pädagogen verbunden, die für eine humanistische, demokratische Bildung in der Bundesrepublik eintreten.

Worum es den Anweilers und Vogts eigentlich geht, hat Vogt offen ausgesprochen:

Es dürfe „nicht übersehen werden", schreibt er, „daß die Annäherung der beiden Teile Deutschlands auf verschiedenen Gebieten, darunter auch auf dem Gebiet der Bildung und Erziehung, eine politische Annäherung erleichtern kann..."[15]

Was man in der Bundesrepublik unter „Annäherung" versteht, ist nichts anderes als der Versuch, ideologisch in die DDR und die anderen sozialistischen Länder einzudringen. Das entspricht dem strategischen Ziel des westdeutschen Imperialismus und der gegenwärtigen Bonner Regierung, mit Hilfe neuer taktischer Varianten die revanchistische Politik gegen die DDR weiter fortzusetzen.

Die vor uns stehenden Aufgaben in den siebziger Jahren erfordern, das ideologisch-theoretische Niveau der Pädagogik weiter zu erhöhen und das Entwicklungstempo der pädagogischen Forschung zu beschleunigen. Das ist auch das Anliegen des Perspektivplanes der pädagogischen Forschung, der für den Zeitraum 1971 bis 1975 ausgearbeitet wurde. Er verlangt, alle Kräfte und Kapazitäten der päd-

---

[14] O. Anweiler: Entwicklungsperspektiven des Bildungswesens in beiden Teilen Deutschlands. Zit. nach: H. Vogt: A. a. O., S. 260.
[15] H. Vogt: Bildung und Erziehung in der DDR. A. a. O., S. 262.

agogischen Forschung zusammenzuführen und auf die Lösung der entscheidenden Aufgaben zu konzentrieren. Zu diesen Aufgaben gehören Untersuchungen zu ideologisch-theoretischen Grundfragen der Bildung und Erziehung, zur Realisierung des Lehrplanwerkes und der „Aufgabenstellung zur weiteren Entwicklung der staatsbürgerlichen Erziehung der Schuljugend"; Untersuchungen zum Inhalt, zu den Methoden, Organisationsformen und Mitteln der Bildung und Erziehung; Untersuchungen zur Aus- und Weiterbildung, Untersuchungen zur Planung und Leitung sowie zur Sicherung eines wissenschaftlichen Vorlaufs für die weitere Entwicklung des Volksbildungswesens.

Mit der Konzentration auf Hauptprojekte, die von Vertretern verschiedener pädagogischer Disziplinen und anderer Wissenschaften komplex bearbeitet werden müssen, wird eine neue Qualität in der Forschung angebahnt.

Der Perspektivplan der pädagogischen Forschung orientiert darauf, Grundprobleme der sozialistischen Persönlichkeitstheorie und die erkenntnistheoretischen Grundlagen der Bildung und Erziehung weiter auszuarbeiten, Untersuchungen über solche wesentlichen methodischen Probleme wie das Verhältnis von allgemeinen gesellschaftlichen Entwicklungsgesetzen und spezifischen Gesetzmäßigkeiten der Pädagogik durchzuführen. Er betont die Notwendigkeit, die vorliegenden Erkenntnisse zum Gegenstand und zum Begriffssystem der Pädagogik sowie zu ihrer Stellung im System der marxistisch-leninistischen Gesellschaftswissenschaften zu vertiefen.

Die Ergebnisse der wissenschaftlichen Untersuchungen müssen dazu beitragen, den theoretischen Gehalt des neuen Lehrplanwerkes zu erschließen und den Lehrern praktische Hinweise für die Führung und Gestaltung des Bildungs- und Erziehungsprozesses in die Hand zu geben, die sie zu schöpferischer Arbeit anregen.

Unsere Wissenschaftler stehen vor interessanten, aber auch komplizierten neuen theoretischen Problemen.

Die konsequente Durchsetzung des Prinzips der Einheit von Theorie und Praxis ist ein Kernproblem für die Weiterentwicklung der pädagogischen Wissenschaft. Gerade hier ist es erforderlich, einen spürbaren Fortschritt zu erzielen. Es gibt wohl niemanden, der dieses Prinzip nicht anerkennt, geringschätzt. In der wissenschaftlichen Arbeit zeigen sich aber auf diesem Gebiet noch eine Reihe ernster Mängel.

Noch immer gibt es Erscheinungen, daß unter theoretischer Arbeit eine von der Praxis abgehobene, isolierte Darstellung bestimmter Ideen und Prinzipien verstanden wird. Hohes theoretisches Niveau verstehen wir nicht als eine abstrakte Darstellung des Allgemeinen, losgelöst von den praktischen Problemen, mit denen der Lehrer täglich konfrontiert ist.

Andererseits gibt es Veröffentlichungen, als praktische Hilfe für den Lehrer gedacht, die durch theoretische Armut gekennzeichnet sind. Es genügt nicht, in empirischer Weise bei der bloßen Beschreibung von Erscheinungsformen des pädagogischen Prozesses stehenzubleiben.

Diese Mängel wurden in der Vorbereitung des Kongresses von vielen Lehrern kritisiert. Sie forderten theoretisch fundierte, praktikable Hinweise, Ratschläge und Empfehlungen, mehr konkrete Hilfe für ihre tägliche Arbeit.

Die Beziehungen zwischen pädagogischer Forschung und pädagogischer Praxis reichen nicht mehr aus. Wir müssen neue Formen der Zusammenarbeit von Wissenschaftlern und Praktikern finden. Das System der Forschungsgemeinschaften, die Arbeit der Forschungsschulen, die Mitarbeit der Lehrer an empirischen Untersuchungen müssen weiter ausgebaut werden. Dazu gehört auch, daß die Wissenschaftler den besten Lehrern helfen, ihre Arbeitserfahrungen wissenschaftlich zu verallgemeinern. Eine neue Qualität in den Theorie-Praxis-Beziehungen ist wesentlich davon abhängig, wie es gelingt, die pädagogische Wirklichkeit in ihrer Dialektik zu erfassen. Die Fähigkeit zur schöpferischen Anwendung der materialistischen Dialektik gewinnt in der pädagogischen Theorie und Praxis zunehmend an Bedeutung.

Die vielfältige Verflochtenheit der pädagogischen Prozesse verlangt eine projektbezogene interdisziplinäre Gemeinschaftsarbeit von Vertretern aller pädagogischen Disziplinen und der pädagogischen Praxis, von Pädagogen, Psychologen, Soziologen, Ökonomen, Philosophen und Medizinern.

Es geht auch in der pädagogischen Wissenschaft und Forschung um eine völlig neue Qualität der Wissenschaftsorganisation. Das erfordert ein neues Denken, neue Organisationsformen der pädagogischen Forschung, ihrer Planung und Leitung. Das Politbüro des Zentralkomitees der SED und der Ministerrat der Deutschen Demokratischen Republik haben beschlossen, das Deutsche Pädagogische Zentralinstitut zu einer Akademie der Pädagogischen Wissenschaften der Deutschen Demokratischen Republik weiterzuentwickeln, deren Konstituierung im September dieses Jahres erfolgt. Damit wird die erfolgreiche Arbeit unserer pädagogischen Wissenschaft und ihre ständig wachsende Rolle gewürdigt und hervorgehoben. Mit der Gründung der Akademie der Pädagogischen Wissenschaften werden neue Bedingungen für die schöpferische Arbeit der pädagogischen Wissenschaftler geschaffen. Die Akademie wird die zentrale Leiteinrichtung für die gesamte pädagogische Forschung der DDR sein. Zu ihren Hauptaufgaben wird es gehören, die sozialistische Gemeinschaftsarbeit in der Forschung zu organisieren, eine enge Verbindung mit der pädagogischen Praxis herzustellen, an der Aus- und Weiterbildung der Pädagogen aktiv mitzuwirken, die Kooperation mit der Sowjetunion und die Zusammenarbeit mit Forschungsinstituten der sozialistischen Länder weiter auszubauen.

Das entscheidende Instrument zur Führung der pädagogischen Wissenschaft ist der Perspektivplan der pädagogischen Forschung. Seine zielstrebige Verwirklichung bedarf eines regen geistigen Lebens, des schöpferischen, produktiven Meinungsstreites in der Pädagogik. Das erfordert Prinzipienfestigkeit und die Verantwortung der Wissenschaftler, die Reinheit unserer marxistisch-leninistischen Theorie zu wahren und einen eigenen Beitrag zur Bereicherung unserer Pädagogik zu leisten.

Neue Fragen müssen mutig aufgegriffen werden. Das verlangt Ideenreichtum, schöpferisches Suchen nach neuen Lösungswegen. Das sind wesentliche Voraussetzungen für die Weiterentwicklung unserer pädagogischen Theorie und Praxis.

Die bisher erzielten Ergebnisse beim Aufbau unseres sozialistischen Bildungssystems sind eine solide und stabile Grundlage, um alle seine Teile kontinuierlich weiterzuentwickeln. Aus der Sicht der Erfordernisse der gesellschaftlichen Entwicklung in den siebziger Jahren haben wir die Grundlinie für die weitere Gestaltung unseres sozialistischen Bildungswesens bis 1980 abgesteckt. Mit den Arbeiten am Perspektivplan wurden die notwendigen Entscheidungen für den Zeitraum bis 1975 vorbereitet, um die erforderlichen kadermäßigen, materiellen und finanziellen Voraussetzungen zur weiteren Realisierung des Bildungsgesetzes zu schaffen.

Die hohen Ziele, die wir uns mit dem Perspektivplan zur weiteren politischen und ökonomischen Stärkung der DDR stellten, erfordern die Konzentration aller Kräfte und Mittel auf die strukturbestimmenden Zweige unserer Volkswirtschaft. Das ist die entscheidende Voraussetzung für die weitere Entwicklung aller anderen Bereiche des gesellschaftlichen Lebens.

Dabei gehen Partei und Regierung stets davon aus, daß Wissenschaft und Bildung wesentliche Bedingungen dafür sind, die großen volkswirtschaftlichen Aufgaben im Zusammenhang mit der wissenschaftlich-technischen Revolution zu lösen, daß mit der weiteren Gestaltung der sozialistischen Gesellschaft die Anforderungen an das Bildungs- und Kulturniveau des Volkes ständig wachsen. Deshalb sind die Aufwendungen unseres Staates für die Volksbildung außerordentlich hoch.

Auch für die Volksbildung gilt der Grundsatz, die Mittel auf die entscheidenden Aufgaben zu konzentrieren. Im Perspektivplanzeitraum geht es vor allem darum, die in unserer sozialistischen Verfassung festgelegte allgemeine zehnjährige Oberschulpflicht für alle Kinder des Volkes zu sichern. Bereits bis zum Jahre 1975 sollen 90 Prozent der Schüler in die 9. und 10. Klassen aufgenommen werden, so daß bis 1980 die Oberschulbildung für alle voll verwirklicht ist.

Mit dem Schuljahr 1971/72 wird die Einführung des neuen Lehrplanwerkes abgeschlossen. Es bildet für einen längeren Zeitraum die wissenschaftliche Grundlage für unsere Bildungs- und Erziehungsarbeit. Die jahrgangsweise Einführung der Lehrpläne hat sich als großer Vorteil erwiesen, weil uns das ermöglichte, kontinuierlich vorzugehen. Im Jahre 1978 werden alle Absolventen unserer zehnklassigen Oberschule von der ersten bis zur zehnten Klasse auf der Grundlage der neuen Lehrpläne ausgebildet sein.

Die weitere Vervollkommnung unserer polytechnischen Oberschule im Zeitraum der siebziger Jahre hängt entscheidend davon ab, wie die höheren Ziele des neuen Lehrplanwerkes in vollem Umfang und mit hoher Qualität realisiert werden, so daß alle geistig und physisch gesunden Kinder das Ziel der zehnklassigen polytechnischen Oberschule erreichen. Das erfordert allergrößte Anstrengungen.

Es ist selbstverständlich, daß unsere Schule der Dynamik der Entwicklung in Gesellschaft, Wissenschaft und Technik entsprechen muß. Das heißt nicht, ständig die Lehrpläne zu verändern.

Unsere neuen Lehrpläne ermöglichen es in weit höherem Maße als bisher, neue Fakten, neue wissenschaftliche Erkenntnisse zu nutzen, indem sie das stabile Grundwissen, das Herausarbeiten von Gesetzmäßigkeiten und Zusammenhängen stärker betonen und die bereits heute erkennbaren Entwicklungstendenzen der Wissenschaften berücksichtigen.

Um den Unterricht stets auf modernstem wissenschaftlichem Stand zu erteilen, müssen wir alle notwendigen Voraussetzungen schaffen.

Wir haben in diesem Zusammenhang bereits betont, daß es eine wesentliche Aufgabe der Weiterbildung sein wird, die Lehrer zu befähigen, sich selbständig neue Erkenntnisse anzueignen.

Mit unseren Schullehrbüchern, die selbstverständlich auch relativ stabil sein müssen, ist die Möglichkeit gegeben, neue Akzente der Entwicklung in den Natur- und Gesellschaftswissenschaften und der Technik aufzugreifen und für den Unterricht zu verarbeiten.

Es ist objektiv bedingt, daß die Oberstufe unserer Schule schneller neuen Entwicklungen Rechnung tragen muß. Die Einführung des Systems der Arbeitsgemeinschaften in den Klassen 9 und 10, der fakultative Unterricht sowie die wissenschaftlich-praktische Arbeit in der Abiturstufe, deren Programme ständig vervollkommnet und auf den neuesten Stand gebracht werden können, bieten die Möglichkeit, schneller auf gesellschaftliche Erfordernisse zu reagieren, den Schülern neueste Erkenntnisse auch auf Spezialgebieten zu vermitteln.

Unsere Wissenschaft ist darauf orientiert, im Zusammenhang mit den Untersuchungen zur vollen Verwirklichung des Bildungsgesetzes einen wissenschaftlichen Vorlauf zu schaffen. Bis zum Jahre 1973 soll ein theoretisch fundiertes, von der Prognose ausgehendes und durch die Analyse der Praxis abgesichertes Material ausgearbeitet werden, das die Grundlage für die wissenschaftlichen Arbeiten im Zeitraum bis 1980 sein wird.

Dieses Material soll ermöglichen, Entscheidungen über eventuell notwendige Veränderungen in Teilbereichen der Volksbildung in der zweiten Hälfte der siebziger Jahre zu treffen und die Grundlinie für die Weiterentwicklung des Volksbildungswesens nach 1980 festzulegen. Es soll Grundpositionen der Aus- und Weiterbildung für die langfristige Vorbereitung der Pädagogen auf perspektivische und prognostische Anforderungen vorgeben.

Beim weiteren Aufbau unserer zehnklassigen Oberschule können wir von soliden Voraussetzungen ausgehen. Bis 1975 müssen wir nun die komplizierte Aufgabe lösen, das Schulnetz in jedem Kreis so aufzubauen, daß überall die im Plan festgelegte Entwicklung der Zehnklassenschule erreicht wird. Der Aufbau unserer Oberschule hat sich nicht in allen Territorien gleichmäßig vollzogen. In den vergangenen Jahren haben wir uns planmäßig auf Schwerpunkte konzentriert. In einigen Gebieten der Republik bestanden – bedingt durch die historische Entwicklung unseres Schulnetzes – ungünstigere Ausgangsbedingungen, so daß gegenwärtig territorial noch größere Unterschiede bestehen. Auf diese Gebiete müssen wir uns jetzt stärker konzentrieren.

Ein hohes Niveau unserer zehnklassigen allgemeinbildenden polytechnischen Oberschule ist die Voraussetzung für eine effektivere Gestaltung jeder weiterführenden Bildung, vor allem der Berufsausbildung, und für eine den höheren Anforderungen an das Hochschulstudium entsprechende Vorbereitung. Die Verwirklichung der im Gesetz über das einheitliche sozialistische Bildungssystem getroffenen Festlegung, die erweiterte Oberschule auf der Grundlage der zehnklassigen Oberschule aufzubauen, eine zweijährige Abiturstufe zu schaffen, erfordert, ein hohes Niveau der Zehnklassenschulbildung zu sichern.

Durch die im Schuljahr 1969/70 in den erweiterten Oberschulen eingeführten neuen Lehrpläne sind Grundlagen für eine neue Qualität geschaffen.

Mit den einheitlichen neuen Lehrplänen für die 9. und 10. Klassen der allgemeinbildenden Oberschule und für die Vorbereitungsklassen sind Bedingungen gegeben, daß jährlich immer mehr politisch, fachlich und charakterlich geeignete Schüler ohne den Besuch der Vorbereitungsklassen direkt in die erweiterte Oberschule übergehen können. Dieser direkte Übergang ist jedoch ein Prozeß. Die Vorbereitungsklassen, die bereits jetzt fester Bestandteil der zehnklassigen Oberschule sind, werden deshalb für einen längeren Zeitraum eine wesentliche Funktion zur Vorbereitung auf die Abiturstufe zu erfüllen haben. Es geht also jetzt nicht um die Auflösung der Vorbereitungsklassen.

Im System der zum Hochschulstudium führenden Bildungseinrichtungen haben sich die Klassen Berufsausbildung mit Abitur als zweiter Weg bewährt. Rund 12 500 junge Facharbeiter mit Abitur werden jährlich durch diese Einrichtungen an das Hochschulstudium herangeführt.

Auch hier müssen einige Entwicklungsprobleme gelöst werden. Im Zusammenhang mit der Einführung der Grundberufe in der Berufsausbildung muß ernsthaft geprüft werden, wie durch eine engere Verzahnung der Allgemeinbildung mit der theoretischen Berufsausbildung der Inhalt präzisiert werden muß und damit möglicherweise die Ausbildungszeit verkürzt werden kann.

In den letzten Jahren wurde durch die Wirtschaftszweige eine über den Plan hinausgehende quantitative Erweiterung dieser Klassen vorgenommen. So sehr die Bemühungen der Wirtschaft um die Entwicklung dieses Bildungsweges anzuerkennen sind, so muß darauf hingewiesen werden, daß Maßnahmen, die nur einseitig von Zweiginteressen ausgehen und nicht aus der Sicht gesamtvolkswirtschaftlicher Belange getroffen werden, zu Disproportionen in den Territorien führen. Es zeichnet sich die Tendenz zur Zersplitterung ab; vielfach entstanden nur einzelne Klassen, oft mit geringer Klassenstärke. Demzufolge kann der Fachunterricht oft nicht durch Fachlehrer erteilt werden, was selbstverständlich die Qualität dieser Ausbildung mindert. Wir erachten es als notwendig, die Entwicklung der Berufsausbildung mit Abitur bei strikter Beachtung der zentralen Vorgaben im Komplex mit der Entwicklung der erweiterten Oberschule im Territorium einheitlich zu planen, und es ist zu gewährleisten, daß die Aufnahmekommission für die Abiturstufe im Kreis auch die Entscheidung über die Eignung und Aufnahme in die Abiturklassen der Berufsbildung trifft.

In diesem Zusammenhang möchte ich einige Bemerkungen zur Arbeit der Volkshochschulen machen, deren Aufgabe es ist, dem gewachsenen Bildungsbedürfnis der Werktätigen entsprechend Möglichkeiten zur Vervollkommnung der Allgemeinbildung zu bieten.

Die Teilnehmerzahl an den Lehrgängen der Volkshochschulen stieg von rund 275 000 im Schuljahr 1966/67 auf rund 320 000 im Schuljahr 1968/69.

Unsere Volkshochschulen führen eine immer größere Anzahl von Werktätigen zu Abschlüssen im Lehrgang einzelner Fächer, zum Abschluß oder Teilabschluß der zehnklassigen Oberschule und des Abiturs.

Nicht in allen Volkshochschulen hält die Qualität mit dieser Entwicklung Schritt. Es wird oft ungenügend berücksichtigt, daß die Hörer über größere Lebenserfahrungen verfügen und höhere Ansprüche an das Niveau der Ausbildung stellen. Wir müssen an allen Volkshochschulen eine rationellere Ausbildung, eine höhere Effektivität sichern. Durch eine gute Organisation des Unterrichts müssen die Probleme, die die Schichtarbeit und der wachsende Frauenanteil in Lehrgängen mit sich bringen, besser berücksichtigt werden.

In der Diskussion zur Vorbereitung unseres Kongressen haben die Lehrer der erweiterten Oberschulen und viele Eltern darauf aufmerksam gemacht, daß die gegenwärtig praktizierten Verfahren der Studienberatung völlig ungenügend sind. Die Lehrer der erweiterten Oberschulen kritisieren mit Recht, daß Schüler, die sie in jahrelanger Arbeit zum Abitur geführt und nach gewissenhafter Prüfung für das Studium vorgeschlagen haben, oft leichtfertig als „nicht geeignet" abgewiesen wurden. Es stößt auf das Unverständnis der Eltern, daß eine solche für das Leben der jungen Menschen entscheidende Mitteilung vielfach auf bürokratische, herzlose Weise erfolgte.

Die erweiterten Oberschulen tragen natürlich eine große Verantwortung dafür, daß die Studienwünsche der Schüler auf volkswirtschaftlich entscheidende Fachrichtungen gelenkt werden. Das setzt aber voraus, daß das Hochschulwesen rechtzeitig qualifizierte Materialien zur Studienberatung zur Verfügung stellt.

Selbstverständlich können unsere Hochschulen nur Bewerber mit guten Leistungen aufnehmen. Deshalb ist in der Abiturstufe eine sehr qualifizierte Arbeit zu leisten. Wir müssen aber auch verlangen, daß bei der Entscheidung über die Aufnahme zum Studium nicht nur die formal errechnete Durchschnittszensur von 1,2 oder 1,3 zugrunde gelegt wird, sondern daß die Gesamtleistung des Schülers, seine Eignung im umfassenden Sinne Berücksichtigung findet. Das erfordert, daß die Lehrer der erweiterten Oberschulen noch mehr Sorgfalt verwenden auf die Beurteilung und die Charakteristik ihrer Schüler. Wir haben dem Ministerium für Hoch- und Fachschulwesen Vorschläge zur Änderung des Systems der Studienlenkung und -aufnahme unterbreitet. Das Ministerium für Hoch- und Fachschulwesen wird dazu die erforderlichen Maßnahmen einleiten.

In unserem einheitlichen sozialistischen Bildungssystem gewinnen die Einrichtungen der Vorschulerziehung eine ständig wachsende Bedeutung.

Gegenwärtig besuchen bereits 62 Prozent der drei- bis sechsjährigen Kinder einen Kindergarten. In den nächsten Jahren wird sich die Zahl der Plätze in den Kindergärten so erweitern, daß bereits 1975 etwa 80 Prozent aller Kinder im Vorschulalter die Einrichtungen der Vorschulerziehung besuchen können. Das ist zugleich ein wichtiger Beitrag zur Durchsetzung der Gleichberechtigung der Frau.

Bis 1975 sollen etwa 100 000 neue Kindergartenplätze geschaffen und die materiellen und hygienischen Bedingungen in den bestehenden Kindergärten wesentlich verbessert werden.

Die entscheidende Aufgabe in den nächsten Jahren besteht darin, die Qualität der Arbeit in den Vorschuleinrichtungen systematisch zu erhöhen. Unsere Erziehungskonzeption für die Vorschulerziehung, die dem Bildungs- und Erziehungsplan zugrunde liegt, geht von der marxistisch-leninistischen Erkenntnis aus, daß sich das Kind entwickelt, indem es tätig ist, daß es planmäßig gebildet und erzogen werden muß. Es ist das Anliegen des Bildungs- und Erziehungsplanes, die Kinder allseitig zu erziehen und so systematisch auf die Schule vorzubereiten.

Es ist die Aufgabe unserer Vorschulerziehung, die geistigen und körperlichen Fähigkeiten der Kinder auszubilden, ihre Sprache und ihr Denken zu entwickeln, sie mit dem gesellschaftlichen Leben und der Natur bekannt zu machen. Es geht nicht darum, den Vorschulkindern Schulstoff zu vermitteln; wir wollen sie aber in die Anfänge einfachster mathematischer Zusammenhänge einführen, ihre schöpferischen Fähigkeiten im Malen, Zeichnen, Formen, Konstruieren, Singen, Tanzen und Darstellen ausbilden.

Die Erziehungsarbeit in unserem Kindergarten ist darauf gerichtet, die Kinder zur Liebe zur Heimat, zur Achtung vor den werktätigen Menschen, zur Freundschaft und Solidarität zu erziehen, ihre Wißbegierde und die Freude am Lernen und an der Arbeit zu wecken.

Der Prozeß der Aneignung von Wissen und der Entwicklung von Fähigkeiten vollzieht sich im Vorschulalter vor allem im Spiel, in der systematischen Beschäftigung und in den verschiedenen Arbeitstätigkeiten.

Das Leben im Kindergarten soll froh und interessant sein. Die Atmosphäre muß dazu beitragen, daß sich freundschaftliche Gefühle der Kinder untereinander, ihr Bedürfnis entwickeln, für die Gemeinschaft Nützliches zu tun, daß sich sittliche Gewohnheiten und ein guter Geschmack herausbilden können.

Unsere Vorschulerzieherinnen haben in den vergangenen Jahren Hervorragendes geleistet. Die Notwendigkeit, die Qualität der pädagogischen Arbeit in den Kindergärten weiter zu erhöhen, erfordert von allen Leitungen, der Aus- und Weiterbildung der Kindergärtnerinnen, der Erhöhung ihres wissenschaftlichen Niveaus und der Vervollkommnung ihrer methodischen Fähigkeiten größere Aufmerksamkeit zu schenken.

Dabei müssen wir berücksichtigen, daß ein großer Teil unserer Vorschulerzieherinnen noch keine abgeschlossene Ausbildung besitzt. Es ist notwendig, die

Kapazität unserer Pädagogischen Schulen zu erweitern, um den Anteil der ausgebildeten Kindergärtnerinnen in den nächsten Jahren schneller zu erhöhen.

Die besondere Fürsorge unserer Gesellschaft gilt den Kindern, in deren Elternhaus zeitweilig ungünstige Erziehungsbedingungen bestehen, und solchen Kindern, die, bedingt durch physische und psychische Mängel, nicht die normale Oberschule besuchen können. Das Sonderschulwesen, die Jugendhilfe und die Heimerziehung sind feste Bestandteile des einheitlichen sozialistischen Bildungssystems. Ihrer Entwicklung müssen wir in den nächsten Jahren größere Aufmerksamkeit schenken.

In der pädagogischen Arbeit im Sonderschulwesen lassen wir uns von der Erkenntnis der marxistisch-leninistischen Psychologie leiten, daß es auch für die Leistungsfähigkeit der geschädigten Kinder und Jugendlichen keine starren, ein für allemal vorgegebenen und unveränderlichen Grenzen gibt. Die bisherigen Ergebnisse der Arbeit sind der sichtbare Beweis dafür.

Die Pädagogen, die auf diesem Gebiet unseres Volksbildungssystems tätig sind, leisten unter komplizierten Bedingungen eine aufopferungsvolle Arbeit. Überall dort wird ein hohes Bildungs- und Erziehungsniveau erreicht, wo die sonderpädagogischen Maßnahmen darauf gerichtet sind, die Kinder entsprechend unserem einheitlichen Bildungs- und Erziehungsziel optimal zu entwickeln.

Dieses unser Anliegen und die wachsenden gesellschaftlichen Anforderungen machen es notwendig, konventionelle Vorstellungen über Inhalt und Methoden zu überwinden und das Niveau der Bildung und Erziehung geschädigter Kinder schneller zu erhöhen. In einer richtig gestalteten pädagogischen Arbeit im Sonderschulwesen liegen dafür große Potenzen.

Ein kompliziertes Problem ist die weitere Ausarbeitung der Diagnostizierungsverfahren. Wir müssen bessere Garantien schaffen, daß einerseits Kinder, die in der Oberschule gefördert werden können, nicht aus diesem Bildungsgang herausgenommen werden, daß andererseits alle Schüler, die der Bildung und Erziehung in einer Sonderschule bedürfen, diesen Einrichtungen zugeführt werden können. Die Früherfassung geschädigter Kinder wird uns besser in die Lage versetzen, die sonderschulpädagogische Betreuung rechtzeitig zu gewährleisten.

In den nächsten Jahren müssen wir deshalb große Anstrengungen zur Erweiterung der Kapazität dieser Schulen und zur Qualifikation der Sonderschullehrer unternehmen.

Die Fürsorge unserer Gesellschaft gehört in besonderem Maße den Kindern und Jugendlichen, die nicht in ihrer eigenen Familie aufwachsen können. Ihnen das Gefühl der Geborgenheit und eine gesicherte persönliche Perspektive zu geben ist vordringliches Anliegen der Jugendhilfe. Es ist ihre Aufgabe, auch den Kindern und Jugendlichen, deren Eltern ihre Erziehungs- und Betreuungspflichten in starkem Maße vernachlässigen, Bedingungen für eine positive Entwicklung zu schaffen. Dabei leisten die Mitarbeiter der Jugendhilfe, unterstützt von vielen tausend Helfern in den Städten und Gemeinden, die in den Jugendhilfekommissionen tätig sind, eine unermüdliche, verdienstvolle Arbeit.

Auf dem Gebiet der Jugendhilfe kommt es jetzt vor allem darauf an, die pädagogische Arbeit so zu gestalten, daß dauerhafte und anhaltende Erziehungsergebnisse erreicht, daß Rückschläge und eine wiederholte Gefährdung der Kinder nach Möglichkeit ausgeschlossen werden. Das ist eine anspruchsvolle Aufgabe, die aber lösbar ist unter den Bedingungen der sozialistischen Gesellschaft, in der die gesellschaftliche Einwirkung auf die Erziehung ständig wächst.

Unsere Heimerzieher betrachten es als ihre vornehmste Pflicht, den Kindern, die ohne die Geborgenheit des Elternhauses aufwachsen müssen, eine Heimstatt zu geben.

Eine erfolgreiche Arbeit in der Heimerziehung verlangt von jedem Erzieher Liebe zum Kind, die verständnisvolle Führung jedes jungen Menschen und die Fähigkeit, die Vorzüge der Gemeinschaftserziehung richtig zu nutzen.

In allen Heimen müssen wir noch mehr darauf achten, die Aktivität und Selbständigkeit der Kinder zu fördern, ihnen Mitverantwortung für das Leben im Heim zu übertragen, ihre Freizeit interessanter zu gestalten und beste Bedingungen für das Lernen zu schaffen. Wir haben auch Anlaß, darauf hinzuweisen, daß die staatlichen Organe sich mehr um die Verbesserung der materiellen Bedingungen in den Heimen bemühen müssen.

Es geht also in der neuen Etappe der Verwirklichung unseres Bildungsgesetzes darum, alle Bereiche des Volksbildungswesens weiter zu vervollkommnen. Dafür müssen wir planmäßig alle personellen und materiellen Voraussetzungen schaffen. Dazu gehört die rechtzeitige Gewinnung und Ausbildung der Lehrer und Erzieher, der weitere Ausbau des Schulnetzes, die termingemäße Fertigstellung der im Plan vorgesehenen Schulbauten. Dazu gehört der schrittweise Ausbau des Fachunterrichtsraumsystems, die Ausstattung mit Lehrmitteln ebenso wie die Sicherung einer qualitativ hochwertigen Schulspeisung und die weitere Verbesserung der Arbeits- und Lebensbedingungen der Pädagogen.

Bis 1980 werden wir 90 000 neue Lehrer und Erzieher ausbilden. Im Zeitraum bis 1975 müssen wir rund 20 000 Unterrichtsräume bauen. Das entspricht einer Kapazität von 1000 neuen Oberschulen.

Vorgesehen ist der Bau von Internatsplätzen und einer größeren Anzahl Turnhallen. Das erfordert allergrößte Anstrengungen, Plandisziplin, Sparsamkeit und die Mobilisierung der gesellschaftlichen Initiative.

Die Arbeit mit dem neuen Lehrplan verlangt, im Perspektivplanzeitraum die materiell-technische Basis für den Unterricht systematisch auszubauen. Es müssen hochwertige Geräte und Apparaturen für den experimentellen naturwissenschaftlichen Unterricht, Geräte und Gerätekomplexe einer modernen technischen Grundausstattung, die unter Nutzung abgesicherter wissenschaftlicher Erkenntnisse der Programmierung entwickelt wurden, graphische Unterrichtsmittel, audiovisuelle Informationsträger und moderne Schulmöbel in größerem Umfang produziert werden.

Die Diskussion zum Entwurf des Beschlusses des Staatsrates zur weiteren Gestaltung des Systems der Planung und Leitung der wirtschaftlichen und gesellschaftlichen Entwicklung, der Versorgung und Betreuung der Bevölkerung in den Bezirken, Kreisen, Städten und Gemeinden hat bewiesen, daß die Fragen der Bildung und Erziehung der jungen Generation immer stärker in den Mittelpunkt der Aufmerksamkeit der örtlichen Volksvertretungen und der Räte rücken.

Überall dort wurden große Fortschritte erreicht, wo in vollem Maße erkannt wurde, daß Bildung und Erziehung der Schuljugend maßgeblich die gesellschaftliche Entwicklung mitbestimmen.

Im Ringen um die Erfüllung der Beschlüsse von Partei und Regierung ist auch im Bildungswesen eine Armee politisch bewährter und fachlich hochqualifizierter Kader herangewachsen. Sie zeichnen sich aus durch Treue zum Marxismus-Leninismus, zur Partei der Arbeiterklasse und zu unserem sozialistischen Staat, durch Schöpfertum und revolutionäre Disziplin. Unsere Funktionäre verstehen es immer besser, die Initiative der Lehrer und Erzieher und der vielen aktiven Helfer unserer sozialistischen Schule zu wecken, ihre vorwärtsweisenden Ideen und Erfahrungen aufzugreifen.

Die zuverlässige Grundlage unserer Führungstätigkeit war und ist der Marxismus-Leninismus.

Lenin charakterisierte ihn als „... eine hervorragende Vereinigung von absoluter wissenschaftlicher Nüchternheit in der Analyse der objektiven Sachlage und des objektiven Entwicklungsganges mit der entschiedensten Anerkennung der Bedeutung der revolutionären Energie, der revolutionären Schaffenskraft, der revolutionären Initiative der Massen und natürlich auch der einzelnen Personen..."[16]

Die Weiterentwicklung unseres Volksbildungswesens in den siebziger Jahren stellt an die wissenschaftliche Führungstätigkeit höhere Anforderungen. Sie ergeben sich gesetzmäßig aus der wachsenden Rolle des Bildungssystems.

Die Grundaufgabe unserer Leitungstätigkeit besteht darin, die gestellten Aufgaben in hoher Qualität durchzuführen. Die volle Verwirklichung der allgemeinen zehnjährigen Oberschulpflicht erfordert die genaue Kenntnis der Entwicklungsprobleme, verlangt Entscheidungen auf der Grundlage wissenschaftlicher Voraussicht. Die zunehmende Verflechtung aller gesellschaftlichen Bereiche macht ein komplexes Herangehen an alle Fragen notwendig.

Die qualitativ neuen Anforderungen an unsere Führungstätigkeit ergeben sich vor allem aus der gewachsenen politisch-ideologischen Reife und dem pädagogisch-fachlichen Niveau der Pädagogen.

Die Arbeit mit den Menschen, die Entfaltung ihrer Initiative muß im Mittelpunkt unserer Führungstätigkeit stehen. Wir müssen die Fähigkeit der Leiter entwickeln, noch besser die schöpferischen Kräfte zu wecken, Leitungsentscheidungen mit den Lehrern gemeinsam vorzubereiten, die Vorschläge und Hinweise der Pädagogen aufzugreifen und die gesellschaftlichen Kräfte noch stärker in die Lösung der Aufgaben einzubeziehen.

---

[16] W. I. Lenin: Gegen den Boykott. In: Werke. Bd. 13, Dietz Verlag, Berlin 1982, S. 23.

Die vor uns stehenden Aufgaben erfordern von unseren Direktoren, Schulräten und ihren Mitarbeitern, immer tiefer in die inhaltlichen Fragen des Umgestaltungsprozesses unserer Schule einzudringen, die echten Probleme unserer Lehrer zu erfassen und konstruktiv lösen zu helfen, noch rascher Mittelmaß zu überwinden.

Wir müssen noch besser lernen, die Bildungs- und Erziehungsergebnisse sachlich einzuschätzen, ihre Bedingungen und Ursachen zu untersuchen, rechtzeitig die notwendigen Entscheidungen zu treffen und die Verwirklichung der festgelegten Maßnahmen straff zu kontrollieren.

Eine solche Arbeitsweise entspricht der Leninschen Forderung, „weniger allgemeine Betrachtungen" über die Leitung anzustellen, dafür „mehr praktische Arbeit"[7].

Wir gehen in unserer Führungstätigkeit stets von der Leninschen Erkenntnis aus, daß der demokratische Zentralismus das entscheidende Grundprinzip für die Leitung des Staates und aller Bereiche der Gesellschaft ist.

Um unser Bildungs- und Erziehungsziel zu verwirklichen, allen Kindern des Volkes eine hohe Allgemeinbildung zu vermitteln, ist es notwendig, einheitliche, verbindliche Anforderungen für die Bildung und Erziehung zu stellen.

Diese Aufgabe kann nur realisiert werden, wenn die Einheit von gesamtstaatlicher zentraler Planung und Leitung und eigenverantwortlicher schöpferischer Initiative verwirklicht wird.

Straffe zentrale Führung in den Grundfragen, bewußte Disziplin und Konsequenz bei der Realisierung der Beschlüsse, das Mitdenken und Mitwirken Tausender – das war und ist Grundsatz unserer Leitungstätigkeit.

Der Lehrer steht täglich vor der Aufgabe, den Schülern die Strategie und Taktik unseres Kampfes überzeugend zu erklären. Das stellt hohe Ansprüche an sein politisches Wissen.

Wir müssen deshalb die propagandistische Arbeit auf ein höheres Niveau heben und vor allem noch kontinuierlicher gestalten, den Lehrern noch besser helfen, sich die marxistisch-leninistische Theorie anzueignen.

Ausgehend von der Leninschen Erkenntnis, daß die Kader alles entscheiden, müssen wir der richtigen Auswahl und Erziehung politisch bewährter und fachlich hochqualifizierter Kader stets große Aufmerksamkeit schenken. Unsere älteren, erfahrenen Direktoren, die Schulräte und ihre Mitarbeiter müssen ihre Aufgabe darin sehen, systematisch junge Kader heranzubilden, die über hohe politische und moralische Qualitäten, ein hohes Wissen und Können verfügen. Wir müssen Kader erziehen, die sich durch Prinzipienfestigkeit, Sachlichkeit und Organisationstalent, durch Bescheidenheit, Ausdauer, Beharrlichkeit und Begeisterungsfähigkeit für unsere Sache auszeichnen.

---

[7] W. I. Lenin: Über die Arbeit des Volkskommissariats für Bildungswesen. In: Werke. Bd. 32, Dietz Verlag, Berlin 1982, S. 120.

Von der Qualität der Arbeit unserer Direktoren, von ihrer Fähigkeit, den pädagogischen Prozeß wissenschaftlich zu führen, die Klugheit des ganzen Kollektivs und die Bereitschaft der gesellschaftlichen Kräfte gut zu nutzen, hängt entscheidend der Erfolg der Arbeit unserer Schulen ab.

Für die aufopferungsvolle Arbeit, die unsere Direktoren tagtäglich im Bewußtsein ihrer Verantwortung leisten, gebührt ihnen Dank und Anerkennung.

Die Leitung einer Schule ist keine leichte Aufgabe. Viele Direktoren haben die Erfahrung gemacht, daß die Führung einer Schule in dem Maße höhere Meisterschaft erfordert, wie die Pädagogenkollektive wachsen, daß gerade ein höher entwickeltes Kollektiv höhere Anforderungen an den Direktor stellt.

Entscheidende Bedingung für die gute Arbeit an einer Schule sind solche Beziehungen zwischen dem Direktor und seinem Kollektiv, die von Parteilichkeit, Offenheit, Ehrlichkeit und Kameradschaftlichkeit gekennzeichnet sind. Überall dort, wo die Direktoren das Leistungsvermögen und die politischen und beruflichen Erfahrungen des einzelnen Lehrers genau kennen, wo sie im Vertrauen auf die Kraft des Kollektivs hohe Forderungen an jeden einzelnen stellen und sich um die persönlichen Probleme der Lehrer sorgen, wächst ein festes Arbeitskollektiv, das hohe Leistungen erreicht.

Eine große Bedeutung messen wir der kollektiven Beratung an der Schule bei. Eine wichtige Rolle bei der Festigung des Pädagogenkollektivs spielt der Pädagogische Rat, indem er dazu beiträgt, einheitliche Standpunkte zu den grundlegenden Aufgaben der Bildungs- und Erziehungsarbeit an der Schule zu gewinnen und die für den Erfolg der gesamten pädagogischen Arbeit unerläßliche Einheitlichkeit und Geschlossenheit im Handeln aller Pädagogen zu gewährleisten.

Die Praxis zeigt, daß diese wichtige Funktion des Pädagogischen Rates nicht an allen Schulen erkannt wird, daß es an manchen Schulen eine ernste Unterschätzung der Arbeit des Pädagogischen Rates gibt.

Der Pädagogische Rat muß den schöpferischen Meinungsstreit über die Probleme der täglichen Arbeit fördern und die wertvollen Erfahrungen jedes einzelnen Lehrers für das Kollektiv nutzbar machen.

Die Führung des Unterrichts verlangt von den Direktoren konkrete Arbeit mit den Lehrern. Dazu ist eine gründliche Kenntnis der schulpolitischen und didaktisch-methodischen Positionen der Lehrpläne und die Schaffung aller notwendigen Bedingungen für die lehrplangerechte Durchführung des Unterrichts – vom fachgerechten Einsatz der Lehrer bis zur Bereitstellung der notwendigen Unterrichtsmittel – erforderlich.

Die wichtigste Voraussetzung für einen guten Unterricht sind Planmäßigkeit, Ruhe und Stetigkeit in der Arbeit, solche Bedingungen, die es dem Lehrer ermöglichen, seinen Unterricht gründlich vorzubereiten und sich zu qualifizieren, sich voll auf seine Bildungs- und Erziehungsarbeit zu konzentrieren.

Deshalb müssen die Direktoren Störungen und Eingriffe in den geordneten Ablauf des schulischen Lebens noch energischer zurückweisen und sichern, daß die Lehrer und Schüler in Ruhe lehren und lernen können. Wir möchten noch einmal mit aller Deutlichkeit unterstreichen: Was an der Schule geschieht – das kann nur der Direktor entscheiden. Er trägt letzten Endes vor der Gesellschaft die Verantwortung für die Ergebnisse der Bildungs- und Erziehungsarbeit.

Viele Lehrer haben in der Kongreßdiskussion sehr kritisch festgestellt, daß auch die Direktoren noch nicht immer verantwortungsbewußt genug mit der wertvollen Zeit der Lehrer umgehen. Der Lehrer braucht jede Stunde für die gewissenhafte Vorbereitung seines Unterrichts, für seine Weiterbildung und die Arbeit mit den Kindern, damit er seinen gesellschaftlichen Auftrag gut erfüllen kann.

In der Kongreßdiskussion kritisierten viele Direktoren völlig zu Recht, daß sie noch immer Aufgaben erfüllen müssen, die laut staatlicher Ordnung von den örtlichen Staatsorganen zu erfüllen sind. Oft wird die Verantwortung für die Werterhaltungsmaßnahmen, für die Schulspeisung oder für die Beschaffung von Material, von Fensterscheiben angefangen, nicht von den dafür zuständigen Organen wahrgenommen. Viele Direktoren opfern wertvolle Zeit, um Handwerker zu besorgen, Material heranzuschaffen. Das Ergebnis ist: Sie telefonieren herum, organisieren und administrieren und vernachlässigen ihre Hauptaufgabe, den Bildungs- und Erziehungsprozeß richtig zu führen. Es ist notwendig, die staatliche Ordnung einzuhalten, zu sichern, daß jeder seine Verantwortung wahrnimmt.

Wir müssen auch zweckmäßige Lösungen ausarbeiten, wie entsprechend den neuen Anforderungen an die Führung des pädagogischen Prozesses die Leitung der Schule weiter vervollkommnet und die vom Direktor zu leistende notwendige Verwaltungsarbeit rationalisiert werden kann.

Unsere Schulräte haben einen großen Anteil an der erfolgreichen Entwicklung unseres Bildungswesens. Die Mitarbeiter der Volksbildungsabteilungen haben große Anstrengungen unternommen, den Direktoren und Lehrern an Ort und Stelle konkret und sachkundig zu helfen. Sie haben dabei wichtige Erkenntnisse gewonnen, die für die Führung aller Schulen des Kreises von Bedeutung sind.

Unsere Schulräte und ihre Mitarbeiter müssen jedoch noch besser helfen, die konkreten Probleme an den Schulen zu lösen. Sie müssen die Direktoren noch stärker in die Vorbereitung solcher Entscheidungen einbeziehen, die für die Entwicklung der Schulen im Territorium bedeutungsvoll sind.

Lenin wies wiederholt darauf hin, daß eine der wesentlichen Aufgaben der staatlichen Arbeit die Kontrolle über die wirkliche Erfüllung der Beschlüsse ist. Sie kann und darf keine formale Angelegenheit sein, sondern muß als lebendige, vertrauensvolle Zusammenarbeit mit allen Lehrern organisiert werden.

Wir verstehen Kontrolle nicht schlechthin als Erfassung von Arbeitsergebnissen; sie muß helfen, Entwicklungsprobleme rechtzeitig zu erfassen, das Neue zu erkennen und das Fortgeschrittenste zu verallgemeinern.

Zur Kontrolle gehört, rechtzeitig Mängel und Schwächen aufzudecken und ihre Überwindung konsequent zu organisieren.

Unsere Schulinspektion, deren Arbeit von hervorragender Bedeutung für die Führung des Bildungswesens ist, muß ihre Tätigkeit in diesem Sinne verstehen.

Sie muß ihre Kontrolle noch stärker auf die grundlegenden inhaltlichen Fragen, auf die Grundprobleme der gesamten Schulentwicklung konzentrieren und die Pädagogen immer mehr direkt einbeziehen.

Durch das engere Zusammenwirken der Schulinspektoren mit Tausenden hervorragenden Fachberatern, die mit hoher Sachkenntnis und großer Einsatzbereitschaft wesentlich dazu beigetragen haben, das Niveau des Unterrichts und der Erziehungsarbeit weiter zu erhöhen, zeichnet sich eine neue Qualität der Führungstätigkeit in den Kreisen und Bezirken ab.

Die weitere Verwirklichung unseres Bildungsgesetzes stellt höchste Anforderungen an die Führungsarbeit des Ministeriums für Volksbildung. Ich darf Ihnen, liebe Freunde und Genossen, im Namen aller Mitarbeiter des Ministeriums versichern, daß wir uns dessen bewußt sind.

Wir stehen vor großen und schönen Aufgaben. Wir haben alle Voraussetzungen, die neuen Anforderungen zu bewältigen. Mit der Schaffung und Vervollkommnung der materiell-technischen Basis auf der Grundlage der sozialistischen Produktionsverhältnisse entwickelt sich unsere sozialistische Gesellschaft ständig weiter. Immer umfassender schafft unsere Gesellschaft die Möglichkeit für die freie, allseitige Entfaltung des Menschen, für die Festigung der großen Gemeinschaft, die geeint ist durch das Streben und den Willen, alle ihre schöpferischen Kräfte für den Sozialismus, für ein Leben in Glück und Frieden einzusetzen.

Wir haben mit unserer Deutschen Demokratischen Republik eine starke sozialistische Staatsmacht, die zielgerichtet die Entwicklung unserer Gesellschaft leitet, die mit der weiteren Entfaltung der sozialistischen Demokratie die Initiative der Werktätigen aktiviert und die zuverlässig unsere sozialistischen Errungenschaften und den Frieden schützt.

Wir haben gute und starke Freunde. An unserer Seite stehen die mächtige Sowjetunion und die sozialistischen Bruderländer. Wir gehen unseren Weg zuversichtlich und siegessicher, geführt von unserer im Kampf erprobten und bewährten Partei, der Sozialistischen Einheitspartei Deutschlands, die – ausgerüstet mit der Theorie des Marxismus-Leninismus – über ein klares, wissenschaftliches Programm für die Gestaltung der entwickelten sozialistischen Gesellschaft verfügt.

Wir haben uns hohe Ziele gestellt. Der Weg des sozialistischen Bildungswesens bis in die achtziger Jahre hinein ist abgesteckt. Wir wissen: Die Verwirklichung der vor uns liegenden Aufgaben wird in erster Linie von der hingebungsvollen Arbeit aller Pädagogen entschieden. Wir haben hochgebildete, unserem Volk treu ergebene Lehrer, die ihre ganze Kraft und ihren Ideenreichtum für die Erziehung unserer Jugend, für das Blühen und Gedeihen unserer Deutschen Demokratischen Republik einsetzen. Unsere Pädagogen haben in zwei Jahrzehnten bewiesen, daß sie sich ihres verantwortungsvollen Auftrages bewußt sind, eines Auftrages, der den Einsatz der ganzen Persönlichkeit erfordert, stets eingedenk der Worte Kalinins:

„Der Lehrer gibt seine Energie, sein Herzblut, alles Wertvolle, was in ihm ist, seinen Schülern, dem Volk... Der Lehrer gibt mit der einen Hand, während er mit der anderen Hand das Allerbeste vom Volke, vom Leben, von der Wissenschaft nimmt, in sich einsaugt und dieses Beste den Kindern erneut weitergibt."[18]

Unsere Pädagogen können im Bewußtsein, daß ihnen stets die Unterstützung und Fürsorge durch unseren Staat und alle Werktätigen gewiß ist, mit Optimismus an die neuen Aufgaben gehen. Von diesem VII. Pädagogischen Kongreß versichern wir: Unsere Lehrer und Erzieher werden sich stets der hohen Verantwortung bewußt sein, daß ihnen das wertvollste Gut unseres Volkes, die Jugend, anvertraut ist. Im Geiste Lenins wollen wir lehren und lernen, unsere ganze Kraft dafür einsetzen, unsere Arbeit gut zu machen.

[18] M. I. Kalinin: Rede auf einem Festabend zu Ehren mit Orden ausgezeichneter Lehrer. 8. Juli 1939. In: M. I. Kalinin: Über kommunistische Erziehung. Ausgewählte Reden und Aufsätze. Dietz Verlag, Berlin 1958, S. 66.

Für die Praxis forschen –
aus der Praxis lernen

Eröffnungsrede auf der Gründungsversammlung
der Akademie der Pädagogischen Wissenschaften der DDR in Berlin
15. September 1970

Heute, wenige Monate nach dem VII. Pädagogischen Kongreß, gründen wir in dieser festlichen Veranstaltung die Akademie der Pädagogischen Wissenschaften der Deutschen Demokratischen Republik. Das ist ein großes Ereignis in der Geschichte unseres sozialistischen Volksbildungswesens. Im Namen des Ministerrates möchte ich Sie alle, die gewählten Mitglieder der Akademie, ihr Präsidium und alle Pädagogen der Deutschen Demokratischen Republik dazu herzlich beglückwünschen. Die Schaffung der Akademie ergibt sich folgerichtig aus der bisherigen Entwicklung unserer sozialistischen Pädagogik und den höheren Anforderungen, die der Aufbau der entwickelten sozialistischen Gesellschaft an die Bildung und Erziehung der jungen Generation stellt, aus der wachsenden gesellschaftlichen Bedeutung der pädagogischen Wissenschaft. Mit der Akademie der Pädagogischen Wissenschaften der Deutschen Demokratischen Republik gründen wir eine sozialistische Forschungsakademie, deren gesamtes Wirken darauf gerichtet ist, die marxistisch-leninistische pädagogische Wissenschaft in Übereinstimmung mit den gesellschaftlichen Anforderungen weiterzuentwickeln. Von ihr erwarten wir produktive theoretische Leistungen, die der Praxis den Weg für eine kontinuierliche Lösung der wachsenden Aufgaben ebnen. Als sozialistische Akademie soll sie im Geiste des streitbaren Marxismus-Leninismus ein konstruktives geistiges Leben, einen schöpferischen Meinungsstreit entfalten und dazu beitragen, die Aufgaben der Bildung und Erziehung in der entwickelten sozialistischen Gesellschaft zu lösen. Indem die Akademie dem höchsten Ideal der Menschheit, dem Sozialismus, verpflichtet ist, bewahrt und verwirklicht sie die pädagogischen Forderungen der revolutionären Arbeiterbewegung und das humanistische Erbe der progressiven bürgerlichen Pädagogik. Der Sozialismus, der nur auf der Grundlage einer umfassenden Entwicklung und schöpferischen Anwendung der Wissenschaften im Interesse des Volkes errichtet werden kann, ermöglicht auch der pädagogischen Wissenschaft erst ihre volle Entfaltung. Mit der Befreiung des Menschen von Ausbeutung und Knechtschaft werden alle Bedingungen für die freie Entfaltung der Persönlichkeit geschaffen, werden alle politischen, sozialen und ideologischen Schranken, die einer vollständigen Aneignung und Anwendung der Wissenschaft durch das Volk gesetzt waren, beseitigt. Die Errichtung der Macht der Arbeiterklasse, der Aufbau der neuen Gesellschaft auf der Grundlage des Marxismus-Leninismus waren die Voraussetzungen dafür, daß sich die Pädagogik als Wissenschaft entwickeln konnte. Nur die revolutionäre sozialistische Pädagogik, die von der Einsicht in die Gesetzmäßigkeiten der gesellschaftlichen Entwicklung ausgeht, ist in der Lage, die Praxis zu verändern und die Theorie durch neue Erkenntnisse ständig zu bereichern. Ausdruck dessen sind die Erfolge der marxistisch-leninistischen Pädagogik in den sozialistischen Ländern und vor allem die hervorragenden Leistungen der Sowjetpädagogik nach der Großen Sozialistischen Oktoberrevolution. Die schöpferische Anwendung der Erkenntnisse und Erfahrungen der sowjetischen Pädagogik war und ist eine der wesentlichen Quellen für die erfolgreiche Entwicklung unseres Volksbildungswesens. Wenn wir heute die Akademie der Pädagogischen Wissenschaften der Deutschen Demokratischen Republik gründen, ist uns dies zugleich Anlaß, der Sowjetunion erneut für die große Hilfe zu danken.

Die engen freundschaftlichen Beziehungen der Zusammenarbeit der Pädagogen unserer beiden Länder werden mit dem Vertrag zwischen den Akademien der Pädagogischen Wissenschaften der UdSSR und der Deutschen Demokratischen Republik über die Wissenschaftskooperation, der unmittelbar nach der Gründung unserer Akademie unterzeichnet wird, auf einer neuen Stufe weitergeführt. Dieser Vertrag ist eine gute Grundlage dafür, um unsere Kräfte durch die enge Zusammenarbeit zum Nutzen unserer gemeinsamen Sache zu vervielfachen. Der Beschluß des Politbüros der Sozialistischen Einheitspartei Deutschlands und des Ministerrates über die Gründung einer Akademie der Pädagogischen Wissenschaften in unserer Republik ist Ausdruck der hohen Wertschätzung der pädagogischen Arbeit. Er zeugt erneut von der kontinuierlichen und vorausschauenden Bildungs- und Wissenschaftspolitik unserer Partei und Regierung.

Schon 1946 wurden an den Universitäten Pädagogische Fakultäten geschaffen. Mit der Gründung des Deutschen Pädagogischen Zentralinstituts als zentraler Forschungsstätte der pädagogischen Wissenschaft im Jahre 1949 und dem planmäßigen Aufbau Pädagogischer Hochschulen und Institute erhielt die pädagogische Wissenschaft bereits in den ersten Jahren unseres Arbeiter-und-Bauern-Staates eine Vielzahl bedeutsamer Wirkungsstätten. Heute hat unsere sozialistische Pädagogik dank der schöpferischen Arbeit, die in Lehre und Forschung an den wissenschaftlichen Einrichtungen unserer Republik geleistet wird, beachtliche Ergebnisse aufzuweisen. Bei der Vollendung des Sozialismus in der Deutschen Demokratischen Republik wächst die Rolle der Pädagogik als Wissenschaft von der Bildung und Erziehung. Sie hat einen wesentlichen Beitrag zur Lösung der grundlegenden politischen, ökonomischen, wissenschaftlich-technischen, ideologischen und kulturellen Aufgaben der Entwicklung der sozialistischen Gesellschaft zu leisten.

Unser VII. Pädagogischer Kongreß hat die Aufgaben, vor denen wir in den nächsten Jahren bei der weiteren Verwirklichung des Bildungsgesetzes stehen, umfassend dargelegt. Wir gingen davon aus, daß die weitere Gestaltung des gesellschaftlichen Systems des Sozialismus, die Stärkung der Deutschen Demokratischen Republik in der Gemeinschaft der sozialistischen Länder eine ständige Vervollkommnung unseres Volksbildungswesens erfordert. Dabei können wir auf den Ergebnissen aufbauen, die wir in unserer mehr als zwanzigjährigen Schulgeschichte unter Führung der Arbeiterklasse und ihrer marxistisch-leninistischen Partei erreicht haben. An der Entwicklung eines leistungsfähigen Bildungssystems in unserer Republik haben die pädagogischen Wissenschaftler einen hervorragenden Anteil. Der verantwortungsvolle gesellschaftliche Auftrag, sozialistische Persönlichkeiten zu bilden und zu erziehen, die über ein hohes Wissen und Können verfügen, mit den revolutionären Eigenschaften junger Sozialisten ausgerüstet und den Anforderungen des Jahres 2000 gewachsen sind, stellt unsere pädagogische Wissenschaft nunmehr vor neue, höhere Anforderungen, die auf dem VII. Pädagogischen Kongreß begründet wurden. Die auf dem Kongreß dargelegte schulpolitische Grundlinie ist deshalb im umfassenden Sinne das Arbeitsprogramm für die pädagogische Forschung, das Arbeitsprogramm der Akademie der Pädagogischen Wissenschaften. Im Perspektivplan der pädagogischen Forschung sind die sich daraus ergebenden Aufgaben konkret festgelegt. Der VII. Pädagogische Kongreß hat hervorgehoben: Die unveräußerlichen Grundpositionen unserer sozialistischen Schulpolitik und Pädagogik unter den Bedingungen der Vollendung des Sozialismus in unserer Republik in der pädagogischen Praxis zu verwirklichen erfordert vor allem, die pädagogischen Prozesse in unserer Gesellschaft in ihren realen Zusammenhängen konkret zu untersuchen und größere Aufmerksamkeit darauf zu richten, die Gesetzmäßigkeiten der Bildung und Erziehung aufzudecken.

Solche Grundpositionen wie die Einheit von Schule und Leben, die Verbindung des Lernens mit der Teilnahme der Kinder und Jugendlichen am politischen Kampf der Arbeiterklasse und an produktiver Arbeit, die Sicherung einer hohen wissenschaftlichen Bildung und Erziehung müssen durch die pädagogische Wissenschaft theoretisch vertieft und mit der Sicht auf ihre konkrete Verwirklichung in der Praxis weiter ausgearbeitet werden. Um in den nächsten Jahren die zehnklassige allgemeinbildende polytechnische Oberschulbildung für alle Kinder des Volkes auf hohem wissenschaftlichem Niveau zu verwirklichen, alle Potenzen der sozialistischen Gesellschaft für die allseitige Persönlichkeitsbildung der Jugend voll auszuschöpfen, ist die Weiterentwicklung der Theorie der Bildung und Erziehung, ist eine wesentliche Erhöhung des theoretischen Niveaus der wissenschaftlichen Arbeit eine unabdingbare Notwendigkeit. Besondere Beachtung müssen wir der weiteren Ausarbeitung der methodologischen Grundlagen der pädagogischen Wissenschaft widmen. Es gilt, die gesellschaftlichen Gesetzmäßigkeiten der pädagogischen Prozesse umfassender zu erforschen und ihre Wirkungsweise tiefer zu erfassen. Damit die wachsenden Anforderungen an das theoretische Niveau der Arbeit bewältigt werden können, ist es notwendig, daß die pädagogischen Wissenschaftler in Verbindung mit der Lösung konkreter wissenschaftlicher Aufgaben tiefer in den Ideengehalt des Marxismus-Leninismus eindringen, sich eingehender mit den Fragen der marxistisch-leninistischen Philosophie und der politischen Ökonomie, mit der Strategie und Taktik des Kampfes der internationalen kommunistischen und Arbeiterbewegung beschäftigen.

Um ein hohes Niveau der pädagogischen Theorie zu erreichen, müssen wir die marxistisch-leninistische Dialektik umfassender beherrschen und die materialistisch-dialektische Methode immer besser anwenden lernen. Eine auf der Grundlage der materialistisch-dialektischen Methode beruhende Forschungsarbeit ist eine Voraussetzung, damit unsere sozialistische Pädagogik die neu auftretenden Probleme in Theorie und Praxis einer wissenschaftlichen Lösung zuführen kann.

Die marxistisch-leninistische Dialektik erschließt den Zugang zum vollen Verständnis der objektiven Triebkräfte unserer Gesellschaft, die für die Ausarbeitung und Verwirklichung perspektivischer und gegenwärtiger Ziele des Bildungswesens und für die Meisterung der pädagogischen Prozesse von grundlegender Bedeutung sind. Sie ermöglicht es, solche grundlegenden dialektischen Wechselbeziehungen wie Gesellschaftsentwicklung und Bildung und Erziehung, Wissenschaft und Ideologie, Theorie und Praxis aufzudecken und die Theorie und Methodologie der Pädagogik weiter auszuarbeiten. Die Weiterentwicklung der sozialistischen Pädagogik auf der Grundlage der konsequenten Anwendung des Marxismus-Leninismus ist auch der Weg, um sie in noch höherem Maße zu einer streitbaren Wissenschaft, zu einem wirksamen Instrument der Arbeiterklasse im Kampf gegen die imperialistische und revisionistische Ideologie zu entwickeln.

Auf der Grundlage der schöpferischen Arbeit Tausender Pädagogen entwickelt sich die pädagogische Praxis ständig weiter. Sie ist eine unerschöpfliche Quelle theoretischer Erkenntnisse. Ein schneller Aufschwung der pädagogischen Theorie ist nur zu erreichen auf der Grundlage eines qualitativ neuen Verhältnisses der pädagogischen Wissenschaft zur Praxis, durch die Weiterentwicklung der dialektischen Wechselbeziehungen von Praxis und Theorie.

Die Einheit von Theorie und Praxis ist dem Marxismus-Leninismus wesenseigen. Es ist keine Theoriebildung möglich, die nicht auf dem gründlichen Studium der Entwicklungsprozesse und der Erfahrungen der Praxis beruht; umgekehrt können wir in unserer gesellschaftlichen Entwicklung keinen Schritt nach vorn tun, der nicht theoretisch vorbereitet ist. Denn ohne revolutionäre Theorie gibt es keine revolutionäre Praxis.

Mit der Aufgabenstellung des VII. Pädagogischen Kongresses, mit dem Lehrplanwerk wurden die Anforderungen an das Bildungs- und Erziehungsniveau wesentlich erhöht. In der Praxis entwickelt sich eine große Bewegung zur Meisterung dieser neuen Anforderungen. In ihrer praktischen Tätigkeit stoßen die Pädagogen ständig in Neuland vor, werfen neue theoretische Fragestellungen auf und weisen neue Wege für ihre Beantwortung. So wird die Praxis zu einem Stimulator für ein schnelleres Voranschreiten der Theorie. Sie stellt die Wissenschaft immer wieder vor neue Probleme, die der vorausschauenden wissenschaftlichen Lösung bedürfen.

Alle Erfahrungen lehren: Wenn sich die pädagogische Wissenschaft auf die Probleme der Praxis orientiert, wenn sie sich den konkreten Aufgaben stellt, die aus dem gesellschaftlichen Prozeß erwachsen, ist sie in der Lage, eine praxiswirksame Theorie zu entwickeln. Der VII. Pädagogische Kongreß hat deutlich gemacht, daß die weitere Ausarbeitung der Theorie der sozialistischen Erziehung, die schöpferische Weiterentwicklung der marxistisch-leninistischen Erziehungstheorie unter unseren konkreten Klassenkampfbedingungen in der Deutschen Demokratischen Republik dringend notwendig ist. Es sind weiterführende, vertiefende wissenschaftliche Untersuchungen zum Inhalt der politisch-ideologischen und moralischen Erziehung der jungen Generation, zur Gestaltung und Führung des Erziehungsprozesses, zu den Fragen der Erziehung der Jugend als gesamtgesellschaftliche Aufgabe, zur Rolle der Kunst und Literatur bei der Erziehung junger Sozialisten erforderlich.

Vom Standpunkt der gegenwärtigen Praxis ebenso wie unter perspektivischer Sicht müssen wir der Ausarbeitung der Theorie des Lernens große Aufmerksamkeit schenken. Solche komplizierten Fragen wie die rationelle Gestaltung und Führung der Lernprozesse, das Problem der Einheitlichkeit und Differenzierung, der Bewertung und Zensierung, des Unterrichts als kollektiven und individuellen Prozeß der Erkenntnisgewinnung bedürfen gründlicher theoretischer Untersuchungen. Es sind große Anstrengungen der Wissenschaft nötig zur Entwicklung der Didaktik und Methodik. Immer dringlicher wird die Ausarbeitung der Theorie der Persönlichkeitsentwicklung. Solchen grundlegenden Problemen wie den Wechselbeziehungen von Entwicklung, Bildung und Erziehung, von Individuum und Kollektiv, dem Wechselverhältnis von Bewußtheit und Spontaneität in der Entwicklung der Persönlichkeit muß sich die Forschung jetzt ernsthaft zuwenden. Der Perspektivplan der pädagogischen Forschung orientiert konsequent auf jene Aufgaben, die heute vor der pädagogischen Praxis stehen und die zugleich einen theoretischen Vorlauf für künftige schulpolitische Entscheidungen schaffen helfen. Er lenkt die pädagogische Forschung auf die Ausarbeitung praktikabler Ergebnisse für die wissenschaftliche Führung und Meisterung der gegenwärtigen pädagogischen Prozesse und auf die Schaffung theoretischer Grundlagen für eine Gesamtkonzeption des sozialistischen Volksbildungswesens der achtziger Jahre, die bis 1975 ausgearbeitet werden soll.

Im Perspektivplan der pädagogischen Forschung ist deshalb festgelegt, bis 1973 ein Grundmaterial zu erarbeiten, das uns die Möglichkeit gibt, zu diesem Zeitpunkt bereits dazu notwendige Entscheidungen treffen zu können. Das stellt hohe inhaltliche Anforderungen an die pädagogische Wissenschaft. Im Zusammenhang mit einer gründlichen Praxisanalyse sind große Anstrengungen zu unternehmen, um die theoretischen Probleme weiter auszuarbeiten und die Positionen zu bestimmen, die für die Entwicklung der perspektivischen Konzeption entscheidend sind. Das erfordert die Mitwirkung aller pädagogischen Disziplinen und die enge Zusammenarbeit mit anderen Wissenschaften. Die Arbeit am Grundmaterial verlangt also eine hohe Stufe der sozialistischen Gemeinschaftsarbeit aller Wissenschaftsbereiche, die konsequente Konzentration auf die Hauptobjekte des Forschungsplanes und den Abschluß der wissenschaftlichen Untersuchungen und Teiluntersuchungen zu den vorgesehenen Zeitpunkten.

Das Jahr 1973 ist nicht willkürlich gewählt. Zu diesem Zeitpunkt werden mit der erstmalig vollständigen Umsetzung des Lehrplanwerkes umfassende Praxiserfahrungen, Erkenntnisse und Einsichten vorliegen, die von klaren theoretischen Positionen aus analysiert und bilanziert werden müssen.

Und eben zu diesem Zeitpunkt ist es erforderlich, Schlußfolgerungen für die Planung der pädagogischen Forschung im Zeitraum 1975 bis 1980 zu ziehen, um rechtzeitig die Weichen für weitergehende Entwicklungen stellen zu können.

Die Vorbereitung dieses Grundmaterials erfordert prognostische und analytische Arbeiten. Wissenschaftliche Vorausschau ist nur zu leisten auf der Grundlage einer fundierten Einsicht in die gegenwärtige Praxis, denn schließlich muß bei der Planung der künftigen Entwicklung stets der erreichte Stand sorgfältig beachtet und die Kontinuität der Weiterentwicklung der Schule gesichert sein. Deshalb orientiert der Perspektivplan der pädagogischen Forschung darauf, die theoretischen Grundprobleme, die die Praxis aufwirft, aus der Sicht auf die wissenschaftlich begründete Perspektive zu beantworten. Eine solche praxiswirksame Hilfe ist die Voraussetzung, um die Prozesse der Bildung und Erziehung in der Gegenwart zielgerichtet zu entwickeln und ständig zu vervollkommnen. Dabei lassen wir uns davon leiten, daß eine tiefe Einsicht in die realen Prozesse und Ergebnisse der Bildung und Erziehung der Gegenwart, eine umfassende, wissenschaftlich fundierte Praxisanalyse, wesentlicher Ausgangspunkt für die konstruktive Theoriebildung ist.

Die hohen Anforderungen an die pädagogische Wissenschaft und die damit verbundenen Entwicklungsprobleme werfen neue Fragen der Führung der pädagogischen Wissenschaft und Forschung auf. Mit der Akademie der Pädagogischen Wissenschaften werden dafür gute Voraussetzungen geschaffen. Vor der Akademie der Pädagogischen Wissenschaften steht die Aufgabe, eine qualifizierte ideologisch-theoretische Führung und Organisation des Gesamtprozesses der pädagogischen Forschung auf der Grundlage der zentralen Planung zu sichern und dafür zu sorgen, daß die vorgesehenen Ergebnisse zur rechten Zeit und in der erforderlichen Qualität vorliegen. Diese Aufgabe ist nur zu lösen, wenn die Akademie den Ideenreichtum aller Wissenschaftler nutzt. Sie muß die schöpferische Arbeit der Wissenschaftler fordern und fördern. Sie muß die Initiative und Mitwirkung der Pädagogen und Schulfunktionäre bei der Lösung wissenschaftlicher Aufgabenstellungen, ihr Bedürfnis nach Aneignung und Anwendung wissenschaftlicher Erkenntnisse stimulieren.

Durch die umfassenden Aufgaben, die unsere Akademie in der Aus- und Weiterbildung der Kader übernimmt, werden Lehre und Forschung eng verbunden. Das erschließt die Möglichkeit, neue wissenschaftliche Erkenntnisse schnell der

Praxis zugänglich zu machen und ständig aus den Erfahrungen der Praktiker zu schöpfen. Die vor uns liegende Forschungsarbeit betrachten wir als einen dynamischen Prozeß der Weiterentwicklung der pädagogischen Wissenschaften. Die Dynamik der gesellschaftlichen Entwicklung, die Schulpraxis bringen ständig neue Erkenntnisse hervor. Das verlangt eine straffe inhaltliche Führung, hohe Plandisziplin und zugleich große Elastizität in der Forschungsleitung.

Im Prozeß der fortschreitenden Erkenntnisgewinnung ist es notwendig, die Planung systematisch fortzuführen, damit die jeweils neuen Bedingungen und Ausgangspositionen in Theorie und Praxis für hohe Leistungen in der Forschung effektiv werden können. Unsere Akademie wird ihre Aufgaben nur erfüllen können, wenn sie die guten Erfahrungen in der sozialistischen Gemeinschaftsarbeit zielstrebig weiterentwickelt, die interdisziplinäre Zusammenarbeit innerhalb der Pädagogik und mit anderen Wissenschaftsbereichen weiter verstärkt und die Forschungsmethoden vervollkommnet.

Nur wenn jeder Wissenschaftler sein Bestes gibt, wird die Akademie der Pädagogischen Wissenschaften ihrer Aufgabe als Zentrum der pädagogischen Wissenschaften voll gerecht werden können und ihren schöpferischen Beitrag zur Weiterentwicklung der marxistisch-leninistischen pädagogischen Wissenschaft in Theorie und Praxis leisten.

Es ist mir ein Bedürfnis, am heutigen Tage all denen zu danken, die sich um die Entwicklung der pädagogischen Wissenschaft und Forschung in der Deutschen Demokratischen Republik verdient gemacht haben. Wir sind gewiß, daß Sie alle Ihre Kräfte für einen neuen Aufschwung unserer pädagogischen Wissenschaft einsetzen werden.

Für den neuen Arbeitsabschnitt wünsche ich den Mitgliedern unserer neugegründeten Akademie der Pädagogischen Wissenschaften, ihren Mitarbeitern, Ihnen allen, liebe Genossen und Freunde, gute Erfolge.

Ich habe nunmehr die Ehre und Freude, im Auftrage des Vorsitzenden des Ministerrates der Deutschen Demokratischen Republik Genossen Professor Dr. Gerhart Neuner, den langjährigen und verdienstvollen Direktor des Deutschen Pädagogischen Zentralinstituts, als Präsident der Akademie der Pädagogischen Wissenschaften der Deutschen Demokratischen Republik zu berufen. Ich darf Sie, Genosse Präsident, im Namen aller Anwesenden und im Namen der Pädagogen unserer Republik zu diesem hohen Amt recht herzlich beglückwünschen.

Verstand und Gefühl
harmonisch entwickeln

Diskussionsbeitrag auf der Beratung von Künstlern,
Kulturschaffenden und Lehrern zur Verbesserung
der kulturell-ästhetischen Erziehung der Schuljugend in Berlin
23. April 1971

Gestatten Sie mir, meinen Diskussionsbeitrag mit einem Zitat aus dem Rechenschaftsbericht des Zentralkomitees der KPdSU an den XXIV. Parteitag zu beginnen, das eigentlich ein ganzes Programm ist und zutiefst das Anliegen unserer heutigen Beratung berührt.

Genosse Breshnew führte im Rechenschaftsbericht unter anderem aus: „Das große Aufbauwerk des Kommunismus kann unmöglich ohne die allseitige Entwicklung des Menschen selbst vorangebracht werden. Ohne ein hohes Niveau der Kultur, der Bildung, der gesellschaftlichen Bewußtheit, der inneren Reife der Menschen ist der Kommunismus unmöglich, ebenso wie er ohne eine entsprechende materiell-technische Basis nicht möglich ist."[1]

Wir, die wir für die Erziehung der künftigen Erbauer des Kommunismus verantwortlich sind – und gestatten Sie mir hier, das nicht nur auf die anwesenden Pädagogen und Jugendfunktionäre, sondern auch auf die Kulturschaffenden zu beziehen –, haben uns gerade dieser Aufgabe verschrieben, unsere Jugend zu harmonisch entwickelten, sittlich, moralisch, geistig und körperlich vollkommenen Menschen heranzubilden.

Ich finde, Scholochow hat sehr treffend charakterisiert, wie groß die Verantwortung gerade der Kunstschaffenden für die Erziehung des Menschen, des Zuschauers, Lesers, Zuhörers, im Grunde genommen all jener ist, deretwegen es, wie er sagte, in unserem Lande sowohl eine Literatur als auch eine Kunst gibt. Treffend charakterisierte er, daß Werke mit einem hohen ideologischen Gehalt, daß die Mittel der Kunst zutiefst auf das geistige Erwachen und Wachsen der Menschen einwirken. Das ist natürlich keine neue Erkenntnis, sondern eine tausendfach in

---

[1] Rechenschaftsbericht des Zentralkomitees der KPdSU an den XXIV. Parteitag der Kommunistischen Partei der Sowjetunion. Referent: L. I. Breshnew. APN-Verlag, Moskau/Dietz Verlag, Berlin 1971, S. 112.

der Praxis bestätigte Erfahrung und Tatsache. Aber diese Tatsache gewinnt heute, in unserer Epoche des Sieges des Sozialismus, an Gewicht und Bedeutung.

Wir haben auf unserem VII. Pädagogischen Kongreß festgestellt: Je weiter wir voranschreiten, je stärker jeder einzelne am Gesamtwerk teilhat, je stärker der Klassenkampf auf ideologischem Gebiet entbrennt, um so wichtiger wird die ideologische Erziehung. Das ergibt sich sowohl aus den inneren als auch aus den äußeren Bedingungen unseres Kampfes.

Unter den Bedingungen des Sozialismus, da die Arbeiterklasse Eigentümer der Produktionsmittel ist, trägt jeder einzelne ein hohes Maß an Verantwortung, wird von der Bewußtheit und dem Schöpfertum des einzelnen und der Kollektive der gesellschaftliche Fortschritt wesentlich bestimmt.

In unserer heutigen Gesellschaft ergeben sich aus der objektiv wachsenden Führungsrolle der Arbeiterklasse für jeden einzelnen hohe Anforderungen an das Wissen, Können und Verhalten; wirken doch in unserer Gesellschaft die Werktätigen zunehmend an der Lenkung und Leitung des Staates, der Wirtschaft, an der Gestaltung des gesamten gesellschaftlichen Lebens mit.

Die Erziehung unserer Jugend im Geiste unserer sozialistischen Weltanschauung, die Erziehung von Menschen mit einer hohen wissenschaftlichen Bildung und einem entwickelten sozialistischen Bewußtsein, mit einer ausgeprägten sozialistischen Moral, mit hohen geistig-kulturellen Ansprüchen, mit einem tiefen Sinn für alles Gute und Schöne, das ist eine Aufgabe unserer Schule und der ganzen sozialistischen Gesellschaft.

Von dieser Sicht aus haben wir die Forderung nach einer politisch und erzieherisch wirksameren, niveauvolleren ästhetisch-kulturellen Bildung der Jugend gestellt und unsere Kulturschaffenden aufgerufen, neue, unserem Erziehungsziel entsprechende, dem Denken und Fühlen unserer Jugend Rechnung tragende, sie begeisternde und zur eigenen Tat anregende Filme, Theaterstücke, Werke der Fernseh- und Rundfunkdramatik, literarische Werke zu schaffen, die der jungen Generation die Größe und Schönheit unseres revolutionären Kampfes, der Menschen, die revolutionäre Romantik unserer Zeit nahebringen.

Wenn wir heute und künftig in der Kommission für die kulturell-ästhetische Erziehung der Schuljugend darüber beraten, wie wir gemeinsam an dieser Aufgabe wirken wollen, dann sollten wir das immer unter der Sicht unseres Erziehungsziels tun, unter der Sicht also, wie und wozu wir die Jugend erziehen müssen.

Wir müssen in der Jugend die Überzeugung festigen, daß dem Sozialismus die Zukunft gehört und der Imperialismus zum Niedergang verurteilt ist. Wir müssen ihr erklären, daß die weltweite Auseinandersetzung zwischen Sozialismus und Imperialismus ein harter Klassenkampf ist, daß dieser Prozeß konfliktreich, widerspruchsvoll verläuft, daß er uns viel abverlangt.

Darum ist es so wichtig, der Jugend einen kämpferischen Optimismus anzuerziehen, ihre Fähigkeiten zu entwickeln, sich kühn für das Neue einzusetzen, Schwierigkeiten nicht zu scheuen, unduldsam zu sein gegenüber Unzulänglichkeiten. Darum ist es notwendig, der Jugend den Blick zu öffnen für den Kampf um das Neue, sich Entwickelnde, dafür, Partei zu ergreifen und in unserem Alltag, im Alltäglichen, die Größe und Schönheit, die Romantik unserer revolutionären Zeit zu erkennen.

Wenn wir von der Aufgabe sprechen, unsere Jugend im Geiste des sozialistischen Patriotismus, des proletarischen Internationalismus, der tiefen Liebe zu ihrem sozialistischen Vaterland, der Deutschen Demokratischen Republik, zu erziehen, zu Menschen, die bereit und fähig sind, unsere Republik allseitig zu festigen und zu stärken, den Sozialismus zuverlässig gegen alle imperialistischen Anschläge zu schützen, sie gut auf die Arbeit vorzubereiten, so verlangt das, daß wir ihr die wissenschaftliche Weltanschauung der Arbeiterklasse vermitteln, sie mit einem hohen Wissen ausrüsten. Wir meinen aber auch, daß diese Aufgabe nicht zu lösen ist ohne ihre moralisch-sittliche Erziehung, ohne die Formung ihres Charakters, die die Erziehung der Gefühle einschließt. Wir brauchen eine gebildete Jugend, aber keine verintellektualisierte junge Generation. Wir brauchen eine Jugend, bei der Verstand und Gefühl harmonisch entwickelt sind. Deshalb widmen wir der kulturell-ästhetischen Bildung und Erziehung in unserer gesamten pädagogischen Arbeit eine solch große Aufmerksamkeit.

Jeder von uns weiß, wie stark Kunsterlebnisse den ganzen Menschen erfassen und auf seinen Verstand, seine Gefühlswelt bis hin zu seiner Sprachkultur und seinen Umgangsformen wirken, wie unentbehrlich Kunst und Kultur sind, um in der jungen Generation echte Gefühle der Liebe zum sozialistischen Vaterland, zur Arbeiterklasse und ihrer revolutionären Partei, der Freundschaft zur Sowjetunion und zu den anderen Ländern der sozialistischen Staatengemeinschaft, der Solidarität mit den um ihre Freiheit und Unabhängigkeit kämpfenden Völkern und des leidenschaftlichen Hasses gegen die imperialistischen Feinde der Menschheit zu wecken und auszuprägen.

Wenn wir uns die Aufgabe gestellt haben, mehr zu tun für die Entwicklung und Befriedigung von Bedürfnissen nach künstlerischen Erlebnissen und zur Entwicklung der künstlerischen Selbsttätigkeit der Schüler, dann deshalb, weil Kunst und Kultur unentbehrlich sind für die Erziehung zur sozialistischen Moral, für die Entwicklung einer kulturvollen Lebensweise, für die Herausbildung ideologisch-ästhetischer Anschauungen und Gefühle, die den Idealen und den moralischen Werten der Arbeiterklasse entsprechen. Uns geht es um die Bereicherung des geistigen Lebens unserer Schuljugend, darum, sie mit Optimismus und Lebensfreude zu erfüllen, unsere Mädchen und Jungen unanfechtbar gegenüber allen Einflüssen der bürgerlichen Dekadenz und Unmoral zu machen.

Entsprechend der großen Rolle der kulturell-ästhetischen Bildung und Erziehung haben wir bei der Neubestimmung der Allgemeinbildung, wie für alle anderen Fächer auch, für die musischen Fächer hohe Ziele und Aufgaben gestellt und sind dabei, die notwendigen Bedingungen zu ihrer Realisierung zu schaffen. Wir haben uns bemüht, bereits in den vergangenen Jahren das Unterrichtsniveau in den Fächern Musik und Kunsterziehung durch neue Lehrpläne in der Unterstufe und durch geeignete Maßnahmen in der Mittel- und Oberstufe anzuheben.

Gerade in diesen Tagen haben wir neue Lehrpläne, die für diese Fächer 1972 in allen Klassen der Mittel- und Oberstufe eingeführt werden, bestätigt. Lehrer, Wissenschaftler und Schulfunktionäre haben hierbei gemeinsam mit Komponisten, Musikwissenschaftlern und bildenden Künstlern in einem zweijährigen Entwicklungsprozeß eine intensive Arbeit geleistet. Die neuen Lehrpläne sind eine geeignete Grundlage, die kulturell-ästhetische Bildung und Erziehung auf ein höheres Niveau zu heben.

Die Lehrpläne für die musischen Fächer sind so konzipiert, daß alle Schüler in ihrer zehnjährigen Schulzeit mit Werken des progressiven humanistischen Erbes, mit Werken des sozialistischen Realismus, einschließlich des literarischen und künstlerischen Gegenwartsschaffens unserer Republik, vertraut gemacht werden. Die Mädchen und Jungen lernen Leben und Schaffen großer Dichter, Komponisten und bildender Künstler der Vergangenheit und Gegenwart kennen und üben sich selbst in der künstlerischen Gestaltung. So soll der Musikunterricht, um ein Beispiel zu nennen, den Schülern durch das Singen, das Hören von Musikwerken und Liedern des kulturellen Erbes und des sozialistischen Gegenwartsschaffens ein nachhaltiges Musikerlebnis vermitteln, ihre Freude an der musikalischen Betätigung wecken und ihr Bedürfnis zur selbständigen Aneignung von Musikwerken und zum Singen weiterentwickeln.

Die Schüler sollen angeregt werden, am Musikleben, an der Singebewegung der FDJ und der Pionierorganisation teilzunehmen, Konzerte zu besuchen, selbst zu musizieren.

Ab September 1970 wurde mit der Bildung von·kulturell-künstlerischen Arbeitsgemeinschaften in den Klassen 9 und 10 begonnen. Sie sollen, dem Anspruchsniveau der Schüler dieser Altersstufen entsprechend, die Möglichkeit bieten, sich über den obligatorischen Unterricht hinaus mit der Literatur, der bildenden Kunst zu beschäftigen.

Die herkömmlichen Liederbücher werden durch neue Musiklehrbücher ersetzt, in stärkerem Maße werden Schallplatten als Unterrichtsmittel entwickelt. Nicht zuletzt haben wir mit neuen Ausbildungsprogrammen und der Einführung eines umfassenden Weiterbildungssystems für die Literaturlehrer und die Lehrer der anderen musischen Fächer die notwendigen Qualifizierungsmöglichkeiten geschaffen, damit sie den höheren Anforderungen gerecht werden können.

Wir sind uns sicher darin einig, daß mit dem Unterricht allein die Aufgabe, ein hohes Niveau der kulturell-ästhetischen Erziehung der Schuljugend zu erreichen, nicht zu realisieren ist.

Mit Freude können wir feststellen, daß die Aufforderung des VII. Pädagogischen Kongresses, neue Werke zu schaffen, den Schülern das klassische Kulturerbe nahezubringen und mitzuwirken bei der Entwicklung der kulturell-künstlerischen Selbstbetätigung der Jugend, unter den Kulturschaffenden eine große Resonanz gefunden hat, abgesehen davon, daß auch in der Vergangenheit unsere Künstler Großes dazu beigetragen haben, unsere Jugend zu guten Sozialisten zu erziehen.

Immer wieder jedoch müssen wir uns die Frage stellen: Reicht das, was wir tun, bereits aus? Was müssen wir gemeinsam tun, auf welche Probleme müssen wir unsere gemeinsame Aufmerksamkeit richten?

Wir möchten nur einige Probleme aufwerfen, die die Diskussion anregen und in der weiteren Tätigkeit im Mittelpunkt stehen sollten.

Als erstes möchten wir einige Gedanken zur Rolle des klassischen Kulturerbes und der fortschrittlichen Weltkultur bei der Bildung und Erziehung junger Sozialisten äußern.

In unserer Deutschen Demokratischen Republik sind alle Voraussetzungen gegeben, damit das klassische Kulturerbe, die fortschrittliche Weltkultur zum Besitz aller Werktätigen und der Jugend werden.

Die Herausbildung des Humanitätsideals, die völkerverbindende Auffassung der klassischen Literatur und Kunst, ihre tiefe Verwurzelung im Volk sind ein ständig wirkender, unschätzbarer Beitrag zur Kultur unserer sozialistischen Gesellschaft. Diesen Beitrag gilt es ständig neu zu erschließen und in der Erziehung wirksam werden zu lassen. Es entspricht dem tiefen humanistischen Wesen des Kampfes und des Zieles der Arbeiterklasse, die großen humanistischen Ideen, die im progressiven Erbe enthalten sind, zu bewahren und fortzuführen, und es ist unsere Pflicht, die Ideen der großen Denker in den Dienst der Erziehung wahrhaft humanistischer Menschen zu stellen.

Das klassische Kulturerbe und die fortschrittliche Weltkultur gehören zum geistigen Besitz eines Sozialisten. Sie sind wichtiger Bestandteil der Allgemeinbildung unserer Jugend und von großer Bedeutung für die Ausprägung und Festigung sittlich-moralischer Anschauungen, Eigenschaften, Verhaltensweisen, für die Erziehung zur leidenschaftlichen Parteinahme, für solche edlen Menschheitsideale wie soziale Gerechtigkeit, Freiheit, Menschlichkeit, Haß gegen Ausbeutung, Unterdrückung, Knechtschaft, Aggression, Unmoral und Unmenschlichkeit.

Die Aneignung der fortschrittlichen Weltkultur, insbesondere der reichen Kultur der Völker der Sowjetunion und der anderen Länder der sozialistischen Staatengemeinschaft, erzieht zur Würdigung und Achtung der großen Leistungen anderer Völker.

Wir meinen, daß wir mehr tun müssen, den humanistischen Gehalt, den Ideen- und Gefühlsreichtum von Werken der Literatur, der Musik, der Dramatik und der bildenden Kunst des klassischen Erbes und der Weltkultur für unsere Jugend zu erschließen, weil sie auf die Charakter- und Gefühlsbildung junger Menschen einen nachhaltigen Einfluß ausüben.

Wir können feststellen, daß es viele Anstrengungen gibt, um die Jugend an das klassische Kulturerbe und die fortschrittliche Weltkultur heranzuführen. Es gibt gute Erfahrungen und Ergebnisse von Theatern, Museen, Bibliotheken und anderen kulturellen Einrichtungen, die sich seit Jahren in dieser Richtung erfolgreich bemühen. Dabei denken wir zum Beispiel an die Schülerkonzerte, an zielgerichtete, organisierte Theater- und Museenbesuche, an Foyer- und Kunstgespräche, Buchdiskussionen und andere Formen und Methoden.

Dennoch sind wir der Ansicht, daß – was die kontinuierliche Arbeit mit der Masse unserer Schüler betrifft – die Bemühungen sowohl der Schule als auch der Mehrzahl der Kulturinstitutionen bei weitem noch nicht ausreichen.

Nach unserer Meinung muß es – über die Schule hinausgehend – zum ständigen Anliegen aller Kultureinrichtungen und Massenmedien werden, der Jugend auf vielfältige Weise eindrucksvoll die Werke des klassischen Kulturerbes und der fortschrittlichen Weltkultur nahezubringen, ihr Bedürfnis zu wecken und zu fördern, sich mit solchen Kunstwerken zu beschäftigen. Das schließt zugleich das Ringen um eine höhere Qualität der parteilichen Interpretation solcher Werke ein, das historisch-kritische und werkgerechte Erschließen ihres humanistischen und realistischen Anliegens in Inhalt und Form.

Selbstverständlich lassen wir uns davon leiten, daß bei der sozialistischen Erziehung die sozialistische Gegenwartskunst eine hervorragende Rolle spielt.

Gestatten Sie mir, zu den Fragen der Gegenwartskunst für die Kinder und Jugendlichen einige Gedanken zu äußern.

Es ist wohl unbestritten, daß es für die Kinder entsprechend ihrem Alter und ihrer Gefühls- und Vorstellungswelt spezifische Inhalte und Formen der künstlerischen Gestaltung geben muß. Die Kinderliteratur, der Kinderfilm, das Kindertheater, das Kinderfernsehen und der Kinderfunk spielen bei uns bereits eine große Rolle. Hier wurden schon gute Ergebnisse erreicht. Ich denke hierbei – ohne Einzelbeispiele nennen zu wollen – an die Entwicklung der Kinderliteratur, der Kindertheater und auch an gute Hör- und Fernsehspiele für Kinder.

Wenn wir allerdings von den Möglichkeiten und Notwendigkeiten ausgehen, dann wird sichtbar, was uns auf diesem wichtigen Gebiet noch zu tun bleibt.

Man muß die Frage stellen, ob in allen Künstlerverbänden das Schaffen für die Kinder die gebührende Beachtung findet. Gemeinsam sollten wir uns dafür einsetzen, daß keine Abstriche an der Qualität des künstlerischen Schaffens für die Kinder zugelassen werden und die Kunst für die Kinder eine größere gesellschaftliche Wertschätzung erfährt.

Es gibt zum Beispiel einige Lücken in der Literatur und Kunst für die Kinder, weil solche Themen, die direkt aus dem Leben der Kinder, aus dem Leben ihrer Pionierorganisation gegriffen sind, Themen, die die Freundschaft mit den Kindern des großen Sowjetlandes, die Fragen des proletarischen Internationalismus, die brüderliche Solidarität mit den um ihre Freiheit und um nationale Unabhängigkeit kämpfenden Völkern zum Inhalt haben, nicht genügend gestaltet werden. Aber gerade hier gibt es reichhaltigen Stoff, interessante Probleme.

Uns scheint, daß wir ohne eine klare Konzeption nicht im erforderlichen Tempo und mit der notwendigen Qualität weiterkommen. Wir sollten gemeinsam beraten, welche Themen, Probleme und Konflikte künstlerisch gestaltet werden müssen, um den Kindern die revolutionäre Vergangenheit, Gegenwart und Zukunft nahezubringen.

Die Kinder können unsere Gegenwart erst dann richtig erfassen, wenn sie um den Weg aus der Vergangenheit und den Weg in die Zukunft wissen. Sie brauchen Vorbilder, gestaltete Helden, mit denen sie sich identifizieren, die ihnen Impulse für ihr moralisches Verhalten geben, Menschen, denen sie im Lernen, in der Arbeit, im Leben nacheifern können.

Was das Jugendalter betrifft, so müssen wir davon ausgehen, daß alles, was auf dem Gebiet der Kunst und Literatur für die Erwachsenen getan wird, auch auf das Denken, Fühlen, Wollen und Handeln der Jugend einwirkt. Die jungen Menschen gehören eben zu den Lesern unserer Bücher, zu den Zuschauern am Fernsehschirm, zum Publikum in den Kinos, Theatern und Konzerten, auch wenn es sich nicht um spezielle Jugendveranstaltungen handelt.

Bei allem, was unsere Künstler schaffen, sollten wir in Rechnung stellen, daß sie auch ein junges Publikum haben, daß sie mit ihren Werken objektiv auf das Bewußtsein der Jugend einwirken.

Insofern müssen neue Werke der Kunst und Literatur immer eindrucksvoller und überzeugender dazu beitragen, den jungen Menschen die große historische Wahrheit über den Weg des Sozialismus zu vermitteln, Positionen zu setzen, wie Probleme und Schwierigkeiten, die bei der revolutionären Umgestaltung der Gesellschaft auftreten, überwunden werden können. Wir müßten uns mehr Gedanken darüber machen, wie wir der Jugend die Opferbereitschaft, die Heldentaten der Arbeiterklasse, ihre großen schöpferischen Leistungen und Werke nahebringen. Wir müßten überlegen, wie wir die Jugend mit den Mitteln der Kunst noch stärker zur Liebe zu unserer Sache und zum Haß gegen den menschenfeindlichen Imperialismus erziehen können. Wir brauchen auch eine Gegenwartskunst, die humorvoll und heiter Episoden des sozialistischen Alltags, des Lebens im Kollektiv künstlerisch widerspiegelt, die lustig und unterhaltend ist und dazu beiträgt, in den Kindern und Jugendlichen die Lebensfreude und den Sinn für Humor zu entwickeln.

Wir übersehen nicht, daß es bei uns in dieser Hinsicht bereits viele erfolgreiche Bemühungen gibt. Aber wir können auch nicht daran vorbeigehen, daß die ideologisch-künstlerische Konzeption mancher Werke, zum Beispiel die Gestaltung des Helden, nicht voll unserem erzieherischen Anliegen gerecht wird.

Die praktischen Erfahrungen im Hinblick auf die Wirkung mancher künstlerischer Werke zeigen: Vorbilder für die Jugend schaffen wir nicht, wenn wir solche Helden vorstellen, zu denen die Mädchen und Jungen zwar bewundernd aufschauen können, die sie aber für sich selbst für unerreichbar halten müssen.

Unsere Jugend ist interessiert an der Gestaltung von Zukunftsproblemen, an solchen Problemen, wie die Menschen die Wissenschaft und Technik meistern. Die praktischen Erfahrungen zeigen aber, daß ein technokratisches Herangehen, wo der Mensch durch die Maschine in den Hintergrund gedrängt wird, unserer Erziehung entgegenwirkt. Wir müssen vielmehr zeigen, wie der Mensch – nicht nur der Ingenieur und der Wissenschaftler, sondern vor allem der Arbeiter, die Arbeiterklasse – immer besser lernt, die modernen Maschinen, die Wissenschaft, die Produktion zu beherrschen und zu meistern – nicht etwa nur an sich, sondern zum Wohle der Menschen.

Und schließlich – so meinen wir – schaffen wir auch dann keine erstrebenswerten Vorbilder für die Jugend, wenn – gewissermaßen im Interesse von „Spannung" und „Konflikten" – Außenseiter, die sich in den Problemen unserer Gesellschaft nicht zurechtfinden, die Helden einiger Kunstwerke sind. Versteckt sich in der Bevorzugung solcher Schicksale nicht oft die Auffassung, daß der normal entwickelte Mensch in unserer Gesellschaft keine Probleme und Konflikte habe, die sich lohnen, künstlerisch gestaltet zu werden?

Betrachten wir die Dinge vom Standpunkt der Jugenderziehung aus, dann ist sehr zutreffend, wenn Simonow fordert, daß im Mittelpunkt der Handlung ein Mensch stehen sollte, der in eine außergewöhnliche Lage gerät, in ihr jedoch die realen Eigenschaften des echten sozialistischen Menschen an den Tag legt und dessen typische Züge offenbart.

Die Bewährungs- und Entscheidungssituationen in unserer Zeit beinhalten so viele spannungsgeladene Konflikte, die vom einzelnen außergewöhnliche Anstrengungen, Mut, Opferbereitschaft, Prinzipienfestigkeit, Willensstärke, Selbstüberwindung, das Ringen um den höchstmöglichen Beitrag für die Entwicklung des gesellschaftlichen Ganzen, also echtes Heldentum, verlangen.

Was unsere Mädchen und Jungen in den Kunstwerken finden müssen, das ist der lebendige Mensch mit seinen Gedanken, seinen Wünschen und Träumen, seinen Problemen und Konflikten und nicht zuletzt mit seiner Freude am Leben, an der Liebe, an der Schönheit.

Wenn wir die Frage so stellen, daß alle Kunst zugleich auch für die Jugend zugänglich und erlebbar sein muß, so verneinen wir andererseits nicht, daß auch ein echtes Bedürfnis nach künstlerischen Werken besteht, die sich direkt und spezifisch mit Problemen der Jugend beschäftigen. Wir alle kennen zum Beispiel aus eigenem Erleben den großen persönlichkeitsbildenden Wert von Ostrowskis „Wie der Stahl gehärtet wurde". Wir wünschten uns Werke dieser Größe, also Bücher, Theaterstücke oder Filme, in denen das Leben und der Kampf der Jugend unserer Tage mit solch künstlerischer Meisterschaft gestaltet ist.

An echten Bewährungssituationen unserer heutigen Jugend fehlt es doch wirklich nicht und auch nicht an der Bereitschaft und Fähigkeit unserer Künstler und Schriftsteller, solche Probleme zu gestalten. Wir sollten gemeinsam überlegen und als Pädagogen, Jugendfunktionäre und Künstler unsere Anstrengungen vereinen, die echten Probleme und Konflikte dort zu ergründen, wo unsere Jugend lebt, lernt, arbeitet und kämpft.

Wenn wir über die kulturell-ästhetische Bildung und Erziehung unserer Schuljugend sprechen, dann dürfen wir nicht daran vorbeigehen, daß unsere Jugend nicht nur arbeitet und lernt, sondern daß zum Leben auch Frohsinn, Geselligkeit, flotte Rhythmen und Tanz, moderne Kleidung und niveauvolle Unterhaltung gehören. Das sind natürliche Bedürfnisse unserer Mädchen und Jungen, die wir nicht unterschätzen dürfen.

Wir werten die Anstrengungen sehr positiv, die zum Beispiel in der Talentebewegung, in den Lyrikveranstaltungen und in der Singebewegung der FDJ sowie auch auf dem Gebiet der Jugendmode unternommen wurden und werden. Allerdings kann man nicht übersehen, daß zum Beispiel auf dem Gebiet der Unterhaltungskunst gegenwärtig eine unbefriedigende Situation besteht, daß ihr Niveau nicht genügend unserer sozialistischen Lebensweise und den gewachsenen Ansprüchen, der Reife unserer Jugend entspricht.

Und gerade auf diesem Gebiet versucht der Gegner, unter Einsatz raffiniertester Methoden ideologisch einzudringen. Das muß uns um so mehr Anlaß sein, auch die Unterhaltungskunst für die Entwicklung des sozialistischen Lebensgefühls noch zielgerichteter einzusetzen.

Ganz offensichtlich müssen wir mehr tun, um die Jugend zu einem guten ästhetischen Geschmack zu erziehen.

Indem wir der Jugend einen guten Geschmack anerziehen und systematisch ideologisch mit ihr arbeiten, müssen wir sie auch befähigen, hinter die Kulissen der imperialistischen Meinungsmacher zu schauen, eine kritische Haltung zu den Erscheinungen der bürgerlichen Dekadenz und imperialistischen Unmoral einzunehmen.

Wir können uns natürlich nicht nur auf eine kritische Position beschränken, sondern wir müssen vor allem Antwort auf die Frage finden: Wie entwickeln wir eine saubere sozialistische Unterhaltungskunst, die die Jugend anspricht und begeistert?

Ein letztes Problem:

Die kulturell-ästhetische Bildung und Erziehung der Schuljugend schließt vor allem auch eine breite Entwicklung der niveauvollen künstlerischen Selbstbetätigung der Kinder und Jugendlichen ein.

Schließlich sind die Kinder und Jugendlichen nicht nur Konsumenten der Kunst und Kultur.

Wir messen der Entwicklung der kulturell-künstlerischen Selbstbetätigung so große Bedeutung bei, weil sie starken Einfluß auf die Herausbildung schöpferischer Fähigkeiten, eines aktiven Verhältnisses zur Kultur und Kunst sowie einer kulturvollen Freizeitgestaltung hat.

Wir können davon ausgehen, daß die kulturell-künstlerische Selbstbetätigung schon einen breiten Raum unter der Schuljugend, besonders auch in der außerunterrichtlichen Tätigkeit und im FDJ- und Pionierleben einnimmt. Vieles, was auf dem Gebiet des kulturellen Massenschaffens in unserer Republik geschieht – bis hin zu den Arbeiterfestspielen –, wird maßgeblich von der Schuljugend mitgestaltet. Wir müssen jedoch ganz sachlich feststellen, daß viele Schüler noch nicht in eine solche Tätigkeit einbezogen sind und daß ab einer bestimmten Altersstufe – ungefähr mit 13 bis 14 Jahren – die Aktivität und Breite auf diesem Gebiet zurückgeht.

Wir halten es für notwendig, gemeinsam noch mehr zu tun, damit das Bedürfnis der gesamten Schuljugend, zu singen, zu tanzen, zu musizieren, zu malen, zu gestalten, Theater zu spielen, kurzum, ihren Gedanken und Gefühlen künstlerischen Ausdruck zu geben, entwickelt und gefördert wird.

Größere Aufmerksamkeit sollten wir dem Inhalt der kulturell-künstlerischen Tätigkeit schenken und vor allem dem höheren Anspruchsniveau besonders der Schüler der oberen Klassen entsprechen. Bis zu einem bestimmten Alter singen und malen alle Kinder gern. Später jedoch werden die Interessen der Schüler differenzierter und spezialisierter. Wir müssen mehr tun, um diese Interessen, Neigungen, Begabungen und Talente zu wecken und zielstrebig zu fördern. Wir müssen weitere Möglichkeiten suchen, um alle Schüler einzubeziehen, damit alle Gelegenheit haben, sich zu betätigen.

Das erfordert die aktive Hilfe und Unterstützung unserer Künstler und Kulturschaffenden, aller Kultureinrichtungen. Ohne Zweifel würde es sich fördernd auf die weitere Entwicklung der kulturell-künstlerischen Selbsttätigkeit der Schuljugend auswirken, wenn zum Beispiel mehr Massenlieder geschrieben würden, die von der Jugend auch gesungen werden, wenn viele dem Beispiel der Künstler folgen würden, die direkt an den Schulen wirken, direkt mit den Kindern und Jugendlichen arbeiten.

Gemeinsam mit den Genossen des Zentralrates der FDJ entstand der Gedanke, die gesamte außerunterrichtliche Tätigkeit – das wissenschaftlich-technische Schaffen und auch die kulturell-künstlerische Selbsttätigkeit – als eine kontinuierliche Bewegung, gleichermaßen als Bewegung des Wettstreits, des Leistungsvergleichs, während der ganzen Schulzeit zu führen, die in einen an der jeweiligen Schule selbst gestalteten Höhepunkt zu einem gesellschaftlichen Ereignis einmünden soll.

Mit einer solchen Bewegung hätten die Schüler ausgezeichnete Möglichkeiten, ihr Wissen und Können sichtbar unter Beweis zu stellen, und zugleich würden viele von ihnen zur Mitarbeit angeregt.

Daß eine solche Aufgabe nicht von den Lehrern allein gelöst werden kann, liegt auf der Hand. Hier müßten viele gesellschaftliche Kräfte, vor allem auch aus dem kulturellen Bereich, mitwirken.

In der Bildung dieser Kommission sehen wir einen konstruktiven Schritt, um in enger Gemeinschaftsarbeit die Probleme der kulturell-ästhetischen Bildung und Erziehung der Schuljugend besser lösen zu können als bisher.

Hohe Bildung
für alle Kinder des Volkes

Diskussionsbeitrag auf dem VIII. Parteitag
der Sozialistischen Einheitspartei Deutschlands in Berlin
15. bis 19. Juni 1971

Genosse Willi Stoph betonte, daß die Aufgabe, die zehnklassige Oberschulbildung für alle Kinder des Volkes bis 1975 im wesentlichen zu verwirklichen, nicht nur eine schulpolitische Aufgabenstellung von großer Tragweite, sondern eine Aufgabe von großer politischer und sozialer Bedeutung ist. Es geht dabei um nichts Geringeres als darum, die künftigen Arbeiter, Genossenschaftsbauern, die künftige sozialistische Intelligenz heranzubilden, jene Generation, die unter Führung der Arbeiterklasse und ihrer marxistisch-leninistischen Partei unsere sozialistische Gesellschaft vollenden wird. Eine hohe Bildung für alle Kinder des Volkes – das entspricht der Generallinie der Politik unserer Partei, die auf die Interessenvertretung der Arbeiterklasse, auf die Verwirklichung des Sozialismus zum Wohle des werktätigen Volkes gerichtet ist. Wenn wir also davon sprechen, daß die Hauptaufgabe unserer Politik darin besteht, das materielle und kulturelle Lebensniveau des werktätigen Volkes weiter zu erhöhen, so geht es letztendlich darum, im Sinne der Ideale der Arbeiterklasse, des humanistischen Wesens unserer sozialistischen Gesellschaftsordnung die materiellen und geistigen Bedingungen für die allseitige Entwicklung des Menschen, für den weiteren Fortschritt unserer ganzen sozialistischen Gesellschaft zu schaffen.

Stets hat sich unsere Partei in ihrer praktischen Politik davon leiten lassen, daß der Sozialismus zugleich mit der sozialen Befreiung auch die geistige Befreiung des Menschen, die Entfaltung aller seiner schöpferischen Kräfte, die allseitige Entwicklung sozialistischer Persönlichkeiten zum Ziele hat.

Die allseitige Entwicklung des Menschen, das ist Ziel und Inhalt unserer marxistisch-leninistischen Pädagogik. Es ist die Gegenwartsaufgabe unserer Schule, die Grundlagen für die allseitige Entwicklung der Persönlichkeit zu schaffen, die Jugend im Geiste unserer sozialistischen Weltanschauung zu erziehen, Menschen mit einer hohen wissenschaftlichen Bildung und einem entwickelten sozialistischen Bewußtsein, mit einer ausgeprägten sozialistischen Moral, mit hohen geistig-kulturellen Ansprüchen, mit einem tiefen Sinn für alles Gute und Schöne.

Es wäre nicht real anzunehmen, daß bereits jetzt, da etwa 80 Prozent der Schüler der oberen Klassen die zehnklassige Oberschule besuchen, die Aufgabe der allgemeinen Oberschulbildung für alle Kinder eigentlich schon gelöst sei. Abgesehen davon, daß die Zielsetzung im Fünfjahrplanzeitraum, 90 Prozent aller Schüler der 8. Klasse zur 9. und 10. Klasse der Oberschule weiterzuführen, große politische, ideologische und materielle Anstrengungen erfordert, dürfen wir vor allem nicht übersehen, daß die entscheidende Frage die weitere inhaltliche Ausgestaltung unserer zehnklassigen allgemeinbildenden Oberschule ist – eine Aufgabe, deren Lösung wir mit der vollen Einführung der neuen Lehrpläne erst in Angriff genommen haben. Hierbei handelt es sich um einen komplizierten, länger andauernden Prozeß. Die Verwirklichung der Oberschulbildung für alle Kinder des Volkes im wesentlichen abzuschließen bedeutet, zielstrebig an der weiteren Vervollkommnung der Bildung und Erziehung zu arbeiten und eine weitaus höhere Qualität der gesamten pädagogischen Arbeit zu erreichen.

Die Schule hat in Übereinstimmung mit dem gesetzmäßigen Wachstum der führenden Rolle der Arbeiterklasse den Nachwuchs der Arbeiterklasse und des ganzen werktätigen Volkes zu erziehen, junge Menschen, die vom Klassenstolz, vom Gefühl der Arbeiterehre erfüllt und bereit sind, als Facharbeiter, als Genossenschaftsbauern, als mit der Arbeiterklasse eng verbundene sozialistische Intelligenz ihre Aufgaben zur allseitigen Stärkung unserer Deutschen Demokratischen Republik, zur Gestaltung der entwickelten sozialistischen Gesellschaft, zur Stärkung der Kraft des Sozialismus zu erfüllen. Wir müssen diese Tatsache, daß unsere Schule in erster Linie den hochqualifizierten Facharbeiternachwuchs vorzubereiten hat, mehr in das Blickfeld unserer gesamten Arbeit rücken.

Die Heranbildung von 900 000 hervorragend ausgebildeten Facharbeitern im Fünfjahrplanzeitraum ist von entscheidender Bedeutung für die Entwicklung unserer gesamten sozialistischen Gesellschaft und ihrer führenden Kraft, der·Arbeiterklasse. Manche Formulierungen in unserer Propaganda, beeinflußt von einigen nicht ganz realistischen Prognosen, erweckten zeitweilig den Eindruck, als müßte unsere Schule die Jugend in erster Linie auf das Studium an den Hoch- und Fachschulen vorbereiten.

Wir schätzen die Aufgabe, Hoch- und Fachschulkader heranzubilden, nicht gering. Das beweist auch die Direktive zum Fünfjahrplan, die entsprechend den gesellschaftlichen Erfordernissen eine kontinuierliche Hochschulentwicklung vorsieht.

Die Tatsache, daß sich der Charakter der Arbeit verändert, daß sich ein Prozeß der zunehmenden Annäherung von körperlicher und geistiger Arbeit vollzieht und das geistig-schöpferische Element in allen Arbeitsprozessen und in der gesamten Lebenstätigkeit des sozialistischen Staatsbürgers immer mehr zunimmt, kann und darf jedoch nicht so ausgelegt werden, als ob jeder Absolvent der Schule ein Hoch- oder Fachschulstudium aufnehmen müsse.

Die These, daß unsere Oberschule eine polytechnische Schule, eine eng mit dem Leben verbundene Schule sein muß, die die Jugend vor allem auf die Arbeit und den Beruf vorbereitet und orientiert – das ist nicht nur eine theoretische Feststellung; sie hat außerordentlich große praktische Konsequenzen für unsere gesamte pädagogische Arbeit, für die inhaltliche Ausgestaltung der Schule, für den gesamten Geist und die Orientierung unserer pädagogischen Arbeit.

Wir unternehmen große Anstrengungen, um der Jugend ein hohes theoretisches Wissen zu vermitteln, sie im polytechnischen Unterricht und in den anderen Unterrichtsfächern so auszubilden, daß sie solide Grundlagen erwirbt für eine moderne Berufsausbildung, die der wissenschaftlich-technische Fortschritt gebieterisch fordert, für eine anspruchsvolle Tätigkeit in allen Berufen, auch in den neuen Berufen, für die Tätigkeit in allen gesellschaftlichen Bereichen.

Gleichzeitig müssen wir aber noch mehr tun, um unsere Jugend zu einer sozialistischen Einstellung zur Arbeit, zur Achtung jeder Arbeit und der arbeitenden Menschen zu erziehen. Das ist nicht nur mit Agitation zu erreichen.

Wir müssen der Jugend offensichtlich mehr Möglichkeiten geben, echte produktive Arbeit, gesellschaftlich nützliche Arbeit zu leisten. Die sozialistische Arbeitseinstellung, die Bereitschaft, jede Arbeit zu leisten, die zum Wohle der sozialistischen Gesellschaft und des einzelnen notwendig ist, das ist eine Frage der Erziehung zur Klassenmoral der Arbeiterklasse. In dieser Hinsicht nutzen wir die Möglichkeiten, die unserer polytechnischen Oberschule als einer Schule gegeben sind, die eng mit dem Leben, mit der Arbeiterklasse verbunden ist, noch zuwenig. In dieser Hinsicht ist auch unsere polytechnische Bildung und Erziehung noch nicht effektiv genug.

Wir betrachten jedoch die Vorbereitung der Jugend auf die Arbeit und den Beruf nicht als eine eng verstandene Arbeitserziehung. Wenn wir von der Vorbereitung der Jugend auf das Leben, auf die Arbeit sprechen, so gehen wir stets davon aus, daß die Arbeiterklasse und die mit ihr verbundenen Klassen und Schichten Eigentümer der Produktionsmittel sind, daß in unserer sozialistischen Gesellschaft jeder Werktätige ein hohes Maß an Verantwortung trägt, daß von der Bewußtheit und dem Schöpfertum des einzelnen und der Kollektive der Fortschritt unserer ganzen Gesellschaft wesentlich abhängt.

Die Entwicklung der Produktivkräfte, die maximale Steigerung der Arbeitsproduktivität, die Meisterung der Anforderungen des wissenschaftlich-technischen Fortschritts als Bedingung dafür, die wachsenden gesellschaftlichen und persönlichen Bedürfnisse immer besser befriedigen zu können, verlangen notwendigerweise, das wissenschaftliche Niveau der Bildung unserer Jugend weiter zu erhöhen, unserer Jugend eine hohe Allgemeinbildung, ein solides Wissen und Können zu vermitteln, ihr Bewußtsein und ihre Moral zu entwickeln.

Wir stellen die Aufgabe der Aneignung der Wissenschaften, des Lernens im Leninschen Sinne mit diesem Ernst und dieser Konsequenz, weil wir wissen, daß der Sozialismus nur auf wissenschaftlicher Grundlage, durch die Einsicht in die Gesetzmäßigkeiten der Entwicklung in Natur, Gesellschaft und menschlichem Denken aufgebaut werden kann. Wir stellen diese Aufgabe nicht zuletzt auch deshalb, weil die Ideologie der Arbeiterklasse, die sozialistische Weltanschauung in der

Gesamtheit der Wissenschaften begründet und von Marx, Engels und Lenin als Wissenschaft, als wissenschaftliche Ideologie der Arbeiterklasse entwickelt worden ist.

Sozialistisches Bewußtsein und Verhalten der Schüler können nur allseitig fundiert und ausgeprägt werden, wenn im Unterricht aller Fächer intensiv gelernt und die Grundlagen der Wissenschaften exakt vermittelt und parteilich gelehrt werden. Wenn wir immer wieder betonen, daß die ideologische Erziehung der Jugend verstärkt werden muß, daß wir der Erziehungsarbeit mehr Aufmerksamkeit schenken müssen, so darf das nicht, wie das manchmal noch geschieht, zu einer Geringschätzung der exakten Wissensvermittlung im Unterricht führen. Wir müssen davon ausgehen, daß bei Anerkennung der Tatsache, daß der Erziehungsprozeß ein umfassender Prozeß ist und nicht nur auf den Unterricht beschränkt werden kann, die Herausbildung unserer sozialistischen Weltanschauung jedoch nur auf der Grundlage exakter wissenschaftlicher Kenntnisse möglich ist. In der Praxis wird oftmals die Forderung nach ideologischer Durchdringung der Wissenschaft und des Fachunterrichts sehr vereinfacht. Oft wird darunter nur politische Aktualisierung verstanden, die wir selbstverständlich überall dort verlangen, wo sie notwendig und angebracht ist, und die wir so verstehen, daß jeder Lehrer, gleich welches Fach er unterrichtet, einen klaren politischen Standpunkt vertreten, auf aktuelle Ereignisse in seiner Erziehungsarbeit stets reagieren muß. Offensichtlich genügt es nicht, allgemein von der ideologischen Durchdringung aller Wissenschaften und des Fachunterrichts zu reden, sondern wir müssen dies konkret am wissenschaftlichen Gegenstand jedes Unterrichtsfaches zeigen. Das ist eine wichtige Aufgabe unserer Wissenschaftler.

Wir übersehen bei all den guten Ergebnissen in der Arbeit vieler Schulen nicht, daß die Qualität der Leistungen, der Lernergebnisse noch nicht ausreicht. Wir übersehen vor allem nicht, daß es gerade in den oberen Klassen Mängel in der pädagogischen Arbeit gibt. Der Bildungs- und Erziehungsarbeit in der Oberstufe unserer Schulen müssen wir aber im Zusammenhang damit, daß wir die Zehnklassenschule vollenden, daß wir in absehbarer Zeit fast alle Jugendlichen bis zum 16. Lebensjahr in der Schule erfassen, unsere besondere Aufmerksamkeit widmen. Wir müssen ernsthaft prüfen, wie wir der gewachsenen Reife, dem höheren Leistungsvermögen und Verantwortungsbewußtsein, dem konstruktiv-kritischen Denken der Jugend besser Rechnung tragen. Unsere ganze Arbeit in der Schule, die Erziehung in der Familie, durch die ganze Gesellschaft ist ja gerade auf eine solche Erziehung der Jugend gerichtet. Aber nicht immer verstehen wir es schon, das kritisch-konstruktive Denken der Jugend so zu lenken, daß es zu einem tieferen Verständnis der komplizierten Probleme unserer Zeit, zum Verständnis der Dialektik des Klassenkampfes, zum verantwortungsbewußten Handeln führt.

Wir haben es mit jungen Menschen mit einem entwickelten Intellekt zu tun. Aber nicht überall gelingt es bereits, im Unterricht und außerhalb des Unterrichts bei den jungen Menschen Verstand und Gefühl harmonisch zu entwickeln, sie den Sozialismus leidenschaftlich lieben und den Imperialismus hassen zu lehren, ihren Sinn für das Gute und Schöne, für die ästhetischen und moralischen Werte der Arbeiterklasse auszubilden und sie gegenüber allen Einflüssen der bürgerlichen Dekadenz und Unmoral unanfechtbar zu machen. So bringt es die Dialektik unserer Entwicklung mit sich, daß mit neuen Erfolgen und Fortschritten auch neue Probleme und Widersprüche entstehen, auf die wir uns in unserer gesamten pädagogischen Arbeit einstellen müssen. Wir müssen darüber nachdenken, wie wir gemeinsam, die Pädagogen, die Freie Deutsche Jugend, die Eltern, die Arbeiter in den Patenbetrieben, alle gesellschaftlichen Kräfte, die Erziehung der Jugend noch wirksamer gestalten, um kluge Sozialisten mit den Eigenschaften revolutionärer Kämpfer zu erziehen. Dabei sollten wir immer daran denken, daß, wie Genosse Breshnew auf dem XXIV. Parteitag der KPdSU im Zusammenhang mit der tiefgreifenden Analyse des welthistorischen Prozesses des Klassenkampfes feststellte, den Kommunisten, den fortschrittlichen Kräften noch ein harter Kampf bevorsteht, auf den wir auch unsere Jugend vorbereiten müssen.

Wir sind uns darüber im klaren, daß das alles viel von den Lehrern, von den Pädagogen verlangt. Der Lehrer muß unsere Politik zutiefst begreifen, um sie vertreten zu können. Je besser und je gründlicher er den Marxismus-Leninismus als weltanschauliche Grundlage seiner Fachwissenschaft und unserer Pädagogik begreift, je gründlicher er den Marxismus in allen seinen Bestandteilen beherrscht, um so qualifizierter kann er seine Unterrichts- und Erziehungsarbeit leisten.

Für die Arbeit mit der Jugend, vor allem mit den Jugendlichen der oberen Klassen, sind zugleich ein großes pädagogisches Geschick, Takt, Fingerspitzengefühl und persönliche menschliche Reife vonnöten. Wir haben viele hervorragende Lehrer, die von ihren Schülern geliebt und geachtet werden, weil sie hohe Forderungen stellen und ihnen großes Vertrauen entgegenbringen. Die Erfahrungen dieser Lehrer allen zu vermitteln, lebendig, überzeugend mit allen Lehrern zu arbeiten, sich ständig um die weitere Erhöhung ihres politisch-ideologischen, fachlichen und pädagogischen Niveaus zu sorgen, das ist und bleibt die entscheidende Aufgabe unserer Führungstätigkeit.

Wir sind uns dessen bewußt, daß der Aufbau und die weitere inhaltliche Ausgestaltung unserer zehnklassigen allgemeinbildenden polytechnischen Oberschule eine Aufgabe ist, die uns, die wir in der Volksbildung arbeiten, eine große Verantwortung auferlegt, eine Aufgabe, die wir nur gemeinsam mit allen gesellschaftlichen Kräften lösen können. Für die Entwicklung unserer Schule ist die Schaffung der notwendigen personellen und materiellen Bedingungen eine unabdingbare Notwendigkeit.

Im Entwurf der Direktive zum Fünfjahrplan sind deshalb wesentlich größere Investitionsleistungen für die Volksbildung vorgesehen als im zurückliegenden Jahrfünft, sie sind vor allem auf die Schaffung neuer Schulen konzentriert. Dabei müssen wir die Tatsache beachten, daß in den zurückliegenden Jahren das Schulbauprogramm nur mit 80 Prozent erfüllt wurde und es außerordentlich große Rückstände bei der Durchführung der Werterhaltungsmaßnahmen in Schulen und anderen Kindereinrichtungen gibt. Die Realisierung der in der Direktive genannten Aufgaben erfordert deshalb, daß alle staatlichen Organe, alle Parteiorganisationen diese unter Kontrolle nehmen, erfordert strenge Staatsdisziplin und die Entwicklung einer großen, auf die Realisierung der Pläne gerichteten gesellschaftlichen Initiative.

Wir dürfen dem Parteitag versichern, daß die Pädagogen unserer Republik sich ihrer Verantwortung vor der Arbeiterklasse und dem Volk stets bewußt sind und alles tun werden, um ihren Auftrag zu erfüllen.

Zu einigen Fragen
der Bildungspolitik der Partei
nach dem VIII. Parteitag der SED

Lektion an der Parteihochschule „Karl Marx"
beim Zentralkomitee der SED in Berlin
9. März 1972

Die Grundfragen unserer Schulpolitik, die der VIII. Parteitag behandelt hat, können nur im Zusammenhang mit dem gesamtgesellschaftlichen Entwicklungsprozeß, im Zusammenhang mit der Strategie und Taktik der Partei gesehen und verstanden werden.

Ausgehend von den Erfordernissen, die sich aus der Gestaltung der entwickelten sozialistischen Gesellschaft ergeben, hat unser Parteitag beschlossen, den Übergang zur allgemeinen zehnklassigen Oberschulbildung zu vollenden, und in diesem Zusammenhang hat er die weitere inhaltliche Ausgestaltung der zehnklassigen allgemeinbildenden polytechnischen Oberschule als der grundlegenden Bildungs- und Erziehungsstätte für alle Kinder als wichtigsten gesellschaftlichen Auftrag aller Pädagogen bezeichnet.

Die Aufgabenstellung des Parteitages, ein höheres Niveau der Produktivkräfte zu erreichen, das sozialistische Bewußtsein weiter zu erhöhen und die gesellschaftlichen Beziehungen weiter zu entwickeln, stellt einerseits bedeutend höhere Anforderungen an unsere sozialistische Schule. Andererseits werden durch die weitere Entwicklung des Bildungswesens, wie sie, ausgehend von den Beschlüssen des Parteitages, im Gesetz über den Fünfjahrplan festgelegt ist, noch günstigere Bedingungen für eine hohe Bildung der jungen Generation, für die allseitige Entwicklung des sozialistischen Menschen geschaffen. Damit setzt unsere Partei ihre Bildungspolitik, die sie stets als einen wichtigen Bestandteil der Theorie und Praxis der sozialistischen Revolution betrachtet hat, kontinuierlich fort.

Lenin begründete, daß die Schule nicht außerhalb der Politik und des gesellschaftlichen Lebens steht. Sie ist eine gesellschaftliche Institution und steht stets im Dienste der herrschenden Klasse. Sie ist mit allen anderen Bereichen des gesellschaftlichen Lebens vielfältig verflochten, und ihre Aufgaben ergeben sich aus dem Charakter der Gesellschaftsordnung, aus den konkreten gesellschaftlichen Bedingungen und Erfordernissen. Von diesem objektiven Zusammenhang von gesellschaftlicher Entwicklung und Schule, von der Abhängigkeit der Schule vom

Charakter und von den Zielen der Gesellschaft, die der Marxismus-Leninismus aufgedeckt hat, ist unsere Partei in der Schulpolitik stets ausgegangen.

Wir wissen, daß die Veränderung der Besitzverhältnisse an den Produktionsmitteln, die revolutionäre Umgestaltung der materiellen Basis der Gesellschaft, begleitet wird von einer mehr oder weniger raschen Umwälzung des ganzen ungeheuren Überbaus, wie Marx sagte, daß die Revolutionierung der ökonomischen Verhältnisse verbunden ist mit der Revolution auf dem Gebiet der Ideologie und Kultur. Und wir wissen, daß der neue Überbau – im revolutionären Umgestaltungsprozeß hervorgebracht – aktiv auf die ökonomische Basis der Gesellschaft zurückwirkt, maßgeblich dazu beiträgt, sie zu festigen und voranzubringen. Marxistisch-leninistische Schulpolitik, die die Rolle und Funktion der Schule im gesamtgesellschaftlichen Entwicklungsprozeß aus der Lehre von Basis und Überbau ableitet, ist ein entscheidender Bestandteil der Revolution auf dem Gebiet der Ideologie und Kultur.

Unter diesem Gesichtspunkt wurden auf unserem VIII. Parteitag die Aufgaben aller gesellschaftlichen Bereiche, die Entwicklung der Produktivkräfte, die Fragen der Wissenschaft und Bildung, der Ideologie und Kultur, in ihrer Einheit und Wechselwirkung behandelt.

Die Klassiker des Marxismus-Leninismus haben die hervorragende Rolle der Ideologie im gesellschaftlichen Leben, im Kampf der Klassen aufgedeckt, ihren Klassencharakter nachgewiesen und gezeigt, welche entscheidende Rolle das Bewußtsein, die Theorie im revolutionären Kampf der Massen spielt, welch große aktivierende Kraft die Ideologie bei der Errichtung und Festigung der sozialistischen Gesellschaft besitzt.

Dem hat unsere Partei in allen Phasen des Aufbaus der neuen Gesellschaft Rechnung getragen.

Der Parteitag hat prinzipiell diese hervorragende Rolle der Ideologie unter unseren konkret-historischen Bedingungen herausgearbeitet.

Angesichts der Tatsache, daß sich auch in der entwickelten sozialistischen Gesellschaft das Bewußtsein der Menschen noch ungleichmäßig herausbildet[1], daß durch noch vorhandene und vom Gegner ständig genährte Überreste der bürgerlichen Ideologie und durch die Verschärfung des Klassenkampfes auf ideologischem Gebiet „bei unzureichender" ideologischer Erziehungsarbeit moralische und ideologische Verluste entstehen"[2] können, und nicht zuletzt auch angesichts der Tatsache, daß sich der Gegner in seiner ideologischen Diversion vor allem auf unsere Jugend konzentriert, hat der Parteitag hervorgehoben, daß unserer Schule

---

[1] Vgl. M. Jowtschuk: Die wachsende Rolle der sozialistischen Ideologie in der entwickelten sozialistischen Gesellschaft. In: Der XXIV. Parteitag der KPdSU und die Entwicklung der marxistisch-leninistischen Theorie. Dietz Verlag, Berlin 1971, S. 186.

[2] P. Demitschew: Der XXIV. Parteitag der KPdSU über die Aufgaben der Herausbildung des kommunistischen gesellschaftlichen Bewußtseins. In: Ebenda, S. 52.

als einer ideologischen Institution der Arbeiterklasse bei der Herausbildung des sozialistischen Bewußtseins eine hervorragende Rolle zukommt.

Uns verwundert nicht, daß es bei unseren Gegnern immer wieder, besonders aber nach dem VIII. Parteitag, große „Verstimmung" auslöste, daß unser Bildungswesen, welches einige Leute ansonsten recht respektabel finden, so „verideologisiert" ist, wie sie sich auszudrücken pflegen. Indem sie sich über die politisch-ideologische Zielsetzung unseres Bildungswesens ereifern und wider besseres Wissen behaupten, daß die bürgerliche Schule außerhalb der Politik stehe, tun sie genau das, was Lenin als Lüge und Heuchelei bezeichnete. Es gibt weder eine „wertfreie" Ideologie noch eine „wertfreie" Schule. Der Charakter der Erziehung, der Charakter der Schule ergibt sich stets aus dem Klassencharakter des Staates, dem Klassencharakter der Ideologie.

Schon im Kommunistischen Manifest wiesen Marx und Engels darauf hin, daß die Kommunisten die Einwirkung der Gesellschaft auf die Erziehung nicht erfunden haben, sondern daß sie lediglich den Charakter dieser Einwirkung verändern, indem sie die Schule dem Einfluß der Ausbeuterklasse entreißen.[3]

Unsere Partei hat die Frage des Verhältnisses von Schule und Gesellschaft, die Frage nach der Macht stets als eine grundlegende Frage betrachtet. Die marxistisch-leninistischen Kräfte der deutschen Arbeiterklasse haben seit jeher ihre bildungspolitischen Forderungen aus der Erkenntnis abgeleitet, daß nur durch die Eroberung der politischen Macht durch die Arbeiterklasse dem Volke der Zugang zum Wissen erschlossen, eine wahrhaft humanistische Bildung aller Kinder des Volkes verwirklicht werden kann.

In der Auseinandersetzung mit den theoretischen Auffassungen der Anhänger Lassalles über die Rolle der Bildung sagte Wilhelm Liebknecht schon im Jahre 1872, daß die Forderung „Wissen ist Macht" unbedingt ergänzt werden müsse durch die Losung „Macht ist Wissen".[4] Und Clara Zetkin erklärte im Jahre 1922: „…eine durchgreifende grundlegende Schulreform steht nicht vor der Eroberung der politischen Macht durch das Proletariat, sie wird eine ihrer wichtigsten und wertvollsten Früchte sein."[5] Das bedeutet natürlich nicht, daß die Arbeiterklasse innerhalb der kapitalistischen Gesellschaft auf den Kampf gegen den reaktionären Inhalt der Schulpolitik und für demokratische Veränderungen im Bildungswesen verzichtet. Im Gegenteil: Dieser Kampf fördert die Formierung der revolutionären Kräfte, was auch anschaulich durch den von unseren Genossen in der BRD geführten Kampf auf der Grundlage des bildungspolitischen Programms der DKP bewiesen wird.

---

[3] Vgl. K. Marx/F. Engels: Manifest der Kommunistischen Partei. In: K. Marx/F. Engels: Werke. Bd. 4, Dietz Verlag, Berlin 1983, S. 478.

[4] W. Liebknecht: Wissen ist Macht – Macht ist Wissen. In: Wissen ist Macht – Macht ist Wissen und andere bildungspolitisch-pädagogische Äußerungen. Volk und Wissen Volkseigener Verlag, Berlin 1968, S. 94.

[5] C. Zetkin: Gegen das reaktionäre Reichsschulgesetz. Rede im Reichstag, 24. 1. 1922. In: C. Zetkin: Ausgewählte Reden und Schriften. Bd. II, Dietz Verlag, Berlin 1960, S. 495.

Offensichtlich müssen wir in unserer Geschichtsschreibung darauf achten, daß nicht erst mit dem gemeinsamen Aufruf des Zentralkomitees der KPD und des Zentralausschusses der SPD zur demokratischen Schulreform vom Oktober 1945 und mit den Vorarbeiten dazu durch das Nationalkomitee „Freies Deutschland" die Geschichte der Bildungspolitik unserer Partei beginnt. Bei der Betrachtung der Geschichte der Bildungspolitik dürfen wir die großen theoretischen Leistungen der Kommunistischen Partei Deutschlands, des Thälmannschen Zentralkomitees, nicht außer acht lassen. Im Jahre 1930 wandte sich das Thälmannsche Zentralkomitee mit den „Gegenwartsforderungen der KPD für das Schulwesen" an die Öffentlichkeit. Sie waren darauf gerichtet, den zunehmenden Einfluß des Faschismus auf die Schule zurückzudrängen und alle antifaschistischen Kräfte zum gemeinsamen Kampf zusammenzuführen. So verlangte die KPD unter anderem

– Mitwirkung der proletarischen Klassenorganisationen bei der Gestaltung des inneren und äußeren Schulwesens;
– freie Betätigung der proletarischen Kinder- und Jugendorganisation, auch innerhalb der Schule;
– Entfernung aller faschistischen Lehrkräfte aus den Schulen;
– Säuberung der Ausstattungen und des gesamten Bücherbestandes in den Schulen nach den Grundsätzen der klassenbewußten Arbeiterschaft;
– Umgestaltung der Lehrpläne, Lehrbücher und des gesamten Unterrichts auf naturwissenschaftlich-materialistischer und historisch-materialistischer Grundlage;
– obligatorische periodische Fortbildungskurse auf der Grundlage des dialektischen Materialismus und der proletarischen Pädagogik für alle Lehrkräfte;
– einheitlichen organisatorischen Schulaufbau vom Kindergarten bis zur Hochschule;
– Verbindung des gesamten Schulwesens mit der Produktion.[6]

Alle diese Forderungen haben wir im Prozeß der antifaschistisch-demokratischen und der sozialistischen Etappe unserer revolutionären Umwälzung verwirklicht.

Die marxistisch-leninistische Theorie, die bildungspolitischen Forderungen der revolutionären deutschen Arbeiterbewegung und ihrer marxistisch-leninistischen Partei und die Erkenntnisse und Erfahrungen der Sowjetpädagogik waren und sind die Grundlage für den Aufbau unseres Bildungswesens seit der Befreiung vom Faschismus. Die Geschichte unserer Partei, die Geschichte unseres Schulwesens zeigt, daß sich auch auf bildungspolitischem Gebiet die marxistisch-leninistische Theorie im praktischen revolutionären Kampf als richtig erwiesen hat. Die Lösung der Machtfrage zugunsten der Arbeiterklasse war die Grundlage für die antifaschistisch-demokratische und die sozialistische Schulreform. Die Umgestaltung unserer Schule ist das Ergebnis des Kampfes um die Macht und zugleich

---

[6] Vgl. Gegenwartsforderungen der KPD für das Schulwesen. In: Quellen zur Geschichte der Erziehung. 9. Aufl., Volk und Wissen Volkseigener Verlag, Berlin 1980, S. 452f.

auch eine wichtige Voraussetzung für die Festigung und den weiteren Aufbau unserer sozialistischen Gesellschaftsordnung. Von Beginn an haben wir in unserer Schulpolitik die grundlegenden Lehren Lenins über die revolutionäre Umgestaltung der Schule, auf denen die sowjetische Pädagogik beruht, auf unsere Bedingungen angewandt; denn wir lassen uns als Marxisten-Leninisten davon leiten, daß die Lehren Lenins auch auf dem Gebiet der Schulpolitik Allgemeingültigkeit für alle Länder besitzen.

Ganz im Sinne Lenins hat unsere Partei von Anfang an der Jugend die Aufgabe gestellt, zu lernen, sich alle jene Schätze des Wissens anzueignen, die die Menschheit angehäuft hat.[7] Davon ausgehend sicherten wir, entsprechend den gesellschaftlichen Anforderungen der jeweiligen Entwicklungsetappe, ein ständig wachsendes Niveau wissenschaftlich fundierter Bildung für alle Kinder des Volkes. Ganz in diesem Sinne wurde auf dem VIII. Parteitag hervorgehoben, daß unsere Schule der jungen Generation eine hohe wissenschaftliche Allgemeinbildung, ein solides Wissen und Können vermitteln muß.

Entsprechend der Forderung Lenins verbanden wir die Schule untrennbar mit dem Kampf um die Errichtung der neuen Gesellschaft, überwanden wir die Kluft zwischen Buch und Leben, zwischen Theorie und Praxis, die Lenin als den widerwärtigsten Zug der bürgerlichen Gesellschaft bezeichnete. Lenin lehrte, daß die gesamte Bildung und Erziehung der Jugend eine Erziehung zur kommunistischen Moral sein muß.[8]

Ganz in diesem Sinne forderte der VIII. Parteitag, eine hohe Wirksamkeit der sozialistischen Erziehung zu erreichen. So heißt es im Rechenschaftsbericht an den VIII. Parteitag: „Auf der Grundlage soliden Wissens und Könnens gilt es, alle schöpferischen Kräfte und Fähigkeiten zu entwickeln, der Jugend hohe sittlich-moralische und ästhetisch-kulturelle Werte zu vermitteln und sie im Geiste der sozialistischen Weltanschauung zu erziehen. Zusammen mit den Eltern, mit der sozialistischen Kinder- und Jugendorganisation, gestützt auf alle gesellschaftlichen Kräfte, erzieht unsere Oberschule die jungen Menschen zu bewußten sozialistischen Staatsbürgern mit hohen Kenntnissen, die den Ideen des Sozialismus treu ergeben sind, die fühlen und handeln als Patrioten und Internationalisten, sich durch eine sozialistische Arbeitseinstellung auszeichnen und aktiv an der Gestaltung des gesellschaftlichen Lebens mitwirken."[9]

Wir verwirklichen die Forderung nach Verbindung von Unterricht und Gymnastik mit produktiver Arbeit, die Marx „nicht nur als eine Methode zur Steigerung

[7] Vgl. W. I. Lenin: Die Aufgaben der Jugendverbände. In: Werke. Bd. 31, Dietz Verlag, Berlin 1978, S. 275.

[8] Vgl. ebenda, S. 280.

[9] Bericht des Zentralkomitees der Sozialistischen Einheitspartei Deutschlands an den VIII. Parteitag der SED. Berichterstatter: Genosse Erich Honecker. In: Protokoll der Verhandlungen des VIII. Parteitages der Sozialistischen Einheitspartei Deutschlands. Bd. 1: 1. bis 3. Beratungstag, Dietz Verlag, Berlin 1971, S. 91f.

der gesellschaftlichen Produktion, sondern als die einzige Methode zur Produktion vollseitig entwickelter Menschen"[10] bezeichnete und die Lenin mit seinen Hinweisen zur Erziehung und Bildung weiterentwickelte. Ganz in diesem Sinne hob unser VIII. Parteitag die Rolle des polytechnischen Unterrichts und die Notwendigkeit hervor, der Jugend mehr Möglichkeiten zu geben, produktive Arbeit, gesellschaftlich nützliche Arbeit zu leisten.

Von Beginn an verwirklichen wir den Hinweis Lenins, daß es notwendig ist, eine Lehrerschaft heranzubilden, „die mit der Partei, mit ihren Ideen eng verbunden, von ihrem Geist durchdrungen"[11] ist, daß das Proletariat und die Lehrerschaft gemeinsam für den Sieg des Sozialismus kämpfen müssen.[12] Ganz in diesem Sinne unterstrich der VIII. Parteitag die bedeutende Rolle und die gesellschaftliche Verantwortung des Lehrers.

Unsere Pädagogen haben unsere Jugend nicht nur gut auf ihre Aufgaben in der Gegenwart vorzubereiten, sondern sie auch gut für das Leben in den künftigen Jahren und Jahrzehnten zu rüsten. Die Aufdeckung des Wesens der entwickelten sozialistischen Gesellschaft, das tiefe Verständnis der marxistisch-leninistischen Lehre von den beiden Phasen der kommunistischen Gesellschaft als einer einheitlichen Gesellschaftsformation ist auch für die Pädagogen von grundsätzlicher Bedeutung. Die Tatsache, daß sich der Übergang von der einen zur anderen Phase der kommunistischen Gesellschaft als ein längerer Prozeß vollzieht, daß die erste Phase des Kommunismus noch mit den Überresten der alten Gesellschaft behaftet ist, daß aber in ihr zugleich schon die Keime der künftigen kommunistischen Gesellschaft vorhanden sind und sich entwickeln, hat unmittelbare Auswirkungen auf die praktische pädagogische Arbeit. Wenn wir feststellen, daß sich die Pädagogen in ihrer Erziehungsarbeit bereits heute auf jene Wesenszüge des Menschen orientieren müssen, die für das Leben in der kommunistischen Gesellschaft kennzeichnend sind, so geht es dabei nicht nur darum, die kommunistische Erziehung als eine Zielstellung zu formulieren, sondern sie als Aufgabe der Gegenwart zu begreifen. Natürlich fassen wir die Erziehung zur kommunistischen Moral als einen Prozeß auf, der sich stets in Abhängigkeit von den konkret-historischen Bedingungen vollzieht und in dessen Verlauf diese oder jene Seite eine stärkere Ausprägung erfährt. Dabei müssen wir immer beachten, daß die Erziehung der Jugend zur sozialistischen und kommunistischen Moral nicht nach Formeln, sondern im Leben erfolgt, daß auf diesen Prozeß die gesamte Umwelt – die Schule, die Familie, die ganze Gesellschaft –, die vielfältigsten Einflüsse wirken, nicht zu-

[10] K. Marx: Das Kapital. Erster Band. In: K. Marx/F. Engels: Werke. Bd. 23, Dietz Verlag, Berlin 1983, S. 508.

[11] W. I. Lenin: Rede auf der Gesamtrussischen Konferenz der Ausschüsse für politisch-kulturelle Aufklärung bei den Gouvernements- und Kreisabteilungen für Volksbildung. 3. November 1920. In: Werke. Bd. 31, a. a. O., S. 362.

[12] Vgl. W. I. Lenin: Rede auf dem I. Gesamtrussischen Kongreß der internationalistischen Lehrer. 5. Juni 1918. In: Werke. Bd. 27, Dietz Verlag, Berlin 1978, S. 445.

letzt auch die Einflüsse des Alten. Es handelt sich also bei der Erziehung um einen oft sehr widerspruchsvollen Prozeß. Das müssen wir stets beachten. Aber gerade in der Erziehung müssen wir bereits heute stärker auf das Neue orientieren, auf die Wesenszüge des Menschen der kommunistischen Gesellschaft, die sich schon gegenwärtig vor allem in der Arbeitstätigkeit, in den sozialen Beziehungen in den Arbeitskollektiven herausbilden – bewußt geführt und gefördert von der Partei.

Die Schule bildet heute jene Generation heran, die in Wirtschaft, Wissenschaft und im gesellschaftlichen Leben erst in 10 und 20 Jahren voll wirksam werden wird. In diesem Zusammenhang wurde vom Genossen Kurt Hager auf der 4. Tagung unseres Zentralkomitees darauf hingewiesen, daß Entscheidungen in Wissenschaft, Bildung und Kultur stets sehr weittragend sind, daß die im jetzigen Fünfjahrplan vorgesehene Entwicklung in unseren Schulen ihre vollen Auswirkungen erst in den 80er Jahren haben wird.[13]

Unsere Partei verfolgt als oberstes Ziel ihrer Politik – das wurde auf dem VIII. Parteitag nachdrücklich verdeutlicht – die soziale und geistige Befreiung des Menschen. Ausdruck dafür ist die vom Parteitag gestellte Hauptaufgabe, das materielle und kulturelle Lebensniveau des Volkes weiter zu erhöhen.

Ausgehend von der Leninschen Lehre, daß für den Aufbau der sozialistischen Gesellschaft die allseitige Entwicklung der Produktivkräfte, eine maximale Steigerung der Arbeitsproduktivität, die konsequente Nutzung der neuesten Errungenschaften von Wissenschaft und Technik entscheidende Bedingungen sind, hat der VIII. Parteitag die weitere Entwicklung der Arbeitsproduktivität in den Mittelpunkt aller unserer Bemühungen gerückt. Wie auf der 4. Tagung formuliert wurde, können die Ziele der Entwicklung des materiellen und kulturellen Lebensniveaus nur realisiert werden durch die geplante Steigerung der Arbeitsproduktivität.[14]

Die immer breitere Entfaltung des sozialistischen Wettbewerbs, die Einführung der neuen Technik und neuer Technologien in unserer Volkswirtschaft, der Einsatz moderner Maschinen und Geräte, die konsequente Durchführung von Rationalisierungsmaßnahmen, die Entwicklung eines höheren Niveaus der Produktionsorganisation und Produktionskultur, die wachsende Rolle der Wissenschaft, die konkrete Teilnahme der Werktätigen an der Leitung der Wirtschaft und des Staates in immer höherer Qualität – das alles verlangt zugleich auch die weitere entschiedene Erhöhung des Wissens und Könnens, der Bildung und des Bewußtseins der Werktätigen. In der entwickelten sozialistischen Gesellschaft nehmen unter den Bedingungen des wissenschaftlich-technischen Fortschritts die Anforderungen an das Bewußtsein, an das Wissen und Können, an die Einstel-

---

[13] Vgl. Aus den Diskussionsreden auf der 4. Tagung des Zentralkomitees der SED. 16./17. Dezember 1971, Dietz Verlag, Berlin 1972, S. 45.

[14] Vgl. E. Honecker: Zu aktuellen Fragen bei der Verwirklichung der Beschlüsse unseres VIII. Parteitages. Dietz Verlag, Berlin 1971, S. 24.

lung zur Arbeit, zum gesellschaftlichen Eigentum und an die Arbeitsmoral und Arbeitsdisziplin ständig zu.

Wenn der VIII. Parteitag die Aufgabe stellte, das kulturelle Lebensniveau des Volkes zu erhöhen, dann müssen wir das in umfassendem Sinne, das heißt als Anforderung an eine höhere Bildung des Volkes, an die Entwicklung des sozialistischen Bewußtseins, der sittlichen und moralischen Qualitäten der Menschen, an ihre geistigen Bedürfnisse überhaupt verstehen. Deshalb bezeichnete der VIII. Parteitag ein höheres Niveau der Allgemeinbildung und der sozialistischen Erziehung der Jugend als eine der wichtigsten Aufgaben der Partei und aller gesellschaftlichen Kräfte. Die Aufgaben, die der Parteitag für die weitere Entwicklung des Volksbildungswesens stellte, sind also untrennbarer Bestandteil der Hauptaufgabe.

Aus den Orientierungen unseres VIII. Parteitages für die weitere ökonomische Entwicklung unserer Republik, für den ökonomischen Wettbewerb mit dem Imperialismus als dem entscheidenden Feld, auf dem sich die Auseinandersetzung zwischen Sozialismus und Kapitalismus heute vollzieht, ergibt sich für das Volksbildungswesen die Aufgabe, die künftigen Facharbeiter und Genossenschaftsbauern, die zukünftige sozialistische Intelligenz noch besser auf die Arbeit vorzubereiten. Dabei geht es jedoch nicht einfach darum, daß die Entwicklung des Bildungswesens lediglich notwendig wäre für die Heranbildung besser vorbereiteter Produzenten. Es geht hier um viel mehr.

Genosse Breschnew hat auf dem XXIV. Parteitag der KPdSU darauf hingewiesen, daß der kommunistische Aufbau die allseitige Entwicklung des Menschen, ein hohes Niveau seiner Kultur, seiner Bildung, seiner gesellschaftlichen Bewußtheit und seiner inneren Reife ebenso verlangt wie eine entsprechende materiell-technische Basis.[15] Durch die Entwicklung der materiell-technischen Basis, durch ein hohes Entwicklungstempo der Volkswirtschaft, die weitere Steigerung ihrer Effektivität werden in immer umfassenderem Sinne die Bedingungen für die allseitige Entwicklung der Persönlichkeit, für die Entwicklung aller ihrer produktiven Kräfte, für die geistige Befreiung des Menschen geschaffen, die wiederum Voraussetzung sind für das weitere Voranschreiten auf allen anderen Gebieten, in Wirtschaft, Kultur, Wissenschaft und Technik, im gesellschaftlichen Leben überhaupt. Wie Lenin nachwies, ist die „Sicherung der *höchsten* Wohlfahrt und der freien *allseitigen* Entwicklung aller Mitglieder der Gesellschaft"[16] das oberste Ziel der sozialistischen Produktion.

Bei der vom VIII. Parteitag gestellten Hauptaufgabe handelt es sich also darum, entsprechend dem zutiefst humanistischen Wesen unserer sozialistischen Gesell-

---

[15] Vgl. Rechenschaftsbericht des Zentralkomitees der KPdSU an den XXIV. Parteitag der Kommunistischen Partei der Sowjetunion. Referent: L. I. Breschnew. APN-Verlag, Moskau/Dietz Verlag, Berlin 1971, S. 112.

[16] W. I. Lenin: Bemerkungen zum zweiten Programmentwurf Plechanows. In: Werke. Bd. 6, Dietz Verlag, Berlin 1975, S. 40.

schaft und im Sinne der Ideale der Arbeiterklasse die materiellen und geistigen Bedingungen für die allseitige Entwicklung des Menschen, für den weiteren gesellschaftlichen Fortschritt in unserer Republik zu schaffen. Wenn auf dem VIII. Parteitag die Aufgabe unserer Schule hervorgehoben wurde, den Nachwuchs der Arbeiterklasse, der Genossenschaftsbauern und der Intelligenz heranzubilden, dann handelt es sich dabei eben um jene auf die allseitige Entwicklung des Menschen gerichtete Sicht, die dem erklärten Ziel unserer sozialistischen Gesellschaft entspricht. In diesem Sinne müssen die Anforderungen und Aufgaben verstanden werden, die der VIII. Parteitag für das Volksbildungswesen gestellt hat: den Aufbau unserer zehnklassigen allgemeinbildenden polytechnischen Oberschule zu vollenden und diese Schule inhaltlich weiter auszugestalten.

Was heißt es, unsere Schule inhaltlich weiter auszugestalten? Das erfordert vor allem, eine höhere Qualität der gesamten Bildungs- und Erziehungsarbeit, ein hohes Niveau der ideologischen und sittlich-moralischen Erziehung der Jugend zu erreichen.

Mit der zehnjährigen obligatorischen Bildung für alle Kinder, wie sie bereits in unserem Parteiprogramm festgelegt wurde, schaffen wir solide Grundlagen für die Entfaltung aller Anlagen, Fähigkeiten und Begabungen eines jeden Kindes, Grundlagen für die Arbeit, den Beruf und für jede weiterführende Bildung, sichern wir eine gute Vorbereitung der Schüler auf die Arbeit, auf das Leben in der sozialistischen Gesellschaft.

Nachdem wir in diesem Jahr die Einführung der neuen Lehrpläne, die jahrgangsweise für die einzelnen Klassen erfolgte, abgeschlossen haben, besteht die Aufgabe jetzt darin, das in diesen Lehrplänen festgelegte Niveau der Bildung und Erziehung in allen Schulen und Klassen praktisch zu verwirklichen. Mit diesen neuen Lehrplänen erfolgte eine grundlegende qualitative Neubestimmung des Inhalts unserer Schulbildung entsprechend den neuen Erfordernissen der gesellschaftlichen Entwicklung, den neuen Erkenntnissen der Wissenschaft, wobei der gesamte bisherige Inhalt der Allgemeinbildung unserer Schule, der sich ja bewährt hat, in diesen Lehrprogrammen in neuer Qualität aufgehoben ist.

Gegenwärtig vollzieht sich in den Schulen ein außerordentlich schwieriger Prozeß, das Niveau des Unterrichts, der Erziehung, der gesamten pädagogischen Arbeit auf die Höhe des in den Lehrplänen geforderten Niveaus zu bringen. Die Lehrer stehen zum Beispiel vor der Aufgabe, in ihrer Fachdisziplin neue Stoffe zu vermitteln, was von ihnen höchste Anstrengungen in ihrer weiteren fachwissenschaftlichen Qualifizierung erfordert. Ausgehend von den Anforderungen der Lehrpläne, ist auch die Art und Weise der Wissensvermittlung, die Methodik des Unterrichts, anspruchsvoller geworden. Es geht beispielsweise um die Meisterung einer solchen Aufgabe, die schöpferische geistige Aktivität der Schüler für den Wissenserwerb im Unterricht richtig zu nutzen und weiter zu fördern.

Damit wollte ich nur ganz kurz charakterisieren, daß sich aus der Forderung des VIII. Parteitages, unsere Schule inhaltlich weiter auszugestalten, die Orientierung ergibt, eine größere Wirksamkeit der sozialistischen Erziehung zu erreichen.

Das stellt Lehrer, Schulfunktionäre, pädagogische Wissenschaftler und alle an der Erziehung der Jugend beteiligten gesellschaftlichen Kräfte vor qualitativ neue Aufgaben.

Es geht um eine höhere Qualität des Unterrichts, jeder Unterrichtsstunde, der außerunterrichtlichen Arbeit, um ein höheres politisch-ideologisches, pädagogisches und fachwissenschaftliches Niveau unserer Lehrer und Erzieher, um ein bedeutend höheres Niveau der Führungstätigkeit und um ein noch engeres Zusammenwirken der Schule mit allen gesellschaftlichen Kräften. Nicht zuletzt erfordert das von den Genossen in den staatlichen Organen, der Entwicklung der materiellen Bedingungen – dem Schulneubau, der Werterhaltung der Schulen, ihrer Ausrüstung, einer besseren Ausstattung der Schulhorte – große Aufmerksamkeit zu schenken, die Aufgaben, wie sie im Fünfjahrplan festgelegt sind, mit aller Konsequenz zu realisieren.

Die Verwirklichung unseres Bildungs- und Erziehungszieles ist von großer gesellschaftlicher Tragweite für die Vollendung des Sozialismus; denn die Ergebnisse unserer Bildung und Erziehung wirken sich in allen gesellschaftlichen Bereichen, so auf ökonomischem, ideologischem und kulturellem Gebiet, zunehmend aus.

Mit dem VIII. Parteitag wurde gewissermaßen ein neuer Abschnitt der Verwirklichung unseres Bildungs- und Erziehungszieles eingeleitet, das im Parteiprogramm festgelegt ist und in dem gefordert wird, die junge Generation mit einer hohen wissenschaftlichen Bildung auszurüsten, sie zu harmonisch entwickelten, sittlich, moralisch, geistig und körperlich vollkommenen Menschen heranzubilden.

Unser Bildungs- und Erziehungsziel beruht auf der Lehre von der allseitig entwickelten Persönlichkeit, die Marx, Engels und Lenin als Bestandteil ihrer wissenschaftlichen Gesellschaftstheorie begründeten.

Ausgehend von der Analyse der bürgerlichen Gesellschaft und der historischen Stellung des Proletariats, begründeten die Klassiker des Marxismus-Leninismus die wissenschaftliche Lehre vom Wesen des Menschen, seiner sozialen Natur, die Wege zu seiner Veränderung und Höherentwicklung auf der Grundlage der sozialistischen Revolution. Sie hoben hervor, daß der Aufbau der neuen, der kommunistischen Gesellschaft nicht denkbar ist ohne die Erziehung des neuen Menschen. Die Entwicklung der Totalität des Individuums, der allseitig entwickelten sozialistischen Persönlichkeit, faßten sie als einen Prozeß auf, in dem sich der Mensch vor allem im Prozeß der Arbeit auf eine immer höhere Stufe der Kultur hebt, die gesellschaftlichen Prozesse und die Natur bewußt meistert und gestaltet. Marx und Engels wiesen bekanntlich nach, daß bereits im Kapitalismus mit dem Aufkommen der modernen Industrie, mit der zunehmenden Vergesellschaftung der Produktion die allseitige Entwicklung des Menschen zu einem objektiven Erfordernis wird. Aber unter den Bedingungen der Ausbeutung kann es nicht verwirklicht werden. Die Herrschaft des Privateigentums führt dazu, daß der Mensch zunehmend physisch und geistig verkrüppelt und entwürdigt wird. Erst wenn die

Arbeiterklasse die Macht erobert hat, werden die Bedingungen geschaffen, daß sich der Mensch als menschliches Wesen selbst verwirklicht.

Die marxistisch-leninistische Position von der allseitigen Entwicklung des Menschen ist von außerordentlicher Bedeutung auch im Kampf gegen solche Revisionisten wie Fischer, Garaudy und andere, die behaupten, daß im Sozialismus wie im Kapitalismus die Persönlichkeit des Menschen „deformiert" sei. So behauptet Fischer: „Drüben" (das heißt im Sozialismus) sei der Mensch deformiert, entmenschlicht, der Freiheit und Mitbestimmung beraubt; den ganzen Menschen gäbe es nicht, er bleibe die große sozialistische Utopie.[7]

Wir betrachten die Herausbildung allseitig entwickelter Persönlichkeiten als einen historischen Prozeß, der sich wechselseitig mit der fortschreitenden Veränderung der Gesellschaft stets auf höherer Stufe reproduziert.

Die Auffassung, daß das marxistisch-leninistische Bildungsideal heute nur unvollkommen oder erst in ferner Zukunft verwirklicht werden könne, ist eine undialektische Betrachtungsweise. Dafür ist die gesellschaftliche Praxis in den Ländern des Sozialismus der beste Beweis.

Unser Bildungs- und Erziehungsziel, den allseitig entwickelten Menschen heranzubilden, ist der Ausdruck der Klasseninteressen der Arbeiterklasse.

Mit der Bestimmung des Zieles, des ihm entsprechenden Inhalts der Bildung und Erziehung und mit seiner Verwirklichung realisieren die Arbeiterklasse und ihre Partei ihre führende Rolle im Bildungswesen. Sie verwirklichen ihre führende Rolle dadurch, daß der Schuljugend im gesamten Prozeß der Bildung und Erziehung die Ideologie der Arbeiterklasse vermittelt wird.

Die ganze Arbeit unserer Schule auf der Grundlage verbindlicher staatlicher Lehrpläne ist darauf gerichtet, entsprechend der Forderung Lenins, alle Bildung und Erziehung auf die Aneignung des Kommunismus zu konzentrieren. Ganz in diesem Sinne haben wir die Aufgabenstellung des VIII. Parteitages zu verstehen, alle Kinder im Geiste der Ideologie der Arbeiterklasse zu erziehen und sie auf der Grundlage des Marxismus-Leninismus mit einer hohen wissenschaftlichen Bildung auszurüsten. Im Prozeß der weiteren Gestaltung des Sozialismus und unter den Bedingungen der Auseinandersetzung mit dem Imperialismus wächst, so wissen wir, die Rolle der Ideologie.

Der VIII. Parteitag hat die Aufgabe gestellt, die Züge des neuen Menschen tiefer auszuprägen und in Verbindung damit einen entschiedenen Kampf gegen alle Überreste des Alten im Denken und in den Verhaltensweisen und gegen alle Einflüsse der bürgerlichen Ideologie zu führen. Das erfordert, der Schuljugend noch besser unsere sozialistische Weltanschauung zu vermitteln, die immer mehr zur ideellen Basis des Lebens und der Tätigkeit der breiten Massen wird, ist doch die sozialistische Weltanschauung die Voraussetzung für eine hohe Moral, für die Entwicklung des gesellschaftlichen Bewußtseins überhaupt. Wir schenken der

---

[7] Vgl. A. Kosing: Die Philosophie des „modernen" Marxismus. Kritische Bemerkungen zu den Theorien Ernst Fischers. „Deutsche Zeitschrift für Philosophie", Heft 1/1969, S. 9.

weltanschaulichen Bildung unserer Jugend deshalb größte Aufmerksamkeit. In unserer Schule beruht der gesamte Unterricht auf der weltanschaulichen und methodologischen Grundlage des Marxismus-Leninismus. Zugleich wird in bestimmten Fächern der Marxismus-Leninismus als Gegenstand des Unterrichts gelehrt.

Die Arbeiterklasse und ihre Partei verwirklichen ihre führende Rolle im Bildungswesen, indem sie der Jugend die sittlich-moralischen Werte der Arbeiterklasse anerziehen. Das entspricht der Leninschen Lehre, daß alle Bildung, Schulung und Erziehung eine Erziehung zur kommunistischen Moral sein muß[18], deren Grundlage der Kampf für die Festigung und Vollendung des Kommunismus ist.[19]

Verantwortung für das Ganze, hohe Lern- und Arbeitsmoral, Diszipliniertheit, Beharrlichkeit und Begeisterung im Kampf um das Neue, Fleiß, Gewissenhaftigkeit, Ordnungsliebe, Umsicht und Zuverlässigkeit, Kameradschaftlichkeit, Opferbereitschaft und Kollektivgeist, das sind moralische Eigenschaften, die den Interessen des Kampfes der Arbeiterklasse entsprechen. Das schließt die Erziehung der Gefühle, die Herausbildung wertvoller Charaktereigenschaften ein. Eine solche Erziehung erfordert, die Jugend unmittelbar an das Leben, an den Kampf heranzuführen, damit sie begreift, daß es keine zeitlose, keine allgemein-menschliche Moral gibt, sondern daß diese immer klassengebunden ist. Das erfordert, das Lernen der Jugend mit ihrer Teilnahme am Kampf der Arbeiterklasse und aller Werktätigen für die allseitige Stärkung des Sozialismus zu verbinden. Nur so wird der Jugend bewußt werden, daß moralisch ist, was der Überwindung des Alten und dem Sieg des Kommunismus dient.

Die Arbeiterklasse und ihre Partei verwirklichen ihre führende Rolle, indem sie sichern, daß der Jugend eine hohe wissenschaftliche Allgemeinbildung vermittelt wird, deren neue Qualität in der Orientierung auf die revolutionäre Theorie der Arbeiterklasse, auf den fortgeschrittensten Stand der Wissenschaften und auf die Bedürfnisse der sich rasch entwickelnden sozialistischen Gesellschaft zum Ausdruck kommt. Mit unserer marxistisch-leninistischen Auffassung von Allgemeinbildung grenzen wir uns von der Lebensfremdheit der bürgerlich-humanistischen Vorstellungen über die allgemeine Menschenbildung ab, insbesondere aber von den imperialistischen pragmatischen Bildungskonzeptionen, die die Idee der Allgemeinbildung überhaupt aufgegeben und den Inhalt der Bildung und Erziehung der menschenfeindlichen Ideologie und Politik des Antikommunismus unterworfen haben.

Lenin verlangte, „aus der Schule, dem Werkzeug der Klassenherrschaft der Bourgeoisie, ein Werkzeug zur Zerstörung dieser Herrschaft und zugleich zur völligen Aufhebung der Klassenteilung der Gesellschaft zu machen"[20]. Er forderte

---

[18] Vgl. W. I. Lenin: Die Aufgaben der Jugendverbände. A. a. O., S. 280.

[19] Vgl. ebenda, S. 285.

[20] W. I. Lenin: Entwurf des Programms der KPR (B) – 9. Programmpunkt: Auf dem Gebiet der Volksbildung. In: Werke. Bd. 29, Dietz Verlag, Berlin 1976, S. 116.

von der sozialistischen Schule, „dem ideologischen, organisatorischen und erzieherischen Einfluß des Proletariats auf die halbproletarischen und nichtproletari-
schen Schichten der werktätigen Massen Geltung zu verschaffen, um … die Verwirklichung der kommunistischen Ordnung zu ermöglichen"[21]. Der VIII. Parteitag
stellte in diesem Sinne der zehnklassigen allgemeinbildenden polytechnischen
Oberschule als der Pflichtschule für alle Mädchen und Jungen die Aufgabe, alle
Kinder des Volkes, unabhängig von ihrer sozialen Herkunft, auf der Grundlage
der Ideologie der Arbeiterklasse zu erziehen, allen Kindern des Volkes eine hohe
Bildung zu vermitteln.

Unsere Schule, deren Wirkung nicht nur auf die Gegenwart begrenzt ist, sondern weit in die Zukunft unseres Volkes reicht, nimmt durch das ihr von der Partei der Arbeiterklasse gesetzte Ziel Einfluß auf die Entwicklung der sozialen Prozesse unserer Gesellschaft. Als ein Machtinstrument der Arbeiterklasse trägt sie
durch die Verwirklichung ihrer ideologischen Funktion, durch die ständige Erhöhung des Bildungsniveaus letztlich dazu bei, den Prozeß der Annäherung der
Klassen und Schichten unserer Gesellschaft an die Arbeiterklasse auf der Grundlage der Ideologie der Arbeiterklasse, den Prozeß der Überwindung der Unterschiede zwischen geistiger und körperlicher Arbeit mit zu beeinflussen.

Der überwiegende Teil der Abgänger der zehnklassigen allgemeinbildenden
polytechnischen Oberschule wird als Facharbeiter in den verschiedensten Zweigen unserer Volkswirtschaft – und das künftig nicht nur in den strukturbestimmenden Zweigen, sondern zum Beispiel auch viel stärker im Dienstleistungsbe-
reich – tätig sein. Das entspricht den ökonomischen Erfordernissen und Notwendigkeiten und unseren gesamtgesellschaftlichen Interessen. Der Anteil der Schüler, die nach der 10. Klasse zur Abiturstufe delegiert werden, beträgt, jeweils den
Erfordernissen der Hochschulentwicklung entsprechend, 20 bis 25 Prozent. Die
Zehnklassenschule bereitet also vor allem auf die anschließende Berufsausbildung
beziehungsweise Berufstätigkeit vor. Auch unter dieser Sicht hat der
VIII. Parteitag die Rolle der Zehnklassenschule bei der Heranbildung des Fach-
arbeiternachwuchses betont.

Bei der Interpretation dieser Aufgabenstellung des VIII. Parteitages trifft man
zum Teil auch auf enge und einseitige Vorstellungen. So wird zum Beispiel
manchmal gefragt, ob eine so umfassende Bildung eigentlich erforderlich sei. Natürlich stellt niemand diese Frage etwa so, ob neben der naturwissenschaftlichen
und polytechnischen Ausbildung auch so viel Literatur und anderes nötig sei.
Aber es steckt doch im Grunde genommen die Unklarheit dahinter, mit der wir
uns bereits im Zusammenhang mit falschen Vorstellungen hinsichtlich der Konsequenzen aus der wissenschaftlich-technischen Revolution im Sozialismus auseinandersetzen mußten: Für den künftigen Arbeiter würde eine solche Ausbildung
genügen, die ihn lediglich befähigt, seine spezielle berufliche Tätigkeit gut auszuüben. Natürlich ist eine gute Vorbereitung auf die berufliche Tätigkeit wichtig,

[21] Ebenda.

ganz entscheidend sogar; aber bereits das schließt ein, den künftigen Arbeitern solide theoretische Grundlagen zu vermitteln. Das ist schon heute – und künftig erst recht – für die Berufstätigkeit in der modernen Industrie und Landwirtschaft erforderlich.

Aber auch das ist nur eine Seite der Anforderungen an die Ausbildung der künftigen Facharbeiter. Die Arbeiterklasse, die im Bündnis mit den anderen Werktätigen die Macht ausübt, deren Führungsrolle als machtausübende, geistig und produktiv tätige Klasse ständig wächst, muß sichern, daß die Jugend auf diese Anforderungen umfassend vorbereitet wird. Darunter verstehen wir, die Jugend sowohl zur Bereitschaft zu erziehen, jede Arbeit zu leisten, die zum Wohle der Gesellschaft notwendig ist, als auch, ihr ein hohes Niveau der Allgemeinbildung zu vermitteln, ihr Bewußtsein und ihre Moral zu entwickeln. Wir haben davon auszugehen, daß die Arbeiterklasse und die mit ihr verbündeten Klassen und Schichten Eigentümer der Produktionsmittel sind, daß in der sozialistischen Gesellschaft jeder Werktätige ein hohes Maß an Verantwortung trägt, daß von der Bewußtheit und vom Schöpfertum des einzelnen wie der Kollektive der Fortschritt wesentlich abhängt. Die Meisterung der Anforderungen in der modernen Produktion, die Entwicklung der Produktivkräfte überhaupt und die Gestaltung des gesamten gesellschaftlichen Lebens verlangen notwendigerweise, das Niveau der Allgemeinbildung aller Werktätigen weiter zu erhöhen. Mit dieser im umfassenden Sinne verstandenen Forderung, einen hochqualifizierten Facharbeiternachwuchs vorzubereiten, setzt die Partei zugleich hohe Maßstäbe für die Bildung und Erziehung der ganzen jungen Generation.

In diesem Zusammenhang möchte ich auf ein Problem eingehen, das nach dem VIII. Parteitag häufig nicht richtig diskutiert wird – auf das Thema der besonderen Förderung der Arbeiter- und Bauernkinder. Obwohl dazu sowohl auf dem Parteitag als auch auf dem VII. Pädagogischen Kongreß klare Positionen gesetzt wurden, finden wir heute auf verschiedenen Leitungsebenen noch fehlerhafte Vorstellungen, die in der Praxis der politisch-pädagogischen Arbeit zu formalistischen, falschen Maßnahmen führen. Es gibt eine Reihe Beispiele, die Kinder in der allgemeinbildenden Schule, in der Pflichtschule also, nach ihrer sozialen Herkunft einzugruppieren. Ich rede jetzt nicht von der Delegierung zur Abiturstufe, bei der selbstverständlich entsprechend der sozialen Struktur der Bevölkerung eine vorrangige Delegierung von Arbeiter- und Bauernkindern zu erfolgen hat.

Der VIII. Parteitag hat mit der Hervorhebung der Notwendigkeit, der Heranbildung des Nachwuchses der Arbeiterklasse größte Aufmerksamkeit zu widmen, aber nicht die Orientierung verbunden – wie das von einigen Genossen ausgelegt wird –, daß in der Zehnklassenschule eine soziale Differenzierung, etwa für die Kinder der Arbeiter, der Genossenschaftsbauern, der Intelligenz erfolgen müßte, in dem Sinne, daß den Kindern der Arbeiter mehr Ideologie, mehr Bildung durch besondere Förderung zu vermitteln sei als den Kindern der Genossenschaftsbauern, den Kindern der Angehörigen der Intelligenz und der anderen Schichten des Volkes oder in dem Sinne etwa, daß nur die Kinder der Arbeiter den Nachwuchs der Arbeiterklasse bilden. Es gehört selbstverständlich zur Ehre einer Arbeiterfamilie, den künftigen Facharbeiternachwuchs heranzubilden, aber es ist in unserer Gesellschaft völlig normal, daß auch Kinder aus den Kreisen der Intelligenz und aus anderen sozialen Schichten Facharbeiter werden. Und schließlich sollen ja unsere künftigen Wissenschaftler, Ingenieure und Künstler gerade aus den Reihen der Arbeiterkinder hervorgehen.

Die Tendenz, die führende Rolle der Arbeiterklasse und die Konsequenzen, die sich aus der wachsenden Führungsrolle der Arbeiterklasse für die Schulpolitik ergeben, auf die besondere Förderung der Arbeiter- und Bauernkinder zu reduzieren, entspricht nicht unserer Politik. Wie verhält es sich mit der besonderen Förderung der Arbeiter- und Bauernkinder?

Seit der Eroberung der Macht durch die Arbeiterklasse hat unsere Partei in allen Etappen der gesellschaftlichen Entwicklung entsprechend den Erfordernissen, Bedingungen und Möglichkeiten eine hohe Bildung und eine fortschrittliche demokratische, eine sozialistische Erziehung für alle Kinder des Volkes gefordert und verwirklicht. Das war nur möglich durch die Brechung des bürgerlichen Bildungsmonopols. Die Beseitigung der Bildungsprivilegien der Ausbeuterklassen und insbesondere die Überwindung der Folgen der bürgerlichen Klassenschule waren natürlich kein einmaliger Akt, der nur durch Gesetzgebung vollzogen werden konnte. Um das Bildungsprivileg endgültig zu beseitigen, war die besondere Förderung der Arbeiter- und Bauernkinder eine notwendige Aufgabe in einem bestimmten historischen Abschnitt der Entwicklung unserer Gesellschaft. Es war erforderlich, das von den ehemals herrschenden Klassen begangene Unrecht an der Arbeiterklasse und den Massen der anderen Werktätigen, deren Kindern eine wissenschaftliche Bildung vorenthalten wurde, wiedergutzumachen. Das verlangte, besondere Bedingungen zu schaffen, damit die Bildungsmöglichkeiten von den Kindern der Klasse, die Jahrzehnte, ja Jahrhunderte benachteiligt war, wirklich wahrgenommen werden konnten. Dazu war es notwendig, besondere Förderungsmaßnahmen durchzuführen, wie die Einrichtung eines speziellen Förderunterrichts, gar nicht zu sprechen von der großen Bedeutung der Arbeiter-und-Bauern-Fakultäten.

Manche Diskussionen, die heute zur Frage der besonderen Förderung der Arbeiter- und Bauernkinder geführt werden, berücksichtigen nicht, daß wir heute unter den Bedingungen der entwickelten sozialistischen Gesellschaft nicht mehr von einer sozial bedingten bildungsmäßigen Zurückgebliebenheit der Kinder der Arbeiterklasse und der Genossenschaftsbauern sprechen können. Es sind doch tiefgreifende qualitative Veränderungen vor allem in der Arbeiterklasse und auch innerhalb der mit ihr verbündeten Klasse der Genossenschaftsbauern sowie in der Intelligenz vor sich gegangen.

Diese lebendigen Prozesse, die sich in unserem Leben vollzogen haben und vollziehen, gilt es zu beachten. Sonst verfallen wir in Schematismus und würden Methoden, die in einem bestimmten historischen Zeitraum berechtigt waren, zu einem Prinzip versteinern.

Solche Meinungen, daß es notwendig sei, die „besondere" Förderung der Arbeiter- und Bauernkinder heute in den Mittelpunkt des pädagogischen Prozesses zu rücken, begünstigen falsche Auffassungen wie: Wir müssen sie fördern, weil ihre häuslichen Bedingungen schlechter sind und ihre Intelligenz geringer ist, Auffassungen, die letztlich der bürgerlichen Milieutheorie entspringen. Heißt das nun, daß wir heute die Arbeiter- und Bauernkinder nicht mehr fördern? Oder anders gesagt: Was verstehen wir heute, unter den Bedingungen der entwickelten sozialistischen Gesellschaft, unter Förderung? Die Entwicklung der Arbeiter- und Bauernkinder in der obligatorischen Schule ist heute nicht mehr eine Angelegenheit von Fördermaßnahmen irgendwelcher besonderer Art. Mit der zehnjährigen obligatorischen polytechnischen Allgemeinbildung – wenn man noch dazu berücksichtigt, daß 1975 bereits 75 Prozent aller Kinder eine Vorschuleinrichtung besucht haben werden – sind qualitativ völlig neue Grundlagen für die Förderung der Arbeiter- und Bauernkinder geschaffen, nämlich in dem Sinne, daß damit noch nie dagewesene Bedingungen für ihre allseitige Entwicklung gegeben sind. Deshalb orientieren die Beschlüsse unserer Partei darauf, die Qualität der Schulbildung, der gesamten Erziehungsarbeit so zu entwickeln, daß sich die Fähigkeiten und Talente unserer Kinder voll entfalten können.

Natürlich schließt die äußerst anspruchsvolle Aufgabe, alle psychisch und physisch gesunden Kinder des Volkes zum Ziel der Oberschule zu führen, auch die besondere Förderung und Unterstützung gegenüber den Kindern ein, die dieser bedürfen. Es darf natürlich keinem Lehrer gleichgültig sein, wenn Kinder der Arbeiter, der werktätigen Mütter zurückbleiben.

Die Förderung und Unterstützung leistungsschwacher Schüler, solcher Kinder, die außerhalb der Schule heute noch pädagogisch vernachlässigt werden, die Sorge darum, daß kein physisch und psychisch gesundes Kind zurückbleibt, ist die pädagogische, politische und moralische Pflicht eines jeden Pädagogen. Ebenso ist es die Pflicht aller Genossen in den Staats- und Wirtschaftsorganen, sich im Sinne der vom VIII. Parteitag beschlossenen Politik mehr darum zu sorgen, daß die Schulen, in die unsere Kinder gehen, vor allem auch in den Arbeiterzentren, gebaut und in Ordnung gebracht werden, daß sich die Kinder unserer werktätigen Frauen in den Horten wirklich wohl fühlen können und daß die Schüler eine ordentliche Schulspeisung erhalten.

Und selbstverständlich überlassen wir es auch heute und in Zukunft nicht dem Zufall, wie unsere sozialistische Intelligenz herangebildet wird. Deshalb haben wir zu sichern, daß die Auswahl für die Abiturstufe, die die Schüler auf das Hochschulstudium vorbereitet, entsprechend der sozialen Struktur der Gesellschaft erfolgt, daß also der entsprechende Anteil an Arbeiter- und Bauernkindern delegiert wird, daß solche Kinder delegiert werden, die bei entsprechender Leistung auch die politisch-moralische Eignung zum Studium haben.

Die führende Rolle der Arbeiterklasse und ihrer Partei im Bildungswesen läßt sich nicht auf die These von der „besonderen" Förderung der Arbeiter- und Bauernkinder reduzieren. Sie ist viel umfassender. Die führende Rolle der Arbeiterklasse und ihrer Partei im Bildungswesen wird dadurch verwirklicht, daß die Schule Machtinstrument der Arbeiterklasse ist, daß Ziel und Inhalt der Bildung und Erziehung von den Interessen der Arbeiterklasse bestimmt werden, daß allen Kindern die Ideologie der Arbeiterklasse vermittelt wird und daß unsere Lehrer als Beauftragte des Arbeiter-und-Bauern-Staates, als Funktionäre dieses Staates, als enge Verbündete der Arbeiterklasse wirken.

Die Verwirklichung der historischen Mission der Arbeiterklasse, den Sozialismus aufzubauen, die kommunistische, die klassenlose Gesellschaft zu schaffen, erfordert also, die Jugend, und zwar die ganze Jugend – gleich, welcher sozialen Herkunft – so zu erziehen, daß sie dieses von der Arbeiterklasse begonnene Werk fortzuführen in der Lage ist. Deshalb sind alle Bemühungen unserer zehnklassigen allgemeinbildenden polytechnischen Oberschule darauf zu richten, alle Kinder der Werktätigen auf höchstem Niveau zum Ziel unserer Schule zu führen. Es geht darum, durch ein hohes Niveau der sozialistischen Bildung und Erziehung in der Schule immer mehr schöpferische Kräfte des Menschen freizusetzen. Deshalb stellen die Arbeiterklasse und ihre marxistisch-leninistische Partei den Pädagogen die Aufgabe, alle Fähigkeiten der Jugend zu wecken, zu entfalten und sie im Sinne der Ziele der Arbeiterklasse voll zur Geltung zu bringen.

Lenin stellte in Vorbereitung des XII. Parteitages der Kommunistischen Partei Rußlands, kurz vor seinem Tode, die Aufgabe, „koste es, was es wolle … erstens zu lernen, zweitens zu lernen und drittens zu lernen und dann zu kontrollieren, … ob die Wissenschaft wirklich in Fleisch und Blut übergegangen, ob sie vollständig und wirklich zu einem Bestandteil des Alltags geworden ist."[22]

Unser VIII. Parteitag hat in diesem Zusammenhang erneut unterstrichen, daß alle Anstrengungen auf eine hohe Qualität des Unterrichts zu richten sind.

Der Unterricht in unserer sozialistischen Schule beruht auf den Leninschen Prinzipien der Wissenschaftlichkeit und Parteilichkeit, der Einheit von wissenschaftlicher Bildung und ideologischer Erziehung, der Einheit von Schule und Leben, von Lernen und produktiver Arbeit. Er hat die Aufgabe, zur Entfaltung aller Seiten der sozialistischen Persönlichkeit beizutragen, solide und dauerhafte Kenntnisse in den Grundlagen der Wissenschaften zu vermitteln, sozialistische Überzeugungen, Charaktereigenschaften und Verhaltensweisen, Fähigkeiten, Fertigkeiten, Gewohnheiten und Gefühle herauszubilden.

Ein höheres Niveau des Wissens und Könnens, des sozialistischen Bewußtseins und Verhaltens der Schüler kann nur allseitig fundiert und ausgeprägt werden, wenn im Unterricht aller Fächer die Grundlagen der Wissenschaft exakt wissenschaftlich und parteilich gelehrt werden. Deshalb sind wir gegen jede Tendenz der Geringschätzung exakter fachwissenschaftlicher Kenntnisse.

Die Allgemeinbildung in unserer sozialistischen Oberschule ist ihrem Charakter nach eine wissenschaftliche Grundlagenbildung. Sie umfaßt die mathemati-

---

[22] W. I. Lenin: Lieber weniger, aber besser. In: Werke. Bd. 33, Dietz Verlag, Berlin 1982, S. 476.

sche, naturwissenschaftliche, polytechnische, gesellschaftswissenschaftliche, sprachliche, künstlerisch-ästhetische und sportliche Ausbildung für alle physisch und psychisch gesunden Kinder. Mit der Vermittlung grundlegender Kenntnisse, der Entwicklung von Fähigkeiten und Fertigkeiten werden die Kinder durch den gesamten Unterricht zur Erkenntnis wesentlicher Zusammenhänge und Gesetze, zur Einsicht in die allgemeinen Gesetzmäßigkeiten in der Natur, der Gesellschaft und des menschlichen Denkens geführt, wie sie im Marxismus-Leninismus wissenschaftlich begründet sind. Unsere Allgemeinbildung, wie sie in den Lehrplänen gefaßt ist, ist auf die Herausbildung der sozialistischen Ideologie orientiert, ist Grundlage für die weltanschauliche und sittlich-moralische Erziehung der Jugend.

Eine wirksame sozialistische Bewußtseinsbildung ist ohne ein entsprechendes Niveau der wissenschaftlichen Bildung der Jugend nicht zu realisieren. Marx, Engels und Lenin haben die Gesellschaftstheorie unter Auswertung aller wissenschaftlichen Erkenntnisse ausgearbeitet. Sie verliehen damit der Ideologie der Arbeiterklasse einen streng wissenschaftlichen Charakter und gaben andererseits der wissenschaftlichen Erkenntnis eine auf das Wohl des Menschen gerichtete parteiliche Zielstellung.

Wenn wir, ausgehend vom VIII. Parteitag der SED, immer wieder die Forderung unterstreichen, eine hohe Qualität des fachwissenschaftlichen Unterrichts zu sichern, der übrigens eine der größten Errungenschaften der sozialistischen Schule ist, so lassen wir uns von der Feststellung Lenins leiten, daß es irrig wäre zu glauben, es genüge, sich die kommunistischen Losungen, die Schlußfolgerungen der kommunistischen Wissenschaft anzueignen, ohne jene Summe von Kenntnissen zu erwerben, deren Ergebnis der Kommunismus selbst ist.[23]

Deshalb heben wir immer wieder die Notwendigkeit hervor, daß die Qualität des Unterrichts an seiner Wissenschaftlichkeit, Parteilichkeit und Lebensverbundenheit gemessen werden muß und daß sich die Lehrer sowohl im Marxismus-Leninismus als auch in ihrer Fachwissenschaft qualifizieren müssen. Nur so können sie den Lehrstoff ihrer Fachwissenschaft wissenschaftlich einwandfrei, das heißt auf der weltanschaulichen und methodologischen Grundlage des Marxismus-Leninismus vermitteln, nur so können sie bei allen Schülern die Fähigkeit ausbilden, an alle Erscheinungen und Prozesse in der Natur und in der Gesellschaft mit wissenschaftlicher Objektivität heranzugehen und vom Standpunkt der Arbeiterklasse zu beurteilen. Das stellt hohe Ansprüche an die Fähigkeit der Pädagogen, den Marxismus-Leninismus in den Unterrichtsfächern, die sie lehren, anzuwenden.

In Staatsbürgerkunde, Geschichte, Literatur, Kunsterziehung und Musik ist die marxistisch-leninistische Ideologie unmittelbarer Unterrichtsgegenstand. In den naturwissenschaftlichen Fächern und im polytechnischen Unterricht lernen die Schüler, daß sich die Welt nach objektiven Gesetzen entwickelt, daß sie erkennbar ist und daß die Erkenntnisse der Naturwissenschaften und Technik für die re-

---

[23] Vgl. W. I. Lenin: Die Aufgaben der Jugendverbände. A. a. O., S. 275.

volutionäre Veränderung der Praxis zum Wohle des Menschen genutzt werden müssen. Damit leisten diese Fächer einen entscheidenden Beitrag zur Herausbildung eines wissenschaftlichen Weltbildes, zur philosophisch-weltanschaulichen Erziehung der Schüler.

In der Diskussion um die Verwirklichung der Forderung unseres VIII. Parteitages nach einer höheren Qualität des Unterrichts steht die Frage nach der Gestaltung eines wissenschaftlichen, parteilichen und lebensverbundenen Unterrichts im Zentrum. Viele Lehrer diskutieren dieses Problem sehr konkret auf ihr Unterrichtsfach bezogen und ziehen praktische Schlußfolgerungen für ihre Arbeit.

Diese Forderung ist in der praktischen Unterrichtsarbeit gar nicht einfach zu bewältigen. Vor allem erfordert das klare Standpunkte. So zeichnen sich zum Beispiel in dieser Diskussion auch Auffassungen ab, daß sich die Einheit von Wissenschaftlichkeit und Parteilichkeit lediglich in einer Aktualisierung des Bildungsgutes erschöpfe. Häufig werden Wissenschaftlichkeit und Parteilichkeit getrennt oder einander gegenübergestellt, und es gibt vereinfachte Vorstellungen über die Verbindung des Unterrichts mit dem Leben, ein undifferenziertes Herangehen an das wichtige Problem der politischen Aktualisierung des Unterrichts.

Solche Auffassungen entstehen oft aus theoretischen Unklarheiten über die Einheit von Wissenschaftlichkeit und Parteilichkeit, von Theorie und Praxis. Wir müssen offensichtlich viel gründlicher erklären, daß die Arbeiterklasse, die die Gesellschaft nach wissenschaftlichen Gesetzen gestaltet, wie keine andere Klasse an exakten wissenschaftlichen Einsichten interessiert ist. Die Arbeiterklasse ist die einzige Klasse, die der wissenschaftlichen Erkenntnis keine sozialen Schranken setzt. Im Gegenteil. Ihre Führungsrolle bei der Überwindung der Ausbeutergesellschaft und bei der Gestaltung der sozialistischen und kommunistischen Gesellschaft macht vorurteilsfreie und exakte wissenschaftliche Einsichten zu einem unabdingbaren Erfordernis.

Die Arbeiterklasse braucht zur Erfüllung ihrer historischen Mission die Wissenschaft, die Einsicht in die Gesetzmäßigkeiten der Entwicklung in Natur, Gesellschaft und menschlichem Denken, und andererseits bedarf die Wissenschaft der Herrschaft der Arbeiterklasse, um sich weiter entfalten, sich weiter entwickeln und ihre Erkenntnisse in den Dienst des Menschen stellen zu können, weil nur die Arbeiterklasse uneingeschränkt an der Erkenntnis der Wahrheit in Natur und Gesellschaft interessiert ist. Erstmals fallen Klasseninteressen und Wissenschaftlichkeit nicht auseinander.

Unser gesamter Unterricht beruht – wie ich bereits eingangs feststellte – auf der weltanschaulichen und methodologischen Grundlage des Marxismus-Leninismus.

Die direkten Möglichkeiten der ideologischen Erziehung in den einzelnen Fächern, Stoffeinheiten und Unterrichtsstunden sind aber sehr differenziert. Die Möglichkeiten im Fach Staatsbürgerkunde oder in Literatur sind natürlich größer als im Fach Mathematik. Aber es liegt im Interesse der Arbeiterklasse, jedem

Schüler hohes, exaktes mathematisches Wissen und Können zu vermitteln. Natürlich muß der Lehrer den Schüler lehren, daß er dieses Wissen in den Dienst der sozialistischen Gesellschaft stellen muß. Und zu einem wissenschaftlichen und parteilichen Unterricht gehört ebenso, auch im Fach Staatsbürgerkunde exaktes und anwendungsbereites Wissen zu vermitteln. Wenn in Staatsbürgerkunde nur „geredet" und nicht intensiv gelernt wird, werden wir versäumen, die Schüler unsere anspruchsvolle Wissenschaft, den Marxismus-Leninismus, exakt zu lehren.

Natürlich wäre es falsch, so an die Sache heranzugehen, als würden die Lehrpläne, für sich genommen, bereits einen wissenschaftlichen und parteilichen Unterricht garantieren. Dieses Prinzip setzt sich nicht spontan durch. Deshalb müssen wir zielstrebig daran arbeiten, unsere Lehrer immer besser zu befähigen, die Einheit von Wissenschaftlichkeit und Parteilichkeit in ihrem Unterricht in richtiger Weise herzustellen. Deshalb heben wir den engen Zusammenhang von politisch-ideologischer und fachwissenschaftlicher Bildung unserer Lehrer hervor.

Wissenschaftlichkeit, Parteilichkeit und Lebensverbundenheit schließen selbstverständlich politische Aktualisierung des Unterrichts, das ständige Bezugnehmen und Parteinehmen zu den großen politischen Tagesereignissen ein. In der Presse treffen wir oft eine falsch verstandene, vulgarisierende Auffassung über Aktualisierung an. Häufig werden an die Lehrer in dieser Richtung unüberlegte Forderungen gestellt, zum Beispiel bei Unterrichtshospitationen und durch die Wertung einzelner Unterrichtsstunden. Um das an einem Beispiel zu demonstrieren: Man kann von einer Rechtschreibstunde, in der es um das Schreiben von Fremdwörtern geht, nicht die inhaltliche Klärung des Begriffs „Charakter" mit persönlichen Schlußfolgerungen des Schülers für sein Leben im Sozialismus verlangen. Dafür ist in vielen anderen Stunden Gelegenheit, wo ein solches Thema zum Gegenstand gehört. In einer Rechtschreibstunde geht es doch darum, Fremdwörter richtig schreiben zu lernen, Schreibfertigkeiten zu erlangen.

Durch gut gemeinte Bemühungen wird die Absicht oft in ihr Gegenteil verkehrt. In solchen Stunden wird nicht genügend gelernt, oder es kommt durch eine falsch verstandene, sich an einem Unterrichtstag in sechs Stunden hintereinander wiederholende politische Aktualisierung bei den Schülern zu sogenannten Übersättigungserscheinungen. Politisch aktualisieren kann man nicht global und allgemein, kann man nicht in jeder Unterrichtsstunde. Aktualisierungen dürfen nichts Aufgepfropftes, kein „ideologisches Schwänzchen", nichts Konstruiertes sein. Wogegen wir uns also wenden, das sind Einseitigkeit und Oberflächlichkeiten.

Wissenschaftlich und parteilich zu unterrichten verlangt, die Spezifik der Fächer zu berücksichtigen, die dem Stoff innewohnenden spezifischen Potenzen voll zu nutzen. Die wichtigste Voraussetzung dafür ist, alle Lehrer immer besser zu befähigen, ihre Fachwissenschaft zu beherrschen, den Marxismus zu beherrschen, und sie zu befähigen, daß jeder, gleich welches Fach er unterrichtet, einen klaren politischen Standpunkt vertritt und auf aktuelle Ereignisse selbstverständlich in seiner Erziehungsarbeit, die sich nicht nur auf den Unterricht erstreckt, reagiert. Wir müssen also in unserer Führungstätigkeit große Aufmerksamkeit darauf richten, die Fähigkeit der Lehrer, einen wissenschaftlichen, parteilichen und lebensverbundenen Unterricht zu erteilen, weiter zu vervollkommnen.

Unter den Bedingungen unseres Kampfes, so hob der VIII. Parteitag hervor, muß die erzieherische Wirksamkeit des Unterrichts und der gesamten außerunterrichtlichen Arbeit weiter erhöht werden. Es geht darum, die Schüler zu klugen Sozialisten mit den Eigenschaften revolutionärer Kämpfer zu erziehen, zu guten Patrioten und glühenden Internationalisten, zu revolutionärer Standhaftigkeit, damit sie unbeirrt und fest die Ideen des Sozialismus verteidigen. Es geht darum, eine Jugend zu erziehen, die sich kühn für das Neue einsetzt, Schwierigkeiten nicht ausweicht und unduldsam ist gegenüber Unzulänglichkeiten, eine Jugend, die den Feind durchschauen lernt und gegen die Einflüsse des Gegners unanfechtbar werden muß. Es ist die Verantwortung der Schule und der ganzen Gesellschaft, die Jugend so zu erziehen, daß sie, getragen von einem tiefen Verantwortungsgefühl für die Geschicke unserer Heimat, Partei ergreift, tagtäglich vorbildlich lernt und arbeitet.

Im Zusammenhang mit der generellen Orientierung des VIII. Parteitages wurden einige Akzente für unsere Erziehungsarbeit gesetzt.

Die Kernfrage der gesamten ideologischen Arbeit unserer Schule ist, die Jungen und Mädchen mit der tiefen Überzeugung auszurüsten, daß der Sozialismus, der die Hauptkraft im revolutionären Weltprozeß ist, im Weltmaßstab siegt. Die Herausbildung dieser Überzeugung ist wesentlich davon abhängig, wie wir es noch besser verstehen, der Jugend diesen revolutionären Weltprozeß als Klassenkampf in seiner ganzen Dialektik nahezubringen, wie wir es verstehen, der Jugend ein richtiges Sozialismusbild zu vermitteln, ihr die Frage, was Sozialismus ist, wissenschaftlich gründlicher zu erklären. Letzten Endes hängt davon ab, daß die heranwachsende Generation ihre Lebensaufgabe darin sieht, die kommunistische Gesellschaft aufzubauen und ihr in der ganzen Welt zum Durchbruch zu verhelfen. Dabei haben wir zu beachten, daß der Gegner versucht, den Sozialismus zu verfälschen, Illusionen über eine scheinbare Perspektive des Imperialismus zu wecken, Zweifel an der Zukunft des Sozialismus zu säen, wobei er sich bekanntlich des Revisionismus, Sozialdemokratismus und Maoismus bedient und gerade darauf spekuliert, ideologischen Einfluß bei der im Klassenkampf noch wenig erfahrenen Jugend zu gewinnen.

Die Überzeugung vom Sieg des Sozialismus und Kommunismus gewinnt die Jugend nicht einfach, indem man nur darüber redet. Wir müssen ihr die Fragen der sozialistischen Revolution wissenschaftlich erklären und zugleich – wie Lenin das forderte – ihre Fähigkeiten herausbilden, sich die Summe menschlicher Kenntnisse kritisch anzueignen, selbständig zu durchdenken und durch ihre Teilnahme am praktischen Kampf der Arbeiterklasse zu überprüfen. Denn nur indem die Jugend lernt, sich organisiert und kämpft, entwickelt sie sich zu hochgebildeten Sozialisten, die vom unausbleiblichen Sieg des Sozialismus überzeugt sind und danach handeln. Gerade darin sah Lenin die Verantwortung der politischen Organisation der Kinder und Jugendlichen. Wir widmen deshalb der Erhöhung der Rolle der FDJ und der Pionierorganisation an den Schulen große Aufmerksamkeit. Wir müssen uns darum sorgen, daß sich an allen Schulen die FDJ- und Pionierarbeit so entwickelt, daß sie zu einer immer wirksameren kollektiven Kraft für die politische Erziehung aller Kinder und Jugendlichen wird. Die heranwachsende Generation von der Sieghaftigkeit des Sozialismus zu überzeugen schließt ein, sie zu Liebe und Treue zur Arbeiterklasse und ihrer marxistisch-leninistischen Partei zu erziehen. Für die Bildungs- und Erziehungsarbeit bedeutet das unter anderem, die Jugend zu befähigen, daß sie immer besser lernt, alle Fragen, die das Leben aufwirft, vom Standpunkt der Arbeiterklasse aus zu beurteilen und zu entscheiden.

Ein weiterer Aspekt, der sich aus der Sicht des VIII. Parteitages der SED ergibt: Wir müssen eine noch wirksamere Erziehung der jungen Generation zu einem richtigen Staatsbewußtsein und zum proletarischen Internationalismus gewährleisten. Das ist eine notwendige Konsequenz aus dem objektiven Prozeß der weiteren Abgrenzung zwischen der sozialistischen DDR und der imperialistischen BRD und aus dem objektiven Prozeß der fortschreitenden Integration der DDR in die sozialistische Staatengemeinschaft.

Deshalb kommt es darauf an, unserer Jugend den Klasseninhalt des Begriffes „Vaterland", den Klasseninhalt der nationalen Frage und das internationalistische Wesen des Sozialismus viel prinzipieller zu zeigen. Im Zusammenhang mit dem Gefasel des Gegners über die sogenannten „innerdeutschen" Beziehungen müssen wir die tiefe Gegensätzlichkeit und Unversöhnlichkeit zwischen Sozialismus und Imperialismus noch gründlicher bewußtmachen. Wir müssen uns immer wieder die Tatsache vor Augen führen, daß unsere Jugend – zu ihrem Glück! – nicht die ganze Brutalität des Imperialismus am eigenen Leibe erlebt hat. Sie ist, um mit Lenin zu sprechen, auf anderem Wege zum Sozialismus gelangt als die ältere Generation. Daher ist es notwendig, gerade bei der Erziehung der Jugend den Imperialismus nicht zu versimpeln. Wir müssen ihr viel deutlicher das Wesen des Imperialismus begreiflich machen, stärker die ganze Unmenschlichkeit seines Systems in all seinen Erscheinungsformen, den schillerndsten wie den brutalsten, entlarven.

Das schließt ein, den antikommunistischen Charakter der Politik und Ideologie des Klassengegners aufzudecken und das Wesen des Sozialdemokratismus, dessen Methoden des Kampfes gegen den Sozialismus zu entlarven. Unsere Jugend muß immer besser erkennen, daß das, was wir heute besitzen, den Imperialisten von der Arbeiterklasse im erbitterten Kampf abgerungen wurde und immer wieder nur im entschiedenen, konsequenten Kampf gegen ihn verteidigt und weiterentwickelt werden muß.

Die Erziehung der Jugend im Geiste des proletarischen Internationalismus muß eine völlig neue Qualität erfahren. Dabei lassen wir uns von der großen Idee Lenins leiten, die der Politik der wachsenden Integration der sozialistischen Staaten zugrunde liegt. Lenin wies auf den gesetzmäßigen Prozeß hin, daß neue, höhere Formen des menschlichen Zusammenlebens entstehen, worin die berechtigten Bedürfnisse und fortschrittlichen Bestrebungen der werktätigen Massen jeder Nationalität zum erstenmal in internationaler Einheit befriedigt werden können.[24]

Wir müssen entsprechend der Orientierung unseres Parteitages in der Erziehungsarbeit davon ausgehen, daß die Zusammenarbeit zwischen den Werktätigen der einzelnen Länder zunimmt und sich die Kommunikation verstärken wird. Deshalb müssen wir unserer Jugend beispielsweise das Bewußtsein der Verantwortung für das Ganze stärker anerziehen und die Erkenntnis vertiefen, daß vor allem die Festigung unseres Bruderbundes mit der Sowjetunion und den anderen sozialistischen Staaten Unterpfand für die erfolgreiche Gestaltung des Sozialismus in der DDR ist. Die ständige Vertiefung der festen und unverbrüchlichen Freundschaft zur Sowjetunion war, ist und bleibt entsprechend der Generallinie der Partei dabei Kernfrage der Erziehung unserer Jugend.

Wenn wir auf dem VII. Pädagogischen Kongreß hervorhoben, die Bereitschaft der Jugend zur Verteidigung der sozialistischen Staatengemeinschaft weiter zu fördern und sie so zu erziehen, daß sie jeden Angriff auf ein sozialistisches Bruderland als Angriff auf das eigene Vaterland wertet, so geschah auch das unter der notwendigen Sicht der weiteren Verstärkung der Erziehung zum proletarischen Internationalismus.

Der VIII. Parteitag hat die Erziehung zur sozialistischen Einstellung zur Arbeit als eine erstrangige ideologische Aufgabe bezeichnet. Es gilt, der Jugend eine solche Einstellung zur Arbeit anzuerziehen, die von hohem Bewußtsein des Produzenten als dem sozialistischen Eigentümer getragen ist. Aus der Sicht auf die weitere Entwicklung unserer Gesellschaft müssen wir offensichtlich bei der Erziehung zur Arbeit den Fragen der moralischen Interessiertheit stärkere Aufmerksamkeit schenken, werden doch die moralischen Faktoren eine immer entscheidendere Triebkraft für hohe Arbeitsleistungen.

Die Befähigung der Jugend zur Arbeit, die Ausprägung einer sozialistischen Arbeitsmoral erfordern, das Lernen mit produktiver Arbeit zu verbinden; denn die Erziehung zu einer sozialistischen Einstellung zur Arbeit ist nicht nur eine theoretische Frage. Der VIII. Parteitag der SED unterstrich in diesem Zusammenhang erneut die Rolle des polytechnischen Unterrichts, die Verbindung von Lernen und produktiver Arbeit.

Auf dem Gebiet des polytechnischen Unterrichts konnten besonders auch nach dem VIII. Parteitag sichtbare Fortschritte erreicht werden. Das betrifft zum Beispiel die Verbesserung des Leistungsniveaus in den theoretischen Disziplinen, die konkretere Beziehung dieses Unterrichts zur Produktionspraxis und die Durchführung von Schülerexperimenten.

Im polytechnischen Unterricht gibt es jedoch, wie auch bei der Realisierung des Lehrplans, eine Reihe von Problemen, deren Lösung für die weitere Entwicklung unserer polytechnischen Schule von wesentlicher Bedeutung ist. Bei den Überlegun-

---

[24] Vgl. W. I. Lenin: Lage und Aufgaben der Sozialistischen Internationale. In: Werke. Bd. 21, Dietz Verlag, Berlin 1977, S. 26.

gen zur Weiterentwicklung der polytechnischen Bildung und Erziehung lassen wir uns davon leiten, daß sich die Durchführung des polytechnischen Unterrichts in den volkseigenen Betrieben und landwirtschaftlichen Produktionsgenossenschaften bewährt hat, daß sich die Anleitung der Schüler bei der produktiven Arbeit durch die Betreuer und die Arbeit der Schüler in den Produktionsbrigaden als eine wirksame Form der Einflußnahme der Arbeiterklasse auf die sozialistische Erziehung erwiesen hat. Vor allem geht es bei der Weiterentwicklung des polytechnischen Unterrichts um das Problem, wie wir eine noch größere Effektivität und erzieherische Wirksamkeit der polytechnischen Bildung, vor allem der produktiven Arbeit für die Schüler der 9. und 10. Klassen, erreichen. Es gilt zu sichern, daß die Schüler die echte Produktionsatmosphäre des Betriebes noch besser kennenlernen und sich in den Produktionskollektiven bewähren können. Dafür sind die notwendigen Bedingungen zu schaffen. Es geht darum, daß die Schüler entsprechend ihrem Leistungsvermögen in der produktiven Arbeit mehr gefordert werden.

Sehr nachdrücklich hat der VIII. Parteitag unserer Partei die Forderung nach einer politisch-erzieherisch wirksameren, niveauvolleren ästhetisch-kulturellen Bildung und Erziehung der Jugend erhoben. Jeder weiß, wie stark Kunsterlebnisse den ganzen Menschen erfassen, auf seinen Verstand, die Gefühlswelt, bis hin zu seiner Sprachkultur und seinen Umgangsformen wirken, wie unentbehrlich Kunst und Kultur sind, um in der jungen Generation echte Gefühle für unsere große humanistische Sache zu wecken und auszuprägen. Wenn wir uns die Aufgabe gestellt haben, mehr zu tun für die Entwicklung und Befriedigung von Bedürfnissen nach künstlerischen Erlebnissen und zur Entwicklung der künstlerischen Selbsttätigkeit der Schüler, dann deshalb, weil Kunst und Kultur ein unentbehrlicher Beitrag sind für die Erziehung zur sozialistischen Moral, für die Entwicklung einer kulturvollen Lebensweise, für die Herausbildung ideologisch-ästhetischer Anschauungen und Gefühle, die den Idealen und den moralischen Werten der Arbeiterklasse entsprechen. Uns geht es um die Bereicherung des geistigen Lebens unserer Schuljugend, darum, sie mit Optimismus und Lebensfreude zu erfüllen.

Wir stellen diese Fragen auch deshalb, weil – wie uns allen bekannt ist – der Gegner versucht, vor allem auf diesem Gebiet Einfluß auf die Jugend zu gewinnen. Es ist deshalb eine große Verantwortung nicht nur der Schule, sondern auch aller Kulturschaffenden, aller Künstler, an diesem wichtigen Abschnitt der ideologischen Front eine wirksame Arbeit unter der Schuljugend zu leisten. Die kulturell-künstlerischen Einrichtungen, die Kultur- und Kunstschaffenden sollten umfassend daran mitwirken, den Kindern und Jugendlichen unser sozialistisches Gegenwartsschaffen nahezubringen, ihnen die Schätze unseres klassischen Erbes und der Weltliteratur zu erschließen und ihre künstlerische Selbstbetätigung zu fördern. In viel größerer Zahl brauchen wir Kunstwerke, die den Schülern Vorbilder geben, gestaltete Helden, mit denen sie sich identifizieren, die ihnen Impulse für ihr moralisches Verhalten geben, Menschen, denen sie im Lernen, in der Arbeit, im Leben nacheifern können.

Wir halten es für notwendig, noch mehr zu tun, damit das Bedürfnis der gesamten Schuljugend, zu singen, zu tanzen, zu musizieren, zu malen, zu gestalten, Theater zu spielen, kurzum: ihren Gedanken und Gefühlen künstlerischen Ausdruck zu geben, entwickelt wird.

In dem Maße, wie wir bei der Gestaltung des Sozialismus voranschreiten, entstehen gesetzmäßig immer vollkommenere Möglichkeiten und Bedingungen für die Erziehung der Jugend durch die Schule und durch die ganze Gesellschaft. In diesem Sinne orientierte der VIII. Parteitag auf eine neue Qualität der Bildung und Erziehung auch außerhalb des Unterrichts.

Wenn auch dem Unterricht die entscheidende Rolle bei der Heranbildung der Jugend zu sozialistischen Persönlichkeiten zukommt, vollziehen sich Bildung und Erziehung doch als soziale Prozesse in allen Lebenssphären: im Unterricht, in der außerunterrichtlichen Arbeit, in der Familie, in der Freizeit überhaupt.

Worum geht es bei der Forderung, auch hier eine höhere Qualität zu erreichen?

Es geht erstens um eine hohe Qualität des Unterrichts in allen Fächern und Klassenstufen, um die Sicherung einer qualifizierten pädagogischen Arbeit an allen Schulen.

Es geht zweitens um eine spürbare Verbesserung der Bildungs- und Erziehungsarbeit im Schulhort, in dem vor allem die Kinder der werktätigen Mütter in der unterrichtsfreien Zeit gebildet und erzogen werden. Obwohl von den Pädagogen, den staatlichen Organen und den gesellschaftlichen Kräften große Anstrengungen zur Verbesserung der Arbeit in den Schulhorten unternommen wurden, haben wir noch viel zu tun, um in jedem Hort eine qualifizierte Arbeit zu entwickeln. Das bedarf der Mitwirkung der Eltern, der Betriebe und aller gesellschaftlichen Kräfte, um die erforderlichen materiellen und personellen Voraussetzungen für eine gute Betreuung und eine erfolgreiche pädagogische Arbeit schaffen zu helfen.

Es geht drittens darum, eine höhere Qualität der organisierten außerunterrichtlichen Arbeit zu erreichen, für alle Schüler Möglichkeiten einer außerunterrichtlichen Betätigung in Arbeitsgemeinschaften, Zirkeln usw. zu schaffen. Das heißt natürlich nicht, daß sich die ganze Freizeit der Schüler in organisierten kollektiven Formen vollziehen soll. Eine solche Auffassung wäre lebensfremd.

Es geht viertens aber auch darum, daß wir stärker die individuelle Sphäre der Freizeit der Schüler im Auge haben müssen, in einem solchen Sinne, daß wir in stärkerem Maße eine sinnvolle Betätigung der Kinder in ihrer individuellen Freizeit stimulieren. Das schließt ein, auch über die Massenmedien zielgerichtet Einfluß zu nehmen.

Vor allem gewinnt auch die Erziehung in der Familie eine wachsende Bedeutung. Nimmt doch die Familie entscheidenden Einfluß auf die Entwicklung der Persönlichkeit der Jugendlichen.

Die Erfahrungen lehren: Je höher die Qualität des Unterrichts und die pädagogische Arbeit an der Schule, je besser die sozialistische Erziehung in der Familie entwickelt ist, desto vielseitiger und zielgerichteter werden sich die Interessen der Schüler, ihre Anforderungen und ihre eigenen Initiativen für eine sinnvoll gestaltete Freizeit entwickeln.

Die außerunterrichtliche Arbeit trägt zugleich wesentlich dazu bei, das Lernen der Schüler im Leninschen Sinn mit ihrer Teilnahme am Kampf für den Aufbau der sozialistischen Gesellschaft zu verbinden, ihre im Unterricht erworbenen Kenntnisse und Überzeugungen von den Gesetzmäßigkeiten der Entwicklung in Natur und Gesellschaft zu erweitern, zu vertiefen und in der Praxis anzuwenden, Erfahrungen in der politischen und gesellschaftlichen Arbeit zu sammeln. Eine gut organisierte, interessante außerunterrichtliche Tätigkeit fördert die Freude der Kinder am Lernen, am aktiven schöpferischen Tun. Sie fördert Disziplin und andere Verhaltensweisen, die zugleich wichtige Voraussetzungen für eine gute, schöpferische Mitarbeit der Schüler im Unterricht sind. Die außerunterrichtliche Tätigkeit soll dazu beitragen, daß sich die Jugend neue Kenntnisse und Erkenntnisse in den Wissenschaften, im politischen Kampf aneignet, körperliche Arbeit leistet, daß sie sich auf dem Gebiet des wissenschaftlich-technischen Schaffens und in der Kunst und Kultur betätigen, Sport und Spiel treiben und ihre Fähigkeiten, ihre Talente entfalten kann.

In der Entschließung des VIII. Parteitages der SED wird hervorgehoben: „Die Erziehung des Nachwuchses ist auch künftig eine der wichtigsten Aufgaben der Arbeiterklasse und der Partei."[25] In diesem Sinne wirkt die Partei ständig darauf ein, alle gesellschaftlichen Kräfte, die Arbeit unserer Schule, die Arbeit unserer Lehrer so zu führen, daß sie ihre von der Partei übertragene Verantwortung für die Erziehung der Jugend voll wahrnehmen. Die gesellschaftlichen Verhältnisse wirken auch im Sozialismus nicht spontan auf die Erziehung des Menschen. Sie müssen bewußt und planmäßig eingesetzt, die Mitwirkung aller gesellschaftlichen Kräfte muß zielgerichtet von der Partei organisiert werden.

Es ist die Verantwortung aller Parteiorganisationen, zu sichern, daß alle gesellschaftlichen Kräfte, unsere sozialistischen Betriebe in Industrie und Landwirtschaft, die Massenorganisationen, die Sportler, die Schriftsteller, Künstler und andere Kulturschaffende entsprechend der Spezifik ihrer Möglichkeiten, gerichtet auf das gemeinsame Erziehungsziel, ihre Verantwortung bei der Entwicklung der heranwachsenden Generation immer besser wahrnehmen. Es geht darum, diese Kräfte zu aktivieren, ihre Initiativen, vor allem aber die Initiativen der Eltern, mit den Bemühungen der Schule sinnvoll zusammenzuführen.

Von entscheidender Bedeutung für die Bildung und Erziehung der jungen Generation ist und bleibt die Tätigkeit der Pädagogen. Wie die gesellschaftlichen Anforderungen, die unserer Schule gestellt sind, erfüllt werden, wie die in den

---

[25] Entschließung des VIII. Parteitages der Sozialistischen Einheitspartei Deutschlands zum Bericht des Zentralkomitees. In: Protokoll der Verhandlungen des VIII. Parteitages der Sozialistischen Einheitspartei Deutschlands. Bd. 2: 4. und 5. Beratungstag, Dietz Verlag, Berlin 1971, S. 308.

neuen Lehrplänen festgelegten hohe Ziele der Bildung und Erziehung in der Praxis realisiert werden, das hängt in allererster Linie von den Lehrern ab. Erneut hat unser Parteitag die Rolle und Verantwortung des Lehrers hervorgehoben, seiner Tätigkeit große Aufmerksamkeit geschenkt.

Wir müssen den Lehrern ständig helfen, die Grundfragen der Politik unserer Partei und Regierung zu verstehen; denn täglich stehen sie vor der Aufgabe, ihren Schülern das Wesen und den Charakter der in der Welt vor sich gehenden revolutionären Prozesse in ihrer Widersprüchlichkeit und ihrem Konfliktreichtum, in ihrer ganzen Dialektik zu erklären, die Schüler das Wesen der Erscheinungen des Klassenkampfes begreifen zu lehren.

Die pädagogische Arbeit ist nicht leichter geworden, wenn wir berücksichtigen, daß wir es mit einer sehr gebildeten, selbständig denkenden, sehr anspruchsvollen Jugend zu tun haben. Auch einem Lehrer ist nicht immer gleich alles klar. Die politische Arbeit mit den Lehrern ist und bleibt deshalb die entscheidende Aufgabe. Wir müssen unsere tägliche politisch-ideologische Arbeit mit den Lehrern noch lebendiger, gründlicher führen. Das gilt für die Genossen in den staatlichen Organen wie für unsere Schulparteiorganisationen, die eine große Verantwortung haben für die Erziehung der Genossen und die Arbeit mit den parteilosen Pädagogen. In der politischen Arbeit mit den Lehrern müssen wir auch bedenken, daß der größere Teil von ihnen nach 1945 aufgewachsen ist. Wir haben viele sehr junge Lehrer, denen die ältere Generation immer wieder ihre Klassenkampferfahrungen vermitteln muß. Wir müssen auch berücksichtigen, daß der größere Teil unserer Lehrer parteilos ist. Unsere Lehrerschaft hat sich stark verjüngt.

Aus dieser Sicht kommt auch in der Schule der Arbeit der Gewerkschaftsorganisation eine große Bedeutung zu, denn alle Lehrer und Erzieher sind hier politisch organisiert. Der VIII. Parteitag hat generell die große Rolle der Gewerkschaft unterstrichen. Auch an der Schule müssen wir der Entwicklung der Gewerkschaftsarbeit mehr Aufmerksamkeit schenken. Die Genossen müssen sich dafür verantwortlich fühlen, daß das politische Niveau der Gewerkschaftsarbeit weiter erhöht wird und stärker dazu beiträgt, das kulturelle und geistige Leben unter den Lehrern zu entwickeln.

Die Arbeit unserer Schulparteiorganisationen muß vor allem darauf gerichtet sein, die Beschlüsse der Partei gründlich zu erläutern, alle Lehrer mit den Grundfragen unserer Entwicklung noch besser vertraut zu machen und sie so zu befähigen, den Schülern und Eltern die Politik der Partei überzeugend zu erklären. Von den Schulparteiorganisationen muß in noch stärkerem Maße die Initiative zur Entwicklung einer offenen politischen Atmosphäre, der gegenseitigen Hilfe, der Kritik und Selbstkritik und der Selbsterziehung in den Pädagogenkollektiven ausgehen.

Unsere Genossen Schuldirektoren und alle Parteimitglieder an den Schulen müssen überzeugend, geduldig und zielstrebig mit allen Lehrern arbeiten, ihre politisch-ideologischen und fachwissenschaftlichen Probleme und Fragen noch besser kennenlernen und konkreter beantworten.

Eine wichtige Aufgabe ist es, sich um die ständige Erhöhung der Qualität des Parteilehrjahres zu sorgen, auch unter dem Gesichtspunkt, daß an der Schule alle Parteilosen daran teilnehmen. Wir müssen der ständigen Erhöhung des theoretischen Niveaus der marxistischen Bildung aller Lehrer mit Hilfe des Parteilehrjahres große Beachtung schenken und deshalb große Sorgfalt auf die Auswahl und Anleitung der Propagandisten verwenden.

Die Bewältigung der vom VIII. Parteitag der SED gestellten Aufgabe, eine höhere Qualität des Unterrichts und der Erziehungsarbeit zu erreichen, ist ein Prozeß, der zielstrebig geführt werden muß, der viele neue Fragen und Probleme aufwirft. Das stellt höhere Anforderungen an die Qualität der Führungsarbeit der Genossen in den staatlichen Organen auf allen Ebenen. Im Mittelpunkt unserer Führungsarbeit steht die politisch-ideologische Arbeit mit den Pädagogen, die wirksame Hilfe an Ort und Stelle bei der Lösung der Aufgaben, die Verwirklichung des neuen Stils, wie ihn der VIII. Parteitag verlangt.

In diesem Sinne orientieren wir alle leitenden Mitarbeiter des Volksbildungswesens darauf, sich bei der Lösung aller Aufgaben auf die Initiative, die sich unter unseren Lehrern und Erziehern zur Durchführung der Beschlüsse des VIII. Parteitages entwickelt hat, zu stützen und sie weiter zu fördern, die vielen guten Vorschläge, die Erfahrungen der Lehrer aufmerksam zu studieren und sie zu nutzen, die kritischen Hinweise sorgfältig zu beachten und auszuwerten. Wir orientieren die Genossen darauf, an Ort und Stelle, in den Schulen und Einrichtungen des Volksbildungswesens, die Probleme der Arbeit konkret kennenzulernen, den erreichten Stand kritisch und real einzuschätzen und von einer nüchternen Analyse aus konkret zu helfen, die weiteren Schritte in der Arbeit zu gehen. Wir orientieren darauf, alle Bedingungen dafür zu schaffen, daß die Lehrer und Erzieher ihren wichtigsten gesellschaftlichen Auftrag, eine gute Bildungs- und Erziehungsarbeit zu leisten, gut erfüllen können, und wenden uns entschieden gegen alle Erscheinungen, die den Lehrer von dieser Hauptaufgabe ablenken.

Die konkreten Aufgaben, die sich aus den Beschlüssen unseres VIII. Parteitages für die politisch-pädagogische Arbeit ergeben, haben wir in einem „Offenen Brief des Kollegiums des Ministeriums für Volksbildung an alle Pädagogen unserer Republik" dargelegt. Er orientiert zugleich auf die Aufgaben, die in Vorbereitung des kommenden Schuljahres auf der Tagesordnung stehen. Gegenwärtig sind wir dabei, den erreichten Stand der Arbeit nach dem VIII. Parteitag auf allen Ebenen – von der Zentrale bis in die Schule – konkret einzuschätzen. Davon ausgehend, werden wir die Probleme unserer weiteren Arbeit in den nächsten Wochen mit den Volksbildungsfunktionären der Bezirke und Kreise beraten.

Zur Vorbereitung des neuen Schuljahres wollen wir wie im vergangenen Jahr eine Beratung der Volksbildungsaktive in allen Kreisen durchführen, um gemeinsam mit den Genossen eine einheitliche Orientierung für die nächste Arbeitsetappe zu beraten mit dem Ziel, die Beschlüsse des VIII. Parteitages der SED in allen Einrichtungen des Volksbildungswesens mit hoher Qualität zu verwirklichen.

Inhaltliche Ausgestaltung der Oberschule – Programm unserer weiteren Arbeit

Referat auf der zentralen Direktorenkonferenz
des Ministeriums für Volksbildung in Berlin
8. und 9. Mai 1973

Wir eröffnen unsere zentrale Direktorenkonferenz am 28. Jahrestag der Befreiung des deutschen Volkes vom Hitlerfaschismus durch die ruhmreiche Sowjetarmee. Unser Volk, unsere Jugend gedenken an diesem Tag der Söhne und Töchter der Sowjetunion, die ihr Blut und Leben für die Freiheit unseres Volkes gegeben haben. Wir senden unsere brüderlichen Kampfesgrüße an das ganze Sowjetvolk, an die sowjetischen Pädagogen, mit denen wir Seite an Seite entsprechend den Beschlüssen unserer Parteien die großen Ideen der sozialistischen und kommunistischen Erziehung der Jugend verwirklichen. Die unverbrüchliche Freundschaft unserer Völker, die immer enger werdende brüderliche Zusammenarbeit auf allen Gebieten des gesellschaftlichen Lebens sind das Unterpfand für weitere Erfolge im Kampf um die Erhaltung des Friedens, für das weitere Blühen und Gedeihen unserer Deutschen Demokratischen Republik.

Wir führen die erste zentrale Konferenz der Direktoren zwei Jahre nach dem VIII. Parteitag der SED durch, der die schulpolitische Generallinie für einen längeren Zeitraum festgelegt hat. Das Leben hat die Richtigkeit der Beschlüsse des VIII. Parteitages, wie auf allen Gebieten, so auch auf schulpolitischem Gebiet, bestätigt. Seine Beschlüsse haben unter der gesamten Arbeiterklasse, den Genossenschaftsbauern und allen Werktätigen und nicht zuletzt unter den Pädagogen eine große Initiative ausgelöst.

Der Weg und das Ziel, das unser VIII. Parteitag für die weitere Gestaltung der sozialistischen Gesellschaft in der DDR entworfen hat, und die Ergebnisse bei der Verwirklichung seiner Beschlüsse, die in der großen Politik und im Leben vieler Bürger für jeden so sichtbar geworden sind, haben die Zuversicht in die Richtigkeit unseres Weges und den Stolz bestärkt, Bürger der DDR zu sein. Das Vertrauen, das unsere Partei in die große Armee der pädagogischen Intelligenz setzt, haben unsere Lehrer und Erzieher mit neuem, großem Bemühen um die Erhöhung des Niveaus der sozialistischen Bildung und Erziehung unserer Jugend beantwortet.

Ausgehend vom VII. Pädagogischen Kongreß vor nunmehr drei Jahren, entwikkelten sich in unseren Schulen viele Initiativen, die Qualität der Bildungs- und Erziehungsarbeit weiter zu erhöhen. Die Tatsache, daß immer mehr Lehrer und Erzieher darüber nachdenken, wie sie ihren Unterricht, ihre politische, pädagogische und fachliche Arbeit weiter vervollkommnen können, die Tatsache, daß sich immer mehr Direktoren darüber Gedanken machen, wie die gesamte pädagogische Arbeit an der Schule effektiver zu gestalten ist, wie der gesamte politische und pädagogische Prozeß zielgerichteter geführt werden kann, zeugt davon, daß richtig verstanden wurde, daß wir uns mit dem Erreichten niemals zufriedengeben dürfen. Der VIII. Parteitag hat hervorgehoben, daß die inhaltliche Umgestaltung unserer Schule ein länger dauernder Prozeß ist, in dessen Verlauf neue Erfahrungen gewonnen werden und Entwicklungsprobleme heranreifen. Die Praxis hat diese Feststellung vollauf bestätigt.

Es ist das Anliegen dieser Konferenz, sachlich zu prüfen, wo wir bei der Verwirklichung der Aufgaben stehen, die unsere Partei für die Schule stellt. Wir wollen darüber beraten, welche Erkenntnisse wir gewonnen haben, auf welche Fragen wir uns bei der weiteren kontinuierlichen Durchführung der schulpolitischen Linie unserer Partei konzentrieren müssen und welche Probleme in diesem Zusammenhang zu lösen sind.

Wenn wir dies zuerst mit den Direktoren beraten, dann deshalb, weil vom Direktor, dem Leiter des Kollektivs, von der Qualität seiner Führungstätigkeit entscheidend abhängt, wie sich die Initiative der Pädagogen weiter entwickelt und zielstrebig auf die vom VIII. Parteitag gestellte Aufgabe gerichtet wird, unsere Schule weiter inhaltlich auszugestalten. Das aber erfordert, daß jeder Direktor Klarheit über die zu lösenden Hauptprobleme und die Fähigkeit besitzt, jedem Mitglied des Pädagogenkollektivs die Anforderungen verständlich, überzeugend zu erklären und die gestellten Aufgaben, gestützt auf die Erfahrungen und Fähigkeiten des Kollektivs, in der tagtäglichen Praxis zu verwirklichen; denn über den Erfolg der vom VIII. Parteitag beschlossenen schulpolitischen Aufgaben wird letztendlich konkret an der Schule, durch die tägliche Arbeit jedes Lehrers, Erziehers und Direktors entschieden.

Wir können in unserer politischen Führungsarbeit davon ausgehen, daß mit der Orientierung des VIII. Parteitages ein tieferes Verständnis für den Zusammenhang von Schule und Gesellschaft erreicht ist. Hat doch der Parteitag, ausgehend von der Aufgabe, die entwickelte sozialistische Gesellschaft zu gestalten, die Rolle der Bildung und Erziehung des Menschen besonders hervorgehoben und deutlich gemacht, daß die politische und ökonomische Entwicklung der DDR im engen Zusammenhang mit der Verwirklichung der Wissenschafts-, Bildungs- und Kulturpolitik der Partei steht. Die vom VIII. Parteitag gestellte Hauptaufgabe besteht bekanntlich in der weiteren Erhöhung des materiellen und kulturellen Lebensniveaus des Volkes auf der Grundlage eines hohen Entwicklungstempos der sozialistischen Produktion, der Erhöhung der Effektivität, des wissenschaftlichtechnischen Fortschritts und des Wachstums der Arbeitsproduktivität.

Diese Generalorientierung des VIII. Parteitages, das materielle und kulturelle Lebensniveau des Volkes weiter zu erhöhen, müssen wir im umfassenden Sinne verstehen, nämlich als Anforderung an eine höhere Bildung des Volkes, an die Entwicklung des sozialistischen Bewußtseins, der sittlichen und moralischen Qualitäten der Menschen, an ihre geistigen Bedürfnisse. Daraus ergibt sich die Konsequenz, das Niveau der Bildung und die Wirksamkeit der sozialistischen Erziehung vor allem der Jugend weiter zu erhöhen. Sich um eine hohe Bildung des Nachwuchses der Arbeiterklasse, der Genossenschaftsbauern und der sozialistischen Intelligenz zu sorgen, das heißt, daß wir unserer jungen Generation ein umfassendes Wissen vermitteln, sie konkret auf das Leben, auf die Arbeit vorbereiten, daß wir der Jugend ein hohes Maß an Bewußtsein, Schöpfertum und sittlicher Reife, eine hohe Kultur anerziehen müssen. Es geht um die Erziehung einer gesunden Jugend in jeder Beziehung, um die Entfaltung aller ihrer Fähigkeiten. Es geht darum, alle Mädchen und Jungen gut auf die Anforderungen in der entwickelten sozialistischen Gesellschaft vorzubereiten.

Aus der objektiv bedingten Einheit von Schule und Gesellschaft ergibt sich die alte und stets neue Frage, wie die Verbindung von Schule und Leben unter den jeweils konkret-historischen Bedingungen der politischen und gesellschaftlichen Entwicklung bewältigt werden muß. Der Grundsatz der marxistisch-leninistischen Schulpolitik und Pädagogik, die Schule stets eng mit dem Leben zu verbinden, geht davon aus, daß die Bildung und Erziehung der jungen Generation nicht Selbstzweck ist, nicht außerhalb der Gesellschaft und der Politik stehen kann, sondern daß sie dem Ziel dienen muß, alle Mädchen und Jungen im umfassenden Sinne auf das Leben, das heißt auf die Erfordernisse des Kampfes für die Gestaltung der sozialistischen Gesellschaft vorzubereiten.

Die Schule mit dem Leben zu verbinden, das darf in der pädagogischen Arbeit und bei der Leitung der Schule nicht eng aufgefaßt werden, das kann sich nicht nur in der Organisierung von Maßnahmen, dieser oder jener Beziehungen zur Öffentlichkeit erschöpfen. Die Schule mit dem Leben zu verbinden, das heißt, die Jugend zu lehren und zu befähigen, die Welt zu begreifen, wie sie heute ist, hinter den Erscheinungen das Wesen zu erkennen, die Gesetzmäßigkeiten in den Prozessen und die darin wirkenden Widersprüche zu verstehen und im Sinne des gesellschaftlichen Fortschritts zu handeln.

Die Schule muß die Jugend mit den großen weltverändernden sozialen Prozessen vertraut machen, die sich in unserer Epoche vollziehen. Sie muß ihr die tagtägliche Politik in ihren großen Zusammenhängen erklären. Denn die Jugend kann die Ereignisse unserer Zeit nur richtig verstehen, wenn sie das tägliche Bemühen der Werktätigen um höhere Produktionsergebnisse als eine wesentliche Bedingung für die Stärkung des Sozialismus begreift, wenn sie jeden Schritt unserer Politik, das Bemühen um die sozialistische ökonomische Integration, die Verhandlungen und den Abschluß von Verträgen mit imperialistischen Ländern, also den Kampf um die Durchsetzung der friedlichen Koexistenz, als Teil des Kampfes um die Stärkung der internationalen Position des Sozialismus und damit als

Beitrag zur Erhaltung des Friedens und der Stärkung der antiimperialistischen Bewegung begreift. Nur so wird die Jugend erkennen, daß das gesamte Weltgeschehen in unserer Zeit im Zeichen des Vormarsches der Kräfte des Fortschritts, im Zeichen harter Klassenauseinandersetzung zwischen Sozialismus und Imperialismus steht.

Wenn sich gegenwärtig der Übergang einer großen Anzahl Staaten von der Politik des kalten Krieges zu einer Politik des Realismus vollzieht, so ist dies das Ergebnis des sich verändernden Kräfteverhältnisses zugunsten des Sozialismus. Die Bilanz der Weltpolitik bestätigt, daß das Friedensprogramm des XXIV. Parteitages der KPdSU dank der wachsenden Stärke der Sowjetunion und des ganzen sozialistischen Lagers erfolgreich durchgesetzt wird.

Die Sache des Friedens hat große Siege errungen. Der USA-Imperialismus, die größte imperialistische Macht, hat in Indochina eine schwere Niederlage hinnehmen müssen. Das wurde erreicht durch den heldenhaften Kampf des vietnamesischen Volkes, die umfassende Unterstützung der Sowjetunion, die Hilfe der anderen Staaten unserer sozialistischen Gemeinschaft und durch die Solidarität der Völker. Daß sich der USA-Imperialismus damit nicht abfinden will, davon zeugen die ständigen Verletzungen des Vertrages über die Beendigung des Krieges und die Wiederherstellung des Friedens in Vietnam.

Die von der Sowjetunion und den mit ihr verbündeten sozialistischen Ländern verfolgte Politik, den Frieden in Europa für weitere Jahrzehnte zu sichern, das heißt, die Welt vor den Zerstörungen eines dritten Weltkrieges zu bewahren und gleichzeitig die günstigsten äußeren Bedingungen für den Aufbau der sozialistischen Gesellschaft zu gewährleisten, hat in Europa zu sichtbaren Ergebnissen geführt. Hier wurden durch die bekannten Verträge und Abkommen, insbesondere von Moskau, Warschau und Berlin, entscheidende Schritte getan, um eine grundlegende Wende zur Entspannung und zum Frieden auf unserem Kontinent zu vollziehen. Die Ergebnisse des zweiten Weltkrieges und der Nachkriegsentwicklung wurden völkerrechtlich verankert. Die Unverletzlichkeit der in Europa bestehenden Grenzen, einschließlich der Grenze zwischen der DDR und der BRD, wurde für heute und für die Zukunft garantiert. Die von den Imperialisten verhängte diplomatische Blockade der DDR wurde durchbrochen. 81 Staaten unterhalten jetzt diplomatische Beziehungen zur DDR. Die Ratifizierung des Vertrages über die Grundlagen der Beziehungen zwischen der DDR und der BRD steht bevor. All das sind Zeichen der großen historischen Veränderungen, die sich gegenwärtig in Europa vollziehen und die einen großen Einfluß auf die weitere Entwicklung in der Welt haben. Eine besondere Rolle wird dabei die Europäische Konferenz über Sicherheit und Zusammenarbeit haben. Auf der Grundlage der gemeinsam abgestimmten Außenpolitik der sozialistischen Länder wurden entsprechend den Beschlüssen des VIII. Parteitages der SED durch die konstruktive Politik der DDR auf dem Gebiet der Entspannung und der Sicherheit in Europa entscheidende Erfolge erzielt. Die baldige Ratifizierung des Grundlagenvertrages zwischen der DDR und der BRD ist ein wesentlicher Bestandteil dieses Kampfes um die europäische Sicherheit. Er schafft günstige Bedingungen für die weitere Normalisierung der Beziehungen zwischen der Deutschen Demokratischen Republik und der Bundesrepublik Deutschland auf der Grundlage der souveränen Gleichheit, der vollen Gleichberechtigung und Selbständigkeit eines jeden der beiden deutschen Staaten. Von großer Bedeutung wird die in Aussicht stehende Aufnahme der DDR und der BRD in die UNO sein. Das alles sind entscheidende Schritte zur Durchsetzung der Politik der friedlichen Koexistenz in Europa. Die Regelung strittiger Fragen mit politischen Mitteln ist hier für die Erhaltung des Friedens besonders wichtig, weil sich auf dem Territorium Europas die beiden entgegengesetzten Gesellschaftssysteme unmittelbar gegenüberstehen, weil sich hier ein großes ökonomisches Potential befindet und die größte militärische Konzentration vorhanden ist. Dabei übersehen wir nicht, daß sich die Realisierung der Verträge nur in einem harten Klassenkampf gegen jene Kräfte vollzieht, die die Illusionen nicht aufgeben, ihre dem Sozialismus feindlichen Pläne doch noch verwirklichen zu können.

In offiziellen Erklärungen der Bonner Regierung ist nicht zu überhören, daß nationalistische Losungen wieder stärker in den Mittelpunkt gerückt sind. Die Parolen von der „Einheit der Nation", eines „deutschen Volkes in zwei Staaten", von „innerdeutschen Beziehungen", die Propagierung der sogenannten „Freizügigkeit von Ideen, Informationen und Menschen", die zunehmende antikommunistische Propaganda, die demagogischen Forderungen nach einem sogenannten „demokratischen Sozialismus", einem „Sozialismus mit menschlichem Antlitz", sprechen von der Tatsache, daß die Politik des Eindringens in die sozialistischen Länder mit den Mitteln der ideologischen Diversion nicht aufgegeben ist.

Es ist nicht zu übersehen, daß gewisse realistische Züge in der Außenpolitik der Brandt-Regierung letztendlich mit einem verschärften antikommunistischen Kurs einhergehen. Nach wie vor ist in der BRD die antikommunistische Erziehung der Jugend in der Schule erklärte Staatspolitik. Es ist eine Tatsache, daß unter der SPD-Regierung am 28. Januar 1972 ein Grundsatzbeschluß gefaßt wurde, nach dem alle der DKP angehörenden und mit ihr sympathisierenden Lehrer aus dem Schuldienst entlassen oder nicht eingestellt werden. Es wird zwar behauptet, daß sich dieser Beschluß gegen „Radikale von links und rechts" richte; Tatsache jedoch ist, daß die Rechtsradikalen bleiben und die Demokraten Berufsverbot erhalten.

Es ist bezeichnend, wie Brandt auf dem SPD-Parteitag im April dieses Jahres in Hannover auf die heftigen Proteste der breiten Öffentlichkeit gegen diesen Beschluß reagierte. Brandt erklärte, daß der demokratische Staat nicht nur das Recht, sondern vielmehr die gesetzliche Pflicht habe, verfassungswidrige Handlungen zu verhindern und Personen, die sich solcher schuldig machen, vom Staatsdienst fernzuhalten. Es müsse daran mitgewirkt werden, das geltende Recht in Ländern und Bund möglichst einheitlich zu handhaben.

Dieses in der BRD geltende Recht aber ist ein typischer Ausdruck für das reaktionäre und volksfeindliche Wesen des imperialistischen Staates.

Es ist natürlich unangenehm, in der Öffentlichkeit eingestehen zu müssen, daß man sich mit diesem Grundsatzbeschluß am Beamtengesetz des Nazi-Regimes von 1937 orientiert. Begründete doch deshalb das Oberschulamt Nordwürttemberg seinen „Rechtsstandpunkt" gegen die Zulassung von Klaus Mausner zum Referendardienst damit, daß die Verpflichtung eines Bewerbers für den öffentlichen Dienst, die staatstragenden Grundsätze zu bejahen und für sie jederzeit einzutreten, nicht erst durch das deutsche Beamtengesetz von 1937 des NS-Regimes eingeführt worden sei, sondern während des 19. Jahrhunderts eine selbstverständliche Voraussetzung für den öffentlichen Dienst gewesen wäre.

Klaus Mausner beispielsweise wurde die Zulassung mit der Erklärung verwehrt: Wer – wie er – bei allen möglichen Ostermärschen, Kundgebungen gegen die Notstandsgesetze und Vietnamdemonstrationen im vorderen Glied mitmarschiere, brauche zwar noch nicht unbedingt ein Kämpfer gegen die freiheitliche demokratische Ordnung und das Grundgesetz zu sein, aber eine positive Gewähr dafür, daß er jederzeit für die freiheitliche Grundordnung eintritt, liege darin gewiß auch nicht.

Selbst der ehemalige langjährige Verfassungsrichter Scholtissek mußte eingestehen, daß der Beschluß der Ministerpräsidenten und des Bundeskanzlers vom 28. Januar 1972 Methoden begründet, mit denen sonst nur faschistische Staaten zu arbeiten pflegen. Mit dieser Aktion hat in der BRD faktisch eine „Hexenjagd" im McCarthy-Stil eingesetzt. Im Organ der DKP „Unsere Zeit", Ausgabe vom 6. April 1973, wurde eine Dokumentation veröffentlicht, die bereits über 50 Beispiele des Berufsverbots für Lehrer und Hochschullehrer in der BRD enthält. Seitdem sind tagtäglich neue Fälle bekannt geworden.

Neofaschistische und revanchistische Pädagogen dagegen genießen nachweisbar den Schutz der staatlichen Organe in der BRD. Da lehrt zum Beispiel an der Frankfurter Universität der Faschist Prof. Dr. Fleischhacker. In der Nazizeit vermaß er als Mitarbeiter Himmlers Schädel von „liquidierten Juden, Asiaten und Polen", wie sie sich in ihrem faschistischen Jargon ausdrückten. In seinem Falle wurde erklärt, daß es den rechtsstaatlichen Prinzipien widerspreche, ihn an der Ausübung seiner Lehrtätigkeit zu hindern.

In Niedersachsen wird die Entscheidung darüber, ob Lehrer wegen ihrer fortschrittlichen Gesinnung entlassen werden, von einem Mann namens Dr. Heinz Schulz getroffen, der bereits in der Zeit des Faschismus als Mitarbeiter des Staatsapparates Antifaschisten das Recht auf Bekleidung öffentlicher Ämter nahm.

Wir unterschätzen nicht die Gefährlichkeit der imperialistischen Strategie, ebensowenig wie ihre sozialdemokratischen Verfechter. Alle Absichten, die mit dieser Politik verfolgt werden, werden jedoch angesichts der Kraft und Stärke der sozialistischen Staatengemeinschaft, der Geschlossenheit und Stärke der marxistisch-leninistischen Parteien und ihrer festen Verbindung zu den Werktätigen, des sich ständig entwickelnden sozialistischen Bewußtseins der Massen, angesichts der wachsenden politischen, ökonomischen und militärischen Stärke unserer Staaten zum Scheitern verurteilt sein.

Mehr als zwei Jahrzehnte haben die Gegner der DDR hartnäckig das Ziel verfolgt, unsere Republik vom internationalen Leben zu isolieren. Auch diese Politik ist zusammengebrochen. Heute nimmt unsere Republik gleichberechtigt am internationalen Leben, an der Vorbereitung der Europäischen Sicherheitskonferenz und den Besprechungen in Wien zur Vorbereitung einer Konferenz zur beiderseitigen Reduzierung der Streitkräfte in Mitteleuropa teil.

Die Entwicklung der Weltpolitik bestätigt die Einschätzung der Moskauer Beratung der kommunistischen und Arbeiterparteien vom Jahre 1969, daß der Sozialismus zur bestimmenden Kraft in der Welt geworden ist, daß der Imperialismus nicht stärker, aber aggressiver geworden ist. Der Zwang zur Anpassung und der Versuch des Imperialismus, neue Strategien zu entwickeln, führen ihn nicht aus seiner historisch defensiven Lage heraus. Der Widerspruch zwischen Monopolkapital und Arbeiterklasse und allen Werktätigen entlädt sich gegenwärtig in den kapitalistischen Hauptländern in mächtigen Streikaktionen. Die Krisenhaftigkeit des Systems, die gegenwärtig besonders in Gestalt der Währungskrise und des Handelskrieges zwischen den USA, den Staaten der EWG und Japan in Erscheinung tritt, zeigt die ganze Labilität des Imperialismus stärker denn je. Sie erhöht die soziale Unsicherheit des werktätigen Volkes, das mit Teuerungen, Inflation und Arbeitslosigkeit die Folgen zu tragen hat. Nicht zuletzt wird davon besonders die Jugend in den imperialistischen Ländern betroffen. In dem Maße, wie der Spielraum des Imperialismus in der Welt immer mehr eingeengt wird, treten die Widersprüche dieses Systems immer stärker hervor. Obwohl der Imperialismus in der Gegenwart bemüht ist, angesichts der ständig wachsenden Kraft und Ausstrahlung des Sozialismus seine Widersprüche zu übertünchen, ändert das nichts an der Tatsache, daß dieses System unfähig ist, mit seinen Gebrechen fertig zu werden.

Eben diese Probleme und Zusammenhänge des politischen Geschehens in der Welt muß eine mit dem Leben verbundene Schule, wie es die unsere ist, der Jugend überzeugend nahebringen.

Der VIII. Parteitag hat die Konsequenzen, die sich aus dem Charakter unserer Epoche, aus der Aufgabe, die entwickelte sozialistische Gesellschaft in der DDR zu gestalten, für die Bildung und Erziehung ergeben, in die Forderung gefaßt, unsere Jugend durch eine hohe Bildung und eine wirksame sozialistische Erziehung noch besser auf das Leben und die Arbeit vorzubereiten.

Die gesamte pädagogische Arbeit an der Schule muß deshalb darauf gerichtet sein, die Jugend zur sozialistischen Weltanschauung und Moral zu erziehen, was letztendlich das Ziel aller Bildung, Schulung und Erziehung ist.

Entsprechend der Leninschen Forderung heißt dies, daß sich die Jugend die Summe der menschlichen Erkenntnisse kritisch aneignet, sie selbständig durchdenkt und aktiv am praktischen Kampf der Arbeiterklasse teilnehmen muß.

Besondere Aufmerksamkeit verdient in unserer pädagogischen Arbeit die Vermittlung eines wissenschaftlichen Bildes vom Sozialismus. Es geht darum, der jungen Generation die Frage, was Sozialismus ist, die Gesetzmäßigkeiten und die

Dialektik seines Aufbaus, anhand des real existierenden Sozialismus in der DDR und in der sozialistischen Staatengemeinschaft überzeugend zu erklären. Wir müssen dabei beachten, daß der Gegner versucht, den Sozialismus zu verfälschen, Zweifel an der Zukunft des Sozialismus zu säen und Illusionen über eine scheinbare Perspektive des Imperialismus zu wecken. Dabei bedient er sich bekanntlich des Revisionismus, Sozialdemokratismus und Maoismus und spekuliert darauf, ideologischen Einfluß gerade auf die im Klassenkampf wenig erfahrene Jugend zu gewinnen.

Die Mädchen und Jungen mit der tiefen Überzeugung auszurüsten, daß der Sozialismus gesetzmäßig im Weltmaßstab siegt, erfordert, ihnen die Fragen der sozialistischen Revolution gründlicher zu erklären. Die Herausbildung dieser Überzeugung ist wesentlich davon abhängig, wie wir es noch besser verstehen, der Jugend den revolutionären Weltprozeß in seiner Dialektik, in der Vielfalt und Kompliziertheit der Erscheinungen und der Widersprüchlichkeit seines Verlaufs nahezubringen. Die Vorstellung vom Sozialismus – das lehrt unsere Erfahrung – kann man bei der jungen Generation ebensowenig durch allgemeine Losungen und abstraktes Theoretisieren herausbilden wie durch eine idealisierte Darstellung. Wesentlich ist dabei, die Erkenntnis zu vermitteln, daß der Sozialismus von den Menschen bewußt gestaltet wird, daß seine Entwicklung im großen wie im kleinen Probleme hervorbringt, die aber unter den Bedingungen der Macht der Arbeiterklasse im Interesse und zum Wohle der Menschen gelöst werden.

Es ist Aufgabe der Schule, der Jugend wissenschaftlich begründete Vorstellungen über den Imperialismus zu vermitteln. Das erfordert, sie mit Fakten und Tatsachen vertraut zu machen, die das Wesen dieser verfaulenden Gesellschaft charakterisieren, damit ihr bewußt wird, daß sich das ökonomische, soziale und politische Wesen des Imperialismus auch unter den Bedingungen der Anpassung an die Realität nicht verändert hat. Wir müssen den Schülern anhand der Kämpfe der Werktätigen in den imperialistischen Ländern, insbesondere auch am Protest der fortschrittlichen Jugend in der kapitalistischen Welt, beweisen, daß der Imperialismus nicht in der Lage ist, die Fragen, die das Leben stellt, im Interesse der Menschen zu lösen.

Unter den veränderten Bedingungen des Klassenkampfes in der Gegenwart, der unmittelbaren Konfrontation der beiden gegensätzlichen Systeme und der zunehmenden ideologischen Diversion des Gegners gewinnt die Erziehung der Jugend zu einem festen Klassenstandpunkt immer größere Bedeutung. Wir müssen ihre Erkenntnis festigen, daß das, was wir heute besitzen, von der Arbeiterklasse den Imperialisten im harten Klassenkampf abgerungen worden ist, daß es gegen sie verteidigt und weiterentwickelt werden muß.

Der unversöhnliche Gegensatz zwischen Sozialismus und Imperialismus, der besonders scharf im Verhältnis der imperialistischen BRD und der sozialistischen DDR zutage tritt, erfordert, die Jugend zur Parteilichkeit zu erziehen, sie noch besser zu befähigen, alle Fragen, die das Leben aufwirft, vom Standpunkt der Arbeiterklasse aus, das heißt parteilich zu beurteilen und zu entscheiden.

Wir können davon ausgehen, daß unsere Jugend ein großes Interesse für politische Fragen hat. Aber gerade das verlangt eine höhere Qualität der Überzeugungsarbeit. Viel hängt davon ab, daß unsere Pädagogen konkret und verständnisvoll die Fragen der jungen Menschen beantworten.

Der zunehmenden ideologischen Diversion des Gegners, die er vor allem über seine Massenmedien und auch über die „Westbesuche" organisiert, können wir in der Erziehung der Jugend nur wirksam begegnen, indem wir die Jugend immer besser befähigen, die Absichten des Gegners zu durchschauen und sich auf der Grundlage eines soliden politischen Wissens und einer festen Klassenposition mit den gegnerischen Argumenten auseinanderzusetzen.

Wenn wir davon ausgehen, daß im ideologischen Kampf der herrschenden Kreise der BRD gegen die sozialistischen Staaten und vor allem gegen die DDR der Nationalismus eine besondere Rolle spielt, so ergibt sich daraus die Notwendigkeit, gerade der Jugend den Klasseninhalt des Begriffes Vaterland, den Klasseninhalt der nationalen Frage und das internationalistische Wesen des Sozialismus noch viel prinzipieller zu zeigen. Unsere Jugend soll die tiefe Liebe zu unserem sozialistischen Vaterland mit dem Wissen darüber verbinden, daß uns alles von den Imperialisten trennt, daß wir uns eng verbunden fühlen mit den Klassenbrüdern, den Arbeitern und den anderen Werktätigen, die unter Führung der DKP um die Beseitigung des staatsmonopolistischen Herrschaftssystems in der BRD, für Demokratie und Sozialismus, für die Aufhebung des Verbots der KPD kämpfen. Unsere Jugend soll wissen, daß unsere wahren Brüder und Schwestern die Werktätigen der Länder unserer sozialistischen Staatengemeinschaft, vor allem die Werktätigen der Sowjetunion sind.

Bei der Erziehung der Jugend im Geiste des proletarischen Internationalismus, so unterstrich der VIII. Parteitag, müssen wir eine völlig neue Qualität erreichen. Das ergibt sich aus der Tatsache, daß der Sozialismus die Hauptkraft unserer Epoche ist und daß sich objektiv der Prozeß der weiteren Abgrenzung zwischen der sozialistischen DDR und der imperialistischen BRD, der Prozeß der fortschreitenden Integration der DDR in die sozialistische Staatengemeinschaft vollzieht.

Die Forderung des VIII. Parteitages, den Nachwuchs der Arbeiterklasse, der Genossenschaftsbauern und der sozialistischen Intelligenz noch besser auf das Leben und die Arbeit vorzubereiten, verlangt also, die junge Generation mit einer hohen wissenschaftlichen Bildung auszurüsten, ohne die der Aufbau der neuen Gesellschaft nicht denkbar ist, und ihr von klein an eine tiefe Achtung vor der Arbeit und die Bereitschaft anzuerziehen, jede gesellschaftlich notwendige Arbeit zu leisten.

Die Jugend soll erkennen, daß alles, was wir besitzen, das Ergebnis angestrengter Arbeit des werktätigen Volkes ist, daß die Arbeit Grundlage allen Lebens, aller gesellschaftlichen Reichtümer ist.

In der Einstellung und Bereitschaft der Jugend zur Arbeit äußert sich letztlich, wie wir es verstanden haben, unsere jungen Menschen im Geiste unserer Weltanschauung und Moral zu erziehen.

Ausgehend von den Erfordernissen, die sich aus der Gestaltung der entwickelten sozialistischen Gesellschaft ergeben, hat unser VIII. Parteitag die Aufgabe gestellt, den Übergang zur allgemeinen zehnjährigen Oberschulbildung zu vollenden, eine Zielstellung, die wir planmäßig realisieren werden. In diesem Zusammenhang hat der Parteitag die weitere inhaltliche Ausgestaltung unserer zehnklassigen allgemeinbildenden polytechnischen Oberschule als der grundlegenden Bildungs- und Erziehungsstätte für alle Kinder als wichtigsten gesellschaftlichen Auftrag aller Pädagogen bezeichnet. Mit dieser Aufgabenstellung orientiert der Parteitag darauf, das Niveau, die Qualität unserer Bildungs- und Erziehungsarbeit so zu erhöhen, daß unsere Schule den Erfordernissen der entwickelten sozialistischen Gesellschaft voll gerecht wird. In den vergangenen Jahren haben wir die Konzeption der Schule, ihren Inhalt wesentlich neu bestimmt. Ausgehend von der Feststellung, daß wir uns noch am Beginn des Prozesses einer tiefgreifenden inhaltlichen Umgestaltung unserer Schulpraxis befinden, orientiert der Parteitag mit der Aufgabe, die inhaltliche Ausgestaltung ins Zentrum zu rücken, auf Kontinuität in der Entwicklung des Bildungswesens, natürlich unter Beachtung der Dynamik der gesellschaftlichen Entwicklung, die, wie wir wissen, ständig neue Anforderungen an unsere Schule stellt.

Wenn wir davon ausgehen, daß die heutige Schuljugend in der reifen entwickelten sozialistischen Gesellschaft leben, daß sie den schrittweisen Übergang zur kommunistischen Gesellschaft mitgestalten wird, so ist es objektiv notwendig, das Bildungsniveau, die Wirksamkeit der gesamten Erziehungsarbeit ständig weiter zu erhöhen. Wir haben alle gesellschaftlichen Bedingungen und Möglichkeiten, weitere Fortschritte in der Bildungs- und Erziehungsarbeit zu erreichen. Zu diesen Bedingungen zählen nicht zuletzt die dank der großen schöpferischen Arbeit der Pädagogen erzielten Ergebnisse der bisherigen Schulentwicklung, die gewachsene Leistungsfähigkeit unserer Schule.

Inhaltliche Ausgestaltung unserer Schule, das ist nicht einfach eine Losung, sondern Programm für unsere weitere Arbeit, dessen Verwirklichung das Mitdenken, die Initiative, das Schöpfertum eines jeden Pädagogen erfordert.

Was ergibt sich für die Führungstätigkeit des Direktors aus der Orientierung auf eine weitere Erhöhung der Qualität der gesamten pädagogischen Arbeit, worauf muß diese gerichtet sein?

Im Zentrum unserer gesamten Führungstätigkeit muß die Frage stehen: Wie kann der Prozeß der pädagogischen Arbeit unter Beachtung der gegenwärtigen Erfordernisse und Bedingungen so gestaltet werden, daß sich die Persönlichkeit jedes Schülers allseitig entwickelt, daß alle Schüler im Geiste der sozialistischen Weltanschauung und Moral erzogen werden? Das bedeutet, sich ganz konkret in jeder Schule die Frage zu stellen, mit welchem Wissen, mit welchen Fähigkeiten und Fertigkeiten, mit welchen Überzeugungen, mit welchen charakterlichen und sittlichen Eigenschaften wir jeden einzelnen Schüler aus unserer Oberschule entlassen, was die konkreten Ergebnisse der pädagogischen Arbeit, gemessen an der Entwicklung aller Schüler, sind.

Das Ziel unserer pädagogischen Arbeit ist die allseitige Entwicklung der sozialistischen Persönlichkeit. Für die sozialistische Pädagogik, die fest im Marxismus-Leninismus begründet ist, ist die Orientierung auf die Persönlichkeit nicht irgendeine attraktive oder aktuelle Losung, sondern sie macht ihr Wesen aus. So wie im Sozialismus alles um des Menschen willen geschieht, so ist auch für unsere Schule die allseitige Entwicklung der sozialistischen Persönlichkeit der oberste Auftrag.

Mit der inhaltlichen Ausgestaltung nehmen wir die Aufgabe in Angriff, die weiterentwickelten gesellschaftlichen Bedingungen und die mit der Verwirklichung der Oberschulbildung gegebenen Möglichkeiten voll zu nutzen, um alle Kinder des werktätigen Volkes zu allseitig gebildeten sozialistischen Persönlichkeiten zu erziehen.

Deshalb stellen wir noch konsequenter die Frage in das Zentrum unserer Aufmerksamkeit: Was sind die konkreten Ergebnisse unserer pädagogischen Arbeit, der Arbeit jedes Lehrers, des gesamten Pädagogenkollektivs bei der Entwicklung jedes Schülers zu einer sozialistischen Persönlichkeit? An diesem höchsten Maßstab müssen wir jede pädagogische Maßnahme, müssen wir letztendlich unsere gesamte pädagogische Arbeit messen.

Und dieser Maßstab muß auch bestimmend sein, wenn die Arbeit des Lehrers, des Direktors, der Schule, der Volksbildungsorgane eingeschätzt und gewertet wird. Inhaltliche Ausgestaltung unserer sozialistischen Oberschule bedeutet also ihrem Wesen nach die Orientierung auf eine solche Qualität des Bildungs- und Erziehungsprozesses, die optimale Bedingungen für die sozialistische Persönlichkeitsentwicklung jedes Schülers garantiert.

Wenn wir unter diesem Gesichtspunkt unser Herangehen an die tagtägliche pädagogische Arbeit durchdenken, wenn wir diesen Maßstab an unsere Bildungs- und Erziehungsarbeit, an die Führungstätigkeit im Volksbildungswesen anlegen, so werden einige Konsequenzen deutlich, die die neue Qualität unserer Arbeit in der gegenwärtigen Phase unserer Schulentwicklung wesentlich bestimmen.

Welches sind solche Konsequenzen?

Überall muß davon ausgegangen werden, daß es im Unterricht, in der Erziehungsarbeit nicht schlechthin um Erfüllung der Lehrpläne, um diese oder jene Aktionen oder Maßnahmen geht, sondern letzten Endes um eine solide pädagogische Arbeit, die auf die Entwicklung der gesamten Persönlichkeit des jungen Menschen gerichtet ist.

Wir wissen: Die Ausbildung und Ausformung aller Seiten der allseitig entwickelten sozialistischen Persönlichkeit – das ist ein Prozeß, der sich im gesamten Leben, in allen gesellschaftlichen Bereichen fortsetzt. Aber wir haben die jungen Menschen in einem Alter in der Schule, in dem sich Kulturniveau, Bewußtsein, Lebenseinstellung, sittliche Verhaltensnormen und Charakter in entscheidendem Maße ausbilden. Was hier richtig gemacht wird, trägt im weiteren Leben reiche Früchte. Was wir hier falsch machen oder versäumen, ist von großem Schaden für die gesamte Entwicklung des jungen Menschen. Deshalb ist es unsere Verantwortung als Lehrer und Erzieher der sozialistischen Schule, die gesamte pädagogische Arbeit so zu gestalten, daß alle wesentlichen Grundlagen der allseitigen Entwicklung der sozialistischen Persönlichkeit gelegt werden.

Diese Grundlagen solide zu schaffen, darauf muß die gesamte pädagogische Arbeit gerichtet sein.

Wir können in der zehnklassigen Oberschule den Schülern nicht die Gesamtheit jenes Wissens vermitteln, das sie im Leben benötigen werden. Aber wir können und müssen das grundlegende Wissen und Können so fest und solide vermitteln, daß die Jugend beim weiteren Wissenserwerb darauf aufbauen kann. Wir müssen ihre Fähigkeit ausbilden, Wissen selbst zu erwerben und im Leben, in der Praxis anzuwenden, und wir müssen bei den jungen Menschen vielfältige Interessen und das Bedürfnis entwickeln, ständig weiterzulernen.

Wir können die Schüler in unserer Oberschule nicht in dem Sinne auf das Leben und die Arbeit vorbereiten, daß wir bereits spezielles berufliches Wissen und Können vermitteln. Aber wir müssen und können im gesamten pädagogischen Prozeß Grundlagen dafür schaffen, daß die Jugend eine sozialistische Einstellung zur Arbeit entwickelt, daß sie richtige Berufsentscheidungen trifft, daß sie fähig, disponibel wird für spätere berufliche Anforderungen und Qualifikationen.

Wir können den jungen Menschen in unserer zehnklassigen Oberschule zwar nicht die Gesamtheit unserer Weltanschauung, den ganzen Reichtum unserer geistigen, sittlichen, ästhetischen und kulturellen Werte vermitteln. Aber wir können und müssen sie zu einer festen weltanschaulichen, politischen und moralischen Grundhaltung erziehen, ihre Lebensauffassung und Lebenshaltung im Sinne der Weltanschauung und Moral der Arbeiterklasse formen.

Unsere Schule kann und muß allen jungen Menschen begreiflich machen, daß die Welt erkennbar ist, daß sie sich nach objektiven Gesetzen entwickelt und verändert und daß der Marxismus-Leninismus, die Weltanschauung der Arbeiterklasse, die objektiven Gesetzmäßigkeiten der Entwicklung in der Natur, in der Gesellschaft und im menschlichen Denken aufdeckt und jedem Menschen ermöglicht, sich bewußt zu verhalten, die Natur und das gesellschaftliche Leben bewußt zu verändern und zu gestalten. Denn nur wenn die Jugend versteht, daß die Welt erkennbar und veränderbar ist, wird sie zutiefst die Gesetzmäßigkeiten des sich vollziehenden revolutionären Weltprozesses, die Gesetzmäßigkeit des Sieges des Sozialismus verstehen.

Unsere Schule kann und muß die Jugend befähigen, einen klaren politischen Standpunkt einzunehmen. Das Entscheidende ist, daß sie den unaufhaltsamen Sieg des Sozialismus und die gleichermaßen unvermeidliche Niederlage des Imperialismus als Gesetzmäßigkeit unserer Epoche begreifen lernt, daß sie weiß, daß sich heute ein großer revolutionärer Prozeß in der Welt vollzieht, daß sie begreift, was Klassenkampf heute ist. Wir müssen ihr die Erkenntnis vermitteln, daß sich im Prozeß der Herausbildung der neuen, höheren gesellschaftlichen Ordnung ein ständiger Kampf des Neuen gegen das Alte vollzieht. Wir müssen ihr das Wissen darum, was die Größe und Stärke des sozialistischen Weltsystems ausmacht, mit auf den Weg geben; mehr noch: Wir müssen ihr die Integràtion der Länder der sozialistischen Staatengemeinschaft nicht nur als objektive Notwendigkeit nahebringen, sondern als Aufgabe, als begeisternden Auftrag gerade für die Jugend. Wir können und müssen die Jugend lehren, was moralisch, was sittlich ist. Wir müssen ihr eine tiefe Achtung vor den Menschen anerziehen, vor der Würde des Menschen, die das Wesen des wahren, des sozialistischen Humanismus ausmacht. Wir müssen sie zu einer tiefen Achtung vor der Arbeiterklasse und allen werktätigen Menschen erziehen.

Wir haben eine große Verantwortung dafür, daß sich die Jugend in ihrem gesamten Denken, Fühlen und Verhalten an den moralisch-sittlichen Werten der Arbeiterklasse orientiert, daß sie begreift: Sittlich ist, was dem Kampf der Arbeiterklasse gegen Ausbeutung und Unterdrückung dient, daß sie leidenschaftlich Partei ergreift für den Fortschritt, für das Neue, und daß sie bereit ist, sich für die Interessen des Sozialismus, des gesellschaftlichen Fortschritts, aktiv einzusetzen und dabei auch Opfer auf sich zu nehmen. Die Jugend soll erkennen, daß Arbeit und Lernen Willensanstrengungen und Disziplin erfordern.

Wir müssen der heranwachsenden Generation von klein auf jene Eigenschaften anerziehen, die die menschlichen Beziehungen in einer wahrhaft menschlichen Gesellschaft, wie es die sozialistische Gesellschaft ist, bestimmen: Wahrheitsliebe, gegenseitige Rücksichtnahme, Sinn für das Gute und Schöne ebenso wie Unduldsamkeit gegen alles Menschenunwürdige.

Unsere Jugend soll von einer tiefen Achtung vor der Menschheitskultur erfüllt sein. Sie soll begreifen, daß in der Kultur unserer sozialistischen Gesellschaft alles Wertvolle enthalten ist, was die Menschheit hervorgebracht hat. Sie soll Freude am Erleben der Kunst empfinden, einen guten Geschmack ausbilden und fähig sein, ihr eigenes Leben kulturvoll zu gestalten.

Wir haben eine große Verantwortung für eine gesunde und harmonische Entwicklung unserer Jugend, dafür, daß sie Freude an der körperlichen Betätigung empfindet, ihre körperlichen Kräfte und ihre Leistungsfähigkeit allseitig ausbildet, regelmäßig Sport treibt. Hygiene, Sauberkeit, gesunde Lebensweise sollen zu selbstverständlichen Normen ihres Lebens werden.

Unser Auftrag als Lehrer und Erzieher der sozialistischen Schule besteht also darin, jene Grundlagen der allseitigen Entwicklung sozialistischer Persönlichkeiten fest und sicher zu legen, die unsere Jugend als aktive Mitglieder unserer Gesellschaft in der Arbeit, im politischen Kampf, in ihrem persönlichen Leben benötigt.

Wir können davon ausgehen, daß unsere gesellschaftliche Wirklichkeit günstige Bedingungen für eine harmonische Entwicklung unserer Jugend schafft. Die gesellschaftliche Einwirkung vollzieht sich jedoch nicht spontan, und der Prozeß der Erziehung verläuft nicht ohne Konflikte.

Widersprüche in der Entwicklung – das lehrt uns die materialistische Dialektik – sind etwas Normales, und das gilt um so mehr, wenn wir es mit jungen Menschen zu tun haben, deren Persönlichkeit sich erst formt.

Die Tatsache, daß die Jugend insgesamt geistig, politisch reifer geworden ist, verlangt, gerade in der pädagogischen Arbeit noch aufmerksamer und feinfühliger die Entwicklung eines jeden jungen Menschen zu verfolgen, Widersprüche in seiner Entwicklung rechtzeitig zu erkennen und zielgerichtet den Prozeß seiner Persönlichkeitsbildung zu fördern.

Ein solches Herangehen schließt ein, daß wir uns sorgfältiger um die Entwicklung eines jeden einzelnen Schülers bemühen. In unserer Gesellschaft und erst recht in unserer pädagogischen Arbeit kann es nicht um statistische Durchschnitte gehen. Es kommt auf jeden einzelnen Menschen an.

Bei der Verwirklichung der zehnklassigen Oberschulbildung, die günstige Bedingungen für die Entwicklung der Persönlichkeit schafft, geht es uns also letzten Endes um günstige Bedingungen für die Entwicklung eines jeden einzelnen Schülers, für die Ausbildung aller seiner Kräfte und Fähigkeiten. Die individuellen Anlagen und Fähigkeiten jedes einzelnen müssen bereits im Prozeß der Vermittlung der im Grundbestand für alle einheitlichen Bildung entwickelt werden, wenn wir jeden Schüler erfolgreich zum Ziel der Oberschulbildung führen wollen.

Deshalb ist es notwendig, die Entwicklung eines jeden einzelnen Schülers sorgfältig zu verfolgen, seine Stärken und Schwächen zu sehen und die Arbeit so anzulegen, daß jeder Schüler seine Kräfte erproben, seine Fähigkeiten entwickeln kann. Jeder weiß, daß dies keine einfache Aufgabe ist. Einzelne Schüler bleiben nach wie vor zurück, nicht alle erreichen jene Ziele, die für alle gesetzt sind. Und wir wissen auch, daß spezielle Begabungen nicht aus dem Nichts entstehen, sondern nur, wenn wir den Schülern die Gelegenheit geben, ihre Kräfte zu entfalten. Deshalb müssen wir weiter durchdenken, wie wir unsere pädagogische Arbeit so gestalten, daß wir fürsorglich und aufmerksam günstigste Bedingungen für die Entwicklung eines jeden Schülers schaffen, das Zurückbleiben einzelner verhindern und die allseitige Ausbildung der individuellen Kräfte, Fähigkeiten und Talente eines jeden fördern.

In der sozialistischen und kommunistischen Gesellschaft, die von Ausbeutung befreit ist und die bewußt durch die menschliche Tätigkeit gestaltet wird, kann sich „die originelle und freie Entwicklung der Individuen", die „bedingt (ist) eben durch den Zusammenhang der Individuen", ohne Einschränkung vollziehen.[1] Das Kollektiv, das sich auf der Grundlage der Übereinstimmung der gesellschaftlichen und persönlichen Interessen entwickelt, wird zur Lebensform unserer Gesellschaft. Das kennzeichnet die wirkliche Gemeinschaft, in der – wie die Klassiker des Marxismus-Leninismus hervorhoben – jedes Individuum seine Anlagen nach allen Seiten hin ausbilden und seine persönliche Freiheit verwirklichen kann.

Bürgerliche Ideologen und Pädagogen haben immer wieder versucht, die marxistisch-leninistische Auffassung vom Kollektiv und die sozialistische Kollektiver-

---

[1] K. Marx/F. Engels: Die deutsche Ideologie. In: Werke. Bd. 3, Dietz Verlag, Berlin 1983, S. 424.

ziehung zu diffamieren, indem sie die Behauptung aufstellten, das Kollektiv wäre Ausdruck der „Vermassung", in ihm sei das Individuum jeder freien Entfaltung beraubt.

In einer Gesellschaft, die auf der Ausbeutung, der Konkurrenz beruht, in der das Wolfsgesetz herrscht, die von unlöslichen Widersprüchen beherrscht wird und in der der Zusammenschluß der Ausgebeuteten eine ständige Gefahr für die Existenz des Systems darstellt, wird durch die herrschende Klasse ein schrankenloser Individualismus kultiviert. Wenn bürgerliche Soziologen und Pädagogen sich zunehmend mit Problemen der sozialen Beziehungen beschäftigen, Theorien der „Sozialisation" und „Gruppentheorien" entwickeln, so dient das einzig und allein der geistigen Manipulierung der Menschen und damit in der Endkonsequenz ihrer tatsächlichen Vermassung. Gerade darin besteht der unversöhnliche Gegensatz zu den Auffassungen der marxistisch-leninistischen Pädagogik, die Individuum und Kollektiv nicht nur nicht gegenüberstellt, sondern die die Entwicklung des Individuums und des Kollektivs als dialektische Einheit auffaßt – schon gar nicht davon zu sprechen, daß unsere Auffassung von der Entfaltung des Individuums nichts gemein hat mit dem Individualismus, der Erziehung von Individualisten, rücksichtslosen Egoisten und Spießern, einer vereinsamten Elite.

Wenn wir das heutige Bildungswesen in den imperialistischen Ländern und demgegenüber die großartigen Erfolge der Bildungspolitik in der Sowjetunion und in den anderen sozialistischen Ländern betrachten, so erweist sich die Richtigkeit der Feststellung Lenins, daß sich die Bourgeoisie niemals das Ziel gestellt hat, „die Schule zu einem Werkzeug der Erziehung der menschlichen Persönlichkeit zu machen. Und heute ist es allen klar", so sagte er, „daß dies nur die sozialistische Schule tun kann, die, in untrennbarer Verbindung mit allen Werktätigen und Ausgebeuteten, aus aufrichtiger Überzeugung auf der Sowjetplattform steht"[2]. Im Sozialismus werden pädagogische Fragen mehr und mehr zum Anliegen der ganzen Gesellschaft, und wir müssen es verstehen, diese gesellschaftlichen Potenzen für die allseitige, harmonische Entwicklung sozialistischer Persönlichkeiten zu mobilisieren und richtig einzusetzen.

Unsere Lehrer und Erzieher überzeugen sich Tag für Tag davon, daß wir unsere pädagogischen Aufgaben besser meistern, wenn wir alle Verbündeten gewinnen, die es in unserer Gesellschaft in so großer Zahl gibt. Dabei geht es auch hier nicht schlechthin um Vielfalt, um Breite, um die große Zahl von Aktivitäten, sondern darum, daß alle diese Maßnahmen und Bedingungen – im Unterricht und in der außerunterrichtlichen Arbeit, im ganztägigen pädagogischen Prozeß, im Zusammenwirken von Schule und Jugendorganisation, von Schule und Familie, von Schule und Betrieb – der Entwicklung der Persönlichkeit der Schüler dienen, daß ihre Wirksamkeit letztlich an diesem Maßstab gemessen werden muß.

[2] W. I. Lenin: Rede auf dem II. Gesamtrussischen Kongreß der auf internationalistischen Positionen stehenden Lehrer. 18. Januar 1919. In: Werke. Bd. 28, Dietz Verlag, Berlin 1972, S. 419.

Auf dem VIII. Parteitag wurde herausgearbeitet, daß es sich bei der allseitig entwickelten Persönlichkeit nicht um ein Ziel handelt, das erst in ferner Zukunft erreicht werden wird, sondern dieses Ziel wird Wirklichkeit im tagtäglichen Leben unserer sozialistischen Gesellschaft.

Indem wir davon ausgehen, daß der gesamte Bildungs- und Erziehungsprozeß darauf gerichtet sein muß, die Jugend mit der Ideologie und Moral der Arbeiterklasse auszurüsten, bekräftigen wir das Prinzip der Einheit von Bildung und Erziehung. Im Bildungs- und Erziehungsprozeß ist der Unterricht der entscheidende Faktor, denn dort eignet sich die Jugend grundlegendes Wissen und Können an. Der Unterricht in unserer sozialistischen Schule, der auf dem marxistisch-leninistischen Prinzip der Wissenschaftlichkeit, Parteilichkeit und Lebensverbundenheit beruht, ist erziehender Unterricht. Er trägt entscheidend zur Herausbildung sozialistischer Grundüberzeugungen, Charaktereigenschaften, Verhaltensweisen, Fähigkeiten und Fertigkeiten bei. Er bildet Arbeitsgewohnheiten und Arbeitsfertigkeiten heraus. Die Direktoren, die sich in den vergangenen Jahren planmäßiger und gründlicher mit der Führung des Unterrichts beschäftigt haben, sind insgesamt bei der Erhöhung der Qualität der Bildungs- und Erziehungsarbeit wesentlich vorangekommen.

Im Verlauf von fast zehn Jahren wurden kontinuierlich neue Lehrpläne eingeführt. Bei allen Problemen, die es gab und noch gibt, hat sich in der Schulpraxis erwiesen, daß die Lehrplanziele real sind. Das beweisen die Ergebnisse der Arbeit unserer Lehrer.

Die Umsetzung der Lehrpläne ist natürlich ein Prozeß. Aus dieser Sicht wünschen die Lehrer zu Recht, daß das Lehrplanwerk in seiner Gesamtheit für eine längere Zeit Gültigkeit hat. Jeder gute Lehrer versteht seine Unterrichtsarbeit als einen schöpferischen Prozeß; erfordert doch der verbindliche grundlegende Inhalt jedes Fachlehrplanes, der Weg seiner Vermittlung an die Schüler eine ständige schöpferische inhaltliche und didaktisch-methodische Umsetzung. Das verlangt Erfahrungen und Initiative, die vom Direktor sinnvoll gelenkt werden muß.

Es ist natürlich, daß in diesem Prozeß immer wieder neue Probleme auftreten. Sie ergeben sich daraus, daß die Lehrpläne höhere fachwissenschaftliche Anforderungen und neue Ansprüche an die methodisch-didaktische Gestaltung des Unterrichts enthalten. Es sind damit hohe Ansprüche an das fachwissenschaftliche, pädagogisch-methodische und politisch-ideologische Niveau der Pädagogen gestellt, hohe Anforderungen auch an das Lernen und Arbeiten der Schüler.

Auch die Erfahrungen in der Arbeit mit den neuen Lehrplänen sind unterschiedlich. Der Zeitraum seit ihrer Einführung für die Klasse 5 beträgt beispielsweise bereits sechs Jahre, während wir mit den neuen Lehrplänen für die Klasse 10 erst das zweite Jahr arbeiten.

Trotz der Vielfalt der Probleme, deren Lösung noch große Anstrengungen erfordert, können wir mit Fug und Recht sagen: Bereits heute zeichnet sich im Prozeß der Verwirklichung der Lehrpläne eine neue Qualität unserer Oberschulbildung deutlich ab.

Das fachwissenschaftliche und didaktisch-methodische Niveau des Unterrichts und seine erzieherische Wirksamkeit haben sich erhöht. Die Unterrichtsanalysen zeigen, daß die Lehrer immer besser verstehen, das in den Lehrplänen geforderte Wissen und Können zu vermitteln, die Schüler auf der Grundlage sicheren Faktenwissens zur Erkenntnis wesentlicher Zusammenhänge, Gesetzmäßigkeiten, Theorien und wissenschaftlicher Betrachtungsweisen zu führen.

Zunehmend wird der Entwicklung der Techniken des Lernens und der dem Fach entsprechenden Denk- und Arbeitsweisen Beachtung geschenkt. Das Niveau, auf dem sich die Schüler beispielsweise der Klassen 9 und 10 heute mit politischen, gesellschaftswissenschaftlichen und kulturellen Fragen selbständig und sachkundig auseinandersetzen, ist wesentlich höher als vor einigen Jahren.

Im Unterricht aller Fächer zeichnen sich sichtbare Fortschritte ab. Jedes Zurückbleiben, jeder Mangel tritt damit zugleich noch schärfer ins Blickfeld. Verdeutlichen wir uns das einmal an der Lage in einigen Fächern:

Im Mathematikunterricht der Klassen 9 und 10 verbesserten sich zum Beispiel die Leistungen beim Darstellen in linearen, quadratischen und trigonometrischen Funktionen. Die Schüler arbeiten sicherer mit Gleichungen und Ungleichungen. Mathematische Beweise werden besser verstanden und wiedergegeben. Daß unsere Schüler heute mathematisch anspruchsvolle Aufgaben zunehmend besser meistern, ist ein wesentliches Ergebnis des seit Klasse 1 nach den neuen Lehrplänen durchgeführten Mathematikunterrichts. Wir dürfen aber nicht übersehen, daß viele Schüler elementare mathematische Fähigkeiten und Fertigkeiten, zum Beispiel die Grundrechenarten, die Bruchrechnung, die Prozentrechnung und geometrische Grundaufgaben, nicht genügend beherrschen. Die Fähigkeiten zur Lösung von Sachaufgaben sind noch ungenügend entwickelt. Diese Mängel beginnen bereits in der Arbeit der Unterstufe und zeigen sich bis zur Klasse 10.

Im Physikunterricht gewinnen die Schüler in zunehmendem Maße tiefere Einsichten in energetische und strukturelle Betrachtungsweisen und verfügen zum Beispiel über solidere Kenntnisse über das Modell für den elektrischen Leitungsvorgang, über Felder, Schwingungen und Wellen, beherrschen die Gesetze der Mechanik besser.

Im Chemieunterricht können die Schüler das im Fach Physik erworbene Wissen über den Bau der Atome zunehmend besser anwenden, mit dem Periodensystem der Elemente richtig arbeiten. Sie sind besser befähigt, chemische Reaktionen zu beurteilen und Bindungen unter Anwendung der Atommodelle zu deuten.

Auch im Biologieunterricht sind die Kenntnisse der Schüler über allgemeine biologische Sachverhalte aus dem Bereich der Physiologie und der Ökologie fester geworden.

Aber zugleich wird im Unterricht der naturwissenschaftlichen Fächer deutlich, daß elementare Fakten, Begriffe und Gesetze nicht dauerhaft genug vermittelt werden. Die Schüler erhalten noch zuwenig Möglichkeiten zur Anwendung und zur experimentell-praktischen Tätigkeit. Im Physikunterricht beispielsweise bereitet es vielen Schülern Schwierigkeiten, sicher und selbständig grundlegende physikalisch-mathematische und experimentelle Aufgaben zu lösen, vor allem dann, wenn bereits Bekanntes in neuen Zusammenhängen auftritt. Im Chemieunterricht zeigen sich Mängel in der Beherrschung der chemischen Zeichensprache, der Anwendung mathematischer Verfahren und im Erfassen wesentlicher theoretischer Zusammenhänge zwischen Atombau und chemischer Bindung. Und im Biologieunterricht beherrschen viele Schüler grundlegende Begriffe aus dem Bereich der Physiologie und Genetik noch nicht exakt.

Wenn wir die Fortschritte in den Fächern Staatsbürgerkunde, Geschichte und Geographie analysieren, müssen wir besonders hervorheben, daß die Schüler umfassenderes und differenzierteres Wissen über die objektiven Gesetze der gesellschaftlichen Entwicklung besitzen. Das äußert sich in soliden Kenntnissen, beispielsweise über die historische Mission der Arbeiterklasse und die Rolle der marxistisch-leninistischen Partei. Die Schüler werden schon besser befähigt, politische Probleme aufzuwerfen, sich mit Argumenten auseinanderzusetzen. Der Hauptmangel in diesen Fächern ist jedoch nach wie vor, daß das Wissen über gesellschaftliche, historische und geographische Fakten nicht sicher genug ist. Aber gerade das ist eine Voraussetzung, um tiefer in das Wesen der Erscheinungen und Zusammenhänge eindringen zu können, um noch besser in der Lage zu sein, zu begründen, zu beweisen und zu argumentieren. Die Überwindung dieser Schwächen würde die Überzeugungskraft des gesellschaftswissenschaftlichen Unterrichts weiter erhöhen.

Wenngleich der Literaturunterricht den Schülern die Aussagen bedeutender Werke der Literatur schon wesentlich besser erschließt, wenngleich sich in den Fächern Kunst- und Musikerziehung immer stärker das Bemühen abzeichnet, den Ideengehalt der Kunstwerke in ihrer künstlerischen und gesellschaftlichen Bedeutung zu erschließen, so gelingt es noch zuwenig, auf der Grundlage sicherer Kenntnisse den Schülern die Kunst zum Erlebnis und die kulturell-künstlerische Selbstbetätigung zum Bedürfnis werden zu lassen.

Trotz aller Fortschritte, die sich im muttersprachlichen Unterricht abzeichnen, können die Ergebnisse in Orthographie und Grammatik nicht befriedigen. Es ist eine Tatsache, daß ein großer Teil von Schülern unzureichend sichere Kenntnisse über Regelmäßigkeiten und die am häufigsten vorkommenden Besonderheiten der Rechtschreibung besitzt. Die Ausdrucksfähigkeit läßt zu wünschen übrig. Natürlich sind diese Mängel in erster Linie auf eine noch unzureichende Qualität des Deutschunterrichts zurückzuführen. Es ist jedoch auch ein ernster Mangel, daß nicht alle Fachlehrer ihre Verantwortung für die sichere Beherrschung der Muttersprache genügend wahrnehmen.

Unser Fremdsprachenunterricht, vor allem der Russischunterricht, hat große Fortschritte gemacht. Wir dürfen jedoch nicht an der Tatsache vorbeigehen, daß die Schüler am Ende der 10. Klasse nach wie vor unzureichend in der Lage sind, sich in der Fremdsprache zu verständigen. Zum Beispiel wird der Grundwortschatz nicht genügend beherrscht, und es gibt Lücken in den grammatischen Kenntnissen.

Unsere Sportlehrer haben große Anstrengungen unternommen, die Qualität des Sportunterrichts zu erhöhen und den außerunterrichtlichen Sport zu entwikkeln. Mit allem Ernst muß jedoch festgestellt werden, daß gegenwärtig ein beträchtlicher Teil der Schüler die in den Lehrplänen gestellten Anforderungen hinsichtlich der körperlichen Grundausbildung noch nicht erfüllt. Die Aufgabenstellung des VIII. Parteitages, die Oberschulbildung voll zu verwirklichen, erfordert also, den realistischen Blick zu haben sowohl für die Fortschritte als auch für das noch nicht Erreichte.

Aus einer solchen Sicht müssen an jeder Schule der konkrete Stand, die erreichten Fortschritte, die auftretenden Probleme sowie die in den einzelnen Fächern vorhandenen Mängel sachlich und gründlich analysiert werden, denn nur so können die konkreten Aufgaben für die Führung des Unterrichts bestimmt werden.

Dieses Herangehen erfordert, an der Schule ein solches Klima zu schaffen, daß es für jeden einzelnen Lehrer, für das ganze Pädagogenkollektiv zum Bedürfnis wird, die eigene Arbeit und die der Kollegen sachlich einzuschätzen, die Ursachen für Fortschritte und Unzulänglichkeiten verantwortungsbewußt zu analysieren und offener auch über Mängel zu sprechen. Wir brauchen an den Schulen weniger allgemeine Deklarationen über eine höhere Qualität der Arbeit. Was wir brauchen, ist noch mehr Sachlichkeit und Konkretheit, noch mehr schöpferischen Meinungsstreit um das Wie, um die Wege zu einer höheren Qualität.

Je tiefer die Lehrer in Wesen und Inhalt der neuen Lehrpläne eindringen, desto konkreter bewegen sie solche Fragen der Unterrichtsgestaltung: Wie sind Wissenschaftlichkeit, Parteilichkeit und Lebensverbundenheit in den einzelnen Fächern zu verwirklichen? Was ist zu tun, um das Verhältnis von Kenntnisaneignung und Fähigkeitsentwicklung, das Verhältnis der Vermittlung von Faktenwissen und tieferer Hinführung zur Erkenntnis der Zusammenhänge und Gesetzmäßigkeiten praktisch besser zu bewältigen? Wie kann die Effektivität der didaktisch-methodischen Gestaltung des Unterrichts erhöht werden, vor allem im Hinblick auf die Entwicklung der schöpferischen Aktivität und Selbsttätigkeit der Schüler?

Wenn wir uns mit diesen Fragen befassen, so sollten wir in unserer Führungstätigkeit beachten, daß Hervorhebungen dieser oder jener Frage nicht zu Einseitigkeiten führen dürfen. Die Forderung, im Unterricht die Gesetzmäßigkeiten stärker herauszuarbeiten, das theoretische Niveau zu erhöhen, darf nicht als Alternative zur Vermittlung soliden Faktenwissens aufgefaßt werden und nicht zur Vernachlässigung der Anwendung der Theorie in der Praxis führen. Ebensowenig ist die Forderung nach Praxisbeziehungen ohne hohes theoretisches Niveau des Unterrichts zu bewältigen, da es sonst zu platten Praxisbeziehungen kommt. So, wie das Problem der Fähigkeitsentwicklung nicht losgelöst von der Kenntnisaneignung gesehen werden kann, darf die Forderung, der Entwicklung des Denkens mehr Aufmerksamkeit zu schenken, nicht als Alternative zur Vermittlung soliden Faktenwissens aufgefaßt werden.

Alle diese Fragen gilt es bei der Unterrichtsführung konkret und in ihren Zusammenhängen zu beachten. Jede Vereinfachung dabei ist, wie die Praxis beweist, schädlich. So hat zum Beispiel die Diskussion um den wissenschaftlichen, parteilichen und lebensverbundenen Unterricht gezeigt, daß es nicht nur bei Lehrern vereinfachte Vorstellungen über Wissenschaftlichkeit, Parteilichkeit und Lebensverbundenheit im Unterricht, ein nicht genügend differenziertes Herangehen gibt, daß dieses umfassende Prinzip mitunter auf politische Aktualisierung reduziert wird.

Wie muß ein Direktor an diese Fragen herangehen? Die Möglichkeiten der ideologischen Erziehung in den einzelnen Fächern, Stoffeinheiten und Unterrichtsstunden sind sehr differenziert. Wissenschaftlichkeit, Parteilichkeit und Lebensverbundenheit schließen selbstverständlich politische Aktualisierung des Unterrichts, das ständige Bezugnehmen auf die großen politischen Tagesereignisse und die Parteinahme ein. Jeder Lehrer, gleich welches Fach er unterrichtet, muß einen klaren politischen Standpunkt vertreten und auf aktuelle Ereignisse selbstverständlich in seiner Erziehungsarbeit, die sich nicht nur auf den Unterricht erstreckt, reagieren.

Aber Wissenschaftlichkeit, Parteilichkeit und Lebensverbundenheit des Unterrichts, das ist mehr als politische Aktualisierung. Um diesem Prinzip gerecht zu werden, kommt es vor allem darauf an, den Erkenntnisprozeß im Unterricht so zu führen, daß die Schüler logisch zwingend zu den notwendigen theoretischen Erkenntnissen und ideologischen Einsichten gelangen.

Es geht um die Frage, wie der Erkenntnisprozeß in jedem Unterrichtsfach die Schüler beweiskräftig zu exakten politischen, weltanschaulichen und moralischen Schlußfolgerungen hinführt, so daß Oberflächlichkeit vermieden wird. Konkrete Erscheinungen und Fakten müssen also im Unterricht so behandelt werden, daß die Schüler in allgemeine Zusammenhänge, Gesetzmäßigkeiten und Theorien eindringen und wissenschaftlich fundierte Erkenntnisse und Schlußfolgerungen mit ihren Erfahrungen verbinden.

Nur auf diese Weise kann der Unterricht wissenschaftlich, lebensnah, praxisverbunden gestaltet, kann ein abstraktes Theoretisieren vermieden werden.

Unsere Auffassung vom Unterricht, die auf den marxistisch-leninistischen Positionen der Einheit von Wissenschaft und Ideologie, von Theorie und Praxis beruht, grenzt sich grundsätzlich von bürgerlich-positivistischen Auffassungen über die Wissenschaft, von sogenannten ideologiefreien Theorien des Unterrichts in der bürgerlichen Schule ab; verschließt doch der Versuch, den Unterricht auf die Vermittlung und Aneignung einer „reinen" Wissenschaft zu reduzieren, den Zugang zur Erkenntnis der Wirklichkeit, zum Leben, zur umgestaltenden Tätigkeit, in der sich erst das Wesen des Menschen realisieren kann.

Es ist ein Wesenszug des Marxismus-Leninismus, der die theoretische und methodologische Grundlage unseres gesamten Unterrichts ist, daß er streng wissenschaftlich, parteilich und lebensverbunden zugleich ist.

Wir gehen jedoch nicht so an die Sache heran, als würden die Lehrpläne, die auf der Grundlage des Marxismus-Leninismus und damit auf dem Grundsatz der Einheit von Wissenschaft und Ideologie, von Theorie und Praxis beruhen, für sich genommen bereits einen wissenschaftlichen, parteilichen und lebensverbundenen Unterricht garantieren können. Das Prinzip der Einheit von Wissenschaftlichkeit, Parteilichkeit und Lebensverbundenheit kann nur verwirklicht werden, wenn jeder Lehrer seine Wissenschaft richtig beherrscht, wenn er über solides didaktisch-methodisches Wissen und Können verfügt, wenn sich jeder Lehrer solide Grundlagen des Marxismus-Leninismus aneignet und von daher die ideologischen Aspekte seiner Wissenschaft richtig sieht, wenn er die Einheit von Theorie und Praxis richtig versteht und eng mit unserem sozialistischen Leben verbunden ist.

Die Verantwortung des Direktors besteht also darin, den Lehrern zu helfen, die inneren Beziehungen zwischen den fachwissenschaftlichen Erkenntnissen und der sozialistischen Ideologie, zwischen Theorie und Praxis immer vollkommener zu erkennen und zu nutzen. Unter dieser Sicht muß er die Qualifizierung der Lehrer seiner Schule und den Erfahrungsaustausch organisieren und ihnen wirksamere Hilfe geben.

Wir wissen natürlich, daß es sich hier zugleich um komplizierte wissenschaftliche Fragen handelt, die der Direktor nicht allein lösen kann. Wir erwarten deshalb von unserer Wissenschaft mehr Untersuchungen, die Aufschluß geben über die inneren Beziehungen zwischen Wissenschaft und Ideologie in den verschiedenen Unterrichtsfächern, über die Zusammenhänge von Theorie und Praxis sowie über die Gesetzmäßigkeiten des Erkenntnisprozesses, über die psychologischen Bedingungen der Erkenntnis im Unterricht.

Im Ergebnis der breit geführten Diskussion um die Wege zu einer höheren Qualität des Unterrichts wurde noch einmal deutlich, daß es unter Beachtung der Differenziertheit der Situation an einer Schule, in einer Klasse und der Unterschiedlichkeit der Qualifikation und Erfahrung der Lehrer nicht richtig wäre, nur auf die Erhöhung der didaktisch-methodischen Qualität oder auf ein höheres fachwissenschaftliches Niveau zu orientieren. Bei aller notwendigen Schwerpunktbildung – so heben vor allem auch erfahrene Direktoren hervor – muß an der Schule stets sowohl den ideologisch-politischen als auch den fachwissenschaftlichen, didaktisch-methodischen und pädagogischen Problemen gleichermaßen große Aufmerksamkeit geschenkt werden, ebenso wie den materiellen Bedingungen für einen guten Unterricht.

Wenn wir im folgenden einige weitere Probleme vor allem der didaktisch-methodischen Arbeit im Unterricht hervorheben, dann unter dem Gesichtspunkt, daß die Beachtung dieser Fragen gegenwärtig unsere besondere Aufmerksamkeit erfordert.

Dabei gehen wir davon aus, daß die Vermittlung und Aneignung soliden Wissens, die Gestaltung des Unterrichtsprozesses, die Erhöhung des Niveaus des Unterrichts insgesamt die richtige Beachtung der Gesetze des Erkenntnisprozesses im Unterricht verlangen.

Im Bemühen um die Verwirklichung der Forderung, den Unterricht von der 1. Klasse an so zu gestalten, daß durch die systematische, an den Wissenschaften orientierte Grundlagenbildung ein höheres theoretisches Niveau erreicht wird, gibt es Fortschritte im Umfang und in der Qualität des Wissens der Schüler. Festes, dauerhaftes und anwendungsbereites Wissen und Können, ein reicher und geordneter, wissenschaftlich fundierter Wissens- und Erfahrungsschatz sind schließlich Voraussetzung für die Entwicklung aller Seiten der sozialistischen Persönlichkeit. Deshalb sind wir gegen jede Art von Geringschätzung exakter Kenntnisse. Denn immer wirkt die pädagogische Regel: Wenn den Schülern nicht das erforderliche Faktenwissen vermittelt wird, können sie auch nicht in theoretische Zusammenhänge eindringen und zu notwendigen Schlußfolgerungen und Verallgemeinerungen gelangen.

Die Arbeit unserer besten Lehrer beweist, daß Exaktheit, Festigkeit und Dauerhaftigkeit der Kenntnisse wesentlich davon abhängen, welche Rolle Anschaulichkeit und Faßlichkeit, Übung, Festigung, Wiederholung und Systematisierung des erworbenen Wissens im Unterricht spielen.

Es ist erwiesen, daß ein hohes theoretisches Niveau nur auf der Grundlage ausreichender, konkreter, lebendiger Wahrnehmungen und tiefer, bleibender Vorstellungen möglich ist. Zu Recht verweisen die Lehrer – ausgehend von ihren Erfahrungen – darauf, daß diesen bewährten didaktischen Erkenntnissen im Schulalltag mehr Aufmerksamkeit geschenkt werden muß.

Jeder erfahrene Lehrer weiß, daß die Erkenntnisschritte zu theoretischen Verallgemeinerungen so geführt werden müssen, daß die Schüler neu erworbene Begriffe mit klaren Vorstellungen verbinden, diese Begriffe und ihre Merkmale exakt beherrschen und sie in Zusammenhänge und Theorien einordnen können, daß die Vermittlung und Aneignung exakter Kenntnisse, eines soliden Tatsachenwissens unerläßliche Voraussetzung dafür sind, in theoretische Zusammenhänge eindringen und Schlußfolgerungen ziehen zu können.

Andererseits darf der Unterricht nicht lediglich bei Vorstellungen und Fakten stehenbleiben, ohne zur Verallgemeinerung, zu Begriffen, zu Gesetzen und Theorien vorzustoßen. Zu Recht machen viele Fachberater darauf aufmerksam, daß in vielen Unterrichtsstunden noch eine Unterschätzung der Übung und Wiederholung, mangelnde Sorge um die Exaktheit der Begriffe, um die Sicherheit im Einordnen von Fakten und Begriffen in größere Zusammenhänge festzustellen sind, daß Grundkenntnisse und Grundfertigkeiten in vielen Fächern häufig nicht fest und dauerhaft eingeprägt, daß wichtige Definitionen, Begriffe und Regeln nicht exakt beherrscht werden, weil ungenügend wiederholt, geübt und gefestigt und der Schulung des Gedächtnisses nicht immer die genügende Aufmerksamkeit geschenkt wird. Mitunter, so sagen Fachberater, entsteht bei Hospitationen der Eindruck, daß die Schulung und das Training des Gedächtnisses als überflüssig, ja, als nicht „modern" angesehen werden. Vokabeln, Gedichte, Definitionen, Liedtexte, Regeln zum Beispiel müssen jedoch auswendig gelernt werden.

Allerdings werden manchmal auch Formen der Festigung des Wissens verselbständigt, zum Selbstzweck gemacht. Manche Lehrer haben Schwierigkeiten, das, was wiederholt, geübt und gefestigt werden muß, auf das Notwendige zu konzentrieren, auszuwählen, was erforderlich ist, um das Wesentliche immer wieder bewußtzumachen. Tiefe und Dauerhaftigkeit des Wissens hängen auch davon ab, in welchem Maße es systematisiert wird. Nicht allein die Summe der Einzelkenntnisse, sondern auch Ordnung und Systematik sind wesentliche Bedingungen für Qualität, Festigkeit und Anwendbarkeit des Wissens.

Aneignung und Übung, Festigung und Systematisierung verlangen, das erworbene Wissen in der Praxis anzuwenden, unter verschiedenen Bedingungen damit zu operieren, denn gerade dabei erkennt der Schüler neue Beziehungen, Tatsachen und Zusammenhänge und stößt auf Probleme, die ihn zum Weiterdenken anregen.

Wir müssen also dem Problem der Exaktheit, Festigkeit und Dauerhaftigkeit des Wissens größere Aufmerksamkeit schenken.

Im Zusammenhang mit der Orientierung, der Entwicklung der Fähigkeiten der Schüler mehr Aufmerksamkeit zu widmen, wurde mancherorts die Frage gestellt: Wie sollen wir in der begrenzten Unterrichtszeit das geforderte Wissen vermitteln und die geforderten Fähigkeiten ausprägen? Ist diese Fragestellung überhaupt richtig, geht sie zum Beispiel nicht von einer isolierten Betrachtung von Wissenserwerb und Fähigkeitsentwicklung aus? Ist nicht die Entwicklung der Fähigkeiten und des Denkens der Schüler in hohem Maße vom Inhalt und von der Art und Weise des Wissenserwerbs abhängig? Und werden nicht andererseits nur im Prozeß des Erwerbs von Kenntnissen zugleich Fähigkeiten der Schüler ausgebildet?

Offensichtlich – und auch darauf machen Fachberater und Direktoren aufmerksam – besteht das Problem darin, aus der Kenntnis der Ziele und des Stoffes sowie des Entwicklungsstandes der Schüler für die Unterrichtsstunde alle jene Momente zu bestimmen, die die Fähigkeitsentwicklung der Schüler in der erforderlichen Richtung vorantreiben.

Das wirft die Frage auf, wie es im Schulalltag verstanden wird, das Lernen als geistige und geistig-praktische Tätigkeit zu organisieren, als Tätigkeit, die in zunehmendem Maße von Bewußtheit und Selbständigkeit getragen ist.

In diesem Zusammenhang verweisen die Lehrer zu Recht auf die Notwendigkeit, der problemhaften Gestaltung des Unterrichts größere Aufmerksamkeit zu schenken, einer Unterrichtsgestaltung, die die Schüler veranlaßt, sich aktiv mit dem Stoff auseinanderzusetzen, sich den Stoff aktiv anzueignen, die einzelnen Denkschritte folgerichtig mitzuvollziehen und sich so die Kenntnisse bewußter anzueignen.

Hospitationen zeigen aber, daß durch einen kurzschrittigen Frage- und Antwortunterricht Ansätze zum zusammenhängenden Denken immer wieder im Keime erstickt werden und die Entwicklung geistiger Fähigkeiten gehemmt wird. Es geht um eine neue Qualität des Unterrichtsgesprächs, um ein Unterrichtsgespräch, das problemhaft angelegt ist, die Schüler zum selbständigen Denken veranlaßt, sie nach Hypothesen und Lösungswegen suchen läßt, Begründungen und Beweise fordert, ihre Fähigkeiten zum Argumentieren entwickelt und die Potenzen des Kollektivs für den individuellen Prozeß der Erkenntnisgewinnung und Überzeugungsbildung erschließt.

Im Bemühen, diese Aufgabe zu lösen, trifft man in manchen Unterrichtsstunden auch noch auf das sogenannte Unterrichtsgespräch, in dem zahlreiche anspruchslose Fragen gestellt werden, aber keine Zeit zum Nachdenken verbleibt; Unterrichtsstunden, in denen äußere Geschäftigkeit vorherrscht. Es wäre ein Trugschluß anzunehmen, daß die Schüler dabei intensiv lernen und zu selbständigem Denken befähigt werden.

Die Erkenntnisse und Erfahrungen vieler Lehrer besagen, daß das Können der Schüler dann sichtbar wächst, wenn Verfahren und Techniken des Denkens und Handelns durch zielgerichtete Schülertätigkeiten bewußtgemacht und systematisch geübt werden. Die Unterrichtsanalysen zeigen, daß in der Schulpraxis solchen Schülertätigkeiten wie dem Experimentieren, dem Arbeiten mit Lehrbüchern, Atlanten, Quellen und Nachschlagewerken, der praktischen Tätigkeit überhaupt, der selbständigen Schülerarbeit schon bedeutend mehr Aufmerksamkeit geschenkt wird. Aber noch nicht allen Lehrern gelingt es, diese Schülertätigkeiten in der Einheit von geistiger Aktivität und praktischem Tun zu organisieren. Auch hier wird manchmal nur äußere Geschäftigkeit erzeugt, weil die Entwicklung der geistigen Aktivitäten der Schüler nicht genügend im Blickfeld steht.

Es ist offensichtlich notwendig, solche geistigen Tätigkeiten der Schüler bewußter und zielgerichteter zu organisieren und zu nutzen wie Analyse von Erscheinungen und Prozessen, Verallgemeinern und Systematisieren von Teilerkenntnissen, Aufstellen und Begründen von Hypothesen, bewußtes Aufnehmen und Verarbeiten von schriftlichen und mündlichen Informationen.

Es ist eine elementare pädagogische Erkenntnis, daß es in jedem einzelnen Fall vom Ziel, vom Stoff und von den konkreten Bedingungen abhängt, wie hoch die Anforderungen an Bewußtheit und Selbständigkeit der Schüler sein müssen und sein dürfen, daß mit zunehmendem Alter der Schüler die Anforderungen an Komplexität, Kompliziertheit, Bewußtheit und Selbständigkeit ihres Denkens und Handelns wachsen.

Treffen wir aber nicht noch allzu häufig solche Unterrichtsstunden in der Oberstufe an, in denen sich die Anforderungen, die didaktisch-methodische Gestaltung nur unwesentlich von denen der unteren Klassen unterscheiden? Ist das nicht die Ursache für häufig anzutreffendes Desinteresse und Disziplinlosigkeit, für ungenügende geistige Aktivität in den oberen Klassen? Aber gerade in der Oberstufe kommt es doch darauf an, den Unterricht so zu gestalten, daß die Schüler immer mehr veranlaßt werden, sich selbständig mit dem Stoff auseinanderzusetzen, Fragen und Probleme aufzuwerfen, Lösungswege zu suchen und zu erproben, Standpunkte zu verteidigen und zu werten.

Jeder Lehrer weiß, daß die Aktivierung der Schüler auch nicht vorausgesehene Aktivitäten auslöst. Nicht immer werden diese Aktivitäten der Schüler, einschließlich der Schülerfragen, oder das Auftreten von Verständnis- und Aneignungsschwierigkeiten einkalkuliert. Daraus resultiert ein nicht immer richtiges pädagogisches Reagieren mancher Lehrer. Müssen wir uns nicht die Frage stellen, ob dies nicht die Ursache dafür ist, daß solche Eigenschaften wie Frage- und Problemhaltung, Bereitschaft zur Mitarbeit, Lernfreude und schöpferische Aktivität der Schüler noch nicht genügend entwickelt werden?

Im Zusammenhang mit Fragen der Gestaltung des Unterrichts wurde von einer ganzen Reihe von Lehrern auch hervorgehoben, daß die zielstrebige Entwicklung solcher Eigenschaften wie Kollektivgeist, Disziplin, Willensstärke, Achtung vor den Leistungen anderer, die Entwicklung fester Gewohnheiten, von Lern- und Arbeitsbedürfnissen Aufgabe jedes Lehrers und eines jeden Unterrichtsfaches sein muß.

Der gesamte Unterricht muß dazu beitragen, gute Gewohnheiten bei allen Mädchen und Jungen herauszubilden. Das beginnt bereits beim Elementaren, zum Beispiel bei der Heftführung, bei der Gestaltung eines ordentlichen Klassenzimmers, bei der Sauberkeit der Wandtafel usw. Wenn liederliche Heftführung, unordentliche Klassenzimmer oder Unhöflichkeit von Schülern untereinander und gegenüber Erwachsenen geduldet werden, so verfestigen sich schlechte Gewohnheiten, die im Leben schwer zu korrigieren sind.

Die Neubestimmung der Ziele und des Inhalts der sozialistischen Allgemeinbildung in den Lehrplänen war eine schwierige Aufgabe. Die diesen höheren Anforderungen entsprechende Qualität des Unterrichts zu erreichen ist noch komplizierter. Denn das verlangt, daß unsere mehr als 150 000 Lehrer ihr Wissen und Können ständig vervollkommnen, täglich neu um pädagogische Meisterschaft ringen, dabei alte Gewohnheiten überwinden und zahlreiche Probleme lösen müssen.

Wir brauchen heute eine Unterrichtsgestaltung – und darauf haben wir immer wieder hingewiesen –, die darauf beruht, alle bewährten Methoden in höherer Qualität anzuwenden, sie mit neuen Erkenntnissen zu verbinden, ohne in eine zeitlose Neuerungssucht zu verfallen, eine Unterrichtsgestaltung, aus der neue wissenschaftliche Lösungen erwachsen können. Im Prozeß der Verwirklichung der Lehrpläne entwickelt sich ständig Neues, entstehen interessante und weiterführende Ideen und Lösungswege in der Praxis, die nicht gehemmt werden dürfen.

Alle Direktoren, Fachberater und Schulfunktionäre sind gut beraten, wenn sie all den Lehrern mehr Mut machen, die nach neuen Wegen und Methoden suchen, um ein hohes Unterrichtsniveau zu erreichen. Es ist der Wunsch vieler Lehrer, daß mit ihnen mehr über solche Probleme, Erfahrungen und auch Schwierigkeiten gesprochen wird.

Die Führung des Unterrichts durch den Direktor, das sei an dieser Stelle noch einmal hervorgehoben, muß deshalb darauf gerichtet sein, die schöpferische Aktivität und Initiative der Lehrer zu fördern. Dazu gehört auch, der Sicherung der materiellen und technischen Voraussetzungen für einen effektiven Unterricht und der Befähigung der Lehrer für die Nutzung dieser Möglichkeiten noch viel größere Aufmerksamkeit zu schenken.

Über gesicherte pädagogische Erkenntnisse und Erfahrungen, die wir gewonnen haben, sollten wir nicht mehr nur diskutieren, sondern an allen Schulen für ihre gewissenhafte Realisierung Sorge tragen. Das gilt auch für solche den pädagogischen Prozeß wesentlich beeinflussende Faktoren wie die Durchsetzung des Fachunterrichtsraum-Systems, das sich überall dort voll bewährt hat, wo die Sache vom Inhalt her gut vorbereitet wurde.

Alle diese Probleme sind Fragen der inhaltlichen Führung, der inhaltlichen Ausgestaltung unserer Schule. Auch die Fragen der weiteren Vervollkommnung der polytechnischen Bildung und Erziehung müssen unter diesem Gesichtspunkt gesehen werden; hat doch die weitere Erhöhung des Niveaus der polytechnischen Bildung und Erziehung grundlegende Bedeutung für die allseitige Entwicklung sozialistischer Persönlichkeiten.

Die polytechnische Bildung und Erziehung, die wir in der sozialistischen Schule als Unterrichtsprinzip auffassen, setzt solide gesellschaftswissenschaftliche, vor allem aber mathematisch-naturwissenschaftliche Kenntnisse voraus. Dies ist doch eine wesentliche Voraussetzung für die Aneignung und das Verständnis der wissenschaftlichen Grundlagen der Produktion und eine notwendige Bedingung für die produktive Arbeit der Schüler.

Auch im Fach „Einführung in die sozialistische Produktion", einem der jüngsten Fächer in unserer sozialistischen Schule, haben wir Fortschritte erzielt. Aber auch hier gilt es, ein höheres Niveau zu erreichen, damit die Schüler solidere, gründlichere technische und ökonomische Kenntnisse erwerben, sich mehr im selbständigen Durchdenken und Lösen technischer und ökonomischer Probleme üben können und, natürlich immer in Verbindung mit den anderen Unterrichtsfächern, befähigt werden, die Zusammenhänge von Technik, Ökonomie, Produktion und Gesellschaft besser zu begreifen. Die Praxis bestätigt, daß sich der Weg, den polytechnischen Unterricht unter Produktionsbedingungen und gemeinsam mit den Betrieben durchzuführen, als prinzipiell richtig und zweckmäßig erwiesen hat. Über 27 000 Facharbeiter und Genossenschaftsbauern, die als Betreuer tätig sind, und Tausende Brigaden tragen dazu bei, unsere Schuljugend gut auf das Leben, auf die Arbeit vorzubereiten.

Die Betriebe bilden die entscheidende materielle Basis für die Durchführung des polytechnischen Unterrichts. Besonders seit dem VIII. Parteitag hat sich in vielen Betrieben und Genossenschaften eine beachtliche Initiative zur Verbesserung der Qualität und Intensität der produktiven Arbeit der Schüler entwickelt. Auch darin widerspiegelt sich das große Verantwortungsbewußtsein der Arbeiter und Genossenschaftsbauern für die Erziehung des Nachwuchses.

Erfahrene Praktiker, Betreuer und Pädagogen haben, ausgehend von ihren Erfahrungen, auf eine Reihe von Mängeln, insbesondere bei der Gestaltung der produktiven Arbeit, aufmerksam gemacht. Sie weisen darauf hin, daß im Bemühen, den Schülern gründliche Arbeitsinstruktionen zu geben, die Zeit dafür oft über Gebühr ausgedehnt wird, wodurch sich die Zeit für die unmittelbare praktische Arbeit reduziert.

Zu Recht wurde die Frage gestellt, ob es zweckmäßig ist, daß die Schüler ihren Arbeitsplatz möglichst oft wechseln; denn ein zu häufiger Wechsel, Stippvisiten an den Arbeitsplätzen erweisen sich aber als nicht nützlich. In der Tat ist die Fragestellung richtig, ob das nicht zu Oberflächlichkeit führt, die Entwicklung von Fähigkeiten und Fertigkeiten und die Anerziehung fester Arbeitsgewohnheiten, die Erziehung zur Ausdauer hemmt und nicht gar bei den Schülern illusionäre Vorstellungen über die spätere berufliche Tätigkeit fördert.

Die Leistungen der Schüler im Fach ESP zeigen das ernsthafte Bemühen der Lehrkräfte, die Kenntnisse der Schüler zu festigen. Ein ernster Mangel aber ist nach wie vor, daß an vielen Schulen kein genügend exakter Einblick in die realen Leistungen in diesem Fach besteht, daß die Probleme zuwenig bekannt sind und daß unter dem Motto der Spezifik dieses Faches allgemeine, für alle Fächer gültige Erkenntnisse und Erfahrungen nicht genügend beachtet und genutzt werden. Die polytechnische Bildung und Erziehung, die das Wesen der sozialistischen Schule, der sozialistischen Allgemeinbildung entscheidend charakterisiert, ist natürlich ein Gebiet, das uns zu einer solchen Arbeitsweise zwingt, immer wieder zu prüfen, was sich in der Praxis an Neuem entwickelt, welche neuen Fragen heranreifen und welche Probleme sich abzeichnen. So hat das Leben beispielsweise gezeigt, daß mit den bisherigen sechs Differenzierungsrichtungen für die produktive Arbeit den beruflichen Interessen der Schüler nicht in genügendem Maße entsprochen werden kann und daß damit auch die Möglichkeiten der Betriebe und Genossenschaften nicht voll ausgeschöpft werden.

Entsprechend den Vorschlägen der Praktiker, der Wirtschafts- und Schulfunktionäre wurden deshalb neue Rahmenpläne für die produktive Arbeit in weiteren Wirtschaftszweigen ausgearbeitet, nach denen ab Schuljahr 1974/75 gearbeitet werden kann. Das betrifft Rahmenpläne in den Richtungen holzbearbeitende Industrie, Bekleidungsindustrie, lederverarbeitende Industrie und Instandsetzung der Landtechnik. Mit diesen nunmehr insgesamt zehn Differenzierungsrichtungen für die produktive Arbeit kann den verschiedenartigen Interessen der Schüler, den Erfordernissen der Berufsorientierung und Nachwuchsgewinnung stärker Rechnung getragen werden. In den Territorien wird es damit auch leichter sein, neue Arbeitsplätze für die wachsende Schülerzahl zu erschließen.

Es gab Hinweise aus der Praxis, daß sich eine zu starre Handhabung der zeitlichen Angaben in den gültigen Rahmenplänen für die produktive Arbeit in den Gebieten Maschinenbedienung, Montage, Demontage, Instandhaltung und spezielle betriebliche Arbeiten auf Grund der unterschiedlichen Möglichkeiten der Betriebe oft hemmend auf den Einsatz der Schüler der Klassen 9 und 10 in der Produktion auswirkt. Deshalb wurde festgelegt, daß diese Stundenvorgaben künftig als Richtwerte aufzufassen sind.

Sie stellen ein anzustrebendes Maß für die Planung und Durchführung der produktiven Arbeit dar und können entsprechend den betrieblichen Möglichkeiten variabel festgelegt werden, wobei zu sichern ist, daß die inhaltlichen Forderungen der Pläne erfüllt werden.

Die Entwicklung der Landwirtschaft in den letzten Jahren hat auch die Notwendigkeit auf die Tagesordnung gesetzt, einige schon jetzt anstehende Probleme des polytechnischen Unterrichts nach der Landvariante zu klären. Durch den komplexen Einsatz leistungsfähiger Maschinensysteme und moderner Anlagen haben sich neue Bedingungen für die produktive Arbeit der Schüler ergeben. Der geringer werdende Anteil manueller Arbeiten in der Pflanzenproduktion, die Tatsache, daß sich die agrotechnischen Termine für die Arbeiten wesentlich verkürzten, die fortschreitende Konzentration und Mechanisierung in der Viehwirtschaft und die damit verbundenen Anforderungen an seuchenhygienische Maßnahmen führten dazu, daß die Möglichkeiten für die produktive Tätigkeit der Schüler in den Produktionsbereichen geringer geworden sind.

Andererseits ergeben sich durch den ständig steigenden Maschinen- und Anlagenbesatz in der sozialistischen Landwirtschaft, insbesondere auf dem Gebiet der Instandhaltung der Maschinensysteme und Anlagen, neue Möglichkeiten für eine qualifizierte Durchführung des polytechnischen Unterrichts. Diesen Bedingungen trägt die Einführung eines Rahmenplanes „Instandhaltung der Landtechnik" Rechnung. Damit werden für die Landvariante neue Einsatzgebiete möglich, wird ein Produktionsbereich für die produktive Arbeit erschlossen, der für die Schüler interessant und für die Entwicklung der sozialistischen Landwirtschaft von großer Bedeutung ist. Die Möglichkeiten der produktiven Arbeit der Schüler in der Landwirtschaft werden auch durch den Einsatz im Gemüse- und Obstbau sowie in der Forstwirtschaft erweitert werden.

Es wurde notwendig, die Auffassung zu korrigieren, daß die Ausbildung der Schüler am Traktor nicht zweckmäßig sei. Diese Ausbildung ging in den vergangenen Jahren ständig zurück. Gemeinsam mit dem Ministerium für Land-, Forst- und Nahrungsgüterwirtschaft wurde deshalb bekanntlich eine neue Direktive veröffentlicht, die diesen Teil der Ausbildung regelt. Unsere Kreisschulräte müssen gemeinsam mit dem Rat für Land- und Nahrungsgüterwirtschaft des Kreises den Direktoren helfen, Schritt für Schritt die materiellen, personellen und schulorganisatorischen Bedingungen dafür zu schaffen.

Konkrete Ergebnisse und Fortschritte bei der Erhöhung der Qualität des polytechnischen Unterrichts sind nur zu erreichen, wenn sich der Direktor, gestützt auf die vielen haupt- und ehrenamtlichen Mitarbeiter auf diesem Gebiet, ständig einen konkreten Einblick in den Stand und die Probleme der Arbeit verschafft.

Jedes „Philosophieren" über die Besonderheiten, über die Spezifik der Führung des polytechnischen Unterrichts bringt uns, so lehren die Erfahrungen der letzten Jahre, keinen Schritt weiter. Es ist in der Praxis bewiesen, daß jene Direktoren, die die prinzipielle Bedeutung der polytechnischen Bildung nicht nur theoretisch anerkennen, auch die richtigen Wege ihrer konkreten Führung finden. Diese Direktoren beweisen, daß es durch eine enge und kameradschaftliche Zusammenarbeit mit den verantwortlichen Genossen der Betriebe und die richtige Einbeziehung der im Bereich der Polytechnik tätigen Pädagogen möglich ist, eine zielstrebige Führung zu gewährleisten.

Die weitere inhaltliche Ausgestaltung unserer Oberschule erfordert gegenwärtig und in der Zukunft, der Vervollkommnung der Oberstufe besondere Aufmerksamkeit zu schenken. Ein wesentlicher Aspekt dabei ist die Frage, wie wir eine größere Flexibilität dieser Stufe sichern.

Bereits auf dem VII. Pädagogischen Kongreß haben wir die Notwendigkeit einer sinnvollen Differenzierung in der Oberstufe auf der Grundlage des Prinzips der Einheitlichkeit hervorgehoben. Die Entwicklung von Arbeitsgemeinschaften nach Rahmenprogrammen muß als ein echter Schritt zu einer solchen Differenzierung verstanden werden.

Jeder Direktor sollte verstehen, daß das, was hier in den Schulen erst in Ansätzen begonnen wurde, von weitreichender Bedeutung für die Entwicklung unserer Schule in der Zukunft ist.

Die Praxis bestätigt, daß auf der Grundlage und in enger Verbindung mit der obligatorischen Allgemeinbildung die Entwicklung von Arbeitsgemeinschaften nach Rahmenprogrammen ein Weg zu einer sinnvollen Differenzierung in der Oberstufe ist.

Bei der Entwicklung dieser Arbeitsgemeinschaften nach Rahmenprogrammen geht es um eine größere Flexibilität entsprechend den gesellschaftlichen Erfordernissen und darum, die Fähigkeiten, Neigungen und Begabungen der Schüler, die in dieser Altersstufe schon ausgeprägt sind, weiter zu fördern.

Im Schuljahr 1972/73 bestanden über 14 000 Arbeitsgemeinschaften nach Rahmenprogrammen. Sie erfaßten mehr als 182 000 Schüler. Das sind 46,6 Prozent aller Schüler der Klassen 9 und 10. Etwa 50 Prozent aller Teilnehmer sind in naturwissenschaftlich-technischen, etwa 30 Prozent in kulturell-künstlerischen und rund 20 Prozent in gesellschaftswissenschaftlichen Arbeitsgemeinschaften tätig. Die Praxis bestätigt bei allen noch vorhandenen Problemen, daß diese Arbeitsgemeinschaften neue Möglichkeiten eröffnen, die Schüler an Probleme der politisch-ideologischen, kulturellen, ökonomischen und wissenschaftlich-technischen Entwicklung heranzuführen, die Freude an gesellschaftlich nützlicher Arbeit, am Entdecken, am Knobeln und Forschen und ihre Wißbegierde zu fördern. Diese Arbeitsgemeinschaften sind eine wichtige Form der Verbindung der Schule mit dem Leben. Sie leisten einen wertvollen Beitrag zur sinn- und anspruchsvollen Gestaltung der Freizeit unserer 15- bis 16jährigen. Ein immer größerer Teil der in diesen Arbeitsgemeinschaften tätigen Schüler nimmt an Leistungsvergleichen wie der Messe der Meister von morgen oder der Galerie der Freundschaft teil.

Die Erfahrungen der Praxis besagen, daß dort gute Ergebnisse erreicht werden, wo das Lernen und die Arbeit interessant gestaltet sind.

Wir betrachten es als normal, daß in der Anfangsphase der Entwicklung dieser Arbeitsgemeinschaften Probleme und Schwierigkeiten auftreten. Die Arbeitsgemeinschaftsleiter verweisen zum Beispiel darauf, daß sie viel Zeit benötigen, um sich auf die Arbeit vorzubereiten, weil die Rahmenprogramme teilweise sehr hohe fachwissenschaftliche Anforderungen stellen. Nicht immer wurde an den Schulen bei der Bildung von Arbeitsgemeinschaften auf eine richtige Auswahl der

Kader geachtet. Berechtigt fordern die Arbeitsgemeinschaftsleiter mehr Hilfe für die didaktisch-methodische Gestaltung ihrer Tätigkeit. Denn gerade hier sind die Anwendung aktivierender Methoden, eine problemhafte und lebensnahe Gestaltung der Schülertätigkeiten, die Entwicklung der Selbsttätigkeit besonders wichtig.

Nicht überall ist schon die materielle Basis gesichert. Es mangelt zum Beispiel an der Bereitstellung notwendiger Unterrichtsmittel, erforderlicher Literatur für Lehrer und Schüler und notwendiger Verbrauchsmaterialien. Natürlich müssen die Möglichkeiten der Betriebe und anderer Institutionen und Organisationen dafür mehr in Anspruch genommen werden. Obwohl es hier noch Reserven gibt, ist völlig klar, daß eine Reihe von Fragen auch durch die Zentrale geregelt werden muß. Die bisherigen Erfahrungen bestätigen, daß sich der Rahmencharakter der Programme als zweckmäßig erwiesen hat. Die Vorschläge der Praktiker, daß in einigen Rahmenprogrammen der Stoff präziser bestimmt werden sollte, daß die Programme auch Hinweise für die Verbindung des Lernens mit der produktiven Arbeit sowie zur didaktisch-methodischen Gestaltung enthalten sollten, werden wir in der weiteren Arbeit berücksichtigen.

Das gilt auch für die Feststellung, daß die Proportionen zwischen naturwissenschaftlich-technischen, gesellschaftswissenschaftlichen und kulturell-künstlerischen Arbeitsgemeinschaften nicht genügend den gesellschaftlichen Erfordernissen entsprechen und daß es auch zweckmäßig wäre, weitere Programme für den Bereich der Mathematik und für andere Gebiete, einschließlich der produktiven Arbeit, zu entwickeln.

Auch der Hinweis, daß verschiedene Programme verändert werden müssen, ist berechtigt. Beispielsweise werden die Programme für Philosophie und Literatur überarbeitet werden, und es ist vorgesehen, neue Rahmenprogramme für den gesellschaftswissenschaftlichen Bereich, für die Mathematik sowie für Kfz-Technik und funktechnischen Gerätebau herauszugeben.

Für die Führungstätigkeit an der Schule ist es jetzt besonders vordringlich, die bisherigen Erfahrungen gründlich auszuwerten, die Planung der Arbeitsgemeinschaften, die Auswahl der Arbeitsgemeinschaftsleiter gründlicher vorzunehmen und ihrer Qualifizierung im Prozeß der Arbeit mehr Aufmerksamkeit zu schenken. Denn mangelnde Qualität der Arbeitsgemeinschaften und unüberlegte, nicht allseitig abgesicherte Planung führen zu Desinteresse und Fluktuation bei den Schülern.

Schwierigkeiten, die im Prozeß der Entwicklung der Arbeitsgemeinschaften, dieses neuen Bereichs unserer pädagogischen Arbeit, auftreten, dürfen nicht zu vorschnellen Wertungen und Schlußfolgerungen führen. Wir müssen dem weiteren Aufbau dieser Arbeitsgemeinschaften viel mehr Aufmerksamkeit schenken. Es gilt, die Erfahrungen der Arbeitsgemeinschaftsleiter und alle Vorschläge zur weiteren Verbesserung der Arbeit sorgfältig auszuwerten, bei der Lösung von auftretenden Schwierigkeiten und Problemen wirksamer zu helfen und alle erforderlichen Bedingungen für eine gute Qualität zu schaffen.

Unsere Schule inhaltlich weiter auszugestalten erfordert intensive Bemühungen um eine höhere Qualität der außerunterrichtlichen Tätigkeit an jeder Schule. Dabei müssen wir davon ausgehen, daß sich Bildung und Erziehung als sozialer Prozeß in allen Lebenssphären der Schüler vollzieht.

Unterricht, außerunterrichtliche Tätigkeit, vor allem auch die Erziehung in der Familie und in der Kinder- und Jugendorganisation, die gesamte gesellschaftliche Umwelt wirken auf die Entwicklung der Persönlichkeit.

Was heißt es, eine höhere Qualität in der außerunterrichtlichen Arbeit zu erreichen – einem Feld unserer pädagogischen Tätigkeit, das vielfältige Möglichkeiten bietet, um das Lernen im Leninschen Sinne zu organisieren? Eine höhere Qualität in der außerunterrichtlichen Tätigkeit zu erreichen heißt vor allem, ihren Inhalt und ihre Methoden weiterzuentwickeln, sie sinnvoller in den gesamten Bildungs- und Erziehungsprozeß der Schüler einzugliedern, ihre Potenzen noch zielgerichteter für die Verwirklichung unseres Bildungs- und Erziehungszieles zu nutzen. Das verlangt, Inhalt und Gestaltung der außerunterrichtlichen Tätigkeit unter der Sicht zu durchdenken, wie sie noch wirksamer dazu beitragen kann, die Schüler im Geiste der Ideologie und Moral der Arbeiterklasse zu erziehen, die Aktivität der Jugend zu entwickeln, ihre Beziehungen zur Gesellschaft noch aktiver zu gestalten. Bei der weiteren Verbesserung der außerunterrichtlichen Tätigkeit geht es also nicht schlechthin um mehr Veranstaltungen, um Formen und höhere Teilnehmerzahlen, sondern, wie gesagt, um inhaltliche Probleme. Dank der Initiative der Pädagogen, der FDJ und ihrer Pionierorganisation und unserer Elternvertretungen, dank der hervorragenden Arbeit Tausender Patenbrigaden und vieler anderer aktiver Helfer aus den verschiedenen gesellschaftlichen Bereichen haben sich an unseren Schulen bewährte, pädagogisch wirksame Formen, Traditionen herausgebildet. Wir verfügen über große Erfahrungen in der außerunterrichtlichen Tätigkeit. Ist aber nicht die Feststellung vieler Pädagogen berechtigt, daß gerade auf diesem Gebiet in der Arbeit vieler Schulen Spontaneität, Ziellosigkeit und Geschäftigkeit noch nicht überwunden sind?

Wir meinen, daß die Kritik vieler Direktoren und Lehrer berechtigt ist, die darauf hinweisen, daß diese Tendenzen auch durch falsche Auffassungen und Praktiken einiger örtlicher Staatsorgane und Leitungen gesellschaftlicher Organisationen sogar noch gefördert werden. Wird nicht noch allzuoft die Erziehungsarbeit weniger an der inhaltlichen Tiefe und Kontinuität der Arbeit gemessen als vielmehr nur an einigen Spitzenleistungen oder Aktionen? Werden nicht durch unüberlegte Aufgabenstellungen noch immer Kampagnen ausgelöst, die nicht der Kontinuität der Erziehungsarbeit an den Schulen dienen und die oft auch nicht berücksichtigen, daß wir auch mit der Zeit der Schüler sinnvoll umgehen müssen? Wenn die außerunterrichtliche Tätigkeit wirksamer gemacht werden soll für den gesamten Prozeß der Bildung und Erziehung, so muß auch hier, wie die Erfahrungen an vielen Schulen beweisen, die Führungstätigkeit vorausschauender, langfristiger angelegt sein. Nur so können sich Kontinuität und letzten Endes auch Traditionen an den einzelnen Schulen entwickeln.

Wenn wir davon ausgehen, daß die außerunterrichtliche Tätigkeit einen wesentlichen Beitrag zur politischen Erziehung leistet, so müssen wir uns die Frage stellen, wie jede Bewegung, jede Initiative den Schülern Gelegenheit gibt, sich durch gesellschaftliche Aufgabenstellungen politisch zu engagieren, Wissen und Erfahrungen zu erwerben.

In erster Linie vollzieht sich das natürlich im gesamten Leben der FDJ und der Pionierorganisation, vor allem in ihren Mitgliederversammlungen, in den Zirkeln junger Sozialisten; jedoch muß das gesamte geistig-kulturelle Leben an der Schule auf solche Weise organisiert werden. Sich stärker dem Inhalt der außerunterrichtlichen Tätigkeit zuzuwenden erfordert, daß wir uns mehr Gedanken darüber machen, mit welchem Anspruchsniveau sie organisiert werden muß, damit die Mädchen und Jungen der verschiedenen Altersstufen Gelegenheit erhalten, sich neues Wissen anzueignen, ihre im Unterricht erworbenen Kenntnisse praktisch anzuwenden, zu vertiefen und zu erweitern, durch die unmittelbare Teilnahme am gesellschaftlichen Leben eigene soziale Erfahrungen zu erwerben.

Wir müssen unsere Überlegungen darauf richten, wie wir durch die außerunterrichtliche Tätigkeit noch besser dazu beitragen können, Liebe zur Wissenschaft und Technik, zur Kunst und Kultur, zum Sport und zur Touristik zu wecken, Freude am selbständigen Wissenserwerb, am Entdecken und Experimentieren, am schöpferischen Gestalten und an gesellschaftlich nützlicher Arbeit zu entwickeln. Nicht immer beachten wir schon, daß es für die Erziehung wichtig ist, den Schülern Möglichkeiten zu geben, dieses oder jenes ausprobieren zu können, sie anzuregen, in ein bestimmtes Gebiet tiefer einzudringen, mit Begeisterung, Ernsthaftigkeit und Ausdauer zu arbeiten.

Es muß uns doch darum gehen, daß jeder Schüler seine Kräfte beweisen und entwickeln kann, daß wir seine Interessen wecken und befriedigen, seine Fähigkeiten zur Entfaltung bringen und seine Talente fördern.

Unter dieser Sicht darf man sich an der Schule offensichtlich nicht damit begnügen, die außerunterrichtliche Arbeit nur auf einem Gebiet zu entwickeln. Es ist natürlich gut, wenn Schulen auf einzelnen Gebieten besondere Leistungen vollbringen, viele Urkunden haben. Aber im Interesse der gesamten Erziehungsarbeit müssen an jeder Schule, ausgehend von der Tatsache, daß die Interessen unserer Schüler sehr vielseitig sind, alle wesentlichen Gebiete erfaßt werden. So muß die gesellschaftlich nützliche produktive Arbeit fester Bestandteil des Lebens in jedem Schulkollektiv sein. Es gibt doch ein echtes Bedürfnis unserer Schuljugend, sich körperlich zu betätigen, etwas Nützliches zu leisten. Die Erziehung zur Arbeit kann schließlich nicht nur auf den polytechnischen Unterricht beschränkt sein. Die Gewöhnung daran, freiwillige Arbeit zum Wohle der Gesellschaft zu leisten, ist eine entscheidende Frage der sozialistischen Erziehung.

Es gibt hervorragende Initiativen und Erfahrungen auf dem Gebiet der Selbstbedienung, der Arbeiten zur Verschönerung der Schule, bei der Pflege der Lehrmittel, bei der Durchführung von Arbeiten für die Betriebe und Gemeinden, der Arbeit in FDJ-Brigaden und Lagern der Erholung und Arbeit.

In vielen Aussprachen mit Pädagogen, Eltern, aber auch Schülern selbst wurde kritisch darauf hingewiesen, daß die erzieherische Wirksamkeit der gesellschaftlich nützlichen Arbeit oft dadurch gemindert wird, daß nicht gründlich genug mit den Schülern über das Ziel und den Sinn einer Aufgabe gesprochen, die ökonomischen Zusammenhänge nicht erläutert werden und die Arbeit manchmal nur ungenügend organisiert wird.

Wir müssen uns auch mehr Gedanken darüber machen, wie wir den Schülern den Nutzen ihrer Arbeit für das Schulkollektiv, für den Heimatort, für den Patenbetrieb, wie wir ihnen das Ergebnis ihrer Mühe bewußtmachen, wie wir ihre Ideen und Vorschläge mehr nutzen und ihnen mehr Aufgaben eigenverantwortlich übertragen.

Wenn wir in Rechnung stellen, daß unsere Schüler überall im gesellschaftlichen Leben – ganz gleich, in welchem Beruf sie einmal arbeiten werden – mit den Problemen des wissenschaftlich-technischen Fortschritts in Berührung kommen, dann ist es offensichtlich notwendig, dem naturwissenschaftlich-technischen Schaffen größere Beachtung zu schenken. Die außerunterrichtliche Tätigkeit bietet vielfältige Möglichkeiten, die Liebe zu den Wissenschaften, Interesse und Verständnis für die Technik zu wecken, Ideenreichtum und Erfindergeist der Schüler zu fördern und ihre Fähigkeit auszuprägen, Probleme zu erkennen und beharrlich nach Lösungen zu suchen.

Die Beschäftigung mit der Wissenschaft und Technik trägt schließlich auch dazu bei, daß sich die Schuljugend eine dialektisch-materialistische Auffassung von der Welt aneignet. Klubs der Technik, Wochen der Wissenschaft, Knobeleken, Vorträge über naturwissenschaftlich-technische Probleme, lebendige Beziehungen zu den Neuerern der sozialistischen Produktion – alles das sind bewährte Wege, um die Schüler auf interessante Weise mit der Wissenschaft, Technik und Produktion vertraut zu machen. An manchen Schulen jedoch hat die Mehrzahl der Schüler kaum Gelegenheit, auf solchen Gebieten schöpferisch tätig zu sein, weil man sich nur auf ein gewisses Spezialistentum beschränkt.

Auch zur ästhetischen Erziehung, zur Entwicklung der Fähigkeit, Kunst aufzunehmen und sich künstlerisch zu betätigen, hat die außerunterrichtliche Tätigkeit an jeder Schule einen wesentlichen Beitrag zu leisten. Wir müssen an allen Schulen weitergehende Überlegungen darüber anstellen, wie wir die verschiedenen Formen der künstlerischen Selbstbetätigung der Schüler weiter fördern, wie wir erlebnisreiche Begegnungen der Mädchen und Jungen mit der Kunst sichern können. Das erfordert, die Bereitschaft der Künstler und Kulturschaffenden, dabei mitzuwirken, gut zu nutzen.

Unsere Schulen zu kulturvollen Lebensstätten zu machen umfaßt aber noch bedeutend mehr. Das schließt die Ästhetik des Arbeitsplatzes, das innere und äußere Antlitz der Schule ebenso ein wie kulturvolle Beziehungen im Schulkollektiv, Beziehungen, die unseren moralisch-ästhetischen Lebensnormen entsprechen. Unsere Schulpraxis zeigt, daß die außerunterrichtliche Tätigkeit auf dem Gebiet des Sports, der Touristik und der Wehrerziehung wesentlich dazu beiträgt, gesunde und leistungsfähige Menschen heranzubilden, den Mädchen und Jungen solche Eigenschaften wie Mut, Ausdauer, Standhaftigkeit und Disziplin anzuerziehen, Freude an der körperlichen Bewegung und Anmut zu fördern, ihre Disziplin, ihren Willen zu hohen Leistungen, nach Bewährung und Wetteifern zu wecken und zu entwickeln.

Hervorragendes leisten unsere Schulsportgemeinschaften. Nicht wenige sportliche Talente werden hier gefördert. Wir sollten uns jedoch aufmerksamer zu den kritischen Hinweisen vieler Eltern verhalten, die bemängeln, daß im Sport oft nur leistungsstarke Schüler Gelegenheit haben, regelmäßig an sportlichen Veranstaltungen teilzunehmen. Es besteht aber der berechtigte Wunsch, mehr Möglichkeiten auch für jene Kinder zu schaffen, die sportlich nicht so begabt sind, sich im Interesse ihrer gesunden körperlichen Entwicklung entsprechend zu betätigen.

Wir müssen also mehr darauf achten, daß alle Schüler Gelegenheit haben, regelmäßig Sport zu treiben, und zugleich müssen wir weiterhin eine große Arbeit leisten, um sportliche Talente rechtzeitig zu erkennen und zielstrebig zu fördern.

Diese Seite unserer Erziehungsarbeit, die sich auf die Festigung der Gesundheit und die körperliche Ertüchtigung bezieht, ist auch aus der Sicht einer guten Vorbereitung unserer Jugend auf ihren Ehrendienst in den bewaffneten Organen wichtig. Unsere gesamte wehrpolitische, wehrsportliche und vormilitärische Bildung und Erziehung an den Schulen muß noch disziplinierter, mit noch höherem Niveau durchgeführt werden.

Wir wissen, daß die Touristik gut geeignet ist, um bei den Kindern Freude an der Natur, am Entdecken und Forschen zu fördern und wirksam zu ihrer Erziehung zur Liebe zum sozialistischen Vaterland und zur Freundschaft mit den sozialistischen Bruderländern beizutragen. Gerade jetzt sind durch die engeren Beziehungen zu unseren sozialistischen Nachbarländern neue Möglichkeiten dafür eröffnet.

Außerunterrichtliche Arbeit so aufgefaßt, daß sie, ausgehend von unseren erzieherischen Absichten, allen Schülern die Möglichkeit aktiver Betätigung bietet, erfordert natürlich auch Vielfalt der Formen und Methoden. In der Praxis der Arbeit vieler Schulhorte gibt es in dieser Richtung bereits viele neue Ansätze. Vielfalt der Formen und Methoden der außerunterrichtlichen Arbeit verlangt eine breite Skala von Arbeitsgemeinschaften, aber auch solche Formen, an denen sich Schüler beteiligen können, ohne einer Arbeitsgemeinschaft oder einem Zirkel anzugehören.

Es gibt in dieser Richtung bereits viel Bewährtes und viel Neues, wie zum Beispiel Tage der Wissenschaft, Forschungsaufträge, Schulklubs und anderes.

Das Hauptproblem besteht darin, diese Arbeit so zu führen, daß Formen und Methoden nicht zum Selbstzweck werden. Es geht nicht um Vielfalt der Methoden an sich. Die weitere Entwicklung der außerunterrichtlichen Arbeit darf man nicht als Aktion auffassen.

Auch hier handelt es sich darum, den gesamten Prozeß, ausgehend von den konkreten Bedingungen, anknüpfend an Bewährtes, kontinuierlich zu leiten.

Manche Funktionäre haben die Frage gestellt, ob die außerunterrichtliche Arbeit nun Sache der Schule oder der FDJ und ihrer Pionierorganisation sei bzw. worin auf diesem Feld unserer Tätigkeit die Funktion unserer Jugend- und Kinderorganisation besteht. Kann man diese Frage überhaupt so stellen? Natürlich ist die Schule voll verantwortlich für die gesamte Bildungs- und Erziehungsarbeit. Aber es ist auch völlig klar, daß die außerunterrichtliche Tätigkeit ein wesentlicher Bereich des Lebens, der Freizeit der Kinder ist.

Unsere Freie Deutsche Jugend und ihre Pionierorganisation sind Initiator und Organisator des Lebens im Schülerkollektiv. Ihre Tätigkeit an der Schule beschränkt sich doch nicht nur auf Versammlungen. Das gesamte außerunterrichtliche Leben ist, so gesehen, wesentlicher Bestandteil der Arbeit der FDJ und der Pionierorganisation. Wir wollen ja gerade erreichen, daß das außerunterrichtliche Leben immer mehr zur Sache der Kinder und Jugendlichen selbst wird, daß es ihrer schöpferischen Selbsttätigkeit breiten Raum gibt. Alle Schritte der weiteren Entwicklung der außerunterrichtlichen Tätigkeit an der Schule können deshalb nur im engsten Zusammenwirken mit den Leitungen der FDJ und ihrer Pionierorganisation gegangen werden.

Inhalt und Niveau der außerunterrichtlichen Tätigkeit weiterzuentwickeln verlangt auch neue Überlegungen, auf welche Weise die gesellschaftlichen Kräfte noch wirksamer einbezogen werden können. In den Betrieben, unter den Eltern, in den Wohngebieten gibt es viele Fachleute auf den verschiedensten Gebieten, Menschen mit bestimmten Interessen. In den Patenbrigaden gibt es sportlich, naturwissenschaftlich oder anderweitig interessierte Arbeiter und Ingenieure, die auf den verschiedensten Gebieten der außerunterrichtlichen Arbeit wirksam werden können. Natürlich wird nicht jeder von ihnen in der Lage sein, über einen längeren Zeitraum hin beispielsweise eine Arbeitsgemeinschaft zu leiten. Aber er wird vielleicht bereit sein, Vorträge zu halten, Klubgespräche durchzuführen oder bei der Vorbereitung von Exkursionen, Ausstellungen usw. mitzuwirken. Das setzt natürlich voraus, diese Arbeit überlegter zu planen. Wir brauchen also auch hinsichtlich der Entwicklung der Patenschaftsarbeit, der Einbeziehung der gesellschaftlichen Kräfte überhaupt, mehr lebendige Arbeit und müssen uns von manchem Schema trennen.

Noch ein Wort zu dem in letzter Zeit häufig diskutierten Problem der zentralen Wettbewerbe. Es gibt kritische Stimmen, daß sich ihre Termine auf bestimmte Abschnitte des Schuljahres konzentrieren und oft Hektik an der Schule auslösen. Andererseits zeigt aber die Praxis, daß diese Wettbewerbe wesentlich zur Stimulierung der außerunterrichtlichen Tätigkeit beitragen. An den Schulen, wo die Teilnahme der Schulkollektive an den damit verbundenen Leistungsvergleichen auf den verschiedenen Ebenen aus einer langfristigen, kontinuierlichen Arbeit erwächst, lösen diese Wettbewerbe auch keine hektischen Aktionen aus.

Die Vorschläge, die darauf hinauslaufen, einige Wettbewerbe langfristiger auszuschreiben und über größere Zeiträume anzulegen, werden wir ernsthaft prüfen. Auch solche Vorschläge von Direktoren und Verbandsfunktionären, den Schulen das Recht zu geben, über ihre Teilnahme an Leistungsvergleichen und zentralen Wettbewerben selbst zu entscheiden, sich um die Teilnahme zu bewerben, weil damit ein echter Anreiz und auch Kriterien für gute Arbeit geschaffen werden, halten wir für überlegenswert.

Wenn wir die Fragen der Führung des gesamten pädagogischen Prozesses stärker in das Blickfeld rücken, so wird deutlich, daß wir jenen Grundproblemen besondere Aufmerksamkeit schenken müssen, von denen es entscheidend abhängt, wie wir die Qualität der pädagogischen Arbeit weiter erhöhen können. Es handelt sich dabei vor allem um die stärkere Beachtung der marxistisch-leninistischen Erkenntnis über die Rolle der Tätigkeit bei der Entwicklung der Persönlichkeit, um das Verhältnis von Persönlichkeit und Kollektiv und um die Rolle der sittlich-moralischen Normen im Prozeß der Erziehung. Das sind Fragen, die eng miteinander verbunden sind und die deshalb in der pädagogischen Arbeit immer im Zusammenhang gesehen werden müssen.

Wir haben die Probleme der Erziehung, des Unterrichts und der außerunterrichtlichen Arbeit deshalb gerade unter der Sicht dargelegt, daß wir der Tätigkeit in der Gestaltung des gesamten Bildungs- und Erziehungsprozesses größere Aufmerksamkeit schenken müssen.

Dabei gehen wir von der marxistisch-leninistischen Erkenntnis aus, daß sich der Mensch nur in der Tätigkeit, in der aktiven Auseinandersetzung mit der Natur und der Gesellschaft entwickelt. In den verschiedenen Arten der Tätigkeit formt sich die Persönlichkeit, bilden sich ihre geistigen, sittlich-moralischen und körperlichen Fähigkeiten und Eigenschaften heraus. Bewußtheit, Parteilichkeit, Aktivität, Disziplin, Selbständigkeit und Schöpfertum können sich schließlich nur im planmäßigen Prozeß der pädagogischen Arbeit, beim Lernen, in der politischen, gesellschaftlich nützlichen Tätigkeit entwickeln.

Deshalb müssen wir prüfen, wie wir durch die Art und Weise der Gestaltung des Unterrichts und der außerunterrichtlichen Arbeit, wie wir im gesamten pädagogischen Prozeß solche Bedingungen schaffen, daß alle Schüler ihr Wissen in der aktiven Auseinandersetzung mit dem Stoff erwerben, daß sie sich durch die aktive Auseinandersetzung mit der Umwelt ihre Erfahrungen und Erkenntnisse aneignen können. Wir müssen den Schülern solche Aufgaben stellen, die sie fordern, ihr Wissen und Können einzusetzen.

Auch dies sind im Grunde genommen alte, bewährte, ja elementare pädagogische Grunderkenntnisse; die Frage aber ist, wie bewußt und mit welcher Qualität sie im Schulalltag, im Prozeß der Führung der gesamten pädagogischen Arbeit an der Schule genutzt und gemeistert werden.

Jeder Lehrer weiß: Die Schülertätigkeit bewußt, dem Alter und den Möglichkeiten der Schüler entsprechend, mit dem Ziel zu organisieren, sich Wissen und Können, Überzeugungen, politische Positionen und moralische Auffassungen in aktiver, schöpferischer Tätigkeit anzueignen und anzuwenden, ist keine leichte Aufgabe. Sie erfordert, jeden Schritt in der pädagogischen Arbeit gründlich zu durchdenken.

Müssen sich die Direktoren nicht die Frage vorlegen, ob ihre Führungsarbeit schon genügend auf diese inhaltliche Problemstellung orientiert ist? Gibt es nicht noch an vielen Schulen eine ungenügende Sicht darauf, daß es bei der Entwicklung und Gestaltung der Tätigkeiten und der Aktivitäten im Unterrichts- und Erziehungsprozeß letztendlich darum geht, optimale Bedingungen für die Entwicklung der Persönlichkeit zu schaffen? Gibt es nicht noch an zu vielen Schulen äußere Geschäftigkeit, gewissermaßen Scheinaktivitäten?

Es gehört wohl zu den schwierigsten Aufgaben des Lehrers, immer die Tätigkeiten auszuwählen, die notwendig sind, um das geforderte Wissen und Können, die erforderlichen Bewußtseins- und Verhaltenseigenschaften möglichst rechtzeitig, zielstrebig und rationell bei allen Schülern zu entwickeln. Auch wenn zentrale Vorgaben und Orientierungen hier noch weiter verbessert werden können, so kann es doch keine Rezepte geben.

Die pädagogische Praxis lehrt, daß überall dort Fortschritte, sichtbare Ergebnisse erreicht werden, wo die Aufmerksamkeit darauf gerichtet ist, solche Bedingungen zu schaffen, die die Aktivität der Schüler fördern, wo die Tätigkeit der Mädchen und Jungen sinnvoll und zielgerichtet organisiert wird.

Lehrer und Direktoren haben zu Recht auch darauf hingewiesen, daß ernsthafter daran gearbeitet werden muß, nicht nur einem kleinen Aktiv, sondern jedem Schüler entsprechend seinen Fähigkeiten solche Aufgaben zu übertragen, die ihn fordern und fördern, die ihm Freude machen, mit denen er etwas Nützliches für das Kollektiv leisten kann.

Damit im Zusammenhang steht auch die Frage, wie die Schülertätigkeit stärker motiviert wird, wie den Schülern das Ziel, die persönliche und gesellschaftliche Notwendigkeit ihrer Tätigkeit auf überzeugende Weise bewußtgemacht wird; denn davon hängt wesentlich ab, wie sich bei ihnen Zielstrebigkeit, Schöpfertum und bewußte Disziplin in der Arbeit entwickeln. Es geht um die Frage, wie man vermeidet, zu anspruchslose Aufgaben zu stellen, deren Folge oft Geringschätzung der Arbeit und mangelnde Disziplin ist, und wie man andererseits die Schüler nicht überfordert, da das zu Mangel an Vertrauen in die eigenen Kräfte führen und Unlust hervorrufen kann. Wir nehmen dabei die Hinweise erfahrener Pädagogen sehr ernst, daß gegenwärtig in den oberen Klassen in dieser Hinsicht eher Unterforderungen festgestellt werden müssen.

Wir erziehen unsere Schuljugend dazu, Probleme zu erkennen. Müssen wir uns aber beispielsweise nicht gründlicher damit beschäftigen, ob wir die Schüler schon immer genügend zur Bereitschaft erziehen, Probleme zu lösen, und ob wir sie schon genügend dazu befähigen? Räumen wir nicht noch allzuoft Schwierigkeiten aus dem Weg, anstatt die Mädchen und Jungen zu fordern und zu befähigen, diese selbst zu meistern? Kontrollieren, werten und anerkennen wir immer genügend die Erfüllung der Aufgaben, die dem einzelnen und dem Kollektiv gestellt sind? Erfolgserlebnisse sind doch von entscheidender Bedeutung in der Erziehung, und umgekehrt führen ständige Mißerfolge oder Gleichgültigkeit gegenüber den Leistungen der Schüler dazu, daß ihr Wille und ihre Energie erlahmen.

Wenn sich die pädagogische Einflußnahme darauf beschränkt, alles für die Kinder zu tun oder sie als Objekte der Erziehung zu betrachten, wird ihre Entwicklung nicht gefördert, sondern gehemmt. Jeder weiß, daß eine solche Praxis letztendlich zu Passivität, abwartender Haltung oder gar Opposition führt, zu Erscheinungen, die unserem sozialistischen Bildungs- und Erziehungsziel fremd sind.

Viele Lehrer verstehen es bereits gut, die Schülertätigkeit innerhalb und außerhalb des Unterrichts so zu organisieren, daß die Schüler Aktivität entwickeln. Sie helfen den Mädchen und Jungen wirksam und feinfühlig dabei, für sich selbst und für das Kollektiv zunehmend Verantwortung zu tragen. Die Erfahrungen dieser Lehrer sollten in den Pädagogenkollektiven gründlicher ausgewertet werden.

Die hervorragende Rolle der Tätigkeit bei der Entwicklung der Persönlichkeit rückt zugleich die Fragen der Kollektiverziehung, die Gestaltung der Wechselbeziehungen von Individuum und Kollektiv im pädagogischen Prozeß in den Vordergrund. Die Aufgabenstellung, allseitig entwickelte Persönlichkeiten zu erziehen, die individuellen Fähigkeiten jedes einzelnen zur Entfaltung zu bringen, verlangt gerade, der Rolle des Kollektivs größere Beachtung zu schenken.

Die Praxis unseres gesellschaftlichen Lebens bestätigt die marxistisch-leninistische Erkenntnis, daß sich die sozialistische Persönlichkeit um so stärker formt, je ausgeprägter die Formen des kollektiven Lebens sind. Auf dem VIII. Parteitag wurde nachgewiesen, daß sich sozialistische Persönlichkeiten vor allem in den Arbeitskollektiven entwickeln, „im Ringen um höchste Ergebnisse im sozialistischen Wettbewerb, beim Lernen, im Sport und bei der Aneignung der Schätze der Kultur, bei der Teilnahme an der Leitung und Planung unserer Gesellschaft auf allen Gebieten"[3].

Muß diese theoretische und in unserer gesellschaftlichen Praxis bewiesene Erkenntnis nicht zu der Konsequenz führen, daß wir gründlicher durchdenken, wie wir mit allen Pädagogen die marxistisch-leninistischen Grundpositionen der Persönlichkeits- und Kollektiventwicklung weiter klären und die konkreten Probleme der Entwicklung der Schulkollektive unter dieser Sicht gründlicher behandeln?

Das Niveau der pädagogischen Arbeit zu erhöhen erfordert, in der Praxis immer wirksamer und zunehmend besser die Dialektik von Persönlichkeitserziehung und Kollektiventwicklung zu beherrschen.

In jedem Schulkollektiv vollziehen sich ständig Entwicklungsprozesse. Müssen wir uns deshalb nicht mit der Frage beschäftigen, ob wir diese Prozesse aufmerksam genug verfolgen, analysieren und sie letztlich genügend kontinuierlich füh-

---

[3] Bericht des Zentralkomitees an den VIII. Parteitag der Sozialistischen Einheitspartei Deutschlands. Berichterstatter: Genosse Erich Honecker. In: Protokoll der Verhandlungen des VIII. Parteitages der Sozialistischen Einheitspartei Deutschlands. Bd. 1: 1. bis 3. Beratungstag, Dietz Verlag, Berlin 1971, S. 90.

ren? In der ständigen Sorge um die Entwicklung der Schülerkollektive sehen wir eine entscheidende Voraussetzung für die Persönlichkeitsbildung, für die Vorbereitung der Jugend auf das Leben in der sozialistischen und kommunistischen Gesellschaft.

Je besser es gelingt, die Fähigkeiten, Interessen und Kenntnisse eines jeden Schülers im Kollektiv zur Geltung zu bringen, durch das Kollektiv die individuellen Fähigkeiten und Interessen, das Wissen und die Erfahrungen jedes einzelnen immer wieder herauszufordern, den Schülern im Interesse des Kollektivs die Lösung verantwortungsvoller Aufgaben zu übertragen, um so bessere Bedingungen bestehen für die Erziehung sozialistischer Persönlichkeiten. Nutzen wir aber diese Potenzen des Kollektivs schon immer genügend? Wird nicht noch oft das pädagogische Geschehen nur als ein Prozeß der Beziehungen zwischen dem Pädagogen und dem Kind, als ein Prozeß nur zweiseitiger Wechselbeziehungen aufgefaßt?

Für unsere pädagogische Arbeit ergibt sich immer wieder die Frage, welches die Knotenpunkte sind, von denen aus wir ständig an die Entwicklung des Kollektivs herangehen müssen. Das bedeutet, nie die bekannte pädagogische Wahrheit aus dem Auge zu verlieren, daß dem Kollektiv solche Aufgaben gestellt werden müssen, die es immer weiterführen, solche Aufgaben, aus denen Verantwortung für das Kollektiv und den einzelnen erwachsen. Diese Verantwortung muß jedes Mitglied des Kollektivs kennen, wobei es immer wieder gilt, die Interessen, Neigungen und Fähigkeiten eines jeden gebührend zu berücksichtigen. Der einzelne soll spüren, daß er im Kollektiv gebraucht wird.

An den Schulen werden die vielen praktischen Möglichkeiten, die Verantwortung des Kollektivs und des einzelnen zu fördern, immer besser genutzt. Es geht dabei nicht um formale Aspekte der Mitbestimmung oder Mitverantwortung durch die Schüler, also nicht um Demokratiespielerei; es geht um Erziehung zur Demokratie durch die Schaffung echter Erziehungssituationen im Interesse der Vorbereitung der Schüler auf ihre Rechte und Pflichten als sozialistische Staatsbürger.

Die Frage, welche konkrete Verantwortung die Schüler ausüben können und müssen, und zwar nicht nur formal, ist sehr wichtig. Angesichts des differenzierten Entwicklungsstandes an den einzelnen Schulen und der Altersspezifik der Schüler muß sehr gründlich überlegt werden, was der Erziehung und Entwicklung des Kollektivs und des einzelnen dient.

Zu Recht wird darauf hingewiesen, daß wir die Möglichkeiten noch nicht genügend nutzen, unseren Schülern mehr eigene Verantwortung für die Entwicklung der politischen Atmosphäre, für die Organisierung des geistig-kulturellen Lebens im Kollektiv, für die Sicherung von Ordnung und Hygiene, für die Mitarbeit an der Vervollkommnung der Lern- und Arbeitsbedingungen an der Schule zu übertragen. Doch auch hier können wir davon ausgehen, daß wir über gute Erfahrungen verfügen, daß sich in den letzten Jahren eine beachtliche Entwicklung vollzogen hat.

Die Teilnahme der Schüler an Subbotniks, an Solidaritätsaktionen, an der Gestaltung politischer Höhepunkte und an anderen gesellschaftlichen Aktivitäten ist breit entwickelt und hat, wenn sie richtig durchdacht ist, einen hohen erzieherischen Wert. Müssen wir aber nicht noch mehr tun, um die Schüler zu befähigen, zu argumentieren, sich selbständiger mit politischen Tagesfragen auseinanderzusetzen, sich zu informieren, als Agitatoren und Propagandisten zu wirken?

Oder nehmen wir das geistig-kulturelle Leben der Schulkollektive. Ist es nicht so, daß wir die Mädchen und Jungen noch zu oft in die Rolle passiver Teilnehmer drängen, anstatt ihren Willen und ihre Bereitschaft zu nutzen, die doch vorhanden sind, selbst Verantwortung für die Organisierung gesellschaftswissenschaftlicher, naturwissenschaftlich-technischer, kulturell-künstlerischer Aktivitäten, für den Sport, die Touristik oder die Wehrerziehung zu tragen?

Gleiches gilt auch hinsichtlich Disziplin, Ordnung und Sauberkeit an der Schule. Eigene Verantwortung dafür zu übernehmen ist doch für die Einstellung der Schüler zum Lernen und zur Arbeit, für ein kulturvolles Verhalten der Schüler untereinander und zu den Erwachsenen von großer Bedeutung.

Vielfältig entwickelt sich an vielen Schulen unter dem Begriff der Selbstbedienung die gesellschaftliche Arbeit der Schüler aller Altersstufen zum Nutzen des Kollektivs. Sauberkeit in den Räumen, Pflege der Umgebung der Schule, die Mithilfe der älteren Schüler bei der Renovierung der Räume und anderes mehr sind in vielen Schulkollektiven zu einer festen Norm geworden. An zahlreichen Schulen entstehen auf Initiative und in Verantwortung des Jugendverbandes Klubräume, die das geistig-kulturelle Leben im Schulkollektiv wesentlich fördern.

Aber können und müssen wir hier nicht noch mehr tun? Durch die Entwicklung solcher Verantwortung im Kollektiv, wo jeder etwas leisten kann, was jedem zugute kommt und für alle zu sichtbaren Verbesserungen führt, wo man lernt, Pflichten zu erfüllen und Rechte zu gebrauchen, werden die Mädchen und Jungen mit unserer sozialistischen Demokratie vertraut gemacht und zur sozialistischen Demokratie erzogen. Nicht zuletzt werden dadurch viel besser als durch Belehrungen und viele Worte die Mädchen und Jungen zu einem verantwortungsbewußten, sorgsamen und vernünftigen Verhalten gegenüber dem Schulvermögen, dem Volkseigentum erzogen. Bei einer solchen eigenverantwortlichen Tätigkeit gewinnen die Schüler auch die Überzeugung, daß es die eigene Würde gebietet, der Gesellschaft möglichst wenig Forderungen für persönliche Belange aufzuerlegen, die man aus eigener Kraft befriedigen kann.

Wir sollten deshalb viel mehr Aufmerksamkeit darauf verwenden, entsprechend den konkreten Bedingungen der Schule und unter Berücksichtigung der unterschiedlichen, vom Alter der Schüler bedingten Möglichkeiten, gemeinsam mit den Leitungen der FDJ und ihrer Pionierorganisation solche Tätigkeitsbereiche für die Schüler festzulegen, in denen sie durch tägliche Arbeit etwas Nützliches für das Schulkollektiv schaffen. An unseren Schulen gibt es eine Vielzahl von Formen, durch die die Verantwortung der Schüler für die Gestaltung des Lebens an der Schule wahrgenommen und organisiert wird. Die entscheidende

Rolle hierbei kommt den gewählten Leitungen der FDJ und den Pionierräten zu, unter deren Führung Klubleitungen, Stäbe und Kommissionen arbeiten, in deren Tätigkeit immer mehr Schüler einbezogen werden. Die Notwendigkeit der Existenz dieser oder jener Organe und die Übertragung dieser oder jener Funktionen und Rechte an sie darf jedoch niemals als eine Formsache betrachtet werden. Es geht letztlich immer um die Frage: wie, wozu erziehen.

Das Leben im Kollektiv vollzieht sich auf der Grundlage gesellschaftlicher Lebens- und Verhaltensnormen; denn die sittlich-moralischen Normen existieren nicht an sich, sondern realisieren sich in den konkreten Beziehungen der Mitglieder der Gesellschaft. Sie sind in unserer sozialistischen Weltanschauung fest begründet. Unsere pädagogische Arbeit muß deshalb gewährleisten, daß die Mädchen und Jungen von früh an diese Moralnormen kennenlernen, sie anwenden und üben, so daß sich ihr Leben im Schulkollektiv nach diesen Normen gestaltet, sie zur festen Gewohnheit des einzelnen, zum Maßstab seines Handelns werden.

Es ist eine bewährte Erfahrung, daß die sittlich-moralische Erziehung dann besonders wirkungsvoll und nachhaltig ist, wenn ein gefestigtes Pädagogenkollektiv wirkt, wenn die FDJ- und die Pionierorganisation an der Schule die sittlich-moralischen Normen durchsetzen helfen und die Unterstützung durch alle gesellschaftlichen Kräfte gewährleistet ist.

Der Anerziehung solcher sittlich-moralischen Eigenschaften wie Treue zu den Idealen des Sozialismus, hohe Lern- und Arbeitsmoral, Disziplin, Verantwortungsbewußtsein, Ehrlichkeit, Schöpfertum, Streben nach hohen Leistungen, Willensstärke, Kameradschaftlichkeit, Opferbereitschaft und Beharrlichkeit muß größte Aufmerksamkeit geschenkt werden. Sie finden bereits heute ihre lebendige Verkörperung in den revolutionären Leistungen der Arbeiterklasse und aller Werktätigen, in den Leistungen der Neuerer in der Produktion und auf allen anderen Gebieten unseres gesellschaftlichen Lebens, im Verhalten der Menschen, die nicht nur an das eigene „Ich" denken, sondern sich verantwortungsbewußt um das Ganze sorgen, in ihrem Bemühen, sozialistisch zu arbeiten, zu lernen und zu leben.

Zur Entwicklung sozialistischer Verhaltensweisen gehört ebenso die Sicherung einer festen Ordnung an den Schulen wie die Einhaltung hygienischer Normen. Die Entwicklung solcher Verhaltensweisen erfordert gesellschaftliches Engagement, Kollektivgeist, Willensstärke und Beharrlichkeit. Solche sittlich-moralischen Verhaltensnormen sind nicht neu; sie sind in den Statuten der FDJ, in den Pioniergeboten und Pioniergesetzen verankert. Auch in vielen Hausordnungen unserer Schulen werden sie als Regeln für die Gestaltung des Lebens im Schulkollektiv ausgewiesen. Aber ihre Existenz allein genügt nicht, macht sie noch nicht zu lebendiger Wirklichkeit, zur täglichen Lebenspraxis an den Schulen.

Die Entwicklung des normgerechten Verhaltens setzt voraus, daß die Tätigkeit der Pioniere, FDJler und Schüler durch den Direktor, die Klassenleiter und alle Lehrer so gelenkt und organisiert wird, daß die Mädchen und Jungen die Bedeutung der Einhaltung dieser Normen in ihren Kollektiven erleben, sie als notwendig anerkennen, bewußt nach ihnen handeln und mit wachsender Reife an sich selbst und an das Kollektiv dementsprechende Anforderungen stellen.

Diese dialektische Einheit von Erziehung zur Aktivität, zu kollektivem Denken und Handeln, zur bewußten Einhaltung der sittlich-moralischen Normen des Lebens in unserer sozialistischen Gesellschaft gilt es, in unserer täglichen pädagogischen Arbeit ständig zu beachten. Unsere Mädchen und Jungen sollen Gelegenheit haben, ihre Kräfte bei der Lösung gesellschaftlich nützlicher Aufgaben zu erkennen und zu erproben, ihre organisatorischen Fähigkeiten zu entwickeln. Sie sollen lernen, ihre Standpunkte und Auffassungen im Streit der Meinungen zu vertreten und sich für die Durchführung gemeinsam gefaßter Beschlüsse einzusetzen, Disziplin zu üben. Sie sollen Erfahrungen in gegenseitiger Rücksichtnahme und Fürsorge, in der Achtung vor den Mitschülern sammeln und die Geborgenheit, das Glück und die Freude des Zusammenlebens empfinden.

Unsere Schülerkollektive sind politisch organisierte Kollektive. In den Grundorganisationen der FDJ und in den Pionierfreundschaften ist auf freiwilliger Grundlage die Mehrheit der Schüler vereinigt.

Gestützt auf die politische Organisation der Kinder und Jugendlichen kann der Lehrer – das beweist die jahrzehntelange Praxis unserer sozialistischen Schule – seine politisch-pädagogischen Aufgaben richtig lösen. Wenn wir davon ausgehen, daß die sozialistische Jugend- und Kinderorganisation Initiator und Organisator des gesamten Lebens im Schulkollektiv, gesellschaftlicher Interessenvertreter aller Schüler ist, müssen wir noch gründlicher durchdenken, wie durch die kameradschaftliche, vertrauensvolle Zusammenarbeit, durch die feinfühlige Führung der gewählten Organe, der Leitungen der FDJ und der Pionierräte ihre Tätigkeit noch zielstrebiger in der Richtung entwickelt werden kann, daß eine Atmosphäre gegenseitiger hoher Forderungen an das sozialistische Lernen, Arbeiten und Verhalten erreicht wird, echte Beziehungen der kameradschaftlichen und gegenseitigen Hilfe und Achtung geschaffen werden und die Selbständigkeit und Verantwortung jedes Schülers für das eigene Tun und Handeln und für das Kollektiv entwickelt wird.

Die hier dargelegten Probleme und Aufgaben sind Führungsfragen, auf die sich der Direktor, ausgehend von der Aufgabenstellung, die Schule weiter inhaltlich auszugestalten, orientieren muß. Fragen der Arbeitsweise und Arbeitsmethoden können stets nur vom Inhalt der gestellten Aufgaben her abgeleitet werden. Die rechte Arbeitsweise und Methode läßt sich nur richtig bestimmen, wenn sie von dem Charakter einer Aufgabe, der konkreten Situation an der Schule, von den jeweiligen konkreten Ausgangsbedingungen und Voraussetzungen ausgeht. Wir betonen das deshalb, weil es noch immer die Erscheinung gibt, daß bei Diskussionen über Führungsprobleme einer Schule weniger über inhaltliche Fragen, über das Wie der Führung der inhaltlichen Prozesse gesprochen wird, sondern oft über Methoden an sich, über irgendwelche scheinwissenschaftlichen Führungssysteme. Wir wissen natürlich, daß daran auch manche zentralen Publikationen und unser Direktoreninstitut nicht ganz schuldlos sind.

Wenn ich jetzt auf einige weitere Probleme der Führungsarbeit eingehe, dann geht es dabei um Fragen, die nicht für sich stehen, sondern nur im engen Zusammenhang mit den genannten inhaltlichen Fragen gesehen werden können.

Angesichts der Vielfalt der Aufgaben bewegt jeden Direktor selbstverständlich immer wieder die Frage, worauf er sich konzentrieren muß, was das berühmte Kettenglied in der Führungsarbeit ist.

Das Entscheidende ist und bleibt die Arbeit mit den Menschen. Davon, wie es der Direktor versteht, mit den Lehrern, den Schülern, den Eltern zu arbeiten, von seiner Fähigkeit, die Aufgaben klar zu stellen, von seiner Fähigkeit zu überzeugen, alle für die gestellten Aufgaben zu mobilisieren, von seiner Fähigkeit, die Arbeit gut zu organisieren, von seiner politischen und menschlichen Reife, von seinem Vertrauen in die Fähigkeit jedes einzelnen hängt doch letztlich ab, wie das Kollektiv arbeitet. Ob es von einem einheitlichen Willen geleitet wird, ob alles Bemühen an einer Schule darauf gerichtet ist, den Kindern das Beste zu geben – das hängt entscheidend vom Leiter des Kollektivs ab, von seiner Fähigkeit, das Kollektiv richtig zu führen, von sozialistischen Beziehungen zwischen Kollektiv und Leiter.

Uns allen ist bewußt, daß es für den Direktor keine einfache Sache ist, den ständig wachsenden Anforderungen immer und allseitig gerecht zu werden. Das gesamte Kollektiv auf das höhere Anspruchsniveau zu orientieren erfordert unter Beachtung solcher konkreter Bedingungen, wie der politischen und fachlichen Zusammensetzung des Pädagogenkollektivs, des konkreten Entwicklungsstandes des Kollektivs der Schüler, der Größe der Schule, der materiellen Voraussetzungen usw., immer wieder, die entscheidende Frage nicht aus dem Auge zu verlieren, sich immer wieder darauf zu besinnen, daß der Reifegrad eines Pädagogenkollektivs maßgeblich von der politischen Klarheit, von der Kampfkraft der Schulparteiorganisation, von einem hohen politisch-moralischen Niveau bestimmt wird. Bewußtes Handeln des Kollektivs läßt sich stets nur auf der Grundlage gesellschaftlicher Motive entwickeln; werden die schulpolitischen Aufgaben doch erst richtig bewußt aus einem tiefen Verständnis für die gesellschaftliche Entwicklung. Und ist nicht auch die Atmosphäre im Kollektiv, ob Optimismus, schöpferische Initiative die Grundhaltung kennzeichnen, vom politischen Niveau und Klima abhängig? Gar nicht davon zu sprechen, daß vom theoretisch-ideologischen Niveau jedes Lehrers maßgeblich die Qualität sozialistischer Bildung und Erziehung bestimmt wird. Deshalb ist es notwendig, ständig darauf hinzuwirken, daß alle Pädagogen über gefestigte, sichere Kenntnisse in der marxistisch-leninistischen Theorie verfügen. Eine so anspruchsvolle Wissenschaft wie den Marxismus-Leninismus muß man sich exakt wissenschaftlich aneignen. Deshalb ist es richtig, dem Studium der Quellen, der Klassiker mehr Aufmerksamkeit zu widmen. Gleichzeitig müssen wir auch der Erhöhung der Qualität, der Art und Weise, wie die Lehrer und Erzieher in den verschiedenen Veranstaltungen mit dem Marxismus-Leninismus als einer lebendigen, die Praxis verändernden Wissenschaft vertraut gemacht werden, mehr Aufmerksamkeit widmen. Wir müssen mehr dafür tun, den wissenschaftlichen Inhalt des Marxismus-Leninismus im Gedankenaustausch und im Meinungsstreit zu erschließen.

Im Parteilehrjahr und anderen propagandistischen Veranstaltungen, in Seminaren, in der Weiterbildung im Kurssystem usw. muß der Erhöhung des wissenschaftlichen Niveaus und der Entwicklung einer lebendigen Diskussion offensichtlich mehr Beachtung geschenkt werden.

Wir wissen, daß der Erfolg der Bildungs- und Erziehungsarbeit maßgeblich davon bestimmt wird, ob das Pädagogenkollektiv einheitlich und geschlossen handelt. Viele Beobachtungen in der praktischen Schularbeit zeigen aber, daß das Verhältnis der verschiedenen in einer Klasse unterrichtenden Lehrer zu den Schülern nicht selten sehr widersprüchlich ist, daß oft Forderungen gestellt werden, die einander widersprechen, daß die erzieherische Wirksamkeit der einzelnen Lehrer mitunter ungerechtfertigt große Unterschiede aufweist. Hängt das nicht damit zusammen, daß an manchen Schulen die Entwicklung einer guten politisch-pädagogischen Atmosphäre im Kollektiv, die Herausbildung von Einstellungen, Kenntnissen und Fähigkeiten jedes einzelnen, die Einheit von Erziehung und Selbsterziehung im Kollektiv noch immer nicht genügend zielstrebig geführt werden? Arbeitet wirklich schon jeder Direktor genügend darauf hin, die Fähigkeit jedes Lehrers zu vervollkommnen, sich ständig mit den Ergebnissen seiner Tätigkeit und der seiner Kollegen ehrlich und sachlich auseinanderzusetzen, in einer konkreten pädagogischen Situation richtig zu reagieren und die erforderlichen Entscheidungen zu treffen?

Ständiges Lernen, immerwährende Vervollständigung des eigenen politischen und fachlichen Wissens und Könnens, offensives parteiliches Engagement, ständiges Bemühen um höheres Niveau der pädagogischen Arbeit, um Vervollständigung der Allgemeinbildung, des Kulturniveaus sind heute schon kennzeichnender Wesenszug vieler Pädagogenkollektive. All dies fördert das Bedürfnis nach kollektiver Meinungsbildung, nach Erfahrungsaustausch ebenso wie die Bereitschaft, aus Erfahrungen und Kritiken der anderen zu lernen, selbst nach besten Kräften dazu beizutragen, gesteckte Ziele zu erreichen.

Zu einer guten Arbeitsatmosphäre im Kollektiv, das haben viele Lehrer zum Ausdruck gebracht, gehört auch die stärkere Beachtung solcher elementarer Verhaltensweisen, wie Pünktlichkeit, Zuverlässigkeit, Diszipliniertheit, gegenseitige Hilfe und Rücksichtnahme, die Achtung und Aufmerksamkeit im Umgang miteinander und mit den Schülern.

Es reicht heute nicht mehr, nur allgemein davon zu sprechen, ein einheitlich handelndes Pädagogenkollektiv zu entwickeln. Wir müssen ganz konkret darüber nachdenken, was hier an jeder Schule in der täglichen Arbeit zu tun ist. Auch dafür gibt es keine Formel. Welche Schritte zu gehen, welche Aufgaben zu stellen sind – das ergibt sich aus der konkreten Situation. Die entscheidende Frage ist und bleibt die konkrete tägliche Arbeit des Direktors mit den Lehrern.

Die genaue Kenntnis der Lage und Probleme, die reale Einschätzung des Erreichten, die sachliche Wertung der erzielten Ergebnisse kann sich ein Direktor niemals allein, sondern nur mit den Lehrern gemeinsam erarbeiten. Immer mehr Direktoren verstehen es zunehmend besser, so mit den Pädagogen zu arbeiten, die vielfältigen politisch-ideologischen, pädagogisch-psychologischen, didaktisch-methodischen und fachlichen Probleme mit ihnen gemeinsam zu klären.

Ein guter Direktor kennt die Erfahrungen, die starken Seiten und die Schwächen, Schwierigkeiten und Sorgen des einzelnen. Was oft noch schwerfällt, ist, die Ursachen, die Bedingungen für Erfolge oder Mißerfolge gründlich zu analysieren und daraus die richtigen Schlußfolgerungen zu ziehen.

Wenn wir erneut fordern: Der Direktor muß den Lehrern ein guter Berater und Helfer sein, er muß die Probleme seiner Lehrer kennen, ihre Erfahrungen, Ratschläge und Hinweise beachten, kameradschaftlich, prinzipienfest und vertrauensvoll mit jedem einzelnen Pädagogen arbeiten, sich gründlich mit den Erfahrungen seiner Lehrer vertraut machen, die Initiative jedes einzelnen anregen, sein schöpferisches Denken fördern und sein Verantwortungsbewußtsein für das Ganze entwickeln, so nicht deshalb, weil es hier keine Fortschritte in der Arbeit der Direktoren gäbe, sondern deshalb, weil davon, wie wir diese Aufgabe immer besser meistern, letztlich abhängt, wie wir in der nächsten Entwicklungsetappe unserer Schule vorankommen.

Es darf niemandem gleichgültig sein, mit welchen Ergebnissen der einzelne Lehrer arbeitet, wie er sich mit den eigenen und den generellen Problemen an der Schule auseinandersetzt, seine Gedanken und Vorschläge dazu äußert und aktiv zur Lösung der Probleme beiträgt. Die meisten Lehrer machen sich doch ernsthaft Sorgen um die Ergebnisse ihrer Arbeit. Es bedrückt sie, wenn manche Schüler schlechte Leistungen erreichen, wenn sie mit dem Verhalten einzelner nicht zurechtkommen. Schwierige Erziehungsfälle erregen oft lange Zeit die Gemüter an einer Schule. Aber werden diese Fragen wirklich immer gründlich mit dem betreffenden Lehrer oder auch im Kollektiv beraten, so daß jeder die notwendige Hilfe erhält? Weiß wirklich jeder Lehrer, daß er sich mit seinen Problemen immer vertrauensvoll an seine Kollegen und an den Direktor wenden kann? Gibt es eine solche Atmosphäre schon an allen Schulen?

Die Forderung, ständig von der konkreten Analyse der Lage, der Einschätzung des Erreichten auszugehen, ist bekanntlich nicht neu. Im besten Bemühen um vielfältige Methoden analytischer Tätigkeit wird oft außer acht gelassen, daß die Hauptquelle für alle erforderlichen Informationen, die der Direktor braucht, beim Lehrer selbst liegt, daß der Direktor sie durch seinen unmittelbaren Kontakt mit ihm gewinnen muß.

Wenn wir immer wieder darauf orientieren, daß der Direktor der Führung des Unterrichts als der wesentlichsten Seite des gesamten pädagogischen Prozesses seine volle Aufmerksamkeit schenken muß, dann deshalb, weil im Unterricht wie in einem Brennglas alle wesentlichen Fragen, Ergebnisse und Probleme der Gestaltung des pädagogischen Prozesses sichtbar werden. Dort kann er am besten erkennen, wie die Aktivität, das Wissen und Können der Schüler, ihr Bewußtsein und Verhalten entwickelt sind, wie es mit der Lernhaltung, der Ordnung und Disziplin der Schüler bestellt ist. Vor allem im Unterricht werden die Leistungen des Pädagogen, seine Erfahrungen, das Niveau seines fachlichen, pädagogischen Könnens sichtbar. Hier sieht der Direktor die konkreten Probleme, und davon ausgehend kann er eine wirksame Hilfe für die tägliche Arbeit jedes Lehrers leisten.

Wenngleich wir seit dem VII. Pädagogischen Kongreß, auf dem wir auf eine solche konkrete Arbeit bei der Führung des Unterrichts orientiert haben, große Fortschritte erreichen konnten, so müssen wir feststellen, daß diese entscheidende Seite der Führungstätigkeit noch viele Anstrengungen erfordert, um überall die nötige Qualität zu erreichen. Ungeduld ist hier ebenso unangebracht wie Liberalismus gegenüber Erscheinungen, daß manche Direktoren versuchen, dieser Frage wegen ihrer Kompliziertheit auszuweichen.

Die Forderung nach einer höheren Qualität der Führung des Unterrichts ist nicht nur eine zeitweilige Aufgabe, die sich aus der Tatsache ergibt, daß wir neue Lehrpläne eingeführt haben. Es wäre irrig anzunehmen, daß jetzt, nachdem viele Lehrer bereits mehrere Jahre mit den neuen Lehrplänen arbeiten, die schwierigste Strecke bereits bewältigt sei und wir in unseren Anstrengungen auf diesem Gebiet nachlassen könnten.

Viele Direktoren bewegt in diesem Zusammenhang die Frage, wieweit sie selbst den Lehrplan, seine grundlegenden Ziele kennen, wie tief sie, da sie nicht für alle Fächer ausgebildet sind, mit den konkreten Fakten vertraut sein müssen. Es ist natürlich, daß der Direktor in den einzelnen Fächern unterschiedliche Voraussetzungen hat, daß er nicht Fachlehrer für alle Fächer sein kann und auch nicht sein muß. Entscheidend ist, daß er selbst in seinem Fach ein vorbildlicher Lehrer ist, daß er eine hohe Allgemeinbildung besitzt, daß er sich den Inhalt des Lehrplanwerkes zu eigen macht und gründlich mit dessen Gesamtkonzeption und mit den Grundlinien der einzelnen Fachlehrpläne vertraut ist.

Mit dem Buch „Allgemeinbildung – Lehrplanwerk – Unterricht", das bei den Pädagogen große Aufmerksamkeit gefunden hat, wurde versucht, eine grundlegende Interpretation des Lehrplanwerkes und seiner Fachlehrgänge zu geben. Wir glauben, daß die Direktoren gut beraten sind, die sich mit solchen Hilfen für die Unterrichtsführung gründlich vertraut machen.

Man muß sich offensichtlich von der Vorstellung lösen, Unterrichtsführung durch den Direktor sei eine Sache, die er allein, nur gestützt auf die Schulleitung, bewältigen könne. Wenn Unterrichtsführung nicht so aufgefaßt wird, daß man sie nur gemeinsam mit den Lehrern meistern kann, werden wir aus der „Philosophiererei" um diese Frage nicht herauskommen. Ohne die konkrete Arbeit mit den Fachzirkeln der Lehrer an der Schule, ohne die direkte Einbeziehung einzelner oder Gruppen von Fachlehrern geht es einfach nicht. Und es geht auch nicht ohne die konkrete Hilfe der Kreisabteilungen, die die Fachberater wirksam einsetzen, die Arbeit der Kreiskabinette und Kreisstellen für Unterrichtsmittel entsprechend organisieren müssen.

Natürlich wäre es eine Illusion zu glauben, daß der Direktor in der Lage sei, den Unterricht sozusagen in breiter Front, bei allen Lehrern zugleich, zu führen, ganz abgesehen davon, daß ein Direktor, an dessen Schule 20 Pädagogen arbeiten, andere Bedingungen hat als jener, der ein Pädagogenkollektiv von 40 oder mehr Lehrern leitet.

Das Entscheidende ist, darauf verweisen erfahrene Direktoren, ausgehend von der konkreten Situation genauer zu überlegen, bei welchen Lehrern man hospitieren oder in anderen Formen die Arbeit analysieren muß, damit aus einer gründlichen Analyse der Tätigkeit einzelner Kollegen Erkenntnisse und Problemstellungen gewonnen werden, die für das ganze Pädagogenkollektiv bedeutsam sind.

Daß die Hospitationen, wenn sie gut vorbereitet sind, eine sehr geeignete Methode sind, um einen Einblick in die konkrete Situation im Unterricht zu erhalten, ist bereits vielerorts geklärt und wird richtig praktiziert. Aber die Führung des Unterrichts darf nicht nur als eine Frage der Hospitation aufgefaßt werden. Nicht überall werden zum Beispiel solche Möglichkeiten, wie die gründliche Kontrolle und Analyse der Klassenbücher, die Auswertung bestimmter Kontrollarbeiten, die Einschätzung der Ergebnisse von Prüfungen usw., genügend genutzt. Jeder weiß, daß es keine Rezepte für die Unterrichtsführung geben kann und auch nicht geben darf. Es ist jedoch offensichtlich notwendig, das, was für die Arbeit mit den Lehrern gilt, auch mit den Direktoren noch besser zu praktizieren, nämlich dem Studium und der Verbreitung der vielen guten Erfahrungen in unserer Leitungstätigkeit mehr Raum zu geben.

Es ist auch deutlich geworden, daß der Direktor immer den gesamten Prozeß der pädagogischen Arbeit im Auge haben muß, weil sich bekanntlich der Prozeß der Persönlichkeitsbildung nicht nur auf den Unterricht beschränkt.

Heute die Patenschaften und morgen die außerunterrichtliche Arbeit, hier den Unterricht und dort die Arbeit mit den Eltern, jetzt die eine Seite des pädagogischen Prozesses und dann die andere zum Schwerpunkt zu erklären führt zwangsläufig zu Aktionen, die der Kontinuität des Bildungs- und Erziehungsprozesses an der Schule abträglich sind. Dieses Nach- und Nebeneinander ist zwar nicht leicht zu überwinden, aber wenn wir vorankommen wollen, müssen wir lernen, den Prozeß in seiner Gesamtheit zu betrachten, zu organisieren, zu leiten.

Eine entscheidende Grundlage dafür ist, daß es an jeder Schule eine langfristige Konzeption der Arbeit gibt, eine Ziel- und Aufgabenstellung, auf die langfristig und zielstrebig hingearbeitet wird. Eine sinnvolle Planung der Arbeit ist nur möglich, wenn Ziel und Aufgaben klar sind, wenn eine gründliche Analyse der Lage vorhanden ist; denn ohne reale Einschätzung des erreichten Standes und der bisherigen Arbeitsergebnisse, ohne Sicht auf die tatsächliche Situation in den einzelnen Klassen und Fächern und im gesamten Schulkollektiv, ohne eine konkrete Bilanz der Möglichkeiten und Kräfte, über die die Schule verfügt, kann es keine klare, realistische Arbeitsplanung geben. Es kommt darauf an, sich erreichbare Ziele zu stellen und die nächsten möglichen Schritte der weiteren Arbeit konkret festzulegen.

Bei der Diskussion um die Planung der Arbeit an der Schule geht es also um mehr als nur um die Form des Arbeitsplanes. Es geht vielmehr darum, daß eine auf ein klares Ziel gerichtete, kontinuierliche Entwicklung nur möglich ist durch überlegte, geplante Arbeit auf lange Sicht, die zugleich das gründliche Durchdenken der einzelnen Schritte und Maßnahmen, die zu diesem Ziel führen, einschließen muß. Deshalb betonen wir, daß an der Schule selbst entschieden werden muß, welche konkreten Aufgaben sich für den Arbeitsplan – ausgehend von den zentralen Orientierungen – zur weiteren Entwicklung des Schulkollektivs, zur weiteren Erhöhung des Niveaus der Bildungs- und Erziehungsarbeit, zur weiteren Verbesserung der Lern- und Arbeitsbedingungen usw. ergeben.

Wie im konkreten Falle der Arbeitsplan einer Schule aussieht, welche inhaltlichen Aufgaben er enthält und welche Form er hat, wird an jeder Schule anders sein, weil die Bedingungen, die Probleme, Voraussetzungen und Erfahrungen unterschiedlich sind. Deshalb ist es auch falsch, den Schulen ein Schema für die Gestaltung des Arbeitsplanes vorzugeben. Das gilt ebenso auch für die Planung der Klassenleiter- und der Fachzirkeltätigkeit.

Viele Kritiken richten sich zu Recht gegen den noch immer vorhandenen Formalismus in der Planung der pädagogischen Arbeit. Manche Arbeitspläne der Schulen sind nicht zuletzt formal und umfangreich, weil sie lange Präambeln, Begründungen und Abschriften aus zentralen Dokumenten enthalten oder deshalb nicht konkret genug sind, weil sie nicht von einer gründlichen Analyse ausgehen.

Wenn das Kollektiv nicht weiß, welche Aufgaben der Plan enthält, und keine Möglichkeit hatte, daran mitzuarbeiten und darüber zu beraten, wird der Arbeitsplan ein Stück Papier bleiben. Wenn über seine Erfüllung nicht konkret abgerechnet wird, wenn das Kollektiv nicht erlebt, daß der Plan realisiert wird, dann verkehrt sich die stimulierende und mobilisierende Wirkung, die der Plan haben muß, ins Gegenteil.

Wenn wir, ausgehend von einer einheitlichen Sicht auf den Gesamtprozeß der pädagogischen Arbeit, die Notwendigkeit betonen, das ganze Kollektiv einheitlicher auf die sich daraus ergebenden Anforderungen zu orientieren, dann bedeutet das nicht, an alle die gleichen Anforderungen zu stellen. Selbstverständlich gelten die generellen Ziel-, Inhalts- und Qualitätsanforderungen für jeden. Aber das schließt ein, daß der Direktor realistisch und verantwortungsbewußt entscheidet, wen er mit welchen Aufgaben betraut, welche Fragen er mit allen Lehrern und Erziehern berät, welche Probleme er mit bestimmten Kollegen diskutieren muß und welche Fragen auch manchmal schnell und ohne lange Diskussion einfach zu entscheiden sind.

Kritisieren viele Lehrer nicht zu Recht, daß zum Beispiel in den Beratungen der pädagogischen Räte oftmals Einzelprobleme zur Debatte stehen, die besser mit den betreffenden Lehrern oder einer bestimmten Gruppe von Kollegen geklärt werden könnten, daß aber demgegenüber wichtige theoretische und praktische Fragen der pädagogischen Arbeit der Schule nicht genügend kollektiv bzw. nicht mit dem genügenden Niveau erörtert werden, daß man über organisatorische Probleme oft lang und breit diskutiert, anstatt sie zu entscheiden, so daß oft viel Zeit ohne Gewinn für den einzelnen vertan wird?

Es gibt Veranlassung, nochmals mit Nachdruck darauf hinzuweisen, daß wir mit der wertvollen Zeit unserer Lehrer und Erzieher, die vor allem für eine gute Vorbereitung und Durchführung des Unterrichts und für die Erziehungsarbeit generell zur Verfügung steht, viel sorgfältiger umgehen müssen. Wir müssen Erscheinungen der Hektik, Geschäftigkeit und des sorglosen Umgangs mit der so wichtigen Zeit viel energischer bekämpfen. Und ich möchte mit Nachdruck sagen: Was für den Umgang mit der Zeit der Lehrer gilt, gilt auch für den Umgang mit der Zeit unserer Direktoren. Die Kompliziertheit der Arbeit des Direktors verlangt von allen übergeordneten Organen, noch gründlicher zu arbeiten.

In vielen Direktorenaussprachen wurde hervorgehoben, daß sich in den letzten Jahren die Qualität der Arbeit der Kreisabteilungen gut entwickelt hat, daß die Führung der Direktoren durch die Abteilungen sich spürbar verbessert hat, die Hilfe bei der Lösung der Aufgaben an den Schulen wesentlich konkreter geworden ist.

Was bereits auf dem VII. Pädagogischen Kongreß gesagt wurde, nämlich, daß im Mittelpunkt der Arbeit des Kreisschulrates und seiner Mitarbeiter die unmittelbare Tätigkeit an den Schulen, die konkrete praktische Hilfe für die Direktoren und Lehrer bei der Lösung ihrer Aufgaben stehen muß, gilt auch heute noch, ja, die Ansprüche an die Qualität der Arbeit der Kreisabteilungen sind gewachsen und wachsen weiter. Die Forderung, daß die Mitarbeiter der Kreisabteilungen unmittelbar an der Schule tätig sind, ist heute schon besser realisiert. Jetzt geht es vor allem darum, die Qualität dieser unmittelbaren Arbeit mit den Direktoren, der differenzierten Anleitung und Hilfe weiter zu erhöhen.

Die Praxis zeigt jedoch, daß nicht alle pädagogischen Mitarbeiter der Abteilungen Volksbildung in ihrer Arbeit, in ihren Entscheidungen schon genügend von der konkreten Kenntnis der Lage an den Einrichtungen ausgehen. Was die Tätigkeit der Inspektoren betrifft, so bestätigen viele Direktoren, daß sich das Territorialprinzip bewährt, daß die Inspektoren die Situation gründlicher einschätzen, daß es weniger „Stippvisiten" als früher gibt. Kritisch wird jedoch vermerkt, daß von manchen Inspektoren noch zu oft nur Einschätzungen vorgenommen, Ergebnisse registriert werden und die unmittelbare Hilfe noch zu kurz kommt.

Wir haben auch Veranlassung, die Kritik der Direktoren gegen noch immer vorhandene Erscheinungen einer formalen und bürokratischen Arbeitsweise einiger Kreisabteilungen sehr ernst zu nehmen. So werden oft noch Aufgaben viel zu global, für alle Schulen gleichermaßen gestellt, ohne die Differenziertheit der Lage an den einzelnen Schulen zu beachten. Da wird zum Beispiel der Besuch von Ausstellungen und Veranstaltungen angewiesen, es werden unnötige Meldungen angefordert. Bestimmte Aktionen werden für alle Schulen verbindlich organisiert, ohne zu überlegen, welche Dinge für welche Schule notwendig sind und welche nicht.

Wir halten auch die Forderung für berechtigt, auf den Direktorenkonferenzen wichtige, alle interessierende politisch-pädagogische Probleme mit höherem Niveau zu behandeln, die zu lösenden Aufgaben noch gründlicher zu diskutieren, gute Erfahrungen einzelner Schulen besser auszuwerten und auf berechtigte Kritiken und Hinweise der Direktoren gewissenhafter zu reagieren.

Eine Reihe von Direktoren macht darauf aufmerksam, daß sie auf bestimmte Fragen der Veränderungen in ihrem Pädagogenkollektiv nicht genügend Einfluß nehmen können, obwohl von seiner richtigen Zusammensetzung und Stabilität der Erfolg der Arbeit wesentlich abhängt. Zu Beginn eines Schuljahres steht mancher Direktor vor der Tatsache, daß sich ein erheblicher Teil des Pädagogenkollektivs erneuert. Oft kommt es zu Kaderveränderungen, die der Schulrat veranlaßt, ohne die konkreten Bedingungen der jeweiligen Schule und die Auswirkungen zu berücksichtigen. Auch notwendige Kaderveränderungen aus familiären, gesundheitlichen und anderen Gründen werden oft nicht rechtzeitig und gründlich mit dem Direktor beraten.

Viele Direktoren wenden sich dagegen, daß der kontinuierliche pädagogische Prozeß an der Schule, daß Stetigkeit, Ruhe und Ordnung in der Arbeit immer noch durch nicht genügend überlegte Aufgabenstellungen gesellschaftlicher Organisationen oder staatlicher Organe gestört werden.

Wir möchten noch einmal klar sagen: Es ist niemandem gestattet, vom Direktor Aktivitäten der Lehrer und Schüler zu verlangen, die politisch-pädagogisch nicht gründlich vorbereitet werden können und dadurch zweifelhaften erzieherischen Wert besitzen. Alles, was an der Schule zur Erfüllung des Bildungs- und Erziehungsauftrages getan werden muß und geschieht, hat der Direktor zu verantworten, da er letzten Endes vor der Partei und der Gesellschaft die Verantwortung für die Ergebnisse der Arbeit an seiner Schule trägt.

Wir müssen aber auch die Frage so stellen: Was zwingt denn den Direktor, Entscheidungen zu treffen, die er für unüberlegt oder falsch hält? Lassen sich nicht manche Direktoren zu schnell von ihrer planmäßigen Arbeit abbringen, sind sie nicht mitunter zu inkonsequent? Wie ist es hier um die Selbsterziehung bestellt? Wir schaffen solche Mängel nicht aus der Welt, indem wir darüber schimpfen. Freilich ist es nicht immer leicht und erfordert eine prinzipienfeste Haltung, sich mit falschen Praktiken auseinanderzusetzen. Das Entscheidende jedoch ist, daß der Direktor eine strategische Linie seiner Arbeit hat, sie konsequent durchsetzt und sich nicht von Tagesaufgaben treiben läßt.

Wir wissen: Eine wesentliche Bedingung für die Erfüllung der pädagogischen Aufgaben ist eine geordnete Verwaltung der Schule. Jeder weiß um die große Bedeutung der kadermäßigen, materiellen und finanziellen Bedingungen für eine qualifizierte pädagogische Arbeit. Es ist nicht nur das Recht des Direktors, sondern seine Pflicht, Vorschläge für den Volkswirtschafts- und Haushaltsplan der Schule zu machen und die im bestätigten Plan für seine Einrichtung festgelegten Fonds mit höchstem Effekt einzusetzen, also verantwortlich über jene materiellen und finanziellen Mittel zu verfügen, die auf die Gestaltung des pädagogischen Prozesses unmittelbaren Einfluß haben.

Der Direktor muß sichern, daß alle materiellen und finanziellen Fonds, die den Kindern zustehen, in vollem Umfang dafür eingesetzt und nicht für andere

Zwecke verwendet werden. Es gehört zu seiner Verantwortung, mit dafür zu sorgen, daß die örtlichen Staatsorgane ihre gesetzlich festgelegte Verantwortung für die Instandhaltung und Instandsetzung der Schule, die Schulspeisung und Trinkmilchversorgung, die Besetzung der Planstellen des technischen Personals, den Schülertransport usw. voll wahrnehmen. Wenn es in dieser Hinsicht Kritik daran gibt, daß manche örtlichen Organe ihren Aufgaben auf diesem Gebiet noch nicht gerecht werden, sondern sie den Direktoren allein überlassen, so müssen sie gemeinsam mit den Kreisschulräten, die Mitglieder der gewählten Organe sind, konsequenter für die Einhaltung der Gesetze sorgen.

Viele Direktoren kritisieren, daß in der Verwaltung der Schule gegenwärtig so manches ungeordnet, nicht genügend geregelt sei, daß deshalb die Verwaltungsaufgaben die pädagogische Arbeit beeinträchtigen. Sie haben zum Beispiel darauf aufmerksam gemacht, daß sie nicht über die erforderlichen Informationen und Unterlagen verfügen, die zur Führung des einheitlichen pädagogischen Prozesses an der Schule notwendig sind, so zum Beispiel über Angaben zur perspektivischen Entwicklung der jeweiligen Schule. Daraus erwachsen Schwierigkeiten, solche Fragen wie die Klassen- und Hortgruppenbildung, den Lehrer- und Erzieherbedarf, Qualifizierungsmaßnahmen und die Entwicklung der materiell-technischen Bedingungen exakt zu planen. Zahlreiche Direktoren weisen auch darauf hin, daß es an der Schule gegenwärtig keine einheitliche, aussagekräftige, übersichtliche und leicht handhabbare Schülerdokumentation gibt.

Um den Verwaltungsaufwand einzuschränken, wird beispielsweise auch vorgeschlagen, daß die Direktoren in Übereinstimmung mit den Schulgewerkschaftsleitungen das Recht erhalten sollen, über die zur Erfüllung der Stundentafel kurzfristig notwendig werdenden Überstunden sowie über den Einsatz von Vertragslehrern selbständig zu entscheiden. Alle diese Vorschläge werden wir prüfen.

Zur Entlastung der Direktoren von Verwaltungsarbeit sind in den letzten Jahren bekanntlich in vielen größeren Städten Schulverwaltungen gebildet worden. Ihre Tätigkeit hat sich aber sehr unterschiedlich entwickelt und auf die Arbeit der Schulen ausgewirkt. Diese Einrichtungen haben sich dort bewährt, wo sie sich auf die Lösung der Aufgaben konzentrieren, die den örtlichen Organen der Staatsmacht zur Sicherung der materiellen Bedingungen für den Bildungs- und Erziehungsprozeß übertragen sind. Sie werden dort zum Hemmschuh, wo dem Direktor das Recht zur Planung und Verwendung der Mittel aus der Hand genommen wurde, ganz abgesehen davon, daß einige Schulverwaltungen einen solchen Schriftverkehr entwickeln, der die Direktoren nicht entlastet, sondern belastet.

Wir verstehen die Aufgabe, die Direktoren von Verwaltungsarbeit zu entlasten, nicht so, als sei die Verwaltung der Schule überhaupt nicht ihre Sache. Aber die ernsthafte Kritik an Mängeln und die Vorschläge zur Herstellung einer festen Ordnung auf dem Gebiet der Schulverwaltung und zur Entlastung der Direktoren von unnötiger Verwaltungsarbeit werden wir sorgfältig auswerten. Wir wissen, daß auf diesem Gebiet vieles zu regeln und zu verändern ist. Das geht aber nicht von heute auf morgen. Unsere gemeinsamen Erfahrungen besagen, daß wir auch hier behutsam und überlegt vorgehen müssen, daß beispielsweise die ersatzlose Außerkraftsetzung bisheriger Regelungen nur neue Probleme mit sich bringen würde.

Wir wissen, das sind noch nicht alle Probleme, die die Direktoren bewegen. Sie werden ohnehin sagen: Zwar wurden keine neuen Aufgaben gestellt, aber wieder höhere Anforderungen an unsere Arbeit. Wo beginnen? Beginnen sollten wir damit, daß wir uns an jeder Schule darauf besinnen, welcher Weg bei der Verwirklichung der Beschlüsse unseres VIII. Parteitages und der Aufgabenstellungen des VII. Pädagogischen Kongresses bereits zurückgelegt wurde. Und dieser Weg war doch an jeder Schule erfolgreich. In den letzten Jahren wurden beachtliche Fortschritte in der Führung der Schulen erreicht. Alle Direktoren sind an irgendeinem Abschnitt der Arbeit an ihrer Schule weiter vorangekommen, haben Erfolge erzielt, wertvolle Erfahrungen gesammelt, neue Erkenntnisse gewonnen.

Die Bedingungen unserer Arbeit haben sich weiter verbessert: An unseren Schulen arbeiten gut ausgebildete Pädagogen, deren sozialistisches Bewußtsein und deren fachliches und pädagogisches Können sich im Prozeß der inhaltlichen Ausgestaltung unserer Schule weiter erhöht und gefestigt haben und die mit viel Hingabe und Ideenreichtum ihre Arbeit leisten. Die Erziehung der jungen Generation wird in zunehmendem Maße zur Angelegenheit unserer ganzen Gesellschaft; die Arbeiterklasse, die Eltern, der Jugendverband und seine Pionierorganisation, alle gesellschaftlichen Kräfte nehmen aktiv an der sozialistischen Erziehung der Schuljugend teil. Die gewachsene Wirtschaftskraft unserer Republik, die Leistungen unserer Werktätigen in der materiellen Produktion ermöglichen es uns, die materiellen und personellen Voraussetzungen für die Arbeit unserer Schule ständig weiter zu vervollkommnen.

Alles in allem haben wir seit dem VIII. Parteitag einen erfolgreichen Abschnitt der Arbeit zurückgelegt. Das wird auch sichtbar in den großen Anstrengungen an allen Schulen, in allen Pionierfreundschaften und FDJ-Organisationen zur Vorbereitung auf das große Ereignis der Jugend, die X. Weltfestspiele.

Wir können jetzt schon sagen: Die Lehrer und Erzieher, die Pioniere und FDJler haben Wort gehalten, mit guten Ergebnissen zum Festival zu kommen, zu dieser großen Begegnung in unserer Hauptstadt Berlin, in der unsere Jugend gemeinsam mit der Jugend der ganzen Welt für antiimperialistische Solidarität, Frieden und Freundschaft demonstrieren wird.

Die Arbeiterklasse und ihre Partei haben dem Direktor als politischem Funktionär unseres Arbeiter-und-Bauern-Staates die Aufgabe übertragen, für die sozialistische Erziehung der ihm anvertrauten Schüler seine ganze Kraft einzusetzen. Das ist eine große Verantwortung und Ehre zugleich. Der Schuldirektor genießt in unserem Staat Vertrauen und hohe Wertschätzung. Daß er dieses Vertrauen immer gerechtfertigt hat, dafür gebührt ihm Anerkennung und Dank.

Wir wünschen von dieser Konferenz aus allen Schuldirektoren in unserer Deutschen Demokratischen Republik weiterhin Schaffenskraft, viele Ideen und gute Erfolge in ihrer Arbeit.

Die sozialistische Kinder- und Jugendorganisation – unentbehrlicher Faktor unserer Erziehung

Diskussionsbeitrag
auf der Zentralen Pionierleiterkonferenz in Berlin
20. und 21. März 1975

Unsere Pionierleiterkonferenz ist ein bedeutender Beitrag zur Verwirklichung der Aufgabe, die unser VIII. Parteitag allen Pädagogen gestellt hat: die Anstrengungen darauf zu richten, bei der sozialistischen Bildung und Erziehung unserer Schuljugend eine noch höhere Qualität, eine größere Wirksamkeit zu erreichen. Die mit dem Referat von Genossin Helga Labs für einen längeren Zeitraum gegebene Orientierung auf eine kontinuierliche Erhöhung des Niveaus der Arbeit in der FDJ- und Pionierorganisation an der Schule und der lebendige, konstruktive Erfahrungsaustausch auf dieser Konferenz werden allen Lehrern, Erziehern und Pionierleitern eine große Hilfe für ihre Arbeit sein.

Unsere sozialistische Schule hat die Aufgabe, alle Kinder des Volkes gut auf das Leben und die Arbeit in der entwickelten sozialistischen Gesellschaft vorzubereiten, sie zu Kämpfern für die Sache der Arbeiterklasse, zu glühenden Patrioten und proletarischen Internationalisten zu erziehen, allen Mädchen und Jungen eine solide wissenschaftliche Bildung zu vermitteln, sie mit den Grundlagen der kommunistischen Weltanschauung auszurüsten, ihren Charakter im Sinne der Moral der Arbeiterklasse zu formen. Die Verwirklichung dieser Aufgabenstellung ist von großer Tragweite für die weitere Gestaltung der entwickelten sozialistischen Gesellschaft, für unser weiteres Vorwärtsschreiten auf dem Wege des Sozialismus und Kommunismus, der Demokratie und der Völkerfreundschaft. Unsere Partei ist in ihrer schulpolitischen Orientierung stets davon ausgegangen, daß die Entwicklung der Gesellschaft und der Schule untrennbar verbunden sind, daß letztlich die Rolle der Schule, Ziel und Inhalt der Bildung und Erziehung vom Charakter der Gesellschaftsordnung bestimmt werden und der Schule zugleich eine entscheidende, aktive Funktion bei der Entwicklung der Gesellschaft zukommt.

Die Erziehung in der Schule wirkt sich doch maßgeblich darauf aus, ob die Jugend gut auf das Leben und die Arbeit in der sozialistischen Gesellschaft vorbereitet ist, ob sich die Jugend den Anforderungen in allen gesellschaftlichen Bereichen, auf ökonomischem, ideologischem, geistig-kulturellem und militärischem Gebiet gewachsen zeigen wird.

Wenn wir davon ausgehen, daß unsere Jugend vor der Aufgabe steht, die entwickelte sozialistische Gesellschaft zu gestalten, dann wirft das die Frage auf, was es heißt, die Jugend den Kommunismus zu lehren. Nach wie vor gilt die Leninsche Lehre, daß man nur Kommunist werden kann, wenn man sich jene Summe von Kenntnissen aneignet, deren Ergebnis der Kommunismus selbst ist.

Der Marxismus selbst ist, wie Lenin hervorhob, das Musterbeispiel dafür, wie der Kommunismus aus der Summe des menschlichen Wissens hervorgegangen ist. Er hat seine weltgeschichtliche Bedeutung als wissenschaftliche Ideologie des Proletariats dadurch erlangt, daß er sich die wertvollsten Errungenschaften des menschlichen Denkens und der menschlichen Kultur aneignete und verarbeitete. Das sind die von den Volksmassen in der Geschichte der Menschheit hervorgebrachten materiellen und geistigen Reichtümer, die Ergebnisse ihrer Arbeit und ihres politischen Kampfes, die Erkenntnisse der Wissenschaft, die großen Leistungen der Kunst, der menschlichen Kultur.

Daraus ergibt sich, daß wir die Jugend zu einem tiefen Verständnis für die gesetzmäßige Entwicklung in der Natur, in der Gesellschaft und im menschlichen Denken führen müssen. Sozialistisches Bewußtsein läßt sich nur formen auf der Grundlage von Wissen, von Einsichten in die wissenschaftliche Lehre von der Entwicklung der Gesellschaft. Bewußtes Handeln setzt Wissen voraus. Wir müssen der Jugend die Erkenntnis vermitteln, daß sich die neue Gesellschaft nach wissenschaftlichen Gesetzen entwickelt, die bewußt vom Menschen genutzt werden müssen. Deshalb ist es eine unerläßliche Bedingung, den Schülern eine hohe Allgemeinbildung, exakte, dauerhafte und anwendungsbereite Kenntnisse zu vermitteln. Daraus ergibt sich die hervorragende, die entscheidende Rolle des Unterrichts bei der sozialistischen Erziehung junger Staatsbürger.

Wir begrüßen es sehr, daß im Referat festgestellt wird: Die Erziehung aller Schüler zum bewußten, disziplinierten und beharrlichen Lernen ist eine der wichtigsten Aufgaben der Pionierorganisation und des Jugendverbandes an den Schulen. Wir begrüßen es, daß sich unser Jugendverband dafür einsetzt, daß der ordnungsgemäße Ablauf des Unterrichts nicht beeinträchtigt wird.

Die Jugend den Kommunismus lehren, ihr ein wissenschaftliches Bild vom Sozialismus zu vermitteln, der jungen Generation die Frage, was Sozialismus ist, worin sein Wesen besteht, anhand des real existierenden Sozialismus in der Deutschen Demokratischen Republik, in der Sowjetunion und den anderen Ländern der sozialistischen Staatengemeinschaft überzeugend zu erklären, erfordert, daß wir, die Erzieher, uns selbst gründlich mit der Frage beschäftigen, was das Wesen des Sozialismus ausmacht; daß wir in unserer Tätigkeit stets davon ausgehen, daß der Sozialismus die Gesellschaftsordnung ist, in der die fortschrittlichste Klasse der Gesellschaft, die Arbeiterklasse, im Bündnis mit allen Werktätigen unter Führung ihrer marxistisch-leninistischen Partei die Macht ausübt; daß der Sozialismus die Gesellschaftsordnung ist, in der die Klasse der Kapitalisten und Großgrundbesitzer für immer beseitigt ist, in der die Reichtümer, alle wichtigen Produktionsmittel, die Fabriken und Bodenschätze dem Volk gehören, dessen schöpferische Arbeit neuen Reichtum schafft, der nicht mehr dem Profit der Kapitalisten dient, sondern der ganzen Gesellschaft, der Befriedigung der materiellen und geistigen Bedürfnisse aller Werktätigen. Im Sozialismus gibt es keine Ausbeutung, keine Furcht vor dem morgigen Tag. Die Errungenschaften der Kultur, der Wissenschaft und Technik stehen allen Werktätigen zur Verfügung. Für alle gibt es die gleichen Möglichkeiten, ihre Fähigkeiten zu entwickeln, Bildung zu erwerben und ihre Persönlichkeit allseitig zu entfalten. Die sozialistische Staatsmacht ist die einzige wahrhaft demokratische Macht, weil sie dem Wohle des ganzen Volkes dient. Der Sozialismus ist die Gesellschaftsordnung, die qualitativ neue Beziehungen der Menschen zueinander hervorbringt, Beziehungen, die durch gemeinsame, freie, schöpferische Arbeit und gegenseitige Hilfe, durch die Achtung des Menschen vor dem Menschen gekennzeichnet sind.

Der Sozialismus, das ist der immer festere Zusammenschluß der sozialistischen Staaten unter Führung der Sowjetunion, die Entwicklung der Gemeinschaft freier Völker, die allen Menschen der Welt den Weg in die Zukunft weist. Sozialismus, das bedeutet sozialen Fortschritt, Sicherheit und Frieden.

Für die Erziehung unserer Jugend ist es daher von großer Bedeutung, immer wieder konkret sichtbar zu machen, daß nur der Sozialismus den Menschen eine reale Perspektive geben kann, daß er täglich aufs neue seine historische Überlegenheit über die kapitalistische Gesellschaftsordnung beweist. Im Gegensatz zum Imperialismus, der in zunehmendem Maße durch schwere Krisen geschüttelt wird, kennt der Sozialismus weder Inflation noch Arbeitslosigkeit. Unsere Werktätigen, unsere Jugend haben keine Angst vor dem morgigen Tag, wie es für die Menschen der kapitalistischen Welt charakteristisch ist und gerade gegenwärtig immer mehr sichtbar wird.

Die herrschende Klasse des Imperialismus vermag den Werktätigen und insbesondere der Jugend keinerlei positive Ideale anzubieten. Die Legenden vom sogenannten „Wohlfahrtsstaat", von den sogenannten „neuen Lebensqualitäten" sind wie Seifenblasen geplatzt. Trotz aller Versuche, solche neuen „Ideale" zu erfinden, liegt das Fiasko der kapitalistischen Klasse auf der Hand. Blicken wir uns in der Welt um. Es ist schon kein Geheimnis mehr, daß im Ergebnis der Erfolge und Ausstrahlungskraft des Sozialismus immer mehr Werktätige in den kapitalistischen Ländern, vor allem auch die Jugend, die Haltlosigkeit der bürgerlichen Ordnung, ihre Unfähigkeit, dem Volk einen stabilen Wohlstand zu sichern, erkennen. In zunehmendem Maße wollen sich die Menschen in den kapitalistischen Ländern nicht mehr damit abfinden, daß ihre Rechte und Interessen mit Füßen getreten werden. Die Existenz des realen Sozialismus, seine Errungenschaften und Erfolge müssen heute sogar von unseren Klassengegnern anerkannt werden.

Es ist unsere Aufgabe, der heranwachsenden Generation klare Vorstellungen zu vermitteln, wie das Leben im Kapitalismus tatsächlich ist, ihr am Beispiel der Krise und aller davon bestimmten verheerenden Folgen für das werktätige Volk die Gebrechen des Kapitalismus konkret zu enthüllen. Denn wir dürfen nicht vergessen, daß nicht nur die Kinder – und das zu ihrem Glück –, sondern auch die Mehrzahl der Erzieher den Kapitalismus nicht erlebt haben, daß bei uns schon Generationen in den Sozialismus hineingeboren wurden. Damit die Jugend die sozialistische Ordnung, in der sie lebt, gebührend schätzen kann, für ihre Entwicklung und Vervollkommnung kämpft und unter allen Bedingungen bereit ist, sie mit allen Kräften zu verteidigen, muß sie wissen, was Kapitalismus, Imperialismus bedeutet, muß sie wissen, wie unsere Deutsche Demokratische Republik unter schweren Opfern, mit großen Anstrengungen erbaut, die sozialistische Staatengemeinschaft erkämpft und geschaffen wurde. Es gilt, ihr bewußtzumachen, daß trotz aller Versuche unserer Feinde der Vormarsch des Sozialismus nicht aufzuhalten ist, daß unsere sozialistischen Errungenschaften unumkehrbar sind. Das wird dazu beitragen, in der Jugend das Gefühl des Stolzes auf unsere sozialistische Ordnung, auf die große Einheit der Völker, die heute die sozialistische Staatengemeinschaft bilden, zu entwickeln und ihre Überzeugung zu vertiefen, welch Glück es ist, in der sozialistischen Gesellschaft zu leben, des morgigen Tages sicher zu sein, was es für ein Glück ist, der einträchtigen Familie sozialistischer Staaten anzugehören.

Unsere Jugend ist heute, nicht zuletzt dank der politisch-ideologischen Arbeit der FDJ und der Pionierorganisation, außerordentlich interessiert an politischen Fragen. Viele Probleme, die mit dem Voranschreiten des Sozialismus und des revolutionären Weltprozesses, dem weltweiten Klassenkampf gegen den Imperialismus, der Verschärfung der allgemeinen Krise des Kapitalismus zusammenhängen, bewegen unsere Mädchen und Jungen zutiefst. Dabei müssen wir berücksichtigen, daß sich die Entwicklung in der Welt sehr dynamisch und zugleich auch widersprüchlich vollzieht. Unsere Schüler bewegen viele Fragen im Zusammenhang mit dem Wüten der faschistischen Junta in Chile, mit den ständigen militärischen Provokationen der reaktionären Kreise im Nahen und Mittleren Osten, mit den Umtrieben und Terroraktionen neofaschistischer und antikommunistischer Kräfte in der BRD, in Westberlin, in Italien und in anderen kapitalistischen Staaten. Sie bewegen die Vorgänge in Portugal, die am 25. April 1974 zum Sturz des faschistischen Regimes führten, wo die Kommunistische Partei nach 40jähriger Illegalität einen heroischen Kampf führt, wo die Einheit der Bewegung der Streitkräfte und des Volkes die revolutionäre, demokratische Entwicklung gegen alle konterrevolutionären Anschläge verteidigt.

Die Weltlage ist heute bekanntlich dadurch charakterisiert, daß im Ergebnis der Politik der friedlichen Koexistenz, wie sie von der Sowjetunion und den mit ihr verbündeten sozialistischen Ländern praktiziert wird, die Festigung und Vertiefung der Entspannung die bestimmende Tendenz ist. Zugleich verschärft sich in der gegenwärtigen Etappe die Auseinandersetzung um die Entspannung, der Widerstand der Gegner der friedlichen Koexistenz im imperialistischen Lager.

Wenn wir uns vom Klassenstandpunkt aus die Frage vorlegen, warum das so ist, dann gibt es nur die Antwort: Auch der Gegner hat begriffen, daß die Entspannung letztlich das Ergebnis der grundlegenden Veränderung des Kräfteverhältnisses zugunsten des Sozialismus und zuungunsten des Imperialismus ist. Die reaktionären Kreise des Imperialismus verstärken ihren Widerstand gegen die Entspannungspolitik, weil sie das zunehmende internationale Ansehen der Sowjetunion, der gesamten sozialistischen Staatengemeinschaft, ihre wachsende Rolle im Weltgeschehen, die positiven Entwicklungen der wirtschaftlichen und wissenschaftlich-technischen Verbindungen zu den kapitalistischen Ländern in wachsendem Maße beunruhigt.

Es liegt nach wie vor im Wesen des Imperialismus, daß er aggressiv, daß er Quelle des Krieges ist. Wir dürfen nicht die Augen davor verschließen, daß die Imperialisten die Aufrüstung forcieren, daß sie gefährliche Spannungsherde in verschiedenen Teilen der Welt schüren. Deshalb werden wir im Kampf um die Entspannung nicht nachlassen, deshalb gilt es, für die weitere Durchsetzung der Prinzipien der friedlichen Koexistenz im Interesse des Friedens und des Sozialismus die Anstrengungen zu vervielfachen. Die Kommunisten haben die Entspannung nie als einen reibungslosen Prozeß, nie als eine Fortbewegung auf glatter Straße, sondern immer als Klassenkampf aufgefaßt. Das heißt, daß wir sowohl die positiven Wandlungen im internationalen Klassenkampf richtig einschätzen als auch die Hindernisse nicht übersehen, die es auf dem Wege zu einem dauerhaften Frieden gibt. All das müssen wir der Jugend erklären und sie zur Wachsamkeit gegenüber den Kräften des Krieges und des Faschismus erziehen. Die Jugend den Kommunismus zu lehren, das erfordert also, ihr die grundlegenden Veränderungen in unserer Welt, die tiefgreifenden sozialen Prozesse bewußtzumachen, sie zu befähigen, alle Fragen unserer Zeit vom Standpunkt der Arbeiterklasse aus richtig zu beurteilen und sich für den gesellschaftlichen Fortschritt einzusetzen.

Immer gilt in der Erziehungsarbeit, daß wir die Fragen der Jugend konkret beantworten müssen. Entscheidend ist aber dabei immer wieder, die Zusammenhänge, das Wesen der Sache deutlich zu machen, damit wir die heranwachsende Generation befähigen, im Wissen um das Wesen des Sozialismus und des Imperialismus, von einem klaren Klassenstandpunkt aus immer selbständiger richtige Antworten zu finden. Zugleich müssen wir stets darauf achten, daß wir die Dinge nie vereinfacht darstellen. So dürfen wir bei der Vermittlung von Einsichten in das Wesen des Sozialismus niemals die Kompliziertheit und Dynamik seiner Entwicklung umgehen. Jede vereinfachte Darstellung des Sozialismus mindert die Überzeugungskraft; denn die Schüler erleben selbst auf vielfältige Weise, daß sich die Gestaltung der sozialistischen Gesellschaft nicht ohne Probleme vollzieht. Es wäre jedoch auch eine Vereinfachung, würden wir nur die Probleme zeigen, ohne gleichzeitig überzeugend nachzuweisen, daß gerade in der bewußten Leitung der Prozesse durch die Partei der Arbeiterklasse, im bewußten Lösen von Entwicklungsfragen und Widersprüchen ein entscheidender Vorzug des Sozialismus besteht. Geht es doch darum, die Kinder von klein auf daran zu gewöhnen, selbst mit Hand anzulegen, sie zum Handeln zu erziehen.

Unsere Jugend bereitet sich gegenwärtig sehr gründlich und sehr vielfältig auf den 30. Jahrestag der Befreiung vom Hitlerfaschismus durch die ruhmreiche Sowjetarmee vor. Wir müssen diese große Bewegung der Schuljugend vor allem dafür nutzen, ihr die welthistorische Bedeutung dieses Ereignisses noch bewußter zu machen. Das heißt, ihr überzeugend zu erklären, daß mit dem Sieg der Sowjetunion und dem damit verbundenen machtvollen Aufschwung aller revolutionären Bewegungen ein neuer Abschnitt im revolutionären Weltprozeß begann, in dem sich das internationale Kräfteverhältnis durch das Entstehen des sozialistischen Weltsystems entscheidend zugunsten des Sozialismus und des Friedens verändert hat, daß nach der Großen Sozialistischen Oktoberrevolution die Herausbildung des sozialistischen Weltsystems zum größten Schritt auf dem Wege der Menschheit zum Sozialismus wurde.

Unsere Jugend muß um die Tatsache wissen, daß die Befreiungstat der Sowjetunion eine Wende in der Geschichte der europäischen Völker und die wichtigste Voraussetzung für das Werden und Wachsen der DDR war. Wir müssen unserer Schuljugend auf lebendige, eindrucksvolle Weise vor Augen führen, welch heroischen, opferreichen Kampf das Sowjetvolk geführt hat und daß mit dem 8. Mai auch der opferreiche Kampf der Antifaschisten und Patrioten in den von der Sowjetunion befreiten Ländern seine Erfüllung fand. Standen doch die Kommunisten, Antifaschisten in den ersten Reihen des Widerstandskampfes. Durch ihren Mut und ihr Heldentum erwiesen sie sich als echte Patrioten und Internationalisten, als entschlossene und konsequente Kämpfer für Demokratie und Freiheit.

Der Sieg der Sowjetunion im Großen Vaterländischen Krieg zeigte der ganzen Menschheit, daß der Sozialismus das zuverlässigste Bollwerk des Friedens, der Demokratie und des sozialen Fortschritts ist. Das tiefe Verständnis für die grundlegende Bedeutung des Sieges der Sowjetunion über den Hitlerfaschismus ist eine wichtige Voraussetzung dafür, daß unsere junge Generation, besser gewappnet mit den Lehren der Geschichte, in tiefer, unverbrüchlicher Freundschaft mit der Sowjetunion und den anderen sozialistischen Ländern im Geiste des proletarischen Internationalismus, für den Fortschritt der Menschheit lernt, arbeitet und kämpft, daß sie stets bereit ist, antiimperialistische Solidarität zu üben.

Unsere Jugend zu Kämpfern für die neue Ordnung zu erziehen, das erfordert, der moralischen Erziehung größeres Gewicht beizumessen. Es geht darum, daß sich die Jugend solche moralischen Eigenschaften aneignet wie Standhaftigkeit, Entschlossenheit, Solidarität, proletarischen Internationalismus und Patriotismus, Liebe zur Arbeit, revolutionäre Disziplin, Begeisterung im Kampf für das Neue, daß wir sie lehren, Beziehungen zu anderen Menschen zu entwickeln, die durch Kameradschaft, gegenseitige Achtung und Unterstützung gekennzeichnet sind, daß sie sich jene elementaren Grundregeln des menschlichen Zusammenlebens wie Ehrlichkeit und Wahrhaftigkeit, die erst durch den Sozialismus ihren wahren Inhalt erhalten haben, aneignet.

Die Jugend zu lehren, was moralisch ist, erreicht man bekanntlich nicht durch „Moralpredigten". Das lernt die Jugend nur, indem sie teilnimmt am gesellschaftlichen Leben. Das lernt sie in ihren Kollektiven. Solche kommunistischen moralischen Eigenschaften eignet sie sich vor allem durch ihre Teilnahme an der gesellschaftlichen Arbeit an. Clara Zetkin wies besonders eindringlich auf die hervorragende Rolle der gesellschaftlichen Arbeit bei der Erziehung hin, indem sie erklärte, daß die gesellschaftliche Arbeit das vorzüglichste Mittel ist, alle Fähigkeiten und Kräfte der Heranwachsenden zu wecken und zu entfalten. Sie wies nach, daß die kommunistische Arbeit alle individuellen Talente und Neigungen der Kinder und Jugendlichen entwickelt, sie zu stärkster Selbstbetätigung anreizt, höchstes Verantwortungsgefühl herausbildet und das klare Bewußtsein der Solidarität, der Verbundenheit aller mit allen hervorbringt. „Zusammengefaßt", sagte Clara Zetkin, „Erziehungsziel ist ... der kommunistisch fühlende, denkende, handelnde Mensch, der als bewußtes Glied der riesigen Völkerinternationale von Stufe zu Stufe höheren gesellschaftlichen und persönlichen Seins und Tuns emporsteigt."[1]

Unsere gesellschaftliche Praxis beweist die Wahrhaftigkeit der marxistisch-leninistischen Theorie, daß nur in enger Verbindung des Lernens mit der Teilnahme am Kampf der Arbeiterklasse und aller Werktätigen junge Kommunisten erzogen werden. Und eben deshalb muß der gesamte Erziehungsprozeß so gestaltet sein, daß sich die Schüler ihr Wissen in der aktiven Auseinandersetzung mit der Umwelt aneignen, daß sie eigene gesellschaftliche, soziale Erfahrungen und Erkenntnisse erwerben.

Diese Aufgabe muß unsere sozialistische Schule, deren charakteristisches Merkmal ihre Lebensverbundenheit ist, immer besser lösen.

Aber allein kann die Schule diese Aufgabe nicht bewältigen. Eine solche Erziehung ist ohne eine politische Organisation der Kinder und Jugendlichen nicht denkbar, jener Organisation, die die Mädchen und Jungen auf freiwilliger Grundlage, gerichtet auf das Ziel, an der Gestaltung der neuen Gesellschaft mitzuwirken, zum bewußten, disziplinierten und aktiven Handeln zusammenschließt. So müssen wir die Worte W. I. Lenins verstehen, daß die Pionierorganisation der beste Weg zur Erziehung junger Kommunisten ist.

Deshalb ist die sozialistische Kinder- und Jugendorganisation für die Erziehung junger Erbauer des Sozialismus unentbehrlich, durch nichts zu ersetzen.

Die revolutionäre deutsche Arbeiterklasse und ihre marxistisch-leninistische Partei haben sich stets von dieser Idee leiten lassen. Auf der Gründungskonferenz der kommunistischen Kinderorganisation im Jahre 1920 wurden deren Ziele und Aufgaben als „Elementarschule des proletarischen Klassenkampfes für die heranwachsende Generation" charakterisiert. Schon damals, als den kommunistischen Kindergruppen die Aufgabe gestellt war, sich an die Seite klassenbewußter Arbeiter, Lehrer und Eltern gegen den reaktionären Lehrinhalt, gegen Prügelpädagogik und für die Schaffung besserer Lern- und Lebensbedingungen für die Arbeiterkinder einzusetzen, sah die Partei den Platz der revolutionären Kinderorganisa-

---

[1] C. Zetkin: Lenins Vermächtnis für die Frauen der Welt. In: C. Zetkin: Ausgewählte Reden und Schriften. Bd. III, Dietz Verlag, Berlin 1960, S. 494.

tion dort, wo die Kinder vor allem lernen und leben, nämlich an der Schule. Als es nach der Befreiung vom Hitlerfaschismus um den Aufbau unserer neuen demokratischen Schule ging, orientierte unsere Partei von Anfang an die antifaschistische Kindervereinigung und später unsere Pionierorganisation darauf, die demokratisch eingestellte Lehrerschaft bei der Erziehung der Kinder zu fortschrittlichen Menschen, zur positiven Einstellung zum Lernen zu unterstützen und die Mädchen und Jungen durch vielfältige Maßnahmen in das gesellschaftliche Leben einzubeziehen.

In kontinuierlicher Weiterführung der revolutionären Traditionen der kommunistischen Kinderbewegung erweist sich die Pionierorganisation „Ernst Thälmann" gerade heute, da höhere Ansprüche an die Erziehung der Jugend gestellt sind, als treuer und unentbehrlicher Verbündeter der Schule. Ohne die Aktivitäten der nach den Prinzipien des demokratischen Zentralismus aufgebauten sozialistischen Kinder- und Jugendorganisation wäre die Erziehung unserer Kinder im revolutionären Geist der Arbeiterklasse, ihre Erziehung zur politischen Bewußtheit, zu einer hohen Lern- und Arbeitsmoral, zur Aktivität, Diszipliniertheit, Organisiertheit und Kollektivität einfach undenkbar. Stets haben sich deshalb unsere sozialistischen Lehrer mit ihrer ganzen Kraft für die Entwicklung unserer sozialistischen Kinder- und Jugendorganisation eingesetzt.

Gemeinsam mit den Lehrern und Erziehern setzt ihr, liebe Freunde, eure ganze Kraft dafür ein, die jungen Erbauer der sozialistischen, der kommunistischen Gesellschaft zu erziehen. Damit habt ihr den Stafettenstab übernommen aus der Hand jener Leiter der roten Jungpioniere, die, dem Auftrag der Partei folgend, ihre ganze Liebe und Fürsorge den Arbeiterkindern widmeten und von denen viele ihr Leben für eine glückliche Zukunft der Jugend gegeben haben. Ihrem Vorbild sind in den vierziger, fünfziger und sechziger Jahren Tausende Pionierleiter der Freien Deutschen Jugend gefolgt. Sie trugen aktiv dazu bei, unsere neue Schule aufzubauen und sie zu einer wahrhaft sozialistischen Bildungsstätte des Volkes zu entwickeln.

Die Pionierleiter haben als Mitstreiter unserer Lehrer, als Funktionäre der Freien Deutschen Jugend zu jeder Zeit den ihnen von der Partei erteilten Auftrag in Ehren erfüllt. Dafür möchten wir dem sozialistischen Jugendverband, euch, den Pionierleitern der siebziger Jahre, im Namen der mehr als 280 000 Pädagogen und Mitarbeiter der Volksbildung der Deutschen Demokratischen Republik von ganzem Herzen danken!

Genossin Helga Labs hat überzeugend nachgewiesen, worin heute die wachsende Rolle und Verantwortung der FDJ und ihrer Pionierorganisation bei der kommunistischen Erziehung der Schuljugend zu sehen ist und wie sie verwirklicht werden muß.

Unsere Kinder zu hochgebildeten, schöpferischen, aktiven und charakterfesten jungen Kommunisten zu erziehen, das stellt unsere Schule, unsere Lehrer und Erzieher vor die Aufgabe, die gesamte Bildungs- und Erziehungsarbeit qualitativ auf ein noch höheres Niveau zu heben. Mit Notwendigkeit erwachsen daraus auch bedeutend höhere Anforderungen an das Niveau des FDJ- und Pionierlebens. Mit dem höheren Bildungsniveau unserer Schüler wachsen die Ansprüche an eine sinnvolle Freizeitgestaltung, wächst ihr Streben nach mehr Erkenntnissen, nach Aktivität. Der Mensch ist seinem Wesen nach aktiv. Die marxistisch-leninistische Erziehungstheorie begründet, daß sich die Persönlichkeit in der aktiven Auseinandersetzung mit der Umwelt, in der Tätigkeit entwickelt. Wenn wir die Frage nach der Erziehung der Jungen Pioniere und FDJ-Mitglieder zur höheren Verantwortung, Selbständigkeit und Aktivität, zur immer stärkeren Mitwirkung an der Gestaltung des Lebens im Schülerkollektiv stellen, dann geht es also nicht um eine äußerliche Angelegenheit, nicht einfach um eine Frage nach dieser oder jener Form um ihrer selbst willen, um Tätigkeit an sich, sondern darum, an jeder Schule noch besser das breite, unerschöpfliche Bewährungsfeld des Lebens in den FDJ- und Pionierkollektiven für die Herausbildung gesellschaftlicher Aktivitäten und Initiativen bei allen Mädchen und Jungen zu erschließen. Und eben das erfordert, den Kindern in noch weitaus größerem Maße praktisch Gelegenheit zu geben, auf vielfältige Weise eigene Verantwortung für die Entwicklung der politischen Atmosphäre im Kollektiv, für das Lernen, für die gesellschaftlich-nützliche Arbeit, für die Sicherung von Ordnung und Disziplin wahrzunehmen, am gesellschaftlichen Leben innerhalb und außerhalb der Schule teilzunehmen.

Es geht darum, die Kinder an die Erfüllung gesellschaftlicher Pflichten und an das Wahrnehmen gesellschaftlicher Rechte zu gewöhnen.

Die aktive Mitwirkung der Schüler auf allen Gebieten ihres Lebens zu entwickeln und zu fördern, es ihnen zu ermöglichen, im täglichen FDJ- und Pionierleben immer bewußter ihre in den Statuten von FDJ und Pionierorganisation festgelegten Pflichten und Rechte auszuüben und in Anspruch zu nehmen, sie richtig zu nutzen und richtig zu gebrauchen, ist die beste Vorbereitung auf die Anforderungen, die an einen sozialistischen Staatsbürger gestellt werden. Das ist zugleich eine Antwort auf die oft gestellte Frage, auf welche Weise wir unsere Kinder noch besser zur sozialistischen Demokratie zu erziehen haben. Es ist die Aufgabe jedes Pädagogen, Lernen, Arbeiten und Verhalten der Schüler, ihr Verantwortungsbewußtsein, ihre Eigeninitiative für die bewußte, disziplinierte Erfüllung ihrer gesellschaftlichen Pflichten ständig zu entwickeln.

In diesem Zusammenhang wiesen Lehrer, Erzieher und Pionierleiter völlig zu Recht darauf hin, daß es aber auch noch immer solche Methoden in unserer Praxis gibt, die die Kinder nicht fordern, sie zur Passivität verurteilen, die zu Interesselosigkeit und Unlust führen. Offensichtlich müssen wir uns noch mehr bemühen, das Anspruchsniveau der Mädchen und Jungen in Rechnung zu stellen und zu verhindern, daß sie unter- oder überfordert werden. Wir dürfen ihnen nicht alle Schwierigkeiten aus dem Weg räumen, nicht alles für die Kinder tun, sondern müssen sie vielmehr befähigen, Probleme selbst zu erkennen und zu lösen, mit Schwierigkeiten fertigzuwerden. Das schließt das sogenannte pädagogische Risiko ein. Wenn Pioniere Aufgaben selbständig lösen, kann es durchaus vorkommen, daß noch nicht alles gleich so perfekt klappt, wie sich das die Erwachsenen vorgestellt haben. Doch dieses Risiko einfach zu umgehen, hieße letzten Endes darauf zu verzichten, die Mädchen und Jungen durch die praktische Ausübung von Verantwortung zum gesellschaftlichen Verantwortungsbewußtsein zu erziehen.

Wir können von dem großen, in unserer sozialistischen Gesellschaftsordnung begründeten Vorzug ausgehen, daß unsere Kinder über hohe Kenntnisse verfügen, wißbegierig, lebensverbunden, lebhaft, kritisch, vielseitig interessiert und allem Neuen gegenüber aufgeschlossen sind.

Das stellt höhere Anforderungen an den Stil der pädagogischen Führung durch den Erzieher. Solche Kinder zu erziehen, verlangt von jedem Pädagogen, jedes Kind ernst zu nehmen, es zu fordern, ihm mit Verständnis zu begegnen, sich taktvoll und feinfühlig zu den jungen Menschen zu verhalten. Dabei sollten wir immer beachten, daß kommunistische Erziehung sowohl durch die Einwirkung auf den Verstand als auch durch die Beeinflussung der Emotionen, der Haltungen und des Verhaltens der Kinder verwirklicht wird. Daraus ergibt sich die unabdingbare Forderung an die Pädagogen, noch aufmerksamer und mit noch größerem Einfühlungsvermögen die Entwicklung jedes Kindes zu verfolgen, seine Stärken, Schwächen und Probleme zu kennen, Widersprüche in seiner Entwicklung rechtzeitig zu sehen, um den Prozeß seiner Persönlichkeitsentwicklung zielstrebig fördern zu können. Das ist eine komplizierte Aufgabe; wir müssen sie dennoch immer besser bewältigen.

Der Pädagoge macht täglich aufs neue die Erfahrung, daß seine erzieherische Wirksamkeit entscheidend von der eigenen ideologischen Überzeugung und politischen Reife, von seinem Wissen und Können, seiner Charakterfestigkeit, von seiner Liebe zum Kind und vom Vertrauen in dessen Kräfte abhängt.

Die Frage nach dem Stil der pädagogischen Arbeit ist also weit mehr als ein Problem der Methoden. Es ist die Frage nach dem Wissen und Können, dem Kulturniveau, der Persönlichkeit des Pädagogen.

Unsere Pädagogen, Lehrer, Erzieher und Pionierleiter genießen die Anerkennung und Unterstützung durch die ganze Gesellschaft, die ständige Fürsorge der Partei der Arbeiterklasse und unseres sozialistischen Staates.

Wir alle wissen, welch großen, nachhaltigen Einfluß der Pädagoge auf das ganze Leben der jungen Menschen ausübt. Wie nicht zuletzt auch diese Konferenz sehr überzeugend beweist, ist heute in unserer sozialistischen Schule schon jener sozialistische Erzieher zu Hause, der – um mit Kalinin zu sprechen – selbst brennt, um andere zu entzünden, dessen erzieherische Wirksamkeit seiner Achtung vor dem Menschen und seiner politischen Überzeugungskraft entspringt.

Jeder von uns weiß, daß man ständig an sich arbeiten muß, um sich der anspruchsvollen Aufgabe, ein guter Erzieher der Jugend zu sein, gewachsen zu zeigen. Um so mehr brauchen unsere Lehrer, Erzieher und Pionierleiter die konkrete Anleitung, Hilfe und Unterstützung durch die Organe der Volksbildung und die Leitungen des Jugendverbandes.

Wir brauchen für die nächste Wegstrecke unserer gemeinsamen Arbeit weiterhin ein vertrauensvolles Miteinander. Das betrachen wir als eine wesentliche Belingung für eine erfolgreiche Erziehungsarbeit an unseren Schulen. In den meiten Pädagogenkollektiven hat der Freundschaftspionierleiter seinen festen Platz gefunden, wird er als Genosse, als politischer Funktionär unseres sozialistischen ugendverbandes geachtet. Wir wollen, daß dies überall so ist! Vor allem vom Direktor, von seinem Einfluß hängt es ab, daß alle Pädagogen eng und kameradchaftlich mit ihrem Freundschaftspionierleiter zusammenarbeiten. Viel hängt ber auch davon ab, daß der Pionierleiter durch die Qualität seiner Arbeit und durch ein vertrauensvolles Verhältnis zu seinem Direktor und seinem Lehrerkolektiv seinen Platz an der Schule ausfüllt.

Euch dabei alle Hilfe zu geben ist Auftrag und Verpflichtung der Schulfunktioäre und Direktoren. Den Freundschaftspionierleiter vom ersten Tage an als polischen Funktionär und Pädagogen, als Kollegen, Freund und Genossen in seiner erantwortlichen Tätigkeit aktiv zu unterstützen ist Sache aller Lehrer und Erzieer.

In ihrer aller Namen wünsche ich euch allen viele kluge Ideen und gute Erfolge n unserer gemeinsamen Arbeit bei der kommunistischen Erziehung unserer Mädchen und Jungen.

Mit Sachlichkeit, Konkretheit, Qualität und hohen Leistungen zum IX. Parteitag

Diskussionsbeitrag auf der 20. Tagung des Bezirkstages Dresden
16. Oktober 1975

Die Feststellung der 15. Tagung des Zentralkomitees der SED, daß die Bilanz un serer gesamtgesellschaftlichen Entwicklung positiv ist, daß sich alle unsere An strengungen gelohnt haben, bestätigt sich sehr eindrucksvoll gerade auch auf den Gebiet des Volksbildungswesens.

Von welch großer Bedeutung, wie weit in die Zukunft hinreichend ist doch die Tatsache, daß wir nach dem VIII. Parteitag die zehnjährige obligatorische Ober schulbildung für alle Kinder des Volkes verwirklichen konnten, daß in unsere Republik heute 82 Prozent aller Kinder im Alter von 3 bis 6 Jahren unsere Vor schuleinrichtungen besuchen, womit die DDR Weltspitze einnimmt, und daß sich der Anteil der Schüler der Klassen 1 bis 4, die im Schulhort erfaßt sind, von 48 Prozent im Jahre 1970 auf 65 Prozent in diesem Jahr erhöht hat.

Große Leistungen der Werktätigen in der Produktion waren nötig, um den An teil des Nationaleinkommens für das Bildungswesen, die Kultur, das Gesund heits- und Sozialwesen im Zeitraum des letzten Fünfjahrplanes um mehr als ei Drittel zu erhöhen.

Sie wissen um die großen Anstrengungen, die auf dem Gebiet des Schulbau notwendig waren und selbstverständlich noch notwendig sind.

Die Tatsache, daß von allen Unterrichtsräumen, die in der DDR seit 1949 ge baut wurden, allein 40 Prozent nach dem VIII. Parteitag entstanden sind, zeug davon, daß unsere Partei und unsere Regierung die Entwicklung des Bildungswe sens einschließlich der ständigen Vervollkommnung seiner materiellen Basis al einen wichtigen Faktor bei der Verwirklichung der Hauptaufgabe betrachten. Zu gleich ist diese Entwicklung im Schulbau und beim Bau von Kindereinrichtunge ein sichtbarer Beweis dafür, daß es mit unserem Wohnungsbauprogramm, de entscheidenden Punkt unseres Sozialprogramms, im großen Tempo vorangeh

Große Anstrengungen wurden gemacht, um gute Bedingungen für einen qual fizierten Fachunterricht zu schaffen. Jede Schule verfügt gegenwärtig über eine Bestand an Unterrichtsmitteln von durchschnittlich 140 000 Mark. Seit 1971 wu den im Maßstab der Republik 50 000 Absolventen des Lehrerstudiums neu in den Schuldienst eingewiesen.

Wenn heute darüber berichtet werden kann, daß sich das Wissens- und Kulturniveau der Jugend, ihr sozialistisches Bewußtsein, ihre Einsichten in die Gesetzmäßigkeiten und Zusammenhänge der Entwicklung in Natur und Gesellschaft ständig weiter erhöhen, daß sich ihre sozialistische Einstellung zum Lernen, zur Arbeit, ihre internationalistische klassenmäßige Haltung, ihr aktives Engagement für die DDR, für den Sozialismus zunehmend entwickelt haben, so steht dahinter schöpferisches Bemühen, jahrelange beharrliche, zielbewußte, oft sehr mühselige tagtägliche Arbeit Tausender Lehrer auch Ihres Bezirkes und der großen Zahl all derer, die mit den Pädagogen gemeinsam an der sozialistischen Erziehung der Jugend wirken.

Auch künftig geht es im Volksbildungswesen um die weitere Ausgestaltung unserer Oberschule, das heißt um die weitere systematische Erhöhung des Niveaus des Unterrichts und der Erziehung, um die Vervollkommnung der Qualität der Arbeit in allen Einrichtungen der Volksbildung – den Kindergärten, Heimen, Einrichtungen der Lehrerbildung, Sonderschulen und anderen. Das ist eine langfristige strategische Orientierung; denn hohe Leistungen, ein hohes Niveau der Allgemeinbildung und der Erziehung sind nur zu verwirklichen, wenn wir kontinuierlich und konsequent das Ziel verfolgen, eine hohe Qualität der gesamten pädagogischen Arbeit tagtäglich in jeder Schule, in jeder Einrichtung zu verwirklichen.

Die Initiativen der Pädagogen in Vorbereitung des IX. Parteitages der SED sind deshalb darauf gerichtet, weitere qualitative Fortschritte auf allen Gebieten der pädagogischen Arbeit, in allen Einrichtungen, in allen Fächern und in allen Klassen zu erreichen.

Für die Lehrer und Erzieher bedeutet die Aufforderung der 15. Tagung des Zentralkomitees, zielstrebig die Beschlüsse des VIII. Parteitages zu verwirklichen, an allen Schulen ein höheres Niveau des Wissens und Könnens, des Bewußtseins und Verhaltens der Kinder und Jugendlichen zu erreichen.

In den Bilanzberatungen der Pädagogenkollektive zum Beginn dieses Schuljahres zeigten sich Wille und Bereitschaft der Lehrer und Erzieher, dieser Aufgabenstellung gerecht zu werden. Zugleich wurde, verbunden mit einer realistischen, sachlichen Wertung des Erreichten, ein großer Optimismus sichtbar, der aus den positiven Ergebnissen der eigenen Arbeit und der gesamtgesellschaftlichen Entwicklung erwächst und Ausdruck der großen Zustimmung der Pädagogen zur Politik der Partei ist, dazu, daß unsere Partei auch künftig, unter den veränderten inneren und äußeren Bedingungen, den bewährten Kurs, den Kurs des VIII. Parteitages, fortsetzen wird.

In den Bilanzberatungen der Lehrer und Erzieher zeigte sich das Bemühen, die tägliche Arbeit noch ernsthafter an den gesellschaftlichen Erfordernissen zu messen, zeigte sich die gewachsene Einsicht, daß die weitere systematische Erhöhung des Niveaus unserer zehnklassigen Oberschule eine Notwendigkeit ist, die sich

441

aus der Aufgabe ergibt, die entwickelte sozialistische Gesellschaft in unserer Deutschen Demokratischen Republik weiter zu gestalten, um somit wichtige Voraussetzungen für den allmählichen Übergang zum Kommunismus zu schaffen.

Unsere Politik, wie sie in der Hauptaufgabe zum Ausdruck kommt, ist bekanntlich auf neue, hohe Leistungen in der gesamten Volkswirtschaft und – auf dieser Grundlage – auf die immer bessere Befriedigung der materiellen, kulturellen und geistigen Bedürfnisse der Menschen gerichtet. Ausgehend davon, daß alle Seiten des gesellschaftlichen Entwicklungsprozesses untrennbar miteinander verbunden sind, darf keine dieser Seiten vernachlässigt werden. Dies wurde noch einmal auf der 15. Tagung des Zentralkomitees bekräftigt.

Die weitere Erhöhung des materiellen wie des kulturellen Lebensniveaus verlangt geradezu eine höhere Bildung der Menschen, die weitere Entwicklung ihres sozialistischen Bewußtseins und Verhaltens, die Entwicklung und Befriedigung der geistigen Bedürfnisse der Menschen. Das eben macht es notwendig, das Niveau unserer Schule systematisch weiter zu erhöhen.

So gesehen, ist die höhere Qualität des Unterrichts und der Erziehung von entscheidender Bedeutung für die weitere Realisierung der Hauptaufgabe. Ganz in diesem Sinne wurde auf der 15. Tagung des Zentralkomitees hervorgehoben, daß die Tatsache, daß heute rund 92 Prozent aller Schüler der 8. Klasse zur 9. und 10. Klasse übergehen, von großer politischer und sozialer Bedeutung ist, daß sich dieses große Potential an politischer Bewußtheit, Fähigkeit und Wissen für die weitere Entwicklung der Arbeiterklasse und die ökonomische Leistungsfähigkeit der Volkswirtschaft gerade in den kommenden Jahren sehr positiv auswirken wird.

Der IX. Parteitag wird sich mit den Fragen der weiteren Entwicklung unserer sozialistischen Gesellschaft, mit den Prozessen der weiteren Gestaltung der entwickelten sozialistischen Gesellschaft befassen. Daraus ergibt sich, daß die Fragen der kommunistischen Erziehung der Jugend, die Frage, was es unter unseren konkreten historischen Bedingungen heißt, die Jugend den Kommunismus zu lehren, wachsende Bedeutung gewinnt. Kommunistische Erziehung, das heißt, jeden Schüler zu einem überzeugenden Kämpfer für die Sache der Arbeiterklasse, zu einem glühenden Patrioten und proletarischen Internationalisten zu erziehen, alle Mädchen und Jungen mit einer soliden wissenschaftlichen Allgemeinbildung auszurüsten, ihnen die Grundlagen der kommunistischen Weltanschauung zu vermitteln und ihren Charakter, ihre Lebensauffassung im Sinne der Moral der Arbeiterklasse zu formen.

Wenn wir diese Forderungen stellen – und das ohne Abstriche –, dann heißt das natürlich nicht, daß ein Schüler der 6. oder auch der 10. Klasse etwa schon ein fertiger Kommunist, eine allseitig entwickelte sozialistische Persönlichkeit ohne Fehl und Tadel sein kann, daß er immer gleich alle grundlegenden Veränderungen in der Welt, die ganze Kompliziertheit des Klassenkampfes versteht. Was aber die Schule leisten kann und muß, das ist, den Schülern grundlegendes politisches Wissen zu vermitteln und ihnen – zusammen mit den Eltern und unserer sozialistischen Kinder- und Jugendorganisation – politische Haltungen, moralische Verhaltensweisen, Standpunkte anzuerziehen.

Viele Pädagogenkollektive haben sich zu Beginn des Schuljahres – stimuliert auch durch die zentrale Pionierleiterkonferenz – sehr gründlich mit den Problemen der Erziehung beschäftigt, mit Grundfragen ebenso wie mit täglich auftretenden Problemen. Dabei spielten Fragen der Lerneinstellung, der Disziplin – besonders in den oberen Klassen – eine große Rolle. Das weist darauf hin, daß sich unsere Volksbildungsorgane unter dem Gesichtspunkt der Hilfe für die Lehrer mit den damit zusammenhängenden Problemen gründlich befassen müssen. Es liegen in den Schulen viele gute Erfahrungen vor, wie die Wirksamkeit der Erziehung erhöht werden kann – mehr, als uns manchmal bekannt sind. Diese Erfahrungen gilt es, gründlich zu studieren, wenn wir weiter vorankommen wollen.

Die Jugend den Kommunismus zu lehren, das heißt, sie wissenschaftlich zu bilden. Ohne solides Wissen, ohne sichere Kenntnisse der Fakten und Tatsachen auf den einzelnen Wissensgebieten – in der Mathematik, den Naturwissenschaften, in polytechnischen Fächern ebenso wie in den gesellschaftswissenschaftlichen Disziplinen, den Sprachen, der Musik, der Kunsterziehung – ist es nicht möglich, in die Gesetzmäßigkeiten und Zusammenhänge der Entwicklung in Natur und Gesellschaft einzudringen, junge Kommunisten zu erziehen. Exakte Kenntnisse sind Voraussetzung, um aktiv am Aufbau unserer neuen Gesellschaftsordnung teilzunehmen, einer Gesellschaftsordnung, die nach wissenschaftlichen Einsichten in die Gesetzmäßigkeiten der Entwicklung gestaltet wird. Und schließlich sind solide Kenntnisse unerläßlich für eine erfolgreiche Arbeit im Beruf, für ein sinnerfülltes Leben. Bildung, Wissen, Kenntnisse sind also für uns Marxisten-Leninisten nichts Indifferentes. Deshalb messen wir dem Unterricht, seinem hohen wissenschaftlichen Niveau die entscheidende Bedeutung im gesamten Erziehungsprozeß bei.

Es mag wie eine Binsenwahrheit klingen, wenn wir immer wieder hervorheben, daß es die wichtigste Aufgabe des Lehrers ist zu unterrichten. In welcher Qualität der Lehrer den Unterricht erteilt, wie er die Wissenschaft seines Faches beherrscht, und von seiner Fähigkeit, die Fachwissenschaft von einem soliden marxistisch-leninistischen Grundlagenwissen her zu vermitteln, hängt entscheidend auch die Erziehungswirksamkeit des Unterrichts ab. In welcher Qualität also der Lehrer seinen Unterricht erteilt, wie er sich auf ihn vorbereitet, das sind letztendlich die entscheidenden Fragen der Qualität unserer „Produktion".

Deshalb orientieren wir auf eine immer wirksamere Hilfe für die Lehrer bei ihrem Bemühen, das wissenschaftliche Niveau des Unterrichts weiter zu erhöhen, auf eine wirksame Hilfe bei ihrer politisch-ideologischen, fachwissenschaftlichen und pädagogischen Weiterbildung, und deshalb fordern wir, mit der Zeit der Lehrer stets sehr sorgsam umzugehen, Eingriffe in den Unterricht zu vermeiden, einen geordneten Unterrichtsablauf zu sichern.

Die Aufgabe, die Jugend den Kommunismus zu lehren, wäre nicht lösbar ohne die Verbindung von Unterricht und produktiver Arbeit. Deshalb halte ich die hier unterbreiteten Überlegungen und konkreten Vorschläge, die darauf gerichtet sind, das Niveau des polytechnischen Unterrichts weiter zu erhöhen, für sehr wesentlich.

Die Tatsache, daß die Arbeiterklasse in qualitativ neuer Weise auf die Jugenderziehung unmittelbaren Einfluß nimmt, daß Tausende Arbeiter direkt daran mitwirken, die Tatsache auch, daß die heranwachsende Generation schon in der Schulzeit durch eigenes Erleben mit dem Kampf der Werktätigen um hohe Produktionsleistungen, mit dem Leben und der Arbeit, der Atmosphäre, den kollektiven Beziehungen in den sozialistischen Brigaden bekannt wird, die Produktionsarbeit konkret kennenlernt – das alles ist von größter Bedeutung für eine wirksame kommunistische Erziehung unserer Schüler. Ihr Bezirkstag hat sichtbar gemacht, daß die Betriebe, die verschiedenen gesellschaftlichen Kräfte entsprechend ihrer Verantwortung und ihren Möglichkeiten an der Erziehung der Jugend immer aktiver mitwirken.

Es geht darum, diese guten Ansätze systematisch weiterzuentwickeln.

Diese Möglichkeiten für eine wirksame Arbeit mit der Schuljugend zu erschließen erfordert in erster Linie, daß die Schulen, die Volksbildungsorgane selbst aktiv werden. Appelle reichen da erfahrungsgemäß nicht aus.

Es ist vielmehr notwendig, konkret zu verdeutlichen, was, wie und auf welche Weise verschiedene Institutionen zur Entfaltung der schöpferischen Initiative der Jugend beitragen können.

Die Fürsorge, die unsere Gesellschaft den Pädagogen angedeihen läßt, kommt nicht zuletzt auch in der Sorge um die Schaffung guter Arbeitsbedingungen zum Ausdruck. Dazu gehört die Sicherung eines ordnungsgemäßen Ablaufs des Unterrichts, frei von allen störenden Eingriffen, ebenso wie der Bau von Schulen und Turnhallen, ein reibungsloser Schülertransport in den Landgebieten und eine gute Qualität der Schulspeisung.

Heute hat der Ministerrat eine Verordnung zur Erhöhung der Qualität der Schüler- und Kinderspeisung als wesentliche Maßnahme im Rahmen des auf dem VIII. Parteitag festgelegten sozialpolitischen Programms beschlossen. Die Verordnung, die mit Wirkung vom 1. Januar 1976 in Kraft tritt, sieht vor, daß der Naturaleinsatz je Essenportion erhöht wird. Es wurde festgelegt, daß schrittweise dort, wo die Voraussetzungen gegeben sind, eine altersdifferenzierte Schulspeisung eingeführt wird. Der finanzielle Beitrag, den die Eltern für die Schulspeisung leisten, wird nicht erhöht. Alle zusätzlichen finanziellen Aufwendungen, die sich zur Verwirklichung dieser Verordnung ergeben, werden in voller Höhe vom Staatshaushalt getragen. Allein für das Jahr 1976 werden dafür zusätzlich 183 Millionen Mark planmäßig bereitgestellt. In der Verordnung wird die Aufmerksamkeit der zuständigen staatlichen und wirtschaftsleitenden Organe darauf gelenkt, die Einnahmebedingungen für die Schulspeisung wesentlich zu verbessern, neue, günstigere Einnahmebedingungen zu schaffen und die in den Territorien vorhandenen Möglichkeiten voll auszuschöpfen. Das Grundanliegen der Verordnung des Ministerrates ist die Bereitstellung einer abwechslungsreichen, nahrhaften, gesunden, warmen Hauptmahlzeit für die Kinder – im Interesse ihrer Gesundheit, im Interesse auch der berufstätigen Mütter. Es werden große Anstrengungen der Handelsorgane, der Volksbildung und anderer Beteiligter notwendig sein, um diese Verordnung gut zu verwirklichen.

Ein neues Schuljahr hat begonnen, und der Genosse Bezirksschulrat hat hier zum Ausdruck gebracht, daß die wesentlichste Erkenntnis, die unsere Schulfunktionäre in Vorbereitung dieses Schuljahres gewonnen haben, darin besteht, daß es nicht genügt, nur von der lebendigen Arbeit mit den Lehrern, von ihrer Einbeziehung in die Lösung der Probleme zu reden, sondern daß dies tagtäglich praktiziert werden muß.

Die im Prozeß der Vorbereitung dieses Schuljahres geübte Praxis, Lehrer und Erzieher in echter Weise an der Erarbeitung der Einschätzung des Erreichten, an der Analyse der Erfolge und der Ursachen für noch zu lösende Probleme zu beteiligen, sie zu veranlassen, ihre konkreten Fragen, Probleme und Lösungsvorschläge zur Diskussion zu stellen, hat in vielen Pädagogenkollektiven dazu geführt, daß sich der einzelne seiner persönlichen Verantwortung noch besser bewußtgeworden ist, daß viele Kollektive enger zusammengerückt sind. Damit ist viel Positives in der Arbeit stimuliert worden. Besonders wesentlich ist die Tatsache, daß es vor allem dort Fortschritte gibt, wo ein gutes Klima für eine gedeihliche Arbeitsatmosphäre besteht. Es hat sich gezeigt: Dort, wo die politischen Fragen, die fachlichen und pädagogischen Probleme offen, sachlich und kameradschaftlich besprochen werden, wo das gemeinsam als richtig Erkannte auch gemeinsam durchgesetzt wird, geht es am besten voran.

Die Pädagogen erwarten, daß eine solch konkrete, direkte Arbeit der Direktoren und der Kreisabteilungen, frei von jedem Formalismus, auf die tatsächlichen Probleme der Arbeit gerichtet, zu einem ständigen Prinzip der Leitung wird.

Jetzt gilt es für alle Schulfunktionäre, die Vorschläge der Lehrer gründlich zu prüfen, aufgedeckte Mängel aufzugreifen und festzulegen, wer welche konkreten Aufgaben zur Veränderung der Lage zu lösen hat. Sonst kommt heraus, daß wir viel analysiert, diskutiert, aber nicht genügend verändert haben. Die große demokratische Aussprache in Vorbereitung des IX. Parteitages, die mit den Wahlen in den Parteiorganisationen beginnt, müssen wir gut nutzen, um alle zu mobilisieren, die gestellten Ziele des VIII. Parteitages voll zu verwirklichen.

Auf der Grundlage des tieferen Einblicks, den die Volksbildungsorgane in die konkrete Lage an den Schulen gewonnen haben, muß jetzt klug durchdacht werden, welche Führungsschritte in welcher Zeit und worauf gerichtet zu tun sind, und zwar unter dem Aspekt, die Führung der inhaltlichen Prozesse weiter zu qualifizieren.

Der in Vorbereitung befindliche Volkswirtschaftsplan für das Jahr 1976 und der Fünfjahrplan für den Zeitraum 1976 bis 1980 werden auf dem Gebiet des Volksbildungswesens nicht wenig neue, komplizierte Aufgaben stellen. Die Orientierung des Bezirkstages auf die volle, termingemäße Realisierung des Planes 1975, auf die rechtzeitige Anarbeitung der im Plan 1976 vorgesehenen Objekte, auf eine qualifizierte, verantwortungsbewußte Vorbereitung des neuen Fünfjahrplanes ist völlig richtig.

Diese Aufgabenstellung ist von großer Tragweite; werden doch damit weitreichende politische Entscheidungen getroffen, die faktisch jede Familie, jeden Bürger unserer Republik berühren.

Es ist ein Prinzip unserer staatlichen Führungstätigkeit, die Initiative der ganzen Bevölkerung – auch der Jugend selbst – zu entwickeln, sie zu nutzen, unsere Schulen, Kindergärten, Horte und Heime schöner zu gestalten, bessere Voraussetzungen für die Erziehung und Betreuung der Kinder unserer Werktätigen, gute hygienische Bedingungen und eine kulturvolle Atmosphäre an allen Volksbildungseinrichtungen zu schaffen. Das schließt auch ein, mehr Gewicht darauf zu legen, unsere Betriebe im Rahmen des Planes mit ihren Mitteln und Kapazitäten auf der Grundlage von Kommunalverträgen verstärkt in die Lösung der Aufgaben einzubeziehen.

Alles in allem:

Dem IX. Parteitag entgegenzugehen, zu seiner guten Vorbereitung beizutragen, das heißt auf dem Gebiet der Volksbildung, weiterhin konsequent daran zu arbeiten, das Niveau unserer zehnklassigen Oberschule systematisch zu erhöhen, tagtäglich eine solide, qualifizierte pädagogische Arbeit zu leisten und dafür alle erforderlichen Bedingungen zu sichern. Dazu brauchen wir keine besonderen Aktionen, keine speziellen Maßnahmepläne. Vielmehr kommt es darauf an, die sich aus dem kontinuierlichen Prozeß der weiteren Entwicklung ergebenden Aufgaben an allen Volksbildungseinrichtungen und von allen Pädagogen in hoher Qualität zu erfüllen. Was für die gesamte Parteitagsvorbereitung bestimmend ist: Sachlichkeit, Qualität, Konkretheit, Leistung – das gilt auch für die Arbeit an den Schulen und allen anderen Einrichtungen der Volksbildung. Auch auf dem Gebiet der Volksbildung geht es darum, die Bilanz der gesamtgesellschaftlichen Entwicklung weiter zu verdeutlichen, das an Ort und Stelle Erreichte zu prüfen, alles Notwendige zu tun, um die Beschlüsse des VIII. Parteitages voll und ganz zu verwirklichen.

Unsere Jugend
zu guten Kommunisten erziehen

Diskussionsbeitrag auf dem IX. Parteitag
der Sozialistischen Einheitspartei Deutschlands in Berlin
18. bis 22. Mai 1976

Im Rechenschaftsbericht wurde festgestellt, daß mit der zehnjährigen Oberschulbildung, die zur grundlegenden Bildung für alle Kinder geworden ist, eine Aufgabe von großer gesellschaftlicher Tragweite gelöst wurde. Mit dem Aufbau der zehnklassigen allgemeinbildenden polytechnischen Oberschule, mit der Entwicklung unseres Volksbildungswesens wurden wesentliche Bedingungen dafür geschaffen, daß die Jugend den Anforderungen gerecht werden kann, die ihr der sozialistische und kommunistische Aufbau stellen wird. In der historisch kurzen Zeit von drei Jahrzehnten wurde das Bildungsprivileg gebrochen. An die Stelle einer Pseudobildung für die Masse, die „für die enorme Mehrzahl die Heranbildung zur Maschine"[1] war, ist die allseitige Bildung der Persönlichkeit getreten, an die Stelle einer Erziehung, die zur Verkrüppelung des Geistes führte, die Erziehung des freien, denkenden Menschen.

Die bürgerlichen Ideologien werfen uns zwar nicht mehr, wie sie das zum Zeitpunkt des Erscheinens des Kommunistischen Manifestes getan haben, vor, daß das Ende der Klassenbildung identisch sei mit dem Ende der Bildung überhaupt. Sie behaupten jedoch weiterhin, daß sich die Persönlichkeit, das Individuum in unserer Gesellschaft angeblich nicht frei und allseitig entfalten könne. Noch heute haben auch jene Sätze aus dem Manifest nichts an Aktualität verloren, die besagen: „In der bürgerlichen Gesellschaft ist das Kapital selbständig und persönlich, während das tätige Individuum unselbständig und unpersönlich ist. Und die Aufhebung dieses Verhältnisses nennt die Bourgeoisie Aufhebung der Persönlichkeit und Freiheit! Und mit Recht. Es handelt sich allerdings um die Aufhebung der Bourgeois-Persönlichkeit, -Selbständigkeit und -Freiheit."[2]

---

[1] K. Marx/F. Engels: Manifest der Kommunistischen Partei. In: K. Marx/F. Engels: Werke. Bd. 4, Dietz Verlag, Berlin 1983, S. 477.
[2] Ebenda, S. 476.

Das Leben hat die unumstößliche Wahrheit des Marxismus-Leninismus bewiesen: Nur dort, wo die Arbeiterklasse ihre politische Macht errichtete, wo sich mit der grundlegenden Umgestaltung der Produktionsverhältnisse ein umfassender revolutionärer Umgestaltungsprozeß der Gesellschaft vollzog, wurden die politischen, sozialen und ideologischen Voraussetzungen für die allseitige Entwicklung der Persönlichkeit geschaffen. Erst durch die revolutionäre Veränderung der gesellschaftlichen Verhältnisse wurden die Bedingungen geschaffen für die Realisierung der großen Idee von Marx, Engels und Lenin über die Selbstverwirklichung des Menschen.

Keine andere Gesellschaftsordnung als die sozialistische hat solche Tatsachen aufzuweisen: Alle Schüler, die nicht die Hoch- oder Fachschule besuchen, nehmen nach dem Abschluß der zehnklassigen Oberschule eine Facharbeiterausbildung auf und setzen ihre Allgemeinbildung in einer zweijährigen, für alle obligatorischen Berufsschulzeit fort.

Aufbauend auf die zehnklassige Oberschulbildung erwerben sie eine systematische berufstheoretische und -praktische Bildung. Somit können wir gewissermaßen von einer zwölfjährigen Ausbildung für alle sprechen, die mit der Qualifikation als Facharbeiter abschließt. Von den Jugendlichen, die in den Jahren 1971 bis 1975 eine Ausbildung zum Facharbeiter aufnahmen, hatten bereits rund 800 000 den Abschluß der Zehnklassenschule.

Unsere Partei hat die Bildung und Erziehung der Jugend, ihre Vorbereitung auf die kommunistische Zukunft stets als gesellschaftliches Anliegen betrachtet. Nicht nur, daß die Aufgaben der Schule, Ziel und Inhalt der Bildung und Erziehung von den Zielen und Aufgaben der Gesellschaft bestimmt sind; wir gehen auch stets davon aus, daß die Gesamtheit der gesellschaftlichen Verhältnisse auf die Entwicklung des Menschen, sein Bewußtsein, sein Verhalten wirkt. Die Beziehungen der Menschen untereinander, ihr Verhältnis zu unserer Sache, zu ihrer Arbeit, ihre Art und Weise zu leben – das alles entwickelt sich in dem Maße, wie die Menschen an der Gestaltung unserer sozialistischen Gesellschaft mitwirken. Von dieser Tatsache auszugehen ist für die Erziehungspraxis keine abstrakte Fragestellung. Zu ignorieren, daß die Entwicklung des Menschen ein konkret-historischer Prozeß ist, kann zu der vereinfachten Vorstellung führen, daß ein junger Mensch, der die Schule absolviert hat, schon voll und ganz kommunistisch erzogen sei, oder auch dazu anzunehmen, daß kommunistische Erziehung erst eine Sache der Zukunft wäre.

Wir haben die Erziehung stets als Vorbereitung der Jugend auf ihre aktive Mitwirkung bei der Gestaltung der neuen Gesellschaftsordnung verstanden. Wir haben uns sowohl gegen engstirniges Denken als auch dagegen gewandt, die Wirklichkeit des Sozialismus auf Konflikte und Fehler zu reduzieren. Ausgehend von unserer wissenschaftlichen Weltanschauung haben wir nie geleugnet, daß die sozialistische Gesellschaft noch nicht vollkommen ist; im Gegenteil, der Marxismus-Leninismus hat begründet, daß sich die Gesellschaft – auch die kommunistische Gesellschaft – ständig weiter entwickeln wird.

Entscheidend für die Erziehung der Jugend ist, ihren Blick für das Bestimmende, das Wesentliche in der gesellschaftlichen Entwicklung zu schärfen. Das ist das sich entwickelnde Neue unserer Wirklichkeit. Das sind Millionen Menschen, die Großes vollbringen. Das ist der Heroismus der Arbeiterklasse, das sind die hervorragenden Leistungen unserer Genossenschaftsbauern, unserer Wissenschaftler und aller Werktätigen, die den materiellen und kulturellen Reichtum der Gesellschaft mehren. Das sind Menschen, die eine völlig neue Einstellung zu ihrer von der Ausbeutung befreiten Arbeit haben, die wissen, wofür, für wen sie arbeiten, die sich den Kopf anstrengen darüber, was besser zu machen ist.

Selbstverständlich müssen wir der Jugend bewußtmachen, daß sich das alles nicht im Selbstlauf, nicht ohne Konflikte vollzieht, daß es auch noch alte, überholte Denk- und Verhaltensweisen gibt, daß die Herausbildung eines neuen menschlichen Verhaltens, der neuen Lebensweise ein historischer Prozeß ist und daß sich das Neue im Kampf gegen das Alte durchsetzen muß. Sicher müssen wir das in unserer Erziehungsarbeit noch besser bewältigen. Wir müssen die Jugend zur revolutionären Ungeduld gegenüber allem erziehen, was nicht in unsere Zeit paßt. Es wäre aber falsch, die Dialektik der Entwicklung auf Widersprüche zu reduzieren. Die Jugend zum dialektischen Denken zu erziehen, dazu gehört ganz wesentlich, sie das Denken in Zusammenhängen zu lehren. Unsere Erziehung muß darauf gerichtet sein, daß die Jugend für das Neue, Vorwärtsdrängende eintritt, daß sie zum aktiven Handeln und nicht zu passiven Betrachtern oder zu Kritikastern erzogen wird.

Die Jugend zu lehren, die Dinge in ihrem Zusammenhang zu erkennen, dazu gehört auch, wie unser Parteiprogramm fordert, stärker das Geschichtsbewußtsein herauszubilden. Eine so tiefgreifende Revolution wie den Aufbau unserer sozialistischen Gesellschaft kann die Jugend nur verstehen und aktiv mitgestalten, wenn sie die Dinge vom historischen Standpunkt aus einzuordnen weiß. Wir müssen ihr die Geschichte der Menschheit nahebringen, vor allem die Geschichte der neuen Gesellschaft in unserem Vaterland – und dies auch aus der Sicht auf den internationalen Klassenkampf mit seinen Siegen und Niederlagen. Wir haben nichts zu verschweigen, was wir mit den Erkenntnissen und Erfahrungen von heute damals vielleicht anders gemacht hätten. Entscheidend ist, daß die Jugend begreift, unsere sozialistische Gegenwart ist, unabhängig davon, was wir noch lösen müssen, das Werk von Generationen, das Ergebnis gewaltiger Klassenkämpfe. Und wir sollten auch offen aussprechen: Wir wollen nicht, daß die jungen Menschen die Geschichte wie ein Denkmal bestaunen. Wir wollen, daß sie Achtung vor den großen historischen Leistungen der Menschen haben, vor dem, was die Arbeiterklasse geschaffen hat und vor denen, die im Kampf für die menschlichste Sache der Welt seit Generationen vorangegangen sind, vor den Kommunisten. Unsere Jugend soll eine lebendige Beziehung zur Geschichte haben, damit sie bereit ist, das Erreichte zu verteidigen und weiter zu entwickeln. Darin besteht eine große Aufgabe für Geschichtslehrer und für alle anderen Pädagogen. Zugleich ist dies jedoch auch eine Anforderung an unsere Massenmedien und an die Kunst.

Wir haben uns in unserer Erziehungsarbeit stets davon leiten lassen, die Jugend zu befähigen, sich die großen materiellen und geistigen Werte, die von der Menschheit hervorgebrachte Kultur zu erschließen. Es ist unsere Aufgabe, der Jugend jene geistigen und moralischen Werte zu vermitteln, die allein die sozialistische Gesellschaft hervorbringt. Natürlich hat gerade die Jugend Freude an allen schönen Dingen, auch an den materiellen Dingen des Daseins, die Ergebnis der schöpferischen Arbeit der Werktätigen sind und das Leben bereichern und verschönern. Der Gegner spekuliert in letzter Zeit darauf, daß unsere Jugend verspießern könnte. In unserer Gesellschaft, die sich das Ziel gesetzt hat und tagtäglich dahin wirkt, daß die Menschen ihre materiellen und geistigen Bedürfnisse zunehmend besser befriedigen können, wäre es ein Anachronismus, die Jugend so erziehen zu wollen, daß sie keinerlei materielle Ansprüche stellt. In Einheit mit dem wachsenden Einfluß der moralischen Stimuli wird das Prinzip der materiellen Interessiertheit noch lange Zeit eine bedeutende Triebkraft der Entwicklung sein.

Entscheidend für die Erziehung ist, daß unsere Jugend begreift, daß sich Ansprüche nur durch eigene Arbeit erfüllen lassen, daß sie weiß: Man kann nicht auf Kosten anderer leben, man darf das eigene Wohl nicht über das anderer Menschen stellen.

Spießertum, kleinbürgerliches Verhalten sind in unserem Verständnis egoistisches Verhalten, gleichgültiges Verhalten gegenüber der großen gemeinsamen Sache, gegenüber dem, was unsere Zeit verlangt, sind individualistisches, rücksichtsloses Verhalten. Wir können nicht nur, wir müssen in unserer Erziehungsarbeit davon ausgehen, daß die Masse unserer Jugend politisch engagiert und bereit ist, Verantwortung zu übernehmen, daß sie dem Weltgeschehen immer aufgeschlossener gegenübersteht und solidarisch handelt, daß sie danach strebt, für sich und die Gesellschaft etwas zu leisten. Erscheinungen von Bequemlichkeit, Desinteresse, mangelnder Hilfsbereitschaft, egoistischem Denken, die es noch gibt, erwachsen nicht gesetzmäßig aus der Entwicklung unserer Gesellschaft, und sie sind auch nicht das Typische. Es sind Erscheinungen rückständigen Denkens, überkommen noch und wiederbelebt aus der Existenz einer untergehenden Gesellschaft, denen wir in der Erziehung mit allem Ernst entgegentreten müssen. Hier hohe Anforderungen an die Jugend zu stellen, das ist nicht nur eine Aufgabe der Schule, sondern vor allem auch der Familie.

Von ganz entscheidender Bedeutung für die Verbindung der Schule mit dem Leben, der Theorie mit der Praxis ist die polytechnische Bildung und Erziehung, die nicht nur theoretisch als entscheidendes Kriterium der sozialistischen Schule anerkannt wird, sondern längst Praxis in unserem Schulalltag ist. Ihre weitere Vervollkommnung erfordert insbesondere solide theoretische Kenntnisse in der Mathematik und den Naturwissenschaften. Zugleich ist es notwendig, die Kenntnisse über die Produktion und Technik verständlich zu machen, indem die Schüler sie an konkreten Beispielen in den Betrieben kennenlernen, indem sie im polytechnischen Unterricht praktische Aufgaben aus der Produktion lösen.

Heute erhalten fast 1 Million Schüler der Klassen 7 bis 10 ihren polytechnischen Unterricht in über 4 000 Betrieben. Mehr als 3 000 polytechnische Zentren, Kabinette und Werkstätten wurden von den Betrieben eingerichtet. 30 000 Werktätige, davon sind mehr als 60 Prozent Facharbeiter und Meister, betreuen die Schüler in der produktiven Arbeit. Die Mehrheit der Betriebsleiter betrachtet heute den polytechnischen Unterricht als ihre ureigenste Sache. Es sind also die Möglichkeiten vorhanden, den polytechnischen Unterricht sowohl auf theoretischem Gebiet als auch in der produktiven Arbeit weiter zu verbessern. Dazu gehört auch, die Kenntnisse und Erfahrungen, die die Schüler in ihrer polytechnischen Ausbildung in den Betrieben erwerben, im gesellschaftswissenschaftlichen und im naturwissenschaftlichen Unterricht noch besser zu nutzen.

Es hat sich als richtig erwiesen, berufliche Spezialbildung nicht in der allgemeinbildenden Schule zu vermitteln. In der polytechnischen Ausbildung in den Betrieben erwerben die Schüler jedoch elementare berufliche Kenntnisse. Es ergibt sich die Frage, ob wir diese Kenntnisse und Fähigkeiten nicht konkreter werten müssen. Das ist wichtig für die Schüler selbst und für eine richtige Nutzung dieser Kenntnisse in der Berufsausbildung und in anderen weiterführenden Bildungswegen.

Das Niveau der Oberschulbildung, das fachliche und ideologische Niveau des Unterrichts stetig zu erhöhen ist eine entscheidende Aufgabe. Es zeichnet sich eine zunehmend höhere Qualität des Unterrichts ab. Zugleich wird jedoch deutlicher erkennbar, wo noch ungelöste Probleme liegen. So ist das Wissen, das sich die Schüler aneignen, noch nicht genügend anwendungsbereit und dauerhaft. Die Fähigkeit zum selbständigen Denken ist noch nicht ausreichend entwickelt. Nicht alle Schüler erreichen die möglichen Leistungen. Wir meinen, daß diese Probleme nicht mit der Ablösung der gültigen Lehrpläne, die sich in der Praxis bewähren, durch neue Pläne gelöst werden können. Das schließt nicht aus, daß wir, ausgehend von den Erfahrungen der Lehrer, solche Lehrmaterialien verbessern, bei denen sich das als notwendig erweist. Vor allem ist es nötig, den Lehrern mehr Hilfen für die Unterrichtsgestaltung zu geben.

Die Qualität der Bildung und Erziehung weiter zu erhöhen, das erfordert, in jedem Fach das grundlegende Wissen solide zu vermitteln, die Liebe zur Wissenschaft, die Freude am Entdecken, Erforschen zu wecken, bei der Jugend das Bedürfnis zu entwickeln und sie zu befähigen, selbständig zu denken, selbständig weiterzulernen, Wissen und Fähigkeiten praktisch anwenden zu können. Wir brauchen an allen Schulen, in den Pädagogenkollektiven das Suchen nach den besten Wegen, den Streit der Meinungen und den Austausch der Erfahrungen. Dies muß den Führungsstil aller Direktoren, aller Volksbildungsorgane immer stärker bestimmen. Das schließt jeglichen Formalismus in der Anleitung und in der Bewertung der Schulen aus.

Zensuren und Prüfungen sind notwendig, denn sie stimulieren nicht nur die Leistungen, sondern auch andere Eigenschaften der Kinder. Deshalb wäre es oberflächlich, das Bemühen um gute Zensuren als Strebertum zu bezeichnen. Wir müssen den Schülern einen gesunden Ehrgeiz und die Fähigkeit anerziehen, erreichte Leistungen kritisch zu werten. Falsch ist es, Schulen nach Leistungsdurchschnitten zu beurteilen. Wir müssen die tatsächliche Qualität der Arbeit auf der Grundlage tiefer Einsichten in den Unterricht einschätzen. Lob und Tadel, die vom Durchschnitt abgeleitet sind, helfen keinem Lehrer und keinem Schüler.

Die Verwirklichung der schulpolitischen Beschlüsse des VIII. Parteitages und die große Aussprache in Vorbereitung unseres IX. Parteitages haben deutlich gemacht, daß unsere Pädagogen mit hohem Verantwortungsbewußtsein bei der Erziehung der Jugend wirken. Wir müssen ihnen auch weiterhin helfen, uns aufmerksam ihnen gegenüber verhalten, uns um ihre Probleme sorgen. Es ist klar, daß der Lehrer über die Unterrichtszeit hinaus als Erzieher der Jugend wirkt. Für die Vorbereitung des Unterrichts, die außerunterrichtliche Arbeit, die Arbeit mit den Eltern, vor allem auch für seine Weiterbildung braucht er Zeit, denn ein Lehrer, der sich nicht weiterqualifiziert, kann nicht bestehen. Sinnvoll aufgewendete Zeit wird ihm nie leid tun, aber kritisch wertet er jede Vergeudung seiner Zeit, anspruchslose Veranstaltungen, unnötige Beratungen, ungenügend durchdachten Arbeitsablauf und Hektik, die in nicht wenigen Schulen noch anzutreffen sind.

Unsere Direktoren lernen immer besser, gemeinsam mit den Lehrern den Ablauf des Schulbetriebes sinnvoll, durchdacht und kontinuierlich zu gestalten. Jedoch müssen wir ihnen dabei noch konkreter helfen. Vor allem muß auch unsere Wissenschaft hier mehr geben. Sie darf nicht bei abstrakten Erörterungen zur wissenschaftlichen Arbeitsorganisation stehenbleiben, sondern muß dazu beitragen, die sehr konkreten Probleme der Arbeitsorganisation an der Schule lösen zu helfen.

Alle Partei- und Staatsorgane sollten sich noch entschiedener dafür einsetzen, daß mit der Zeit der Lehrer sorgsamer umgegangen wird.

Die Rolle der Bildung und Erziehung wächst objektiv mit der Entwicklung unserer Gesellschaft, hängt doch von der Bewußtheit, vom Wissen, von der schöpferischen Fähigkeit der Massen entscheidend unser Voranschreiten ab. Unsere Lehrer und Erzieher, die hierfür eine große Verantwortung tragen, leisten eine nicht hoch genug einzuschätzende Arbeit für Gegenwart und Zukunft. Unsere Partei hat dies immer gewürdigt, und die Pädagogen haben das Vertrauen der Partei stets gerechtfertigt. Und so wird es auch in Zukunft sein.

Erziehung zum bewußten Handeln
für den Sozialismus und Kommunismus

Ansprache anläßlich des 30. Gründungstages
der Pädagogischen Fakultät der Humboldt-Universität zu Berlin
30. September 1976

Ich möchte meinen Glückwunsch zum 30. Jahrestag der Gründung der Pädagogischen Fakultät der Humboldt-Universität zu Berlin verbinden mit einem herzlichen Dank für Ihre unermüdliche, erfolgreiche Arbeit. Dies kann ich ganz sicher auch im Namen aller Lehrer, Schulfunktionäre und pädagogischen Wissenschaftler tun, die an Ihrer Universität ausgebildet wurden.

In würdiger Fortsetzung der humanistischen Traditionen unseres Volkes haben sich Leitung und Lehrkörper der Universität große Verdienste bei der Heranbildung einer neuen sozialistischen Lehrergeneration, bei der Entwicklung der Wissenschaft und des wissenschaftlichen Nachwuchses für die verschiedenen Bereiche der Volksbildung erworben. Ja, man kann sagen, die Humboldt-Universität zu Berlin hat in den vergangenen Jahrzehnten einen bedeutenden Beitrag zur Entwicklung des Volksbildungswesens in der Deutschen Demokratischen Republik geleistet. Das erfolgreiche Wirken Ihrer Universität ist und bleibt eng verbunden mit dem Schaffen solch hervorragender Persönlichkeiten wie Prof. Deiters, Prof. Alt und anderer namhafter Hochschullehrer und Wissenschaftler, die durch ihre theoretische und praktische Arbeit entscheidend dazu beitrugen, das fortschrittliche pädagogische Gedankengut zu erschließen, und so mithalfen, unsere sozialistische Pädagogik weiter auszuarbeiten und wesentliche Grundlagen unserer sozialistischen Schulpolitik zu schaffen.

Die Gründung der Pädagogischen Fakultät festlich zu begehen, heißt ein bedeutendes Ereignis in der Geschichte des Entstehens unserer Deutschen Demokratischen Republik würdigen. Denn die Schaffung Pädagogischer Fakultäten an den Universitäten und an der damaligen Technischen Hochschule Dresden im Jahre 1946 war ein wichtiger Schritt, um die Forderung der revolutionären Arbeiterbewegung, das Anliegen humanistischer Pädagogen zu verwirklichen, allen Lehrern eine wissenschaftliche Hochschulbildung zu ermöglichen.

Mit dem Aufbau der Pädagogischen Fakultäten, der Ausbildung von Lehrern an den Universitäten, mit der Gründung der Pädagogischen Hochschule

Potsdam und der Bildung Pädagogischer Institute in den fünfziger Jahren, die heute Pädagogische Hochschulen sind, wurde Schritt für Schritt die wissenschaftliche Fachlehrerausbildung aufgebaut. Dies war nicht schlechthin nur die Voraussetzung, um den Fachunterricht in den allgemeinbildenden Schulen konsequent durchsetzen zu können; das war ein entscheidender Beitrag, allen Kindern des Volkes das gleiche Recht auf eine hohe Bildung zu garantieren und den Gegensatz zwischen der Oberschulbildung für die Besitzenden und der elementaren volkstümlichen Bildung für die Werktätigen zu beseitigen. Damit wurden kontinuierlich die notwendigen Voraussetzungen geschaffen, um die Oberschulbildung für alle Kinder auf einem hohen Niveau zu gewährleisten. Unsere heutige zehnklassige allgemeinbildende polytechnische Oberschule wäre ohne diese Entwicklung kaum denkbar.

Die historische Bedeutung dieses Weges kann nicht hoch genug bewertet werden. Schließlich ermöglichte es die wissenschaftliche Fachlehrerausbildung, ein wissenschaftlich begründetes System der Bildung und Erziehung der heranwachsenden Generation aufzubauen und kontinuierlich zu vervollkommnen.

Die wachsende Leistungsfähigkeit unserer Fachlehrerausbildung und ihre Wirkung auf die Entwicklung der sozialistischen Schule sind bedingt durch die Tatsache, daß der Marxismus-Leninismus in immer höherer Qualität in Ausbildung und Erziehung angewendet wurde, daß sich die marxistisch-leninistische Pädagogik weiterentwickelte, daß sich die wissenschaftliche Basis in allen Ausbildungsbestandteilen ständig erweiterte und vertiefte, daß eine immer engere Verbindung der Ausbildung mit der Praxis, insbesondere der Schulpraxis, gesichert wurde.

Wenn wir von der Bedeutung der Fachlehrerausbildung für die Entwicklung unseres Bildungswesens sprechen, dann erinnern wir uns zugleich voller Dankbarkeit der Hilfe, die uns die Sowjetunion, die sowjetischen Pädagogen, viele sowjetische Genossen nach 1945 dabei erwiesen haben.

Wenn heute in unseren Schulen kluge, unseren sozialistischen Ideen, unserer Deutschen Demokratischen Republik treu ergebene Lehrer wirken, Lehrer, die vertraut sind mit ihrer Wissenschaft, die sich um eine hohe Qualität des Unterrichts und der Erziehung bemühen, dann nicht zuletzt, weil an unseren Lehrerbildungseinrichtungen, den Universitäten, den Pädagogischen Hoch- und Fachschulen mit großem Verantwortungsbewußtsein gearbeitet wird.

Die Geschichte unserer jungen sozialistischen Lehrerbildung zeichnet sich wie alles in unserer Deutschen Demokratischen Republik durch Kontinuität aus, was nicht heißt, daß wir hier und da keine Umwege gemacht hätten. Wege und Methoden der Ausbildung waren zeitweilig hart umstritten. Ich erinnere nur daran, wie schwierig es war, zu einer wirklich guten Ehe zwischen Pädagogen und Fachwissenschaftlern der verschiedenen Disziplinen zu kommen. Stets jedoch hat unsere Lehrerbildung konsequent ihre Aufgabe verwirklicht, Lehrer auszubilden mit einer festen marxistisch-leninistischen Weltanschauung, mit soliden Kenntnissen in den Fachwissenschaften und pädagogischem Können.

Kontinuierlich verfolgen wir auch weiterhin dieses unser Anliegen, ein hohes wissenschaftliches Niveau der Fachlehrerausbildung zu sichern. Das ist und bleibt eine entscheidende Aufgabe, die aus der Tatsache erwächst, daß die Arbeit des Lehrers wissenschaftliche Tätigkeit ist. Denn der Prozeß der kommunistischen Erziehung kann nur auf der Grundlage der wissenschaftlichen Erkenntnisse des Marxismus-Leninismus, der Erkenntnisse der Fachwissenschaften und der pädagogischen Wissenschaft zielgerichtet geführt werden. Deshalb gewinnen eine hohe wissenschaftliche Bildung der Lehrer und ihre Befähigung zu schöpferischer Arbeit zunehmende Bedeutung.

Die vor uns liegende Entwicklungsetappe wird höhere, weitergehende Anforderungen an die Menschen, ihre Reife und ihr Schöpfertum stellen. Das ergibt sich objektiv aus der wachsenden Rolle des subjektiven Faktors bei der weiteren Entwicklung der sozialistischen Gesellschaft.

Die entwickelte sozialistische Gesellschaft weiter auszugestalten und so grundlegende Voraussetzungen für den allmählichen Übergang zum Kommunismus zu schaffen, bedingt, wie es im Programm der SED heißt, die Erziehung und Ausbildung allseitig entwickelter und allseitig vorbereiteter Menschen, verlangt, der Vervollkommnung der kommunistischen Erziehung unsere ganze Aufmerksamkeit zu schenken.

Kommunistische Erziehung heißt allseitige Entwicklung der Persönlichkeit, die auf die Entfaltung aller schöpferischen Kräfte des Menschen gerichtet ist und eine solide wissenschaftliche Allgemeinbildung voraussetzt. Kommunistische Erziehung im Leninschen Sinne ist Bildung, Aneignung aller Schätze der Kultur, Aneignung der marxistisch-leninistischen Weltanschauung und Herausbildung der auf ihr beruhenden kommunistischen Moral. Kommunistische Erziehung, das bedeutet Erziehung zum bewußten Handeln für den Sozialismus und Kommunismus. Die Realisierung dieser unserer Erziehungskonzeption ist Aufgabe jedes Pädagogen, Ziel des gesamten organisierten Prozesses der Bildung und Erziehung in unserer sozialistischen Schule im Zusammenwirken mit der Familie und allen gesellschaftlichen Kräften.

Bekanntlich ist die kommunistische Erziehung ein gesellschaftlicher Prozeß, der von gesamtgesellschaftlichen Entwicklungstendenzen determiniert ist, ein Prozeß, der bewußt gestaltet und geleitet werden muß. Diese Einsicht aber erfordert, sich dessen bewußt zu sein, daß sich mit dem Voranschreiten der Gesellschaft immer wieder neue Fragen für die Erziehungstheorie und -praxis auftun. So wirft beispielsweise die Herausbildung der sozialistischen Lebensweise, die Tatsache, daß sich in unserer Gesellschaft die Keime kommunistischer Verhaltensweisen, neue Beziehungen der Menschen herausbilden, die Frage auf, welche neuen Möglichkeiten und Aufgaben sich daraus für unsere Erziehungsarbeit ergeben. Offensichtlich müssen wir gründlicher untersuchen, wie sich die Herausbildung des sozialistischen Bewußtseins vollzieht, welchen Einfluß neue Lebensgewohnheiten auf die Erziehung ausüben, wie die Herausbildung von Interessen und Bedürfnissen die Persönlichkeitsentwicklung aktiv beeinflußt.

Wir wissen, daß erst der Sozialismus und Kommunismus die gesellschaftlichen und sozialen Bedingungen für die freie und allseitige Entfaltung des Menschen schaffen. Unsere pädagogische Arbeit ist darauf gerichtet, die Persönlichkeit jedes einzelnen Schülers auszuprägen. Diese Aufgabe können wir uns stellen, weil günstige Bedingungen für die Entwicklung der Kinder in der Familie, in der Gesellschaft und durch unser Bildungssystem, von der Vorschulerziehung über die Schule und die Berufsausbildung bis hin zu den höchsten Bildungsstätten, bestehen.

_ Natürlich bedarf es noch großer Anstrengungen, diese Aufgabe voll zu realisieren. Das erfordert vom Pädagogen nicht nur die genaue Kenntnis der Ziele und Aufgaben der kommunistischen Erziehung, die Beherrschung des Marxismus-Leninismus und der den Unterrichtsfächern zugrunde liegenden Wissenschaften sowie gründliche Kenntnisse in der Wissenschaft, die sich speziell mit der Entwicklung der Persönlichkeit beschäftigt. Das verlangt zugleich die genaue Kenntnis der Persönlichkeit jedes Schülers und seiner individuellen Entwicklungsbedingungen.

Viel hängt von der Fähigkeit des Lehrers ab, die Ergebnisse pädagogischer Einwirkungen und das Verhalten des Schülers in unterschiedlichen Situationen vorauszusehen. Je besser es gelingt, den einzelnen entsprechend seinen Möglichkeiten zu aktivieren, desto stärker werden sich auch seine individuellen Anlagen und Fähigkeiten herausbilden.

Viele Lehrer und Erzieher bewegt das Problem, wie die allseitige Entwicklung jedes Schülers am wirksamsten und effektivsten zu erreichen ist, wie es gelingt, durch die Gestaltung vielfältiger Beziehungen im Kollektiv die Anlagen, Neigungen und Talente jedes einzelnen zu entwickeln. Offensichtlich müssen Lehre und Forschung den Lehrern noch wirksamer helfen, in ihrer praktischen Arbeit Erkenntnisse der Pädagogik und Psychologie, aber auch der Entwicklungsphysiologie besser dafür zu nutzen, den Entwicklungsstand und die Entwicklungsbedingungen jedes Schülers konkret zu erfassen und die erforderlichen pädagogischen Maßnahmen begründet und gezielt abzuleiten.

Die allseitige Entwicklung der Persönlichkeit der Heranwachsenden, die Oberschulbildung für alle Kinder sind schon heute reales Programm unseres Handelns, sie sind keine Utopie, sondern Gegenwartsaufgabe. Ihre Realisierung stellt jedoch den Lehrer in der Praxis immer wieder vor neue Aufgaben. Betrachten wir im weiteren zwei Aspekte, die unser IX. Parteitag besonders hervorhob, und dies unter der Sicht, welche Anforderungen sich daraus für die Befähigung der Lehrer ergeben.

Erneut wurde auf dem Parteitag die entscheidende Bedeutung der Aufgabe unterstrichen, der Jugend ein hohes Wissen zu vermitteln und sie zu befähigen, das Wissen in der Praxis anzuwenden, weil dies eine wesentliche Grundlage für die Herausbildung des Bewußtseins ist, eine wichtige Voraussetzung, die heranwachsende Generation gut auf ihre Aufgaben im Leben und in der Arbeit vorzubereiten. Wenn gerade in diesem Zusammenhang die Notwendigkeit hervorgehoben wurde, die schöpferischen Fähigkeiten der Jugend zu entwickeln, dann deshalb, weil unter unseren Bedingungen die Möglichkeiten und Notwendigkeiten gewachsen sind, diese Forderung zunehmend besser zu realisieren.

Wie alle Fragen der kommunistischen Erziehung müssen wir auch diese aus der Sicht der gesamtgesellschaftlichen Zusammenhänge betrachten. Die weitere Ausgestaltung unserer sozialistischen Gesellschaft verlangt, dem Wissen, dem Können, der Entwicklung des schöpferischen Denkens und der schöpferischen Fähigkeiten große Aufmerksamkeit zu schenken. Entwickelt sich doch unter sozialistischen Bedingungen zunehmend der schöpferische Charakter der Arbeit, hängt es doch vom Ideenreichtum der gesamten Arbeiterklasse, der Ingenieure und Wissenschaftler ab, wie sich die Produktion entwickelt. Immer mehr trifft dies auf alle Lebensbereiche zu, an deren Gestaltung im Sozialismus die Werktätigen nicht nur aktiv teilnehmen, sondern deren Entwicklung von ihnen letztendlich selbst entscheidend bestimmt wird.

Das läßt erneut deutlich werden, daß von der weiteren Erhöhung der Qualität der beruflichen Vorbereitung des Lehrers wesentlich abhängt, wie es uns gelingt, das Niveau der Oberschulbildung stetig zu erhöhen. Schließlich wirkt der Lehrer mit seiner Tätigkeit auf Generationen ein. Er hat komplizierte Prozesse der ideologischen Erziehung, der Erkenntnisgewinnung, des Denkens, Fühlens und Handelns seiner Schüler zu führen, die von ihm sowohl eine hohe fachwissenschaftliche Bildung als auch gründliche Kenntnisse im Marxismus-Leninismus, ein gediegenes Wissen und entwickelte Fähigkeiten in der Pädagogik, der Psychologie und den Unterrichtsmethodiken verlangen.

Schon heute sind die Anforderungen an den Lehrer, an seine wissenschaftliche Bildung, sein politisches Verantwortungsbewußtsein, seine schöpferischen Fähigkeiten und seine moralischen Qualitäten groß, und mit dem Voranschreiten auf dem Wege zum Kommunismus werden diese Anforderungen objektiv weiter wachsen.

Die Qualität der Bildung und Erziehung in der Schule weiter zu erhöhen oder, anders ausgedrückt, unsere Schule inhaltlich weiter auszugestalten, das hängt vor allem von der politischen Bewußtheit des Lehrers, vom Niveau seiner wissenschaftlich-schöpferischen Tätigkeit, von seinem pädagogischen Können ab.

Man kann unseren Lehrerbildungseinrichtungen bescheinigen, daß die junge Lehrergeneration immer besser befähigt ist, die Schüler die Grundlagen der Wissenschaften zu lehren, sie in grundlegende Denk- und Arbeitsmethoden einzuführen und ihnen die Rolle der Wissenschaft für die gesellschaftliche Praxis bewußtzumachen.

Alle an der Ausbildung beteiligten Wissenschaftler legen mit ihrer Lehrarbeit den Grundstein für eine langjährige berufliche Tätigkeit der künftigen Lehrer. Lehrer für viele Jahrzehnte Berufspraxis vorzubereiten, das erfordert wohl immer wieder, sich die Frage vorzulegen, ob das Fundament an Wissen und Können, das wir in der Ausbildung legen, genügend solide ist und vor allem auch, ob die Lehrerstudenten in erforderlichem Maße zu schöpferischer selbständiger Arbeit befähigt sind. Gerade deshalb wurde bei der Ausarbeitung der neuen Lehrprogramme besonderer Wert darauf gelegt, daß sich die Studenten, ausgehend von der Logik und dem System der jeweiligen Wissenschaft, vor allem das grundlegende, tragende Wissen und Können solide aneignen, daß sie tiefer in die wissenschaftlichen Denk- und Arbeitsweisen eindringen, daß sie den notwendigen Überblick über den jeweiligen Stand und die Entwicklungstendenzen ihrer Fachwissenschaft erhalten.

Der Lehrer in unserer sozialistischen Schule muß seine gesamte pädagogische Arbeit auf der Grundlage wissenschaftlicher Einsichten leisten. Diese Tatsache und dieses Erfordernis bestimmen sein Verhältnis zur Wissenschaft.

Wenn wir die wachsende Rolle der Wissenschaft in der Tätigkeit des Pädagogen betonen, dann lassen wir uns nicht von subjektiven Erwägungen und Wünschen leiten, sondern gehen von objektiven Erfordernissen unserer weiteren gesellschaftlichen Entwicklung aus. Deshalb widmen wir der wissenschaftlichen Bildung des Lehrers, seiner Befähigung, den Prozeß des Unterrichts, den gesamten Prozeß der kommunistischen Erziehung wissenschaftlich zu führen, so große Aufmerksamkeit. Legt doch eine solide wissenschaftliche Ausbildung des Lehrers zugleich auch wesentliche Grundlagen für die methodische Gestaltung des Unterrichts. Die sichere Beherrschung der Fachwissenschaft ist eine Bedingung dafür, daß der Lehrer in der Lage ist, den Erkenntnisprozeß der Schüler auf das Wesen des anzueignenden Stoffes zu konzentrieren, den Unterricht problemhaft zu gestalten, ständig an der Festigung und Anwendungsbereitschaft des grundlegenden Wissens zu arbeiten.

Die Fähigkeit, einen wissenschaftlichen, parteilichen und lebensverbundenen Unterricht zu gestalten, hängt wesentlich von der Art und Weise ab, wie sich der künftige Lehrer die Wissenschaften aneignet. Es ist wichtig, daß er die soziale Funktion der Wissenschaften begreift, ihre Rolle bei der Gestaltung unserer sozialistischen Gesellschaft zutiefst versteht und die entscheidenden Etappen der historischen Entwicklung seiner Wissenschaften kennt. Das sind zugleich wichtige Voraussetzungen, um die inneren Beziehungen zwischen Wissenschaft und Ideologie zu erfassen, die Rolle des Marxismus-Leninismus als methodologischer Grundlage der Einzelwissenschaften für die Theoriebildung zu erkennen und sich auf dieser Basis theoretisch fundiert, parteilich und offensiv mit bürgerlichen Theorien und Auffassungen auseinandersetzen zu können. Es versteht sich, daß eine solche Art und Weise, sich die Wissenschaften anzueignen, fundierte Kenntnisse in der Theorie des Marxismus-Leninismus voraussetzt.

Dies alles stellt hohe Anforderungen an das wissenschaftliche Niveau des Lehrerstudiums und verlangt zugleich zwingend, die theoretische Ausbildung eng mit der gesellschaftlichen Praxis zu verbinden. So ist beispielsweise in der Ausbildung von Lehrern für die naturwissenschaftlichen Fächer den Studenten mit dem tiefen Eindringen in die grundlegenden Gesetze ihrer Wissenschaft zugleich deren Anwendung und Ausnutzung in der modernen sozialistischen Produktion zu zeigen, damit sie die Wirkungsweise theoretischer Erkenntnisse in der gesellschaftlichen Praxis, die Rolle und Funktion der Naturwissenschaften im Prozeß des wissenschaftlich-technischen Fortschritts besser verstehen.

Lebendige Theorie-Praxis-Beziehungen in der Ausbildung ermöglichen es den Lehrerstudenten zugleich, die Methode zu erlernen, wie im Unterricht Theorie und Praxis verbunden werden müssen. Denn der Unterricht verlangt, überall dort, wo es sich aus der Logik der Erkenntnis ergibt, Verbindungen zum Leben herzustellen, Fragen und Probleme der Schüler aufzugreifen und sie zum Gegenstand klärender Auseinandersetzungen zu machen.

Es besteht ein dringendes Erfordernis, daß die künftigen Lehrer bereits während des Studiums, aufbauend auf einem soliden Fundament an Wissen und Können, die Fähigkeit zu schöpferischer, selbständiger Arbeit erwerben und das Bedürfnis entwickeln, sich in ihrer Berufstätigkeit ständig neues Wissen anzueignen.

Wie die Erfahrungen zeigen, hängt viel davon ab, wie es die Hochschullehrer verstehen, die Studenten zu fordern, in allen ihren Lehrveranstaltungen das selbständige Durchdenken der Dinge anzuregen, Impulse für eine weitergehende Beschäftigung der Studenten mit Problemen der Wissenschaft zu geben. Es geht uns um ein produktives, schöpferisches Verhältnis der künftigen Lehrer zur Wissenschaft. Deshalb legen wir so großen Wert darauf, daß in allen Ausbildungsbestandteilen die schöpferische, selbständige wissenschaftliche Arbeit der Studenten zielstrebig entwickelt wird. Selbstverständlich gehört dazu auch, den Studenten Gelegenheit zu geben, in ein spezifisches Gebiet der Wissenschaft tiefer einzudringen, um ihre Fähigkeit zu entwickeln, Probleme zu erkennen und selbständig lösen zu lernen. Wir verlangen natürlich nicht, daß der Student bereits im ersten Studienjahr ein „Forscher" sein soll. Aber was die Praxis dringend benötigt, das sind Lehrer, die das Bedürfnis zu schöpferischer wissenschaftlicher Arbeit und die Freude an dieser Tätigkeit schon aus der Ausbildung mitbringen; denn dies ist für die kommunistische Erziehung der jungen Generation, für die Herausbildung des schöpferischen Denkens der Schüler auf der Grundlage solider Kenntnisse unabdingbar. Darum sollten wir ständig prüfen, ob in der gesamten Ausbildung, im Marxismus-Leninismus, in allen Fachwissenschaften und nicht zuletzt in den pädagogischen Disziplinen, das schöpferische Element des Studiums genügend beachtet wird.

Was unsere pädagogische Wissenschaft betrifft, so hat sie viel geleistet. Aber auch sie muß sich an den neu gesetzten Maßstäben orientieren, ihr ideologisch-theoretisches Niveau weiter erhöhen und die praktische Wirksamkeit ihrer theoretischen Erkenntnisse verstärken.

Die für alle Wissenschaften gegebene Orientierung des IX. Parteitages auf ein noch tieferes Eindringen in die gesellschaftlichen und sozialen Prozesse gilt voll und ganz vor allem auch für unsere Erziehungstheorie. Sie wird auch in Zukunft ihre Aufgaben bei der Ausarbeitung wissenschaftlicher Grundlagen der kommunistischen Erziehung, bei der Vervollkommnung und Weiterentwicklung des Volksbildungswesens nur dann fundiert lösen, wenn sie sich an den Entwicklungserfordernissen der Gesellschaft insgesamt orientiert, wenn sie unter Wahrung ihres Gegenstandes und ihrer spezifischen Aufgaben die Ergebnisse anderer marxistisch-leninistischer Gesellschaftswissenschaften für die eigene Theoriebildung noch gezielter nutzt.

Für eine theoretisch fundierte Erforschung der Praxis der kommunistischen Erziehung ist es unerläßlich, den Marxismus-Leninismus als Theorie und Methodologie noch gründlicher anzuwenden.

Bekanntlich betonte Lenin, daß man, um einen Gegenstand wirklich zu kennen, alle seine Seiten, alle Zusammenhänge und Vermittlungen erfassen und erforschen muß. „Zweitens", so sagte er, „verlangt die dialektische Logik, daß man den Gegenstand in seiner Entwicklung, in seiner ‚Selbstbewegung' (wie Hegel manchmal sagt), in seiner Veränderung betrachte... Drittens muß ... die ganze menschliche Praxis sowohl als Kriterium der Wahrheit wie auch als praktische Determinante des Zusammenhangs ... mit dem, was der Mensch braucht, eingehen."[1] Daraus folgerte Lenin, daß es eine abstrakte Wahrheit nicht gibt, daß die Wahrheit immer konkret ist.

Wir sollten uns die Frage stellen, ob unsere Erziehungstheorie schon genügend auf die Praxis orientiert ist, ob in der Art und Weise, wie wir Theoriebildung und Forschung betreiben, die objektiven Wechselbeziehungen zwischen Theorie und Praxis konsequent genug beachtet und angewandt werden. Es ist und bleibt das wichtigste Kriterium für die Richtigkeit, für den Wahrheitsgehalt theoretisch-pädagogischer Erkenntnisse, ob und wie sie sich in der Schulpraxis bewähren.

Es ist zu begrüßen, daß sich viele Lehrkollektive in den Wissenschaftsbereichen Pädagogik und Psychologie verstärkt darum bemühen, durch eine anspruchsvolle theoretische Ausbildung und durch enge Theorie-Praxis-Beziehungen den Studenten nicht nur die Bedeutung der Theorie für die Gestaltung des pädagogischen Prozesses deutlich vor Augen zu führen und ihr theoretisches Denken zu entwickeln, sondern sie gleichzeitig noch besser zu befähigen, an die Planung, Durchführung und Auswertung ihrer praktischen pädagogischen Tätigkeit vom Standpunkt der Theorie heranzugehen. Das wird zweifellos zur weiteren Vervollkommnung des pädagogischen Könnens der Studenten beitragen.

Wie bisher sollten wir uns den Aufgaben und Problemen, die die ständige Vorwärtsentwicklung unserer sozialistischen Gesellschaft mit sich bringt – auch den unbequemen –, stellen. Davon, in welcher Qualität wir die vielfältigen Probleme, von denen ich nur einige erwähnt habe, lösen, hängt der weitere Fortschritt ab.

Der Beruf des Lehrers in unserer sozialistischen Gesellschaft gehört zu den schönsten und gleichzeitig verantwortungsvollsten; besteht doch die Berufung des sozialistischen Lehrers darin, die kommunistische Erziehung der heranwachsenden Generation, die allseitige Entwicklung der Persönlichkeit unserer Kinder und Jugendlichen mit Sachkenntnis, politischem Engagement, mit Verständnis

---

[1] W. I. Lenin: Noch einmal über die Gewerkschaften, die gegenwärtige Lage und die Fehler Trotzkis und Bucharins. In: Werke. Bd. 32, Dietz Verlag, Berlin 1982, S. 85.

und Einfühlungsvermögen zu führen. Wenn sich unsere Partei, unser Staat ständig um die weitere Entwicklung unserer Lehrerausbildung sorgen, wie das die dreißigjährige Geschichte unserer Pädagogischen Fakultäten und der anderen Einrichtungen der Lehrerbildung beweist, so deshalb, weil von der Erziehung der Erzieher, wie es Marx nannte, die weitere erfolgreiche Ausgestaltung unseres Volksbildungswesens, unsere kommunistische Zukunft wesentlich abhängen.

Zu einigen Fragen der kommunistischen Erziehung aus der Sicht der Beschlüsse des IX. Parteitages der SED

Vortrag an der Parteihochschule „Karl Marx"
beim Zentralkomitee der SED in Berlin
15. November 1976

Wenn im Rechenschaftsbericht an den IX. Parteitag und im Parteiprogramm die Notwendigkeit hervorgehoben wird, unsere zehnklassige allgemeinbildende polytechnische Oberschule inhaltlich weiter auszugestalten, das gesamte System der Volksbildung – vom Kindergarten angefangen über die Schule, die Horte, das Sonderschulwesen, die Volkshochschulen, die Jugendhilfe und Heimerziehung bis hin zur Lehrer- und Erzieherausbildung – weiter zu vervollkommnen, so ist damit gesagt, daß auch auf dem Gebiet der Volksbildung die bereits auf dem VIII. Parteitag ausgearbeitete Linie der kontinuierlichen qualitativen Weiterentwicklung konsequent fortgesetzt wird. Dabei läßt sich die Partei davon leiten, daß Kontinuität vor allem auch in der Schulpolitik, wo es um die Erziehung der Kinder geht, eine unabdingbare Voraussetzung für die weitere Erhöhung des Niveaus ist. Ziel, Inhalt und Aufgaben unserer Schule werden vom Charakter unserer Gesellschaftsordnung, von den gesellschaftlichen Entwicklungsprozessen, den gesellschaftlichen Bedingungen und Erfordernissen bestimmt. In ihrer Schulpolitik ist unsere Partei stets von der Erkenntnis des Marxismus-Leninismus ausgegangen, daß die Lösung der Aufgaben auf dem Gebiet der Volksbildung unmittelbar mit der Eroberung und Festigung der politischen Macht der Arbeiterklasse verbunden ist, daß die Schule, die gesamte Bildung und Erziehung darauf zu richten ist, die historische Mission der Arbeiterklasse verwirklichen zu helfen, nämlich die sozialistische, die kommunistische Gesellschaft aufzubauen.

Wenn sich die Partei auf dem IX. Parteitag die Aufgabe stellt, „weiterhin der Vervollkommnung des einheitlichen sozialistischen Bildungswesens und im besonderen der kommunistischen Erziehung der jungen Generation ihre Aufmerksamkeit (zu) widmen"[1], so deshalb, weil die weitere Gestaltung der entwickelten

---

[1] Programm der Sozialistischen Einheitspartei Deutschlands. In: Protokoll der Verhandlungen des IX. Parteitages der Sozialistischen Einheitspartei Deutschlands. Bd. 2: 4. und 5. Beratungstag, Dietz Verlag, Berlin 1976, S. 244.

sozialistischen Gesellschaft, die Schaffung grundlegender Voraussetzungen für den Übergang zum Kommunismus unabdingbar fordern, die Jugend zu befähigen, die großen, komplizierten Aufgaben zu bewältigen, die ihr der sozialistische und kommunistische Aufbau stellen wird.

Die Grundlinie der weiteren Entwicklung auf schulpolitischem Gebiet, die vom IX. Parteitag beschlossen wurde, ist Bestandteil der Strategie und Taktik der Partei. Unsere Partei betrachtete die Entwicklung des Volksbildungswesens stets als untrennbaren Bestandteil der Theorie und Praxis der sozialistischen Revolution.

Bei der Bestimmung der konkreten Aufgaben auf schulpolitischem Gebiet geht unser IX. Parteitag konsequent von dem vom Marxismus-Leninismus aufgedeckten objektiven Zusammenhang von Gesellschaft und Schule aus. Unsere Partei hat die Lösung der Aufgaben im Bildungswesen immer aus den gesamtgesellschaftlichen Erfordernissen abgeleitet und dabei beachtet, daß die Gesamtheit der gesellschaftlichen Verhältnisse – die ökonomischen, politischen, ideologischen – auf die Bildung und Erziehung der Menschen wirkt und umgekehrt, daß die Bildung und Erziehung der Menschen die gesellschaftlichen Prozesse aktiv beeinflussen.

Wir betrachten die Frage der Entwicklung der Produktivkräfte, der Wirtschaft, Bildung, Ideologie und Kultur stets in ihrer Einheit und Wechselwirkung. So ist auch die Umgestaltung unserer Schule das Ergebnis der revolutionären Umgestaltung der Grundlagen der Gesellschaft, das Ergebnis des Kampfes um die Errichtung der Diktatur des Proletariats, und zugleich ist sie wichtige Voraussetzung für die weitere Entwicklung unserer sozialistischen Gesellschaft. Es ist die Aufgabe unserer Schule, stets davon auszugehen. Sie hat die Jugend darauf vorzubereiten, diese ihre Gesellschaft aktiv mitzugestalten. Das heißt, sie sowohl auf jene Aufgaben vorzubereiten, die sie gegenwärtig zu lösen hat, sie zugleich aber gut für das Leben in den künftigen Jahrzehnten auszurüsten. Denn in der Schule wird heute die Generation ausgebildet, die in Wirtschaft, Wissenschaft, Kultur, im gesellschaftlichen Leben erst in zehn, zwanzig Jahren voll wirksam werden wird.

Es ist deshalb von sehr praktischer Bedeutung für die pädagogische Arbeit, wenn unser IX. Parteitag die Vervollkommnung der kommunistischen Erziehung in den Mittelpunkt der Arbeit der Schule rückt; müssen wir uns doch bereits heute in der Erziehungsarbeit auf die Wesenszüge des Menschen orientieren, der die kommunistische Gesellschaft mitgestalten wird. Und nicht erst seit heute orientieren wir uns in der Erziehung auf die kommunistische Weltanschauung und Moral.

Sich in der Erziehung an den kommunistischen Idealen zu orientieren hat nichts mit einer weltfremden Auffassung von einem abstrakten, idealisierten Menschenbild zu tun. Wir haben kommunistische Erziehung stets als Prozeß der Entwicklung der menschlichen Persönlichkeit aufgefaßt, als Aufgabe, unter den jeweiligen konkret-historischen Bedingungen jene Menschen heranzubilden, die die neue Gesellschaft gestalten. In allen Entwicklungsetappen hat unsere Partei, ausgehend von den historischen Bedingungen und Erfordernissen des gesellschaftlichen Aufbaus, jene Aufgaben gestellt, die der Herausbildung dieses Menschen dienen. So gesehen, ist die Aufgabenstellung des IX. Parteitages, die Jugend kommunistisch zu erziehen, keine plötzliche, neue Aufgabe – womit natürlich nicht gesagt ist, daß keine höheren Ansprüche an die Qualität der Erziehung gestellt sind. Denn ebenso, wie wir in den verschiedenen Etappen unserer gesellschaftlichen Entwicklung nie das Endziel, die Errichtung der kommunistischen Gesellschaft, außer acht gelassen haben, haben wir uns in der Erziehung stets darauf orientiert, die Jugend auf die Schaffung dieser Gesellschaft vorzubereiten. So wie es zwischen Sozialismus und Kommunismus keine starren Grenzen gibt, so gibt es auch keine formale Trennung zwischen sozialistischer und kommunistischer Erziehung.

Das tiefe Verständnis der marxistisch-leninistischen Lehre von den beiden Phasen der kommunistischen Gesellschaft als einer einheitlichen Gesellschaftsformation, die Tatsache, daß sich der Übergang von der einen zur anderen Phase der kommunistischen Gesellschaft als längerer Prozeß vollzieht, daß die erste Phase des Kommunismus noch mit den Überresten der alten Gesellschaft behaftet ist, in ihr aber zugleich die Keime der künftigen Gesellschaft entstehen, ist für die Erziehungsarbeit von unmittelbarer praktischer Bedeutung. Nur aus einer solchen Sicht kann verstanden werden, warum und daß kommunistische Erziehung konkrete Aufgabe unserer Gegenwart ist.

Natürlich fassen wir Erziehung nicht als eine Angelegenheit auf, die sich nach abstrakten Formeln vollzieht, die tagtäglich an einem Moralkodex meßbar wäre. Wir haben zu beachten, daß Erziehung ein sehr lebendiger Prozeß ist, daß hier die gesamte Umwelt, die Schule, die Familie, die vielfältigsten Einflüsse der Gesellschaft einwirken. Auch Erziehung ist ein widerspruchsvoller Prozeß. Es wirkt hier das in unserer Gesellschaft entstehende Neue, und es wirken Einflüsse des Alten und nicht zuletzt, wie in der gesamten ideologischen Arbeit, Einflüsse der imperialistischen Ideologie.

Wenngleich wir davon ausgehen, daß mit der Veränderung der gesellschaftlichen Verhältnisse, mit der revolutionären Umgestaltung der materiellen Basis der Gesellschaft auch der Überbau, die Ideologie, die Kultur, die Beziehungen der Menschen, ihr Bewußtsein, ihre Moral sich verändern, so wissen wir doch, daß dies keinesfalls eine spontane Angelegenheit ist, sondern daß diese Prozesse von der marxistisch-leninistischen Partei wissenschaftlich geführt werden müssen. Erziehung ist ein gesellschaftlich determinierter Prozeß, der auf der Grundlage wissenschaftlicher Erkenntnisse planmäßig geführt, bewußt und zielgerichtet gestaltet werden muß.

Unser IX. Parteitag fordert, junge Menschen heranzubilden, „die, mit solidem Wissen und Können ausgerüstet, zu schöpferischem Denken und selbständigem Handeln befähigt sind, deren marxistisch-leninistisch fundiertes Weltbild die persönlichen Überzeugungen und Verhaltensweisen durchdringt, die als Patrioten ihres sozialistischen Vaterlandes und proletarische Internationalisten fühlen, denken und handeln ... die ihre Fähigkeiten und Begabungen zum Wohle der sozialistischen Gesellschaft entfalten, sich durch Arbeitsliebe und Verteidigungsbereitschaft, durch Gemeinschaftsgeist und das Streben nach hohen kommunistischen Idealen auszeichnen"[2]. Dieses Erziehungsprogramm zu realisieren heißt, die allgemeingültige Lehre Lenins zu verwirklichen, daß die gesamte Schulung und Ausbildung auf die Herausbildung der Weltanschauung und Moral der Arbeiterklasse gerichtet sein muß. Wenn wir von kommunistischer Erziehung sprechen, dann verstehen wir darunter ganz im Leninschen Sinne die Gesamtheit der Bildungs- und Erziehungsarbeit: die Vermittlung einer hohen Bildung, die ideologische, weltanschauliche, körperliche, geistige, ethische und moralische Erziehung. Erziehung läßt sich in der Praxis nicht auf einzelne Seiten und Aspekte reduzieren. Es ist untauglich für die praktische Arbeit der Schule, einmal den Schwerpunkt auf Arbeitserziehung, ein anderes Mal auf internationalistische Erziehung oder ästhetische Erziehung legen zu wollen. Man kann moralische Erziehung nicht von weltanschaulicher trennen, denn es geht nicht um irgendeine Moral; Moral war und ist immer eine Klassenfrage.

Einseitigkeiten sind für die praktische Erziehungsarbeit nicht von Nutzen. Schließlich muß der Lehrer jedem Kind das notwendige Wissen vermitteln, es zu Erkenntnissen, Einsichten führen, jedem Kind solche Eigenschaften, Verhaltensweisen anerziehen, daß es zu einem klassenbewußten, der Sache des Sozialismus und Kommunismus ergebenen Menschen heranwächst, er muß alle Kinder zu wertvollen Menschen erziehen.

Der IX. Parteitag hat die Bedeutung des Wissens, des Bewußtseins, der wissenschaftlich begründeten Theorie für den praktischen revolutionären Kampf wiederum nachdrücklich unterstrichen. Damit trägt unsere Partei der marxistisch-leninistischen Erkenntnis Rechnung, daß in unserer Gesellschaft, die durch das bewußte Handeln der Menschen nach wissenschaftlichen Gesetzen aufgebaut und ständig vervollkommnet wird, der subjektive Faktor zunehmende Bedeutung gewinnt.

Unsere Partei betrachtet ein hohes Niveau der Bildung zugleich als eine unentbehrliche Voraussetzung für menschliches Schöpfertum, als ein Grundelement sozialistischen Lebens. Wenn im Rechenschaftsbericht und im Programm der Partei die Gestaltung der sozialistischen Gegenwart und der kommunistischen Zukunft als ein Prozeß tiefgreifender Wandlungen auch auf geistig-kulturellem Gebiet gekennzeichnet ist, so läßt sich die Partei von der marxistisch-leninistischen Erkenntnis leiten, daß die soziale Befreiung des Menschen untrennbar verbunden ist mit seiner geistigen Befreiung, daß zwischen beiden Seiten dieses revolutionären Prozesses ein dialektischer Zusammenhang besteht. Aus all dem ergibt sich, daß der IX. Parteitag der Rolle des Volksbildungswesens und seiner weiteren Ausgestaltung eine so große Aufmerksamkeit schenkte.

---

[2] Ebenda.

Aus der Generalorientierung der Partei, den politischen Kurs, die Hauptaufgabe in ihrer Einheit von Wirtschafts- und Sozialpolitik, weiter konsequent fortzusetzen, erwachsen objektiv höhere Anforderungen an die Volksbildung. Wenn die Partei im Zusammenhang mit der Hauptaufgabe die entscheidende Rolle der Ökonomie, die Vervollkommnung der materiell-technischen Basis unserer Gesellschaft hervorhebt, dann immer unter der Sicht, daß der Sinn des Sozialismus, alles zu tun für das Wohl des Volkes, auf ständig höherer Stufe verwirklicht werden kann. Wie der Sozialismus beweist, ist die Befriedigung der wachsenden materiellen Bedürfnisse, die materielle Sicherheit aller Gesellschaftsmitglieder Bedingung für die Aneignung der geistigen Werte. Die Notwendigkeit, Umfang, Niveau, Effektivität und Qualität der Produktion zu erhöhen, resultiert aus dem Ziel, immer besser die materiellen Bedürfnisse und in Einheit damit die geistig-kulturellen Bedürfnisse zu entwickeln und zu befriedigen. Geht es doch bei der Verwirklichung der Einheit von Wirtschafts- und Sozialpolitik darum, immer bessere Bedingungen zu schaffen für die weitere Ausprägung der dem Sozialismus eigenen Lebensweise, jener Qualitäten und Werte, die den entwickelten Sozialismus ausmachen. Es geht um zunehmend günstigere Bedingungen für die allseitige Entwicklung der Persönlichkeit. Die Aufgabe der Schule besteht gerade darin, maßgeblich zur Herausbildung des neuen Menschen, der Hebung seines geistig-kulturellen Niveaus beizutragen im Sinne unserer Erkenntnis, daß Sozialismus und Kommunismus letztlich auf die freie, allseitige Entwicklung der menschlichen Persönlichkeit gerichtet sind.

Im Bericht des Zentralkomitees an den IX. Parteitag der SED konnte die Feststellung getroffen werden, daß schon heute immer deutlicher die Züge sozialistischer Persönlichkeiten hervortreten. Das sind Menschen mit fundierter Bildung und weltanschaulicher Überzeugung, mit weiten geistigen Horizonten, bewußte und tatkräftige Erbauer der neuen Welt des Sozialismus und Kommunismus.[3]

In der entwickelten sozialistischen Gesellschaft, so wird im Parteiprogramm festgestellt, sind die politischen, ideologischen, sozialen, geistig-kulturellen und materiellen Bedingungen zu schaffen, „damit sich die gesellschaftlichen Beziehungen und die körperlichen und geistigen Fähigkeiten der Menschen voll entfalten können, (sind) alle Möglichkeiten zu eröffnen, daß sie ihr Leben inhaltsreich und kulturvoll zu gestalten vermögen, daß das Denken und Handeln der Werktätigen von der sozialistischen Ideologie, der marxistisch-leninistischen Weltanschauung der Arbeiterklasse geprägt wird"[4].

Unsere Auffassung von der allseitig entwickelten Persönlichkeit als dem Ziel unserer Erziehung beruht auf den Erkenntnissen von Marx, Engels und Lenin

---

[3] Vgl. Bericht des Zentralkomitees der Sozialistischen Einheitspartei Deutschlands an den IX. Parteitag der SED. Berichterstatter: Genosse Erich Honecker. In: Protokoll der Verhandlungen des IX. Parteitages der Sozialistischen Einheitspartei Deutschlands. Bd. 1: 1. bis 3. Beratungstag, Dietz Verlag, Berlin 1976, S. 107.

[4] Programm der Sozialistischen Einheitspartei Deutschlands. A. a. O., S. 220.

über die Rolle des Menschen im gesellschaftlichen Entwicklungsprozeß, die Bestandteil ihrer wissenschaftlichen Gesellschaftstheorie ist. Ausgehend von der Analyse der bürgerlichen Gesellschaft und der historischen Stellung des Proletariats begründeten die Klassiker des Marxismus-Leninismus bekanntlich die wissenschaftliche Lehre vom Wesen des Menschen, von seiner sozialen Natur, von den Wegen seiner Veränderung und Höherentwicklung. Sie wiesen nach, daß der Aufbau der neuen, der kommunistischen Gesellschaft nicht denkbar ist ohne die Erziehung des neuen Menschen.

Der Marxismus-Leninismus faßt bekanntlich die Entwicklung der Totalität des Individuums, der allseitig entwickelten Persönlichkeit als einen Prozeß auf, in dem sich der Mensch vor allem durch die Arbeit auf eine immer höhere Stufe der Kultur hebt, die gesellschaftlichen Verhältnisse und die Natur bewußt meistert und gestaltet.

Marx und Engels wiesen nach, daß bereits im Kapitalismus mit dem Aufkommen der modernen Industrie, mit der zunehmenden Vergesellschaftung der Produktion die allseitige Entwicklung des Menschen zu einem objektiven Erfordernis wird, das aber unter den Bedingungen der Ausbeutung nicht verwirklicht werden kann, daß im Gegenteil die Herrschaft des Privateigentums zur zunehmenden physischen und geistigen Verkrüppelung, zur Entwürdigung des Menschen führt. Die Klassiker des Marxismus-Leninismus haben nachgewiesen, daß der Mensch, der an die kapitalistischen Produktionsverhältnisse gekettet ist, seine Anlagen und Fähigkeiten nicht auszubilden vermag, daß erst durch die sozialistische Revolution, erst auf der Grundlage der Assoziation der befreiten Menschen die Bedingungen dafür geschaffen werden, daß der Mensch seine Fähigkeiten nach allen Seiten hin ausbilden kann.

Heute hat das Leben die unumstößliche Wahrheit des Marxismus-Leninismus bewiesen, daß erst mit der Eroberung der politischen Macht durch die Arbeiterklasse, durch die Vergesellschaftung der Produktionsmittel, durch die Beseitigung der Ausbeutung des Menschen durch den Menschen jene Voraussetzungen entstehen, damit sich der Mensch selbst verwirklichen, seine Persönlichkeit allseitig entwickeln kann.

Der Gegner propagiert wieder einmal lautstark, daß die allseitig entwickelte Persönlichkeit ein Wunschbild, ein nicht zu erreichendes Ideal sei. Das ist nicht neu. Dahinter verbirgt sich seit eh und je der Versuch, die Einseitigkeit, die geistige und physische Verkrüppelung des Menschen im Kapitalismus zu rechtfertigen und die Tatsache, daß diese Gesellschaft der Jugend keine freie Entfaltung ihrer schöpferischen Fähigkeiten gewährleisten kann, zu vertuschen. Im ideologischen Klassenkampf dürfen wir jedoch diese Aktivitäten des Gegners, die sich auch gegen unsere Schulpolitik und Pädagogik richten, in keiner Weise geringschätzen. Praktisch zielen seine Angriffe darauf ab – indem er unablässig, sich unserer Terminologie bedienend, von der sozialistischen Gesellschaft als einer noch nicht vollkommenen Gesellschaft redet –, unseren Menschen zu suggerieren, daß man einen „anderen", einen „freieren" Sozialismus machen müsse. Als Alternative zur marxistisch-leninistischen Persönlichkeitstheorie bietet er uns die Theorie vom „freien Individuum, frei von ideologischen und gesellschaftlichen Zwängen" an. Dies mündet schließlich in die Forderung nach einer „antiautoritären, freien Erziehung".

Es ist deshalb zumindest naiv, wenn einige Leute bei uns auf diese Propaganda hereinfallen, indem sie Zweifel an der Realisierbarkeit der allseitigen Entwicklung des Menschen anmelden und dies damit begründen, daß wir es noch mit Unzulänglichkeiten im menschlichen Verhalten und in der Erziehungsarbeit zu tun haben, was wir selbstverständlich nicht bestreiten. Manche von ihnen kommen jedoch dann bei solchen Schlußfolgerungen an, daß man die Erziehung „freier" gestalten müsse, und landen beim Individualismus.

Der IX. Parteitag hat erneut unterstrichen, indem er dies im Parteiprogramm fordert, daß unser Bildungswesen der Erziehung allseitig entwickelter Persönlichkeiten dient.

Ein hohes Niveau des Wissens, eine wissenschaftlich fundierte Allgemeinbildung ist eine entscheidende Grundlage für die Herausbildung der Persönlichkeit, denn kommunistische Erziehung ist ohne wissenschaftliche Bildung nicht zu realisieren. Das entspricht der Feststellung Lenins, daß es irrig wäre zu glauben, es genüge, sich die kommunistischen Losungen, die Schlußfolgerungen der kommunistischen Weltanschauung und Moral anzueignen, ohne jene Summe von Kenntnissen zu erwerben, deren Ergebnis der Kommunismus selbst ist.

Unsere sozialistische Schule vermittelt, im Unterschied zur Schule in der antagonistischen Klassengesellschaft, der Jugend ein wissenschaftliches Bild von der Welt.

Wir wissen, daß der Zugang zu den objektiven Gesetzmäßigkeiten der Entwicklung in Natur und Gesellschaft einzig und allein vom Marxismus-Leninismus erschlossen wird, daß erst die von ihm begründete dialektisch-materialistische und historisch-materialistische Betrachtungsweise aller Erscheinungen und Vorgänge in Natur, Gesellschaft und im Denken den sich darauf gründenden Erkenntnissen der Einzelwissenschaften einen konsequent wissenschaftlichen Charakter verleiht. Der Inhalt der Allgemeinbildung in der sozialistischen Schule, der Inhalt des zu lehrenden Stoffes in den einzelnen Unterrichtsfächern wird von dieser Betrachtungsweise bestimmt. In diesem Sinne ist der Marxismus-Leninismus in der Einheit seiner Bestandteile und als Methode Grundlage für unsere Allgemeinbildung. Gerade in dieser Tatsache liegt begründet, daß die Allgemeinbildung in der sozialistischen Schule erstmalig für die Kinder des Volkes wirklich wissenschaftlichen Charakter trägt.

Der wissenschaftliche Charakter unserer Allgemeinbildung drückt sich in der Auswahl des Bildungsgutes aus. Es ist auf die Aneignung jenes grundlegenden Wissens orientiert, das zur Erkenntnis der Gesetzmäßigkeiten und Zusammenhänge, zum Verständnis der tragenden theoretischen Aussagen erforderlich ist und das durch entsprechendes Tatsachen- und Faktenwissen erworben wird. Die Wissenschaftlichkeit unserer Allgemeinbildung kommt auch in der Anordnung, in der Art und Weise der Vermittlung des Bildungsgutes zum Ausdruck, die von den Gesetzen des Erkenntnisprozesses ausgeht und auf grundlegenden wissenschaftlichen Erkenntnissen der Pädagogik, der Psychologie beruht.

Wissenschaftliche Ausbildung schließt unsere marxistische Auffassung vom Verhältnis von Theorie und Praxis ein. Der IX. Parteitag forderte, die Verbindung von Schule und Leben, von Theorie und Praxis weiter zu festigen. Diese Grundposition unserer marxistisch-leninistischen Schulpolitik war immer bestimmend für die Auswahl des Bildungsgutes und die Art und Weise der Wissensvermittlung. Es ist jedoch notwendig, stets erneut an den jeweiligen gesellschaftlichen Erfordernissen zu messen, wie und auf welchem Niveau in der Ausbildung und Erziehung die Verbindung von Theorie und Praxis verwirklicht wird.

Die Jugend auf das Leben und die Arbeit vorzubereiten verlangt von der Schule, jene Grundlagen der allseitigen Entwicklung sozialistischer Persönlichkeiten fest und sicher zu legen, die die jungen Menschen als aktive Mitglieder und Mitgestalter unserer Gesellschaft in der Arbeit, im politischen Kampf, in ihrem persönlichen Leben benötigen. Und dies ist nur möglich, wenn die Jugend im Prozeß der Bildung und Erziehung mit der sie umgebenden gesellschaftlichen Wirklichkeit, mit den Aufgaben und Problemen, den Prozessen der gesellschaftlichen Entwicklung vertraut gemacht wird, damit sie fähig und in der Lage ist, an der weiteren Gestaltung der Gesellschaft, an der Umgestaltung der Natur zum Nutzen der Menschen aktiv und bewußt teilzunehmen. Deshalb sehen wir es als eine wichtige Aufgabe an, die Jugend zu lehren, die Welt zu begreifen, wie sie heute ist, ihr die Dynamik der gesellschaftlichen Entwicklungsprozesse nahezubringen, sie zu befähigen, hinter den vielfältigen Erscheinungen des Lebens das Wesen, die Triebkräfte zu erkennen, die Gesetzmäßigkeiten der Prozesse und die darin wirkenden Widersprüche zu verstehen und selbst aktiv im Sinne des gesellschaftlichen Fortschritts tätig zu sein. Es gilt, die Jugend zu befähigen, alle Fragen, die das Leben stellt, auf der Grundlage realer Einsichten vom Standpunkt der Arbeiterklasse aus zu betrachten und zu beurteilen. Wir würden der Vorbereitung der Jugend auf das Leben einen schlechten Dienst erweisen, gingen wir in der Erziehung an jenen Problemen vorbei, die die Vorwärtsentwicklung der Gesellschaft mit sich bringt, würden wir die gesellschaftlichen Prozesse sozusagen „chemisch gereinigt" darstellen. Eine solche Praxis wäre für die Erziehung ebenso nachteilig, wie ständig nur nach Konflikten und Widersprüchen in unserem Leben zu suchen, die Jugend nicht auf das Neue, das Progressive zu orientieren. Führt doch eine solche Erziehung in letzter Konsequenz zu einer pessimistischen Grundhaltung.

Ebenso irrig ist es zu glauben, daß man in der Erziehung der Jugend ohne Ideale auskommt. Nach unseren kommunistischen Idealen zu streben, sich daran zu orientieren, die Bereitschaft zu wecken, sie verwirklichen zu helfen, das hat doch eine große Bedeutung für die Erziehung, für die Entwicklung des Bedürfnisses der Jugend, Großes zu leisten. Das war so in der Vergangenheit, und das ist auch in der Gegenwart so. Ich glaube, daß wir dieser Seite der Erziehung viel zuwenig

Aufmerksamkeit schenken. Ausgehend von der Erkenntnis, daß der Sozialismus bewußt von den Menschen gestaltet wird, müssen wir die Jugend befähigen, sich mit ihrer ganzen Kraft für unsere Ideale, für den Sozialismus einzusetzen.

Der Inhalt unserer sozialistischen Allgemeinbildung ist bestimmt durch die Einheit von Wissenschaft und Ideologie. Er beruht auf den marxistisch-leninistischen Prinzipien der Wissenschaftlichkeit und Parteilichkeit, der Einheit von Bildung und Erziehung, von Lernen und produktiver Arbeit, der untrennbaren Verbindung von Theorie und Praxis. Durch Vermittlung grundlegender Kenntnisse, Fähigkeiten und Fertigkeiten werden die Kinder durch den gesamten Unterricht zur Erkenntnis wesentlicher Zusammenhänge und Gesetze, zur Einsicht in die allgemeinen Gesetzmäßigkeiten der Natur, der Gesellschaft und des menschlichen Denkens geführt, wie sie im Marxismus-Leninismus wissenschaftlich begründet sind. Dabei müssen wir stets beachten: Die Schule kann den Schülern nicht die Gesamtheit jenes Wissens vermitteln, das sie im Leben benötigen werden. Aber sie kann und muß das grundlegende Wissen und Können fest und solide vermitteln, damit die Jugend beim weiteren Wissenserwerb darauf aufbauen kann. Es gilt ihre Fähigkeiten auszubilden, Wissen selbst zu erwerben und es im Leben, in der Praxis anzuwenden, das Bedürfnis zu entwickeln, ständig weiterzulernen.

In der Schule kann sich die Jugend noch nicht die Gesamtheit unserer Weltanschauung aneignen. Wir können uns nicht die Aufgabe stellen, sie zu „fertigen" Kommunisten zu erziehen. Aber die Schule kann und muß die heranwachsende Generation zu einer festen weltanschaulichen, politischen und moralischen Grundhaltung erziehen, ihre Lebensauffassung und Lebenshaltung im Sinne der Weltanschauung und Moral der Arbeiterklasse formen.

Dabei kommt bekanntlich dem gesellschaftswissenschaftlichen Unterricht, vor allem den Fächern Staatsbürgerkunde und Geschichte, eine besondere Bedeutung zu. Deshalb forderte der IX. Parteitag der SED, der weiteren Erhöhung der Qualität des gesellschaftswissenschaftlichen Unterrichts besondere Aufmerksamkeit zu schenken. Gerade in diesen Fächern werden die Schüler in grundlegende Erkenntnisse des Marxismus-Leninismus eingeführt.

Es ist nicht einfach, den 13- bis 16jährigen den Marxismus-Leninismus streng wissenschaftlich, lebendig, verbunden mit der aktuellen Politik der Partei nahezubringen. Wir müssen uns deshalb immer wieder mit der Frage beschäftigen, wie wir den Marxismus-Leninismus altersgemäß, wirklich wissenschaftlich, nicht abstrakt, verständlich und überzeugend zu lehren haben. Das gelingt vielen Lehrern immer besser, jedoch müssen wir ihnen dabei ständig helfen, die grundlegenden Kenntnisse und Erkenntnisse des Marxismus-Leninismus noch enger mit der wissenschaftlich begründeten Politik der Partei, mit dem Verständnis der weltweiten Klassenauseinandersetzung zwischen Sozialismus und Imperialismus zu verbinden. Wir müssen sie noch besser befähigen, ihren Unterricht so zu gestalten, daß die Schüler lernen, sich zunehmend eigene Standpunkte zu bilden. All das stellt an die Lehrer für Staatsbürgerkunde und Geschichte hohe Anforderungen. Das verlangt von ihnen, den Marxismus-Leninismus gut zu beherrschen, das Wesen der Politik unserer Partei und die Probleme der internationalen Klassenauseinandersetzung zutiefst zu verstehen. Deshalb müssen die Parteiorganisationen und die Parteileitungen weiterhin der Arbeit mit den Staatsbürgerkunde- und Geschichtslehrern große Beachtung schenken.

Für die Herausbildung eines wissenschaftlichen Weltbildes kommt dem naturwissenschaftlichen Unterricht eine große Bedeutung zu. Die Fächer Biologie, Physik, Chemie und Astronomie leisten ihren spezifischen Beitrag zur weltanschaulichen Bildung und Erziehung, gewinnen doch die Schüler beispielsweise durch die naturwissenschaftlichen Fächer wesentliche Erkenntnisse über die Materialität der Welt, ihre Erkennbarkeit, die objektiven Gesetzmäßigkeiten ihrer Entwicklung. Die wissenschaftlich-technische Revolution verlangt eine zunehmende Beherrschung der Naturprozesse und Vorgänge, die Kenntnis der Gesetzmäßigkeiten, die in ihnen wirken. Deshalb ist ein solides mathematisches und naturwissenschaftliches Wissen und Können von wachsender Bedeutung. Solides Wissen auf diesem Gebiet ist unerläßlich für die Lösung jener Aufgaben, die zur Meisterung der modernen Technik, der Produktion gestellt sind. Deshalb schenken wir der marxistisch-leninistischen Bildung der Lehrer der mathematisch-naturwissenschaftlichen Fächer ebenfalls große Aufmerksamkeit und sind bestrebt, sie mit den aktuellen Fragen der Entwicklung von Technik und Produktion besser vertraut zu machen. Voraussetzung für eine hohe Qualität dieses Unterrichts ist auch hier in erster Linie ein hohes fachwissenschaftliches Wissen und Können der Lehrer.

Es wird des öfteren die Frage gestellt, ob sich aus den ständig wachsenden Anforderungen der gesellschaftlichen Entwicklung, aus den fortschreitenden wissenschaftlichen Erkenntnissen, aus den Prozessen der wissenschaftlich-technischen Revolution nicht ständig Veränderungen in der Allgemeinbildung ergeben müßten und wie die Schule dieses Problem bewältigen will.

Natürlich stehen wir immer wieder vor der Aufgabe, die Übereinstimmung des Inhalts der Allgemeinbildung mit neuen Erkenntnissen der Wissenschaft sowie mit den sich ständig entwickelnden Anforderungen und Bedingungen der Gesellschaft zu gewährleisten. Daraus den Schluß zu ziehen, daß die Lehrpläne ständig verändert werden müßten, ist, wie die Erfahrungen lehren, nicht notwendig und nicht richtig. Es wäre auch falsch, wenn die Schule bestimmten Anforderungen aus der Sicht einzelner Wissensgebiete, einzelner gesellschaftlicher Bereiche oder Institutionen folgen würde, solche Erkenntnisse in die Lehrpläne aufzunehmen, die dem Wesen der Allgemeinbildung nicht entsprechen, das heißt, die nicht mehr zum grundlegenden Allgemeinwissen zählen, ihrem Charakter nach Spezialwissen, Spezialbildung sind.

Die Praxis hat bewiesen, daß die grundlegenden Bestandteile der Wissenschaften über längere Zeit als relativ stabil angesehen werden können, nicht raschen Veränderungen unterworfen sind. Und gerade diese grundlegenden Bestandteile sind Inhalt unserer Lehrpläne, die ja auf eine wissenschaftliche Grundlagenbildung gerichtet sind. Für die einzelnen Fächer wurden unter einer solchen Sicht die notwendigen grundlegenden Bestandteile des Wissens und Könnens der betreffenden Wissenschaften ausgewählt.

Nach dem Urteil führender Vertreter der einzelnen Wissenschaften in unserer Republik hat der überwiegende Inhalt der in den Lehrplänen festgelegten Allgemeinbildung auch für die nächste Zukunft volle Gültigkeit. Für die Erhöhung der Qualität von Bildung und Erziehung sind Stabilität und Kontinuität unerläßliche Bedingungen. Eine ständige Veränderung der Lehrpläne hat in der Vergangenheit dazu geführt, daß die notwendige Systematik des Wissenserwerbs verletzt wurde. Das birgt die Gefahr in sich, daß den Schülern lückenhaftes Wissen vermittelt wird.

Wie sich unser Lehrplanwerk als Ganzes bewährt, können wir mit größerer Sicherheit in den kommenden Jahren einschätzen. Denn erstmals 1978 werden jene Schüler die 10. Klasse beenden, die von der 1. Klasse an nach den neuen Lehrplänen unterrichtet worden sind. Bis zum Jahre 1980 sind deshalb keine prinzipiellen Veränderungen vorgesehen. Wir schließen jedoch nicht aus, daß in den nächsten Jahren partielle Veränderungen in den Lehrplänen, Akzentuierungen des Inhalts erforderlich werden, besonders in den gesellschaftswissenschaftlichen Fächern, weil wir hier auf neue Erfordernisse unserer gesellschaftlichen Entwicklung schneller reagieren müssen.

Im Zusammenhang mit der Aufgabenstellung des IX. Parteitages, den polytechnischen Charakter unserer Schule weiter auszuprägen, wird häufig die Frage gestellt, was darunter konkret zu verstehen ist.

Unsere sozialistische Schule ist eine polytechnische Schule. Das gerade ist charakteristisch für eine sozialistische Schule. Sie ist im Gegensatz zur bürgerlichen Schule eng mit dem Leben verbunden. Polytechnische Bildung und Erziehung ist Prinzip, Wesenszug der gesamten Allgemeinbildung. Erst in der sozialistischen Schule wurde die Marxsche Erkenntnis von der Verbindung des Unterrichts mit Gymnastik und produktiver Arbeit verwirklicht, die, wie Karl Marx es ausdrückte, nicht nur „eine Methode zur Steigerung der gesellschaftlichen Produktion, sondern ... die einzige Methode zur Produktion vollseitig entwickelter Menschen"[5] ist.

Die polytechnische Bildung und Erziehung ist nun schon seit Jahrzehnten Praxis in unserem Schulalltag, und wir haben sie auf immer höherem Niveau verwirklicht. Den polytechnischen Charakter unserer Schule weiter auszuprägen heißt nichts anderes, als diesen Weg unter der Sicht der Anforderungen, die die kommunistische Erziehung stellt, konsequent fortzusetzen. Dabei geht es nicht nur um den polytechnischen Unterricht, sondern darum, in allen Unterrichtsfächern die Wissenschaften, die gesamte Allgemeinbildung so zu vermitteln, daß

[5] K. Marx: Das Kapital. Erster Band. In: K. Marx/F. Engels: Werke. Bd. 23, Dietz Verlag, Berlin 1983, S. 508.

472

eine noch engere Verbindung mit dem Leben hergestellt, daß die Einheit von Theorie und Praxis noch besser verwirklicht wird.

Von besonderer Bedeutung ist die weitere Erhöhung der Qualität des mathematischen und naturwissenschaftlichen Unterrichts. Es geht dabei darum, daß sich die Schüler noch solidere Kenntnisse aneignen, daß sie noch besser mit den grundlegenden Gesetzen und Theorien vertraut gemacht werden, daß sie den Zusammenhang von Technik, Ökonomie, Produktion und Gesellschaft noch besser begreifen und ihr theoretisches Wissen zunehmend in der Praxis anwenden lernen. Deshalb ist es notwendig, den Schülern an konkreten Beispielen aus den Betrieben, aus der Produktion, der Technik die Anwendung theoretischer Erkenntnisse noch besser zu verdeutlichen. Sie sollen noch mehr Gelegenheit erhalten, praktische Aufgaben in Technik und Produktion zu lösen, und die Kenntnisse und Erfahrungen, die sie im polytechnischen Unterricht in den Betrieben erwerben, sollen im naturwissenschaftlichen und gesellschaftswissenschaftlichen Unterricht noch besser genutzt werden.

Selbstverständlich erfordert die weitere Ausprägung des polytechnischen Charakters unserer Schule vor allem, die Qualität der theoretischen und praktischen Ausbildung in den speziellen polytechnischen Unterrichtsfächern weiter zu erhöhen, zu prüfen, welche Kenntnisse, Fähigkeiten und Fertigkeiten die Schüler dabei konkret erwerben, wie der polytechnische Unterricht zur Erziehung, insbesondere zur Herausbildung einer kommunistischen Arbeitseinstellung beiträgt.

Es ist von großer Bedeutung, daß alle Schüler während des polytechnischen Unterrichts Gelegenheit haben, produktive Arbeit zu leisten. Deshalb müssen sehr sorgfältig die geeigneten Schülerarbeitsplätze in den Betrieben ausgewählt werden. Die Praxis zeigt, daß die produktive Arbeit dann von hoher erzieherischer Wirkung ist, wenn die Schüler konkrete abrechenbare Aufgaben aus den Plänen der Betriebe erhalten, wenn ihnen persönliche und kollektive Verantwortung für die Leitung, Vorbereitung, Durchführung und Abrechnung der Schülerproduktion übertragen wird, wenn sie unmittelbar am Wettbewerb in den Betrieben teilnehmen. Wichtig ist, alle Möglichkeiten zu nutzen, die Schüler in das Geschehen im Betrieb, in das Leben der Brigaden einzubeziehen. Der polytechnische Unterricht und besonders die produktive Arbeit der Schüler in den Betrieben müssen in einer wirklich produktionsverbundenen Atmosphäre erfolgen.

Dafür haben die Genossen in den Betrieben und wirtschaftsleitenden Organen ausgezeichnete Bedingungen geschaffen. Es ist eine großartige Sache, daß es heute für unsere Betriebe und Genossenschaften schon selbstverständlich ist, die polytechnische Ausbildung unserer Schüler durchzuführen, daß nicht selten in einer Woche mehr Schüler im Betrieb arbeiten, als die Belegschaft ausmacht. Es verdient hohe Anerkennung, wie die Werktätigen der Betriebe und Genossenschaften alle damit verbundenen Aufgaben mit Verantwortungsbewußtsein, viel Liebe, hoher Sachkenntnis und großem Ideenreichtum erfüllen. Fast 30 000 Arbeiter, Genossenschaftsbauern, Meister und Ingenieure sind daran beteiligt. Rechnet man dazu noch jene Werktätige, die als Leiter von Arbeitsgemeinschaften, in der

Bewegung der Messe der Meister von morgen oder als Vertreter der Patenbrigaden in den Schulen tätig sind, dann wirken heute mehr als 150 000 Angehörige der Arbeiterklasse und der Genossenschaftsbauern direkt an der kommunistischen Erziehung der Schuljugend mit.

Das Leben hat die Richtigkeit unserer Position erwiesen, den Unterricht in den speziellen polytechnischen Fächern als festen Bestandteil unserer sozialistischen Allgemeinbildung zu konzipieren und ihn in den sozialistischen Betrieben und Genossenschaften durchzuführen. Die Schüler erwerben insbesondere in ihrer praktischen produktiven Arbeit, aber auch in den Fächern „Technisches Zeichnen" und „Einführung in die sozialistische Produktion" elementare Arbeitskenntnisse und Arbeitsfertigkeiten. In diesem Sinne schafft der polytechnische Unterricht wichtige Grundlagen für die spätere berufliche Ausbildung, auf denen die weiterführenden Bildungseinrichtungen in ihrer Arbeit systematisch aufbauen können.

Die Klassiker des Marxismus-Leninismus haben nachgewiesen, daß die polytechnische Bildung und Erziehung als eine unverzichtbare Voraussetzung für die allseitige Entwicklung des Menschen unter kapitalistischen Bedingungen nicht zu verwirklichen ist. Die bürgerliche Pädagogik, die unsere Polytechnik immer diffamiert hat, die uns Reduzierung des Marxschen Prinzips der allseitigen Persönlichkeit auf „allseitige Brauchbarkeit" vorwirft, spricht jetzt viel von „Vorbereitung der Jugend auf die Arbeitswelt". Während wir das Ziel verfolgen, die Jugend auf der Grundlage einer hohen wissenschaftlichen Allgemeinbildung, in die die polytechnische Bildung eingeschlossen ist, auf die Arbeit in der kommunistischen Gesellschaft vorzubereiten, indem wir die schöpferischen Kräfte und Fähigkeiten der jungen Menschen allseitig entwickeln, ist die sogenannte „Vorbereitung auf die Arbeitswelt" in der bürgerlichen Schule letztlich auf die Anpassung der Heranwachsenden an die kapitalistische Ausbeutung gerichtet.

Die Verwirklichung unserer gesellschaftlichen Ziele verlangt, die schöpferischen Kräfte der Werktätigen zu entwickeln, einen höheren Grad an Bewußtheit und Disponibilität zu erreichen. Die heutige Jugend zur Liebe zur Wissenschaft zu erziehen, ihr Interesse an der Technik und Produktion zu wecken, müssen wir unter dem Gesichtspunkt betrachten, daß wir vor der Aufgabe stehen, den wissenschaftlich-technischen Fortschritt so zu meistern, daß dies dem sozialistischen Charakter unserer Gesellschaft entspricht. Mit dem Fortschritt von Wissenschaft und Technik hat der Mensch eine große Macht über die Natur erlangt. Das Wissen darum wirft angesichts gegenwärtiger und künftiger Entwicklungen die Frage auf, wie wir heute die Jugend auf die Meisterung jener Probleme vorbereiten, vor die die Menschheit gestellt ist. Nehmen wir zum Beispiel das Problem der Umwelt und ihres Schutzes. Kommt doch den künftigen Generationen eine immer größere Verantwortung zu, die Natur als Existenzgrundlage menschlichen Lebens zu erhalten und immer umfassender zum Wohle des Menschen zu nutzen. Das muß offensichtlich schon damit beginnen, die Jugend von klein an zu einem richtigen Verhältnis zur Natur, zur Achtung vor dem Leben, zur Liebe zur natürlichen Umwelt zu erziehen. Neue Probleme und Anforderungen an die Jugend ergeben sich aus der Tatsache, daß der Mensch immer weiter in den Kosmos vordringt, daß die Ergebnisse der Kosmosforschung, zum Beispiel der Fernerkundung der Erde, zur Erschließung neuer Naturreichtümer nutzbar gemacht werden. Neue Anforderungen erwachsen nicht zuletzt aus den Prozessen der Vertiefung der Integration der sozialistischen Bruderländer in großen Zeiträumen und Dimensionen, von denen wir heute schon zu Recht sagen, daß hier eine historische Aufgabe vor der jungen Generation liegt. Aus der Tatsache, daß der Mensch unseres kommunistischen Zeitalters immer mehr zum Beherrscher der Natur und der Gesellschaft wird, ergibt sich also zwingend die Notwendigkeit, die Jugend zu befähigen, ständig weiterzulernen, schöpferisch zu denken und zu arbeiten und verantwortungsbewußt zu handeln.

Ich möchte nun auf einige Aspekte der Erziehungsarbeit eingehen, die der IX. Parteitag besonders hervorgehoben hat.

Er hat erneut die Aufmerksamkeit auf die politisch-ideologische Erziehung der Jugend gelenkt und dies unter der Sicht, daß es sich dabei um ein objektives Erfordernis handelt, das sich aus der Gestaltung der entwickelten sozialistischen Gesellschaft sowie aus den Bedingungen des verschärften Klassenkampfes zwischen Sozialismus und Imperialismus ergibt. Wenn wir in diesem Zusammenhang betonen, daß Erziehung wissenschaftlich betrieben werden muß, daß die Rolle unserer pädagogischen Wissenschaft wächst, so deshalb, weil kommunistische Erziehung nur auf der Grundlage unserer Gesellschaftstheorie und der marxistisch-leninistischen Pädagogik als der vom Marxismus-Leninismus begründeten wissenschaftlichen Lehre von der Erziehung systematisch und planmäßig gestaltet und organisiert werden kann.

In jüngster Zeit – und das ist verständlich – wurde über kommunistische Erziehung viel „theoretisiert". Wenn wir jedoch über kommunistische Erziehung nur reden und sie nicht konkret anpacken, werden wir die erforderliche höhere Qualität kaum erreichen. Vielmehr ist es notwendig, ausgehend von unseren wissenschaftlich begründeten Positionen, jene Schritte zu gehen, die für die immer bessere praktische Bewältigung der Erziehungsaufgaben notwendig sind. Das schließt ein, sich dessen bewußt zu sein, daß sich mit dem Voranschreiten der Gesellschaft immer wieder neue Fragen für die kommunistische Erziehung der Jugend auftun. Man muß dabei stets beachten, daß pädagogische Arbeit ein sehr lebendiger Prozeß ist, haben wir es doch mit heranwachsenden Menschen zu tun, die sich unter ständig verändernden äußeren und inneren Bedingungen entwikkeln. Der IX. Parteitag hob hervor, daß es angesichts der weiteren revolutionären Umgestaltung der Gesellschaft Aufgabe der Schule ist, die jungen Menschen zu befähigen, die gesellschaftlichen Prozesse bewußt, aktiv und sachkundig mitzugestalten. Oder anders gesagt: Der Erziehungsauftrag der sozialistischen Schule besteht darin, die jungen Menschen zu befähigen, große und komplizierte Aufgaben zu bewältigen, die ihnen der sozialistische und kommunistische Aufbau stellen wird.

Unter den Bedingungen der weiteren Gestaltung der entwickelten sozialistischen Gesellschaft, des gegenwärtigen Verlaufs des revolutionären Weltprozesses sowie der Verschärfung des Klassenkampfes ist die ideologische Erziehung der Jugend, die Formung ihres Klassenstandpunktes die entscheidende Aufgabe der kommunistischen Erziehung. Geht es doch letzten Endes darum, der Jugend feste Überzeugungen, Einstellungen und Haltungen anzuerziehen, die den Idealen des Sozialismus und Kommunismus entsprechen, das heißt, die kommunistische Weltanschauung und Moral auszuprägen. Wir müssen uns auch und gerade bei der Erziehung der Jugend immer wieder auf die alte Weisheit besinnen: Will man einen Kompaß haben im Kampf, im Leben, muß man sich stets bei allen Fragen des Weltgeschehens, ob es um Fragen der Politik, der Wirtschaft, der Kultur, der Lebensweise geht, die Frage vorlegen: „Wem nutzt es?", „Was dient wem, welcher Klasse?" Das muß die Jugend von klein auf lernen. Wir müssen sie befähigen, an alle Erscheinungen und Prozesse des gesellschaftlichen Lebens mit wissenschaftlicher Objektivität heranzugehen, sie vom Standpunkt der Arbeiterklasse aus richtig zu beurteilen. Das ist eine entscheidende Grundlage, die wir der Jugend für ihren Weg ins Leben mitgeben müssen.

Wenn wir hervorheben, daß die Erziehung zur kommunistischen Moral ein größeres Gewicht erhält, so gehen wir stets davon aus, daß kommunistische Moral vor allem heißt, alles zu tun zum Sturz des Kapitalismus und für den Sieg des Kommunismus. Für die Jugenderziehung heute müssen wir gründlich durchdenken, was die Feststellung Lenins bedeutet, daß der Kommunismus dort beginnt, „wo *einfache Arbeiter* in selbstloser Weise, harte Arbeit bewältigend, sich Sorgen machen um die Erhöhung der Arbeitsproduktivität, um den Schutz *eines jeden Puds Getreide, Kohle, Eisen* und anderer Produkte, die nicht den Arbeitenden persönlich und nicht den ihnen ‚Nahestehenden' zugute kommen, sondern ‚Fernstehenden', d. h. der ganzen Gesellschaft in ihrer Gesamtheit"[6]. Das ist ein ganzes Programm für kommunistische Erziehung. Es umfaßt die Herausbildung einer kommunistischen Einstellung zur Arbeit, genau genommen die ganze Skala von Eigenschaften und Verhaltensweisen kommunistischer Menschen, es umfaßt Fragen der gegenseitigen Beziehungen ebenso wie Fragen der Erziehung zur Verantwortung, zur Disziplin, zur Selbstlosigkeit. Für die Erziehung in der Schule heißt das zu überlegen, wie wir alle Kinder von klein an dazu erziehen, sich verantwortlich zu fühlen für das Ganze, beginnend bei ihrer kleinen Gemeinschaft, sich verantwortlich zu fühlen für Aufgaben, die ihnen gestellt sind, wie wir sie daran gewöhnen, Pflichten zu erfüllen.

Kommunistische Erziehung muß damit beginnen, den Kindern Aufgaben zu stellen, die sie selbst verwirklichen, und sie dabei das Gefühl erleben zu lassen, etwas beigetragen zu haben zu einer nützlichen Sache. Nur so lernen sie auch, daß sich Ansprüche nur durch eigene Arbeit erfüllen lassen, daß man nicht auf

[6] W. I. Lenin: Die große Initiative. In: Werke. Bd. 29, Dietz Verlag, Berlin 1976, S. 417.

Kosten anderer leben, das eigene Wohl über das anderer Menschen stellen kann. Und gerade deshalb orientieren wir auf einen engen Kontakt der Schuljugend zur Arbeiterklasse, damit sie solche Menschen kennenlernt, die sich durch kommunistische Eigenschaften auszeichnen. Und sie soll natürlich auch kennenlernen, daß sich diese Menschen nicht nach einem Klischee bewegen, daß sie auch noch diese und jene Ecken und Kanten haben, daß sich richtiges Verhalten auch in der Auseinandersetzung in den Kollektiven entwickelt.

Wir können davon ausgehen, wie dies auf unserem IX. Parteitag festgestellt wurde, daß unsere Jugend über eine hohe Bildung verfügt, daß sich bei ihr eine wachsende Fähigkeit und Bereitschaft zum selbständigen Denken, das Bedürfnis zum Lernen, zu schöpferischer Tätigkeit, eine aufgeschlossene Haltung zur Politik, Wissenschaft, Technik und Kultur zeigen. Wir können in der Arbeit mit der Jugend davon ausgehen, daß sie engagiert und außerordentlich interessiert ist, über aktuelle politische Ereignisse, über ideologische, weltanschauliche und moralische Probleme zu diskutieren. Das ist ein wichtiges Resultat der Erziehungsarbeit der Partei.

Wenn der Parteitag darauf hinweist, daß die ideologische Auseinandersetzung in voller Schärfe und ohne Pause stattfindet, dann dürfen wir nicht übersehen, daß dies nicht ohne Wirkung auf die im Klassenkampf noch unerfahrene Jugend ist. Wir stehen also vor der Aufgabe, die politisch-ideologische Arbeit mit der Jugend noch gründlicher zu leisten, sie darauf zu richten, den jungen Menschen zu helfen, sich einen festen Standpunkt anzueignen, der sich in einer aktiven Haltung zu ihren patriotischen und internationalistischen Pflichten äußert. Das schließt ein, ihre Bereitschaft und Fähigkeit zu entwickeln, den Sozialismus zu verteidigen, sie auf den Schutz der Errungenschaften unseres sozialistischen und kommunistischen Aufbaus planmäßig und systematisch vorzubereiten.

Wie die Erfahrungen besagen, gibt sich die Jugend nicht mit platten Argumenten oder allgemeinen Deklarationen zufrieden. Mitunter werden Fragen, die die Schüler zum aktuellen politischen Geschehen in der Welt stellen, vorschnell als „politisch unklar" beurteilt. Hier machen es sich die Erwachsenen manchmal zu leicht. Solche komplizierten Probleme wie die Dialektik des gegenwärtigen revolutionären Prozesses mit seinen Fortschritten und zeitweiligen Rückschlägen, die Entwicklung der kommunistischen Weltbewegung, die Entwicklung der Beziehungen zwischen der BRD und der DDR verstehen ja auch Ältere nicht immer gleich.

Wir müssen gründlich analysieren, wo die Ursachen für tatsächlich vorhandene politische Unklarheiten im Denken und Verhalten mancher Jugendlicher liegen. Dabei geht es nicht darum, daß die Schule den Eltern, die Eltern der Schule ihre Versäumnisse vorwerfen oder andere verantwortlich machen. Es kommt vielmehr darauf an, Schlußfolgerungen für eine noch systematischere, überzeugendere Erziehungsarbeit zu ziehen, in die alle, die Lehrer, die Eltern, die Jugendorganisation und andere gesellschaftliche Kräfte zielgerichtet einbezogen werden müssen.

Die Jugend will sachlich diskutieren. Das erfordert einen solchen Stil der politisch-ideologischen Arbeit, der sowohl von prinzipiellem als auch von feinfühligem Verhalten gegenüber den Fragen der Jugend gekennzeichnet sein muß, einen solchen Stil, der sie fordert, sich selbst mit den Problemen auseinanderzusetzen, nicht nur Fragen zu stellen, sondern selbst Antwort zu finden, Zusammenhänge zu erkennen, sich selbständig von einer klassenmäßigen Position aus mit Problemen auseinanderzusetzen.

Es wurde in letzter Zeit, bezogen auf die pädagogische Arbeit, viel über „Gängelei" und „Selbsterziehung" geschrieben und geredet. Jawohl, wir müssen ernst daran arbeiten, die Lehrer immer besser zu befähigen, die jungen Menschen so zu führen, daß sich ihre Selbständigkeit entwickelt, daß in der Erziehung nicht administriert wird. Aber Entwicklung der Selbständigkeit erfordert pädagogische Führung. Ohne Erziehung zur Selbständigkeit kann sich diese nicht entwickeln. Zur Selbsterziehung muß man Kinder und Jugendliche durch Erziehung befähigen; eigenes Verhalten zu beurteilen und daraus Schlußfolgerungen abzuleiten verlangt doch auch eine bestimmte Reife. Wenn wir gegen Gängelei polemisieren und fordern, die Selbständigkeit zu entwickeln, dann ist darunter nicht zu verstehen, die Erziehung dem Selbstlauf zu überlassen. Und da Erziehung immer politische Erziehung ist, müssen wir im Gegenteil dafür sorgen, daß jeder Pädagoge, als Mitglied der Partei vor allem, und alle vom Staat beauftragten Erzieher ihre Verantwortung für die politische Führung der Erziehungsarbeit voll und uneingeschränkt wahrnehmen – im Unterricht und außerhalb des Unterrichts.

Pädagogische Führung, die auf die Entwicklung von Aktivität und Selbständigkeit gerichtet ist, schließt nicht zuletzt ein, an die Jugend Forderungen zu stellen. In unserer Erziehungsarbeit gehen wir von der Marxschen Erkenntnis aus, daß sich der Mensch in der aktiven Auseinandersetzung mit seiner natürlichen und gesellschaftlichen Umwelt entwickelt, daß er in diesem Prozeß eigene politische und soziale Erfahrungen erwirbt. Auch dieser Prozeß vollzieht sich nicht spontan. Die aktive Auseinandersetzung der Jugend mit den Problemen des Lebens, mit den Fragen unserer Zeit muß planmäßig und zielgerichtet organisiert, verständnisvoll und prinzipienfest gelenkt und geleitet werden. Darauf müssen wir im Sinne unserer gesellschaftlichen Zielstellung bewußt Einfluß nehmen. Die Jugend muß beispielsweise lernen, in Problemen, die sich beim Aufbau einer völlig neuen Ordnung der Gesellschaft wie der unseren ergeben, nichts Außergewöhnliches zu sehen, sie muß lernen, an deren Lösung durch eigenes Handeln selbst aktiv teilzunehmen. Das ist nicht durch Belehrungen, durch „Moralpredigten", durch eine sogenannte „Worterziehung" zu erreichen, sondern nur, indem die politische Tätigkeit der Jugend zielgerichtet organisiert wird, indem wir ihr die praktische Lösung von Aufgaben übertragen und sie in diesem Prozeß zur Ausübung von Verantwortung erziehen. Dies betrachtet gerade unser Jugendverband als seine Aufgabe.

Der IX. Parteitag hat den entscheidenden Beitrag hervorgehoben, den unsere sozialistische Kinder- und Jugendorganisation zur kommunistischen Erziehung leistet; trägt sie doch als politische Organisation der Kinder und Jugendlichen eine große Verantwortung für deren politische Erziehung, für die Erziehung der Schüler zum bewußten und disziplinierten Lernen, bei der Gestaltung einer sinnvollen, vielseitigen Tätigkeit in der Freizeit, bei der Herausbildung der kommunistischen Arbeitseinstellung, bei der Befähigung der Jugend, ihre demokratischen Rechte und Pflichten auszuüben.

Auf der zentralen Pionierleiterkonferenz im Jahre 1973 wurden die damit verbundenen konkreten Aufgaben dargelegt, die das X. Parlament der Freien Deutschen Jugend weiter präzisiert hat und die Richtschnur für das gemeinsame Handeln von Lehrern, Jugendverband und Pionierorganisation sind. Dabei lassen wir uns davon leiten, daß die Erziehung kommunistischer Persönlichkeiten ohne die politische Organisation der Kinder und Jugendlichen nicht denkbar ist, jener Organisation, die die Mädchen und Jungen auf freiwilliger Grundlage zur bewußten, disziplinierten und aktiven Mitwirkung am Aufbau unserer neuen Gesellschaft zusammenschließt. Das entspricht dem Leninschen Hinweis, daß die Pionierorganisation der beste Weg zur Erziehung junger Kommunisten ist, daß die sozialistische Kinder- und Jugendorganisation für die Erziehung junger Kommunisten unentbehrlich ist, durch nichts ersetzt werden kann.

Ausgehend davon, daß in unserem sozialistischen Staat die ganze Gesellschaft Verantwortung für die Erziehung der Jugend trägt, hat der IX. Parteitag bekanntlich die Verantwortung der Familie betont. Aus der Tatsache, daß sich die gesellschaftliche Erziehung ständig erweitert – bedenken wir nur, daß schon jetzt fast alle Kinder vom 3. Lebensjahr ab in gesellschaftlichen Einrichtungen erzogen werden –, darf keineswegs die Schlußfolgerung abgeleitet werden, daß die Verantwortung der Familie für die Erziehung der Kinder etwa geringer würde. Vielmehr wird die Rolle der Familie bei der Erziehung weiter wachsen.

Mit unserer gesamten Politik, die darauf gerichtet ist, alles für den Menschen zu tun, für bessere Wohnverhältnisse zu sorgen, die Arbeitszeit schrittweise zu verkürzen und die Freizeit für die arbeitende Bevölkerung zu erweitern, die Dienstleistungen weiter zu verbessern, verfolgen wir nicht zuletzt auch das Ziel, mehr Möglichkeiten für die Gestaltung des Lebens in der Familie, für die Beschäftigung mit den Kindern und ihren Problemen, für gemeinsame Erlebnisse zu schaffen.

Die Familie trägt für die charakterliche und moralische Entwicklung der Heranwachsenden, für die Ausprägung solcher elementaren Grundregeln menschlichen Zusammenlebens wie Achtung vor dem Leben und den Mitmenschen, Wahrheitsliebe, Bescheidenheit, Hilfsbereitschaft, Höflichkeit, die erst in unserer sozialistischen Gesellschaft ihren wahren Inhalt erhalten haben, eine große Verantwortung. Auch wenn Schule, Pionierorganisation, Schulhort bei der Erziehung noch so wirksam sind, wenn unsere Gesellschaft immer bessere Bedingungen für die Freizeitgestaltung der Kinder schafft – die Erziehung in der Familie ist durch nichts zu ersetzen. Denn gerade durch das Zusammenleben mit den Geschwistern, mit den Eltern, durch die Beziehungen zwischen denen, die den Kindern am nächsten stehen, durch die Lebensgewohnheiten in der Familie wird, wie wir alle wissen, die kindliche Entwicklung besonders nachhaltig beeinflußt. Deshalb betont unser Parteiprogramm die Notwendigkeit des engen Zusammenwirkens von Schule, Elternhaus, Betrieb, sozialistischem Jugendverband und Pionierorganisation.

Gewiß haben wir auch hier in der bisherigen Arbeit schon viel erreicht. Wir stellen diese Frage darum nicht mit dem Blick auf noch vorhandene Mängel. Aber wir dürfen auch nicht übersehen, daß es noch Probleme gibt, daß Fragen der Kinder oft als unbequem betrachtet werden, weil man zu sehr mit sich selbst, seinem Fernseher, seinem Auto oder seinen eigenen Problemen beschäftigt ist, daß Kinder mitunter die Leidtragenden gespannter Beziehungen zwischen den Eltern sind. Wir haben es auch noch mit nicht bewältigten sozialen Problemen zu tun, mit solchen Tatsachen, daß infolge überholter Lebensgewohnheiten die Kinder vernachlässigt, negativ beeinflußt oder gar in falsche Bahnen gelenkt werden. Das sind Probleme, die nicht nur die Schule bewegen dürfen, auf die die Pädagogen Einfluß nehmen müssen; es sind auch Fragen für die Arbeitskollektive, in denen die Eltern tätig sind, und hier sollten auch die gesellschaftlichen Kräfte in den Wohngebieten ihren Einfluß mehr geltend machen.

Der IX. Parteitag wies darauf hin, der Erziehung des Charakters, der Herausbildung der kommunistischen Sittlichkeit stärkere Beachtung zu schenken. Auch das ist eine Aufgabe, die gleichermaßen für die Schule wie für die Erziehung in der Familie und für alle gesellschaftlichen Kräfte steht. In diesem Zusammenhang wandte sich der Parteitag an die Künstler, die Schriftsteller und die Mitarbeiter der Massenmedien, die Erziehungsarbeit noch tatkräftiger zu unterstützen.

Die Feststellung des Parteitages, daß Kultur und Kunst sehr viel dazu beizutragen vermögen, sozialistische Überzeugungen zu festigen und in den Herzen der Menschen das reine Feuer kommunistischer Ideale zu entzünden, ist auch eine Anforderung an die Pädagogen. Die sozialistische Schule hat sich stets bemüht, der Jugend die Schätze der Kultur und Kunst zu erschließen – im Wissen darum, wie stark Kunsterlebnisse den ganzen Menschen erfassen, auf seinen Verstand, die Gefühlswelt, seine Sprachkultur und seine Umgangsformen wirken, wie sehr sie dazu beitragen, in der jungen Generation echte Gefühle für unsere große humanistische Sache zu wecken und auszuprägen. Unsere Konzeption des literarisch-künstlerischen Unterrichts schließt das progressive Erbe unseres Volkes sowie die reichen Schätze der Weltkultur ein, deren humanistische Werte wir für die Erziehung unserer heutigen Jugend als unentbehrlich betrachten.

Bekanntlich haben Rundfunk, Fernsehen, Theater und Film einen großen Einfluß auf die Jugend. Damit ist den Massenmedien eine große Verantwortung übertragen, denn was sie bringen und wie sie es bringen, das alles hat erzieherische Wirkungen. Die Jugend hat das Bedürfnis nach Kunstwerken, in denen die echten Probleme unseres Lebens gestaltet sind. Mit solchen Werken wird ein wirksamer Beitrag zur Erziehung geleistet. Wenn jedoch andererseits in der Literatur, der Theater- oder Filmkunst Randerscheinungen, subjektive Auffassungen über die Probleme unseres Lebens zum Maßstab werden, ist dies zumindest nicht nützlich für die Erziehung. Wir brauchen mehr gute Filme und Theaterstücke.

Ausgehend von der entscheidenden Rolle der Arbeit als Grundlage allen menschlichen Lebens, für die Höherentwicklung der Gesellschaft, ihrer Bedeutung für die Entwicklung des Bewußtseins und der Moral, hat die Partei der Schule von Beginn an die Aufgabe gestellt, der Arbeit im Erziehungsprozeß die gebührende Aufmerksamkeit zu schenken. Dies gilt heute um so mehr, wo die von Ausbeutung befreite Arbeit einen qualitativ neuen Charakter trägt. Die Partei hat immer darauf orientiert, daß die heranwachsende Generation von klein an gesellschaftlich nützliche Arbeit leistet, zur Arbeitsliebe, zur Achtung der Arbeit und der arbeitenden Menschen erzogen wird.

Bereits Clara Zetkin wies besonders eindringlich auf die hervorragende Rolle der gesellschaftlichen Arbeit bei der Erziehung hin, indem sie erklärte, daß diese Arbeit das vorzüglichste Mittel ist, alle Fähigkeiten und Kräfte der Heranwachsenden zu wecken und zu entfalten. Sie wies nach, daß die kommunistische Arbeit alle individuellen Talente und Neigungen der Kinder und Jugendlichen entwickelt, sie zu stärkster Selbstbetätigung anreizt, höchstes Verantwortungsgefühl herausbildet und das klare Bewußtsein der Solidarität und Verbundenheit aller mit allen hervorbringt.[7]

Die Tatsache, daß Arbeit an sich noch nicht erzieht, erfordert, die Arbeitstätigkeit erzieherisch wirksam zu organisieren. Es gibt hervorragende Initiativen und Erfahrungen bei der Organisierung der Selbstbedienung der Schüler, bei den Arbeiten zur Verschönerung der Schule, bei der Pflege der Lehrmittel, der Sauberhaltung von Klassenräumen, der Pflege von Grünpflanzen, bei der Durchführung von Arbeiten für die Betriebe und Gemeinden, bei der Arbeit in FDJ-Brigaden, in Lagern der Erholung und Arbeit usw. Einige Beispiele sollen das verdeutlichen: In Vorbereitung des IX. Parteitages wurden im Rahmen der Aktion „Großfahndung – Millionen für unsere Republik" von Pionieren und FDJlern Sekundärrohstoffe im Werte von 7,8 Millionen Mark gesammelt. Allein in der jährlichen „Woche der sozialistischen Pionierhilfe" erarbeiteten unsere Pioniere in den Jahren 1971 bis 1975 durch Subbotniks usw. Werte in Höhe von 6,5 Millionen Mark, die auf das Konto „antiimperialistische Solidarität" eingezahlt wurden. Über 150 000 Pioniere unterstützten im Rahmen der Timurbewegung ältere und kranke Bürger. Solche Initiativen und guten Erfahrungen in der gesellschaftlich nützlichen Arbeit gibt es an vielen Schulen. Es ist notwendig, sie auf alle zu übertragen.

Wie diese und viele weitere Beispiele zeigen, besteht ein echtes Bedürfnis unserer Schuljugend, etwas Nützliches zu leisten, Solidarität zu üben, sich körperlich zu betätigen. Die erzieherische Wirksamkeit solcher gesellschaftlich nützlichen Arbeit wird aber dann gemindert, wenn man nicht gründlich genug mit den Schülern über das Ziel und den Sinn einer Aufgabe spricht, ihnen die ökonomi-

---

[7] Vgl. C. Zetkin: Lenins Vermächtnis für die Frauen der Welt. In: C. Zetkin: Ausgewählte Reden und Schriften. Bd. III, Dietz Verlag, Berlin 1960, S. 494.

schen Zusammenhänge nicht erläutert oder gar die Arbeit ungenügend organisiert. Es ist auch nicht zu übersehen, daß unsere Kinder manchmal in einer falsch verstandenen Weise „behütet" werden, daß alles für sie getan wird, ihnen alle Schwierigkeiten aus dem Weg geräumt werden.

Es ist ein Vorzug unserer Gesellschaft, daß die Kinder von klein an in Kollektiven aufwachsen – in den Einrichtungen der Vorschulerziehung, in der Schule und der Pionierorganisation. Es sollte weniger über die Kollektiverziehung gesprochen werden. Ausgehend von unserer wissenschaftlichen Theorie über die Rolle des Kollektivs sollten wir uns vielmehr stärker der Frage zuwenden, wie wir die Bedingungen sozialistischer Kollektive in unserer Erziehungsarbeit noch besser zur Wirkung bringen, wie durch eine noch zielgerichtetere Gestaltung der sozialistischen Beziehungen der Schüler untereinander solche Charakterzüge stärker ausgeformt werden können wie gegenseitige Rücksichtnahme, Hilfsbereitschaft, Pflichtbewußtsein, Zusammengehörigkeitsgefühl, Ehrlichkeit, Offenheit und Disziplin.

Nicht in allen Kollektiven gibt es schon eine öffentliche Meinung zu Disziplinlosigkeit, zu egoistischem Verhalten und anderen Erscheinungen. In manchen Kollektiven langweilen sich die Kinder, weil sie ungenügend an der Gestaltung ihres Lebens beteiligt werden. Hier liegt eine große Aufgabe für die Pädagogen, für die Pionierorganisation und unseren Jugendverband, denn ein Kollektiv wirkt bekanntlich nur dann im Sinne unserer Erziehung, wenn es in richtiger Weise politisch und pädagogisch geführt wird, wenn es jedem Kind Gelegenheit bietet, seine Fähigkeiten zu entfalten, seine Interessen und Neigungen zu befriedigen, seine Aktivität zu entwickeln.

Im Rechenschaftsbericht des Zentralkomitees an den IX. Parteitag heißt es: „Der Lehrer als Beauftragter des Arbeiter-und-Bauern-Staates prägt entscheidend das geistige, politische und moralische Antlitz der Jugend und beeinflußt damit Gegenwart und Zukunft unseres Volkes. Die Achtung, die ihm unsere Gesellschaft entgegenbringt, die ständige Fürsorge der Partei und des Staates für die Pädagogen drückt die große Wertschätzung für die Arbeit derer aus, die sich voll und ganz der Erziehung unserer jungen Generation widmen."[8] Damit wurde erneut auf die hervorragende Rolle hingewiesen, die dem Lehrer in unserer Gesellschaft zukommt.

Unsere Partei hat die Stellung und Rolle des Lehrers in unserer Gesellschaft von Beginn an als eine prinzipielle Frage betrachtet. Die revolutionäre Lösung der Lehrerfrage durch die Partei im Jahre 1945, die Einstellung Zehntausender Neulehrer, die Gewinnung vieler befähigter junger Produktionsarbeiter für die Aufnahme eines Lehrerstudiums in den fünfziger Jahren waren entscheidende Voraussetzungen für den Aufbau und die Entwicklung unserer sozialistischen Schule. Unsere Partei hat die Lehrerschaft stets als engen Verbündeten betrachtet.

---

[8] Bericht des Zentralkomitees der Sozialistischen Einheitspartei Deutschlands an den IX. Parteitag der SED. A. a. O., S. 116.

Unsere Schule erforderte und erfordert Pädagogen, die ihre Tätigkeit als politischen Auftrag verstehen, die als Verbündete der Arbeiterklasse, als Beauftragte unseres Arbeiter-und-Bauern-Staates wirken.

Wenn der Parteitag hervorhob, daß sich, ausgehend von den Erfordernissen unseres gesellschaftlichen Lebens und den Bedingungen des internationalen Klassenkampfes, die Anforderungen an die Qualität der politisch-ideologischen Arbeit weiter erhöhen, so hat dies für die Arbeit in der Volksbildung eine große Bedeutung. Durch ihre tägliche Arbeit mit den Kindern wirken die Lehrer und Erzieher gewissermaßen unmittelbar auf die Bevölkerung ein, und umgekehrt spiegeln sich progressive, aber auch unklare Auffassungen in manchen Elternhäusern im Denken und Verhalten der Kinder in der Schule wider. Die Lehrer sind damit täglich in dieser oder jener Form konfrontiert. Sie müssen den Schülern möglichst überzeugend Antwort auf ihre Fragen geben.

Als Partei müssen wir in unserer politischen Arbeit in Rechnung stellen, daß die pädagogische Intelligenz die zahlenmäßig größte Gruppe unserer sozialistischen Intelligenz ist. Nehmen wir zu den Lehrern die Erzieher in Heimen, Horten und die Kindergärtnerinnen hinzu, sind jetzt fast 300 000 Pädagogen tätig. Und wir müssen in der politischen Arbeit mit den Pädagogen vor allem auch in Rechnung stellen, daß etwa 30 Prozent der Lehrer unter 30 Jahre alt sind. Bekanntlich wurde im Rechenschaftsbericht festgestellt, daß allein in den Jahren nach dem VIII. Parteitag 54 000 Absolventen in den Schuldienst eingewiesen wurden. Nimmt man noch jene hinzu, die im vorhergehenden Fünfjahrplanzeitraum ihre Tätigkeit aufgenommen haben, so ergibt sich, daß sich in den vergangenen zehn Jahren der Gesamtbestand unseres pädagogischen Kaders zu etwa 50 Prozent erneuert hat.

Die Zehntausenden junger Lehrer verfügen über eine solide wissenschaftliche Bildung in ihren Fächern und in der Pädagogik, über grundlegendes Wissen im Marxismus-Leninismus. Es sind jedoch junge Menschen, die so wie ihre Schüler in den Sozialismus hineingeboren wurden, die nicht mehr aus eigenem Erleben das Entstehen unserer Republik kennengelernt haben. Wir verlangen aber gerade von ihnen, daß sie den Schülern Geschichtsbewußtsein anerziehen, ihnen den Kampf um das Entstehen und Werden unserer sozialistischen Gesellschaft auf lebendige Weise nahebringen. Wir dürfen also in der Arbeit mit diesen Lehrern nicht vergessen, daß wir es mit einer Generation zu tun haben, die ihre politischen Erfahrungen bereits auf andere Weise erworben hat als die vorangegangene Generation. Es ist deshalb von großer Bedeutung, daß sich die Partei ständig um eine niveauvolle politisch-ideologische Arbeit mit den Lehrern sorgt. Das Volksbildungswesen ist ein wichtiger Abschnitt des Kampfes an der ideologischen Front. Darum ist es die Aufgabe der Partei, den Lehrern auf wirksame Weise zu helfen, ihrem politischen Auftrag, den wachsenden Anforderungen an das ideologische Niveau der Arbeit mit der Jugend gerecht zu werden.

Es ist kein Geheimnis, daß der Gegner zunehmend aktiver bestimmte Ergebnisse der Normalisierung der Beziehungen für eine verstärkte ideologische Diversion nutzt. Seine Versuche, durch Provokationen die Situation anzuheizen, sind unverkennbar. Es war uns klar, daß die konsequente Politik der friedlichen Koexistenz den Gegner auf den Plan ruft. Gerade gegenwärtig ist nicht zu übersehen, daß die Auseinandersetzung zwischen Sozialismus und Imperialismus um die Erhaltung und Sicherung des Friedens eine deutliche Zuspitzung erfahren hat und sich auf ideologischem Gebiet eine außerordentlich harte Auseinandersetzung vollzieht. Daß der Gegner die Jugend in seinem Konzept nicht ausläßt, versteht sich, spekulierte er doch stets auf die noch nicht vorhandenen eigenen politischen und Lebenserfahrungen der jungen Generation.

Wir können in unserer politischen Arbeit davon ausgehen, daß das Verantwortungsbewußtsein der Lehrer und Erzieher weiter gewachsen ist. Nach dem Parteitag hat sich an den Schulen eine lebendige Aussprache zu den politischen und pädagogischen Fragen entwickelt, in der ein großer politischer Reifeprozeß vieler Pädagogenkollektive sichtbar wird. In unserer Führungsarbeit orientieren wir darauf, in allen Schulen und Einrichtungen eine offene, prinzipielle politische Atmosphäre, ein vertrauensvolles Klima in jedem Kollektiv zu schaffen.

Auch die Lehrer haben zu den konkreten Entwicklungsvorgängen in der Welt ihre Fragen. Das ist keine ungewöhnliche, sondern eine ganz natürliche Sache. Wichtig ist zu wissen, welche Fragen sie bewegen, welche Probleme weiter geklärt werden müssen. Wir sollten den Blick der Lehrer für Zusammenhänge der Entwicklung schärfen, damit sie aktuelle politische Ereignisse immer besser einzuordnen und selbständiger zu werten verstehen. Wir müssen mit ihnen auch ganz offen über solche Tatsachen sprechen, daß heute eine scharfe Klassenauseinandersetzung im Gange ist, daß trotz der Erfolge, die bei der Sicherung des Friedens erreicht wurden, in der heutigen Welt durchaus nicht alles so friedlich verläuft, wie es oft den Anschein hat, daß Zuspitzungen in der politischen Situation nicht ausgeschlossen sind, ja, daß die Gefahr der bewaffneten Auseinandersetzung mit dem Imperialismus noch nicht gebannt ist. Denn schließlich stellen ihnen die Schüler in dieser Richtung nicht wenige Fragen.

Die Arbeit mit der Jugend verlangt von unseren Lehrern politisches Wissen, Informiertheit, politische Prinzipienfestigkeit, die selbstverständlich gepaart sein muß mit Einfühlungsvermögen. Dies macht wohl deutlich, von welch großer Bedeutung die Intensivierung, die Qualität der politisch-ideologischen Arbeit mit den Lehrern ist. Das Parteilehrjahr, an dem alle Lehrer und Erzieher, auch die parteilosen, teilnehmen, müssen wir an allen Schulen gut nutzen, um eine wirkungsvolle ideologische Arbeit zu entwickeln, wobei es uns offensichtlich noch besser gelingen muß, das Studium der Parteibeschlüsse mit dem gründlicheren Studium der Theorie des Marxismus-Leninismus, dem Studium der Klassiker zu verbinden. Nur so werden wir erreichen, daß die Lehrer zunehmend sicherer auf aktuelle Fragen und Ereignisse in der Politik reagieren können. Wir müssen uns auch überlegen, wie wir den Lehrern die Wirtschaftspolitik der Partei erläutern. Natürlich kann es nicht darum gehen, sie in allen Einzelheiten durchzuarbeiten. Aber solche Fragen wie die, worin das Wesen der Intensivierung besteht, was es mit der Materialökonomie konkret auf sich hat, worum es bei der weiteren Entwicklung der Spezialisierung und Kooperation in der Landwirtschaft, bei der weiteren Entwicklung der Produktionsverhältnisse auf dem Lande geht, sind nicht nur wichtig für die Lehrer in Staatsbürgerkunde, sondern auch für die Lehrer, die Naturwissenschaften oder Geographie unterrichten. Es muß natürlich genau überlegt werden, mit welchem Kreis von Lehrern solche Fragen zu beraten und welche Akzente dabei besonders hervorzuheben sind, wie man überhaupt davon abkommen muß, in den verschiedenen Veranstaltungen an der Schule immer wieder das gleiche zu sagen. Die Frage nach intensiver ideologischer Arbeit ist nicht ein Problem, das durch mehr Veranstaltungen zu lösen wäre. Es geht um Qualität und nicht zuletzt darum, daß die Schulparteiorganisationen in der tagtäglichen Arbeit mit allen Pädagogen immer wirksamer werden, daß jeder Genosse mit den parteilosen Lehrern das vertrauensvolle Gespräch über die Politik der Partei führt, daß an allen Einrichtungen ein vielseitiges und interessantes politisches und geistiges Leben entwickelt wird. Dafür tragen vor allem auch die Schulgewerkschaftsorganisationen eine große politische Verantwortung.

Das Auftreten von Partei-, Staats- und Wirtschaftsfunktionären vor den Pädagogen zur Erläuterung von Grundfragen der Politik der Partei, zur Entwicklung im Territorium hat sich bewährt. Auch mit speziellen Parteiinformationen, Konsultationen und Argumentationen für die Lehrer sind gute Erfahrungen gesammelt worden. Dies alles sollte deshalb in allen Kreisen weiterentwickelt werden.

Die Orientierung, die unser Parteitag erneut bekräftigt hat, vertrauensvoll mit den Menschen zu arbeiten, sich aufmerksam zu ihnen und ihren Problemen zu verhalten, ihre Meinungen, Vorschläge und Hinweise ernst zu nehmen, ihre demokratische Mitwirkung zu entwickeln, gilt in vollem Umfang auch für die Arbeit mit den Pädagogen.

Um den von der Partei praktizierten, wissenschaftlich begründeten und von Sachlichkeit gekennzeichneten Führungsstil auch an den Schulen immer umfassender durchzusetzen, ist es erforderlich, jede Aufgabe, die gestellt wird, gründlich hinsichtlich der Konsequenzen und Anforderungen zu durchdenken, die sie für ein Kollektiv und den einzelnen mit sich bringt. Unbedachte, nicht sorgfältig genug überlegte Entscheidungen führen oft zu Hektik und Unzufriedenheit und hemmen die Initiative. Eine den Prinzipien unserer sozialistischen Demokratie entsprechende staatliche Arbeit verlangt, die Lehrer noch stärker in die Klärung der Probleme, in die Entscheidungsfindung und in die Lösung der Aufgaben einzubeziehen. Wir müssen das Suchen der Lehrer nach effektiveren Lösungswegen in der Arbeit fördern und alles aus dem Wege räumen, was die Entwicklung einer vorwärtsdrängenden, optimistischen Atmosphäre hemmt.

Es geht also darum, die gesamte Führungsarbeit noch durchdachter, zielgerichteter und wirksamer zu gestalten. Von entscheidender Bedeutung ist dabei die Fähigkeit des Direktors, das Kollektiv an der Schule mit Sachkenntnis zu führen. Er muß es verstehen, hohe Anforderungen an alle Lehrer zu stellen und zugleich mit Feingefühl und Takt auf die Verschiedenartigkeit der Menschen in seinem Kollektiv und auf ihre Probleme einzugehen. Wenn wir erneut fordern: Der Direktor muß den Lehrern ein guter Berater und Helfer sein, er muß die Probleme seiner Lehrer kennen, ihre Erfahrungen, Ratschläge und Hinweise sorgfältig beachten, kameradschaftlich, prinzipienfest und vertrauensvoll mit jedem einzelnen arbeiten und sich gründlich mit den Erfahrungen der Lehrer vertraut machen, die Initiative jedes Pädagogen anregen, sein schöpferisches Denken fördern und sein Verantwortungsbewußtsein für das Ganze entwickeln, so tun wir das nicht deshalb, weil es hier keine Fortschritte in der Arbeit gäbe. Wir tun es, weil davon, wie wir diese Aufgabe immer besser meistern, letztendlich abhängt, wie wir in unserer Schule bei der Verwirklichung der Beschlüsse des IX. Parteitages vorankommen. In diesem Sinne auf die Entwicklung der politischen Atmosphäre an der Schule einzuwirken, den Direktoren zu helfen ist eine wichtige Aufgabe jeder Schulparteiorganisation, jeder Kreisabteilung Volksbildung und der Kreisleitungen der Partei.

Dazu gehört auch, mit aller Ernsthaftigkeit und notwendigen Konsequenz die Forderung des Rechenschaftsberichtes zu verwirklichen, die gesamte Führungstätigkeit in der Volksbildung, die Arbeit der staatlichen Organe und der gesellschaftlichen Organisationen darauf zu richten, die notwendigen Bedingungen dafür zu schaffen, daß die Pädagogen ihren wichtigsten Auftrag, Erzieher der Jugend zu sein, gut erfüllen können. An Veranstaltungen und Beratungen teilzunehmen, die einen echten Gewinn bringen beim Bemühen, sich politisch zu qualifizieren, das fachliche Wissen und die pädagogischen und methodischen Kenntnisse weiter zu vervollkommnen, über echte Probleme der praktischen Arbeit zu diskutieren, gute Erfahrungen kennenzulernen – dafür gibt es bei den Lehrern eine große Bereitschaft. Als vertane Zeit aber empfinden sie zu Recht solche Zusammkünfte, die sie davon abhalten, ihre Aufgaben in höherer Qualität zu erfüllen. Für die Arbeit der Lehrer und Erzieher die erforderlichen Bedingungen zu schaffen schließt nicht zuletzt auch ein, dafür zu sorgen, daß die nach dem Parteitag verkündeten Maßnahmen zur weiteren Verbesserung der Arbeits- und Lebensbedingungen für die Pädagogen voll wirksam werden. Diese Maßnahmen haben große Zustimmung bei den Lehrern und auch bei vielen Eltern gefunden, die darum wissen, wieviel Zeit und Kraft die Lehrer in ihre Arbeit investieren müssen. Einige Bemerkungen zur Arbeit mit den leitenden Kadern im Volksbildungswesen. Auf die entscheidende Rolle des Direktors der Schule habe ich bereits hingewiesen. Ihrer Auswahl und Erziehung, ihrer weiteren Qualifizierung auf politischem wie auch auf fachwissenschaftlichem und pädagogischem Gebiet müssen wir uns mit besonderer Sorgfalt zuwenden.

Davon, wie wir heute den Prozeß des Auswechselns der Kader auf lange Sicht führen, wie wir ihn politisch sorgfältig vorbereiten, hängt Entscheidendes für die künftige Entwicklung im Volksbildungswesen ab. Daher steht die Frage, wie die Kreisleitungen der Partei, ausgehend von der konkreten Situation im Kreis, zielgerichtet Einfluß darauf nehmen, daß die qualifiziertesten und geeignetsten Kader in den entsprechenden Führungsfunktionen tätig sind. Heute ist der Hinweis

Lenins, daß an der Spitze der Volksbildung Kommunisten stehen müssen, die es verstehen, eng mit den Fachleuten zusammenzuwirken, so aufzufassen, daß ein Funktionär des Volksbildungswesens ein guter Kommunist und ein qualifizierter Fachmann zugleich sein muß, der in seiner Person hohe politische und menschliche Qualitäten vereinigt.

Es gilt, in der Kaderarbeit noch größere Sorgfalt an den Tag zu legen. Nicht selten werden Kaderveränderungen noch unvorbereitet und kurzfristig, ohne allseitige Prüfung vorgenommen. Wenngleich es viele gute Beispiele der Arbeit mit Nachwuchskadern gibt, so dürfen wir nicht übersehen, daß der Einsatz in Funktionen mitunter noch von Zufälligkeiten bestimmt ist, daß sich beispielsweise in manchen Fällen nach kurzer Zeit der Tätigkeit die Nichteignung herausstellt. Durch ungenügende Vorbereitung auf die Funktion wird nicht selten die Fluktuation gefördert, wobei für den betreffenden Genossen das Erlebnis des eigenen Mißerfolgs entsteht.

Im Zusammenhang damit, daß mit dem FDJ-Aufgebot zum IX. Parteitag viele junge Lehrer und Erzieher Mitglied unserer Partei geworden sind, hat sich der Anteil der Parteimitglieder unter den Pädagogen erhöht. In den Schulparteiorganisationen gibt es viele junge Genossen. Davon, wie heute mit ihnen gearbeitet wird, welche Aufgaben ihnen übertragen werden und wie das erfolgt, wie ihre aktive Mitarbeit genutzt und entwickelt wird, wie sie Schritt für Schritt an immer größere Aufgaben herangeführt werden, hängt es wesentlich ab, wie sich diese jungen Genossen entwickeln. Wir müssen noch stärker auf ein richtiges Zusammenwirken von jungen und erfahrenen Kadern achten und sichern, daß sich die künftigen Funktionäre an der Seite bewährter Genossen mit deren Erfahrungen vertraut machen. Die langfristige Qualifizierung vieler Genossen Lehrer an den Parteischulen zahlt sich schon heute sichtbar aus. Sie sollte deshalb in den kommenden Jahren systematisch weitergeführt werden.

Zur Verwirklichung der vom IX. Parteitag ausgearbeiteten Generallinie für die Entwicklung des Volksbildungswesens wurde ein konkretes Programm des weiteren inhaltlichen Vorgehens im Zeitraum bis 1980 ausgearbeitet. In ihm sind die Aufgaben zur weiteren inhaltlichen Ausgestaltung unserer zehnklassigen allgemeinbildenden polytechnischen Oberschule in den einzelnen Unterrichtsfächern und Schularten, zur Entwicklung der außerunterrichtlichen Bildung und Erziehung, der Vorschulerziehung, der Lehreraus- und -weiterbildung und aller anderen Bereiche der Volksbildung festgelegt. Es geht davon aus, die notwendigen Maßnahmen und Entscheidungen langfristig vorzubereiten. Aus dieser Sicht wurden solche Festlegungen getroffen, die sichern, daß auf der Grundlage umfassender Analysen der Praxis und der Ergebnisse der pädagogischen Forschung gesicherte Standpunkte für das Herangehen an die Entwicklungsfragen zum erforderlichen Zeitpunkt erarbeitet werden. Bei dieser vorausschauenden Planung geht es darum zu gewährleisten, daß herangereifte Probleme, die gut vorbereitete Entscheidungen erfordern, zum gegebenen Zeitpunkt gelöst werden können.

Ein wichtiger Einschnitt in der weiteren Entwicklung wird das Jahr 1978 sein.

Zu diesem Zeitpunkt werden, wie schon erwähnt, erstmalig jene Schüler aus der zehnklassigen Oberschule entlassen, die in allen Schuljahren nach den jetzt gültigen neuen Lehrplänen unterrichtet worden sind. Die dabei erzielten Ergebnisse sind für die Festlegung des weiteren Vorgehens sehr wichtig. Zum anderen ist es notwendig, zu diesem Zeitpunkt zu prüfen, wie sich die weitere Entwicklung des Volksbildungswesens im Zeitraum nach 1980 vollziehen muß, auch unter Beachtung der Tatsache, daß dann der nächste Fünfjahrplan vorbereitet wird.

Bei diesem Vorgehen lassen wir uns ebenfalls von dem Gesichtspunkt der Kontinuität leiten. Die inhaltlichen Entwicklungsprozesse verlaufen zwar sehr dynamisch, aber die Realisierung grundlegender Aufgaben in der Bildung und Erziehung erfordert – wie die Praxis zeigt – einen längeren Zeitraum. Um dafür ein praktisches Beispiel zu nennen: Wir haben ein neues Lehrplanwerk eingeführt, auf dessen Grundlage sich jetzt qualitative Fortschritte im Wissen und Können der Schüler deutlich abzuzeichnen beginnen. Zugleich wird jedoch jetzt auch klarer erkennbar, wo die wesentlichen noch nicht bewältigten Probleme liegen. So sind beispielsweise die Kenntnisse der Schüler noch nicht genügend gefestigt, noch nicht sicher genug; es ist uns noch nicht voll gelungen, in vielen Fächern das Wesentliche an Wissen und Können, an Erkenntnissen herauszuarbeiten; in den gesellschaftswissenschaftlichen Unterrichtsfächern ist die Bestimmung des Wissens- und Erkenntnisniveaus der Schüler noch nicht voll gemeistert; die Art und Weise, wie die Schüler im Unterricht zum selbständigen Durchdenken der Probleme, zum selbständigen Wissenserwerb, zur eigenen Auseinandersetzung mit Erscheinungen in Natur und Gesellschaft und zur Erkenntnis der Gesetzmäßigkeiten und Zusammenhänge befähigt werden, ist noch nicht voll bewältigt. Darum sehen wir unsere vorrangige Aufgabe darin, alle Anstrengungen darauf zu richten, den Lehrern für die Lösung dieser Probleme die erforderliche konkrete Hilfe zu gewährleisten.

Die inhaltliche Ausgestaltung unserer Schule, die weitere Vervollkommnung des gesamten Systems der Volksbildung, stellen auch große Aufgaben an die materielle und personelle Sicherung. Sie sind in der Direktive des IX. Parteitages für den Fünfjahrplan 1976 bis 1980 ausgewiesen und im Entwurf des Fünfjahrplans, der jetzt kurz vor der Beschlußfassung steht, enthalten.

Im Mittelpunkt steht nach wie vor die termin- und qualitätsgerechte Erfüllung der Aufgaben auf dem Gebiet des Schulbaus, einschließlich des Baus von Turnhallen und anderen Einrichtungen der Volksbildung wie Kindergärten, Sonderschulen, Heimen usw. Trotz der großartigen Ergebnisse, die wir dabei im vergangenen Fünfjahrplan erzielt haben, ist das Schulbauprogramm auch künftig ein angespanntes Programm. Das große Tempo und das Volumen unseres Wohnungsbauprogramms bringen es mit sich, daß wir weiterhin eine große Anzahl Unterrichtsräume schaffen müssen. Zugleich haben wir zu berücksichtigen, daß auch in Altbaugebieten – sowohl in den Städten als auch auf dem Lande – neue Schulen gebaut werden müssen, daß jahrzehntealte Schulen, die nicht mehr den Anforderungen entsprechen, zu rekonstruieren sind bzw. große Anstrengungen in der

Werterhaltung erfordern. Auch die weitere Entwicklung im Bereich der Vorschulerziehung gilt es, sehr sorgfältig aus der Sicht zu verfolgen, daß bis 1980 die notwendigen Voraussetzungen zu schaffen sind, alle Vorschulkinder in den Kindergärten zu erfassen, und dies unter Berücksichtigung der Tatsache, daß es erfreulicherweise eine deutlich ansteigende Tendenz der Geburtenentwicklung gibt. Das erfordert, sowohl durch den Neubau von Einrichtungen die notwendige Kapazität an Plätzen zu schaffen, als auch – und das ist nicht weniger wichtig – in allen bereits bestehenden Einrichtungen die Bedingungen für eine gute Betreuung und Erziehung unserer Jüngsten weiter zu vervollkommnen. Das ist auch das Anliegen der vor wenigen Monaten vom Ministerrat erlassenen Verordnung über die Kindereinrichtungen der Vorschulerziehung.

Im Mittelpunkt dieser Verordnung steht der Gedanke, alles dafür zu tun, daß die Kinder in den Einrichtungen der Vorschulerziehung gesund und körperlich gekräftigt heranwachsen. Dazu gehören ein geordneter Lebensrhythmus, der ausreichende Bedingungen für den Nachtschlaf ebenso einschließt wie die Gewährleistung harmonischer Beziehungen der Kinder in der Familie. Dazu gehören eine regelmäßige medizinische Betreuung der Kinder in den Vorschuleinrichtungen und die Sicherung der baulich-räumlichen Voraussetzungen für genügend Bewegung und Aufenthalt im Freien. Damit wird dem Bedürfnis der werktätigen Mütter entsprochen, die ihre Kinder gesund und in guter Obhut wissen wollen.

Bekanntlich hat sich seit dem VIII. Parteitag in der Vorschulerziehung eine bedeutende qualitative und quantitative Entwicklung vollzogen. Gegenwärtig besuchen etwa 83 Prozent aller Vorschulkinder einen Kindergarten. In den Kinderkrippen und Dauerheimen werden zur Zeit etwa 45 Prozent aller Kinder unter drei Jahren betreut. Durch die Neuschaffung von Kindergärten und -krippen sowie durch die wesentliche Erweiterung der Zahl der Plätze wurden die Erziehungs- und Lebensbedingungen weiter verbessert. Im Interesse einer hohen Qualität der Vorschulerziehung werden die Einrichtungen ständig besser ausgestattet.

Es ist aber auch eine Reihe von Problemen herangereift, die im Interesse der gesunden Entwicklung der Kinder, im Interesse der Entwicklung unserer Gesellschaft einer Lösung zugeführt werden müssen. Im Zusammenhang mit der Verwirklichung unserer Wirtschaftspolitik, den Anforderungen einer höheren Auslastung der Grundfonds, der weiteren Durchsetzung der Schichtarbeit gibt es unter dem Gesichtspunkt der Einheit von Wirtschafts- und Sozialpolitik vielfältige Bemühungen, die werktätigen Mütter zu unterstützen. Es haben sich aber in diesem Prozeß auch spontan Auffassungen und Initiativen entwickelt, die dem Anliegen der Familienerziehung und der Gewährleistung gesunder Entwicklungs- und Lebensbedingungen der Kinder im Vorschulalter widersprechen. Um welche Fragen handelt es sich?

Die Öffnungszeiten für Kindereinrichtungen, nämlich von 6.00 bis 19.00 Uhr, sind seit langem gültiges Recht. In der Praxis wurde jedoch diese Regelung zunehmend durchlöchert. Es gibt eine Anzahl von Einrichtungen, die bereits vor 6.00 Uhr geöffnet werden. Darunter befinden sich solche, die schon vor

5.00 Uhr, um 5.30 oder um 5.45 Uhr öffnen. Unter Berücksichtigung der Anfahrts-
wege muß eine große Anzahl dieser Kinder oft bereits um 4.00 Uhr oder vor 4.00
Uhr aufstehen. Ein solcher Tagesablauf berücksichtigt in keiner Weise die Bedürfnisse des kindlichen Organismus, wenn man davon ausgeht, daß ein Kind in diesem Alter mindestens 10 bis 11 Stunden Nachtschlaf zur Wiederherstellung seiner
körperlichen und geistigen Lebensfähigkeit braucht – abgesehen davon, daß die
Kinder auch in das Familienleben einbezogen werden, Kontakt mit den Eltern haben müssen. Mit der Festlegung der Öffnungszeit von 6.00 bis 19.00 Uhr ist bereits die äußerste Belastungsgrenze für Vorschulkinder erreicht. In der Regel hält
sich eine große Anzahl Kinder bis zu zehn Stunden in den Kindereinrichtungen
auf und ist bei längeren Wegezeiten bis zu zwölf Stunden außer Haus. Deshalb ist
eine über diese festgelegte Öffnungszeit hinausgehende Regelung aus medizinischen und pädagogischen Gründen nicht vertretbar. Im Zusammenhang mit dem
Bemühen, die Probleme mehrschichtig arbeitender Mütter bei der Unterbringung
ihrer Kinder zu lösen, zeigt sich die Tendenz, Kindereinrichtungen zu schaffen,
die sich dem Schichtrhythmus anpassen. So entstanden Kindereinrichtungen mit
sogenannter „rollender Arbeitswoche". In einzelnen Territorien wurden auch sogenannte Kinderhotels eingerichtet. Die Unterbringung der Kinder in solchen
Einrichtungen führt jedoch notwendigerweise zu einer verstärkten Herauslösung
der Kinder aus der Familie. In vielen Betrieben wurde nun begonnen, durch Ar-
beitszeitregelungen für Frauen mit Kleinkindern Voraussetzungen zu schaffen,
die gewährleisten, daß dem Anliegen der Verordnung Rechnung getragen wird.
Alle damit zusammenhängenden Probleme müssen in den Betrieben und von den
staatlichen Organen mit großer Umsicht gelöst werden, ohne daß den Müttern
Nachteile entstehen. Deshalb sieht der Beschluß des Ministerrates vor, gut überlegt und schrittweise vorzugehen. Die Verordnung muß jedoch voll durchgesetzt
werden, denn hier geht es nicht nur um Öffnungszeiten, sondern um das Wesen
unserer Politik. Das Wohl der Menschen schließt natürlich und in erster Linie das
Wohl der Kinder, die Belange und das Glück der Familie ein. Das entspricht dem
humanistischen Charakter unserer Gesellschaft. All das ist zu berücksichtigen,
wenn über die Verbesserung der Arbeits- und Lebensbedingungen von Frauen,
insbesondere jener, die Mehrschichtarbeit leisten, beraten wird.

Damit die vom IX. Parteitag beschlossenen Aufgaben zur Schaffung der materiellen und personellen Voraussetzungen für die weitere Entwicklung des Volksbildungswesens, die im neuen Fünfjahrplan ihren Niederschlag finden werden,
überall zum festgelegten Zeitpunkt und in der notwendigen Qualität gesichert
sind, bedarf es wie auf allen Gebieten auch hier der Parteikontrolle und der Entwicklung einer vielfältigen Initiative der Bevölkerung.

Mit der zehnjährigen Oberschulbildung, die zur grundlegenden Bildung für
alle Kinder geworden ist, wurde eine Aufgabe von großer gesellschaftlicher Tragweite gelöst. Keine andere Gesellschaftsordnung als die sozialistische hat eine solche Tatsache aufzuweisen, daß alle Kinder, abgesehen von denen, die eine Hoch-
oder Fachschule besuchen, nach dem Abschluß der zehnklassigen Oberschule

ihre obligatorische Bildung in einer zweijährigen Berufsausbildung fortsetzen, so daß faktisch alle Jugendlichen eine zwölfjährige Ausbildung erhalten, die mit der Qualifikation als Facharbeiter abschließt.

Die Tatsache, daß heute kein Weg mehr an der Realität der sozialistischen Schule vorbeiführt, das Bestreben, von der Misere des Bildungswesens in der bürgerlichen Gesellschaft abzulenken, veranlaßt bürgerliche Schulpolitiker und Ideologen, ganz im Sinne ihrer gegen den Sozialismus gerichteten Subversion ein wachsendes Angebot sogenannter Alternativlösungen für unser Volksbildungswesen zu unterbreiten. So empfehlen sie uns beispielsweise, unsere Schule „unabhängiger" vom Sozialismus zu machen, in der Erziehung „freier" zu sein, nicht so hohe Forderungen im Unterricht zu stellen, die Leistungsbewertung abzuschaffen, die „Selbstbestimmung der Schüler in Bildungs- und Erziehungsfragen" einzuführen. Um von der zunehmenden Politisierung der voll auf antikommunistische Erziehung gerichteten bürgerlichen Schule abzulenken, richten sich die gegnerischen Angriffe vor allem auf die politische Zielsetzung unseres Volksbildungswesens.

Die Schule war und ist niemals unpolitisch, und sie wird es niemals sein. Der Charakter der Erziehung, der Charakter der Schule werden immer bestimmt vom Klassencharakter des Staates, vom Klassencharakter der herrschenden Ideologie. Die Kommunisten haben sich zu dieser politischen Funktion der Schule stets offen bekannt. Wenn die Bourgeoisie wider besseres Wissen die eindeutige politische und ideologische Ausrichtung der bürgerlichen Schule im Geiste des Antikommunismus und der Manipulierung des Menschen im Interesse der Ausbeuterklasse verschweigt, dann ist das, wie Lenin es nannte, Lüge und Heuchelei. Wir gingen und gehen davon aus, daß die Schule als gesellschaftliche Institution Machtinstrument der herrschenden Klasse zur Durchsetzung ihrer Politik ist.

Unsere Schule konnte sich so erfolgreich entwickeln, weil unsere Partei stets von den Klasseninteressen der Arbeiterklasse ausing. Unsere Schulpolitik entspricht den objektiven Interessen aller Werktätigen und wird deshalb von der Initiative, der Anteilnahme und dem Schöpfertum des Volkes getragen. In immer größerem Umfang wirken die Eltern, Arbeiter, Genossenschaftsbauern, Angehörige der Intelligenz mit, die schulpolitischen Ziele zu verwirklichen. Unsere Schulpolitik ist erfolgreich, weil unsere Partei, stets von einer marxistisch-leninistischen Analyse der gesellschaftlichen Prozesse ausgehend, Ziel, Inhalt und Weg wissenschaftlich begründet und ausgearbeitet hat. Dabei hat sie immer die Erfahrungen und Erkenntnisse der marxistisch-leninistischen Bruderparteien, vor allem der Kommunistischen Partei der Sowjetunion, einbezogen.

So wurde unter der Führung unserer Partei, unter Beachtung der jeweiligen gesellschaftlichen Erfordernisse und realen Möglichkeiten und mit dem Blick auf die kommunistische Zukunft ein stabiles Volksbildungssystem geschaffen, das die Gewähr bietet, die vom IX. Parteitag der SED gestellten Aufgaben für die künftige Entwicklungsetappe erfolgreich zu meistern.

Arbeitserziehung
und polytechnischer Unterricht –
entscheidende Aufgaben
der kommunistischen Erziehung

Artikel für die Zeitschrift „Pädagogik"

August 1977

Unsere Partei stellt sich das Ziel, in der Deutschen Demokratischen Republik weiterhin die entwickelte sozialistische Gesellschaft zu gestalten und so grundlegende Voraussetzungen für den allmählichen Übergang zum Kommunismus zu schaffen. In dem auf unserem IX. Parteitag beschlossenen Programm der Partei wird festgestellt, daß dies unabdingbar erfordert, unsere Jugend zur Lösung der großen komplizierten Aufgaben zu befähigen, die ihr der sozialistische und kommunistische Aufbau stellen wird. Deshalb hob der Parteitag die Notwendigkeit hervor, der Vervollkommnung des sozialistischen Bildungswesens, der kommunistischen Erziehung der jungen Generation besondere Aufmerksamkeit zu widmen.

Unser Bildungswesen dient der Erziehung allseitig entwickelter Persönlichkeiten[1], heißt es in unserem Parteiprogramm. Sechs Jahrzehnte des Kampfes der Kommunisten und der Werktätigen der Sowjetunion seit der Großen Sozialistischen Oktoberrevolution, drei Jahrzehnte sozialistischen Aufbaus in unserer Deutschen Demokratischen Republik und in den anderen Ländern unserer sozialistischen Gemeinschaft beweisen unwiderlegbar, daß nur im Sozialismus die Bedingungen für die freie, allseitige Entwicklung des Menschen geschaffen werden, daß nur der Schule in der sozialistischen Gesellschaft die Aufgabe gestellt werden kann, die junge Generation zu allseitig entwickelten Menschen heranzubilden.

Im Bericht des Zentralkomitees an den IX. Parteitag wurde die Feststellung getroffen, daß heute immer deutlicher die Züge sozialistischer Persönlichkeiten hervortreten. Das sind Menschen mit fundierter Bildung und weltanschaulicher Überzeugung, mit weiten geistigen Horizonten, bewußte und tatkräftige Erbauer der neuen Welt des Sozialismus und Kommunismus. In der entwickelten soziali-

---

[1] Vgl. Programm der Sozialistischen Einheitspartei Deutschlands. In: Protokoll der Verhandlungen des IX. Parteitages der Sozialistischen Einheitspartei Deutschlands. Bd. 2: 4. und 5. Beratungstag, Dietz Verlag, Berlin 1976, S. 244.

stischen Gesellschaft, so wird im Programm unserer Partei festgestellt, sind die politischen, ideologischen, sozialen, geistig-kulturellen und materiellen Bedingungen zu schaffen, damit sich die gesellschaftlichen Beziehungen und die körperlichen und geistigen Fähigkeiten der Menschen voll entfalten können. Daraus ergeben sich die hohen Anforderungen, die an unsere Schule, an das gesamte Bildungswesen gestellt sind. Unser Parteitag hob besonders die Bedeutung des Wissens, des Bewußtseins, der wissenschaftlich begründeten Theorie für den praktischen politischen Kampf, für die weitere Entwicklung unserer Gesellschaft, die durch das bewußte Handeln der Menschen nach wissenschaftlichen Gesetzen aufgebaut und vervollkommnet wird, hervor. Er betonte deshalb, daß ein hohes Niveau der wissenschaftlichen Bildung eine unentbehrliche Voraussetzung für politische Bewußtheit und Schöpfertum, Grundelement des sozialistischen Lebens ist.

Das alles verlangt von unserer Schule, der Jugend ein solides Wissen und Können zu vermitteln, sie zum schöpferischen Denken und selbständigen Handeln zu befähigen, Menschen heranzubilden, deren marxistisch-leninistisch fundiertes Weltbild ihre persönlichen Überzeugungen und Verhaltensweisen durchdringt, Menschen, die sich im täglichen Leben als Patrioten ihres sozialistischen Vaterlandes und proletarische Internationalisten bewähren, die nach hohen kommunistischen Idealen streben.

Vom Bemühen, diese Aufgaben in immer höherer Qualität, effektiver zu lösen, ist der Alltag der Bildungs- und Erziehungsarbeit in unseren Schulen, sind die Initiativen der Pädagogen nach dem IX. Parteitag und in Vorbereitung auf den 60. Jahrestag der Großen Sozialistischen Oktoberrevolution bestimmt.

Auf der Tagesordnung steht auch weiterhin die Aufgabe, unsere zehnklassige allgemeinbildende polytechnische Oberschule inhaltlich weiter zu vervollkommnen mit dem Ziel, das Niveau der Bildung und Erziehung stetig zu erhöhen. Es geht unter anderem darum, den Schülern das grundlegende Wissen und Können noch solider zu vermitteln, der aktiven Aneignung des Lehrstoffes durch die Schüler noch größere Aufmerksamkeit zu schenken, die Wirksamkeit der gesamten Erziehungsarbeit zu erhöhen, die Verbindung von Theorie und Praxis noch besser zu meistern, den polytechnischen Charakter unserer Schule, dieses entscheidende Merkmal einer sozialistischen Schule, weiter auszuprägen.

Wir lassen uns bei unserem Vorgehen davon leiten, daß Kontinuität in der Entwicklung des Bildungswesens eine entscheidende Bedingung für eine hohe Qualität der Bildungs- und Erziehungsarbeit ist. Das trifft auch für unser Herangehen an die polytechnische Bildung und Erziehung zu, die nun schon seit zwei Jahrzehnten Praxis in unserem Schulalltag ist und die wir auf immer höherem Niveau zu verwirklichen suchen.

Alle sozialistischen Länder messen der Rolle der Schule bei der Vorbereitung der Jugend auf die Arbeit große Bedeutung bei. Unter den Bedingungen der Deutschen Demokratischen Republik gehen wir an die Probleme der Arbeitserziehung, der polytechnischen Bildung und Erziehung von deren Bedeutung für die allseitige Entwicklung der Persönlichkeit, für die Entfaltung der schöpferischen Kräfte und Fähigkeiten, für die charakterliche und moralische Entwicklung, für die kommunistische Erziehung der Jugend aus heran.

Die bekannte Feststellung Lenins, daß der Kommunismus dort beginnt, „wo *einfache Arbeiter* in selbstloser Weise, harte Arbeit bewältigend, sich Sorgen machen um die Erhöhung der Arbeitsproduktivität, um den Schutz *eines jeden Puds Getreide, Kohle, Eisen* und anderer Produkte, die nicht den Arbeitenden persönlich und nicht den ihnen ‚Nahestehenden‘ zugute kommen, sondern ‚Fernstehenden‘, das heißt der ganzen Gesellschaft in ihrer Gesamtheit"[2], ist außerordentlich aktuell für unsere Erziehungsarbeit. Man kann wohl sagen, daß diese These ein ganzes Programm für die Erziehung der Jugend heute umfaßt. Diese These Lenins fordert geradezu dazu auf zu untersuchen, wie wir in der Schule arbeiten müssen, um noch wirksamer zur Herausbildung einer kommunistischen Arbeitseinstellung, zur Herausbildung all jener Eigenschaften und Verhaltensweisen beizutragen, die den Menschen der neuen Gesellschaftsordnung charakterisieren, wie wir in der Schule arbeiten müssen, damit die Kinder von klein an lernen, selbständig Aufgaben zu lösen, wie mit zunehmendem Alter diese Aufgaben immer anspruchsvoller gestaltet, die Verantwortung der Schüler erhöht werden kann. Sie verlangt, darüber nachzudenken, wie wir erreichen, daß bereits während der Schulzeit für die jungen Menschen die Arbeit zum Nutzen der Gesellschaft eine selbstverständliche Lebensgewohnheit wird, auf welche Weise sie lernen, daß sich persönliche Ansprüche allein durch eigene Arbeit erfüllen lassen, daß man nicht auf Kosten anderer leben, das eigene Wohl nicht über das anderer Menschen stellen kann. Hier geht es um Fragen der gegenseitigen Beziehungen, um die Erziehung zur Verantwortung, zur Disziplin, zur Selbstlosigkeit.

Den jahrzehntelangen bewährten Erkenntnissen und Erfahrungen der sowjetischen Schule folgend, die sich bei der Vorbereitung der Jugend auf das Leben und die Arbeit stets davon leiten ließ, der heranwachsenden Generation ein hohes Niveau der Allgemeinbildung zu vermitteln und das Lernen unlösbar mit dem Kampf der Arbeiterklasse und aller Werktätigen für den Sozialismus und Kommunismus zu verbinden, orientieren wir uns darauf, der Jugend eine hohe Allgemeinbildung zu vermitteln, durch die gesamte Arbeit der Schule die Heranwachsenden zur Liebe zur Wissenschaft zu erziehen, sie aktiv in das politische, das gesellschaftliche Leben einzubeziehen, durch die Erziehung zu einer kommunistischen Einstellung zur Arbeit bewußte, schöpferische, initiativreiche Menschen heranzubilden.

Unter einer solchen Sicht stellen wir weitergehende Überlegungen an, wie das Niveau der gesamten Allgemeinbildung in der Schule weiter erhöht werden kann, wie die gesamte Bildung und Erziehung noch enger mit dem Leben, mit der Produktion, mit der Praxis unseres sozialistischen Aufbaus zu verbinden ist. Deshalb

[2] W. I. Lenin: Die große Initiative. In: Werke. Bd. 29, Dietz Verlag, Berlin 1976, S. 417.

schenken wir der Qualität des Unterrichts in allen Fächern und auf allen Klassenstufen, dem selbständigen, schöpferischen Lernen aller Schüler in allen Unterrichtsfächern – den theoretischen wie den praktischen –, einer engeren Verbindung der Schule mit dem Leben, der immer besseren Verwirklichung des Prinzips der Einheit von Theorie und Praxis große Aufmerksamkeit, ebenso wie der weiteren Vervollkommnung des Systems der produktiven Arbeit der Schüler in unseren sozialistischen Betrieben der Industrie und der Landwirtschaft. Dabei lassen wir uns davon leiten, daß angesichts der sich dynamisch vollziehenden wissenschaftlich-technischen Entwicklung unter den Bedingungen der sozialistischen Gesellschaft, angesichts dessen, daß die Naturgesetze in unserer Gesellschaft immer umfassender zum Wohle des Menschen ausgenutzt werden, sich das Feld jener Arbeitstätigkeiten vergrößert, die hohes Wissen, selbständiges Denken, schöpferisches Herangehen, hohes Verantwortungsbewußtsein, schnelles Reagieren verlangen, daß die Werktätigen in allen Bereichen der gesellschaftlichen Produktion eine hohe Bildung, solide Kenntnisse in den Gesellschaftswissenschaften und in den Naturwissenschaften benötigen und in der Lage sein müssen, ihr Wissen anzuwenden.

Schöpfertum und die Fähigkeit, auf rasch wechselnde Anforderungen und Tätigkeiten reagieren zu können, disponibel zu sein, gewinnen ein immer größeres Gewicht.

Für die Erziehung unserer Jugend ist der lebendige Kontakt unserer Schulen zu den Betrieben, unserer Schuljugend zur Arbeiterklasse, zu den Genossenschaftsbauern, zu den Werktätigen besonders wichtig. Es ist unerläßlich, daß alle Schüler gesellschaftlich nützlich tätig sind und die älteren Schüler bereits produktive Arbeit leisten.

Wir betonen die entscheidende Bedeutung einer hohen wissenschaftlichen Allgemeinbildung für die Vorbereitung der Jugend auf die Arbeit auch deshalb immer wieder, weil es hier und da Auffassungen gibt, daß die Schule gewissermaßen einen „Bildungsüberschuß" produziere. Es ist nicht zu bestreiten, daß außerordentlich unterschiedliche Anforderungen an die Arbeitstätigkeiten gestellt werden, was die geistigen Ansprüche betrifft, daß es noch monotone Arbeiten gibt, ebenso wie es auch in unserer Gesellschaft noch für längere Zeit schwere körperliche Arbeit geben wird. Die Beseitigung der wesentlichen Unterschiede zwischen geistiger und körperlicher Arbeit ist ein länger währender Prozeß. Heute zeichnet sich jedoch bereits ab, daß sich die Ansprüche an bestimmte Arbeitstätigkeiten verändern – bis hin zu der Tatsache, daß sich neue Berufsprofile herausbilden. Die Auffassung, der wissenschaftlich-technische Fortschritt stelle weniger hohe Anforderungen an die Allgemeinbildung, an die Fähigkeiten der Menschen, geht an der Tatsache vorbei, daß wir vor der gewaltigen Aufgabe stehen, die wissenschaftlich-technische Revolution auf eine solche Weise zu meistern, daß sie dem Charakter der sozialistischen Gesellschaftsordnung entspricht, einer Gesellschaft, in der nicht die Technik den Menschen beherrscht, sondern der Mensch sich die Technik, die Produktion für sein eigenes Wohl dienstbar macht.

Unsere Schule muß der Jugend eine hohe Allgemeinbildung als Grundlage für schöpferische Arbeit, als Grundlage der weiteren Qualifizierung, für ein langes Arbeitsleben mit wachsenden und wechselnden Anforderungen vermitteln. Und schließlich, und das nicht zuletzt, geht es in unserer Gesellschaft um die Heranbildung von Menschen, die ihre Lebensverhältnisse bewußt gestalten, die fähig sind, aktiv teilzunehmen an der Leitung und Planung aller gesellschaftlichen Prozesse, die sich auf immer höherer Stufe der gesellschaftlichen Entwicklung selbst verwirklichen.

Als vor nunmehr zwanzig Jahren in der Deutschen Demokratischen Republik konkret mit der Verbindung von Unterricht und produktiver Arbeit begonnen wurde, waren uns die Hinweise Lenins, die er in seinen Notizen zu den Thesen Krupskajas über die polytechnische Bildung und Erziehung gab, Richtschnur. W. I. Lenin wies bekanntlich darauf hin, daß die Vorbereitung der heranwachsenden Generation auf die Erfordernisse des gesellschaftlichen Aufbaus, speziell der Produktion, auch unter den damaligen komplizierten Bedingungen zu verbinden sei mit dem gesellschaftlich möglichen Maß an Allgemeinbildung. Er wandte sich gegen eine nur aus aktuellen ökonomischen Erfordernissen eng begrenzte Allgemeinbildung und eine frühzeitige Spezialisierung der Schuljugend für einzelne Berufstätigkeiten. Zugleich hielt er die Aufnahme von Inhalten der Produktion und Technik aus den Bereichen der Elektrotechnik, der Agronomie, der Chemie und des Maschinenbaus in der Allgemeinbildung sowie die Aufnahme allgemeinbildender polytechnischer Lehrgegenstände in die Berufsausbildung für notwendig.[3] Unter einer solchen Sicht wurde unsere polytechnische Bildung konzipiert und praktiziert.

Anfang der sechziger Jahre gab es bekanntlich den Versuch, in den Klassen 9 und 10 den polytechnischen Unterricht durch eine berufliche Grundausbildung in der allgemeinbildenden Schule zu ersetzen, schon in der allgemeinbildenden Schule eine berufliche Spezialisierung zu vermitteln. Wir mußten bereits nach kurzer Zeit die Erfahrung sammeln, daß dies unter unseren Bedingungen nicht realisierbar war und sich nicht bewährte. Dieser Schritt wurde deshalb bald wieder korrigiert. Es erwies sich als richtig – das zeigen die heutigen Erfahrungen –, polytechnische Bildung und Erziehung umfassender zu sehen, sie zu verwirklichen durch einen eng mit dem Leben verbundenen mathematischen, naturwissenschaftlichen und gesellschaftswissenschaftlichen Unterricht sowie durch einen speziellen polytechnischen Fachbereich, der so angelegt ist, daß alle Schüler gleiche grundlegende theoretische und praktische Arbeitskenntnisse und Arbeitsfertigkeiten erwerben und der fest in die Allgemeinbildung, in die Stundentafel integriert ist. Unsere pädagogischen Wissenschaftler und die Praktiker stehen jetzt vor der Aufgabe, konkrete Wege auszuarbeiten, wie im mathematischen und naturwissenschaftlichen Unterricht die Schüler noch besser mit grundlegenden Ge-

---

[3] Vgl. W. I. Lenin: Über polytechnischen Unterricht. Notizen zu den Thesen Nadeshda Konstantinownas. In: Werke. Bd. 36, Dietz Verlag, Berlin 1983, S. 523 f.

setzen und Theorien vertraut zu machen sind, wie die praktische Wirksamkeit wissenschaftlicher Erkenntnisse in Technik und Produktion auf hohem theoretischem Niveau noch verständlicher gemacht werden kann und wie an konkreten Beispielen die Anwendung solcher Erkenntnisse zu verdeutlichen ist, wie unser naturwissenschaftlicher Unterricht noch praxisverbundener gestaltet werden kann. Allerdings muß dabei vermieden werden, den naturwissenschaftlichen Unterricht, wie vor Jahren, erneut mit technischen Sachverhalten zu überladen. Es geht vielmehr um solche Fragen, wie die Schüler besser befähigt werden können, theoretisches Wissen in der Praxis, in Technik und Produktion noch zielgerichteter anzuwenden und wie die Erkenntnisse und Erfahrungen, die sie besonders in der produktiven Arbeit erwerben, für den gesamten Bildungs- und Erziehungsprozeß an der Schule noch besser genutzt werden können.

Im polytechnischen Unterricht waren und sind wir auch künftig bemüht, die Erkenntnisse N. K. Krupskajas anzuwenden, die schon 1929 schrieb:

„Der Arbeitsunterricht ... muß den Schülern einerseits allgemeine Arbeitsfertigkeiten vermitteln (wie z. B. die Fähigkeit, ihrer Arbeit bestimmte Ziele zu setzen, ihre Arbeit zu planen, Berechnungen anzustellen, Zeichnungen anzufertigen, die Arbeit zweckmäßig unter sich aufzuteilen, im Kollektiv zu arbeiten, sparsam mit Material umzugehen, die Werkzeuge zu handhaben, eine für das betreffende Alter erreichbare Genauigkeit anzustreben usw.), anderseits muß er die Arbeitsprozesse vom Standpunkt der Technik, der Arbeitsorganisation und ihrer gesellschaftlichen Bedeutung begreiflich machen."[4]

Die Verwirklichung des polytechnischen Unterrichts war mit vielen Problemen verbunden, und auch heute sind immer wieder neue Überlegungen anzustellen. Wir nutzen dabei die langjährigen Erfahrungen der sowjetischen Schule bei der Gestaltung des Arbeitsunterrichts, die Erfahrungen anderer sozialistischer Staaten und Erfahrungen aus unserem System der Berufsausbildung.

In unserer Schule wird der polytechnische Unterricht in den Klassen 1 bis 6 nach einheitlichen Lehrplänen in Schulwerkstätten erteilt. Den polytechnischen Unterricht in den Klassen 7 bis 10, dessen wesentlichster Bestandteil die produktive Arbeit ist, absolvieren die Schüler bekanntlich auf der Grundlage verbindlicher Rahmenprogramme in den Betrieben der Industrie, des Bauwesens und der Landwirtschaft. Diese Programme zielen darauf ab, den Schülern grundlegende Arbeitserkenntnisse und Arbeitsfertigkeiten in der manuellen und maschinellen Bearbeitung der gebräuchlichsten Werkstoffe, in der Montage, Demontage und im Reparaturwesen, in der Bedienung von Werkzeug- und Arbeitsmaschinen sowie technischer Geräte zu vermitteln, die in allen Wirtschaftszweigen bedeutsam sind. Sie eignen sich elementare Kenntnisse und Fertigkeiten der Planung und Vorbereitung der Arbeit, des Messens und Prüfens, des Arbeits- und Gesundheitsschutzes usw. an und üben sich in der Anwendung mathematischer und na-

---

[4] N. K. Krupskaja: Über Polytechnik. In: N. K. Krupskaja: Sozialistische Pädagogik. Bd. II, Volk und Wissen Volkseigener Verlag, Berlin 1966, S. 213.

turwissenschaftlicher Kenntnisse bei der Lösung produktiver Arbeitsaufgaben. Gleichzeitig erwerben die Schüler einige Grundkenntnisse auf den Gebieten der Technologie, der Maschinenkunde, der Elektrotechnik und Elektronik, der Ökonomie und Arbeitsorganisation im sozialistischen Produktionsbetrieb sowie grundlegende Fertigkeiten in der Anfertigung und im Gebrauch technischer Zeichnungen.

Auf diese Weise vermittelt die Schule im polytechnischen Unterricht solche grundlegenden Arbeitskenntnisse und Arbeitsfertigkeiten, die für etwa 80 Prozent aller Berufe in unserer Volkswirtschaft Vorleistungen darstellen.

Wir können einschätzen, daß es dabei gute Ergebnisse gibt. Aber auch hier steht das Problem auf der Tagesordnung, eine höhere Qualität zu erreichen. So ist es zum Beispiel notwendig, den Unterricht in der Produktion noch wirkungsvoller mit dem mathematischen, naturwissenschaftlichen und gesellschaftswissenschaftlichen Unterricht zu verbinden, das Zusammenwirken der Lehrer der polytechnischen Unterrichtsfächer mit denen des natur- und gesellschaftswissenschaftlichen Unterrichts inhaltlich noch enger zu gestalten.

Die Konzeption unseres polytechnischen Unterrichts war und ist nur im engen Zusammenwirken unserer allgemeinbildenden Schule mit den sozialistischen Betrieben zu realisieren. Nur die Betriebe verfügen über die erforderlichen Fachleute, Produktionsmittel und Arbeitsplätze für eine moderne, direkt mit der Produktionspraxis verbundene Ausbildung der Schüler. Deshalb orientierte unsere Partei von Anfang an auf eine enge Zusammenarbeit von Schule und Betrieb bei der praktischen Durchführung des polytechnischen Unterrichts. Entscheidend für diese Orientierung war, daß sich ein solches Zusammenwirken von Schule und Betrieb als ein hervorragender Weg für die unmittelbare Einflußnahme der Arbeiterklasse auf die Erziehung der heranwachsenden Generation erwies.

Als wir Ende der fünfziger Jahre in unserem Lande darangingen, die Verbindung von Unterricht und produktiver Arbeit zu verwirklichen, nutzten wir die zahlreichen Lehrwerkstätten und Berufsschulen in den Betrieben, das gesamte System der Berufsausbildung.

Heute lernen und arbeiten alle Schüler der oberen Klassen im Rahmen ihres polytechnischen Unterrichts einmal wöchentlich oder im 14tägigen Rhythmus in den Betrieben. Während die Schüler der Klassen 7 und 8 vorwiegend in den Lehrwerkstätten der Betriebe tätig sind, arbeiten die Schüler der Klassen 9 und 10 unmittelbar in der Produktion. In diesem Schuljahr sind beispielsweise rund 80 Prozent unmittelbar in Produktionsabteilungen der Betriebe tätig. Eine weitere Form ist die Ausbildung in polytechnischen Zentren, die von den Betrieben geschaffen wurden und in denen die Schüler ebenfalls im Rahmen betrieblicher Produktionspläne arbeiten. Die Betriebe haben diese Zentren mit den erforderlichen Maschinen und anderen Produktionsmitteln ausgerüstet, sie stellen das notwendige Material bereit und übernehmen auch die Betreuung der Schüler während der produktiven Arbeit durch Betriebsangehörige. Kleinere Betriebe haben sich zu Ausbildungsgemeinschaften zusammengeschlossen und gemeinsam solche polytechnischen Zentren errichtet. Die Verantwortung der Betriebe für die personelle und materielle Sicherung der produktiven Arbeit der Schüler ist gesetzlich geregelt.

In den Rahmenlehrplänen für die produktive Arbeit ist ausgewiesen, wie die allgemeinen Arbeitskenntnisse, Arbeitsfähigkeiten und Arbeitsfertigkeiten unter den differenzierten Bedingungen der Metallverarbeitung und der Elektrotechnik, des Bauwesens, der chemischen Industrie, der Landwirtschaft und Landtechnik, der holz- und lederverarbeitenden Industrie, der Textil- und Bekleidungsindustrie vermittelt werden können.

Damit der Inhalt dieser Lehrpläne nicht hinter den gesellschaftlichen Erfordernissen zurückbleibt, ist es notwendig, neue Entwicklungstendenzen in der Produktion und der Volkswirtschaft ständig zu analysieren und immer wieder zu prüfen, ob die Arbeitsplätze und Arbeitsaufgaben für die Schüler in den Betrieben sorgfältig ausgewählt sind, ob sie den Anforderungen der Lehrpläne entsprechen, da sich bekanntlich im Laufe der Zeit die technischen und technologischen Produktionsbedingungen verändern und auch das Leistungsniveau der Schüler wächst. Bei der Auswahl dieser Arbeitsplätze in den Betrieben ist vor allem zu berücksichtigen, daß die Schüler die Möglichkeit haben müssen, solche Arbeitstätigkeiten zu verrichten, die sie zum selbständigen Arbeiten, zur Wahrnehmung eigener Verantwortung für ihre Arbeit befähigen. Ein sehr wesentliches, aber nicht einfach zu lösendes Problem ist dabei, die Schüler noch direkter mit den Anforderungen des wissenschaftlich-technischen Fortschritts zu konfrontieren. Denn wir müssen schließlich die Generation, die wir gegenwärtig erziehen, konkret fordern, sich den wissenschaftlich-technischen Problemen zu stellen, selbst verändern zu helfen, nach effektiveren Lösungen zu suchen.

Obgleich wir in den fünfziger Jahren, als wir mit der Verwirklichung der Verbindung vom Unterricht und produktiver Arbeit begannen, von relativ günstigen Bedingungen ausgehen konnten, gab es nicht wenige Probleme. Viele ideologische Fragen mußten geklärt werden. Beispielsweise waren manche Wirtschaftsfunktionäre zunächst der Ansicht, daß die Planmäßigkeit des Produktionsablaufs gestört würde, wenn die Schüler in die Betriebe kämen. Andere meinten, die Arbeiter hätten nicht die pädagogischen Voraussetzungen, um mit den Schülern zu arbeiten. In vielen Betrieben mußten durch materielle Aufwendungen erst die erforderlichen Bedingungen für eine qualifizierte Ausbildung der Schüler geschaffen werden. Und es war auch notwendig, sich mit gegnerischen Auffassungen von angeblicher Kinderarbeit und mit solchen Argumenten auseinanderzusetzen wie zum Beispiel, daß die Schüler durch die produktive Arbeit den Produktionsplan des Betriebes erfüllen helfen müßten.

Heute haben die Funktionäre der Betriebe und der wirtschaftsleitenden Organe, die Arbeiter und Genossenschaftsbauern die polytechnische Ausbildung der Schüler im Betrieb zu ihrer ureigensten Sache gemacht. Hervorragende Arbeiter und Genossenschaftsbauern vermitteln der heranwachsenden Generation ihre politischen und Arbeitserfahrungen, wecken ihr Verständnis dafür, daß die Arbeit Grundlage für die Entwicklung der Gesellschaft wie auch für das persönliche

Glück jedes einzelnen ist. Die Mitwirkung Zehntausender Werktätiger bei der theoretischen und praktischen Ausbildung der Schüler im Betrieb ist getragen von der Erkenntnis, daß dies von hervorragender Bedeutung für die kommunistische Erziehung unserer Jugend ist. Die Tatsache, daß Wirtschaftsfunktionäre, Arbeiter, Meister, Ingenieure, Genossenschaftsbauern gemeinsam mit Pädagogen mit hohem Verantwortungsbewußtsein, viel Liebe und Verständnis, mit großer Sachkenntnis an dieser Aufgabe wirken, ist das Ergebnis der zielstrebigen politisch-ideologischen Arbeit unserer Partei, der Parteimitglieder, der Parteiorganisationen in den Betrieben, Schulen und Territorien.

Die Mitarbeiter der Volksbildungsorgane, die Lehrer und Erzieher stehen jetzt vor der Aufgabe, die großen erzieherischen Möglichkeiten, die in der produktiven Arbeit unserer Schüler in den Betrieben liegen, voll auszuschöpfen, sie noch wirksamer für die Erziehung zu einer hohen Arbeitsmoral, für die Herausbildung solcher charakterlichen Eigenschaften zu nutzen wie Ausdauer, Disziplin, Selbständigkeit, Initiative, Schöpfertum, Verantwortung für das Ganze und Selbstlosigkeit, für die Entwicklung ihres Willens, eine Sache bis zu Ende zu führen, Geduld aufzubringen, eine Arbeit verantwortungsbewußt auszuführen. Es hat sich für die Erziehung als sehr wertvoll erwiesen, daß die Produktion der Schüler voll in den Betriebsplan einbezogen ist. Dadurch lernen sie die Arbeit unter realen Produktionsbedingungen kennen und erwerben konkrete, realistische Vorstellungen vom Inhalt volkswirtschaftlich wichtiger Berufe. Die Erfahrung zeigt, daß die produktive Arbeit dann von hoher erzieherischer Wirksamkeit ist, wenn die Schüler konkrete, abrechenbare Aufgaben aus den Plänen der Betriebe erhalten, wenn ihnen persönliche und kollektive Verantwortung für die Leitung, Vorbereitung, Durchführung und Abrechnung ihrer Produktion übertragen wird, wenn alle Möglichkeiten genutzt werden, sie in das Geschehen im Betrieb einzubeziehen.

Von hoher erzieherischer Wirksamkeit erweist sich der Arbeitswettbewerb der Schüler im polytechnischen Unterricht, der unter erzieherischer Sicht nach solchen Kriterien gestaltet ist wie Erfüllung des Produktionsplanes, Qualität der eigenen Produktion, sparsamer Umgang mit Material und Energie, schöpferische Aktivität in der Richtung, Verbesserungsvorschläge zu machen, Einhaltung der Bestimmungen des Arbeits- und Gesundheitsschutzes usw. Überall dort, wo dieser Wettbewerb zu einem echten Bewährungs- und Betätigungsfeld der Jugend selbst wird, wo die Jugendorganisation diese Bewegung führt, entwickeln sich hohes Verantwortungsbewußtsein, Freude an der Arbeit und Kollektivität.

Unser IX. Parteitag hob die enge Verbindung unserer Schule mit den Betrieben als einen entscheidenden Vorzug hervor und orientierte darauf, die Verbindung zwischen Produktions- und Schülerkollektiven noch besser für die kommunistische Erziehung der Jugend zu nutzen.

Durch die zehnjährige polytechnische Allgemeinbildung für alle Schüler sind qualitativ neue Voraussetzungen für die Facharbeiterausbildung entstanden, die unmittelbar an unsere zehnklassige allgemeinbildende Oberschule anschließt und im System der Berufsbildung erfolgt.

Die Absolventen unserer zehnklassigen allgemeinbildenden polytechnischen Oberschule haben vier Jahre Gelegenheit gehabt, sich im polytechnischen Unterricht mit der Arbeit in einem sozialistischen Produktionsbetrieb der Industrie, des Bauwesens oder der Landwirtschaft vertraut zu machen, an der Seite qualifizierter, lebenserfahrener Arbeiter zu lernen und produktiv tätig zu sein. Rechnet man dazu noch ihre freiwillige gesellschaftlich nützliche Arbeit während der Ferien, in den Lagern der Arbeit und Erholung, ihre Teilnahme an der Bewegung der Messe der Meister von morgen, ihre Tätigkeit in den Arbeitsgemeinschaften und vergegenwärtigt man sich, was sie dabei an Kenntnissen, Fähigkeiten und Fertigkeiten in der Theorie und in der praktischen Arbeitstätigkeit erworben, welche politischen und sozialen Erfahrungen sie gesammelt haben, so wird deutlich, welchen entscheidenden Beitrag die Arbeitserziehung, die polytechnische Bildung in unserer Schule für die Vorbereitung der Schüler auf die Arbeit zu leisten vermag, wenn wir es verstehen, sie qualitativ noch besser, noch effektiver zu gestalten.

Es ist das Ergebnis der gesamten Arbeit unserer Schule, daß alle Absolventen unserer zehnklassigen polytechnischen Oberschule eine Berufsausbildung aufnehmen – ausgenommen jene, die weiterführende Bildungseinrichtungen besuchen.

Zu Beginn der Klasse 10 entscheiden sich die Schüler für einen Beruf, sie gehen mit einem Lehrvertrag für die Ausbildung als Facharbeiter von unserer Schule ab. Ausgehend von den Vorleistungen der allgemeinbildenden Schule, erreicht die Berufsausbildung heute in wesentlich kürzerer Zeit als früher ein höheres Niveau der Facharbeiterausbildung.

Wir gehen von dem Standpunkt aus, daß sich die Vorbereitung der Schuljugend auf die Arbeit nicht auf diese oder jene Seite der pädagogischen Arbeit beschränken kann, sondern daß die gesamte Bildung und Erziehung in der Schule, eine hohe wissenschaftliche Allgemeinbildung, ein wissenschaftlicher, parteilicher und lebensverbundener Unterricht in allen Fächern, eine vielseitige, den Interessen der jungen Menschen Rechnung tragende, interessante außerunterrichtliche Tätigkeit, also die gesamte Erziehungsarbeit darauf gerichtet sein muß, die heranwachsende Generation gut auf das Leben, die Arbeit vorzubereiten. Vieles bleibt noch zu tun, wenn wir von den Anforderungen ausgehen, die die Gesellschaft unter einer solchen Sicht an die Qualität der Arbeit unserer Schule, ihrer Lehrer stellt.

Mit Optimismus erfüllen wir unseren Auftrag

Schlußwort auf der Konferenz
der Vorschulerziehung der DDR in Neubrandenburg
18. November 1977

Wir sind nun am Ende unserer Beratung, von der man mit Recht sagen kann, daß sie für die weitere Entwicklung der Vorschulerziehung in der Deutschen Demokratischen Republik von großer Bedeutung ist. Sie, die Teilnehmer dieser Konferenz, vertreten fast 53 000 Kindergärtnerinnen. Sie haben die guten Erfahrungen Ihrer Kollektive, deren Probleme und Vorschläge hier zur Diskussion gestellt. Was auf dieser Konferenz an Erkenntnissen und Erfahrungen vermittelt wurde, ist eine pädagogische Schatzkammer – nicht nur für die Vorschulerzieherinnen, sondern für alle Pädagogen, vor allem auch für unsere Unterstufenlehrer. Wie die uns alle bewegenden Fragen beantwortet wurden, das zeugt von der großen Einsatzbereitschaft unserer Kindergärtnerinnen, davon, daß sie mit Sachkenntnis, hohem Verantwortungsbewußtsein und Liebe zu den Kindern ihre tagtägliche Arbeit leisten. Unsere Konferenz demonstrierte überzeugend, wie dies in den Diskussionsbeiträgen zum Ausdruck kam, daß Ziel und Inhalt der Arbeit in unserer Vorschulerziehung mit den Interessen der Millionen Mütter und Väter übereinstimmen. Familie und Kindergärtnerin wissen sich eins in ihrem Wollen, unseren Jüngsten eine glückliche Kindheit zu bereiten, die Kinder gut auf die Schule vorzubereiten. Sie wissen sich eins in ihrer Verantwortung, die Kinder so zu erziehen, daß sie sich in ihrem späteren Leben als Menschen bewähren, die ihr Leben meistern, die zu nützlichen Mitgliedern unserer sozialistischen Gesellschaft heranwachsen, die, indem sie der Gesellschaft nützen, sich selbst nützen.

Wir haben in diesen beiden Tagen Bilanz gezogen, wo wir bei der Verwirklichung der Aufgaben stehen, die uns der IX. Parteitag der Sozialistischen Einheitspartei Deutschlands für die Bildung und Erziehung der jungen Generation gestellt hat. Und wir haben mit berechtigtem Stolz festgestellt: Wir sind gut vorangekommen. Nehmen wir nur folgende Tatsachen: Während bis zum VIII. Parteitag erst 60 Prozent aller Drei- bis Sechsjährigen den Kindergarten besuchten, sind es heute 90 Prozent. Allein seit dem VIII. Parteitag der Sozialistischen Einheitspartei Deutschlands wurden mehr als ein Fünftel aller heute tätigen Kindergärtnerinnen ausgebildet, und die Studienzeit konnte auf drei Jahre verlängert werden. Für die Kinderspeisung in den Vorschuleinrichtungen gibt der Staat heute täglich eine halbe Million Mark aus dem Staatshaushalt aus. Die Eltern entrichten pro Tag dafür einen Unkostenbeitrag von 35 Pfennigen, während im übrigen bei uns die Vorschulerziehung völlig kostenlos ist.

Heute meldete eine BRD-Rundfunkstation unter Bezug auf unsere Konferenz: Der Höchstsatz, den Westberliner Eltern für einen Kindergartenplatz monatlich zu zahlen haben, liegt gegenwärtig bei 190 DM. Dies setzt allerdings ein überdurchschnittliches Einkommen voraus. Immerhin, so stellte der Sender fest, die DDR läßt es sich etwas kosten. Ja, unsere Deutsche Demokratische Republik läßt sich das Wohl der Kinder etwas kosten. Denn das Wohl des Volkes, dem unsere ganze Politik dient, schließt in erster Linie die Sorge um das Wohl unserer Kinder ein. Unsere werktätigen Mütter kamen durch die sozialpolitischen Maßnahmen in den Genuß von Arbeitserleichterungen, und das heißt vor allem auch mehr Zeit für die Kinder und die Familie. Wir freuen uns, daß auch für 14 500 Kindergärtnerinnen, also nahezu für 30 Prozent unserer Vorschulerzieherinnen, diese großzügigen Maßnahmen wirksam wurden. Für alle unsere Kindergärtnerinnen wurden nach dem IX. Parteitag wie für alle übrigen Pädagogen die zusätzliche jährliche Vergütung, eine Arbeitszeitsenkung und eine großzügige Altersversorgung in Kraft gesetzt.

Haben wir die günstigen Bedingungen, die unser Staat geschaffen hat und die letztlich alle dem Wohle unserer Kinder dienen, gut genutzt? Auch hierauf hat die Konferenz eine Antwort gegeben: Ja, es gibt Fortschritte, es gibt gute Ergebnisse in der Arbeit. Tagtäglich bemühen sich unsere Kindergärtnerinnen darum, ihre Arbeit gut zu machen.

Unsere Beratung hat eindrucksvoll den Willen aller in der Vorschulerziehung Beschäftigten, der Betriebe, der Volksvertretungen, des Staatsapparates demonstriert, die Beschlüsse unserer Partei, die Anforderungen an eine hohe Qualität der Arbeit in den Vorschuleinrichtungen und die Schaffung der dazu notwendigen Bedingungen zielstrebig und ideenreich zu erfüllen.

Im Referat wurden die grundlegenden Aufgaben dargelegt. Sie beruhen auf den Erfahrungen der Praxis und den Ergebnissen einer zielstrebigen Arbeit unserer Wissenschaftler. Es handelt sich um Aufgaben, die für eine längere Zeit Gültigkeit haben, die es jedoch in jeder Einrichtung, ausgehend von der konkreten Einschätzung des erreichten Standes in der Arbeit, schon morgen zielstrebig in Angriff zu nehmen gilt. Die in der Aussprache dargelegten Ergebnisse und Erfahrungen, die wohlüberlegten Vorstellungen und Vorschläge für die weitere Arbeit, die Offenheit, mit der Unzulänglichkeiten und Hemmnisse kritisiert wurden – das alles zeugt vom Verantwortungsbewußtsein, von der Bereitschaft der Pädagogenkollektive in unseren Kindergärten, die vor uns stehenden Aufgaben, die uns gewiß nicht wenig abverlangen, gut zu lösen.

Unsere Konferenz hat deutlich gemacht: Es geht nicht um neue Aufgaben, Inhalte, Formen oder Strukturen; es geht um höhere Ansprüche an die Qualität unserer Arbeit. Es geht darum, die Vorzüge unserer sozialistischen Gesellschaft, unsere sozialistische Vorschulerziehung im Interesse der gesunden, allseitigen Entwicklung der Kinder der Werktätigen voll zu nutzen. Die körperlichen, geistigen und sittlichen Kräfte der Kinder im Kollektiv zu entwickeln, ihre individuellen Fähigkeiten zu fördern, der Entwicklung des Denkvermögens, der sprachlichen Aktivität größere Aufmerksamkeit zu widmen, den Kindern elementare Kenntnisse zu vermitteln, und dies nicht nur in den Beschäftigungen, das verlangt eine wohldurchdachte Gestaltung des gesamten pädagogischen Prozesses, der auf eine aktive Auseinandersetzung mit der Umwelt, auf eine aktive Aneignung durch die Tätigkeit der Kinder gerichtet sein muß.

Wenn hier höhere Anforderungen an die sittliche Erziehung gestellt wurden, so deshalb, weil die Herausbildung der kommunistischen Moral eben bereits bei unseren Kleinsten beginnt, mit der Erziehung zu Gewohnheiten und Verhaltensweisen und der Herausbildung solcher Charakterzüge wie Bescheidenheit, Ordnungsliebe und Diszipliniertheit sowie der Fähigkeiten und des Willens der Kinder, Nützliches im Interesse des ganzen Kollektivs zu leisten. Weil wir wissen, daß gerade im Vorschulalter die ästhetische Empfindsamkeit nachhaltig geprägt wird, deshalb haben wir die Aufmerksamkeit darauf gerichtet, die künstlerische Betätigung noch besser für die Bereicherung der geistigen Welt des Kindes, die Entwicklung der kindlichen Vorstellungskraft und Phantasie zu nutzen. Mit noch größerer Konsequenz müssen wir die Gesundheitserziehung im Kindergarten beachten, um das Wohlbefinden und die Entwicklung der körperlichen Leistungsfähigkeit der Kinder noch besser zu gewährleisten. Das alles sind keine neuen Aufgaben, aber es gilt, sie jetzt und künftig in noch höherer Qualität zu lösen. Das ergibt sich folgerichtig aus den wachsenden gesellschaftlichen Anforderungen und unseren gewachsenen Möglichkeiten.

Es geht also um die weitere Erhöhung des Niveaus der pädagogischen Arbeit, die letztlich darauf gerichtet ist, bereits im Kindergarten eine harmonische Entwicklung aller Seiten der kindlichen Persönlichkeit zu gewährleisten. Nur so kann unsere Vorschulerziehung ihre Aufgabe erfüllen, die Kinder gut auf die Schule vorzubereiten. Eine auf dieses Ziel gerichtete Arbeit in den Kindergärten schafft günstige Bedingungen für die Bildung und Erziehung der Kinder in der Unterstufe und stellt zugleich auch hohe Ansprüche an die Qualität der Arbeit unserer Unterstufe.

Wir müssen in allen Kollektiven nach dieser Konferenz nachdenken und prüfen, was konkret zu tun ist, um die pädagogische Arbeit weiter zu verbessern. Nichts, aber auch gar nichts darf in einer Einrichtung, wo Kinder gebildet und erzogen werden, zur Routine werden.

Dies hat Nadeshda Konstantinowna Krupskaja recht überzeugend zum Ausdruck gebracht, als sie forderte:

„Man muß ... die Kinder gut kennen und wissen, was sie interessiert, was ihnen Freude macht, was sie ermüdet und was sie kränkt. Man muß sich an ihre Stelle versetzen, in ihre Haut schlüpfen können ... man muß die *Kinder* kennen und *verstehen.* Nur wenn das der Fall ist, kann man sie mit echter mütterlicher Fürsorge umgeben und glücklich machen."[1]

In unserer sozialistischen Gesellschaft Erzieher zu sein ist deshalb ein so hoher Anspruch, weil von seinem Tun, davon, was er den Kindern gibt auf ihrem Weg ins Leben, maßgeblich die Zukunft mitbestimmt wird. In unserer Gesellschaft Erzieher zu sein, in dieser Gesellschaft zu leben, Kinder in dieser und für diese Gesellschaft zu erziehen ist zugleich deshalb so beglückend, weil, wie Leonid Iljitsch Breshnew anläßlich des 60. Jahrestages der Großen Sozialistischen Oktoberrevolution so treffend zum Ausdruck brachte, keine andere Gesellschaft, die es je auf der Erde gab, für die Volksmassen, für die Werktätigen – und, lassen Sie mich hinzufügen, für die Kinder – so viel getan hat wie der Sozialismus. Der Sozialismus, das ist die Gesellschaft, in der der Mensch entsprechend seinen Neigungen und Fähigkeiten seinen Lebensweg wählen und dem Vaterland, seinem Volk nützlich sein kann. Die sozialistische Gesellschaft wacht über die Interessen und Rechte des Menschen, sie schützt seine Menschenwürde.

Nur in einer solchen wahrhaft humanistischen Gesellschaft, wie es die sozialistische Gesellschaft ist, ist wahrhaft humanistische Erziehung möglich, nur hier konnte sie zur realen Wirklichkeit werden. Wo anders als im Sozialismus gibt es die gesellschaftlichen Bedingungen für die Erziehung der Kinder zu moralischer und charakterlicher Sauberkeit?

Die imperialistische Gesellschaft ist zutiefst kinderfeindlich. Das liegt im Wesen des Imperialismus, denn in einer Gesellschaft, die auf der Ausbeutung beruht, herrscht nun einmal das Wolfsgesetz: Jeder ist sich selbst der Nächste. Brutalität, Kriminalität, die in erschreckender Weise zunehmend um sich greifen – und das, vergegenwärtigen wir uns dies stets, in unserer unmittelbaren Nachbarschaft, in der BRD! –, sind das gesellschaftliche Klima, in dem die Kinder in dieser alten, untergehenden Welt aufwachsen. Wie schwer ist es für die Mütter und Väter, für anständige Pädagogen, unter solchen Bedingungen Kinder großzuziehen!

Bei uns weiß jede Mutter, jeder Vater, jeder Erzieher: Hierzulande wird alles getan, damit die Kinder gesund und glücklich heranwachsen, damit sich ihre Fähigkeiten, ihre Persönlichkeit entwickeln können. Hierzulande ist das Recht auf Bildung, auf Beruf und Arbeit, auf soziale Sicherheit garantiert. Das sind Tatsachen, das ist die einfache Wahrheit, die man in der alten Welt krampfhaft zu verschweigen, zu verdrehen, zu entstellen versucht.

Unsere Gegner können zwar schon nicht mehr umhin, die Vorschulerziehung in der DDR als etwas „Bemerkenswertes" anzuerkennen; zugleich aber geifern sie – und Sie werden es sehen, das wird auch das Echo auf unsere Konferenz sein: In der DDR werden die Kinder schon im Kindergarten politisch erzogen, der Staat

---

[1] N. K. Krupskaja: Bemerkungen zu Materialien über die Vorschulerziehung. In: N. K. Krupskaja: Sozialistische Pädagogik. Eine Auswahl aus Schriften, Reden und Briefen. Bd. IV, Volk und Wissen Volkseigener Verlag, Berlin 1967, S. 80 f.

entzieht den Eltern den Einfluß auf die Erziehung der Kinder usw. Ja, wir erziehen die Kinder von klein an zur sozialistischen Moral. Das ist eine Moral, die der verlogenen, heuchlerischen bürgerlichen Moral entgegengesetzt, ihr haushoch überlegen ist. Denn Erziehung zur sozialistischen Moral, das ist die Erziehung zur Liebe zu einem Vaterland, in dem die Väter und Mütter, die Werktätigen zum Wohle des Volkes die Macht ausüben. Das ist eine Erziehung zur Achtung vor den Menschen, vor ihrer Arbeit, zur Achtung vor dem Leben. Das ist eine Erziehung im Geiste der gegenseitigen Achtung, der Wahrheitsliebe. Das ist eine Erziehung zu wahrhaft menschlichen Eigenschaften.

Es geht nicht in die Köpfe gewisser Leute, daß in unserem Staat, in dem die Arbeiterklasse gemeinsam mit allen Werktätigen die Macht ausübt, die Interessen des Volkes mit denen des Staates übereinstimmen, daß im Sozialismus infolgedessen die Eltern und der Staat gemeinsame Ziele und Interessen bei der Erziehung der Kinder verfolgen.

Unser Kindergarten ist als Bestandteil des einheitlichen sozialistischen Bildungswesens eine staatliche Einrichtung, in die die Kinder aufgenommen werden, deren Eltern es wünschen. Woraus erwächst nun das Bedürfnis der Eltern nach Aufnahme ihrer Kinder in den Kindergarten? Es erwächst aus dem Bewußtsein, daß die Bildung und Erziehung im Kindergarten unverzichtbar geworden ist für die harmonische Entwicklung der Kinder. Denn der Kindergarten vermag den Kindern etwas Unersetzbares zu geben, nämlich das Leben und Tätigsein im gleichaltrigen Kinderkollektiv, der Gruppe im Kindergarten. Hier hat das Kind Erlebnisse, sammelt es soziale Erfahrungen, und spielend lernt es, sich mit seiner Umwelt unter pädagogischer Anleitung auseinanderzusetzen.

Das zutiefst humanistische Wesen unserer sozialistischen Ordnung prägt maßgeblich die Einstellung der Menschen zum Kind. Es ist das Anliegen des einzelnen wie der ganzen Gesellschaft, für die gesunde, allseitige Entwicklung der Kinder zu sorgen. Unsere Gesellschaft, unser Staat sind ihrem Charakter nach zutiefst kinderfreundlich. Die immer umfassender werdende staatsbürgerliche Verantwortung der Werktätigen zeigt sich im wachsenden Verantwortungsbewußtsein für die Erziehung der eigenen Kinder und für die Schaffung immer günstigerer Bedingungen für das Heranwachsen aller Kinder. Die tiefgreifenden sozialen und geistig-kulturellen Wandlungen im Leben unserer Gesellschaft spiegeln sich nicht zuletzt in den Familien wider. Die Verbesserung der Arbeits- und Lebensbedingungen, die auch auf die Erweiterung der Freizeit gerichtet sind, das ständig wachsende geistige und kulturelle Niveau schaffen immer bessere Möglichkeiten für das Familienleben, für ein gutes Erziehungsklima.

Die Verantwortung für die Erziehung der Kinder nimmt der Staat den Eltern nicht ab. Vater und Mutter tragen die entscheidende Verantwortung für die Erziehung. Schließlich übt die Familie den nachhaltigsten Einfluß auf das Kind aus. Der Umgang mit Eltern und Geschwistern, ihre Vorbildwirkung prägen maßgeblich die kindliche Persönlichkeit. Das schmälert nicht die Verantwortung unserer Erziehungseinrichtungen, im Gegenteil. Die Eltern vertrauen uns ihre Kinder an.

Dieses Vertrauen müssen wir rechtfertigen. Erziehung in der Familie und die Möglichkeit der Erziehung im Kindergarten – das sind, und daran sollten wir denken, wenn uns der Alltag manchmal Sorgen macht, Bedingungen für eine Kindererziehung, von der Generationen vor uns nur zu träumen wagten.

Diese Bedingungen, diese Vorzüge müssen natürlich richtig genutzt werden, und gerade darum geht es auf dieser Konferenz. Wir wissen, das Leben verläuft nicht einfach und konfliktlos, ohne Widersprüche. Das ist nicht außergewöhnlich. Die tägliche Arbeit ist noch mit Mängeln behaftet, es zeigen sich immer erneut Probleme, die ihrer Lösung harren. Das ist normal. So ist es zum Beispiel nicht immer bequem, daß die Eltern hohe Ansprüche an die pädagogische Arbeit im Kindergarten stellen, aber es ist gut, daß es ihnen nicht gleichgültig ist, wie sich ihre Kinder entwickeln, daß sie unzufrieden sind, wenn im Kindergarten nicht genügend für Ordnung und Stetigkeit gesorgt ist, wenn Unruhe, Nervosität herrschen. Ebenso normal ist es, wenn die Kindergärtnerin sich nicht gleichgültig der Tatsache gegenüber verhält, daß manche Eltern ihre Erziehungspflicht noch nicht ernst genug nehmen oder die Kinder aus blinder Liebe zu kleinen Egoisten erziehen. Das alles gibt es; schließlich ist die Erziehung der Jüngsten nicht gerade die einfachste Sache der Welt. Entscheidend ist, wie Kindergärtnerin und Elternhaus zusammenarbeiten. Entscheidend ist, immer vom Standpunkt der gemeinsamen Verantwortung auszugehen, Verständnis füreinander aufzubringen, taktvoll miteinander umzugehen. So ist zum Beispiel ein Lob für das Kind – hin und wieder, am Abend oder am Morgen – für Mütter und Väter ebenso eine große Freude, wie ein kleines Dankeschön für die Kindergärtnerin manche Mühe lohnt; denn auch sie hat ja nach getaner Arbeit im Kindergarten in der Regel eigene Kinder, eine Familie und einen Haushalt zu versorgen.

Die tagtägliche Arbeit in den Kindergärten und vor allem auch diese Konferenz zeigen, daß unsere Vorschulerzieherinnen sich ihrer großen Verantwortung bewußt sind, unsere Kinder für eine glückliche kommunistische Zukunft zu erziehen. Und dies erfordert nicht zuletzt Wissen und Verstehen der großen politischen, gesellschaftlichen Fragen unserer Zeit. Denn schließlich hängt von der Persönlichkeit des Pädagogen, von seiner politischen Haltung, seinem Wissen und Können, den pädagogischen Fähigkeiten, seiner Liebe zu den Kindern, seinem Bildungs- und Kulturniveau die Wirksamkeit der Erziehung entscheidend ab.

Neben langjährig tätigen, erfahrenen Kindergärtnerinnen, die mit den Grundstein für unsere sozialistische Vorschulerziehung legten, arbeitet heute eine ganze Armee junger, in unseren Pädagogischen Schulen ausgebildeter Erzieherinnen. Sie sind Kinder unserer nun fast 30 Jahre alten Deutschen Demokratischen Republik, sie sind im Sozialismus aufgewachsen, und für sie sind, wie inzwischen auch für uns, die Errungenschaften unserer Republik schon eine Selbstverständlichkeit.

Wir alle empfinden es als Glück, daß unsere Kinder in der sozialistischen Deutschen Demokratischen Republik aufwachsen, und wir sind gewillt, alles zu tun, um die tiefe Liebe zu unserem sozialistischen Vaterland in ihre Herzen zu pflanzen. Aber nur im Wissen um die Leistungen und Errungenschaften in unserem Staat, nur im Wissen darum, daß das Entstehen und Werden unserer Deutschen Demokratischen Republik ein langer geschichtlicher Prozeß war, daß alles im harten Kampf errungen werden mußte, werden wir es vermögen, die Kinder zur Achtung all dessen zu erziehen, was die Arbeiterklasse unter Führung ihrer Partei, was die Werktätigen, auch ihre Mütter und Väter, in den vergangenen drei Jahrzehnten geschaffen haben.

Die Geschichte der Deutschen Demokratischen Republik ist die Geschichte von Generationen, die unter der Führung der marxistisch-leninistischen Partei von Jahrfünft zu Jahrfünft unsere Republik zu einem Land entwickelt haben, das sich durch eine hohe Leistungsfähigkeit der Volkswirtschaft auszeichnet, in dem das Wohl der Arbeiterklasse und aller Werktätigen oberstes Gebot der Politik ist.

Die Verbundenheit zu unserer Deutschen Demokratischen Republik, der Stolz auf unser sozialistisches Vaterland erwächst nicht zuletzt auch aus der Tatsache, daß unsere Republik vom schweren Anfang bis zum heutigen Tag allen Angriffen und aggressiven Bestrebungen des Imperialismus widerstanden hat. Der westdeutsche Imperialismus hat zu keinem Zeitpunkt das Ziel aufgegeben, die Deutsche Demokratische Republik zu beseitigen und damit das Tor zum Zurückrollen des Sozialismus in Europa zu öffnen. Das ist ihm nicht gelungen, und das wird ihm auch künftig nicht gelingen. Wir gehen unseren guten sozialistischen Weg, den bewährten Kurs des VIII. und IX. Parteitages der Sozialistischen Einheitspartei Deutschlands, weiter, der zutiefst den Interessen der Arbeiterklasse und aller Werktätigen entspricht und der deshalb die tatkräftige Unterstützung des ganzen Volkes findet. Unsere Verantwortung besteht darin, die Deutsche Demokratische Republik stabil zu entwickeln, sie zu festigen und gegen alle Angriffe zu schützen. Das sind wir der Zukunft unserer Kinder schuldig.

Unsere Liebe zu unserem Vaterland, der Deutschen Demokratischen Republik, erwächst aus der Erkenntnis, daß sie alle revolutionären und humanistischen Traditionen des deutschen Volkes verkörpert. Sie erwächst aus der Gewißheit und der Erfahrung, daß in unserem Staat die weltverändernden Ideen von Karl Marx und Friedrich Engels, die Ziele August Bebels und Wilhelm Liebknechts, Karl Liebknechts, Rosa Luxemburgs und Ernst Thälmanns Wirklichkeit sind.

Wenn es jemals eines Beweises bedurft hätte, daß es nur einen deutschen Staat gibt, in dem die Vergangenheit bewältigt wurde, so liegt er vor aller Welt auf der Hand: Während in der BRD der Neofaschismus sein unheilvolles Wesen treibt, wächst in unserer Deutschen Demokratischen Republik eine Jugend heran, die sich zutiefst dem Vermächtnis der antifaschistischen Widerstandskämpfer verpflichtet fühlt. Während in der BRD die heranwachsende Generation mit dem Geist des Antikommunismus, des Antisowjetismus vergiftet wird, fühlt sich die Jugend der Deutschen Demokratischen Republik zutiefst verbunden mit den Völkern der Sowjetunion, die als erste auf unserem Planeten den Weg in eine neue Gesellschaft ebneten, mit jenen, die für die Befreiung der Völker und vor allem auch des deutschen Volkes vom Faschismus ihr Blut und ihr Leben gaben.

Sozialistischer Patriotismus, Liebe zur Deutschen Demokratischen Republik sind nicht denkbar ohne die Aneignung all dessen, was die Menschheit auf ihrem historischen Weg an progressiven Erkenntnissen, Erfahrungen und Leistungen im Kampf um ein menschenwürdiges Leben, um den Sozialismus hervorgebracht hat. Das Wissen um die großen revolutionären Leistungen, um das Werden und Wachsen unserer Republik ist eine wichtige Quelle für die aktive Mitwirkung an der weiteren Gestaltung unserer sozialistischen Gesellschaft. Es ist zugleich Voraussetzung, um in der politischen und geistigen Auseinandersetzung, im Kampf unserer Tage den richtigen Platz zu finden. Und nur mit dem Wissen um den historischen Weg, den unser Volk gegangen ist, werden unsere Pädagogen in der Lage sein, unsere Jüngsten zu Menschen zu erziehen, die ihre Heimat lieben, denen die Freundschaft zu allen Völkern unserer sozialistischen Gemeinschaft, vor allem zu den Völkern der Sowjetunion, ein tiefes Bedürfnis ist.

Dank der Existenz des realen Sozialismus können wir unsere Arbeit in einer nun schon mehr als 30 Jahre währenden Periode des Friedens in Europa verrichten. Das ist ein unwiderlegbarer Beweis des veränderten Kräfteverhältnisses. Uns erst ist es möglich, das zutiefst humanistische Anliegen des pädagogischen Berufes, die Kinder für das Leben zu rüsten, wirklich zu erfüllen.

Nur dem Sozialismus, der mit den siegreichen Tagen des Roten Oktober in Rußland vor 60 Jahren seinen Ausgangspunkt fand und sich seitdem zu einem mächtigen, die Entwicklung auf unserem Erdball und die Zukunft aller Völker bestimmenden Weltsystem entwickelt hat, ist es zu verdanken, daß in unserer von Spannungen geladenen Zeit, trotz aller Machenschaften der Imperialisten, der Frieden erhalten und gefestigt werden konnte. Die wachsende Kraft und Stärke des Sozialismus war und ist es, durch die es gelang, die gefährliche Konfrontation zwischen den beiden Gesellschaftssystemen in der heutigen Welt abzubauen, bedeutende Ergebnisse in der Entspannung der internationalen Lage zu erreichen und die Politik der friedlichen Koexistenz von Staaten unterschiedlicher Gesellschaftsordnung immer umfassender durchzusetzen. Nichts ist uns dabei in den Schoß gefallen; jeder Schritt auf diesem Wege mußte den Imperialisten in einem beharrlichen, harten Kampf abgerungen werden. Und auch fernerhin bedarf es tagtäglich neuer Anstrengungen, nicht nachlassender Bemühungen der Völker, damit der Friede sicherer, die Entspannung schließlich unumkehrbar wird.

Der aktive Kampf der Völker um den Frieden ist gerade in unseren Tagen um so notwendiger, weil die aggressiven Kreise des Imperialismus ihre Aktivitäten verstärken, um der Offensive der Kräfte des Friedens mit einer Politik der verstärkten Rüstung, der Ermunterung neonazistischer und revanchistischer Kräfte, der verschärften antikommunistischen Hetze zu begegnen. Besonders deutlich zeigt sich das an der jüngsten politischen Entwicklung in der BRD. Die Ausgaben des Staatshaushaltes in den imperialistischen Staaten, darunter in der BRD, für militärische Zwecke steigen ins Unermeßliche – und dies nicht zuletzt auf Kosten der Mittel für Bildung, Gesundheitswesen und andere soziale Zwecke. Diese Entwicklung hat manchen, die bisher noch die Illusion besaßen, der Imperialismus sei heute, nach Helsinki, und erst recht nicht in der BRD, nicht mehr so gefährlich, die Augen geöffnet. Die Tatsachen zeigen: Der Imperialismus ist nach wie vor aggressiv; am Wesen dieser Gesellschaftsordnung hat sich nichts geändert.

In der Tat – die forcierte Aufrüstung des Imperialismus ist besorgniserregend. Deshalb ist es die allerwichtigste und vordringlichste Aufgabe, das Wettrüsten einzustellen. Eingedenk des Vermächtnisses, das uns der Begründer des Sowjetstaates, Wladimir Iljitsch Lenin, hinterlassen hat, den Völkern den Frieden zu bewahren, unterbreitete Genosse Breshnew am 60. Jahrestag der Oktoberrevolution den Vorschlag der Sowjetunion, die gleichzeitige Einstellung der Produktion von Kernwaffen durch alle Staaten zu vereinbaren. Das entspricht dem Willen der Völker, die im Frieden leben wollen. Er spricht uns allen aus dem Herzen, die wir uns der friedlichen Erziehung der Kinder verpflichtet fühlen.

Es überrascht nicht, daß angesichts der Fortschritte bei der Entspannung in der Welt, im Kampf um Frieden und Sicherheit die Aggressivität der reaktionärsten Kräfte des Imperialismus immer offener zutage tritt. Wir wissen, daß dies bei aller Gefährlichkeit kein Ausdruck wachsender Stärke des imperialistischen Systems ist. Es ist Ausdruck des Bemühens, dem sich ständig zu unseren Gunsten weiter verändernden internationalen Kräfteverhältnis, der zunehmenden Anziehungskraft der Ideen des realen Sozialismus auf die Massen in jenen Ländern, die heute noch nicht wie wir in das neue Zeitalter der Menschheitsgeschichte eingetreten sind, der wachsenden politischen, ökonomischen und militärischen Kraft der Länder unserer sozialistischen Gemeinschaft zu begegnen. Es ist nichts anderes als der Versuch, den weiteren Vormarsch des Sozialismus und den eigenen gesetzmäßigen Niedergang aufzuhalten.

Die sechzigjährige Entwicklung der Sowjetunion und die drei Jahrzehnte sozialistischen Aufbaus in der Deutschen Demokratischen Republik und in den anderen Ländern unserer sozialistischen Gemeinschaft haben anschaulich bewiesen, daß nur der Sozialismus imstande ist, die grundlegenden Probleme der Menschheit zu lösen. Während das von Krisen und inneren Widersprüchen zerrüttete kapitalistische System die Produktivkräfte massenhaft brachlegt, setzt der Sozialismus, indem er die Arbeit von den Fesseln der Ausbeutung befreit, alle produktiven Kräfte im Interesse der Gesellschaft, im Interesse der Menschen frei. Und auf diesem Wege, den heute schon Hunderte Millionen Menschen gehen, wird, das ist eine unumstößliche Gesetzmäßigkeit, in nicht allzu ferner Zukunft die ganze Menschheit voranschreiten.

Unsere Konferenz hat sichtbar gemacht, daß jeder Schritt bei der Entwicklung unserer Vorschulerziehung von dem humanistischen Ziel bestimmt war und bestimmt ist, unseren Jüngsten eine erfüllte Kindheit, eine glückliche Zukunft zu gewährleisten. Unter dieser Sicht haben wir alle Bedingungen geschaffen, die für eine erfolgreiche Arbeit erforderlich sind.

Unsere Vorschulerziehung ist ein großartiges Resultat des Sozialismus. Was Friedrich Fröbel vor mehr als 130 Jahren als Idealzustand harmonischer Erziehung im allgemeinen Kindergarten als Glied der allgemeinen Volkserziehung vorschwebte, das wird erstmalig in unserer Deutschen Demokratischen Republik reale Wirklichkeit.

Es ist Ausdruck der Fürsorge unserer Gesellschaft, daß wir für alle Kinder vom dritten Lebensjahr an einen systematischen, kontinuierlichen Weg der Bildung und Erziehung aufgebaut haben. Unser Kindergarten ist die erste Stufe dieses Entwicklungsweges. Er bereitet die Kinder in der Gemeinschaft Gleichaltriger auf das Lernen in der Schule vor. Unsere Gesellschaft verwirklicht erstmalig für alle Kinder eine vorschulische Bildung und Erziehung. Das ist eine gewaltige, auf die Zukunft gerichtete materielle und geistige Investition, die die Gesellschaft im Interesse jedes einzelnen Kindes vornimmt. In der Geschichte unseres Volkes ist damit ein Bildungsweg verwirklicht, der voll und ganz das gleiche Recht auf Bildung für alle garantiert.

Unser Kindergarten hat – wie unser sozialistisches Bildungssystem überhaupt – einen entscheidenden Anteil an den tiefgreifenden Wandlungen im sozialen und geistig-kulturellen Leben unserer Gesellschaft; ist doch die Erziehung und Betreuung der Kinder berufstätiger und studierender Mütter in den Einrichtungen der Vorschulerziehung von großer Bedeutung für die volle Verwirklichung der Rechte der Frau, für ihre Teilnahme am beruflichen und gesellschaftlichen Leben. Der Kindergarten ist die Voraussetzung für die Berufstätigkeit Hunderttausender Mütter, die ihren Beitrag zur Erfüllung der Hauptaufgabe, zur politischen und ökonomischen Stärkung unseres Staates leisten.

Die Aufgaben sind abgesteckt. Wir haben beraten, wie sie zu realisieren sind. Darüber in allen Kollektiven, bei allen Verantwortlichen das weitere Nachdenken anzuregen – das ist Anliegen unserer Konferenz. Wenn wir alle mit der klaren Sicht für die realen Ergebnisse an die Arbeit gehen, wenn die guten Erfahrungen verallgemeinert werden und sich die Kollektive mit den noch nicht bewältigten Problemen auseinandersetzen, werden wir ein gutes Stück vorankommen.

Höhere Anforderungen ergeben sich künftig vor allem an die Führung des Bildungs- und Erziehungsprozesses durch die Leiterinnen der Kindergärten und durch die verantwortlichen Mitarbeiter der Volksbildungsorgane; aber auch an die Führungstätigkeit der örtlichen Räte und an die Betriebe sind höhere Ansprüche gestellt. Sie alle sind gefordert, die bestmöglichen Bedingungen für eine gedeihliche Entwicklung aller Vorschulkinder zu schaffen und zu gewährleisten, daß jede Kindergärtnerin, jedes Erzieherkollektiv in der politisch-ideologischen und pädagogischen Arbeit, bei der Sicherung der materiellen und personellen Voraussetzungen für eine qualifizierte Arbeit an Ort und Stelle eine wirksame Hilfe erhalten. Das verlangt eine noch gründlichere Kenntnis der konkreten Situation an jeder Einrichtung und eine von gegenseitigem Vertrauen und Prinzipienfestigkeit getragene, auf die Veränderung der Lage gerichtete Tätigkeit aller Leiter. Es gilt, die vielfältigen Initiativen unserer Kindergärtnerinnen zu fördern, ihre Überlegungen, Vorschläge und Hinweise gründlich zu prüfen, all das aufzugreifen, was die Arbeit weiter voranbringen hilft. Wir brauchen überall eine Atmosphäre des ständigen Weiterlernens und Weiterdenkens, des Erfahrungsaustausches, ein gutes Arbeitsklima. Und das wächst nur in einer vertrauensvollen, kritischen und schöpferischen Atmosphäre in den Kollektiven. Dazu gehört Stetigkeit in der Arbeit, die durch eine solide Leitungstätigkeit auf allen Ebenen gesichert werden muß.

Die Vervollkommnung der pädagogischen Arbeit, eine wirksame Führung werden dazu beitragen, daß unsere Kindergärtnerinnen im engen Zusammenwirken mit allen Eltern und allen gesellschaftlichen Kräften ihren Erziehungsauftrag auch weiterhin mit hoher Qualität verwirklichen. Diese Verpflichtung, unsere Arbeit gut zu leisten, soll zugleich unsere Antwort auf den heute veröffentlichten Aufruf zum 30. Jahrestag der Gründung unserer Deutschen Demokratischen Republik sein, der fordert, alles für die Stärkung unseres sozialistischen Vaterlandes, dem unsere Liebe und Treue gehört, einzusetzen, damit unsere Heimat wächst und gedeiht!

Unsere Kindergärtnerinnen und alle, die mit der Arbeit in der Vorschulerziehung verbunden sind, bieten mit ihrem Wissen, ihrem Können, ihrer Einsatzbereitschaft und ihrem Optimismus die Gewähr, daß wir unseren Auftrag gut erfüllen, unsere Kindergärten, wie es so schön in unserem Gesetz über das einheitliche sozialistische Bildungssystem heißt, zu Stätten eines frohen Kinderlebens zu machen, in denen die Kinder in der Gemeinschaft tätig sind, sich gesund entwickeln, ihre körperlichen und geistigen Kräfte, ihre Fähigkeiten entfalten können.

Für das, was Sie auf diesem Wege bereits geleistet haben, sagen wir Ihnen und damit allen Vorschulerzieherinnen unserer Deutschen Demokratischen Republik herzlichen Dank. Für das, was wir uns auf dieser Konferenz gemeinsam vorgenommen haben, wünsche ich uns allen Erfolg.

Für das Wohl aller Kinder dieser Erde

Ansprache auf der konstituierenden Sitzung der Regierungskommission
zum Internationalen Jahr des Kindes in Berlin
31. Mai 1978

Dem Anliegen der Resolution der XXXI. Vollversammlung der Vereinten Nationen entsprechend, das Jahr 1979 zum Internationalen Jahr des Kindes zu erklären, konstituiert sich heute die vom Ministerrat der Deutschen Demokratischen Republik berufene Regierungskommission für die Vorbereitung und Durchführung des Internationalen Jahres des Kindes. Für Ihre Bereitschaft, in diesem Gremium mitzuwirken, möchte ich Ihnen herzlich danken.

Der von der UNO gefaßte Beschluß, das Jahr 1979 zum Internationalen Jahr des Kindes zu erklären, findet die volle Unterstützung der Regierung und des Volkes der Deutschen Demokratischen Republik. Wir verbinden damit die Hoffnung, daß die verschiedenen Aktivitäten in der Welt dazu beitragen mögen, die Rechte der Kinder, wie in der UNO-Deklaration proklamiert, in allen Ländern der Erde zu verwirklichen Wir teilen die tiefe Besorgnis, die in der genannten Resolution der UNO-Vollversammlung zum Ausdruck gebracht wird, daß in weiten Teilen unseres Erdballs die Rechte der Kinder noch immer nicht verwirklicht sind – und dies zwanzig Jahre nach der Annahme dieser Deklaration der Vereinten Nationen.

Es ist eine unanfechtbare Tatsache, daß in den vom Kapital beherrschten Ländern die Kinder unter menschenunwürdigen Bedingungen heranwachsen. Unzählbar sind die Kinder, die Hunger leiden, die gesundheitlicher Fürsorge entbehren, die keinen Zugang zur Bildung haben, in sozialer Unsicherheit leben.

Noch heute müssen Mütter und Väter in ständiger Sorge um das Leben ihrer Kinder bangen, denn es sind nicht zuletzt die Kinder, die unter den Folgen der von imperialistischen Kräften angezettelten Kriege leiden müssen.

Voller Hoffnung blicken deshalb immer mehr Menschen in den verschiedenen Regionen der Erde auf eine Zukunft, die im realen Sozialismus schon Wirklichkeit ist, eine Wirklichkeit, in der die Kinder gesund, glücklich und wohlbehütet heranwachsen. Noch in den schwersten Tagen der Sozialistischen Oktoberrevolution in Rußland wurde die Sorge um das Wohlergehen der Kinder oberstes Gebot des Handelns. Indem mit der Errichtung der neuen Gesellschaft erstmalig die Menschenrechte verwirklicht wurden, wurden die Rechte der Kinder zum geschriebenen Gesetz, zum Gesetz des Handelns schließlich in allen Ländern des Sozialismus.

In der nun fast dreißigjährigen Geschichte unserer Deutschen Demokratischen Republik stand stets die Sorge um die Schaffung immer günstigerer Bedingungen für die gesunde und harmonische, für eine glückliche Entwicklung der Kinder an erster Stelle. Die von der UNO proklamierten Grundsätze für die Rechte der Kinder sind bei uns nicht nur verfassungsmäßig garantiert, sondern im Leben verwirklicht. Mit der Errichtung der Arbeiter-und-Bauern-Macht in unserem Lande wurden die Voraussetzungen geschaffen, jedem Bürger unseres Landes und damit dem wertvollsten Gut des Volkes, den Kindern, ein Leben in sozialer Sicherheit zu garantieren. Bei uns weiß jede Mutter, jeder Vater: Hierzulande wird alles getan, damit die Kinder körperlich und geistig gesund heranwachsen, damit sie ihre Fähigkeiten, ihre schöpferischen Kräfte allseitig entfalten können, denn allen ist gleichermaßen der Zugang zu Bildung und Kultur geöffnet. Der Mensch im Sozialismus kennt nicht die Angst vor dem morgigen Tag. Er hat das Recht auf Arbeit, kennt keine Arbeitslosigkeit, ihm ist soziale Sicherheit Selbstverständlichkeit seines Lebens.

Es ist eine unanfechtbare historische Wahrheit, daß die Lage der Kinder nur auf der Grundlage des allgemeinen sozialen Fortschritts, der Veränderung der gesellschaftlichen Lebensverhältnisse grundlegend verbessert werden kann. Es erweist sich immer mehr, daß der Kampf für ein glückliches Leben der Kinder Teil des weltweiten Kampfes der Völker für gesellschaftlichen Fortschritt, für nationale Unabhängigkeit, für die Freiheit vom Joch der Unterdrückung und Ausbeutung ist. Solange es Kräfte gibt, die um ihrer Profite willen den Krieg wollen, ist das Glück, ja das Leben der Kinder bedroht, können die in der UNO-Deklaration geforderten Rechte der Kinder nur wirklich gesichert werden im Kampf um die Erhaltung und Sicherung des Friedens.

Die Politik unseres Staates ist auf das Wohl des Menschen und somit vor allem auf den Frieden gerichtet. Deshalb ist auch die Erziehung der Jugend in unserem Lande eine Erziehung im Geiste des Friedens und der Bereitschaft, den Frieden zu schützen. Die Freundschaft mit allen Völkern, die Solidarität mit den um ihre Befreiung kämpfenden Menschen ist in unserem Staat oberstes Gebot, Anliegen unserer Schule, der Familie, der ganzen Gesellschaft.

Wir sollten uns immer wieder daran erinnern, wie schwer das Erbe war, das uns der deutsche Imperialismus hinterlassen hatte. Am Beginn unseres Weges, nach der Befreiung unseres Volkes vom Hitlerfaschismus durch die ruhmreiche Sowjetarmee, war die Jugend vergiftet von der faschistischen Ideologie, erzogen im Ungeist des Militarismus und Chauvinismus. 25 Prozent der schulpflichtigen Kinder hatten ihre Eltern verloren, irrten umher, obdachlos, ohne ausreichende Kleidung und Nahrung. Ein Drittel der Schulen war zerstört. Es gehörten viel Mut, Zuversicht und Vertrauen in die eigenen Kräfte, in die Kraft des Volkes dazu, um inmitten der geistigen und materiellen Trümmer den demokratischen Neuaufbau zu beginnen.

Zu den unauslöschlichen Leistungen der Arbeiterklasse zählt, daß sie im Bündnis mit den anderen werktätigen Schichten, unter der Führung der marxistisch-leninistischen Partei, mit dem Aufbau der neuen Gesellschaft all jene Grundlagen stabil und sicher gelegt hat, die für das Leben der Kinder in Glück und Frieden entscheidend sind.

Die Deutsche Demokratische Republik gehört bekanntlich zu jenen Ländern, die laut Statistik der UNO-Spezialorganisationen in bezug auf die gesundheitliche Betreuung der Mütter und Kinder, die Anzahl der Plätze in Kinderkrippen und Kindergärten, in bezug auf gleiche Bildungschancen für alle, die Literatur für Kinder, die Bibliotheken, die Theater, die Ferienbetreuung, auf all jene Bedingungen also, die für eine günstige Entwicklung der heranwachsenden Generation von Bedeutung sind, mit an vorderster Stelle in der Welt stehen.

Wenn beispielsweise im Zuge unseres umfassenden sozialpolitischen Programms allein seit 1971 in unserem Lande 922 000 Wohnungen gebaut wurden, wodurch sich die Wohnverhältnisse von rund drei Millionen Menschen, das heißt für jeden 6. Bürger unseres Landes, verbesserten, weiß jeder, was damit zugleich für die Kinder geleistet wurde, sind doch gute Wohnverhältnisse eine wesentliche Bedingung für eine gesunde Entwicklung der Kinder. Umfassende Maßnahmen wurden bei uns für den Kinder- und Mutterschutz wirksam. Bedeutende materielle und finanzielle Vergünstigungen werden den kinderreichen Familien zuteil. Allen Kindern unseres Landes ist der Besuch der zehnklassigen allgemeinbildenden polytechnischen Oberschule und eine daran anschließende obligatorische Berufsausbildung garantiert. 60 Prozent aller Kinder im Alter bis zu drei Jahren werden heute fürsorglich in den Kinderkrippen betreut, und über 90 Prozent aller Drei- bis Sechsjährigen besuchen einen Kindergarten. Drei Viertel aller Schüler der 1. bis 4. Klassen können nach dem Unterricht in den Schulhorten ihre freie Zeit sinnvoll verbringen. Für die Freizeit der Jugend stehen vielfältige Möglichkeiten zur Verfügung, so die Häuser der Jungen Pioniere, die Stationen der Jungen Naturforscher, Techniker und Touristen, die Jugendherbergen und umfassende Möglichkeiten, die Ferien erholsam zu verleben.

Das Bemühen von Schule, Eltern, Jugend- und Kinderorganisation um eine gesunde geistige und sittliche Entwicklung unserer Mädchen und Jungen wird durch die Massenmedien wie Kinderfernsehen und Radio, durch die Kinderbibliotheken, Kindertheater, Puppentheater und Kinderfilmtheater wirksam gefördert. International anerkannte Theater, Orchester, Museen, Kunstsammlungen sind um die kulturelle Bildung unserer Jugend bemüht. Maßgeblich tragen die Mitarbeiter der Mahn- und Gedenkstätten dazu bei, unsere Jugend im Geiste der besten Traditionen unseres Volkes, im Sinne der antifaschistischen Kämpfer zu erziehen.

Bei uns werden jährlich etwa 13,2 Millionen Kinder- und Jugendbücher gedruckt. Über 25 Millionen Bücher werden von den öffentlichen Bibliotheken an Kinder ausgeliehen. In unserem Staat wird keine Zeile gedruckt, kein Wort oder Bild gesendet, das nicht dem humanistischen Anliegen unserer Erziehung dient, die eine Erziehung zur Liebe und Achtung vor den Menschen und ihrer Arbeit, zur Völkerfreundschaft, zur Solidarität und Friedensliebe ist.

Die Kinder haben in ihrer Organisation, der Pionierorganisation „Ernst Thälmann" und der Freien Deutschen Jugend, in den Arbeitsgemeinschaften aller Art auf den Gebieten der Naturwissenschaften und Technik, der Kunst und Kultur, der Politik und des Sports vielfältigste Möglichkeiten zum eigenen schöpferischen Tun, die Möglichkeit, ihre Kräfte zu entfalten und zu messen, aktiv ihre Heimat, die Deutsche Demokratische Republik, immer schöner zu gestalten. Ungezählt sind ihre freundschaftlichen Beziehungen zu den Kindern in der Sowjetunion und den anderen sozialistischen Ländern, ungezählt die Beweise aktiver Solidarität mit den Kindern in aller Welt. Immer neue Anstrengungen unternimmt unser sozialistischer Staat, alles zu tun für das geistige Wohl, für die Ausprägung der kindlichen Persönlichkeit, für ihre Erziehung zu einer Moral, die der sozialistischen Gesellschaft wesenseigen ist, einer Moral, die gekennzeichnet ist von Beziehungen gegenseitiger Achtung und Hilfe, des kameradschaftlichen, vertrauensvollen Zusammenwirkens für gemeinsame edle Ziele. Unsere sozialistische Gesellschaft hat neue sittliche Werte hervorgebracht, die der Anerziehung wahrhaft menschlicher Eigenschaften dienen.

Bürgerliche Ideologen behaupten noch heute oder wieder einmal, die Entwicklungsmöglichkeiten des Kindes würden von demographischen, geographischen oder anderen natürlichen Bedingungen bestimmt, um die Tatsache zu verschleiern, daß diese in erster Linie vom Charakter des gesellschaftlichen Systems abhängen. Nicht zuletzt wird eine solche These durch die Entwicklung der Länder widerlegt, die sich vom imperialistischen Joch befreit und den Weg einer Entwicklung mit sozialistischer Orientierung eingeschlagen haben. Trotz des schweren Erbes, das sie übernommen haben, so zum Beispiel das Analphabetentum, haben diese Länder unter größten Anstrengungen begonnen, dies zu überwinden, ja mehr noch, sie haben begonnen, für alle Kinder neue Bildungsmöglichkeiten zu schaffen. Mit Sympathie und Hochachtung sehen wir die großen Erfolge, die dabei bereits erreicht wurden. Unsere Sympathie und Solidarität gilt den Völkern Afrikas, Asiens und Lateinamerikas, auf denen noch heute die schwere Bürde des Neokolonialismus und der Diktatur lastet. Es ist eine grausame Tatsache, daß es über 350 Millionen Kindern in der Welt am Lebensnotwendigsten fehlt, daß täglich Kinder an Unterernährung sterben, obwohl es genügend Brot auf Erden gibt. Faschistische Regimes, wie das Apartheidregime in Südafrika, verweigern den Kindern dunkler Hautfarbe die elementarsten Rechte. Wie viele Kinder kommen in Flüchtlingslagern zur Welt und sterben dort, sind eingepfercht in den Gettos, verlieren ihre Väter und Mütter durch Mord und Folter faschistischer Militärjunten! Wie viele Kinder von Gastarbeitern fristen ein kümmerliches Dasein!

Die Deutsche Demokratische Republik ist mit all jenen, die für die Befreiung von Ausbeutung und Unterdrückung, für nationale Selbstbestimmung, für die Erhaltung und Festigung des Friedens als der grundlegenden Bedingung menschlicher Existenz kämpfen.

Die Deutsche Demokratische Republik wird auch künftig nicht nachlassen in ihrer solidarischen Unterstützung für die Kinder in Chile, Uruguay und anderen lateinamerikanischen Ländern. Wir stehen fest an der Seite der Völker im arabischen Raum, insbesondere des palästinensischen Volkes, an der Seite der Völker in Südafrika, Namibia und Simbabwe, an der Seite aller Völker, die unter Faschismus, Apartheid, Rassismus und Zionismus zu leiden haben. Unsere Sympathie gehört allen, die dagegen durch ihre mutige Tat protestieren, wie zum Beispiel den chilenischen Patriotinnen, die im Gebäude des Kinderhilfswerkes der Vereinten Nationen und in kirchlichen Einrichtungen in Santiago und anderen Städten Chiles erneut in den Hungerstreik getreten sind und damit gegen die Verschleppung ihrer Männer, Väter und Brüder durch das faschistische Pinochetregime protestieren.

Es wäre ein Irrtum zu glauben, daß es in den entwickelten Ländern des Kapitals um die Verwirklichung des in der UNO-Deklaration geforderten besonderen Schutzes des Kindes, um die Voraussetzungen , daß es „sich gesund und natürlich in Freiheit und Würde, körperlich, geistig, moralisch, seelisch und sozial"[1] gut entwickeln kann, etwa gut bestellt wäre.

Selbst im mächtigsten imperialistischen Land, den USA, haben über 800 000 sechs- bis dreizehnjährige Kinder keine Möglichkeit, die Schule zu besuchen, 13 Prozent aller US-Amerikaner sind Analphabeten. Während in diesem Lande Hunderttausende Jugendlicher vergeblich auf einen Ausbildungsplatz oder Arbeitsplatz warten, müssen die Kinder auf dem Land als Landarbeiter arbeiten, ist jeder 5. Landarbeiter ein Kind. In Großbritannien fordern die in den kapitalistischen Ländern weit verbreiteten Kindesmißhandlungen in jeder Woche mindestens sechs junge Menschenleben. In der BRD leben nach eigenen Angaben über zwei Millionen Kinder unter extrem beengten Wohnbedingungen, 400 000 von ihnen in Wohnlagern. Etwa 800 000 Kinder haben kein eigenes Bett. Mehr als 200 000 Lehrstellen fehlen. Hinzu kommt die massenhafte Arbeitslosigkeit, unter der vor allem die Jugend zu leiden hat. Drogen- und Alkoholmißbrauch schon durch Kinder nehmen immer größere Ausmaße an, Gewalttätigkeiten, Kinder- und Jugendkriminalität nehmen zu. Das ist ein Teil der Bilanz des gewöhnlichen Kapitalismus. Menschenrechte kennt man dortzulande nicht. Nicht weniger besorgniserregend ist die Tatsache, daß die heranwachsende Generation in zunehmendem Maße mit dem gefährlichen Gift des Antikommunismus, des Faschismus, Revanchismus und Rassismus verseucht wird, so daß sich heute bereits in den Köpfen junger Bundesbürger die Verbrechen des Hitlerfaschismus als historisch gerechtfertigt darstellen.

---

[1] UN-Deklaration der Rechte des Kindes 1959, Grundsatz 2. In: 1979 – Internationales Jahr des Kindes. Materialien der 2. Tagung der Regierungskommission der DDR für die Vorbereitung und Durchführung des Internationalen Jahr des Kindes 1979. O. O., o. J. (1979), S. 64.

Mit Besorgnis muß man konstatieren, daß in den Ländern des Kapitals die in der UNO-Deklaration enthaltenen Rechte des Kindes mißachtet werden. Das Internationale Jahr des Kindes muß uns Anlaß sein, leidenschaftlich Anklage zu erheben gegen die Verbrechen an den Kindern, vor allem gegen die Verletzung des elementarsten Rechts, des Rechts zu leben, des Rechts auf Frieden. Die Verwirklichung der UNO-Deklaration über die Rechte des Kindes erfordert in erster Linie, einen entschlossenen und beharrlichen Kampf gegen die Kriegsgefahr, für Entspannung und Abrüstung, für die weitere Durchsetzung der Politik der friedlichen Koexistenz zu führen.

Besonders dringlich ist es, das Wettrüsten einzustellen, ist das Verbot der Neutronenwaffe, deren von den USA geplante Produktion die Gefahr eines atomaren Krieges erhöhen und zur weiteren Forcierung des Wettrüstens führen würde. Der kompromißlose Kampf für einen vorbehaltlosen gegenseitigen Verzicht auf die Produktion und Stationierung der Neutronenwaffe ist das Gebot aller Kräfte, die es ernst meinen mit der Verwirklichung des Friedens.

Es sind die von Napalm verbrannten und von Kugelbomben zerfetzten vietnamesischen Kinder nicht vergessen, die über 60 Prozent der Opfer der verbrecherischen USA-Aggression in Südostasien bringen mußten. Lebendig ist die Erinnerung an die beim Massaker von Taal Zaatar und beim israelischen Überfall auf den Südlibanon ermordeten palästinensischen und libanesischen Kinder. Es mahnen die Kinder von Cassinga im freien Angola, die zu den 582 Toten des barbarischen Überfalls südafrikanischer Fallschirmjäger zählten, ebenso wie die von südrhodesischen Söldnern im Gutu-Distrikt Simbabwes bestialisch umgebrachten Schulkinder und all die Kinder, die der jüngsten imperialistischen Aggression in der zairischen Provinz Shaba zum Opfer fielen.

Niemand kann die Augen davor verschließen, daß allein in diesem Jahr das Militärbudget der USA mit 112 Milliarden Dollar das Zehnfache des Jahres 1945 erreichte. Der geplante Bau der Neutronenwaffe würde weitere 60 Milliarden Dollar verschlingen. Die BRD hat 1978 mit mehr als 54 Milliarden DM den bisher höchsten Rüstungshaushalt.

Welch riesige Summen könnten durch die Beendigung des Wettrüstens, die Vereinbarung effektiver Maßnahmen zur Rüstungsbegrenzung und die Inangriffnahme der Abrüstung freigesetzt werden, um sie für das Wohlergehen der Völker und vor allem für das glückliche Leben, für das Wohl der Kinder aller Länder nutzbar zu machen! Von den 400 Milliarden Dollar, die jährlich in der Welt für die Rüstung ausgegeben werden, würden allein schon vier Milliarden zur Ernährung von 200 Millionen hungernder Kinder und weitere neun Milliarden Dollar zur Alphabetisierung von 900 Millionen Menschen unseres Erdballs ausreichen.

Die vom Generalsekretär des Zentralkomitees der KPdSU und Vorsitzenden des Präsidiums des Obersten Sowjets der UdSSR, Genossen Breshnew, unterbreiteten neuerlichen Vorschläge, die der erstmalig stattfindenden Sondertagung der UNO-Vollversammlung zu Fragen der Abrüstung vorliegen, weisen einen konstruktiven Weg: Die Einstellung der Kernwaffenproduktion, das Verbot aller anderen Arten von Massenvernichtungsmitteln, die Einstellung der Entwicklung neuer konventioneller Waffen mit großer Zerstörungskraft und den Verzicht auf die Vergrößerung der Armeen. Eine vertragliche Fixierung dieser Vorschläge durch völkerrechtliche Abkommen würde den Entspannungsprozeß fördern und damit der Erhaltung des Friedens dienen.

„Unsere Welt zu schützen, sie der jungen Generation mit all ihrem Reichtum und ihrer Schönheit, nicht verwüstet von der Flamme eines Kernwaffenkrieges, zu erhalten – darauf muß ... das ganze Sinnen und Trachten der Menschheit gerichtet sein."[2]

Dies betrachten wir als das vordringlichste Anliegen aller Aktivitäten im Zeichen des Internationalen Jahres des Kindes.

Die Deutsche Demokratische Republik wird unter dem Motto „Für eine glückliche Kindheit in einer Welt des Friedens, für Völkerfreundschaft und internationale Solidarität" ihren Beitrag zu diesem Jahr vor allem durch die weitere konsequente Verwirklichung der vom IX. Parteitag der SED beschlossenen Politik des friedlichen Aufbaus unserer entwickelten sozialistischen Gesellschaft, durch die weitere Verwirklichung unseres Programms des Wachstums, des Wohlstandes und der Stabilität leisten, um das Leben der Menschen, die Gegenwart und Zukunft unserer Kinder noch reicher, glücklicher und sicherer zu machen.

[2] L. I. Breshnew: Der große Oktober und der Fortschritt der Menschheit. In: Auf dem Wege Lenins. Reden und Aufsätze. Bd. 6, Dietz Verlag, Berlin 1979, S. 640.

Der gesellschaftliche Auftrag unserer Schule

Referat auf dem VIII. Pädagogischen Kongreß der DDR in Berlin
18. bis 20. Oktober 1978

Unserem Kongreß ist die Aufgabe gestellt, zur Rolle und zu den Aufgaben unserer Schule bei der weiteren Gestaltung der entwickelten sozialistischen Gesellschaft Stellung zu nehmen. In gemeinsamer Aussprache wollen wir die Fragen aufwerfen, die unserer Schule helfen, auch in Zukunft ihren gesellschaftlichen Auftrag zu erfüllen.

Unsere Partei, der Marxismus-Leninismus lehren uns, die Dinge immer in ihrem historischen Werdegang, in ihren Zusammenhängen und ihrer Entwicklung zu sehen und sehr konkret, von den Anforderungen des heutigen und morgigen Tages aus zu prüfen: Was haben wir erreicht, was blieb ungelöst; vorausschauend, rechtzeitig zu erkennen, was entwickelt sich an Neuem, an Erfahrungen und auch an neuen Problemen in diesem gewaltigen Prozeß revolutionärer Veränderungen, deren Zeitgenossen, deren Mitgestalter wir sind?

Wir tun gut daran, uns auf diesem unserem VIII. Pädagogischen Kongreß damit zu befassen, wo wir stehen, wohin wir gehen müssen. Wir ziehen Bilanz im 30. Jahr des Bestehens unserer Deutschen Demokratischen Republik und zwei Jahre nach dem IX. Parteitag, auf dem mit dem Programm der Partei die Grundlinie der sozialistischen Revolution und ihre Perspektiven vorgezeichnet worden sind, zwei Jahre nach jenem historischen Parteitag, der das Ziel verkündete, in der Deutschen Demokratischen Republik weiterhin die entwickelte sozialistische Gesellschaft zu gestalten und so grundlegende Voraussetzungen für den allmählichen Übergang zum Kommunismus zu schaffen. Die weitere Gestaltung der entwickelten sozialistischen Gesellschaft, so stellte unser Parteitag fest, macht es notwendig, alle Vorzüge und Triebkräfte, alle Seiten und Bereiche des gesellschaftlichen Lebens, die Produktivkräfte und Produktionsverhältnisse, die sozialen und politischen Beziehungen, die Wissenschaft und das Bildungswesen, die sozialistische Ideologie und Kultur, die Gesamtheit der Arbeits- und Lebensbedingungen sowie die Landesverteidigung, planmäßig auf hohem Niveau zu entwickeln.

Unsere Schule im 30. Jahr der Geschichte der DDR steht vor großen Aufgaben. Die Aufgaben für das Erziehungswesen lassen sich nur recht bestimmen, wenn man von den realen gesellschaftlichen Prozessen ausgeht, von der Zeit, in der wir leben, wenn wir den Platz, die Rolle der Schule einordnen in die gesellschaftlichen Veränderungen, die sich im Verlaufe unserer Revolution vollzogen haben, vollziehen und gesetzmäßig weiter vollziehen werden. Die Zeit, in der wir leben, in der unsere Jugend heranwächst, ist der Beginn einer neuen Epoche der Menschheit. Es gibt Leute, die mögen solche angeblich großen Worte nicht. Treffender aber konnten die Klassiker des Marxismus-Leninismus eine Zeit nicht charakterisieren, in der die jahrhundertelange Ausbeutung des Menschen durch den Menschen nun schon auf einem Teil der Erde endgültig beseitigt und „an die Stelle der alten bürgerlichen Gesellschaft mit ihren Klassen und Klassengegensätzen ... eine Assoziation (gesetzt wurde), worin die freie Entwicklung eines jeden die Bedingung für die freie Entwicklung aller ist"[1].

Mit der Großen Sozialistischen Oktoberrevolution, mit dem Aufbau der ersten sozialistischen Gesellschaft wurde für die gesamte Menschheit das Tor in das Zeitalter des Kommunismus aufgestoßen. Wir sind keine Phantasten, die nicht wüßten, daß wir am Beginn dieser Entwicklung stehen. Wir sind aber auch keine Ignoranten, die nicht sehen, was historische Wahrheit ist, nämlich, daß der Sozialismus in Europa, in Asien, in Amerika und nun auch in Afrika seinen Siegeszug angetreten hat, daß er in hartem Kampf gegen alles, was die untergehende Klasse aufzubieten hat – denken wir nur an den mörderischen faschistischen Überfall auf die Sowjetunion, an Diversion und Konterrevolution –, seine Lebenskraft bewiesen hat.

Alle diejenigen, die da den Sozialismus so ganz anders machen würden, wenn sie ihn hätten, können nicht leugnen, daß es ohne Ausbeuter bei uns besser geht. Was Freiheit, Demokratie und Menschenrechte betrifft – wir haben sie, und wir verwirklichen sie immer umfassender. „Beobachter" oder „Rezensenten" des Weltgeschehens, die jede Unzulänglichkeit, Unfertigkeit dem Wesen des Sozialismus ankreiden, haben nicht begriffen, daß in einer historisch so kurzen Zeit von nur einigen Jahrzehnten mehr geschaffen wurde für das Volk als in Jahrhunderten zuvor, daß das größte Gebrechen der Vergangenheit, die Jahrhunderte während Ausbeutung des Menschen durch den Menschen, beseitigt, die alte Ausbeutergesellschaft mit der Wurzel ausgerottet wurde.

Uns zu unterstellen, wir wären konservativ, dogmatisch und was man da noch alles erfinden mag an demagogischem Wortgegaukel, weil wir das Erreichte, diesen unseren Sozialismus, verteidigen, der in harten Kämpfen erstritten, mit dem Blut der Besten, dem Schweiß von Millionen bezahlt wurde, ist zumindest töricht, wenn es aus Unwissenheit geschieht.

---

[1] K. Marx/F. Engels: Manifest der Kommunistischen Partei. In: K. Marx/F. Engels: Werke. Bd. 4, Dietz Verlag, Berlin 1983, S. 482.

Es war, ist und bleibt immer erklärtes Programm der Kommunisten, Inhalt der täglichen harten Arbeit von Millionen Arbeitern, Bauern und Geistesschaffenden, unsere Gesellschaft immer besser, immer vollkommener aufzubauen. Und das wird auch dann noch so sein, wenn die Menschheit den Kommunismus erreicht haben wird. Natürlich wollen wir – und das gerade ist der tiefe Sinn des VIII. und des IX. Parteitages –, daß die Menschen nicht erst in ferner Zukunft besser, schöner, glücklicher leben. Wir tun alles, die Vorzüge des Sozialismus immer mehr zur Geltung zu bringen. Widersprüche in der Entwicklung sind für uns Triebkräfte, ihre Lösung ist für uns Aufgabe, bringt uns voran. Wir üben offen und sachlich Kritik, üben Selbstkritik, wo es gilt, etwas zu verändern, weil es uns vorwärts hilft und nicht, wie die westliche Journaille seit dreißig Jahren orakelt, weil wir kurz vor dem Zusammenbruch stehen – woran sie übrigens selbst nicht glaubt.

Das Rad der Geschichte dreht sich nach vorn, jedoch nicht von allein, das bedarf großer Anstrengungen. Harte Kämpfe werden heute von den Völkern ausgefochten und werden noch zu bestehen sein. Niederlagen sind nicht unvermeidlich, aber siegen wird die gerechteste Sache der Menschheit, der Sozialismus. Das beweist nicht zuletzt die Geschichte des deutschen Volkes.

Die historische Chance nutzend, die der Sieg der ruhmreichen Sowjetarmee über den Faschismus bot, hat die Arbeiterklasse im Bündnis mit den Bauern unter der Führung ihrer marxistisch-leninistischen Partei, indem sie die allgemeingültige Lehre Lenins über die Strategie und Taktik zur Eroberung der politischen Macht und den Aufbau des Sozialismus schöpferisch auf die Bedingungen unseres Kampfes anwandte, den ersten deutschen Arbeiter-und-Bauern-Staat, den Staat des werktätigen Volkes errichtet.

Über einhundert Jahre währte der opfervolle Kampf der revolutionären deutschen Arbeiterbewegung, in dem es Siege und Niederlagen gab, bis die von den größten Söhnen unseres Volkes, Karl Marx und Friedrich Engels, entdeckte Gesetzmäßigkeit des Verlaufs der menschlichen Geschichte in ihrer Heimat Wirklichkeit wurde, jene Gesetzmäßigkeit, wonach durch den Kampf der Volksmassen die Ausbeutergesellschaft unwiderruflich abgelöst wird und die Geschichte des befreiten, des freien Volkes beginnt. Nur drei Jahrzehnte nach dem Roten Oktober endete mit der Gründung der Deutschen Demokratischen Republik die Geschichte der Ausbeutergesellschaft auf unserem Territorium für immer. Und in nur drei Jahrzehnten seit dem Bestehen unserer Deutschen Demokratischen Republik entwickelte sich siegreich die sozialistische Revolution, vollzogen sich unter Führung der Arbeiterklasse und ihrer marxistisch-leninistischen Partei gewaltige revolutionäre Umwälzungen der ganzen Gesellschaft. Das Privateigentum an den Produktionsmitteln wurde beseitigt, an die Stelle kapitalistischer traten sozialistische Produktionsverhältnisse. Dies war die grundlegende Voraussetzung für die Schaffung menschlicher Lebensbedingungen. Jeder Schritt auf diesem Wege rief den erbitterten Widerstand der inneren und äußeren Reaktion hervor, jeder Schritt auf diesem Wege war harte, angestrengte Arbeit des Volkes. Unser

Weg wurde begleitet von der Klassensolidarität unserer Freunde in der Sowjetunion und in den anderen sozialistischen Ländern.

Das radikale Brechen mit den überlieferten Eigentumsverhältnissen, in dessen Folge auch am radikalsten mit der Ideologie der Ausbeuterordnung gebrochen worden ist, hat tiefgreifende Veränderungen im gesellschaftlichen Bewußtsein der Menschen bewirkt. Im sozialistischen Patriotismus und proletarischen Internationalismus, in der verantwortungsbewußten Arbeit, der Teilnahme der Menschen an den politischen, wirtschaftlichen und kulturellen Angelegenheiten, im Selbstbewußtsein und im sozialen Optimismus zeigt sich ein neues gesellschaftliches Bewußtsein; in wachsendem Maße beweist sich, daß der Sozialismus ungeahntes Schöpfertum der Massen freisetzt.

Die Veränderung des Menschen, seiner Auffassungen und Haltungen, seines Bewußtseins und seiner Moral ist die größte historische Leistung, die der Sozialismus hervorbringt. Dieser gewaltige Prozeß ist durch die aktive Teilnahme der Menschen am Aufbau der neuen Gesellschaft, durch ihre Arbeit, die eine von den Fesseln der Ausbeutung befreite Arbeit ist, in diesen wenigen Jahrzehnten in Gang gekommen. Er vollzieht sich täglich, verläuft beim einzelnen oft kompliziert, widerspruchsvoll.

Wir wissen wohl, daß die Herausbildung einer Moral, die auf dem sozialistischen Bewußtsein beruht, ein langer historischer Prozeß ist, der sich nicht mechanisch, nicht im Selbstlauf vollzieht. Es bedarf der Propagierung unserer Weltanschauung, der ständigen Erziehung, der Einwirkung von Bildung und Kultur. So war es auch folgerichtig, daß in den vergangenen 30 Jahren beim Aufbau einer Gesellschaft, die auf das Wohl des Menschen, auf seine freie, allseitige Entwicklung gerichtet ist, unser gesamtes Erziehungswesen revolutionär verändert, unsere Schule von Grund auf umgestaltet werden mußte.

Die alte Schule, ein Werkzeug der Klassenherrschaft der Bourgeoisie, konnte natürlich nicht der revolutionären Umwälzung auf dem Gebiet der Ideologie und Kultur dienen. Sozialistisches Bewußtsein in die Jugend hineintragen, das konnte nur eine Schule, die selbst aus der sozialistischen Revolution hervorgegangen war. Die Arbeiterklasse betrachtete den Kampf für ein fortschrittliches Schulsystem immer als Teil ihres Kampfes für den Fortschritt, für Demokratie und Sozialismus. Und schon immer ging sie davon aus, daß man die Jugend in den revolutionären Kampf einbeziehen muß, betrachtete sie die Erziehung als ihr ureigenstes Anliegen, als Aufgabe der proletarischen Jugendorganisation und der Familie. Im Ergebnis des Kampfes um die Macht der Arbeiter und Bauern und als eine wichtige Voraussetzung für deren Festigung und den weiteren Aufbau der sozialistischen Gesellschaft entwickelte sich unsere Schule, eine Schule, die an der sozialistischen Gesellschaft orientiert ist, an ihrer Politik und Ökonomie, an ihrer Kultur, an ihren Werten, an der Wissenschaft, die dieser Gesellschaft zugrunde liegt – dem Marxismus-Leninismus.

Unser Bildungsideal, das Bildungs- und Erziehungsziel unserer Schule, ist wesentlich begründet in der marxistisch-leninistischen Theorie von der allseitigen

Entwicklung der Persönlichkeit. Es ist Ziel und Aufgabe unserer allgemeinbildenden polytechnischen Oberschule, die große Idee der Verbindung von produktiver Arbeit mit Unterricht und Gymnastik, die Marx als „die einzige Methode zur Produktion vollseitig entwickelter Menschen"[2] bezeichnete, immer vollkommener zu verwirklichen. Es ist erstmalig in der Geschichte unseres Volkes, daß die Schule allen Kindern, unabhängig von der sozialen Stellung der Eltern, von Weltanschauung und Religion, eine gleich hohe Bildung vermittelt, eine fundierte wissenschaftliche Allgemeinbildung, die die Bildung in den Gesellschaftswissenschaften und Künsten, den Sprachen und Naturwissenschaften, die polytechnische Bildung und die Körpererziehung umfaßt, und dies in einer zehnjährigen Schule für alle Kinder des Volkes gleichermaßen. Wenn wir von unserer Schule als einer polytechnischen Schule sprechen, dann deshalb, weil die gesamte Schulausbildung eng mit dem Leben, mit der Praxis verbunden, darauf orientiert ist, die Jugend auf das Leben vorzubereiten, und dies ist nicht irgend etwas Imaginäres, das heißt, sie sehr konkret auf die Anforderungen in der Arbeit, auf die berufliche, auf die gesellschaftliche Tätigkeit vorzubereiten.

Wie sollten nun bürgerliche Ideologen verstehen können, daß eine solche Bildung nichts mit „ökonomischer Vereinseitigung", wie von ihnen behauptet wird, nichts mit der Preisgabe des Ideals der allseitigen Bildung der Persönlichkeit zu tun hat, wo sie doch nicht begreifen können oder wollen, daß erst mit der Schaffung sozialistischer Produktionsverhältnisse die politischen, ökonomischen und sozialen Voraussetzungen für die Verwirklichung des humanistischen Menschheitsideals von der allseitigen Entwicklung der Persönlichkeit gegeben sind. In der kapitalistischen Gesellschaft, so steht es bereits im „Kommunistischen Manifest" geschrieben, lebt der Arbeiter in der Tat nur, um das Kapital zu vermehren. In unserer Gesellschaft hingegen dient die Arbeit der Millionen Werktätigen ihrem eigenen Wohle, ist der gesellschaftliche Reichtum „nur ein Mittel, um den Lebensprozeß der Arbeiter zu erweitern, zu bereichern, zu befördern"[3]. Darin eben liegt zutiefst begründet, daß die Arbeit unter den Bedingungen der sozialistischen Gesellschaft die schöpferischen Kräfte der Menschen freisetzt.

Die Rolle der Arbeit, ihren Anteil an der Entwicklung des Menschen, hat die Wissenschaft schon vor Marx nachgewiesen. Aber es ist das Verdienst von Marx, Engels und Lenin, die Rolle der Arbeit als Existenz- und Entwicklungsbedingung der menschlichen Gesellschaft, ihre Rolle für die Entfaltung der menschlichen Persönlichkeit, für die Ausbildung und Erziehung der Jugend ausgearbeitet zu haben. Als erste ging die sowjetische Schule den Weg der Verbindung von Unterricht, Produktion und Gymnastik. Auch wir haben diesen Weg in Neuland beschritten. Die Polytechnisierung unserer Schule in den fünfziger Jahren war ein entscheidender Schritt zur Ausprägung ihres sozialistischen Charakters. Er wurde

[2] K. Marx: Das Kapital. Erster Band. In: K. Marx/F. Engels: Werke. Bd. 23, Dietz Verlag, Berlin 1983, S. 508.
[3] K. Marx/F. Engels: Manifest der Kommunistischen Partei. A. a. O., S. 476.

möglich, weil sozialistische Produktionsverhältnisse geschaffen waren. Heute gehört es zu den selbstverständlichen Dingen unseres Alltags, daß die Schüler in den Betrieben arbeiten und lernen, daß Zehntausende Arbeiter und Genossenschaftsbauern unmittelbar an der Ausbildung der Schuljugend teilnehmen, gemeinsam mit den Lehrern die Jugend erziehen, daß in unserer Stundentafel spezielle polytechnische Unterrichtsdisziplinen ausgewiesen sind.

Manche Schwierigkeiten waren zu überwinden, bis Technik, Ökonomie und Produktion als feste Bestandteile einer modernen Allgemeinbildung akzeptiert, die gesellschaftlich nützliche und produktive Arbeit der Schüler in ihrer Bedeutung für die Erziehung der Schuljugend erkannt und die Verbindung von Schule und Betrieb als unverzichtbar für eine mit dem Leben eng verbundene Erziehung verstanden wurden. Heute vermitteln Zehntausende Arbeiter und Genossenschaftsbauern der heranwachsenden Generation ihre politischen, ihre Arbeits- und Lebenserfahrungen. Wir nehmen diesen Kongreß zum Anlaß, den Arbeitern und Genossenschaftsbauern, den Ingenieuren und Lehrmeistern, allen Werktätigen unserer sozialistischen Betriebe, unseren Wirtschaftsfunktionären Dank zu sagen für ihre tatkräftige Unterstützung bei der erfolgreichen Lösung dieser bedeutenden Aufgabe. Unsere sozialistische Schule heute ist eng mit dem Leben, mit der Praxis unseres sozialistischen Aufbaus verbunden. Sie vermittelt allen Kindern eine hohe, wissenschaftlich fundierte Allgemeinbildung, in der der Erwerb theoretischer Kenntnisse und Erkenntnisse eng mit der Praxis verbunden ist.

Wissenschaftliche Bildung für alle Kinder des Volkes, das gab es in der kapitalistischen Gesellschaft nicht und gibt es dort bis heute nicht. Eine solche Aufgabe konnte nur der Sozialismus in Angriff nehmen. Auch an diesem Abschnitt unserer sozialistischen Revolution wurde hart gekämpft. Der Gegner kann sich rühmen, es uns nicht leicht gemacht zu haben. Da wurde orakelt, der wissenschaftliche Fachunterricht überfordere die Schüler, die Einheitsschule behindere die Entwicklung der Befähigten. Alle bürgerlichen Begabungs- und Elitetheorien wurden wieder bemüht. Was man auch alles gegen die neue Schule ins Feld führte und was man uns alles in den Weg legte – aufgehalten hat uns der Gegner nicht.

In unserer Schule ist alles Reaktionäre ausgemerzt und all das bewahrt, was in der deutschen Geschichte an Geist und Kultur hervorgebracht worden ist. In unserer Schule sind die Schätze der Wissenschaft und der Weltkultur bewahrt und werden erstmals allen Kindern des Volkes zugänglich gemacht. Wir bewahren das Erbe Pestalozzis, Fröbels, Diesterwegs und anderer progressiver bürgerlicher Pädagogen; wir verwirklichen die Forderungen Clara Zetkins, Theodor Neubauers und anderer revolutionärer Pädagogen. Wir stützen uns auf die theoretischen Erkenntnisse und Erfahrungen der sowjetischen Schule, auf das pädagogische Vermächtnis solcher hervorragender Persönlichkeiten wie Makarenko, Krupskaja, Lunatscharski und Kalinin.

Die Schaffung gleicher Bildungsmöglichkeiten für alle, das war nicht durch einen einmaligen Gesetzesakt getan. Es mußten die materiellen, personellen, die politisch-ideologischen Bedingungen geschaffen werden. Es ist das Ergebnis der Arbeit des Volkes, das unter der Führung unserer Partei die neue Gesellschaft errichtete, das Ergebnis auch der Arbeit Zehntausender Pädagogen. Und wie sich heute zeigt, haben unsere Lehrer ihre Aufgabe nicht schlecht gelöst. Sie haben vor der Geschichte bestanden. Das zählt mehr als die Betrachtungsweise weniger, dem Sozialismus Abtrünniger, und solcher, die es mit der historischen Wahrheit nicht so genau nehmen, die den sozialistischen Lehrer in negative Klischees pressen wollen.

Ich glaube, es gibt unter uns niemanden, der nicht wüßte, wie sehr man sich verändern mußte, wie hart man an sich arbeiten muß, um ein guter Lehrer zu sein. Wieviel Wahrheit liegt gerade in Görlichs Buch „Eine Anzeige in der Zeitung" in dieser Feststellung und darin, daß nun schon mehrere Lehrergenerationen zusammenarbeiten: die „Alten" mit ihren Erfahrungen, und an deren Seite „großgeworden" sind die Jungen. Da muß man sich zusammenfinden, da müssen Junge und Alte bereit sein, Ecken und Kanten abzuschleifen, voneinander zu lernen. Das ist leichter gesagt als getan, und das trifft auf die Jungen wie auf die Alten zu.

Wie vielschichtig die Probleme auch immer sind in einer Revolution wie der unseren – die Gestaltung der entwickelten sozialistischen Gesellschaft ist schließlich ein Prozeß tiefgreifender politischer, ökonomischer, sozialer und geistig-kultureller Wandlungen, Geschichte, die von Menschen gemacht wird. Sicher werden wir immer wieder, wenn wir den Gipfel der Geschichte ein weiteres Stück erklommen haben, wissender sein. Was jedoch eine historische Errungenschaft ist, das bleibt eine, und unsere sozialistische Schule ist eine historische Errungenschaft. Sie ist nicht irgendein Denkmodell. Sie ist für Millionen Werktätige, für unsere Kinder Realität. Das Recht auf Bildung, noch Kampfaufgabe in vielen Ländern der Erde, ist bei uns gesellschaftliche Praxis.

Seit nunmehr dreizehn Jahren sind die Errungenschaften unseres Bildungswesens im Gesetz über das einheitliche sozialistische Bildungssystem verankert. Schrittweise wurde die obligatorische zehnklassige allgemeinbildende polytechnische Oberschule verwirklicht. Angesichts der Tatsache, daß Kultur und Bildung in den sozialistischen Ländern auf hohem Niveau stehen, zum Besitz des Volkes geworden sind, daß sich menschliches Schöpfertum und Talent massenhaft entwickeln, woran die Schule unbestritten einen großen Anteil hat, fragt man sich, warum die Einheitsschule nach wie vor verteufelt wird. Klassenmäßig betrachtet, ist dies nicht verwunderlich, denn die Bourgeoisie fürchtet die Einheitsschule. Warum sonst gäbe es soviel Geschrei um das bißchen Reform der Hauptschule in der BRD, die noch nicht das Geringste mit einer wirklichen Einheitsschule zu tun hat. Einheitsschule, das heißt für alle gleiche Bildungschancen. Was man also fürchtet, ist die Brechung des Bildungsprivilegs. Mit der Schaffung gleicher Bildungschancen nämlich ist nicht mehr nur für eine Elite, sondern für alle der Weg geebnet zur Entfaltung aller Begabungen und Talente, sind alle Bildungswege für jeden geöffnet.

Mit dem Gerede vom Leistungsdruck, vom Leistungsstreß hat es keine andere Bewandtnis. Es verwundert nicht, daß jene, die den systematischen Abbau des Bildungsniveaus in der bürgerlichen Gesellschaft zudecken wollen, das Gespenst vom Leistungsdruck und Leistungszwang in die Welt gesetzt haben. In der Schule ist es immer um Leistungen gegangen, und für ihre Elite nahm und nimmt das die Bourgeoisie immer sehr genau; auf deren Schulen mußte und muß etwas geleistet werden. Was unsere Schule betrifft, so gehen wir davon aus, daß jedes Kind entwicklungsfähig ist. Unsere Pädagogik trägt der Tatsache Rechnung, daß der Mensch sich entwickelt, indem er gefordert wird, daß hohe Anforderungen die optimale Entwicklung jedes einzelnen fördern.

Die von der sozialistischen Revolution hervorgebrachte Schule ist wohl der bürgerlichen Schule der Vergangenheit überlegen, und sie unterscheidet sich auch grundsätzlich von der Schule der heutigen bürgerlichen Gesellschaft; beruhen doch die sozialistische und die bürgerliche Schule auf völlig entgegengesetzten klassenmäßigen Voraussetzungen. In der Schule der BRD werden nicht nur in der Erziehung der Jugend die alten unheilvollen Traditionen fortgeführt. Bestehengeblieben ist die Trennung in eine Bildung für die Elite und in eine Bildung für die Kinder der Werktätigen. Vor allem die Arbeiterjugend wird um ihr Recht auf Bildung betrogen. Die Schule in der BRD ist eine bürgerliche Klassenschule geblieben.

Angesichts der Tatsache, daß in der BRD die reaktionären Traditionen des deutschen Imperialismus auf allen Gebieten des gesellschaftlichen Lebens wieder fest verwurzelt sind, ist es nicht verwunderlich, daß Pädagogen in der BRD, die ihre Verantwortung gegenüber ihrem Beruf, gegenüber der Jugend erkennen, mit dem antidemokratischen Berufsverbot verfolgt und aus dem Schuldienst entlassen werden. Allen, die aus der Verantwortung gegenüber ihrem Beruf, persönliche Opfer nicht scheuend, für die verfassungsmäßig garantierten Rechte der Jugend der BRD auf eine Bildung und Erziehung im Sinne des Potsdamer Abkommens, das unvereinbar ist mit einer Erziehung im Geiste des Revanchismus und Faschismus, eintreten, gehört unsere Sympathie.

Jede Schule ist der herrschenden Ideologie untergeordnet. Wir haben dies nie geleugnet, und wir bekennen uns mit gutem Grund dazu. Denn wir vermitteln in unserer Schule die Ideologie der Arbeiterklasse, eine Ideologie, die den Lebensinteressen des Volkes dient, die den Weg der sozialen Befreiung weist, die den Weg ebnet in eine Gesellschaft, wo der Mensch frei ist von Unterdrückung und Ausbeutung, die den Menschen ein Leben in Glück, Wohlstand und Frieden garantiert.

Jede Mutter und jeder Vater, denen das Wohl ihrer Kinder am Herzen liegt, kann sagen: Was in unserer Schule gelehrt und anerzogen wird, ist gut, denn es ist eine Erziehung zur Achtung vor den Menschen, ihrer Arbeit, der Achtung anderer Völker, es ist eine Erziehung, die die Kinder lehrt, für den Frieden, für das Glück der Menschen mit Wort und Tat einzutreten. Welche, wenn nicht unsere Weltanschauung, unsere Ideologie, die immer mehr Menschen auf der Erde erfaßt, weil sie wahr, weil sie menschlich ist, sollten wir unseren Kindern empfehlen! Sie ist das Beste, was wir der jungen Generation übermitteln können und übermitteln müssen. Und eben in diesem Sinne sprechen wir von klassenmäßiger, revolutionärer Erziehung, davon, daß die gesamte Bildung und Erziehung der Jugend auf die Erziehung zur kommunistischen Moral gerichtet ist.

Wir wissen, moralische Erziehung schließt sittliche Erziehung ein, sie läßt sich aber nicht darauf reduzieren. Man ginge fehl, würde man sie losgelöst von der Herausbildung des Bewußtseins sehen. Bewußtes Handeln und Verhalten – und darum geht es in der Erziehung – gründen sich auf das Wissen um die Gesetzmäßigkeiten der Entwicklung in Natur und Gesellschaft. Von der politischen Reife, der ideologischen Überzeugtheit hängt letztlich ab, wie das Verhältnis zur Arbeit, Verantwortungsbewußtsein und Pflichtgefühl gegenüber unserer gemeinsamen sozialistischen Sache entwickelt sind, wie der Sinn des Lebens erfaßt wird.

Erziehung zur kommunistischen Moral muß die Jugend befähigen, vom Standpunkt der Arbeiterklasse, von einem klaren Klassenstandpunkt aus, vom Wissen darum, was wem nützt, an alle Dinge heranzugehen. Und mehr noch – und daran gerade wird immer wieder zu messen sein, was wir in der Erziehung erreichen –, Erziehung muß bewirken, all das, was notwendig, richtig, gut und gerecht für unsere Sache ist, auch für sich selbst als richtig, gut, gerecht zu verstehen, zu werten und entsprechend zu handeln. Erziehung zur kommunistischen Moral, das ist letztlich Erziehung zur Bereitschaft zu arbeiten, zu kämpfen, sich einzusetzen für den Sozialismus, für den Sieg unserer gerechten Sache in der ganzen Welt. Kommunistische Erziehung ist darauf gerichtet, der Jugend revolutionäre Charaktereigenschaften anzuerziehen wie Achtung und Liebe zu den Menschen und zum Leben, Willensstärke, Mut, Diszipliniertheit, Kameradschaftlichkeit und Bescheidenheit.

Erziehung zur kommunistischen Moral ist an den großen humanistischen Idealen des Kommunismus orientiert, an den Ideen des Friedens, der Arbeit zum Wohle aller, der Freiheit, Menschenwürde und der Menschenrechte, der Solidarität und der sozialen Gerechtigkeit. Für die Marxisten-Leninisten sind diese Ideale keine Fiktionen, keine spekulativen Wünsche. Wir sind bereits in die gesellschaftliche Entwicklungsphase eingetreten, in der sich neue menschliche Eigenschaften entwickeln. Erstmalig in der Geschichte der Menschheit werden in der sozialistischen Gesellschaft die bisher unüberbrückbaren Gegensätze von gesellschaftlicher Wirklichkeit und Humanismus beseitigt. In der hohen Wertschätzung der Arbeit und der Arbeitsleistungen, der Entwicklung der sozialistischen Demokratie, in sozialer Sicherheit und Zukunftsgewißheit, Solidarität und Kollektivität kommt die neue Art und Weise des Lebens in der sozialistischen Gesellschaft immer umfassender zum Ausdruck, zeigt sich unverkennbar die Überlegenheit unserer Moral über die bürgerliche Moral.

Der Jugend ist es eigen, schnell, gewissermaßen ohne Aufenthalt, alles vorwärtsbewegen zu wollen. Und das ist gut so. Sie muß jedoch auch lernen, daß die neue Art und Weise zu leben, unsere Moral sich durchsetzen müssen in einem länger währenden Prozeß der Veränderung aller sozialen, ökonomischen, ideologischen und kulturellen Bedingungen des Lebens. Vor allem aber muß sie lernen, daß es nur vorwärtsgehen kann, wenn man selbst etwas tut, vor allem müssen wir sie befähigen, Probleme selbst zu lösen, Schwierigkeiten selbst zu überwinden.

Die Zeit, in der unsere Jugend heranwächst, ist geprägt durch die revolutionären Veränderungen, die sich unter dem Einfluß des Roten Oktober und seiner Ideen vollziehen, die einen tiefen Einfluß auf die grundlegende Erneuerung der Daseinsbedingungen der Menschheit haben, eine Zeit, die durch weltweite Klassenkämpfe geprägt ist. Dies erfordert, die heranwachsende Generation zu befähigen, in dem historischen Geschehen das Wirken der objektiven gesellschaftlichen Gesetzmäßigkeiten zu erkennen, ihr Verständnis für den revolutionären Charakter unserer Zeit und die Dialektik dieses Kampfes zu wecken. Die Jugend auf das Leben vorzubereiten, das ist also keine allgemeine Losung. Es ist eine sehr konkrete Aufgabe, die Jugend zu wissenden, bewußten, aktiven, charakterfesten Menschen zu erziehen. Wir erziehen eine selbstbewußte Jugend, deren Selbstbewußtsein und Stolz aus dem Wissen darum erwächst, daß sie auf der Seite der Sieger der Geschichte steht, daß sie berufen ist, diese Geschichte mitzugestalten.

Heute ist die wissenschaftlich begründete Voraussage des „Manifestes der Kommunistischen Partei", daß der Untergang der Bourgeoisie und der Sieg des Proletariats gleich unvermeidlich sind, schon geschichtliche Realität für einen großen Teil der Menschen dieser Erde. Nachdem mit dem Sieg der Großen Sozialistischen Oktoberrevolution die Front des Weltkapitalismus durchbrochen wurde, nachdem das sozialistische Weltsystem entstand, hat heute, 130 Jahre nach der Verkündung des Kommunistischen Manifestes, der Kampf der revolutionären Arbeiterklasse gegen die alte Ausbeuterordnung den ganzen Erdball erfaßt, die Völker aller Kontinente in Bewegung gebracht. Die größte revolutionäre Errungenschaft unserer Epoche, der Sozialismus, verkörpert heute schon die Zukunft der ganzen Menschheit.

Die Jugend muß wissen, daß allein der Sozialismus in der Lage ist, die sozialen, ökonomischen, politischen und geistigen Probleme, die heute vor der Menschheit stehen, zu lösen. Die Probleme der endgültigen Befreiung der Menschheit von der Geißel des Krieges, die Schaffung einer gerechten, menschenwürdigen Ordnung, die Verwirklichung wahrer Freiheit und Menschenrechte für alle, die uneingeschränkte Entwicklung und Nutzung der Erkenntnisse von Wissenschaft und Technik sowie der natürlichen Ressourcen zum Wohle der Volksmassen kann nur der Sozialismus lösen. Die Jugend soll lernen, warum das so ist, warum die Anziehungskraft und die historische Überlegenheit des Sozialismus ständig wachsen.

Die Situation des Kapitalismus in unseren Tagen bestätigt die Voraussage des Marxismus-Leninismus, daß der Grundwiderspruch dieses Systems, der Widerspruch zwischen dem gesellschaftlichen Charakter der Produktion und der privatkapitalistischen Aneignung, ein unüberwindbares Hindernis für die Entwicklung dieser Gesellschaft ist. Das Streben nach Maximalprofit geht mit einer nie dage-

wesenen Aufrüstung einher, es führt zu massenhafter Vergeudung von Produktivkräften, von wissenschaftlich-technischen Ressourcen und menschlicher Schöpferkraft, erzeugt in zunehmendem Maße Massenarbeitslosigkeit und soziale Unsicherheit, kulturellen und moralischen Niedergang. Weder die großen ökonomischen und technischen Potenzen des Imperialismus, die nicht ungefährlich sind,
weil sie verstärkt für das Wettrüsten eingesetzt werden, noch der geistige Druck,
den das imperialistische Herrschaftssystem auf das Bewußtsein breiter Massen der
Bevölkerung der kapitalistischen Länder ausübt, können verhindern, daß sich der
Grundwiderspruch des Kapitalismus verschärft, daß sich neue, günstige Bedingungen für den Klassenkampf der internationalen Arbeiterklasse entwickeln. Es
genügt nicht, diese Tatsache nur festzustellen, die Jugend muß sich diese Erkenntnisse erarbeiten, sich mit den Fakten, den Tatsachen und Zusammenhängen
vertraut machen.

Wir wissen, am Schicksal des Kapitalismus kann auch kein noch so wütender
Antikommunismus etwas ändern, der übrigens keine originelle Erfindung der
heutigen Bourgeoisie ist. Schon im „Kommunistischen Manifest" steht geschrie-
gen: „Ein Gespenst geht um in Europa – das Gespenst des Kommunismus. Alle
Mächte des alten Europa haben sich zu einer heiligen Hetzjagd gegen dies Gespenst verbündet."[4] So wütend reagierte die Bourgeoisie schon auf das erste selbständige Auftreten des modernen Proletariats mit seinen Forderungen nach Befreiung von Unterdrückung und Ausbeutung, nach Frieden und Gleichheit.
Heute, da der Sozialismus zur Realität geworden ist, da die Imperialisten ihren
Spielraum immer mehr eingeschränkt sehen, haben sie sich erneut zu dieser unheilvollen, skrupellosen Hetzjagd verbündet. Immer hat die Bourgeoisie sich zur
Aufrechterhaltung ihrer Klasseninteressen des Antikommunismus bedient, und
in ihrer gegenwärtigen geschichtlichen Situation sucht sie zunehmend darin ihre
Zuflucht.

Wenn die antikommunistische Hetze den historischen Gang der Dinge auch
nicht aufhalten kann, diese „Grundtorheit unserer Epoche" kann, wie die Geschichte beweist, die Völker an den Abgrund des Krieges führen. Stets haben die
Kommunisten deshalb den schonungslosen Kampf gegen die antikommunistische
Verhetzung der Volksmassen geführt. Niemals haben sie Furcht gezeigt vor der
Verteufelung ihrer politischen Ziele, ihrer Weltanschauung. Sie haben sich zu
keiner Zeit dem Terror des Klassenfeindes gebeugt. Selbst unter den Bedingungen schlimmster Verfolgung haben sie nie ihre Überzeugung und ihren Kampf
aufgegeben, ob in Zuchthäusern oder Konzentrationslagern, in der Illegalität oder
der Emigration.

Wie klein erscheint angesichts der Größe dieses Heldentums jene Sophisterei,
ob Helden und Vorbilder der Jugend von heute noch etwas zu sagen haben. Entgegen anderen Behauptungen, die Jugend orientiert sich an Vorbildern, sie mag
Helden – Helden, die nirgends, unter keinen Umständen, und seien sie auch

[4] Ebenda, S. 461.

noch so schwierig, ihre Ideale aufgaben. Sicher ist es nützlich, darüber zu streiten, wie wir der Jugend Heldentum, Vorbilder nahebringen. Spätestens mit „Sonjas Rapport" von Ruth Werner ist das entschieden, wenn wir die Wirkung für die Erziehung im Auge haben. Ja, wir sollen sie der Jugend nahebringen, die Vorkämpfer für unsere Sache, so, wie sie waren, wie sie sind – als Menschen, die liebten und lachten, die auch einmal schwach sein konnten und dennoch stark waren, Menschen mit starken Charakteren. Unbestritten bleibt ihr Heldentum, ihr standhaftes Eintreten für ihre Überzeugung, ihre Bereitschaft, überall, zu jeder Zeit unsere Ideen, unsere Sache zu vertreten und zu verteidigen, die wahr und gut ist. Und das gerade muß die Jugend lernen, einzutreten für unsere Sache, sich offen zu bekennen, auch dann, wenn es manchmal unbequem ist. Eine solche Haltung wird ihr nicht in den Schoß gelegt.

Die westliche Welt bietet ihre Klischeehelden in Serie an, auf mutig und stark aufgemacht, mit einer Moral, die die von Gangstern ist, egoistisch, brutal, zum Töten, zum Schießen stets bereit. Wieviel seelischer Schaden wird hier bei jungen Menschen angerichtet! Skrupellos werden sie für Ziele mißbraucht, die die Ziele der kapitalistischen Gesellschaft sind. Wir müssen der Jugend unsere Erfahrungen vermitteln, denn niemand wird ernsthaft wollen, daß sie noch einmal selbst all jene bitteren Erfahrungen sammeln, den Weg, den Generationen vor ihr gegangen sind, noch einmal zurücklegen soll.

In unserer Jugendpolitik haben wir uns stets von der Erkenntnis Lenins leiten lassen, daß die Jugend auf anderem Wege zum Sozialismus kommt, nicht in der Form, nicht in der Situation wie ihre Väter. Wir sind in der Erziehung immer davon ausgegangen, daß jede Generation veränderte Lebensbedingungen vorfindet. Im Sozialismus wächst das Niveau der politischen, sozialen und geistigen Entwicklung stetig weiter an. Die Jugend macht heute und hier ihre sozialen Erfahrungen. Das muß man in der Erziehung berücksichtigen. Das erfordert Verständnis der Älteren für die Heranwachsenden. Verständnis heißt nicht, die Jugend aus ihrer Verantwortung zu entlassen; im Gegenteil, es bedeutet, sie zu fordern. Aber die Jugend muß erst lernen, Verantwortung für sich und für andere zu tragen. Deshalb müssen wir sie einbeziehen, sie beteiligen an der Lösung von Aufgaben und Problemen, ihre Interessen kennen und behutsam lenken, ihre Meinung hören, achten, sie ernst nehmen, wenn sie es ernst meint. Man muß mit der Jugend lachen können, Pädagogik schließt Humor nicht aus. Unsere pädagogische Arbeit erfordert Geduld, Umsicht, Einfühlungsvermögen und Konsequenz. Ohne Anforderungen, ohne Konsequenz taugt keine Erziehung. Das gilt für den Pädagogen in erster Linie, aber auch für das Elternhaus, für das gesamte öffentliche Klima in der Gesellschaft.

Der Aufbau des Sozialismus und Kommunismus kann nur das gemeinsame Werk vieler Generationen sein. Stets hat unsere Jugend an den entscheidenden Abschnitten der revolutionären Umgestaltung der Gesellschaft, beim Aufbau ihres Vaterlandes mit an vorderster Front gestanden. Es sind keine Musterkinder, unsere Jungen und Mädchen, aber es sind tüchtige junge Leute, die zupacken in den Betrieben der Industrie und Landwirtschaft, die ihren Kopf anstrengen, die ihre Fragen haben, die aber wissen, was sie wollen und wohin sie gehören. Und an uns liegt es, wie wir ihre Fragen klären helfen, wie wir sie vorbereiten, bewußt, sinnvoll zu leben, wie wir sie befähigen, das Werk ihrer Väter fortzusetzen, die Gesellschaft auf dem Wege zum Kommunismus voranzubringen.

Generationen haben durch ihren Kampf für die neue Gesellschaft, durch die Errichtung des Sozialismus die Voraussetzung geschaffen, daß erstmals die Grundinteressen der Jugend und der Gesellschaft in Übereinstimmung gekommen sind, daß sich die Stellung der Jugend grundlegend verändert hat. Die Arbeiterklasse hat, indem sie sich von der Rechtlosigkeit befreite, auch die Jugend in ihre Rechte gesetzt. Der Sozialismus hat die soziale und politische Gleichberechtigung für die Jugend geschaffen. Er hat ihr das Recht gegeben, ihre Gesellschaft, in der sie leben und arbeiten wird, selbst mitzugestalten. So haben die Kommunisten immer und zu jeder Zeit die Jugendfrage gesehen, so war stets ihre Stellung zur Jugend. Sie haben die Generationsfrage immer als Klassenfrage aufgefaßt und es deshalb stets als ihre Aufgabe betrachtet, die Jugend in den Kampf für unsere Sache einzubeziehen. Und wie sollte eine solche Aufgabe wie die unsere, der Aufbau einer neuen Gesellschaft, die das revolutionärste Werk in der Geschichte der Menschheit ist, keine Herausforderung an die Jugend sein, wo doch gerade die junge Generation für das Neue aufgeschlossen ist, sich beweisen will!

Das Werden und Wachsen des realen Sozialismus widerlegt die Behauptung bürgerlicher Ideologen, daß der Generationskonflikt ein unvermeidbares Phänomen „moderner Zivilisation" sei. Die bürgerliche Gesellschaft hat in der Tat die Generationsproblematik nie zu lösen vermocht. Wie könnte das auch eine Gesellschaft, in der der Profit Ziel und Maßstab ist, in der die Jugend mit am stärksten ausgebeutet wird, in sozialer Unsicherheit und Perspektivlosigkeit lebt. Die gegenwärtige Krise des Imperialismus führt zu einer rapiden Verschlechterung der Lage der Jugend, zu massenhafter Jugendarbeitslosigkeit. Immer mehr spürt sie die Ungerechtigkeit dieses Systems und ihre eigene Rechtlosigkeit. Hinter der ganzen schimmernden Fassade, von der immer mehr abbröckelt, erscheint der ganz gewöhnliche Kapitalismus, wird alles Freiheitsgebimmel zur Farce. Manipuliert, irregeführt, oft nicht den rechten Ausweg wissend, Hoffnungslosigkeit mit Drogen betäubend, werden von diesem System junge Menschen brutal zu Grunde gerichtet, wird ihnen das Gift des Neofaschismus eingeträufelt. Muß man angesichts dieser Tatsachen nicht an das Gewissen der Menschen appellieren, auch jener, die zu uns zu Besuch kommen, freundlich und bieder, die nur nichts von Politik hören wollen: War dies nicht alles schon einmal da? Soll sich dieser wahnwitzige Mißbrauch der Jugend, der Millionen Kindern ihre Väter und Mütter geraubt, zahllose junge Menschen das Leben gekostet hat, wiederholen? Dazu hat niemand das Recht zu schweigen.

Es ist unübersehbar, daß sich die Jugend in den kapitalistischen Ländern, auch in der BRD, zunehmend gegen antidemokratische Praktiken wendet, daß antikapitalistische Tendenzen wachsen. Diesen Konflikt unterdrücken die Herrschenden, nicht zuletzt in der BRD, nicht nur mit allen Mitteln der Demagogie, der Provokation, sondern auch auf brutalste Weise mit dem Polizeiknüppel. Es mutet schon eigenartig an, wenn bürgerliche Politiker, die kein geeignetes Konzept zur Lösung der Jugendfrage in ihrer Gesellschaft haben, uns Rezepte für unsere Jugendpolitik geben wollen. So bemühen sie Tag für Tag ihren Propagandaapparat, mal plump, mal ein wenig feiner verpackt, um glauben zu machen, die Vorstellungen unserer Jugend vom Leben, ihre Interessen und Bedürfnisse seien ganz anders als die der älteren Generation, die junge Generation in der DDR stehe im Widerspruch, in Opposition zu den Älteren und den „Institutionen" der sozialistischen Gesellschaft. Das ist der Versuch, von den realen sozialen und politischen Problemen in der bürgerlichen Gesellschaft abzulenken, der untaugliche Versuch, den der Gegner im Kampf gegen den Sozialismus nie aufgegeben hat, die Jugend von der Arbeiterklasse und ihrer Partei zu trennen. Er ist untauglich, weil die Jugend bei allem, was sie noch nicht weiß und wissen kann, eines weiß: Dieser ihr sozialistischer deutscher Staat garantiert ihre grundlegenden Rechte, eine gesicherte Perspektive; die Älteren an ihrer Seite arbeiten für sie und mit ihnen. Diese Jugend ist niemals bereit, ihre Gesellschaftsordnung preiszugeben. Und alle Beschwörungsformeln, die da heißen, macht doch um Gottes Willen einen anderen Sozialismus – womit gemeint ist: überlaßt doch uns, den Kapitalisten, wieder das Feld, wir geben uns auch sehr sozial, sehr demokratisch –, sie werden nichts fruchten; denn die einzige Garantie für ein Leben der Jugend in Freiheit, Glück und Frieden ist und bleibt der real existierende Sozialismus, der auf den Prinzipien des Marxismus-Leninismus beruht.

Unsere Lehrer leisten ihre Arbeit im Bewußtsein ihrer Verantwortung unter den Bedingungen des Kampfes hier, an der Grenze, die in Europa die beiden Weltsysteme scheidet. Die weltweite Systemauseinandersetzung zwischen Sozialismus und Kapitalismus erfordert Stellungnahme, Parteinahme für den gesellschaftlichen Fortschritt. Wer, wenn nicht der Lehrer, muß tagtäglich geduldig und überzeugend den Heranwachsenden erklären, was sich in der Umwelt der Kinder, was sich in unserem Land, in der Welt vollzieht? Er muß Antwort geben auf die Fragen, die die Kinder und Jugendlichen bewegen. Politischer Erzieher zu sein, das heißt, sich den Fragen der Gesellschaft, der ideologischen Auseinandersetzung zu stellen. Ohne Engagement für die Sache geht es in der Erziehung nicht, und wenn einer nicht bei der Sache ist, dann spüren das die Kinder.

Unsere Lehrer vervollkommnen ständig ihre politische Bildung. Ihnen dazu alle Möglichkeiten, jegliche Unterstützung zu geben ist unsere Verantwortung. Denn Lehrer haben auch Fragen, gerade weil sie so viele beantworten müssen. Für wen ist es schon leicht, immer zu verstehen, was sich da in der Welt vollzieht im Zusammenhang mit der Tatsache, daß die internationale Entwicklung durch die Verflechtung zweier grundsätzlich entgegengesetzter Tendenzen gekennzeichnet ist: einerseits durch die Tendenzen der Vertiefung der Entspannung und andererseits durch das vom Imperialismus gesteigerte Wettrüsten und die Verschärfung der ideologischen Auseinandersetzung. Zu den damit zusammenhängenden Problemen müssen sich die Lehrer in ihren Kollektiven aussprechen, beraten können. Solche aktuellen Geschehnisse wie die gegenwärtig im Nahen und Fernen Osten, in Afrika und Lateinamerika von den Imperialisten angezettelten Konflikte, der Kampf um die Einstellung des Wettrüstens müssen wir der Jugend stets ausgehend von der Grundfrage erklären: Wer sind die, die für den Krieg sind, und warum und weshalb ist der Sozialismus der konsequenteste Verfechter des Friedens?

Die Geschichte beweist: Die Ursachen für die Kriegsgefahr und das Wettrüsten sind im Wesen des Kapitalismus begründet, in seinem Streben nach Profit, Ausbeutung und Unterdrückung. Das revolutionäre Proletariat war zu jeder Zeit „ein erbarmungsloser Gegner des Krieges"[5]. Die revolutionäre Arbeiterbewegung hat stets den Kampf um den Frieden als Bestandteil ihres Klassenkampfes gegen die Ausbeuterklasse aufgefaßt und so die Interessen des ganzen Volkes vertreten und verteidigt. Denn es ist das Ziel ihres Kampfes, eine Gesellschaft zu errichten, deren Sinn darin besteht, dem Wohl und dem Glück des Volkes zu dienen, die Menschheit von den Schrecken des Krieges zu erlösen, ihr das Glück eines dauerhaften Friedens zu sichern. Der Sozialismus braucht den Frieden, wie der Frieden den Sozialismus braucht. Denn nur der Friede sichert die grundlegenden Bedingungen für die volle Ausnutzung aller Potenzen der Gesellschaft, um das Leben der Menschen reicher und schöner gestalten zu können, und je stärker der Sozialismus ist, um so stabiler ist der Frieden.

Wenn es gelungen ist, 33 Jahre seit dem Ende des zweiten Weltkrieges in Europa zu verhindern, daß ein neuer Weltkrieg ausbricht, dann ist dies kein Zufall der Geschichte. Es erweist sich immer wieder die Richtigkeit unserer marxistisch-leninistischen Theorie, daß mit der Verwirklichung der welthistorischen Mission der Arbeiterklasse erstmals die Möglichkeit geschafften wird, Kriege aus dem Leben der Völker zu verbannen. Diese 33 Jahre beweisen: Je stärker der Sozialismus ist, um so mehr Gewicht hat der Kampf für die Erhaltung und Sicherung des Friedens.

Der Stärke der Sowjetunion vor allem, ihrer politischen, wirtschaftlichen und militärischen Macht sowie der allseitigen Stärkung der Staaten der sozialistischen Gemeinschaft ist es zu danken, daß in Europa seit mehr als drei Jahrzehnten Frieden herrscht. Der Imperialismus, dessen Allmacht bereits mit der Großen Sozialistischen Oktoberrevolution gebrochen worden ist, wurde im Ergebnis des zweiten Weltkrieges und durch die Nachkriegsentwicklung weiter geschwächt.

Wer sich mit offenen Augen in der Welt von heute umsieht, der erkennt jedoch auch, daß der Imperialismus alles unternimmt, um seine verlorenen Positionen zurückzugewinnen. Deshalb bedarf es größter Anstrengungen, um unsere Erde vor einem neuen Weltkrieg zu bewahren, sie den kommenden Generationen zu erhalten. Erneut erweist sich die Sowjetunion auch heute, zu einer Zeit, da die in-

---

[5] W. I. Lenin: Der Fall von Port Arthur. In: Werke. Bd. 8, Dietz Verlag, Berlin 1975, S. 39.

ternationale Entwicklung an einem Punkt angelangt ist, wo sich für den Frieden soviel entscheidet, als die Kraft, die seit mehr als 60 Jahren den gewaltigsten Beitrag, ja die größten Opfer für die Sache des Friedens im Interesse der Menschheit erbringt.

Unsere Partei, unsere Regierung führen an der Seite der Sowjetunion einen konsequenten Kampf um die Durchsetzung der Politik der friedlichen Koexistenz. Die Stärkung und Verteidigung des Friedens, das ist eine Frage nach der ökonomischen, politischen und militärischen Stärke, auch der der Deutschen Demokratischen Republik.

Die Erziehung unserer Jugend zur Liebe zum Frieden haben wir immer und zu jeder Zeit als eine aktive Erziehung aufgefaßt. Weil wir für den Frieden auf Erden sind, sind wir für eine Erziehung, die die Jugend befähigt, ihn zu verteidigen. Wer die DDR zurückerobern will, wer von einem wiedervereinigten imperialistischen Deutschland träumt, der möchte natürlich die Deutsche Demokratische Republik sowenig wie möglich verteidigungsbereit wissen. Doch nicht zuletzt die Jugend unserer Republik – so haben wir sie erzogen, und so werden wir sie erziehen – wird stets bereit sein, ihre sozialistische Heimat, den Sozialismus, das heißt ihre eigenen Lebensinteressen, zu verteidigen.

Die aktuellen Fragen des Weltgeschehens kann unsere Jugend nur richtig verstehen, wenn sie Klarheit hat, daß wir in einer Zeit leben, in der der Sozialismus zum bestimmenden Faktor in der Weltgeschichte geworden, sein Vormarsch nicht mehr aufzuhalten ist.

Durch die Ausstrahlungskraft des realen Sozialismus haben der Kampf der Arbeiterklasse in den kapitalistischen Ländern und die Bewegung der Völker für nationale und soziale Befreiung einen großen Aufschwung genommen, an Kraft gewonnen. Der Sozialismus hat in Europa, Asien und Amerika feste Positionen. Von historischer Bedeutung war der Sieg des vietnamesischen Volkes über den USA-Imperialismus. Auf dem afrikanischen Kontinent erheben sich die Völker. In einer wachsenden Anzahl dieser Länder ist die gesellschaftliche Entwicklung auf den Sozialismus orientiert. In den lateinamerikanischen Staaten wächst der Widerstand der Massen gegen die Herrschaft des USA-Kapitals und die einheimische Reaktion. Harte Klassenauseinandersetzungen vollziehen sich in den entwickelten kapitalistischen Ländern, wie die steigende Zahl der Streikkämpfe deutlich macht. Wir können also der Jugend anhand der tatsächlichen Bewegungen überzeugend beweisen: Nicht wir haben den Klassenkampf erfunden; die Geschichte selbst ist eine Geschichte von Klassenkämpfen.

Es ist und bleibt wahr, was Marx und Engels vor über einhundert Jahren schrieben: Wenn sich die unterdrückte Menschheit auf den Weg zu ihrer Befreiung macht, wird die untergehende Klasse der Bourgeoisie alles daransetzen, diese Bewegung zu bekämpfen, unternimmt sie alles, um die Aktionen der Werktätigen im eigenen Lande zu unterdrücken, sucht sie den Ausweg in der Errichtung von Gewalt. Der Vormarsch des Friedens und des Sozialismus ist also kein Spaziergang, sondern harter Klassenkampf. Auf diesem Weg gibt es Opfer, wenn sich der

Gegner entgegenstellt, und er tut dies brutal. Wie eh und je versucht er, jede fortschrittliche Regung, das Streben der Völker nach Freiheit mit Diversion, Konterrevolution und – wie die jüngste Geschichte zeigt – mit militärischen Aktionen und faschistischen Diktaturen zu erdrosseln.

Der Vormarsch des Sozialismus jedoch ist nicht aufzuhalten. Auf unserem Weg nach vorn gibt es Unebenheiten, ja hin und wieder auch Umwege und Irrtümer. Nicht, daß die Jugend sich abfinden soll mit dem, was unfertig oder fehlerhaft ist – wir erziehen sie schließlich zum Nachdenken, im Geiste derer, die die Welt veränderten und verändern. Die Revolutionierung der menschlichen Verhältnisse von Grund auf ist ein gigantisches Werk. Das gerade müssen wir der heranwachsenden Generation verständlich machen. Wir müssen sie deshalb so erziehen, daß sie eintritt für alles, was in der Welt revolutionär ist, was im Interesse des Volkes, der Menschheit geschieht, daß sie Partei ergreift für unsere Sache und gegen alle, die uns in diesem Kampf aufhalten wollen. Dies verstehen wir unter kommunistischer Erziehung, unter Erziehung zum sozialistischen Patriotismus und proletarischen Internationalismus. Dazu gehört, daß unsere Jugend sich bewußt sein muß: Die Deutsche Demokratische Republik muß ihren Beitrag zur Stärkung der sozialistischen Staatengemeinschaft leisten, unser sozialistischer Staat kann sich nur stabil entwickeln durch seine feste Verankerung in der sozialistischen Staatengemeinschaft, durch das feste Bündnis mit der Sowjetunion. Treue zur Sache des Sozialismus, zum proletarischen Internationalismus, das war, ist und bleibt Treue zum Lande Lenins, zu dem Land, das der Menschheit den Weg gebahnt hat in den Sozialismus und das ihr heute auf dem Weg in die kommunistische Zukunft vorangeht.

Es war, ist und bleibt für die Lehrer unseres Landes Herzenssache, die junge Generation zur unverbrüchlichen Freundschaft mit der Sowjetunion zu erziehen. Was unter der Führung unserer Partei an Zusammenarbeit und Verbundenheit mit der Sowjetunion erreicht wurde, die tiefen Gefühle der Freundschaft unseres Volkes zur Sowjetunion werden wir kontinuierlich an die Jugend übermitteln, fortsetzen und vertiefen.

Die Zusammenarbeit mit der Sowjetunion und den anderen Ländern unserer sozialistischen Gemeinschaft eröffnet Perspektiven für das Zusammenwirken, das Zusammenleben der Jugend unserer großen sozialistischen Völkerfamilie, die wir heute nur ahnen können, deren Konturen sich aber schon deutlich abzeichnen. Die sich immer umfassender vollziehende sozialistische ökonomische Integration hat es mit sich gebracht, daß Arbeiter und Wissenschaftler – unter ihnen viele junge Menschen – aus der Sowjetunion, der DDR, der Volksrepublik Polen, aus der ČSSR, aus Ungarn, Bulgarien, Kuba, Vietnam und aus anderen sozialistischen Ländern in den Betrieben der sozialistischen Staatengemeinschaft Schulter an Schulter arbeiten. Neue menschliche Beziehungen entwickeln sich so zwischen den Völkern und der Jugend unserer Länder.

Neue interessante Aufgaben sind bei der gemeinsamen Erforschung der Erde und des Kosmos gestellt. Der Flug des ersten Kosmonauten der Deutschen Demokratischen Republik, des Kommunisten Oberst Sigmund Jähn, Fliegerkosmonaut der DDR, Held der Deutschen Demokratischen Republik und Held der Sowjetunion, Träger des Karl-Marx-Ordens, gemeinsam mit seinem Genossen und Freund, dem Kommunisten Oberst Waleri Bykowski, zweifacher Held der Sowjetunion und Held der Deutschen Demokratischen Republik, Träger des Leninordens und Karl-Marx-Ordens, ihre gemeinsame Arbeit mit der sowjetischen Besatzung der Orbitalstation Salut 6, den Genossen Kowaljonok und Iwantschenko, die gemeinsame Arbeit vieler zur Vorbereitung dieses Fluges, die Vorbereitung des Oberstleutnants der NVA, unseres Genossen Eberhard Köllner, und seines sowjetischen Genossen Viktor Gorbatko auf diesen Flug sowie die vorangegangenen gemeinsamen Flüge der Kosmonauten aus der ČSSR und Volkspolen mit ihren sowjetischen Freunden zeigen: Künftige Generationen unserer Heimat werden gemeinsam mit ihren Freunden große, komplizierte Aufgaben zu lösen haben. Die Jugend unserer sozialistischen Länder wird noch manches Stück Neuland betreten auf dem Weg in die kommunistische Zukunft.

Den Sozialismus aufzubauen, das verlangt, seinen Kopf anzustrengen, erfordert beharrliche Arbeit. Unsere tagtägliche Arbeit für den Sozialismus ist angesichts der historischen Bedeutung, die die Stärkung des realen Sozialismus für die endgültige Befreiung der Menschheit hat, eine zutiefst revolutionäre Aufgabe. Der revolutionäre Kampf für die neue Gesellschaft war zu jeder Zeit nicht nur das Heldentum auf den Barrikaden großer Klassenschlachten; er war immer zugleich die angestrengte, mühevolle, stille Kleinarbeit von Hunderten, Tausenden und Millionen Menschen, die ehrliche, pflichtbewußte Arbeit für unsere Sache.

Um zu verstehen, warum wir an einem Abschnitt stehen, der weit höhere Ansprüche an die Schule, an die Qualität unserer Arbeit stellt, müssen wir Klarheit darüber haben, daß es, wenn wir von der Gestaltung der entwickelten sozialistischen Gesellschaft sprechen oder von der sozialistischen Revolution in der DDR und ihren Perspektiven, keinesfalls einfach um die Wahl anderer Begriffe und Bezeichnungen für den Sozialismus geht. Der weitere Ausbau der materiell-technischen Basis, die Intensivierung der Produktion auf der Grundlage der modernsten Errungenschaften der wissenschaftlich-technischen Revolution, die weitere Vervollkommnung der sozialistischen Produktionsverhältnisse sowie der darauf beruhenden sozialistischen gesellschaftlichen Beziehungen, die weitere Annäherung der sozialen Klassen und Schichten, die weitere Ausprägung der sozialistischen Lebensweise, die Erhöhung des Kultur- und Bildungsniveaus des Volkes – all das charakterisiert die entwickelte sozialistische Gesellschaft als eine qualitativ neue Entwicklungsstufe, in der sich der allmähliche Übergang zum Kommunismus anbahnt und zu vollziehen beginnt.

Die entwickelte sozialistische Gesellschaft zu gestalten ist also nicht einfach die Fortschreibung des erreichten Entwicklungsstandes; hier geht es um die Weiterführung des Prozesses der revolutionären Umgestaltung der Gesellschaft. Das Programm unserer Partei, in dem dieser Weg festgelegt ist, ist eine Herausforderung an die schöpferischen Kräfte der Menschen, an ihr Wissen, ihre Aktivität und Initiative, an ihr bewußtes Engagement für das Neue, Vorwärtsweisende, Anforderung auch vor allem an die Erziehung der Jugend. Betrachten wir nur die Anforderungen, die sich für die Vorbereitung der Jugend auf ihre künftige berufliche Tätigkeit ergeben.

Eine entscheidende Voraussetzung für die allseitige Verwirklichung des Sinns des Sozialismus, alles für das Wohl des Volkes zu tun, besteht darin, eine leistungsfähige und effektive materiell-technische Basis zu schaffen, die eine hohe Arbeitsproduktivität, ein stabiles Wirtschaftswachstum gewährleistet, denn nur so sind die erforderlichen Bedingungen für die Erhöhung des materiellen und kulturellen Lebensniveaus zu schaffen. Diese Aufgaben können wir nur bewältigen, wenn in weit höherem Maße als bisher neue wissenschaftlich-technische Lösungen in der Produktion Anwendung finden. Heute schon zeigt sich, daß dies nicht nur entscheidend für die Erhöhung der Effektivität der Produktion und die Qualität der Erzeugnisse ist, sondern daß damit vor allem auch bedeutende Veränderungen im Arbeitsprozeß, im Charakter der Arbeit vor sich gehen, die höhere Anforderungen an das Wissen und Können, an das Verhalten der Menschen stellen.

Es handelt sich bei der Entwicklung des wissenschaftlich-technischen Fortschritts, der wissenschaftlich-technischen Revolution um einen objektiven Prozeß, der nicht nur etwas mit Produktion zu tun hat. Hier handelt es sich um große soziale Probleme, um Probleme auch der Erziehung, es ist eine neue Anforderung auch an die Schule. Sie muß die Jugend mit einem hohen Wissen ausrüsten, sie zu schöpferischem Denken, gewissenhafter Arbeit befähigen, ihr die Liebe zur Wissenschaft, hohes Verantwortungsbewußtsein gegenüber Mensch und Natur anerziehen. Wir müssen die Jugend befähigen, sich den Problemen, die mit dem wissenschaftlich-technischen Fortschritt zusammenhängen, zu stellen. Geht es doch hier um grundlegende Fragen der weiteren Entwicklung unserer Gesellschaft, darum beispielsweise, wie die materiell-technische Basis als Grundlage für die Entwicklung aller Lebensbereiche weiter vervollkommnet wird, wie der wissenschaftlich-technische Fortschritt so zu organisieren ist, daß sich die Arbeitsbedingungen der Menschen verbessern. Mit der Problematik des wissenschaftlich-technischen Fortschritts hängt zusammen, daß sich die Arbeitstätigkeit der Menschen verändert. Wir haben die Aufgabe zu lösen, die wissenschaftlich-technische Revolution mit den Vorzügen des Sozialismus zu verbinden. Dabei gehen wir von der marxistisch-leninistischen Position aus, daß der Mensch der Natur und ihren Gesetzen nicht blind unterworfen ist und unter unseren gesellschaftlichen Bedingungen erst zum Beherrscher der Natur und Technik wird. Wissenschaft und Technik, Wissenschaft und Produktion unter dieser Sicht miteinander zu verbinden, das sind Aufgaben von gewaltiger Größe, die die Jugend als Aufgabe verstehen lernen muß. Auch dies gehört zur revolutionären Erziehung der Jugend.

Heute schon müssen wir in unserer Erziehung davon ausgehen, daß der Kampf um höhere Effektivität und Qualität der gesellschaftlichen Produktion, der die aktive und initiativreiche Teilnahme der Werktätigen an der Leitung, Planung und

Durchführung der volkswirtschaftlichen Aufgaben erfordert, schöpferisches Suchen nach neuen wissenschaftlich-technischen Lösungen auf der Grundlage tiefer Einsichten in die Gesetzmäßigkeiten der Entwicklung in der Natur und Gesellschaft und ihre immer umfassendere Anwendung im Arbeitsprozeß verlangt.

In der sozialistischen Gesellschaft ist kein Platz für Resignation, Pessimismus und gar für Furcht vor den Folgen der wissenschaftlich-technischen Revolution, wie dies in den entwickelten kapitalistischen Ländern unter den Werktätigen im Ergebnis verschärfter Ausbeutung der Fall ist. Nicht Wissenschaft und Technik sind die Ursache für die sich ständig verschärfende Krise des Kapitalismus, für Massenarbeitslosigkeit und Existenzangst, für die Vernichtung menschlicher Produktivkraft und natürlicher Ressourcen, sondern das kapitalistische Profitstreben, das in den wissenschaftlich-technischen Errungenschaften nur ein Mittel zur Anhäufung immer größeren Reichtums in den Händen der besitzenden Klasse auf Kosten der Werktätigen sieht. Nicht der wissenschaftlich-technische Fortschritt, sondern das überlebte kapitalistische System steht der allseitigen Entwicklung des Menschen entgegen. Erst die Beseitigung des Privateigentums an den Produktionsmitteln, die Schaffung sozialistischer gesellschaftlicher Verhältnisse schafft die Voraussetzung dafür, daß die wissenschaftlich-technischen Errungenschaften ausschließlich dem Wohle des Menschen dienen, daß sich die Arbeit immer umfassender als Prozeß der Selbstverwirklichung des Menschen, der Entfaltung seiner Wesenskräfte vollzieht. Schon Marx hat darauf hingewiesen, daß unter den Bedingungen der von Ausbeutung befreiten Arbeit mit der zunehmenden Anwendung der Wissenschaft auf die Produktion „die Entwicklung der reichen Individualität" notwendig und möglich wird, in deren Tätigkeit „die Naturnotwendigkeit (der Arbeit) in ihrer unmittelbaren Form verschwunden ist"[6] und die Arbeit immer mehr als eine „alle Naturkräfte regelnde Tätigkeit erscheint"[7].

Erst der Sozialismus kann sich die Aufgabe stellen, die Gesamtheit der Lebensbedingungen, beginnend im Arbeitsprozeß, ständig so zu vervollkommnen, daß die materiellen und geistigen Werte, der Reichtum der Ideen und Initiativen der Menschen, Aktivität und Schöpfertum sich immer umfassender entwickeln. So ist die Zielstellung der Partei zu verstehen, das materielle und kulturelle Lebensniveau des Volkes in enger Wechselwirkung zu erhöhen. Und daraus erklärt sich auch die wachsende Rolle der Ideologie, der Bildung, die Aufmerksamkeit, die die Partei dem Bildungswesen zukommen läßt.

Unsere Erziehung muß bewirken, daß die Jugend versteht, daß das Programm unserer Partei nur durch die eigene Arbeit verwirklicht werden kann, daß die objektiv vorgezeichnete Entwicklung der Menschheit um so besser vorangeht, je bewußter die Menschen die Anforderungen meistern, die im täglichen Leben an sie gestellt sind.

---

[6] K. Marx: Grundrisse der Kritik der Politischen Ökonomie. Dietz Verlag, Berlin 1974, S. 231.

[7] Ebenda, S. 505.

Die Jugend kann nur aus der Kenntnis der Vergangenheit heraus das Verständnis für Gegenwart und Zukunft gewinnen, für den gesetzmäßigen Verlauf der Geschichte, für den Kampf der Volksmassen, dafür, daß mit der Arbeiterklasse jene entscheidende Kraft der Geschichte auf den Plan getreten ist, von deren Kampf die weitere Perspektive der Menschheit abhängt.

Das Verständnis für den tatsächlichen Verlauf der Geschichte, die Kenntnis der revolutionären Triebkräfte, das Wissen um die Kämpfe für revolutionäre Veränderung in Vergangenheit und Gegenwart und der wissenschaftliche Vorausblick in die Zukunft, Geschichtsbewußtsein also in diesem Sinne zu entwickeln, das ist nicht nur eine Aufgabe des Geschichtsunterrichts, sondern der gesamten Arbeit der Schule, der sozialistischen Jugend- und Kinderorganisation. Hierfür tragen alle Verantwortung.

In der BRD wird heute viel über verlorengegangenes und aufzuarbeitendes Geschichtsbewußtsein der Jugend geredet. Damit jedoch wird nicht etwa die Absicht verfolgt, der Jugend einen Einblick in die Ursachen der Machtergreifung Hitlers zu vermitteln, die Verbrechen aufzudecken, die der deutsche Faschismus den Völkern Europas und dem deutschen Volk zufügte, die Ursachen aufzudecken, warum in der BRD die Beschlüsse der Potsdamer Konferenz nicht verwirklicht wurden. Vielmehr soll die historische Wahrheit verdreht, die Geschichte dazu aufgeboten werden, die Illusion vom Fortbestehen einer einheitlichen Nation zu stützen, die Politik des Offenhaltens der deutschen Frage zu untermauern. Wer zuläßt, daß die faschistischen Verbrechen an den Völkern, auch an unserem Volk, glorifiziert werden, dem ist nicht an der Verbreitung der Wahrheit über die deutsche Geschichte gelegen, der will den reaktionären Ungeist der bürgerlichen deutschen Nation, den großdeutschen Chauvinismus für die antikommunistische Manipulierung der Jugend aufbereiten, um sie aufs neue für die Interessen des Monopolkapitals gegen alles Fortschrittliche, gegen den realen Sozialismus, nicht zuletzt auch gegen die Deutsche Demokratische Republik, ins Feld zu schicken.

Der Begriff Vaterland ist in der Geschichte unseres Volkes von den herrschenden Ausbeuterklassen immer wieder mißbraucht worden, um die Volksmassen zu täuschen, sie für ihre Klasseninteressen auszunutzen. Und immer haben die Werktätigen einen hohen Preis dafür bezahlen müssen. Wie eh und je sind die bürgerlichen Ideologen, besonders die Apologeten des deutschen Imperialismus, wiederum bemüht, den Klassenantagonismus mit heuchlerischem Gerede über Heimat und Vaterland, mit einer gemeinsamen Kultur und Geschichte zu verschleiern, die Gefühle der Menschen schamlos für ihre reaktionären politischen Ziele zu mißbrauchen.

Unter der Führung der Arbeiterklasse und ihrer Partei errichteten die Werktätigen in Gestalt der Deutschen Demokratischen Republik das erste wahre Vaterland der Jugend. Mit der sozialistischen Revolution in unserem Lande wurde in der DDR verwirklicht, was im „Kommunistischen Manifest" begründet worden ist: „Indem das Proletariat zunächst sich die politische Herrschaft erobern, sich zur nationalen Klasse erheben, sich selbst als Nation konstituieren muß, ist es selbst noch national, wenn auch keineswegs im Sinne der Bourgeoisie."[8] Und Clara Zetkin schrieb: „... dem proletarischen Klassenkampf bleibt es vorbehalten, das Vaterland und seine Kultur aus dem Monopol einer kleinen Minderheit in ... den Besitz aller zu verwandeln."[9]

Unsere Pädagogen erziehen unsere Jugend zur Liebe zu ihrem Vaterland, dazu, sich all dem verpflichtet zu fühlen, was in den besten Traditionen der deutschen Arbeiterklasse, des deutschen Volkes wurzelt und in unserer Republik eine wahre Heimstatt gefunden hat. Sie erziehen die junge Generation dazu, sich der Geschichte verpflichtet zu fühlen, die das Volk der Deutschen Demokratischen Republik in den letzten drei Jahrzehnten geschrieben und die die Jugend selbst mitgestaltet hat. Unsere Jugend kann mit Stolz den Namen Bürger der Deutschen Demokratischen Republik tragen. Daraus ergeben sich ihre Rechte und Pflichten. Sie zur Wahrnehmung dieser ihrer staatsbürgerlichen Rechte und Pflichten zu befähigen, auch dies gehört zur Vorbereitung unserer Jugend auf das Leben.

Für uns ist die Erziehung zum sozialistischen Patriotismus untrennbar verknüpft mit der Herausbildung internationalistischer Denk- und Verhaltensweisen, der festen Freundschaft zur Sowjetunion und den anderen Ländern unserer sozialistischen Gemeinschaft, der Verbundenheit mit der internationalen Arbeiterbewegung und der Solidarität mit allen revolutionären, fortschrittlichen Kräften in der Welt.

Immer wieder veranlaßt uns die Vorwärtsbewegung unserer Gesellschaft, neu zu durchdenken, wie sich sozialistisches Bewußtsein bei der Jugend herausbildet, wie unter der heranwachsenden Generation die ideologische Arbeit geführt werden muß. Es geht hier um die Frage, wie wir es verstehen, die Erziehungsarbeit so zu führen, daß sich durch Wissen Erkenntnisse, Überzeugungen, moralische Haltungen der Jugend entwickeln.

Im Verlauf der weiteren Gestaltung der entwickelten sozialistischen Gesellschaft erhöht sich mit der Vervollkommnung der objektiven Lebensbedingungen und unter dem Einfluß der ideologischen Erziehung das Niveau des gesellschaftlichen Bewußtseins der Menschen. Sozialistische Denk- und Verhaltensweisen setzen sich jedoch nicht geradlinig, aber immer umfassender durch. In den Arbeitskollektiven, in der sozialistischen Gemeinschaftsarbeit, in den Brigaden der sozialistischen Arbeit, auf dem Lande, wo sich anstelle individuellen Eigentümerdenkens das Kollektivbewußtsein herausgebildet hat, entwickelt sich sozialistisches Bewußtsein. Dies, aber auch noch vorhandene überlebte Denk- und Verhaltensweisen, überholte Traditionen und andere negative Erscheinungen, die wir noch überwinden müssen, sind die realen Bedingungen für unsere Erziehungsarbeit.

Erziehung vollzieht sich nicht im Glashaus, und gerade auf die Jugend wirkt ein, wie sich die Menschen, nahe- und fernstehende, im Alltag zu den kleinen

---

[8] K. Marx/F. Engels: Manifest der Kommunistischen Partei. A. a. O., S. 479.
[9] C. Zetkin: Kunst und Proletariat. Dietz Verlag, Berlin 1977, S. 78.

und den großen Fragen unseres Lebens verhalten. Zum Beispiel erlebt die Jugend, wer etwas leistet in unserer Gesellschaft für das Wohl aller, dem gebührt Ansehen. Und sie versteht, wer etwas leistet, soll sich auch etwas leisten können. Sie erlebt natürlich auch Egoisten, Leute, die glauben, Ansehen durch Renommiersucht, durch zur Schau gestellten kleinbürgerlichen Besitzerstolz zu erreichen. Diese Bedingungen müssen wir beachten. Das heißt natürlich nicht, sich damit abzufinden; es bedeutet vielmehr, sich aktiv damit auseinanderzusetzen, im kleinen wie im großen, die Jugend zu einer aktiven Lebensposition zu erziehen.

In unserer täglichen Erziehungsarbeit müssen wir immer wieder darauf achten, daß nichts zur Routine werden darf, daß man sich den täglichen Fragen der Erziehung immer wieder neu stellen muß, handelt es sich doch bei der Erziehung um einen ständigen, lebendigen Prozeß. So weiß der Erzieher, daß er nicht erwarten darf, mit einer einmaligen Antwort die Grundfragen unserer Zeit ein für allemal geklärt zu haben. Vielmehr ist es ganz natürlich – und dies darf man nicht als Mangel empfinden –, wenn deren Diskussion sich ständig fortsetzt; muß man sich doch immer wieder mit dem aktuellen Geschehen auseinandersetzen, sich neuen Entwicklungen stellen. Und immer wieder muß man sich daran erinnern: Für die Herausbildung von Überzeugungen, Einstellungen und Verhaltensweisen reicht es nicht aus, den jungen Menschen nur die Ergebnisse unserer Entwicklung zu verdeutlichen, ohne zugleich mit ihnen über die Aufgaben und Probleme zu sprechen, die noch bewältigt werden müssen.

Vor allem müssen wir in der Erziehung beachten, wie wir Wissen so vermitteln, daß wir die sozialen Erfahrungen der Schüler berücksichtigen, wie der Erziehungsprozeß zu gestalten ist, damit sich die Schüler soziale Erfahrungen durch ihre praktische Tätigkeit selbst aneignen, wie wir sie in die Lösung von Aufgaben einbeziehen und sie befähigen, aktiv am gesellschaftlichen Leben in der Schule, in ihrer politischen Organisation, am Leben des Betriebes und im Wohngebiet teilzunehmen. Kommunistische Erziehung läßt sich nicht auf „moralische Belehrungen" reduzieren; sie erfordert, die jungen Menschen zu einem aktiven Verhalten zu erziehen.

Es ist ganz normal, daß die jungen Leute die Frage beschäftigt, wie es sich mit dem Verhältnis von Ideal und Wirklichkeit im Leben unserer Gesellschaft verhält. Ihre subjektiven Erfahrungen müssen wir ernst nehmen, die positiven und auch die negativen. Wir müssen ihnen jedoch die gesellschaftlichen Zusammenhänge erklären, die gesellschaftliche Erfahrung übermitteln, das Wissen darum, daß unsere Ideale nur im Kampf, in der Arbeit verwirklicht wurden und verwirklicht werden können. Es ist unsere Aufgabe, der Jugend bewußtzumachen, daß wir in nur drei Jahrzehnten eine über Jahrhunderte währende Ausbeutergesellschaft hinter uns gelassen haben. Und ebenso muß sie darum wissen, daß mit dem gesellschaftlichen Fortschritt Neues herangereift ist, daß mit dem Entstehen kommunistischer Zustände die Entwicklung, die Probleme der Gestaltung des Lebens der Gesellschaft, der Natur in neuer Weise auf der Tagesordnung stehen. Die Jugend muß es lernen, die Entwicklung der Natur, der Gesellschaft, der Wissenschaft als etwas sich ständig in der Fortbewegung Befindendes, die Widersprüche als eine Triebkraft zu verstehen. Es wäre jedoch eine Vereinfachung, alle Unzulänglichkeiten als „Triebkraft Widerspruch" zu bezeichnen. Dies könnte Schlendrian rechtfertigen und zu einem passiven Verhalten gegenüber Unzulänglichkeiten führen.

Kommunistische Erziehung ist darauf orientiert, die Aktivität der Kinder und Jugendlichen zu entwickeln, sie zu Selbständigkeit, Verantwortungsbewußtsein und Schöpfertum zu führen. Dies muß die Führung des gesamten pädagogischen Prozesses durch die Lehrer bestimmen, die Art und Weise des Unterrichts, die Art und Weise der Erziehungsarbeit.

Je fester die Erziehung mit den realen Lebensprozessen, die Theorie mit der Praxis verbunden werden, desto umfassender wird sich die Jugend die gesellschaftliche Wirklichkeit, in der sie lebt und aufwächst, aneignen, ihre Erfahrungen, die sie in der Familie, der Schule und mit den Freunden macht, erweitern, bereichern. Von unersetzbarem Wert für die Erziehung unserer Jugend ist deshalb ihre gesellschaftliche Tätigkeit in ihrer politischen Organisation.

In der Freien Deutschen Jugend und ihrer Pionierorganisation „Ernst Thälmann" lernen die jungen Menschen, das Prinzip der gesellschaftlichen Verantwortung und Aktivität, das im Sozialismus lebendig ist, selbst mit zu verwirklichen, prägen sie ihren Willen zum eigenen Tun für die Sache der Arbeiterklasse von früh an aus.

Hier erleben die Kinder die Beziehungen gegenseitiger Achtung und kameradschaftlicher Hilfe, die Kollektivität, die Wesenszug unserer Gesellschaft, Grundzug unserer Erziehung ist. Hier haben die Kinder und Jugendlichen umfassende Möglichkeiten, auf der Grundlage der Freiwilligkeit demokratische Rechte bewußt wahrzunehmen und gesellschaftliche Pflichten zu erfüllen, das heißt, politische Verantwortung zu tragen; und je qualifizierter dies geschieht, um so nachhaltiger wirkt sich dies auf das ganze weitere Leben der Heranwachsenden aus.

In unserer Erziehungskonzeption und Erziehungspraxis nimmt die Arbeitserziehung einen entscheidenden Platz ein. Was sich in der Teilnahme der Jugend an der Arbeit entwickelt an moralischen Verhaltensweisen wie Ausdauer, Gründlichkeit, Disziplin, Verantwortungsbewußtsein, Stolz auf das Geleistete, an Kollektivität, das müssen wir offensichtlich, bezogen auf den einzelnen Schüler, viel genauer beachten. An so manchen Schülern, die dem Lehrerkollektiv als pädagogisch schwierig erscheinen, entdeckt man hier, weil sie gefordert, weil sie ernst genommen werden, selbständig etwas leisten dürfen, in der Schule bisher oft nicht erkannte Eigenschaften.

Es ist an der Zeit, daß sich jedes Pädagogenkollektiv die Frage vorlegt, ob wir in der täglichen Erziehungsarbeit genügend beachten, daß unsere Jugend heute schon während der Schulzeit Arbeitserfahrungen, Betriebserfahrungen sammelt, ob wir genügend berücksichtigen, daß sich hier Persönlichkeitseigenschaften herausbilden, die wir nicht ignorieren dürfen, die wir durch Erziehung weiter ausformen müssen. Es ist nicht selten der Fall, daß die jungen Leute im Betrieb als tüchtig, schöpferisch, diszipliniert, kameradschaftlich eingeschätzt, in der Schule jedoch unter der Rubrik „schlechtes Betragen" geführt werden. Sprechen wir nicht oft noch über sozialistische Wirtschaftspolitik im Unterricht und anderswo, ohne die Erfahrungen zu berücksichtigen, die die Schüler sozusagen draußen, im Leben, schon machen, und wundern uns dann, wenn sie den Unterricht, das Seminar oder die Versammlung langweilig finden?

Wir mühen uns am Ende des Schuljahres oder der Schulzeit um eine die Persönlichkeit des jungen Menschen treffende Charakteristik, um die Bewertung der Leistungen auf allen Gebieten. Nimmt aber in den Zeugnissen die Wertung der Ergebnisse, der Leistungen in der produktiven Arbeit, in der berufsvorbereitenden Ausbildung schon den gebührenden Platz ein? Es muß in das Denken, in den Stil der Erziehungsarbeit jedes Lehrers Eingang finden, daß ein großes Stück Erziehung durch die Teilnahme der Schüler am Arbeitsprozeß in den Betrieben, im polytechnischen Unterricht und in der freiwilligen Arbeit geleistet wird, das nicht neben dem Erziehungsprozeß in der Schule steht, sondern ganz wesentlich zum Prozeß der kommunistischen Erziehung, zur Persönlichkeitsentwicklung gehört.

Wir verstehen Arbeitserziehung als einen Prozeß der Erziehung durch die Arbeit für die konkreten Anforderungen an die Arbeit in der sozialistischen Gesellschaft. Gewissenhafte, ehrliche, gesellschaftlich nützliche Arbeit ist das Herzstück der Lebensweise in unserer sozialistischen Gesellschaft, in der es unmoralisch ist, auf Kosten der Arbeit anderer zu leben. Die Erziehung der Jugend, nach guten Arbeitsleistungen für die Gemeinschaft zu streben, zu lernen, sich gegenseitig Hilfe und Unterstützung im Kollektiv zu geben, die Anerziehung von Eigenschaften, mit dem gesellschaftlichen Eigentum sorgsam umzugehen, es zu mehren, hohes Verantwortungsbewußtsein für die Qualität der eigenen Arbeit zu entwickeln – all das sind Anforderungen an die Erziehung zu einer kommunistischen Arbeitseinstellung, sind Eigenschaften, die sich nicht spontan herausbilden.

Die Erziehung der Jugend zur kommunistischen Moral verstehen wir also als einen komplexen Prozeß der politischen und weltanschaulichen, geistigen, körperlichen und ästhetischen Erziehung der patriotischen und internationalistischen, der Arbeits- und Kollektiverziehung. Nur in dieser Komplexität prägt sich der Charakter der jungen Menschen aus. Dazu gehören politisch-ideologische Überzeugtheit, Prinzipientreue zur Sache der Arbeiterklasse, Unversöhnlichkeit gegenüber dem Klassengegner ebenso wie Erkenntnisdrang, gesellschaftliche Aktivität, Willensstärke und Pflichtbewußtsein, Achtung vor dem Leben, vor den arbeitenden Menschen und den Älteren, Mut, Ehrlichkeit, Kameradschaftlichkeit, Hilfsbereitschaft, Bescheidenheit und Zuverlässigkeit. Solche Charakterzüge müssen wir den Mädchen und Jungen anerziehen, damit jeder einzelne den Anforderungen, die das Leben an ihn stellt, den Aufgaben der Arbeit und des Kampfes heute und in der Zukunft entsprechen kann.

In diesem Jahr haben wir erstmals Schüler entlassen, die von der 1. bis zur 10. Klasse nach den neugestalteten Lehrplänen unterrichtet wurden, die, beginnend mit dem Jahre 1968, schrittweise eingeführt worden sind. Wir können feststellen –

und gerade die diesjährigen Abschlußprüfungen beweisen dies –, daß sich das Niveau der Bildung weiter erhöht hat. Die Arbeit mit den neuen Plänen war nicht leicht und ist es auch heute nicht. Wurden doch, aufbauend auf den Erfahrungen und Ergebnissen der bisherigen Schulentwicklung, ausgehend von Erkenntnissen der Wissenschaften in den sechziger Jahren, Inhalt und Niveau der in der Schule zu vermittelnden Allgemeinbildung neu bestimmt.

Bei der Ausarbeitung der neuen Lehrpläne mußten Auffassungen über die Schulbildung überwunden werden, die auf die Vermittlung vieler Einzelkenntnisse aus verschiedensten Wissenschaftsbereichen gerichtet waren und die Behandlung grundlegender Gesetzmäßigkeiten und wesentlicher Zusammenhänge unzureichend beachteten, ebenso wie Auffassungen, die eine frühzeitige Spezialisierung in der Schule vertraten, die all das, was neu am Horizont der Wissenschaft erschien, oder gar alles, was im späteren Leben auf die Menschen zukommen wird, in den Lehrplänen für die allgemeinbildende Schule berücksichtigt wissen wollten.

Es hat sich als richtig erwiesen, in allen Fachlehrgängen, von der Unterstufe an, großen Wert auf die Vermittlung und Aneignung soliden fachwissenschaftlichen Wissens, entscheidender Fakten, Tatsachen und Sachverhalte, grundlegender Begriffe und Theorien zu legen, als Grundlage auch für das Weiterlernen. Es war richtig und notwendig, in unseren Lehrplänen und Lehrmaterialien, wenngleich auch noch nicht immer zwingend genug, auf die Vermittlung elementarer Methoden wissenschaftlichen Denkens und Arbeitens, auf die Befähigung zum selbständigen Wissenserwerb zu orientieren. Ist dies doch unerläßlich für die aktive Aneignung, für die Solidität, Dauerhaftigkeit und Anwendungsbereitschaft der Kenntnisse, für die Befähigung zum logischen und dialektischen Denken, für ständiges Weiterlernen.

Die Leistungen der zehnklassigen Oberschule erweisen sich heute als wesentliche Voraussetzung für eine höhere Qualität der Hochschulvorbereitung. Unsere Hochschullehrer verweisen bei Anerkennung der Fortschritte, die wir dank der guten Arbeit der Lehrer in der Abiturstufe erreicht haben, auf Probleme, die vor allem die Solidität des Wissens und Könnens betreffen; stehen doch auch unsere Hochschulen und Universitäten vor der Aufgabe, den steigenden Anforderungen, die die Gesellschaft, die Wissenschaft und Wirtschaft stellen, zu entsprechen. Die gewachsenen Leistungen der Zehnklassenschule machen es nötig und ermöglichen es, darauf aufbauend, die Qualität und Effektivität der Hochschulvorbereitung weiter zu erhöhen.

Die Lehrer aller Fächer und Stufen haben eine große Arbeit geleistet. Heute gibt es keinen Zweifel mehr daran, daß die im Lehrplanwerk festgelegten anspruchsvollen Ziele real sind. Unsere Lehrpläne sind, wie die Erfahrungen der vergangenen Jahre zeigen, eine solide Grundlage für schöpferische pädagogische Arbeit. An den guten Ergebnissen, die wir bei der inhaltlichen Ausgestaltung unserer Schule erreichen konnten, haben die pädagogische Wissenschaft, unsere Akademie der Pädagogischen Wissenschaften, die nun fast zehn Jahre besteht, und ihre

Kooperationspartner einen bedeutenden Anteil. Unsere pädagogische Wissenschaft hat gerade in dieser Etappe, in der es um die Bestimmung und Durchsetzung einer neuen Qualität der Bildung ging, eine große Arbeit geleistet. Sie hat viele die Praxis bewegende Fragen aufgegriffen. Die neuen Anforderungen, die vor unserer Schule stehen, sind vor allem auch Aufforderung für die pädagogische Wissenschaft, eine der Praxis noch stärker zugewandte, theoretisch fundierte Arbeit zu leisten.

Stabilität und Kontinuität in unserer Schulentwicklung haben sich bewährt, auch im Hinblick darauf, daß Lehrpläne und Lehrbücher nicht ständig verändert wurden. Kontinuität schließt jedoch stets Weiterentwicklung und Veränderungen in sich ein. Immer wieder müssen die Erfahrungen und Entwicklungsprobleme analysiert, muß geprüft werden, was aufgrund gesellschaftlicher Erfordernisse, ausgehend von Entwicklungen in der Wissenschaft, Produktion, Kultur und Politik und den Erkenntnissen, die in der pädagogischen Praxis und Theorie gewonnen wurden, zu verändern, zu korrigieren, weiterzuentwickeln ist.

Die Erfahrungen der mehr als zehnjährigen Arbeit mit den Lehrplänen weisen darauf hin, daß in einigen Fächern Veränderungen herangereift sind. Wir haben dies geprüft und prüfen weiter. Dort, wo es notwendig ist und es bessere Lösungen gibt, wird geändert werden; dort, wo es noch keine besseren Lösungen gibt, werden wir weiterarbeiten, prüfen und erst über Veränderungen entscheiden, wenn wirklich für Lehrer und Schüler damit qualitativ bessere Ergebnisse abzusehen sind. Viele Lehrer weisen zu Recht auf die Notwendigkeit hin, vor allem eine Überarbeitung der Unterrichtshilfen vorzunehmen. Die mit dem Lehrplan- und Lehrbuchwerk entwickelten Unterrichtshilfen haben sich als eine wirksame praktische Hilfe erwiesen. Heute genügen sie jedoch den Ansprüchen nicht mehr; ist doch eine große Zahl seit zehn Jahren und länger unverändert. Die Praxis, die tägliche Unterrichtsarbeit jedoch haben neue Erkenntnisse hervorgebracht, und es gibt weiterführende Erkenntnisse der Wissenschaft, die nun zielstrebig ihre Umsetzung in neuen Unterrichtshilfen finden müssen. Wir haben bereits entschieden, die begonnene Überarbeitung von Unterrichtshilfen für alle Klassenstufen und Fächer beschleunigt fortzuführen.

Seit der Einführung der neuen Lehrpläne wurde eine Vielzahl von Bedingungen geschaffen, damit sich das Niveau und die Qualität der Bildung stetig erhöhen können. Dazu gehört auch die Entwicklung von Arbeitsgemeinschaften nach Rahmenprogrammen für die oberen Klassen. Die vorliegenden Erfahrungen bestätigen, daß damit ein Weg beschritten werden kann, um auf neue Anforderungen der Wissenschaft und Gesellschaft flexibel zu reagieren und bei den Schülern der oberen Klassen, die schon ausgeprägtere Interessen besitzen, Neigungen und Begabungen in günstiger Weise zu fördern. Wir müssen offensichtlich weitere Überlegungen anstellen, wie wir diesen Bereich einer sinnvoll differenzierten Arbeit stabilisieren und weiterentwickeln können.

Allein in den vergangenen zehn Jahren konnten 68 000 neue Lehrer im Schuldienst eingesetzt werden. Die Weiterbildung wurde zu einem umfassenden System ausgebaut. Im letzten Jahrzehnt wurde ein Drittel aller zur Zeit vorhandenen Unterrichtsräume neu gebaut. Nach dem VIII. Parteitag wurden 25 500 Unterrichtsräume und 1000 Turnhallen errichtet. Unsere Schulen verfügen über eine moderne Unterrichtsmittelausstattung für alle Fächer, wofür unsere Regierung allein in den letzten zehn Jahren über 1,2 Milliarden Mark zur Verfügung stellte. In 75 Prozent unserer zehnklassigen Oberschulen und in allen erweiterten Oberschulen ist das Fachunterrichtsraumsystem eingeführt. In den Betrieben wurden über 1400 polytechnische Zentren mit etwa 3400 Fachunterrichtsräumen für den polytechnischen Unterricht geschaffen. Das Bildungsfernsehen wurde aufgebaut. Rundfunk und Fernsehen unterstützen aktiv die Unterrichts- und Erziehungsarbeit.

Die schrittweise Einführung der neuen Lehrpläne wurde bekanntlich mit der Umgestaltung unserer Unterstufe begonnen. Bei der Neuprofilierung der Unterstufe gingen wir davon aus, daß sie eine Entwicklungsperiode im Leben der Kinder umfaßt, die für die Ausbildung ihrer geistigen und körperlichen Kräfte, für die Ausprägung sittlich-moralischer Eigenschaften und Verhaltensweisen sehr entscheidend ist.

Dank der Arbeit, die Zehntausende Unterstufenlehrer und Horterzieher mit großem Verantwortungsbewußtsein, viel Initiative, Ideenreichtum und Liebe zu den Kindern leisten, meistern die Schüler die Anforderungen erfolgreich. Die sehr anspruchsvolle Unterstufenkonzeption hat sich als realisierbar erwiesen. Aber auch für die Arbeit in der Unterstufe gilt: Jeder Schritt nach vorn bringt neue Fragen hervor, macht uns auf das aufmerksam, was wir noch nicht in ausreichender Qualität meistern. Es ist deshalb richtig und notwendig, daß in allen Schulen immer und immer wieder die Frage auf die Tagesordnung gestellt wird, wie die Grundfertigkeiten im Lesen, Schreiben, in Rechtschreibung und Mathematik noch sicherer ausgebildet werden können. Denn wir können nicht übersehen, daß das erreichte Niveau noch nicht immer den Anforderungen entspricht, daß noch größere Sorgfalt auf die Entwicklung der Fertigkeiten im Lesen im Zusammenhang mit der Sinnerfassung, auf die Vermittlung fester Kenntnisse über die Regelmäßigkeiten in der Rechtschreibung und Grammatik sowie auf richtiges und schönes Schreiben gelegt werden muß. Auch der Ausbildung sicherer Fertigkeiten im mündlichen und schriftlichen Rechnen in den Grundrechenarten und der Anwendung des mathematischen Wissens und Könnens beim selbständigen Lösen von Sachaufgaben muß offensichtlich noch mehr Aufmerksamkeit geschenkt werden. Alle unsere Überlegungen müssen vor allem von der durch die Praxis überprüften Erkenntnis ausgehen, daß in der Anfangsphase schulischen Lernens der soliden Ausbildung der Grundfertigkeiten eine besondere Bedeutung zukommt.

Es besteht kein Zweifel, daß sich unser Heimatkundeunterricht bewährt. Das vermittelte Wissen über gesellschaftswissenschaftliche und naturwissenschaftliche Sachverhalte ist konkreter geworden. Wir können jedoch nicht übersehen, daß die Kenntnisse der Schüler oft noch zuwenig geordnet und systematisiert, noch nicht sicher genug sind. Es erweist sich als Mangel, daß Fakten, Zeitvorstellungen, Begriffe und Zusammenhänge besonders in den Stoffgebieten zum gesellschaftlichen Leben nicht immer genügend anschaulich und systematisch vermittelt werden. Hierfür liegt eine Ursache auch in der Qualität der Lehrpläne. Es gibt Vorschläge von Lehrern zum Lehrplan und Stoffverteilungsplan der Klassen 3 und 4. Offensichtlich ist es nötig, eine genauere Stoff- und Niveaubestimmung für den Heimatkundeunterricht dieser Klassenstufen vorzunehmen.

Unser Werk- und Schulgartenunterricht trägt Wesentliches dazu bei, das Lernen mit dem Leben zu verbinden, die Kinder von klein auf zur Liebe zur Arbeit, zur Liebe zur Natur zu erziehen. Wir müssen uns aber noch mehr Gedanken darüber machen, wie wir die Vermittlung von Kenntnissen – ob im Schulgartenunterricht oder in der Heimatkunde –, wie wir die gesamte Arbeit in der Unterstufe noch wirksamer machen für die Erziehung der Kinder zu einer tiefen Beziehung zu ihrer Umwelt, zur Liebe zu den Schönheiten der Heimat und der Natur, zur Achtung vor dem Leben, denn ohne die Weckung solcher humanistischen Gefühle ist kommunistische Erziehung nicht denkbar.

Unbestritten wird in den künstlerisch-ästhetischen Fächern der Unterstufe Beachtliches geleistet. Die Qualität des Unterrichts auch dieser Fächer kann und muß jedoch weiter erhöht werden. Mit größerer Konsequenz muß der Einsatz der fachspezifisch ausgebildeten Lehrer auch für diese Disziplinen durchgesetzt werden. Die Hinweise vieler Lehrer, daß die literarische Qualität vieler Texte in den Lesebüchern zu wünschen übrig läßt, müssen unseren Verlag veranlassen, hier sorgfältig zu arbeiten.

Wir haben im Verlaufe der letzten Jahre eine dreijährige Unterstufe profiliert, die wir jedoch immer im Zusammenhang damit gesehen haben und sehen, daß die Klasse 4 die Funktion hat, die Kenntnisse und Fertigkeiten der Schüler zu erweitern und zu vervollkommnen und so zum vollen Fachunterricht überzuleiten. Diese Funktion soll die vierte Klasse auch weiterhin haben, sie sollte jedoch stärker als erste Klasse der Mittelstufe ausgeprägt werden. Das erfordert, die inhaltliche und didaktisch-methodische Arbeit verstärkt darauf auszurichten. Und sicher ist es an der Zeit, die Vorschläge vieler Lehrer aufzugreifen, die Spezifik und Systematik der Kenntnisse sowohl im naturkundlichen, vor allem aber im gesellschaftswissenschaftlichen Bereich des Heimatkundeunterrichts genauer herauszuarbeiten.

Gegenwärtig besuchen bereits mehr als 90 Prozent der Vorschulkinder den Kindergarten und 70 Prozent der Kinder der Klassen 1 bis 4 den Schulhort. Das ist nicht nur eine großartige sozialpolitische Errungenschaft, es ist dies zugleich ein ganz wesentlicher Schritt zur vollen Realisierung des einheitlichen Bildungssystems vom Vorschulalter an, eine große pädagogische Errungenschaft.

Unsere Vorschulkonferenz in Neubrandenburg im vorigen Jahr hat deutlich gemacht, welche großen Leistungen unsere Kindergärtnerinnen bei der allseitigen Entwicklung der Vorschulkinder, bei ihrer Vorbereitung auf die Schule vollbringen und welche Probleme hier noch zu lösen sind. Kein Unterstufenlehrer kann heute an der Tatsache vorbeigehen, daß unsere Schulanfänger von klein auf an das Leben in der Gemeinschaft Gleichaltriger gewöhnt sind, daß sie aktiv, selbständig sind, reges Interesse an ihrer Umwelt zeigen. Muttersprachliche Fähigkeiten, ästhetische Bedürfnisse sowie sittliche Gewohnheiten sind bereits in einer bestimmten Qualität ausgeprägt, die es im Unterricht der ersten Klasse zu berücksichtigen gilt, auf denen aufgebaut werden kann. Natürlich werden mit dem Eintritt in die Schule an die Kinder völlig neue Anforderungen gestellt, an die sie erst schrittweise gewöhnt werden müssen. Das kann und soll die Vorschulerziehung nicht vorwegnehmen. Den individuell unterschiedlichen Entwicklungsstand der Kinder gilt es nach wie vor gerade am Beginn des schulischen Lernens sorgfältig zu beachten.

Die Teilnahme der übergroßen Mehrheit der Schüler der ersten bis vierten Klassen am Leben im Schulhort, die ideenreiche, gute Arbeit unserer Horterzieherinnen schaffen außerordentlich günstige Bedingungen für die Bildungs- und Erziehungsarbeit in der Unterstufe. Es ist sehr nützlich, daß sich viele Kollektive damit beschäftigen, wie die Erziehung und die Betreuung der Kinder während des gesamten Tages inhaltlich und methodisch weiter vervollkommnet werden können. Das ist eine Frage, mit der wir uns in allen Schulen befassen müssen unter der Sicht, die gesamte Erziehungsarbeit noch besser als einheitlichen pädagogischen Prozeß zu gestalten. Muß doch die inhaltliche und methodische Gestaltung der Arbeit nach dem Unterricht das Niveau der im Unterricht herausgebildeten Fähigkeiten und Interessen berücksichtigen. Es ist sehr wichtig, dem Wechsel von systematischem Lernen und freudvollem Spiel, von Anspannung und Erholung, geistiger und körperlicher Betätigung, dem Bedürfnis nach kollektiver und individueller Beschäftigung, der sinnvollen Gestaltung des Tagesablaufs also, große Aufmerksamkeit zu schenken.

Nicht zuletzt muß die inhaltliche und methodische Gestaltung des Hortlebens die gesunde Lebensweise der Kinder fördern. Sie sollen in Ruhe ihre Mahlzeit einnehmen können, sich möglichst viel an frischer Luft, bei Sport und Spiel bewegen, körperlich tätig sein. Dies sind Fragen, mit denen sich nicht nur die Horterzieher befassen, sondern erfreulicherweise in zunehmendem Maße das ganze Pädagogenkollektiv.

Die kritischen Bemerkungen von Eltern, daß in manchen Horten die ordnungsgemäße Anfertigung der Hausaufgaben nicht ausreichend gesichert ist, müssen wir sehr ernst nehmen. Das geht natürlich nicht nur die Horterzieher etwas an. Die Voraussetzungen für die vollständige, richtige und zunehmend selbständige Anfertigung der Hausaufgaben muß der Lehrer im Unterricht schaffen. Im Hort muß vor allem eine ruhige Arbeitsatmosphäre gewährleistet sein, die Kinder müssen zur ordnungsgemäßen, sauberen und vollständigen Erledigung der Hausaufgaben, zur richtigen Zeiteinteilung und zur Nutzung von Arbeitsmitteln befähigt werden. Wie man dem unterschiedlichen Leistungsvermögen und Arbeitstempo einzelner Schüler, der Erledigung mündlicher Hausaufgaben, dem Üben im Lesen unter den Bedingungen des Hortes besser Rechnung tragen kann, bewegt viele

Horterzieher. Auch das sind Fragen, die Lehrer und Erzieher nur gemeinsam lösen können. Es ist erfreulich, daß sich das Zusammenwirken von Unterstufenlehrern und Horterziehern immer umfassender entwickelt, so bei der Festlegung einheitlicher pädagogischer Maßnahmen für einzelne Schüler oder bezogen auf die Probleme einer richtigen, altersgemäßen Arbeit mit den Kindern im Hort. Die richtige, altersgemäße Gestaltung der Arbeit mit den Kindern der dritten und vor allem der vierten Klassen ist eine viele Erzieher und auch Eltern bewegende Frage, die wir offensichtlich weiter durchdenken müssen.

Unser IX. Parteitag forderte, der weiteren Erhöhung der Qualität des gesellschaftswissenschaftlichen Unterrichts besondere Aufmerksamkeit zu schenken, trägt dieser doch entscheidend dazu bei, daß die Schüler die revolutionären Veränderungen in unserer Zeit verstehen lernen, grundlegendes Wissen über die Gesetzmäßigkeiten der gesellschaftlichen Entwicklung erwerben. Den Lehrern der Fächer Staatsbürgerkunde, Geschichte und Geographie ist die verantwortungsvolle, schwierige Aufgabe gestellt, die Gesellschaftswissenschaften wissenschaftlich exakt, lebendig und überzeugend zu vermitteln, damit sich die Jugend richtig in der Welt orientiert. Der Marxismus-Leninismus ist eine anspruchsvolle Wissenschaft, die gründlich vermittelt und angeeignet werden muß. Gerade auch hier geht es um systematischen Wissenserwerb. Und es ist sicher einfacher, bestimmte, unbestrittene Mängel des gesellschaftswissenschaftlichen Unterrichts zu kritisieren, als ihn zu erteilen.

Unsere Staatbürgerkunde- und Geschichtslehrer wirken im wahrsten Sinne des Wortes als Propagandisten des Marxismus-Leninismus, die der Jugend täglich die Politik unserer Partei nahebringen. Ihre Arbeit wird geachtet und geschätzt, und weil dem so ist, stellen wir hohe Ansprüche an die Qualität ihres Unterrichts, an die Wirkung ihrer Persönlichkeit. Die Lehrer der gesellschaftswissenschaftlichen Fächer verstehen es zunehmend besser, den Schülern solides Wissen über gesellschaftliche Erscheinungen, Prozesse und Begriffe sowie über den Inhalt und das Wesen der Gesetze und ihre Zusammenhänge zu vermitteln, sie zu befähigen, mit Schriften der Klassiker, mit Parteidokumenten immer selbständiger zu arbeiten, sie zu gründlichem Beweisen und offensivem Argumentieren zu befähigen. Dabei übersehen wir nicht, daß gesellschaftswissenschaftliche Kenntnisse bei einem Teil der Schüler noch nicht konkret genug, oft ungenügend exakt und anwendungsbereit sind. Deshalb müssen wir uns die Frage vorlegen, ob Erkenntnisse im Unterricht ausreichend auf der Grundlage konkreter Fakten und lebendigen Tatsachenwissens erarbeitet werden, wie die Schüler noch besser zu befähigen sind, in den politischen Kämpfen der Gegenwart und Vergangenheit immer die Interessen der sozialen Klassen zu erkennen, die vielfältigen Erscheinungen der Vergangenheit und Gegenwart in ihren sozialen Grundlagen, ihrem historischen Gewordensein und ihrer Entwicklungsperspektive zu verstehen und klassenmäßig zu werten.

Der Marxismus-Leninismus, die marxistisch-leninistischen Gesellschaftswissenschaften üben infolge ihrer strengen Wissenschaftlichkeit, ihrer Parteilichkeit und ihres revolutionären Charakters eine große Anziehungs- und Überzeugungskraft auf junge Menschen aus. Die Schüler mit unserer revolutionären Theorie und Praxis vertraut zu machen ist eine Aufgabe, bei der wir nicht nachlassen dürfen in unserem Bemühen um wissenschaftliche Qualität. Die Staatsbürgerkundelehrer, die ständig nach effektiven Wegen suchen, das geforderte Wissen altersgemäß, lebensverbunden und verständlich zu vermitteln, den Schülern den untrennbaren Zusammenhang von Theorie und Praxis, Theorie und Politik der Partei überzeugend bewußtzumachen, stehen immer wieder vor der Aufgabe zu prüfen, wie die Vermittlung grundlegender theoretischer Kenntnisse mit dem lebendigen Geschehen verbunden werden kann. Es ist eine immer wieder bestätigte Erfahrung, daß es uns dann gelingt, das Verständnis für die aktuelle Politik zu vertiefen, wenn die gesellschaftlichen Gesetzmäßigkeiten und Zusammenhänge gründlich vermittelt werden und den Schülern gezeigt wird, daß und wie die Partei sich in der praktischen Politik von diesen Gesetzmäßigkeiten leiten läßt. Es ist eine wichtige Aufgabe des Staatsbürgerkundeunterrichts, die Bewährung und die Bedeutung der marxistisch-leninistischen Theorie im realen Leben überzeugend nachzuweisen.

Wir wissen, die Aneignung der marxistisch-leninistischen Weltanschauung, der moralischen und sittlichen Werte des Sozialismus ist eng mit einem lebendigen Verhältnis der Schüler zur Geschichte, mit dem, worauf die Geschichte der Menschheit beruht, mit ihrer Kultur und vor allem mit den Kämpfen der Arbeiterklasse und den in ihnen gewachsenen Traditionen und Erfahrungen verbunden. Der Beitrag des Geschichtsunterrichts besteht gerade darin, den Schülern aus der Geschichte heraus den Sinn unserer Arbeit, unseres Kampfes, die Größe unserer Ziele verständlich zu machen, überzeugende, historisch begründete Antworten auf die Fragen zu geben, die das Leben und die Entwicklung in unserer Epoche stellen. Solchen Ansprüchen halten die Qualität unseres Geschichtsunterrichts, das historische Wissen eines Teiles der Schüler noch nicht überall stand. Wir müssen noch mehr darauf achten, daß das Wissen über historische Ereignisse, Tatsachen und Zusammenhänge und die dem historischen Prozeß in seinem konkreten Verlauf zugrunde liegenden Gesetzmäßigkeiten gründlich erarbeitet wird, daß wesentliche geschichtliche Erkenntnisse über revolutionäre Prozesse und die in ihnen wirkenden Klassenkräfte lebendig und emotional wirksam vermittelt werden.

Es ist eine große Errungenschaft unserer sozialistischen Schule, daß sie in den Fächern Musik, Kunsterziehung und im Lese- und Literaturunterricht die Schüler von der ersten Klasse an mit den Schätzen der Literatur und Kunst unseres Volkes und anderer Völker vertraut macht. Literatur der verschiedenen Gattungen und Genres, des Erbes und der Gegenwart, Werke der Musikkultur vom Lied bis zur Symphonie, der bildenden Kunst der verschiedenen historischen Epochen sind Gegenstand des Unterrichts ebenso wie das Kennenlernen bedeutender Persönlichkeiten der National- und Weltkultur. Die Lehrer sind bemüht, die Schüler zur künstlerischen Äußerung anzuregen und zu befähigen.

Wir stellen natürlich in Rechnung, daß die literarische, künstlerische Erziehung nicht allein im Literaturunterricht, in den Fächern Musik und Kunsterziehung erfolgen kann. Unersetzbar sind die Freizeitlektüre, der Besuch des Theaters, des Konzerts, des Films und des Museums, die eigene künstlerische Betätigung und Entdeckung. Dies anzuregen, zu fördern ist Sache aller Lehrer und Erzieher, der Pionier- und Jugendorganisation, auch der Eltern und der künstlerischen Institutionen selbst.

Musiklehrer, Kunsterzieher und Deutschlehrer bemühen sich darum, die Schüler zum Verständnis zu führen, daß die Kunst das Leben bereichert, daß sie auf ihre Art bewirkt, die Schönheit und Größe all dessen tiefer zu erfassen, was den Sinn des Lebens, den Sinn des Sozialismus, des Kampfes in unserer Zeit revolutionärer Umgestaltung erfüllt, daß die Schüler die große humanistische Traditionslinie verstehen, in der wir heute stehen. Das Bemühen der Lehrer ist darauf gerichtet, daß sich die Schüler die Kunst aktiv und schöpferisch aneignen, werden doch erst in der aktiven Auseinandersetzung mit dem künstlerisch gestalteten Gegenstand eigene Standpunkte und Haltungen herausgefordert, Vorstellungskraft, Phantasie und Empfindungsreichtum geformt.

Wir wissen, daß der Unterricht noch nicht immer solchen hohen Ansprüchen gerecht wird. Wir sollten uns überall stärker darauf orientieren, die Schüler zu einem schöpferischen Umgang mit der Literatur und Kunst zu befähigen, noch vorhandene Tendenzen eines zu engen Herangehens an das Kunstwerk zu überwinden, um so die Möglichkeiten von Literatur und Kunst für die ideologische, moralische Erziehung noch tiefer auszuschöpfen. Das erfordert natürlich vom Lehrer ein tiefes Verständnis der Einheit von Ideologischem und Ästhetischem, verlangt, daß Literatur und Kunst in ihrem ganzen Reichtum, in der Vielfalt der Formen für die Ausprägung kommunistischer Sittlichkeit noch nachhaltiger zur Wirkung gebracht werden. Damit sind hohe Ansprüche gestellt für die Behandlung von Kunstwerken des Erbes und der Gegenwart.

Ob die Werke des Erbes für die Erziehung der heutigen Jugend Berechtigung haben, ist für unsere Schule keine offene Frage. Das kulturelle Erbe macht in besonderem Maße bewußt, daß der Sozialismus tief in den fortschrittlichen und humanistischen Traditionen der Kultur des deutschen Volkes und der Menschheitskultur steht. Dies ist unversiegbarer Quell des geschichtlichen Bewußtseins unserer heutigen Generation. Die Behandlung der Werke muß ein noch tieferes Verständnis für die Bedeutung und Wirkung der künstlerischen Idee und für die Leistung ihres Schöpfers in seiner Zeit bewirken und den Schülern die künstlerisch gestalteten Ideale und moralischen und sittlichen Werte in ihrer Beziehung zu den von uns in unserer Gesellschaft verwirklichten und zu verwirklichenden Idealen nahebringen. Historizität und Aktualität so verstanden, schließen jede Vereinseitigung aus, verlangen, oberflächliche aktuelle Bezüge zu vermeiden.

Wir sind für einen Unterricht, der stärker darauf orientiert sein muß, die Schüler die Kunst erleben zu lassen. Wird aber in mancher Literaturstunde die Literatur nicht noch zu sehr „seziert"? Es ist natürlich unbestritten, daß die Aneignung der Werke von Kunst und Literatur nicht ohne solides und konkretes Wissen über das Wesen der Kunst, über die Besonderheiten der bildkünstlerischen, musikalischen und literarischen Gestaltung, über das Kunstwerk, seinen Schöpfer, die Zeit, in der es gestaltet ist und die es gestaltet, über grundlegende, ästhetische Kategorien sowie über Prinzipien der Kultur- und Kunstpolitik der Partei erfüllbar ist. Worauf es ankommt, ist, das Wissen noch wirksamer in bezug zum konkreten Kunstwerk zu vermitteln und es den Schülern so nahezubringen, daß es das Kunsterlebnis tiefer wirksam werden läßt.

Die Ansprüche, die die Gesellschaft an den Lehrer dieser Fächer bei der Behandlung von Werken des Gegenwartsschaffens stellt, sind natürlich nicht zu trennen von denen der Lehrer und der Jugend an diese Werke selbst. Solche literarischen Werke, in denen die Probleme unserer Zeit groß und bewegend dargestellt werden, die empfinden lassen, was schon erreicht wurde, die bewußtmachen, welche Konflikte sich aus dem Kampf für das Neue ergeben, wie sich neue Menschen mit ganz unverwechselbarer Individualität entwickeln, Menschen, denen man nacheifern kann, weil sie beeindrucken durch ihr Handeln, und die so zu eigener Entscheidung, zu tieferem Nachdenken über sich selbst herausfordern, sind unentbehrlich für die Erziehung. Viele Bücher unserer Gegenwartsliteratur begleiten unsere Jugend auf ihrem Weg. Wir wünschen uns weitere Werke, die die Gefühle der Kinder, der Jugend vertiefen, ihren Charakter formen helfen, die ihre Phantasie beflügeln.

Das Bemühen unserer Deutschlehrer um ein hohes Niveau der muttersprachlichen Bildung und Erziehung verdient besondere Anerkennung und unsere ganze Aufmerksamkeit, gehört doch eine hohe Sprachkultur ganz unverzichtbar zur Allgemeinbildung, zur Kultur des Menschen. Wir können feststellen, daß die Fortschritte dort am größten sind, wo Kontinuität, Systematik und Gründlichkeit im Muttersprachunterricht von der ersten Klasse an gewährleistet werden und wo die Arbeit mit der Muttersprache Beachtung bei allen Lehrern findet. Wir können allerdings nicht übersehen, daß einem Teil der Schüler der zweckmäßige, zusammenhängende Sprachgebrauch und die Beherrschung der grammatisch-orthographischen Normen der Muttersprache noch Schwierigkeiten bereitet. Deshalb müssen wir auch weiterhin sehr zielstrebig an der Verbesserung der Qualität des Muttersprachunterrichts arbeiten. Noch konsequenter müssen wir uns offensichtlich auf das für einen richtigen und zweckmäßigen Sprachgebrauch wesentliche Wissen konzentrieren, das für die Beherrschung der Normen der Schriftsprache notwendige grammatisch-orthographische Wissen noch solider vermitteln und der ständigen Festigung und Übung des Wissens von der ersten Klasse an große Beachtung schenken. In Vorbereitung auf unseren Kongreß haben viele Deutschlehrer darauf hingewiesen, daß Ursachen für Probleme bei der Entwicklung des muttersprachlichen Könnens auch auf Mängel in den Lehrplänen zurückzuführen sind. Gemeinsam mit vielen erfahrenen Lehrern analysieren unsere Wissenschaftler gegenwärtig die auftretenden Probleme, und zur gegebenen Zeit werden wir die notwendigen Veränderungen an den Lehrmaterialien vornehmen.

Für das hohe Niveau der Allgemeinbildung in unserer Schule spricht auch die Tatsache, daß alle Schüler eine Fremdsprache erlernen, daß alle Schüler die Grundlagen in der Beherrschung der russischen Sprache erwerben und nahezu zwei Drittel in einer weiteren Weltsprache. Unsere Russischlehrer haben in den vergangenen Jahren sehr zielstrebig daran gearbeitet, daß die Schüler die Sprache in wichtigen lebenspraktischen Situationen als Verständigungsmittel gebrauchen lernen, und wir können feststellen, daß sich das Niveau des Russischunterrichts weiter erhöht hat. Wir können jedoch nicht übersehen, daß noch ein zu großer Teil der Schüler am Ende der zehnten Klasse nicht in ausreichendem Maße frei und zusammenhängend sprechen kann. Wir müssen offensichtlich überall, so wie das viele Lehrer schon tun, noch mehr beachten, daß das Erfassen und Einprägen von Wortschatz und Grammatik noch enger mit dem Üben und Anwenden in lebensnahen Sprachsituationen verbunden wird und die vermittelten Sprachkenntnisse durch ständiges und gezieltes Wiederholen noch mehr gefestigt werden. Unter dieser Sicht wurden für die Klassen 6 und 7 die Lehrbücher, die Unterrichtshilfen und Unterrichtsmittel bereits überarbeitet, und für die nachfolgenden Klassen wird das fortgesetzt werden. Ebenso werden die Rundfunkkurse sowie die Fernsehkurse für die Klassen 9 und 10 sowohl für Russisch als auch für die anderen Fremdsprachen überarbeitet.

Dank der guten Arbeit unserer Sportlehrer ist eine Steigerung der körperlich-sportlichen Leistungsfähigkeit bei Mädchen und Jungen festzustellen, insbesondere in Disziplinen der Leichtathletik, in den Grundübungen und im Schwimmen. Über 97 Prozent unserer Schüler haben im Verlauf ihrer Schulzeit das Schwimmen erlernt. Wir müssen uns jedoch sehr ernsthaft auch mit einigen Mängeln unseres Sportunterrichts, so mit einer gewissen Einförmigkeit der Übungen, der noch nicht immer ausreichenden Herausbildung sportlicher Techniken und vor allem damit befassen, daß die unterschiedlichen individuellen Leistungsvoraussetzungen der Kinder nicht immer ausreichend beachtet werden. Es zeichnet sich immer mehr als ein Problem ab, daß das Niveau der Beanspruchung der Mädchen in den mittleren und oberen Klassen nicht genau genug bestimmt ist. Wir begrüßen die Bemühungen vieler Sportlehrer, bei der Gestaltung des Unterrichts mit Mädchen der gezielten Stoffauswahl, der Methodenvielfalt und der angemessenen Belastung größere Beachtung zu schenken. Sicher ist es notwendig, unter dieser Sicht auch unsere Lehrmaterialien kritisch zu überprüfen.

Im September dieses Jahres wurde in den neunten und zehnten Klassen mit dem Wehrunterricht begonnen. Die speziell dafür eingesetzten Lehrkräfte haben sich gut darauf vorbereitet. Interessantes Lehrmaterial wurde bereitgestellt. Es kommt jetzt darauf an, jede der vier Doppelstunden im neunten Schuljahr gut vorzubereiten, die besten Erfahrungen auch hier schnell zu verallgemeinern und eine hohe Qualität in der theoretischen und praktischen Ausbildung zu sichern.

Was früher ein Privileg für diejenigen war, die höhere Schulen besuchen konnten, eine systematische naturwissenschaftliche Ausbildung zu erwerben, ist heute für alle Kinder möglich. Beginnend mit der demokratischen Schulreform, führten wir einen wissenschaftlich fundierten Unterricht in den Fächern Physik, Chemie und Biologie ein; beschränkte sich doch die bürgerliche Volksschule darauf, den Kindern einige wenige elementare naturkundliche Kenntnisse zu vermitteln. Hohe mathematische und naturwissenschaftliche Bildung, die Aneignung grundlegender Gesetze der Natur betrachten wir als unentbehrlich, damit die Jugend lernt, was der Mensch vermag, wenn er die Gesetze der Natur beherrscht, damit sie lernt, die Natur, das Leben zu achten und zu schützen. Eine solide mathematische und naturwissenschaftliche Bildung betrachten wir als unentbehrliche Grundlage für die Herausbildung eines wissenschaftlichen Weltbildes und die Vorbereitung der Jugend auf die Arbeit, den Beruf.

Hin und wieder begegnet man auch heute noch Meinungen, daß die naturwissenschaftliche Bildung einen zu großen Raum in der schulischen Ausbildung einnehme. Abgesehen davon, daß entsprechend der Stundentafel in unserer Schule 30,6 Prozent des Unterrichts in Mathematik und den Naturwissenschaften und 51 Prozent in den gesellschaftswissenschaftlichen und künstlerischen Fächern und Sprachen erteilt werden, geht es hier offensichtlich weniger um den prozentualen Anteil dieser Fächer, sondern um die prinzipielle Frage, in welchem Verhältnis naturwissenschaftliches Wissen zur humanistischen Bildung steht. Hier trifft man oft noch ein Verhaftetsein in Auffassungen des klassischen bürgerlich-humanistischen Bildungsideals, das in seiner objektiven historischen Begrenztheit die Rolle der Naturwissenschaften für die Menschenbildung noch nicht erkannte.

Unsere Auffassung von humanistischer Bildung ist im Marxschen Sinne weiter gefaßt. Marx und Engels wiesen bekanntlich nach, daß die Menschen nicht nur in einem Verhältnis zur Sprache, Kultur und Geschichte, sondern auch in einem aktiven Verhältnis zur Natur stehen. So wies Engels darauf hin, „daß wir mit Fleisch und Blut und Hirn ihr angehören und mitten in ihr stehn, und daß unsre ganze Herrschaft über sie darin besteht, im Vorzug vor allen andren Geschöpfen ihre Gesetze erkennen und richtig anwenden zu können … Namentlich seit den gewaltigen Fortschritten der Naturwissenschaft in diesem Jahrhundert werden wir mehr und mehr in den Stand gesetzt, auch die entfernteren natürlichen Nachwirkungen wenigstens unsrer gewöhnlichsten Produktionshandlungen kennen und damit beherrschen zu lernen. Je mehr dies aber geschieht, desto mehr werden sich die Menschen wieder als Eins mit der Natur nicht nur fühlen, sondern auch wissen, und je unmöglicher wird jene widersinnige und widernatürliche Vorstellung von einem Gegensatz zwischen Geist und Materie, Mensch und Natur…"[10]

Wissen über grundlegende Fakten, Begriffe, Gesetze, Methoden und Verfahren der Naturwissenschaften ist unerläßlich für ein wissenschaftliches Weltbild. Zu einem solchen grundlegenden Wissen gehören jene naturwissenschaftlichen Entdeckungen, die nach den Worten von Friedrich Engels unsere Weltanschauung auf feste Füße gestellt haben und deren Aneignung hervorragende Möglichkeiten

[10] F. Engels: Der Anteil der Arbeit an der Menschwerdung des Affen. In: K. Marx/F. Engels: Werke. Bd. 20, Dietz Verlag, Berlin 1983, S. 453.

bietet, um die Überzeugung von der Materialität und Erkennbarkeit der Welt zu festigen.

Eine weltanschaulich wirksame Gestaltung des naturwissenschaftlichen Unterrichts schließt ein, daß die Schüler Methoden und Arbeitsverfahren der Naturwissenschaften erlernen, solche Methoden, die auf dem konsequenten materialistischen und dialektischen Herangehen an die Natur beruhen. Diese Betrachtungsweise ist notwendig, wenn wir den Beitrag, den die Lehrer der naturwissenschaftlichen Fächer für die ideologische Erziehung der Jugend leisten, richtig bewerten wollen.

Gute Qualität des naturwissenschaftlichen Unterrichts verlangt von jedem Lehrer hohe fachwissenschaftliche Kenntnisse und die Beherrschung der Methoden seiner Wissenschaft, gründliche Kenntnisse des historischen und dialektischen Materialismus sowie der politischen Ökonomie.

Sichere, anwendbare naturwissenschaftliche Kenntnisse sind die Voraussetzung dafür, daß sich die Jugend berufliche Spezialkenntnisse auf hohem Niveau aneignen und neuen Arbeitsanforderungen unter den Bedingungen des wissenschaftlich-technischen Fortschritts gerecht werden kann.

Bei der Vermittlung und Aneignung von Begriffen, Gesetzen, Theorien und Methoden, Verfahren und Techniken der Naturwissenschaften im Unterricht wurden wesentliche Fortschritte erreicht. Wir dürfen allerdings nicht übersehen, daß ein Teil der Schüler naturwissenschaftliche Begriffe nicht sicher, nicht exakt genug beherrscht, daß das Verständnis für grundlegende Gesetze oft noch nicht ausreicht und die selbständige Arbeit mit Beobachtung und Experiment noch nicht genügend entwickelt ist. Es muß auch noch manches getan werden, um den naturwissenschaftlichen Unterricht praxisbezogener zu gestalten, die Schüler zu befähigen, ihr theoretisches Wissen an konkreten Aufgaben und Sachverhalten praktisch anzuwenden. Das verlangt natürlich, daß die Schüler Kenntnisse auf einem hohen Allgemeinheitsgrad erwerben, zum Abstrahieren befähigt werden, da nur so eine umfassende Anwendbarkeit auf unterschiedliche konkrete Sachverhalte möglich ist. Den Unterricht in den Naturwissenschaften, der dies leistet, als abstrakt zu werten, wäre falsch. Natürlich müssen die Verallgemeinerungen auf der Grundlage eines reichen Faktenwissens und lebendiger Vorstellungen erarbeitet werden.

Wie die Erfahrungen vieler Physik-, Chemie-, Biologie- und Astronomielehrer bestätigen, bietet der methodisch durchdachte, erkenntnistheoretisch begründete Einsatz von Experiment und Beobachtung hervorragende Möglichkeiten, daß sich die Schüler solides Wissen und Können aneignen, ihre Überzeugung vom objektiven Charakter der Naturgesetze und ihrer Erkennbarkeit festigen, sich Gewohnheiten exakten, disziplinierten Arbeitens und Fähigkeiten schöpferischer Tätigkeit zu eigen machen. Noch immer gibt es jedoch Schulen, wo die verbindlichen Experimente nicht im erforderlichen Umfang durchgeführt werden. Auch Schwächen beim selbständigen Lösen von Aufgaben durch die Schüler, bei der selbständigen Durchführung und Auswertung von Experimenten sind nicht zu übersehen. Eine gute Sache ist, daß an vielen Schulen Schüler als Fachhelfer arbeiten und daß die Schüler zum sorgsamen und verantwortungsbewußten Umgang mit Geräten und Chemikalien angehalten werden.

Unseren Chemielehrern, die seit längerem Kritik vor allem am Lehrplan der Klasse 8 üben, können wir sagen, daß dieser Plan bereits überarbeitet wird.

Mit den jetzt geltenden Lehrplänen für Mathematik haben wir endgültig mit dem bürgerlichen Rechen- und Raumlehreunterricht gebrochen. Als dieser Weg vor 15 Jahren eingeschlagen wurde, gab es noch manchen Zweifel an der Realisierbarkeit der hohen Zielstellung unseres Mathematikunterrichts. Wir können heute feststellen, daß diese Ziele in immer höherer Qualität realisiert werden. Das mathematische Wissen unserer Schüler ist gründlicher geworden. Grundlegende Fertigkeiten werden sicherer beherrscht, was jedoch nicht heißt, daß wir beispielsweise mit der Entwicklung der Rechenfertigkeiten schon zufrieden sein könnten. Auch an der Überwindung der Schwierigkeiten bei der Lösung von Anwendungs- und Sachaufgaben muß weitergearbeitet werden. Wir müssen noch mehr darauf achten, alle Schüler zu befähigen, aus einem gegebenen Sachverhalt die mathematische Aufgabenstellung herauszuarbeiten und die erforderlichen mathematischen Verfahren zu ihrer Lösung einzusetzen. Gerade das Finden des Lösungsweges und das selbständige Begründen der einzelnen Schritte bereitet den Schülern oft Schwierigkeiten. Wir müssen deshalb prüfen, ob die Schüler genügend zum Vergleichen, Erläutern, Begründen angehalten und befähigt werden.

Die Überarbeitung der Lehrpläne und Lehrbücher für den Mathematikunterricht der Klassen 4 und 5 muß entsprechend den Erfahrungen unserer Mathematiklehrer jetzt zielstrebig erfolgen.

Es ist bekannt, daß auch außerhalb der Schule darüber diskutiert wird, ob es möglich und zweckmäßig ist, elektronische Taschenrechner im Unterricht der Oberschule einzusetzen. Natürlich müssen wir dies prüfen, vor allem unter der Sicht, ab welcher Klassenstufe, zu welchen Stoffgebieten und mit welchem Ziel sich die Nutzung dieser Rechner als sinnvoll erweist oder wo ihr Einsatz nicht richtig ist. Immer wird der Taschenrechner nur ein Hilfsmittel sein. Soweit er Anwendung finden kann, darf er den Erwerb des grundlegenden mathematischen Wissens und das dazugehörige Training der Rechenfertigkeiten nicht ersetzen. Und schließlich müssen wir auch unsere ökonomischen Möglichkeiten berücksichtigen.

Es besteht heute kein Zweifel mehr, daß sich die direkt mit der Produktionspraxis verbundene polytechnische Ausbildung, die Durchführung des polytechnischen Unterrichts in den Betrieben bewährt, lernen die Schüler doch hier einen entscheidenden Kampfabschnitt beim Aufbau der sozialistischen Gesellschaft unmittelbar kennen. Der hohe Wert der den Schülern anvertrauten Produktionsmittel und die strengen Maßstäbe, die die technologischen Erfordernisse der Arbeit in der Produktion an Disziplin, Ausdauer und Zuverlässigkeit der Schüler stellen, die Forderung ihrer Betreuer und Lehrer, eine einmal begonnene Arbeit beharrlich, konsequent und in guter Qualität zu Ende zu führen, sind für die Entwicklung moralischer Eigenschaften und Verhaltensweisen von großer Bedeutung. Wo die Schüler im Rahmen ihres Arbeitswettbewerbs selbst auf den sparsamen Umgang mit Material und Energie, auf die rationelle Gestaltung der Arbeit, die Einhaltung des Arbeits- und Gesundheitsschutzes achten, wo Schüler als Brigadeleiter oder Gütekontrolleure tätig sind, selbst in Tagebüchern die Produktionsleistungen erfassen und werten, wo ihnen überschaubare Verantwortung übertragen wird, erweist sich der große erzieherische Wert des polytechnischen Unterrichts.

Heute wird in über 5000 Betrieben der Industrie, des Bauwesens und der Landwirtschaft von rund 8000 hauptamtlichen und über 22 000 nebenamtlichen Betreuern, Facharbeitern und Lehrfacharbeitern polytechnischer Unterricht erteilt. Unser polytechnischer Unterricht erfüllt immer besser seine berufsvorbereitende Funktion.

Als sehr wesentlich hat sich erwiesen, die Schülerproduktion als Bestandteil des Betriebsplanes zu organisieren, gewährleistet dies doch eine durchdachte Arbeitsorganisation, schafft es doch die Möglichkeit, daß die Schüler ihre Ausbildung unter realen betrieblichen Produktionsbedingungen erhalten. Es gibt allen Grund, diese Erfahrungen gründlich, wohlüberlegt, aber konsequent in allen Betrieben durchzusetzen.

Zehntausende Schüler beteiligen sich heute bereits an der Lösung einfacher, meist betrieblicher Rationalisierungsaufgaben. Davon gehen für die Entwicklung der jungen Menschen viele wertvolle Impulse aus. Deshalb möchten wir allen Mut machen, die sich überlegen, wie wir hier noch weiter vorankommen können. Es ist der Arbeit der Lehrer und Betreuer zu danken, daß die Arbeitskenntnisse und Arbeitsfähigkeiten sich gut entwickeln. Jedoch wird noch nicht überall das erforderliche Niveau erreicht. Wir müssen beachten, daß die in den Lehrplänen des polytechnischen Unterrichts geforderten Arbeitskenntnisse und Arbeitsfertigkeiten schließlich Vorleistungen für eine gute, effektive Berufsausbildung sind.

Die Bemühungen der Polytechniklehrer, den Unterricht im Fach Einführung in die sozialistische Produktion praxisverbundener zu erteilen, das vorhandene technische Verständnis der Schüler besser zu beachten und eng mit den Fachlehrern der Naturwissenschaften und auch mit den Staatsbürgerkunde- und Geographielehrern zusammenzuwirken, zeigen gute Ergebnisse. Aber es ist auch eine Tatsache, daß nicht wenige Schüler dieses Fach uninteressant finden, weil sich vieles allgemein wiederholt, was ihnen schon bekannt ist. Es geht hier um Fragen der inhaltlichen und methodischen Gestaltung dieses Faches, die die Lehrer nicht allein lösen können. Seit der Einführung dieses sehr jungen Faches gibt es neue Erkenntnisse, es gibt Fragen der konzeptionellen Gestaltung dieses Faches, der Abstimmung beispielsweise auch mit anderen Fächern, um die die Wissenschaft keinen Bogen mehr machen kann. Wir müssen den Lehrern besseres Lehrmaterial, angefangen vom Lehrplan, in die Hand geben.

Es gehört zu den Vorzügen unserer sozialistischen Gesellschaft, daß jeder Schulabgänger eine gesicherte Berufsperspektive hat. Die Absolventen unserer zehnklassigen Oberschule erlernen einen Facharbeiterberuf oder absolvieren nach dem Besuch weiterführender allgemeinbildender Einrichtungen eine Fach- beziehungsweise Hochschule.

In diesem Schuljahr konnte mit der großen Mehrheit der Schüler bereits nach der ersten Bewerbung um eine Lehrstelle ein Lehrvertrag abgeschlossen werden, der ihren Berufsvorstellungen weitgehend entspricht. Dies ist Ausdruck der ge- wachsenen Verantwortung und des engen Zusammenwirkens vieler gesellschaftli- cher Kräfte bei der Vorbereitung unserer Schuljugend auf ihre berufliche Tätig- keit, einschließlich der Berufsberatung. Überall dort, wo die Maßnahmen zur Be- rufsaufklärung und zur Vorbereitung der Berufswahl nicht allgemein bleiben, wo eine konkrete Beratung über die Berufsanforderungen und die Berufsausbildung erfolgt, wo Eltern, Schule, Betrieb und Berufsberatungszentren ihre Verantwor- tung für diese für das Leben der Kinder bedeutende Entscheidung ernst nehmen, wird diese Aufgabe immer besser gelöst.

Es charakterisiert das humanistische Wesen unserer sozialistischen Gesell- schaft, daß sie für eine sinnvolle Betätigung unserer Mädchen und Jungen in ihrer Freizeit Sorge trägt. Noch in den schweren Nachkriegsjahren schuf unser Arbei- ter-und-Bauern-Staat den Kinderbuchverlag, Kinderbibliotheken, Kindertheater, Pionierhäuser, Stationen Junger Naturforscher und Techniker, Touristenstatio- nen, zentrale Pionierlager und Betriebsferienlager; es entstanden gute Kinder- filme, und es erschienen die ersten Kinderzeitschriften.

Allein im Jahre 1977 nun registrierten unsere Museen, Gedenkstätten und Kunstsammlungen 16 Millionen Kinder und Jugendliche als ihre Besucher. Für mehr als 600 000 Schüler wurden Schul- und Jugendkonzerte von den staatlichen Orchestern gegeben. Den Mädchen und Jungen steht heute ein großer Schatz wertvoller Kinderliteratur zur Verfügung. Über 70 Prozent aller Schüler sind Le- ser in Bibliotheken. Regelmäßig gibt es Begegnungen mit Schriftstellern, Schau- spielern, Komponisten, Malern, Film- und Fernsehschaffenden. Groß ist die Zahl der Chöre, Singegruppen, Instrumentalgruppen und Orchester sowie der Laien- spiel-, Kabarett-, Agitprop- und Puppenspielgruppen. In der Bewegung der Messe der Meister von morgen, in der Galerie der Freundschaft und in den Olympiaden der russischen Sprache, der jungen Mathematiker, der jungen Physiker und Che- miker können unsere Mädchen und Jungen ihre schöpferische Phantasie, ihre Fä- higkeiten, ihre Aktivität unter Beweis stellen. Es ist von hohem Wert für die ge- sunde Entwicklung unserer Kinder, daß über 1,6 Millionen Schüler in den Schul- sportgemeinschaften und Sportgemeinschaften des DTSB der DDR regelmäßig Sport treiben.

Es ist die Aufgabe gestellt, auch in der außerunterrichtlichen Arbeit ein höhere Qualität zu erreichen, und das bedeutet, das Bedürfnis der Kinder nach Tätigsein, nach interessanten Erlebnissen, nach Anstrengung und Bewährung, nach Froh- sinn und Bewegung immer besser zu befriedigen, ihre Aktivität und Initiative zielgerichtet zu entwickeln, sich in ihrer Freizeit auf den verschiedensten Gebie- ten, in Politik, Wissenschaft, Technik, Kunst und Sport, aktiv zu betätigen. Wenn wir so an die außerunterrichtliche Tätigkeit herangehen, dann wird wohl klar, daß und warum sie unentbehrlich ist für die Bildung und Erziehung, für die Persönlichkeitsentwicklung der Kinder. .

Die vielen Eltern, Facharbeiter, Ingenieure, Wissenschaftler, Künstler und Sportler, die sich in ihrer Freizeit mit den Kindern beschäftigen, beweisen das große Interesse und die zunehmende Bereitschaft vieler gesellschaftlicher Kräfte, in der außerunterrichtlichen Erziehung mitzuwirken. Wenn man sich so konkret mitverantwortlich fühlt, dann bleibt kein Raum dafür, sozusagen aus dem „Abseits" darüber zu klagen, die Jugend wisse mit ihrer Freizeit nichts anzufangen.

Die übergroße Mehrheit unserer Mädchen und Jungen wünscht, ihre Freizeit sinnvoll zu verbringen. Sie haben auch Ideen und Vorschläge, sie brauchen natürlich auch die Unterstützung und taktvolle Lenkung durch die Erwachsenen. Denn damit die Jugend mit ihrer freien Zeit sinnvoll umzugehen weiß, bedarf es der Weckung und Lenkung von Interessen und der Erziehung zur eigenen Initiative und Aktivität.

Ohne Zweifel haben sich unsere Arbeitsgemeinschaften bewährt, weil hier die Schüler über längere Zeiträume zielgerichtet tätig sind, sich in eine Aufgabe vertiefen können und lernen, die kollektive Arbeit zu organisieren. Tragen wir aber schon genügend der Tatsache Rechnung, daß die Kinder bis zur Klasse 10 die Schule besuchen, daß wir für jedes Alter anspruchsvolle, interessante Möglichkeiten der außerunterrichtlichen Betätigung schaffen müssen? Jüngere Erfahrungen zeigen, daß sich gerade für die Schüler der oberen Klassen Schülerakademien, Schülergesellschaften, Veranstaltungen der URANIA, Tage der Wissenschaft und Technik, Feste der jungen Künstler als besonders geeignet erweisen, daß sie großen Zuspruch finden. Hier werden sie mit neuen Ergebnissen der Wissenschaft, Technik, Kultur und Politik bekanntgemacht. Viel Interesse finden Tage der jungen Naturforscher und Techniker, Treffen mit Facharbeitern, Gespräche mit Naturwissenschaftlern und Experimentalvorträge, denn nicht jeder will unbedingt ständig an einer Arbeitsgemeinschaft teilnehmen. Auch solche Gebiete wie Modellbau, Fotografie und andere, die Reparatur und Pflege von technischen Erzeugnissen, woran bekanntlich großes Interesse besteht, sollten nicht vernachlässigt werden. Die Schüler sollen basteln und knobeln können, forschen und konstruieren lernen, denn gerade dies fördert Liebe zur Wissenschaft, Interesse für Technik, das Bedürfnis nach schöpferischer Tätigkeit.

Nach wie vor gibt es Grund zu betonen, daß die Arbeitsgemeinschaften, Zirkel und Klubs allen Schülern offenstehen müssen, daß jede Einengung auf wenige Spezialisten genauso falsch wäre wie der Verzicht auf die zielgerichtete Förderung der Talente.

Es ist erfreulich, daß unsere Jungen Historiker in zunehmendem Maße Leben und Werk der Antifaschisten erforschen, Zeugnisse ihres Kampfes sammeln, ihr Vermächtnis ehren und pflegen. Wir sollten die Zusammenarbeit mit den Komitees der Antifaschistischen Widerstandskämpfer, mit Betriebs- und Heimatmuseen, Forschungen über die revolutionäre Arbeiterbewegung, über die Geschichte der Betriebe, über den antifaschistischen Widerstandskampf, über den ruhmreichen Kampfesweg der Sowjetarmee weiter fördern, ebenso wie die Einrichtung von Schulmuseen, damit solche Forschungsergebnisse allen zugänglich gemacht werden können.

Unsere Lager für Erholung und Arbeit, der Einsatz von FDJ-Schülerbrigaden tragen offensichtlich dem Drang der älteren Schüler, Nützliches zu leisten, sich körperlich zu betätigen, sowie ihrer Freude am Abenteuer, an der Romantik sehr gut Rechnung. Allein im Feriensommer 1978 beteiligten sich daran rund 200 000 Jugendliche. Gemeinsam mit unserem Jugendverband sollten wir dafür sorgen, daß sich diese Bewegung weiter entwickelt.

Wenn wir von Erziehung zur Heimatliebe und zur Kollektivität sprechen, davon, den Drang nach Erlebnissen zu fördern, dann sollten wir auch der Entwicklung der Touristik, dem Wandern bedeutend mehr Beachtung schenken. Das Bedürfnis der Jugend danach nimmt zu. Es müssen nicht Interhotels, nicht immer große Jugendherbergen sein, obwohl es davon sicher noch mehr geben könnte. Aber mehr Wanderrouten, Stützpunkte für Junge Touristen, und zwar solche, wo die Jugendlichen nicht alles vorgesetzt bekommen, sondern auch mal etwas selbst machen dürfen, wären sicher nötig.

Auf allen Gebieten der außerunterrichtlichen Arbeit geht es nicht nur darum, Bedürfnisse zu befriedigen, sondern anspruchsvolle Bedürfnisse zu wecken und auszuprägen. Es wird bereits viel getan, um das geistig-kulturelle Leben im Schulkollektiv zu bereichern. Dazu gehört, daß die Schüler gute Musik hören, zu Fragen der Mode oder der Umweltgestaltung, der Politik, Wissenschaft und Technik, der Literatur, des Theaters, der Musik, über Bilder, Filme, Hörspiele oder Fernsehsendungen diskutieren können. Dies alles, Tanz nicht ausgeschlossen, gehört zum kulturellen Leben. Mit Diskoveranstaltungen allein – und es gibt diesem Anliegen entsprechend gut gestaltete Veranstaltungen – kann man jedoch sicher nicht den geistig-kulturellen Interessen gerecht werden. Die geistigen Ansprüche und Bedürfnisse müssen wir auf vielfältigere Art und Weise wecken.

Manche unserer Kinder wurden und werden sicher einmal Leistungssportler. Unser Schulsport, der obligatorische wie der außerunterrichtliche, hat jedoch in erster Linie die Aufgabe, eine körperlich gut ausgebildete, gesunde Jugend zu erziehen.

Obwohl wir ein sehr umfangreiches sportliches Wettkampfsystem haben, wird dem Wunsch vieler Eltern, daß die Kinder regelmäßig Sport treiben, noch nicht ausreichend entsprochen. Die aktive Förderung der sportlich Talentierten schließt nicht aus, daß wir uns stärker darum sorgen, daß für alle Schüler vorrangig an den Schulen selbst ausreichende Möglichkeiten bestehen, auch Vergleiche und Wettkämpfe zu veranstalten, die nicht gleich „olympiadeverdächtig" sind.

Die Forderung nach höherer Qualität der außerunterrichtlichen Tätigkeit schließt ein, höhere Ansprüche an die Führung des einheitlichen Bildungs- und Erziehungsprozesses zu stellen. Dabei sollten wir davon ausgehen, daß es im Interesse der Persönlichkeitsentwicklung der Kinder notwendig ist, inhaltliche, methodische und organisatorische Vielseitigkeit an allen Schulen anzustreben. Natürlich müssen wir nicht für alle Schüler alles organisieren. Nicht alle Kinder interessieren sich für das gleiche, nicht alle haben Spaß an der gleichen Sache. Und besonders wichtig ist es, auch jene Kinder einzubeziehen, die sich wenig interessiert und aktiv zeigen. Deshalb können und dürfen wir die außerunterrichtliche Tätigkeit an einer Schule oder außerunterrichtlichen Einrichtung nicht vorrangig nach Spitzenleistungen, nach der Anzahl der Preise, Urkunden und Medaillen bewerten. Natürlich sind sie notwendig, stimulieren sie doch die Aktivität. Bei der Planung und Gestaltung der außerunterrichtlichen Arbeit sollten wir der Altersspezifik, der Breite der Interessen, der Motivierung der Tätigkeit, der Schaffung von Bewährungssituationen und kollektiven Erlebnissen verstärkte Aufmerksamkeit schenken. Die Pflege der schulischen Traditionen, Leistungsvergleiche, Feste und gesellschaftliche Höhepunkte, an denen es nicht mangelt, erfüllen nur dann ihren Sinn, wenn sie zielgerichteter, als das jetzt sehr häufig noch der Fall ist, in den Erziehungsprozeß eingeordnet, erzieherisch wirkungsvoll, auf Inhalt und Ziel der Erziehung gerichtet sind.

Für die Einbeziehung der Schüler in das politische Leben, die Entwicklung ihrer gesellschaftlichen Verantwortung, ihrer Fähigkeit zur bewußten Wahrnehmung gesellschaftlicher Rechte und Pflichten, für die gegenseitige Erziehung zum ordentlichen, ehrlichen Arbeiten und Lernen und zur sinnvollen Gestaltung der Freizeit ist der freiwillige Zusammenschluß der Kinder und Jugendlichen in ihrer politischen Organisation eine entscheidende Voraussetzung. Unsere sozialistische Schule hat in der Freien Deutschen Jugend und ihrer Pionierorganisation „Ernst Thälmann" ihren engsten Verbündeten. Die politische Organisation der Kinder und Jugendlichen ist eine durch nichts zu ersetzende Bedingung für die kommunistische Erziehung der heranwachsenden Generation.

Unsere Lehrer sind eng mit der Freien Deutschen Jugend und ihrer Pionierorganisation „Ernst Thälmann" verbunden. Sie stützen sich in ihrer pädagogischen Arbeit auf die Massenorganisation der Jugend, stehen ihr mit ihrem Rat und ihren Erfahrungen stets zur Seite. Unsere Ratschläge, unsere pädagogische Führung müssen vor allem darauf gerichtet sein, die Aktivität jedes einzelnen zu fördern, seine Verantwortung für das Kollektiv, für das Leben an der Schule auszuprägen, die Kinder und Jugendlichen zu befähigen, das Leben in ihrer Organisation immer selbständiger zu gestalten. Dabei müssen wir immer wieder davon ausgehen, daß sich erst in der Gemeinschaft die Anlagen des einzelnen nach allen Seiten hin ausbilden können, daß ein Kollektiv um so stärker ausgeprägt ist, je stärker der einzelne sich engagiert, seine individuellen Fähigkeiten zur Geltung kommen, und daß nur in einem Kollektiv, in dem jeder gefordert und gefördert wird, sich die individuellen Fähigkeiten entfalten. Die kollektiven Beziehungen entwickeln sich auch im Leben der Kinder in einer Atmosphäre, in der jeder spürt, daß er gebraucht wird, daß seine Meinung geachtet ist, in einer Atmosphäre, in der jeder Verantwortung wahrnehmen kann, in der Passivität nicht gefragt ist, Mängel nicht geduldet werden, in der Ehrlichkeit, Offenheit, gegenseitiges Vertrauen und Hilfsbereitschaft herrschen.

In den Pionier- und FDJ-Kollektiven müssen wirklich jene Fragen ständig Beachtung finden, die die Mädchen und Jungen bewegen, die ihre Probleme sind – Fragen des Alltags der Heranwachsenden, politische Fragen, die die Mädchen und Jungen bewegen, Probleme des Lernens, der Arbeit, der Berufswahl, Probleme ihres Schulkollektivs, die Beziehungen zu den Freunden, zwischen Jungen und Mädchen. Wir wissen, all das erfordert große Aufmerksamkeit der Pionierleiter und Lehrer.

In den Pädagogenkollektiven sollte gemeinsam mit den Pionierleitern, den FDJlern und Pionieren darüber nachgedacht werden, was möglich und notwendig ist, um die Pioniere und FDJler noch verantwortlicher in die Organisation eines guten schulischen Lebens einzubeziehen. Dabei geht es uns nicht einfach um Mitverantwortung in dieser oder jener Teilfrage, sondern um die weitere Ausprägung einer solchen Atmosphäre an der Schule, wo sich die Pioniere und FDJ-Mitglieder für ihre Lern-, Arbeits- und Lebensbedingungen selbst mitverantwortlich fühlen, sich nicht als passive Beobachter verhalten, sondern mithelfen zu verändern, was nicht in Ordnung ist. Wir sollten gründlich überlegen, wie entsprechend den konkreten Bedingungen an der jeweiligen Schule die Pioniere und FDJler weit mehr Aufgaben eigenverantwortlich im Schulkollektiv übernehmen können. In wenigen Wochen begehen wir den 30. Jahrestag der Gründung unserer Pionierorganisation „Ernst Thälmann". Anerkennung wird dabei die aufopferungsvolle Tätigkeit der Tausenden Pionierleiter finden, die als Funktionäre unseres Jugendverbandes in diesen drei Jahrzehnten ihren politischen und pädagogischen Auftrag in Ehren erfüllt haben und erfüllen, die gemeinsam mit den Pädagogen an der Erziehung der Mädchen und Jungen zu Kämpfern für unsere gute sozialistische Sache wirkten und wirken.

In unserer Gesellschaftsordnung wissen sich die Eltern in ihrem Wollen und in ihrer Verantwortung, die Kinder zu gesunden und lebensfrohen, tüchtigen, gebildeten und bewußten Menschen zu erziehen, in voller Übereinstimmung mit dem Erziehungsziel unserer sozialistischen Schule. Wir wissen, auf die Entwicklung der Persönlichkeit der Heranwachsenden, auf die Ausprägung ihres Charakters übt die Familie den entscheidenden Einfluß aus, werden doch gerade in der Familie jene Grundlagen für die körperliche, geistige und sittliche Entwicklung der Kinder gelegt, die meist bestimmend für das ganze Leben bleiben. Die revolutionäre Arbeiterbewegung hat der Erziehung der Kinder in der Familie von jeher große Bedeutung beigemessen. Dies formulierte Clara Zetkin in der Forderung: „Wir brauchen für das heranwachsende Geschlecht die volle Wahrung, ja, die Vertiefung des elterlichen Einflusses. Elterliche Erziehung und öffentliche Erziehung lösen einander nicht ab, sondern vervollständigen sich. Wir können der elterlichen Erziehung ... nicht entraten, auf daß die Kinder zu starken Persönlichkeiten von ungebrochener Eigenart erwachsen."[11]

[11] C. Zetkin: Über Jugenderziehung. Dietz Verlag, Berlin 1957, S. 44.

Wenn unsere Partei die wachsende Verantwortung der Familie hervorhebt, so knüpft sie an die Traditionen revolutionärer Jugenderziehung an, geht sie von der Tatsache aus, daß sich mit der Umgestaltung der materiellen und geistigen Lebensverhältnisse im Sozialismus grundlegende Veränderungen in der Stellung der Familie in der Gesellschaft und damit auch im Verhältnis der Eltern zum Kind vollziehen. Denn was unsere sozialistische Gesellschaft als Ganzes charakterisiert, spiegelt sich in immer stärkerem Maße auch in der Familie wider. Wenn heute zunehmend Liebe, gegenseitige Achtung, Vertrauen und Verantwortung füreinander die Beziehungen in der Familie prägen, wenn Kinder zum Sinn und Glück einer Ehe gehören, Vater und Mutter sich gleichermaßen um die Betreuung und Erziehung der Kinder sorgen, dann kann man mit Fug und Recht sagen: Der Sozialismus hebt die Familie auf eine völlig neue sittliche Stufe. Im Gegensatz zur kapitalistischen Gesellschaft genießt die Familie bei uns die Achtung und den Schutz der ganzen Gesellschaft.

Die materielle und soziale Sicherheit, das sich ständig höher entwickelnde geistig-kulturelle Lebensniveau der Bürger unseres Staates sind eine wesentliche Bedingung für die Wahrnehmung der Rechte und Pflichten bei der Erziehung der Kinder in der Familie. Sind doch Frieden, materielle Sicherheit und soziale Geborgenheit die entscheidenden Voraussetzungen für ein glückliches Familienleben. Das Recht auf Arbeit, auf Bildung, Berufsausbildung und Erholung, das wachsende Einkommen, bessere Wohn- und Lebensbedingungen, der zielstrebige Ausbau unserer gesellschaftlichen Einrichtungen wie Krippe, Kindergarten und Hort, die vielfältigen Maßnahmen zur Förderung und Unterstützung von Mutter und Kind, die zunehmende freie Zeit durch die Verkürzung der Arbeitszeit, verlängerter Urlaub – all das sind günstige Bedingungen für die kommunistische Erziehung der Kinder.

Von entscheidendem Einfluß auf das gesamte Leben in der Familie ist die Verwirklichung der Gleichberechtigung von Mann und Frau im Sozialismus. Daß die Frauen, die Familien über Anzahl und Zeitpunkt der Geburten frei entscheiden können, hat große Bedeutung für die Einstellung zum Kind.

Wenn wir also die wachsende Rolle der Familie bei der Erziehung der Kinder hervorheben, dann nicht deshalb, weil wir Schwierigkeiten mit der Jugend hätten, sondern darum, weil die herangereiften neuen Bedingungen des Lebens in der Familie nur dann für die Erziehung, für die glückliche Entwicklung unserer Kinder wirksam werden, wenn wir uns ihrer bewußt sind, sie bewußt nutzen.

Schon in den ersten Jahren der Kindheit werden in der Familie entscheidende Grundlagen dafür gelegt, daß das Kind seine soziale und natürliche Umwelt begreift, wird der Keim für das moralische, sittliche Verhalten, für die Formung des Charakters gepflanzt und entwickelt. Am nachhaltigsten von dem, was die Eltern den Kindern mitgeben, wirkt ihr Vorbild. Die Kinder erleben doch, wie sich ihre Eltern zu ihrer beruflichen Tätigkeit, zu anderen Menschen verhalten, auf welche Weise sie ihre persönlichen und gesellschaftlichen Interessen wahrnehmen, welche Gewohnheiten sie im Alltag annehmen.

Über 90 Prozent der Frauen in unserer Republik arbeiten. Das ist eine ganz normale Sache in einer Gesellschaft, die der Frau die Gleichberechtigung gewährleistet. Natürlich bringt die Berufstätigkeit aller Familienmitglieder, beispielsweise die Schichtarbeit, Probleme mit sich für das Leben in der Familie. Begreiflicherweise beschäftigt viele Eltern im Alltag oft die Frage: Haben wir genügend Zeit für die Kinder, nehmen wir uns für die Kinder Zeit? Nutzen wir die Zeit des Zusammenseins mit den Kindern, um auf ihre Probleme, ihre tausend Fragen einzugehen? Die Verwirklichung des sozialpolitischen Programms unserer Partei verfolgt nicht zuletzt das Ziel, mehr Möglichkeiten für das Zusammensein mit den Kindern zu schaffen. Auch unter dieser Sicht sollten die vielen großzügigen Maßnahmen, die bisher getroffen worden sind, gesehen werden.

Immer wieder bestätigt sich, daß entscheidend ist, wie es um die persönlichen Kontakte der Eltern mit den Kindern bestellt ist, ob die Kinder in der Familie an Pflichten und nützliche Tätigkeiten herangeführt werden, die ihrem Drang nach Tätigsein entsprechen. Gerade dies übt doch einen großen Einfluß auf die Ausprägung solcher Eigenschaften aus wie Pflichtgefühl, Hilfsbereitschaft, Bescheidenheit, läßt die Kinder Freude und Stolz über selbst Geleistetes empfinden. Die Erfahrungen vieler Familien beweisen, daß es den Mädchen und Jungen im ganzen Leben gut zustatten kommt, wenn sie von klein an daran gewöhnt werden, in der Gemeinschaft der Familie eine fest umrissene Aufgabe zu haben, mit den Dingen des täglichen Lebens pfleglich und sorgsam umzugehen, Verantwortung gegenüber den jüngeren Geschwistern zu tragen.

Oft jedoch treffen wir aber noch auf eine Erziehung in falsch verstandener Liebe zu den Kindern, die ihnen jegliche Pflichten abnimmt, die darauf hinausläuft, keine Forderungen an sie zu stellen, ihnen keine Verantwortung zu übertragen, ihnen alles aus dem Weg zu räumen. Und sind wir uns immer dessen bewußt, daß dies die charakterliche Entwicklung beeinträchtigt? Finden wir nicht gerade hier auch eine Antwort auf die Frage, ob der wachsende materielle Wohlstand in unseren Familien und die Tatsache, daß unsere Kinder heute nicht nur genügend zu essen haben, sondern ihnen viele materielle Dinge zur Verfügung stehen, zwangsläufig zu egoistischem Verhalten, zu spießerhaftem Besitzstreben führen?

Wachsender Wohlstand führt jedoch nicht zwangsläufig zum Egoismus, zu persönlichem Fehlverhalten. Wenn dem so wäre, müßten wir eine Gesellschaft der Spartaner schaffen. Warum aber dann hätten die Eltern für den Sozialismus gekämpft und gearbeitet, wenn nicht darum, daß die Kinder besser leben? Natürlich kann es zu Erscheinungen egoistischen Verhaltens kommen, dann nämlich, wenn die Heranwachsenden nicht erfahren, daß die materiellen und kulturellen Werte, die wir besitzen, durch die harte Arbeit der Menschen geschaffen werden, daß man damit nicht leichtfertig umgehen darf, wenn sie nicht dazu erzogen werden, das hart Erarbeitete zu achten, zu schätzen, sorgsam mit den Dingen umzugehen, sei es das Spielzeug, die Schulbank, die Bücher, das Haus, in dem sie wohnen, die Schule, der Park, der Spielplatz. Darüber kann man die Kinder nicht nur belehren, sondern muß sie konsequent im Alltag zu einem richtigen Verhalten durch klare Forderungen an ihr Tun erziehen.

Mancher meint, es genüge, den Kindern alles zu bieten, was sie sich wünschen, was sie brauchen, und übersieht, daß das Wichtigste für die Kinder ist, ob und wie sich die Eltern für ihre Probleme interessieren, ob sie von Vater und Mutter ernst genommen werden, bei ihnen Rat und Hilfe finden in ihren kleinen und großen Sorgen. Das betrifft jedes Alter. Oft denkt man, die Größeren hätten dies schon nicht mehr so nötig. Aber gerade in jenen Jahren, in denen die Kinder den Schritt zum Erwachsensein gehen, ist dies besonders notwendig. Hier sind besondere Aufmerksamkeit, Einfühlungsvermögen und Takt erforderlich, und gerade in dieser für junge Menschen oft schwierigen Zeit kann man sich durch Vertrauen, offenen und ehrlichen Gedankenaustausch, durch anspruchsvolle Forderungen Zugang zu ihren Fragen und Problemen erschließen.

Zweifelsohne hat das geistig-kulturelle Klima in den Familien großen Einfluß auf die Entwicklung der Kinder. Rundfunk, Fernsehen, Schallplatten und vor allem Bücher gehören bei uns zum Leben in jeder Familie. Das Vorhandensein dieser Bedingungen führt jedoch nicht automatisch zur Ausprägung geistiger Interessen. Erst wenn mit den Kindern über das Gelesene, Gehörte, Gesehene gesprochen wird, die Gedanken ausgetauscht werden, wird dies erzieherisch günstig wirken. Ein solches Klima in der Familie bestimmt oft entscheidend die künftige Lebensweise, das Lebensgefühl und die Anschauungen der jungen Menschen.

Dort, wo die Familienbeziehungen gestört sind, wirkt sich das nachteilig auf die Entwicklung der Kinder aus. Gerade hier ist feinfühlige Hilfe nötig.

Es ist bei uns zur Praxis geworden, daß in vielen Arbeitskollektiven vertrauensvoll über die Fragen und Probleme gesprochen wird, die die Werktätigen bei der Erziehung der eigenen Kinder bewegen. Das hat schon manchen Vätern und Müttern geholfen, denen die Erziehung ihrer Kinder Sorgen oder Schwierigkeiten bereitete. Die Arbeitskollektive sind auch der rechte Ort, um auf jene Eltern einzuwirken, die ihre Erziehungspflichten noch vernachlässigen, sich gleichgültig oder gar verantwortungslos gegenüber ihren Kindern verhalten; denn nicht alle Probleme – und gerade die der Fehlentwicklung einzelner Kinder – können durch die Schule und die Elternvertretungen gelöst werden.

Das vertrauensvolle Zusammenwirken von Schule und Elternhaus, das enge Miteinander von Pädagogen und Eltern nimmt in unserer Gesellschaft einen hervorragenden Platz ein. Ein solches Miteinander wirkt sich in jedem Falle gut auf die Entwicklung der Kinder aus. Wenn aber – wie das auch noch vorkommt – dieses Verhältnis zwischen Elternhaus und Schule gestört ist, wenn die Lehrer nicht den Weg zu den Eltern und die Eltern nicht zum Lehrer finden, dann geht dies immer zu Lasten der Kinder. Unsere Pädagogen haben heute Eltern an ihrer Seite, die den Rat der Lehrer und Erzieher suchen und gleichzeitig hohe Ansprüche an sie stellen. Das entspricht dem Bedürfnis der Lehrer und Erzieher, die den Ratschlag der Eltern brauchen, die auf deren Erfahrungen, Kenntnisse und Fähigkeiten und deren Bereitschaft zur aktiven Unterstützung nicht verzichten können und dürfen. Die große Zahl unserer Pädagogen reagiert deshalb aufgeschlossen auf alles, was Eltern aus ihrer Verantwortung für die gute Entwicklung der Kinder an Hinweisen und helfender Kritik an sie herantragen. Sie wünschen sich ein solches Zusammenwirken, das von Konstruktivität, Sachlichkeit und gegenseitiger kameradschaftlicher Hilfe gekennzeichnet ist. In diesem Sinne stellen sich unsere Schulen, unsere Lehrer wie kaum eine andere Berufsgruppe in unserer Gesellschaft der öffentlichen Meinung, den kritischen Hinweisen von Millionen Werktätigen, geht es doch um das Wohl unserer Kinder. Selbstverständlich schließt dies ein, daß unsachliche Besserwisserei, subjektive Vorurteile und die Negierung der angestrengten, nicht immer einfachen Arbeit des Pädagogen der Sache nicht dienlich sind. Dort, wo Pädagogen nicht den gewachsenen Anforderungen an das enge und vertrauensvolle Miteinander von Schule und Elternhaus entsprechen, wo es noch Kritikempfindlichkeit gegenüber berechtigten Hinweisen und Vorschlägen der Eltern gibt, sollten sich Pädagogenkollektiv und Elternvertreter mit einer solchen Haltung im Interesse einer guten Erziehungsarbeit auseinandersetzen.

Unsere über 680 000 Elternvertreter sind eine große gesellschaftliche Kraft. Ihre unmittelbare Mitwirkung an der Schule im Auftrag aller Eltern, die sie gewählt haben, ist ein anschauliches Beispiel sozialistischer Demokratie. Die daraus erwachsenen vielfältigen Initiativen sind aus dem Miteinander von Schule und Elternhaus nicht mehr wegzudenken.

Es gehört zu den Vorzügen des Sozialismus, daß sich in der ganzen Gesellschaft ein neues Verhältnis zum Kind herausgebildet hat, daß sich die Eltern, die Kollektive in den Betrieben nicht nur um die eigenen Kinder kümmern, sondern sich für die gute Entwicklung aller Kinder verantwortlich fühlen, daß unsere Schule auf das engste mit den sozialistischen Betrieben der Industrie und Landwirtschaft verbunden ist.

In unserer Republik hat fast jede Schule „ihren" Betrieb, fast alle Schulklassen haben „ihre" Patenbrigade, Vertreter der sozialistischen Betriebe arbeiten aktiv in Elternvertretungen mit oder unterstützen die Schule auf andere Weise.

Die vielfältigen Beziehungen zwischen Betriebskollektiven, Brigaden und Schulkollektiven, zwischen Arbeitern und Pädagogen, der lebendige Kontakt der Arbeiter, Genossenschaftsbauern, Techniker, Ingenieure und Wissenschaftler zu unserer Schuljugend sind für die kommunistische Erziehung der Heranwachsenden von unschätzbarem Wert. Hier lernen unsere Mädchen und Jungen jene Menschen kennen, die durch ihre gewissenhafte und angestrengte Arbeit in der Produktion tagtäglich einen entscheidenden Beitrag zur Stärkung des Sozialismus leisten. Für die Kinder, deren Erfahrungswelt noch relativ begrenzt ist, erschließt sich so ein Lebensbereich, der über das Elternhaus, die Schule, das FDJ- und Pionierkollektiv hinausreicht. Sie gewinnen Erkenntnisse, sammeln Erfahrungen, die für die Einstellung zum Leben und zum späteren Beruf, für die Herausbildung des Verantwortungsbewußtseins außerordentlich bedeutsam sind, auch, indem sie sich mit noch Unfertigem auseinandersetzen. Sie lernen Menschen kennnen, die Bescheid wissen in den vielen Dingen des Lebens, sie erfahren und lernen verstehen, welche hohen Anforderungen die Arbeit an das Wissen, an Disziplin, Ausdauer und Aktivität des Menschen stellt, was tagtäglich an Werten geschaffen wird und welche oft komplizierten Probleme dabei zu lösen sind.

Arbeiter und Genossenschaftsbauern, viele Werktätige unserer Republik fühlen sich mit großer Selbstverständlichkeit und Sachkunde, mit viel Liebe und Ideenreichtum dafür verantwortlich, daß unsere Mädchen und Jungen zu aktiven Staatsbürgern heranwachsen. Zum Kampf um den Staatstitel „Kollektiv der sozialistischen Arbeit" gehört, wie sich die Werktätigen um die Erziehung der Kinder sorgen. Es ist eine große und bei uns schon selbstverständliche Sache, daß Arbeitskollektive mit Stolz von „ihrer" Schule, von „ihren" Kindern sprechen. Natürlich wissen wir, daß manche Patenschaft zwischen Schule und Betrieb, Klassen und Brigaden noch nicht darüber hinausgeht, einander zu besuchen, Feiern zu gestalten, sich gegenseitig zu informieren. Aber auch das ist ein Anfang, der keineswegs geringgeschätzt werden soll. Doch ist es notwendig, dabei nicht stehenzubleiben. Im Ergebnis zielgerichteter Orientierungen durch die Gewerkschaften und unterstützt von den staatlichen Leitern, machen sich viele Arbeitskollektive gemeinsam mit den Pädagogen Gedanken darüber, wie diese Beziehungen noch inhaltsreicher, effektiver gestaltet werden können.

In immer mehr Betrieben werden die Schüler in Vorhaben des Neuererwesens und der Rationalisierung, in die Arbeit der betrieblichen Kulturhäuser und Klubs, in wehrpolitische Aktivitäten, in das sportliche Leben der Betriebssportgemeinschaften und nicht zuletzt in die Pflege der betrieblichen und territorialen Kampf- und Arbeitstraditionen einbezogen. Zwischen Lehrern, Arbeitern und anderen Werktätigen entwickeln sich enge, kameradschaftliche Beziehungen, die es den Pädagogen ermöglichen, tieferen Einblick in die Produktion, in die Arbeit der Werktätigen zu erhalten.

In dieser Vielfalt der lebendigen Beziehungen zwischen Schulen und Betrieben, Schülern und der Arbeiterklasse, in der Tatsache, daß sich die sozialistischen Betriebe, von der Brigade bis hin zum Werkleiter, zur Betriebsgewerkschaftsleitung und Betriebsparteileitung, um die Schulen, um die polytechnische Bildung und auch um die materiellen Belange der Schulen sorgen, in der Tatsache, daß der Freie Deutsche Gewerkschaftsbund diese Frage in immer umfassenderem Sinne zum festen Bestandteil seiner Tätigkeit macht, kommt das Grundanliegen unserer gesamten Politik zum Ausdruck: Alles ist auf das Wohl des Menschen gerichtet, besonders auf das Wohl der Kinder.

Für das hohe Verantwortungsbewußtsein der Pädagogen spricht die Tatsache, daß in fast allen Kollektiven in Vorbereitung unseres Kongresses über die Qualität der pädagogischen Arbeit, über die Effektivität der Unterrichtsgestaltung diskutiert wurde, daß die Probleme des pädagogischen Alltags mit großem Ernst beraten worden sind. Ausgangspunkt aller Überlegungen ist immer wieder, daß das Verhältnis des Lehrers zum Heranwachsenden von einem tiefen Vertrauen in die Entwicklungsfähigkeit aller Kinder bestimmt sein muß.

Es charakterisiert das pädagogische Klima in unseren Schulen, daß an die Probleme der Bildung und Erziehung optimistisch und nicht aus der Sicht zeitweiliger Schwierigkeiten oder Mißerfolge herangegangen wird, die es schließlich auch in unserer Arbeit gibt. Es wurden die Anforderungen an das Kollektiv, an jeden einzelnen Lehrer, an sein persönliches Engagement diskutiert, und es wurde die Verantwortung hervorgehoben, die jeder dafür trägt, sich um jeden einzelnen Schüler zu sorgen.

Lebhaft wurden Probleme der Gestaltung des Unterrichts erörtert, ausgehend davon, daß die Art und Weise, wie der Unterricht erteilt wird, maßgeblich darüber entscheidet, ob das Wissen und Können der Schüler dauerhaft und anwendungsbereit ist, ob die Schüler zur geistigen Auseinandersetzung angeregt, emotional bewegt werden, ob der Unterricht eine hohe erzieherische Wirkung hat. Wir wissen, daß Mängel im fachwissenschaftlichen Niveau nicht durch eine gute Gestaltung des Unterrichts kompensiert werden können, wie umgekehrt Schwächen in der pädagogischen und didaktisch-methodischen Arbeit nicht durch ein hohes fachwissenschaftliches Niveau auszugleichen sind. Viele Kollegen wiesen darauf hin, daß für die methodische Arbeit starre Systeme ebenso unbrauchbar sind wie Routine und Schematismus, die sich allzu leicht in der täglichen Arbeit einschleichen. Und jeder Lehrer weiß wohl, wie sehr man immer wieder neu überlegen und auch probieren muß, welche Methoden in einem bestimmten Stoffgebiet, in einer bestimmten Klasse zu den besten Ergebnissen führen.

Immer wieder bestätigt sich im Alltag, daß von der Qualität jeder einzelnen Unterrichtsstunde, ihrer Vorbereitung, die von keinem Lehrer – weder den jungen noch den erfahrenen Lehrern – geringgeschätzt werden darf, das Ergebnis maßgeblich abhängt. Wir dürfen nicht übersehen, daß noch nicht in jeder Stunde effektiv gelernt wird. Müssen wir nicht immer wieder prüfen – und das in allen Schulen –, ob die elementaren Forderungen an die didaktisch-methodische Arbeit, wie die anschauliche und exakte Erarbeitung von Vorstellungen und Begriffen, die regelmäßige Wiederholung und Systematisierung, das Üben usw., immer die genügende Aufmerksamkeit erfahren? Denn es muß uns bewegen, daß manche Schüler Wichtiges vergessen, daß Wissen und Können teilweise nicht sicher und anwendungsbereit sind, daß Lücken in den Kenntnissen auftreten.

In diesem Zusammenhang wird zu Recht das Problem lebhaft diskutiert, wie man sich im einzelnen Fach, in der Stoffeinheit, in der Unterrichtsstunde auf das zu erreichende grundlegende Wissen und Können konzentrieren muß und kann. Wie die grundlegenden Anforderungen in der zur Verfügung stehenden Unterrichtszeit zu meistern sind, dieses Problem wird immer erneut in der Praxis der pädagogischen Arbeit stehen, zumal es auch in einigen Lehrplänen und in den Unterrichtshilfen noch nicht ausreichend gelungen ist, das Wesentliche klar auszuweisen. Die Bestimmung des Wesentlichen im Stoff ist keine leichte Aufgabe, geht es doch darum, die Stoffe genauer zu kennzeichnen, die gewissermaßen Knotenpunkte für das Verständnis größerer Stoffbereiche darstellen oder die eine dominierende Stellung im Lehrgangsaufbau haben. Bei aller notwendig werdenden zentralen Hilfe bleibt dies immer ein Feld der schöpferischen Arbeit der Lehrer, denn immer haben hier die konkreten Bedingungen wie das Niveau der Klasse, die Erfahrungen der Schüler, Verbindungen zu anderen Unterrichtsfächern eine große Bedeutung.

Viele Pädagogenkollektive bewegt das Problem der geistigen Aktivierung der Schüler. Dabei spielen die Fragen der problemhaften Gestaltung des Unterrichts eine Rolle. Offensichtlich sind Praktiken und Auffassungen überwunden, daß man recht viele Probleme in jeder Unterrichtsstunde „abarbeiten" oder eine Fülle von Schülertätigkeiten organisieren müsse. Vielmehr wird immer besser berücksichtigt, daß eine Unterrichtsstunde nur dann Erfolg verspricht, wenn durch klug ausgewählte und sparsam eingesetzte Problemstellungen die geistige und geistig-praktische Tätigkeit der Schüler auf die Schwerpunkte der Unterrichtsstunde oder Stoffeinheit orientiert wird. Es ist eine alte Erfahrung: Wird nur eine Seite, ein Aspekt, eine Methode herausgegriffen oder verabsolutiert, so sind Einseitigkeiten und Schematismus die Folge. Gerade die geistige Aktivierung der Schüler verlangt eine vielfältige didaktisch-methodische Arbeit. Eine Universalmethode gibt es nicht; die Wahl der Methoden ist nun einmal abhängig von den zu erreichenden Zielen, vom Inhalt und von den konkreten Bedingungen in der jeweiligen Klasse und bei den einzelnen Schülern. Unsere Fachmethodiker und Didaktiker sollten es als ihre Aufgabe betrachten, Beispiele aus der Praxis der Lehrer und Varianten für eine interessante und problemreiche Gestaltung bestimmter Stoffgebiete und Unterrichtsstunden aufzubereiten und zu veröffentlichen.

Eine der schwierigsten Fragen, mit der sich immer mehr Pädagogenkollektive mit großem Ernst beschäftigen, ist wohl die, wie wir im Unterricht, in der gesamten pädagogischen Arbeit noch besser den einzelnen Schüler berücksichtigen, wie wir alle fördern, wie zeitweilige Schwierigkeiten bei einzelnen Schülern rechtzeitig erkannt und überwunden werden können, aber auch, wie Fähigkeiten und Begabungen zu entwickeln, zu fördern sind. Nicht wenige Kollektive wiesen in diesem Zusammenhang darauf hin, daß solche pädagogischen Binsenwahrheiten nicht in den Wind geschlagen werden dürfen wie die, daß der Lehrer nicht nur mit den Aktivsten arbeiten darf, während einige Schüler ständig übersehen werden, nur negative Bemerkungen hören. Es ist natürlich nicht leicht, für jene Schüler Erfolgserlebnisse zu schaffen, die es schwerer haben, gleichzeitig dem Niveau der Mehrheit der Schüler Rechnung zu tragen und die besten Schüler durch angemessene Aufgabenstellung weiter zu fordern. Immer wieder wurde deshalb betont, wie wichtig es ist, die Schüler gut zu kennen, an ihre starken Seiten, ihre Interessen und Neigungen anzuknüpfen. Eine schwere und sehr anerkennenswerte Arbeit leisten in dieser Beziehung die Pädagogen unserer Sonderschulen und Heime, die in tagtäglicher mühevoller Arbeit mit hoher Einsatzbereitschaft die ihnen anvertrauten Kinder erziehen.

Häufig wird auch das Problem der Hausaufgaben diskutiert. Hausaufgaben, richtig gewählt und eingesetzt, sind Bestandteil des Aneignungsprozesses. Es ist unbestritten, daß Hausaufgaben unverzichtbar sind, um das Wissen und Können der Schüler zu festigen, es zu üben und anzuwenden, um die Schüler zu befähigen, selbständig zu arbeiten, Bekanntes in veränderten Zusammenhängen zu erkennen, sie an die Arbeit mit dem Buch, an die Arbeit mit vielfältigen Hilfsmitteln heranzuführen. Ebenso unbestritten ist jedoch, daß die Qualität der Hausaufgaben diesen Forderungen nicht immer entspricht, daß wir uns hier von mancherlei Routine trennen müssen. Wenn beispielsweise nicht geprüft wird, ob die Schüler verstanden haben, was sie machen sollen, wenn Hausaufgaben immer in der gleichen Form gestellt werden, wenn das Ergebnis der Hausaufgaben nicht kontrolliert wird, im Unterricht keine Rolle spielt oder wenn gar in der Unterrichtsstunde nicht vorbereiteter Stoff auf die Hausaufgaben delegiert wird, werden viele Möglichkeiten verschenkt.

Es gibt auch nicht wenig Hinweise darauf, daß zuweilen die verbindlichen Festlegungen nicht beachtet werden, eine Konzentration von Hausaufgaben an bestimmten Tagen zugelassen wird und die Kinder an anderen Tagen kaum Hausaufgaben zu erledigen haben.

Ehrlich und kritisch haben sich die Kollektive damit auseinandergesetzt, daß in der täglichen pädagogischen Arbeit kleine Dinge, die große Auswirkungen auf die Erziehung haben, nicht immer die notwendige Beachtung finden, daß es bei diesem und jenem Kollegen manchmal routinemäßiges, unbedachtes Handeln gibt, das von den Kindern als lieblos empfunden wird.

Junge Menschen spüren sehr genau, wenn jemand bevorzugt oder benachteiligt wird. Ein verletzendes Wort, eine vorschnelle Einschätzung, eine ungenügend durchdachte pädagogische Maßnahme haben oft nachhaltige Wirkungen. Über all das darf man in der Tat an keiner Schule leichtfertig hinweggehen. In allen Kollektiven muß man ständig prüfen, ob im Getriebe des Alltags nicht allzuoft elementare Anforderungen an eine gute pädagogische Arbeit aus dem Blickfeld geraten. Alltäglich wird bewertet und zensiert, und täglich muß der Lehrer verantwortungsbewußt, überlegt und feinfühlig entscheiden. Er muß die tatsächlichen Leistungen zugrunde legen, sich kritisch zur Leistung eines Schülers, zu seinem Verhalten äußern, aber auch sein Selbstvertrauen stärken. Weil pädagogisch überlegtes Bewerten und Zensieren Lernen und Verhalten stimulieren, sind wir gegen jede Geringschätzung der Zensur und der Prüfungen, gegen alle „Ratschläge", sie abzuschaffen.

Ernsthaft beschäftigen sich viele Kollektive mit dem Problem, wie der altersbedingte Entwicklungsgang der Heranwachsenden noch sorgfältiger beachtet werden muß. Es wurde zu Recht die Frage aufgeworfen, ob nicht manche Schwierigkeiten daraus erwachsen, daß die pädagogischen Anforderungen an die Schüler der verschiedenen Altersgruppen nicht immer richtig bemessen sind, daß beispielsweise die vielschichtigen Entwicklungsprobleme im Jugendalter manchmal nicht genügend in Rechnung gestellt werden. Es bedarf sicher ständiger Überlegungen, wie wir den Schülern ihrer Altersspezifik gemäße Verantwortung, Pflichten, Aufgaben übertragen, sie entsprechend ihren wachsenden Kräften und Fähigkeiten fordern, sie weder unter- noch überfordern.

In vielen Pädagogenkollektiven wurde darüber beraten, wie das pädagogische Regime an der Schule aussehen muß, welche für die Erziehung des einzelnen und für das Kollektiv nützlichen Normen zu festen Gewohnheiten an der Schule werden müssen. in diesem Zusammenhang machen nicht wenige Lehrer, aber auch Eltern darauf aufmerksam, daß man sich in manchen Schulen recht gleichgültig dazu verhält, ob in der Schule Ordnung und Sauberkeit herrschen, alles Notwendige vernünftig geregelt ist, wie sich die Schüler vor Beginn des Unterrichts und in der Pause, beim Wechsel des Fachraumes und beim Mittagessen benehmen, wie sie mit dem Volkseigentum umgehen, daß man zuwenig darauf achtet, wenn sich Schüler unhöflich gegenüber Erwachsenen, gegenüber Lehrern und technischen Kräften verhalten, sich untereinander rüpelhaft benehmen. Es gab kameradschaftliche Kritik an Kollegen, die nicht genügend konsequent sind, daran, daß oft nicht alle gleichermaßen hohe Forderungen an die Schüler stellen, daß einige über vieles hinwegsehen.

Alle diese Dinge spielen keine unwesentliche Rolle bei der Erziehung zur Disziplin. Disziplin ist ein grundlegendes Erfordernis unserer gesellschaftlichen Entwicklung, wachsen doch mit der Entwicklung unserer sozialistischen Gesellschaft, die auf dem bewußten Tun aller beruht, die Ansprüche an die Organisiertheit des Handelns und Verhaltens. Es geht uns bei der Erziehung zur bewußten Disziplin um die Aneignung und Anerziehung gesellschaftlicher Normen und Verhaltensweisen. Disziplinprobleme lassen sich nicht durch allgemeine Diskussionen und Lamentieren aus der Welt schaffen. Disziplin muß anerzogen werden. Das erfordert Ordnung in der Schule, verlangt, im ganzen Schulkollektiv eine Atmosphäre bewußten Lernens, Arbeitens und Lebens zu schaffen, eine Atmosphäre, in der Disziplinlosigkeiten weder von Lehrern noch von den Schülern selbst geduldet werden. Die Autorität des Lehrers beruht auf seiner Achtung vor den Kindern, die sich im Verständnis für sie und ihre Probleme ebenso wie in konsequenten Forderungen an sie ausdrückt.

Immer wieder bestätigen die praktischen Erfahrungen: Das pädagogische Klima einer Schule wird entscheidend durch Stil und Ton im Pädagogenkollektiv bestimmt. Das beginnt bei der Art und Weise, wie der Direktor mit den Lehrern arbeitet, wie die Schule geleitet wird. Wie der Direktor die Lehrer einbezieht, seine Maßnahmen und Entscheidungen durchdenkt und begründet, wie er mit den Schülern arbeitet, das prägt sehr wesentlich die Situation an der Schule, im Schulkollektiv. Vom Entwicklungsstand des gesamten Kollektivs, von seinem Anspruchsniveau, seiner zielstrebigen Arbeit hängt entscheidend der Erfolg der Arbeit einer Schule ab.

Mit zunehmender Qualität haben sich die Direktoren den inhaltlichen Aufgaben zugewandt. Das ist oft nicht leicht für den Direktor; denn um viele Dinge, um noch allzu viele Sachen muß er sich kümmern, die ihn abhalten, vor allem mit den Lehrern und Erziehern zu arbeiten. Der Erfolg der Arbeit einer Schule wird jedoch nun einmal dadurch bestimmt, ob der Direktor seine Zeit, seine Hauptkraft für die Arbeit mit den Lehrern, Schülern und Eltern verwendet. Viel hängt davon ab, wie er es versteht, allen klare Aufgaben zu stellen und mit Konsequenz auf ihre Durchführung zu achten, ein Kollektiv zu entwickeln, in dem jeder Lehrer gefordert, zum Mitdenken angeregt wird, wo Initiative, Vorschläge, Meinungen gefragt sind, wo jeder gefordert ist, einen klaren Standpunkt zu vertreten, und weiß, daß Fragen, die ihn beschäftigen, geduldig und einfühlsam, klar und eindeutig beantwortet werden.

Offenheit, Vertrauen, gegenseitige Hilfe und gegenseitige Kritik, das Streben jedes einzelnen, sein Bestes zu geben, bilden sich nicht von selbst heraus. Dort, wo Entscheidungen ungenügend gründlich durchdacht, herangereifte Probleme nicht rechtzeitig auf die Tagesordnung gestellt, Mängel und Unzulänglichkeiten nicht offen angesprochen werden, entwickeln sich nur schwer Arbeitsfreude, Leistungsbereitschaft und Initiative. Noch nicht an allen Schulen ist es Brauch, hohe Anforderungen an alle zu stellen, und es ist gut, daß sich immer mehr Kollektive kritisch dazu verhalten, wenn einzelne auf Kosten anderer leben.

Gute pädagogische Arbeit erfordert Stetigkeit, Zeit zum Nachdenken und Weiterlernen, zur Arbeit mit den Kindern, mit den Eltern. Erzieher sein kostet Zeit. Deshalb muß jedes Kollektiv, jeder Direktor, jeder Lehrer immer wieder prüfen: Gehen wir genügend sorgsam, effektiv mit der Zeit um? Wird nicht nach wie vor noch kostbare Zeit durch unüberlegte Organisation der Arbeit vertan oder „versessen", ist die notwendige gesellschaftliche Arbeit wirklich richtig auf alle verteilt, sind nicht zu oft noch einige übermäßig belastet? Auch diese Fragen wurden gestellt. Wer aber sollte das ändern, wenn nicht die Kollektive und ihre Leiter selbst? Dabei übersehen wir nicht die mancherorts noch nicht überwundene Praxis, daß örtliche Organe die ihnen durch das Gesetz übertragene Verantwortung gegenüber der Schule nicht voll wahrnehmen, so daß Direktoren mit Verwaltungsaufgaben überhäuft sind, daß Geschäftigkeit, Hektik und Oberflächlichkeit oft auch durch eine ungenügende Leitungtätigkeit unserer Volksbildungsorgane selbst verschuldet werden. Eine qualifizierte Leitung der Schule durch den Direktor erfordert einen gründlichen Einblick in den Stand und die Ergebnisse des Unterrichts, in die Arbeit jedes Lehrers, den sich der Direktor auf vielfältige Weise verschafft. Hier sind wir gut vorangekommen. Jetzt geht es darum, uns noch besser zu befähigen, den Ursachen für Ergebnisse, Probleme und Rückstände auf den Grund zu gehen und die Dinge richtig und umfassend zu werten, aus Analysen richtige Schlußfolgerungen abzuleiten.

An jeder Schule gibt es einen reichen Schatz an Erfahrungen. Jeder kann von jedem etwas lernen; „abgucken" ist hier erlaubt. In den Fachzirkeln, Fachkommissionen, auf Fachkonferenzen, in planmäßigen Veranstaltungen und gewerkschaftlichen Beratungen muß der Erfahrungs- und Meinungsaustausch noch stärker ins Zentrum rücken. Wir brauchen hierfür keine zusätzlichen, zeitaufwendigen Methoden und Formen zu erfinden. Die Entwicklung des wissenschaftlichen Lebens, des Erfahrungsaustausches an der Schule wird uns schneller voranbringen und verhindern, daß sich Routine in der pädagogischen Arbeit breitmachen kann.

Den Erfahrungsaustausch kann man wohl am Nutzen für den einzelnen messen. Es taugt aber nicht, seinen Wert nach der Zahl durchgeführter Veranstaltungen, nach der Menge beschriebenen Papiers zu beurteilen.

Jeder weiß, daß trotz großer Bemühungen im vergangenen Jahr in einer Reihe Schulen längerer Unterrichtsausfall nicht vermieden werden konnte. Direktoren und Lehrer haben sehr verantwortungsbewußt und mit viel Einsatzbereitschaft den Unterricht zeitweilig ausfallender Kollegen vertreten, und das in erheblichem Maße. Der hohe Frauenanteil in unserem Beruf, insbesondere von jungen Frauen, die natürlich auch an dem erfreulichen Geburtenanstieg in unserer Republik beteiligt sind, bringt in einer Reihe von Pädagogenkollektiven Probleme mit sich. Wir haben uns auf die sozialpolitischen Maßnahmen rechtzeitig eingestellt, indem wir trotz zeitweiligen Rückgangs der Schülerzahlen die Zahl der auszubildenden Lehrer nicht verringerten.

Erfreulicherweise ist im Bereich der Volksbildung seit Jahren der niedrigste Krankenstand zu verzeichnen. Dennoch bereitet uns die Erkrankung von Lehrern und Lehrerkindern nicht wenige Sorgen. Auch künftig wird es nicht zu verhindern sein, daß wegen Krankheit Lehrer fehlen. Ausfall von Unterricht läßt sich nicht völlig vermeiden. Auf keinen Fall darf aber zugelassen werden, daß für einzelne Klassen der Unterricht in einem Fach über längere Zeit nicht erteilt wird. Deshalb müssen wir sehr gründlich überlegen, wie die zur Verfügung stehenden Kräfte am effektivsten eingesetzt werden können, wo und durch wen Hilfe zu organisieren ist. Das setzt voraus, daß die Kreisschulräte einen ständigen Überblick haben und gemeinsam mit den Direktoren und Lehrern Lösungen suchen und rechtzeitige Entscheidungen treffen.

Bei kurzfristigem Ausfall von Stunden Vertretungen um jeden Preis, nur um der „Abrechnung" willen zu organisieren wirkt sich eher negativ auf die Qualität des Unterrichts aus, schafft Unruhe und erhöht die Gefahr weiterer Ausfälle. Es geht also um sinnvolle Lösungen, darum, alle an der Schule und im Kreis noch vorhandenen Möglichkeiten voll auszuschöpfen.

Die gesellschaftlichen Anforderungen an die Volksbildung, die Entwicklung der Pädagogenkollektive, das gewachsene Niveau unserer Direktoren stellen vor allem an die Qualität der Arbeit der Kreisschulräte und ihrer Mitarbeiter immer höhere Ansprüche. Die Mitarbeiter unserer Kreisabteilungen haben sich sehr bemüht, an Ort und Stelle, in den Schulen und Einrichtungen zu wirken. Eine immer genauere Kenntnis der Lage in den Schulkollektiven, der realen Arbeitsergebnisse kennzeichnet immer mehr den Arbeitsstil vieler Kreisschulräte, einen Arbeitsstil, der die Erfahrungen, Meinungen und Standpunkte der Direktoren berücksichtigt, für eine offene, kritische und kameradschaftliche Atmosphäre sorgt, jeden Direktor zu einer realen, sachlichen und ehrlichen Einschätzung der Arbeit an seiner Schule herausfordert.

Die örtlichen Volksvertretungen, die Räte der Bezirke, der Kreise, Städte und Gemeinden haben eine große Arbeit geleistet, um die Bedingungen für eine erfolgreiche Arbeit der Lehrer und Erzieher zu sichern, die materiellen, finanziellen und personellen Voraussetzungen für die Durchführung der gestellten schulpolitischen Aufgaben zu schaffen. Im Namen aller Schulfunktionäre, Lehrer und Erzieher möchte ich deshalb von unserem Kongreß allen jenen herzlich danken, die sich mit großem Einsatz, mit viel Verständnis und persönlichem Engagement um die Entwicklung des Schulwesens in ihrem Territorium sorgen: den Vorsitzenden der Räte der Bezirke und Kreise, den Bürgermeistern, den Mitarbeitern der Plankommissionen und Bauämter, der Finanzorgane, der Organe für Handel und Versorgung, der Organe des Gesundheits- und Verkehrswesens und vor allem auch den Abgeordneten unserer Volksvertretungen.

Darüber, wie unsere Schule heute und in Zukunft ihre Aufgaben bewältigen wird, entscheidet maßgeblich die Qualität der beruflichen Vorbereitung, der Befähigung des pädagogischen Nachwuchses. Die Lehrerausbildung hat deshalb in jeder Etappe unserer Schulentwicklung unsere besondere Aufmerksamkeit erfahren. Angefangen bei der Ausbildung und weiteren Qualifizierung der Neulehrer, über die großen Anstrengungen im Direkt- und Fernstudium in den fünfziger und sechziger Jahren bis in die Gegenwart ist unsere Lehrerbildung stets den ihr gestellten Aufgaben gerecht geworden. Entsprechend den Erfordernissen wurden der wissenschaftliche Inhalt und die Methoden der Ausbildung entwickelt. Mit den wachsenden ökonomischen Möglichkeiten konnten schrittweise neue, leistungsfähige Ausbildungseinrichtungen aufgebaut werden.

Wenn heute an unseren Schulen hochgebildete, mit der Politik unserer Partei und unseres Staates fest verbundene Pädagogen arbeiten, die sich der Größe und Tragweite ihres Berufes bewußt sind, dann haben dazu die Universitäten, Pädagogischen Hoch- und Fachschulen, die Professoren, Dozenten und wissenschaftlichen Mitarbeiter einen wichtigen Beitrag geleistet.

Bei der weiteren Vervollkommnung unserer Lehrerbildung lassen wir uns davon leiten, daß in der Ausbildung die Grundlage für eine langjährige berufliche Tätigkeit gelegt wird. Das Fundament für eine erfolgreiche Tätigkeit des Lehrers sind seine solide wissenschaftliche Bildung, seine Befähigung zur selbständigen schöpferischen Arbeit und seine bewußte Einstellung zum Lehrerberuf. Dies verlangt, an allen Einrichtungen ein hohes theoretisches Niveau in der gesamten Fachausbildung, in allen Wissenschaftsdisziplinen zu sichern, eine hohe erzieherische Wirksamkeit aller Lehrveranstaltungen zu gewährleisten. Das schließt ein, die weltanschaulichen, politisch-ideologischen Potenzen der Ausbildung in allen Wissenschaften für die Herausbildung der marxistisch-leninistischen Weltanschauung wirksam zu machen.

Die Befähigung der künftigen Lehrer, die Ausbildung und Erziehung der Jugend auf der Grundlage wissenschaftlicher Erkenntnisse zu führen, hängt wesentlich von der Art und Weise ab, wie es die Lehrerbildner verstehen, die theoretischen Grundlagen in den Fachwissenschaften, im marxistisch-leninistischen Grundlagenstudium, in der Pädagogik, der Psychologie und den Unterrichtsmethodiken systematisch und logisch, praxisverbunden, beweiskräftig und überzeugend zu vermitteln, wie sie die Studenten zum Mitdenken, Mitarbeiten, zu aktiver Erkenntnistätigkeit herausfordern; muß doch der künftige Lehrer schon in der Ausbildung lernen, sich wissenschaftliche Denkweisen und Arbeitsmethoden anzueignen, muß doch die wissenschaftliche Ausbildung das Bedürfnis zum ständigen Weiterlernen bei den künftigen Lehrern entwickeln.

Das Niveau in der theoretischen Ausbildung wird maßgeblich bestimmt durch eine enge Beziehung zur pädagogischen Praxis. Damit die Studenten ständig mit dem neuesten Stand der Entwicklung der pädagogischen Praxis, ihren Problemen vertraut gemacht werden können, ist es von großer Bedeutung, daß die Lehrkräfte die fortgeschrittenen Erfahrungen und Erkenntnisse der Lehrer in ihre Lehrtätigkeit einbeziehen, daß sie selbst die Schulpraxis gründlich kennen.

Unsere Lehrerbildungseinrichtungen tragen eine hohe Verantwortung für die Heranbildung eines befähigten Lehrernachwuchses. Dafür jedoch, daß für den Lehrerberuf jene Jungen und Mädchen gewonnen werden, die die besten Voraussetzungen für diesen Beruf mitbringen, tragen alle Lehrer, trägt jedes Schulkollektiv und jeder Direktor eine große Verantwortung.

Jeder Lehrer weiß, daß er seine einmal erworbenen wissenschaftlichen Kenntnisse ständig vervollkommnen muß. Diese Erkenntnis zeigt sich in dem ständig wachsenden Bedürfnis nach Qualifizierung, in den wachsenden Ansprüchen an die Qualität der Weiterbildung, an ihren Inhalt, ihre Methoden und ihre Organisation.

Jährlich nehmen mehr als 40 000 Lehrer und Erzieher an den Weiterbildungsveranstaltungen, den Grund-, Fach- und Spezialkursen, deren Angebot wesentlich erweitert wurde, teil. Die Möglichkeiten zur Weiterbildung sowie die gute Qualität zahlreicher Lehrveranstaltungen finden Anerkennung. Wir begrüßen die vielen Vorschläge, die zur Erhöhung der Effektivität unserer Weiterbildung unterbreitet wurden. Kritisch wurde vermerkt, daß nicht alle Themen auf genügend hohem theoretischem Niveau, oft nicht genügend praxisverbunden behandelt werden. Nicht immer wird berücksichtigt, daß die Lehrer eine Fülle von Erfahrungen mitbringen und erwarten, daß neue wissenschaftliche Erkenntnisse so dargeboten werden, daß die Beziehungen dieser Erkenntnisse zur gesellschaftlichen und pädagogischen Praxis deutlich werden.

Unsere Weiterbildung heute kann und muß mehr darauf gerichtet sein, die selbständige schöpferische Arbeit zu stimulieren, sie sollte weniger „Belehrung" sein. Lebensnähe der Weiterbildung heißt jedoch nicht Verzicht auf Theorie. Allein mit der Erweiterung der praktischen Übungen ist Lebensnähe nicht zu erreichen. Es geht vielmehr darum, in den theoretischen Veranstaltungen die fortgeschrittenen pädagogischen Erfahrungen zu verarbeiten und, von wissenschaftlichen Erkenntnissen ausgehend, noch gezielter Antwort auf die Fragen zu geben, die die Lehrer in ihrer Arbeit bewegen.

Durch nichts, das wissen wir alle, ist das Selbststudium zu ersetzen. Sicher – vieles, was an Bedingungen dafür nötig ist, muß weiter durchdacht werden, aber letzten Endes kann niemandem das eigene Studium abgenommen werden. Trotz des gewachsenen Angebots an pädagogischer und fachwissenschaftlicher Literatur müssen wir ständig dafür Sorge tragen, daß die Publikationen eine hohe Qualität haben und Lücken im Angebot geschlossen werden.

Weiterbildung gehört zur täglichen Führungsarbeit. Es entwickelt sich erfolgreich die Tätigkeit der Fachzirkel. Die Arbeit der Fachberater und Mitglieder der Fachkommissionen ist anerkannt und geschätzt. Vor allem auch ihrer so wichtigen Arbeit müssen wir ständig große Aufmerksamkeit schenken. Höhere Anforderungen erwachsen den Mitarbeitern unserer Pädagogischen Kabinette, die den Lektoren, Seminar- und Übungsleitern qualifizierte Hilfe geben müssen. Zehntausende Propagandisten und Funktionäre der Partei, des Staates und der Wirtschaft, Lehrkräfte der Universitäten, Hoch- und Fachschulen, Spezialisten aus wissenschaftlichen Gesellschaften und Einrichtungen, aus kulturellen Verbänden und Institutionen und viele Schulfunktionäre und Lehrer haben sich in der Weiterbildung der Pädagogen hervorragende Verdienste erworben.

Dem Lehrer ist in unserer Gesellschaft eine Aufgabe gestellt, die ihm viel abverlangt, erzieht er doch heute die Generation, die in der Blüte ihres Lebens den Sozialismus vollenden, den Übergang zum Kommunismus mitgestalten wird. Die geachtete Stellung des Lehrers, die hohe Anerkennung, die seine Arbeit in unserer Gesellschaft erfährt, entspringen nicht irgendwelchen subjektiven Ansichten; sie sind objektiv in dem weittragenden Einfluß seines Wirkens auf die gesellschaftliche Entwicklung, in der Tragweise seiner Arbeit für die Gesellschaft begründet.

Durch seine Arbeit nimmt der Lehrer bedeutenden Einfluß auf das persönliche Leben der jungen Menschen, auf ihren Lebensweg, ja, auf das Kulturniveau des ganzen Volkes. Wie viele Familien gibt es in unserem Lande, die mit Achtung von den Lehrern ihrer Kinder sprechen, wie viele erwachsene Menschen, vor allem der jüngeren Generation, erinnern sich ihres Lehrers in Dankbarkeit.

Der Beruf des Lehrers verlangt persönliches Engagement, Liebe zu den Kindern, hohes Pflichtgefühl. Von der weltanschaulichen Position, der politisch-moralischen Überzeugtheit und Haltung, der wissenschaftlichen Bildung, dem Kulturniveau, von der Persönlichkeit des Lehrers hängt wesentlich der Erfolg der kommunistischen Erziehung ab. Indem wir die Rolle des einheitlich handelnden Pädagogenkollektivs als entscheidend für den Erfolg der pädagogischen Arbeit hervorheben, unterschätzen wir nicht die Rolle der Persönlichkeit des einzelnen Lehrers, im Gegenteil. Es ist natürlich auch in unserem Beruf so, daß sich die Menschen in vielem voneinander unterscheiden, nicht nur hinsichtlich ihres Temperaments, ihrer Interessen und Neigungen; Lehrer unterscheiden sich auch im Stil ihres pädagogischen Vorgehens, und gerade diese Individualität der einzelnen Persönlichkeit bereichert das Kollektiv, bereichert die pädagogische Arbeit an der Schule.

Stets waren humanistisch gesinnte Pädagogen Verbündete des gesellschaftlichen Fortschritts. Jedoch erst im Sozialismus, der seiner Natur nach humanistisch ist, kann der Pädagoge in die Tat umsetzen, was im Denken und Schaffen bürgerlich-progressiver Pädagogen erstrebt wurde. Erst in unserer Gesellschaftsordnung, deren Ziel die immer bessere Befriedigung der materiellen und kulturellen Bedürfnisse, die allseitige Entwicklung ihrer Mitglieder ist, findet die humanistische Forderung nach gleichem Recht auf Bildung für alle ihre praktische Verwirklichung, wird sie zu einer realen Lebensqualität.

Wir bewahren in unserer Schule das kulturelle, geistige Erbe unseres Volkes und anderer Völker, die Ideen der kühnen Entdecker und Erfinder. In der Arbeit unserer Lehrer, Erzieher und Pionierleiter leben die schulpolitischen Forderungen und pädagogischen Ideen der revolutionären Arbeiterbewegung. Unsere Pädagogen erziehen die Kinder im Geiste der revolutionären Kämpfer, der Kämpfer gegen den Faschismus, sie erfüllen ihr Vermächtnis.

Unsere Schule ist das gemeinsame Werk bereits mehrerer Generationen von Lehrern und Erziehern. Sie erzieht die Jugend zur Treue zum Sozialismus. Der Grundstein für diese Schule wurde mit der demokratischen Schulreform von den Lehrern gelegt, die wir zu den Aktivisten der ersten Stunde zählen. Sicher wird so mancher der hier Anwesenden sich an seine jungen Lehrerjahre erinnern, die zugleich Lehrjahre waren. Selbst noch lernend, gingen die antifaschistischen Neulehrer in die Schulen, von dem Willen beseelt, die Jugend im demokratisch-antifaschistischen Geist zu erziehen, gute Lehrer zu werden. Es war nicht immer leicht, als Neulehrer das Vertrauen der Mütter und Väter zu gewinnen, sie von der Richtigkeit unseres Weges zu überzeugen. Heute vereint sich mit den Erfahrungen der älteren Kollegen der Tatendrang der jungen.

Die Entwicklung unserer Schule war wahrlich kein einfacher Weg. Und alle, die ihn unter Führung der Partei gegangen sind, wissen, daß wir in jeder Etappe von neuem lernen, neue Erfahrungen und Erkenntnisse gewinnen mußten. Und damals wie heute stehen die Lehrer mit in vorderster Reihe im Kampf um den Fortschritt. Ihnen, den Lehrern und Erziehern, unseren Direktoren und Schulfunktionären, den Wissenschaftlern, allen, die so tatkräftig an der kommunistischen Erziehung der Jugend mitwirken, den Elternvertretern, den Funktionären des Jugendverbandes, den Werktätigen unserer sozialistischen Betriebe, sagen wir unseren herzlichen Dank.

Unsere gemeinsame Arbeit trägt ihre Früchte. Das beweist die Bilanz, die wir auf diesem unserem VIII. Pädagogischen Kongreß ziehen können. Wir haben seit dem VII. Pädagogischen Kongreß bei der inhaltlichen Ausgestaltung unserer allgemeinbildenden polytechnischen Oberschule gute, im Leben sichtbare Fortschritte erreicht. Gemeinsam mit allen Bürgern unserer Republik arbeiten wir zielstrebig daran, die Beschlüsse des IX. Parteitages der Sozialistischen Einheitspartei Deutschlands zu verwirklichen. Gehen wir nun mit dem Blick auf den 30. Jahrestag unserer Republik, überzeugt von der Richtigkeit unseres Weges, zuversichtlich an die Lösung der Aufgaben, die unserer Schule gestellt sind, damit sie auch künftig ihren Auftrag erfüllen kann.

Die Qualität des Literaturunterrichts
weiter erhöhen

Schlußbemerkungen auf der Konferenz
„Literaturunterricht und kommunistische Erziehung der Schuljugend" in Berlin
1. November 1979

Viel Interessantes und Wichtiges ist auf dieser Konferenz zur Sprache gekommen, manches wäre noch zu sagen, und nicht wenige Fragen konnten nicht gestellt, noch nicht alle konnten beantwortet werden. Das sollte und konnte auch nicht Aufgabe dieser Beratung sein. Sie ist gedacht als Impuls für die Verständigung über unsere Arbeit, für weiteres Nachdenken. Die Aussprache darüber, wie die Qualität unseres Literaturunterrichts weiter erhöht werden kann, muß und wird nun fortgesetzt werden. Viele Erfahrungen wurden vermittelt, es sind hohe Ansprüche an die theoretische und praktische Arbeit gesetzt. So war diese Konferenz zugleich auch eine Weiterbildungsveranstaltung für Praktiker und Theoretiker, für Lehrer und Wissenschaftler, für Kultur- und Volksbildungsfunktionäre.

Unsere Konferenz widerspiegelte, mit welcher Liebe zur Literatur und Leidenschaft zur Sache, mit wieviel Liebe zum Schüler, mit welch hohem Wissen und großer Verantwortung unsere Literaturlehrer sich bemühen, junge Menschen, die sich mitten im Prozeß der Herausbildung und Festigung ihrer weltanschaulichen Positionen und moralischen Überzeugungen befinden, behutsam zu lenken, sie durch Literatur wissender und empfindsamer zu machen für das, was unsere Zeit von ihnen fordert.

Die Beratung legte Zeugnis davon ab, welch hohe Ansprüche unsere Literaturlehrer an sich selbst, an ihre tägliche Arbeit stellen, daß sie es sich nicht leicht machen. Und auch dies sei gesagt: Bei allen Problemen, die es heute im Literaturunterricht noch gibt, kann wohl niemand übersehen, daß den hohen Anforderungen an die Qualität des Literaturunterrichts immer besser, ja schon gut entsprochen wird.

Daß es nicht einfach ist, Literatur so an die Jugend zu vermitteln, wie wir es uns als Ziel gestellt haben: parteilich und lebensverbunden, nachdenklich machend, Herz und Verstand gleichermaßen berührend und beeinflussend, bewußtseinsfördernd, gefühls- und charakterbildend, das wird bleiben, damit werden wir uns ständig auseinanderzusetzen haben. Ihren Schülern echte Diskussionspartner und Ratgeber zu sein, sie anzuregen, Einfluß auf ihr Denken und Empfinden, ihre Einstellung und ihr Verhalten auszuüben ist ein Anspruch, den schon heute immer mehr Literaturlehrer gut meistern und damit Maßstäbe für alle setzen. Wohl schon jeder bemüht sich darum, doch braucht er die kameradschaftliche Hilfe der Erfahrenen.

Und noch ein Gedanke: Unsere Beratung ordnet sich ein in das Bemühen aller Lehrer um eine höhere Qualität ihres Unterrichts, in die breite Bewegung des schöpferischen Suchens nach effektiveren Wegen, wirksameren Methoden der Bildungs- und Erziehungsarbeit im Unterricht, wie sie durch unseren VIII. Pädagogischen Kongreß ausgelöst wurde. Orientiert am Programm unserer Partei, hat der Kongreß herausgearbeitet, was in unserer Zeit, was unter unseren Bedingungen getan werden muß und getan werden kann zur Erziehung der künftigen Erbauer des Kommunismus. Dabei gingen wir davon aus, daß die Vorwärtsbewegung unserer Gesellschaft ständig wachsende Anforderungen an die ideologische, an die moralische, die sittliche Erziehung der Jugend stellt. Der Kongreß machte die große Verantwortung der ganzen Gesellschaft und natürlich vor allem der Schule sichtbar für die Formung der Heranwachsenden, für die Erziehung von Menschen, die aus der Geschichte lernen, die Gegenwart zu verstehen, ihren Verstand zu gebrauchen wissen und über tiefe Gefühle verfügen, über all das, was notwendig ist, um die Gegenwart und die Zukunft mitgestalten zu können.

Die junge Generation zu befähigen, ihre gesellschaftliche und natürliche Umwelt zu entdecken, zu begreifen und immer bewußter zu erleben – dies allein vom Literaturunterricht zu verlangen hieße, ihn bei bewußter Hervorhebung seines unverzichtbaren und unersetzbaren Anteils an der weltanschaulichen und moralischen Erziehung zu überfordern. Solche Menschen zu erziehen, Menschen, die eine aktive Einstellung zum Leben haben, die sich verantwortlich fühlen für unsere Sache, für sich selbst, für den einzelnen wie für das Ganze, für unsere große revolutionäre Bewegung, für den Sozialismus, der die höchsten Ideale der Menschheit wie Freiheit, Menschlichkeit, Gerechtigkeit und Frieden verwirklicht, dies ist Sache aller Fächer, aller Lehrer, der gesamten Ausbildung und Erziehung. Dazu muß jeder Lehrer, gleich welchen Faches, seinen Beitrag leisten. Kann doch die marxistisch-leninistische Weltanschauung nur angeeignet werden auf der Grundlage und im Zusammenhang mit der systematischen Vermittlung all dessen, was die Menschheit an Wissen und Erkenntnissen, an Erfahrungen, an geistigen und kulturellen Werten hervorgebracht hat.

Deshalb fassen wir weltanschauliche Erziehung nicht als etwas zum fachlichen Unterrichtsstoff Hinzugefügtes auf. Leider wird noch zu oft in der Wertung einer Unterrichtsstunde Entgegengesetztes erwartet oder verlangt. Die weltanschauliche Erziehung kann nur und muß aus dem spezifischen Unterrichtsfach, aus dem tiefen Verständnis der diesem Fach eigenen Beziehungen zur marxistisch-leninistischen Weltanschauung und der Art und Weise ihrer Vermittlung und Aneignung erwachsen. Und immer auch haben wir dabei den in einem bestimmten Alter unterschiedlich ausgeprägten Stand des Wissens und der Erfahrungen der Schüler zu berücksichtigen. Dies erfordert in der täglichen Erziehungsarbeit von jedem Lehrer, in welchem Fach er auch unterrichten mag – ist er doch nicht nur Fachmann, sondern Pädagoge –, Wissen so zu vermitteln, daß dieses, durch die eigenen sozialen Erfahrungen der Jugendlichen gestützt, im praktischen Tätigsein fest angeeignet wird.

Das fordert uns immer wieder, darüber nachzudenken, wie die Beziehungen der Schüler zu ihrer Umwelt, all das, was sie unmittelbar erleben, erfahren und tun, zielgerichtet genutzt werden kann, sie ständig anzuregen, bisher noch Unbekanntes und Unerkanntes zu entdecken und zu erforschen, ihre Phantasie herauszufordern, um Kopf und Herz, Denken und Fühlen der jungen Menschen gleichermaßen auszubilden.

In der Diskussion wurde anschaulich bewiesen, wie junge Menschen durch literarische Werke zu Entdeckungen und Erkenntnissen gelangen, die sie auf anderen Wegen der Weltaneignung nicht oder erst später gewinnen würden. Zeigen sie ihnen doch nicht nur, wie sie sind, sondern auch, wie sie sein könnten oder sein sollten, erschließen sie ihnen doch mit ihren literarischen Gestalten Anregungen für ihr Handeln, Denken, Fühlen und Wollen, schärfen ihren Blick für menschliche Konflikte und haben Anteil an der Ausbildung ihrer sittlichen und ästhetischen Anlagen, ihrer Genußfähigkeit.

Damit dieser unersetzbare Beitrag der Literatur voll zur Wirkung kommt, haben wir auf dem VIII. Pädagogischen Kongreß jene Probleme aufgegriffen und zur Aussprache unterbreitet, die von vielen Literaturlehrern gestellt worden sind, die aus Erfahrungen ihrer Unterrichtsarbeit herrühren, mit einer kritischen Sicht auch auf Mängel an Lehrmaterialien, gewachsen aus neuen Erkenntnissen. In den Referaten und Diskussionsbeiträgen unserer Konferenz wurde gewissermaßen ein Resümee des Nachdenkens und Diskutierens, des Suchens und Forschens gezogen. Es wurden Antworten gegeben, Standpunkte vertreten, Erfahrungen und Anregungen mitgeteilt. Jetzt läßt sich noch genauer sehen, was noch besser zu machen ist, damit die Schüler durch die Literatur „die Schönheit und Größe alles dessen tiefer... erfassen, was den Sinn des Lebens, den Sinn des Sozialismus, des Kampfes in unserer Zeit revolutionärer Umgestaltung erfüllt...".[1]

Die Maßstäbe, die hier für den Literaturunterricht gesetzt worden sind, stellen höhere Anforderungen vor allem auch an die Aus- und Weiterbildung der Lehrer, an die Forschung, einschließlich der methodischen Forschung. Denn was wir heute von unseren Lehrern im Unterricht verlangen in ideologischer und fachlicher Hinsicht wie auch in der Art und Weise der Wissensvermittlung und Überzeugungsbildung, das muß vor allem durch die Wissenschaft und die Ausbildung geleistet werden. Was heute gut ist, reicht schon für morgen nicht mehr. Es ist wohl unbestritten, daß es in der Literaturwissenschaft und insbesondere in der Methodik des Literaturunterrichts weitergehender wissenschaftlicher Untersu-

[1] M. Honecker: Der gesellschaftliche Auftrag unserer Schule. In: VIII. Pädagogischer Kongreß der Deutschen Demokratischen Republik. Protokoll. Volk und Wissen Volkseigener Verlag, Berlin 1979, S. 89.

chungen und Aussagen bedarf. Und hier müssen unsere Wissenschaftler sehen, daß die Lehrer zugleich auch forschen, wissenschaftliche Arbeit leisten und wissenschaftliche Mitarbeit leisten können, was nicht nur die Praxis, sondern auch die Theorie bereichert. Nach unserer Konferenz heißt es ernsthaft, die hier aufgeworfenen Probleme gemeinsam von Literaturwissenschaftlern, pädagogischen Wissenschaftlern und Praktikern in Angriff zu nehmen, weiter zu bearbeiten.

Ich möchte am Abschluß unserer Konferenz allen, die zu ihrem Gelingen beigetragen haben, unserem Referenten, Genossen Prof. Koch, und vor allem den Diskussionsrednern herzlich danken. Gewiß werden von unserer Beratung viele Impulse ausgehen für ein noch höheres Niveau unseres Literaturunterrichts, Impulse aber auch für die ästhetische Erziehung überhaupt, für alle, die Verantwortung tragen für die Erziehung unserer Jugend zu einem kulturvollen Leben, für die Ausprägung ihrer geistigen Kultur und kulturvoller Lebensgewohnheiten.

Tun wir das Unsere, um die Resultate dieser Konferenz für unser gemeinsames Anliegen, die kommunistische Erziehung der heranwachsenden Generation, fruchtbar zu machen.

Der Lehrer
und die sozialistische Schule
der Gegenwart

Rede auf der IV. Konferenz
der Volksbildungsminister sozialistischer Länder in Berlin
20. bis 23. Oktober 1981

Stets hat die Sozialistische Einheitspartei Deutschlands die Aufgaben für das Bildungswesen, für die Erziehung der heranwachsenden Generation abgeleitet aus den inneren und äußeren Entwicklungsbedingungen und Erfordernissen des Kampfes um die weitere Stärkung des Sozialismus in unserem Lande, den wir immer eingeordnet sehen in den revolutionären Weltprozeß, in die weltweite Auseinandersetzung zwischen Sozialismus und Kapitalismus. Davon sind auch die Beschlüsse des X. Parteitages der SED zur weiteren Entwicklung unseres Bildungswesens und im besonderen unserer Schule geprägt.

Es ist eine grundlegende Erkenntnis unseres sozialistischen Aufbaus, daß Bildungsfragen, Fragen der Schule, der Entwicklung des Bewußtseins, des Bildungsniveaus der Werktätigen auf das engste mit der sozialistischen Revolution, mit der Entwicklung der sozialistischen Gesellschaft verbunden sind und mit fortschreitendem sozialistischem Aufbau weiter an Bedeutung gewinnen.

Damit wächst zugleich die Rolle des Lehrers, wachsen die Anforderungen an ihn; wird doch von der Persönlichkeit des Lehrers, von seiner politischen Bildung, seiner Allgemeinbildung, seinem geistig-kulturellen Niveau und seiner fachlichen Bildung, von seiner politischen Haltung, seinem Verantwortungsbewußtsein für unsere sozialistische Sache, von seinen pädagogischen Kenntnissen und Fähigkeiten wesentlich bestimmt, wie die anspruchsvollen Aufgaben gelöst werden, die unserer sozialistischen Schule gestellt sind. Viel hängt von seiner Einstellung zu den Kindern, von seinem Wollen und seiner Fähigkeit ab, bei allen Schülern – unabhängig von der sozialen Herkunft und den unterschiedlichen Fähigkeiten – ihre geistigen, charakterlichen, moralischen Qualitäten, ihre Persönlichkeit allseitig auszuprägen, überzeugend und einfühlsam mit ihnen zu arbeiten.

Unseren Lehrern ist die Aufgabe gestellt, unter der Führung der Partei, in engstem Zusammenwirken mit dem sozialistischen Jugendverband der jungen Generation eine hohe, eng mit der Praxis verbundene Bildung zu vermitteln, sie zur

Arbeit zu erziehen, sie in das politische, in das gesellschaftliche Leben einzubeziehen, bei den Schülern von klein an eine aktive Lebenshaltung herauszubilden,
das schöpferische Denken und Tun der Jugend zu entwickeln, ihr auf der Grundlage eines klaren Klassenstandpunktes politisch bewußtes Handeln anzuerziehen.
Sie sollen die Jugend lehren, sich stets zu fragen: Was nützt wem, nützt es den Interessen der Arbeiterklasse, dem Volk oder seinen Feinden, nützt es den Unterdrückten in der Welt oder den Unterdrückern? Denn die jungen Menschen sollen
frühzeitig lernen, Freund und Feind zu unterscheiden.

Das ist ein hoher Anspruch an den Lehrer. Daraus leiten wir Konsequenzen für
die Auswahl unseres Lehrernachwuchses, für die Auswahl der dafür politisch und
charakterlich geeigneten jungen Menschen ab, daraus ergeben sich Konsequenzen für das Niveau der Lehrerausbildung als einer Schlüsselfrage für die Entwicklung unserer sozialistischen Schule, und daraus ergeben sich Konsequenzen für
die tägliche Arbeit mit den Lehrern, einschließlich ihrer Weiterbildung.

Wir sehen eine grundlegende Aufgabe darin, das Niveau der marxistisch-leninistischen Bildung der Lehrer und Erzieher weiter zu erhöhen und ständig eine
lebendige, wirksame politisch-ideologische Arbeit mit ihnen zu leisten. Stets haben wir das als ein grundlegendes Erfordernis betrachtet, und davon gehen wir
auch heute aus. Hat doch die Schule die ideologische Funktion zu erfüllen, den
Mädchen und Jungen unsere, die sozialistische Ideologie zu vermitteln. Unsere
Ideologie ist das Beste, was wir der jungen Generation übermitteln können und
müssen, denn sie ist Erziehung zur Achtung vor den Menschen, ihrer Arbeit,
der Achtung anderer Völker, eine Erziehung, die die Kinder lehrt, für den Frieden, für das Glück der Menschen in Wort und Tat einzutreten.

Politische Neutralität der Schule hat es zu keiner Zeit gegeben. Wir sagen unseren Lehrern, wenn wir vom Berufsethos sprechen: Lehrer zu sein, das heißt, an einem wichtigen Abschnitt der ideologischen Front zu wirken; die Jugend erziehen, das ist Arbeit im Auftrage der Partei, der Arbeiter-und-Bauern-Macht.

Das Verständnis der Jugend für die revolutionären Prozesse unserer Zeit und
die in ihnen wirkenden Gesetzmäßigkeiten der gesellschaftlichen Entwicklung
anzubahnen und zu vertiefen, das ist keine leichte Aufgabe. Der Lehrer muß ein
gründliches Wissen besitzen in der Theorie des Marxismus-Leninismus, in seiner
Fachwissenschaft, in der Pädagogik und Psychologie sowie die Fähigkeit, dieses
sein Wissen in der täglichen Arbeit mit jungen Menschen anzuwenden. Er muß
sie das Denken lehren und stets in Rechnung stellen, daß es sich bei jedem Kind
um eine werdende Persönlichkeit handelt.

Tagtäglich bemühen sich unsere Lehrer, diesen Anspruch zu meistern, ihre
pädagogische Arbeit – und sie tun dies mit Erfolg – gut zu bewältigen. Aber es
bleiben uns ständig nicht wenige Probleme, so zum Beispiel, wie wir die Lehrer
noch besser ausbilden, wie wir sie im Prozeß der Arbeit noch wirksamer qualifizieren können. In der Lehrerbildung, der Arbeit an den Pädagogischen Hoch-
und Fachschulen, den Universitäten, an denen unsere Lehrer ausgebildet werden,
steht ständig aufs neue die Frage, wie der Marxismus-Leninismus lebendig zu

lehren, wie er als Schlüssel für das Verständnis der Welt, als theoretische und methodologische Grundlage der Fachwissenschaften, der gesamten pädagogischen Arbeit gründlich zu vermitteln ist. Verlangen wir doch von jedem Lehrer, gleich welches Fach er unterrichtet, daß er dazu beiträgt, bei der Jugend ein dem Alter angemessenes wissenschaftliches Bild von der Welt, von den in der Natur und in der Gesellschaft wirkenden objektiven Gesetzmäßigkeiten und von den Mitteln und Wegen ihrer Nutzung zum Wohle der Menschen auszuprägen.

Die Erziehung der Erzieher im Geiste der kommunistischen Weltanschauung und Moral betrachten wir als einen ständigen Prozeß, der nicht mit der Ausbildung abgeschlossen ist. Unsere Führungstätigkeit richten wir darauf, in allen Lehrerkollektiven eine vertrauensvolle, offene, von politischer Prinzipienfestigkeit geprägte Atmosphäre, ein Klima gedeihlicher Erziehungsarbeit zu entwickeln.

Über alle Fragen, die die Lehrer bewegen und bewegen müssen, führen wir seit jeher einen offenen, vertrauensvollen Dialog. So haben wir uns nach dem X. Parteitag, ausgehend von den Anforderungen, die er gestellt hat, in Vorbereitung dieses Schuljahres mit einem „Offenen Brief" des Ministeriums für Volksbildung, des Zentralvorstandes der Gewerkschaft Unterricht und Erziehung und des Jugendverbandes an alle Lehrer und Erzieher gewandt. Darin haben wir ihre Leistungen gewürdigt, offen alle noch nicht gelösten Probleme in der Unterrichtsarbeit angesprochen und auf jene Fragen orientiert, auf die es heute in der politischen Arbeit mit der Jugend ankommt. In unserem Lande, an der Trennlinie zum Imperialismus in Europa, sind wir sehr unmittelbar – und dies schon immer, vor allem jedoch natürlich in Zeiten besonders zugespitzter politischer und ideologischer Auseinandersetzung wie gegenwärtig – mit feindlichen Auffassungen konfrontiert. Die Schüler kommen mit ihren Fragen, ihren Problemen in die Schule. Man mag diesen ihren Fragen mitunter noch ausweichen, der Lehrer kann und soll das nicht, er muß Antwort geben – und mehr noch, er muß seine Schüler befähigen, sich selbständig mit solchen Fragen auseinanderzusetzen.

Wir haben mit diesem Brief unsere Pädagogen darauf orientiert, den Schülern noch überzeugender jene grundlegenden Erkenntnisse der gesellschaftlichen Entwicklung unserer Zeit nahezubringen, die vom XXVI. Parteitag der KPdSU, von unserem X. Parteitag sowie den Parteitagen anderer Bruderparteien erneut bekräftigt wurden. Es ist eine wichtige Erfahrung, die wir in mehr als dreieinhalb Jahrzehnten in unserer gesamten Jugenderziehung gemacht haben, der heranwachsenden Generation jene grundlegenden Gesetzmäßigkeiten der Entwicklung des Sozialismus, des revolutionären Weltprozesses immer wieder überzeugend nahezubringen, in denen unsere wissenschaftliche Weltanschauung, unser Klassenstandpunkt zum Ausdruck kommen und die zu Grundwahrheiten unserer Epoche geworden sind. Solche Grundwahrheiten, die wir der Jugend überzeugend nahebringen wollen, sind:
– Der Prozeß der revolutionären Veränderung der Welt, der durch die Große Sozialistische Oktoberrevolution eingeleitet wurde, ist unumkehrbar. Trotz erbitterten Widerstandes der zum Untergang verurteilten imperialistischen Herr-

schaft, trotz zeitweiliger Rückschläge setzt der Sozialismus seinen Siegeszug in allen Teilen der Welt fort.

- Sozialismus und Frieden sind wesenseins. Im Sozialismus verdient niemand an der Rüstung, ist niemand daran interessiert, sich an fremden Gebieten und Rohstoffquellen zu bereichern, die souveränen Rechte anderer Völker zu beugen, weil das Werk des sozialistischen Aufbaus einzig aus der fleißigen und schöpferischen Arbeit der Menschen hervorgeht und deshalb im Frieden am besten gedeiht.
- Der unzerstörbare Bruderbund mit der Sowjetunion, die feste Verankerung der Deutschen Demokratischen Republik in der Gemeinschaft der sozialistischen Staaten ist und bleibt für unser Volk immer die stabile Grundlage seiner Sicherheit und seiner Erfolge. Oberstes Gesetz unseres Handelns ist der proletarische Internationalismus, die internationale Solidarität mit allen um ihre Freiheit kämpfenden Völkern.
- Auch auf deutschem Boden bestätigt sich, daß die Arbeiterklasse ihre historische Mission nur erfüllen kann, wenn sie von einer zielklaren, geschlossenen, einheitlichen, disziplinierten und eng mit den Massen verbundenen marxistisch-leninistischen Partei geführt wird.
- Die sozialistische Staatsmacht, ihre Autorität und Funktionsfähigkeit sind Grundlage unseres erfolgreichen Voranschreitens. Nur die politische Macht der Arbeiterklasse im Bündnis mit der Klasse der Genossenschaftsbauern und den anderen Werktätigen, die immer breitere Entfaltung der sozialistischen Demokratie gewährleisten die Freiheit des Volkes ebenso wie die Freiheit der Persönlichkeit. Sie gegen alle Angriffe wirksam zu schützen und zu verteidigen ist patriotische und internationalistische Pflicht eines jeden jungen Staatsbürgers.
- Wo immer der Sozialismus errichtet wird, er ist das Ergebnis der fleißigen Arbeit, der Bereitschaft und Fähigkeit von Millionen Werktätigen, die sozialistischen Errungenschaften durch ihre Arbeitstaten zu stärken.
- Der Sozialismus ist der reale Humanismus unserer Epoche. Er ist die einzige Gesellschaftsordnung, die im Einklang mit den objektiven Gesetzen der historischen Entwicklung das Wohl, die Freiheit und die Würde des Menschen verwirklicht, während sich der Imperialismus, getrieben vom Drang nach Profit, der Menschenwürde und geistigen Freiheit entgegenstellt, alle demokratischen Grundrechte einschränkt und mißachtet.
- Der Antikommunismus ist die Grundtorheit unserer Epoche. Er ist das wichtigste Mittel der Konterrevolution im Kampf gegen den realen Sozialismus, der Versuch, durch ideologische Diversion und Hetze die Schöpferkraft der Massen auf dem Wege ihrer revolutionären Befreiung zu lähmen.

Eine solche zielgerichtete politisch-erzieherische Arbeit unter der Jugend betrachtet unsere Partei als Aufgabe aller ihrer Mitglieder, als Aufgabe aller Institutionen und Organisationen, einschließlich der Massenmedien, insbesondere als Aufgabe des Jugendverbandes und der Lehrer unserer sozialistischen Schule.

Dies erfordert, daß sich alle Pädagogen gründlich mit dem Marxismus-Leninismus vertraut machen. Es bewährt sich, daß alle Lehrer und Erzieher – auch die Parteilosen – regelmäßig an den monatlichen Schulungsveranstaltungen im Parteilehrjahr der Sozialistischen Einheitspartei Deutschlands teilnehmen und daß in den Weiterbildungskursen für die Lehrer ausgewählte Probleme des Marxismus-Leninismus vertiefend behandelt werden.

Wir haben in der DDR zu berücksichtigen, daß sich seit den siebziger Jahren eine deutliche Verjüngung unserer Lehrerschaft vollzieht. Heute sind mehr als ein Drittel aller unserer Lehrer und Erzieher jünger als 30 Jahre, über 50 Prozent haben erst in den letzten zehn Jahren ihre Arbeit in der Schule aufgenommen. Die jungen Lehrer, die von den Universitäten, Hoch- und Fachschulen kommen, verfügen über ein solides wissenschaftliches Niveau. Es ist eine politisch gut erzogene Lehrerschaft, die da neu heranwächst. Es sind Lehrer, die selbst in unserer sozialistischen Schule gebildet und erzogen worden sind, die ihre sozialen Erfahrungen im Sozialismus sammeln, Erfahrungen natürlich, die andere als die der Älteren sind, die gegen den Faschismus kämpften, die am Ringen um die Beseitigung der Trümmer des Krieges, an der Überwindung des Hungers und der vielen täglichen Nöte beteiligt waren, die die Kämpfe um die Errichtung unserer Arbeiter-und-Bauern-Macht mit ausfochten. Deshalb ist es besonders wichtig, der Vermittlung von Wissen über den Verlauf der sozialistischen Revolution in unserem Lande noch mehr Beachtung zu schenken, den jungen Lehrern überzeugend zu erklären, welche Kämpfe, welche Anstrengungen es gekostet hat, die sozialistischen Errungenschaften zu schaffen, auf die wir heute stolz sind. Sie sollen wissen, daß unsere Entwicklung keine glatte Straße war, damit sie in der Lage sind, ihren Schülern diesen unseren revolutionären Weg nahezubringen, und dies mit Herz und Verstand.

Die jungen Leute müssen ein objektives, das heißt ein wissenschaftliches Bild vom Verlauf der Etappen unserer sozialistischen Revolution erhalten, von der Geschichte und dem opferreichen Kampf um die Errichtung der neuen Gesellschaft in der Sowjetunion, dem ersten sozialistischen Land der Erde, in den Ländern der sozialistischen Gemeinschaft, vom Kampf der Völker um nationale und soziale Befreiung.

Der Imperialismus versucht, den realen Sozialismus als fehlerhaft, als „erneuerungsbedürftig" hinzustellen. Er verbreitet wie eh und je nationalistische Auffassungen, gepaart mit Antisowjetismus. Wir haben dem die geschichtliche Wahrheit entgegenzusetzen, die Tatsache, daß mit der Befreiung unseres Landes vom Faschismus durch die Sowjetunion unser Volk und viele Völker Europas das Joch der Ausbeutung und Unterdrückung abschütteln konnten, daß unter der Führung der marxistisch-leninistischen Partei der Sozialismus siegte und erstarkte, daß niemals zuvor der Kampf der Werktätigen solch große Errungenschaften zeitigte. Das Geschichtsbewußtsein, das wir unseren Lehrern vermitteln, beruht auf den Lehren der deutschen Geschichte. Der sozialistische Patriotismus, der gepaart ist mit dem proletarischen Internationalismus, dessen Unterpfand die unverbrüchliche Freundschaft mit der Sowjetunion ist, nimmt dabei einen entscheidenden Platz ein.

Die kommunistische Erziehung der Heranwachsenden ist ohne eine solide wissenschaftliche Allgemeinbildung nicht zu realisieren. Dieser allgemeingültigen Erkenntnis marxistisch-leninistischer Pädagogik Rechnung tragend und angesichts des hohen Tempos des wissenschaftlichen Erkenntnisfortschritts in unserer Zeit, der Dynamik der gesellschaftlichen Entwicklung, gehen wir davon aus, daß das Niveau des Unterrichts, der gesamten Bildungs- und Erziehungsarbeit entscheidend davon abhängt, wie sich die Lehrer mit neuen Erkenntnissen und Ergebnissen der Gesellschafts- und Naturwissenschaften, mit den Entwicklungstendenzen der Produktion in Industrie und Landwirtschaft, mit Fragen des kulturell-geistigen Lebens in unserer Republik und in anderen Ländern vertraut machen. Das ist ein hoher Anspruch an Inhalt und Methoden der Lehrerbildung.

Unter dieser Sicht haben das Politbüro des Zentralkomitees der Sozialistischen Einheitspartei Deutschlands und der Ministerrat der Deutschen Demokratischen Republik Maßnahmen zur weiteren Vervollkommnung der Lehrerausbildung beschlossen. Sie sind darauf gerichtet, den Ausbildungsprozeß an den Universitäten, Hoch- und Fachschulen so zu gestalten, daß die Qualität und Effektivität der Ausbildung des Lehrernachwuchses weiter erhöht und die künftigen Lehrer noch besser auf die gegenwärtigen und perspektivischen Anforderungen der Schulpraxis vorbereitet werden. Es geht darum, in allen Ausbildungsdisziplinen ein höheres wissenschaftliches Niveau zu erreichen. Eine zentrale Frage ist, wie es gelingt, die Studenten noch besser zur selbständigen wissenschaftlichen Arbeit zu befähigen als einer wesentlichen Voraussetzung für schöpferisches Tätigsein im künftigen Beruf, der ständiges Weiterlernen erfordert.

Die pädagogische Ausbildung, deren Niveau uns zur Zeit noch nicht voll zufriedenstellt, soll in ihrem Anspruchsniveau erhöht werden. Wir wollen sowohl in ihrem theoretischen als auch in ihrem praktischen Teil der Befähigung der künftigen Lehrer zur bewußten Planung, Gestaltung und Führung einer niveauvollen Unterrichts- und Erziehungsarbeit noch größere Aufmerksamkeit schenken. Es gilt, das Problem zu lösen, eine engere Verbindung von Theorie und Praxis zu gewährleisten sowie die pädagogischen Praktika effektiver zu gestalten. Anliegen ist es, in allen Ausbildungsstätten die Atmosphäre intensiven schöpferischen Studiums weiter auszuprägen, das studentische Leben auf politischem, wissenschaftlichem, geistigem und kulturellem Gebiet, gestützt auf die Aktivität der Lehrerstudenten selbst, im engen Zusammenwirken mit dem sozialistischen Jugendverband so zu entwickeln, daß es stärker für die Persönlichkeitsbildung der künftigen Lehrer wirksam gemacht wird. Wie es die Hochschullehrer verstehen, die Lehrerstudenten für die Wissenschaft zu begeistern, die Methode, wie sie lehren, ob sie die Studenten zu schöpferischer Arbeit, zur Aktivität, zum eigenen Denken erziehen und wie das politische, geistig-kulturelle Klima an den Einrichtungen der Lehrerbildung entwickelt ist, wird maßgeblich den Stil der Tätigkeit des künftigen Lehrers, seine Bildungs- und Erziehungsarbeit an der Schule prägen.

Die ständige Vervollkommnung der Weiterbildung der bereits tätigen Pädagogen sehen wir als eine Schlüsselfrage der weiteren inhaltlichen Vervollkommnung unserer Schule an. Die Lehrerweiterbildung hat in unserer Schulentwicklung immer eine große Rolle gespielt. In den Zeiten, da wir die Lehrer nur kurz ausbilden konnten, weil wir, bedingt durch unsere historische Entwicklung, Lehrermangel hatten, hat sie zugleich Funktionen der Ausbildung im Prozeß der Arbeit gehabt.

Im Mittelpunkt unserer Bemühungen heute steht, eine höhere Qualität und Effektivität in allen Formen der Weiterbildung zu erreichen – begonnen beim Erfahrungsaustausch an der Schule bis hin zu den speziellen Kursen und Lehrgängen, die wir durchführen.

Wir sind dabei, den Inhalt der Weiterbildung auf den einzelnen Gebieten zu präzisieren. Dabei geht es darum, neue Erkenntnisse der Wissenschaften und fortgeschrittene Erfahrungen der pädagogischen Praxis aufzugreifen und sie den Lehrern so zu vermitteln, daß sie die in der Weiterbildung gewonnenen Erkenntnisse und Erfahrungen noch besser für eine qualifizierte Unterrichts- und Erziehungsarbeit nutzen können. In jenen Fächern, in denen in den nächsten Jahren überarbeitete und neue Lehrpläne in der Schule eingeführt werden, dient die Weiterbildung der zielgerichteten fachwissenschaftlichen und methodischen Vorbereitung der Lehrer auf die Arbeit mit diesen Lehrplänen.

Weitergehende Überlegungen stellen wir auch an zur Art und Weise, wie die Weiterbildung zu gestalten ist. Die Vorträge und Seminare sollen zum tieferen Durchdenken der eigenen Arbeit und zum Selbststudium anregen. Problemdiskussionen, in denen der Standpunkt der Pädagogen gefragt ist, der Meinungsstreit gefördert wird, Gedankenaustausche, in denen Erfahrungen der Pädagogen mobilisiert und neue Ideen freigesetzt werden – all das trägt nach unserem Dafürhalten nicht wenig dazu bei, die praktische Wirksamkeit der Weiterbildung zu erhöhen.

Die gesamte Weiterbildung vollzieht sich bei uns in der unterrichtsfreien Zeit der Lehrer, nur während dieser Zeit können wir sie durchführen. Und da wir mit der Zeit der Lehrer sorgsam umgehen müssen, stehen auch unter dieser Sicht Fragen ihrer Qualität und Effektivität, ihres praktischen Nutzens. Wir haben noch keine hinreichende Antwort darauf, wie es zum Beispiel gelingt, den Lehrern noch besser zu helfen, ständig die Entwicklung ihrer Fachwissenschaft zu verfolgen. Wir befassen uns mit der Frage, wie wir die Möglichkeiten der Universitäten, der Hoch- und Fachschulen sowie anderer wissenschaftlicher Einrichtungen dafür noch umfassender nutzen, wie wir die Publikationen, die Fachzeitschriften und die pädagogische Literatur noch besser gestalten können.

Das Bedürfnis der Lehrer, sich mit neuen Fragen der Entwicklung in Produktion, Wissenschaft und Technik vertraut zu machen, ist gewachsen. Dies ergibt sich aus den praktischen Erfordernissen unserer sozialistischen Schule, deren Wesenszug die enge Verbindung mit dem Leben, mit der gesellschaftlichen Praxis ist, die eine polytechnische Schule ist, in der Unterricht und Produktion verbunden sind. Das stellt uns vor die Frage, wie wir die Lehrer mit der Entwicklung der

Volkswirtschaft, mit dem Kampf der Werktätigen um höhere Effektivität und Produktivität der Arbeit in den sozialistischen Betrieben noch besser bekanntmachen können. Wir stellen uns die Frage, wie wir den Lehrern, die ja selbst nicht beruflich in der Produktion tätig waren, solche Einblicke verschaffen können, wie wir sie bekanntmachen mit Problemen des wissenschaftlich-technischen Fortschritts. Bewährt hat sich der enge Kontakt von Klassenleitern mit Brigaden aus der sozialistischen Produktion, denn jede Schulklasse hat Patenschaftsbeziehungen zu einem Arbeitskollektiv; bewährt haben sich der Erfahrungsaustausch der Lehrer der naturwissenschaftlichen Fächer mit den Lehrkräften der Polytechnik und den Berufsausbildenden der Betriebe und nicht zuletzt das Auftreten von Partei-, Staats- und Wirtschaftsfunktionären und Wissenschaftlern vor den Lehrern zu Fragen unserer Wirtschaftspolitik, der wissenschaftlich-technischen Entwicklung sowie gezielte Exkursionen von Pädagogen in Betriebe der Industrie und Landwirtschaft.

Wir schenken sowohl der systematischen Qualifizierung unserer Pädagogen in Kursen und Lehrgängen als auch der Führung ihrer täglichen Arbeit durch die Direktoren und alle Volksbildungsorgane große Aufmerksamkeit. Bestätigen doch die Erfahrungen, daß die Weiterbildung in Kursen und Lehrgängen die Qualifizierung im Prozeß der täglichen Arbeit nicht ersetzen kann. Wir orientieren deshalb verstärkt darauf, die vielfältigen Möglichkeiten des Erfahrungsaustausches an der Schule selbst, zwischen Schulen, zwischen Lehrern, die gleiche Fächer unterrichten, in Fachzirkeln und Fachkommissionen noch intensiver zu nutzen.

Wir verlangen von unseren Schuldirektoren, daß sie die starken Seiten wie auch die Probleme, die ihre Lehrer in der Arbeit haben, genau kennen und stets überlegen, was der einzelne Lehrer an konkreter Hilfe tatsächlich braucht, wie ihm am besten geholfen werden kann, seine Arbeit noch qualifizierter zu leisten. Eine wesentliche Aufgabe unserer Führungstätigkeit sehen wir darin, die Direktoren, die Leitungskader und die in der Lehreraus- und -weiterbildung Tätigen zu qualifizieren.

Wenn unser X. Parteitag eine erfolgreiche Entwicklung unseres Volksbildungswesens bilanzieren konnte, so nicht zuletzt deshalb, weil es in unserem Land einheitlich durch die Partei und den sozialistischen Staat geführt wird. Das Prinzip des demokratischen Zentralismus gilt gerade auch bei der Leitung des Volksbildungswesens.

Die zentrale Planung und Leitung, verbunden mit der breiten Entfaltung der schöpferischen demokratischen Mitarbeit aller Lehrer und Erzieher, war und ist eine wesentliche Voraussetzung für die erfolgreiche Lösung der oft sehr komplizierten Aufgaben in allen Etappen unserer Schulentwicklung. Die Brechung des Bildungsprivilegs der besitzenden Klassen, die Verwirklichung einer wissenschaftlichen Allgemeinbildung für alle Kinder des Volkes, die Ausprägung des polytechnischen Charakters unserer sozialistischen Schule, die Schaffung und ständige weitere Vervollkommnung der erforderlichen materiellen, finanziellen und personellen Bedingungen waren und sind nach unseren Erfahrungen nur zu verwirklichen, weil auf der Grundlage der Beschlüsse der Partei diese Prozesse mit einer klaren politischen Konzeption einheitlich geführt wurden und werden – und dies von Kadern, bis hin zum Direktor der Schule, die, von der Partei ausgewählt, als Funktionäre des sozialistischen Staates ihre Verantwortung wahrnehmen.

Demokratischen Zentralismus in der Führung betrachten wir stets in Einheit mit der Entwicklung der Initiative und Aktivität der Lehrer, der gesellschaftlichen Kräfte, mit ihrer umfassenden Einbeziehung in die Vorbereitung von Entscheidungen und die Lösung der gestellten Aufgaben. So sind unsere verbindlichen staatlichen Lehrprogramme, die grundlegenden gesetzlichen Bestimmungen auf dem Gebiet des Bildungswesens das Resultat der konstruktiven Mitarbeit von Wissenschaftlern, Lehrern, Eltern und anderen gesellschaftlichen Kräften, unter Nutzung breiter öffentlicher Diskussion. Immer höhere Ansprüche sind in der gegenwärtigen Phase unserer gesellschaftlichen Entwicklung an das konstruktive Mitdenken und Mitwirken bei der Lösung der Aufgaben gestellt.

Diejenigen, die der Abschaffung des demokratischen Zentralismus, der für alle verbindlichen Lehrpläne und Studienprogramme das Wort reden, die „mehr Freiheit" in der Arbeit des Lehrers fordern, die sich gegen die Kontrolle der Schule durch die staatlichen Organe wenden und für eine sogenannte Selbstverwaltung der Schule, für deren Autonomie, für eine weltanschaulich offene, pluralistische Schule Propaganda machen, waren immer, zu jeder Zeit, jene Kräfte, die unter mehr Freiheit in der Wahl der Inhalte der Ideologie, Freiheit für ihre, für die bürgerliche Ideologie in der Schule meinten. Bekanntlich machen die Imperialisten in ihrer Schule keinerlei Zugeständnisse in Fragen der Ideologie. Zu jeder Zeit hat die Bourgeoisie die Lehrer und die Schule mißbraucht, um die Jugend im Geiste ihrer reaktionären Ideologie zu erziehen, wie sich dies heute beispielsweise in der Schule der Bundesrepublik Deutschland zeigt. Verbindliche gesetzliche Bestimmungen erheben dort den Nationalismus, den Revanchismus, Antikommunismus und Antisowjetismus zur Unterrichtsdoktrin. Lehrer werden mit Berufsverbot belegt, wenn sie einer fortschrittlichen Bewegung angehören. Als Lehrer in der Schule der BRD darf man zwar Faschist sein, aber kein Kommunist.

Die sozialistische Schule ist eine der größten Errungenschaften des Sozialismus in unserem Lande. Die Einheitlichkeit unseres Schulwesens, das gleiche Recht auf Bildung für alle Kinder sind Errungenschaften, die unserem Volk, allen jungen Menschen zugute kommen. Was wir beim Aufbau unseres Volksbildungswesens erreicht haben, das haben wir dank dem Kampf der Werktätigen, der fleißigen Arbeit Hunderttausender Pädagogen erreicht.

Wir waren und sind in der glücklichen Lage, aus dem reichen Erkenntnis- und Erfahrungsschatz der sowjetischen Schule und Pädagogik schöpfen zu können. Das hat uns manchen Umweg erspart. Wie bisher werden wir auch künftig die Erkenntnisse und Erfahrungen des ersten sozialistischen Staates der Welt, der auch beim Aufbau unserer sozialistischen Schule bahnbrechende Arbeit geleistet hat und leistet, aufmerksam studieren und nutzen, ebenso wie die Erfahrungen aller unserer sozialistischen Bruderländer, all der Staaten, die seit ihrer Befreiung – ungeachtet aller Schwierigkeiten – Großes bei der Entwicklung des Bildungswesens in ihren Ländern geleistet haben und leisten. Alle diese Erfahrungen bereichern immer mehr die Schatzkammer marxistisch-leninistischer Pädagogik.

Unbestritten hat das Beispiel der sozialistischen Schule, der Fürsorge der sozialistischen Staaten für die Bildung und Erziehung der heranwachsenden Generation in der Welt von heute einen starken Einfluß, um so mehr angesichts der sich weiter verschärfenden Bildungskrise in den kapitalistischen Ländern, der Tatsache vor allem, daß in den NATO-Staaten die Bildung des Volkes der Hochrüstung zum Opfer gebracht wird.

Die Überlegenheit des Sozialismus als Gesellschaftssystem, sein zutiefst humanistisches Wesen noch deutlicher zu machen, das schließt nach unserem Dafürhalten ein, die Errungenschaften des realen Sozialismus, die sich gerade auch im Bildungswesen eindrucksvoll manifestieren, noch wirkungsvoller zu propagieren, unsere gemeinsamen Anstrengungen zur weiteren Entwicklung und Vervollkommnung der Bildung und Erziehung der jungen Generation, zur Auseinandersetzung mit der bürgerlichen Ideologie, mit dem Revisionismus zu verstärken sowie gemeinsam unsere marxistisch-leninistische Schulpolitik und Pädagogik weiter auszuarbeiten.

Auch wir Pädagogen stellen uns der Herausforderung dieses Jahrzehnts · Für jeden Schüler den besten Start ins Leben sichern

Referat auf der zentralen Direktorenkonferenz in Karl-Marx-Stadt
10. bis 12. Mai 1982

Wir wollen auf dieser Konferenz darüber beraten, wie wir die Wirksamkeit der pädagogischen Arbeit an unseren Schulen erhöhen können und müssen, um den wachsenden Anforderungen gerecht zu werden, die unsere sozialistische Gesellschaft auch an das Bildungswesen stellt. Wir können dabei von den guten Ergebnissen und Erfahrungen ausgehen, die es an allen Schulen gibt, dank der fleißigen und schöpferischen Arbeit unserer Lehrer und Erzieher. Und es sollte wohl auch ausgesprochen werden – und mir scheint hier dafür der rechte Platz zu sein –, daß die Leiter nicht nur zuständig sind für Kritik, sondern auch für Lob. Wohl hat der Leiter die Verantwortung für all das, was nicht funktioniert, hat sozusagen das Privileg, für Kritik geradestehen zu müssen, aber unsere Direktoren haben auch das Recht, gelobt zu werden, denn alles, was sich vorwärtsbewegt, geht nicht ohne gute Leitung.

An den Erfolgen unseres Volksbildungswesens haben Tausende fleißiger, kluger, entscheidungsfreudiger Direktoren einen entscheidenden Anteil. Sie alle haben unsere gute Politik mitgestaltet. Ich denke dabei an die Direktoren, die nun schon seit einigen Jahrzehnten auf ihrem Posten stehen, an jene, die bereits aus unseren Reihen ausgeschieden sind, ebenso wie an die Garde unserer jungen Direktoren.

Die Gewißheit zu haben, daß unsere Schule in den Händen fähiger, dem Sozialismus treu ergebener Kader ist, das gibt unserem Volk, den Müttern und Vätern, unserem Staat, in dessen Auftrag die Direktoren arbeiten, die Gewähr, daß die junge Generation unseres Landes gut auf ihr Leben in der sozialistischen Gesellschaft vorbereitet wird. Stets wurde und wird deshalb unseren Schuldirektoren große Achtung entgegengebracht, ist ihnen der Dank gewiß für die Arbeit, die sie tagtäglich leisten. Wer wüßte besser als wir, die wir hier in diesem Saal versammelt sind: Für alles, was an der Schule geschieht, ist der Direktor verantwortlich – für die Schaffung der materiellen Bedingungen ebenso wie für die Führung der politisch-pädagogischen Prozesse. Große politische und menschliche Reife muß der Leiter haben, der tagaus, tagein mit Menschen – noch zu formenden jungen Menschen und mit erfahrenen Pädagogen – zu arbeiten hat.

Nicht alles, was mit der Arbeit eines Direktors zusammenhängt, werden wir auf dieser Konferenz bis zu Ende klären können. Wir wollen uns hier über die Aufgaben verständigen, die sich aus den höheren Ansprüchen ergeben, die mit den Beschlüssen unserer Partei gesetzt sind.

Wir alle wissen, daß wir Großes erreichen konnten dank der marxistisch-leninistischen Politik unserer Partei, die stets, ausgehend von einer fundierten Analyse der gesellschaftlichen Entwicklungsprozesse, vorausschauend und zur rechten Zeit Ziel und Weg, die jeweils erforderlichen Aufgaben bestimmt hat. Die Kontinuität der Politik der Partei, die auch bestimmend ist für ihre Schulpolitik, hat sich als erfolgreich erwiesen.

Wie ein roter Faden zieht sich durch die Politik unserer Sozialistischen Einheitspartei Deutschlands die Sorge um die Heranbildung einer in jeder Beziehung gesunden Jugend, einer politisch, moralisch, sittlich gesunden Jugend, die in der Lage ist, aktiv an der Gestaltung unserer sozialistischen Gesellschaft mitzuwirken, einer Gesellschaft, die die grundlegenden Interessen, die grundlegenden Rechte der Jugend verwirklicht. Wir können zu Recht sagen, daß dank dieser Politik unsere Schule eine Jugend erzogen hat, deren Moral durch Wertvorstellungen geprägt ist, wie sie nur der Sozialismus hervorbringt.

Ausgehend von der Aufgabe, die entwickelte sozialistische Gesellschaft zu gestalten, hebt die Partei hervor, daß die Lösung der politischen, ökonomischen, sozialen und kulturellen Aufgaben heute unabdingbar die Weiterentwicklung des Bildungswesens auf einem hohen Niveau erfordert, weil die Entwicklung des Bewußtseins, die Erhöhung des Bildungsniveaus sehr wesentlich auf den Verlauf der politischen, ökonomischen und sozialen Prozesse einwirken. Wir wissen, daß unsere Partei von Anfang an die Frage der Schule als eine wesentliche Aufgabe der Durchführung unserer sozialistischen Revolution angesehen hat. Orientiert am Programm unserer Partei, das Ziel und Aufgaben des weiteren Verlaufs der sozialistischen Revolution in der Deutschen Demokratischen Republik umreißt und in dem Wesen und Charakter unserer entwickelten sozialistischen Gesellschaft formuliert sind, hat unsere Partei auf ihren Parteitagen und den Plenartagungen des Zentralkomitees stets, ausgehend von einer marxistisch-leninistischen Analyse der inneren und äußeren Bedingungen, die Aufgaben für die Arbeit in allen gesellschaftlichen Bereichen sowie deren wechselseitigen Zusammenhang aufgezeigt.

Auf dem X. Parteitag, dem 3. Plenum des Zentralkomitees und in der Rede des Generalsekretärs unserer Partei vor den Ersten Sekretären der Kreisleitungen der SED wurden jene Aufgaben für das Bildungswesen hervorgehoben, die sich aus den konkreten Erfordernissen unseres gegenwärtigen politischen Kampfes ergeben.

Das Volksbildungswesen hat eine bedeutsame Aufgabe zur Stärkung unserer Deutschen Demokratischen Republik zu erfüllen. Auch wir haben in diesem Zeitabschnitt wichtiger Entscheidungen für die Zukunft, da der Kampf um den Frieden auf der Tagesordnung steht, da es gilt, den imperialistischen Konfrontationskurs zu stoppen, unser Bestes zu leisten, nämlich all das verwirklichen zu helfen, was die weitere Gestaltung der entwickelten sozialistischen Gesellschaft erfordert.

Die Deutsche Demokratische Republik zu stärken, das stärkt zugleich unsere sozialistische Staatengemeinschaft, das ist unsere internationalistische Pflicht im Interesse der Erhaltung des Friedens, im Interesse des Wohls und Glücks unseres Volkes, des friedlichen Lebens unserer Kinder. Um all das zu sichern, was wir uns vorgenommen haben, gilt es, einen hohen Leistungszuwachs in der Volkswirtschaft zu erreichen, damit wir unsere Politik zum Wohle des Volkes fortführen können, gilt es, dem wissenschaftlich-technischen Fortschritt weiter Bahn zu brechen, um die materielle Basis des Sozialismus weiter zu stärken, die Produktivkräfte zu entwickeln, weil dies im Kampf zwischen Kapitalismus und Sozialismus von ausschlaggebender Bedeutung ist. Bewußtheit der Menschen, ein hohes Bildungs- und Ausbildungsniveau, ein hohes Kulturniveau, die Fähigkeit zu schöpferischer Arbeit, all das ist für die Leistungssteigerung in allen gesellschaftlichen Bereichen, sowohl in der materiellen Produktion als auch für eine wirksame politische Arbeit, für die Entfaltung der sozialistischen Demokratie und für ein inhaltsreiches, kulturvolles Leben unabdingbar.

Wir verfügen über ein bedeutendes Bildungspotential. Bereits heute haben von 8,7 Millionen Werktätigen unserer Republik 4,1 Millionen die zehnklassige allgemeinbildende polytechnische Oberschule absolviert. Sechs Millionen Werktätige besitzen eine abgeschlossene Berufsausbildung, und jeder fünfte Beschäftigte in der Volkswirtschaft hat einen Hoch- oder Fachschulabschluß. Dieses Bildungspotential umfassend zu nutzen, es weiter auszubauen ist für die Verwirklichung unserer gesellschaftlichen Ziele von wachsender Bedeutung.

Der X. Parteitag hat bekanntlich bekräftigt, daß die vom VIII. Pädagogischen Kongreß herausgearbeitete Strategie für die Entwicklung unseres Volksbildungswesens, oder anders gesagt, die vom Kongreß umfassend formulierten Aufgaben für die kommunistische Erziehung der Jugend, bestimmend sind für einen längeren Zeitraum unserer Arbeit. Es ist wohl der rechte Zeitpunkt, wenn wir uns nun nach dem 3. Plenum unserer Partei, in Vorbereitung des kommenden Schuljahres über das Erreichte verständigen, darüber, wie es erreicht wurde und was zu tun ist, damit aus jeder Schule unseres Landes junge Menschen ins Leben entlassen werden, die in der Arbeit, im persönlichen Leben ihren Mann stehen, die auf der richtigen Seite der Barrikaden in der weltweiten Klassenauseinandersetzung kämpfen – junge Menschen, die für die Interessen des Friedens, des Sozialismus, kurzum für die Sache der Menschlichkeit und das Wohl aller und damit für ihr eigenes Wohl bereit sind, sich mit ihrem ganzen Wissen und Können, ihrer ganzen Person einzusetzen, und dies unter allen Bedingungen und in jeder Situation.

Verantwortungsbewußt stellen wir uns deshalb immer wieder die Frage, was wir tun können und müssen, damit sich die Jugend ein richtiges Bild von der

Welt macht, damit sie unter den Bedingungen des verschärften Klassenkampfes, des sich zuspitzenden Kampfes zwischen Sozialismus und Imperialismus, weiß, wo ihr Platz ist. Die Jugend braucht das Wissen darum, daß es keinen anderen Weg für die Menschheit gibt als den, die sozialistische Gesellschaft zu errichten, damit sich die Völker aus dem Teufelskreis Ausbeutung – Unterdrückung – Krieg befreien können. Dieses Wissen braucht die Jugend, um die vor uns stehenden Kämpfe zu bestehen, denn solange es feindliche Klassen gibt, wird es Klassenkämpfe geben. Diese historische Wahrheit ist aktueller denn je. Die alte Gesellschaft kämpft mit allen Mitteln um ihren Fortbestand. Dies um so mehr, als der Siegeszug des Sozialismus sie immer mehr in die historische Defensive drängt. Wo die Völker sich gegen Unterdrückung und Terror zur Wehr setzen, für elementare Freiheiten und Menschenrechte zum Kampf angetreten sind, setzt die Bourgeoisie skrupellos auf Gewalt, setzt sie Waffen ein gegen Männer, Frauen und Kinder, wie dies heute in El Salvador und Nikaragua geschieht. In allen Regionen der Welt, sei es in Mittelamerika, Asien, Afrika, im Nahen Osten, versucht sie, den Kampf der Völker mit Gewalt aufzuhalten. Um jeden Preis will der Imperialismus das Rad der Geschichte zurückdrehen, allen voran der USA-Imperialismus, der die Wahnsinnsidee verfolgt, Europa und schließlich die ganze Welt in einem Atomkrieg untergehen zu lassen.

Groß ist unsere Verantwortung dafür, die Jugend zu standhaften Kämpfern für die Sache der sozialistischen Revolution zu erziehen, sie mit den Ideen des Marxismus-Leninismus vertraut zu machen, der allein in der Lage ist, ihr die Einsicht zu vermitteln in die Gesetze, nach denen sich die Welt bewegt, ihr bewußtzumachen, welche Aufgaben uns erwachsen auf dem Weg der weiteren Gestaltung der entwickelten sozialistischen Gesellschaft in unserem Lande und für den weiteren Vormarsch der Revolution in der Welt, für die Erhaltung des Friedens.

Indem wir der Jugend unsere Weltanschauung vermitteln, vermitteln wir ihr den historischen Optimismus, die Erkenntnis, daß unser Weg der einzig richtige ist, daß der Sozialismus nicht aufzuhalten ist und daß die Völker in der Lage sind, den Kriegsbrandstiftern Einhalt zu gebieten, wenn sie mit allen Mitteln für die Erhaltung des Friedens kämpfen.

Viele Fragen wirft diese bewegte Zeit auf. Unsere Mädchen und Jungen erwarten viel von ihren Lehrern. Sie gehen selbstverständlich davon aus, daß ihre Lehrer Bescheid wissen in der Politik, in den Wissenschaften, die die Gesetze in Natur und Gesellschaft erhellen. Sie erwarten von ihnen, daß sie auf die vielen konkreten Fragen, die das Leben mit sich bringt, Antwort geben können. Wohl kann auch ein Lehrer sagen: Ich weiß jetzt keine Antwort, ich muß mich selbst befragen, nachlesen. Doch die Schüler erwarten, daß ihre Lehrer zu dem stehen, was sie sagen. Und wir können wohl zu Recht mit dem Blick auf die vielen politischen Bewährungsproben in den zurückliegenden Monaten und Jahren feststellen: Unsere Lehrer haben eine offensive, überzeugende ideologische Arbeit geleistet. Wir haben es uns in der politisch-ideologischen Erziehung nie leicht gemacht. Wir haben immer in Rechnung gestellt, daß es in der Ideologie keine Koexistenz gibt, daß der Kampf zwischen den beiden Gesellschaftssystemen begleitet ist von einem harten, unerbittlichen ideologischen Krieg.

Wir waren uns stets dessen bewußt, daß Vernachlässigung der ideologischen Arbeit Raum schafft für gegnerische Ideologie. Ihre, die sozialistische Gesellschaft bewußt mitzugestalten, das kann nur eine Jugend leisten, die weiß, was der Sozialismus ist. Die Anforderungen an die Jugend heute entsprechen den veränderten Bedingungen unseres Lebens und Kampfes, aber sie fordern die Jugend nicht weniger. Hohe Anforderungen werden an die jungen Leute im Beruf, in der Produktion, auf dem Feld der Wissenschaft gestellt, hohe Anforderungen auch an die Jungen in der Armee, an die berufstätigen jungen Mütter. Und die Jugend, die wir erzogen haben, schlägt sich nicht schlecht, sie leistet auf allen Gebieten Hervorragendes.

Unter unserer Jugend, die über eine hohe Bildung verfügt, wächst die Fähigkeit und Bereitschaft zu selbständigem Denken. Sie zeigt eine aufgeschlossene Haltung zur Politik, sie ist parteilich, politisch interessiert, diskutiert freimütig über ideologische, weltanschauliche und moralische Probleme. Es ist ein wichtiges Resultat der Erziehungsarbeit unserer Schule, unseres Jugendverbandes, der gesamten Erziehungsarbeit der Partei, daß das Fühlen und Handeln der Masse unserer Jugend zutiefst von der Moral durchdrungen ist, daß sittlich ist, was dem Leben, dem Wohl des Volkes, dem Glück der Menschheit dient. An dieser nur dem Sozialismus eigenen Wertvorstellung ist die gesamte Bildungs- und Erziehungsarbeit unserer Schule orientiert.

Unsere Lehrer wissen um die Notwendigkeit, die ideologische Arbeit unter der Jugend gründlich zu leisten, sie richten sie darauf, den jungen Menschen zu helfen, sich einen festen Standpunkt anzueignen, der sich in einer aktiven Haltung zu ihren staatsbürgerlichen, patriotischen und internationalistischen Pflichten äußert, ihre Bereitschaft und Fähigkeit zu entwickeln, den Sozialismus jederzeit zu stärken und zu verteidigen. Die Jugend, und diese Erfahrungen macht jeder von uns, gibt sich mit platten Argumenten oder allgemeinen Deklarationen nicht zufrieden. Sie will den Dingen auf den Grund gehen. Es ist ein hoher Anspruch an die Erziehungsarbeit, die Jugend zu befähigen, an alle Erscheinungen und Prozesse des gesellschaftlichen Lebens mit wissenschaftlicher Objektivität heranzugehen, sie vom Standpunkt der Arbeiterklasse aus zu beurteilen.

Die komplizierten Probleme des gegenwärtigen revolutionären Prozesses mit seinen Fortschritten und zeitweiligen Rückschlägen sind nicht immer leicht und gleich zu verstehen, und niemand darf es sich leicht machen, Fragen, die die jungen Leute stellen, vorschnell als „politisch unklar" abzutun. Der Lehrer, der eine hohe Verantwortung trägt für die ideologische Arbeit unter einem großen Teil der Jugend, ist gehalten, den jungen Menschen geduldig zu helfen, sich zurechtzufinden im politischen Geschehen, sich auf die richtige Seite der Fronten zu stellen. Gemeinsam mit dem Jugendverband müssen wir eine offensive, überzeugende politische Arbeit leisten, die zugleich einfühlsam sein muß, die nach den Beweggründen von Haltungen und Verhalten fragt, die Standpunkte und Meinungen herausfordert und die Fähigkeit fördert, sie auch zu vertreten. Und wir wissen, daß viel davon abhängt, wie wir die Schüler im Unterricht und in der gesamten Erziehungsarbeit wissenschaftlich begründet, logisch zwingend zu Überzeugungen führen, wie wir es verstehen, ihr Verhalten, ihr Handeln richtig zu motivieren.

Wir haben wohl zu Recht darauf orientiert, die Mädchen und Jungen gründlicher mit der Geschichte des Sozialismus in unserem Lande, mit dem Kampf um die Macht der Arbeiterklasse und ihre Stärkung, Festigung und Verteidigung vertraut zu machen, ihr ein lebendiges Bild vom Werden und Wachsen des Sozialismus zu vermitteln. Woher wir kamen, welchen Weg wir gegangen sind, wer mit uns und wer gegen uns war, das sind Fragen, die die Jugend beantwortet haben will, die sie wissen muß, um sich des Heutigen bewußt zu sein und um den Weg, den wir gehen, zu verstehen. Denn unsere Geschichte lehrt uns unumstößliche, für alle Zeit gültige Wahrheiten, die wir niemals auf unserem Weg nach vorn aus den Augen verlieren dürfen.

Die Erziehung unserer Jugend zur Treue zu unserem sozialistischen Vaterland verlangt, ihr jene Erkenntnisse und Lehren aus der geschichtlichen Entwicklung zu vermitteln, die für bewußtes patriotisches und internationalistisches Handeln und Verhalten in ihrem ganzen weiteren Leben unentbehrlich sind.

So lehrt die Geschichte des Werdens unserer Deutschen Demokratischen Republik: Nur dort, wo die Ideen von Marx, Engels und Lenin Kompaß waren und sind, wo sie konsequent und schöpferisch angewendet werden, wird die Idee vom Sozialismus zur realen Wirklichkeit. Die mehr als drei Jahrzehnte Arbeiter-und-Bauern-Macht sind der unwiderlegbare Beweis dafür, daß der Prozeß der revolutionären Veränderung in der Welt, der durch die Große Sozialistische Oktoberrevolution eingeleitet wurde, unumkehrbar ist trotz aller Versuche, ihn aufzuhalten.

Es ist eine unverzichtbare geschichtliche Erkenntnis, und die Entwicklung unserer Deutschen Demokratischen Republik ist der unwiderlegbare Beweis dafür, daß der Bruderbund mit der Sowjetunion für immer die stabile Grundlage ihrer Sicherheit und Erfolge ist.

Die Geschichte der Deutschen Demokratischen Republik beweist, daß nur in der Gemeinschaft der sozialistischen Länder, in der Treue zu ihr unsere Stärke liegt. Der proletarische Internationalismus ist Grundlage unseres Handelns; der Nationalismus hat bei uns keine Chance.

Und vor allem dies lehrt die erfolgreiche Entwicklung unserer Deutschen Demokratischen Republik: Die Arbeiterklasse kann ihre historische Mission nur erfüllen, wenn sie von einer eng mit den Massen verbundenen marxistisch-leninistischen Partei geführt wird, und weil wir eine solche Partei haben, werden wir die Kämpfe der kommenden Zeiten bestehen.

Drei Jahrzehnte Deutsche Demokratische Republik belegen: Grundlage für ein erfolgreiches Voranschreiten war, ist und bleibt die Autorität und Festigung der sozialistischen Staatsmacht, die Entfaltung der sozialistischen Demokratie. Wir lassen von niemandem die sozialistische Staatsmacht antasten. Wir verstehen sozialistische Demokratie als die bewußte, tagtägliche Aktion der Massen des Volkes zur Ausübung der Macht.

Die Geschichte des Wachsens und Erstarkens unserer sozialistischen Deutschen Demokratischen Republik lehrt die Jugend: Die Erfolge sind uns nicht in den Schoß gefallen, sie sind das Ergebnis der fleißigen Arbeit unseres Volkes. Das Volk hat mit seiner Arbeit Geschichte gemacht.

Über drei Jahrzehnte Frieden in Europa beweisen die geschichtliche Wahrheit: Sozialismus und Frieden gehören zusammen. Wir brauchen den Frieden, um den Sozialismus zu stärken, und der Frieden braucht einen starken Sozialismus. Unsere Jugend weiß nicht zuletzt aus geschichtlichen Lehren: Solange die Kriegsbrandstifter den Frieden gefährden, muß der Friede bewaffnet sein. Es gäbe schon längst keinen Frieden mehr, gäbe es nicht eine starke bewaffnete Sowjetunion. Der Sozialismus unter Waffen ist nötig wie das liebe Brot, solange die anderen uns mit ihren unheilvollen Waffen bedrohen. Denn wir und unsere Kinder wollen leben.

Unter den komplizierter gewordenen Bedingungen der internationalen Klassenauseinandersetzung den Sozialismus zu stärken und damit den Frieden wirksam sichern zu helfen, die Voraussetzungen zu schaffen, daß der bewährte Kurs der Hauptaufgabe in ihrer Einheit von Wirtschafts- und Sozialpolitik in unserem Lande auch weiterhin fortgesetzt wird – das stellt höchste Anforderungen an die Arbeit auf allen Gebieten des gesellschaftlichen Lebens, das verlangt höchste Anstrengungen von jedem einzelnen.

Eine große politische Schlacht wird heute in der Welt und gerade auch hier in unserer Deutschen Demokratischen Republik, an der Trennlinie zwischen Sozialismus und Imperialismus im Herzen Europas, für die weitere Stärkung des Sozialismus und die Erhaltung des Friedens geschlagen, im Interesse und zum Wohle unserer Völker.

Die von unserem X. Parteitag gezogene großartige Bilanz unserer gesellschaftlichen Entwicklung und die von seinen Beschlüssen ausgehenden hohen Ansprüche, die sich aus der konkreten Klassenkampfsituation ergeben, haben die Arbeiterklasse, die Genossenschaftsbauern, die Intelligenz, die Jugend, die Frauen, alle Schichten unseres Volkes, nicht zuletzt auch die pädagogische Intelligenz, zu neuen Initiativen, zu schöpferischen Leistungen in der Arbeit aktiviert.

Die Orientierung des 3. Plenums unseres Zentralkomitees, die Qualität und Effektivität der eigenen Arbeit, die politische Verantwortung jedes einzelnen für das gesellschaftliche Ganze zu erhöhen, alle Reserven aufzudecken, um die vorhandenen Möglichkeiten voll auszuschöpfen, das ist Forderung auch an uns. Das Bildungswesen kann und muß für die weitere Entwicklung der Bewußtheit und des Schöpfertums der Massen und für die Entwicklung des Bedürfnisses nach einem inhaltsreichen geistigen, kulturvollen Leben der Menschen einen aktiven Beitrag leisten.

Und auch dafür tragen wir Verantwortung: Zu der auf das Wohl und das Glück der Menschen gerichteten Politik unserer Partei und unseres Staates gehören eine gute Bildung und Erziehung der Schuljugend, die fürsorgliche Betreuung und Erziehung unserer Jüngsten in Kindergarten und Schule, was die Schul- und Kinderspeisung, einen reibungslosen Schülertransport und vieles andere mehr einschließt. All das zählt heute zu den Selbstverständlichkeiten unseres Lebens, zu dem, was für die Werktätigen unserer Republik den Sozialismus ausmacht. Nicht zuletzt gerade daran, was für die Kinder getan wird, messen die Menschen die Fürsorge von Partei und Staat für die Familie. Was wir, die Pädagogen, hier gut machen, stärkt das Vertrauen der Menschen zu unserem Staat; berührt dies doch zutiefst das Denken, die Einstellung und Haltung der Mütter und Väter, von Millionen Bürgern unserer Republik. Täglich neu müssen wir deshalb durch unsere Arbeit in den Schulen dafür sorgen, daß alle damit verbundenen vielfältigen Aufgaben gut getan werden.

Wir können feststellen, daß sich in allen Schulen Fortschritte zeigen im Bemühen, ein solides Niveau der täglichen pädagogischen Arbeit zu gewährleisten. Die Diskussion zum „Offenen Brief" und die Vorbereitung unserer Direktorenkonferenz zeigen: Es hat sich als völlig richtig erwiesen, daß wir uns auf die Auswertung guter Erfahrungen und darauf orientiert haben, offen und ehrlich all das zu benennen, was uns noch hemmt, womit wir alle miteinander noch nicht zufrieden sein können und dürfen.

Menschen heranzubilden, die mit beiden Beinen fest im Leben stehen, die durch die Arbeit zum Wohle aller aktiv an den gesellschaftlichen Angelegenheiten teilnehmen, jeden so zu erziehen, daß seine Anlagen voll zur Entfaltung kommen, alle Kinder gut über die verschiedenen Entwicklungsphasen ihres politischen, psychologischen Wachsens und Reifens, auch über die schwierigen Phasen zu führen, die es im Kindes- und Jugendalter gibt, das ist Aufgabe und Ziel unserer gesamten Bildungs- und Erziehungsarbeit. Bringt man alles auf eine kurze Formel, so geht es letzten Endes darum, daß das ganze Kollektiv der Lehrer einer Schule, und an seiner Spitze der Direktor, über zehn Jahre hin – denn zehn Jahre begleitet die Schule die Kinder – alles tun muß, damit jeder Jahrgang, der unsere Schule verläßt, ein guter Jahrgang ist, damit jeder Schüler einen guten Start ins Leben hat.

Daran, wie uns dies gelingt, müssen wir unsere tägliche Arbeit messen. Und jeder einzelne muß immer wieder prüfen: Was ist mein Anteil daran, was kann und muß mein Anteil daran sein?

Immer werden die Fähigkeiten beim einzelnen jungen Menschen unterschiedlich ausgeprägt sein. Ob wir aber optimal die Anlagen jedes Schülers zur Entfaltung bringen, das muß jeden Pädagogen, jeden Direktor, jedes Pädagogenkollektiv bewegen, und dies immer aufs neue. Wer aufhört, sich als Pädagoge, als Direktor diese Frage zu stellen, wird Mittelmaß und Routine dulden. Sich zur marxistisch-leninistischen Pädagogik zu bekennen, Lehrer einer sozialistischen Schule zu sein, das schließt in erster Linie ein, sich verantwortlich zu fühlen für die Formung der Persönlichkeit eines jeden Schülers, für die Entwicklung seiner individuellen Anlagen und Fähigkeiten.

Leichter ist nun einmal unsere Sache nicht. Und weil dies nur durch gute, kluge pädagogische Arbeit, durch hohes Wissen und Können der Lehrer, durch ihr Engagement für die Kinder, durch tiefes Verständnis dafür, was kommunistische Erziehung bewirken muß, geleistet werden kann, stellt sich die Frage, was ein Direktor der Schule von sich selbst und von jedem seiner Lehrer verlangen muß, welche Ansprüche er stellt, damit dies erreicht wird.

Unsere politisch engagierten Lehrer, die ausgerüstet sind mit einer soliden wissenschaftlichen Bildung im Fach und in den Grundlagen des Marxismus-Leninismus sowie mit soliden Kenntnissen und Können auf pädagogischem und methodischem Gebiet, verlangen sich selbst viel ab, sie stellen immer wieder unter Beweis, was sie können, was sie zu leisten bereit sind. Und es ist nur natürlich, daß solche Lehrer auch erwarten und verlangen, ernst genommen, in die Lösung der Aufgaben einbezogen zu werden, daß jene, die sich selbst viel abverlangen, auch kritisch sind gegenüber Unzulänglichkeiten und Mängeln.

Ein solcher Geist – vorwärtsdrängend, nach den rechten Wegen suchend, sich fragend: Wie erreiche ich den Verstand, das Gefühl der mir anvertrauten Kinder, wie lehre ich sie lernen, wie am besten unterrichte ich sie in allen Dingen des Lebens, unduldsam gegenüber Mängeln zu sein, schöpferisches Suchen und Bemühen? – ist natürlich bei dem einzelnen unterschiedlich ausgeprägt. Wir brauchen jedoch einen solchen Geist, eine solche Atmosphäre in jeder Schule. Ohne sie gibt es keine fruchtbare pädagogische Arbeit.

Jeder Direktor weiß, daß dies so ist und wieviel davon abhängt, daß er die Möglichkeiten, die Fähigkeiten und die tatsächliche Leistung jedes Lehrers richtig einschätzt. Unabdingbar steht er vor der Frage: Wie muß ich arbeiten, damit jeder einzelne Lehrer eine verantwortungsbewußte, wirklich schöpferische Arbeit leistet, wie muß das Kollektiv wirken, damit sich solche Haltungen bei allen entwickeln, damit jeder seine Erfahrungen weitergibt, jeder sein Bestes einbringt in die pädagogische Arbeit der Schule? Das ist zugleich die Frage nach den Maßstäben, die der Direktor seinen Wertungen zugrunde legt. Geht er aus von der genauen Kenntnis jedes einzelnen Pädagogen, von einer auf hohen Anforderungen beruhenden sachlichen Einschätzung gezeigter Leistungen und Bemühungen? Weiß er um die Bedingungen, unter denen seine Lehrer arbeiten, um ihre Probleme, darum, ob sie erfolgreich sind oder zeitweilig auch Mißerfolge haben? Das schließt ein, auch um die persönlichen Probleme und Sorgen zu wissen. Hat zum Beispiel die Lehrerin ein krankes Kind zu Hause, das versorgt werden muß? Sich um solche und andere Fragen zu kümmern ist von großer Bedeutung für das Wohlbefinden des einzelnen im Kollektiv.

Vom Wissen und Können unserer Lehrer und Erzieher hängt es ab, was unsere zehnklassige allgemeinbildende polytechnische Oberschule leistet. Tief im Bewußtsein jedes Lehrers, jedes Kollektivs, jedes Direktors muß der Gedanke verwurzelt sein, daß wir eine Schule haben, die die Kinder von sechs Jahren, von klein an also, bis 16 Jahren, bis zum Erwachsenwerden, begleitet. In diesen zehn Lebensjahren vollziehen sich tiefgehende Entwicklungen, die für das ganze weitere Leben der jungen Menschen von großer Bedeutung sind. Es ist gerade dies ein Abschnitt im Leben, in dem sich der Mensch die Grundlagen der Wissenschaften aneignet, sich Fähigkeiten und Fertigkeiten ausformen, in dem das weltanschauliche, moralische und politische Antlitz geprägt wird, Überzeugungen, Ideale, Einstellungen herausgebildet, Gefühle, Wille und Charakter erzogen werden. Der junge Mensch wird sich in diesem Lebensabschnitt immer vollkommener seiner selbst bewußt, seiner Stellung im Kollektiv und als Teil der Gesellschaft. Diese Entwicklung vollzieht sich als Prozeß der ständigen Auseinandersetzung der jungen Menschen mit ihrer Umwelt.

Der Auftrag des VIII. Pädagogischen Kongresses, in der gesamten pädagogischen Arbeit an der Schule den Entwicklungsweg der Heranwachsenden noch sorgfältiger zu beachten, hat in vielen Pädagogenkollektiven zu weiteren Überlegungen geführt, insbesondere darüber, was zu tun ist, damit jeder Schüler seinen Anlagen und seinem Alter gemäß die notwendige Förderung erfährt, so, daß jeder seinen rechten Platz im Leben findet. Vor dieser Aufgabe steht jeder Lehrer, jedes Pädagogenkollektiv, und sie ist wohl die schwierigste, die vom Direktor politisch und pädagogisch geführt werden muß.

Die Entwicklung der Heranwachsenden verläuft unterschiedlich unter den verschiedenen Einflüssen, die auf jedes Kind in den zehn Jahren der Schulzeit wirken. Die Formung und Ausprägung junger Persönlichkeiten vollziehen sich, wie wir wissen, unter dem Einfluß der gesamten gesellschaftlichen Umwelt, in der sie aufwachsen, des Lebens in der Familie, in der Schule, in der sozialistischen Jugend- und Kinderorganisation, der Beschäftigungen in der Freizeit, des Umgangs mit den Freunden, unter dem Einfluß der gegebenen Lebensbedingungen und der Lebensweise in ihrer näheren Umgebung. Makarenko stellte sehr treffend und gültig für heute fest: „Die Erziehung ist ein sozialer Prozeß im weitesten Sinne des Wortes. Alles ist an der Erziehung beteiligt: Menschen, Dinge, Erscheinungen, vor allem und am meisten aber die Menschen. Und unter ihnen an erster Stelle Eltern und Pädagogen. Das Kind tritt.in unendlich viele Beziehungen zu der gesamten außerordentlich komplizierten Welt, der es umgebenden Wirklichkeit. Jede dieser Beziehungen entwickelt sich unaufhörlich weiter, verflicht sich mit anderen Beziehungen und wird durch das körperliche und sittliche Wachstum des Kindes noch komplizierter ... Diese Entwicklung zu lenken und zu leiten ist die Aufgabe des Erziehers."[1]

Der Erfolg der pädagogischen Arbeit hängt entscheidend davon ab, wie der Lehrer die Kinder wirklich kennt und wie er dies im Unterricht und in der gesamten Erziehungsarbeit berücksichtigt. Dem Heranwachsenden zu helfen, die komplizierten Prozesse seiner Persönlichkeitsentwicklung zu bewältigen, das ist Aufgabe des Pädagogen, gleich ob Klassenleiter oder Fachlehrer. Jeder, der mit den Kindern, mit Jugendlichen arbeitet, muß sich bemühen, diesem pädagogischen

[1] A. S. Makarenko: Ein Buch für Eltern. In: A. S. Makarenko: Werke. Bd. IV, Volk und Wissen Volkseigener Verlag, Berlin 1981, S. 22f.

Anspruch gerecht zu werden. Dieses Anliegen bewegt alle Pädagogenkollektive zunehmend. Aber gehen wir schon allerorts so an unsere pädagogische Arbeit heran, uns zu fragen, welche Anlagen, welche individuellen Eigenschaften in den Kindern und Jugendlichen noch zu wecken wären, welche Saiten wir gewissermaßen noch zum Klingen bringen könnten und müßten?

Zugegeben: Es ist sehr viel pädagogisches Wissen und Können nötig, um festzustellen, wie sich die Entwicklung des einzelnen Schülers vollzieht – und diese verläuft ja nicht geradlinig. Zu erkennen, welches seine individuellen Besonderheiten sind, welche Entwicklungsperspektiven ihm gesetzt werden sollten und nicht zuletzt auch, inwieweit er in der Lage ist, den an ihn gestellten Anforderungen gerecht zu werden, das gerade fordert sozialistische Pädagogik.

Es spricht sich so leicht aus: Der Sozialismus braucht und verwirklicht die allseitig entwickelte sozialistische Persönlichkeit. Aber es handelt sich dabei um äußerst komplizierte Prozesse. Je besser wir verstehen, daß sich die Persönlichkeitsentwicklung in einem vielschichtigen Prozeß dialektischer Wechselbeziehungen von Gesellschaft und Individuum vollzieht, um so wissenschaftlich fundierter können wir mit Erziehung auf die Persönlichkeitsbildung einwirken. Die weitere Vervollkommnung der sozialistischen Gesellschaft bedingt und verlangt, daß sich die Individualität aller ihrer Mitglieder in ihrem ganzen Reichtum ausprägt. Ganz praktisch steht die Frage so: Wie verständigen wir uns noch gründlicher darüber, wie durch Unterricht und Erziehung alle Möglichkeiten genutzt werden, jeden Heranwachsenden optimal zu fördern, seine Entwicklung zu stimulieren? Keinen Schüler aus den Augen zu verlieren, im Unterricht mit allen Kindern zu arbeiten, auch die zurückhaltenden oder inaktiven Kinder herauszufordern, sich stets den Fragen, Problemen und Meinungen der vorwärtsdrängenden Schüler zu stellen – auch wenn sie manchmal unbequem sind –, das verlangt heute jeder gute Lehrer von sich, und wir müssen helfen, daß jeder Lehrer dies immer besser bewältigt.

In unserem Land ist die zehnklassige Oberschulbildung in allen Städten und Dörfern Realität. Sie ist kein Privileg für einige wenige, sondern gesetzlich verankertes Recht und nun auch schon selbstverständliche Pflicht für alle Kinder des Volkes. Diese zehnjährige Schulbildung, für deren umfassende Verwirklichung große materielle und finanzielle Anstrengungen der Werktätigen erforderlich waren und sind und bei deren Durchsetzung nicht wenige ideologische Vorbehalte überwunden werden mußten, wird heute von den Eltern, von allen Bürgern unseres sozialistischen Staates als eine große Errungenschaft unserer Gesellschaft empfunden.

Mit dem in wenigen Wochen zu Ende gehenden Schuljahr absolviert nun schon der fünfte Schülerjahrgang von der ersten Klasse an die zehnjährige Schulbildung nach der bewährten Konzeption, die unserer Bildungs- und Erziehungsarbeit zugrunde liegt. Diese unsere Schule ist nicht irgendeine höhere Schule, sondern eine Bildungseinrichtung völlig neuer Qualität. Sie ist eine allgemeinbildende polytechnische Oberschule, in der Theorie und Praxis, Lernen, Arbeiten und Teilnahme am politischen Kampf eine organische Einheit bilden, in der die Unterrichtung der Jugend in allen Dingen erfolgt. Je bewußter wir uns der Tatsache sind, eine Schule zu haben, die Unterricht und Produktion eng miteinander verbindet, je bewußter wir uns der Tatsache sind, von welch weittragender Bedeutung dies für die Persönlichkeitsentwicklung der Jugend ist, und je umfassender wir in unserer pädagogischen Arbeit alle daraus erwachsenden Möglichkeiten für die Aneignung eines umfassenden Wissens, für seine praktische Anwendung und für die Anerziehung charakterlicher Eigenschaften nutzen, um so besser wird es uns gelingen, entscheidende Grundlagen für die allseitige Entwicklung der Kinder und Jugendlichen zu legen.

Wenn wir von der weiteren Ausprägung des polytechnischen Charakters unserer Oberschule sprechen, müssen wir uns voll und ganz dessen bewußt sein, daß es sich hierbei um die Verwirklichung der grundlegenden marxistisch-leninistischen Idee von der allseitigen Bildung handelt, um eine Aufgabe, die einzig und allein die Schule in der sozialistischen Gesellschaft zu lösen vermag.

Wir können stolz sein auf die im vergangenen Vierteljahrhundert zurückgelegte Wegstrecke, auf der sich Schule und Betrieb immer enger verbunden haben und die Betriebe zu Bildungs- und Erziehungsstätten für unsere Schuljugend geworden sind.

Bereits während der Schulzeit lernt die Jugend, diszipliniert, fleißig und genau zu arbeiten, wird die Achtung vor der Arbeit gelehrt und erlernt. Indem unsere Schüler in der materiellen Produktion tätig sind, nehmen sie an den entscheidenden gesellschaftlichen Angelegenheiten teil. So ist bereits im Schulalter die Möglichkeit gegeben, daß sich die jungen Menschen umsehen im Betrieb, Einblick in unsere Volkswirtschaft gewinnen, daß sie erleben, mit welch revolutionärem Elan, aber auch mit welchen Anstrengungen die Arbeiterklasse um die Planerfüllung kämpft. Aus eigenem Erleben lernen sie kennen, was von ehrlicher, aufopferungsvoller, gewissenhafter Arbeit eines jeden Werktätigen abhängt. Sie erfahren, welch großen Wert ein Arbeiterwort hat, was es heißt, sich auf Arbeiterart mit Mängeln und Problemen auseinanderzusetzen. Im Betrieb wird das in der Schule erworbene Wissen für die Mädchen und Jungen anschaulich. Manches davon geht auch nicht oder nicht ohne weiteres auf, muß in neuen Zusammenhängen durchdacht, angewendet, bewältigt werden. Das alles ist sozialistische Pädagogik in Aktion.

Wir müssen uns immer wieder fragen: Verstehen alle Lehrer schon richtig, was diese Art der Unterrichtung für den weiteren Lebensweg bedeutet, von welch nachhaltigem Einfluß dies für die Persönlichkeitsentwicklung ist? Und immer wieder müssen wir prüfen, wie wir im Unterricht, in der ganzen schulischen Arbeit all das aufgreifen, was die Mädchen und Jungen in der produktiven Arbeit erleben, was sie bewegt, mit welchen Problemen sie konfrontiert sind und wie wir dies für die sozialistische Erziehung produktiv machen.

Zu lernen, ordentliche Arbeit zu leisten, sich grundlegende Arbeitskenntnisse, Arbeitsfähigkeiten und Arbeitsfertigkeiten aneignen zu können, zu wissen, warum und wofür produziert wird, zu lernen, für das eigene Arbeitsprodukt in voller Verantwortung einzustehen, sich für das Neue, das sich im Betrieb vollzieht, zu interessieren, nachzudenken, wie etwas besser gemacht werden kann, zu lernen, Kritisches auch kritisch zu bewerten und sich zu fragen, was man selbst tun würde, und darauf eine bündige Antwort zu finden, dies alles sind Fragen, die in der Erziehungsarbeit in der Schule ihren Niederschlag finden müssen. Daran kann kein Direktor, kein Lehrer, kein Pädagogenkollektiv vorbeigehen, wollen wir nicht Erziehungsmöglichkeiten verschenken, die keine andere als die sozialistische Schule hat.

Eine solche Gestaltung der Erziehung ist von Marx und Engels, ausgehend von der Analyse der gesellschaftlichen Entwicklungsbedingungen, insbesondere der Entwicklung der modernen Industrie, wissenschaftlich begründet worden. Ohne Verbindung von produktiver Arbeit mit Unterricht und Gymnastik, so wiesen sie nach, ist keine allseitige Persönlichkeitsentwicklung möglich. Diese Erkenntnis ist für die Erziehung unter den Bedingungen der entwickelten sozialistischen Gesellschaft, deren Ziel es ist, die kommunistische Persönlichkeit heranzubilden, ist für ein sozialistisches Industrieland wie unsere Deutsche Demokratische Republik, für die Heranbildung hochqualifizierter sozialistischer Facharbeiter, Techniker, Ingenieure, neuer Generationen Werktätiger von größter Bedeutung. Das verlangt, daß wir weitergehende Überlegungen anstellen, wie die Wirkungen einer solchen eng mit der Produktion verbundenen Erziehung noch besser zum Tragen gebracht werden können.

Von der Idee einer mit dem Leben verbundenen Schule, der harmonischen Ausbildung von Kopf, Herz und Hand war das Denken vieler progressiver Pädagogen der Vergangenheit bestimmt.

Dies widerspiegelt sich in den Ideen Komenskýs, Pestalozzis, Diesterwegs ebenso wie in den Bestrebungen fortschrittlicher Kräfte der deutschen Lehrervereinsbewegung.

Nadeshda Konstantinowna Krupskaja hat sich bekanntlich in Vorbereitung der Großen Sozialistischen Oktoberrevolution gründlich mit den pädagogischen Strömungen im imperialistischen Deutschland befaßt. Mit dem Blick auf die stürmische Entwicklung der Industrie und Technik, der Produktivkräfte in der Phase des Übergangs des Kapitalismus in Deutschland in sein monopolistisches Stadium um die Wende zum 20. Jahrhundert, sah sie in der Entwicklung des Arbeitsschulgedankens, wie Kerschensteiner und andere ihn in der Kritik an der lebensfremden, maßgeblich von religiösen Dogmen bestimmten und auf formales, elementares Wissen gerichteten volkstümlichen Bildung entwickelt hatten, eine außerordentlich aktuelle Frage für die künftige Gestaltung des Schulwesens. Krupskaja erkannte zugleich die Begrenztheit dieser Bestrebungen, die darauf hinausliefen, auf Kosten der Allseitigkeit der Entwicklung der Heranwachsenden, der Ausprägung ihrer Individualität einen Stamm von Arbeitern vorzubereiten, der in der Lage war, den durch die industrielle Entwicklung gestellten Aufgaben zu entsprechen – Bestrebungen also, die letztlich zum Ziel hatten, die Schule den Interessen der kapitalistischen Gesellschaft anzupassen.

Um so höher bewertete Krupskaja die Deutsche Lehrerversammlung 1912 in Berlin, die sich mit Auffassungen einer einseitig mechanischen Ausbildung auseinandersetzte und für eine Arbeitsschule eintrat, in der die allgemeine Ausbildung der Fähigkeiten der Kinder, die Erweiterung ihres Gesichtskreises ihren Platz haben sollten. Den rationellen Kern dieser Ideen aufgreifend, erkannte Krupskaja darin einen zukunftsträchtigen Weg, um die von Marx bereits ein halbes Jahrhundert zuvor wissenschaftlich begründete Konzeption der Allgemeinbildung zu verwirklichen, wobei sie stets in ihren Arbeiten zur Polytechnik unter Bezug auf Marx, Engels und Lenin darauf verwies, daß eine solche Arbeitsschule allgemeinbildenden polytechnischen Charakters unter den Bedingungen der kapitalistischen Gesellschaft nicht zu verwirklichen ist.

Dessenungeachtet betrachtete sie die Arbeitsschulbewegung fortschrittlicher deutscher Lehrer als Pionierarbeit für die Entwicklung einer neuen Schule, einer Schule, die die produktive Tätigkeit, verbunden mit geistiger Bildung, in den Dienst der Persönlichkeitsentwicklung stellt. In ihrem Artikel „Die Frage der Arbeitsschule auf der Deutschen Lehrerversammlung zu Berlin"[2] schrieb Krupskaja, daß 124 000 deutsche Lehrer diese Ideen mehr oder weniger ihrer Arbeit zugrunde legen und die Überlegungen der Besten von ihnen in dieser Richtung weitergehen werden, nicht nur unter der Sicht einer Eliteschule für einige hundert Kinder der wohlhabenden Klasse, sondern der Entwicklung der Volksschule. „Ja, ein Schritt vorwärts ist getan", schrieb Krupskaja, „die kindliche Persönlichkeit tritt in ihre Rechte!"[3]

Unter den Bedingungen der Macht der Arbeiter und Bauern ging diese Hoffnung der besten deutschen Lehrer in Erfüllung, in einem sozialistischen Deutschland, in unserer Deutschen Demokratischen Republik, konnte eine solche Schule ihre Verwirklichung finden, wurden und werden die großen Ideen von Marx, Engels und Lenin verwirklicht, finden das progressive deutsche pädagogische Erbe und die theoretischen und praktischen Erfahrungen der sowjetischen Schule, die als erste die Kluft von Schule und Leben überwunden hatte, ihren fruchtbaren Niederschlag.

Mit unserer allgemeinbildenden polytechnischen Oberschule haben wir eine Schule geschaffen, die im umfassenden Sinne der Menschenbildung dient. Sie bildet Geist und Körper der Heranwachsenden, ihre Empfindungen und Gefühle, ihren Charakter, sie prägt ihre Weltanschauung und ihr moralisches Verhalten. Sie bildet so Menschen heran, die auf das Leben, auf die Arbeit, auf die Teilnahme am Kampf um das Glück der Menschen vorbereitet sind.

Die Unterrichtung in allen Dingen fassen wir auf als die Vermittlung eines gründlichen Wissens über Natur und Gesellschaft, über die Gesetze, nach denen

---

[2] N. K. Krupskaja: Die Frage der Arbeitsschule auf der Deutschen Lehrerversammlung zu Berlin. In: N. K. Krupskaja: Sozialistische Pädagogik. Eine Auswahl aus Schriften, Reden und Briefen. Bd. I, Volk und Wissen Volkseigener Verlag, Berlin 1972, S. 220ff.

[3] Ebenda, S. 230.

sich die Welt bewegt. Den Menschen heranzubilden, dazu gehört die Einführung in die Naturwissenschaften und die Gesellschaftswissenschaften ebenso wie das Vertrautmachen mit der Weltliteratur und Kunst, mit Goethe und Schiller, mit Dürer, mit Bach und Beethoven, aber auch dies, was keine bürgerliche humanistische Bildung vorher konnte: Sie vermittelt der Jugend die universellen Ideen, die Marx, Engels und Lenin hervorgebracht haben, sie bezieht den Klassenkampf der Arbeiterklasse in die Erziehung ein, der das höchste humanistische Anliegen zum Inhalt hat – die Befreiung der Menschheit von der Geißel des Krieges, der Ausbeutung, des Hungers und der Unterdrückung.

All das ist in unser Bildungsideal eingeschlossen, das auf den Kommunismus gerichtet ist. Indem wir eine solche Bildung für alle Kinder des Volkes verwirklichen, heben wir im dialektischen Sinne die humanistischen Bildungsideen eines Pestalozzi und Herbart, eines Humboldt und Süvern, eines Fröbel und Diesterweg auf, gehen wir weit über das klassische bürgerliche Bildungsideal hinaus, das die Bourgeoisie in ihrer ganzen Geschichte bis heute nicht zu realisieren vermochte. Erst die sozialistische Schule kann wahrhafte Menschenbildung verwirklichen, weil sie mit allen Fäden mit der menschlichsten Gesellschaft, nämlich mit der sozialistischen Gesellschaft, verbunden ist. Wir sind in unserer sozialistischen Schule dabei, das von Marx und Engels ausgearbeitete kommunistische Bildungsideal, das reicher und umfassender ist, als es selbst die besten Denker des Bürgertums beschreiben konnten, Schritt für Schritt nach den Möglichkeiten unserer Zeit zu verwirklichen.

In den kapitalistischen Ländern hingegen wird im Gefolge der Krise die fortschreitende Misere des bürgerlichen Bildungswesens, der bürgerlichen Schule besonders deutlich. Das findet seinen Ausdruck im weiteren Abbau des Bildungsniveaus für die Kinder des Volkes und darin, daß die Schule, wie das in der BRD geschieht, in den Dienst der Erziehung zum Nationalismus, Revanchismus, Antikommunismus und Antisowjetismus gestellt wird. Es nimmt daher nicht wunder, daß bürgerliche Ideologen eifrig bemüht sind, den Niedergang der bürgerlichen Schule zu verschleiern. Um von klaren Forderungen nach besseren Bildungsmöglichkeiten abzulenken, wird von „Erziehung zur menschlichen Qualität" geredet. Es wäre pure Heuchelei, wollte man glauben machen, daß die Schule für die Kinder der Werktätigen in den kapitalistischen Ländern eine „humane" Schule werden könnte, daß dort eine „Vermenschlichung" der Bildung möglich wäre. Die bürgerliche Klassenschule kann und wird sich eine solche Aufgabe nicht stellen, selbst wenn fortschrittliche Lehrer solche Ideen vertreten. Im Grunde genommen geht es darum, die Abwertung der Allgemeinbildung, die weitere Senkung des Bildungsniveaus, die Vertiefung der Gegensätze zwischen der Bildung der Kinder der Werktätigen und der Bildung der Elite zu verschleiern.

Zugleich wartet man mit Empfehlungen an die Adresse der sozialistischen Schule auf. Dabei bedient man sich wie eh und je des ganzen Arsenals des Revisionismus. Da werden zum Beispiel, progressive Begriffe mißbrauchend, wieder einmal sogenannte Theorien von einer „Pädagogik der Wiederentdeckung des

Menschen und des Kindes", von einer „Humanisierung" der Pädagogik, von einer „Vermenschlichung" der Bildung und Erziehung, einer „humanen" Schule usw. postuliert. Was hat es damit für eine Bewandtnis? Den Revisionisten aller Schattierungen geht es darum, die Werte des realen Sozialismus, zu denen unser sozialistisches Bildungswesen unveräußerlich zählt, in Frage zu stellen, Wege zur Preisgabe dieser Errungenschaften zu empfehlen.

Was soll man von einer solchen Losung halten „Weniger lernen – mehr bilden"? Keine ernst zu nehmende Pädagogik kann und wird den untrennbaren Zusammenhang von Bildung und systematischem Lernen, von Bildung und Wissen bestreiten. Hier geht es auch nicht um ernst zu nehmende Pädagogik, hier geht es schlicht und einfach um revisionistische Angriffe gegen die Konzeption wissenschaftlicher Allgemeinbildung der sozialistischen Schule, die auf der Einheit von Wissenschaft und Ideologie beruht.

Die Herabminderung der Rolle der Aneignung exakter Kenntnisse ist letztlich auf die Entideologisierung der Bildung gerichtet. Unter dem Motto „Mehr Bildung" wird für eine klassenindifferente Erziehung plädiert. Von der Position bürgerlicher Gymnasialbildung wird die Bildungskonzeption der sozialistischen Schule betrachtet, und wider besseres Wissen wird ihr einseitige Orientierung auf die Naturwissenschaften nachgesagt, wird die Tatsache ignoriert, daß bereits ein Goethe und ein Humboldt naturwissenschaftliche Bildung als unverzichtbares Bildungsgut verstanden, ganz zu schweigen davon, daß die sozialistische Schule die erste „Volksschule" ist, die allen Kindern Literatur, Fremdsprachen, Kunst und Musik in Umfang und Qualität in einem Maße erschließt, wie dies vordem nur jenen vorbehalten war, die sich eine solche Bildung leisten konnten.

Die Neulehrer, die als Arbeiter, Werktätige anderer Berufe in die Schulstuben gingen, um die revolutionäre Umgestaltung des Bildungswesens vollziehen zu helfen, hatten sicher weniger Kenntnisse in antiker Geschichte, Mythologie, Literatur und Religionsgeschichte als manche derjenigen, deren Platz sie einzunehmen hatten. Sie erwiesen sich jedoch als gebildeter im Begreifen der Frage, welches Wissen not tat. Sie vollbrachten die Pioniertat, unsere Jugend zu bilden im Begreifen der historischen Mission der Arbeiterklasse. Sie standen am Beginn des Weges der Heranbildung einer neuen Lehrergeneration, einer Schule, die mit dem Erbe der klassischen Literatur, dem Erbe der Menschheitsgeschichte und den Problemen der Gegenwart und Zukunft der Menschheit verantwortungsbewußt umzugehen weiß.

Gesellschaftliche Tatsachen sind unwiderlegbar: Während sich in unserer sozialistischen Gesellschaft jeder junge Mensch eine umfassende, auf die Anforderungen des Lebens gerichtete Bildung aneignen kann, seinen Platz in der Arbeit und im Leben findet, ist der Kapitalismus weniger denn je in der Lage, der Masse der Jugend eine gute Bildung, eine Perspektive im Leben zu geben. Und gerade das ist es, was den bürgerlichen Ideologen in die Nase sticht aus Angst und Sorge, daß eines Tages diese realen Werte des Sozialismus zu Forderungen der Volksmassen auch in den kapitalistischen Ländern werden.

Unsere Partei, unser sozialistischer Staat haben entsprechend den Notwendigkeiten und den realen Gegebenheiten in den verschiedenen Etappen unserer gesellschaftlichen Entwicklung stets dafür gesorgt, eine auf die allseitige Entwicklung der Persönlichkeit der Heranwachsenden, auf ein solides Wissen und Können, auf die Herausbildung der weltanschaulichen und politischen Haltung, der moralischen und charakterlichen Qualitäten gerichtete Bildung und Erziehung zu gewährleisten.

Im Zuge der Umsetzung unserer Lehrpläne gewannen unsere Lehrer Erfahrungen, brachten durch ihre schöpferische Arbeit neue Erkenntnisse hervor, die einen großen wissenschaftlich-praktischen Erfahrungsschatz darstellen. Diesen Erfahrungsschatz an jeder Schule für alle gewissenhaft aufzubereiten, mit ihm zu arbeiten wird zu weiteren Fortschritten in der Qualität der Arbeit aller Lehrer führen. Ja, unsere Schule hat sich gut entwickelt, Ausbildung und Weiterbildung der Lehrer tragen gute Früchte. Dort, wo die pädagogische Wissenschaft praktische Erfahrungen theoretisch aufgearbeitet hat, fließen diese in die Praxis zurück, leistet sie ihren Beitrag bei der weiteren inhaltlichen Ausgestaltung der Schule.

Tausende neue Schulen wurden gebaut und mit hervorragenden Unterrichtsmitteln ausgestattet. Die Lebensverbundenheit unserer Schule hat sich weiter ausgeprägt. Wir stehen jetzt vor der Frage, wie das Geschaffene, die neuen Möglichkeiten, die Bedingungen, die uns in die Hand gegeben sind, genutzt werden für die Realisierung des objektiv notwendigen Leistungszuwachses, den auch die Schule, bezogen auf die inhaltliche Arbeit, erbringen muß.

Die Qualität und Effektivität der pädagogischen Arbeit weiter zu erhöhen, das verlangt, auch weiterhin kontinuierliche Arbeit zu leisten. Dabei müssen wir jedoch davon ausgehen, daß Kontinuität immer das Moment neuer qualitativer Anforderungen enthält. Kontinuität heißt, alles Bewährte fortzuführen mit dem Blick auf die qualitativ neuen Erfordernisse. Wir müssen gewissermaßen den Widerspruch zwischen Erreichtem und Möglichem noch stärker als Triebkraft für das weitere Voranschreiten unserer Schule zu nutzen verstehen. Aus dieser Sicht wollen wir einige Fragen aufwerfen, die uns gemeinsam bewegen müssen.

Natürlich weiß jeder Pädagoge, daß der Unterricht und die Erziehungsarbeit mit sechs- und siebenjährigen Kindern andere Anforderungen stellen als mit Zehn- und Elfjährigen oder mit fünfzehn- bis sechzehnjährigen Jugendlichen. Jeder ist bemüht – und, wie die Entwicklung der Kinder zeigt, mit Erfolg –, dies in der Praxis täglich zu beachten. Ist es aber nicht erforderlich, der altersspezifischen Arbeit noch mehr Aufmerksamkeit zu schenken? Liegen nicht oft Ursachen für Schwierigkeiten, die manche Lehrer haben, gerade darin, daß sie nicht genügend beachten, welche Entwicklungsprozesse physiologischer, psychologischer Art sich bei den Heranwachsenden vollziehen, welche sozialen Einflüsse ständig oder zeitweilig auf ein Kind, auf einen Jugendlichen wirken? Liegen nicht noch Reserven in einer entwicklungsgerechteren Gestaltung des pädagogischen Prozesses auf den verschiedenen Altersstufen? Muß dies nicht vor allem auch der Direktor mehr im Blick haben?

Die überwiegende Mehrheit der Direktoren widmet der Entwicklung der Kinder in den ersten Klassen, dem Anfangsunterricht, wissend um dessen Spezifik, viel Aufmerksamkeit. Sorgen wir uns aber genügend – und dies ständig – um die ganze Unterstufe und den Übergang zur Mittelstufe? Wir wissen wohl, daß es für die Resultate unserer pädagogischen Bemühungen über die gesamte Schulzeit hin von großer Bedeutung ist, wie es uns gelingt, in den ersten Schuljahren die geistigen und körperlichen Anlagen des Kindes, sein Verhalten, seine Interessen und vor allem das Wissen und Können solide auszubilden. Ständig müssen wir uns deshalb darum sorgen, daß sich die Arbeit in der Unterstufe gut entwickelt. Was uns hier, im Übergang vom Vorschulalter zum Schulalter, gut gelingt, schafft und festigt die Grundlagen für eine erfolgreiche Entwicklung während der gesamten Schulzeit; was wir hier versäumen, ist nur schwer wieder aufzuholen. Das heißt natürlich nicht, daß Mängel, die in der Mittelstufe und Oberstufe auftreten, auf die Arbeit in der Unterstufe delegiert werden dürfen. Wir wissen, daß gerade im jüngeren Schulalter die Beziehungen der Kinder zum Lehrer noch ganz unmittelbar und von großen Erwartungen geprägt sind. Die Kleinen reagieren bekanntlich auf das Lob des Lehrers, auf eine Ermutigung, wenn es einmal nicht so klappen will, sehr stark. Und gerade in diesem Alter schadet der weiteren Entwicklung der Persönlichkeit jede Vernachlässigung oder gar Abstempelung mit dem so leicht Dahingesagten: „Du schaffst das nie, das wirst du wohl nie lernen!" Wie schnell kann die Freude am Lernen erlahmen, weil man doch nie drankommt oder häufig Mißerfolgserlebnisse hat. Es ist die Aufgabe des Direktors, alle diese pädagogischen Fragen ernst zu nehmen, nichts in dieser Richtung schleifen zu lassen, gute Arbeit zum Maßstab aller seiner Unterstufenlehrer zu machen.

Wir haben viel erreicht dank der aufopferungsvollen Arbeit Zehntausender Unterstufenlehrer. Vergegenwärtigen wir uns: Vor wenigen Jahren erst haben wir mit nicht geringen Anstrengungen eine neue anspruchsvolle Konzeption für die Bildung und Erziehung des Unterstufenkindes ausgearbeitet. Von der ersten Klasse an vermittelt sie eine an den Fachwissenschaften orientierte Grundlagenbildung, sichert die Aneignung fester Kenntnisse und Grundfertigkeiten und ist mit der Einführung in Zusammenhänge der gesellschaftlichen und natürlichen Umwelt und der Entwicklung des Denkens eng verbunden. Unsere Lehrer standen vor vielen neuen und für sie ungewohnten Fragen. Es mußten überholte Auffassungen von den Leistungsmöglichkeiten des Unterstufenkindes, vom vorwiegend propädeutischen Charakter des Unterrichts und seiner Gestaltung in der Unterstufe überwunden werden. Zu jener Zeit war auch der Hort noch wesentlich eine Betreuungsstätte, mußten wir doch durch die Schaffung der materiell-pädagogischen und personellen Bedingungen zunächst die Betreuung der Kinder der berufstätigen Mütter sichern. Schrittweise erst konnten wir die ganztägige Bildung und Erziehung in der Unterstufe vorbereiten. Wir haben diese Schritte gut bewältigt.

Wenn wir heute höhere Ansprüche an die Bildungs- und Erziehungsarbeit in der Unterstufe stellen, können wir davon ausgehen, daß wir über neue, weit vollkommenere Bedingungen für deren Realisierung verfügen. Mit der Verwirklichung der bildungspolitischen Aufgabe, alle drei- bis sechsjährigen Kinder entsprechend dem Wunsch der Eltern im Kindergarten zu erziehen, zu betreuen und zielgerichtet auf die Schule vorzubereiten, was angesichts der Tatsache, daß in unserer Republik 88 Prozent der Frauen im berufstätigen Alter im Arbeitsprozeß bzw. im Studium stehen, zugleich von großer sozialpolitischer Bedeutung ist, haben wir es heute mit einem höheren Ausgangsniveau unserer Schulanfänger zu tun. Durch die planmäßige Arbeit in der Vorschulerziehung kommen die Kinder mit wesentlich ausgeprägteren Kenntnissen und geistigen Fähigkeiten in unsere Schule. Hinzu kommt, daß durch den umfassenden Ausbau der Hortkapazitäten, sowohl materiell als auch personell, nunmehr die objektive Möglichkeit besteht, für alle Kinder der unteren Klassen einen systematischen Bildungs- und Erziehungsprozeß über den ganzen Tag hin zu gestalten. Die Bildungs- und Erziehungsarbeit am Vor- und Nachmittag, im Unterricht und im Hort wird von qualifiziert ausgebildeten Pädagogen geleistet. Damit haben wir es mit einer qualitativ völlig neuen pädagogischen Situation bei der Führung der Persönlichkeitsentwicklung der Unterstufenkinder zu tun. Es geht jetzt nicht mehr nur um eine gute Zusammenarbeit von Lehrern und Horterziehern, von Direktor und Hortleiter, sondern vielmehr um die planmäßige Gestaltung eines einheitlichen Bildungs- und Erziehungsprozesses über den ganzen Tag hin, und dies für die Kinder der ersten bis vierten Klassen. Das erfordert, die Spezifik der Bildungs- und Erziehungsarbeit am Vor- und Nachmittag, ihr Zusammenspiel und die Spezifik der Arbeit in den einzelnen Klassenstufen noch besser zu beachten. Wie nutzen wir diese Möglichkeiten, die jede Schule hat, umfassend im Interesse der Entwicklung der Kinder? Erfordert dies nicht, daß alle Direktoren sich der Frage zuwenden, ob die Pädagogen im Unterricht und die Pädagogen im Hort so arbeiten, daß durch den Unterricht und durch eine inhaltlich gut gestaltete Hortarbeit Zuwachs an Wissen, Können und Verhalten, an Beobachtungs- und Ausdrucksfähigkeit, an geistiger und körperlicher Leistungskraft bei jedem Kind gesichert wird, daß die Interessen der Kinder auf vielfältige Weise geweckt, gefördert, gelenkt, Spiel, Sport, Musik und Zeichnen gepflegt werden, damit der Schulalltag den Kleinen über den ganzen Tag Freude macht?

Wir dürfen auch nicht übersehen, daß es noch so manche ernste Mängel im Unterricht der Unterstufe gibt. Wir alle wissen, daß bei einem Teil der Schüler die Grundfertigkeiten nicht sicher und solide genug ausgebildet sind, daß sich Unzulänglichkeiten im Tempo und in der Selbständigkeit geistiger Operationen zeigen, grundlegende Gewohnheiten unzureichend stabilisiert sind. Die neuen Lehrpläne und Lehrmaterialien, die wir in den Disziplinen Lesen und Heimatkunde einführen werden, verfolgen das Anliegen, besser das Grundlegende im Wissen und Können zu verdeutlichen. Sie ermöglichen, daß die zu vermittelnden Einsichten in Zusammenhänge der natürlichen und gesellschaftlichen Umwelt besser dem realen Aufnahmevermögen der Sechs- bis Neunjährigen entsprechend erarbeitet werden können.

Der Leseunterricht wird eindeutiger auf die Entwicklung des Lesenkönnens gerichtet. Deshalb ist das methodische Konzept dadurch bestimmt, die zum Teil vorhandene formale Trennung von Erschließen und Üben zu überwinden und günstigere zeitliche Möglichkeiten für intensivere und differenziertere Leseübungen zu schaffen. Durch eine bessere Qualität der Lesetexte und die Möglichkeit der wahlweisen und damit den unterschiedlichen Bedürfnissen und Voraussetzungen entsprechenden Behandlung von Texten sollen Freude und Bedürfnis am Lesen auch über den Unterricht hinaus stärker entwickelt werden. Die Veränderungen im Heimatkundeunterricht sind darauf gerichtet, die grundlegenden Kenntnisse und Sachverhalte konzentrierter zu vermitteln, die Linienführung des Lehrgangs systematischer zu gestalten und einen höheren Grad von Anschaulichkeit und Faßlichkeit zu erreichen.

Ganz im Sinne des VIII. Pädagogischen Kongresses orientieren sich viele Direktoren auf eine solche inhaltliche und methodische Arbeit im Hort, die das Niveau der im Unterricht herausgebildeten Fähigkeiten und Interessen stärker berücksichtigt. Unsere Horterzieher haben an vielen Schulen große Fortschritte erreicht in Richtung auf eine interessante, das Lernen, die Bildung stimulierende Arbeit unter Beachtung der Rolle des Spiels, durch Arbeit in Interessengruppen, in der lebendigen Arbeit mit den Pionieraufträgen. Unter der Sicht, den ganztägigen Bildungs- und Erziehungsprozeß wirksam zu gestalten, besteht die Hauptfrage darin, daß die Pädagogen, die unterrichten, und die Pädagogen, die im Hort arbeiten, pädagogisch und psychologisch gemeinsam handeln. Das beginnt wohl damit, daß Lehrer wie Horterzieher die Kinder gut kennen, daß sie die tägliche Kleinarbeit in der Erziehung gemeinsam, wohlüberlegt und gut abgestimmt leisten. Einer muß vom anderen wissen, wie, mit welchem Ziel und welchen Mitteln er auf das Kinderkollektiv und auf einzelne Kinder einwirkt bzw. wie beide gezielt, aufeinander abgestimmt darauf einwirken müssen. Hierbei sind wir ein gutes Stück vorangekommen, aber wir müssen weiter in dieser Richtung arbeiten.

Die Erfahrungen und Erkenntnisse, die in der Praxis und in der öffentlichen Diskussion über die Erhöhung der Qualität im Schulhort gewonnen wurden, haben ihren Niederschlag in der neuen Hortanweisung gefunden. Aber es ist erlaubt weiterzudenken, mehr zu tun, um die ganze Vielfalt planvoller pädagogischer Einflüsse im Interesse der Kinder zur Wirkung zu bringen. Und wir sollten auch nicht übersehen, daß Einförmigkeit und Routine in manchen Horten noch nicht überwunden sind, daß mancher Pädagoge, der nach seiner Ausbildung im Hort eingesetzt wird, sich unter Wert eingesetzt glaubt, weil auch noch nicht in allen Lehrerbildungsinstituten klar ist, welch hohe Anforderungen unter heutiger Sicht an den Pädagogen im Hort gestellt sind.

Wir müssen unsere Arbeit in der Unterstufe immer wieder gründlich und kritisch bilanzieren. Vieles, was wir in den ersten drei Schuljahren bei diesem oder jenem Schüler nicht erreicht haben, wird dann in Klasse 4 und erst recht in der fünften Klasse, wenn mit dem einsetzenden Fachunterricht die Anforderungen komplizierter werden, besonders spürbar. Von besonderer Bedeutung sind daher die Schritte, die wir im Interesse der weiteren Profilierung der Klasse 4 als erster Klasse der Mittelstufe zu gehen haben. Mit der vorgesehenen Einführung neuer Lehrpläne und Lehrmaterialien für den Deutsch- und Mathematikunterricht, die im engen Zusammenhang mit den Veränderungen stehen, die sich vor und nach Klasse 4 vollziehen bzw. vollziehen werden, richten wir unser Augenmerk vor allem auf die bessere Absicherung der notwendigen Kontinuität im Übergang von der Unter- zur Mittelstufe, auf die erforderliche Fundierung des Ausgangsniveaus, von dem aus die Schüler diesen Übergang zu bewältigen haben.

Mit der Erweiterung und Vertiefung der Allgemeinbildung in der Mittelstufe eignen sich die Zehn- bis Dreizehnjährigen im Fachunterricht systematisch wissenschaftliche Grundlagenkenntnisse über die Natur und Gesellschaft an. Damit verbunden sind neue, ständig wachsende Anforderungen an die geistige Leistungsfähigkeit und an das disziplinierte und selbständige Lernen. Mit welcher Qualität hier unterrichtet wird, davon hängen Aufgeschlossenheit, Interesse für das Fach und damit oft die weitere Entwicklung des Schülers im jeweiligen Fach ab. Die Kinder dieser Stufe treten in ein Verhältnis zu anderen, zu mehreren Bezugspersonen. Klassenleiter und Fachlehrer sind in der Regel ihnen nicht bekannte Lehrer. Wie aber stellen sich alle Fachlehrer darauf ein, wie auch darauf, daß sich in diesem Alter relativ feste Einstellungen und Verhaltensweisen herausbilden und die Vielfalt der sozialen Beziehungen der Kinder – sowohl organisierter als auch nichtorganisierter – zunimmt? Jeder in dieser Stufe Unterrichtende weiß, daß die Kinder in diesem Alter in der Regel große Aktivität und Bereitschaft zeigen, daß der Drang, etwas zu tun, besonders stark ist, sich Interessen und Bedürfnisse differenzieren, denen die Schüler zunehmend selbständig nachgehen. Individualität und Neigungen der Schüler prägen sich weiter aus. Das Verhältnis zwischen Mädchen und Jungen beginnt sich zu wandeln, und bei den Zwölfjährigen gibt es bereits beachtliche physiologische und psychologische Unterschiede in der Entwicklung zwischen den Mädchen und Jungen. Die Schüler verfügen über eine größere Urteilsfähigkeit auch über die Erwachsenen, und sie sind zunehmend kritischer gegenüber Gleichaltrigen.

Manche könnten sagen: Das wissen wir doch alles. Aber bedenkt jeder Direktor die Konsequenzen aus einer solchen Sicht auf unsere Mittelstufe? Nicht wenige Lehrer verweisen auf Schwierigkeiten in der Arbeit in den sechsten und siebenten Klassen. Sollte das und die Tatsache, daß gerade in diesen Klassen schlechte Ergebnisse häufiger sind, die Anzahl der Sitzenbleiber höher liegt als in anderen Klassen, nicht doch ein Signal sein für die Führungstätigkeit der Direktoren? Auch wir haben noch keine gründliche Ursachenanalyse parat. Wir müssen also gemeinsam die Probleme genauer untersuchen. Unter welcher Sicht sollten wir das tun? Wir müssen offensichtlich gründlicher prüfen, ob in der politischen und pädagogischen Arbeit der Spezifik dieser Altersstufe ausreichend Rechnung getragen wird, ob wir die Lehrer, die in dieser Klassenstufe unterrichten, sorgfältig genug auswählen und vorbereiten. Gibt es nicht einen zu häufigen Lehrerwechsel gerade in dieser Stufe? Wie sorgfältig vor allem auch wird der Klassenleiter ausgewählt? Spielt doch besonders in dieser Stufe die Durchsetzung der Einheitlichkeit in den Forderungen durch die in den verschiedenen Fächern unterrichtenden Lehrer eine große Rolle. Weiß jeder Direktor um solche Probleme, auch und vor allem darum, wie es um das wissenschaftliche Niveau und das methodische Können der dort eingesetzten Lehrer bestellt ist? Mancher Lehrer kann hervorragend in der Oberstufe zurechtkommen, hat aber seine Schwierigkeiten in der Mittelstufe. Andere wiederum arbeiten gut und erfolgreich von der vierten bis zur zehnten Klasse. Mancher Unterstufenlehrer unterrichtet erfolgreich in einem Fach in der Mittelstufe, andere Lehrer haben besondere Stärken in der Unterstufe, in der Mittelstufe jedoch Probleme. Muß man nicht über diese Fragen im Kollektiv sprechen? Man muß; denn der Direktor kann nur durch das Mitdenken aller bessere Lösungen im Einsatz der Lehrer finden, der ohnehin eine seiner schwierigsten Aufgaben ist, von dem aber die Leistung der Schule wesentlich mitbestimmt wird.

Wir müssen uns auch noch mehr Gedanken machen, darauf weisen die Eltern immer wieder hin, wie wir die Freizeit der Schüler der Mittelstufe besser lenken, wie wir das Bedürfnis nach sinnvoller Betätigung stärker ausprägen. Wenn im Hort nicht genügend Selbständigkeit entwickelt wurde, die Kinder nicht daran gewöhnt worden sind, sich selbst sinnvoll zu betätigen, dann sind sie oft nicht in der Lage, mit ihrer Freizeit etwas anzufangen. Das ist die eine Seite. Die andere ist die, wie wir Bedingungen schaffen, daß die Kinder sich in ihren Kollektiven, in ihren Pioniergruppen, in Arbeitsgemeinschaften, an Klubnachmittagen auf den verschiedensten Gebieten betätigen können. Unsere Klassenleiter und viele Fachlehrer wenden viel Zeit auf für die Arbeit mit den Pionieren. Fehlt es aber nicht noch an inhaltlicher Vielfalt? Sollten wir nicht stärker darauf achten, dem Drang nach Selbständigkeit, nach Verantwortung mehr Raum zu geben? Nichts ist für die Schüler dieses Alters unangebrachter, nichts ruft ihren Widerspruch mehr hervor, als zu Passivität verurteilt zu sein. Alles in allem: Wir dürfen nicht die Auffassung zulassen, daß die Ansprüche an die Führung der Schüler der Mittelstufe etwa, gemessen an denen der Oberstufe, unkomplizierter seien.

Die Verwirklichung der zehnklassigen allgemeinbildenden polytechnischen Oberschule hat uns vor das völlig neuartige Problem gestellt, nicht nur mit ausgewählten, sondern mit allen Schülern der Altersgruppe der Vierzehn- bis Sechzehnjährigen zu arbeiten, die in diesem Alter noch vor Jahren in ihrer überwiegenden Mehrheit bereits eine Arbeit aufnahmen, in die Berufsausbildung gingen. Was uns heute schon selbstverständlich ist, war keine leichte Aufgabe für Lehrer und Direktoren. Stellte uns dies doch vor große Anforderungen hinsichtlich der politischen, fachwissenschaftlichen, pädagogischen Qualität unserer Arbeit, die von Jahr zu Jahr – das beweisen die Ergebnisse – immer besser bewältigt wurden.

Die Dreizehn- bis Sechzehnjährigen mit ihrer wachsenden politischen und geistigen Reife, mit ihren zunehmenden Erfahrungen zeichnen sich schon durch ausgeprägte Lebenseinstellungen, Lebensgewohnheiten und politische Haltungen aus. Ihr Bedürfnis, sich intensiver mit politischen und weltanschaulichen Fragen zu beschäftigen, ist gewachsen. Die geistige Leistungsfähigkeit, die Interessen und Bedürfnisse erweitern und stabilisieren sich. In diesem Alter spielen die Beziehungen zu Gleichaltrigen eine große Rolle, hat das Urteil des Kollektivs oft größeres Gewicht als das der Erwachsenen. Es kann positiv, aber auch negativ wirken. Gravierende Unterschiede gibt es in der körperlichen Entwicklung. Die Mädchen und Jungen in diesem Alter stehen schon vor Entscheidungen, die von großer Bedeutung sind für ihr Leben. Sie werden als Staatsbürger anerkannt, erhalten den Personalausweis. Sie werden Mitglieder der politischen Organisation der Jugend, übernehmen verantwortliche Funktionen. Sie legen das Jugendweihegelöbnis ab. Vor ihnen steht das ernste Problem der Wahl eines Berufes. All das sind wichtige persönliche Entscheidungen. Verantwortungsbewußt führen die Lehrer gemeinsam mit den Eltern die Schüler hin zu diesen Entscheidungen, helfen ihnen bei einer richtigen Entscheidungsfindung. Aber sollten wir uns nicht fragen, ob alle Lehrer in der Art und Weise, wie sie mit dieser Altersgruppe arbeiten, ausreichend beachten, daß es sich um junge Leute handelt, die an der Schwelle des Erwachsenseins stehen, die wohl der pädagogischen Führung, der Erziehung, der Autorität bedürfen, denen man jedoch mit Ernsthaftigkeit und Vertrauen, mit hohem Anspruch an Leistung und Verhalten begegnen, die man mit Konsequenz fordern muß? Denn ihr künftiger Beruf verlangt Schöpfertum ebenso wie Disziplin. Die Jungen bereiten sich auf den Wehrdienst vor. All das fordert von ihnen ein hohes Maß an Bewußtheit, Willensstärke und Haltung. Und respektieren wir genügend, daß diese jungen Leute sich mit vielen Dingen des Lebens auseinandersetzen, mit der Frage nach dem Sinn des Lebens, mit ihren Glücksansprüchen, daß sie mit vielem selbst fertig werden und auch fertig werden wollen, mit so manchen Dingen des Lebens jedoch noch nicht zurechtkommen, seien es weltanschauliche Fragen oder Fragen der ersten Liebe?

In dem Jugendlichen nicht nur den Schüler, sondern den ganzen jungen Menschen zu sehen, all das zu beachten, was auf ihn einstürmt, ihn bewegt, das gelingt nicht jedem Pädagogen, der in dieser Stufe unterrichtet. Mehr noch müssen wir hier helfen, uns gerade hier auf die Zusammenarbeit mit unserer Freien Deutschen Jugend, auf die Eltern stützen, auf die Kollegen und Genossen der Betriebe, in denen diese Jugendlichen schon zu Hause sind. Was für die jungen Menschen bedeutsam ist, von ihnen ernst genommen werden soll, sei es der Eintritt in den Jugendverband, die Jugendweihe, seien es ihre Meinungen oder Gedanken, die sie außerhalb des Unterrichts dem Lehrer mitteilen möchten – all das muß auch von uns ernst genommen werden. Aber gibt es nicht gerade hier oft noch Routine und Gedankenlosigkeit? Und weil wir uns oft nicht die Zeit nehmen, pädagogisch alles genauer zu durchdenken im Hinblick auf die Wirkung unter den Jugendlichen, brauchen wir dann oft viel, viel Zeit, um Schaden wiedergutzumachen. Welch hohe Forderungen muß man doch als Lehrer, der mit denen arbeitet, die, wie es so schön heißt, nunmehr „ins Erwachsenenalter eintreten", an sich stellen! Man muß ein umfassendes Wissen haben, seine Wissenschaft verfolgen; interessieren sich doch die Schüler für alles Neue. Man muß wissen, wie es in der Politik „lang geht", überzeugen können durch die besseren Argumente. Man muß wissen, was in unserer Republik, in der Welt passiert, und einen Standpunkt haben. Man muß sich Respekt verschaffen durch Wissen, Haltung, Konsequenz und Einfühlungsvermögen. Ja, man muß Feinfühligkeit aufbringen, denn in diesem Alter sind die Mädchen und Jungen besonders sensibel, leicht verletzbar. Ein Lehrer, der Dinge abwertet, die einem jungen Menschen wichtig sind, der gar zynisch ist, verdirbt viel.

Und natürlich stehen Lehrer auch vor dem Problem, daß manche Schüler negativ beeinflußt werden von ihrer Umgebung, daß sie eine verhärtete negative Einstellung zur Schule, zu einigen Lehrern haben. Nützt es, wenn wir hier resignieren? Über solche Haltungen muß in der Schule offen gesprochen werden, nicht nur unter vier Augen. Man muß die Dinge im Kollektiv der Schüler besprechen, das Kollektiv der Jugendorganisation wirksam werden lassen, und man muß auch offen mit den Eltern über solche Probleme reden. Und immer muß der Lehrer spüren: Mein Direktor ist neben mir, er hilft mir, mit ihm kann ich mich, ob Klassenleiter oder Fachlehrer, als Lehrer, der den größten Einfluß auf einen bestimmten Schüler hat, beraten. Und gerade den „schwierigen" Schülern bleibt oft ein in seinen Forderungen strenger, aufrichtiger, gerechter Lehrer und Direktor lange im Leben in Erinnerung.

Die Arbeit in der Oberstufe verlangt große menschliche Reife, die natürlich auch keinem Lehrer in die Wiege gelegt wird; aber ein Lehrer muß an sich arbeiten, muß sich erziehen. In so mancher Beratung, dafür sollten unsere Direktoren sorgen, sollte weniger „leeres Stroh" gedroschen werden. Vielmehr sollten die Lehrer Gelegenheit haben, sich ganz konkret über die sie bewegenden pädagogischen Fragen miteinander zu beraten, gemeinsam überlegen können, was man tun muß, um bestimmte Erziehungssituationen zu meistern.

Mit der Wahl des Berufes trifft der junge Mensch eine wichtige Lebensentscheidung. Die Mädchen und Jungen treffen diese Entscheidung in unserem Staat in der Gewißheit, daß für alle berufliche Ausbildung und Arbeit gesichert sind. Ihnen zu helfen, den besten Weg für ihr künftiges berufliches Leben zu wählen, ihre eigenen Voraussetzungen, Leistungen und Fähigkeiten ins richtige Verhältnis zu den Notwendigkeiten und Möglichkeiten zu setzen, wird wohl immer eine der verantwortungsvollsten Aufgaben sein. Hier braucht der Lehrer die Hilfe des Direktors, der Direktor die Hilfe der Betriebe, der Gesellschaft. Die Vereinheitlichung der Termine für die Berufsentscheidung, für die Festlegung des günstigsten weiteren Bildungsweges zu Beginn der zehnten Klasse durch die neuen Regelungen ermöglicht eine gründlichere Arbeit in dieser Entscheidungsphase. Diese Möglichkeiten müssen wir gut wahrnehmen. Die Direktoren unserer zehnklassigen Oberschule tragen eine hohe Verantwortung für eine umsichtige, umfassende Einschätzung des Schülers. Noch sorgfältiger müssen sie gemeinsam mit den Lehrern die Eignung für einen bestimmten Bildungsweg erwägen und offen und kameradschaftlich mit den Eltern beraten, was am nützlichsten für den weiteren Weg der Kinder ist.

Von grundlegender Bedeutung für die weitere Entwicklung unserer Oberstufe ist die Tatsache, daß wir Möglichkeiten der Differenzierung, der Vertiefung und Erweiterung der Allgemeinbildung über den obligatorischen Unterricht hinaus durch die Arbeitsgemeinschaften nach Rahmenprogramm geschaffen und kontinuierlich erweitert haben. Damit wurde der gerade in dieser Stufe erforderlichen Ausprägung spezifischer Neigungen, Interessen, Begabungen und Talente besser Rechnung getragen. In der Praxis sind nun Bedingungen entstanden, die es uns ermöglichen, in den nächsten Jahren die Tätigkeit der Arbeitsgemeinschaften nach Rahmenprogramm qualitativ so auszugestalten, daß wir diesen in der Stundentafel bereits verankerten Bildungsteil als fakultativen Unterricht entwickeln können. Es wird darauf ankommen – und das zeigt schon jetzt die Praxis –, die spezifischen Möglichkeiten dieser Form des Lernens und Arbeitens gut zu nutzen, um Denk- und Arbeitsweisen in den verschiedenen Bereichen der Mathematik und Naturwissenschaften, der Technik, Kunst, Fremdsprachen und Gesellschaftswissenschaften stärker auszuprägen, das Bedürfnis zum Weiterlernen zu fördern.

Aufbauend auf dem obligatorischen Unterricht, können wir so ein Betätigungs- und Bewährungsfeld für junge Leute schaffen, auf dem gesellschaftliche Interessen – auch unter der Sicht der Berufsorientierung – sowie eine Vielzahl individueller Neigungen, spezieller Interessen und Begabungen entwickelt und zielstrebig gefördert werden können.

Eine planmäßige und zielgerichtete Ausgestaltung dieses Bildungsbereiches erfordert, an jeder Schule ein möglichst breites und stabiles Programmangebot zu sichern, verantwortungsbewußt darüber zu entscheiden, welche Pädagogen – im Rahmen ihrer Pflichtstunden, die variablen eingeschlossen – und anderen Fachkräfte für die Leitung von Kursen eingesetzt werden.

Mit der Entwicklung einer solchen Art fakultativen Unterrichts entsprechen wir den Forderungen unseres Bildungsgesetzes, in dem bereits formuliert ist: „Die Einheitlichkeit in der Zielsetzung und im Aufbau des sozialistischen Bildungssystems schließt, entsprechend den gesellschaftlichen Erfordernissen und den individuellen Begabungen, Differenzierungen in den Bildungswegen auf den oberen Stufen ein."[4]

Alle Kollektive in unseren Schulen haben sich in den vergangenen Monaten, ausgehend von den im „Offenen Brief" aufgeworfenen Problemen der Qualität des Unterrichts, intensiv mit dem Stand und den Schlußfolgerungen für die Arbeit in den einzelnen Unterrichtsfächern, in den verschiedenen Klassen befaßt. Dabei gehen wir von der Rolle des Unterrichts als dem entscheidenden Kettenglied im Erziehungsprozeß aus. Unterricht, das ist nicht einfach nur die Vermittlung von Lehrstoff; es ist die Unterrichtung der Jugend im Sinne der Weitergabe und Aneignung des von Generationen hervorgebrachten Bildungsgutes, die Vermittlung und Aneignung von Kenntnissen über die Gesetzmäßigkeiten der Ent-

---

[4] Gesetz über das einheitliche sozialistische Bildungssystem der DDR. Staatsverlag der Deutschen Demokratischen Republik, Berlin 1971, S. 14.

wicklung in Natur und Gesellschaft. Der Unterricht in unserer sozialistischen Schule ist von entscheidender Bedeutung für die Entwicklung der Persönlichkeit, denn er legt Grundlagen für die Weltanschauung der Schüler, für ihr moralisches Verhalten, er beeinflußt maßgeblich ihren Willen, ihr Fühlen und Handeln, ihre Leistungsbereitschaft und schult das Denken. Das eben verlangt einen wissenschaftlich soliden Unterricht in allen Fächern. Dies unterstreicht die Notwendigkeit, alles zu tun, damit jeder Lehrer stets auf der Höhe seiner Fachwissenschaft ist, daß er, wie dies Tausende Fachlehrer schon hervorragend verstehen, sich für die Wissenschaft, die er lehrt, engagiert; soll er doch die Jugend für die Wissenschaft begeistern.

Jeder gute Lehrer analysiert gründlich, worin die Ursachen für Fortschritte und auch für Schwierigkeiten in seinem Unterricht liegen, und verfolgt aufmerksam, was sich in der Entwicklung seiner Schüler, in ihrem Wissen und Können, ihrem Denken und Verhalten zeigt. Die Unterrichtsergebnisse beweisen: Je bewußter der Lehrer seinen Unterricht so führt, daß sich die Schüler aktiv mit dem Lehrstoff auseinandersetzen, um so erfolgreicher wird der Erkenntnisprozeß verlaufen, werden sich die Mädchen und Jungen das Wissen solide aneignen. In der Diskussion darüber haben Direktoren und Lehrer hervorgehoben, daß in der Unterrichtsgestaltung, in der Art und Weise, wie die geistige Aktivität der Schüler herausgefordert wird, noch viele Reserven liegen. Sie haben nachgewiesen, daß mehr möglich ist, um die geistigen Kräfte der Kinder, ihre Aktivität zu entwickeln. Das setzt, wie wir wissen, natürlich pädagogisches, psychologisches und methodisches Können voraus. Die guten Erfahrungen, die es in der Praxis jeder Schule in so reichem Maße gibt, sollten wir noch besser nutzen.

Wir haben auf dem VIII. Pädagogischen Kongreß all jene Probleme für die einzelnen Unterrichtsfächer aufgeworfen und sie in der Folgezeit weiter öffentlich diskutiert, auf die wir gewissermaßen den Finger legen müssen. Auf der Grundlage der in der Praxis erzielten Ergebnisse, gewonnenen Erfahrungen und zielgerichteter Untersuchungen wurden neue Lehrpläne für den Lese- und Heimatkundeunterricht der Klassen 2 bis 4, für den Muttersprachunterricht der Klassen 4 bis 10 entwickelt. An der Neugestaltung der Lehrpläne für den Literaturunterricht der Klassen 5 bis 10 und für den Staatsbürgerkundeunterricht wird gearbeitet. Im Mathematikunterricht der Klassen 4 und 5 und in den polytechnischen Fächern werden neue Lehrpläne eingeführt. In einer Reihe von Teillehrgängen der Fächer Physik, Chemie, Biologie, Geographie und Musik werden Veränderungen vorgenommen. Bis zum Jahre 1985 werden etwa 80 Lehrbücher und eine große Anzahl Unterrichtshilfen überarbeitet. Bei der Überarbeitung der Lehrmaterialien, die zur Diskussion standen und weiterhin zur Diskussion gestellt werden, sind die Bemühungen unserer Wissenschaftler und Praktiker, die in großer Zahl an der Ausarbeitung beteiligt sind, darauf gerichtet, das Wesentliche deutlicher zu machen, stärker auf Problemstellungen, auf die Anwendung des Wissens, auf geistig-praktische Schülertätigkeiten und Methoden des selbständigen Wissenserwerbs zu orientieren.

Ausgehend davon, daß es um eine solidere Vermittlung der mathematischen Grundlagenbildung geht, muß die Führung des Mathematikunterrichts darauf orientiert sein, immer wieder die Hauptaufgabe in den Mittelpunkt zu stellen: die Schüler auf der Basis soliden Wissens über grundlegende mathematische Begriffe, Sätze, Regeln und Verfahren sowie entsprechenden Könnens zum zunehmend selbständigen Lösen mathematischer Aufgaben zu befähigen. Die Grundrichtung der weiterentwickelten Lehrmaterialien besteht deshalb darin, die Schwerpunkte in Ziel und Stoff genauer zu bestimmen, um bessere Bedingungen für die Faßlichkeit und die Intensivierung der Übungsprozesse zu schaffen. Solche Elemente eines soliden Rechnenkönnens wie Kopfrechnen, Abschätzen, Überschlagsrechnen, Rechnen mit Näherungswerten, Entwicklung von Größenvorstellungen, Fertigkeiten und Gewohnheiten zur Kontrolle von Ergebnissen und hohe Sicherheit im numerischen Rechnen sollen stärker ins Zentrum gestellt werden. Es ist richtig, die Ergebnisse des Unterrichts konsequenter daran zu messen, wie die Solidität in der Beherrschung grundlegender mathematischer Methoden und Denkweisen, wie die Fähigkeit, mit mathematischem Grundwissen exakt umgehen zu können, ausgeprägt ist.

Mathematiklehrer und Lehrer der naturwissenschaftlichen Fächer machen sich sehr gründlich Gedanken, was zu tun ist, um die Schüler besser auf die Ansprüche vorzubereiten, die sich aus der beschleunigten Entwicklung des wissenschaftlich-technischen Fortschritts und seiner Anwendung in der Produktion ergeben. In der Diskussion zum „Offenen Brief" wurden viele kluge Gedanken dazu geäußert. Zu Recht heben die Lehrer hervor, daß die Antwort nicht in der Formulierung neuer Aufgaben und Ziele gesucht werden sollte, daß man nichts kurzschlüssig zum Beispiel aus der Robotertechnik für den Unterricht ableiten bzw. auf ihn aufpfropfen soll. Die Aneignung der fundamentalen Grundlagen der Naturwissenschaften und ihrer Methoden geringzuschätzen würde den Anforderungen, die sich aus der wissenschaftlich-technischen Entwicklung ergeben, geradezu widersprechen. Vorbereitung der Schüler auf die Meisterung der Ansprüche der wissenschaftlich-technischen Revolution verlangt, die grundlegenden Begriffe, Gesetze, Theorien und Methoden der Naturwissenschaften so zu vermitteln, daß sie exakt beherrscht und zunehmend selbständig angewendet werden können. Die weitere Ausprägung von Selbständigkeit und geistiger Aktivität ist vonnöten. Deshalb muß den qualitativen Seiten des Experiments im naturwissenschaftlichen Unterricht große Aufmerksamkeit gewidmet werden, jenen qualitativen Seiten, die die Erkenntnistätigkeit der Schüler aktivieren, die sie befähigen, Hypothesen zu bilden, Voraussagen zu treffen, den Ablauf von Experimenten durchdacht zu planen und ihre Ergebnisse gründlich auszuwerten. Das schließt solche elementaren Anforderungen selbstverständlich ein wie die gute Vorbereitung des Experiments, die Übersichtlichkeit der Experimentieranordnung und ausreichend vorhandene Zeit für die Wahrnehmung und Beobachtung durch die Schüler.

Die Führung des naturwissenschaftlichen Unterrichts muß weiterhin mit aller Konsequenz darauf gerichtet sein, ein tieferes Verständnis der Schüler für die grundlegenden naturwissenschaftlichen Begriffe und Aussagen zu erreichen. Gründlicher sollten wir darüber nachdenken, wie mehr Faßlichkeit und Lebensverbundenheit gesichert, wie die Schüler überzeugender in die Logik naturwissenschaftlichen Denkens eingeführt werden können. Das erfordert, daß die Fachlehrer sich mit diesen Fragen in ihren Fachzirkeln, in der Weiterbildung noch gründlicher befassen können. Dafür müssen wir in allen Schulen, in allen Kreisen und in den zentralen Weiterbildungskursen die notwendigen Bedingungen schaffen.

Mit den weiterentwickelten Teillehrgängen, Lehrbüchern und Unterrichtshilfen in verschiedenen naturwissenschaftlichen Fächern sollen bei im wesentlichen unveränderten Zielen effektivere Wege zur Realisierung aufgezeigt werden. Das grundlegende Wissen und Können, das die Schüler dauerhaft und verfügbar erwerben sollen, nimmt in diesen Unterrichtsmaterialien und in der didaktisch-methodischen Konzeption einen zentralen Platz ein.

Mit der ständigen Weiterentwicklung der Maschinen, Anlagen und der Technologie wird sich bekanntlich das Feld jener Arbeitstätigkeiten vergrößern, die hohes Wissen, selbständiges Denken, Schöpfertum und Verantwortungsbewußtsein verlangen, werden die Anforderungen an die Disponibilität der Werktätigen, an ihr Vermögen, sich schnell auf sich verändernde Arbeitsbedingungen einzustellen, weiter wachsen.

Die Überlegungen unserer Lehrer für den Unterricht im Fach „Einführung in die sozialistische Produktion", wie die Schüler noch besser mit dem grundlegenden Wissen und Können auszurüsten sind, wie sie ihr Verständnis für die Rolle von Wissenschaft und Technik weiter ausprägen, ihre technischen Interessen und Neigungen noch stärker fördern können, wie der Unterricht noch betriebsbezogener gestaltet werden kann, finden bereits in vielen Unterrichtsstunden und in den neu erarbeiteten Lehrplänen, Lehrbüchern und Unterrichtshilfen für das Fach „Einführung in die sozialistische Produktion" ihren Niederschlag. Unter Beachtung der Entwicklungstendenzen in Technik und Produktion wurden aus der Sicht der Allgemeinbildung neue fachliche Inhalte in die Lehrpläne aufgenommen wie zum Beispiel Fragen der Automatisierung der Produktion durch die Anwendung der Mikroelektronik. Anderen Stoffgebieten liegt eine veränderte Betrachtungsweise zugrunde. So werden beispielsweise künftig die Fertigungstechnik stärker aus technologischer Sicht und die Maschinentechnik aus funktionaler und energetischer Sicht behandelt. Die fachliche und didaktisch-methodische Weiterbildung der Lehrer muß vor allem auf diese neuen Anforderungen gerichtet sein. Dabei helfen uns bereits viele Fachkräfte aus den Betrieben sowie aus Hoch- und Fachschulen.

In der Führung der produktiven Arbeit auf der Grundlage der verbindlichen Programme für die einzelnen Differenzierungsrichtungen kommt es vor allem darauf an, im engen Zusammenwirken mit dem Betrieb für eine ständige gründliche Analyse der Schülerarbeitsplätze Sorge zu tragen und die Betreuer im polytechnischen Unterricht darauf zu orientieren, hohe Anforderungen an die Entwicklung der Arbeitsfertigkeiten, an Qualität und Genauigkeit der Arbeit, an eine disziplinierte Arbeitshaltung zu stellen und dem Schülerarbeitswettbewerb, gerichtet auf dieses grundlegende Anliegen des Unterrichts in der Produktion, große Aufmerksamkeit zu schenken.

Der durch das Sekretariat des Zentralkomitees der Sozialistischen Einheitspartei Deutschlands gefaßte Beschluß „Zur Erhöhung der Qualität des Staatsbürgerkundeunterrichts und der politischen Arbeit mit den Staatsbürgerkundelehrern nach dem X. Parteitag der SED" ist von prinzipieller Bedeutung für die Arbeit unserer Lehrer der gesellschaftswissenschaftlichen Fächer, insbesondere unserer Staatsbürgerkundelehrer, aber auch unserer Geschichtslehrer. Die Lehrer der gesellschaftswissenschaftlichen Fächer sind tagtäglich gefordert, ihre Arbeit daraufhin zu prüfen, wie es ihnen gelingt, überzeugend die historische Offensive des Sozialismus darzustellen, unsere marxistisch-leninistische Wissenschaft, unsere Politik mit persönlichem Engagement streitbar zu vertreten, eine Atmosphäre im Unterricht zu schaffen, in der auftretende Fragen offen und bis zu Ende geklärt werden.

Ausgehend von den durch unseren X. Parteitag gekennzeichneten Ansprüchen an die politisch-ideologische Arbeit sowie unter Nutzung der großen Erfahrungen unserer Staatsbürgerkundelehrer werden wir ab 1983 neue Lehrpläne, Lehrbücher und Unterrichtshilfen für den Staatsbürgerkundeunterricht der Klassen 7 bis 10 einführen. Diese Materialien sind auf die deutlichere Bestimmung der den konkreten stofflichen Inhalten innewohnenden Potenzen weltanschaulicher Erziehung, auf eine solidere Aneignung und Anwendung marxistisch-leninistischer Grundkenntnisse, auf eine lebendigere, faktenreichere, problemhaftere Darstellung gesellschaftswissenschaftlicher Erkenntnisse gerichtet.

Unsere führenden Gesellschaftswissenschaftler arbeiten zur Zeit an neuen Lehrbüchern. Wir erwarten sehr, daß es ihnen gelingt, anregende Materialien zu entwickeln, die bessere Grundlagen für die Arbeit der Lehrer und das Lernen der Schüler bieten.

Wir sind uns klar, daß die Frage nach dem geschichtlich fundierten Verständnis für die Kämpfe unserer Zeit immer mehr an Bedeutung gewinnt. Der Geschichtsunterricht hat hierbei eine große Aufgabe zu erfüllen. Deshalb müssen wir der Unterstützung der Arbeit unserer Geschichtslehrer große Aufmerksamkeit schenken, die Erfahrungen der Besten nutzen, deren Unterricht sich durch eine lebendige Weitergabe ihrer geschichtlichen Kenntnisse, durch eine exakte, anschauliche, engagierte Vermittlung der Geschichte auszeichnet. Und sicher ist auch, daß wir uns sehr bald einer gründlichen Analyse der Lehrpläne und Lehrbücher dieses Faches widmen müssen.

Wir haben uns auf dem VIII. Pädagogischen Kongreß verständigt, daß und wie alle Fächer auf ihre Weise ihren spezifischen Beitrag zur kommunistischen Erziehung zu leisten haben, darüber auch, daß und in welcher Weise die künstlerischen Fächer einen tiefgreifenden Einfluß auf die Persönlichkeitsentwicklung der Schüler ausüben. Wie die Diskussion zum „Offenen Brief" zeigt, bemühen sich die Lehrer dieser Fächer immer erfolgreicher um ein gutes Niveau ihres Unterrichts.

Die Lehrpläne, Lesebücher und Unterrichtshilfen für den Literaturunterricht werden gegenwärtig vor allem im Hinblick auf eine intensivere, die Schüler aktivierende Unterrichtsgestaltung weiterentwickelt. Die öffentliche Diskussion über die weiterentwickelte Konzeption unseres Literaturunterrichts wird sich, so hoffen wir, schon jetzt in der Unterrichtspraxis positiv auswirken. Dabei geht es darum, die in den Zielstellungen und Behandlungsschwerpunkten der Literaturlehrpläne und in den Unterrichtshilfen enthaltenen Orientierungen eindeutiger auf die dem literarischen Kunstwerk innewohnenden Möglichkeiten für die Persönlichkeitsentwicklung auszurichten und den Kanon zu behandelnder literarischer Werke und Genres weiter auszugestalten.

Mit der Grundrichtung der Entwicklung der Lehrmaterialien, die in den Fachzeitschriften zur Diskussion gestellt wurde und an der sich die Lehrer schon jetzt in ihrer Unterrichtspraxis orientieren sollen, greifen wir auch die Erfahrungen und Positionen der Konferenz „Literaturunterricht und kommunistische Erziehung" auf, die zugleich wichtige Anregungen und Orientierungen für den gesamten künstlerischen Fächerbereich gibt. In den Materialien dieser Konferenz finden alle Direktoren Anhalte, worauf es in der Unterrichtsarbeit und in der Weiterbildung der Lehrer dieser Fächer ankommt.

Zum Schuljahr 1982/83 wird mit der Einführung neuer Lehrpläne für den Muttersprachunterricht begonnen, die durch differenziertere Lern- und Übungsmaterialien und die Herausgabe der „Kurzen deutschen Grammatik" ergänzt werden. Damit werden zweifellos höhere Ansprüche an den gesamten Muttersprachunterricht von der Klasse 4 bis zur Klasse 10 gesetzt. Dabei geht es vor allem darum, das grundlegende Wissen und Können in allen Bereichen muttersprachlicher Bildung und Erziehung kontinuierlicher, systematischer über alle Schuljahre hinweg zu vermitteln. Inhalt und Struktur des Faches sind konsequenter auf die beiden entscheidenden Bereiche des normrichtigen und zweckmäßigen Sprachgebrauchs, die Orthographie/Grammatik und den mündlichen und schriftlichen Ausdruck, ausgerichtet. Im Zentrum der neuen Lehrpläne für den Muttersprachunterricht – und dies wurde in der Diskussion von den Lehrern begrüßt – steht die Könnensentwicklung. Wir sind gut beraten, wenn wir die Arbeit in den Fachzirkeln darauf orientieren, die im Prozeß der Realisierung der Lehrpläne auftretenden Probleme dort zu erörtern und die gegenseitige Hilfe der Fachlehrer untereinander so effektiv wie möglich zu organisieren.

Mit der für Russisch, Englisch und Französisch nahezu abgeschlossenen Einführung neuer Lehrmaterialien, einschließlich der Fernseh- und Rundfunkkurse, werden vor allem im Hinblick auf die enge Verbindung von Erfassen, Einprägen, Üben und Festigen der Lexik und Grammatik, auf den Gebrauch der Fremdsprache im Sprechen, Hören, Lesen und Schreiben sowie für die Wiederholung, Festigung und Kontrolle bessere Bedingungen geschaffen, die es nun in allen Schulen, durch alle Fremdsprachenlehrer voll zu nutzen gilt.

Was den Sportunterricht betrifft, so bekräftigt die Diskussion über die im „Offenen Brief" aufgeworfenen Fragen, daß wir uns in den nächsten Jahren sehr gründlich damit befassen müssen, wie die körperliche Grundausbildung der Schüler wesentlich verbessert werden kann. Dies jedoch erfordert, weitere gründliche analytische Untersuchungen gemeinsam mit unseren Körpererziehern durchzuführen.

Die Lehrer für Wehrunterricht und die Ausbilder in den Lagern der vormilitärischen Ausbildung, unsere Lehrer, die den Lehrgang für Zivilverteidigung durchführen, haben wertvolle Erfahrungen gesammelt. Wir werden sie nutzen, um die Ausbildungspläne und Unterrichtsmaterialien zu vervollkommnen, einschließlich der nötigen Präzisierungen, die sich aus dem Wehrdienstgesetz ergeben.

Aus der Einführung neuer bzw. weiterentwickelter Lehrpläne, Lehrbücher und Unterrichtshilfen erwächst für jeden Direktor und seine Stellvertreter die Aufgabe, gestützt auf die Fachzirkelleiter, die Fachberater, die Wissenschaftler unserer Pädagogischen Hochschulen, gestützt auf unsere Weiterbildungskabinette, den Lehrern zu helfen, das Wesen der Veränderungen zu erfassen und die neuen Anforderungen zu bewältigen.

Immer wieder stellt sich für den Direktor die Frage: Auf welche Schwerpunkte muß ich mich bei der Unterrichtsführung orientieren? Wie die Erfahrungen vieler Genossen zeigen, besteht die Schlüsselfrage für die Führung des Unterrichts darin, die alle Fächer, den gesamten Unterricht dirigierenden Fragen stets im Blick zu haben. Kein Fach, keine Stufe soll vernachlässigt werden. In der Tat, wir müssen das Ganze ständig im Auge haben. Das schließt nicht aus, daß wir schwerpunktmäßig die Situation in bestimmten Fächern und Klassen zeitweilig gründlicher analysieren, ausgehend von der konkreten Situation an der Schule dieses oder jenes Fach genauer unter Kontrolle nehmen. Immer muß im Zentrum unserer Aufmerksamkeit stehen: Wird der Unterricht in allen Fächern so gestaltet, daß das zu vermittelnde grundlegende Wissen um die Dinge, Zusammenhänge und Gesetzmäßigkeiten, das Können, die Einsichten durch alle Schüler dauerhaft, verfügbar, produktiv angeeignet werden? Das setzt voraus, daß von jedem Lehrer mit wissenschaftlicher Exaktheit unterrichtet wird. Ist dies doch entscheidend dafür, daß und wie die Fähigkeit der Schüler entwickelt wird, Probleme zu erfassen, erworbenes Wissen auf neue Zusammenhänge zu übertragen, Methoden und Verfahren des Wissenserwerbs zunehmend bewußt und selbständig anzuwenden.

Und immer wieder muß der Direktor prüfen, wie es gelingt, die aus dem Gegenstand eines jeden Faches erwachsenden spezifischen erzieherischen Wirkungen für die weltanschauliche Bildung zu nutzen. Die Verantwortung für den Unterricht umfassend und mit Konsequenz wahrzunehmen – eine Aufgabe, der sich unsere Direktoren zu Recht mit großem Ernst zugewandt haben – zielt also wesentlich darauf, daß sich an jeder Schule alle Schüler gut entwickeln, alle die Anforderungen im Unterricht erfolgreich bewältigen.

Immer wieder sollte der Direktor prüfen: Stellen die Schüler im Unterricht Fragen, werfen sie Probleme auf? Suchen sie selbst nach Antworten und Problemlösungen, werden sie vom Lehrer dazu herausgefordert, oder gibt er sie fertig vor? Welche Motive setzt der Unterricht für diszipliniertes Arbeiten und gewissenhaftes Lernen, für die Freude am Entdecken, welche Impulse erwachsen aus ihm für die Formung von Interessen und geistigen Bedürfnissen? Werden die Schüler echt gefordert, in welchem Maße werden Schöpferkraft und Phantasie entwickelt? Dies alles sind Fragen, die Aufschluß geben über die pädagogische Wirksamkeit des Unterrichts, Fragen, die der Direktor in der Arbeit mit seinen Fachlehrern stets im Auge haben sollte.

Den Unterricht aus solcher Sicht zu analysieren erfordert, sich mit den Lehrern zu beraten, ihre Vorschläge, ihre Erfahrungen zu diskutieren, die Fachzirkel, den Pädagogischen Rat zu nutzen, um gute Erfahrungen allen zugänglich zu machen, kurzum, ein Klima zu schaffen, in dem sich schöpferische pädagogische Diskussion und Arbeit entwickeln können.

Es ist zur Führungspraxis wohl aller Direktoren geworden, ständig gründlich zu analysieren, wie die Lage im Unterricht, in den Unterrichtsfächern, auf den einzelnen Stufen, in den einzelnen Klassen ist. Schon gründlicher werden Ursachen für Fortschritte und Hemmnisse gemeinsam mit den Lehrern erörtert und Schlußfolgerungen erarbeitet, wird Hilfe für die Kollegen durch die Kollegen an der eigenen Schule und die Hilfe durch die Fachberater dort organisiert, wo sie nötig ist. Daß dies alles noch gründlicher, noch effektiver gemacht werden könnte, ist Gegenstand vieler Diskussionen und Überlegungen unserer Direktoren. Die ständige Weiterbildung der Lehrer ist eine entscheidende Frage der Führung des Unterrichts. Das erfordert die Verständigung mit dem einzelnen und dem Kollektiv, was im Mittelpunkt der Weiterbildung, des Erfahrungsaustausches aller, was im Zentrum des Erfahrungsaustausches der Lehrer einzelner Stufen oder Fächer stehen, was in den Fachzirkeln beraten werden sollte, auf welchem Gebiet sich vor allem auch der einzelne systematisch weiterbilden muß. Dazu ist nötig, im gesamten Pädagogenkollektiv das Bedürfnis nach Qualifizierung auszuprägen. Dazu gehört auch das Bedürfnis, voneinander lernen zu wollen. Die in der täglichen Arbeit der Lehrer gewonnenen Erfahrungen sollten wir für die Weiterbildung nicht geringschätzen.

Gut hat sich die innerschulische Kontrolle entwickelt. Das entspricht der Notwendigkeit und dem Bedürfnis der Direktoren zu wissen: Kennt jeder Lehrer den Entwicklungsstand seiner Schüler, welchen Einblick hat er in die Situation der Klasse, wie ist er bemüht, ständig die Kenntnisse, die Lerneinstellung, die politisch-ideologische Haltung seiner Schüler einschätzen zu können?

Große Aufmerksamkeit wird zu Recht der Hospitation geschenkt, die dann erst ihren Zweck erfüllt – und das ist die Erfahrung vieler Direktoren –, wenn sie gründlich vorbereitet ist. Denn ohne sich vorher mit der Situation in der betreffenden Klasse vertraut zu machen, ohne mit dem Lehrer über seine Vorbereitung, seine Probleme zu sprechen, sind die Hospitationen ebensowenig hilfreich wie ihre formale Auswertung. Man muß sich kameradschaftlich und offen über die Ergebnisse einer Hospitation austauschen können. Mit dem Lehrer zu beraten, erfahrene Fachlehrer hinzuzuziehen, anzuregen, daß die Fachgremien, die Fachberater sich mit den Problemen befassen, die den Lehrern Schwierigkeiten bereiten, gemeinsam zu erörtern, was in einer bestimmten Klasse, für bestimmte Lehrer vorzuschlagen wäre – das alles muß die Unterrichtsführung durch den Direktor noch mehr bestimmen. Das gilt ebenso für die Arbeit unserer Fachberater, die wohl analytische Arbeit leisten sollen, aber dies vor allem als Hilfe für Direktoren und Lehrer. Ausgehend von den konkreten Vorstellungen und Meinungen der Lehrer, vom unmittelbaren Einblick in ihren Unterricht müssen die Fachberater noch gründlicher auch die Direktoren beraten, worauf sie ihr Augenmerk lenken sollten.

Es besteht Anlaß, daran zu erinnern, daß wir auf dem VIII. Pädagogischen Kongreß klare Positionen zur Zensierung gesetzt haben. Wir haben uns gegen jede Geringschätzung der Bewertung und Zensierung gewandt und hervorgehoben, daß der Lehrer verantwortungsbewußt die tatsächlichen Leistungen der Schüler zur Grundlage der Bewertung und Zensierung machen, sich kritisch zu den Leistungen seiner Schüler äußern und zugleich ihr Selbstvertrauen stärken muß.

Die Zensur hat als Mittel einer objektiven Leistungsbewertung und als pädagogisches Mittel zur Stimulierung des Leistungswillens der Schüler ihren festen Platz im Unterricht. Aus einer solchen Sicht haben wir uns wiederholt gegen Oberflächlichkeit und Formalismus gewandt. Nehmen wir zum Beispiel die weitverbreitete Praxis, mit Durchschnittszensuren zu operieren, sie zum alleinigen Maßstab für die Einschätzung zu machen, daraus Rangfolgen zum Leistungsniveau der Schüler oder der Schulen abzuleiten.

Natürlich ist es legitim, wenn der Lehrer in seinem Fach aus mehreren über einen bestimmten Zeitraum hin erteilten Zensuren als Hilfsmittel für die Einschätzung der Gesamtleistung eines Schülers im Fach gewissermaßen das arithmetische Mittel errechnet. Dabei wird er gleichzeitig berücksichtigen, wie sich die Leistungen des Schülers während dieses Zeitraums entwickelt haben, also die Tendenz beachten. Wem aber nutzt es, aus Zensuren verschiedener Fächer eine Durchschnittszensur zu errechnen? Dem Lehrer etwa, oder gar dem Schüler oder den Eltern? Was weiß man denn eigentlich, wenn man erfährt, das Kind steht auf 1,2 oder 2,8? Bestimmt nicht, in welchem Fach, in welchen Stoffgebieten die Stärken und die Schwächen liegen. Eine solche Bewertungs- und Zensierungspraxis verdeckt den realen und differenzierten Leistungsstand in den verschiedenen Fächern, die Stärken und Schwächen des Schülers. Sie erschwert, die Ansatzpunkte für die Entwicklung der Schüler zu bestimmen.

Es kommt darauf an, das tatsächliche Leistungsvermögen im einzelnen Fach zu beurteilen, dem Schüler Hinweise zu geben, den Eltern zu sagen, wo, in welcher Weise größere Anstrengungen in diesem oder jenem Fach erforderlich sind, damit der Schüler sein Wissen und Können zielgerichtet verbessern kann. Durchschnittszensuren aus allen Fächern bzw. Fächergruppen zu errechnen ist pädagogischer Unsinn, weil damit kein wirklicher Weg zur Leistungssteigerung aufgezeigt werden kann. Viel wichtiger ist es doch zu wissen, daß zum Beispiel für die

Verbesserung der Leistungen im Fach Physik bei dem einen Schüler vor allem das mathematische Grundlagenwissen solider ausgebildet werden muß, daß dieser Schüler mehr üben muß, bei einem anderen Schüler hingegen Kenntnisse in der Mechanik oder in einem anderen Teilgebiet der Physik zu vertiefen und zu festigen sind. Die gründliche Einschätzung der tatsächlichen Leistungen eines Schülers, bezogen auf jedes Fach, darf nicht verwischt werden durch die Zahlenspielerei mit Durchschnittszensuren, die leider auch mancherorts noch immer die Grundlage für sogenannte Leistungsvergleiche der Schüler untereinander um gute Zensuren bilden.

Wir sind für alles, was nützt, die Lerneinstellung zu motivieren. Die Zensur ist dazu ein entscheidendes Mittel. Richtig pädagogisch angewandt, stimuliert sie die Schüler zu größeren Anstrengungen, zu besseren Leistungen. Aber die Zensur muß immer dazu dienen, daß sich unser Blick auf die Qualität des Wissens und Könnens, den erreichten Entwicklungsstand der Fähigkeiten und Fertigkeiten sowie des Verhaltens der Schüler zu den Anforderungen des täglichen Lernens und Arbeitens richtet.

Jedem Lehrer, der seine Arbeit ernst nimmt, ist die Zensur, die Bewertung überhaupt Anlaß, über die Entwicklung seiner Schüler gründlich nachzudenken, zu ergründen, woran es liegt, wenn bei diesem oder jenem Schüler eine abfallende Tendenz in den Leistungen auftritt. Er spürt den Problemen nach, die sich in der Entwicklung seiner Schüler zeigen, und zugleich sagt er dem Schüler konkret, wo er zu höheren Leistungen fähig ist, wo er sich mehr anstrengen muß, wie er den Anforderungen gerecht werden kann.

Es ist eine Binsenwahrheit, daß die Qualität des Unterrichts maßgeblich vom Verhältnis des Lehrers zu seinen Schülern, von den Beziehungen zwischen den Schülern, vom gesamten Stil und Ton pädagogischer Arbeit, vom Wissen um die Entwicklungsprobleme, um die Stärken und Schwächen des einzelnen Kindes und von der Qualität der Bewertung seiner Entwicklung abhängt. Und doch sollte sich der Direktor immer wieder die Frage vorlegen: Wie ist es an meiner Schule darum bestellt, was ist zu tun, damit alle Lehrer dies ständig bedenken, damit alle diesen unabdingbaren Forderungen gerecht werden?

Die Schule ist bekanntlich nicht einfach eine Summe von Schülern, Lehrern, Klassen, sondern ein sozialer Organismus kollektiver und individueller Beziehungen zwischen den Lehrern, zwischen den Schülern, zwischen Lehrern und Schülern, ein Organismus, in dem sich das Leben nach bestimmten Regeln, Normen, „Gesetzen" vollzieht, die dem Charakter unserer sozialistischen Gesellschaft entsprechen, ein Organismus, der durch viele Fäden mit der Umwelt verbunden ist – mit dem politischen Geschehen, mit den Lebens- und Entwicklungsprozessen der sozialistischen Gesellschaft im Großen und im Kleinen, bis weit hinein in die Bereiche des individuellen Lebens. All das wirkt auf ein Schulkollektiv ein. Das verlangt vom Direktor, über den Tag hinauszusehen, erfordert Weitsicht, ja man kann sagen, der Direktor muß vieles für den Zeitraum einer ganzen Schülergeneration bedenken.

Welche Normen im Kollektiv gelten, welche Maßstäbe im täglichen Leben der Schule, in den Beziehungen zwischen den Schülern, zwischen den Lehrern, zwischen Schülern und Lehrern gelten, welchen Grad der Organisiertheit, der politischen Reife das Schulkollektiv erreicht, das alles wirkt auf die Erziehung. Und wie dies wirkt, hängt wesentlich von der Kunst der Führung einer Schule ab. Ein Stil der Arbeit, der dazu beiträgt, im Pädagogenkollektiv eine Atmosphäre zu entfalten, in der es selbstverständlich ist, jedem Schüler gebührende Aufmerksamkeit zu schenken, ernsthaft mit den Problemen der Kinder und Jugendlichen umzugehen, so schwierig sie auch manchmal sein mögen, kennzeichnet immer mehr die Arbeit unserer Direktoren. So zu arbeiten, daß sich jeder Pädagoge mit den wachsenden gesellschaftlichen Anforderungen an die Schule identifiziert, sie zu seinen eigenen persönlichen Ansprüchen werden läßt, verlangt, wie jeder Direktor weiß, sich immer wieder gemeinsam mit seinen Lehrern darum zu bemühen, die pädagogischen Aufgaben in ihren gesellschaftlichen Zusammenhängen zu begreifen. Nur so wird man die notwendig zu gehenden Schritte richtig abzustecken vermögen, Ideen und Initiativen stimulieren.

In der Diskussion zum „Offenen Brief" wurde wiederholt zum Ausdruck gebracht, daß es immer dann gut gelingt, aus gesellschaftlichen Anforderungen klare Aufgaben für die eigene Tätigkeit abzuleiten, wenn deren Tragweite für die Entwicklung der Gesellschaft und das Leben der Menschen erkannt wird. Und auch dies ist unsere gemeinsame Erkenntnis: Überall dort, wo es zum Leben eines Pädagogenkollektivs gehört, im Meinungsstreit um einheitliche Positionen zu ringen, wo Auseinandersetzungen mit falschen Auffassungen und Verhaltensweisen nicht ausgewichen wird, wenn festgelegte Forderungen nicht eingehalten werden, wo Schwächen und Mängel nicht verdeckt werden, überall dort kommt man auch voran.

Ein Direktor muß die starken und auch die noch nicht so ausgeprägten Seiten der Arbeit seiner Lehrer kennen, muß sich auf vielfältige Weise Gewißheit darüber verschaffen, wie der Lehrer den Kindern als Vermittler unserer Weltanschauung entgegentritt, welche Forderungen er an seine eigene Arbeit stellt und welche nicht. Gibt es nicht an jeder Schule diesbezüglich Unterschiede? Werden erfolgreiche Lehrer schon genügend gefordert, ihre Erfahrungen an ihre Kollegen weiterzugeben, strebt jeder danach, vom anderen zu lernen, orientiert sich schon jeder an den Besten? Finden wir nicht oft dicht beieinander Lehrer, die immer wieder neue Wege suchen, um zu noch besseren Ergebnissen zu kommen, und jene, die sich mit dem Erreichten begnügen?

Stellen wir diese Fragen offen, kameradschaftlich, stets ausgehend von der Achtung vor der Arbeit, der Anerkennung eines jeden Lehrers, mit angemessenem Taktgefühl, aber auch mit der erforderlichen Konsequenz, die jeder gute Leiter aufbringen muß? Darf es den Direktor, das Kollektiv ruhig lassen, wenn ein Kollege trotz bester Absicht nicht das erreicht, was ein anderer meistert? Wie helfen wir hier? Ist allen Lehrern bewußt, und wie machen wir es ihnen bewußt, daß sie gemeinsam an dem Gesamtresultat beteiligt sind, mit dem wir die Schüler ins Leben entlassen? Außerordentlich viel hängt davon ab, wie der Direktor ein gutes Zusammenwirken der Lehrer herbeiführt, daß zum Beispiel die Lehrer der Mittel- und Oberstufe, wenn sie mit dem Fachunterricht beginnen, sich gründlich vertraut machen mit dem Entwicklungsgang der Kinder in der Unterstufe und daß die Lehrer der Unterstufe den Klassenleiter, der ihre Schüler übernimmt und weiterführt, sorgfältig über das Erreichte in der Entwicklung jedes Kindes und des Klassenkollektivs informieren.

Die besten Gedanken und Pläne eines Direktors bleiben ohne Ergebnis, wenn sie nicht das Resultat gemeinsamen Nachdenkens mit den Pädagogen sind. Überall dort arbeiten die Lehrer gern, fühlen sich wohl an der Schule, wird der Direktor hoch geschätzt, wo dieser sich auf seine Lehrer, ihre Ideen stützt, ihre individuellen Besonderheiten, Interessen, charakterlichen Eigenschaften, ihre politischen, Berufs- und Lebenserfahrungen zum Nutzen des ganzen Schulkollektivs richtig einzusetzen weiß.

Jeder Direktor kann sich auf politisch erfahrene Lehrer stützen, auf die Mitglieder der Partei, des sozialistischen Jugendverbandes, der Gewerkschaft, auf ein Kollektiv, das über einen hohen Grad der politischen Organisiertheit verfügt. Sicher ist es für einen Leiter nicht immer leicht, die Differenziertheit seines Kollektivs zu berücksichtigen, die sich aus den Altersunterschieden, den unterschiedlichen Erfahrungen ergibt, aus der Verschiedenheit der Temperamente, dem hohen Anteil der Frauen, der Dauer der Zugehörigkeit zum Kollektiv. Doch gerade in dieser Vielfalt liegen auch Vorteile für die Entwicklung des gesamten Kollektivs. Einheitliche politische und moralische Wertvorstellungen und vielfältige wissenschaftliche und kulturelle Interessen, die Begeisterungsfähigkeit des einen, die Ruhe und Besonnenheit anderer, Anteilnahme am persönlichen Glück und an den Problemen des einzelnen machen den Reichtum eines Pädagogenkollektivs aus. Manchmal findet man sich erst auf einem langwierigen Weg zusammen, müssen Positionen überprüft und – wenn notwendig – auch korrigiert werden. Ein gutes Kollektiv zu sein heißt ja nicht, daß alles glatt und widerspruchslos zugeht, daß man sich unkritisch gegenüber falschen Auffassungen und Handlungen verhält. Was eine Schule leistet, hängt schließlich davon ab, wie sich das Lehrerkollektiv immer aufs neue profiliert, davon, daß jeder sein Bestes einbringt. Ja, auch die Stimmung in einem Kollektiv, ob optimistisch, vorwärtsdrängend, wirkt direkt oder indirekt auf die Kinder, die Jugendlichen ein. Eigene Leistung und Haltung, kulturvoller Umgang, kameradschaftliche Beziehungen, Konsequenz und Freundlichkeit im Pädagogenkollektiv, all das wirkt auf sie. Andererseits können durch liberales Verhalten, Gleichgültigkeit gegenüber anderen, Selbstzufriedenheit, Nachlässigkeit im Umgang und herzloses Verhalten negative Haltungen hervorgerufen werden. Erfahrungen, Stil und Umgangsformen aus der Schulzeit beeinflussen entscheidend die Lebensweise der Heranwachsenden.

Hektik, Unruhe, Routine sind kein guter Boden für eine gedeihliche Erziehungsarbeit. Stets müssen wir davon ausgehen, daß an einer Schule alles erzieht und daß es von der zielklaren und umsichtigen politischen und pädagogischen

Führung eines Direktors abhängt, daß eine gute, eine sozialistische Erziehungsatmosphäre an der Schule herrscht.

Auf einige Aspekte, wie die pädagogische Arbeit in unserer Schule geführt werden muß, habe ich bereits im Zusammenhang mit der Aufgabe hingewiesen, jeden Schüler über die ganze zehnjährige Schulzeit hin gut zu entwickeln. Wir alle wissen: Die Art und Weise, wie der Direktor, seine Stellvertreter mit den Lehrern arbeiten, bestimmt nicht unwesentlich den Stil der pädagogischen Arbeit, so zum Beispiel, ob die Erziehungsarbeit der Lehrer von Konsequenz getragen ist, ebenso wie von Verständnis, von Geduld, wenn etwas nicht gleich gelingt.

Jeden Schüler objektiv, umfassend zu beurteilen, das ist für den Lehrer gewiß eine schwere Aufgabe. Prüft der Direktor, ob alle Lehrer dies verantwortungsbewußt tun? Tadel, ohne die Motive für Fehlverhalten zu kennen, häufige, gedankenlose Einträge in das Klassen- oder das Schülertagebuch machen die Erziehung nicht leichter. Jedem Lehrer muß klar sein: Die Beurteilung muß den Schülern Orientierung für ihre Selbsteinschätzung sein. Sie muß ihre Entwicklung stimulieren, indem sie das Typische aufzeigt.

Ein guter Pädagoge muß gerecht sein. Wir alle wissen darum, wie genau Schüler Ungerechtigkeiten empfinden. „Lieblingsschülern" vieles nachzusehen schafft niemals eine günstige Erziehungsatmosphäre im Kollektiv. Ein ungerechter Lehrer verletzt die Schüler. Sie vertrauen ihm nicht, auch wenn er noch so viel weiß und kann, auch wenn sein Rat noch so gut gemeint ist. Alles, was der Lehrer tut, darf keinen Zweifel an seiner Unvoreingenommenheit, seiner Aufrichtigkeit hervorrufen. Leichter ist der Lehrerberuf nun einmal nicht.

Wir können wohl davon ausgehen, daß unsere Direktoren die Schüler, die in ihren Kollektiven durch gute Leistungen, politische Haltung und gesellschaftliche Aktivität besonders hervortreten, gut kennen. Ebenso sind die Schüler bekannt, die Schwierigkeiten im Lernen haben, bei denen Probleme in der Entwicklung auftreten. Wie aber kümmern wir uns um diejenigen, die sich mit Mittelmaß begnügen, die sich nicht hervortun durch besondere Leistungen, die aber auch nicht „aus der Reihe tanzen"? Würden wir hier gründlicher hinschauen, könnten wir gewiß die Entwicklung vieler Schüler noch besser fördern, ebenso wie wir vielleicht gerade so rechtzeitig Zurückbleiben verhindern könnten. Es wurden beachtliche Fortschritte erreicht, durch eine gezielte Arbeit im Unterricht Wissenslücken zu schließen, das Zurückbleiben weiter einzudämmen. Wir wissen, die Ursachen für das Zurückbleiben können vielschichtig sein. Sie reichen von unzulänglicher pädagogischer Arbeit, häufigem Unterrichtsausfall, längerer Erkrankung bis hin zu Problemen in der Familie, mit denen die Kinder nicht zurechtkommen. Deshalb muß man die Ursachen genau ergründen. Aus einem Schüler, der zeitweilig zurückbleibt oder dessen Entwicklung zeitweilig schwierig verläuft, darf kein „hoffnungsloser Fall" werden. Wo solche Probleme auftreten, muß der Direktor reagieren, der Sache auf den Grund gehen und überlegen, warum ein Lehrer manchmal in solchen Fällen resigniert. Er muß die Kraft des Kollektivs einschalten, um auch solche schwierigen pädagogischen Situationen zu meistern.

Jeder gute Direktor hat wohl selbst einen engen Kontakt zu den Kindern seiner Schule. Die Schüler müssen ihren Direktor gewissermaßen nicht nur vom Vorbeigehen kennen, ihn höflich grüßen; sie sollten wissen: Ich kann mich an meinen Direktor wenden, wenn ich und mein Kollektiv etwas auf dem Herzen haben, wenn man etwas vorzuschlagen hat. Schulfeiern, Schulfeste, traditionelle Höhepunkte der Schule, die gemeinsame Erlebnisse schaffen, nutzt wohl ein jeder gute Direktor, um mit seinem Schulkollektiv zusammenzusein.

Ein von den Normen der sozialistischen Gesellschaft geprägtes Zusammenleben im Schulkollektiv erfordert gegenseitige Rücksichtnahme, Hilfsbereitschaft und Disziplin. Noch nicht an allen Schulen ist es damit gut bestellt, weil man sich an vielerlei Verstöße gegen gesetzte Normen und Regeln des Zusammenlebens gewöhnt hat. Wir glauben, niemand kann sagen: An meiner Schule gibt es so etwas nicht, daß Schüler ihre Aufgaben nicht erfüllen, ohne daß dies Konsequenzen hat, daß sich einzelne Kinder und Jugendliche rüpelhaft in den Pausen und auch in manchen Unterrichtsstunden verhalten, unhöflich untereinander, gegenüber Lehrern und Schulangestellten sind, ein unansehnliches Schulgebäude und ungepflegte Unterrichtsräume weder Schüler noch Lehrer stören.

Jede Schule hat eine auf der Schulordnung basierende Hausordnung, in der Normen und Regeln des Verhaltens fixiert sind. Aber welche Rolle spielt sie im Schülerkollektiv, wie verstehen es die Lehrer, sie für ihre Erziehungsarbeit zu nutzen, ihre Beachtung, ihre Realisierung zur Angelegenheit der Schüler selbst zu machen? Wenn die Forderungen nach einer ästhetisch gestalteten, sauberen Schule, nach ästhetischen Beziehungen untereinander zur eigenen Sache der Kinder- und Jugendkollektive werden, dann erst haben, wie wir wissen, die Normen und Regeln wirklich erzieherischen Wert.

Weiter darüber nachzudenken, was zu tun ist, damit sich in allen Schülerkollektiven politisch motivierte, anspruchsvolle, kameradschaftliche Beziehungen entwickeln, ist eine notwendige und lohnende Aufgabe. Wie eigentlich stützen wir uns dabei auf die große Kraft der politischen Organisation der Mädchen und Jungen, auf die Freie Deutsche Jugend und ihre Pionierorganisation „Ernst Thälmann"? Die Beziehungen der Kinder und Jugendlichen untereinander, das kollektive Leben und Erleben der Schüler werden doch maßgeblich durch die Aktivitäten ihrer politischen Organisation bestimmt, von ihr getragen.

Ein solches Leben und Erleben, das dazu beiträgt, bewußtes Verhalten auszubilden, erfordert, noch gründlicher zu überlegen, welche Anregungen, Impulse wir den Kindern für ein wirklich interessantes, inhaltsreiches, vielseitiges Leben in ihren Kollektiven geben. Bedenken wir immer sorgfältig genug, welche Aufgaben wir den Schülern übertragen, damit sie Eigeninitiative und Aktivität entwickeln, selbständig Lösungen finden können, damit sie angestrengt arbeiten müssen, um die Aufgaben gut zu erfüllen? Stellen wir nicht noch häufig fest, daß oft nur eine kleine Gruppe aktiv ist, weil wir nur sie ansprechen, andere sich aber langweilen, weil sie ungenügend einbezogen sind, obwohl wir wissen, wie wichtig es für die Erziehung ist, daß alle Kinder und Jugendlichen erleben, wie sich Ziele und Ideen durch gemeinsame Anstrengungen verwirklichen lassen und wieviel Freude dies machen kann?

Aufgaben für das Kollektiv zu lösen, Verantwortung für das Kollektiv zu tragen, das ist für die Persönlichkeitsentwicklung jedes Schülers von großem Wert. Nun kommt es vor, daß nicht jede Aufgabe so gelöst wird, wie wir uns, die Erwachsenen, dies vorgestellt haben. Oft macht dann der Lehrer die Sache lieber selbst oder überträgt sie immer wieder den gleichen Schülern. Verschenken wir damit nicht erzieherische Möglichkeiten? Gut entwickelt sich in vielen Schulen die gemeinsame Tätigkeit von Schülern unterschiedlichen Alters, die Wahrnehmung von Verantwortung der Freien Deutschen Jugend für die Jungen Pioniere. Das ist eine wertvolle Sache. Makarenko wies darauf hin, daß dort, wo sich ältere Schüler für das Wachsen und Wohlergehen der Jüngeren verantwortlich fühlen, wo ihnen bei der Eingewöhnung in die Schule und beim Lernen geholfen wird, bei den Jüngeren der Wunsch entsteht, so zu werden wie die Älteren, sich von Anfang an Freundschaft und kameradschaftliche Hilfe entwickeln.[5]

Auch bei der Führung der außerunterrichtlichen Tätigkeit sollten wir stärker vom Bedürfnis der Schüler nach eigener, selbstgestalteter, selbstorganisierter Betätigung ausgehen. Die Führung dieser Tätigkeit ist keine zweitrangige Aufgabe, keine Ressortangelegenheit des stellvertretenden Direktors für außerunterrichtliche Arbeit. Eine lebendige, vielseitige, interessante, den Interessen und Neigungen der Schüler Rechnung tragende Arbeit auf diesem Gebiet, die darauf gerichtet ist, die individuellen Fähigkeiten, das Bedürfnis nach kollektiver Tätigkeit zu entwickeln, ist unverzichtbar für die Realisierung unseres Bildungs- und Erziehungszieles.

Wie sich in der Praxis zeigt, finden die Schule, unsere Pionierorganisation, die Freie Deutsche Jugend bei Wissenschaftlern, Arbeitern, Genossenschaftsbauern, bei Ingenieuren, Angehörigen der bewaffneten Organe, bei Künstlern und Kulturschaffenden, bei Veteranen der Arbeiterbewegung tatkräftige Unterstützung in der außerunterrichtlichen Arbeit. An jeder Schule gibt es in dieser Hinsicht viel Bewährtes, Zukunftsträchtiges, aber auch so manches, was noch nicht genügend beachtet wird. Regen wir die Schüler zum Beispiel schon genügend an, einen guten Film zu sehen, ins Theater zu gehen, ein Museum zu besuchen, ein interessantes Buch zu lesen, und nehmen wir uns Zeit, darüber mit ihnen zu diskutieren?

Wir sind für Leistungsvergleiche auf den verschiedensten Gebieten, für Literaturwettstreite, Olympiaden, Messen, Ausstellungen, Veranstaltungen zur Traditionspflege. All dies bietet große Möglichkeiten, Interessen zu wecken und zu lenken, trägt zur Bildung und Erziehung bei – vorausgesetzt, daß jede dieser Maßnahmen pädagogisch richtig vorgedacht wird, daß überlegt wird, welche er-

---

[5] Vgl. A. S. Makarenko: Die Erziehung in Familie und Schule. In: A. S. Makarenko: Werke. Bd. IV, a. a. O., S. 517 ff.

zieherischen Wirkungen man in der Gruppe, in der Klasse, in der Schule damit erreichen will und wie es den einzelnen Schüler, das Kollektiv voranbringt. Was aber nutzt es den Kinder- und Jugendkollektiven, wenn es beispielsweise bei der Messe der Meister von morgen den Verantwortlichen nicht so sehr darum geht, daß alle Schüler ihrem Alter entsprechend beteiligt sind am Knobeln, Basteln und Konstruieren, sondern in erster Linie um ein oder zwei Musterexponate für die Kreismesse, wenn also die Höhepunkte nicht das Ergebnis breiter Arbeit an der Schule, das Ergebnis der Tätigkeit und Betätigung vieler Schüler sind? Dann bewegen die Höhepunkte zwar viele Leiter und Lehrer, aber sie erreichen nicht die Kinder, sie bringen nicht, was gewollt ist, nämlich Anregung für alle, sich interessanten Tätigkeiten zuzuwenden.

Der Direktor muß wissen und mit seinen Lehrern entscheiden, was an außerunterrichtlichen Aktivitäten für das Schuljahr vorgeplant wird, und zwar so, daß diese dazu beitragen, das Niveau der Bildung und Erziehung an der Schule zu erhöhen. Man muß sich klar sein, welche Voraussetzungen, Ausgangsbedingungen und Zielsetzungen zu beachten und welche nächsten Schritte zu gehen sind. Wie ist es um ein solches langfristiges, am Inhalt orientiertes Konzept außerunterrichtlicher Arbeit bestellt? Immer wieder hört man die Klage: Da kommt zuviel von außen an Hektik und Geschäftigkeit auf uns zu. Ein guter Direktor läßt sich nicht beirren; weiß er doch um seine Verantwortung für eine planmäßige Bildungs- und Erziehungsarbeit, die die außerunterrichtliche Arbeit als unverzichtbar für die Entwicklung der Persönlichkeit der Kinder einschließt. Wenn der Direktor und sein Kollektiv der Meinung sind, daß bestimmte Aktivitäten zu Formalismus, zur Schablone führen und das Erziehungskonzept an der Schule nicht bereichern, dann hat er die Verantwortung dafür, eine Entscheidung zu treffen, die im Interesse der Erziehungsarbeit der Schule liegt.

Natürlich kommt auch manchmal etwas Außerplanmäßiges, aus aktuellen Ereignissen heraus, worauf man reagieren muß. Das ist nun einmal das Leben. Aber ein kluger Direktor überlegt auch dann sofort, wie das für die Erziehung genutzt werden kann, wie es unter dieser Sicht vorzubereiten und auszuwerten ist.

Gemeinsam mit unseren Pionierleitern müssen wir alles in allem noch besser die pädagogische Wirksamkeit einer gut geplanten außerunterrichtlichen Arbeit durchdenken. Und sicher müssen wir die guten Erfahrungen noch zügiger aufbereiten, einschließlich der guten Erfahrungen der Arbeit der Stellvertreter für außerunterrichtliche Tätigkeit. Wir dürfen nicht zulassen, daß sie in manchen Schulen – ganz gegen ihren Willen – zu reinen Organisatoren werden.

Solide Bildungs- und Erziehungsergebnisse erreichen wir überall dort, wo das gesamte Leben an der Schule wohldurchdacht gestaltet, wohlorganisiert ist. Die Kinder und Jugendlichen müssen in der Schule täglich erfahren, wie wichtig ein geordnetes und geregeltes Leben für hohe Lern- und Arbeitsergebnisse und für ihr Wohlbefinden ist. Die Gewohnheit und das Bedürfnis schon in der Schule zu entwickeln, das eigene Leben, den Alltag sinnvoll zu organisieren, mit der Zeit vernünftig umzugehen, ist wichtig für das ganze Leben.

Eine gut durchdachte Planung des Tages- und Wochenablaufs, die Stundenplanung, eine gut überlegte Folge der Unterrichtsfächer an den einzelnen Tagen und der sinnvolle Wechsel von Anspannung und Entspannung entscheiden wesentlich über die Arbeits-, Lern- und Lebensbedingungen der Lehrer und der Schüler.

Wir wissen, wie schwer die Stundenplanung ist, daß Lehrer ausfallen, daß Umstellungen nötig werden, oft sehr kurzfristig. Aber gibt es nicht auch Verletzungen wichtiger pädagogischer Forderungen? Da werden die Unterrichtsstunden mancher Klassen nicht konsequent auf die Wochentage verteilt, wird an manchen Tagen die festgelegte tägliche Stundenzahl für Unterstufenklassen überschritten. Oft werden die vielfältigen außerunterrichtlichen Aktivitäten der Schüler nicht genügend zeitlich aufeinander abgestimmt, gibt es an manchen Tagen zusätzlich zu anspruchsvollen Hausaufgaben eine Häufung außerunterrichtlicher Aktivitäten.

Ein Direktor muß es verstehen, Wege zu finden, objektiv bedingte zeitweilige Beeinträchtigungen, die beispielsweise mit dem Ausfall von Lehrerstunden zusammenhängen, vernünftig auszugleichen. Wir wissen, das kostet oft große Anstrengungen. Dies aber hat nichts damit zu tun, daß noch häufig unabdingbare pädagogische Forderungen ungenügend beachtet werden.

Die qualifizierte Erfüllung der Aufgaben an den Schulen stellt hohe Ansprüche an die politische und pädagogische Führung durch die Direktoren. Im Interesse der guten Entwicklung aller unserer Kinder und Jugendlichen kann es daran keine Abstriche geben. In unserer sozialistischen Gesellschaft existieren jedoch zugleich günstige Voraussetzungen und Bedingungen, die es dem Direktor ermöglichen, eine gute Arbeit zu leisten: Er kann sich auf sein Lehrerkollektiv, auf die Schulparteiorganisation, die Gewerkschaftsorganisation, die in der Freien Deutschen Jugend organisierten Lehrer und auf eine politisch organisierte Schülerschaft stützen. Er weiß sich der vertrauensvollen Mitarbeit der Werktätigen der sozialistischen Betriebe sicher, die längst schon zu Miterziehern unserer jungen Generation geworden sind, ebenso ist er sich der Unterstützung der Eltern gewiß. Besonders trifft das auf die über 640 000 gewählten Elternvertreter zu.

Die Eltern wollen, daß ihre Kinder gut und fleißig lernen, sich zu charakterfesten, aktiven jungen Staatsbürgern entwickeln. Dies bestimmt ihr Verhältnis zur Schule, ihr Bemühen, die eigenen Kinder im Gleichklang mit den Absichten der Schule zu erziehen. Die Eltern sind am Geschehen in der Schule interessiert, das gegenseitige Vertrauensverhältnis ist gewachsen und wirkt sich positiv auf die Erziehung aus. Wenn in der Erziehung eines Kindes Probleme auftreten, wenn wir bei einem Kind Fehlentwicklung feststellen, müssen wir immer zuerst an unsere eigene Adresse die Frage richten, was wir unterlassen, was wir falsch gemacht haben. Es wäre jedoch ebenso falsch, würden wir es versäumen, offen mit den Eltern zu sprechen, wenn wir die Ursachen im Elternhaus sehen. Tun wir es nicht, wird das immer zum Schaden der Kinder sein.

Um mit Makarenko zu sprechen, darf der Pädagoge, ja muß er den Eltern sagen: „... freut euch an euren Kindern ... Dies ist eure persönliche Angelegenheit und euer persönliches Glück … Es kommt der Augenblick, wo diese Menschen … als selbständige Glieder der Gesellschaft auftreten. Für die Gesellschaft ist es durchaus nicht gleichgültig, was das für Menschen sein werden."[6] Und für Vater und Mutter sicher auch nicht. Wenn Anschauungen und Normen in der Familie im Gegensatz zum gesellschaftlichen Erziehungsauftrag der Schule stehen, schafft das Verwirrung und Zwiespältigkeit bei den Heranwachsenden. So etwas kann es geben, und so etwas gibt es. Hier hilft nur Offenheit, Verständigung darüber, was dem Kind nutzt oder schadet. Die Verantwortung für negative Entwicklungen, die sich aus solcher Art Konflikt ergeben, tragen die Eltern vor dem Kind, vor niemand anderem sonst.

Jeder ist empfindsam, wenn es um seine Kinder geht – die Eltern ebenso wie die Pädagogen, die sich um die gute Erziehung der ihnen anvertrauten Kinder mühen. Empfindsamkeit, die auf der Liebe zum Kind beruht, ist in der Erziehungsarbeit eine ganz natürliche Sache. Was im Interesse der Erziehung der Kinder notwendig ist, muß in vertrauensvoller, taktvoller Art zwischen Pädagogen und Eltern geklärt werden.

Viele gesellschaftliche Kräfte stehen an der Seite der Direktoren, deren Leitungsstil immer stärker gekennzeichnet ist durch straffe Einzelleitung, die sich auf die breiteste demokratische Mitwirkung der Lehrer, Schüler, der Betriebe, vor allem der Patenbrigaden, und der Eltern stützt. Eine solche Leitungstätigkeit hat sich als erfolgreich erwiesen.

In welcher Qualität die objektiv wachsenden Anforderungen erfüllt werden, die unsere Gesellschaft an die Bildungs- und Erziehungsarbeit der Schule und damit an die Leitungstätigkeit jedes Direktors stellt, hängt natürlich auch wesentlich davon ab, wie der Kreisschulrat und sein Kollektiv mit den Direktoren arbeiten. Auch unseren Kreisschulräten soll hier Anerkennung ausgesprochen werden. Sie verstehen es immer besser, die inhaltlichen Aufgaben, die der Direktor führen muß, in das Zentrum ihrer Tätigkeit zu stellen. Ganz im Sinne der Rede unseres Generalsekretärs vor den Ersten Sekretären der Kreisleitungen der SED legen unsere Kreisschulräte bei der Beurteilung des Erreichten den unbestechlichen Maßstab der Beschlüsse der Partei an und stellen sie die Aufgaben, darum wissend, daß von der politischen und organisatorischen Genauigkeit der Maßnahmen die Bestimmung der Wege, die Formierung der Kräfte, der Erfolg der Sache abhängen. Immer wieder ist zu prüfen, wie es an jeder Schule um die politische Festigkeit der Kollektive bestellt ist, in welcher Qualität die Arbeit geleistet wird, wie die Fähigkeit aller Mitarbeiter, der Direktoren, der Pädagogen zur Wirkung gebracht wird, damit wir mit so wenig Aufwand wie möglich eine effektive Bildungs- und Erziehungsarbeit garantieren, damit sich unsere Mühe lohnt.

Erneut soll die Erfahrung vieler gut arbeitender Kreisschulräte hervorgehoben werden: Die Hilfe der Kreisabteilung für den Direktor ist um so wirkungsvoller, je genauer die Kenntnis der Lage ist. Nur dann kann der Kreisschulrat konkret

---

[6] A. S. Makarenko: Ein Buch für Eltern. A. a. O., S. 37.

und differenziert mit jedem Direktor beraten, was sich in der Arbeit seiner Schule bewährt, wo es Reserven gibt, was verändert werden muß. Jedes Voranschreiten in der pädagogischen Arbeit ist nur möglich, wenn man stets von einer sorgfältigen Analyse der Wirklichkeit ausgeht, den erreichten Stand real einschätzt, sich zu den erzielten Ergebnissen stets kritisch verhält, Fortschritte würdigt, aber auch Mängel, Fehler und Entwicklungsprobleme schonungslos aufhellt.

Unsere Kreisschulräte bemühen sich mit großem Einsatz und mit Erfolg um einen solchen konkreten Einblick in die Arbeit der Schulen. Aber wir wissen auch, Kenntnis der Lage allein reicht noch nicht aus. Um zu verändern, muß die genaue Lagekenntnis verbunden sein mit der Klarheit über das angestrebte Ziel, über die zu schaffenden notwendigen Bedingungen. Aufgabenstellungen für das weitere Vorgehen an der Schule erfordern, sich gründlich mit den Direktoren zu beraten, sie anzuregen, immer wieder zu überlegen, wie sie ihr Kollektiv mobilisieren können, um weitere Veränderungen im Sinne einer höheren Qualität zu erreichen und die Ergebnisse an dem zu messen, was sich aus den heutigen und künftigen Anforderungen der Gesellschaft an die Schule ergibt. Für den Kreisschulrat muß es zu den Selbstverständlichkeiten gehören, daß die Direktoren in die Entscheidungsfindung einbezogen, ihre Meinungen und Vorschläge sorgfältig beachtet werden.

Unsere Direktoren erwarten mit Recht, daß alle Mitarbeiter der Kreisabteilungen eine qualifizierte Arbeit leisten. Das verlangt vom Schulrat, alle Genossen seines Kollektivs noch besser zu befähigen, die wesentlichen Probleme an der jeweiligen Schule zu erkennen, ihre Verantwortung bei deren Lösung voll wahrzunehmen, seine Mitarbeiter zu erziehen, stets die Konsequenzen gut zu überlegen, die mit einer Aufgabe, die sie auslösen, für die Schule, für den Direktor, für die Lehrer verbunden sind.

Die Strategie unseres weiteren Vorgehens ist durch den X. Parteitag klar vorgezeichnet. Wir sind überzeugt, daß unsere Konferenz wertvolle Erkenntnisse vermitteln wird, wie wir die uns gestellten Aufgaben gemeinsam noch besser bewältigen können.

Die Vorbereitung unserer Konferenz, die Diskussion an den Schulen, im Kollektiv der Direktoren, in den Kreis- und Bezirksabteilungen hat erneut bestätigt, daß wir über alle Möglichkeiten verfügen, die der Schule gestellten Aufgaben bei der weiteren kommunistischen Erziehung der Jugend in hoher Qualität zu lösen.

Unsere Jugend zu Menschen zu erziehen, die aufrecht für unsere gute Sache arbeiten und kämpfen, dafür scheuen wir keine Anstrengungen, dafür setzen wir uns mit Herz und Verstand ein.

Täglich gute
politisch-pädagogische Arbeit –
wichtigstes Anliegen
der Führungstätigkeit

Eröffnungsrede zum Kreisschulräteseminar
für die Vorbereitung des Schuljahres 1983/84 in Ludwigsfelde
9. bis 13. Mai 1983

Unsere Zentrale Direktorenkonferenz hat in den Pädagogenkollektiven ein großes Bemühen um weitere Qualifizierung der Arbeit bewirkt. Dank einer guten
politischen, pädagogischen und organisatorischen Führung durch die Direktoren,
die Bezirks- und Kreisschulräte und ihre Mitarbeiter gibt es sichtbare Fortschritte,
jede Schule so zu entwickeln, daß sie in jeder Hinsicht eine hohe Qualität ihrer
Arbeit erreicht. Denn wie auf der Direktorenkonferenz klargeworden ist, besteht
in einem hohen Niveau der politisch-pädagogischen Arbeit, in der qualifizierten
Tätigkeit jedes einzelnen Pädagogen und des ganzen Kollektivs – klug geführt
durch den Direktor – die entscheidende Voraussetzung für die Lösung der Aufgabe, überall so zu arbeiten, daß sich jeder Schüler optimal entwickelt, seine Anlagen und Fähigkeiten ausgeprägt werden, damit die heranwachsende Generation
aktiv an der Gestaltung unserer sozialistischen Gesellschaft, an ihrem sozialistischen Vaterland DDR mitbaut, aktiv an den Klassenkämpfen unserer, ihrer Zeit
teilnimmt.

Es ist die Verständigung über das Warum und das Wie einer qualifizierten
Führungsarbeit im Gange. Wissend darum, wieviel noch zu tun ist, und eingedenk dessen, daß die von unserer Partei gestellten Aufgaben, die sich aus den gesellschaftlichen Prozessen ableiten, von uns erfordern, immer wieder aufs neue
zu prüfen, wie wir die Methoden der politischen, pädagogischen Führung qualifizieren müssen, wollen wir uns in diesem Seminar vor allem auch mit dem Blick
auf das vor uns stehende neue Schuljahr darüber verständigen, wo wir stehen und
wo wir schärfer hinsehen müssen, was wir anders, besser machen müssen, weil es
die Entwicklung von uns verlangt.

Unsere Parteiführung hat auf der Beratung des Sekretariats des Zentralkomitees
mit den Ersten Sekretären der Kreisleitungen nachgewiesen, warum in allen gesellschaftlichen Bereichen eine qualifizierte Arbeit gefordert werden muß. Der Generalsekretär unserer Partei hat auf dieser Beratung bekanntlich die Zentrale Direktorenkonferenz folgendermaßen charakterisiert: Entsprechend den Beschlüssen

des X. Parteitages und des Zentralkomitees hat die Zentrale Direktorenkonferenz die Aufgaben für die Arbeit der Lehrer und für die Leitungstätigkeit der Schulfunktionäre bestimmt. Täglich, in jeder Unterrichtsstunde, in der außerunterrichtlichen Tätigkeit, in ihrem gesamten erzieherischen Wirken sollen unsere Lehrer eine gute politisch-pädagogische Arbeit leisten. Das ist ihre wichtigste Aufgabe.[1]

Damit ist klar gesagt, daß es mit der Durchführung der Aufgabenstellung unserer Zentralen Direktorenkonferenz um nichts weniger geht als um die konsequente Verwirklichung der Beschlüsse des X. Parteitages, der vom Parteitag bestätigten schulpolitischen Linie, die vom VIII. Pädagogischen Kongreß auf der Grundlage unseres Parteiprogramms als gültig für einen längeren Zeitraum ausgearbeitet wurde.

Damit an allen Schulen, durch jeden Lehrer eine gute Arbeit geleistet wird, müssen unsere Direktoren gute Leiter sein. Bereits auf der Direktorenkonferenz haben wir gesagt: Jetzt hängt alles davon ab, wie die Kreisschulräte es mit ihren Mitarbeitern verstehen, dem Direktor Hilfe zu erweisen, damit an jeder Schule, durch jeden Lehrer die qualitativ höheren Anforderungen an die pädagogische Arbeit in einem kontinuierlichen, sich stetig entwickelnden Prozeß bewältigt werden. Nur wenn wir das gewährleisten, wird sich die Vorwärtsentwicklung unseres Volksbildungswesens auf dem erforderlichen Niveau vollziehen.

Gerade auch in den zurückliegenden Monaten, im Verlauf des nun zu Ende gehenden Schuljahres hat sich erneut unsere gemeinsame Erkenntnis bestätigt: Wir kommen um so besser voran, wenn bei allen Lehrern ein tiefes Verständnis für den untrennbaren Zusammenhang unserer Schulpolitik mit der gesamtgesellschaftlichen Entwicklung vorhanden ist. Mit gutem Grund können wir sagen, daß wir dabei nach der Direktorenkonferenz weitere Fortschritte erreicht haben. Aber wir sind uns wohl darüber einig, daß wir grundlegende Fragen unserer Gesellschaftspolitik und unserer Schulpolitik mit den Direktoren, mit den Lehrern und Erziehern ständig erneut diskutieren, überzeugend klären müssen bis hin zu den Konsequenzen, die sich für den einzelnen, für seine Arbeit, seine Haltung, sein Verhalten daraus ergeben. Auch deshalb werden wir uns in unserem Seminar über den Platz der Direktorenkonferenz und die Rolle, die ihr bei der weiteren Verwirklichung der schulpolitischen Linie unserer Partei zukommt, verständigen, damit wir uns der Tragweite der auf dieser Konferenz gestellten Aufgaben bewußt sind.

Wir gehen in unserer Arbeit – und haben dies auch weiterhin zu tun – immer von dem im Parteiprogramm und dem vom X. Parteitag aufgezeigten Weg der Entwicklung unserer sozialistischen Gesellschaft aus. Im Parteiprogramm ist der Weg der weiteren Gestaltung der entwickelten sozialistischen Gesellschaft in unserer Republik vorgezeichnet. Auf dem X. Parteitag und der 3., 4. und 5. Tagung unseres Zentralkomitees wurden der Stand der Durchführung der Beschlüsse zur weiteren Gestaltung der entwickelten sozialistischen Gesellschaft unter der Sicht

[1] Vgl. „Neues Deutschland", vom 19./20. 2. 1983, S. 2.

der verschärften Bedingungen des Klassenkampfes in der Welt, des Kampfes um die Erhaltung des Friedens und der Verantwortung der DDR in der sozialistischen Staatengemeinschaft einer gründlichen marxistisch-leninistischen Analyse unterzogen und entsprechende Beschlüsse gefaßt. Ausgehend vom Programm unserer Partei, haben wir auf dem VIII. Pädagogischen Kongreß die generelle Richtung der Erziehung der Schuljugend und der Entwicklung der Volksbildung festgelegt. Die zentrale Direktorenkonferenz hat mit dem Blick auf die neuen Bedingungen und Erfordernisse die dazu notwendigen nächsten Schritte für die Entwicklung unserer Schule abgesteckt.

Es ist nicht zufällig, daß wir auf der zentralen Direktorenkonferenz von der Weiterentwicklung unserer Schule gesprochen haben. Es geht in der Tat in der gegenwärtigen Phase unserer gesellschaftlichen Entwicklung um eine qualitative Weiterentwicklung unserer Schule. Die geforderte höhere Qualität der gesamten schulischen Arbeit, die das ganze Spektrum der Lehrertätigkeit umfaßt, ergibt sich mit Notwendigkeit aus der Tatsache, daß sich unser gesellschaftliches Voranschreiten weiter in Richtung des entwickelten Sozialismus vollzieht, daß damit Bedingungen und Erfordernisse heranreifen, auf die wir in der Bildung und Erziehung der Jugend reagieren müssen.

Im Zusammenhang mit dem objektiven Prozeß der wissenschaftlich-technischen Revolution und den Möglichkeiten ihrer Nutzung unter den Bedingungen der sozialistischen Gesellschaft haben wir es schon heute mit äußerst dynamischen Prozessen in allen gesellschaftlichen Bereichen zu tun. Was sich jetzt in Anfängen zeigt, wird zu einem bestimmten Zeitpunkt in eine neue Qualität gesellschaftlicher Bedingungen und Anforderungen umschlagen. Wenn die Schüler, die jetzt in der Schule lernen, ihre Berufsausbildung abschließen, werden sie vor neuen Anforderungen, Aufgaben und Möglichkeiten ihrer Entwicklung stehen, und wir müssen sie befähigen, diese Möglichkeiten im Interesse aller, im Interesse der Weiterentwicklung unserer Gesellschaft zu nutzen.

Es vollzieht sich ein stürmischer Prozeß der Entwicklung der Produktionsmittel, der Produktivkräfte insgesamt. Vor allem wir, die Mitarbeiter der Volksbildung, müssen verstehen, daß dies noch tiefergehend die Frage nach der Bildung und Erziehung der Menschen, die die entscheidende Produktivkraft sind, aufwirft. Wir müssen uns deshalb fragen, wie wir den Pädagogen bewußtmachen, was von der Befähigung der Menschen, ihrer Bildung und Erziehung, von der Erziehung der Jugend zu aktiven, schöpferischen, verantwortungsbewußten Menschen, von der Entwicklung ihrer Fähigkeiten, ihrer Entwicklung zu wirklich aktiven Mitgliedern und Mitgestaltern unserer sozialistischen Gesellschaft abhängt.

Hier liegt unsere gesellschaftliche, unsere politische Verantwortung. So gesehen, wird Bildung immer mehr zu einem entscheidenden Faktor gesellschaftlicher Entwicklung, beeinflussen die Entwicklungsprozesse der Gesellschaft wesentlich die Bildung und Erziehung der Jugend und diese wiederum die gesellschaftliche Entwicklung. Sicher sind wir uns darin einig, daß wir noch mehr tun müssen, das

Verständnis dafür bei allen Lehrern und Erziehern zu vertiefen. Deshalb sollten wir uns fragen, ob tatsächlich schon allerorts und genügend gründlich Klarheit darüber besteht, warum und daß zum gegenwärtigen Zeitpunkt in der Weise, wie auf der Direktorenkonferenz beraten, die Weichen auf eine weitaus höhere Qualität der pädagogischen Arbeit gestellt werden müssen – und dies im erforderlichen Tempo.

Wenn wir, ausgehend vom X. Parteitag, die neuen seither entstandenen Bedingungen berücksichtigend, im „Offenen Brief" und auf der Direktorenkonferenz die Frage nach einer höheren Qualität unserer Arbeit gestellt haben, so natürlich stets unter der Sicht der Kontinuität, die bekanntlich ein Grundprinzip unserer gesellschaftlichen Entwicklung und vor allem auch der Entwicklung unseres Bildungswesens ist. Offensichtlich müssen wir aber auch deutlicher machen, daß Kontinuität, daß kontinuierliche Entwicklung nicht nur immer wieder aufs neue erfordert, die Frage des weiteren Vorgehens zu stellen, sondern daß dies auch einschließt, die höhere Qualität im erforderlichen Tempo zu erreichen.

Wir können und müssen diese Frage so stellen, weil wir mit dem Stand der Entwicklung unseres Bildungswesens, dem erreichten Niveau der Bildungs- und Erziehungsarbeit an jeder Einrichtung – bei aller Unterschiedlichkeit – eine solide Ausgangsbasis besitzen. Wir haben bewußte, qualifizierte Direktoren, Pädagogen, Schulfunktionäre. Unsere ganze Gesellschaft sorgt sich um die Bildung, um die Schule. Das alles sind Bedingungen, die es ermöglichen und verlangen, die notwendigen Veränderungen im Niveau der Arbeit schneller zu erreichen.

Es ist also ein objektiver gesellschaftlicher Zwang, immer wieder zu analysieren und uns gemeinsam mit den Direktoren, den Lehrern und Erziehern darüber klarzuwerden, ob das Bisherige ausreicht, ob die Maßstäbe, die wir an unsere Arbeit, an die Arbeit der Direktoren, an die Arbeit der Lehrer, an die Wertung der Ergebnisse anlegen, richtig sind, ob wir genügend exakt bestimmt haben, welche nächsten Schritte wir gehen müssen.

Wir stimmen sicher darin überein, daß wir es schon besser gelernt haben, die Ergebnisse der Arbeit gründlicher, kritischer zu werten. Auch die Ursachen für Fortschritte und noch bestehende Probleme können wir schon besser aufdecken. Wir wissen natürlich auch, daß noch allzuoft Erscheinungen ungenügend auf das Typische, auf die ihnen zugrunde liegende Tendenz zurückgeführt werden, und müssen uns deshalb immer wieder die Frage vorlegen: Sind nicht Wertungen oft noch zu allgemein, ungenügend aus der Gesamtsicht auf das schulpolitisch zu Erreichende abgeleitet? Sind Wertungen, ausgehend von der Einschätzung der Fähigkeiten und Möglichkeiten, genügend auf die Entwicklung der Kollektive gerichtet? Man muß ja, wenn man die Lage einschätzt, gerade auch im Auge haben, welche Möglichkeiten, welche Fähigkeiten in einem Kollektiv „schlummern", die durch Anforderung, durch das Anstoßen zum Denken und Handeln in der erforderlichen Richtung, durch zwingendes Aufwerfen der Probleme durch den Direktor, die Kreisabteilung, durch die Parteimitglieder das ganze Kollektiv voranbringen. Wir sollten uns immer wieder fragen: Ist die Kluft zwischen den als richtig erkannten politischen und pädagogischen Positionen und ihrer Verwirklichung in der täglichen praktischen Arbeit nicht mancherorts noch zu groß? Wo liegen die Ursachen dafür, daß wir nicht überall genügend schnell und gründlich bei der Veränderung der Lage vorankommen?

Natürlich ist es normal, daß sich die Entwicklung differenziert vollzieht. Aber mit der allgemeinen, im Prinzip richtigen Feststellung, daß die Lage differenziert ist, kommen wir nicht weiter. Die Entwicklung ist beeinflußbar. Es ist deshalb nötig, gründlicher zu prüfen, warum eine Schule, warum bestimmte Lehrer im Niveau des Unterrichts, in bestimmten Fächern, bei der Lösung der pädagogischen Probleme zurückbleiben, und andererseits, welche Methoden angewandt wurden, die zu guten Ergebnissen führten, wie man mit fortgeschrittenen Erfahrungen arbeitet und die sich daraus ergebenden Führungsschritte genauer, konkreter bestimmt.

Die Kinder optimal zu entwickeln, jedem einen guten Start ins Leben zu geben, dies ist Ziel und Tagesaufgabe zugleich und muß in täglicher Arbeit verwirklicht werden. So gesehen, braucht es mehr Konsequenz in der Durchsetzung von Anforderungen, die schon länger hätten bewältigt werden können und müssen. Oft werden viel Zeit und Kraft aufgewendet, und trotzdem vollziehen sich mancherorts die notwendigen Veränderungen zu schleppend. Dem Direktor zu helfen, mit seinem Lehrerkollektiv gemeinsam schnellere und vor allem wirksamere Fortschritte zu erreichen, das bleibt die Aufgabe der Kreisabteilungen.

Wie auf der Beratung mit den Ersten Kreissekretären für alle gültig formuliert wurde, brauchen wir überall ein Klima, das Verantwortungsbewußtsein, schöpferisches Handeln, disziplinierte Arbeit gut gedeihen läßt. Dazu gehört unverzichtbar die energische Auseinandersetzung mit hemmenden Erscheinungen, auch mit bürokratischen Verhaltensweisen, die dem Vertrauensverhältnis zwischen Partei, Staat und Volk abträglich sind. Genau zu wissen, wie die Stimmung der Pädagogen und der Schüler ist, welche Meinungen und Argumente es gibt, die Analyse, wodurch Leistungsbereitschaft gefördert wird, und auch, warum hier und da ein Zurückbleiben festzustellen ist – das gehört zu einem guten Arbeitsstil. Schnell auf das zu reagieren, was die Jugend, die Lehrer bewegt, Vorschläge und Hinweise sorgfältig, sachlich zu prüfen, alles Wertvolle ohne Zeitverzug zu realisieren, dabei sind wir vorangekommen, aber wir sind uns wohl auch klar, daß ein solcher Leitungsstil noch nicht immer und überall konsequent verwirklicht wird und uns ständig, immer wieder zum Überlegen, zum Bessermachen fordert.

Für die Führungsarbeit, für den Arbeitsstil des Direktors, des Kreisschulrates, jedes Schulfunktionärs gilt voll und ganz, was auf der Beratung mit den Ersten Kreissekretären gefordert wurde: die schöpferischen Kräfte zu entwickeln, die Pädagogen zu unterstützen und tatkräftig zu fördern; das kollektive Zusammenwirken zu organisieren; Mut zu machen; alles zu tun, damit der Erfolg in kurzer Frist eintritt. Auf unserem Seminar wollen wir Erfahrungen vermitteln, Probleme aufwerfen, mithelfen, Lösungswege auszuarbeiten, damit das neue Schuljahr erfolgreich vorbereitet wird.

Elternhaus und Schule, Lehrer und Eltern durch gleiches Streben vereint

Rede auf der V. Konferenz der Volksbildungsminister
der sozialistischen Länder in Havanna
31. Oktober bis 3. November 1983

Gestatten Sie mir, meiner Freude darüber Ausdruck zu verleihen, daß unsere V. Ministerkonferenz im ersten sozialistischen Land auf dem amerikanischen Kontinent, hier in Kuba, stattfindet, wo vor 30 Jahren mit dem Sturm auf die Moncada-Kaserne das Signal für die sozialistische Revolution gegeben wurde, in einem Land, das trotz ständiger imperialistischer Bedrohung erfolgreich den Sozialismus aufbaut.

Der Sozialismus hat in Kuba ein Bildungswesen hervorgebracht, das weit über die Grenzen des Landes hin ausstrahlt. Ich möchte unseren kubanischen Genossen, den Lehrern dieses Landes, die eine Jugend erziehen, die der Sache der sozialistischen Revolution, dem Internationalismus treu ergeben ist, die Kampfesgrüße der Pädagogen der Deutschen Demokratischen Republik überbringen. Dank auch für die große Arbeit, die Sie, liebe kubanische Genossen, zur Vorbereitung und Durchführung dieser bedeutenden Konferenz geleistet haben. Die revolutionäre Erziehung der Jugend, die Erziehung der jungen Generation zur Treue zu unseren sozialistischen Idealen betrachten wir als die entscheidende Aufgabe unserer Schule in den Kämpfen unserer Zeit. Schreitet doch der revolutionäre Weltprozeß ungeachtet des erbitterten Widerstandes des Imperialismus unaufhaltsam voran.

Es ist von geradezu symbolischer Bedeutung, daß wir, die Vertreter der Länder, die sich einig wissen im Kampf für eine neue, von Ausbeutung und Unterdrückung freie Gesellschaft in sozialer Sicherheit und Frieden, gerade in dieser Zeit harter Auseinandersetzungen zwischen Sozialismus und Imperialismus, in einer Zeit, da der Frieden durch den Konfrontationskurs der Reagan-Administration auf das äußerste gefährdet ist, hier auf dem amerikanischen Kontinent, im freien sozialistischen Kuba, über die Verantwortung beraten, die die Gesellschaft, der Staat, seine Schule und die Familie für die Erziehung der heranwachsenden Generation, für ihr Glück, für die Zukunft der Jugend tragen.

Unsere Verantwortung, die Jugend zu standhaften Verfechtern des Sozialismus und des Friedens zu erziehen, war zu keiner Zeit so groß wie gegenwärtig. Hat doch der Imperialismus, allen voran der USA-Imperialismus, dem Sozialismus den Kreuzzug angesagt. Diejenigen, die Anspruch darauf erheben, über die Geschicke der Welt zu entscheiden, maßen sich an, die Entwicklung des Sozialismus aufhalten zu wollen. Heute ist es angesichts des Kräfteverhältnisses in der Welt nicht nur notwendig, sondern auch möglich, diesen Absichten mit Erfolg entgegenzutreten.

Angesichts der historischen Bedeutung, die in unseren Tagen die weitere allseitige Stärkung des Sozialismus und aller progressiven revolutionären Bewegungen in der Welt für die endgültige Befreiung der Menschheit von Ausbeutung und Unterdrückung hat, angesichts der Tatsache, daß heute der Kampf um die Erhaltung und Festigung des Weltfriedens entscheidende Aufgabe geworden ist, ist nach unserer Ansicht mehr denn je erforderlich, eine überzeugende ideologische Erziehungsarbeit zu leisten, unsere Jugend zu glühenden Kämpfern für die Sache des gesellschaftlichen Fortschritts, des Sozialismus zu erziehen und schonungslos das Wesen des Imperialismus zu entlarven, der mit seiner Aggression gegen das Volk Grenadas erneut die Menschenrechte mit Füßen tritt.

Die Regierung und das Volk der Deutschen Demokratischen Republik verurteilen aufs schärfste den schändlichen USA-Überfall auf Grenada. Wir bekunden unsere volle Solidarität mit seinem Volk. In der Absicht, ihre menschenfeindliche Politik, ihren auf Krieg gerichteten Kurs zu begründen, verleumden die Imperialisten die Sowjetuntion, den Sozialismus als Gesellschaftsordnung. So wird unter der Fahne des Antikommunismus, den schon der deutsche Dichter Thomas Mann als „Grundtorheit unserer Epoche" bezeichnete, der sich vor allem gegen den ersten sozialistischen Staat, die Sowjetunion, richtete und richtet, die Bedrohungslüge aus dem Osten wieder aufgewärmt.

Dem Konfrontations- und Hochrüstungskurs des Imperialismus setzen die sozialistischen Länder ihre auf die Erhaltung und Sicherung des Friedens, auf das Glück und Wohl der Menschen gerichtete Politik entgegen. Die konstruktive Friedenspolitik der Sowjetunion und der anderen sozialistischen Länder wird durch die Deutsche Demokratische Republik, ihr Volk und ihre Jugend aktiv unterstützt aus der Verantwortung heraus, die uns an der Grenzlinie zwischen den beiden Weltsystemen in Europa, zwischen dem aggressiven NATO-Pakt und der Verteidigungskoalition der Staaten des Warschauer Vertrages erwächst, sowie aus der Tatsache, daß die aggressiven Kreise der Bundesrepublik Deutschland gegen die Interessen des eigenen Volkes und seiner Jugend für die Stationierung neuer amerikanischer Mittelstreckenraketen in Westeuropa und auf dem Territorium der BRD eintreten, womit die Gefahr eines atomaren Infernos nicht nur für Europa, sondern für die ganze Welt wächst. Die Delegation der Deutschen Demokratischen Republik unterstützt deshalb die Initiative, von unserer Konferenz aus einen Appell an die Lehrer der Welt, an die Eltern, an alle, die bei der Erziehung der jungen Generation mitwirken, zu richten, sich im Interesse des Lebens, der friedlichen Zukunft unserer Kinder in die weltumfassende Friedensbewegung einzureihen.

Ziel und Inhalt der gesamten Bildung und Erziehung in der gegenwärtigen Phase der sozialistischen Revolution in der Deutschen Demokratischen Republik sind davon bestimmt, allen Kindern eine solide wissenschaftliche Bildung zu vermitteln, die körperlichen und geistigen Fähigkeiten der Jugend voll zur Entfaltung zu bringen, sie so zu erziehen, daß Denken und Handeln der jungen Menschen von der sozialistischen Ideologie, unserer marxistisch-leninistischen Weltanschauung, der Moral der Arbeiterklasse geprägt werden.

Eine Jugend zu erziehen, die darum weiß, was welcher Klasse nützt, schon die Schüler zu lehren, was Klassenkampf heißt, weshalb es notwendig ist, sich auf die Seite des gesellschaftlichen Fortschritts, auf die Seite des werktätigen Volkes zu stellen, nicht nur in Worten, sondern durch die Tat den Sozialismus unter allen Bedingungen zu schützen und zu verteidigen, die jungen Menschen zum sozialistischen Patriotismus und Internationalismus zu erziehen, zu einem festen Klassenstandpunkt – das betrachten wir gerade heute als die Frage aller Erziehungsfragen. Unsere Erziehung, die die Kinder lehrt, für den Frieden, für das Glück der Menschen einzutreten, schließt ein, die Jugend zur Unversöhnlichkeit gegenüber den Feinden des Sozialismus zu erziehen. Unsere Erziehung ist eine Erziehung zur Achtung vor dem Leben, vor den Menschen und ihrer Arbeit, zur Achtung anderer Völker. Unsere Weltanschauung, unsere Ideologie, die immer mehr Menschen auf der Erde erfaßt, weil sie wahr, weil sie menschlich ist, ist das Beste, was wir unseren Kindern vermitteln können und müssen.

Mit dem Blick auf die weitere Entwicklung unserer sozialistischen Gesellschaft, die weitere Vervollkommnung der sozialistischen Demokratie, die Gestaltung der sozialistischen Lebensweise gewinnt die Erziehung zu disziplinierter, ehrlicher Arbeit für den Sozialismus, zu gesellschaftlicher Aktivität und Pflichtbewußtsein ebenso an Bedeutung wie die Ausprägung solcher Eigenschaften, aufmerksam im Umgang mit anderen zu sein, sich im Kollektiv und in der Gesellschaft für das Ganze verantwortlich zu fühlen, gut, ehrlich, zuverlässig, aufrichtig, kameradschaftlich, hilfsbereit und bescheiden zu sein.

Die Jugend zu lehren, all das, was notwendig, richtig, gut und gerecht für unsere Sache ist, auch für sich als richtig, gut, gerecht zu verstehen und danach zu handeln, ist ein hoher Anspruch an die Erziehungsarbeit. In unserer gesellschaftlichen Entwicklung wachsen nicht nur die Erfordernisse, sondern zugleich auch die Bedingungen, diesen Erziehungsanspruch immer besser zu realisieren. Wir wissen wohl, daß die Herausbildung einer Moral, die auf dem sozialistischen Bewußtsein beruht, ein langer historischer Prozeß ist, der nicht ohne Konflikte verläuft, der sich nicht im Selbstlauf vollzieht. Es bedarf der Propagierung unserer Weltanschauung, der ständigen Erziehung, der Einwirkung von Bildung und Kultur. Daraus ergibt sich die bedeutende Rolle der Schule im Prozeß der sozialistischen Revolution. Damit werden zutiefst Fragen der Verantwortung der ganzen Gesellschaft, der Rolle der Familie und des Zusammenwirkens der Pädagogen mit den Eltern berührt. Prägen sich doch die moralischen Eigenschaften am dauerhaftesten in den frühen Entwicklungsphasen der Persönlichkeit aus.

Der Verlauf der Geschichte beweist, daß erst mit der Errichtung der sozialistischen Gesellschaft solche gesellschaftlichen Zustände geschaffen werden, in denen sich massenhaft neue moralische Verhaltensweisen herausbilden können und die allgemein-menschlichen Normen in Übereinstimmung mit den gesellschaftlichen Verhältnissen stehen.

Bereits im „Manifest der Kommunistischen Partei" haben Marx und Engels den Klassencharakter der Moral aufgedeckt, indem sie das Klassenwesen der bürgerlichen Moral bloßlegten, die Heuchelei der Bourgeoisie entlarvten und nachwiesen, daß in einer Gesellschaft, die auf Ausbeutung und Unterdrückung beruht, die gesellschaftlichen Beziehungen von Egoismus, Rücksichtslosigkeit und Mißachtung des Menschen geprägt sind.

Auch heute spielen sich die bürgerlichen Ideologen gar zu gern als Verfechter der Moral auf, heucheln Menschlichkeit, um vor allem die eigene Jugend von der geistigen und moralischen Krise des Kapitalismus abzulenken. Sucht doch die Jugend in den Ländern des Kapitals, die von der imperialistischen Krise besonders hart betroffen wird, nach einer Alternative für ihr Leben; von Angst vor dem Morgen erfüllt, fragt sie immer dringlicher nach dem Sinn des menschlichen Daseins.

Unsere Jugend weiß und muß wissen, daß eine Gesellschaft, die die Freiheit, die Rechte und die Würde des Menschen mit Füßen tritt, die die Familie zerstört, die die Völker in Kriege stürzte und stürzt, die Millionen unschuldige Kinder das Leben kosten, nicht das Recht hat, sich als Verteidiger der Moral und der Menschlichkeit aufzuspielen.

Unsere Jugend weiß und muß wissen: Es ist eine geschichtliche Wahrheit, daß der Sozialismus von der ersten Stunde seiner Existenz an die grundlegenden Rechte der Menschen, das Recht auf Leben in Frieden und sozialer Sicherheit für alle, das Recht auf Arbeit, das Recht auf Bildung, Glück der Familien, nicht nur auf seine Fahnen geschrieben, sondern verwirklicht hat.

Wir betrachten es als eine wichtige Aufgabe unserer Erziehungsarbeit, unserer Jugend, die in der Geborgenheit der sozialistischen Gesellschaft aufgewachsen ist, die Erkenntnis zu vermitteln, daß der Sozialismus kein Geschenk ist, daß er hart erkämpft, durch die eigene tagtägliche, aufopferungsvolle, selbstlose Arbeit verwirklicht werden muß. War doch der revolutionäre Kampf für die neue Gesellschaft zu jeder Zeit – das Heldentum auf den Barrikaden großer Klassenschlachten ebenso wie die angestrengte, mühevolle Kleinarbeit von Millionen Menschen – die ehrliche, pflichtbewußte Arbeit für unsere Sache.

Die Pädagogen der Deutschen Demokratischen Republik wirken verantwortungsbewußt gemeinsam mit den Eltern, der Kinder- und Jugendorganisation und allen gesellschaftlichen Kräften an der Aufgabe, die Jugend unseres Landes zur tiefen Überzeugung zu führen, daß der Sozialismus der einzig richtige Weg ist und daß man seine Kräfte beim Aufbau der sozialistischen Gesellschaft nicht schonen darf. Unsere Schule muß ihren Beitrag dazu leisten, daß die Jugend die tiefe Überzeugung gewinnt: Das Rad der Geschichte dreht sich nach vorn, jedoch nicht von allein. Dazu bedarf es großer Anstrengungen. Harte, opferreiche

Kämpfe werden heute von den Völkern geführt und werden noch zu bestehen sein. Und auch dies müssen wir die Jugend lehren, daß wir trotz des bisher Erreichten erst am Beginn des Weges in die neue Menschheitsepoche stehen. Aber sie muß auch um die historische Wahrheit wissen, daß der Sozialismus in Europa, in Asien, in Amerika und in Afrika seinen Siegeszug angetreten hat, daß er im harten Kampf gegen alles, was die untergehende Klasse aufzubieten vermag, seine Lebenskraft bewiesen hat und täglich ungeachtet aller zeitweiligen Rückschläge unter Beweis stellt.

In den fast vier Jahrzehnten unseres sozialistischen Aufbaus hat sich unsere marxistisch-leninistische Partei, die Sozialistische Einheitspartei Deutschlands, immer davon leiten lassen, daß Ziel und Inhalt der Bildung und Erziehung bestimmt werden vom Charakter der Gesellschaft.

Unter der Führung der Sozialistischen Einheitspartei Deutschlands wurde im Prozeß der sozialistischen Revolution in der Deutschen Demokratischen Republik eine Schule geschaffen, die den Interessen der Arbeiterklasse und des ganzen Volkes dient, wurde ein Erziehungssystem entwickelt, das konsequent im Dienste der sozialistischen Revolution stand und steht. Die Entwicklung in unserem Lande bestätigt die Erfahrungen der revolutionären deutschen Arbeiterbewegung, die den Kampf für ein fortschrittliches Bildungswesen stets als Teil ihres Kampfes für Demokratie und Sozialismus betrachtet hat, bestätigt die allgemeingültige Erkenntnis des Marxismus-Leninismus, daß Fragen der Jugenderziehung, der Stellung und Rolle der Familie auf das engste verbunden sind mit der Umgestaltung der gesamten gesellschaftlichen Verhältnisse.

In unserer sozialistischen Gesellschaft sind die Bedingungen gegeben, daß die Erziehung der Jugend gemeinsames Anliegen der Schule, aller gesellschaftlichen Kräfte, vor allem auch der Eltern sein kann und muß.

Die revolutionäre deutsche Arbeiterbewegung, ihre Vorhut, hat der elterlichen Erziehung immer einen bedeutenden Platz eingeräumt. Die hervorragende Vertreterin der revolutionären deutschen Arbeiterbewegung, Clara Zetkin, hob bereits am Anfang unseres Jahrhunderts in ihren Arbeiten zur Bildungspolitik in einem künftigen sozialistischen Staat hervor, daß wir „die volle Wahrung, ja, die Vertiefung des elterlichen Einflusses" brauchen. „Elterliche Erziehung und öffentliche Erziehung", sagte sie, „lösen einander nicht ab, sondern vervollständigen sich. Wir können der elterlichen Erziehung ... nicht entraten, auf daß die Kinder zu starken Persönlichkeiten von ungebrochener Eigenart erwachsen."[1]

So konsequent unsere marxistisch-leninistische Partei in der Zeit des Kapitalismus darauf orientierte, durch eine revolutionäre Klassenerziehung im Elternhaus ein Gegengewicht zu den reaktionären Zielen und Aufgaben der bürgerlichen Schule zu schaffen, so entschieden hob sie die Unersetzlichkeit und Unverzichtbarkeit elterlicher Erziehung im Einklang mit der Erziehungsarbeit der sozialisti-

[1] C. Zetkin: Über Jugenderziehung. Dietz Verlag, Berlin 1957, S. 44.

schen Schule für die Zeit nach der Eroberung der politischen Macht der Arbeiterklasse hervor.

In der Deutschen Demokratischen Republik ist die Erziehung der Jugend zu einer Angelegenheit des ganzen Volkes geworden. Das war nur möglich, weil sich mit der Revolutionierung der Besitzverhältnisse an den Produktionsmitteln, mit der Beseitigung des Klassenantagonismus in unserer Gesellschaft, mit der ständigen Vervollkommnung der materiellen und kulturellen Lebensverhältnisse der Werktätigen, mit der Herstellung der Gleichberechtigung von Mann und Frau im beruflichen und im gesellschaftlichen Leben grundlegende Veränderungen in der Stellung der Familie vollzogen. Die Vertiefung des sozialistischen Bewußtseins der Menschen, die Verbesserung ihres materiellen und kulturellen Lebensniveaus, ihre immer umfassendere Einbeziehung in die Leitung von Staat und Wirtschaft im Rahmen der sozialistischen Demokratie, die Entwicklung ihrer geistigen Bedürfnisse – all diese mit dem Vorwärtsschreiten der Gesellschaft verbundenen Einwirkungen auf die Familie prägen heute das Klima für eine gedeihliche Erziehung im Elternhaus.

Die Interessenübereinstimmung von Schule und Elternhaus, die in der sozialistischen Gesellschaft objektiv existiert, mußte und muß jedoch immer wieder aufs neue durch eine zielgerichtete ideologische Arbeit subjektiv bewußtgemacht werden.

In den ersten Jahren unserer sozialistischen Revolution konnten wir uns zunächst nur auf die progressiven Eltern stützen. Es galt, eine große ideologische Arbeit zu leisten, um immer breitere Kreise der Elternschaft einzubeziehen. Schritt um Schritt wuchs die Erkenntnis der Eltern, daß die Erziehung in unserer sozialistischen Schule zutiefst den Interessen der eigenen Kinder entspricht. Heute haben wir es mit einer Elterngeneration zu tun, die bereits in unserer sozialistischen Gesellschaft aufgewachsen, die selbst schon durch unsere sozialistische Schule gegangen ist, bei der das Bedürfnis nach einem engen Zusammenwirken mit der Schule ausgeprägt ist.

In der Verfassung der Deutschen Demokratischen Republik sind das Recht und die Pflicht der Eltern fest verankert, ihre Kinder zu gesunden und lebensfrohen, tüchtigen und allseitig gebildeten Menschen, zu staatsbewußten Bürgern zu erziehen.

In unserem Arbeiter-und-Bauern-Staat wird eine Politik verwirklicht, die auf das Wohl der Bürger, der Familien gerichtet ist. Im Ergebnis harter, angestrengter Arbeit der Millionen Werktätigen wurde in der Deutschen Demokratischen Republik eine leistungsfähige Wirtschaft geschaffen. Die Politik unserer Partei ist auf ein stabiles Wirtschaftswachstum, auf die ständige Erhöhung der Arbeitsproduktivität als Voraussetzung für die weitere Verbesserung der Arbeits- und Lebensbedingungen der Werktätigen gerichtet. Mit unserem sozialpolitischen Programm, das wir seit dem VIII. Parteitag der SED im Jahre 1971 schrittweise verwirklichen und in dessen Mittelpunkt die Realisierung eines großen Wohnungsbauprogramms steht, haben sich allein in den zurückliegenden dreizehn Jahren die Wohnbedingungen für ein Drittel aller Bürger unseres Landes, vor allem für die Familien der Arbeiter und Bauern und die kinderreichen Familien, spürbar verbessert. Umfassende Hilfe und Unterstützung gewährt unser sozialistischer Staat für Mutter und Kind, für kinderreiche Familien. Die Verkürzung der wöchentlichen Arbeitszeit der Werktätigen ohne Verminderung ihres Einkommens, die Verlängerung des bezahlten Jahresurlaubs, großzügige Regelungen für den Schwangerschaftsurlaub – all dies sind Bedingungen, die für die Entwicklung einer körperlich, geistig und moralisch gesunden Jugend von großer Bedeutung sind. Daran, was für die Kinder getan wird, messen die Bürger unseres Landes die Fürsorge von Partei und Staat für die Familie. Eine gute Bildung und fürsorgliche Betreuung der Kinder zählen heute zu den Selbstverständlichkeiten unseres Lebens, zu dem, was für die Werktätigen unserer Republik den Sozialismus ausmacht.

Von Anfang an war es das erklärte Ziel unserer Partei, eine sozialistische Schule aufzubauen. Dabei ließ sie sich davon leiten, daß diese langfristige strategische Konzeption in der jeweiligen Etappe der Entwicklung unserer Revolution entsprechend den gegebenen konkreten Bedingungen stets auf der Grundlage einer umfassenden Analyse des Erreichten zu realisieren ist.

In jeder Etappe unserer Schulentwicklung orientierte unsere Partei auf die Gewährleistung einer soliden wissenschaftlichen Bildung für alle Kinder, die auf der Einheit von Wissenschaft und Ideologie, von Wissenschaftlichkeit und Parteilichkeit sowie auf der Gewährleistung der Einheit von Bildung und Erziehung, der engen Verbindung der Schule mit dem Leben, mit dem politischen Kampf, und des Lernens mit der produktiven Arbeit beruht. Diese Prinzipien marxistisch-leninistischer Schulpolitik galt es stets bei der Bestimmung des Bildungsgutes, des Inhalts der Allgemeinbildung zu beachten.

Unsere marxistisch-leninistische Bildungskonzeption, die davon ausgeht, daß eine wissenschaftlich fundierte Allgemeinbildung entscheidende Grundlage für die allseitige Persönlichkeitsentwicklung, für die weltanschauliche Bildung und Erziehung ist, wurde und wird stets in Übereinstimmung mit den gesellschaftlichen Notwendigkeiten bestimmt und weiterentwickelt.

Ein Wesensmerkmal unserer sozialistischen Schule ist die Verbindung des Lernens mit produktiver Arbeit als unverzichtbare Voraussetzung für die Verwirklichung des Marxschen Bildungsideals. Unsere Partei hat dabei in allen Phasen der Entwicklung in Abhängigkeit vom Stand der sozialistischen Produktionsverhältnisse und der Produktionsmittel auf die immer umfassendere Durchsetzung des Prinzips der Verbindung von Unterricht und Produktion, auf die Ausgestaltung des polytechnischen Charakters unserer Schule orientiert. Diese Aufgabe gewinnt in der Deutschen Demokratischen Republik gerade gegenwärtig an Bedeutung, bewirkt doch die wissenschaftlich-technische Revolution eine enorme, tiefgreifende Revolutionierung der Arbeitsmittel, Arbeitsgegenstände und technologischen Prozesse. Daraus ergeben sich für die Ausbildung und Erziehung der Heranwachsenden Konsequenzen, auf die sich unsere Schule einstellen muß.

Unsere allgemeinbildende zehnjährige polytechnische Oberschule, die im Jahre 1975 im Prozeß der Gestaltung der entwickelten sozialistischen Gesellschaft in unserer Republik für alle Kinder des Volkes voll verwirklicht wurde, ist darauf orientiert, die Jugend auf das Leben, auf ihre berufliche Tätigkeit, vor allem in der materiellen Produktion, auf die an die Schule anschließende Berufsausbildung, die den qualifizierten Facharbeiter auszubilden hat, vorzubereiten.

Aus den Erfordernissen und Bedingungen der weiteren Gestaltung der entwickelten sozialistischen Gesellschaft in der Deutschen Demokratischen Republik wurde im Programm der SED die strategische Orientierung für die Erziehung der Jugend in den 80er Jahren bestimmt.

Gegenwärtig orientiert unsere Partei auf die noch bessere Nutzung des gewachsenen Bildungspotentials für den volkswirtschaftlichen Leistungsanstieg, für eine wirksame politisch-ideologische Arbeit und ein inhaltsreiches geistig-kulturelles Leben aller Bürger. Unseren Lehrern ist die Aufgabe gestellt, die Qualität des Unterrichts entschieden zu vervollkommnen, den Schülern sichere und anwendungsbereite Kenntnisse zu vermitteln, ihr schöpferisches Denken und Handeln stärker auszuprägen.

Mit der Ausarbeitung neuer Lehrpläne, Lehrbücher und Unterrichtsmittel, mit der inhaltlichen Ausgestaltung der Lehreraus- und Lehrerweiterbildung, mit Maßnahmen zur weiteren Entwicklung der Polytechnik, zur Erhöhung der Qualität des Unterrichts und der gesamten Erziehungsarbeit stellen wir uns zunehmend auf die höheren Anforderungen ein. Unsere Pädagogen stehen damit vor großen Aufgaben, vor wachsenden Ansprüchen, die jetzt und in den kommenden Jahren gemeistert werden müssen.

Das Bildungswesen der Deutschen Demokratischen Republik ist das Ergebnis eines mehr als 35jährigen gesellschaftlichen Entwicklungsprozesses, in dessen Verlauf nicht wenige komplizierte Probleme zu lösen waren. Und unsere Feinde haben es uns nicht leicht gemacht. Aber wir haben in einer historisch kurzen Zeit das schlimme Erbe überwunden, das das kapitalistische Deutschland uns auch im Bildungswesen hinterlassen hatte. Das Bildungsprivileg der Besitzenden wurde gebrochen, das niedrige Ausbildungsniveau der bürgerlichen Volksschule überwunden. Die infolge der Bildungsfeindlichkeit des kapitalistisch-junkerlichen Systems verursachte starke Zurückgebliebenheit des Schulwesens auf dem Lande wurde beseitigt. Die faschistische, rassistische, nationalistische Ideologie wurde mit ihren Wurzeln ausgerottet.

Viele fortschrittliche Pädagogen, unter ihnen hervorragende Kommunisten, waren dem faschistischen Terror zum Opfer gefallen. Es waren die deutschen Kommunisten, die nach der Befreiung unseres Landes durch die ruhmreiche Sowjetarmee der Jugend eine Perspektive gaben. Sie, die niemals Furcht gezeigt hatten vor der Verteufelung ihrer politischen Ziele, ihrer Weltanschauung, die sich zu keiner Zeit dem Terror des Klassenfeindes gebeugt, die selbst unter den Bedingungen schlimmster Verfolgung – in der Illegalität, in den Zuchthäusern und Konzentrationslagern, in der Emigration – ihre Überzeugung und ihren Kampf nie aufgegeben hatten, sind die Vorbilder der Jugend in unserem Lande. In der Deutschen Demokratischen Republik ist eine Jugend herangewachsen, die in ihrem Geist, im Geiste des sozialistischen Patriotismus und Internationalismus erzogen ist.

Angesichts dieser Tatsachen können wir mit Recht sagen, daß unsere Partei, indem sie eine solche Jugend erzogen, ein neues Erziehungssystem geschaffen, eine Lehrerschaft herangebildet hat, die den Ideen des Sozialismus treu ergeben ist, eine wahrhaft historische Leistung vollbrachte. Diese für die Zukunft unseres Volkes entscheidende Aufgabe wurde erstmalig und unwiderruflich auf deutschem Boden durch die Errichtung der Arbeiter-und-Bauern-Macht gelöst.

Unsere Konferenz vermittelt uns die Gewißheit, daß in unseren Ländern neue Generationen revolutionärer Kämpfer heranwachsen, die sich mit all ihrem Wissen und Können, mit ihrer ganzen Kraft für die Verwirklichung der edelsten Ideale der Menschheit, für Frieden, Freiheit und Sozialismus einsetzen.

Unsere Schule erzieht Streiter für Sozialismus und Frieden

*Diskussionsrede auf der 9. Tagung des Zentralrates
der Freien Deutschen Jugend in Berlin
26. und 27. Januar 1984*

Die 9. Zentralratstagung findet zu Beginn eines bedeutsamen Jahres statt. In diesem Jahr begehen wir den 35. Jahrestag unserer Deutschen Demokratischen Republik. Mit ihrer Gründung, an die ich mich noch recht gut erinnere, erfüllte sich, wie es im Aufruf zum Jubiläum der DDR heißt, was viele Generationen aufrechter Deutscher erträumt und wofür sie mutig gekämpft haben: ein Deutschland des Friedens; ein Leben ohne Ausbeutung und Unterdrückung; eine sichere Zukunft für die Kinder und Kindeskinder. Die Gründung unserer Deutschen Demokratischen Republik wurde wahrhaft zu einem Wendepunkt in der Geschichte unseres Volkes, in der Geschichte Europas. Sie gab dem Leben der Jugend Ziel und Inhalt, ein Vaterland, für das es sich zu kämpfen lohnt.

Zu jeder Zeit haben die sozialistische Schule, unsere Freie Deutsche Jugend und die Pionierorganisation „Ernst Thälmann" ihr Anliegen darin gesehen, die Jugend zu aktiven Erbauern des Sozialismus zu erziehen. Auf unserer Zentralratstagung geht es um Fragen von großer gesellschaftlicher Tragweite. Es geht darum, welches politische Profil, welche ideologischen Qualitäten den Menschen unseres Zeitalters, den wir bilden, den wir erziehen, dessen Persönlichkeit wir in der Schule und im Jugendverband maßgeblich formen, kennzeichnen sollen, was er wissen und können, welche moralischen Züge, charakterlichen Eigenschaften er besitzen muß und wie dies sehr konkret im realen Leben, in der gemeinsamen Arbeit von Schule und Jugendverband zu machen ist.

Es ist sehr gut, daß wir uns so wie seit jeher gemeinsam über diese Fragen verständigen, die aus heutiger und künftiger Sicht in der Erziehungsarbeit stehen. Wenn auf dem 7. Plenum des Zentralkomitees der SED gesagt wurde, daß die gesellschaftliche Entwicklung höhere Ansprüche stellt, daß jeder an seinem Platz einen größeren eigenen Beitrag zur Realisierung der Parteibeschlüsse zu leisten hat, so heißt das auch für uns, über die Qualität unserer Arbeit nachzudenken.

Helga Labs hat in ihrem Referat sehr klar und konkret die Ansprüche an die Arbeit der Pionierorganisation und der FDJ an den Schulen dargestellt. Zunächst möchte ich über einige wesentliche Aufgaben sprechen, vor denen wir bei der Entwicklung unserer Schule stehen. Unsere Schulentwicklung ist ein Teil der erfolgreichen Bilanz, die wir im 35. Jahr unserer Republik ziehen, und die Aufgaben zur Weiterentwicklung unserer Schule sind ein wichtiger Beitrag zur weiteren Stärkung unserer Deutschen Demokratischen Republik.

Bekanntlich haben wir auf der zentralen Direktorenkonferenz 1982 gründlich analysiert, wie wir bei der Verwirklichung der Orientierungen unseres VIII. Pädagogischen Kongresses in der Schule vorangekommen sind, bei der Verwirlichung jener Aufgaben, die auf dem Programm unserer Partei beruhen und die vom X. Parteitag bestätigt wurden als bestimmend für einen längeren Zeitraum der Entwicklung unseres Volksbildungswesens. Unter dieser Sicht haben wir gewissermaßen auf der Zentralen Direktorenkonferenz die Weichen für die weitere Arbeit gestellt.

Wir können davon ausgehen, daß sich unsere zehnklassige allgemeinbildende polytechnische Oberschule, deren wichtigste Aufgabe darin besteht, die Schüler gut auf das Leben, vor allem auf die Arbeit in der sozialistischen Gesellschaft vorzubereiten, bewährt hat, daß sie den heutigen und künftigen Erfordernissen der weiteren Gestaltung der entwickelten sozialistischen Gesellschaft in unserem Lande entspricht.

Unsere zehnjährige polytechnische Oberschule ist eine lebensverbundene Schule, in der Unterricht und Produktion eng miteinander verbunden sind. Das bestimmt, unabhängig davon, wie und auf welche Weise dies im System der schulischen Bildung auch immer verankert ist, letztlich ihren Charakter als einer sozialistischen Schule. Eine solche Schule geschaffen zu haben, die eine hohe Allgemeinbildung vermittelt, eine Ausbildung, die vor allem darauf gerichtet ist, die Jugend auf die Arbeit vorzubereiten, ist eine große Leistung unserer Partei, ein Zeugnis für die schöpferische Anwendung der Lehren von Marx, Engels und Lenin auf unsere konkreten Bedingungen.

Eine solche Bildung und Erziehung, die produktive Arbeit mit Unterricht und Gymnastik verbindet, ist bekanntlich von Marx und Engels, ausgehend von der Analyse der gesellschaftlichen Entwicklungsbedingungen, insbesondere der Entwicklung der modernen Industrie, wissenschaftlich begründet worden. Sie ist, wie die Klassiker nachwiesen, unabdingbar für die allseitige Persönlichkeitsentwicklung. Diese Erkenntnis ist für die kommunistische Erziehung, ist für ein so hochentwickeltes sozialistisches Industrieland wie unsere DDR, das hochqualifizierte Facharbeiter, Techniker und Ingenieure braucht, für die Heranbildung neuer Generationen von Werktätigen von größter Bedeutung.

Schon im Jahre 1958, als die Grundlagen des Sozialismus in der DDR im wesentlichen errichtet waren und der Übergang zum umfassenden Aufbau des Sozialismus auf der Tagesordnung stand, hat unsere Partei, den Erfordernissen der weiteren gesellschaftlichen Entwicklung in der DDR rechtzeitig Rechnung tragend, auf den schrittweisen Aufbau der zehnklassigen Oberschule als künftiger Pflichtschule für alle Jungen und Mädchen und auf die obligatorische Einführung des polytechnischen Unterrichts orientiert. Im ersten sozialistischen Schulgesetz unserer Republik von 1959 wurde die Schule als eine allgemeinbildende polytechnische Oberschule definiert, die die Grundlagen für die anschließende berufliche Ausbildung und für alle weiterführende Bildung zu legen hat.

Der Aufbau unserer zehnklassigen allgemeinbildenden polytechnischen Oberschule ist wie so vieles in den vergangenen 35 Jahren das Einfache, was schwer zu machen war. Es mußten nicht nur die notwendigen materiellen Voraussetzungen geschaffen werden, Schulen gebaut, Fachunterrichtsräume eingerichtet, mehr Lehrer ausgebildet und unsere Betriebe zu Bildungsstätten unserer Jugend werden. Der Inhalt der Allgemeinbildung mußte immer wieder geprüft und neu bestimmt, das Niveau dessen, was in zehn Jahren vermittelt, gelernt werden soll, wissenschaftlich ausgearbeitet werden. Es galt, viele ideologische Fragen unter den Eltern, den Lehrern, den Wirtschaftsfunktionären zu klären. Nicht gleich waren alle überzeugt davon, daß die Kinder zehn Jahre zur Schule gehen sollten. Unsere Industrie war noch im Aufbau, die sozialistische Umgestaltung der Landwirtschaft, die Entwicklung der Genossenschaften hatte erst begonnen, die Arbeitskräfte reichten nicht aus. Es mußte eine große Arbeit von unserer Partei geleistet werden.

Heute hat das Leben längst bewiesen: Eine solche, mit dem Leben, mit der Produktion eng verbundene Schule, eine solche hohe Allgemeinbildung, auf die die berufliche Ausbildung in ihrer Grundlagenbildung und Spezialisierung aufbauen kann, war für ein sozialistisches Land wie das unsere mit einer hochentwickelten Industrie und Landwirtschaft notwendig. Daß sich eine so hochgebildete Arbeiterklasse, Klasse der Genossenschaftsbauern und eine neue sozialistische Intelligenz entwickeln konnten, dazu trug unser Bildungssystem wesentlich bei. Und heute, unter den Bedingungen der wissenschaftlich-technischen Revolution, erweist sich um so mehr, wieviel für unsere Entwicklung von qualifizierten, disponiblen Facharbeitern abhängt.

Unsere Partei ist in allen Phasen unserer gesellschaftlichen Entwicklung davon ausgegangen, daß Bildung und Erziehung ein wichtiger Faktor in der sozialistischen Revolution sind.

So hat unser X. Parteitag festgestellt, daß der Stellenwert der Bildung beim weiteren Voranschreiten unserer sozialistischen Gesellschaft wächst, daß das große Bildungspotential, über das wir verfügen, noch stärker für die Leistungssteigerung in allen Bereichen der Volkswirtschaft, für den wissenschaftlich-technischen Fortschritt, für die Entwicklung des schöpferischen Denkens und Handelns, der Bewußtheit und Aktivität der Menschen, ihres klassenmäßigen Standpunktes, ihres politisch-bewußten Handelns ebenso wie für ihr geistig-kulturelles Leben wirksam gemacht werden muß, daß es gilt, die Vorzüge unserer sozialistischen Schule noch umfassender zum Tragen zu bringen. Das erfordert, unsere zehnklassige allgemeinbildende polytechnische Oberschule inhaltlich weiter zu vervollkommnen. Darauf sind gerade gegenwärtig die Initiativen und Anstrengungen unserer Lehrer gerichtet.

Was ist damit verbunden, was ist darunter zu verstehen, unsere Schule inhaltlich weiter zu entwickeln? Für uns Marxisten ist bekanntlich Erreichtes, auf das wir zwar stolz sind, niemals das Endgültige gewesen und wird es nie sein. Als Marxisten gehen wir davon aus, daß das Leben immer neue Probleme aufwirft, neue Fragen auf die Tagesordnung setzt. So stellt die weitere Gestaltung unserer sozialistischen Gesellschaftsordnung ständig neue Ansprüche an den Menschen und damit an die Erziehung der Jugend, Anforderungen in neuer Weise, auf höherem Niveau. Nehmt zum Beispiel die Erfordernisse, die sich aus unserer volkswirtschaftlichen Entwicklung mit dem Blick auf die noch raschere Umsetzung des wissenschaftlich-technischen Fortschritts, die schnellere, effektivere Überführung neuer Ergebnisse der Wissenschaft in die Produktion ergeben; gilt es doch, vor allem dadurch die Arbeitsproduktivität wesentlich zu steigern, Rohstoffe und andere Materialien noch effektiver einzusetzen, weitere Möglichkeiten der Energieeinsparung zu erschließen und anderes mehr. Alles das sind Aufgaben, die durchaus nicht nur mit dem Blick auf den heutigen Tag wichtig sind und die sich nicht primär aus der veränderten internationalen Situation, aus den neuen Bedingungen auf dem Weltmarkt ergeben, sondern die zu den Grundprinzipien sozialistischen Wirtschaftens gehören, Aufgaben, die wir natürlich heute, unter unseren Gegebenheiten erst recht und noch konsequenter durchsetzen müssen, um das Größtmögliche für das Wohl der Menschen zu erreichen. Daraus resultieren höhere Anforderungen an bewußtes Handeln und Verhalten der Menschen in der Produktion, an das Verständnis der Politik unserer Partei überhaupt.

Vor den genannten Aufgaben stehen schon die Schulabgänger der nächsten Jahrgänge. Aber es geht dabei um noch weiterreichende Fragen. Es vollzieht sich ein revolutionierender Prozeß in der Produktion. Mit dem Entstehen eines neuen Industriezweiges, der Mikroelektronik, deren Erzeugnisse und Technologien zunehmend alle Bereiche unserer Wirtschaft durchdringen, mit der stürmischen Entwicklung der Produktionsmittel, der Umwandlung ganzer Technologien mit großen Auswirkungen auf die Qualifikationsstruktur entstehen neue Arbeitsinhalte, demzufolge neue Berufsinhalte und -strukturen. Wenn auch nicht in allen Tätigkeitsbereichen gleichmäßig und gleichzeitig, entwickelt sich ein höherer Anspruch an die Bildung und Ausbildung. Höhere Qualifikation erweist sich schon jetzt in unseren modernen Betrieben als notwendig, auch wenn neben den Erfordernissen immer höherer Qualifizierung noch Arbeitstätigkeiten monotoner und unqualifizierter Art existieren.

Die Anzahl qualifizierter, anspruchsvoller Arbeitsplätze und Tätigkeiten wird weiter zunehmen. Darauf haben wir uns heute schon einzustellen. Es ist also notwendig zu durchdenken, welche Schlußfolgerungen sich aus den Erfordernissen der gesamtgesellschaftlichen Entwicklung, der Entwicklung der Produktion, der Wissenschaft, der sozialistischen Demokratie für eine noch wirksamere Bildungs- und Erziehungsarbeit in unserer Schule ergeben.

Seit dem VIII. Pädagogischen Kongreß haben wir über 35 Lehrpläne, eine große Anzahl Lehrbücher sowie Unterrichtshilfen für die Lehrer neu ausgearbeitet.

Dies zielt darauf, unsere Allgemeinbildung inhaltlich weiter zu profilieren. Diese Arbeiten werden sich bis in die neunziger Jahre hinein fortsetzen. Dabei geht es nicht in erster Linie darum, mehr und neuen Stoff aufzunehmen. Ich will ein Beispiel nennen: Unser bisheriger Staatsbürgerkunde- und Geschichtsunterricht hat, historisch gesehen, viel geleistet, um die Jugend mit den Grundlagen unserer marxistisch-leninistischen Weltanschauung, mit der Politik von Partei und Regierung vertraut zu machen, ihren Klassenstandpunkt zu entwickeln. Wenn wir heute die Frage nach einer weitaus höheren Qualität stellen, geht es darum, daß konkretes Wissen über wesentliche historische Tatsachen gründlicher vermittelt, die Einsicht in geschichtliche Zusammenhänge, in historische Gesetzmäßigkeiten und ihre Anwendung auf die konkreten Prozesse der gesellschaftlichen Entwicklung tiefer erfaßt wird.

Es geht um gründliches Wissen, darum, unsere Weltanschauung wissenschaftlich exakt, so lebendig, wie sie ist, und noch überzeugender zu vermitteln. Deshalb wurden neue Lehrpläne, neue Lehrbücher für den Staatsbürgerkundeunterricht ausgearbeitet. Das ist aber nur die eine Seite, wenn auch eine wichtige. Nun hängt es vom Lehrer ab, wie er lehrt, wie es ihm gelingt, diese Ansprüche an den Unterricht zu meistern, und dabei müssen wir ihm helfen.

Unsere führenden Wissenschaftler verweisen immer wieder darauf, daß die Schule ein solides, anwendungsbereites Wissen und Können, grundlegende Kenntnisse in den Natur- und Gesellschaftswissenschaften vermitteln muß sowie die Fähigkeit, die Kenntnisse auf neue Sachverhalte anwenden zu können, die Fähigkeit, mit diesem Wissen operieren, selbständig weiterlernen zu können. Unter dieser Sicht wurden und werden auch Veränderungen in den Lehrplänen und Lehrbüchern für die mathematischen, die naturwissenschaftlichen Fächer und für den polytechnischen Unterricht vorgenommen.

Bei der Überarbeitung der Lehrpläne für den naturwissenschaftlichen Unterricht lenken wir unser Augenmerk darauf, sie von Nebensächlichkeiten zu entlasten, das Wesentliche, das Grundlegende des Wissens besser zu vermitteln, sowie darauf, daß sich die Schüler das Wissen aktiver aneignen, sich stärker selbst mit den Problemen auseinandersetzen und lernen, theoretische Kenntnisse praktisch anzuwenden. Dabei kommt dem Experiment, dem Beobachten, dem Probieren eine große Bedeutung zu. Das sind wichtige Kriterien eines modernen wissenschaftlichen Unterrichts.

Auch für die speziellen polytechnischen Unterrichtsfächer, für das Fach Einführung in die sozialistische Produktion, wurden, ohne der Spezialbildung vorzugreifen, unter der Sicht der Allgemeinbildung also, neue Stoffgebiete in die Lehrpläne aufgenommen, so zum Beispiel Fragen der Elektronik, der Mikroelektronik und der Automatisierung. Anderen Stoffen, die bereits in den Lehrplänen enthalten waren, wurde eine andere Betrachtungsweise zugrunde gelegt. So werden beispielsweise Fragen der Fertigungstechnik stärker aus technologischer Sicht und Probleme der Maschinentechnik stärker aus funktionaler und energetischer Sicht behandelt.

Schlußfolgerungen wurden für die Programme für die produktive Arbeit der Schüler gezogen. Dies alles geschieht auch unter der Sicht, daß für die Berufsausbildung die Aufgabe gestellt ist, in Übereinstimmung mit den Erfordernissen des wissenschaftlich-technischen Fortschritts neue Berufsinhalte zu bestimmen, für alle Berufe eine solide allgemeine und berufliche Grundlagenbildung in Verbindung mit der beruflichen Spezialisierung zu sichern. Dabei geht es darum, den Facharbeiternachwuchs sowohl auf die Beherrschung der modernen Produktionserfordernisse als auch auf die traditionellen handwerklichen Fertigkeiten vorzubereiten.

Diese Nahtstelle zur Berufsausbildung war und muß stets im Blick unserer schulischen Ausbildung sein, baut doch die Berufsausbildung auf dem Niveau der Zehnklassenschule auf, wie das im Bildungsgesetz 1965 fest verankert wurde.

Jeder Jugendliche erhält bei uns – und das ist manchem gar nicht bewußt – gewissermaßen eine zwölfjährige Allgemeinbildung, da die zweijährige Berufsausbildung Pflicht ist, in der neben einer soliden berufstheoretischen und berufspraktischen Ausbildung mit der speziellen Qualifizierung zum Facharbeiter auch die Allgemeinbildung fortgesetzt wird.

So haben wir in der Deutschen Demokratischen Republik für alle Schüler eine mindestens zwölfjährige allgemeine und berufliche Ausbildung verwirklicht, die der Jugendliche als Facharbeiter abschließt.

Es ist klar, daß für die von mir hier nur kurz skizzierten Aufgaben zur inhaltlichen Vervollkommnung unseres Bildungswesens auch nicht geringe materielle und personelle Aufwendungen notwendig waren und sind. Für das Gewicht, das die Bildung und Erziehung der heranwachsenden Generation in der Arbeit unserer Partei und unseres Staates hat, sprechen solche Tatsachen sehr anschaulich, daß seit dem VIII. Parteitag über 41 000 neue Unterrichtsräume geschaffen wurden. Jeder dritte Schüler lernt heute in einer Schule, die nach 1970 errichtet wurde. Seit dem VIII. Parteitag, diesem Markstein für die Verwirklichung unseres sozialpolitischen Programms, der auf das Wohl des Volkes gerichteten Politik unserer Partei, wurden 310 000 neue Kindergartenplätze geschaffen, fast 100 000 Lehrer und über 30 000 Kindergärtnerinnen neu ausgebildet.

Allein in den Jahren 1981 bis 1983, das heißt nach dem X. Parteitag, wurden fast 8000 neue Unterrichtsräume und 455 neue Schulsporthallen gebaut. Im gleichen Zeitraum wurden über 82 500 neue Kindergartenplätze geschaffen, um alle Kinder im Alter von drei bis sechs Jahren in den Kindergarten aufnehmen zu können. Das war nicht leicht, stiegen doch die Geburten stark an. Allein im laufenden Jahr ist es notwendig, weitere 25 100 neue Vorschulplätze zu errichten.

Wie wir diese Möglichkeiten noch besser zur Wirkung bringen, täglich unser Bestes geben, damit das objektiv notwendige höhere Niveau in der politisch-pädagogischen Arbeit, bei der Heranbildung des Nachwuchses der Arbeiterklasse und aller Werktätigen, bei der Bildung und Erziehung der jungen Generation erreicht wird, von diesen Möglichkeiten und Notwendigkeiten sprechen wir nun gerade auf dieser Tagung.

Bei all dem, was wir zur weiteren qualitativen Ausgestaltung unserer Schule, unseres Bildungswesens tun, geht es um die Kinder, um unsere Jugend, um ihre Erziehung zu gebildeten Kommunisten, die aktiv unsere sozialistische Gesellschaft gestalten, eine Gesellschaft, die sich ständig weiterentwickelt, die ständig vervollkommnet wird. Dies ist ein objektives Gesetz einer sozialistischen Gesellschaft, die frei ist von den Fesseln kapitalistischer Produktionsverhältnisse, in der zum ersten Male in der Geschichte der Mensch seine Kräfte und Fähigkeiten frei entfalten kann.

Ausgerüstet mit der wissenschaftlichen Lehre, die die Gesetze aufdeckt, nach der sich die Gesellschaft bewegt, befähigt, diese Gesetze zu nutzen, sie schöpferisch anzuwenden, gestalten wir unsere sozialistische Gesellschaft. Ständig bereichert durch die Erfahrungen der Praxis, entwickelt sich die Lehre des Marxismus-Leninismus weiter, schreitet der reale Sozialismus voran, entwickelt, entfaltet er sich gut und stark in unserer ganzen sozialistischen Staatengemeinschaft.

So ernst auch immer die Tatsache zu werten ist, daß die Kräfte in der Welt, die der Menschheit mit Krieg drohen, noch stark sind, so gewiß ist ebenso, daß die heute noch Unterdrückten eines Tages die Fesseln von sich werfen und ihre Welt, in der sie leben, nach den Gesetzen des Sozialismus gestalten und aufbauen werden.

Wenn Mister Reagan mit der Stärke Amerikas prahlt, um bei den diesjährigen Wahlen wieder Präsident zu werden, wenn er Waffen scheußlichster Art produzieren und stationieren läßt und sich gleichzeitig zur Täuschung der Friedensbewegung mit den Flügeln eines Friedensengels schmückt, wenn er den Imperialismus preist, einen gefährlichen Antikommunismus schürt, den Sozialismus, vor allem die Sowjetunion, verunglimpft, so zeigt das bei aller Gefahr, die mit der Kriegsvorbereitung für die Menschheit entsteht, wie tief dem Imperialismus und seinen Gesundbetern die Krise in den Knochen steckt, daß seine Gesellschaft morsch ist. Seine Angst vor dem Gespenst des Kommunismus, das umgeht in Europa – und nicht mehr nur hier! –, ist sehr berechtigt. Denn die Menschen wollen in Frieden, ohne Knechtschaft, in Freiheit leben, sie wollen arbeiten, weil dies der Sinn des Lebens ist. Sie wollen und werden ihre Menschenrechte erkämpfen. Das ist der Gang der Geschichte, ein sicher noch qualvoller, opferreicher Gang.

Warum hebe ich das hervor? Weil wir an die Erziehung der jungen Menschen aus der Sicht herangehen müssen, daß die heutige Jugend in einer Zeit härtesten Klassenkampfes lebt und aufwächst und wir ihr dies bewußtmachen müssen. Den Frieden zu erhalten, mit den imperialistischen Staaten zu koexistieren, das bedeutet, jede Stunde zu nutzen, um den Sozialismus noch stärker, noch anziehender zu machen, die antiimperialistischen Kräfte zu stärken in ihrem Kampf. Da zählt, was jeder an seinem Abschnitt der Arbeit leistet.

Die Zukunft gehört dem Sozialismus, das ist gesetzmäßig. Aber diese Gesetzmäßigkeit setzt sich nicht im Selbstlauf durch. Es bedarf der Bewußtheit, des Kampfes der Volksmassen. Die immer vollkommenere Gestaltung der sozialistischen Gesellschaft erfordert wachsende Bewußtheit der Menschen, harte Arbeit und die Heranbildung einer Generation, die das mit dem Sieg der sozialistischen Revolution begonnene Werk fortsetzt.

Unser gemeinsamer Erziehungsauftrag, der stets im Zusammenhang mit den Aufgaben und Prozessen der weiteren Gestaltung der entwickelten sozialistischen Gesellschaft, mit dem weltweiten Kampf um Frieden, Fortschritt und Sozialismus gesehen werden muß, besteht deshalb darin, gebildete Kommunisten zu erziehen, die gesamte Bildung und Erziehung auf die Herausbildung der kommunistischen Moral zu richten, auf die Moral der Klasse, die gleichzeitig die Interessen aller werktätigen Menschen vertritt.

Aufgaben für die Erziehung können und müssen immer abgeleitet werden aus der Analyse der konkreten gesellschaftlichen Verhältnisse, denn der Mensch bewegt sich in einem konkreten gesellschaftlichen System. So entstehen neue Anforderungen und Bedingungen für die Erziehung aus der Tatsache, daß sich in unserer Deutschen Demokratischen Republik mit der Gestaltung der entwickelten sozialistischen Gesellschaft tiefgreifende Wandlungen in allen Lebensbereichen vollziehen, die das Entstehen neuer moralischer Anschauungen, Verhaltensweisen und Beziehungen der Menschen untereinander bewirken und beeinflussen.

Unsere gesellschaftliche Entwicklung erfordert es, alle Anlagen, Fähigkeiten und Eigenschaften jedes Kindes auszubilden. Wissen und Können, weltanschauliche Bildung, die Ausprägung politischer Standpunkte, Überzeugungen und Haltungen, die Ausbildung moralischer Eigenschaften, die Formung des Charakters, der Gefühle – das alles verstehen wir darunter, wenn wir von allseitiger Bildung, von optimaler Entwicklung sprechen.

Jeden einzelnen entsprechend seinen individuellen Anlagen und Fähigkeiten so zu entwickeln, daß auch seine individuellen Stärken voll zum Tragen kommen, denn wir sehen den Menschen nicht als genormten Typ – diese Aufgabe ist unseren Lehrern, unserer Schule gestellt. Dies in der Schulzeit in Vollkommenheit zu erreichen wäre unreal, aber wir müssen die Grundlagen dafür legen durch die Vermittlung von Wissen, durch Erziehung.

Diese Aufgabe in tagtäglicher Arbeit zu verwirklichen, tagtäglich darauf hinzuwirken, alle Fähigkeiten, die in den Kindern stecken, auszubilden, das ist eine weitgesteckte Anforderung. Sie wird um so besser bewältigt werden, je tiefer jeder Erzieher versteht, warum dies unabdingbar nötig ist. Und natürlich verlangt es vom Lehrer, von jedem Pionierleiter, von jedem Jugendfunktionär ein großes Wissen, ein hohes pädagogisches Können. Doch letztlich ist dies natürlich ein Anspruch an alle, die in unserer Gesellschaft auf Erziehung einwirken.

Warum ist diese Aufgabenstellung unter unseren gesellschaftlichen Entwicklungsbedingungen real und unabdingbar notwendig? Sie ist es deshalb, weil mit der weiteren materiellen, geistigen und kulturellen Entfaltung unserer Gesellschaft, wie sie im Parteiprogramm vorgezeichnet ist, immer günstigere Bedingungen für die Entwicklung jedes einzelnen entstehen. In unserer Gesellschaftsordnung sind für die Entwicklung der individuellen Anlagen und Fähigkeiten der Menschen zum Nutzen der Gesellschaft und des einzelnen keine Grenzen gesetzt. Die Fähigkeiten und Kräfte, die Individualität jedes Menschen voll zur Geltung zu bringen, das ist der tiefe Sinn des Sozialismus. Dies ist unser, ein reales Ideal.

Natürlich verwirklicht sich dieses Ideal in einem längeren historischen Prozeß, aber er vollzieht sich bereits in unserem realen Leben. Er muß, wie alle gesellschaftlichen Prozesse, geführt, geleitet werden.

Wenn wir von der Erziehung des künftigen Menschen reden, dann müssen wir nun einmal weit vorausschauen. Wenn wir bedenken, daß die Schulanfänger des Jahres 1984 so etwa um die Jahrtausendwende ins Berufsleben treten, müssen wir über die Anforderungen nachdenken, die die politischen und gesellschaftlichen Kampfbedingungen mit sich bringen, und sie schon heute nach dem Maß der Möglichkeiten in Angriff nehmen. Die Entwicklungsprozesse in Wissenschaft und Produktion, die sich gegenwärtig abzeichnen, sind heute schon, soweit man Entwicklungstendenzen erfassen, analysieren kann, zu einem konkreten Anspruch geworden, zum Anspruch an hohe Qualität, an größere Wirksamkeit der politisch-pädagogischen Arbeit in der Schule und im Jugendverband.

Im Zentrum unserer Aufmerksamkeit steht die Frage, welches Wissen man sich und wie man es sich aneignen muß. Unsere Jugend muß heute und morgen viel wissen und die Fähigkeit erwerben, sich immer erneut Wissen anzueignen und es anzuwenden. Der Sozialismus ist eine Wissenschaft, er ist eine sehr lebendige Wissenschaft, die sich ständig weiterentwickelt.

Den Marxismus-Leninismus zu studieren, damit man sich in den Gesetzmäßigkeiten der Entwicklung von Natur und Gesellschaft auskennt, ihn wirklich zu begreifen, das verlangt, sich den von Generationen überbrachten Schatz an Wissen, an Kultur, der im Inhalt unserer Allgemeinbildung aufgehoben ist, anzueignen. Deshalb vermittelt die Schule Kenntnisse in den Naturwissenschaften, den Gesellschaftswissenschaften, in den Sprachen, der Literatur und in anderen musischen Fächern, im Sport, polytechnische Kenntnisse. Jedes Unterrichtsfach trägt auf seine Weise dazu bei, die Welt zu sehen, wie sie ist, zu begreifen, was sie zusammenhält, wie sie sich bewegt, wie sie sich verändert, wie die Natur zum Wohle der Menschen genutzt werden kann.

Mag man diese oder jene Neigung oder Abneigung für ein Fach haben, wodurch auch immer bedingt, und natürlich wird sich ein Jugendlicher zeitweilig für das eine oder das andere Fach mehr oder weniger interessieren – letzten Endes aber ist jedes Fach wichtig, wenn das einem auch in der Schulzeit nicht immer bewußt ist, denn es hilft, die Welt, die Dinge, ja sich selbst zu begreifen, seinen Platz zu finden, die Möglichkeiten und die Probleme zu entdecken, die uns die Entwicklung noch zu lösen aufgibt. Unterricht in seiner Gesamtheit betrachten wir als die Unterrichtung in allen Dingen des Lebens. Deshalb messen wir dem Unterricht, der den Kindern solides Wissen, Kenntnisse, Erkenntnisse vermittelt, der sie zum Denken erzieht, der sie fordert, sich aktiv geistig auseinanderzusetzen mit den Problemen, der Impulse für richtiges Verhalten und Handeln vermittelt, in unserem Erziehungskonzept die entscheidende Bedeutung bei.

Jede Unterrichtsstunde muß gut sein. Deshalb sorgen sich Zehntausende Lehrer um eine hohe Qualität des Unterrichts, um eine solche Art und Weise des Lehrens und Lernens, daß jeder Schüler sich ein solides Wissen und Können aneignet. Jede Unterrichtsstunde soll Interesse wecken. Das bedeutet natürlich nicht, daß alles interessant sein kann, denn Lernen, Üben, das ist auch Mühe, Anstrengung; leichter kommt man nun einmal nicht zu mehr Wissen.

Genossin Labs hat zum Lernen sehr wichtige Dinge gesagt. Dies alles möchte ich sehr unterstreichen. Einen Aspekt laßt mich hervorheben: Wir verlangen vom Lehrer, die Schüler geistig zu fordern, ihre Wißbegier zu wecken. Das aber ist auch eine Herausforderung an die Schüler, mitzuarbeiten im Unterricht, mitzudenken, zu überlegen, sich selbst zu prüfen, was sie zu leisten in der Lage sind bei mehr Fleiß. Es geht also um die Frage: Reicht die Einstellung zum Lernen schon bei jedem wirklich aus?

Die Freude, Neues zu erfahren, Wißbegier zu wecken, Freude am Entdecken, am Probieren herauszubilden, das können Lehrer und Jugendverband nur gemeinsam lösen. Unsere Pionierorganisation, unser sozialistischer Jugendverband haben seit eh und je die Mädchen und Jungen in ihren Pionier- und FDJ-Kollektiven für fleißiges, angestrengtes und diszipliniertes Lernen auf vielfältige Weise mobilisiert.

In diesem Zusammenhang eine Bemerkung: Wir schätzen das, was der Jugendverband zur Stärkung der Autorität des Lehrers, für gute Beziehungen zwischen Lehrern und Schülern tut, sehr hoch ein. Daß es hier im Alltag auch Probleme gibt, weil mancher Lehrer manchmal falsch reagiert, ungerecht urteilt oder gängelt, das kommt vor. Auch der Erzieher muß an sich arbeiten. Manchen Schülern paßt die Art und Weise oder, wie man sagt, die Nase dieses oder jenes Lehrers nicht. Oder sie verstehen noch nicht, daß sie die Schulzeit gut nutzen müssen. Solcherart Probleme wird es wohl immer geben. Aber es muß im Prinzip stimmen, und das tut es ja auch: Die Beziehungen zwischen Lehrern und Schülern in unserer sozialistischen Schule sind durch gegenseitige Achtung, Vertrauen, Aufrichtigkeit und Takt bestimmt. Und es versteht sich, daß der Lehrer hohe Anforderungen und diese mit der nötigen Konsequenz stellen muß. Sonst ist die Entwicklung, ist die Erziehung junger Menschen nicht möglich.

Auf dem „Weg des Wissens", wie es im Pionierauftrag heißt, gibt es viel Bewährtes. Wenn wir jedoch genau hinsehen, dann gibt es aber neben dem vielen Guten auch so manches Formale, manches, was in alten Gleisen läuft, was wir gemeinsam verändern sollten.

Lernen anzuregen bedarf vielfältiger kollektiver und individueller Einwirkung, Stimulierung und Motivierung. Lernen darf nicht nur auf der Tagesordnung von Versammlungen stehen. Lernkonferenzen und Lernpatenschaften haben sich bewährt, aber sie dürfen nicht die einzige Methode sein, das Lernen zu stimulieren.

Bei dem einen oder anderen ist ein ernstes Wort bezüglich seiner Lernhaltung durchaus vonnöten, oft sind es aber immer die gleichen, die ermahnt werden. Wenn man sich in die Lage derer versetzt, die ständig Vorhaltungen bekommen, muß man sich fragen, ob das die Lernfreude hebt, ob es nicht eher Gleichgültigkeit bewirkt. Wir sollten uns gerade bei sogenannten schwachen Schülern der Mühe unterziehen, an deren Stärken, an bestimmte Interessen und Neigungen, die sie haben, anzuknüpfen und sie, wie Helga Labs sagte, auch mal loben. Und ist es nicht auch berechtigt, die Frage zu stellen, ob leistungsstarke Schüler immer genügend gefordert werden, ob sie nicht mehr geben, mehr aus sich herausholen können? In den Kollektiven, wo es streitbar zugeht, wo offen und ehrlich darüber gesprochen wird, wofür man lernt, wie jeder die Möglichkeiten nutzt, die ihm geboten werden, wo eine klare öffentliche Meinung entwickelt ist, Haltungen gebilligt oder kritisiert werden, zeigt sich die wirkliche Sorge um die Lernhaltung jedes Klassenkameraden.

Lernen muß so umfassend gesehen werden, wie es im Referat entwickelt und in der Diskussion durch viele praktische Erfahrungen demonstriert wurde. Die vielen interessanten Möglichkeiten für Pionier- und FDJ-Kollektive, sich innerhalb und außerhalb der Schule zu betätigen, alles, was es an Möglichkeiten gibt: die Beschäftigung mit Büchern, der Besuch von Museen, Gespräche über Filme oder Theaterstücke, Exkursionen in Betriebe, Radtouren und Wanderungen, um die Heimat kennenzulernen, interessante Nachmittage, zu denen man sich Fachleute einlädt, die vor den Schülern über wissenschaftliche und technische Probleme sprechen, ihnen in die Entstehung und Entwicklung der Wissenschaft Einblick geben, sie über Neues informieren, Diskussionen, wo die Schüler Fragen an kompetente Leute stellen können, Wissenschaftspropaganda – das alles gehört dazu; es stimuliert nicht nur das Lernen, sondern erweitert, bereichert die Bildung. Alles, was das Leben der Schüler berührt, was sie interessiert, aufzugreifen, ein vielfältiges geistig-kulturelles Leben in der Gruppe zu entwickeln, in das jeder etwas einbringen kann, dafür können und müssen wir mehr tun.

Sowohl die Kleinen wie die Großen werden mit vielen großen und kleinen Fragen des Lebens konfrontiert. Es ist nur natürlich, daß jeden Menschen, auch die Kinder, die Jugend, viele alltägliche Probleme bewegen, die für sie aber großes persönliches Gewicht haben. Da bewegt und beschäftigt sie, warum dieses und jenes nicht so ist, wie sie es sich vorstellen. Sie haben ihre Probleme, die Beziehungen untereinander betreffend, Fragen der Freundschaft, der Liebe, natürlich auch der Mode, der Musik, des Geschmacks, und manches andere bewegt sie.

Daß junge Leute sich ihre Vorstellungen machen über den Sinn des Lebens, über Glück, über den Sinn der eigenen Arbeit, über Erfolg und Mißerfolg, über die Zukunft und ihre Lebensziele, über ihre persönliche Lebensgestaltung, das ist eine ganz natürliche Sache. Das ist durchaus nichts Unpolitisches; Politik ist doch etwas, das das ganze Leben der Menschen, auch alle persönlichen Fragen und Probleme umfaßt und berührt. Letztlich sind alle das persönliche Leben der Menschen angehenden Probleme zutiefst politische Fragen, die wir nicht aus der politischen Arbeit eines Kollektivs ausklammern dürfen. Sich dem zuzuwenden, was für den einzelnen, für ein Kollektiv bedeutsam ist, das gehört zu unserer politischen Verantwortung.

Wenn wir davon auszugehen haben, daß sich unsere Erziehungsaufgaben herleiten aus der Analyse der sich heute und künftig vollziehenden Prozesse in unserer Gesellschaft, dann gewinnen in unserer politisch-erzieherischen Arbeit Fragen des Gesamtverhaltens der Jugend, der Erziehung zur kommunistischen Moral an Bedeutung. Im Zentrum dieser Frage steht, wie wir den aktiven Menschen erziehen, wie sich das Verantwortungsbewußtsein des einzelnen für das gesellschaftliche Ganze entwickelt.

Eine Gesellschaft, die im Gegensatz zu allen früheren Gesellschaftsordnungen das bewußte, planmäßige Handeln des Volkes unter der Führung der Arbeiterklasse und ihrer marxistisch-leninistischen Partei verlangt und herausfordert, braucht schöpferische Tätigkeit, gesellschaftliche Aktivität des einzelnen und Kollektivität. Tragen doch die Menschen in unserer sozialistischen Gesellschaft hohe Verantwortung im Produktionsprozeß, für die Entwicklung der sozialistischen Demokratie, ebenso wie Verantwortung für sich selbst, Verantwortung also in einem sehr umfassenden Sinne.

Die Entwicklung der sozialistischen Demokratie, die auf der immer breiteren Mitwirkung aller an den gesellschaftlichen Angelegenheiten beruht, setzt ein hohes Wissen, ein hohes politisch-ideologisches, geistig-kulturelles Niveau, persönliches Engagement voraus, die Fähigkeit, an den großen Dingen des Lebens aktiv teilzuhaben und so dem eigenen Leben einen tiefen Sinn zu geben.

Mit der Übernahme der politischen Macht durch die Arbeiterklasse, der Beseitigung der Ausbeutung des Menschen durch den Menschen, durch die Überführung des Privateigentums an den Produktionsmitteln in die Hände des werktätigen Volkes, die Schaffung sozialistischer Produktionsverhältnisse wurden bei uns die Grundlagen für die Herausbildung der sozialistischen Moral geschaffen, einer Moral, die auf der objektiven Übereinstimmung der gesellschaftlichen und persönlichen Interessen beruht. In der sozialistischen Gesellschaft wächst das Bewußtsein, daß vom Handeln jedes einzelnen immer mehr abhängt, daß sein Mitdenken und Mittun gefragt sind; immer massenhafter entwickeln sich solche moralischen Eigenschaften wie Disziplin, Willensstärke und Pflichtbewußtsein, Gründlichkeit, Zuverlässigkeit, Ehrlichkeit, Achtung vor dem anderen und seiner Arbeit und Hilfsbereitschaft.

Unsere sozialistische Gesellschaft hat nicht etwa ein Defizit an solchen Eigenschaften aufzuweisen, im Gegenteil: In den Brigaden der sozialistischen Arbeit, in den Jugendkollektiven in der Produktion, in den Schulen werden diese Eigenschaften immer mehr zur Norm des Zusammenlebens der Menschen, ganz im Gegensatz zur kapitalistischen Gesellschaft mit ihrer Wolfsmoral, die Gleichgültigkeit und Kälte in den Beziehungen der Menschen hervorbringt, was wahrhaftig kein günstiges Klima für die Erziehung der Jugend zu solchen menschlichen Qualitäten ist. Es war sehr wohltuend, daß zum Beispiel in einem unserer Kunstwerke, dem Film über Sabine Kleist, Widerspiegelung fand, was die Realität unseres Lebens ausmacht: Kinderfreundlichkeit, gegenseitige Rücksichtnahme, menschliche Güte, Achtung vor den Älteren und Sorge um deren Wohl.

Was hat es mit der kommunistischen Erziehung, mit klassenmäßiger Erziehung zu tun, wenn wir über die Anerziehung solcher menschlichen Eigenschaften sprechen, wenn wir dies hervorheben? Diese Regeln des menschlichen Zusammenlebens, oder, wie Lenin sagte, diese elementaren Vorbedingungen für die Gemeinschaft, wurden in der Arbeit und im Kampf der Volksmassen, der Arbeiterklasse, in ihrem Kampf gegen die Ausbeuter hervorgebracht. Sie sind für eine Gesellschaft wie die sozialistische unabdingbar im Kampf um die Lösung der grandiosen Aufgabe, eines Tages die kommunistische Gesellschaft zu errichten. Wir brauchen sie, um unsere Gemeinschaft noch enger zu schmieden im Kampf gegen unsere Feinde, im Klassenkampf auch heute. Erst mit dem Sozialismus, so beweist es der Verlauf der Geschichte, konnten solche gesellschaftlichen Zustände geschaffen werden, in denen sich massenhaft eine solche Moral, eine solche Sittlichkeit herausbilden kann.

Marx und Engels haben, wie ihr wißt, bereits im „Kommunistischen Manifest" auf das Klassenwesen der Moral hingewiesen. Es ist pure Heuchelei, wenn die Bourgeoisie mit Begriffen wie gut, ehrlich, menschlich operiert, mit Begriffen, die mit dieser unmenschlichen Gesellschaft nie vereinbar sind. Die Vertreter und Verfechter dieser Gesellschaft reden von Gewissen, aber handeln gewissenlos, indem sie Kriege vorbereiten, die Menschen ausbeuten. Sie predigen: Gut sei der Mensch, aber sie erniedrigen ihn, denn was für sie gut ist – ihre Profite –, ist für die Massen Elend, Arbeitslosigkeit. Die Verkörperung alles Bösen ist für Herrn Reagan die Sowjetunion, der Kommunismus, der doch das Beste, das Teuerste für die Menschen ist. Sie reden von Ehre, besitzen selbst aber keine. Wie sagte doch Karl Liebknecht, als er wegen seines standhaften Neins zur Unterstützung der Kriegspolitik verleumdet wurde: „Ihre Ehre ist nicht meine Ehre!"[1] Die Ehre, die Würde und das Gewissen jener Leute in der BRD, die gegen das Leben, gegen die Interessen des eigenen Volkes Erstschlagwaffen stationiert haben, ist nicht unsere Ehre. Wer die Jugend, wie das die Herrschenden in der BRD tun, zur Treue zu einem Vaterland beschwört, das die Rechte, die Würde der Jugend mit Füßen tritt und das einzig wahre Vaterland, das die deutsche Jugend je besessen hat, die Deutsche Demokratische Republik, zurückerobern, der imperialistischen BRD einverleiben will, der muß und soll wissen, daß für unsere Jugend Treue zu ihrem Vaterland, der DDR, kein leerer Begriff ist, daß uns dieses Vaterland heilig ist im wahrsten Sinne des Wortes, daß wir es mit allen uns zur Verfügung stehenden Mitteln gemeinsam mit unseren Verbündeten zu schützen und zu verteidigen wissen. Das ist für uns eine Frage des Gewissens, der Ehre, der Würde, der Gerechtigkeit. Unsere Jugend muß also um den klassenmäßigen Inhalt solcher moralischen Kategorien wie gut und böse, gerecht und ungerecht, Ehre und Würde wissen.

[1] K. Liebknecht: Gesammelte Reden und Schriften. Bd. II, Dietz Verlag, Berlin 1960, S. 161.

Unsere Moral, einzutreten für wahre Gerechtigkeit, für Freiheit und Frieden, ergibt sich aus dem Charakter unserer Gesellschaft, ihr sind diese hohen sittlichen Werte eigen. Ehrlich zu arbeiten, zuverlässig im Umgang mit anderen zu sein, dies hat einen hohen Stellenwert in unserer Gesellschaft.

Bei der Herausbildung und Festigung sittlich-moralischer Eigenschaften, die auf dem sozialistischen Bewußtsein beruhen, sind die Schule, der Jugendverband hoch gefordert. Wie man es mit solchen moralischen Eigenschaften, wie aufrichtig, aufmerksam, kameradschaftlich, hilfsbereit und bescheiden, verantwortungsbewußt, diszipliniert und gewissenhaft zu sein, in seinem Kollektiv hält, das berührt jeden einzelnen. Ein wirkliches Kollektiv und seine Entwicklung hängen maßgeblich von der Durchsetzung und Einhaltung solcher Regeln des Zusammenlebens durch jeden ab. Das Erleben und Sich-Gewöhnen an ein Verhalten, das von den sozialistischen Normen des Zusammenlebens geprägt ist, das ist für die Entwicklung unserer Gesellschaft und für jeden einzelnen, bis in sein persönliches Leben hinein, für die Zukunft von großer Bedeutung; es prägt den Charakter, das Urteilsvermögen, letztlich die gesamte Haltung der jungen Menschen.

Das Kollektiv, die Aufgaben, die es sich stellt, die Normen und Beziehungen, die sich in ihm entwickeln, sind ein sehr praktisches Bewährungsfeld für moralisches Verhalten. Damit solche elementaren Voraussetzungen gesellschaftlichen Zusammenlebens, wie gegenseitige Achtung, Takt und Höflichkeit, sich aufmerksam gegenüber dem anderen zu verhalten, niemand leichtfertig zu kränken, zu stabilen Gewohnheiten ausgebildet werden, müssen sie im Kollektiv praktisch erlebt werden. Wir stimmen sicher darüber überein, daß in dieser Hinsicht für uns gemeinsam noch so manches zu tun ist, auch im Hinblick darauf, daß sich bei den Jungen und Mädchen das Gefühl des Geborgenseins in ihrem Kollektiv um so tiefer ausprägt, je stärker sie gesellschaftlich Bedeutsames auch als persönlich bedeutsam erleben. Wie sie in ihrem Kollektiv die Sorge des einzelnen um das Gemeinwohl erleben, dies wird sich tief einprägen. In einer Gesellschaft wie der unseren gehören Leistungswille, Kampfbereitschaft, aber ebenso Freundlichkeit, Empfindsamkeit, der Sinn für das Schöne zu erstrebenswerten und notwendigen Charakterzügen.

Wir alle wissen: Moralische Einstellungen und Haltungen prägen sich am stärksten aus, wenn die Kinder von früh an lernen, Verantwortung wahrzunehmen, wenn die Heranwachsenden während der Schulzeit noch aktiver einbezogen werden, selbständig mitwirken können an ihren Angelegenheiten. Man kann sagen, daß wir in dieser Hinsicht schon viel tun. Die Schüler übernehmen vielfältige Aufgaben beim Lernen und in der gesellschaftlich nützlichen Arbeit bei der Ausgestaltung der Schule, im Wohngebiet, vor allem in ihrer politischen Organisation. An Funktionen und Ämtern mangelt es nicht. Häufig aber bleibt es bei der Übertragung von Aufgaben und Funktionen, weniger im Blick ist jedoch, was damit bei den Schülern bewegt werden soll. Wir sollten uns immer fragen, ob wir ihnen genügend bewußtmachen, worin ihre Verantwortung besteht, was von ihrer Initiative, ihrem Tun, ihrer Zuverlässigkeit für das Kollektiv abhängt, daß Versäumnisse oder Gewissenhaftigkeit, auch bei der Ausführung kleiner Aufgaben, Auswirkungen auf andere haben.

Ohne das, was wir da bisher getan haben und tun, geringzuschätzen, sollten wir uns die Frage vorlegen, ob schon überall eine solche Atmosphäre, eine solche Art und Weise der politischen und pädagogischen Arbeit entwickelt ist, daß jeder wirklich in die Angelegenheiten des Kollektivs einbezogen wird und spürt, daß er etwas zu verantworten hat, gefordert ist, daß seine Meinung gefragt ist und beachtet wird.

Ein solches Herangehen an die Organisation des Lebens in den Kollektiven wirft natürlich viele Fragen nach dem Inhalt und dem Stil unserer Arbeit auf. Das beginnt bei der Art und Weise, wie wir in den Kollektiven politische Arbeit machen, wie offensiv und konstruktiv sie ist. In dieser Hinsicht hat unser Jugendverband gemeinsam mit den Pädagogen viel geleistet, und er leistet eine hervorragende Arbeit, wie sich das im politischen Wissen und in der Haltung unserer Jugend gerade heute zeigt.

Eines möchte ich, den Stil betreffend, noch hervorheben: Um zu überzeugen, müssen wir die Fragen der Jungen und Mädchen gründlich kennen, analysieren, wo die Ursachen und Motive für ihr politisches Denken und Handeln liegen. Probleme, die einzelne Jugendliche haben, dürfen wir nicht vorschnell als „politisch unklar" beurteilen. Meinungen und Standpunkten, Fragen und Problemen, die dem einzelnen ernst sind, dürfen wir nicht intolerant begegnen. Politische Unklarheiten müssen wir ausräumen, indem man die Dinge klärt. Dazu gehört natürlich, prinzipienfest zu sein gegenüber falschen Auffassungen, wiederkehrenden, aufgewärmten Fragen, die der Gegner stellt, die ohne Nachdenken nachgeplappert werden. Hier ist Toleranz nicht am Platze; hier sind Nachdenken und eigene Standpunkte gefordert.

Helga Labs hat bereits darauf aufmerksam gemacht: Was oft kein Vortrag, keine Diskussion ersetzen kann, das ist das gemeinsame Erlebnis, die Teilnahme an einer politischen Aktion, an einer Fahrt in die heimatliche Umgebung, an einem Treffen, einem Lagerfeuer, an Wanderungen und Exkursionen, an Begegnungen mit interessanten Leuten. Solche nachhaltigen Erlebnisse hinterlassen tiefe Spuren, weil sie Verstand und Gefühl gleichermaßen ansprechen. Hier hat der Jugendverband durch seine Treffen viele Erfahrungen im Großen; wir müssen sie nur noch mehr für die kleinste Einheit, für das kleinste Kollektiv berücksichtigen.

Außerordentlich wertvoll ist, daß sich so viele Schülerkollektive mit dem antifaschistischen Widerstandskampf, mit der Geschichte ihrer unmittelbaren Heimat, mit den historischen Leistungen beim Aufbau unserer sozialistischen Republik gestern und heute, mit dem Wirken progressiver Persönlichkeiten der deutschen Geschichte, der Wissenschaft und Kultur beschäftigen, mit dem, woher wir gekommen sind, wo wir stehen und wohin unser Weg folgerichtig führt. Ich fände es gut, wenn wir auch in der Literatur und auf den Bühnen noch mehr Helden hätten, die die Jugend erleben lassen, daß und wie das Werden und Wachsen unseres Landes immer einherging mit tiefgreifenden Wandlungen der Menschen, mit ihren Träumen, Siegen und Niederlagen. Kunsterlebnisse, die die jungen Menschen erfassen, auf ihren Verstand, auf ihr Gefühl, ihre Sprache und ihre Umgangsformen wirken, die echte Gefühle für unsere große humanistische Sache wecken und ausprägen, sind durch nichts ersetzbar. Es ist zu hoffen, daß die Kulturkonferenz des Jugendverbandes weiter wirkt, damit die jungen Leute mehr in den Genuß guter, wertvoller Kunstwerke kommen.

Wir haben den Lehrern die Aufgabe gestellt, noch genauer die sich vollziehende Entwicklung der Kinder, der Kollektive zu erfassen und zu führen, die verschiedenen Entwicklungsphasen im Kindes- und Jugendalter in der politisch-pädagogischen Arbeit besser zu berücksichtigen. Das ist auch von Bedeutung für die Arbeit im Jugendverband. Wir müssen noch gründlicher nachdenken, welche Ansprüche sich aus dem Alter der Schüler für die Gestaltung der politisch-pädagogischen Arbeit ergeben, welche Anforderungen wir an die Schüler entsprechend ihrer Reife, ihrem Entwicklungsstand stellen können und müssen. Gemeinsam sollten sich Lehrer und Jugendfunktionäre die Frage vorlegen: Was können wir unseren Schülern zutrauen, fordern wir sie genügend nach dem Maß ihrer Kräfte, wie sichern wir ein ständig steigendes Anspruchsniveau, wie nutzen wir die Erfahrungen der Schüler?

Schule, Pionierorganisation und FDJ begleiten die Schüler vom 6. Lebensjahr bis ins Jugendalter. Nehmen wir unsere Jüngsten. Sie haben fast alle den Kindergarten besucht. Ihr Denken, ihre Sprache, ihr ästhetisches, ihr sittliches Empfinden sind in einem solchen Maße geformt und gebildet, daß sie mit ganz anderen Ausgangspositionen in die Schule kommen als die Kinder früher. Besser noch müssen wir an die vorhandenen Kenntnisse, Fähigkeiten und Gewohnheiten anknüpfen.

Wie in der Pioniergruppe Lernfreude stimuliert, Selbständigkeit, aktive Mitarbeit entwickelt werden können, dazu wurde bereits Wichtiges gesagt. Gerade in diesem Alter gilt es, Interessen zu formen, Selbständigkeit zu entwickeln.

Was die Arbeit in der Mittelstufe, insbesondere mit den Schülern der 6. und 7. Klassen, anbelangt, so haben wir auf der zentralen Direktorenkonferenz diese Fragen sehr ernst gestellt. Das gilt, glaube ich, auch für die Pionierarbeit. Hier sollten wir gemeinsam einiges gründlicher überlegen. Vor allem sollten wir bei Schülern dieses Alters ihren ausgeprägten Drang, etwas zu tun, ihre Einsatzbereitschaft und Aktivität mehr beachten.

Noch ist die Tendenz verbreitet, daß zuviel für die Thälmannpioniere und noch zuwenig durch sie gemacht wird. Das ist auch an die Adresse vieler Lehrer zu richten. Viele Thälmannpioniere, Gruppen- und Freundschaftsräte bewegt die Frage, was zu tun ist, um die Jungen noch stärker einzubeziehen. Auch wenn diese oder gerade weil sie oft nicht so brav und in ihren Leistungen nicht so gut sind wie die Mädchen, wie ihre Klassenkameradinnen, die unbestritten tüchtige Funktionäre sind, müssen wir sie fordern, indem wir an ihre Interessen anknüpfen, müssen wir sie heranziehen. Auch um die Unbequemen müssen wir uns bemühen.

In der Arbeit mit den Schülern der oberen Klassen sollten wir wohl noch mehr beachten, daß in dieser Zeit des Reifens und Wachsens der Persönlichkeit wichtige Entscheidungen fallen, daß es wichtige Höhepunkte im Leben dieser Schüler gibt, die auf ihre künftige Lebensgestaltung Einfluß haben. Aber berücksichtigen diejenigen, die dies verantwortlich jahraus, jahrein für die Schüler organisieren, tatsächlich, daß solche Ereignisse wie die Berufswahl, die Jugendweihe, die Aufnahme in die FDJ für die jungen Menschen so bedeutsam sind und deshalb als einmalige Höhepunkte im Leben eines jungen Menschen gestaltet werden müssen? Das heißt im Klartext: Hier dürfen wir uns keine Routine leisten. Oder ein anderes Problem: Beachten wir genügend, daß die Beziehungen zwischen Gleichaltrigen in diesem Alter eine große Rolle spielen, daß Urteile und Auffassungen des Kollektivs oder auch von Freunden oft ein größeres Gewicht als die von Erwachsenen haben? Wie fördern wir unter einer solchen Sicht die Meinungsbildung in den Kollektiven?

Letzten Endes muß der Stil der Arbeit mit der Jugend bestimmt sein vom Vertrauen in die Entwicklungsfähigkeit eines jeden jungen Menschen. Eine Binsenweisheit? Ja, aber beachten wir das im Tagtäglichen immer genügend? Um zu wissen, was man dem anderen zutrauen, wie man auf den anderen eingehen kann, dazu muß man etwas von ihm wissen, darüber, was ihn beschäftigt, was ihm Spaß macht, was ihm Probleme bereitet, womit er sich herumschlägt. So heranzugehen wird uns davor bewahren, jemanden leichtfertig abzuschreiben.

Wir wissen: Der einzelne und das Kollektiv werden sich immer durch Anforderungen entwickeln. Nehmen wir aber ein solches Problem: Unsere Mädchen und Jungen der oberen Klassen beweisen in der produktiven Arbeit im Betrieb, zu welchen Leistungen sie fähig sind. Ihnen ist bereits große Verantwortung übertragen für wichtige Produktion, das heißt für sehr entscheidende gesellschaftliche Angelegenheiten. Sie setzen sich mit Fragen der Qualität ihrer eigenen Arbeit, mit den Leistungen ihres Kollektivs und denen ihrer Freunde auseinander. Hier sind Eigenschaften gefragt wie Gründlichkeit, Verantwortungsbewußtsein, Ausdauer, Disziplin, Leistungsbereitschaft, Ordnungsliebe, Hilfsbereitschaft, Sparsamkeit, Einordnung und Unterordnung.

In der Schule aber wird nicht immer der gleiche Maßstab angelegt, was Zutrauen in die Fähigkeit der Schüler betrifft, sich selbst auseinanderzusetzen mit ihren Leistungen und ihrem Verhalten. Hier erfahren sie oft nicht in gleicher Weise, daß ihre Vorschläge gefragt sind.

Den Schülern sind Aufträge zur Übernahme von Diensten in der Klasse und im Hort, zur Sicherung von Ordnung und Sauberkeit in der Schule, die gewissenhafte Sorge um ältere Menschen und die Unterstützung jüngerer Schüler übertragen. Bei all dem muß es uns darum gehen, daß den Pionieren und FDJlern ihren Kräften gemäß etwas zugetraut wird, daß sie das Maß ihrer Verantwortung kennen und so geführt werden, daß sie ihre eigenen Ideen und Vorstellungen einbringen können und die erreichten Ergebnisse als eigenen Beitrag zur Sache empfinden.

Wir sollten in unserer Erziehungsarbeit, ob in der Schule oder im Jugendverband, auch mehr darauf achten, daß bei einer Aufgabe nicht immer gleich das gesamte Reglement zu ihrer Erfüllung vorgegeben wird, daß Raum bleibt für eigenes Nachdenken, für die zu treffende Entscheidung. Dazu gehört natürlich, eine Aufgabe klar zu stellen, über Wege zu ihrer Verwirklichung mit den Pionieren und FDJlern zu beraten.

Sich zunehmend für alles im Leben der Schule, in der Gruppe verantwortlich zu fühlen ist auch eine Frage von Gewohnheiten, die herausgebildet, anerzogen werden müssen. Die Schüler sollen sich daran gewöhnen, sich verantwortlich zu fühlen, daß sich alle im Klassenraum, im Speisesaal, auf dem Schulhof ordentlich bewegen. Sich verantwortlich zu fühlen für rücksichtsvolles Verhalten, sich zu engagieren für etwas Richtiges, gegen etwas Falsches, das bringt natürlich auch Probleme und oft auch Konflikte mit sich. Aber im späteren Leben werden die jungen Menschen zunehmend mit solchen Anforderungen konfrontiert, die den Willen erfordern, Schwierigkeiten zu meistern, sich von althergebrachten Gewohnheiten und Auffassungen zu trennen, Hemmnisse und Mängel zu überwinden, Neues durchzusetzen und Widersprüche lösen zu helfen.

Die Entwicklung der Aktivität der Schüler, die Wahrnehmung von Verantwortung bei der Gestaltung des eigenen Lebens, der eigenen Angelegenheiten, zu lernen, daß Rechte stets mit Pflichten verbunden sind und umgekehrt, das ist überaus wichtig für die Erziehung unserer Jugend zur Demokratie, für die Vorbereitung auf die bewußte Machtausübung als Bürger der sozialistischen Deutschen Demokratischen Republik.

Solche Menschen heranzubilden, das war und ist unser gemeinsames Anliegen, das Anliegen unserer Lehrer, die sich stets auf die aktive Mitwirkung unseres Jugendverbandes und seiner Pionierorganisation stützen konnten und können. In den 35 Jahren der Existenz unserer Deutschen Demokratischen Republik ist unter der Führung der Partei, erzogen durch unsere Freie Deutsche Jugend, die Pionierorganisation „Ernst Thälmann" und unsere sozialistische Schule, eine tüchtige Jugend herangewachsen, die an der Seite der Älteren im politischen Kampf, im Kampf für unsere gute sozialistische Sache ihren Mann steht. So soll es und so wird es auch künftig sein. Dafür wollen wir gemeinsam arbeiten und unsere Kräfte nicht schonen.

Die Arbeit der Lehrer
reicht in das dritte Jahrtausend

Ansprache auf dem Festakt des Ministerrates
zum Tag des Lehrers in Berlin
12. Juni 1984

Wenn wir heute allerorts in unserem sozialistischen Vaterland die Pädagogen ehren, wenn wir ihnen Dank sagen für ihre unermüdliche Arbeit, so würdigen wir damit wohl zu Recht im 35. Jahr des Bestehens unserer Deutschen Demokratischen Republik ihr alltägliches Tun als einen bedeutenden Beitrag zu unserer großen revolutionären Sache.

35 Jahre besteht unsere Deutsche Demokratische Republik. Nicht einmal ein Menschenalter umfaßt diese Zeit, die zum bedeutendsten Abschnitt in der Geschichte unseres Volkes geworden ist; vollzogen sich doch in diesen Jahrzehnten unter der Führung der Arbeiterklasse und ihrer marxistisch-leninistischen Partei, der Sozialistischen Einheitspartei Deutschlands, die größten gesellschaftlichen Veränderungen in der deutschen Geschichte. Die historische Chance nutzend, die der Sieg der Sowjetunion und ihrer ruhmreichen Armee über den Hitlerfaschismus bot, erbauten wir den ersten deutschen Staat der Arbeiter und Bauern, den ersten Staat des werktätigen Volkes.

Über mehr als ein Jahrhundert hin führte die revolutionäre deutsche Arbeiterbewegung einen opferreichen Kampf, in dem es Siege und Niederlagen gab, bis endlich Realität wurde, was Generationen revolutionärer Kämpfer erträumt und erstrebt hatten: eine sozialistische Republik auf deutschem Boden. Damit wurde auch im Geburtsland von Karl Marx und Friedrich Engels, der größten Söhne unseres Volkes, der historische Beweis erbracht, daß nur durch den Kampf der Volksmassen, geführt von einer marxistisch-leninistischen Partei, die Ausbeutergesellschaft unwiderruflich abgelöst werden kann, daß mit dem Sieg des Sozialismus die Geschichte des befreiten, des freien Volkes beginnt.

Unser Volk hat die Geschichte einer neuen Zeit, einer neuen Epoche mit seiner Arbeit und seinem Kampf geschrieben, und auch Sie, die Pädagogen, haben großen Anteil daran, indem Sie mitwirkten, eine Gesellschaft aufzubauen, die auf das Wohl des Menschen, auf seine freie allseitige Entwicklung gerichtet ist. Stets haben unsere Lehrer dies als Auftrag unserer sozialistischen Schule, unseres einheitlichen sozialistischen Bildungswesens verstanden. Diesem Anspruch haben sich die Neulehrer und die neuen Lehrer, die schon im Sozialismus geborenen, in unserer Gesellschaft aufgewachsenen, gestellt. Zu Recht können wir sagen: Unsere Lehrer haben die Prüfung vor der Geschichte bestanden.

In unserem Erziehungswesen werden die Kinder im Geiste des Friedens und des Humanismus erzogen. Alles Reaktionäre wurde ausgemerzt. Unsere sozialistische Schule gab und gibt unserer Jugend all das mit auf ihren Weg, was für ihr Leben, ihre Arbeit, ihren Kampf notwendig ist, sie bereitet die junge Generation gut auf jene Aufgaben vor, die sie heute und künftig zu bestehen haben wird in einer Welt, die geprägt ist vom erbitterten Widerstand der untergehenden alten Gesellschaft, in der die neue, die sozialistische Gesellschaft ihren siegreichen Weg unwiderruflich angetreten hat.

Alles Denken und Tun unserer Lehrer war und ist darauf gerichtet, ihren Schülern ein solides Wissen und Können zu vermitteln, ihr sozialistisches Bewußtsein zu formen, Charaktereigenschaften herauszubilden, menschliche Eigenschaften anzuerziehen, die unserer sozialistischen Lebensweise, unseren kommunistischen Idealen entsprechen. So war und ist unsere Erziehung orientiert an den höchsten menschlichen Idealen. Es ist kein zu großes Wort, wenn wir sagen, daß unser Bildungswesen, daß unsere Schule, was ihr auch immer an Unvollkommenheiten noch anhaften mag, eine historische Errungenschaft ist.

Im 35. Jahr unserer Republik können wir mit Stolz und Freude sagen: Die Saat, die die Lehrer gelegt haben, ist gut aufgegangen. Gemeinsam mit der Freien Deutschen Jugend und ihrer Pionierorganisation „Ernst Thälmann" haben sie ihr Bestes gegeben, um der Jugend die Liebe und Treue zu ihrem sozialistischen Vaterland, der Deutschen Demokratischen Republik, die Treue zu den Ideen von Marx, Engels und Lenin, zum proletarischen Internationalismus, zur unverbrüchlichen Freundschaft mit der Sowjetunion und den anderen sozialistischen Bruderländern, mit allen um ihre Befreiung kämpfenden Völkern in die Herzen und Hirne zu pflanzen.

Generationen junger Arbeiter, Bauern, Wissenschaftler haben durch ihre tägliche Arbeit in den Betrieben, auf den Feldern der Genossenschaften, in den wissenschaftlichen Einrichtungen, in den Schulen und an den Grenzen unserer Republik mit der Waffe in der Hand das Gelöbnis getreulich erfüllt, das die Jugend am 11. Oktober 1949 bei der Gründung der Deutschen Demokratischen Republik abgegeben hat. Mit revolutionärem Elan und hoher Einsatzbereitschaft hat die Jugend mitgeholfen, die Fundamente für ein friedliches Leben, für das stetige Erstarken und Aufblühen unseres sozialistischen Staates zu legen und das in friedlicher Arbeit Geschaffene zuverlässig zu bewahren.

Stets war die junge Generation der Deutschen Demokratischen Republik unter der blauen Fahne mit dem Zeichen der aufgehenden Sonne an den Brennpunkten des sozialistischen Aufbaus zu finden. Überall trugen und tragen die jungen Leute, durch ihre Lehrer und unseren sozialistischen Jugendverband geformt, mit ihrer täglichen pflichtbewußten Arbeit dazu bei, unsere sozialistische Gesellschaft mitzugestalten. Dabei war und ist ihr die kluge, weitsichtige Politik unserer marxistisch-leninistischen Partei ein zuverlässiger Kompaß.

Wie das soeben zu Ende gegangene begeisternde Nationale Jugendfestival, unter dessen Eindruck wir alle noch stehen, beweist, erfüllt die Generation im Blauhemd gerade auch heute ihre revolutionäre Pflicht. Für unsere Deutsche Demokratische Republik, für das erste wahre Vaterland der deutschen Jugend steht sie ein, setzt sie sich mit ihren Fähigkeiten, mit all ihrem Wissen und Können ein, auf daß es weiter erstarkt als Bastion des Friedens und des Sozialismus im Herzen Europas. Und wer da in der BRD Illusionen von einem einheitlichen Deutschen Reich unter imperialistischer Herrschaft nährt, wer für ein Reich in den Grenzen von 1937 eintritt, der geht wie eh und je an den Realitäten vorbei. Denn Realität ist, daß unsere Deutsche Demokratische Republik, eng verbunden mit der stärksten Macht der Welt, der Sowjetunion, und in der sozialistischen Staatengemeinschaft fest verankert, stark und unantastbar ist. Durch ihre konstruktive Friedenspolitik genießt sie die Achtung der Völker der Welt.

So wie die tiefgreifenden Veränderungen in den 35 Jahren der Existenz unserer Arbeiter-und-Bauern-Macht nur im Ergebnis täglicher fleißiger und schöpferischer Arbeit der Menschen, ihrer gesellschaftlichen Aktivität erreicht werden konnten, so werden die großen Aufgaben, die wir auf politischem, sozialem und geistig-kulturellem Gebiet, in der Ökonomie, in der Wissenschaft und Technik bei der weiteren Gestaltung der entwickelten sozialistischen Gesellschaft noch zu bewältigen haben, auch künftig nur durch tagtägliche kluge, disziplinierte Arbeit zu realisieren sein.

Alles zu tun, um die jungen Menschen mit dem notwendigen Wissen, mit den nötigen Fähigkeiten auszustatten, die sie brauchen, um in einer Zeit wie der unseren, die geprägt ist von hohen gesellschaftlichen Anforderungen an jeden einzelnen beim Aufbau unserer sozialistischen Gesellschaft und ihrer ständigen weiteren Vervollkommnung, auch unter den Bedingungen härtester internationaler Klassenauseinandersetzungen, des aufopferungsvollen Kampfes der Völker gegen die Gefahr eines nuklearen Krieges zu bestehen, das ist heute vordringliche Aufgabe aller an der Erziehung Beteiligten. Darin sehen unsere Lehrer und Erzieher ihre Pflicht.

Vor einem neuen Schuljahr stehend, wird in den Pädagogenkollektiven überlegt, wie die Vermittlung und Aneignung eines soliden Wissens und Könnens noch effektiver gestaltet werden können, wie die weltanschauliche Bildung, die Ausprägung politischer Standpunkte, Überzeugungen und Haltungen, die Ausbildung moralischer Eigenschaften, die Formung des Charakters und der Gefühle der Heranwachsenden in der täglichen pädagogischen Arbeit noch zielgerichteter geführt werden können, wie die vielfältigen Möglichkeiten, die unsere Schule, unser sozialistischer Jugendverband und seine Pionierorganisation, das vertrauensvolle Miteinander mit den Eltern, die enge Verbindung unserer Schule mit dem Leben bieten, noch besser zu nutzen sind, damit die Anlagen und Fähigkeiten jedes Schülers noch umfassender ausgeprägt werden können. Es ist gut, wenn dabei immer wieder darüber nachgedacht wird, daß in der pädagogischen Arbeit alles wichtig ist, daß es keine „Kleinigkeiten" gibt, daß alles in der Erziehung wohlüberlegt sein will.

Es ist gut, daß seit unserer Direktorenkonferenz und der 9. Tagung des Zentralrates der Freien Deutschen Jugend, auf der das Ministerium für Volksbildung und unser sozialistischer Jugendverband ihr gemeinsames Programm zur kommunistischen Erziehung dargelegt haben, geprüft und erwogen wird, was in unserer pädagogischen Arbeit gut gelingt und was noch nicht, was wir tiefer, gründlicher überdenken müssen angesichts der wachsenden Ansprüche an unsere Schule. Denn was wir heute tun, reicht in das dritte Jahrtausend hinein. Heute schon erziehen wir die Generation, die künftig Großes vollbringen muß und vollbringen wird. Dessen sind wir sicher, dafür arbeiten wir. Dafür setzen sich unsere Pädagogen mit all ihrem Wissen und Können, mit ihrer Liebe und ihrem Verstand ein. Dafür ehren und achten die Eltern, die Jugend, die ganze Gesellschaft unsere Lehrer des Volkes.

Die marxistisch-leninistische Schulpolitik unserer Partei und ihre Verwirklichung unter unseren heutigen gesellschaftlichen Bedingungen

Vortrag an der Parteihochschule „Karl Marx"
beim Zentralkomitee der SED in Berlin
7. Februar 1985

In Vorbereitung unseres XI. Parteitages gilt es, die realen Entwicklungsprozesse, die sich in allen gesellschaftlichen Bereichen seit dem X. Parteitag vollzogen haben, zu analysieren und die Schlußfolgerungen auszuarbeiten, die sich zur weiteren Gestaltung der entwickelten sozialistischen Gesellschaft in unserer Republik daraus ergeben. Die innere und äußere Entwicklung seit dem X. Parteitag hat neue Erfordernisse mit sich gebracht und zugleich neue Bedingungen und Möglichkeiten auch für die Verwirklichung der Aufgaben geschaffen, die im Programm der Partei für die Entwicklung des Bildungswesens festgelegt sind.

Zunächst möchte ich aus prinzipieller Sicht auf den wechselseitigen Zusammenhang der bildungspolitischen Aufgaben mit der gesamtgesellschaftlichen Entwicklung eingehen, denn nur aus diesem Zusammenhang ist das Herangehen der Partei an die Schulpolitik zu verstehen und zu sehen.

Unsere Partei ist stets davon ausgegangen, daß die Gesamtheit der gesellschaftlichen Verhältnisse, das heißt die sich vollziehenden politischen und ökonomischen, geistigen und sozialen Prozesse, auf die Bildung und Erziehung der Jugend einwirken, wie umgekehrt Bildung und Erziehung die weitere gesellschaftliche Entwicklung in allen Bereichen maßgeblich beeinflussen. Diese grundlegende These hat das Zentralkomitee der Partei auf seiner 9. Tagung erneut unterstrichen, indem es die Aufgabe stellte, weiteren Bildungsvorlauf zu schaffen, der Jugend solche Grundkenntnisse zu vermitteln, die lange Gültigkeit haben bei gleichzeitiger Orientierung auf moderne Entwicklungen.[1] Mit dieser Problematik der weiteren inhaltlichen Ausgestaltung der Schule befassen wir uns derzeit gründlich. Ausgehend von einer realistischen Bilanz, erarbeiten wir die Grundlinie für das Vorgehen bei der weiteren Profilierung der Allgemeinbildung in un-

---

[1] Vgl. Aus dem Bericht des Politbüros an die 9. Tagung des Zentralkomitees der SED. Berichterstatter: Genosse Erich Honecker. Dietz Verlag, Berlin 1984, S. 58.

serer zehnklassigen allgemeinbildenden polytechnischen Oberschule. Die weitere Verwirklichung unserer Gesellschaftsstrategie schließt also das Vorgehen auf schulpolitischem Gebiet ein. Dabei beachten wir, daß es bei der Gestaltung der entwickelten sozialistischen Gesellschaft, wie dies im Parteiprogramm charakterisiert ist, um die Entwicklung aller Seiten unseres gesellschaftlichen Lebens geht, das heißt um den weiteren Ausbau der materiell-technischen Basis auf dem Wege der Intensivierung der Produktion, der Nutzung der Ergebnisse der modernen Wissenschaft und Technik, um die weitere Vervollkommnung der sozialistischen Produktionsverhältnisse sowie um die Ausgestaltung der darauf beruhenden gesellschaftlichen Beziehungen, um die immer umfassendere Herausbildung des sozialistischen Bewußtseins und der sozialistischen Moral, um die Ausprägung der sozialistischen Lebensweise. Unter den Bedingungen der verschärften weltweiten Klassenauseinandersetzung zwischen Sozialismus und Imperialismus sind erhöhte Anforderungen an das Bewußtsein, an das Bildungs- und Kulturniveau der heranwachsenden Generation gestellt.

Unsere Partei hat stets dem objektiven Erfordernis Rechnung getragen, daß der Entwicklung der Produktion, der materiellen Grundlagen des Lebens der Gesellschaft, der Vorrang gebührt. Dies kommt letztlich auch in der entsprechend dem ökonomischen Grundgesetz des Sozialismus formulierten Hauptaufgabe zum Ausdruck, auf der Grundlage eines hohen Entwicklungstempos der sozialistischen Produktion das materielle und kulturelle Lebensniveau des Volkes weiter zu erhöhen.

Der Marxismus-Leninismus begründet, daß die Veränderung der Besitzverhältnisse, die revolutionäre Umgestaltung der materiellen Basis der Gesellschaft, begleitet sein muß von einer mehr oder weniger raschen Umwälzung des Überbaus der Gesellschaft, des Bewußtseins der Menschen, des gesamten gesellschaftlichen Lebens. Die Revolution in den ökonomischen Machtverhältnissen, das beweist die gesellschaftliche Praxis, ist zugleich mit objektiver Notwendigkeit mit der Revolution auf dem Gebiet der Ideologie und Kultur verbunden. Der Verlauf der sozialistischen Revolution in unserem Lande bestätigt die Erkenntnis unserer marxistisch-leninistischen Gesellschaftstheorie, daß der so entstehende neue Überbau aktiv auf die ökonomische Basis zurückwirkt und maßgeblich zu ihrer Festigung und Weiterentwicklung beiträgt. Der hohe gesellschaftliche Rang unseres Bildungswesens ergibt sich also daraus, daß die weitere Gestaltung der entwickelten sozialistischen Gesellschaft ohne die Erziehung des neuen Menschen ebenso undenkbar ist, wie diese andererseits undenkbar ist ohne die Schaffung der materiell-technischen Voraussetzungen.

Die Zielsetzung unseres Parteiprogramms, durch die Gestaltung der entwickelten sozialistischen Gesellschaft „alle Bedingungen zu schaffen, damit sich die gesellschaftlichen Beziehungen und die körperlichen und geistigen Fähigkeiten der Menschen voll entfalten können, alle Möglichkeiten zu eröffnen, daß sie ihr Leben inhaltsreich und kulturvoll zu gestalten vermögen, daß das Denken und Handeln der Werktätigen von der sozialistischen Ideologie, der marxistisch-leninistischen Weltanschauung der Arbeiterklasse geprägt wird"[2], bestimmt Ziel und Inhalt der gesamten Bildung und Erziehung in unserer Schule. Die allseitige Entwicklung der Persönlichkeit, die weitere Ausprägung der sozialistischen Bewußtheit, der Moral der Werktätigen, ein hohes Wissen, die Nutzung des ganzen geistigen Potentials unseres Volkes werden immer mehr zu ausschlaggebenden Bedingungen unseres weiteren Voranschreitens. Ganz in diesem Sinne hat der X. Parteitag, der einen weiteren bedeutsamen Zeitabschnitt der Verwirklichung unseres Parteiprogramms einleitete, in dem auf der Grundlage eines hohen wirtschaftlichen Leistungszuwachses veränderte Bedingungen wirken und neue Erfordernisse zu bewältigen sind, deutlich gemacht, daß „das Gedeihen aller anderen gesellschaftlichen Bereiche immer stärker auf das Tempo des Produktionswachstums"[3] zurückwirkt.

Immer mehr wird zum beherrschenden Gesichtspunkt, durch die Nutzung der Wissenschaft ökonomische Effektivität zu gewinnen, dafür die Traditionen wissenschaftlich-technischen Schöpfertums unseres Volkes mit größter Sorgfalt zu pflegen und vor allem die Jugend mit ihrer Energie an dieses reizvolle und schwierige Feld schöpferischer Arbeit heranzuführen. Dies alles unterstreicht die Feststellung des X. Parteitages, daß Wissenschaft und Bildung immer tiefer das Leben in allen gesellschaftlichen Bereichen durchdringen. Wenn heute von 8,9 Millionen Werktätigen unserer Republik bereits 4,6 Millionen die zehnklassige allgemeinbildende polytechnische Oberschule absolvierten, 6,6 Millionen eine abgeschlossene Berufsausbildung besitzen und 2,0 Millionen in der Volkswirtschaft Beschäftigte einen Hoch- oder Fachschulabschluß haben, so ergibt sich daraus die Notwendigkeit, dieses Bildungspotential einerseits umfassend zu nutzen und es andererseits noch weiter auszubauen.

Bewußtheit der Menschen, ein hohes Bildungs- und Ausbildungsniveau, ein hohes Kulturniveau, die Fähigkeit zu schöpferischer Arbeit – all das ist für die Leistungssteigerung in allen gesellschaftlichen Bereichen, sowohl in der materiellen Produktion als auch für eine wirksame politische Arbeit, für die Entfaltung der sozialistischen Demokratie und für die Entwicklung des individuellen Bedürfnisses nach einem sinnvollen Leben unabdingbar. Dazu kann und muß das Bildungswesen einen aktiven Beitrag leisten.

Wenn unsere Partei feststellt, daß der ökonomische Rang der DDR und das Lebensniveau unseres Volkes letzten Endes davon bestimmt werden, wie wir es vermögen, den wissenschaftlich-technischen Fortschritt weiter zu beschleunigen und

[2] Programm der Sozialistischen Einheitspartei Deutschlands. In: Protokoll der Verhandlungen des IX. Parteitages der Sozialistischen Einheitspartei Deutschlands. Bd. 2: 4. und 5. Beratungstag, Dietz Verlag, Berlin 1976, S. 220.,

[3] Bericht des Zentralkomitees der Sozialistischen Einheitspartei Deutschlands an den X. Parteitag der SED. Berichterstatter: Genosse Erich Honecker. In: Protokoll der Verhandlungen des X. Parteitages der Sozialistischen Einheitspartei Deutschlands. Bd. 1: 1. bis 3. Beratungstag, Dietz Verlag, Berlin 1981, S. 64.

ihn volkswirtschaftlich zu verwerten, dann ist dies zugleich eine Anforderung, die Möglichkeiten unseres Volksbildungswesens noch wirksamer zu machen für eine hohe, eng mit der Praxis verbundene, im Leben wirkende Bildung der Jugend, für die Entwicklung ihres schöpferischen Denkens und Handelns, ihrer Bewußtheit und Aktivität, ihres klassenmäßigen Standpunktes.

Höhere Ansprüche an die Bildungs- und Erziehungsarbeit der Schule ergeben sich auch aus den sich entwickelnden gesellschaftlichen Beziehungen der kameradschaftlichen Zusammenarbeit, der Kollektivität, aus der Festigung der sozialistischen Staats- und Rechtsordnung, der immer breiteren Entfaltung der sozialistischen Demokratie, die durch die gesellschaftliche Aktivität der Werktätigen, ihre politisch verantwortungsvolle, sachkundige Mitwirkung an der Leitung und Planung der gesellschaftlichen Angelegenheiten gekennzeichnet ist.

Die sich vollziehenden Prozesse erfordern also unabdingbar, das Bildungswesen auf einem hohen Niveau weiterzuentwickeln. Nur so kann es seiner Funktion gerecht werden, auf den Verlauf der politischen, ökonomischen und sozialen Prozesse einzuwirken, die Jugend umfassend auf die Erfordernisse der Weiterführung unserer sozialistischen Revolution vorzubereiten.

In allen historischen Etappen unserer Entwicklung hat sich die Partei in ihrer Gesamtpolitik von dem objektiven, durch den Marxismus-Leninismus theoretisch begründeten dialektischen Zusammenhang zwischen allen gesellschaftlichen Bereichen leiten lassen. Mit dem Blick auf die Erfordernisse und Bedingungen der gesellschaftlichen Entwicklung in der jeweiligen Etappe des sozialistischen Aufbaus hat unsere Partei immer rechtzeitig die nächsten Entwicklungsschritte unserer sozialistischen Schule abgesteckt und ihre praktische Verwirklichung organisiert. Dieses Herangehen ist eine sehr wesentliche Ursache dafür, daß unsere Schulpolitik durch ein hohes Maß an Kontinuität und Dynamik gekennzeichnet ist. Kontinuität schließt nach unserem Verständnis immer das Moment qualitativ neuer Anforderungen und Entwicklungen ein. Unter dieser Sicht galt und gilt es, immer wieder die Erfahrungen und Entwicklungsprobleme zu analysieren und zu prüfen, was auf Grund gesellschaftlicher Erfordernisse, ausgehend von den Entwicklungen in Wissenschaft und Produktion, in Kultur und Politik, von den Erkenntnissen einer sich entwickelnden, ständig fortschreitenden Schulpraxis, im Volksbildungswesen vorwärts zu bewegen, zu verändern ist. Stets haben wir zu berücksichtigen, daß die Schule schon heute Menschen ausbildet und erzieht, die um die Jahrtausendwende in ihr berufliches, in das gesellschaftliche Leben eintreten. So ist die Aufgabenstellung in unserem Parteiprogramm zu verstehen, daß unsere Schule heute die jungen Menschen befähigen muß, große, komplizierte Aufgaben zu bewältigen, die ihnen der sozialistische und kommunistische Aufbau stellen wird. Daraus ergibt sich die Forderung des X. Parteitages, unsere Schule inhaltlich weiter zu vervollkommnen.

Nach dem VIII. Pädagogischen Kongreß, der dafür die Grundlinie herausgearbeitet hat, die vom X. Parteitag bestätigt worden ist, wurde damit begonnen, Inhalt und Niveau der Allgemeinbildung weiter zu profilieren. So wurden für eine größere Anzahl der Fächer neue Lehrpläne, Lehrbücher und andere Unterrichts-materialien ausgearbeitet und in der Schule eingeführt. Dies wird in den kom-menden Jahren fortgesetzt werden, so daß etwa bis Ende der achtziger Jahre ein neues, auf wissenschaftlichen Erkenntnissen und Erfahrungen der Schulpraxis be-ruhendes Lehrplanwerk für alle Fächer, Stufen und Klassen als wesentliche Grundlage für eine qualifizierte, schöpferische Arbeit der Lehrer vorliegen wird.

Von großer bildungspolitischer Bedeutung ist auch die Tatsache, daß alle Drei-bis Sechsjährigen, deren Eltern es wünschen, einen Kindergarten besuchen kön-nen. Gegenwärtig besuchen fast 95 Prozent der Kinder dieses Alters den Kinder-garten. Die Vorschulerziehung hat sich so zu einer voll ausgebauten Stufe unseres einheitlichen sozialistischen Bildungssystems entwickelt. Sie ist darauf gerichtet, Sprache und Denken, die geistigen, körperlichen, sittlich-moralischen und charak-terlichen Kräfte der Kleinen zu entwickeln, wobei dem Spiel eine große Bedeu-tung zukommt.

Eine Million Kinder im Vorschulalter werden fürsorglich betreut, ihrem Alter entsprechend mit ihrer gesellschaftlichen Umwelt vertraut gemacht. Auch für die Arbeit im Kindergarten wurden mit der Ausarbeitung eines neuen Programms für die Bildungs- und Erziehungsarbeit Grundlagen geschaffen, die es den Vorschul-erzieherinnen ermöglichen, ihre pädagogische Arbeit mit unseren Jüngsten noch qualifizierter zu leisten.

Hier soll nicht unerwähnt bleiben, daß angesichts der positiven demographi-schen Entwicklung in den vergangenen Jahren große Anstrengungen notwendig waren, damit bei wachsender Anzahl der Vorschulkinder das erreichte Niveau, alle Kinder, deren Eltern es wünschen, in den Kindergarten aufzunehmen, gehalten werden konnte. So wurden in den Jahren 1981 bis 1984 110 500 neue Kin-dergartenplätze geschaffen, und im Volkswirtschaftsplan 1985 sind weitere 25 200 neue Plätze zu sichern. Wie sehr dies unter der Bevölkerung für unsere gute Poli-tik zu Buche schlägt, ist daran zu ermessen, daß über 90 Prozent der Frauen im ar-beitsfähigen Alter beruhigt ihrer Arbeit nachgehen können. Und wenn wir den Bogen weiterspannen, ist dies auch ein Beitrag für die Verwirklichung der Gleich-berechtigung der Frau.

Ebenso bedeutsam ist aus bildungspolitischer und sozialer Sicht die Tatsache zu werten, daß alle Schüler der 1. bis 4. Klasse, deren Eltern es wünschen, im Schulhort Aufnahme finden können. Gegenwärtig besuchen 83 Prozent aller Kin-der dieses Alters nach dem Unterricht den Hort. In den Schulhorten arbeiten voll ausgebildete Pädagogen. So können und müssen wir heute höhere Ansprüche an deren Arbeit stellen. Dabei geht es um ein interessantes, das Lernen, die Bildung und Erziehung stimulierendes Leben im Hort und darum, dem Spiel und der Be-friedigung der verschiedenen Interessen der Kinder noch besser gerecht zu wer-den. Die Lehrer und die Erzieher im Hort müssen die Kinder gut kennen und ihre tägliche Arbeit in der Erziehung gemeinsam, aufeinander abgestimmt leisten. Beide Pädagogen, der Lehrer in der Unterstufe und der Erzieher im Hort, müssen sich darum bemühen, auf das einzelne Kind und das Kinderkollektiv in ihren Anforderungen im Interesse der Ausprägung der kindlichen Persönlichkeit gemeinsam zu wirken. Und natürlich gilt auch hier, daß die Mütter die Gewißheit haben müssen, in Ruhe ihrer Arbeit nachgehen zu können. Dazu gehört, daß die Hausaufgaben im Hort ordentlich gemacht werden, daß die Kinder vernünftig essen und genügend an die frische Luft kommen. Hier gibt es Fortschritte, aber so manches Problem muß bei der weiteren Entwicklung unserer Horte noch besser gelöst werden.

Das Recht auf Bildung und berufliche Ausbildung ist in unserer Republik auch für die mehr als 75 000 schulbildungsfähigen physisch oder psychisch geschädigten Kinder und Jugendlichen verwirklicht, die in den allgemeinbildenden und berufsbildenden Sonderschulen Aufnahme finden. Allein im Zeitraum seit 1976 wurden 74 modern ausgestattete Sonderschulen, vor allem Körperbehindertenschulen, mit fast 2000 Unterrichtsräumen, über 7100 Internatsplätzen und den notwendigen sonderpädagogischen, sozialen und medizinischen Einrichtungen neu gebaut. Auch für diese Einrichtungen wurden ebenso wie für die Hilfsschulen neue Programme für die Bildung und Erziehung ausgearbeitet. Jetzt richten wir unsere Aufmerksamkeit auf die Aus- und Weiterbildung der dort tätigen Pädagogen, die eine schwere und aufopferungsvolle Arbeit leisten. Große Anstrengungen, um die notwendigen materiellen und personellen Bedingungen für das Volksbildungswesen zu schaffen, wurden im laufenden Fünfjahrplan erbracht. Den Plan 1985 eingeschlossen, werden allein im Zeitraum 1981 bis 1985 13 400 neue Unterrichtsräume – das sind vergleichsweise 520 neue zweizügige Schulen –, 765 neue Schulsporthallen und 135 700 neue Kindergartenplätze entstehen. Diese Entwicklung ist natürlich im Zusammenhang mit unserem umfangreichen Wohnungsbauprogramm zu sehen, wird doch bei uns, wenn auch nicht immer ohne Kampf und ohne Schwierigkeiten, der Grundsatz verwirklicht, daß mit den Wohnungen zugleich die Schulen und Kindereinrichtungen entstehen müssen.

Nimmt man den Zeitraum seit dem VIII. Parteitag, so ergibt sich, daß in den Jahren seit 1971 38 Prozent aller gegenwärtig vorhandenen Unterrichtsräume, 51 Prozent aller Schulsporthallen und fast 335 000 Kindergartenplätze neu gebaut wurden. Jeder dritte Lehrer und über die Hälfte der jetzt tätigen Kindergärtnerinnen wurden in dieser Zeit ausgebildet. Jeder Oberschule steht heute eine Unterrichtsmittelausstattung im Werte von etwa 200 000 Mark zur Verfügung.

Dank der schöpferischen, initiativreichen Arbeit der Werktätigen in der materiellen Produktion, dank der stetigen umfassenden Fürsorge von Partei und Regierung für die Entwicklung der heranwachsenden Generation und der aufopferungsvollen Arbeit unserer Pädagogen war es also auch im Verlauf dieses Fünfjahrplans trotz nicht geringer Belastungen unserer Volkswirtschaft möglich, die erfolgreiche Entwicklung im Volksbildungswesen weiter fortzusetzen.

Wenn wir, wie in allen anderen Bereichen, in Vorbereitung unseres XI. Parteitages auch im Volksbildungswesen realistisch Bilanz ziehen, wo wir bei der Verwirklichung der Beschlüsse unseres X. Parteitages stehen, dann ist das Wesentlichste wohl dies, daß in unserer Deutschen Demokratischen Republik die zehnklassige Oberschule in allen Städten und Dörfern Realität ist. Sie ist kein Privileg für einige wenige, sondern gesetzlich verankertes Recht und schon selbstverständliche Pflicht für alle Kinder des Volkes. Es ist dies eine Schule, die eng mit dem Leben verbunden ist, eine allgemeinbildende polytechnische Schule. Denn nur eine Schule, in der Unterricht und Produktion eng miteinander verbunden sind, ist eine wirklich sozialistische Schule. Gerade hinsichtlich der weiteren Ausprägung des polytechnischen Charakters unserer Schule haben wir Wesentliches erreicht. Auch hier müssen wir natürlich weitere Fortschritte organisieren, denn es ist Ziel unserer sozialistischen Schule, die heranwachsende Generation auf die Arbeit, auf den Beruf vorzubereiten. Die Tatsache, daß fast 85 Prozent der Absolventen der 10. Klasse sich im 1. Halbjahr der Klasse 10 für eine Ausbildung als Facharbeiter entscheiden, ihren Lehrvertrag abschließen, beweist, daß die Schule, die Lehrer ihre Arbeit voll und ganz an dieser Zielsetzung orientieren. Und natürlich ist dieses Ergebnis auch auf das hohe gesellschaftliche Ansehen zurückzuführen, das der Facharbeiter bei uns seit jeher genießt. Jedem Absolventen unserer zehnklassigen allgemeinbildenden polytechnischen Oberschule ist eine Lehrstelle, seine berufliche Ausbildung, ein sicherer Arbeitsplatz garantiert. Das entspricht den gesellschaftlichen Interessen und den persönlichen Vorstellungen jedes Jugendlichen, jeder Familie.

Etwa 15 bis 18 Prozent der Absolventen unserer zehnklassigen Oberschule nehmen den Weg über das Abitur oder gehen in eine Fachschule über. Das gewachsene Niveau der Oberschulbildung war die Voraussetzung dafür, daß 1983 der direkte Übergang von der 10. Klasse zur erweiterten Oberschule vollzogen werden konnte. Der Aufbau einer zweijährigen Abiturstufe im Anschluß an die Klasse 10 war bereits im Gesetz über das einheitliche sozialistische Bildungssystem von 1965 unter perspektivischer Sicht festgelegt. Die bis zum Jahre 1983 bestehende Übergangsregelung in Gestalt der Vorbereitungsklassen für die Abiturstufe im 9. und 10. Schuljahr konnte aufgehoben werden. Wie die Erfahrungen und das erreichte Niveau seitdem zeigen, hat sich dieser Schritt voll bewährt. Seine schulpolitische und soziale Relevanz liegt vor allem darin, daß die Entscheidung für einen Hochschulberuf jetzt erst zu Beginn der Klasse 10, also über zwei Jahre später, und dadurch mit wesentlich gefestigteren Vorstellungen der Schüler über die künftige Studienrichtung und den späteren Beruf erforderlich ist und zuverlässigere Einschätzungen über ihre Eignung möglich sind. Die Aufnahmeentscheidung für die Abiturstufe wird nun zum gleichen Zeitpunkt getroffen wie die Entscheidung für die Berufsausbildung. Das liegt im Interesse sowohl derer, die nicht in die Abiturstufe aufgenommen werden können und die ihre Lehrstelle nun zum gleichen Zeitpunkt erhalten wie die anderen Schüler, als auch derjenigen, die sich erst im 9. und 10. Schuljahr durch ihre positive Entwicklung für die Vorbereitung auf das Hochschulstudium als geeignet erweisen.

Unsere Partei ist stets davon ausgegangen, daß Fragen der Bildung, Fragen der Schule zu den wesentlichen Fragen der Durchführung der sozialistischen Revolution gehören. Schon zu Beginn der antifaschistisch-demokratischen Umwälzung wurde im Gemeinsamen Aufruf der KPD und der SPD zur demokratischen Schulreform vom 18. Oktober 1945 festgestellt, daß die demokratische Erneuerung Deutschlands undenkbar ist ohne grundlegende Reform der deutschen Schule, ohne eine allseitige Demokratisierung des gesamten Bildungswesens.

Was waren die entscheidenden Aufgaben, die in der demokratischen Schulreform gelöst wurden? Der gesamte Inhalt der Schulbildung wurde auf humanistischer, wissenschaftlicher Grundlage erneuert; alle faschistischen, militaristischen und anderen reaktionären Tendenzen im Bildungswesen wurden beseitigt. Das jahrhundertealte Bildungsprivileg wurde durch die Einführung einer für alle obligatorischen Einheitsschule und die Einführung des Fachunterrichts als einer entscheidenden Bedingung für ein höheres Bildungsniveau gebrochen. Für die Kinder der Arbeiter und Bauern wurde der Weg zu den Universitäten und Hochschulen geöffnet. Durch den Abbau der einklassigen und wenig gegliederten Landschulen, den Aufbau vollstufiger Zentralschulen in den ländlichen Gebieten wurden gleiche Bildungsmöglichkeiten in Stadt und Land gesichert. Alle faschistischen Lehrkräfte wurden aus den Schulen entfernt; durch die Einstellung antifaschistisch-demokratisch gesinnter Kräfte aus den Reihen der Werktätigen wurde ein neuer Lehrkörper geschaffen. Es ist in diesem Zusammenhang sicher nicht uninteressant zu wissen, daß die „Gegenwartsforderungen der Kommunistischen Partei Deutschlands für das Schulwesen", mit denen sich das Thälmannsche Zentralkomitee im Jahre 1930 an die Öffentlichkeit wandte, solche Forderungen enthielten, die Kernfragen der demokratischen Schulreform im Jahre 1945 waren. Das Thälmannsche Zentralkomitee forderte im Jahre 1930, um den Einfluß des Faschismus auf die Schule zurückzudrängen und die antifaschistisch-demokratischen Kräfte zum gemeinsamen Kampf zusammenzuführen, zum Beispiel

– die Mitwirkung der proletarischen Klassenorganisationen bei der Gestaltung des inneren und äußeren Schulwesens,
– die freie Betätigung der proletarischen Kinder- und Jugendorganisationen, auch innerhalb der Schule,
– die Entfernung aller faschistischen Lehrkräfte aus den Schulen,
– die Säuberung der Ausstattungen und des gesamten Bücherbestandes in den Schulen nach den Grundsätzen der klassenbewußten Arbeiterschaft,
– die Umgestaltung der Lehrpläne, Lehrbücher und des gesamten Unterrichts auf naturwissenschaftlich-materialistischer und historisch-materialistischer Grundlage,
– obligatorische periodische Fortbildungskurse auf der Grundlage des dialektischen Materialismus und der proletarischen Pädagogik für alle Lehrkräfte,
– einen einheitlichen organisatorischen Schulaufbau vom Kindergarten bis zur Hochschule,
– die Verbindung des gesamten Schulwesens mit der Produktion.[4]

[4] Vgl. Quellen zur Geschichte der Erziehung. 7. Aufl., Volk und Wissen Volkseigener Verlag, Berlin 1975, S. 427ff.

Rückblickend kann man heute sagen: Nur 15 Jahre später wurden diese Forderungen mit der antifaschistisch-demokratischen Umwälzung verwirklicht. Die Durchführung der demokratischen Schulreform stand am Beginn unserer Revolution. Mit ihr wurden die Grundlagen für die schrittweise Weiterführung des revolutionären Umgestaltungsprozesses unserer Schule zur sozialistischen Schule gelegt.

Bekanntlich wurde auf dem V. Parteitag im Jahre 1958 festgestellt, daß die Grundlagen des Sozialismus im wesentlichen geschaffen sind (die volle sozialistische Umgestaltung in der Landwirtschaft war damals noch nicht vollzogen). Mit den Thesen über die sozialistische Entwicklung des Schulwesens orientierte unsere Partei unmittelbar danach in Durchführung der Beschlüsse des V. Parteitages auf den schrittweisen Aufbau einer zehnjährigen allgemeinbildenden polytechnischen Oberschule. Bereits im Jahre 1958 wurde damit begonnen, für die Klassen 7 bis 10 den Unterrichtstag in der sozialistischen Produktion einzuführen. Das erste sozialistische Schulgesetz der DDR, das „Gesetz über die sozialistische Entwicklung des Schulwesens", das im Jahre 1959 erlassen wurde, definierte den Charakter unserer Schule als zehnjährige allgemeinbildende polytechnische Oberschule, die die Grundlagen für die Berufsausbildung und alle weiterführenden Bildungswege zu legen hat. Der Aufbau dieser zehnklassigen Schule vollzog sich bis Mitte der siebziger Jahre. 1959 waren es 40 Prozent der Schüler, die nach Abschluß der 8. Klasse in die 9. und 10. Klassen übergingen; 1963 waren es dann schon über 70 Prozent.

Unser VI. Parteitag im Jahre 1963 faßte den Beschluß, den Übergang zum umfassenden Aufbau des Sozialismus in unserer Republik zu vollziehen. Diese neue gesellschaftliche Entwicklungsetappe im Verlaufe unserer sozialistischen Revolution stellte natürlich weitaus höhere Anforderungen an das gesamte Bildungswesen – an die Vorschulerziehung, die Schule, die Berufsausbildung und an das Hoch- und Fachschulwesen. Nach einer breiten öffentlichen Diskussion wurde im Jahre 1965 von der Volkskammer das „Gesetz über das einheitliche sozialistische Bildungssystem" verabschiedet, das auch heute noch die Grundlage für die Entwicklung unseres Bildungswesens ist.

Mit diesem Gesetz wurde die zehnjährige obligatorische Oberschulbildung als Grundlage für jede weitere Bildung festgelegt. Im Jahre 1975 war der Aufbau der zehnklassigen allgemeinbildenden polytechnischen Oberschule als Pflichtschule für alle Kinder abgeschlossen.

Der Aufbau unserer zehnjährigen allgemeinbildenden polytechnischen Oberschule war also ein längerer Prozeß, der sich in Übereinstimmung mit der Entwicklung der gesellschaftlichen Voraussetzungen, Bedingungen und Erfordernisse vollzog. Es bedurfte intensiver politischer Arbeit der Partei, die aus perspektivischer Sicht die Notwendigkeit ableitete, Voraussetzungen für eine ständige weitere Erhöhung des Bildungsniveaus zu schaffen. Es entsprach dies dem Erfordernis, gebildete, qualifizierte Facharbeiter in Industrie und Landwirtschaft, Ingenieure und Wissenschaftler heranzubilden.

Es gab nicht wenige, die zum damaligen Zeitpunkt an der Realisierbarkeit unseres Schulprogramms zweifelten. Denn schließlich bedurfte es zu einem Zeitpunkt, wo es noch an vielem mangelte, großer materieller Anstrengungen; es mußten mehr Schulen gebaut werden, und dies zu einer Zeit, da wir noch große Probleme beim Aufbau der Wirtschaft zu lösen hatten. Manche Wirtschaftsfunktionäre hatten Bedenken, da sich eine Verlängerung der Schulbildung um zwei Jahre ja zunächst negativ auf die damals ohnehin schwierige Arbeitskräftelage auswirkte. Eltern vertraten die Meinung: Wir sind auch tüchtige Arbeiter mit unserer achtjährigen Schulbildung geworden, warum also jetzt eine zehnjährige Schulbildung? Bis der richtige Weg zur polytechnischen Schule gefunden war, mußte manches erprobt, manches auch verworfen werden. So gab es Ansätze, Tendenzen einer vorzeitigen Spezialisierung, Bestrebungen, die Berufsausbildung in die allgemeinbildende Schule zu integrieren. Dieser Weg erwies sich unter unseren Bedingungen als nicht tragfähig. Wir nutzten natürlich die Tatsache, daß wir in der DDR von Anfang an eine solide Berufsausbildung aufgebaut hatten, auf die wir uns bei der Entwicklung der Polytechnik stützen konnten, sowohl auf die materielle Basis in den Betrieben als auch auf die erfahrenen Kader der Berufsausbildung, die qualifizierten Facharbeiter und Lehrmeister. Heute erweist sich erneut, wie richtig es war, daß die Partei rechtzeitig, mit dem Blick auf die Entwicklung in den kommenden Jahren und Jahrzehnten, in den verschiedenen Entwicklungsetappen unserer Gesellschaft konsequent auf den Aufbau einer zehnjährigen allgemeinbildenden polytechnischen Oberschule orientiert hat.

In der Bildungspolitik ist unsere Partei immer davon ausgegangen, daß die Schule mitten im politischen Kampf steht, daß sie den Klasseninteressen der Arbeiterklasse, die stets Interessen aller Werktätigen sind, zu dienen hat. Auch die bürgerliche Schule ist den Zielen und Interessen der herrschenden Klasse untergeordnet. Nur haben wir uns im Gegensatz zur Bourgeoisie, die die ideologische Funktion ihrer Schule leugnet, stets offen zur politischen Zielstellung unserer Schule bekannt. Marx und Engels schrieben bekanntlich bereits im „Kommunistischen Manifest", daß die Kommunisten die Einwirkung der Gesellschaft auf die Erziehung nicht erfinden, sondern nur ihren Charakter verändern, indem sie die Erziehung dem Einfluß der herrschenden Klasse entreißen.[5]

Unsere Schule hat die Aufgabe, den jungen Menschen unsere Ideologie, die wissenschaftlich begründete Ideologie der Arbeiterklasse, zu vermitteln, die die höchsten Werte der Menschheit beinhaltet. Was in dieser Schule gelehrt und anerzogen wird, entspricht den Interessen aller Werktätigen, den Interessen der Eltern, denn es ist eine Erziehung, die die Kinder lehrt, für den Frieden, für das Glück der Menschen mit Wort und Tat einzutreten. Wir sagen offen: Welche also, wenn nicht unsere Weltanschauung, unsere Ideologie, die immer mehr Menschen auf der Erde erfaßt, weil sie wahr, weil sie menschlich ist, sollten wir unsere Kin-

[5] Vgl. K. Marx/F. Engels: Manifest der Kommunistischen Partei. In: K. Marx/F. Engels: Werke. Bd. 4, Dietz Verlag, Berlin 1983, S. 478.

der lehren? Sie ist das Beste, was wir der jungen Generation übermitteln können und übermitteln müssen!

Die Bildung und Erziehung in unserer Schule ist voll und ganz an unserer Ideologie orientiert. Unsere Schule vermittelt eine streng wissenschaftliche Bildung, die auf dem Prinzip der Einheit von Wissenschaft und Ideologie, der Einheit von Bildung und Erziehung beruht.

Wenn wir im Gegensatz zur bürgerlichen Schule davon sprechen, daß die sozialistische Schule eine wissenschaftliche Bildung vermittelt, dann deshalb, weil der Inhalt der Allgemeinbildung, der Inhalt aller Fächer, sowohl in den Gesellschaftswissenschaften als auch in den Naturwissenschaften, die Auswahl des Stoffes wie auch die Art und Weise seiner Vermittlung darauf gerichtet sind, der Jugend ein ihrem Alter angemessenes wissenschaftliches Bild von der Welt und von den Mitteln und Wegen zu ihrer Veränderung entsprechend der dialektisch-materialistischen und historisch-materialistischen Betrachtungsweise zu vermitteln. In unserer sozialistischen Schule werden die Heranwachsenden durch die Vermittlung von grundlegendem Wissen, von Kenntnissen über wesentliche Zusammenhänge, Gesetze und Verfahren zur Einsicht in allgemeine Gesetzmäßigkeiten der Entwicklung in der Natur, in der Gesellschaft und im menschlichen Denken geführt.

Stets gehen wir davon aus, daß politische Erziehung solides Wissen voraussetzt. Gerade dies meinte Lenin ja mit seiner Feststellung auf dem III. Komsomolkongreß, wenn er hervorhob, daß sich die Jugend nicht nur die kommunistischen Losungen aneignen darf, sondern sich all die Schätze des Wissens aneignen muß, die die Menschheit hervorgebracht hat und auf denen schließlich der Kommunismus beruht.

Wenn ich jetzt auf einige wenige Aspekte der politisch-erzieherischen Arbeit zu sprechen komme, so möchte ich vor allem hervorheben, daß die Grundlagen für die weltanschauliche, politische und moralische Erziehung in erster Linie durch einen wissenschaftlich fundierten, guten Unterricht gelegt werden und gelegt werden müssen. Vor allem der Unterricht muß das Wissen der Schüler um solche vom Marxismus-Leninismus wissenschaftlich begründeten Erkenntnisse bereichern, deren Richtigkeit, deren Wahrheit sich in der politischen Praxis unserer Epoche so überzeugend bestätigt hat. Denn um Überzeugungen, Haltungen zu entwickeln, muß die Jugend Wissen darüber besitzen,

– daß und warum die sozialistische Revolution unwiderruflich ihren Siegeszug angetreten hat,

– daß und warum sich zwischen Imperialismus und Sozialismus ein harter und schärfer werdender Klassenkampf vollzieht,

– daß und warum der Imperialismus, obwohl er noch starke Kräfte hat, letztlich, historisch gesehen, überlebt ist.

Unsere Jugend muß wissen, daß die Menschheit mit der Errichtung des Sozialismus in eine neue Epoche der Menschheitsgeschichte eingetreten ist. Dazu braucht sie Kenntnisse, Einsichten. Die Grundfrage heutiger Erziehungsarbeit ist, die Jugend klassenmäßig zu erziehen, sie zu lehren, klassenmäßig an alle Erscheinungen des politischen Kampfes heranzugehen. Historischen Optimismus kann die Jugend nur gewinnen aus der tiefen Überzeugung, daß sich das Kräfteverhältnis in der Welt zugunsten des Sozialismus verändert hat und daß ungeachtet der Tatsache, daß es im Kampf um das Vorwärtsschreiten des Sozialismus auch zeitweilige Niederlagen und Rückschläge geben kann, sich der Sozialismus zum bestimmenden Faktor entwickelt hat und weiter entwickelt.

Wenn das 9. Plenum unseres Zentralkomitees erneut auf die Verantwortung, ja die Pflicht aller Genossen verwiesen hat, mit der Jugend zu arbeiten, sie klassenmäßig zu erziehen[6], so stellt dies natürlich an alle Mitglieder der Partei, die sozusagen von Berufs wegen tagtäglich mit jungen Leuten arbeiten, besonders hohe Anforderungen, und so versteht das auch die Masse unserer Pädagogen. Mit vielen Ideen entwickeln sie gemeinsam mit der Pionierorganisation „Ernst Thälmann" und der Freien Deutschen Jugend eine lebendige Arbeit in Vorbereitung des 40. Jahrestages des Sieges über den Hitlerfaschismus und der Befreiung unseres Volkes, eine erzieherische Arbeit, die vor allem darauf gerichtet ist, der Schuljugend überzeugend nahezubringen, daß der Prozeß der revolutionären Veränderung unserer Welt durch die Große Sozialistische Oktoberrevolution eingeleitet wurde und daß, wie es im Aufruf zum 40. Jahrestag heißt, die UdSSR mit der Befreiung der Völker vom Hitlerfaschismus die zweite welthistorische Befreiungstat während unseres Jahrhunderts vollbracht hat.

Die Erziehung unserer Jugend im Geiste der unverbrüchlichen Freundschaft mit der Sowjetunion hat in den vier Jahrzehnten seit der Befreiung unseres Volkes reiche Früchte getragen. Generationen sind herangewachsen, deren Haltung von der festen Überzeugung geprägt ist, daß der Bruderbund zwischen der DDR und der UdSSR und die feste Verankerung unserer Republik in der Gemeinschaft der sozialistischen Staaten für unser Volk für immer die stabile Grundlage seiner Sicherheit und Erfolge ist.

Tief verwurzelt ist in unserer Erziehung der proletarische Internationalismus, die internationale Solidarität mit allen um ihre Freiheit kämpfenden Völkern. Vor einiger Zeit sagte mir ein Genosse aus Nikaragua aus tiefster Überzeugung nach vielen Begegnungen mit Kindern und Jugendlichen unserer Republik: „Bei euch hat man den Eindruck, daß die Kinder den Gedanken der Solidarität mit der Muttermilch aufnehmen."

Ja, unsere Partei hat viel vollbracht. Man kann von einem Wirtschaftswunder sprechen; das Entscheidende, das Größte jedoch ist, daß es unsere Partei in diesen 40 Jahren seit der Befreiung vermochte, ein ganzes Volk umzuerziehen, immer neue Generationen bewußter Patrioten und Internationalisten zu erziehen. Daß daran unsere sozialistische Lehrerschaft ihren Anteil hat, darauf darf sie zu Recht stolz sein.

---

[6] Vgl. Aus dem Bericht des Politbüros an die 9. Tagung des Zentralkomitees der SED. Berichterstatter: Genosse Erich Honecker. A. a. O., S. 66/67.

Unsere Pädagogen nutzen den 40. Jahrestag der Befreiung, in der Erziehungsarbeit die Liebe und den Stolz unserer Kinder und Jugendlichen auf ihr Vaterland, die Deutsche Demokratische Republik, zu vertiefen und zu festigen. Jede Schülergeneration immer wieder und noch besser und solider mit dem nötigen Wissen über den Kampf der deutschen Arbeiterklasse und ihrer Vorhut, über den heldenhaften Kampf der deutschen Antifaschisten auszustatten ist Aufgabe und Anforderung an die Erziehungsarbeit unserer Lehrer. Sie müssen der Jugend tief in Herz und Verstand pflanzen, daß mit großen Opfern, dem Blut und den Tränen von Millionen und mit großen Anstrengungen ihrer Mütter und Väter im Herzen Europas ein sozialistischer Staat, ein wahrhaft humanistischer Staat, das wahre Vaterland der deutschen Jugend geschaffen wurde.

Unter den Bedingungen der Existenz zweier deutscher Staaten ist es von besonderem Gewicht, daß die Erziehung zu guten Staatsbürgern, die in jeder Situation fest zu ihrem sozialistischen Vaterland stehen, stets Mittelpunkt unserer Arbeit war, ist und bleiben muß. Die Ergebnisse liegen auf der Hand: Generationen junger Leute standen und stehen an vorderster Front beim Aufbau und bei der Verteidigung des Sozialismus. Generationen junger Leute der Nachkriegszeit haben dafür Großes geleistet. Die künftigen Generationen zu Mitgestaltern, zu bewußten, klugen Fortsetzern dieses begonnenen Werkes zu erziehen, das ist Ziel, Anliegen, Pflicht unserer sozialistischen Schule.

Unsere Jugend muß von klein an lernen: Den Sozialismus müssen die Menschen machen, er ist so gut, wie wir ihn machen durch unsere kluge, fleißige Arbeit, wie wir uns einsetzen dafür, Richtiges, Gutes durchzusetzen. Daß es der Jugend eigen ist, Kritisches kritisch zu bewerten, ist normal. Das ist gut so; wichtig ist jedoch vor allem, daß wir die jungen Leute so erziehen, daß sie Mängel nicht nur feststellen, sondern lernen, selbst aktiv Hand anzulegen, um unsere Sache voranzubringen.

Die Erziehung zur Liebe zu ihrem sozialistischen Vaterland, zur Treue zu seiner Verfassung, zum Verständnis der Rechte und Pflichten eines jeden Staatsbürgers unserer Republik, bereit zu sein, für das Gedeihen unseres sozialistischen Vaterlandes das Beste zu geben, den Sozialismus unter allen Bedingungen zu schützen und zu verteidigen, darin besteht der Sinn der Erziehung unserer Jugend zum sozialistischen Patriotismus, den wir niemals vom proletarischen Internationalismus trennen.

Auch in der politischen Arbeit unter der Schuljugend nimmt die Frage des Kampfes um den Frieden einen entscheidenden Platz ein. Für die Jugend ist diese Frage mit ihren Zukunftsträumen, Hoffnungen und Plänen verbunden. Immer besser verstehen die Lehrer, überzeugend zu erklären, daß der Sozialismus den Frieden wie der Friede einen starken Sozialismus braucht, einen Sozialismus, der sich zu verteidigen weiß. Es ist nur natürlich, daß auf dem Hintergrund der aktuellen Ereignisse in der Welt die jungen Leute, und nicht nur sie – da wir ja täglich die Gefahren aufzeigen müssen, die mit der Möglichkeit verbunden sind, daß es die Imperialisten wagen könnten, einen atomaren Krieg vom Zaune zu brechen –, die Frage stellen, woher wir unseren historischen Optimismus, die Überzeugung nehmen, daß es die reale Möglichkeit gibt, den Aggressoren den Weg zu versperren, den Konfrontationskurs zu stoppen. Viel ist dazu in Beschlüssen, in Reden, Erklärungen, Interviews, über unsere Massenmedien gesagt und geschrieben. Sich den Ideengehalt dieser Dokumente zu erschließen, mit ihnen so zu arbeiten, daß die Pädagogen aus einem tiefen Verständnis heraus den Kindern und Jugendlichen die Dinge erklären können – dabei müssen die Parteiorganisationen und Parteileitungen den Lehrern helfen.

Was müssen die Lehrer in diesem Zusammenhang beispielsweise den jungen Leuten erklären? Sie müssen nachweisen, daß der Konfrontationskurs der USA nicht irgendeine plötzliche, von irgendwelchen Personen abhängige Erscheinung ist, sondern Ausdruck des harten Klassenkampfes, des sich verschärfenden Kampfes zwischen den beiden Weltsystemen und nicht zuletzt Ausdruck der tiefen Krise des Imperialismus. Sie müssen den jungen Menschen erklären, daß die historische Offensive des Sozialismus und die historische Defensive des Imperialismus – der aus dieser Lage herauskommen will, indem er alle Kräfte mobilisiert, um den Sozialismus, vor allem die Sowjetunion, zurückzurollen beziehungsweise zu vernichten – die tiefere Ursache für eine Politik ist, die gekennzeichnet ist durch wirtschaftliche, politische und den Versuch der militärischen Erpressung, durch den Versuch, den Sozialismus totzurüsten. Die Lehrer müssen überzeugend erklären, daß die Wahrung des militärstrategischen Gleichgewichts – als entscheidende Bedingung für die Friedenssicherung – und der Kampf um die Einstellung des Wettrüstens, die Abrüstung keine taktische Frage, sondern eine Grundfrage für den Sozialismus sind. Das müssen wir den Lehrern und diese müssen es der Jugend verständlich machen und die Überzeugung festigen, daß wir nun gerade alle Kräfte mobilisieren müssen und werden, um den Sozialismus allseitig, vor allem ökonomisch zu stärken, daß seine Potenzen ökonomisch, geistig und moralisch unerschöpflich sind, um den Kampf im friedlichen Wettstreit der Systeme auszutragen.

Und wir müssen der Jugend mehr Wissen vermitteln, daß und warum der Imperialismus in der Krise steckt, worin seine Widersprüche bestehen, daß zwar der Hauptgegensatz in der Welt der zwischen Sozialismus und Imperialismus ist, daß aber zugleich auch die Widersprüche zwischen den imperialistischen Staaten und innerhalb des imperialistischen Gesellschaftssystems wachsen und weiter wachsen werden. Sind doch die Vorherrschaftspläne der USA in Europa, ihr Weltherrschaftsanspruch selbst für ihre Verbündeten gefährlich. Die jungen Leute müssen wissen, daß es sich bei diesen Widersprüchen um imperialistische Interessengegensätze handelt; es geht um Konkurrenz, um die Aufteilung der Märkte, es sind also ökonomisch bedingte Widersprüche. Zugleich natürlich führen diese und vor allem die Drohung mit einem atomaren Krieg zu politischen Widersprüchen. Denn die Bourgeoisie selbst ist am Überleben interessiert. Niemand möchte gern seinen Kopf hinhalten. Gleichzeitig muß die Jugend wissen: Ungeachtet dieser Widersprüche sind sich alle einig, wenn es gegen den Sozialismus geht. Daß die

Bourgeoisie den Sozialismus als ihren Hauptfeind sieht, ist aus ihrer Sicht sogar normal; denn schließlich werden wir den Imperialismus so lange bekämpfen, wie es ihn gibt. Wir müssen also mit der Jugend im Klartext sprechen. Wir werden alles tun, um den Sozialismus noch anziehender zu machen, damit er immer mehr ausstrahlt, gerade heute angesichts der Tatsache, daß die Werktätigen in den kapitalistischen und den unterentwickelten Ländern die Hauptlast der Krise, der Rüstung tragen müssen. Die sozialen Massenkämpfe der Arbeiterklasse dort entwickeln sich und werden sich weiter entwickeln. Natürlich ist es in diesem Zusammenhang nicht immer leicht, jungen Leuten zu erklären, warum das alles nicht schneller geht, warum noch so viele Menschen für bürgerliche, reaktionäre Regierungen stimmen, antikommunistisch eingestellt sind usw. Deshalb ist es so wichtig, die Lehrer immer besser zu befähigen, daß sie der Jugend die Kompliziertheit, die Widersprüchlichkeit, die Dialektik des Kampfes besser erklären.

Es ist wichtig, der Jugend den Blick zu öffnen, daß auch in der Frage Krieg und Frieden ein klassenmäßiges Herangehen nötig ist, daß der Kampf um die friedliche Koexistenz Klassenkampf ist, ein harter politischer, ideologischer und wirtschaftlicher Kampf, in dem es darum geht, im Nebeneinander der bestehenden Weltsysteme unter Ausschluß eines die Existenz der Menschheit gefährdenden atomaren Krieges die Überlegenheit des Sozialismus weiter auszubauen. Und noch eins muß man der Jugend immer wieder sagen: Wie die Geschichte der Nachkriegszeit beweist, kann man die Kriegslüsternen, die Abenteurer nur durch unsere Stärke in die Schranken weisen, nur diese Sprache verstehen sie. Deshalb erklären wir denen schließlich immer wieder mit allem Nachdruck, daß ein militärisches Abenteuer mit dem Risiko ihres eigenen Untergangs verbunden ist. Und immer mehr von ihnen wissen das auch, was jedoch nicht ausschließt, daß die aggressiven Kräfte Abenteuerliches wagen. Wir müssen der Jugend verständlich machen, daß wir im Kampf um Entspannung und Abrüstung, Verhandlungen nutzen, um vor allem das Geheimnis zu entlarven, wie Kriege gemacht werden, und die Völker für den Friedenskampf zu mobilisieren, damit an den Verhandlungstischen etwas erreicht wird.

Es kommt also darauf an, gerade der Jugend noch besser zu erklären, daß der Kampf um die Erhaltung des Friedens die Hauptfrage des Klassenkampfes im Weltmaßstab ist. Mit der Jugend müssen wir eine offene, klassenmäßige Sprache sprechen.

Damit die Jugend die politischen Vorgänge in unseren Tagen besser verstehen lernt, eigene Antworten auf Fragen findet, ist es besonders wichtig, sie natürlich unter Berücksichtigung ihres Alters, ihres Auffassungsvermögens wissenschaftlich solide und lebendig mit der Geschichte unseres Kampfes, mit den Lehren aus der Geschichte, vor allem mit der Geschichte der Deutschen Demokratischen Republik, ihres Werdens und Wachsens vertraut zu machen. Dabei haben wir zu beachten, daß die Masse der Lehrer diesen Geschichtsabschnitt nicht oder noch nicht bewußt erlebt hat, daß auch sie die Geschichte der DDR nur aus Geschichtsbüchern kennt.

Gegenwärtig arbeiten wir gemeinsam mit unseren Historikern an der Ausarbeitung eines neuen Geschichtslehrplans und der Entwicklung qualitativ besserer Geschichtslehrbücher. Diese Arbeiten zielen unter anderem darauf, konkretere Geschichtskenntnisse zu vermitteln. Dabei haben wir uns, bezogen auf die Geschichte der DDR, die Frage vorzulegen, was die Jugend weiß beziehungsweise wissen muß, beispielsweise über das Potsdamer Abkommen und sein Zustandekommen, darüber, daß sich und wie sich nach der Befreiung in ganz Deutschland der Kampf um demokratische Verhältnisse vollzog; was sie darüber weiß und wissen muß, daß die imperialistischen Besatzungsmächte in den Westzonen diese Entwicklung verhinderten und wie die Kommunistische Partei in den Westzonen den Kampf führte; was die Jugend weiß und wissen muß darüber, unter welchen Bedingungen und wie der Kampf um ein demokratisches Deutschland in Einheit und Frieden geführt wurde.

Muß die Jugend nicht genauer wissen, wie die Spaltung Deutschlands durch die Imperialisten vorbereitet wurde, daß die BRD auf Befehl der westlichen Besatzungsmächte gebildet worden ist und wie im Gegensatz dazu unsere Republik als souveräner Staat entstand und sich entwickelte?

Was muß sie wissen über den Prozeß der Herausbildung der Einheit der Arbeiterklasse und die Schaffung einer einheitlichen marxistisch-leninistischen Partei, über den Aufbau unserer sozialökonomischen Basis, darüber, wie sich die Entwicklung des Volkseigentums als Grundlage für die politische Macht der Arbeiterklasse vollzog?

Und ebenfalls sollte die Jugend wissen, wie der Klassenkampf um die Errichtung des Sozialismus auch im Innern geführt wurde, beispielsweise über den Widerstand der Konzerne nach der Enteignung bis hin zu solchen Prozessen wie gegen den Solvay-Konzern.

Auch über die Härte des Kampfes bei der Durchführung der Bodenreform, darüber, wie sich die Veränderungen auf dem Lande, von der Aufteilung des Bodens bis zur Vergenossenschaftlichung in den verschiedenen Stufen, vollzogen, sollte unsere Jugend konkreter Bescheid wissen. Und schließlich soll man im Geschichtsunterricht keinen Bogen um Probleme machen; auch über konterrevolutionäre Aktionen, über den 17. Juni 1953 beispielsweise und andere Ereignisse, muß die Jugend etwas wissen. Denn unsere Partei geht davon aus, daß man die Geschichte schreiben und lehren muß, wie sie tatsächlich verlaufen ist.

Man könnte nun fragen: Werden solche Kenntnisse über unsere Geschichte denn jetzt nicht schon im Geschichtsunterricht behandelt? Ja, wir vermitteln schon viel darüber, was sich in der Geschichte vollzog, aber noch zuwenig, wie es sich konkret vollzogen hat.

Ein wichtiger Aspekt für eine höhere erzieherische Wirksamkeit unseres Geschichtsunterrichts besteht darin, die Geschichte unserer Republik nicht abgehoben zu lehren von der gesamten, vorher zu behandelnden nationalen und Weltgeschichte. Gilt es doch auch im Geschichtsunterricht stärker zu verdeutlichen, daß die Geschichte unserer Republik auf den Traditionen, auf dem Erbe unseres Volkes beruht und all das, was in der Geschichte des deutschen Volkes an Progressivem hervorgebracht worden ist, in unserer DDR bewahrt wurde. Und natürlich muß der Geschichtsunterricht die Jugend zu der Erkenntnis führen, daß mit der Errichtung des Sozialismus ein qualitativ neuer Abschnitt der Geschichte der Menschheit und damit auch in der Geschichte unseres Volkes begann. Den jungen Menschen muß deutlich werden, daß dies nur die sozialistische Revolution vollbringen konnte, daß sie selbst in ihrem Vaterland diese Revolution erleben und gefordert sind, sie weiterzuführen.

Deshalb ist die Beschäftigung mit unserer Geschichte auch in der außerunterrichtlichen Tätigkeit von großer Bedeutung. In der Arbeit der sozialistischen Jugend- und Kinderorganisation spielt die Erforschung der Geschichte des Territoriums schon eine große Rolle. Diese Tätigkeit zielt vor allem darauf ab, den Schülern ein lebendiges Bild von der Größe der Aufgaben und der Erfolge beim Aufbau des Sozialismus in der DDR zu vermitteln. Die Kreisleitungen der Partei sollten den Pionieren und FDJlern noch wirksamer dabei helfen, sich mit der neuesten Geschichte des Heimatortes, der Betriebe und Genossenschaften, mit dem Wirken von Persönlichkeiten, die sich im Kampf um die sozialistische Entwicklung einen Namen gemacht haben, bekanntzumachen.

Ausgehend davon, daß politische Erziehung immer konkretes Wissen einschließt, schenken wir der Qualität des Staatsbürgerkundeunterrichts erhöhte Aufmerksamkeit. Auch in diesem Fach wurden neue Lehrpläne und Lehrbücher eingeführt, die gemeinsam mit führenden Wissenschaftlern der Akademie für Gesellschaftswissenschaften beim Zentralkomitee der SED, ja maßgeblich von ihnen, ausgearbeitet wurden. Auf der Grundlage der bewährten Konzeption dieses Faches, den Schülern ausgewählte Grunderkenntnisse des Marxismus-Leninismus in enger Verbindung mit der Politik der Partei zu vermitteln, orientieren wir im Interesse einer höheren Solidität und Anwendungsbereitschaft des zu erwerbenden Wissens und Könnens mit diesen neuen Lehrmaterialien noch stärker auf wesentliche Sachverhalte. Hängen doch von der Gründlichkeit und Konkretheit sowie von der Art und Weise, mit der politische Fakten und Zusammenhänge vermittelt und angeeignet werden, schließlich in entscheidendem Maße die Tiefe und Wirksamkeit weltanschaulicher Einsichten und Überzeugungen ab. Mit den neuen Lehrplänen für Staatsbürgerkunde, die stofflich von Überflüssigem entlastet worden sind, wurden bessere Voraussetzungen für eine effektive Gestaltung des Aneignungsprozesses, für die Festigung des Wissens, die Sicherung einer ausreichenden Faktenbasis und für eine noch engere Verbindung von Theorie und Praxis sowie für die stärkere Nutzung der eigenen Erfahrungen der Schüler geschaffen.

Es ist ein ausgesprochener Vorzug unserer Schule, daß wir nun schon seit vielen Jahren ein solches Fach lehren, in dem die Schüler mit den Grundlagen unserer Wissenschaft, unserer Weltanschauung vertraut gemacht werden, das ihnen Grundkenntnisse aus allen drei Bestandteilen des Marxismus-Leninismus vermittelt. Aber bei allem, was in dieser Hinsicht erreicht worden ist, bleibt die Aufgabe für die Staatsbürgerkundelehrer, unsere Wissenschaft exakt und zugleich lebendig zu lehren. Daß dies keine leichte Aufgabe ist, weiß jeder Parteipropagandist sicher aus eigener Erfahrung.

Nun wird nicht selten die Frage gestellt, die oft auch im Zusammenhang mit der Zweckmäßigkeit der Zensierung im Staatsbürgerkundeunterricht aufgeworfen wird, warum bei den jungen Leuten das politische Wissen noch nicht immer mit dem persönlichen Verhalten übereinstimmt. Wohl muß man das im gesamten Prozeß der Erziehung anstreben, aber das ist natürlich nicht allein durch den Staatsbürgerkundeunterricht zu erreichen, und wie so vieles, was in anderen Fächern in der Schule gelehrt wird, versteht auch ein Schüler in diesem Fach nicht immer gleich, erworbenes Wissen praktisch anzuwenden. Schließlich haben Bildung und Erziehung nicht nur kurzzeitige Wirkungen; auf vieles, was die Schule an Grundlagen gelegt hat, wird ein Mensch erst im späteren Leben zurückgreifen und darüber verfügen können.

Daß unsere Jugend angesichts der schnellebigen politischen Entwicklung viele Probleme bewegen, daß sie nach einem eigenen Standpunkt sucht, ihre Fragen offen, manchmal sogar zugespitzt stellt, halten wir für normal. Und unsere jungen Leute, schon die Kinder, und so erziehen wir sie ja, geben sich nicht mit platten Argumenten, mit allgemeinen Deklarationen zufrieden; sie wollen den Dingen auf den Grund gehen, und das ist gut so. Deshalb muß ideologische Arbeit unter der Jugend gründlich und konkret geleistet werden, gerichtet darauf, den jungen Menschen zu helfen, die Dinge zu begreifen. Ein Lehrer würde es sich zu leicht machen, wollte er Fragen, die ihm seine Schüler stellen, vorschnell als politisch unklar beurteilen; schließlich sind ja die komplizierten Probleme des gegenwärtigen revolutionären Prozesses mit seinen Fortschritten und zeitweiligen Rückschlägen auch für die Älteren nicht immer gleich verständlich. Arbeit mit Kindern, mit der Jugend erfordert nun einmal, prinzipiell und geduldig zu sein.

Unsere Partei läßt sich von der Erkenntnis Lenins leiten, daß die Jugend auf anderem Wege zum Sozialismus kommt, nicht in der Form, nicht in der Situation wie ihre Väter, daß jede Generation veränderte Lebensbedingungen vorfindet. Das ist nicht nur eine Losung; aus dieser Tatsache ergeben sich Konsequenzen für jeden, der mit der Jugend arbeitet. Die in den Sozialismus Hineingeborenen haben nun einmal andere Erfahrungen als die Älteren, als jene Generation, die die Kämpfe um die Errichtung unserer Arbeiter-und-Bauern-Macht miterlebte und mit ausfocht, die aus eigener Anschauung die Auseinandersetzung mit dem Gegner kennengelernt hat. Zu den Grunderfahrungen unserer Jugend gehört, daß sie in sozialer Sicherheit und Geborgenheit aufwachsen kann, daß ihr alle Wege geöffnet sind. Dies war ja schließlich auch das Ziel aller Kämpfe, aller Anstrengungen. Die Heranwachsenden in der Achtung vor diesen Errungenschaften zu erziehen ist natürlich eine hohe Verpflichtung. Zu den Erfahrungen unserer Jugend gehört aber auch, daß man lernen und arbeiten muß, um vorwärtszukommen, und daß das Tun zum Wohle aller auch zum eigenen Wohle gereicht. Die junge Generation, die in den Sozialismus hineingeboren wurde, formt also ihre

Lebensvorstellungen auf der Grundlage des realen Sozialismus. Für sie ist der Sozialismus, das von ihm Hervorgebrachte, sind seine Perspektiven, die Auseinandersetzung mit den Problemen und Widersprüchen bei der Bewältigung unserer weitgesteckten Ziele, Gegenstand und Inhalt der geistig-praktischen Auseinandersetzung mit der Wirklichkeit. Unsere gesamte Jugendpolitik, eingeschlossen die Erziehung in der Schule und im Jugendverband, hat bewirkt, daß sich unsere Jugend den hohen Ansprüchen in der Produktion, auf dem Feld der Wissenschaft, in der Armee stellt. In der Schule messen wir der Erziehung zu einer aktiven Lebensposition wachsende Bedeutung bei. Man kann schließlich sehr leicht zum Betrachter der Dinge um sich herum werden und womöglich annehmen, daß irgendwer „oben" alles regeln wird. Schon immer war es oberster Grundsatz unserer Jugendpolitik, der Jugend Vertrauen und Verantwortung zu schenken. Das gilt für die Erziehung vom Kindesalter an. Unsere Jugend soll von früh an mit Entscheidungen konfrontiert werden, lernen, Aufgaben mit Konsequenz durchzusetzen, Schwierigkeiten zu überwinden und sich über Erreichtes zu freuen.

Viel hängt davon ab, wie es die Lehrer in ihrer Erziehungsarbeit verstehen, das Verhalten und Handeln der Schüler richtig zu motivieren, wie überzeugend, wie einfühlsam sie mit den Schülern arbeiten. Dies ist ein Anspruch an die Arbeit mit den Schülern aller Altersstufen. Es gilt, schon die Kleinen zu lehren, wer Freund und wer Feind ist und woran man sie erkennt, es kommt darauf an, ihren Drang zu nutzen, Neues zu entdecken in ihrer Umwelt, ihren Wunsch, aktiv zu sein, zu fördern. Bei den Schülern der 4. bis 8. Klasse sind schon relativ feste Einstellungen und Verhaltensweisen herausgebildet, ihre sozialen Beziehungen sind vielfältiger, ihre Interessen und Bedürfnisse differenzierter. Ihrem Drang, selbst etwas zu tun, muß durch eine solche politisch-pädagogische Arbeit Rechnung getragen werden, die sie in ihrer politischen Aktivität fordert, ihnen etwas zutraut. Erst recht gilt dies für die Arbeit mit den Jugendlichen in den oberen Klassen. Hier sind Lebenseinstellungen, Lebensgewohnheiten und politische Haltungen schon deutlich ausgeprägt. Ihr Bedürfnis, sich mit politischen und weltanschaulichen Fragen, mit solchen für sie bedeutsamen Problemen wie dem Sinn des Lebens, dem eigenen Glücksanspruch usw. zu beschäftigen, ist stark entwickelt. Gerade an diesen, die Jugend dieses Alters bewegenden Problemen dürfen wir nicht vorbeigehen, sie in der politischen Arbeit nicht ausklammern, sonst beschäftigen sich andere damit.

Und schließlich haben wir auch gelernt, daß es nicht richtig ist, die Jugend nach Äußerlichkeiten zu beurteilen. Die jungen Menschen finden Gefallen an Dingen, die Älteren nicht gefallen und umgekehrt. Dies ist normal und kein Politikum. Entscheidend ist, was die jungen Leute im Kopf haben, und daß sie sich vernünftig bewegen. Wir wollen keine Musterkinder, aber klar denkende, fleißige und disziplinierte Jungen und Mädchen erziehen.

Politische Arbeit mit den Großen zu leisten, das verlangt vom Lehrer, genau zu wissen, wo es in der Politik langgeht; er muß durch bessere Argumente überzeugen können, und schließlich muß er durch die eigene Haltung, durch Konsequenz, durch das eigene Beispiel überzeugen, Vertrauen schaffen. Das sind Ansprüche, die verlangen, der Erziehung der Erzieher ständig die gebührende Aufmerksamkeit zu widmen.

Tagtäglich sind die Lehrer in dieser oder jener Form mit progressiven, aber auch mit unklaren Auffassungen in Elternhäusern konfrontiert, die sich im Denken und Verhalten der Kinder in der Schule widerspiegeln. Der Lehrer steht vor der Aufgabe, den Schülern auch auf jene Fragen Antwort zu geben, denen manche Eltern mitunter ausweichen. Oft muß er in Situationen Rede und Antwort stehen, wenn noch keine Parteiinformation vorliegt. Um so mehr müssen, wie das 9. Plenum unseres Zentralkomitees orientierte, die Kreisleitungen der Partei, die Parteiorganisationen, alle Genossen in der Volksbildung eine solche politisch-ideologische Arbeit leisten, die jeden Lehrer erreicht, ihm hilft, aktuelle Ereignisse klassenmäßig richtig zu werten, theoretisch fundiert und offensiv zu argumentieren. Denn auch die Lehrer haben ihre Fragen zur Weltpolitik, zu den aktuellen Problemen der Innen- und Außenpolitik. Es ist daher für die Parteileitungen, für jede Schulparteiorganisation von großer Bedeutung zu wissen, welche Fragen die Pädagogen bewegen, welche Probleme in den Pädagogenkollektiven geklärt werden müssen.

Im folgenden möchte ich auf drei Fragenkomplexe eingehen, die unter der Sicht der weiteren Gestaltung der entwickelten sozialistischen Gesellschaft in der DDR in unserer Bildungs- und Erziehungsarbeit, in Theorie und Praxis der pädagogischen Arbeit weiter, tiefer durchdacht werden müssen. Welche Fragen sind das? Es geht
– um den konkret-historischen Inhalt der allseitigen Persönlichkeitsentwicklung und die daraus abgeleitete Aufgabe, jeden Schüler optimal zu entwickeln,
– um die Weiterentwicklung der Allgemeinbildung unter besonderer Beachtung der Erfordernisse der wissenschaftlich-technischen Revolution
und
– um einige Fragen der sittlich-moralischen Erziehung.

Die gesamte Arbeit in unserer sozialistischen Schule ist orientiert auf die Heranbildung allseitig entwickelter Persönlichkeiten, die auf der vom Marxismus-Leninismus begründeten wissenschaftlichen Lehre vom Wesen des Menschen, von seiner gesellschaftlichen Natur, von den Wegen seiner Veränderung und Höherentwicklung beruht. Allseitigkeit der Entwicklung ist seit Jahrtausenden in den Vorstellungen über die Rolle des Menschen in der Gesellschaft erstrebenswertes Ideal. Marx und Engels griffen die Vorstellungen der utopischen Sozialisten von einer Gesellschaft freier, allseitig entwickelter Menschen sowie das klassische bürgerlich-humanistische Bildungsideal auf. Sie wiesen jedoch in der Auseinandersetzung mit diesen idealistischen Vorstellungen nach, daß der Mensch als reales, in Natur und Gesellschaft handelndes Subjekt zu sehen ist. Sie wiesen die materielle Bedingtheit dieses Ideals, den engen Zusammenhang von allseitiger Entwicklung des Menschen mit der zunehmenden Vergesellschaftung der Produktion nach. „Die Natur der großen Industrie", so schrieb Marx, „bedingt... Wechsel der Arbeit, Fluß der Funktion, allseitige Beweglichkeit des Arbeiters."[7] Die Großindustrie erforderte, „das Teilindividuum, den bloßen Träger einer gesellschaftlichen Detailfunktion," zu ersetzen „durch das total entwickelte Individuum, für welches verschiedene gesellschaftliche Funktionen einander ablösende Betätigungsweisen sind"[8].

Zugleich führten Marx und Engels den Beweis, daß unter sozialistischen Produktionsverhältnissen nicht nur die Bedingungen für die allseitige Entwicklung des Menschen existent sind, sondern die Notwendigkeit und Möglichkeit für die Verwirklichung allseitiger Menschenbildung herangereift ist. „Die gemeinsam und planmäßig von der ganzen Gesellschaft betriebene Industrie", so schrieb Engels in den „Grundsätzen des Kommunismus", „setzt... Menschen voraus, deren Anlagen nach allen Seiten hin entwickelt sind, die imstande sind, das gesamte System der Produktion zu überschauen."[9] Marx und Engels wiesen also nach, daß bereits im Kapitalismus mit dem Aufkommen der modernen Industrie, mit der zunehmenden Vergesellschaftung der Produktion die allseitige Entwicklung des Menschen zu einem objektiven Erfordernis wird, aber unter den Bedingungen der Ausbeutung nicht verwirklicht werden kann. Denn in der kapitalistischen Gesellschaft lebt der Arbeiter, um das Kapital zu vermehren, kann er, gekettet an die kapitalistischen Produktionsverhältnisse, seine Anlagen und Fähigkeiten nicht voll entfalten. In der sozialistischen Gesellschaft erst, in der der gesellschaftliche Reichtum nicht Mittel zum Profit ist, sind die politischen, ökonomischen und sozialen Voraussetzungen für die Verwirklichung des humanistischen Menschheitsideals von der allseitigen Entwicklung der Persönlichkeit gegeben.

Erst mit der Beseitigung der antagonistischen Klassengesellschaft, mit der Schaffung sozialistischer Produktionsverhältnisse werden, wie Engels feststellt, durch die planmäßige Ausnutzung und Weiterentwicklung der Produktivkräfte, durch gleiche Arbeitspflicht die Mittel zum Leben, zur Ausbildung und Betätigung aller körperlichen und geistigen Fähigkeiten in wachsendem Maße geschaffen[10], alle Mittel, „um den Lebensprozeß der Arbeiter zu erweitern, zu bereichern, zu befördern"[11].

Heute bestätigt das Leben die unumstößliche Wahrheit des Marxismus-Leninismus, daß erst mit der Eroberung der politischen Macht durch die Arbeiterklasse, durch die Vergesellschaftung der Produktionsmittel, durch die Beseitigung der Ausbeutung des Menschen durch den Menschen jene Voraussetzungen entste-

[7] K. Marx: Das Kapital. Erster Band. In: K. Marx/F. Engels: Werke. Bd. 23, Dietz Verlag, Berlin 1983, S. 511.

[8] Ebenda, S. 512.

[9] F. Engels: Grundsätze des Kommunismus. In: K. Marx/F. Engels: Werke. Bd. 4, Dietz Verlag, Berlin 1983, S. 376.

[10] Vgl. F. Engels: Einleitung zu Marx' „Lohnarbeit und Kapital". In: K. Marx/F. Engels: Werke. Bd. 22, Dietz Verlag, Berlin 1982, S. 209.

[11] K. Marx/F. Engels: Manifest der Kommunistischen Partei. In: K. Marx/F. Engels: Werke. Bd. 4, a. a. O., S. 476.

hen, damit sich der Mensch selbst verwirklichen, seine Persönlichkeit allseitig entwickeln kann. Dazu hat das sozialistische Bildungswesen einen entscheidenden, einen aktiven Beitrag zu leisten. Unserer sozialistischen Schule ist die Aufgabe gestellt, so ist dies im Programm der Partei verankert, allseitig entwickelte Persönlichkeiten zu erziehen und auszubilden.

Es versteht sich, daß Persönlichkeitsbildung ein ständiger, umfassender Prozeß ist, der mit Beendigung der Schulzeit nicht abgeschlossen ist, der nicht nur in der Schule verwirklicht wird. Aber die Schule kann und muß entscheidende Grundlagen für die allseitige Persönlichkeitsentwicklung legen. Es ist ihre Aufgabe, der Jugend eine allseitige Ausbildung zu geben, ihr jene Kenntnisse und Erkenntnisse zu vermitteln, die sie befähigen, an der Umgestaltung der natürlichen und gesellschaftlichen Umwelt zum Nutzen der Menschen bewußt teilzunehmen.

Unsere Allgemeinbildung ist eine zutiefst humanistische Bildung. Sie beinhaltet die Einführung in die Naturwissenschaften und die Gesellschaftswissenschaften ebenso wie das Vertrautmachen mit der Weltliteratur und Kunst, mit Goethe und Schiller, mit Dürer, Bach und Beethoven, aber auch dies, was keine bürgerliche humanistische Bildung vordem leisten konnte: der Jugend die universellen Ideen, die Marx, Engels und Lenin hervorgebracht haben, zu vermitteln, den Klassenkampf der Arbeiterklasse in die Erziehung einzubeziehen.

Dies hervorzuheben ist deshalb wichtig, weil auch bei uns hin und wieder Meinungen vertreten werden, daß in unserer Schule humanistische Bildung vernachlässigt würde, daß sie zuwenig Welthistorisches, Literarisches, Ästhetisches vermitteln würde, daß die Naturwissenschaften einen zu großen Raum einnähmen. Dies stimmt rein sachlich einfach nicht. Muttersprache, Fremdsprachen, Literatur, Musik und Kunsterziehung haben in unserer Allgemeinbildung einen bedeutenden Platz. In keiner für alle Kinder verbindlichen Schule wurden jemals zuvor Fremdsprachen gelehrt. In unserer allgemeinbildenden Schule werden Musik und Kunsterziehung über zehn Jahre hin unterrichtet, wird ein Literaturunterricht erteilt, der die Behandlung solcher anspruchsvollen Werke wie „Faust" einschließt.

Abgesehen von der Ignoranz gewisser Leute, die Tatsachen nicht zur Kenntnis nehmen, zeigt sich hier ein Verhaftetsein in Auffassungen des klassischen bürgerlich-humanistischen Bildungsideals, das in seiner objektiven historischen Begrenztheit die Rolle der Naturwissenschaften für die Menschenbildung noch nicht erkannte.

Unsere Auffassung von humanistischer Bildung ist weiter gefaßt. Marx und Engels wiesen bekanntlich nach, daß die Menschen nicht nur in einem Verhältnis zur Sprache, Kultur und Geschichte, sondern auch in einem aktiven Verhältnis zur Natur stehen. So wies Engels darauf hin, „daß wir mit Fleisch und Blut und Hirn ihr (der Natur) angehören und mitten in ihr stehn, und daß unsre ganze Herrschaft über sie darin besteht, im Vorzug vor allen andern Geschöpfen ihre Gesetze erkennen und richtig anwenden zu können ... Namentlich seit den gewaltigen Fortschritten der Naturwissenschaft in diesem Jahrhundert werden wir mehr und mehr in den Stand gesetzt, auch die entfernteren natürlichen Nachwirkungen wenigstens unsrer gewöhnlichsten Produktionshandlungen kennen und damit beherrschen zu lernen. Je mehr dies aber geschieht, desto mehr werden sich die Menschen wieder als Eins mit der Natur nicht nur fühlen, sondern auch wissen, und je unmöglicher wird jene widersinnige und widernatürliche Vorstellung von einem Gegensatz zwischen Geist und Materie, Mensch und Natur...“[12] Wir müssen und können das von Marx und Engels ausgearbeitete kommunistische Bildungsideal, das reicher und umfassender ist, als es selbst die besten Denker des Bürgertums beschreiben konnten, Schritt für Schritt nach den Möglichkeiten unserer Zeit verwirklichen.

Allseitig entwickelte Persönlichkeiten heranzubilden ist auf das engste verknüpft mit der Aufgabe, den Unterricht mit produktiver Arbeit und Gymnastik zu verbinden als der „einzige(n) Methode zur Produktion vollseitig entwickelter Menschen“[13]. In der Schule die Grundlagen für die allseitige Ausbildung des Menschen zu legen erfordert, eine Allgemeinbildung zu vermitteln, in die die polytechnische Ausbildung integriert ist, verlangt, den Unterricht mit der Produktion zu verbinden.

In einem so hochentwickelten sozialistischen Industrieland mit einer ebenso entwickelten Landwirtschaft wie der DDR ist eine solche Bildung zugleich von größter Bedeutung für die Heranbildung des Nachwuchses qualifizierter Facharbeiter, Techniker, Ingenieure und Wissenschaftler.

Bürgerliche Ideologen können natürlich nicht verstehen, daß eine solche Bildung, die auf die Anforderungen der Arbeit vorbereitet, nichts mit „ökonomischer Vereinseitigung“, nichts mit der Preisgabe des Ideals von allseitiger Bildung zu tun hat.

Die Rolle der Arbeit, ihren Anteil an der Entwicklung des Menschen hat die Wissenschaft schon vor Marx nachgewiesen. Aber erst der Marxismus-Leninismus hat bekanntlich die Rolle der Arbeit als Existenz- und Entwicklungsbedingung der menschlichen Gesellschaft und ihre Rolle für die Entfaltung der menschlichen Persönlichkeit, für die Ausbildung und Erziehung der Jugend umfassend wissenschaftlich ausgearbeitet.

Von der Idee einer mit dem Leben verbundenen Schule, der harmonischen Ausbildung von Kopf, Herz und Hand war bereits das Denken vieler progressiver Pädagogen der Vergangenheit bestimmt, zum Beispiel Komenskýs, Pestalozzis und Diesterwegs. Auch fortschrittliche Kräfte der deutschen Lehrervereinsbewegung wirkten in diesem Sinne.

Ausgehend von der stürmischen Entwicklung der Industrie und Technik, der Produktivkräfte in der Phase des Übergangs des Kapitalismus in sein monopolistisches Stadium, entwickelte sich um die Wende zum 20. Jahrhundert in Deutschland der Arbeitsschulgedanke, der in der Kritik an einer lebensfremden, maßgeb-

---

[12] F. Engels: Anteil der Arbeit an der Menschwerdung des Affen. In: K. Marx/F. Engels: Werke. Bd. 20, Dietz Verlag, Berlin 1983, S. 453.
[13] K. Marx: Das Kapital. Erster Band. A. a. O., S. 508.

lich von religiösen Dogmen bestimmten formalen Bildung entstand und der von Kerschensteiner und anderen Pädagogen vertreten wurde.

Nadeshda Krupskaja befaßte sich in Vorbereitung der Großen Sozialistischen Oktoberrevolution sehr aufmerksam mit den pädagogischen Strömungen im imperialistischen Deutschland. Sie erkannte die Begrenztheit und die Klassengebundenheit der Bestrebungen Kerschensteiners, die darauf hinausliefen, auf Kosten der Allseitigkeit der Entwicklung der jungen Menschen einen Stamm von Arbeitern vorzubereiten, der in der Lage sein sollte, den durch die industrielle Entwicklung gestellten Aufgaben zu entsprechen. Damit wurde letztlich das Ziel verfolgt, die Schule den Interessen der kapitalistischen Gesellschaft anzupassen. Übrigens wird, sozusagen auf höherer Ebene, in den kapitalistischen Ländern heute aus eben einer solchen Sicht für die Volksschule, weniger für die Elite, das Ziel propagiert, die Schule der „Arbeitswelt" anzupassen.

Die Deutsche Lehrerversammlung, die 1912 in Berlin zusammentrat, setzte sich mit solchen Auffassungen einer einseitigen mechanischen Ausbildung auseinander und forderte eine Arbeitsschule, in der die allgemeine Ausbildung der Fähigkeiten der Kinder, die Erweiterung ihres Gesichtskreises ihren Platz haben sollten. Krupskaja griff den rationalen Kern dieser Ideen auf. In ihrem Artikel „Die Frage der Arbeitsschule auf der Deutschen Lehrerversammlung zu Berlin" schrieb sie, „daß 124 000 deutsche Lehrer diese Thesen mehr oder weniger gut ihrer Arbeit zugrunde legen werden, daß die Überlegungen der besten von ihnen in dieser Richtung weitergehen werden...", nicht nur unter der Sicht einer Eliteschule für einige hundert Kinder der wohlhabenden Klasse, sondern der Entwicklung der Volksschule. Damit, so schrieb sie, ist ein Schritt vorwärts getan, „die kindliche Persönlichkeit tritt in ihre Rechte"[14]!

Es versteht sich, daß wir uns beim Aufbau unserer sozialistischen Schule mit den reaktionären und reformistischen Inhalten der Arbeitsschulbewegung auseinandersetzen mußten; aber ebenso wichtig war es, den progressiven Kern, das Progressive in der Tradition aufzugreifen, Arbeit und allgemeine Ausbildung zu verbinden.

Wir verstehen also polytechnische Ausbildung umfassend. Sie umschließt eine wissenschaftlich fundierte Allgemeinbildung, eingeschlossen die naturwissenschaftliche Bildung, die Vermittlung elementarer technischer Kenntnisse, die enge Verbindung von Theorie und Praxis im gesamten Bildungsprozeß, den Unterricht in der Produktion, eine Erziehungsarbeit, die darauf gerichtet ist, in der Arbeit und durch die Arbeit solche charakterlichen und moralischen Eigenschaften und Verhaltensweisen zu entwickeln, die der sozialistischen Arbeitsmoral entsprechen. Polytechnische Bildung ist auf die Heranbildung allseitig entwickelter Persönlichkeiten gerichtet.

[14] N. K. Krupskaja: Die Frage der Arbeitsschule auf der Deutschen Lehrerversammlung zu Berlin. In: N. K. Krupskaja: Sozialistische Pädagogik. Bd. I, Volk und Wissen Volkseigener Verlag, Berlin 1967, S. 230.

Die Schule wirkt planmäßig, gezielt auf die Menschen in einem Alter ein, in dem sich Kulturniveau, Bewußtsein, Lebenseinstellung, sittliche Verhaltensnormen und Charakter in entscheidendem Maße ausbilden. Was hier richtig gemacht wird, trägt im weiteren Leben reiche Früchte; was wir hier falsch machen oder versäumen, kann von großem Schaden für die Entwicklung des jungen Menschen sein.

Unsere Schule kann sich unter den Bedingungen der weiteren Gestaltung der entwickelten sozialistischen Gesellschaft die Aufgabe stellen – und mit dem Blick auf die perspektivischen Erfordernisse muß sie dies schon heute tun –, jedes Kind optimal zu entwickeln, das heißt, die Fähigkeiten und Anlagen jedes Kindes, seine Individualität auszuprägen. Gerade darauf orientierte 1982 die zentrale Direktorenkonferenz.

Die marxistische Pädagogik geht davon aus, daß die Anlagen der Menschen unterschiedlich sind. Bürgerliche Ideologen unterstellen, daß der Marxismus gerade dies leugnen würde. Was der Marxismus bestreitet, ist die bürgerliche, reaktionäre Auffassung, die die Entwicklungsfähigkeit des Menschen leugnet, indem sie die Rolle seiner natürlichen Voraussetzungen – seiner Anlagen und seines Erbgutes – verabsolutiert, die behauptet, daß seine Fähigkeiten festgelegt sind und etwas nicht zu Beeinflussendes seien, was natürlich vor allem auf die breite Masse, die Arbeiterkinder also, bezogen ist.

Wir gehen von der marxistisch-leninistischen Position aus, daß die natürlichen Anlagen eine notwendige Bedingung für die Entwicklung der Persönlichkeit sind. Welche Fähigkeiten und Eigenschaften sich jedoch bei den Heranwachsenden entwickeln, das hängt in entscheidendem Maße von der Erziehung ab. Unsere marxistisch-leninistische Psychologie weist nach, daß sich „das Kind entwickelt…, indem es erzogen und gebildet wird"[15].

Warum nun fordern wir von unseren Lehrern heute, setzen wir den Anspruch, sich in ihrer Arbeit stärker auf die Ausbildung der Fähigkeiten aller, jedes einzelnen zu orientieren, den Anspruch, alle Schüler gut über die verschiedenen Entwicklungsphasen ihres politischen und psychologischen Wachsens und Reifens zu führen, auch über die schwierigen Phasen, die es im Kindes- und Jugendalter gibt? Wir haben davon auszugehen, daß sich objektiv die Rolle des subjektiven Faktors erhöht, daß die Anforderungen an die bewußte Initiative der Massen und des einzelnen höher werden, der Anspruch an Wissen, Können, Initiative, Schöpfertum und Verantwortung des einzelnen wächst, daß letztlich die Ausbildung der Persönlichkeit, aller Fähigkeiten des Individuums zutiefst dem Sinn des Sozialismus entspricht. Die Sicht auf die individuelle Entwicklung jedes Menschen ist ein reales Erfordernis in der sozialistischen Gesellschaft, die alle Möglichkeiten dafür schafft und die um so reicher wird, je reicher sich die menschliche Per-

---

[15] S. L. Rubinstein: Grundlagen der Allgemeinen Psychologie. 9. Aufl., Volk und Wissen Volkseigener Verlag, Berlin 1977, S. 203.

sönlichkeit entfaltet. Unsere Gesellschaftsentwicklung fordert die Entwicklung aller schöpferischen Fähigkeiten und Begabungen der Menschen.

Wenn für die Erziehung unserer Jugend die Aufgabe gestellt ist, ihre individuelle Entwicklung immer umfassender zu realisieren, so hat dies nichts mit bürgerlichem Individualismus zu tun, der das charakteristische Merkmal von Beziehungen zwischen Individuum und Gesellschaft in der antagonistischen Klassengesellschaft ist, der sich als Denk- und Verhaltensweise in der bürgerlichen Gesellschaft äußert, als Ausdruck des Gegensatzes von gesellschaftlichen und persönlichen Interessen.

Dem Sozialismus ist Individualismus wesensfremd, wenngleich dieser noch nicht völlig überwunden ist, was wir in unserer Erziehungsarbeit wohl berücksichtigen müssen. Unsere Auffassung vom Individuum und von seiner Entwicklung fußt auf der schon von Marx und Engels in der „Deutschen Ideologie" formulierten Erkenntnis, daß erst in der Gemeinschaft mit anderen jedes Individuum die Mittel hat, seine Anlagen nach allen Seiten hin auszubilden, daß erst in der Gemeinschaft die persönliche Freiheit möglich wird.[16] Das erreichte Entwicklungsniveau unserer sozialistischen Gesellschaft erfordert es, den Zusammenhang von Individualität und Kollektivität im Sozialismus noch tiefer bewußtzumachen. Es wäre zu wünschen, daß sich unsere Gesellschaftswissenschaftler, eingeschlossen unsere pädagogischen Wissenschaftler, dieser Problematik noch stärker annähmen. In der marxistischen Pädagogik kommt dem Kollektiv ein bedeutender Platz zu; denn das Kollektiv, in dem die Kinder leben, tätig sind, ist von großer Bedeutung für ihre Entwicklung. Welche Wertmaßstäbe für die Beziehungen untereinander im Kollektiv gelten, wie politische Standpunkte, Überzeugungen und Haltungen des einzelnen, welche Verhaltensnormen im Kollektiv ausgeprägt sind, welche Verhaltensweisen gefordert werden, ist für die Erziehung von großer Bedeutung.

Wenn wir von allseitiger Bildung, von optimaler Entwicklung jedes Kindes sprechen, so verstehen wir darunter die Vermittlung von Wissen und Können, weltanschauliche Bildung, die Ausprägung moralischer Eigenschaften, politischer Standpunkte, Überzeugungen und Haltungen, die Formung des Charakters und der Gefühle. Das spricht sich leicht aus, stellt jedoch hohe Anforderungen an die Tätigkeit des Lehrers und bedarf vor allem der ideologischen Klärung, denn nur ein tiefes Verständnis, wie sich die Persönlichkeitsentwicklung unter unseren konkret-historischen Bedingungen in einem vielschichtigen Prozeß dialektischer Wechselbeziehungen von Gesellschaft und Individuum vollzieht, verschafft den richtigen Zugang zu einer wissenschaftlich fundierten pädagogischen Arbeit. Das erfordert das Studium der Werke der Klassiker des Marxismus-Leninismus ebenso wie das Studium solcher Arbeiten, in denen neuere Erkenntnisse unserer Gesellschaftswissenschaften, so zum Beispiel unserer Philosophen, publiziert

[16] Vgl. K. Marx/F. Engels: Die deutsche Ideologie. In: K. Marx/F. Engels: Werke. Bd. 3, Dietz Verlag, Berlin 1983, S. 74.

sind. Natürlich macht man mit Philosophie noch keine Pädagogik; der Lehrer muß zudem ein sehr solides pädagogisches und psychologisches Wissen und pädagogisches Können besitzen. Er steht täglich vor vielen verschiedenen Klassenkollektiven. Jeden Schüler gut zu kennen, zu wissen, welches seine individuellen Besonderheiten sind, keinen Schüler aus dem Auge zu verlieren, im Unterricht mit allen zu arbeiten, auch die zurückhaltenden oder inaktiven Kinder herauszufordern, Leistungsfähige zu fördern, diese Aufgabe steht vor jedem Pädagogen, vor dem Klassenleiter, vor allen Fachlehrern. Das erfordert vom Lehrer ständiges Bemühen darum, richtig einzuschätzen, wie sich die Entwicklung des einzelnen Schülers vollzieht, die ja bekanntlich nicht geradlinig verläuft. Das verlangt, immer wieder erneut zu überlegen, welche Anlagen und individuellen Eigenschaften bei jedem einzelnen Schüler noch zu wecken wären, welche Entwicklungsperspektiven ihm gesetzt werden sollten. Immer erneut ist zu prüfen, welche neuen Qualitäten in seiner Entwicklung entstanden sind, welche Entwicklungsschritte sich vollzogen haben und welche Anforderungen in der nächsten Phase an ihn gestellt werden müssen.

Das sind Ansprüche, die noch nicht jeder Pädagoge meistert, aber unsere Lehrer stellen sich dieser Anforderung, dahin bewegt sich in den Schulen die Diskussion und die Arbeit. Da gibt es gute Ergebnisse, Erfahrungen und auch Mängel. Da ist noch nicht überwunden, daß einige Lehrer zweifeln, daß sich jedes Kind entwickeln, verändern kann, und es gibt auch dies, daß Kinder, sei es bezogen auf ihre Haltung oder ihre Leistung, „abgestempelt", daß Urteile gefällt werden, die die Entwicklung hemmen, daß Kinder, die wenig in Erscheinung treten – weder positiv noch negativ –, ungenügend beachtet, gefordert werden. Zu diesen und vielen weiteren Fragen und Problemen gibt es ernsthafte, kritische Diskussionen in den Lehrerkollektiven, gibt es Meinungsstreit über noch Unzureichendes und den Erfahrungsaustausch, wie diese Probleme zu meistern sind. Diese Diskussion zu fördern, das ist eine Aufgabe vor allem auch der Parteiorganisationen, gemeinsam mit den Gewerkschaftsgruppen und den Direktoren der Schulen. Durch eine wirksame ideologisch-erzieherische Arbeit der Parteiorganisationen gilt es, bei allen an der Erziehung in der Schule Beteiligten einheitliche Grundauffassungen über das zu erreichende Ziel zu schaffen.

Mit der Konzeption der weiteren Gestaltung der entwickelten sozialistischen Gesellschaft gibt unsere Partei eine klare Antwort auf die Frage, wie die wissenschaftlich-technische Revolution in den Dienst der Gesellschaft gestellt und zu einem der entscheidenden Instrumente bei der Verwirklichung des Sinns des Sozialismus werden kann. Ausgangspunkt und Ziel unserer Politik, unserer Wirtschaftspolitik, ist der Mensch mit seinen Bedürfnissen, eingeschlossen die Entfaltung aller seiner Fähigkeiten.

Bei der Ausarbeitung der Konsequenzen aus der wissenschaftlich-technischen Revolution unter den Bedingungen der sozialistischen Gesellschaft für die Bildungs- und Erziehungsarbeit in der Schule haben wir also die Gesamtheit der Erfordernisse zu beachten, die sich aus der Entwicklung der Produktion, der Wissenschaft, der sozialistischen Demokratie, der Entfaltung des geistig-kulturellen Lebens ergeben. Auf einige Aspekte, die der wissenschaftlich-technische Fortschritt aus einer solchen Sicht aufwirft und die in der Schule bedacht werden müssen, möchte ich eingehen.

So erwachsen aus der Automatisierung, der Anwendung von Mikroelektronik – wenn auch nicht in allen Tätigkeitsbereichen gleichmäßig und gleichzeitig – höhere Anforderungen an die Leistungsfähigkeit des Menschen, sein Schöpfertum, seine Verantwortung, seine Aktivität, seine Disponibilität, seine Bildung. Eine höhere Qualifikation der Arbeiter erweist sich – wie das die Praxis in unseren modernen Betrieben zeigt – schon jetzt als notwendig, auch wenn neben den Erfordernissen höherer Qualifizierung noch Arbeitstätigkeiten monotoner und unqualifizierter Art existieren. Die Anzahl qualifizierter, anspruchsvoller Arbeitsplätze und Tätigkeiten wird weiter zunehmen.

In der Praxis zeigt sich immer deutlicher, daß ein hohes Niveau der Allgemeinbildung der Jugend zu den wichtigsten Vorleistungen für die erfolgreiche Meisterung des wissenschaftlich-technischen Fortschritts unter den Bedingungen der sozialistischen Gesellschaft gehört. Unsere Schule inhaltlich auszugestalten schließt ein zu prüfen, was die Schule tun kann und muß, um jene grundlegenden Voraussetzungen für eine hohe Disponibilität zu schaffen, die die künftigen Facharbeiter benötigen. Dabei haben wir zu beachten, was notwendig ist, um die Schüler an die nachfolgende Berufsausbildung heranzuführen.

Unsere allgemeinbildende Schule hat nicht die Funktion, den Schülern bereits spezielles berufliches Wissen und Können zu vermitteln, obwohl wir natürlich berücksichtigen, daß die Grenze hier nicht starr gezogen ist. Wie die Entwicklung der Bildungsinhalte beweist, wurde zum Beispiel mit der Einführung der Polytechnik schon manches, was früher Gegenstand der ersten Phase der Berufsausbildung war, zum Bestandteil der Allgemeinbildung. Aber diese Bestandteile haben berufsvorbereitenden Charakter. Nach wie vor gilt es, von der bewährten Erfahrung auszugehen, daß Inhalt und Niveau der Allgemeinbildung in der Schule mit Sorgfalt bestimmt werden müssen. Es wäre falsch, wenn die Schule bestimmten Anforderungen aus der Sicht einzelner Wissensgebiete, einzelner gesellschaftlicher Bereiche oder Institutionen folgen würde, solche Erkenntnisse in die Lehrpläne aufzunehmen, die dem Wesen der Allgemeinbildung nicht entsprechen, das heißt, die nicht mehr zum grundlegenden Allgemeinwissen zählen, die ihrem Charakter nach Spezialwissen, Spezialbildung sind.

Die Praxis hat bewiesen, daß die grundlegenden Bestandteile der Wissenschaften über längere Zeit als relativ stabil angesehen werden können, nicht raschen Veränderungen unterworfen sind. Unter einer solchen Sicht wurde das notwendige Wissen und Können aus den betreffenden Wissenschaften für die Bestimmung der Allgemeinbildung ausgewählt. Nach dem Urteil führender Vertreter der einzelnen Wissenschaften in unserer Republik hat der überwiegende Inhalt der in den Lehrplänen festgelegten Allgemeinbildung auch für die kommende Zeit volle Gültigkeit. Zugleich natürlich ist es notwendig, bewährte Inhalte unter der Sicht neuer Betrachtungsweisen zu lehren und teilweise auch neue Gebiete nach sorgfältiger Prüfung in den Inhalt der Allgemeinbildung aufzunehmen.

Entscheidende Bedeutung gewinnt die Aufgabe, das grundlegende Wissen und Können fest und solide zu vermitteln, damit die Jugend beim weiteren Wissenserwerb darauf aufbauen kann. Vor allem muß die Schule die Fähigkeit der Schüler ausbilden, Wissen selbst zu erwerben und es im Leben, in der Praxis anzuwenden, ihr Bedürfnis entwickeln, selbständig weiter zu lernen. Und mehr noch muß unsere Schule tun, die Jugend zur Liebe zur Wissenschaft zu erziehen, ihr Interesse an Technik und Produktion zu wecken. Das muß auch unter dem Gesichtspunkt gesehen werden, daß der Mensch mit dem Fortschritt von Wissenschaft und Technik eine große Macht über die Natur erlangt. Das Wissen darum wirft angesichts gegenwärtiger und künftiger Entwicklungen die Frage auf, wie wir heute die Jugend auf die Meisterung jener Probleme vorbereiten, vor die die Menschheit gestellt ist. Nehmen wir zum Beispiel das Problem der Umwelt und ihres Schutzes. Kommt doch den künftigen Generationen eine immer größere Verantwortung zu, die Natur als Existenzgrundlage menschlichen Lebens zu erhalten und immer umfassender zum Wohle des Menschen zu nutzen. Das erfordert, die Jugend von klein an zu einem richtigen Verhältnis zur Natur, zur Achtung vor dem Leben, zur Liebe zur natürlichen Umwelt zu erziehen.

Heute Konsequenzen aus der Entwicklung von Wissenschaft, Technik und Produktion für die Schule zu ziehen heißt also in erster Linie, Anforderungen an eine hohe Qualität des gesamten Unterrichts zu stellen. Dabei geht es um solche Fragen, wie solide sich alle Schüler den grundlegenden Lehrstoff aneignen, wie Wissen und Können solide ausgebildet werden, wie geistige Aktivität der Schüler, elementare wissenschaftliche Denk- und Arbeitsweisen ausgebildet werden, selbständiges Denken der Schüler gefördert wird.

Unter den Pädagogen wird eine breite Diskussion darüber geführt, wie unter einer solchen Sicht der Lehr- und Aneignungsprozeß im Unterricht intensiviert werden kann. Denn die Qualität des Unterrichts in jedem einzelnen Fach hängt entscheidend davon ab, wie die Lehrer den Unterrichtsstoff vermitteln, daß sie mit wissenschaftlicher Exaktheit unterrichten, wie sie die Freude der Schüler am Entdecken motivieren, ihre Lust am Wissen, den Drang nach Erkenntnis und ihre Phantasie entwickeln und wie die Schüler zu Fleiß, Sorgfalt und Gewissenhaftigkeit erzogen werden. Dabei jeden einzelnen Schüler im Auge zu behalten, zu wissen, wie er mit der Aneignung des Unterrichtsstoffes zurechtkommt, wo seine Stärken, aber auch seine Schwächen liegen, wie es mit der Entwicklung seines Leistungswillens und seiner Leistungsfähigkeit bestellt ist, wie er zur aktiven und angestrengten Arbeit herausgefordert und zu Erfolgen beim Lernen und Arbeiten geführt werden kann, das ist für den Lehrer „das Einfache, das schwer zu machen ist".

Ein guter Unterricht verlangt vom Lehrer, daß er tief im Stoff seiner Fachwissenschaft steht und ständig um die Vervollkommnung seines Fachwissens, seines pädagogischen und psychologischen Wissens und Könnens bemüht ist und sich schöpferisch mit seiner täglichen Unterrichtsarbeit auseinandersetzt. Dazu braucht der Lehrer Zeit, Zeit zum Nachdenken, zum eigenen Weiterlernen; er muß seinen täglichen Unterricht, jede Unterrichtsstunde fundiert vorbereiten und dabei beachten, daß er sich stets neu auf die verschiedenen Klassen, in denen er unterrichtet, einstellen muß. Deshalb betont die Partei immer wieder, daß man mit der Zeit der Lehrer sorgsam umgehen muß, daß es die wichtigste gesellschaftliche Aufgabe des Lehrers ist, einen guten Unterricht zu erteilen. So orientiert das Sekretariat des Zentralkomitees in seiner Stellungnahme zum Bericht der Kreisleitung der SED Berlin-Köpenick die Kreisleitungen und die Schulparteiorganisationen erneut darauf, alle Bedingungen für einen ungestörten und qualifizierten Unterricht zu sichern, eine strenge Kontrolle darüber auszuüben.

Wie bestimmten Erfordernissen der wissenschaftlichen und technischen Entwicklung mit der Arbeit an neuen Lehrplänen und Lehrbüchern entsprochen wird, möchte ich an einigen Beispielen verdeutlichen. In die neuen Lehrpläne und Lehrbücher für das Fach „Einführung in die sozialistische Produktion" wurden – wie sich versteht, aus der Sicht der Allgemeinbildung – Stoffgebiete aus der Elektronik, der Mikroelektronik und der Automatisierungstechnik neu aufgenommen. Die Schüler sollen mit der Anwendung der Elektronik, einschließlich der Mikroelektronik, in der Informationselektrik bekanntgemacht werden. In den neuen Lehrplänen sind Schülerexperimente mit einem hohen Anspruchsniveau ausgewiesen. Das in den polytechnischen Einrichtungen vorhandene Schülerexperimentiergerät „Elektrotechnik" wurde durch zusätzliche Bausteine für die Behandlung der Themen zur Informationselektrik und zur Automatisierung der Produktion ergänzt. Anderen Stoffen, die bereits in den Lehrplänen enthalten waren, wurden neue Betrachtungsweisen zugrunde gelegt. So werden beispielsweise Fragen der Fertigungstechnik stärker aus technologischer und Probleme der Maschinentechnik stärker aus funktionaler und energetischer Sicht behandelt. Das technisch-ökonomische sowie das technisch-konstruktive Denken der Schüler sollen weiter gefördert werden.

Auch für die produktive Arbeit wurden neue Lehrpläne ausgearbeitet. Sie ermöglichen eine größere Variabilität, um die betrieblichen Bedingungen noch besser für die produktive Arbeit der Schüler zu nutzen und neue Möglichkeiten für die Schülerproduktion zu erschließen, wie sie sich beispielsweise aus der verstärkten Konsumgüterproduktion in den Betrieben und Kombinaten oder in Bereichen der Reparatur und Instandhaltung, im Bauwesen durch die breitere Entwicklung von Rekonstruktion und Werterhaltung sowie in der Landwirtschaft bei der Nutzung aller Möglichkeiten für die Erweiterung der tierischen und pflanzlichen Produktion ergeben. Es hat sich für die Ausbildung und Erziehung als richtig erwiesen, die Schülerproduktion unter Beachtung der in den Lehrplänen geforderten Zielstellungen zum festen Bestandteil der betrieblichen Produktionspläne zu machen.

Nach wie vor muß der Unterricht in der Produktion darauf gerichtet sein, den Schülern grundlegende Arbeitskenntnisse und Arbeitsfertigkeiten zu vermitteln.

Dafür sind die lehrplangerechte Auswahl der Schülerarbeitsplätze in der Produktion und die Auswahl der Arbeitsaufgaben eine wesentliche Voraussetzung.

In der Stellungnahme des Zentralkomitees zum Bericht der Kreisleitung Berlin-Köpenick werden die Kreisleitungen der Partei darauf orientiert, dafür zu sorgen, die Schülerproduktion voll in den Betriebsplan einzubeziehen, auf der Grundlage exakter Arbeitsplatzanalysen Schülerarbeitsplätze in der Produktion bereitzustellen, geeignete Betreuer auszuwählen und den Arbeitswettbewerb der Schüler zu fördern.

Unsere Grundorganisationen in den Betrieben stellen zu Recht die Aufgabe in den Mittelpunkt, das politische Verständnis für das Anliegen der polytechnischen Bildung, ihre Bedeutung für die Vorbereitung der jungen Menschen auf die Arbeit und den Beruf weiter zu vertiefen, das Verständnis dafür, was von einer guten Qualität der polytechnischen Bildung für die Entwicklung der Jugend, für ihre Erziehung, für die Vorbereitung auf die Arbeit und den Beruf abhängt.

Für die mathematisch-naturwissenschaftlichen Fächer werden ebenfalls neue Lehrpläne und Lehrbücher entwickelt und in den kommenden Jahren in der Schule eingeführt. Da ein sicheres, anwendungsbereites mathematisches Wissen und Können von grundlegender Bedeutung für die spätere Tätigkeit in praktisch allen Berufen ist – um so mehr, als der wissenschaftlich-technische Fortschritt auch durch sich ständig erweiternde, immer neue Anwendungsbereiche, einschließlich der Nutzung mathematischer Kenntnisse und Verfahren, gekennzeichnet ist –, wurden anspruchsvolle Mathematiklehrpläne ausgearbeitet, die bessere Bedingungen schaffen, um bei allen Schülern das erforderliche Niveau des Könnens im Rechnen, im Ausführen geometrischer Grundoperationen, in der Befähigung zur Handhabung elementaren mathematischen Wissens und Könnens zu erreichen und die Schüler besser zum zunehmend selbständigen Lösen von Anwendungsaufgaben, zum Verständnis für das prinzipielle Vorgehen beim Anwenden mathematischer Verfahren zu führen.

In diesem Zusammenhang eine Bemerkung zur Informatik. Wir befassen uns gründlich mit dieser Problematik. Einige wesentliche Aspekte wurden bei der Ausarbeitung der eben genannten Lehrpläne bereits berücksichtigt. Was die Frage nach den Kommunikations- und Informationstechnologien in der allgemeinbildenden Schule betrifft, so sind jedoch noch viele Fragen offen, und dies nicht nur in der DDR. Es ist weiter zu klären, was die allgemeinbildende Schule auf diesem Gebiet konkret leisten muß und kann. Klar ist, daß es darum gehen muß, den Schülern ein elementares Verständnis für die gesellschaftlichen, ökonomischen, technischen und wissenschaftlichen Möglichkeiten und Wirkungen dieser modernen Technologien zu vermitteln. Aus der Sicht der Entwicklung und Anwendung der Mikroelektronik, der Robotertechnik sowie der Informations- und Kommunikationstechnologien ist noch weiter zu prüfen, welche Anforderungen sich daraus für die verschiedenen Bildungsstufen, welche sich für die Schule und welche sich für die Berufsausbildung ergeben. Für ein wissenschaftlich abgesichertes Vorgehen sind intensive Untersuchungen und Forschungen notwendig.

Daß sich unser Vorgehen prinzipiell von dem unterscheiden muß, was sich gegenwärtig in den entwickelten kapitalistischen Ländern zeigt, liegt auf der Hand. Selbst aus bürgerlichen Kreisen werden massive Einwände laut; es äußert sich ein wachsendes Unbehagen gegen die Überschwemmung der Schulen und der Freizeitsphäre durch den immer mächtiger werdenden Computercommerz, eine nie dagewesene „Vermarktung der Schule" im Interesse der miteinander konkurrierenden Konzerne, und es wird nachdrücklich das Fehlen eines bildungspolitischen Konzepts beklagt.

Für unser Herangehen an die Ausarbeitung der Konsequenzen, die sich aus der Informatik für die Bildungsstrategie ergeben, sehen wir, was die allgemeinbildende Schule anbelangt, die entscheidende Konsequenz in der Schaffung von Grundlagen für ein elementares Verständnis der Informatik. Deshalb ist auszuarbeiten, welche grundlegenden theoretischen Elemente der Informatik vermittelt werden müssen, eingeschlossen die entsprechenden Denk-, Arbeits- und Betrachtungsweisen sowie die Entwicklung elementarer Fähigkeiten und Fertigkeiten.

Wie schon erwähnt, wurden und werden erste praktische Schlußfolgerungen im Zusammenhang mit den konzeptionellen Arbeiten zur Weiterentwicklung des Unterrichts in den Fächern Mathematik, Physik und in den polytechnischen Disziplinen sowie im fakultativen Unterricht gezogen. Auch mit der Einführung des elektronischen Taschenrechners ab Schuljahr 1985/86 in den Unterricht der Klasse 7 wird ein abgesicherter Schritt für die Heranführung der Schüler an Elemente der Informatik vollzogen.

Wir gehen also auch hier davon aus, das Verhältnis von Grundlagenbildung und spezieller Bildung in der Schule und in den nachfolgenden Bildungsstufen zu beachten und zu klären, was auf welcher Stufe notwendig ist.

In der Berufsausbildung wird bereits ab 1. September 1986 das neue Unterrichtsfach „Grundlagen der Automatisierung" eingeführt. Es ist auf die Anforderungen gerichtet, die sich für die Facharbeiter aus der Rationalisierung und Automatisierung, der Mikroelektronik und Robotertechnik ergeben. Im Rahmen der berufsanalytischen Arbeiten wird gegenwärtig geprüft, welche Konsequenzen aus der Entwicklung der Informatik für die Ausgestaltung sowohl der beruflichen Grundlagenbildung als auch der Spezialbildung zu ziehen sind. Dabei werden die unterschiedlichen Anforderungen beachtet, die sich an Facharbeiterberufe für die Herstellung, für die Verarbeitung und an solche für die Anwendung von mikroelektronischen Bauelementen, Baugruppen und Geräten der Informationsverarbeitung ergeben. Es versteht sich natürlich auch, daß das Hoch- und Fachschulwesen jetzt bereits auf diese Entwicklungen in der Ausbildung der Studenten, das heißt auch in der Ausbildung der Lehrer, zu reagieren hat.

Was die naturwissenschaftlichen Fächer in der allgemeinbildenden Schule betrifft, insbesondere das Fach Physik, so gehen wir in der Arbeit an den neuen Lehrmaterialien davon aus, daß die Vorbereitung der Schüler auf die Meisterung der Ansprüche der wissenschaftlich-technischen Revolution einen Unterricht erfordert, in dem die grundlegenden Begriffe, Gesetze, Theorien und Methoden der Naturwissenschaften so vermittelt werden, daß sie exakt beherrscht und zunehmend selbständig angewendet werden können. Aus dieser Sicht wird dem Schülerexperiment, der Fähigkeit der Schüler, exakt zu beobachten, zu analysieren, Hypothesen zu bilden, den Ablauf eines Experiments exakt zu planen, noch größere Beachtung geschenkt. Abgesehen davon, muß natürlich auch der naturwissenschaftliche Unterricht, Biologie und Astronomie eingeschlossen, bei allem, was wir an neuen Wissensgebieten und Betrachtungsweisen in die Allgemeinbildung aufnehmen, immer zugleich auch seine Funktion für die weltanschauliche Bildung erfüllen.

Ein weiterer Weg, neue Erkenntnisse aus Wissenschaft und Technik in Ergänzung der obligatorischen Bildungsinhalte in die Allgemeinbildung einzubeziehen, ist die Entwicklung des fakultativen Unterrichts in den Klassen 9 und 10. Wir haben diesen Weg bereits vor Jahren mit Arbeitsgemeinschaften nach Rahmenprogrammen in verschiedenen Wissenschaftsbereichen begonnen. So beschäftigen sich die Schüler in fakultativen Kursen beispielsweise mit Fragen der praktischen Mathematik, mit der Anwendung der Physik, mit elementarer Statistik, mit Elektronik, der Betriebs-, Meß-, Steuerungs- und Regelungstechnik, mit Astronomie und Raumfahrt, mit der Chemie der Metalle, des Erdöls und des Wassers, mit chemischer Technologie, Mikrobiologie und Bodenfruchtbarkeit, mit funktechnischem Gerätebau und anderen interessanten Fragen der wissenschaftlichen und technischen Entwicklung. Diesen Weg werden wir weiter ausbauen.

Ein weiteres Feld, Interesse für Fragen der Wissenschaft und Technik zu wecken, ist die außerunterrichtliche Tätigkeit. Die Schule, die Pionierorganisation, die Freie Deutsche Jugend finden hier bei Wissenschaftlern, Arbeitern, Genossenschaftsbauern, Ingenieuren und Eltern tatkräftige Unterstützung. In dieser Hinsicht gibt es viel Bewährtes und Zukunftsträchtiges. Bewährt haben sich die Arbeitsgemeinschaften. Schülerakademien, Schülergesellschaften, Veranstaltungen der Schüler-Urania; Tage der Wissenschaft und Technik finden großen Zuspruch bei den Schülern der oberen Klassen. Viel Interesse finden Tage der Jungen Naturforscher und Techniker, Treffen mit Facharbeitern, Gespräche mit Naturwissenschaftlern, Experimentalvorträge, Modellbau, die Reparatur und Pflege von technischen Geräten und andere Gebiete des Bastelns und Knobelns, des Forschens und Konstruierens. Jedoch kann und muß hier noch vieles getan werden. Die Liebe zur Wissenschaft, die Freude am Entdecken, der Drang, etwas Nützliches zu tun, Phantasie – all das muß anerzogen, entwickelt werden. Dafür muß man die Möglichkeiten, die es an den verschiedenen Einrichtungen gibt, noch besser nutzen und noch mehr geeignete Kader für diese Arbeit mit den Schülern gewinnen.

Wenn wir die sittlich-moralische Erziehung besonders hervorheben, so deshalb, weil die Bildung und Formung aller menschlichen Eigenschaften, die das bewußte Handeln und Verhalten des einzelnen beeinflussen, an Bedeutung gewinnen. Entstehen doch neue Anforderungen und Bedingungen für die moralische Erziehung aus der Tatsache, daß sich in unserer Republik mit der Gestaltung der entwickelten sozialistischen Gesellschaft tiefgreifende Wandlungen in allen Lebensbereichen vollziehen, die das Entstehen neuer moralischer Anschauungen, Verhaltensweisen und Beziehungen der Menschen untereinander bewirken.

Mit der Schaffung sozialistischer Produktionsverhältnisse wurden bei uns die Grundlagen für die Herausbildung der sozialistischen Moral geschaffen, einer Moral, die auf der objektiven Übereinstimmung der gesellschaftlichen und persönlichen Interessen beruht.

Wir wissen, die Herausbildung der moralischen Züge des neuen Menschen verwirklicht sich nur in einem längeren historischen Prozeß, der wie alle anderen gesellschaftlichen Prozesse geführt, geleitet werden muß. Aber dieser Prozeß der Herausbildung der sozialistischen Moral vollzieht sich bereits in unserem realen Leben.

Es wächst das Bewußtsein, daß vom Handeln jedes einzelnen immer mehr abhängt, daß sein Mitdenken und Mittun gefragt sind. Immer umfassender entwickeln sich solche moralischen Eigenschaften wie Disziplin, Willensstärke und Pflichtbewußtsein, Gründlichkeit, Zuverlässigkeit, Ehrlichkeit, Achtung vor dem anderen und seiner Arbeit, Hilfsbereitschaft. Die Tatsache, daß sich unter den Bedingungen der sozialistischen Gesellschaft auf der Grundlage kameradschaftlicher Zusammenarbeit und gegenseitiger Unterstützung neue moralische Verhaltensweisen massenhaft herausbilden, müssen wir in der Erziehungsarbeit noch wirkungsvoller nutzen.

Wenn wir bedenken, daß die Schulanfänger des Jahres 1984 etwa um die Jahrtausendwende ins Berufsleben treten werden, dann müssen wir über die Anforderungen nachdenken, die die künftigen politischen und gesellschaftlichen Kampfbedingungen an das sittlich-moralische Verhalten mit sich bringen, und sie schon heute nach dem Maß der Möglichkeiten in Angriff nehmen.

Ausgehend davon, daß sich unsere Erziehungsaufgaben herleiten aus der Analyse der sich heute und künftig vollziehenden Prozesse in unserer Gesellschaft, gewinnen in unserer politisch-erzieherischen Arbeit Fragen des Gesamtverhaltens der Jugend, ihrer Erziehung zur kommunistischen Moral wachsende Bedeutung. Im Zentrum steht dabei die Frage, wie wir den aktiven Menschen erziehen, dessen Handeln und Verhalten von Verantwortungsbewußtsein für das gesellschaftliche Ganze und sich selbst gegenüber, vom Streben nach schöpferischem Tätigsein und Gemeinschaftssinn gekennzeichnet ist.

Dabei lassen wir uns davon leiten, daß die Aktivität der Persönlichkeit die notwendige Komponente ihrer allseitigen Entwicklung ist, daß in der sozialistischen Gesellschaft, in der die Sorge um das Wohl eines jeden zum Sinn des gesellschaftlichen Fortschritts geworden ist, der Dienst am Gemeinwohl Zweck der Erziehung der Persönlichkeit, die Hauptrichtung ihrer Tätigkeit sein muß. Deshalb sollen die Schüler von klein an lernen, gesellschaftlich Nützliches zu tun; bereits während der Schulzeit muß die Arbeit zum Nutzen der Gesellschaft eine selbstverständliche Lebensgewohnheit für sie werden. Frühzeitig muß die Jugend lernen, daß sich persönliche Ansprüche allein durch die Arbeit erfüllen lassen, daß man nicht auf Kosten anderer leben, das eigene Wohl nicht über das anderer Menschen stellen kann.

In unserer Gesellschaft sind Generationen junger Leute herangewachsen und wachsen heran, die sich durch eine aktive Lebensposition, durch ein Selbstbewußtsein auszeichnen, das den neuen Erfordernissen entspricht. Unsere sozialistische Gesellschaft hat also nicht etwa ein Defizit an solchen Eigenschaften wie Aktivität und Gemeinschaftssinn aufzuweisen, im Gegenteil: In den Brigaden der sozialistischen Arbeit, in den Jugendkollektiven in der Produktion, in den Schulen werden diese Eigenschaften immer mehr zur Norm des Zusammenlebens der Menschen, ganz im Gegensatz zur kapitalistischen Gesellschaft, die Gleichgültigkeit und Kälte in den Beziehungen der Menschen hervorbringt.

Auch heute spielen sich die bürgerlichen Ideologen gar zu gern als Verfechter der Moral auf, heucheln Menschlichkeit, um die Volksmassen und vor allem die Jugend, die in der kapitalistischen Welt von der imperialistischen Krise besonders hart getroffen wird und nach einer Alternative für ihr Leben sucht, von der geistigen und moralischen Krise des Imperialismus abzulenken.

Der Verlauf der Geschichte beweist, daß erst mit dem Aufbau des Sozialismus solche gesellschaftlichen Zustände geschaffen wurden, in denen die allgemeinen menschlichen Normen nicht im Widerspruch, sondern in Übereinstimmung mit den gesellschaftlichen Verhältnissen stehen. Bekanntlich haben Marx und Engels bereits im „Manifest der Kommunistischen Partei" die Heuchelei der Bourgeoisie entlarvt, das Wesen der bürgerlichen Moral bloßgelegt, mit der solche Normen des Zusammenlebens der Menschen wie Ehrlichkeit, Aufrichtigkeit, Bescheidenheit, Anständigkeit unvereinbar sind. Und sie haben nachgewiesen, daß erst mit der Revolution der Arbeiterklasse im Bündnis mit allen Werktätigen auch die „menschliche Emanzipation", wie Marx es nannte, erfolgt, die Quellen der Gefährdung der Menschenrechte und der Menschenwürde, die im imperialistischen System materiell verankert sind, beseitigt werden.

In der Erziehung der Jugend sind wir stets davon ausgegangen, daß die Moral klassengebunden ist, daß es keine über den Klassen und den politischen Kämpfen unserer Zeit stehende „ewige" und „allgemeinmenschliche" Moral gibt und geben kann. Dies darf jedoch nicht vergessen lassen, daß Ehrlichkeit, Höflichkeit, Aufmerksamkeit, Hilfsbereitschaft – all jene Normen menschlichen Zusammenlebens, die elementaren Vorbedingungen für die Gemeinschaft, wie Lenin sie bezeichnet, die von den Volksmassen in der Arbeit, im Zusammenleben und im Klassenkampf gegen die Ausbeuterklasse hervorgebracht und verteidigt wurden – für die sozialistische Gesellschaft unabdingbar sind.

Ehrlich zu arbeiten, zuverlässig zu sein, bereit zu sein, den Sozialismus gegen alle Anschläge zu verteidigen, sich verantwortlich zu fühlen für das Ganze, für sich und sein Kollektiv einzustehen, Aufmerksamkeit im Umgang mit anderen, im Kollektiv und in der Gesellschaft füreinander da zu sein – das hat einen hohen Stellenwert in unserer Gesellschaft, das sind unerläßliche Persönlichkeitseigenschaften. Dies tief im Bewußtsein der Jugend zu verankern, das ist Bestandteil der klassenmäßigen Erziehung, der Herausbildung des sozialistischen Bewußtseins. Bei der Anerziehung sittlich-moralischer Eigenschaften, die auf dem sozialistischen Bewußtsein beruhen, sind die Lehrer und Erzieher, ist unser sozialistischer Jugendverband hoch gefordert. Die Tatsache, daß sich die moralischen Eigenschaften, die moralischen Gewohnheiten, die Motive für das Handeln und Verhalten am wirksamsten in den frühen Entwicklungsjahren der Persönlichkeit ausprägen, daß alles, was in diesem Alter an sittlich-moralischen Grundlagen der Persönlichkeit entwickelt wird, Bestand für das ganze Leben hat, charakterisiert die große Verantwortung des Pädagogen.

Wie es um solche moralischen Eigenschaften in den Kollektiven, im Verhalten der jungen Leute bestellt ist, wie aufrichtig, aufmerksam, kameradschaftlich, hilfsbereit und bescheiden, verantwortungsbewußt, diszipliniert und gewissenhaft sie sind, das Erleben und Sich-Gewöhnen an ein Verhalten, das von den sozialistischen Normen des Zusammenlebens geprägt ist – dies alles ist für die Entwicklung unserer Gesellschaft und jedes einzelnen, für sein persönliches Leben von großer Bedeutung, denn es prägt den Charakter, das Urteilsvermögen, letztlich die gesamte Haltung des jungen Menschen.

Damit solche elementaren Voraussetzungen gesellschaftlichen Zusammenlebens wie gegenseitige Achtung, Takt und Höflichkeit, sich aufmerksam gegenüber den anderen zu verhalten, niemanden leichtfertig zu kränken, zu stabilen Gewohnheiten ausgebildet werden, müssen sie die Kinder und Jugendlichen in den Kollektiven praktisch erleben. In einer Gesellschaft wie der unseren gehören Leistungswille, Kampfbereitschaft, aber ebenso Freundlichkeit, Empfindsamkeit, der Sinn für das Schöne zu erstrebenswerten und notwendigen Charakterzügen. Wie die Schüler in ihrem Kollektiv die Sorge um den einzelnen und um das Gemeinwohl erleben, dies wird sich tief einprägen.

Es ist bekannt, daß sich moralische Einstellungen und Haltungen am stärksten ausprägen, wenn die Kinder von früh an lernen, Verantwortung wahrzunehmen, wenn sie bereits während der Schulzeit aktiv einbezogen sind, selbständig mitwirken können an ihren Angelegenheiten. Man kann sagen, daß wir in dieser Hinsicht schon viel tun. Den Schülern werden vielfältige Aufgaben übertragen beim Lernen und in der gesellschaftlich nützlichen Arbeit, in der Schule, im Wohngebiet, vor allem in ihrer politischen Organisation. Aber nicht immer wird bedacht, was mit der Übertragung einer Aufgabe, einer Funktion bei den Schülern erzieherisch bewirkt werden soll. In der Erziehung muß es jedoch gerade darum gehen, den Kindern bewußtzumachen, worin ihre Verantwortung besteht, was von ihrem Tun, von ihrer Zuverlässigkeit für das ganze Klassen- oder Schulkollektiv abhängt, daß Gewissenhaftigkeit oder Versäumnisse auch bei der Ausführung kleiner Aufgaben immer Auswirkungen auf andere haben. Ohne das, was wir da bisher bereits getan haben und tun, geringzuschätzen, müssen wir mehr tun, um überall eine solche Art und Weise der politischen und pädagogischen Arbeit zu entwickeln, wo jeder Schüler wirklich in die Angelegenheiten des Kollektivs einbezogen ist und spürt, daß er etwas zu verantworten hat, er gefordert ist, seine

Meinung gefragt ist und beachtet wird. Und es ist notwendig, gründlicher darüber nachzudenken, was getan werden muß, damit sich in allen Schülerkollektiven politisch motivierte, anspruchsvolle, kameradschaftliche Beziehungen entwickeln.

Die Beziehungen der Kinder und Jugendlichen untereinander, das kollektive Leben und Erleben der Schüler werden maßgeblich durch die Aktivität ihrer politischen Organisation, der FDJ und der Pionierorganisation „Ernst Thälmann", bestimmt und von ihr getragen. Von der politischen Organisation der Kinder und Jugendlichen gehen die entscheidenden Initiativen aus für die Einbeziehung aller · Schüler in das politische Leben, für die Entwicklung ihrer politischen Verantwortung, ihrer Fähigkeit zur bewußten Wahrnehmung gesellschaftlicher Rechte und Pflichten, für die gegenseitige Erziehung zum ordentlichen, ehrlichen Arbeiten und Lernen. Der Beitrag unserer FDJ- und Pionierorganisation zur kommunistischen Erziehung ist um so größer, je selbständiger ihre Mitglieder handeln, je stärker ihr Verantwortungsgefühl für das eigene Verbandsleben und für die gesellschaftlichen Angelegenheiten ausgeprägt ist. In diesem Sinne kommt es darauf an, daß unsere Pädagogen, und das tut die Masse unserer Lehrer, sich auf den Jugendverband und seine Pionierorganisation stützen, ihm stets mit Rat und Tat zur Seite stehen. Sorgfältiger noch müssen alle Lehrer überlegen, wie sie Eigeninitiative der Pioniere und FDJler stimulieren, sie zum selbständigen Lösen ihrer Aufgaben befähigen. Allzu häufig ist noch festzustellen, daß nur eine kleine Gruppe der Schüler aktiv ist, weil nur sie angesprochen wird, während sich andere langweilen, weil sie ungenügend einbezogen sind. Aber für die Erziehung ist wichtig, daß alle erleben, wie sich Ziele und Ideen durch gemeinsame Anstrengungen verwirklichen lassen und wieviel Freude dies machen kann. Nun kommt es aber vor, daß nicht jede übertragene Aufgabe von den Kindern so gelöst wird, wie sich das die Erwachsenen vorstellen. Oft macht dann der Lehrer die Sache lieber selbst. Damit aber werden viele erzieherische Möglichkeiten verschenkt.

Alles, was an der Schule geschieht, die Organisation des Lernens, Arbeitens und Lebens in der Schule, wirkt auf die Erziehung. Eine solche öffentliche Meinung zu schaffen, daß sich die Schüler in der Gemeinschaft richtig verhalten, daß gegenseitige Rücksichtnahme, Hilfsbereitschaft, Disziplin, Höflichkeit den Erwachsenen gegenüber zur Selbstverständlichkeit werden, das ist Aufgabe tagtäglicher Erziehungsarbeit. In der Durchsetzung solcher Forderungen durch alle Lehrer und darin, diese Forderungen zur Angelegenheit der Schüler selbst zu machen, müssen wir weiter vorankommen, denn nicht an allen Schulen ist es darum gut bestellt. Nicht selten hat man sich an vielerlei Verstöße gegen Normen und Regeln des Zusammenlebens gewöhnt, fallen Undiszipliniertheiten, rüpelhaftes Verhalten der Schüler in den Pausen und auch in manchen Unterrichtsstunden, Unhöflichkeiten untereinander oder auch den Lehrern oder den Schulangestellten gegenüber weder Schülern noch Lehrern auf.

In einigen Schulen mangelt es an Sauberkeit im Schulhaus; es gibt ungepflegte Unterrichtsräume; an einem unansehnlichen Schulgebäude nimmt man mancherorts keinen Anstoß. In der pädagogischen Arbeit gibt es jedoch keine Kleinigkeiten; auch kleine Unzulänglichkeiten haben große erzieherische Auswirkungen. Darüber muß immer wieder Klarheit geschaffen werden, und es muß eine konsequente, vom einheitlichen Handeln aller Lehrer getragene erzieherische Arbeit geben.

Was in jeder Schule zur Entwicklung einer gedeihlichen Erziehungsarbeit an Bedingungen geschaffen werden muß, ist letztlich vor allem die Verantwortung des Direktors, der Schulparteiorganisation, aller Genossen Pädagogen, die auch in dieser Hinsicht mit eigenem Beispiel vorangehen müssen. Denn der Erfolg erzieherischer Arbeit wird nicht zuletzt vom Grad der Organisiertheit und der politischen Reife des Pädagogenkollektivs, von den darauf beruhenden Beziehungen zwischen den Lehrern, zwischen Schülern und Lehrern bestimmt. Eigene Leistung und Haltung jedes Lehrers, kulturvoller Umgang, kameradschaftliche Beziehungen, Konsequenz und Freundlichkeit im Pädagogenkollektiv, all das wirkt auf die Kinder. Andererseits werden durch liberales Verhalten, Gleichgültigkeit gegenüber anderen, Selbstzufriedenheit, Nachlässigkeit im Umgang und herzloses Verhalten negative erzieherische Auswirkungen hervorgerufen. Erfahrungen, Umgangsformen aus der Schulzeit beeinflussen entscheidend die Lebensweise der Heranwachsenden.

Und auch dies ist zu beachten: Ein Lehrer muß gerecht sein. Wer mit Kindern zu tun hat, weiß darum, wie genau sie Ungerechtigkeiten empfinden. Lieblingsschülern so manches nachzusehen schafft keine günstige Erziehungsatmosphäre. Alles, was ein Pädagoge tut, darf keinen Zweifel an seiner Aufrichtigkeit hervorrufen; leichter ist nun mal der Lehrerberuf nicht. Jeden Schüler objektiv, umfassend zu beurteilen, das ist gewiß eine schwere Aufgabe. Hier gibt es noch so manche Probleme. Unbedachte Äußerungen wie: „Das lernst du nie", geringschätzige Bemerkungen über vollbrachte Leistungen, ungerechte Zensierung, Tadel, ohne die Motive für Fehlverhalten zu erkennen und bewußtzumachen, häufige, gedankenlose Einträge in das Klassenbuch oder in das Schülertagebuch machen die Erziehung nicht leichter.

Die in der Schulzeit gegebenen Möglichkeiten und Bedingungen zur moralischen und charakterlichen Erziehung in der pädagogischen Arbeit noch besser zu berücksichtigen und noch zielstrebiger zu nutzen, das ist eine Anforderung an die Lehrer in allen Schulen. So manche Ursachen für Schwierigkeiten, die es in der Erziehungsarbeit gibt, liegen darin, daß nicht genügend beachtet wird, welche Prozesse der Persönlichkeitsentwicklung sich im jeweiligen Alter bei den Schülern vollziehen, welche sozialen Einflüsse auf das Kind, auf den jungen Menschen wirken. Unsere Unterstufenlehrer leisten vor allem dann eine vorbildliche Arbeit, wenn sie die in den ersten Schuljahren ausgeprägte Aufgeschlossenheit und Aufnahmebereitschaft der Kinder zu nutzen verstehen. In der Unterstufe sind die Beziehungen zum Lehrer sehr unmittelbar, von großer Erwartung geprägt; der Lehrer ist für die Kleinen eine ausgesprochene Autorität, von ihm geht eine starke Vorbildwirkung aus. Sein Wirken ist von großem Einfluß auf die Herausbildung charakterlicher Züge, moralischer Eigenschaften und Verhaltensweisen. Deshalb schenken wir der Arbeit mit den Unterstufenlehrern stets besondere Aufmerksamkeit.

Wenn die Kinder in das 5. Schuljahr übergehen, sind neue Ansprüche an die erzieherische Arbeit des Lehrers gestellt. Nicht jeder Schüler wird gleich damit fertig, daß er es nun nicht mehr nur mit einem Lehrer als Bezugsperson, sondern neben dem Klassenleiter mit vielen Fachlehrern zu tun hat. Gerade in diesem Alter prägen sich die individuellen Züge der Persönlichkeit stärker aus, werden die Interessen und Neigungen differenzierter, beginnt bei den Schülern der Prozeß der Herausbildung fester Einstellungen und Verhaltensweisen, entsteht eine Vielzahl qualitativ neuer sozialer Beziehungen der Schüler zu den Lehrern, zu ihren Freunden, zu ihrer Umwelt. Mit weitaus größerer Urteilsfähigkeit bewerten sie die Dinge und begegnen Gleichaltrigen ebenso wie dem Lehrer und anderen Erwachsenen mit kritischerem Blick.

Jeder Direktor muß den Lehrern, die in diesen Klassen arbeiten, die entsprechende Aufmerksamkeit schenken, mit ihnen die pädagogischen Probleme beraten und vor allem die Klassenleiter sorgfältig auswählen.

Was die Arbeit mit den Schülern in den oberen Klassen betrifft, so haben es die Lehrer mit jungen Menschen zu tun, die eine schon ausgeprägte Lebenseinstellung besitzen. Beziehungen zu Gleichaltrigen spielen in diesem Alter eine große Rolle. Das Urteil der Freunde, des Kollektivs hat oft größeres Gewicht als das der Erwachsenen. In diesem Alter stehen die Mädchen und Jungen vor Entscheidungen, die von großer Bedeutung für ihr ganzes weiteres Leben sind. Sie werden als Staatsbürger anerkannt, erhalten den Personalausweis, werden Mitglieder der Freien Deutschen Jugend, sie legen das Jugendweihegelöbnis ab. Vor ihnen steht das schwierige Problem der Wahl des Berufes. All das sind wichtige persönliche Entscheidungen, zu denen sie der Lehrer gemeinsam mit den Eltern hinführen, bei denen er ihnen helfen muß.

Man kann ohne Übertreibung sagen, daß sowohl junge wie ältere, erfahrene Lehrer eine sehr verständnisvolle Erziehungsarbeit mit dieser Altersgruppe leisten, mit jungen Leuten, die nicht immer einfach sind, die mit ihrem Erwachsenwerden, mit der ersten Liebe und vielen anderen für sie neuen Dingen oft selbst noch nicht klarkommen. Jeder Lehrer, der mit dieser Altersgruppe arbeitet, weiß, daß er nur erfolgreich sein wird, wenn er eine einfühlsame Arbeit leistet, wenn er davon ausgeht, daß es sich hier um junge Menschen handelt, denen man mit Ernsthaftigkeit und Vertrauen, mit einem hohen Anspruch an Leistung, an Verhalten begegnen, die man mit Konsequenz fordern muß.

All das zu beachten, was auf die jungen Leute einstürmt, sie bewegt, gelingt natürlich den einzelnen Pädagogen noch unterschiedlich. Und jeder gute Lehrer weiß, daß man auch einmal außerhalb des Unterrichts für die Schüler Zeit haben muß, wenn sie dem Lehrer ihre Meinungen, Gedanken, Probleme mitteilen möchten. An einen Lehrer, der mit Schülern arbeitet, die, wie es so schön heißt, „nunmehr in die Reihen der Erwachsenen eintreten", sind also hohe Ansprüche gestellt.

So ist jeder Lehrer gefordert, ständig an sich selbst zu arbeiten. Und wir müssen den Lehrern Gelegenheit geben, sich noch mehr, ganz konkret über die sie bewegenden pädagogischen Fragen miteinander zu beraten, gemeinsam überlegen zu können, was wie zu tun ist, um bestimmte Erziehungssituationen meistern zu können. Nach wie vor finden zu viele Beratungen statt, die diesem Anliegen nicht nützen, in denen noch „leeres Stroh gedroschen" wird.

Auf die Herausbildung der Moral wirken natürlich nicht nur die Schule, der Lehrer, darauf wirkt alles ein, was sich in unserer Gesellschaft vollzieht. Die Schule ist durch viele Fäden mit der Umwelt verbunden, mit dem politischen Geschehen, mit den Lebens- und Entwicklungsprozessen in unserer sozialistischen Gesellschaft. Deshalb ist bei der Herausbildung der Moral der Schüler die Gesamtheit der Wirkungen zu beachten, die von der gesellschaftlichen Umwelt ausgehen. Die Schuljugend sammelt unterschiedliche, oft entgegengesetzte Erfahrungen, die sowohl positive als auch negative Wirkungen auf die Persönlichkeitsentwicklung haben können.

Die Tatsache, daß die Erziehung der heranwachsenden Generation in unserem Lande zur Sache der ganzen Gesellschaft geworden ist, ist eine große Errungenschaft unserer Entwicklung. Das Bedeutsame in dieser Hinsicht ist, daß die Arbeiterklasse unserer Republik die Jugend direkt miterzieht. Unsere sozialistischen Betriebe sind zu echten Bildungs- und Erziehungsstätten für die Schuljugend geworden. 35 700 Arbeiter und Genossenschaftsbauern, die als Betreuer im polytechnischen Unterricht tätig sind, ungezählte Werktätige unserer Republik fühlen sich mit großer Selbstverständlichkeit und Sachkunde, mit viel Liebe und Ideenreichtum dafür verantwortlich, daß unsere Jungen und Mädchen zu tüchtigen Facharbeitern, zu aktiven Staatsbürgern heranwachsen. Die vielfältigen Beziehungen zwischen Betriebskollektiven, Brigaden und Schulkollektiven, der lebendige Kontakt der Werktätigen der materiellen Produktion zu unserer Schuljugend sind für die moralische Erziehung der Heranwachsenden von unschätzbarem Wert. Dadurch erschließt sich für die Schüler, deren Erfahrungswelt noch relativ begrenzt ist, bereits während der Schulzeit ein ganz entscheidender neuer Lebensbereich. Sie gewinnen Einsichten, die für ihre Einstellung zum Leben und zur Arbeit, für die Herausbildung ihres sittlich-moralischen Verhaltens außerordentlich bedeutsam sind. Sie lernen Menschen kennen, die Bescheid wissen in den vielen Dingen des Lebens, sie lernen verstehen, welch hohe Anforderungen die Arbeit an das Wissen, an Disziplin, Ausdauer und eigene Aktivität stellt, sie erfahren, was tagtäglich an Werten in der materiellen Produktion geschaffen wird und welche oft komplizierten Probleme dabei zu lösen sind. Sie erhalten Einblicke in volkswirtschaftliche Aufgaben unmittelbar im Betrieb, sie sehen und erleben, mit welch revolutionärem Elan, aber auch mit welchen Anstrengungen die Arbeiterklasse um die Planerfüllung kämpft. Aus eigenem Erleben lernen sie kennen, was von ehrlicher, aufopferungsvoller, gewissenhafter Arbeit eines jeden abhängt. Sie erfahren, welch großen Wert ein Arbeiterwort hat, was es heißt, sich auf Arbeiterart mit Mängeln und Problemen auseinanderzusetzen. Und auch das erzieht, daß sie mit verschiedenen Problemen konfrontiert werden, die ihren bisher gewonnenen Vorstellungen nicht in jedem Falle entsprechen.

Es ist von großer Bedeutung für die Erziehung zur kommunistischen Moral, wenn die Mädchen und Jungen im Betrieb gefordert sind, selbst ordentliche Arbeit zu leisten, zu lernen, für das eigene Arbeitsprodukt einzustehen, sich für das Neue, das sich im Betrieb vollzieht, zu interessieren, wenn sie gefordert sind nachzudenken, wie etwas besser gemacht werden kann, Kritikwürdiges auch kritisch zu bewerten und sich zu fragen, was man selbst besser machen würde.

Wenn es auch schon zu den Selbstverständlichkeiten unseres sozialistischen Alltags gehört, daß die Arbeitskollektive mit Stolz von „ihrer" Schule, von „ihrer" Klasse sprechen, daß fast jede Schule und die überwiegende Mehrzahl der Klassen Patenschaften mit Werktätigen der Betriebe haben, so ist dies doch von großer Bedeutung für die Erziehung der Jugend. Natürlich gibt es auch hier noch manches Formale, was überwunden werden muß. Manche dieser Patenschaften zwischen Schulen und Betrieben, zwischen Klassen und Brigaden gehen noch nicht darüber hinaus, daß man einander besucht, sich gegenseitig informiert, Feiern gestaltet. Aber auch das sollten wir keineswegs geringschätzen. Es ist jedoch notwendig, nicht dabei stehenzubleiben, sondern darüber nachzudenken, wie diese Beziehungen inhaltsreicher, erzieherisch wirksamer gestaltet werden können.

In der Vielfalt der lebendigen Beziehungen zwischen Schulen und Betrieben, in der Tatsache, daß sich unsere sozialistischen Betriebe, von der Brigade bis hin zum Werkleiter, daß sich die Betriebsparteiorganisation, die Betriebsgewerkschaftsleitung um die Erziehung in der Schule, um die polytechnische Bildung sorgen, kommt der große Vorzug unserer mit dem Leben, mit der Produktion verbundenen Schule zum Ausdruck.

Auch jene Wirkungen, die auf die heranwachsende Generation von Kunst und Literatur, den Massenmedien, der Presse ausgehen, dürfen wir nicht geringschätzen. Durch das, was hier an Erreichtem oder Unfertigem in unserer Gesellschaft widergespiegelt wird, werden bei den jungen Menschen Impulse ausgelöst, Einstellungen und Verhalten beeinflußt. Aus einer solchen Sicht tragen die Kunst- und Kulturschaffenden, die Arbeit der Massenmedien, die Schriftsteller und die bildenden Künstler, der Film, das Fernsehen, die Theaterschaffenden eine hohe Verantwortung, beeinflussen sie doch die Ausprägung weltanschaulicher und moralischer Überzeugungen und die Gefühle der jungen Leute.

Unsere Lehrer bemühen sich darum, durch den Unterricht in den musischen Fächern, den Lese- und Literaturunterricht, durch die Freizeitlektüre, den Besuch von Theatern, Konzerten, Filmen und Museen ihre Schüler zum Verständnis zu führen, daß die Kunst das Leben bereichert, daß sie bewirkt, die Schönheit und Größe all dessen zu erfassen, was den Sinn des Lebens, den Sinn des Sozialismus, des Kampfes in unserer Zeit revolutionärer Umgestaltung ausmacht. Sie sind bemüht, die Schüler zur eigenen künstlerischen Betätigung, zur eigenen Entdeckung, zur Auseinandersetzung mit dem künstlerisch gestalteten Gegenstand zu führen, ihre Vorstellungskraft, ihre Phantasie mit den Mitteln der Kunst zu formen. Unsere neuen Lehrpläne für den Literaturunterricht zielen darauf, die Möglichkeiten humanistischer Literatur aus dem Erbe, der Klassik und die Möglichkeiten der Gegenwartsliteratur für die weltanschauliche, moralische und ästhetische Bildung und Erziehung der Schüler noch besser zur Geltung zu bringen, Freude und Genuß an Kunst und Literatur weiter auszubilden. Vieles müssen hier die Lehrer noch besser machen, aber gewisse Bücher, Filme, Fernsehspiele, Theaterstücke besser zu machen liegt nicht in ihrer Macht. Auch hier gibt es viel Gutes, Vorwärtsweisendes, jedoch auch hier ist wohl das Erreichte noch nicht das Erreichbare, besonders aus der Sicht, was für die Erziehung zur Moral, für die Erziehung der Gefühle der Jugend alles noch notwendig wäre.

Im Zusammenhang mit den Fragen der moralisch-sittlichen Erziehung möchte ich mich einer Frage zuwenden, der unsere Partei bei der Erziehung der heranwachsenden Generation eine ganz entscheidende Bedeutung beimißt: der Rolle der Familie.

Aus der Tatsache, daß sich die gesellschaftliche Erziehung ständig erweitert – wenn wir bedenken, daß schon jetzt fast alle Kinder vom 3. Lebensjahr ab in gesellschaftlichen Einrichtungen erzogen werden und 70 Prozent der Kinder bis zu 3 Jahren in die Kinderkrippe gehen –, darf keineswegs die Schlußfolgerung abgeleitet werden, daß die Verantwortung der Familie für die Erziehung der Kinder etwa geringer würde. Vielmehr wird die Rolle der Familie bei der Erziehung weiter wachsen.

Die revolutionäre Arbeiterbewegung hat der Erziehung der Kinder in der Familie von jeher große Bedeutung beigemessen. Dies formulierte Clara Zetkin in der Forderung: „Wir brauchen für das heranwachsende Geschlecht die volle Wahrung, ja, die Vertiefung des elterlichen Einflusses. Elterliche Erziehung und öffentliche Erziehung lösen einander nicht ab, sondern vervollständigen sich. Wir können der elterlichen Erziehung ... nicht entraten, auf daß die Kinder zu starken Persönlichkeiten von ungebrochener Eigenart erwachsen."[17]

Wenn unsere Partei heute die wachsende Verantwortung der Familie hervorhebt, so geht sie von der Tatsache aus, daß sich mit der Umgestaltung der materiellen und geistigen Lebensverhältnisse im Sozialismus grundlegende Veränderungen der Stellung der Familie in der Gesellschaft und damit auch im Verhältnis der Eltern zum Kind vollziehen. Mit dem auf dem VIII. Parteitag beschlossenen und seither konsequent verwirklichten sozialpolitischen Programm, insbesondere mit dem Wohnungsbauprogramm, wurden entscheidende Bedingungen für das Leben der Familie, bessere Möglichkeiten auch für die elterliche Erziehung geschaffen. Mit unserer Politik, die darauf gerichtet ist, bessere Wohnverhältnisse zu schaffen, die Arbeitszeit für viele Beschäftigte, vor allem für Frauen mit Kindern, schrittweise zu verkürzen, mit verlängertem Urlaub, der weiteren Verbesserung der Dienstleistungen, um nur einiges zu nennen, verfolgen wir nicht zuletzt auch das Ziel, bessere Möglichkeiten für das familiäre Leben, für die Beschäfti-

[17] C. Zetkin: Über Jugenderziehung. Dietz Verlag, Berlin 1957, S. 44.

gung mit den Kindern zu schaffen. Daß auch hier noch nicht alle Probleme gelöst sind – die häusliche Belastung der berufstätigen Frauen, Probleme, die mit der Schichtarbeit zusammenhängen –, das entspricht dem Stand unserer Entwicklung, den Bedingungen und Möglichkeiten. Aber bei allem Ungelösten dürfen wir nicht übersehen, wie groß die Errungenschaften sind.

Wir sollten unsere Augen nicht davor verschließen, daß es ernst zu nehmende Probleme sind, wenn Fragen der Kinder oft als unbequem betrachtet werden, weil man zu sehr mit sich selbst, seinem Grundstück, seinem Auto, seinem eigenen Ich beschäftigt ist, und daß Kinder häufig die Leidtragenden gespannter Beziehungen zwischen den Eltern sind. Wir haben es auch heute noch mit nicht bewältigten sozialen Problemen zu tun, mit Verhaltensweisen, die nicht in unsere Gesellschaft gehören, mit der Tatsache, daß Kinder gröblich vernachlässigt werden, mit Einflüssen, die Kinder in falsche Bahnen lenken. Das sind Probleme, die nicht nur die Schule berühren können. Das sind Fragen, mit denen sich die Arbeitskollektive, in denen die Eltern tätig sind, beschäftigen müssen, denen die Parteiorganisationen und Gewerkschaftsgruppen nicht ausweichen dürfen. Und hier sollten auch die gesellschaftlichen Kräfte in den Wohngebieten ihren Einfluß mehr geltend machen.

Wir können davon ausgehen, daß sich in unserem Staat die Eltern in ihrem Wollen und ihrer Verantwortung, die Kinder zu gesunden und lebensfrohen, tüchtigen, gebildeten, bewußten Menschen zu erziehen, in voller Übereinstimmung mit dem Erziehungsziel unserer Schule wissen. Die Pädagogen haben heute Eltern an ihrer Seite, die selbst schon unsere sozialistische Schule absolviert haben, die überhaupt eine andere, positive Einstellung zur Bildung, zur Schule haben, die den Rat der Lehrer und Erzieher suchen.

Und unsere Lehrer und Erzieher brauchen den Ratschlag der Eltern, sie können und dürfen auf deren aktive Unterstützung nicht verzichten. Ein von gegenseitigem Vertrauen, von Sachlichkeit und gemeinsamer Verantwortung getragenes Zusammenwirken begünstigt in jedem Falle die Entwicklung der Kinder. Unsere 650 000 Elternvertreter sind eine große gesellschaftliche Kraft. Ihre unmittelbare Mitwirkung in der Schule im Auftrag aller Eltern, die sie gewählt haben, ist ein anschauliches Beispiel sozialistischer Demokratie. Die daraus erwachsenden vielfältigen Initiativen sind aus dem Miteinander von Schule und Elternhaus nicht mehr wegzudenken. Dies hat sich in den letzten Wahlen zu den Elternvertretungen erneut bestätigt. Viele Elternversammlungen waren Foren eines lebendigen Erfahrungsaustausches, der gegenseitigen Information über wesentliche Fragen der Bildung und Erziehung. So wurden solche die Eltern bewegenden Fragen diskutiert, welchen Spielraum man dem Kind für eigene Freizeitgestaltung lassen darf, wie man noch besser auf die Freizeit Einfluß nehmen muß, was im Verhalten eines Kindes im entsprechenden Alter normal ist und was Besorgnis hervorrufen muß, warum sich die Kinder zu Hause oft anders als in der Schule verhalten, warum es zwischen Lehrern und Eltern Unterschiede in der Beurteilung von Verhaltensweisen gibt und anderes mehr.

Es gab auch manche kritischen Hinweise der Eltern, so zum Beispiel dazu, daß verschiedene Klassenleiter sehr lange keinen Elternbesuch durchführen, zum Umfang und zur Verteilung der Hausaufgaben über die ganze Woche hin, hinsichtlich der unvollständigen Hausaufgabenerledigung im Hort, zur Qualität und zu den Einnahmebedingungen der Schülerspeisung, und berechtigte Kritik wurde mancherorts auch an ungenügender Disziplin und Ordnung im Unterricht verschiedener Lehrer geübt.

Die große Anzahl der Pädagogen reagiert aufgeschlossen auf das, was die Eltern aus ihrer Verantwortung für die gute Entwicklung der Kinder an Hinweisen und kritischen Bemerkungen an sie herantragen. Wie kaum eine andere Institution stellt sich die Schule der öffentlichen Meinung, den kritischen Hinweisen und Vorschlägen von Millionen werktätiger Mütter und Väter. Selbstverständlich ist wohl auch, daß unsachliche Besserwisserei, subjektive Vorurteile mancher Eltern oder Geringschätzung der angestrengten, nicht immer einfachen Arbeit des Pädagogen der Sache nicht dienlich sind. Es kommt natürlich auch noch vor, daß das vertrauensvolle Miteinander zwischen Elternhaus und Schule gestört ist, daß Lehrer nicht den Weg zu den Eltern und Eltern nicht zum Lehrer finden. Das geht letztlich immer zu Lasten der Kinder. Wenn in der Erziehung eines Kindes Probleme auftreten, wenn bei einem Schüler Fehlentwicklungen auftreten, dann muß sich natürlich der Lehrer die Frage vorlegen, was er unterlassen, was er falsch gemacht hat. Es wäre jedoch ebenso falsch, wenn man es unterließe, dann und dort offen mit den Eltern zu sprechen, wo die Ursachen für Fehlverhalten eindeutig im Elternhaus liegen. Makarenko wies sehr treffend auf die Verantwortung der Eltern hin, indem er sagte: „... freut euch an euren Kindern. Dies ist eure persönliche Angelegenheit und euer persönliches Glück ... Es kommt der Augenblick, wo diese Menschen als selbständige Mitglieder der Gesellschaft auftreten. Für die Gesellschaft ist es durchaus nicht gleichgültig, was das für Menschen sein werden."[18] Und für Vater und Mutter ist das wohl auch nicht gleichgültig. Und auch dies muß offen gesagt werden: Wenn Anschauungen in der Familie im Gegensatz zum gesellschaftlichen Erziehungsauftrag der Schule stehen, schafft dies Verwirrung und Zwiespältigkeit bei den Heranwachsenden. Die Verantwortung für negative Entwicklungen, die sich aus solcher Art Konflikt ergeben, tragen letzten Endes die Eltern vor dem Kind, vor niemandem sonst. Wir gehen, was die Zusammenarbeit mit den Eltern betrifft, immer davon aus, daß jeder empfindlich ist, wenn es sich um seine Kinder handelt, die Eltern ebenso wie die Pädagogen. Deshalb müssen die Dinge stets in vertrauensvoller, taktvoller Art untereinander geklärt werden. Es gilt, was in unserer Verfassung festgelegt ist, daß die Eltern die volle Verantwortung für die Erziehung der eigenen Kinder tragen. Daß die Genossen Eltern auch hier ein Beispiel zu geben haben, entspricht dem Statut der Partei, nach dem jeder Genosse für die Erziehung der eigenen Kinder verant-

---

[18] A. S. Makarenko: Ein Buch für Eltern. In: A. S. Makarenko: Werke. Bd. IV, Volk und Wissen Volkseigener Verlag, Berlin 1975, S. 37.

wortlich ist. Es müßte dies nicht immer wieder betont werden, wenn hier bei allen Genossen alles in Ordnung wäre.

Über das Niveau der Arbeit in der Schule entscheidet letzten Endes der Lehrer mit seiner täglichen Arbeit. Auf dem X. Parteitag wurde erneut hervorgehoben, daß von der Stellung des Lehrers in der Gesellschaft, von seiner Persönlichkeit, seiner allgemeinen und fachlichen Bildung, seiner politischen Haltung, seinem Kulturniveau, von seinem Verhältnis zu den Schülern, seinen pädagogischen Kenntnissen und Fähigkeiten abhängt, wie die Aufgaben gelöst werden, die unserer Schule gestellt sind. Unsere Partei betrachtet die Stellung und Rolle des Lehrers in der Gesellschaft als eine prinzipielle Frage. Davon zeugt die revolutionäre Lösung der Lehrerfrage durch die Partei nach 1945. Durch die Entlassung der Masse der Lehrer, die der Nazipartei angehört hatten, wurden in Übereinstimmung mit dem Potsdamer Abkommen Garantien dafür geschaffen, den Militarismus und Rassismus aus den Schulen für immer zu verbannen, wurde mit den Neulehrern eine Generation von Lehrern erzogen, die von Beginn an fest zu unserem sozialistischen Staat steht und eng mit der Partei verbunden ist.

Die geachtete Stellung des Lehrers, die hohe Anerkennung, die seine Arbeit in unserer Gesellschaft erfährt, entspringt nicht irgendwelchen subjektiven Ansichten; sie ist objektiv in dem weittragenden Einfluß seiner Tätigkeit, in der Tragweite seiner Arbeit für die ganze Gesellschaft begründet. Unsere Schule erforderte und erfordert Pädagogen, die ihre Tätigkeit als politischen Auftrag verstehen, die als Verbündete der Arbeiterklasse, als Beauftragte unseres Arbeiter-und-Bauern-Staates wirken. Lehrer der sozialistischen Schule zu sein, das heißt, an einem wichtigen Abschnitt der ideologischen Front zu wirken.

Die Jugend im Sinne unserer kommunistischen Ideale zu erziehen, ist Arbeit im Auftrage der Partei, unserer Arbeiter-und-Bauern-Macht. Deshalb, so betonte der Generalsekretär des Zentralkomitees der SED in seinem Referat vor den Ersten Sekretären der Kreisleitungen, gehört die politische, fachliche, geistig-kulturelle und pädagogische Befähigung der Lehrer, die Sorge um ihre Arbeits- und Lebensbedingungen in den Mittelpunkt der Aufmerksamkeit der Kreisleitungen.

Mit Fug und Recht kann man sagen, daß sich die Lehrer und Erzieher unserer Republik stets als enge Verbündete unserer Partei erwiesen haben. Dies zeigt sich auch heute im harten ideologischen Kampf in unserer politisch so bewegten Zeit. Dies würdigend, wurde im Bericht des Politbüros an die 9. Tagung des Zentralkomitees hervorgehoben, daß die Pädagogen in der Vorbereitung des 35. Jahrestages der Gründung unserer Deutschen Demokratischen Republik erneut in überzeugender Weise ihre Entschlossenheit bekundet haben, durch aktives politisches Wirken und eine hohe Qualität ihres Unterrichts sowie der gesamten pädagogischen Arbeit das Ihre für die weitere Stärkung unserer Deutschen Demokratischen Republik zu tun.[19]

[19] Vgl. Aus dem Bericht des Politbüros an die 9. Tagung des Zentralkomitees der SED. Berichterstatter: Genosse Erich Honecker. A. a. O., S. 60.

Unsere Partei hat stets für ein enges Vertrauensverhältnis zu den Lehrern und Erziehern Sorge getragen. Sie sieht eine entscheidende Aufgabe darin, das Niveau der politisch-ideologischen Bildung der Lehrer, ihrer marxistisch-leninistischen Qualifizierung ständig weiter zu erhöhen. Sie hat seit jeher großes Gewicht darauf gelegt, daß die Organe der Partei und des Staates mit den Pädagogen eine systematische, lebendige politische Arbeit leisten, und in Rechnung gestellt, daß es sich dabei um die zahlenmäßig größte Gruppe unserer sozialistischen Intelligenz handelt.

In den Schulen, Heimen und Internaten, den außerschulischen Einrichtungen und den Kindergärten wirken heute zirka 330 000 Pädagogen. Allein seit dem VIII. Parteitag haben über 100 000 Lehrer und Erzieher nach Abschluß ihres Studiums die Arbeit aufgenommen. Fast zwei Drittel gehören der Altersgruppe bis 40 Jahre an. Über 70 Prozent sind Frauen.

Rasch zugenommen hat entsprechend der Entwicklung der Vorschulerziehung die Anzahl unserer Kindergärtnerinnen. Über 12 Prozent von den jetzt tätigen fast 90 000 Vorschulerzieherinnen haben erst in den letzten fünf Jahren mit ihrer beruflichen Arbeit begonnen. Zirka ein Fünftel aller Kindergärtnerinnen ist 25 Jahre oder jünger, und jedes Jahr kommen etwa 2000 weitere Absolventinnen unserer Pädagogischen Schulen hinzu. Eine ständige Aufmerksamkeit erfordert die Entwicklung und Verteilung der Parteikräfte in den Schulen und auch in den Vorschuleinrichtungen.

Aus diesem Grunde ist eine wirkungsvolle und systematische politisch-ideologische Arbeit in allen Pädagogenkollektiven der Vorschuleinrichtungen nötig, ist die Arbeit der Gewerkschaftsgruppen von großer Bedeutung.

Unsere jungen Pädagogen verfügen wohl über eine solide wissenschaftliche Bildung in ihren Fächern und in der Pädagogik, über grundlegendes Wissen in Marxismus-Leninismus; es sind jedoch junge Menschen, die ebenso wie ihre Schüler bereits in den Sozialismus hineingeboren wurden und die, wie ich schon sagte, das Entstehen unserer Republik und auch die ersten Jahre und Jahrzehnte ihrer Entwicklung nicht aus eigenem Erleben kennen. Wir verlangen auch von ihnen, daß sie den Schülern die Geschichte unserer Republik einprägsam vermitteln, ihnen den Kampf um das Entstehen und Werden unserer sozialistischen Gesellschaft auf lebendige Weise nahebringen. In der Arbeit mit unserer jungen Lehrerschaft dürfen wir deshalb nicht vergessen, daß sie ihre politischen und Lebenserfahrungen auf andere Weise erworben hat als die vorangegangenen Lehrergenerationen. Es ist daher von großer Bedeutung, daß die Kreisleitungen der Partei unserer jungen Lehrerschaft wirksam helfen, ihren politischen Auftrag gut zu erfüllen.

Wir können in der politischen Arbeit mit den Pädagogen davon ausgehen, daß sich seit dem X. Parteitag in den Pädagogenkollektiven ein beachtlicher politischer Reifeprozeß vollzogen hat, daß bei der Schaffung einer offenen politischen Atmosphäre, eines vertrauensvollen Klimas in den Kollektiven bedeutende Fortschritte erreicht worden sind. Die zielstrebige und systematische politisch-ideologische Arbeit unserer Partei mit den Lehrern und Erziehern hat bewirkt, sie sicherer zu machen, unsere marxistisch-leninistische Theorie auf die Politik unserer Partei anzuwenden, sie zu befähigen, politische Ereignisse klassenmäßig zu werten, die vielen Fragen der Schüler zum aktuellen politischen Geschehen überzeugend zu beantworten.

Die Mehrheit der Pädagogen hat sich ein tieferes Verständnis für die Gesellschaftsstrategie der Partei angeeignet und ist sich bewußt, daß es von ihrer Haltung, von der Qualität ihrer Arbeit entscheidend abhängt, wie die Jugend darauf vorbereitet ist, aktiv an der Gestaltung unserer entwickelten sozialistischen Gesellschaft teilzunehmen, daß sie in komplizierten Fragen der weltweiten Auseinandersetzung zwischen Sozialismus und Imperialismus einen klaren Klassenstandpunkt vertreten lernt.

Dieses Verständnis, diese Haltung muß natürlich immer wieder aufs neue – und dies bei allen Lehrern – gefestigt werden. Unter dieser Sicht kommt vor allem der Qualität des Parteilehrjahres, an dem bekanntlich auch die parteilosen Lehrer teilnehmen, wachsende Bedeutung zu. Wie in der Stellungnahme des Sekretariats des Zentralkomitees zum Bericht der Kreisleitung Berlin-Köpenick über Erfahrungen und Ergebnisse der politisch-ideologischen Arbeit unterstrichen wird, müssen die Kreisleitungen und die Schulparteiorganisationen noch mehr tun, damit sich die Lehrer und Erzieher unsere marxistisch-leninistische Theorie, die Politik und Geschichte der Partei auf einem höheren Niveau und noch lebensverbundener aneignen.

Besonders unterstützen sollten die Kreisleitungen der Partei auch weiterhin das Bedürfnis der Lehrer und Erzieher, sich mit Fragen der ökonomischen Strategie unserer Partei bekanntzumachen. Denn auch sie, die ja zum überwiegenden Teil selbst nicht beruflich in der Produktion tätig waren, werden mit den Fragen des Kampfes der Werktätigen um höhere Effektivität und Produktivität ihrer Arbeit, mit Problemen des wissenschaftlich-technischen Fortschritts in unseren sozialistischen Betrieben täglich konfrontiert. Es hat sich bewährt, daß Partei-, Staats- und Wirtschaftsfunktionäre vor den Lehrern und Erziehern zu Problemen der wirtschaftlichen und der gesellschaftlichen Entwicklung im Territorium sprechen, daß immer mehr Lehrer einen engen Kontakt zu den Betrieben, den Arbeitern und den Wirtschaftsfunktionären pflegen.

Die Orientierung des 9. Plenums unseres Zentralkomitees, vertrauensvoll mit den Menschen zu arbeiten, sich aufmerksam zu ihnen und ihren Problemen zu verhalten, ihre Meinungen, Vorschläge und Hinweise ernst zu nehmen, ihre demokratische Mitwirkung weiterzuentwickeln, gilt voll und ganz für die Arbeit der Partei mit den Pädagogen. Die Vorschläge der Lehrer aufzugreifen, den Meinungsstreit im Pädagogenkollektiv und die Auseinandersetzung mit Mängeln und Schwächen zielstrebig zu fördern, den Erfahrungsaustausch noch gezielter zu entwickeln, das ist eine wichtige Voraussetzung, um überall, an jeder Schule eine solide Unterrichts- und Erziehungsarbeit zu sichern. Das verlangt niveauvolle Mitgliederversammlungen, in denen offen über alle die Genossen bewegenden politischen Fragen, die Probleme ihrer Arbeitshaltung und die Ergebnisse ihrer Arbeit gesprochen wird.

In der politisch-ideologischen Arbeit mit den Lehrern und Erziehern müssen wir uns vor allem auch auf die große Kraft der Gewerkschaft stützen, auf die Aktivität der über 150 000 gewählten ehrenamtlichen Funktionäre in den Gruppen, den Grundorganisationen und Kreisvorständen. Der Vorsitzende des Bundesvorstandes des FDGB, Genosse Harry Tisch, hat auf der 10. Tagung des Zentralvorstandes der Gewerkschaft Unterricht und Erziehung die Aufgaben erläutert, die unsere Lehrergewerkschaft, in der über eine halbe Million Beschäftigte organisiert sind, in Vorbereitung des XI. Parteitages zu lösen hat.

Die politische Arbeit weiter voranzubringen verlangt, die Kampfkraft der Parteiorganisationen in den Schulen und anderen Volksbildungseinrichtungen weiter zu erhöhen. In den Grundorganisationen muß man darum wissen, was die Pädagogen bewegt, offen und parteilich alle Fragen klären.

In Vorbereitung des XI. Parteitages weitere Fortschritte in der Qualität der Führung des täglichen politisch-pädagogischen Prozesses an der Schule zu erreichen, das stellt nicht zuletzt hohe Ansprüche an den Direktor, der für alles, was an der Schule geschieht – oder auch nicht geschieht! – die Verantwortung trägt. Es ist vor allem seine Verantwortung, daß sich alle Pädagogen mit den wachsenden gesellschaftlichen Anforderungen an ihre Arbeit identifizieren und jeder diese Anforderungen zu Ansprüchen an seine eigene tägliche Arbeit macht. Das verlangt vom Direktor, sich immer wieder gemeinsam mit der Schulparteiorganisation, der Gewerkschaftsorganisation und dem sozialistischen Jugendverband darum zu bemühen, die konkreten Schritte, die zur Verbesserung der Arbeit notwendig sind, richtig abzustecken und für ihre Realisierung die Ideen und Initiativen aller Lehrer zu stimulieren. Jeder Direktor muß seine Pädagogen gut kennen, um die starken und auch um die noch nicht so ausgeprägten Seiten ihrer Arbeit wissen, ihre politischen, beruflichen und Lebenserfahrungen beachten und sie zum Nutzen des ganzen Schulkollektivs richtig einsetzen.

Eine gute Führungstätigkeit auch in der Volksbildung erfordert gründliche Kenntnis der Lage, wohldurchdachte Schlußfolgerungen und deren beharrliche, konsequente Verwirklichung, die straffe Kontrolle darüber an Ort und Stelle. Es reicht heute nicht mehr aus, nur Kenntnis über die Lage zu besitzen, wenngleich auch dies noch nicht überall erreicht ist. Nötig ist vor allem zu verändern, wo dies erforderlich ist, richtig Erkanntes mit mehr Konsequenz durchzusetzen, gute Erfahrungen zielstrebig zu nutzen, eine begonnene Sache bis zu Ende zu führen, nichts vor sich herzuschieben. In diesem Sinne sind die Genossen in der Volksbildung darauf orientiert, aufbauend auf dem Erreichten, weitere Fortschritte zu organisieren, nüchtern und real die Lage einzuschätzen, zu verändern und in Ordnung zu bringen, was in Ordnung zu bringen ist. Für den Direktor bedeutet das, auf erkannte Probleme und deren Ursachen verändernd einzuwirken, und dies unter Einbeziehung aller Lehrer. Vor allem müssen wir erreichen, daß die tatsächlich erzielten Resultate noch gründlicher gewertet werden, daß von den tatsächlichen Ergebnissen im Lernen, bei der Entwicklung der Schüler ausgegangen wird. Es muß die Bereitschaft aller Pädagogen weiter ausgeprägt werden, sich zu qualifizieren, die eigenen Erfahrungen weiterzugeben und von anderen lernen zu wollen.

In Vorbereitung des XI. Parteitages an allen Schulen und Volksbildungseinrichtungen spürbare weitere Fortschritte in der politischen Erziehung, im Niveau der Bildungs- und Erziehungsarbeit vor allem im Unterricht zu erreichen, das ist in erster Linie ein Anspruch an die Qualität, an die Art und Weise der Führungstätigkeit unserer Volksbildungsorgane. Auch bei uns gibt es noch zu große Unterschiede in der Qualität der Arbeit innerhalb einer Schule und zwischen den Schulen. Die Führungstätigkeit unserer Kreisabteilungen ist schon bedeutend konkreter auf die Schule, inhaltlich auf den Unterricht und die pädagogische Arbeit bezogen, entwickelt. Aber noch konkreter müssen unsere Genossen in den Kreisabteilungen die Direktoren danach befragen, ob sie alle Lehrer genügend anregen, noch gründlicher darüber nachzudenken, was sie bei ihren Schülern an Wirkungen erzielen, wie jeder Lehrer und das ganze Pädagogenkollektiv das pädagogische Vorgehen, bezogen auf die Klasse bzw. jeden einzelnen Schüler, noch gründlicher überdenken und gestalten muß. Hierbei geht es um mehr Konsequenz unserer Kreisschulräte gegenüber den Direktoren, die ebenso konsequent und hilfreich ihren Lehrern gegenüber sein und die gemeinsam mit ihnen überlegen müssen, wie die Probleme, die in der täglichen Arbeit auftreten, am besten zu lösen sind.

Es unterstreicht dies erneut die Rolle der Direktoren und die Aufgabe, ihre Fähigkeit weiterzuentwickeln, aus der konkreten Kenntnis der Unterrichts- und Erziehungsarbeit noch genauer, noch konkreter auf jeden einzelnen Lehrer zuzugehen, seine Probleme, seine Erfahrungen zu berücksichtigen und noch besser zu nutzen. Unsere Direktoren müssen noch gründlicher erfassen, was ihre Lehrer meistern, was noch nicht und warum noch nicht, und hieraus Schlußfolgerungen für die Qualifizierung, für die Weiterbildung ableiten. Und auch dies gehört zu einer guten Arbeit eines Direktors: Er muß die persönlichen Probleme seiner Lehrer kennen. Da sorgen sich Frauen um ihr Kind, weil es erkrankt ist, sie wollen aber ihre Klasse nicht warten lassen; da gibt es ganz natürliche Sorgen in der Ehe, der Familie, ganz natürliche Alltagsprobleme, die auch einen Lehrer nicht immer frohgestimmt machen, aber er soll sich natürlich seinen Schülern gegenüber nicht launisch verhalten. Ein guter Direktor und ein gutes Kollektiv dürfen auch die persönlichen Probleme der Kollegen nicht unbeachtet lassen. Das ist eine Frage nach dem Klima in einem Arbeitskollektiv, des Füreinanderdaseins; dies wirkt sich überall auf die Arbeit aus, besonders aber dort, wo man es mit Kindern zu tun hat, die ja ein feines Gespür haben, ob ihr Lehrer zerstreut, unfroh der Klasse gegenübertritt. Es hängt also alles in allem sehr viel von der Arbeitsatmosphäre in einem Lehrerkollektiv ab.

Sehr entscheidend ist, ob die Lehrer und Erzieher in die Klärung der Probleme, in die Entscheidungsfindung einbezogen sind, ob ihr Suchen nach effektiveren

Lösungswegen in der Arbeit umfassend gefördert, ob alles aus dem Wege geräumt wird, was ein vertrauensvolles Miteinander, die Entwicklung einer schöpferischen, vorwärtsdrängenden, optimistischen Arbeitsatmosphäre an der Schule hemmt. Ein solches Klima muß die Parteiorganisation an der Schule wesentlich stimulieren. Das gehört zur politischen Arbeit.

Überall dort, wo im Pädagogenkollektiv im offenen Meinungsstreit um einheitliche Positionen gerungen, wo Auseinandersetzungen mit falschen Auffassungen und Verhaltensweisen nicht ausgewichen wird, wo es helfende Kritik gibt, wo Schwächen und Mängel nicht verdeckt werden, geht es bekanntlich gut voran. Wenn wir dies fordern, dann nicht deshalb, weil hier etwas im argen läge, sondern deshalb, weil davon, wie wir diese Aufgaben und Anforderungen an jeder Schule immer besser meistern, letztendlich abhängt, wie wir bei der Verwirklichung der Beschlüsse unseres X. Parteitages, bei der Vorbereitung unseres XI. Parteitages vorankommen. In dieser Richtung auf die Arbeit der Direktoren, die Arbeit des Pädagogenkollektivs einzuwirken ist eine wichtige Aufgabe jeder Schulparteiorganisation, jeder Kreisabteilung für Volksbildung und jeder Kreisleitung unserer Partei. Und es ist wichtig, dafür Sorge zu tragen, daß die verantwortungsvolle Funktion eines Direktors überall von fähigen, dem Sozialismus treu ergebenen Kadern ausgeübt, daß ihnen in ihrer Arbeit die erforderliche Hilfe und Unterstützung durch die Organe der Partei und des Staates zuteil wird.

Wohl hat der Leiter die Verantwortung für all das, was nicht oder noch nicht funktioniert, er hat sozusagen das Privileg, dafür geradestehen zu müssen. Aber unsere Direktoren haben ganz gewiß auch das Recht, gelobt zu werden, denn alles, was sich vorwärts bewegt – und das ist viel! –, geht nicht ohne gute Leitung. An den Erfolgen unseres Volksbildungswesens haben Tausende fleißiger, kluger Direktoren einen entscheidenden Anteil. Ich denke dabei an jene, die nun schon seit einigen Jahrzehnten auf ihrem Posten stehen, ebenso wie an die Garde unserer jungen Direktoren, die immer größer wird.

Der Auswahl, Befähigung, Erprobung und dem Einsatz geeigneter junger Kader als Direktoren und stellvertretende Direktoren der Schulen muß auch in Zukunft große Aufmerksamkeit geschenkt werden. In unseren Schulparteiorganisationen gibt es viele fähige junge Genossen. Davon, wie wir heute mit ihnen arbeiten, welche Aufgaben wir ihnen übertragen, wie wir ihre aktive Mitarbeit fordern und fördern, wie wir sie Schritt für Schritt an immer größere Aufgaben heranführen, hängt es wesentlich ab, daß sich diese jungen Genossen zu künftigen Führungskadern entwickeln.

Auch für die Volksbildung gilt, ein richtiges Zusammenwirken von jungen und erfahrenen Kadern zu sichern und zu gewährleisten, daß sich die künftigen Funktionäre an der Seite bewährter, erfahrener Genossen auf ihre spätere Funktion vorbereiten. In den kommenden Jahren scheidet die Neulehrergeneration sukzessive aus dem Arbeitsprozeß aus, die Lehrerschaft verjüngt sich weiter. In diesem Zusammenhang ein Wort zum Lehrernachwuchs. Die Auswahl und Vorbereitung der künftigen Pädagogen ist eine Aufgabe von hohem politischem Rang, denn schließlich sind es die heutigen und künftigen Lehrerstudenten, die die Weiterentwicklung des Volksbildungswesens in den kommenden Jahrzehnten zu tragen haben. Für das Lehrerstudium junge Menschen vorzuschlagen, die durch ihre politische und charakterliche Haltung, durch ihr Wissen und Können wirklich für den Lehrerberuf geeignet sind – hierbei sollte unser Jugendverband, unsere Freie Deutsche Jugend, noch aktiver mitwirken.

Für die Ausbildung der Diplomlehrer wurden neue Studienpläne und Lehrprogramme eingeführt, das Studium wurde von vier auf fünf Jahre verlängert. Die Notwendigkeit einer solchen Verlängerung stand im Interesse einer höheren Qualität der fachwissenschaftlichen und pädagogischen Vorbereitung schon seit langem an. Aber der hohe Lehrerbedarf ließ das zunächst nicht zu. Wir haben jetzt das „demographische Tief", das heißt die Tatsache, daß die Anzahl der Schüler zeitweilig abnimmt, genutzt, um diesen Schritt zu vollziehen, ohne daß sich dies auf die Sicherung des Unterrichts auswirkt. Die schrittweise Verlängerung der Ausbildung um ein Jahr hat ja zur Folge, daß zwei Jahre hintereinander nur die Hälfte der Absolventen eines Ausbildungsjahrgangs in die Praxis gehen kann. Zugleich sichern wir unter perspektivischer Sicht, daß für die später wieder stark anwachsende Schülerzahl die notwendigen Lehrkräfte zur Verfügung stehen. So weit muß man nun einmal in der Lehrerausbildung denken und planen. Denn die Lehrerstudenten, die im Verlauf der nächsten fünf Jahre ihr Studium aufnehmen, beginnen ja ihre Tätigkeit in der Schule erst nach 1990.

Die weitere inhaltliche Vervollkommnung des Volksbildungswesens erfordert auch, weiterhin für gute materielle und personelle Bedingungen der Bildungs- und Erziehungsarbeit Sorge zu tragen. Dazu gehören der Neubau und die Werterhaltung von Schul- und Kindereinrichtungen. Allein im Planjahr 1985, dem letzten Jahr des laufenden Fünfjahrplanes, müssen im Bereich der Volksbildung rund 20 Prozent aller im Fünfjahrplanzeitraum zu schaffenden Kapazitäten errichtet werden.

Der Volkswirtschafts- und Staatshaushaltsplan für das Jahr 1985 ist darauf gerichtet, die in der Direktive des X. Parteitages der SED zur Entwicklung der Volksbildung in den Jahren 1981 bis 1985 festgelegten Kennziffern, die in dem von der Volkskammer beschlossenen Gesetz über den Fünfjahrplan enthalten sind, voll zu erfüllen. Auch was die Volksbildungsbauten – die Schulen, Turnhallen, Kindergärten und Sonderschuleinrichtungen – betrifft, muß in guter Qualität gebaut, sparsam mit den zur Verfügung stehenden Investitions- und Haushaltmitteln umgegangen werden.

Was die Plätze in Kindergärten betrifft, so wird die im Fünfjahrplan vorgesehene Zielstellung um etwa 13 000 Plätze überschritten. Es muß aber auch in diesem Bereich zielstrebig an der Lösung noch nicht bewältigter Probleme gearbeitet werden. So gibt es beispielsweise an großen Standorten des Wohnungsbaus, wo größtenteils junge Familien wohnen und deshalb auch eine große Zahl von Kleinkindern konzentriert ist, das Problem, daß die vorgegebenen Normative nicht immer sichern, daß beim Einzug in die Wohnungen alle Kapazitäten ausreichen. In manchen Territorien können noch nicht alle Kinder in Wohnnähe untergebracht werden. Und in einigen Gemeinden wird durch Versäumnisse die Werterhaltung der Kindergärten sträflich vernachlässigt, wie das Eingaben von Eltern zeigen. Auch für die Schulen und die anderen Einrichtungen der Volksbildung gilt, daß mehr auf dem Gebiet der Werterhaltung getan werden muß. Während hier zum Beispiel 1982 nur etwa 35 Prozent der finanziellen Werterhaltungsmittel materiell bilanziert werden konnten, wird mit dem Plan 1985 ein Anteil von rund 51 Prozent angestrebt. Das ist ein großer Fortschritt. Aber da die Gewerkekapazitäten, vor allem bezogen auf die Arbeiten im Dachbereich, an den Fenstern, im Sanitärbereich sowie an den Heizungen, noch nicht in allen Territorien in ausreichendem Umfang zur Verfügung stehen, ist die Differenziertheit noch sehr groß. Um überall die Durchführung der notwendigen Baureparaturen planmäßig und in hoher Qualität zu sichern, ist ein enges Zusammenwirken des Bauwesens, der Volksbildungsorgane und der Räte der Städte und Gemeinden notwendig.

Wie der Generalsekretär unseres Zentralkomitees auf der Beratung mit den Ersten Kreissekretären der Partei hervorhob, erwächst aus dem hohen Gewicht der geistigen Ressourcen für den weiteren Fortschritt des Sozialismus – und Bildung gehört zu den großen Errungenschaften und unerschöpflichen Reserven des Sozialismus – folgerichtig, daß unsere Partei der weiteren Ausarbeitung und Verwirklichung unserer Bildungspolitik große Aufmerksamkeit schenkt. Daraus ergibt sich, das Geschaffene, die guten Bedingungen noch umfassender zu nutzen, alles Bewährte fortzuführen und mit dem Blick auf die qualitativ neuen Erfordernisse den Widerspruch zwischen Erreichtem und Möglichem noch stärker als Triebkraft für das weitere Voranschreiten unserer Schule wirksam zu machen.

Viele Pädagogen haben sich nach unserem 9. Plenum zu Wort gemeldet und dargelegt, wie sie den XI. Parteitag durch gute Leistungen in der Bildungs- und Erziehungsarbeit vorbereiten wollen, damit auch die jungen Generationen von morgen fähig und bereit sind, an den Brennpunkten unseres sozialistischen Aufbaus in der Industrie und Landwirtschaft, in den Labors, bei der Meisterung der Anforderungen von Wissenschaft und Technik, im gesellschaftlichen Leben und bei der Landesverteidigung ihren Mann zu stehen.

Die zielgerichtete Führungsarbeit unserer Partei, die Einsatzbereitschaft unserer Pädagogen, ihre Initiativen in Vorbereitung des XI. Parteitages sind eine gute Grundlage für weitere Fortschritte, für eine weitere erfolgreiche Entwicklung unseres Bildungswesens.

Die Schulpolitik der SED
und die wachsenden Anforderungen
an den Lehrer und die Lehrerbildung

Referat auf der Konferenz des Ministeriums für Volksbildung in Erfurt
15. November 1985

Es ist das Anliegen unserer Konferenz, gemeinsam zu beraten, Erfahrungen auszutauschen, Probleme zu benennen, uns darüber zu verständigen, was sich unter der Sicht der weiteren Gesellschaftsentwicklung und der daraus resultierenden Anforderungen an die kommunistische Erziehung der Schuljugend für die Ausbildung und Erziehung der Lehrerstudenten, für die Arbeit in Lehre und Forschung ergibt.

Der X. Parteitag der Sozialistischen Einheitspartei Deutschlands stellte der Lehrerbildung die Aufgabe, die künftigen Lehrer noch besser für ihre schöpferische Arbeit in der Schule zu befähigen, das wissenschaftliche Niveau der Ausbildung und die schulpraktische Vorbereitung der Studenten weiter zu entwickeln. Unsere Lehrerbildner an den Universitäten, Hoch- und Fachschulen haben das als Anspruch an die Qualität ihrer Arbeit verstanden, als Anforderung, in Vorbereitung des XI. Parteitages weitere spürbare Fortschritte zu erreichen. Wir sind uns dessen bewußt, daß die Vorbereitung der künftigen Pädagogen auf ihre Arbeit eine Aufgabe von hohem politischem Rang ist, denn schließlich sind es die heutigen und künftigen Lehrerstudenten, die die Weiterentwicklung unseres Volksbildungswesens in den kommenden Jahren und Jahrzehnten zu tragen haben. Aufbauend auf dem Erreichten, auf einer nüchternen und realistischen Einschätzung des Standes der Ausbildung gilt es nun, bei der Realisierung unserer neuen Lehrprogramme weitere Fortschritte zu organisieren.

In unseren Volksbildungseinrichtungen wirken 330 000 Lehrer und Erzieher, die an den Pädagogischen Schulen für Kindergärtnerinnen, den Instituten für Lehrerbildung, den Pädagogischen Hochschulen und Universitäten auf ihren Beruf vorbereitet worden sind. Es sind dies Pädagogen, die auch nach der Ausbildung nicht aufgehört haben zu lernen, die mit Hingabe, ideenreich ihre tägliche Arbeit leisten.

Die Lehrer, die wir herangebildet haben und heranbilden, fühlen sich – und das beweisen sie in ihrer Arbeit – zutiefst all dem verpflichtet, was unter der Führung unserer Partei in der Deutschen Demokratischen Republik Wirklichkeit geworden ist. Sie wirkten und wirken maßgeblich mit, eine Jugend zu erziehen, die ihrem Vaterland, der Sache des Sozialismus und des Friedens fest verbunden ist, die sich der Tatsache bewußt ist, für eine Sache von wahrhaft epochaler Größe zu wirken, für den Sozialismus, sein weiteres Gedeihen in diesem unseren deutschen Staat der Arbeiter und Bauern, wissend darum, daß mit der Errichtung des Sozialismus auf deutschem Boden ein qualitativ neuer Abschnitt der Geschichte unseres Volkes begann.

Immer müssen wir uns bewußt sein, wie tief das Wirken derer, die die künftigen Lehrer erziehen und ausbilden, in die gesellschaftlichen Prozesse eingreift. Stets haben sich unsere Lehrerbildner dem hohen Anspruch gestellt, mit dem Blick auf das Morgen den künftigen Lehrern all das mit auf den Weg zu geben, was sie brauchen, damit sie die junge Generation gut darauf vorbereiten, unser großes revolutionäres Werk weiterzuführen. Unseren Erziehungsauftrag zutiefst zu verstehen, das erfordert, den Zusammenhang zwischen Gesellschaftsstrategie und unserem Erziehungs- und Bildungskonzept gründlich zu erfassen.

Fassen wir das Bild ins Auge, wie sich unsere Gesellschaft weiter entwickeln wird, dann müssen wir im Volksbildungswesen weit vorausdenken, müssen uns fragen, wie der Mensch aussehen wird, über welches Wissen und Können er verfügen, welche Fähigkeiten und Fertigkeiten er besitzen, welche politischen und weltanschaulichen Überzeugungen, moralischen und charakterlichen Eigenschaften, welche Persönlichkeitsqualitäten er haben muß, um diesen qualitativ neuen Abschnitt der Gestaltung unserer entwickelten sozialistischen Gesellschaft, den der XI. Parteitag bis an die Schwelle des neuen Jahrtausends abstecken wird, mitzugestalten, was es heißt, den wachsenden Anforderungen gerecht zu werden, die das Leben, der Beruf, der revolutionäre Kampf in dieser Zeit stellen werden.

Mit der im praktischen revolutionären Kampf bestätigten Erfahrung, daß durch die Kraft des von der marxistisch-leninistischen Partei geführten Volkes jede objektiv herangereifte Aufgabe, und sei sie noch so kompliziert, lösbar ist, haben wir beim Aufbau der sozialistischen Gesellschaft in unserer Deutschen Demokratischen Republik eine wahrhaft große geschichtliche Wegstrecke zurückgelegt.

Mit dem Programm der Partei besitzen wir eine wissenschaftliche Gesellschaftskonzeption, die tief gegründet ist auf eine wissenschaftliche Analyse der gesellschaftlichen Prozesse, die die inneren und äußeren Faktoren des Verlaufs der sozialistischen Revolution in Rechnung stellt und unter Beachtung der allgemeinen Gesetzmäßigkeiten des sozialistischen Aufbaus darauf gerichtet ist, die entwickelte sozialistische Gesellschaft in unserem Vaterland, der Deutschen Demokratischen Republik, weiter zu gestalten. Dies beinhaltet die Aufgabe, alle Triebkräfte, alle Vorzüge, die Potenzen des Sozialismus, die wirtschaftlichen wie die geistig-kulturellen, die Werte und Ideale des Sozialismus in einem Prozeß der ständigen Höherentwicklung unserer Gesellschaft immer umfassender zur Entfaltung zu bringen, um so zugleich grundlegende Voraussetzungen für den allmählichen Übergang zum Kommunismus zu schaffen.

Wenn die Partei betont, daß sich die Gestaltung der entwickelten sozialistischen Gesellschaft über eine längere historische Etappe erstrecken wird, dann heißt dies, daß in einem kontinuierlichen Prozeß der Weiterentwicklung ständig höhere Stufen erreicht werden müssen. Sicher wird der bevorstehende XI. Parteitag unserer Sozialistischen Einheitspartei Deutschlands einen weiteren bedeutenden Abschnitt der im Programm unserer Partei vorgezeichneten Gestaltung der entwickelten sozialistischen Gesellschaft einleiten. Die von der 10. Tagung des Zentralkomitees bis über das Jahr 2 000 hinaus in ihren Konturen aufgezeigten Ziele und Aufgaben umreißen die gewachsenen Möglichkeiten und Notwendigkeiten sowie die Wege, die zu beschreiten sind, um die gegenwärtigen und künftigen Aufgaben zu lösen.

Auf der festen Grundlage des Marxismus-Leninismus und seiner schöpferischen Anwendung auf die jeweilige konkrete historische Situation sind wir im brüderlichen Bündnis mit der Sowjetunion, fest verankert in der sozialistischen Staatengemeinschaft, sicher vorangeschritten. Unsere Partei hat sich erfolgreich allen neuen Anforderungen gestellt, Entwicklungsprobleme rechtzeitig aufgegriffen. Solcherart Probleme wurden auf der 9. und 10. Tagung des Zentralkomitees erneut aufgeworfen, und Lösungswege wurden gezeigt. Im Kern geht es dabei um all jene grundlegenden Aufgaben, die mit der weiteren Gestaltung der entwickelten sozialistischen Gesellschaft auf der Tagesordnung stehen, darum, wie sich die dynamische Entwicklung der Produktivkräfte vollziehen muß, wie durch die Anwendung von Wissenschaft und Technik die materielle Produktion weiter zu steigern, die Leistungskraft der Volkswirtschaft weiter zu erhöhen ist, wie die gesellschaftlichen Verhältnisse weiter zu gestalten sind. Dazu gehören nicht zuletzt die Fragen, die mit der Bildung und Erziehung der Menschen zusammenhängen, ist doch der Mensch in unserer Gesellschaft das Maß aller Dinge.

Wir haben in der Deutschen Demokratischen Republik stets unseren Beitrag geleistet, und wir werden ihn auch künftig in fester Gemeinschaft mit der Sowjetunion und den anderen sozialistischen Bruderländern leisten, jene historische Aufgabe zu lösen, von der letztendlich die Erhaltung des Friedens für die Menschheit abhängt, den Sozialismus allseitig zu stärken. Dieses Gewicht gilt es in die Waagschale der weltweiten Klassenauseinandersetzung zu legen, um den Kampf der beiden Gesellschaftssysteme im friedlichen Wettstreit mit dem Kapitalismus zu unseren Gunsten zu entscheiden; eine andere Alternative gibt es nicht.

Immer mehr Menschen auf dem Erdball begreifen angesichts der Realitäten des Lebens, daß der Kapitalismus der Menschheit keine Perspektive zu bieten vermag, welche Gesellschaftsmodelle er auch immer anbietet. Die grundlegenden Lebensfragen der Menschheit wie soziale Sicherheit, Menschenwürde, Freiheit hat der Sozialismus gelöst, und nur er ist in der Lage, vereint mit allen Menschen, die Frieden wollen, den Frieden zu sichern, die Politik der Konfrontation, die auf Hochrüstung und atomaren Krieg gerichtete Politik der aggressivsten Kreise des Imperialismus zu stoppen. Der Sozialismus verfügt über die Potenzen, sowohl die wachsenden Aufgaben seines weiteren Aufbaus zu bewältigen als auch seine Verteidigung zu gewährleisten, er verfügt über die große Möglichkeit, die den sozialistischen Produktionsverhältnissen innewohnenden Potenzen nutzend, seine Wirtschaftskraft weiter zu steigern, das Lebensniveau des ganzen Volkes ständig weiter zu heben. Das ist natürlich keine leichte Aufgabe.

Das Wettrüsten auf der Erde endlich einzustellen und seine Ausdehnung auf den Weltraum zu verhindern würde bedeuten, die Gefahr eines atomaren Krieges zu bannen und die für die Rüstung aufgewandten Kräfte und Mittel für das weitere Aufblühen des Sozialismus freizusetzen. Jedoch werden sich alle die verrechnen, die da glauben, den Sozialismus totrüsten, ihn auf seinem Weg aufhalten zu können. Vor allem die Sowjetunion und mit ihr die anderen sozialistischen Länder werden im Interesse der Existenz der Menschheit keine militärische Überlegenheit des Imperialismus zulassen.

Unbeirrt werden wir, und dies hat das 10. Plenum erneut erklärt, den Weg weitergehen, der unserem Ziel, dem Sinn des Sozialismus entspricht: alles zu tun für das Wohl des Volkes. Unter dieser Sicht hat sich die bereits auf dem VIII. Parteitag in ihrer Stoßrichtung formulierte Linie der Einheit von Wirtschafts- und Sozialpolitik im Leben bewährt. Sie hat für alle sichtbar gesellschaftliche Errungenschaften gebracht, die zum Wohle der eigenen Familie zu Buche geschlagen sind; sie hat für alle die Erfahrung mit sich gebracht, an dieser Politik, an dem Geschaffenen, durch die eigene Arbeit selbst Anteil zu haben. Und Schwierigkeiten wurden von den Besten – und das sind viele bei uns – stets als Herausforderung verstanden, neue Lösungen zu suchen, mehr und Besseres zu leisten. Was sich auf diese Weise in unserer Republik vollzieht an aktiver Teilnahme an den gesellschaftlichen Angelegenheiten, an massenhaftem Engagement der Arbeiter, Ingenieure und Wissenschaftler, neue Technik zu entwickeln und in die Produktion einzuführen, was geleistet wurde, um neue Wirtschaftsstrukturen zu schaffen, die den Erfordernissen entsprechen, die wissenschaftlich-technische Revolution unter sozialistischen Produktionsbedingungen und Produktionsverhältnissen zu meistern, höheres Wirtschaftswachstum zu erreichen und gleichzeitig die Arbeits- und Lebensbedingungen zu verbessern, das ist ohne Beispiel in unserer Geschichte. Unsere Genossenschaftsbauern gestalten die sozialistische Landwirtschaft immer moderner und effektiver, nehmen ihre genossenschaftlichen Rechte und Pflichten immer umfassender wahr. Die Arbeiterklasse, die Genossenschaftsbauern und alle anderen Werktätigen unseres Landes sind vereint in einer wirklich breiten demokratischen Aktion. Diese Politik, gerichtet auf das Wohl des Volkes, wird durch das ganze Volk getragen und mitgestaltet. Hierin zeigt sich, was sozialistische, was wahre Demokratie ist.

Je sichtbarer die Gebrechen der bürgerlichen Demokratie werden, um so lautstärker spielen sich die Gegner des Sozialismus als Verfechter der Demokratie auf, unterstellen dem Sozialismus, nicht demokratisch zu sein. Es sind dies wohl die ungeeignetsten Ratgeber, die die elementarsten demokratischen Rechte mit Füßen treten, die den Menschen das Recht auf Arbeit nehmen und die alle, die für ihr Recht auf Frieden und Freiheit eintreten, mit brutaler Polizeiwillkür niederknüppeln. Die Arbeiterklasse hat sich von solcher Art „Freiheit und Demokratie", indem sie die Herrschaft der Imperialisten gestürzt und die Macht der Arbeiter und Bauern errichtet hat, endgültig befreit. Und an dieser Macht, an der Herrschaft des Volkes, die es ermöglichte, die demokratischste, die menschlichste Sache zu verwirklichen, lassen wir nicht rütteln. Das weiß der Gegner nur zu gut. Auf jene spekulierend, die keinen festen Standpunkt haben, redet er nun salbungsvoll von Idealen, die man in der sozialistischen Wirklichkeit nicht finden könne, empfiehlt einen anderen Sozialismus. Er wendet sich an solche, die gern alle Früchte des Sozialismus in vollen Zügen genießen, sich aber auserkoren fühlen, einen „besseren" Sozialismus zu beschwören. Bei genauerem Hinsehen stellt sich dies so dar: Wir reden gern mit, aber wir wollen nicht soviel Verantwortung; wir sind gegen den Imperialismus, aber wir möchten die „Freiheit", zwischen zwei Welten zu pendeln; nicht die Freiheit, arbeitslos zu sein, aber von dem genießen, was an bürgerlicher Lebensweise bekömmlich erscheint, von dem, was sich im Grunde genommen als dekadent erweist. Zweiflern auf den richtigen Weg zu helfen, dem Gegner keinen Raum zu lassen, darin haben wir stets unsere Verantwortung gesehen. Das wird auch künftig so bleiben.

Wenn die Partei in Vorbereitung des XI. Parteitages die Feststellung trifft, daß der Kurs der Hauptaufgabe in seiner Einheit von Wirtschafts- und Sozialpolitik, der mit der sozialen, der gesellschaftlichen Entwicklung im umfassenden Sinne verbunden war, ist und weiter verbunden sein muß, zielstrebig weitergeführt wird, so entspricht dies der im Programm der Partei formulierten Aufgabe, alle Bereiche des Lebens, die gesellschaftlichen Beziehungen im engen, untrennbaren Zusammenhang von ökonomischer, sozialer, ideologischer und geistig-kultureller Entwicklung weiter auszugestalten. Dieser Prozeß vollzieht sich heute im Alltag und wird sich weiter vollziehen. Unsere Gesellschaftskonzeption, die darauf gerichtet ist, „alle Bedingungen zu schaffen, damit sich die gesellschaftlichen Beziehungen und die körperlichen und geistigen Fähigkeiten der Menschen voll entfalten können, alle Möglichkeiten zu eröffnen, daß sie ihr Leben inhaltsreich und kulturvoll zu gestalten vermögen, daß das Denken und Handeln der Werktätigen von der sozialistischen Ideologie, der marxistisch-leninistischen Weltanschauung der Arbeiterklasse geprägt wird"[1], lebt in unserer gesellschaftlichen Praxis, und sie wird und muß immer umfassender verwirklicht werden.

Der Sozialismus hat in historisch kurzer Zeit Errungenschaften hervorgebracht, die nur auf der Grundlage der politischen Herrschaft der Arbeiterklasse unter der Führung ihrer marxistisch-leninistischen Partei möglich sind, die das Leben der Menschen grundlegend verändert haben. Eine neue Lebensqualität hat sich herausgebildet und entwickelt sich ständig weiter. In unserem Lande ist zur sozialistischen Wirklichkeit geworden, womit sich Millionen Menschen identifizieren, weil in ihr solche Werte verwirklicht sind wie Frieden, Freiheit, Menschenwürde,

---

[1] Programm der Sozialistischen Einheitspartei Deutschlands. Dietz Verlag, Berlin 1976, S. 22.

soziale Sicherheit, schöpferische Arbeit zum Wohle aller und zum eigenen Nutzen, demokratische Mitwirkung an den gesellschaftlichen Angelegenheiten und hohe Bildung für alle.

Im Sozialismus existiert zwischen den gesellschaftlichen und persönlichen Interessen objektiv grundlegende Übereinstimmung. Unsere sozialistische Wirklichkeit legt Zeugnis dafür ab, daß es durch die auf den Sinn des Sozialismus gerichtete Politik der Partei heute wie nie zuvor in unserem Lande eine so unmittelbar wirksame, für den einzelnen spürbare Übereinstimmung von gesellschaftlichen und persönlichen Interessen gegeben hat. Diese Übereinstimmung, immer bewußter erlebt von Millionen, ist zu einer entscheidenden Triebkraft geworden, die durch das verantwortungsbewußte Wirken der Menschen, durch ihre bewußte Aktivität unter Führung der Partei immer vollkommener realisiert wird. In der Wahrnehmung von Pflicht und Verantwortung für die Gesellschaft und für sich selbst verwirklichen die Menschen ihr Recht, die Freiheit, ihr eigenes Leben zu gestalten.

Unsere sozialistische Wirklichkeit beweist, daß das Streben, für die Gesellschaft tätig, nützlich zu sein, sich bei der Lösung der Aufgaben bewähren zu wollen, sich selbst bestätigt zu finden, immer bestimmender für das Denken, Fühlen, Wollen und Handeln Tausender und Abertausender wird.

Mit der weiteren Gestaltung der entwickelten sozialistischen Gesellschaft wird ein immer weiteres Feld bewußter menschlicher Aktivität, gesellschaftlicher Verhältnisse und Beziehungen geschaffen, wo der Mensch in der täglichen Arbeit, in der Wahrnehmung seiner Pflichten und Rechte im täglichen Leben seine Initiative; sein Schöpfertum entfalten kann.

Die sozialistischen Errungenschaften, die Wirklichkeit gewordenen Werte des Sozialismus, die neue Qualität des Lebens in unserer sozialistischen Gesellschaft, die Keime der Zukunft in dem, was heute ist, zu erkennen und sie im organisierten, geplanten Bildungs- und Erziehungsprozeß bewußt und zielgerichtet zur Wirkung zu bringen – das eigentlich verstehen wir unter Nutzung der sozialen Erfahrungen der Jugend, das ist die Aufgabe unserer Lehrer und Erzieher. Beruht doch unser marxistisches Erziehungskonzept auf der Erkenntnis, daß wohl die gesellschaftlichen Umstände den Menschen formen, daß dies jedoch kein mechanischer, spontaner Prozeß ist. Immer wieder betont die Partei gerade mit dem Blick auf die weitere Perspektive die zunehmende Rolle der Bewußtheit, des Bewußtseins und der Moral, die wachsende Rolle der Erziehung.

Die Sicht darauf, wie sich die neuen Lebensqualitäten weiter ausprägen müssen und ausprägen werden, muß ein Lehrer haben in einer Schule wie der unseren, deren Inhalt und Zielstellung aus dem realen Leben unserer sozialistischen Gesellschaft, aus den Anforderungen, die es heute stellt und künftig stellen wird, abgeleitet sind, einer Schule, deren erklärter Auftrag es ist, mit ihren Mitteln und Möglichkeiten dahin zu wirken, die Entwicklung unserer Gesellschaft weiter zu fördern, indem sie Menschen heranbildet, die bewußt und aktiv diese Gesellschaft gestalten.

Robert Alt, einer der Begründer der marxistisch-leninistischen Pädagogik in unserer Deutschen Demokratischen Republik, drückte dies bereits 1946 in den Worten aus: „... der Wertaspekt, unter dem der Lehrer das Bildungsgut erlebt und weitergibt", die Einsicht, „daß er mit allem seinem erzieherischen Tun bis in das kleinste Detail hinein dem gesellschaftlichen Prozeß verbunden ist und eine für die Entwicklung unseres Volkes zu neuen Daseinsformen entscheidende Rolle spielt", ist von eminenter Wichtigkeit.[2]

Unsere sozialistische Schule ist eng mit dem Leben, unsere Erziehung untrennbar mit der aktiven Teilnahme an den politischen Kämpfen unserer Zeit verbunden, verbunden mit dem Werden und Gedeihen des Sozialismus. Das ist nicht nur Losung, das ist ein Programm. Es umfaßt die Aufgabe, die heranwachsende Generation in allen Dingen des Lebens zu unterrichten, um ihr einen guten Start ins Leben zu geben, aktive Erbauer der sozialistischen und kommunistischen Gesellschaft zu erziehen.

Unter der Führung unserer Partei wurde unser einheitliches sozialistisches Bildungssystem geschaffen. Es hat sich in der Praxis als ein stabiles und zugleich dynamisches System erwiesen. In allen Etappen des sozialistischen Aufbaus ist unsere Partei von dem objektiven Zusammenhang zwischen Gesellschaft und Schule ausgegangen, von den gesellschaftlichen Bedingungen für die Entwicklung des Bildungswesens und von seiner aktiven Rolle, seiner Einwirkung auf die gesellschaftlichen Prozesse.

Mit der Orientierung auf die weitreichenden Entwicklungen, die sich in unserer Gesellschaft vollziehen, sind qualitativ neue, höhere Ansprüche an die Bildung und Erziehung der Menschen, vor allem der jungen Generation gestellt. So haben wir von der objektiven Gesetzmäßigkeit auszugehen, daß angesichts der Erfordernisse der weiteren Gestaltung der entwickelten sozialistischen Gesellschaft die Rolle des subjektiven Faktors, die Rolle der Bewußtheit der Menschen wächst. Bildungs- und Kulturniveau, Bereitschaft zu hoher Leistung und schöpferischer Arbeit, politische und weltanschauliche Einstellungen und Überzeugungen und die entsprechenden moralischen Eigenschaften und Verhaltensweisen der Menschen gewinnen zunehmend an Bedeutung, sowohl in der materiellen Produktion als auch in allen anderen Sphären des gesellschaftlichen Lebens, und nicht zuletzt bestimmen sie die persönliche Lebenshaltung der Menschen. Jedoch wächst der subjektive Faktor, die Bewußtheit, nicht im Selbstlauf, sondern es bedarf der umfassenden politisch-ideologischen, der geistig-praktischen Vorbereitung der Jugend auf die konkreten Aufgaben in unserer Gesellschaft durch Erziehung.

Die sozialistische Gesellschaft schafft und erweitert planmäßig all jene Voraussetzungen und Bedingungen, die auf die Entwicklung aller Mitglieder der Gesellschaft als aktive Mitgestalter des gesellschaftlichen Fortschritts in unserer Epoche

[2] R. Alt: Erziehung und Gesellschaft. Volk und Wissen Volkseigener Verlag, Berlin 1975, S. 85.

gerichtet sind. Unser Bildungswesen hat in diesem Sinne Einfluß zu nehmen, ist daran zu messen, wie es die Jugend befähigt, den wachsenden Ansprüchen an qualifizierte, schöpferische Arbeit, an bewußtes politisches Engagement, an Wissen und Können, an politisch-moralische Haltung im eigenen und gesellschaftlichen Interesse gerecht zu werden. Das heißt, wir müssen uns dessen bewußt sein, daß durch die Leistungen des Bildungswesens die Entwicklung in allen Bereichen unserer Gesellschaft wesentlich beeinflußt wird.

Unsere Partei schenkt eben deshalb der weiteren Ausarbeitung und Verwirklichung der Bildungspolitik eine so große Aufmerksamkeit. So betonte der Generalsekretär des Zentralkomitees in seiner Rede vor den Ersten Sekretären der Kreisleitungen der SED das Gewicht der geistigen Ressourcen für den Fortschritt des Sozialismus und verwies auf die Tatsache, daß die Bildung zu den großen Errungenschaften, zugleich aber auch zu den unerschöpflichen Reserven des Sozialismus gehört. Der Stellenwert von Wissenschaft und Bildung erhöht sich weiter, ihre Rolle im gesellschaftlichen Entwicklungsprozeß wächst. Daraus ergibt sich zwingend, unsere sozialistische Schule auf hohem Niveau weiterzuentwickeln. Das schließt ein, ihre Vorzüge als zehnjährige allgemeinbildende polytechnische Oberschule voll auszuschöpfen, sie voll zum Tragen zu bringen.

Die Gesellschaftskonzeption unserer Partei ist darauf gerichtet, und gerade das sind ihre Ergebnisse, daß sich in enger Wechselbeziehung von ökonomischer Leistung und der Befriedigung der materiellen und kulturellen Bedürfnisse, mit der vielseitigen Ausgestaltung der gesellschaftlichen Verhältnisse die Bedingungen für die allseitige Entwicklung der Persönlichkeit aller Gesellschaftsmitglieder ständig vervollkommnen.

Schon heute zeigt sich in der gesellschaftlichen Praxis, daß sich die Wechselbeziehungen von ökonomischer Leistung, Befriedigung der Bedürfnisse, hoher Bildung und Qualifikation, sozialistischer Ideologie und Moral, staatsbürgerlicher Bewußtheit intensivieren, daß sie sich in ihrer gegenseitigen Bedingtheit verstärken. Daraus leiten wir die Rolle, die Verantwortung der Schule, ihrer Lehrer dafür ab, durch eine hohe Qualität der Bildungs- und Erziehungsarbeit die Grundlagen für die allseitige Entwicklung der Persönlichkeit, ihrer Erziehung zur kommunistischen Moral noch solider zu legen.

Und wenn wir uns in der Erziehungsarbeit heute auf die Wesenszüge des Menschen orientieren, der die kommunistische Gesellschaft mitgestalten wird, dann hat das nichts mit idealisierten, lebensfremden Vorstellungen zu tun, sondern es entspricht dies der Erkenntnis, daß ohne die Formung des neuen Menschen der Aufbau des Sozialismus und Kommunismus nicht denkbar ist. In unserer Gesellschaft verwirklicht sich die allseitige Entwicklung der Persönlichkeit im Prozeß der materiellen und geistigen Tätigkeit des Menschen, seiner Ausbildung und Erziehung, seiner sozialen Beziehungen mit anderen Menschen sowie in der sich entwickelnden sozialistischen Lebensweise.

Wenn unsere Partei die Aufgabe ins Zentrum rückt, den weiteren raschen Fortschritt der gesellschaftlichen Produktivkräfte zu organisieren, die wissenschaft-

lich-technische Revolution noch enger mit den Vorzügen des Sozialismus zu verbinden, so geht sie konsequent davon aus, daß die Entwicklung der Produktivkräfte, die Entwicklung der Arbeitsproduktivität letztlich das Entscheidende für
das Voranschreiten der sozialistischen Gesellschaft, Voraussetzung für die immer
bessere Befriedigung der materiellen und geistigen Bedürfnisse, für die Verwirklichung der Hauptaufgabe über das Jahr 2000 hinaus sind.

Bei der Orientierung auf moderne Technologien wie die Mikroelektronik und
die Computertechnik und auf solche Schlüsseltechnologien wie Biotechnologie,
rechnergestützte Konstruktion und Produktionssteuerung, Lasertechnik und andere geht es bekanntlich um qualitative Veränderungen in den Produktivkräften,
durch die immer mehr menschliche Tätigkeiten in den Bereichen des Produk-
tions- und Reproduktionsprozesses auf neue materiell-technische Grundlagen gestellt werden.

Aus dieser Entwicklung leiten bürgerliche Theoretiker vielfach den Schluß ab,
die mit der Entwicklung der neuen Technik einhergehenden revolutionären
Veränderungen in der Wirtschaft würden die Rolle des Menschen als Hauptpro-
duktivkraft aufheben. Die Auffassung vom Menschen als der Hauptproduktiv-
kraft, die sich aus der marxistisch-leninistischen Theorie als Ganzem und vor allem aus ihrer wissenschaftlichen Lehre von der Gesellschaft ableitet und darauf fußt, daß der Mensch im Mittelpunkt der Geschichte steht, daß der Mensch
durch seine Tätigkeit die Geschichte macht, verliert auch unter dem Einfluß der
wissenschaftlich-technischen Revolution nicht ihre Bedeutung. Daß die
„... größte Produktivkraft die revolutionäre Klasse selbst"[3] ist, wie Marx hervorhebt, kann nicht eliminiert werden durch noch so moderne technische Systeme;
denn diese existieren nicht in einem Vakuum, nicht losgelöst von der Gesellschaft und vom Menschen. Vielmehr zeigt sich umgekehrt, daß sie in ihrer Entwicklung wesentlich von den sozialen und personalen Faktoren abhängen. Selbst
im computergestützten Zeitalter, so hob der Generalsekretär des Zentralkomitees
hervor, „bleibt der Mensch in seiner Arbeit, seinen Fähigkeiten und seinen ... Bedürfnissen im Mittelpunkt allen Geschehens"[4].

Bei der Bildung und Erziehung der Jugend haben wir uns immer davon leiten
lassen, daß das Ziel des Sozialismus und Kommunismus der Mensch mit seinen
Fähigkeiten ist, daß die Entfaltung aller seiner Wesenskräfte und seiner menschlichen Eigenschaften, seines Schöpfertums, den wirklichen Reichtum unserer Gesellschaft darstellt.

Die Anwendung der Wissenschaft und Technik erweist sich nicht als ein tech-
nisch-technologischer Prozeß „an sich" – eine solche Argumentation wird gern
benutzt, um die verheerenden sozialen Folgen der wissenschaftlich-technischen

[3] K. Marx: Das Elend der Philosophie. In: K. Marx/F. Engels: Werke. Bd. 4, Dietz Verlag,
Berlin 1977, S. 181.

[4] E. Honecker: Schlußwort auf der 8. Baukonferenz. „Neues Deutschland" vom 15./16. Juni
1985, S. 3.

Revolution im Kapitalismus zu erklären –, sondern es sind die Produktionsverhältnisse, die darüber entscheiden, ob sich die modernen Produktionsmittel gegen den Menschen kehren oder ob sie ihm, seinen Interessen, Bedürfnissen, seiner Entwicklung dienen. Die Unterordnung der modernen Produktivkräfte unter die kapitalistischen Produktionsverhältnisse macht dieses System unfähig, „den wissenschaftlich-technischen Fortschritt in soziale Werte für den Menschen umzuwandeln"[5].

Unter sozialistischen Produktionsverhältnissen geht es gerade darum, die Produktivkräfte weiterzuentwickeln, die Produktionsmittel immer umfassender zu beherrschen, die Natur zu nutzen, den Reichtum der ganzen Gesellschaft zu mehren, um die Bedingungen für die freie Entwicklung eines jeden Menschen zu vervollkommnen. Auf diesem Wege den Sozialismus weiterzuentwickeln, das eröffnet unerhörte Möglichkeiten für das Schöpfertum, verbindet sich doch mit diesen unseren Zielen eine große Herausforderung an schöpferisches Denken und Arbeiten der Menschen, die aufgefordert sind, sich die Wissenschaft zu erobern, sie zu nutzen, um neue Technik und Technologien zu entwickeln, mit dem Zweck, die Bedingungen ihres Lebens zu vervollkommnen.

Damit entstehen neue Anforderungen an das Wissen, an Eigenschaften und Verhaltensweisen vor allem der Jugend. Die dynamische Entwicklung der Produktivkräfte, rascher Wechsel der Technologien und Erzeugnisse als Folge der Anwendung des wissenschaftlich-technischen Fortschritts und die immer umfassendere Intensivierung aller volkswirtschaftlichen Bereiche erfordern eine größere Disponibilität der Menschen, die Fähigkeit, sich rasch auf neue Erfordernisse umstellen zu können, die Fähigkeit, Kenntnisse auf neue Zusammenhänge anzuwenden, mit dem Wissen und Können unter immer neuen Bedingungen zu operieren. Disponibilität fordert in noch stärkerem Maße die Fähigkeit und Bereitschaft heraus, sich selbständig notwendiges Wissen und Können anzueignen. Mit der Veränderung der Tätigkeitsbedingungen entstehen wachsende Anforderungen an Bewußtsein und Tatkraft, an kollektive Arbeit, größere Möglichkeiten für das Schöpfertum eines jeden, mit denen sich aber auch das Gewicht individueller Entscheidungen erhöht. Die Beschleunigung des Tempos des wissenschaftlich-technischen Fortschritts, die schnelle Erneuerung des Produktionsprozesses vergrößern die Herausforderung an Initiative, Reaktionsschnelligkeit, Risikobereitschaft, Entscheidungsfreude und Entschlußkraft; es wächst die Verantwortung des einzelnen gegenüber dem gesellschaftlichen Ganzen.

Die aktive Teilnahme an der Leitung und Planung der Produktion, an gesellschaftlichen und kommunalen Entscheidungen, die heute bereits massenhaft ausgeprägt ist als Ausdruck der Entwicklung sozialistischer Demokratie, wird durch die ökonomischen und sozialen Prozesse und unter dem Einfluß des wissenschaftlich-technischen Fortschritts in neuen Dimensionen herausgefordert. Öf-

---

[5] E. Honecker: Rede auf der 10. Tagung des Zentralkomitees der Sozialistischen Einheitspartei Deutschlands. Dietz Verlag, Berlin 1985, S. 18.

fentliche Angelegenheiten, die gesellschaftliche, kollektive und persönliche Interessen betreffen, bewußt wahrzunehmen, das erhöht die Bedeutung politischer Kenntnisse, fundierten Wissens über die grundlegenden gesellschaftlichen Zusammenhänge und verlangt einen festen Klassenstandpunkt. Es handelt sich also nicht nur um Prozesse, die auf die Produktion bezogen sind, sondern um soziale Prozesse, um Anforderungen auch und vor allem an die Menschen, ihr Bildungs- und Kulturniveau, an ihre Erziehung.

Unsere Schule hat die allgemeinen, grundlegenden Voraussetzungen dafür zu schaffen, und sie muß schon in ihrer gegenwärtigen Erziehungsarbeit berücksichtigen, daß die Generation, die wir heute in unserer Schule ausbilden, bis ins nächste Jahrtausend ihren Platz im gesellschaftlichen Leben, in Produktion, Wissenschaft und Kultur einnehmen wird und in der Lage sein muß, ihn aktiv auszufüllen in einer Zeit, in der sich eine grundlegende Erneuerung technologischer Prozesse vollzieht, in einer Zeit, in der sich die weltweite Auseinandersetzung zwischen Sozialismus und Imperialismus weiter zuspitzt.

Kommunistische Erziehung ist nur auf der Grundlage einer soliden, wissenschaftlich fundierten Bildung möglich, kann doch die sozialistische Gesellschaft nur aufgebaut werden, wenn wir von der gesamten Wissenschaft und Technik, von allen ihren Erkenntnissen und von der Kunst Besitz ergreifen. Deshalb betrachten wir eine umfassende wissenschaftliche Allgemeinbildung, die eng mit dem Leben verbunden ist, eine Allgemeinbildung, in der Lernen und produktive Arbeit, Theorie und Praxis eng verbunden sind, als unverzichtbare Voraussetzung für die Vorbereitung der Jugend auf den Beruf, die Arbeit, die weiterführende Bildung, für die persönliche Lebensgestaltung und die aktive und bewußte Teilnahme am weiteren Aufbau unserer Gesellschaft. Unsere Allgemeinbildung ist auf die Aneignung jenes grundlegenden Wissens orientiert, das zur Erkenntnis der Gesetzmäßigkeiten und Zusammenhänge, zum Verständnis der tragenden theoretischen Aussagen über die Natur, die Gesellschaft und das Denken führt.

In der Praxis bestätigt sich die Richtigkeit unserer Konzeption der Allgemeinbildung, die eine zutiefst humanistische Bildung ist; beinhaltet sie doch die Einführung in die Naturwissenschaften und in die Gesellschaftswissenschaften, in die Sprachen und die Mathematik ebenso wie das Vertrautmachen mit der Literatur und Kunst. Muttersprache und Fremdsprachen, Welthistorisches, Ästhetisches, Musik, Kunsterziehung und Körperkultur haben in unserer Allgemeinbildung einen festen Platz, aber auch dies, was keine bürgerliche humanistische Bildung vordem leisten konnte: die Verbindung des Unterrichts mit der Produktion und die Aufgabe, der Jugend die universellen Ideen zu vermitteln, die Marx, Engels und Lenin hervorgebracht haben, den Klassenkampf der Arbeiterklasse in die Erziehung einzubeziehen, die Arbeit der Schule unlöslich mit dem Kampf der Werktätigen für den Sozialismus zu verbinden.

Eine solche umfassende Allgemeinbildung für alle Kinder des Volkes zu garantieren gewinnt gerade mit dem Blick auf die Zukunft an Bedeutung. Es ist bereits als erwiesen zu betrachten, daß der wissenschaftlich-technische Fortschritt nicht zur Entwertung einer breiten Allgemeinbildung führt. Alle Theorien von der „Dequalifizierung" oder jene, die die Spezialbildung der Allgemeinbildung entgegensetzen, haben sich im Leben nicht bewährt, im Gegenteil: Eine umfassende Allgemeinbildung, auf die eine solide Berufsausbildung aufbaut, erweist sich als eine unveräußerliche Bedingung, als der einzig mögliche Weg, um die modernen Produktionsmittel zu meistern, in der Produktion schöpferisch wirksam zu werden.

Die grundlegenden gesellschaftlichen Prozesse, wie sie sich auf den Gebieten von Wissenschaft, Technik und Produktion unter den Bedingungen des wissenschaftlich-technischen Fortschritts entwickeln, verlangen eine noch engere Verbindung der Schule mit dem Leben, die Einheit von Theorie und Praxis noch besser zu verwirklichen. Wir gehen in unserem Bildungskonzept von der Marxschen Erkenntnis aus, Unterricht mit produktiver Arbeit und Gymnastik zu verbinden, als der „einzige(n) Methode zur Produktion vollseitig entwickelter Menschen"[6]. Deshalb vermitteln wir unserer Jugend eine Allgemeinbildung, in die eine polytechnische Ausbildung fest integriert ist. Unsere polytechnische Bildung umfaßt die naturwissenschaftliche Bildung, die Vermittlung elementarer technischer Kenntnisse, sie schließt den Unterricht in der Produktion und eine Erziehungsarbeit ein, die darauf gerichtet ist, der Jugend Arbeitsfertigkeiten zu vermitteln und ihr durch die Wahrnehmung von Verantwortung in der produktiven Tätigkeit solche charakterlichen und moralischen Eigenschaften und Verhaltensweisen anzuerziehen, die der sozialistischen Arbeitsmoral entsprechen. Unsere Jugend im Prozeß der Bildung und Erziehung mit der sie umgebenden gesellschaftlichen Wirklichkeit, mit den Errungenschaften des Sozialismus, den Aufgaben und Problemen, den Prozessen der gesellschaftlichen Entwicklung vertraut zu machen, das ist unerläßlich für die Erziehung aktiver Erbauer der sozialistischen Gesellschaft.

Vor allem der Jugend, der in besonderem Maße Elan, der Drang nach Neuem, nach Bewährung und Leistung eigen ist, stehen alle Möglichkeiten offen, ihre Tatkraft zu entfalten, sich zu engagieren im Beruf, in den Betrieben, Labors und Hörsälen, in den Schulen, im gesellschaftlichen Leben. Gefordert, ihre eigene Zukunft zu gestalten, hat die Jugend der Deutschen Demokratischen Republik Aufgaben von großer gesellschaftlicher Tragweite gelöst und in Angriff genommen. Wohin wir auch blicken, überall, wo es um Neues, Bahnbrechendes geht, und dies ist ja immer zugleich auch tägliche verantwortungsbewußte Pflichterfüllung, finden wir junge Leute, die selbstbewußt, mit Klugheit und Umsicht an unserem, ihrem revolutionären Werk weiter bauen, den Sozialismus auf deutschem Boden noch anziehender zu gestalten, das eigene Glück und das ihrer Kinder zu bauen. Es sind dies junge Leute, die dabei nicht vergessen, daß wir nicht allein auf dieser Erde leben, die nicht nur den eigenen Herd sehen, sondern sich solidarisch erwei-

---

[6] K. Marx: Das Kapital. Erster Band. In: K. Marx/F. Engels: Werke. Bd. 23, Dietz Verlag, Berlin 1977, S. 508.

sen mit all denen, die noch in Unterdrückung, Not und Unfreiheit leben in allen Regionen dieser Welt, solidarisch aber auch mit denen, die auf der anderen Seite von Elbe und Werra für Frieden und sozialen Fortschritt kämpfen.

Je mehr sich der Spielraum menschlicher Entscheidungen ausweitet und sich die Tragweite des Handelns des einzelnen vergrößert, desto wichtiger wird die Orientierung durch die sozialistische Ideologie. Die Grundlage für die ideologische Erziehung in unserer Schule ist die wissenschaftliche Allgemeinbildung, eine Bildung, die auf die Einheit von Wissenschaft und Ideologie gegründet ist. Die vom Marxismus-Leninismus begründete dialektisch-materialistische und historisch-materialistische Betrachtungsweise aller Erscheinungen und Prozesse in Natur, Gesellschaft und im Denken bestimmt ihren Inhalt. Sie ist deshalb unerläßliche Grundlage für weltanschauliche Bildung, für die Entwicklung des Bewußtseins und der Moral.

Wir haben bereits auf dem VIII. Pädagogischen Kongreß betont, daß sich bewußtes Handeln und Verhalten auf das Wissen um die Gesetzmäßigkeiten der Entwicklung in Natur und Gesellschaft gründet. Ohne das Bewußtsein von der Notwendigkeit des Kampfes um die Verwirklichung der historischen Mission der Arbeiterklasse, seiner Rechtmäßigkeit und Gerechtigkeit kann es keine kommunistische Moral geben. Die Erziehung zur kommunistischen Moral, Fragen des Gesamtverhaltens der Jugend gewinnen wachsende Bedeutung.

Wir wissen, daß sich die Herausbildung der moralischen Züge des neuen Menschen nur in einem längeren historischen Prozeß vollzieht, der wie alle anderen gesellschaftlichen Prozesse geführt, geleitet werden muß. Daraus leitet sich die hohe Verantwortung der Schule, der Pädagogen ab, prägen sich doch moralische Eigenschaften, moralische Gewohnheiten, die Motive für das Handeln und Verhalten bereits in den frühen Entwicklungsjahren der Persönlichkeit aus.

Höhere Anforderungen an die moralische Erziehung erwachsen in unserer sozialistischen Gesellschaft nicht aus einem Defizit. Wir können davon ausgehen, daß mit dem Aufbau des Sozialismus neue moralische Anschauungen, Verhaltensweisen und Beziehungen entstanden sind, die im Handeln der Kollektive und des einzelnen zutage treten, die unser gesellschaftliches Leben prägen. In immer stärkerem Maße, natürlich nicht problem- und konfliktlos, prägen sich gesellschaftliche Aktivität, Verantwortungsbewußtsein und Pflichtgefühl aus, ebenso wie Gemeinschaftssinn, Hilfsbereitschaft, Achtung vor den anderen – ganz im Gegensatz zur kapitalistischen Gesellschaft, die Gleichgültigkeit und Kälte in den Beziehungen der Menschen hervorbringt.

Bürgerliche Ideologen spielen sich gar zu gern als Verfechter der Moral auf, heucheln Menschlichkeit, um die Volksmassen und vor allem die Jugend, die in der kapitalistischen Welt von der imperialistischen Krise besonders hart getroffen wird und nach einer Alternative für ihr Leben sucht, von der geistigen und moralischen Krise des Imperialismus abzulenken.

Der Verlauf der Geschichte beweist, daß erst mit dem Aufbau des Sozialismus solche gesellschaftlichen Zustände geschaffen wurden, in denen die allgemein-menschlichen Normen nicht im Widerspruch, sondern in Übereinstimmung mit den gesellschaftlichen Verhältnissen stehen. Bekanntlich haben Marx und Engels bereits im „Manifest der Kommunistischen Partei" die Heuchelei der Bourgeoisie entlarvt, das Wesen der bürgerlichen Moral bloßgelegt, mit der solche Normen des Zusammenlebens der Menschen wie Ehrlichkeit, Aufrichtigkeit, Bescheidenheit, Anständigkeit unvereinbar sind. Und sie haben nachgewiesen, daß erst mit der Revolution der Arbeiterklasse im Bündnis mit allen Werktätigen auch die „menschliche Emanzipation", wie Marx es nannte, erfolgt, daß die Quellen der Gefährdung der Menschenrechte und der Menschenwürde, die im imperialistischen System materiell begründet sind, beseitigt werden.

Die sozialistischen Wertvorstellungen im Bewußtsein unserer Jugend fest zu verankern, sie zu dauerhaften Grundorientierungen des Denkens, Fühlens, Wollens und Handelns zu machen, das ist hoher Anspruch an unsere Erziehungsarbeit heute und morgen. Es sind dies sittliche, charakterliche Eigenschaften, der sozialistischen Gesellschaft gemäße Anschauungen und Haltungen, die wir der Jugend anerziehen. Gerade das Neue in den menschlichen Beziehungen gilt es, bei den Heranwachsenden zu hegen und zu pflegen, ihren Charakter zu formen, ihre Gefühle zu erziehen. Die in der Schule gegebenen Möglichkeiten und Bedingungen zur moralischen Erziehung in der pädagogischen Arbeit müssen wir noch besser berücksichtigen und zielstrebiger nutzen. Wir müssen die pädagogische Arbeit so führen, daß für die Heranwachsenden schon in der Schulzeit die Arbeit zum Nutzen der Gesellschaft zu einer selbstverständlichen Lebensgewohnheit wird, indem sie lernen, Verantwortung zu tragen und erfahren, was von ihrem Tun, von Zuverlässigkeit oder Nachlässigkeit für die Gemeinschaft abhängt.

Unsere Freie Deutsche Jugend und ihre Pionierorganisation „Ernst Thälmann" leisten Entscheidendes für die Einbeziehung der Schüler in das politische Leben, für die Entwicklung ihrer politischen Verantwortung, ihrer Fähigkeit, gesellschaftliche Rechte und Pflichten bewußt wahrzunehmen. Nur im engen Zusammenwirken zwischen Jugendverband, Eltern und Pädagogen sind die von der Gesellschaft gesetzten Ansprüche an Erziehung überhaupt realisierbar. Den aktiven Menschen zu erziehen, dessen Handeln und Verhalten von Verantwortungsbewußtsein für das gesellschaftliche Ganze, von Gemeinschaftssinn gekennzeichnet ist, das ist eine grundlegende Anforderung an unsere Erziehung. Denn in unserer sozialistischen Gesellschaft, in der die Sorge um das Wohl jedes einzelnen zum Sinn des gesellschaftlichen Fortschritts geworden ist, wird der Dienst am Gemeinwohl zum Zweck der Erziehung der Persönlichkeit, zur Hauptrichtung ihrer Tätigkeit.

Unsere gesamte Bildungs- und Erziehungsarbeit ist auf die allseitige Entwicklung der Persönlichkeit gerichtet. Aus einer umfassenden Sicht auf die weitere Gestaltung der entwickelten sozialistischen Gesellschaft ist die Aufgabe abgeleitet, die schwierigste Aufgabe, die unsere Pädagogen bewegt, die sie als Herausforderung an ihre tägliche Unterrichts- und Erziehungsarbeit verstehen, an der sie ihr Tun, die Ergebnisse ihrer Arbeit messen: jeden Schüler optimal zu entwikkeln, die Anlagen und Fähigkeiten eines jeden Kindes auszubilden, seine Individualität auszuprägen.

Diese Anforderung entspricht zutiefst dem Wesen des Sozialismus. Die sozialistische Gesellschaft braucht alle schöpferischen Fähigkeiten und Begabungen der Menschen. Sie wird selbst um so reicher, je reicher sich die Individualität ihrer Mitglieder entfaltet. Und sie schafft dafür mit ihrem Fortschreiten immer günstigere Bedingungen. Unsere Schule muß und kann sich deshalb dieser Aufgabe stellen.

Die marxistische Pädagogik geht bekanntlich entgegen reaktionären bürgerlichen Auffassungen, die die Entwicklungsfähigkeit des Menschen leugnen, indem sie die Rolle seiner natürlichen Anlagen verabsolutieren, von der Position aus, daß die natürlichen Anlagen, die bei den einzelnen unterschiedlich sind, eine notwendige Bedingung der Entwicklung der Persönlichkeit darstellen, daß jedoch die Entwicklung der Fähigkeiten und Eigenschaften der Heranwachsenden in entscheidendem Maße von der Erziehung abhängt.

Die Fähigkeiten und Kräfte, die Individualität jedes Menschen voll zur Geltung zu bringen, das ist schließlich der Sinn des Sozialismus. So unterstrich unser X. Parteitag, daß der Sozialismus massenhaft allseitig gebildete, hochbefähigte, talentierte Persönlichkeiten benötigt. Die weitere Verwirklichung unseres Parteiprogramms, die weitere Gestaltung der entwickelten sozialistischen Gesellschaft bekräftigt dieses Erfordernis.

Wir gehen davon aus, daß die Grundlagen für die kommunistische Erziehung in erster Linie durch einen wissenschaftlich fundierten Unterricht gelegt werden; vollzieht sich doch in ihm als systematisch geführtem Lehr- und Aneignungsprozeß der entscheidende Prozeß der Persönlichkeitsentwicklung.

Bereits auf dem VIII. Pädagogischen Kongreß haben wir, ausgehend von den wachsenden gesellschaftlichen Anforderungen an den Unterricht und die gesamte Allgemeinbildung, die Notwendigkeit erörtert, neue Lehrpläne und Lehrbücher zu erarbeiten.

Damit wurde begonnen, und dies wird fortgesetzt werden. Mit der weiteren Ausarbeitung der Lehrpläne für alle Fächer und Klassenstufen, einschließlich der Ausarbeitung der Inhalte des fakultativen Unterrichts, wird die Allgemeinbildung weiter profiliert. Diese Aufgabe soll in den kommenden Jahren abgeschlossen werden, so daß Ende der achtziger Jahre ein neues geschlossenes Lehrplanwerk vorliegen wird, welches den praktischen Erfahrungen, der Entwicklung in der Schulpraxis und neuen wissenschaftlichen Erkenntnissen Rechnung trägt.

Die inhaltliche Weiterentwicklung unserer Schule zielt darauf ab, unter Wahrung des Grundbestandes der Allgemeinbildung und der Erhaltung alles Bewährten, notwendige inhaltliche Modernisierungen vorzunehmen, gerichtet darauf, durch die Ausarbeitung qualifizierter Lehrmaterialien Grundlagen, Bedingungen für eine höhere Qualität des Unterrichts zu schaffen.

Die Ansprüche, die mit den neuen Lehrplänen bereits gesetzt sind bzw. noch gesetzt werden, sind nur in einem Prozeß großen pädagogischen Schöpfertums des Lehrers, und dies bis über das Jahr 2000 hinaus, durch alltägliche pädagogische Arbeit in hoher Qualität, auf einem höheren Niveau zu verwirklichen.

Es ist nur natürlich, daß im Zusammenhang mit der Problematik der wissenschaftlich-technischen Revolution die Frage aufgeworfen ist, was das für die Schule heißt, welche Konsequenzen sie zu ziehen hat. Es sei hier noch einmal betont: Diese Frage läßt sich nur beantworten aus der Sicht, daß unter den Bedingungen der sozialistischen Gesellschaft die wissenschaftlich-technische Revolution wohl zu einem entscheidenden Instrument bei der Verwirklichung des Sinns des Sozialismus wird, daß wir aber bei der Ausarbeitung der Konsequenzen aus der wissenschaftlich-technischen Revolution für Bildung und Erziehung die Gesamtheit der Erfordernisse zu beachten haben, die sich aus der Entwicklung der Produktion, der Wissenschaft, der Entwicklung der sozialistischen Demokratie, der Entfaltung des geistig-kulturellen Lebens ergeben.

In der Praxis unserer Gesellschaft zeigt sich immer deutlicher, daß ein hohes Niveau der Allgemeinbildung der Jugend zu den wichtigsten Vorleistungen für die erfolgreiche Meisterung des wissenschaftlich-technischen Fortschritts unter den Bedingungen der sozialistischen Gesellschaft gehört. Unsere Schule inhaltlich weiter auszugestalten schließt ein zu prüfen, was die Schule tun kann und muß, um jene grundlegenden Voraussetzungen für eine hohe Disponibilität zu schaffen, die die künftigen Facharbeiter benötigen. Dabei haben wir zu beachten, was die Schule leisten muß, um die Schüler an die nachfolgende Berufsausbildung heranzuführen.

Unsere allgemeinbildende Schule hat nicht die Funktion, den Schülern bereits berufsspezifisches Wissen und Können zu vermitteln, obwohl wir natürlich berücksichtigen, daß die Grenze hier nicht starr gezogen ist. Wie die Entwicklung der Bildungsinhalte beweist, wurde zum Beispiel mit der Einführung der Polytechnik schon manches, was früher Gegenstand der ersten Phase der Berufsausbildung war, zum Bestandteil der Allgemeinbildung. Nach wie vor gilt es, von der bewährten Erfahrung auszugehen, daß Inhalt und Niveau der Bildung und Erziehung in der Schule mit Sorgfalt und mit dem Blick auf ihre breite allgemeinbildende Funktion bestimmt werden müssen. Es wäre falsch, würde die Schule kurzschlüssig bestimmten Anforderungen aus einer isolierten Sicht einzelner Wissensgebiete, einzelner gesellschaftlicher Bereiche oder Institutionen mit dem Ziel folgen, solche Erkenntnisse in die Lehrpläne aufzunehmen, die dem Wesen der Allgemeinbildung nicht entsprechen, das heißt, die nicht mehr zum grundlegenden Allgemeinwissen zählen, die ihrem Charakter nach Spezialwissen, Spezialbildung sind. Zudem hat die Praxis bewiesen, daß die grundlegenden Bestandteile der Wissenschaften über längere Zeit als relativ stabil angesehen werden können, nicht raschen Veränderungen unterworfen sind.

Unter einer solchen Sicht sind die notwendigen grundlegenden Bestandteile des Wissens aus den betreffenden Wissenschaften für die Bestimmung der Allgemeinbildung ausgewählt. Nach dem Urteil führender Vertreter der einzelnen Wissenschaften in unserer Republik hat der überwiegende Inhalt der in den Lehrplänen festgelegten Allgemeinbildung auch für die kommende Zeit volle Gültigkeit.

Wenn wir also in Übereinstimmung mit der Wissenschaft feststellen können, daß sich die Allgemeinbildung, wie sie in unserer Schule vermittelt wird, prinzipiell bewährt, so heißt das natürlich nicht, daß nicht neue Ansprüche an ihr Niveau zu setzen sind. So ist es beispielsweise notwendig, bewährte Inhalte unter der Sicht neuer Betrachtungsweisen zu lehren und teilweise auch neue Gebiete nach sorgfältiger Prüfung in den Inhalt der Allgemeinbildung aufzunehmen.

Seit dem VIII. Pädagogischen Kongreß wurden bereits über 40 neue Lehrpläne und die entsprechenden neuen Unterrichtsmaterialien eingeführt, so zum Beispiel für die Unterstufe, für Deutsch/Muttersprache und Literatur, für Polytechnik, für Staatsbürgerkunde. Neue Lehrpläne und Materialien werden für die Fächer Geschichte, Musik, Kunsterziehung, Körpererziehung, Geographie, Astronomie, Chemie und Biologie erarbeitet, die begonnenen Arbeiten an den Lehrplänen Mathematik und Physik werden weitergeführt.

Ich möchte hier nicht auf die konkreten Veränderungen einzelner Fachlehrgänge eingehen. Viele von Ihnen sind in diese Arbeiten einbezogen bzw. werden noch einbezogen. Ein Wort nur in diesem Zusammenhang zur Vermittlung elementarer Kenntnisse über Informatik und informationsverarbeitende Technik.

Es versteht sich, daß insbesondere in der Mathematik und im Fach Einführung in die sozialistische Produktion Fragen der Informatik und Prozeßautomatisierung Beachtung finden werden bzw. bei der Ausarbeitung der neuen Lehrmaterialien bereits gefunden haben. Warum wir nicht von „Informatisierung des Bildungswesens" sprechen, ergibt sich logisch aus dem bisher Dargelegten zur Rolle der Allgemeinbildung. Daß der pädagogische Prozeß nicht durch ein computergestütztes Lernen ersetzt werden darf, liegt auf der Hand. Was sind nun die Positionen, von denen wir ausgehen, und wie wollen wir vorgehen?

Klar ist, daß wir den Schülern ein elementares Verständnis der Informatik vermitteln müssen, eingeschlossen die entsprechenden Denk-, Arbeits- und Betrachtungsweisen sowie die Entwicklung elementarer Fähigkeiten und Fertigkeiten. Ebenso einsichtig ist, daß wir beim Vorgehen die Vorzüge unseres einheitlichen sozialistischen Bildungssystems nutzen. Das heißt, die differenzierten Anforderungen für die verschiedenen Bildungsstufen zu berücksichtigen und aus dieser Gesamtsicht Prioritäten zu setzen. Wir gehen auch hier davon aus, das Verhältnis von Grundlagenbildung und spezieller Bildung in der Schule und in den nachfolgenden Bildungsstufen zu beachten und zu klären, was auf welcher Stufe notwendig ist.

Das Hoch- und Fachschulwesen hat bereits seit längerem auf diese Entwicklungen in der Ausbildung der Studenten reagiert. Dieser Prozeß muß natürlich intensiv weitergeführt werden, auch bezogen auf die Aus- und Weiterbildung der Lehrer.

Im Rahmen der berufsanalytischen Arbeiten wurde geprüft, welche Konsequenzen sich aus der Entwicklung der Informatik für die Ausgestaltung sowohl der beruflichen Grundlagenbildung als auch der Spezialbildung ergeben. Dabei werden die unterschiedlichen Anforderungen an Facharbeiterberufe für die Herstellung, für die Verarbeitung und an solche für die Anwendung von mikroelektronischen Bauelementen, Baugruppen und Geräten der Informationsverarbeitung beachtet. Es werden Schritte zur Einbeziehung der Informatik, einschließlich der Befähigung zum Umgang mit Computern, in die berufliche Grundlagen- und Spezialbildung eingeleitet. So wird für alle Lehrlinge mit Abschluß der 10. Klasse ab 1. September 1986 das neue Unterrichtsfach „Grundlagen der Automatisierung" eingeführt. In den Klassen der Berufsausbildung mit Abitur wird ebenfalls im nächsten Schuljahr mit einer Informatikausbildung im Rahmen des neuen Faches „Grundlagen der Automatisierung" begonnen. In unseren mathematisch-naturwissenschaftlich-technischen Spezialschulen wird mit neuen Materialien zur Informatik gearbeitet. Es werden dort Erprobungen durchgeführt, die für die Entscheidungsfindung über die mögliche Einführung eines fakultativen Unterrichts an erweiterten Oberschulen genutzt werden können.

Wir gehen davon aus, daß wesentliche Aufgaben und Inhalte einer Informatikausbildung über die Berufsausbildung und ihm Rahmen der Hochschulvorbereitung realisiert werden müssen. Was die zehnklassige Schule betrifft, so sind noch viele Fragen offen, und dies nicht nur in der DDR. Es muß weiter geklärt werden, was die allgemeinbildende Schule auf diesem Gebiet konkret leisten muß und kann. Daß sich unser Vorgehen prinzipiell von dem unterscheiden muß, was sich gegenwärtig in den entwickelten kapitalistischen Ländern zeigt, versteht sich. Selbst aus bürgerlichen Kreisen werden massive Einwände laut; es äußert sich ein wachsendes Unbehagen gegen die Überschwemmung der Schulen und der Freizeitsphäre durch den immer mächtiger werdenden Computercommerz, eine nie dagewesene „Vermarktung der Schule" im Interesse der miteinander konkurrierenden Konzerne, und es wird nachdrücklich das Fehlen eines bildungspolitischen Konzepts beklagt.

Wir gehen von der Position aus, daß wir die im obligatorischen Unterricht vorhandenen Potenzen inhaltlicher Akzentuierungen, die Möglichkeiten des fakultativen Unterrichts in den Klassen 9 und 10 sowie der produktiven Arbeit in den Betrieben zur Schaffung von Grundlagen für ein elementares Verständnis der Informatik nutzen müssen.

Mit der Einführung neuer Lehrpläne im Fach Mathematik für die Klassen 8, 9 und 10 wird ein höheres Niveau im Hinblick auf algorithmisches Denken und Arbeiten sowie mathematische Modellierung angezielt. Wir beginnen auch hier nicht bei Null. Mit der Einführung des Taschenrechners in den Mathematikunterricht der Klasse 7 sowie in den Klassen 11 und 12 ist bereits ein Schritt für die Heranführung der Schüler an Elemente der Informatik vollzogen worden. In die neuen Lehrpläne im Fach ESP wurden – wie sich versteht, aus der Sicht der Allgemeinbildung – Stoffgebiete aus der Elektronik, der Mikroelektronik und der Automatisierungstechnik neu aufgenommen. Die Schüler sollen mit der Anwendung der Elektronik, einschließlich der Mikroelektronik, in der Informationselektrik bekanntgemacht werden. Es sind obligatorische Schülerexperimente mit einem hohen Anspruchsniveau ausgewiesen. Das in den polytechnischen Einrichtungen vorhandene Schülerexperimentiergerät „Elektrotechnik" wurde durch zusätzliche Bausteine für die Behandlung der Themen zur Informationselektrik und zur Automatisierung der Produktion ergänzt.

Wir gehen also davon aus, den Schülern ein elementares Verständnis für die gesellschaftlichen, ökonomischen, technischen und wissenschaftlichen Möglichkeiten und Wirkungen moderner Technologien zu vermitteln. In diesem Sinne sind auch die Möglichkeiten der fakultativen Kurse in den Klassen 9 und 10 zu solchen Fragen wie der praktischen Mathematik, der Anwendung der Physik, der elementaren Statistik, der Elektronik, der Betriebs-, Meß-, Steuerungs- und Regelungstechnik und zu anderen interessanten Fragen der wissenschaftlichen und technischen Entwicklung noch zielgerichteter zu nutzen und auszubauen.

Vieles ist in der Forschung weiter zu klären. Wissenschaftliche Vorlaufarbeiten einschließlich Erprobungen sind nötig im Hinblick auf die Ausarbeitung des Inhalts, der pädagogischen Konzeption, den Einsatz von Kleincomputern zur Unterstützung der Aneignung von Kenntnissen in der Informatik, der Entwicklung der entsprechenden Software für diese Zwecke. All dies muß sich in unser Bildungskonzept einordnen.

Entscheidende Bedeutung gewinnt die Aufgabe, das grundlegende Wissen und Können fest und solide zu vermitteln, damit die Jugend beim weiteren Wissenserwerb darauf aufbauen kann. Vor allem muß die Schule die Fähigkeit der Schüler ausbilden, Wissen selbst zu erwerben und es im Leben, in der Praxis anzuwenden, ihr Bedürfnis entwickeln, selbständig weiterzulernen. Und mehr noch muß unsere Schule tun, die Jugend zur Liebe zur Wissenschaft zu erziehen, ihr Interesse an Technik und Produktion zu wecken. Diese Aufgabe, die Schüler zur Liebe zur Wissenschaft zu erziehen, ist nicht neu, aber sie wird größer mit dem Blick auf die Ansprüche, die das Leben in unserer Gesellschaft stellt. Das muß auch unter dem Gesichtspunkt gesehen werden, daß der Mensch mit dem Fortschritt von Wissenschaft und Technik eine große Macht über die Natur erlangt. Das Wissen darum wirft angesichts gegenwärtiger und künftiger Entwicklungen die Frage auf, wie wir heute die Jugend auf die Meisterung jener Probleme vorbereiten, vor die die Menschheit gestellt ist. Nehmen wir zum Beispiel das Problem der Umwelt und ihres Schutzes. Kommt doch den künftigen Generationen eine immer größere Verantwortung zu, die Natur als Existenzgrundlage menschlichen Lebens zu erhalten und immer umfassender zum Wohle des Menschen zu nutzen. Das erfordert, die Jugend von klein an zu einem richtigen Verhältnis zur Natur, zur Achtung vor dem Leben, zur Liebe zur natürlichen Umwelt zu erziehen.

Heute Konsequenzen aus der Entwicklung von Wissenschaft, Technik und Produktion für die Schule zu ziehen, das heißt also in erster Linie, Anforderungen an eine hohe Qualität des gesamten Unterrichts und der Erziehungsarbeit zu stellen. Dabei geht es um solche Fragen, wie solide sich alle Schüler den grundlegenden Lehrstoff aneignen, wie Wissen und Können dauerhaft ausgebildet, wie geistige

Aktivität der Schüler, elementare wissenschaftliche Denk- und Arbeitsweisen, selbständiges Denken der Schüler gefördert werden. Moderne Bildung schließt ein zu sichern, daß vorhandene und erworbene Informationen fundiert und, in ein System gebracht, von den Schülern in umfassendere wissenschaftliche, gesellschaftliche und weltanschauliche Zusammenhänge eingeordnet werden können.

Die Arbeit an den neuen Lehrmaterialien ist eine äußerst anspruchsvolle Aufgabe, die das enge Zusammenwirken von Wissenschaft und Praxis, von Pädagogen, Natur- und Gesellschaftswissenschaftlern und Wissenschaftlern anderer Disziplinen sowie die Nutzung internationaler Erfahrungen, insbesondere auch der Erfahrungen der Sowjetunion und der anderen sozialistischen Länder, erfordert. Es ist erfreulich, daß in diese Arbeiten in bewährter Weise die Wissenschaftler der Lehrerbildung in breitem Maße einbezogen sind, und ich glaube, daß sie noch breiter einbezogen werden müssen.

Bei der Umsetzung der Ansprüche, die mit den neuen Lehrmaterialien für die Praxis gesetzt sind, mitzuwirken, wird nun für unsere Wissenschaftler zu einer entscheidenden, zu einer vorrangigen Aufgabe. So stehen Probleme auf der Tagesordnung, die in enger Beziehung zur Praxis, gemeinsam mit den Lehrern weiterer vertiefender wissenschaftlicher Bearbeitung bedürfen, und die zugleich von großer Bedeutung für die Ausbildung der Lehrer sind. Wir denken dabei an die Notwendigkeit weiterführender Arbeiten zur pädagogischen, psychologischen sowie didaktisch-methodischen Fundierung des Unterrichtsprozesses unter dem Aspekt der Erhöhung seiner Erfolgssicherheit, an solche Fragen, wie durch die Führung des Aneignungsprozesses das grundlegende Wissen und Können solider und anwendungsbereiter vermittelt werden kann, wie die Wirksamkeit des Unterrichts für die weltanschaulich-moralische Erziehung, für die Formung von Charakter- und Willensqualitäten erhöht werden kann, wie schöpferisches Denken, geistige Aktivität und Selbständigkeit sowie die Fähigkeit, sich auf wechselnde Anforderungen einzustellen, stärker ausgeprägt werden können. Dazu gehört die weitere Untersuchung der Erfordernisse, die sich aus den psychischen Besonderheiten des Aneignungsprozesses in der Lerntätigkeit auf den einzelnen Alters- und Schulstufen an die Qualität des Unterrichts ergeben. Es geht um das Problem, den Unterrichtsprozeß effektiver und rationeller zu gestalten.

Diese Betrachtungsweise, die auf den engen Zusammenhang zwischen dem zielt, was gelehrt und angeeignet wird, und dem, wie sich Vermittlung und Aneignung zu vollziehen haben, ist immer mehr ins Blickfeld gerückt. Unsere Lehrer stellen sich täglich dieser Anforderung. Sie bemühen sich, immer besser die Aufgabe zu bewältigen, damit zu Lehrendes dauerhaft und anwendungsbereit angeeignet und zum bleibenden geistigen Besitz der jungen Menschen wird.

Jeder Lehrer steht täglich vor der Aufgabe, die sich im Unterricht vollziehenden vielschichtigen Prozesse der Sicherung eines soliden Wissens und Könnens, der Entwicklung geistiger Aktivität und der Lernbereitschaft aller Schüler, der Kontinuität pädagogischen Einwirkens auf den Reifeprozeß der Heranwachsenden immer besser in ihrem wechselseitigen Zusammenhang zu bewältigen. Wir müssen noch viel gründlicher analysieren, die Erfahrungen aufgreifen, wie die Pädagogen in der täglichen Arbeit diese Vielschichtigkeit von Ansprüchen praktisch meistern. Und es ist die Frage zu stellen, ob die Ausbildung die Befähigung der Lehrerstudenten gerade in dieser Richtung schon hinreichend im Blick hat. Ein engeres Zusammenwirken der Pädagogik, der Psychologie, der Didaktik und Methodik bei der Bearbeitung der im und durch den Unterrichtsprozeß auszulösenden Wirkungen auf die Persönlichkeitsentwicklung des Lernenden im Hinblick auf sein Wissen und Können, seine weltanschauliche und moralische Haltung, seinen Intellekt, seine Gefühle, Handlungsmotive und Charaktereigenschaften, sein soziales Verhalten, sein geistiges und psychisches Anspruchsniveau ist wohl unumstritten eine notwendige Aufgabe, die auf höherem Niveau gelöst werden muß.

Immer mehr Lehrer messen die Qualität ihres Unterrichts daran, welches Niveau des Wissens und Könnens beim Schüler tatsächlich erreicht wird.

Alle Erfahrungen unterstreichen den hohen Rang, der der Beherrschung grundlegender Fakten, Begriffe, Verfahren usw. zukommt. Wie der Lehr- und Aneignungsprozeß zu gestalten ist, um ein Höchstmaß an Solidität im verfügbaren Wissen und Können der Schüler zu sichern, ist keine neue Frage, aber sie muß in höherer Qualität gelöst werden.

Aus dieser Sicht ist erneut zu unterstreichen, daß der wissenschaftlichen Exaktheit, einem hohen wissenschaftlichen Niveau des Unterrichts, der Fähigkeit des Lehrers zum souveränen Umgang mit seinem Unterrichtsgegenstand eine entscheidende Bedeutung zukommt. Von seinem Verständnis für die Systemzusammenhänge „seiner" Wissenschaft, für die Methodologie, für charakteristische Erkenntniswege seines Faches und für das, was der betreffenden Disziplin für die sozialistische Lebenspraxis, für Persönlichkeitsentwicklung an Möglichkeiten innewohnt, hängen wesentlich die Ergebnisse des Unterrichts ab.

Immer mehr sind unsere Lehrer gefordert, aus einem breiten Feld sich dynamisch entwickelnder wissenschaftlicher Erkenntnisse auszuwählen und zu entscheiden, was für die Ausbildung des Wissens und Könnens, der Einsichten und Überzeugungen das Wesentliche, Bestimmende sein muß. Dafür sind die neuen Lehrpläne, Lehr- und Lernmaterialien eine wichtige Grundlage, obgleich ihre weitere Verbesserung in dieser Richtung eine wichtige Aufgabe bleibt. Stets jedoch entscheidet die aktive Rolle des Lehrers, sein Schöpfertum darüber, daß die Schüler die wesentlichen Zusammenhänge erkennen, ihr Denken auf die den Dingen und Erscheinungen zugrunde liegenden Gesetzmäßigkeiten orientiert wird, daß sie befähigt werden, immer bewußter die Realität zu erfassen und zu durchschauen.

Zugleich stellt die in der Unterrichtspraxis immer spürbarer werdende Tendenz, den Lehr- und Aneignungsprozeß am Grundlegenden, am Wesentlichen zu orientieren, eine entscheidende Bedingung dafür dar, in welcher Qualität die Lernvorgänge beim Schüler vollzogen werden und wie solide deren Resultate sind. Ist es doch für den Erfolg des Lernens von maßgeblicher Bedeutung, mit welcher Intensität es gelingt, Anzueignendes gründlich zu vermitteln, so lange an den Dingen zu arbeiten, bis sie bei den Schülern „sitzen", Erworbenes ständig zu festigen und zu vertiefen, immer wieder zu prüfen, ob das zu Lernende auch wirklich begriffen und zum geistigen Gut der Schüler geworden ist.

Die Lehrer arbeiten mit Erfolg an der Herausbildung einer aktiven, bewußten, an den moralischen Wertmaßstäben unserer sozialistischen Gesellschaft orientierten Lebensposition. Den Lernprozeß so zu gestalten, daß er auf die aktive Aneignung von Wissen, Können, Haltungen und Überzeugungen durch den Schüler zielt, ist eine unveräußerliche marxistisch-leninistische Auffassung von Unterricht und Erziehung, ist sie doch darauf gerichtet, die Persönlichkeit zu sich selbst, zu ihrer Umwelt, zu den an sie gestellten Anforderungen in ein aktives Verhältnis zu stellen.

Erfolgreich sind unsere Lehrer bemüht, jeden Schüler gut zu entwickeln. Die konkreten Entwicklungsbedingungen eines jeden Schülers im Auge zu haben und sie im pädagogischen Prozeß aktiv zu beeinflussen, möglichst genau die individuellen Anlagen und Interessen, die Stärken und Schwächen jedes einzelnen zu berücksichtigen und dementsprechend pädagogisch auf seine Schüler einzuwirken, dies macht einen Gutteil des Denkens und Tuns unserer Lehrer und letztlich ihres pädagogischen Könnens aus.

Die Fähigkeiten und Anlagen jedes Kindes optimal zu entwickeln stellt hohe Ansprüche an die pädagogische Arbeit. Unsere Lehrer stellen sich dieser Anforderung, dahin bewegt sich in den Schulen die Diskussion und die konkrete Arbeit. Wie es gelingt, jeden Schüler gut zu kennen, zu wissen, welches seine individuellen Besonderheiten sind, keinen Schüler aus dem Auge zu verlieren, im Unterricht mit allen zu arbeiten, auch die zurückhaltenden oder inaktiven Kinder herauszufordern, Leistungsfähige zu fördern, das sind sehr konkrete, schwierige Fragen, die die Lehrer gegenwärtig bewegen. Immer mehr Lehrer bemühen sich darum, einzuschätzen, wie sich die Entwicklung des einzelnen Schülers vollzieht, die ja bekanntlich nicht geradlinig verläuft. Es erfordert hohes pädagogisches Können, immer erneut zu prüfen, welche neuen Qualitäten in der Entwicklung des Schülers entstanden sind, welche Entwicklungsschritte sich vollzogen haben und welche Anforderungen, davon ausgehend, für die nächste Phase an ihn gestellt werden müssen.

Wir haben uns immer wieder die Frage vorzulegen, ob alles, was in unserer Aus- und Weiterbildung geschieht, diesem Anspruch an die Befähigung zum pädagogischen Können gerecht wird.

Im Zusammenhang mit dem Problem, wie Differenzierung im Unterrichtsprozeß am besten bewältigt werden kann, wie die Erziehungsziele in hoher Qualität mit allen Schülern zu erreichen sind, warnen erfahrene Lehrer zu Recht davor, den Unterrichtsprozeß in eine Vielzahl auf einzelne Schüler gerichteter „Differenzierungsmaßnahmen" oder „Strategien" aufzusplittern. Die Antworten, die Didaktik und Methodik zum Problem der Einheitlichkeit und Differenzierung gegeben haben, reichen da wohl noch nicht aus. Die didaktisch-methodischen Fragen spielen in der Schulpraxis eine außerordentlich große Rolle. Wenngleich gerade im Methodischen „viele Wege nach Rom führen", muß dem Bedürfnis der Lehrer nach wissenschaftlicher Fundierung des methodischen Denkens und Handelns besser entsprochen werden.

Es hat sich als eine Schlüsselfrage erwiesen, wie es gelingt, das didaktisch-methodische Konzept aus den dem wissenschaftlichen Gegenstand zugrunde liegenden spezifischen Erkenntniswegen heraus zu profilieren und mit dem Erkenntnisprozeß beim Schüler zu verbinden. Bezogen auf den gesellschaftswissenschaftlichen Unterricht geht es zum Beispiel um solche methodologischen Positionen wie die der historisch-konkreten Analyse, der historisch-logischen Betrachtungsweise, der Hinführung aller Erscheinungen auf deren klassenmäßige Wurzeln und ihre dementsprechende parteiliche Wertung, die dialektisch-materialistische Sicht auf den gesellschaftlichen Entwicklungsprozeß, die ständige Verknüpfung von Theorie und Praxis, von Theorie und Politik. In den Naturwissenschaften betrifft das beispielsweise die didaktisch-methodischen Konsequenzen, die sich aus der zentralen Stellung solcher Erkenntnismethoden wie Beobachten, Experimentieren, Modellieren, Erfassen von Gesetzmäßigkeiten und Zusammenhängen mit Mitteln der Mathematik, Analyse des Wirkens von Gesetzmäßigkeiten in Natur, Technik und Produktion sowie aus dem Verhältnis theoretischer und empirischer Erkenntnis, von Theorie und Praxis ergeben.

Es scheint uns notwendig zu sein, die wissenschaftliche Arbeit auf dem Gebiet der Methodik gründlicher zu leisten und in Forschung und Ausbildung das Zusammenwirken von Methodik und Fachwissenschaft weiter zu intensivieren.

Der Prozeß der Umsetzung der neuen Lehrpläne stellt bereits jetzt und erst recht künftig hohe Anforderungen an die Weiterbildung. Vieles, was sich die Lehrer hierfür an weiterführenden Kenntnissen und Erfahrungen aneignen müssen, erfordert, sich ständig über die Entwicklungen in den Fachwissenschaften, in der Politik, in der Pädagogik zu informieren, setzt neue Ansprüche an die Bereitschaft, sich ständig weiterzubilden.

Wir verfügen über ein bewährtes System der Lehrerweiterbildung, in das unsere Universitäten, Hoch- und Fachschulen integriert sind.

Die neu erarbeitete Konzeption der Weiterbildung der Pädagogen für die nächsten Jahre sieht nicht nur neue anspruchsvolle Themen in Marxismus-Leninismus, Pädagogik und Psychologie, in den Unterrichtsmethodiken und Fachwissenschaften vor, sie trägt auch den Bedürfnissen der Lehrer und Erzieher stärker Rechnung, neben obligatorischen mehr wahlweise-obligatorische und fakultative Lehrveranstaltungen, mehr Seminare und Übungen durchzuführen.

Es versteht sich, daß sich unsere lehrerbildenden Einrichtungen für eine hohe Qualität der Weiterbildung voll engagieren müssen. Bereits jetzt sind Hoch- und Fachschullehrer in die Konzipierung der Inhalte der Weiterbildung, in die Erarbeitung der Weiterbildungsprogramme einbezogen, sie erfüllen Aufgaben bei der Qualifizierung der Lektoren und Seminarleiter und wirken in den Grund-, Fach- und Spezialkursen mit.

In einigen Fächern, so beispielsweise in Geschichte, ist es nötig, die Kapazitäten unserer Hochschulen und Universitäten zu nutzen, um die Geschichtslehrer auf die Arbeit mit einem neuen Lehrplan vorzubereiten. Es wird notwendig sein, zum Beispiel unsere Mathematiklehrer an Universitäten und Hochschulen weiterzubilden, sie mit fachwissenschaftlichen und methodischen Fragen des neuen Lehrplanes einschließlich der Informatik vertraut zu machen.

Wichtige Aufgaben erwarten unsere Universitäten und Hochschulen bei der Weiterbildung unserer Lehrer für die Abiturstufe.

Unseren Hochschulleitungen erwächst also eine immer höhere Verantwortung für die Weiterbildung, wie sie bereits auf der Hochschulkonferenz prinzipiell gefordert wurde.

Mit den neuen Studienplänen und Lehrprogrammen für die fünfjährige Diplomlehrerausbildung verfügen wir über eine gute Grundlage, einen Lehrer auszubilden, der sich durch hohes Fachwissen, politisches Engagement, Streben nach hohen Leistungen und persönliche Identifikation mit seinem Beruf auszeichnet.

Die künftigen Lehrer auf einem hohen wissenschaftlichen Niveau auszubilden und zu erziehen ist Anliegen unserer Lehrerbildung. Deshalb steht die Frage, mit welcher Qualität wir lehren, zu Recht im Zentrum der Aufmerksamkeit unserer Hoch- und Fachschullehrer. Hängt doch vom Niveau der Lehre, von der Art und Weise, wie gelehrt wird, entscheidend ab, wie ernsthaft sich unsere Studenten mit dem Studium der Wissenschaften befassen, wie sie sich auf ihren Beruf vorbereiten.

Ob und wie alle Lehrkräfte hohe Ansprüche an sich, ihre Mitarbeiter, an die Studenten stellen, an ihre tägliche wissenschaftliche Lehrtätigkeit und an ihr erzieherisches Wirken, ist in der Tat eine Frage, von der maßgeblich der Erfolg, das Ergebnis in Lehre und Forschung abhängen. Es ist wohl die bestimmende Tendenz, wenn wir feststellen können, daß sich in den Universitäten, Hoch- und Fachschulen immer stärker eine kämpferische, kritische, auf die Ausschöpfung des Leistungsvermögens eines jeden Mitarbeiters gerichtete Atmosphäre entwickelt.

Die wesentlichen Grundlagen für die Erziehung und Ausbildung der Lehrer werden im Studium gelegt. Die Persönlichkeit des Lehrers zu formen, dahin wirken unsere Lehrerbildner mit hohem Verantwortungsbewußtsein. An den Assistenten wie an den Professor, an den Historiker wie an den Physiker ist immer erneut die Frage gestellt, wie er als Erzieher der künftigen Lehrer wirkt, wie er dazu mit den spezifischen Möglichkeiten seiner Wissenschaft beiträgt, was er einbringt mit seinem Vorbild, was die eigenen Lehrveranstaltungen leisten können und müssen, um Freude an der Wissenschaft, am Studium und am Lehrerberuf, Verantwortungsbewußtsein für die künftige Arbeit auszuprägen.

In den Diskussionen in den Sektionen und Wissenschaftsbereichen wurde bekräftigt, daß von der Qualität der Ausbildung, der immer besseren theoretischen und praktischen Befähigung der Studenten entscheidend abhängt, wie wissenschaftlich fundiert sie ihren Fachunterricht, den Prozeß der kommunistischen Erziehung gestalten. Zu Recht wurde hervorgehoben, daß es vom Verständnis der Funktion der Schule bei der weiteren Gestaltung der entwickelten sozialistischen Gesellschaft und davon, wie der Lehrerbildner als Spezialist seines Faches wirkt, wie genau er die Anforderungen an die Arbeit des Lehrers kennt, wie er seine Lehrtätigkeit darauf einstellt, wesentlich abhängt, wie der künftige Lehrer den Anforderungen, die ihn in der Schulpraxis erwarten, gerecht wird. Damit reden wir nicht einer vordergründigen Schulbezogenheit das Wort. Hohes theoretisches Niveau der gesamten Ausbildung, der fachwissenschaftlichen ebenso wie der pädagogischen Ausbildung, war stets Anspruch an eine auf die Schulpraxis orientierte Lehrerausbildung. Immer sind wir davon ausgegangen, daß der Lehrer souverän die fachwissenschaftlichen Grundlagen seiner Unterrichtsfächer beherrschen muß, ist dies doch unabdingbare Voraussetzung für einen wissenschaftlichen, parteilichen und lebensverbundenen Unterricht. Die theoretischen Aussagen der Wissenschaften und ihre methodologischen Grundlagen so zu vermitteln, daß sie systematisch und fest angeeignet werden, daß der Student die Fähigkeit erwirbt, sich selbständig Wissen anzueignen und die Entwicklung seiner Wissenschaften zu verfolgen, ist Anspruch an die Qualität der Lehre, Anspruch der Schule an die Lehrerausbildung.

Unsere Lehrerbildung ist auf vielfältige Weise eng mit der Schulpraxis verbunden. Von unseren Wissenschaftlern der lehrerbildenden Einrichtungen sind wesentliche Impulse für notwendige Präzisierungen der fachwissenschaftlichen und didaktisch-methodischen Grundlagen des Unterrichts ausgegangen. Aber es ist sicher unbestritten, daß noch so manches zu tun bleibt, um die Ausbildung in ihrer Gesamtheit noch konsequenter auf die spätere Berufspraxis zu orientieren, für einen Beruf vorzubereiten, der immer erneut fordern wird, schöpferisch tätig zu sein.

Unter der Sicht, daß der Lehrer den Bildungs- und Erziehungsprozeß in seiner Gesamtheit und Vielschichtigkeit zu führen hat, muß man sich in der Ausbildung immer wieder fragen, wie die einzelnen Lehrveranstaltungen dazu beitragen, daß sich beim Studenten alle Ausbildungsbestandteile zu einem Gesamtbild zusammenfügen. Wir stimmen deshalb den Kollegen zu, die darauf verweisen, daß es nicht genügt, nur das eigene Lehrgebiet zu sehen; erschwert dies doch die Sicht auf die umfassenden Anforderungen, die der Lehrerberuf mit sich bringt. Es ist deshalb gut, daß in den Wissenschaftsbereichen die Diskussion über die Lehrkonzeptionen unter dieser Sicht sehr zielstrebig geführt wird.

Den künftigen Lehrer in die Lage zu versetzen, der Jugend ein wissenschaftliches Weltbild zu vermitteln, erfordert in der Ausbildung, der Einheit von Wissenschaft und Ideologie besondere Aufmerksamkeit zu schenken.

Ein tiefes Verständnis des Marxismus-Leninismus als einer „in sich geschlossenen materialistischen Weltanschauung"[7], in der „der konsequente, auch das Gebiet

---

[7] W. I. Lenin: Noch eine Vernichtung des Sozialismus. In: Werke. Bd. 20, Dietz Verlag, Berlin 1971, S. 188.

des gesellschaftlichen Lebens umfassende Materialismus, die Dialektik als die umfassendste und tiefste Lehre von der Entwicklung, die Theorie des Klassenkampfes und der welthistorischen revolutionären Rolle des Proletariats, des Schöpfers einer neuen, der kommunistischen Gesellschaft"[8] ausgearbeitet ist und die die Grundlage der Politik der Partei bildet, ist unerläßlich für die Befähigung und Erziehung sozialistischer Lehrerpersönlichkeiten.

Auf welchem Niveau es gelingt, in den verschiedenen Ausbildungsbestandteilen die Einheit von Wissenschaft und Ideologie zu verwirklichen, diese Frage gilt es immer wieder zu prüfen. Grundbedingung dafür ist ein gründliches, exaktes Studium unserer marxistisch-leninistischen Wissenschaft, die systematische Vermittlung der Theorie des Marxismus-Leninismus auf einem hohen theoretischen Niveau.

Unser marxistisch-leninistisches Grundlagenstudium legt hierfür die entscheidenden Grundlagen. Immer wieder ist danach zu fragen, wie die Studenten der Marxismus-Leninismus gelehrt wird, wie in jeder Lehrveranstaltung die wissenschaftlichen Erkenntnisse, die weltanschaulichen und methodologischen Positionen des Marxismus-Leninismus wissenschaftlich fundiert, in engem Bezug zur Politik der Partei vermittelt werden. Immer wieder ist zu prüfen, was wir erreicht haben hinsichtlich der exakten Vermittlung und Aneignung von Kenntnissen über die grundlegenden Kategorien und Gesetzmäßigkeiten des dialektischen und historischen Materialismus als Theorie und Methode der wissenschaftlichen Erkenntnis und ihrer schöpferischen Anwendung in der gesellschaftlichen Praxis.

Was die Aneignung des Marxismus-Leninismus betrifft, so müssen wir noch etwas gründlicher darüber nachdenken, auf welchem Niveau und wie wir vertiefend arbeiten müssen angesichts der Tatsache, daß unsere Studenten ein nicht geringes Maß an politischem Wissen aus der Schule, aus ihrer praktischen politischen Erfahrung mitbringen. Die Frage ist berechtigt, ob wir nicht noch zuviel auf gleichem Niveau wiederholen. Es wiederholt sich ja nicht wenig, bezogen auf den Stoff. Fordern wir die Studenten hoch genug vor allem hinsichtlich des ernsthaften Studiums der Klassiker, nicht nur von Auszügen und Zitaten, fordern wir sie zum streng wissenschaftlichen Denken im marxistisch-leninistischen Grundlagenstudium? Vieles bewegt sich in dieser Richtung, aber es geht auch hier um das Bessermachen.

Zu Recht wird in der Diskussion darauf verwiesen, daß der Herausbildung und ständigen Vervollkommnung der Fähigkeit des dialektisch-materialistischen Herangehens an alle Erscheinungen und Prozesse der objektiven Realität im Verlauf des gesamten Studiums besondere Aufmerksamkeit geschenkt werden muß. Es versteht sich, daß die Anwendung der dialektisch-materialistischen Methode gründliche theoretische Kenntnisse der Kategorien und Gesetze der materialistischen Dialektik voraussetzt, muß doch der künftige Lehrer während des Studiums

---

[8] W. I. Lenin: Karl Marx (kurzer biographischer Abriß mit einer Darlegung des Marxismus). In: Werke. Bd. 21, Dietz Verlag, Berlin 1970, S. 36.

befähigt werden, lernen, die dialektisch-materialistische Methode und die auf ihr beruhenden fachspezifischen Methoden und Verfahren auf konkrete fachwissenschaftliche Sachverhalte anzuwenden. Es gilt die in jahrzehntelanger Ausbildungspraxis bestätigte Erfahrung, daß dafür alle Ausbildungsdisziplinen Verantwortung tragen. Es ist sicher unbestritten, daß noch gründlicher daran gearbeitet werden muß, unsere Studenten zu befähigen, ihre marxistisch-leninistischen Kenntnisse, bezogen auf ihre Studien in der Pädagogik, der Psychologie, in den Fachwissenschaften, anwenden zu können. Sicher liegen hier noch Reserven im Zusammenwirken der Genossen des marxistisch-leninistischen Grundlagenstudiums mit den Lehrkräften der anderen Wissenschaftsdisziplinen. Das Entscheidende jedoch ist, daß jede fachwissenschaftliche Disziplin ihren spezifischen Beitrag zur Herausbildung der wissenschaftlichen Weltanschauung, zur Anwendung der marxistisch-leninistischen Methodologie leistet. So ist sicher weiter darüber nachzudenken, wie in der naturwissenschaftlichen Ausbildung die Möglichkeiten für die Entwicklung des dialektischen Denkens der Studenten besser auszuschöpfen sind, wie in methodologische Fragen des Gewinnens neuer Erkenntnisse einzuführen ist, wie wissenschaftliche Arbeitsmethoden bewußtgemacht werden können.

Es geht um noch konsequenteres Erschließen der dialektischen Einheit von Erscheinung und Wesen der Dinge und Prozesse, um ein tiefgründigeres Erfassen ihrer wechselseitigen Bedingtheit, um die Ausbildung der Fähigkeit, die den objektiven Erscheinungen und Prozessen zugrunde liegenden Gesetzmäßigkeiten genauer zu erfassen und das Verständnis für das Wirken gesellschaftlicher Gesetzmäßigkeiten zu vertiefen.

Es erweist sich offensichtlich als sehr nützlich, differenzierte Lehrveranstaltungen zum Marxismus-Leninismus und seiner Anwendung in den einzelnen Fachrichtungen durchzuführen. Die Spezialkurse zu weltanschaulich-philosophischen Problemen der Naturwissenschaften, der Mathematik und Technik und auf anderen Gebieten bewähren sich. Doch der spezifische Beitrag jeder einzelnen fachwissenschaftlichen Disziplin zur Herausbildung der wissenschaftlichen Weltanschauung, zur Anwendung ihrer Methodologie ist durch nichts Zusätzliches ersetzbar.

Alles in allem geht es um eine weiter zu intensivierende Zusammenarbeit aller Ausbildungsdisziplinen, um die Nutzung ihrer weltanschaulichen, politisch-ideologischen Potenzen für die Heranbildung sozialistischer Lehrer.

Wir besitzen an unseren Lehrerbildungseinrichtungen günstige Voraussetzungen für die interdisziplinäre Zusammenarbeit der Lehrkräfte für Marxismus-Leninismus, der anderen gesellschaftswissenschaftlichen Disziplinen, der Natur-, Technik- und mathematischen Wissenschaften. Sie inhaltlich weiter zu intensivieren wird dazu beitragen, daß die weltanschaulichen und politisch-ideologischen Probleme der jeweiligen Studienrichtung in ihrer Bedeutung für das spätere Wirken unserer Studenten als Erzieher und Fachlehrer noch besser erschlossen werden.

Wir haben in den vergangenen vier Jahrzehnten Lehrer erzogen, die erfolgreich die Aufgabe gemeistert haben, die unserer sozialistischen Schule gestellt ist, der Jugend die Ideologie der Arbeiterklasse zu vermitteln. Politische Erziehung setzt einen wissenschaftlich fundierten guten Unterricht voraus, erfordert solides Wissen. Um Überzeugungen, Haltungen zu entwickeln, muß die Jugend Wissen darüber besitzen,

- daß und warum die sozialistische Revolution unwiderruflich ihren Siegeszug angetreten hat,
- daß und warum sich zwischen Imperialismus und Sozialismus ein harter und schärfer werdender Klassenkampf vollzieht,
- daß und warum der Imperialismus, obwohl er noch starke Kräfte hat, letztlich, historisch gesehen, überlebt ist.

Unsere Jugend muß wissen, daß die Menschheit mit der Errichtung des Sozialismus in eine neue Epoche ihrer Geschichte eingetreten ist. Dazu braucht sie Kenntnisse, Einsichten.

Damit ist zugleich die Frage angesprochen, wie wir in der Ausbildung unserer jungen Lehrer Geschichtsbewußtsein tiefer ausprägen. Wir haben keinen Nachholebedarf hinsichtlich der Vermittlung eines wissenschaftlich exakten, wahren Bildes von der Geschichte der Menschheit – weder in der Schule noch in der Lehrerbildung. Unsere Jugend weiß wohl Bescheid über die Leistungen unseres Volkes für den gesellschaftlichen Fortschritt und die Weltkultur, über den opferreichen Kampf der deutschen Arbeiterklasse, ihre Siege und Niederlagen. Sie weiß Bescheid über die unheilvolle Rolle des deutschen Imperialismus, des Faschismus und über den heldenhaften Kampf der deutschen Antifaschisten.

Unsere Jugend zeichnet sich durch einen gesunden Patriotismus aus, der tief verwurzelt ist im Internationalismus, der – so kann man wohl sagen – nicht nur fest in den Köpfen, sondern auch in den Herzen unserer Jugend verankert ist. Freundschaft mit der Sowjetunion, mit den sozialistischen Bruderländern, Solidarität mit allen unterdrückten und um ihre Freiheit kämpfenden Völkern auf der Erde – das zeichnet die Jugend der Deutschen Demokratischen Republik aus. Und wir können glücklich darüber sein, daß die Lehrer, die wir ausgebildet und erzogen haben, die durch die Schule unseres sozialistischen Jugendverbandes gegangen sind, daran einen hervorragenden Anteil haben.

Es gehört ganz einfach zum Bildungsniveau eines jeden Lehrers, in der Geschichte Bescheid zu wissen. Geschichtsbewußtsein ist ein unverzichtbarer Bestandteil kommunistischer Erziehung. Die weitere Ausprägung und Festigung des sozialistischen Geschichtsbewußtseins unserer Lehrerstudenten ist wohl, aber nicht nur Angelegenheit der Lehrkräfte des Marxismus-Leninismus; jede Ausbildungsdisziplin muß, und das ist in unseren Lehrprogrammen verankert, das ihr Gemäße zum Wissen über die politische Geschichte, zur Geschichte der Naturwissenschaften, zur Geschichte der Entwicklung der Produktivkräfte, zur Geistes- und Kulturgeschichte beitragen. Die Lehrveranstaltungen zur Theoriegeschichte in der Fachausbildung leisten für das Verständnis der Einheit von Theorie, Geschichte und Praxis der Wissenschaftsdisziplinen schon viel, aber auch hier ist die Frage berechtigt, ob schon alle Möglichkeiten ausreichend genutzt werden.

Wenn wir beachten, daß unsere Studenten, die jungen Lehrer die Geschichte der DDR in wesentlichen Abschnitten nicht selbst erlebt haben, ihr Wachsen und Werden, die Lehren aus der Geschichte nur in allgemeinen, großen Zügen kennengelernt, studiert haben, ist es wohl notwendig, genauer zu überlegen, welche konkreten Geschichtskenntnisse wir ihnen vor allem zu den entscheidenden Zäsuren in der Entstehung und Entwicklung unserer Republik vermitteln müssen, wissend darum, daß diese Konkretheit oft zu wünschen übrig läßt. Wir lehren schon, was sich in der Geschichte vollzog, aber wohl noch zuwenig, wie es sich konkret vollzogen hat.

Um die politischen Vorgänge in unseren Tagen verstehen zu können, eigene Antworten auf Fragen zu finden, ist es wichtig, die Geschichte der DDR noch gründlicher und lebendiger zu vermitteln. 40 Jahre Geschichte unserer Republik sind nun schon ein Stück Geschichtsepoche, nicht irgendeiner Epoche; vollzog sich doch mit der Ablösung des Kapitalismus durch den Sozialismus nicht, wie dies in früheren Epochen der Fall war, einfach der Übergang von einer zu einer anderen, zwar jeweils höheren Stufe der Entwicklung der Gesellschaft, sondern begann doch vielmehr mit der Errichtung des Sozialismus ein qualitativ neuer Abschnitt der Geschichte der Menschheit.

Gegenwärtig arbeiten wir gemeinsam mit unseren Historikern an einem neuen Geschichtslehrplan und an der Entwicklung qualitativ besserer Geschichtslehrbücher. Nur kann die Lehrerbildung nicht – das darf sie ja nie – darauf warten, was die Schule nun künftig an besseren Voraussetzungen mitgeben wird. Wir müssen darüber nachdenken, wie wir den Lehrerstudenten an den Universitäten und Hochschulen gründlichere Kenntnisse über die Geschichte der DDR vermitteln können. An unseren Pädagogischen Fachschulen haben wir zusätzlich zum Programm für das marxistisch-leninistische Grundlagenstudium Lehrveranstaltungen zur Geschichte der Deutschen Demokratischen Republik eingeführt. Wie dieses Problem im Hochschulbereich im Rahmen der zur Verfügung stehenden Ausbildungszeit zu lösen ist bedarf sicher noch gründlicher Prüfung. Jetzt kommt es darauf an, wie das ja an vielen Hochschulen schon geschieht, die vielfältigen Möglichkeiten und Formen der politischen Erziehung, des gesamten geistig-kulturellen Lebens sinnvoll für die Vermittlung von Kenntnissen über die Knotenpunkte in der historischen Entwicklung unserer Republik zu nutzen, noch mehr im Hinblick auf Traditionspflege und Geschichtspropaganda zu leisten.

Die Einführung des Konzepts der fünfjährigen Diplomlehrerausbildung, mit dem wir über ein tragfähiges Fundament verfügen, das wissenschaftliche Niveau unserer Lehrerbildung weiter zu erhöhen, soviel läßt sich jetzt schon sagen, bewährt sich. Große Anstrengungen werden unternommen, die anspruchsvollen Studienpläne und Lehrprogramme schöpferisch umzusetzen.

Natürlich erlauben die bisherigen maximal sechs Semester des Studiums auf dieser Grundlage noch kein endgültiges Urteil. Nach dem Abschluß des Studiums, den Ergebnissen der Abschlußprüfungen, der Diplomarbeiten und nicht zuletzt nach der Bewährung in der Schulpraxis während des 5. Studienjahres werden wir die Resultate genauer zu analysieren haben.

Die Ergebnisse, die die intensive und breite Diskussion zu den nun verbindlichen Dokumenten für die fünfjährige Ausbildung erbracht hat, sowie Analysen zu den bisherigen Ergebnissen zeigen positive Entwicklungen. Immer wieder, und dies zu Recht, betonen die Lehrerbildner, daß der Dreh- und Angelpunkt bei der weiteren Erhöhung der Qualität der Ausbildung darin besteht, auf der Grundlage solider Kenntnisse die Befähigung der Studenten zur selbständigen wissenschaftlichen und schöpferischen Arbeit, bezogen auf die Anforderungen des Fachunterrichts und die Führung und Gestaltung pädagogischer Prozesse, noch wesentlich besser auszuprägen, daß es für die Befähigung zur selbständigen wissenschaftlichen Arbeit, zur Führung des Erkenntnisprozesses der Schüler im Unterricht unerläßlich ist, daß der Student mit dem Erwerb eines soliden Wissens tief in die theoretischen Grundlagen seiner Fachwissenschaft eindringt. Wie ihm der Zusammenhang und die wechselseitige Bedingtheit von Theorie und Methode bewußt werden, wie er wichtige Verfahrensweisen, neue wissenschaftliche Erkenntnisse begreift und anwenden lernt, davon hängt wesentlich die Wissenschaftlichkeit seiner Arbeit als Lehrer ab. Aus dieser Sicht, so unterstreichen viele Kollegen, ist der methodologischen Befähigung des künftigen Lehrers, dem Kennenlernen und Anwenden wissenschaftlicher Denk- und Arbeitsmethoden in der Ausbildung noch größeres Gewicht beizumessen.

Wie erfahrene Lehrerbildner immer wieder hervorheben, ist es von großer Bedeutung, wie die theoretischen Grundlagen einer Wissenschaft an den künftigen Lehrer in ihrer historisch-logischen Entwicklung und praxisverändernden Funktion herangetragen werden, um es ihm zu ermöglichen, den Wert wissenschaftlicher Erkenntnis für den Fortschritt der Menschheit zu begreifen, sein historisches Verständnis für wichtige Entwicklungsetappen und für die Perspektive seiner Wissenschaft zu entwickeln. Und nicht zuletzt hängt es von der Anlage und Gestaltung der Lehrveranstaltungen wesentlich ab, ob im Zusammenhang mit der gründlichen Wissensvermittlung die geistige Produktivität, das Interesse und das Denkvermögen des Studenten gefordert und gefördert werden. So zu lehren, daß er spürt, daß Wissenschaft, daß Theorie nichts ein für allemal Fertiges sind, daß es sozusagen auch für ihn und seine künftigen Schüler noch viel zu entdecken gibt, das weckt die wissenschaftliche Neugier und das Verlangen des Studenten nach eigener wissenschaftlicher Tätigkeit, sein Suchen und seine Freude am Erforschen.

Unsere künftigen Lehrer mit hohem Theorieanspruch an eigenes schöpferisches Forschen und Entdecken heranzuführen, das ist Anliegen vieler erfolgreicher Lehrerbildner, Anspruch an alle, die Lehrer ausbilden. An die Studenten all die Erkenntnisse und Erfahrungen weiterzugeben, die sich ein Hochschullehrer in seiner jahrzehntelangen Lehr- und Forschungsarbeit angeeignet hat, das verschafft ihm Autorität und Hochachtung der Studenten, stimuliert Leistungen. Fragen wir uns jedoch, ob alle Lehrveranstaltungen solchen Ansprüchen gerecht werden. Sollten wir nicht aufmerksam hinhören, wenn Studenten kritisieren, daß sich manche Vorlesungen in einer langweiligen Reihung von Fakten erschöpfen, daß Seminare und Übungen oft als Monolog der Lehrkraft ablaufen oder sich auf bloßes Abfragen von Daten beschränken? Jeder weiß, daß solche Lehrveranstaltungen wissenschaftliches Interesse nicht zu wecken und zu entwickeln vermögen. Den Drang und die Fähigkeit der Studenten zur selbständigen Erarbeitung wissenschaftlicher Erkenntnisse vom ersten Studientag an auszuprägen wird davor bewahren, wissenschaftliches Unvermögen der Studenten gar erst in der Diplomphase festzustellen.

In den Wissenschaftsbereichen und Sektionen sollte über die inhaltliche und methodische Profilierung der Lehrveranstaltungen weiter gründlich nachgedacht und diskutiert werden. Die Diskussion beispielsweise über den Stand problemorientierter Lehrveranstaltungen, die die Studenten stimulieren und befähigen, sich aktiv mit dem Lehrstoff auseinanderzusetzen, sollte zielstrebig weitergeführt werden. Solche Lehrveranstaltungen sollten ausprobiert und die Erfahrungen gründlich verarbeitet und verbreitet werden.

Der Prozeß der Umsetzung der anspruchsvollen Lehrprogramme unseres fünfjährigen Diplomlehrerstudiums zeigt, daß die Anforderungen an das wissenschaftliche Niveau der Lehrveranstaltungen hoch sind. Wie Stellungnahmen vieler Lehrerbildner im Vorfeld dieser Konferenz bekräftigen, erfordert dies die zielgerichtete eigene Qualifizierung aller Lehrerbildner. In diesem Zusammenhang wird auch darauf aufmerksam gemacht, daß es angebracht wäre, das System der Qualifizierung der Lehrkräfte auf seine Wirksamkeit hin zu überprüfen und, wo erforderlich, gezielt zu erweitern.

Unter dieser Sicht steht auch die Frage, wie schnell und wirksam unsere jungen Wissenschaftler in die Lage versetzt werden, den Forderungen nach einem hohen Niveau der Lehrveranstaltungen gerecht zu werden. Lehrveranstaltungen, die beispielhaft sind, sollten noch besser genutzt werden, um die guten Erfahrungen zu verallgemeinern. Und es ist wohl auch unumgänglich, kritischer zu werten, wenn Lehrkräfte nicht das Nötige und Mögliche leisten; die Studenten tun dies ohnehin.

Unsere Hochschullehrer haben mit der gründlichen Diskussion über die Lehrprogramme und ihrer Mitwirkung bei deren Ausarbeitung in den Zentralen Fachkommissionen gewissermaßen selbst die Maßstäbe gesetzt, die es nun umzusetzen gilt. Vieles wird neu durchdacht und probiert werden müssen. So erweist es sich beispielsweise als nützlich, daß Lehrkonzeptionen kollektiv erarbeitet bzw. beraten werden. Das schränkt die wissenschaftliche Bewegungsfreiheit des Hochschullehrers nicht ein, vorausgesetzt, daß dies kein formales, dekretiertes Vorgehen ist. Vielmehr geht es um das gemeinsame Nachdenken darüber, wie alle Bestandteile eines Lehrgebietes – Vorlesung, Seminar, Übung, Praktikum usw. und das dazugehörige Selbststudium – besser als Einheit geplant und aufeinander abgestimmt umgesetzt werden können, wie der spezifische Beitrag des Lehrgebietes, ins Verhältnis gesetzt zu dem Vorausgegangenen und dem Folgenden, genau zu bestimmten ist.

In der lehrkonzeptionellen Arbeit nach neuen Wegen der inhaltlichen Koordinierung und Abstimmung zwischen den beiden Studienfächern, zwischen Fach und Methodik, Fach-, Grundlagenstudium und Erziehungswissenschaften zu suchen ist notwendig, damit die Studenten die integrativen Beziehungen zwischen den Fächern, die nicht nur von wachsender Bedeutung für die Wissenschaftsentwicklung, sondern auch für die wirksame Umsetzung unseres Konzepts der Allgemeinbildung in der Schule sind, besser erkennen können. Daß es dabei nicht um perfektionistische Lösungen oder gar um das Erarbeiten von umfänglichen Koordinierungskatalogen gehen darf und auch nicht um eine Koordinierung dort, wo die innere Logik und die inhaltlichen Grundlagen der Fächer dies nicht hergeben können, versteht sich.

Gute Erfahrungen bezüglich einer wohlverstandenen Koordinierung gibt es naturgemäß innerhalb der Wissenschaftsbereiche und teilweise auch zwischen den Ausbildungsbestandteilen eines Studienfaches. Doch sehr differenziert ist wohl noch die Lage einzuschätzen hinsichtlich der Koordinierung zwischen den beiden Studienfächern, zwischen Fach- und marxistisch-leninistischem Grundlagenstudium und zwischen den einzelnen Bestandteilen der erziehungswissenschaftlichen Ausbildung. Einige Genossen sind sicher zu Recht der Meinung, daß hier und dort eine überzogene fachliche Spezialisierung in der Lehre die Lösung dieser Aufgabe hemmt. Welche praktischen Schritte unter Beachtung und Nutzung der realen Möglichkeiten zu gehen sind, dafür gibt es keine Rezepte. Wie dies sinnvoll zu tun ist muß unter Beachtung der unterschiedlichen Möglichkeiten immer wieder erneut geprüft werden.

Erfahrungen in der Lehre, neue Erkenntnisse der Wissenschaften und die Schulpraxis zwingen in der Ausbildung immer wieder zu fragen: Was ist für den Lehrer das Grundlegende und Systembildende, das er sicher beherrschen muß, wie erreichen wir ein größeres Theorieverständnis, damit der künftige Lehrer Schritt halten kann mit der Entwicklung seiner Wissenschaft? Es sind dies Fragen, die man sich in jedem Wissenschaftsbereich immer wieder stellen und beantworten muß.

Der Rahmen, der mit den neuen Lehrprogrammen gesteckt ist, wird durch den Hochschullehrer ausgefüllt. Letztlich nimmt er die notwendigen inhaltlichen Präzisierungen vor. Wie gut das gelingt, wie und auf welche Weise der in den Lehrprogrammen vorgegebene Stoff mit den Studenten erarbeitet wird, davon hängt es ab, ob der nötige Raum geschaffen wird für ein gründliches Studium, für wissenschaftlichen Meinungsstreit.

Es ist unbestritten, daß wir einen höheren Grad an Selbständigkeit der Studenten, ihrer Fähigkeit erreichen müssen, nach eigenen Lösungen von Problemen zu suchen, moderne Hilfsmittel des wissenschaftlichen Arbeitens zu gebrauchen. Dies setzt solides Wissen, hohe Studienleistungen voraus und schließt ein, den produktiv-schöpferischen Anteil am Studium zu verstärken. Solche Erscheinungen wie oberflächliches, nur angelerntes Wissen, mangelndes Interesse an wissenschaftlicher Arbeit, ungenügende Beschäftigung mit wissenschaftlicher Literatur und anderes mehr mindern die Effektivität des Studiums, und solche Erscheinungen müssen uns beunruhigen. Dies festzustellen schließt das Nachdenken darüber ein, ob die Gestaltung des Studiums solche Verhaltensweisen begünstigt. So werfen Kollegen in diesem Zusammenhang die Frage auf, ob nicht kleinliche Reglementierungen und formale Leistungsbewertungen in den von den Studenten wöchentlich zu absolvierenden Seminaren, Übungen oder Praktika mehr zum flüchtigen Lernen als zu echtem Studieren zwingen.

Wissenschaftliches Interesse entsteht und wächst bekanntlich nur mit der tatsächlichen wissenschaftlichen Problembewältigung. Es ist richtig, wenn Hochschullehrer darauf verweisen, daß die erhöhte Zahl der Übungen und Seminare in einer Reihe von Ausbildungsbestandteilen, wenn sie – und das hängt eben entscheidend von der wissenschaftlichen und hochschulpädagogischen Qualität der Lehrkräfte ab – mit wohlabgestuften Anforderungssteigerungen durchgeführt werden, eine hohe Selbständigkeit der Studenten bei der wissenschaftlichen Arbeit ermöglicht, die ihre Abrundung in der Diplomphase bei der Einbeziehung in die Forschungsaufgaben der Bereiche findet.

In diesem Zusammenhang ein Wort zur vorlesungsfreien Zeit, deren Wert für die Befähigung der Studenten zur selbständigen wissenschaftlichen Arbeit wohl unbestritten ist, die aber oft mit zuviel obligatorischen Lehrveranstaltungen belastet wird. Natürlich muß über den Nutzen der einen oder anderen Aufgabenstellung und Veranstaltung in dieser Zeit weiter nachgedacht werden. Besteht aber nicht das eigentliche Problem darin, wie die vorlesungsfreie Zeit überhaupt gestaltet werden muß, ob die gegebenen Möglichkeiten für die Entwicklung der Selbständigkeit der Studenten richtig genutzt werden? Wird Stoffülle, die „Beschäftigung" der Studierenden nicht oft durch undurchdachtes Herangehen selbst organisiert?

Und einer weiteren Frage sollten wir uns ernsthafter stellen: Wenn wir generell eine höhere Qualität und Effektivität des Studiums fordern, dann heißt das, an alle Studenten höhere Anforderungen zu stellen, es schließt dies aber gleichzeitig ein, stärker als bisher das individuelle Leistungsvermögen der Studenten, ihre Interessen, Neigungen, Stärken und Schwächen zu berücksichtigen. Ist es nicht notwendig, weit mehr Aufmerksamkeit darauf zu verwenden, durch das Setzen differenzierter Anforderungen die Leistungsfähigkeit jedes Studenten voll auszuschöpfen und zu entwickeln? Schließlich ist erwiesen, daß eine gezielte, differenzierte Arbeit mit dem einzelnen zugleich die Basis dafür ist, um Talente und Begabungen finden und fördern zu können. Die guten Erfahrungen, die hier vorliegen, sollten weiter Gegenstand des Erfahrungsaustausches in den Wissenschaftsbereichen und Sektionen sein.

Nachzudenken über eine effektivere Gestaltung des Studiums, das schließt – und dies können wir nicht oft genug wiederholen – ein, gründlicher noch zu überlegen, wie wir sorgfältig mit der Zeit der Studenten umgehen können und müssen. Die quantitativen Belastungen bei gesteigerter Intensität vieler Lehrveranstaltungen sind kaum gemindert. Deshalb müssen wir sehr verantwortungsvoll und realistisch das Zeitbudget der Studenten einschätzen, ihre Zeit richtig nutzen. Von der vollen Ausnutzung der Studienzeit sind keine Abstriche zu machen. Viele Aktivitäten, die die Ausbildung gewissermaßen begleiten, müssen mit höherer Verantwortung auf ihre Notwendigkeit und Effektivität hin geprüft werden. Immer zielstrebiger und überlegt jene Schritte in der Ausbildung zu gehen und sie an den Erfordernissen der Ziele zu messen, wie sie in den neuen Programmen festgelegt sind, ist unabdingbar unter der Sicht, daß unsere Lehrerbildung Vorlauf zu schaffen hat für die Bewältigung der Anforderungen, die von der sich dynamisch entwickelnden Schulpraxis schon heute und erst recht in den kommenden Jahren und Jahrzehnten ausgehen.

Von nicht geringer Bedeutung ist die Frage nach dem Niveau der erziehungswissenschaftlichen Ausbildung. Sie besaß und besitzt in unserer Lehrerbildung, ob an den Universitäten, den Pädagogischen Hochschulen oder Fachschulen, einen hohen Stellenwert. Ohne solide pädagogische Kenntnisse und pädagogisches Können kann kein noch so gut ausgebildeter Fachlehrer seinen Aufgaben gerecht werden. Ob wir mit den Schülern gute Ergebnisse im Fachunterricht erreichen, das hängt nicht zuletzt davon ab, wie es um das pädagogische Verhalten, um das pädagogische Wissen und Können der Fachlehrer bestellt ist. Es ist dies auch die Voraussetzung dafür, daß jeder Fachlehrer zugleich ein guter Erzieher ist.

Die neuen Ausbildungsdokumente für die Pädagogik, die Psychologie und die Unterrichtsmethodiken zielen darauf ab, das theoretische Niveau der Lehre in den erziehungswissenschaftlichen Disziplinen zu erhöhen und die Vorbereitung der künftigen Lehrer auf ihre vielgestaltige pädagogische Tätigkeit in der Praxis noch wirksamer zu gestalten.

Schon jetzt läßt sich feststellen, daß sie offensichtlich besser geeignet sind, den pädagogischen Prozeß in seiner Komplexität und Dynamik, in seiner konkreten Bezogenheit auf die Entwicklung der Persönlichkeit darzustellen.

Es ist völlig richtig, wenn die Lehrkräfte dieser Disziplinen die neuen Studienpläne und Lehrprogramme als eine Herausforderung an hohe Qualität ihrer Lehr- und Forschungstätigkeit, an eine weitaus engere, qualitativ neue Beziehung zur Schulpraxis sowie an ihre eigene fachliche und hochschulpädagogische Qualifizierung verstehen.

Die Bemühungen, das wissenschaftlich-theoretische Niveau und die Praxisverbundenheit der Ausbildung in allen erziehungswissenschaftlichen Disziplinen weiter zu erhöhen, sollten noch zielstrebiger gefördert werden. Unsere erziehungswissenschaftliche Ausbildung, das zeigt die Praxis, hat viel geleistet. Generationen von Lehrern, die durch diese Ausbildung gegangen sind, haben ihre pädagogische Feuertaufe bestanden und bestehen sie tagtäglich. Das enthebt uns aber nicht zu fragen, wie wir Pädagogik, Psychologie, Methodik lehren. Fördern wir geistige Aktivität, vermeiden wir allgemeines Reden über die Dinge, bloßes Beschreiben, fordern wir durch die Art und Weise, wie gelehrt wird, anspruchsvolles theoretisches Denken, bezogen auf die Praxis, schon genügend heraus? Wie werden die Erfahrungen, die Erkenntnisse, die in der Schulpraxis bereits gewonnen wurden, aufgegriffen und verarbeitet? Wie sichern wir ein solides wissenschaftliches Niveau, wie und auf welche Weise erfahren die Studenten gerade in der Pädagogikausbildung, daß eine gute Theorie die beste Hilfe für die Praxis ist?

Das heißt nicht, einer „Rezeptologie", wohl aber der Vermittlung eines anwendungsbereiten pädagogischen Wissens und Könnens das Wort zu reden. Wie sicher die Studenten beispielsweise mit Fragen der Planung, Gestaltung und Analyse eines methodisch gut durchdachten, variantenreichen, problemhaften Unterrichts vertraut gemacht werden, ob und wie das dazu erforderliche Können wirklich solide ausgeprägt wird, das sind schon ernsthafte Maßstäbe für die Qualität der pädagogischen Ausbildung.

Es ist gut, daß die Diskussion darüber geführt wird. Sich den praktischen Erfahrungen stärker zuzuwenden, das ist schon immer Aufgabe und Praxis in unserer Ausbildung. Worauf es jetzt ankommt, ist, mit dem Neuen Schritt zu halten, das sich in unserer Schulpraxis vollzieht, Schritt zu halten mit der breiten, tiefgreifenden, schöpferischen Bewegung, die im Gange ist, ausgelöst durch die neuen Ansprüche an Unterricht und Erziehung. Von einigen war bereits die Rede.

Unsere Lehrer haben viele neue Erfahrungen gewonnen. Dieser schöpferische Prozeß, der sich vollzieht und weiter vollziehen wird, muß sich natürlich in Lehre und Forschung widerspiegeln. Mit der Entwicklung, mit dem höheren Anspruch an den Lehr- und Aneignungsprozeß, an den Erziehungsprozeß entstehen neue Fragen und Probleme, die in der Ausbildung nicht umgangen werden dürfen. Unsere Studenten müssen fähig sein, ausgehend von einer soliden Kenntnis der marxistisch-leninistischen Pädagogik, den Zugang zu finden zu der sich sehr dynamisch entwickelnden Praxis, zur Vielfalt der Probleme, mit denen ein Lehrer in seinem Berufsleben ständig und immer wieder aufs neue fertig werden muß. Auf einige Fragen, die heute und künftig bei der Gestaltung des Unterrichts- und Erziehungsprozesses wachsendes Gewicht erlangen, bin ich bereits eingegangen. Sowohl in der Forschung als auch in der Lehre müssen wir uns ihnen entschiedener zuwenden.

Wenn erfahrene und junge Wissenschaftler an unseren Universitäten, den Hoch- und Fachschulen darauf verweisen, daß das Niveau der Lehre auch in der Pädagogik maßgeblich vom Niveau der Forschung bestimmt wird, so ist dem mit Nachdruck hinzuzufügen, daß wir ernsthaft das bisherige Herangehen an die pädagogische Forschung prüfen müssen. Es steht außer Frage, daß sie viel geleistet hat. Aber die Lage auf dem Gebiet der Didaktik und – bei aller Differenziertheit – auch in den Methodiken, vor allem aber in der Erziehungstheorie, ist, gemessen an den Anforderungen, am Tempo der Entwicklung in der Schule und bezogen auf die Qualität so mancher Ergebnisse, die erbracht werden, nicht ausreichend. Das ist das unbestechliche Urteil der Schulpraxis.

Fragen der Theorie der Erziehung, der wissenschaftlichen Untersuchung des Erziehungsprozesses, der Begründung seiner Gestaltung und Führung, der weiteren Ausarbeitung grundlegender Methoden der Erziehungsarbeit gewinnen wachsende Bedeutung. Es sind solche Fragen aufgeworfen wie die, welches die gesellschaftlichen Faktoren sind, die bewußter als Bedingung für die Erziehung genutzt werden müssen, welches die spontan wirkenden Faktoren sind, die nicht unwesentlich die Entwicklung des jungen Menschen beeinflussen, welche Schlüsse daraus für die Erziehungsarbeit abgeleitet werden müssen.

In der Praxis steht das Problem, wie die geistig-praktische Tätigkeit der Heranwachsenden noch bewußter, gezielter zu entwickeln ist. Die Gestaltung des Erziehungsprozesses aus der Sicht, die Schüler zur aktiven Aneignung der gesellschaftlichen Wirklichkeit zu führen, ihre sozialen Erfahrungen in der Erziehung zu berücksichtigen und zu nutzen, wird in der Praxis zunehmend besser bewältigt. Aber auch hier müssen weiterführende Erkenntnisse durch die pädagogische Wissenschaft gewonnen, für die Schulpraxis und die Ausbildung aufbereitet werden. Und wir meinen, daß die Lehrer zu Recht erwarten, daß Fragen der Kollektiverziehung aus heutiger Sicht einer weitergehenden wissenschaftlichen Beantwortung bedürfen.

Bis in das 5. Studienjahr hinein haben wir zum Beispiel in den verschiedenen Lehrprogrammen die Beschäftigung der Studenten mit den erzieherischen Potenzen der produktiven Arbeit der Schüler im Betrieb als theoretische wie praktische Aufgabe fixiert. Damit können wichtige pädagogische Probleme der Kollektiverziehung, der Arbeitserziehung, der Moralerziehung deutlich gemacht werden. Wie die praktische Bedeutung solcher pädagogischer Erkenntnisse und Erfahrungen, von denen hier nur einige genannt werden konnten, den Studenten bewußtgemacht wird, davon hängt Wesentliches für ihr erfolgreiches Wirken als Lehrer ab.

Jeder von uns weiß, daß es gerade in der erziehungswissenschaftlichen Ausbildung schädlich ist, sei es in Vorlesungen oder in Seminaren, im empirischen Beschreiben steckenzubleiben. Die Studenten empfinden es als unbefriedigend, wenn rezeptives Nach- und Abarbeiten dominiert, wenn in Übungen und Seminaren das Allgemeine nur wiederholt, jedoch der Spezifik der jeweiligen pädagogischen Situation und ihrer theoretischen Durchdringung als Anleitung und Hilfe zur konkreten Bewältigung von Aufgaben in der Erziehungspraxis ungenügend Rechnung getragen wird.

Die Tatsache, daß die Lehrkräfte der Pädagogik und Psychologie kontinuierlich mit den Studenten in der Schulpraxis arbeiten, fördert eine tiefere Sicht auf die Prozesse, die sich in der täglichen Arbeit in der Schule vollziehen und gemeistert werden müssen. Wo Lehrerbildung und Schulpraxis in Lehre und Forschung eng zusammenwirken, zeigen sich positive Ergebnisse. Tausende Lehrer und Erzieher, Pionierleiter und Schulfunktionäre bemühen sich engagiert um den pädagogischen Nachwuchs, und unsere Mentoren, bei denen man pädagogische Meisterschaft „abgucken" und erlernen kann, die den Studenten bei ihren ersten Schritten in der Schulpraxis fördernd und helfend zur Seite stehen, leisten eine große, anerkennenswerte Arbeit. Diese aufwendige Erziehungs- und Betreuungsarbeit verlangt mit dem Blick auf die komplexe schulpraktische Ausbildung im letzten

Studienjahr unsere ganze Aufmerksamkeit und Unterstützung. Die schulpraktische Phase im 5. Studienjahr, und das wird nicht zuletzt auch von unseren Praktikern abhängen, wird einen noch besseren Übergang in die volle Berufstätigkeit unserer jungen Lehrer sichern. Der soliden Vorbereitung und Durchführung des 27wöchigen Berufspraktikums im 5. Studienjahr müssen sowohl die Leitungen der Hochschulen als auch die Schulräte und die Direktoren der Schulen große Aufmerksamkeit widmen.

Einige Bemerkungen zur Forschung. Wir haben dem Aufbau einer leistungsfähigen Forschung an den lehrerbildenden Einrichtungen stets große Aufmerksamkeit gewidmet, hängt doch vom Niveau der Forschung maßgeblich die Qualität der Ausbildung und die Entwicklung leistungsfähiger Nachwuchskräfte ab. Immer mehr Studenten sind in die Forschung einbezogen. Das erweist sich von großem Nutzen, von großem Gewinn für ihre Entwicklung. Es ist das Verdienst vieler engagierter Hochschullehrer, daß in den letzten Jahren immer mehr Lehrerstudenten mit bemerkenswerten Leistungen im wissenschaftlichen Studentenwettstreit und mit wissenschaftlich fundierten Diplomarbeiten aufwarteten. Wir sollten alle Möglichkeiten nutzen, um die Studenten frühzeitig an der Forschung teilhaben zu lassen, sie mit anspruchsvollen Aufgaben zu betrauen.

Wir verfügen auch an unseren Pädagogischen Hochschulen wie an den Universitäten über ein solides Forschungspotential auf den Gebieten der Mathematik, Naturwissenschaften und Polytechnik, den Gesellschaftswissenschaften und der Erziehungswissenschaften. Einige Forschungskollektive genießen national wie international einen guten Ruf, sie konnten im Rahmen des Staatsplanes Wissenschaft und Technik und des zentralen Planes der gesellschaftswissenschaftlichen Forschung beachtliche Ergebnisse sowohl in der Grundlagen- als auch in der angewandten Forschung abrechnen.

Die weitreichenden Anforderungen, die an die Forschung gestellt sind, ergeben sich, wie das 10. Plenum des Zentralkomitees hervorhob, aus der umfassenden Intensivierung aller gesellschaftlichen Entwicklungsprozesse. Viele unserer Wissenschaftler weisen darauf hin, daß wir das vorhandene Forschungspotential noch besser als bisher zum Tragen bringen, noch gezielter entwickeln könnten, würden wir noch genauer nach dem „Wofür" bei jeder Forschungsaufgabe fragen. Auch die Forschung an den lehrerbildenden Einrichtungen ist gefordert, eine neue Qualität in der Zusammenarbeit mit den volkseigenen Kombinaten und anderen Praxispartnern zu erreichen, sich auf Ergebnisse zu orientieren, die angewandt werden können, verwertbar sind. Das gilt vor allem für Forschungen auf dem Gebiet der Naturwissenschaften und der Technik, insbesondere für die uns übertragenen Staatsplanaufgaben, wo es ja bekanntlich auch ökonomische Zwänge gibt.

Unbestritten ist, daß sich unsere gesellschaftswissenschaftliche Forschung und insbesondere die pädagogische Forschung an den Hochschulen und Universitäten, bei allen Fortschritten und guten Ergebnissen, die schon erreicht wurden, hinsichtlich der Qualität und der Ergebnisorientiertheit weitaus höhere Maßstäbe setzen muß. Genosse Hager hat auf der Konferenz der Gesellschaftswissenschaftler sehr hohe und konkrete Ansprüche an die gesellschaftswissenschaftliche Forschung gestellt. Dies wurde selbstverständlich in unseren Hochschulen und Fachschulen zum Anlaß genommen, ernsthaft zu prüfen. Gemessen an unserem weiterentwickelten Bildungs- und Erziehungskonzept, müssen wir aber wohl noch kritischer analysieren, was erreicht wurde und was noch nicht, ob die Konzeption, die Strategie einer Forschungsaufgabe genügend durchdacht ist, entscheidet dies doch mit darüber, ob das Ergebnis dem standhält, was die Praxis erwartet.

Vor allem mit dem Plan der pädagogischen Forschung 1986 bis 1990 wollen wir durch genauere Aufgabenstellung jedes Forschungskollektiv stimulieren, seine Forschungsstrategie auf Schwerpunkte auszurichten, die für die Lösung der zahlreichen anstehenden Aufgaben in der Erziehungstheorie, der Didaktik, in den Methodiken bearbeitet werden müssen.

Gründlicher noch müssen wir die echten Entwicklungsprobleme eingrenzen und tiefer untersuchen, auch das aufhellen, was noch nicht gelöst ist, um von daher Lösungswege zu suchen und zu finden. Dies eben bedarf einer neuen Qualität des Zusammenwirkens mit den Lehrern und verlangt, sie wirklich einzubeziehen.

Aus der Sicht auf die Komplexität des pädagogischen Prozesses ist vertiefende disziplinäre Forschung notwendig, aber dies stärker aus der Sicht auf das Ganze. Und es sollte wohl auch das interdisziplinäre Vorgehen methodisch weitaus besser durchdacht werden, ebenso wie die methodischen Wege einer engeren Praxisverbundenheit. Wir sind sehr für Erprobungen und Experimente, sie haben viele nützliche Erkenntnisse gebracht. Weniger tauglich aber sind solche Experimente, die lediglich bestätigen, was die Wissenschaftler als einzig mögliches Ergebnis vorgedacht haben, die keine möglichen anderen Varianten hervorbringen und aufzeigen.

Die weitere Profilierung unserer Schule setzt neue Maßstäbe, stellt höhere Anforderungen auch an die Forschungsführung durch unsere Akademie, ebenso wie an die Forschungsführung an den Hochschulen und Universitäten. Ist es nicht auch an der Zeit, darüber nachzudenken, wie die entsprechenden Gremien der Universitäten und Hochschulen als sehr sachkundige Institutionen stärker in die Festlegung von Forschungsstrategien und in die Bewertung von Forschungsergebnissen einzubeziehen wären? Hier sind doch letztlich alle erziehungswissenschaftlichen Disziplinen einer Einrichtung vereint. Unsere erfahrensten Hochschullehrer haben hier Sitz und Stimme. Sie müßten darüber beraten und entscheiden können, ob eine vorgesehene Forschungsaufgabe den gesellschaftlichen und schulpolitischen Ansprüchen genügt, und die Ergebnisse daran messen, schließlich auch bewerten.

Und ist nicht die Frage berechtigt, ob die vorgelegten Ergebnisse genügend streng gewertet werden, ob Forschungsberichte, Studien überhaupt gründlich genug bearbeitet, diskutiert, gewertet werden, ob die forschungsleitenden Einrichtungen, die staatlichen Organe diesbezüglich immer ihrer Verantwortung gerecht, ob mangelnde Resultate einiger Forschungskollektive oft nicht noch viel zu lange geduldet und ob andererseits gute Ergebnisse genügend gewürdigt werden? Die Erfahrungen zeigen, daß wir in der Arbeit überall dort gut vorankommen, wo wir mit all jenen Partnern, die zur Lösung des gestellten Forschungsproblems beitragen können, zusammenwirken, wo wir noch mutiger als bisher junge, befähigte Kader mit anspruchsvollen Forschungsaufgaben betrauen. Und auch dies sei angesprochen: Bereits die Hochschulkonferenz hat darauf orientiert, zeitweilig Wissenschaftler in die Praxis zu delegieren und umgekehrt Praktiker in die Hochschulen. Es wäre sicher angebracht, die hier häufig noch anzutreffende Zurückhaltung aufzugeben. Zeitweilige Delegierungen von Wissenschaftlern in die pädagogische Praxis und von Lehrern an die Ausbildungseinrichtungen könnten sicher den Prozeß einer Forschung, die auf die Praxis zielt und die darauf gerichtet ist, aus der Praxis Theorievorlauf zu gewinnen, wirksam stimulieren.

Die Ziele, die wir mit den neuen Studienplänen und Lehrprogrammen in der Ausbildung der künftigen Lehrer verfolgen, werden wir – und darin sind wir uns mit unserem sozialistischen Jugendverband, der dies auf dem XII. Parlament der FDJ so treffend formuliert hat, völlig einig – nur erreichen, wenn jeder Student seine Ausbildung nutzt, um sich so gut wie möglich auf seine künftige Arbeit vorzubereiten, wenn er ernsthaft studiert, sich nicht „studieren läßt". Leistungswille, Leistungsverhalten, Eigenverantwortung für das Studium sind durch nichts auszugleichen oder zu ersetzen. Lehrerstudium, das ist vom ersten Tag an harte Arbeit, wer von unseren Studenten wüßte das nicht. Aneignung von Wissenschaft ohne Mühe, ohne Fleiß, ohne strenge Selbstdisziplin ist nun mal nicht möglich. Und es bedarf eines eigenen, persönlichen Regimes, will man sein Pensum bewältigen, es bedarf einer richtigen Einstellung, um mit den durchaus nicht immer leichten Anforderungen im studentischen Alltag fertig zu werden.

Es ist richtig und wichtig, daß unser Jugendverband als Interessenvertreter der studentischen Jugend im Interesse der Jugendfreunde fordert, daß sich alle durch ernsthaftes Studium auf ihren so verantwortungsvollen Beruf vorbereiten. Das schließt ein, daß das FDJ-Kollektiv mit darauf einwirkt, daß sich jeder einzelne politisch und charakterlich gut entwickelt. Eine offene, vertrauensvolle Atmosphäre, achtungsvolle Beziehungen untereinander, ein Klima in den Studentenkollektiven, in dem solche sittlichen Eigenschaften gedeihen, die ein Lehrer braucht, wie Einfühlungsvermögen, Empfindsamkeit, Güte, Freude, Optimismus und die Fähigkeit, Schwierigkeiten im Studium, in der Arbeit und im persönlichen Leben zu bezwingen, ist dafür eine unabdingbare Voraussetzung.

Lehrer zu sein, das verlangt – ohne ein Idealbild malen zu wollen – eine hohe Allgemeinbildung und Kultur, politische Überzeugung und Liebe zu den Kindern, dem Wichtigsten, was die Väter und Mütter, was unser Volk den Lehrern anvertrauen. Brächten die Studenten, wenn sie zu uns kommen, dies alles mit, dann brauchten wir nicht davon zu sprechen, daß der Hochschullehrer auch zugleich Erzieher sein muß, daß unsere Hochschulen Erziehungsstätten sein müssen – jedoch nicht in dem Sinne, daß in bester Absicht die Studenten, die doch erwachsene junge Leute sind mit Erfahrungen und Selbstbewußtsein, wie Schüler behandelt werden. Haben nicht die Studenten recht – und es sind dies oft unsere bewußtesten und aktivsten –, die kritisch fragen, ob nicht manchmal zuviel über die Studenten geredet wird anstatt mit ihnen? Es geht um Beziehungen zwischen Lehrkräften und Studenten, die von hohen Forderungen ausgehen.

Die Studenten als eigenverantwortliche Partner im Ausbildungs- und Erziehungsprozeß zu achten und zu behandeln, das verlangt, sie noch mehr zu fordern, sich für ihre Studienleistungen selbst mehr verantwortlich zu fühlen, über ihre Studienhaltung, ihr Verhalten selbst nachzudenken. Man könnte nun einwenden, das tun wir doch – ja, im großen und ganzen schon, aber noch zu vieles, viele sogenannte Kleinigkeiten im Alltag verweisen darauf, daß manches in dieser Richtung weiter durchdacht werden muß. Wir sollten die gemeinsame Verantwortung von Lehrkräften und Studenten für ein gedeihliches Klima, für hohe Leistungsbereitschaft, für die gute Entwicklung jedes Studenten, seine gute Vorbereitung auf den Beruf weiter ausprägen.

Wir wollen und wir dürfen nicht den Grundorganisationen und Leitungen der FDJ die Verantwortung abnehmen für eine aus solcher Sicht wachsende Rolle des Jugendverbandes, sondern müssen ihnen mehr Verantwortung übertragen und sie dort beraten, wo sie Rat brauchen. Jede Lehrkraft trägt Verantwortung für die gute Entwicklung eines jeden Studenten. Es sind viele Hochschullehrer, die für die Probleme ihrer Studenten stets ein offenes Ohr haben, die sich auch um ihre persönlichen Sorgen kümmern.

Viele unserer FDJ-Kollektive verstehen es immer besser, die Vielfalt der Interessen der Studenten zu beachten. Sie fühlen sich zuständig, wenn dieser oder jener zeitweilig nicht zurechtkommt im Studium, mit der Politik, in Dingen des persönlichen Lebens. Zu fragen bleibt, ob man sich diesbezüglich wirklich schon allerorts um jeden kümmert, nicht nur um die, die auffallen, sondern auch um die „Unauffälligen". Keinen zurückzulassen gilt auch hier. Ein zu hoher Anspruch an die FDJ-Arbeit? Ein anderer ist wohl nicht denkbar. Sollen jedoch die FDJ-Kollektive solchen Ansprüchen genügen, sich mit den eigentlichen Problemen beschäftigen, mit der Politik, mit dem Studium, mit den Fragen, die sich um den Sinn des Lebens drehen, und sollen sie sich auch um Möglichkeiten der Entspannung, der Muße, um das Bedürfnis nach fröhlichem Zusammensein kümmern, dann müssen wir wohl darüber nachdenken, wie mit noch vorhandenem Formalismus, mit Geschäftigkeit und Überorganisiertheit Schluß gemacht werden muß.

Ein Wort noch zur Entwicklung der Studien- und Berufsmotivation. Es erweist sich immer wieder, daß wir der Startphase des Studiums große Aufmerksamkeit widmen müssen. Wir haben inzwischen für die meisten Fachkombinationen, und das ist nicht hoch genug einzuschätzen, ausreichend Bewerber, solche, die wirklich Lehrer werden wollen, die gute Leistungen vorweisen können und über die verschiedensten Erfahrungen in der gesellschaftlichen Arbeit verfügen. Das ist vor allem das Ergebnis der gezielten Arbeit mit den Bewerbern für ein Lehrerstudium an unseren Schulen.

Die überwiegende Mehrzahl der Studenten kommt mit konkreten, wenn auch nicht immer ausgereiften, unterschiedlichen Vorstellungen, vor allem aber mit einer großen Erwartungshaltung zum Studium. Viel hängt also davon ab, wie wir diesen positiven Vorstellungen und Erwartungen gerecht werden, wie wir den für die Studenten so wichtigen Lebensabschnitt des Beginns eines Studiums gestalten. Überhaupt müssen wir uns wohl viel einfühlsamer darauf einstellen, daß der Student während seines Studiums als Mensch reift, sich neue geistige Horizonte erobert. Viele von ihnen gründen während dieser Zeit eine Familie, sie müssen Entscheidungen für ihr weiteres Leben, für ihren künftigen Arbeitsplatz, ihren Wohnsitz treffen.

Es ist nicht neu, daß der Übergang zur Hochschule Schwierigkeiten mit sich bringt. Der Studienanfänger wird sofort mit den vielfältigsten Anforderungen konfrontiert. Oft empfinden die Studenten eine Diskrepanz zwischen ihrem Ausgangsniveau und den nun an sie gestellten Ansprüchen. Alle entsprechenden Analysen beweisen, wie wichtig es gerade im 1. Studienjahr ist, daß der Student auch den Erfolg seiner Bemühungen sieht.

Es bleibt eine Aufgabe, sowohl in den erweiterten Oberschulen als auch in den Hochschulen dem Ausgangsniveau größere Aufmerksamkeit zu schenken. Unsere Lehrer der Abiturstufe müssen weiter zielstrebig daran arbeiten, die Solidität und Verfügbarkeit des Wissens der Abiturienten zu verbessern und deren eigenen Leistungsanspruch stärker auszuprägen. Hohes Anspruchsnivau vom ersten Studientag an kann jedoch nicht heißen, Unterschiedliches, Differenziertes im Ausgangsniveau zu ignorieren. Es wird immer so sein, daß Teile des Wissens, welches in der Phase der Hochschulvorbereitung zu vermitteln ist, zum gegebenen Zeitpunkt wiederholt, gefestigt werden müssen. Und es ist doch wohl auch unbestritten, daß die Methoden des wissenschaftlichen Arbeitens primär an der Hochschule zu lehren sind.

Unsere lehrerbildenden Einrichtungen haben in den letzten Jahren zweifellos gute Ergebnisse, Fortschritte bei der Entwicklung politisch zuverlässiger wissenschaftlich qualifizierter Nachwuchskader erreicht. Wir müssen jedoch der Heranbildung dieser jungen Kader künftig einen noch weitaus höheren Stellenwert einräumen. Die wissenschaftlichen Nachwuchskräfte von heute sind schließlich die künftigen Dozenten und Professoren.

Über die Qualität, mit der die objektiv höheren Anforderungen der Gesellschaft an die Schule, die Lehrerbildung und das gesamte Volksbildungswesen erfüllt werden, entscheiden letztlich die Kader.

Seine Verantwortung für die Heranbildung von Nachwuchskadern, für die Betreuung von Promovenden gewissenhaft zu erfüllen, das gehörte immer zur Ehre eines Hochschullehrers.

Es hieße wohl Eulen nach Athen tragen, festzustellen, daß die Verantwortung der Lehrerbildner für ihre Studenten nicht mit dem Abschluß der Lehrveranstaltungen endet. Der Hochschullehrer, der den Weg zu den Studenten findet und an den sich die Studenten vertrauensvoll wenden, kann fordern, ist geachtet, genießt

Vertrauen. Und immer schon haben es Hochschullehrer verstanden, einen Kreis von Studenten um sich zu sammeln, denen sie sich besonders widmen, weil sie die Voraussetzungen zeigen, sich zum wissenschaftlichen Nachwuchs entwickeln zu können. Ist es aber schon überall üblich, auf diese Weise seine „Schüler", den künftigen wissenschaftlichen Nachwuchs heranzubilden? Verschließen sich nicht einige Hochschullehrer dieser Aufgabe, vergeben damit Möglichkeiten, ihre wissenschaftlichen Erfahrungen an die weiterzugeben, die fähig wären, Wertvolles auf dem Fachgebiet zu leisten, das sie vertreten? Und ganz sicher ist etwas nicht in Ordnung, wenn dieser oder jener Hochschullehrer seit Jahren keine Diplomandengruppen führt, keine Beststudenten betreut. Talentierte junge Leute auszuwählen, persönlich mit ihnen zu arbeiten, sie zu erproben, zu erziehen, das ist nun einmal Pflicht. Viele Hochschullehrer meistern diese Aufgabe mit gutem Erfolg. All jenen, die im besten Sinne des Wortes „Doktorvater" sind, sei auch hier Dank und Anerkennung ausgesprochen.

Effektivität und Tempo bei der Heranbildung des wissenschaftlichen Nachwuchses, insbesondere von Spitzenkräften, müssen wesentlich erhöht werden, was natürlich einschließt, höchste Qualitätsansprüche zu wahren.

Die guten Erfahrungen, die es gibt, aber auch die Probleme genauer zu analysieren und zu prüfen, was wir bei der Heranbildung der jungen Kader besser machen, verändern, voranbringen müssen, ist eine hochaktuelle Aufgabe.

Überall dort werden Fortschritte erreicht, wo die Arbeit mit den Nachwuchskadern im Zentrum der Leitungstätigkeit auf den verschiedenen Ebenen steht, wo dieser Prozeß auf der Basis einer genauen Kenntnis der Lage straff und kontinuierlich geführt wird. In der Diskussion zur Vorbereitung unserer Konferenz machten Kollegen kritisch darauf aufmerksam, daß eine spürbare Verkürzung des Zeitraums zwischen der A- und B-Promotion auch dadurch erreicht werden könnte, wenn endlich ernst gemacht würde mit der vollen Nutzung von planmäßigen B-Aspiranturen, zeitweiligen Freistellungen, wenn nicht mehr – wie bisher noch verbreitet – der B-Promovend durch eine Fülle von unterschiedlichsten Anforderungen, die sicher auch wichtig sind, aber nicht alle in diesem Qualifizierungszeitraum liegen müssen, an seiner zielstrebigen wissenschaftlichen Arbeit gehindert würde.

Wir werfen auch die Frage auf, ob es nicht an der Zeit ist, unsere befähigtsten wissenschaftlichen Nachwuchskräfte im Interesse ihrer zielgerichteten Qualifizierung bei solchen Hochschullehrern und in solchen Forschungskollektiven auch über den Hochschulrahmen hinaus zu konzentrieren, die durch ihre Leistungen den Ansprüchen an eine wissenschaftliche Schule gerecht werden. Es wäre im Interesse der Wissenschaftsentwicklung gar nicht schlecht, wenn wir mehr miteinander wetteifernde Schulen hätten.

Befähigte Nachwuchskräfte heranzubilden, das schließt ein zu prüfen, wer die Befähigung zur wissenschaftlichen Arbeit mit dem dazu notwendigen Willen vereint. Hohe Anforderungen an ihre wissenschaftliche Arbeit, an ihr politisches Verantwortungsbewußtsein und Engagement, an ihre Bescheidenheit und Strebsamkeit zu stellen, das impliziert aber auch, genau zu wissen, wie es um die Bereitschaft der jungen Leute bestellt ist, ihre persönlichen Belange nicht in den Vordergrund zu stellen, wenn es die Pflicht verlangt, wenn es darum geht, daß sie einen Platz dort einnehmen, wo sie die Gesellschaft braucht. Wir müssen uns fragen, woran es liegt, wenn einige – aber auch nur einige sind hier schon zuviel – mit „persönlichen Bauchschmerzen" aufwarten, spießerhaftes Verhalten mit allerlei Ausflüchten bemänteln wollen, wenn es gilt, gewisse Annehmlichkeiten zeitweilig zurückzustellen, mehr Verantwortung zu übernehmen.

Eine entscheidende Verantwortung kommt unseren jungen Kadern selbst zu. Wir können feststellen, daß eine ständig wachsende Anzahl unserer Nachwuchskräfte sich der hohen Verantwortung für den Verlauf und die Ergebnisse der eigenen wissenschaftlichen Qualifizierung bewußt ist. Nicht wenige erbringen hohe Leistungen. Aber wir sollten auch nicht übersehen, daß es noch Erscheinungen von Mittelmaß gibt, daß das eigene Leistungsvermögen nicht immer voll ausgeschöpft wird.

Wir verfügen über ein großes Potential hervorragender junger Lehrer und Schuldirektoren, die befähigt sind, ihre Erfahrungen aus der Schulpraxis in die wissenschaftliche Arbeit einzubringen. Haben wir hier nicht eine wichtige Kaderreserve, vor allem für die Erziehungswissenschaften?

Unsere Schulräte tragen eine große Verantwortung dafür, mehr solche Kader zu einer Qualifizierung im Rahmen einer wissenschaftlichen Aspirantur oder Assistenz zu delegieren. Wir brauchen eine große Zahl promovierter und mit reichen Praxiserfahrungen ausgestatteter Kader für den Einsatz auf den verschiedensten Gebieten.

Als Lehrer in unserer sozialistischen Schule zu arbeiten verlangt, sich jederzeit der großen gesellschaftlichen Tragweite seines Wirkens bewußt zu sein. Sich mit Herz und Verstand, sich mit seiner ganzen Person für die Erziehung bewußter, kluger Kämpfer für unsere Sache einzusetzen, die jungen Menschen zu sozialistischen Persönlichkeiten zu erziehen, für seinen Beruf zu brennen – das wohl verstehen wir darunter, wenn wir vom Berufsethos des Lehrers unserer sozialistischen Schule sprechen. Solche Lehrer hat unsere Lehrerbildung in den zurückliegenden vier Jahrzehnten erzogen und ausgebildet.

Sie alle, die Sie daran Anteil haben, wissen, daß die Entwicklung einer neuen sozialistischen Lehrerbildung viele Anstrengungen erforderte. Es waren keine geringen Probleme zu lösen, um die Forderung der revolutionären deutschen Arbeiterbewegung nach einer wissenschaftlich fundierten hochschulmäßigen Ausbildung der Lehrer des Volkes zu verwirklichen. Von der Gründung der Pädagogischen Fakultäten an den Universitäten im Jahre 1946, der Gründung der ersten Pädagogischen Hochschule unserer Republik in Potsdam im Jahre 1948 über die Schaffung eines neuen Typs von Lehrerbildungsstätten am Beginn der 50er Jahre, dem Aufbau der Pädagogischen Institute, der Institute für Lehrerbildung und der Pädagogischen Schulen für Kindergärtnerinnen, führte dieser Weg bis zur Errichtung eines ganzen Netzes von Pädagogischen Hochschulen in der DDR.

Indem unsere Partei der Ausbildung der Lehrer vorrangige Aufmerksamkeit schenkte, ließ sie sich von der Stellung des Lehrers in der Gesellschaft, von seiner hervorragenden Rolle leiten, davon, daß von der Persönlichkeit des Lehrers, von seiner allgemeinen und fachlichen Bildung, seiner politischen Haltung, seinem Kulturniveau, seinen pädagogischen Kenntnissen und Fähigkeiten abhängt, wie die Aufgaben gelöst werden, die unserer Schule bei der Erziehung der Jugend unserer Deutschen Demokratischen Republik gestellt sind.

Wir sind überzeugt, daß unsere Lehrerbildner weiter erfolgreich daran wirken werden, Lehrer auszubilden, die in der Lage sind, die Jugend umfassend auf die Weiterführung unserer sozialistischen Revolution vorzubereiten, junge Menschen zu erziehen, die sich den Anforderungen des Lebens an der Schwelle zum nächsten Jahrtausend gewachsen zeigen.

ISBN 3-06-204106-4

© Volk und Wissen Volkseigener Verlag, Berlin 1986
1. Auflage
Lizenz-Nr. 203 · 1000/86 (E 20 41 06-1)
LSV 0645
Printed in the German Democratic Republic
Redaktion: *Ingrid Schale*
Einband: *Heinz Hellmis*
Typografische Gestaltung: *László Szirmai*
Satz: Druckerei Neues Deutschland, Berlin
Druck und Binden: Grafischer Großbetrieb
Völkerfreundschaft, Dresden
Schrift: 9/9/11p Garamond, TVS
Redaktionsschluß: 30. 12. 1985
Bestell-Nr. 709 192 3
01800